中粮集团有限公司

中粮集团有限公司（以下简称"中粮集团"）成立于1949年，是中央直接管理的国有重要骨干企业，中国农粮行业领军者，全球布局、全产业链的国际化大粮商，粮食供应安全现代产业链"链长"企业。中粮集团承担国有资产保值增值的经济责任、维护国家粮食安全和食品安全的政治责任、满足人民美好生活需要的社会责任。74年来，中粮集团坚持"忠于国计 良于民生"的价值理念，走"质量第一，效益优先"的发展道路，率先提出"全产业链"发展战略，通过打通产业链，延伸价值链，增强中国农粮产业整体竞争力。

2022年，中粮集团资产总额为6956亿元，整体营业收入为7414亿元，利润总额为228亿元，纳税总额为235亿元，位居《财富》"世界500强"第91位，为国际粮商之首，并位居《财富》"最受赞赏的中国公司"榜首。

中粮集团将创新作为高质量发展的引擎，建立三级开放式科技创新平台体系，包括国家级创新平台25个、省部级45个、企业级70余个，共获得国家科学技术进步奖24项、中国专利奖5项。

中粮集团是优质产品的生产者、优质品牌的创造者，位居中央企业品牌建设指数TOP30名单第2位，"世界品牌500强"第195位，是中国唯一入选的粮油食品品牌，其品牌价值为2385.92亿元。

集团质量大会、质量月活动

北良港 　　　　　　　　　　　油脂工厂

粮谷工厂生产现场

漳州核电（华龙一号）

中国核工业二三建设有限公司

中国核工业二三建设有限公司（以下简称"中核二三公司"）创立于1958年，隶属于中国核工业集团有限公司，是中国核工业建设股份有限公司（上市企业）的重要成员单位，是中国规模最大的核工程综合安装企业，是国际上唯一一家连续近40年不间断从事核电站核岛安装的大型企业。作为国家高新技术企业，中核二三公司还设有北京市博士后（青年英才）创新实践基地工作站。

党委书记、董事长 李启彬

65年来，中核二三公司参与了"两弹一艇"任务，以及中国大陆绝大部分核电站核岛、核科研安装工程的建设任务，具备同时建设不同核电堆型的能力，在系统工程、核工程、石油化工、航空航天、环保、建材、汽车、火电、轻工纺织、电子、新能源等领域中创造了多项优良纪录，先后7次荣获中国建筑行业工程质量最高奖——鲁班奖，是重点工程建设的"国家队""铁军"。中核二三公司拥有联合国国际原子能机构（IAEA）授权的"核电建设国际培训中心"，参与法国国际热核聚变实验堆项目安装，为国际核电事业贡献中国智慧和中国力量。

台山核电站 　　　　　　　　　纳米比亚湖山铀矿项目

红沿河核电站 　　　　　　　　越南风电项目

新时代赋予新使命，新征程呼唤新担当。中核二三公司传承和创新公司发展方略，毫不动摇地做到"九个坚持"，正确处理好"六大关系"，担当改革"排头兵"，将深化改革作为应变局开新局的重要抓手，不断强化改革顶层设计，聚焦"四大使命""四大转型"重点任务密集发力，产业布局显著优化，主责主业实现重大突破，项目"精益化、自动化、数字化"管理跃上新的台阶，"结构优、质量优"产业队伍建设水平显著提高，创新动力活力不断激发，资源整合能力和核心竞争力持续提升，强势开创高质量发展新局面，从央企所属251户"双百企业"中脱颖而出，被国资委评为"标杆企业"。

中核二三公司将坚守初心使命，大力弘扬核工业优良传统，厚植家国情怀，秉承"责任、安全、创新、协同"的核心价值观和"强核报国，创新奉献"的新时代核工业精神，围绕高质量发展找准发力点，全力擦亮中核二三公司金字招牌，在强核强国新征程中展现担当作为，为续写核工业新的辉煌贡献新的更大力量。

中核二三公司承建的福清核电"华龙一号"示范工程全面建成投用

海洋石油工程股份有限公司

海洋石油工程股份有限公司是中国海洋石油集团有限公司控股的上市公司，是国内唯一集海洋油气开发工程设计、采购、建造和海上安装、调试、维修以及液化天然气、海上风电、炼化工程等于一体的大型工程总承包公司，也是亚太地区规模最大、实力最强的海洋油气工程总承包公司之一。公司总部位于天津滨海新区。2002年2月，公司在上海证券交易所上市（股票简称：海油工程，股票代码：600583）。

公司现有员工近8000人，形成了全方位、多层次、宽领域的适应工程总承包的专业团队；拥有国际一流的资质水平，建立了与国际接轨的运作程序和管理标准；总体设计水平已与世界先进的设计水平接轨；在天津塘沽、山东青岛、广东珠海等地拥有大型海洋工程制造基地，场地总面积近400万平方米，形成了跨越南北、功能互补、覆盖深浅水、面向全世界的场地布局；拥有由3级动力定位深水铺管船、7500吨起重船等19艘船舶组成的专业化海上施工船队，海上安装与铺管能力在亚洲处于领先地位。

深海一号

经过40多年的建设和发展，公司明确了"建设中国特色世界一流工程公司"的愿景和"以设计为龙头的EPCI总包能力建设为唯一核心，以经营管理能力和技术引领能力建设为两个基础，以国际化、深水化、新产业化为三个发展方向，以人才、市场、成本、风控、信息化建设为五个抓手"的发展策略，系统形成了以"大型起重铺管船舶序列""1500米级深水作业ROV序列""建造场地及建造施工装备"等为核心的十大装备，以"深水浮式平台技术""水下系统及产品技术""超大型海上结构物及模块化技术"等为核心的十大技术，先后为中国海油、康菲、壳牌、沙特阿美、巴国油、Technip、MODEC、FLUOR等众多中外业主提供了优质产品和服务，业务涉足20多个国家和地区。

海基一号

中国航空工业集团公司
北京航空精密机械研究所

中国航空工业集团公司北京航空精密机械研究所（简称航空工业精密所），系中国航空工业集团公司所属的综合性基础技术研究所，成立于1961年，位于北京市丰台区南苑东路5号，经过半个多世纪的发展，具有超精密/精密制造、惯导测试与仿真、精密测量技术研究及其设备的研制开发能力，承担着国防科技工业多项攻关任务，技术处于国内领先地位。系列化产品包括超精密机床、惯导测试与运动仿真设备、三坐标测量机、滑环等，同时具备定制化工艺装备研制能力和精密复杂零部件加工能力。

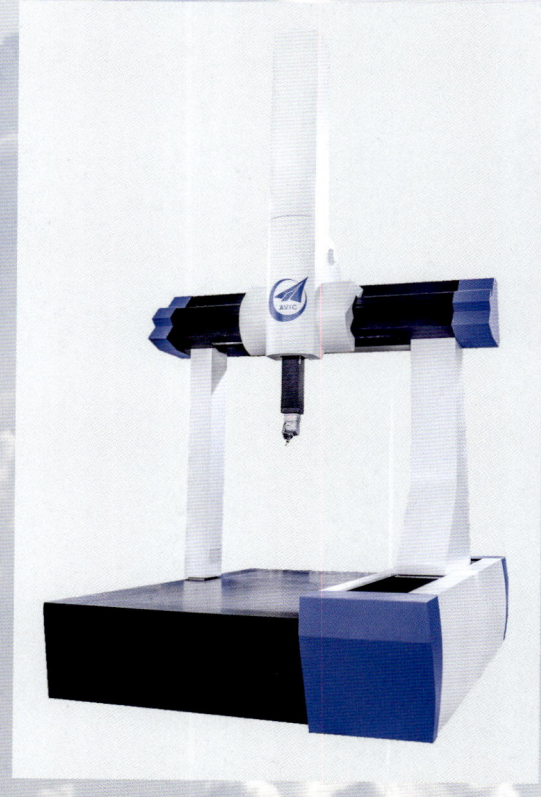

LM（龙门型）测量机

Future（桥式）测量机

中国三坐标测量机先驱者，最大行程可达8m。大型龙门系列三坐标测量机荣获国家科学技术部国家重点新产品奖，填补了国内大型测量技术方向的空白，在航空、船舶、能源等领域得到了广泛应用。

航空工业精密所具有50多年的坐标测量机研发、制造经验，已形成多系列产品，如Future（桥式）、LM（龙门）、GEM（小型桥式）、ORIENT（小型龙门）、CENTURY（计量型）等，主要应用于航空航天、国防军工、智能装备制造等国内精密制造领域，部分产品出口国外。航空工业精密所是国内第一家研发生产三坐标测量机的企事业单位，也是国内唯一一家具备国家计量校准资质ilac-MRA、CNAS的三坐标测量机生产企业，其产品通过了国标、军标、空军标、航空企业标准等一系列体系认证，产品质量具有可靠保障。航空工业精密所在专用测量测试、非标设备领域具备整体的测量解决方案和技术服务能力，可满足不同用户的检测需求。

中国高精度三坐标测量机引领者，精度可达0.4 um，研制生产了4000余台高精密三坐标测量机并广泛用于我国制造领域。

CENTURY（计量型）测量机

细长轴/孔专用测量机

发动机静转子装配专用测量设备

国网江苏省电力有限公司

国网江苏省电力有限公司（以下简称"江苏电网"）是国家电网有限公司系统规模最大的省级电网公司之一。江苏电网现有13个市、58个县（市）供电分公司和17个业务单位，服务全省4972万电力客户。江苏电网荣获全国脱贫攻坚先进集体、国资委国有重点企业管理标杆企业称号。

江苏电网拥有35千伏及以上变电站3316座、输电线路10.8万千米。江苏电网满功率安全运行锦苏特高压直流，建成±800千伏雁淮、锡泰、建苏直流和1000千伏淮南—上海交流工程，形成"一交四直"特高压混联、"七纵七横"500千伏输电网的坚强网架，创新构建大规模源网荷储友好互动系统，建立起我国特有的柔性精准控制负荷形成的"虚拟电厂"。江苏电网全面贯通1000千伏苏通GIL综合管廊工程隧道，成功投运苏州500千伏UPFC示范工程。客户满意率保持99%以上，供电质量全国领先。江苏电网是年户均停电时间最少的省份之一。

2022年，江苏全社会用电量为7399.5亿千瓦时，同比增长4.2%。江苏电网售电量为6461.2亿千瓦时，同比增长4.3%，营业收入为4181亿元，同比增长15.3%，利润为60亿元，资产总额为3344亿元，综合线损率下降至3.07%，电费回收率为100%。全年全网最大负荷86天过亿元、最高用电量1.31亿千瓦时。业绩考核连续十一年保持国网系统第一名，江苏电网和电网发展迈上新台阶。

在世界最高输电铁塔——江苏凤城至梅里500千伏线路工程长江大跨越施工现场安装电梯井筒

施工人员正式开启白鹤滩—江苏±800千伏特高压直流输电线路工程冬季施工

在盱眙—秋藤500千伏输电线路施工现场组立铁塔

白鹤滩—江苏±800千伏特高压虞城换流站首台换流变压器顺利运输进站

在青龙山500千伏输电升压线路工程现场架设电网

施工人员在太湖水域的500千伏同里至木渎双回开断环入吴江南线路工程现场，对湖里14基铁塔进行架设导线

苏州东吴特高压变电站迎来了试运行第二天，本期扩建工程完成后，东吴站全站将共设5台主变压器，变电总量高达15000兆伏安，成为世界上变电容量最大的特高压变电站

国网浙江省电力有限公司物资分公司

  国网浙江省电力有限公司物资分公司是国网浙江省电力有限公司直属单位，承担省公司物资供应服务工作，负责省公司所属各单位物资需求计划收集、汇总、审核和平衡利库，合同集中签订、结算，省公司层面各单位物资合同履约协调、各地市供电企业重大合同履约问题协调，产品质量、供应商关系、仓储配送、废旧物资处置及应急物资管理工作，开展物资信息化、标准化建设，依据国家法律法规开展招标采购代理服务工作。

  近年来，公司以习近平新时代中国特色社会主义思想为指导，以党的建设为引领，全面贯彻落实国家电网公司战略和国网浙江电力工作部署，坚持稳中求进总基调，以"好设备、好服务、好环境"为指引，聚焦服务经济社会转型，服务电网发展转型，走在前，做示范，加快建设全链智能的数字物资示范窗口，为建设国家电网新型电力系统省级示范区提供坚强物资保障。公司先后获全国文明单位、国网公司文明单位、浙江省文明单位、浙江省模范集体、浙江省五一劳动奖状等荣誉称号。

特高压铁塔到货交接

白浙工程物资供应

绍兴物资公司救援物资交接

国内首台便携式节能配变能效试验装置

水泥杆检测装置

变压器大件运输

舟联工程500千伏交联
聚乙烯海缆A项登陆敷设完成

质量强基
企业质量管理实践案例甄选

商业科技质量中心 ◎ 编

企业管理出版社
ENTERPRISE MANAGEMENT PUBLISHING HOUSE

图书在版编目（CIP）数据

质量强基：企业质量管理实践案例甄选 / 商业科技质量中心编 .—北京：企业管理出版社，2023.9

ISBN 978-7-5164-2898-6

Ⅰ.①质… Ⅱ.①商… Ⅲ.①企业管理 – 质量管理 –案例 – 中国 Ⅳ.① F279.23

中国国家版本馆 CIP 数据核字（2023）第 176818 号

书　　　名：	质量强基：企业质量管理实践案例甄选
书　　　号：	ISBN 978-7-5164-2898-6
作　　　者：	商业科技质量中心
策　　　划：	杨慧芳
责任编辑：	杨慧芳
出版发行：	企业管理出版社
经　　　销：	新华书店
地　　　址：	北京市海淀区紫竹院南路 17 号　　邮编：100048
网　　　址：	http://www.emph.cn　　电子信箱：314819720@qq.com
电　　　话：	编辑部（010）68420309　　发行部（010）68701816
印　　　刷：	北京亿友创新科技发展有限公司
版　　　次：	2023 年 9 月第 1 版
印　　　次：	2023 年 9 月第 1 次印刷
开　　　本：	889mm×1194mm　　1/16
印　　　张：	39 印张
字　　　数：	1221 千字
定　　　价：	398.00 元

版权所有　翻印必究·印装有误　负责调换

《质量强基》编委会

主　编　潘　军　王仕斌

编　委　（排名不分先后）

陈金猛　陈志锋　耿金凤　李浩兰　李亚湖

梁　忻　彭玮麟　王　黎　王培勋

强质量之基　铸创新之魂
——2022 企业质量管理实践优秀案例

序　言

党的二十大擘画了实现中国式现代化、全面建成社会主义现代化强国的宏伟蓝图。科技强国、质量强国是新时代新征程吹响的冲锋号，是实现伟大梦想的坚实路径和重要抓手。当前，在以习近平同志为核心的党中央坚强领导下，举国上下都在重视技术创新，探寻新突破，培育新经济增长点，推动高质量发展。

创新是我国自立于世界民族之林，跻身世界经济强国的必由之路，质量是筑牢强国之基的根本保证。

企业是创新的主体，在管理领域特别是企业质量管理领域管理模式、管理方法上的创新，往往给企业带来意想不到的市场占有率、效益、效率等经营业绩的提升，并在质量管理能力上实现突破性成就。在管理方法上的不断创新，正是国内外许多知名企业获得成功的关键。当前，国务院国资委全面贯彻党的二十大精神，深入贯彻落实党中央、国务院关于加快建设世界一流企业的决策部署，正式启动了对标世界一流企业价值创造行动，这对我们正在开展的企业质量管理实践优秀案例活动形成了极大促进作用。作为国民经济重要力量的央国企，要完成高质量发展这个首要任务，必须加强精益管理，扎实做好质量管理体系建设，狠抓产品质量、服务质量，提高运行效率，努力实现质的有效提升和量的合理增长。

2022 企业质量管理实践优秀案例征集活动通过案例展示和经验分享，示范推广一批领先的企业质量管理理念、制度、模式和方法。本书观点鲜明，论据充实，案例材料扎实生动，论述深入浅出。技术与管理紧密结合，突出质量管理创新的核心，指导性和操作性都比较强。

本书无论是对各级领导、质量管理人员、专业管理人员、技术创新人员、内外部质量审核人员，还是对从事质量体系培训、咨询的人员和高校师生都极具参考价值。

潘军：教授级高工，商业科技质量中心副主任、法人代表

目 录

质量管理最佳实践案例

武器装备质量管理体系能力提升实践
 中国航空工业集团公司成都飞机设计研究所 002

基于直流运维知识包的 ±800kV 柔性直流穿墙套管质量技术体系
 中国南方电网有限责任公司超高压输电公司 009

"金字塔"型质量管理系统构建与应用
 海洋石油工程（青岛）有限公司 014

"三线促零"质量管理模式
 内蒙古伊利实业集团股份有限公司 027

构建"4+2"设计预防质量管理体系与项目实践
 广州汽车集团股份有限公司汽车工程研究院 032

大型航空发动机制造检验一体化装配模式实践
 中国航发动力股份有限公司 040

基于 TEAS 的前瞻性和战略性项目前评估方法及应用
 中海油研究总院有限责任公司 044

基于以用户体验为中心的 GCPA 质量管理实践
 浙江吉利控股集团有限公司 050

"三位一体"调试质量管控研究与应用
 江南造船（集团）有限责任公司 065

以质量责任制为中心的全程赋能质量管理模式
 北京新风航天装备有限公司 069

以"精准、高效、数字化"为核心的精益质量管理体系构建
 中国航天科技集团有限公司第九研究院 077

基于卓越绩效的"四全"质量管理
 中国船舶集团有限公司第七一六研究所 090

基于风险指引型理念提升核电厂运维质量
 上海核工程研究设计院股份有限公司 097

基于测量过程控制的型号计量体系构建
  中国航空工业集团公司西安飞行自动控制研究所 105

基于迭代微循环模式的全过程工程质量提升方法
  许继电气股份有限公司 117

基于数字孪生的特种车辆生产线仿真与在线监控技术
  北京北方车辆集团有限公司 125

军工科研院所"三实四全"质量管理模式
  中国船舶集团有限公司系统工程研究院 134

以四维质量管理模式赋能装备质量提升
  中国船舶集团有限公司第七二五研究所 140

电网设备"全景质控"体系的构建与应用
  国网物资有限公司 148

航天元器件可靠性测试分析技术体系构建与工程应用
  航天科工防御技术研究试验中心 154

基于全价值链品质保证战略的构建与实施
  广汽丰田汽车有限公司 160

基于风险识别的分类分级质量管理模式
  中铁工程装备集团有限公司 165

质量管理优秀实践案例

聚焦产业链打造数字化赋能零缺陷 P-TQM 质量控制模式
  河南平高电气股份有限公司 170

超/特高压换流（柔直）变压器全过程质量管控关键技术及工程应用
  中国南方电网有限责任公司超高压输电公司 181

船舶吊马智能制造单元研制与应用
  江南造船（集团）有限责任公司 188

大型复杂软件系统质量保证关键技术应用
  北京计算机技术及应用研究所 194

基于数字化车间系统实现焊缝标识与质量追溯
  东方电气集团东方锅炉股份有限公司 200

雷达装备"五精"质量管理方法研究与实践
  西安电子工程研究所 206

大型整体增材制造产品研制过程质量管控应用与实践
  航空工业第一飞机设计研究院 213

设备设施全生命周期质量精益管理在乌东德水电站的应用
  中国长江电力股份有限公司 223

航天产品从精细化管理走向精量化管理的实践
　　　北京空天技术研究所 227
大型装备制造企业质量管理信息化平台建设及应用
　　　上海振华重工（集团）股份有限公司 234
构建基于航天复杂系统实现"一次成功"卓越质量管理模式
　　　南京晨光集团有限责任公司 248
基于风险智能管控的超高压电网高质量运行维护的实践
　　　中国南方电网有限责任公司超高压输电公司 253
"天问一号"相控阵着陆雷达火星表面特殊环境适应性分析与验证
　　　北京遥感设备研究所 267
航天装备制造企业基于控制理论的零缺陷系统工程管理
　　　北京星航机电装备有限公司 276
以精品理念创建白鹤滩精品质量管控模式
　　　东方电气集团东方电机有限公司 283
推行卓越绩效管理的质量提升实践
　　　贵州梅岭电源有限公司 289
基于绿色数智供应链体系的电网物资质量监督"一盘棋"管理
　　　国网安徽省电力有限公司 296
实施"1246+N"全生命周期军贸质量管理模式
　　　内蒙古第一机械集团有限公司 302
核工业建安企业质量损失管理体系构建和应用
　　　中国核工业二三建设有限公司 308
深化质量教育，打造核电建设特色质量文化品牌
　　　中国核工业二三建设有限公司 314
工业信息化在企业质量管理中的实践与运用
　　　中铁宝桥（扬州）有限公司 327
基于双重预防体系的质量管理模式
　　　中电装备山东电子有限公司 336
新形势下军工企业供应链质量管控提升研究与应用
　　　北京机电工程研究所 342
"谋深致远，奋斗最美"管理模式的实践
　　　中国船舶科学研究中心 350
基于精益化六西格玛理论的质控链智能化转型研究与实践
　　　国网浙江省电力有限公司物资分公司 355
产品全寿命周期质量管理探索与实践
　　　河南平芝高压开关有限公司 361
基于管控优化与绩效提升的"QHSSE+En+AII"一体化融合体系建设与实施
　　　日照港股份岚山港务有限公司 368

省级数字物资检测与管控"四化"建设实践
　　国网江苏省电力有限公司 373

水泥窑协同处置生活垃圾渗滤液耦合脱硝技术应用
　　赞皇金隅水泥有限公司 378

创新引领，智慧建造，打造世界先进水平的精品智能客站
　　中铁建工集团有限公司 383

超长距离泥水盾构隧道施工质量管理
　　中铁隧道集团二处有限公司 388

实施基于全过程的"质量提升4P战略"，打造新时代核电精品，推进企业高质量发展迈上新台阶
　　东方电气（广州）重型机器有限公司 393

基于竞争性采购机制下的型号质量定制管理模式
　　湖北三江航天险峰电子信息有限公司 398

新时代质量管理体系的构建与思考
　　中国航空工业集团公司沈阳飞机设计研究所 404

创建"三加三"质量管控模式，提升质量管理水平
　　风帆有限责任公司 411

超大型箱船环段浮态对接方案研究与应用
　　江南造船（集团）有限责任公司 415

向"新"而行，以"智"提质
　　中铁十四局集团房桥有限公司 420

基于过程能力提升的全业务链新时代质量管理体系建设
　　北京北方车辆集团有限公司 429

以特色班组建设构建东汽"一多三全"质量改进模式
　　东方电气集团东方汽轮机有限公司 435

全流程质量管理在LNG储罐隔震支座安装质量控制中的实践
　　海洋石油工程股份有限公司 443

航空供应链绩效评价模型和评价准则应用实践
　　中国航空综合技术研究所 448

坚守质量，传承创新，大渡河特大桥项目质量管理
　　中铁大桥局集团有限公司 455

基于装备实战化需求的军工企业质量管理变革
　　重庆铁马工业集团有限公司 457

创新型质量管理小组活动助力航天企业提质增效的实践
　　北京自动化控制设备研究所 463

以全面质量管理引领蓝海博达高质量发展实践
　　蓝海博达科技有限公司 470

系统提升质量管理体系有效性的创新实践
　　中铁电气工业有限公司 473

铝镁合金铸造实施数字化质量管控的经验
　　贵州航天风华精密设备有限公司 477

"5S"精益现场管理提升实践
　　山东港口日照港集团有限公司 486

基于提质增效的数字化矿山综合技术开发和应用
　　赞皇金隅水泥有限公司 491

桥式三坐标测量机的质量成本分析与改进
　　中国航空工业集团公司北京航空精密机械研究所 497

高铁轨道施工企业基于"四化"支撑的全方位质量管理
　　中铁五局集团第六工程有限责任公司 504

以特色质量品牌文化促进质量管理提升实践
　　中电建路桥集团有限公司 509

基于科技创新的施工企业质量管理提升实践
　　中铁电气化局集团有限公司 513

"1+6+1"质量管理模式的应用与实践
　　中铁十二局集团有限公司第一工程有限公司 516

预制叠合板与现浇组合结构质量控制
　　中铁十四局集团第五工程有限公司 522

基于智能化、信息化技术的工程质量管理实践
　　中铁十四局集团第五工程有限公司 529

大回路电阻在气体绝缘封闭开关柜实践应用
　　中广核盐源太阳能有限公司 536

面向高质量发展的"四化并举，用心卓越"质量管理模式
　　中交第四航务工程勘察设计院有限公司 541

基于BIM技术的工程质量管理实践
　　中铁十四局集团第五工程有限公司 547

技术质量考核与奖罚标准创建与实施
　　中煤天津设计工程有限责任公司 552

智慧安全用电电气火灾监控系统项目的质量管理
　　青岛港前湾港区保税物流中心有限公司 555

以"配料+工艺调整"提升熟料质量实践
　　台泥（辽宁）水泥有限公司 557

提高水泥磨辊压机系统运转稳定性的方法
　　赞皇金隅水泥有限公司 561

武汉轨道交通16号线创建优良典范工程质量管理实践
　　中铁大桥局第七工程有限公司 565

基于项目过程资产筑牢企业质量管理"三道"防线的实践
　　海洋石油工程股份有限公司 570

农村供水"智慧水务"中心调度平台建设与应用
    青岛西海岸公用事业集团水务有限公司 574

服务三峡集团"两翼齐飞"发展战略的物资供应质量管控实践
    三峡物资招标管理有限公司 579

基于超前策划、精细管理的工程质量管理实践
    中铁十二局集团建筑安装工程有限公司 585

计量管理科学性在企业节能降耗中的应用
    中国石油天然气股份有限公司长庆油田分公司第十采油厂 591

强化 QC 创新活动—助推公司成本管控
    唐山冀东水泥三友有限公司 595

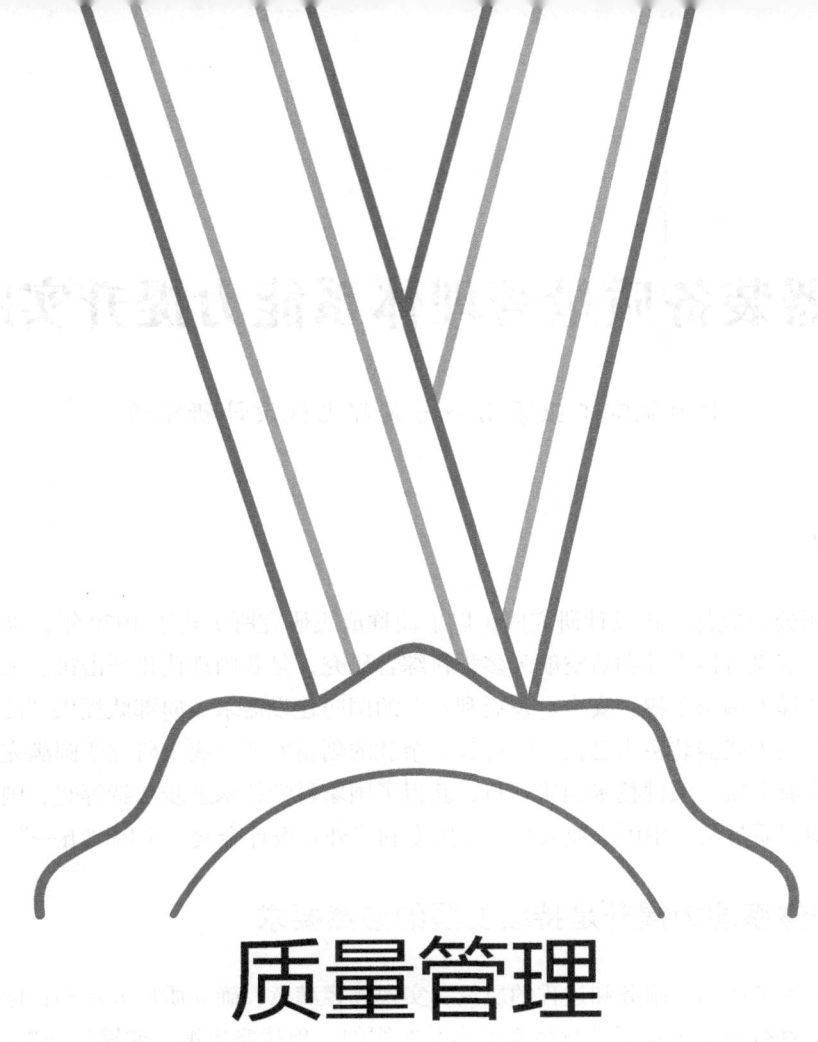

质量管理
最佳实践案例

武器装备质量管理体系能力提升实践

中国航空工业集团公司成都飞机设计研究所

一、企业概况

中国航空工业集团公司成都飞机设计研究所（以下简称成飞研究所）建于1970年，隶属于中国航空工业集团有限公司，主要从事飞行器设计和航空航天多学科综合研究，是我国现代化歼击机、无人机设计研究的重要基地，一直以满足"捍卫国家主权、安全、发展利益"的国防建设需求、向部队提供"能打仗、打胜仗"的体系作战能力及航空与空天武器装备为己任。经过五十余载的创新发展，成飞研究所圆满完成了多项国家重大型号研制任务和一大批航空航天关键技术预研项目，获得了国家科学技术进步奖特等奖、国家级企业管理现代化创新成果一等奖、中国质量奖、中国工业大奖、中国专利奖外观设计金奖、全国"五一"劳动奖状等奖项。

二、质量管理体系能力提升是持续发展的必然要求

质量管理体系是为保证产品、服务和过程的质量，实现顾客满意，确立质量方针和目标并致力于实现预期目标的管理系统。建立和提升全面质量管理体系能力是组织的一项战略决策，能够帮助提高组织的整体绩效，推动可持续高质量发展。以质量管理体系建设为主线推动产品和服务质量提升，提高质量管理水平和整体绩效，已越来越成为组织的关注点。

（一）建立科学、系统的质量管理体系是现代质量管理的发展趋势

2015年，国际标准化组织发布了ISO 9001—2015标准，为新时期建立科学、系统的质量管理体系提供了依据及方法。2017年，军委装备发展部修订发布GJB 9001C—2017《质量管理体系要求》，突出体现了产品作战使用需求和实战化要求，保持了科学性、针对性和前瞻性的内涵。

（二）新产品研制对质量管理体系能力提出了更高要求

新产品研制更加突出实战化、科学化、法制化。完善管理体系、优化管理流程、落实质量责任已成为管理提升的必要举措，需要我们结合质量管理的新要求和实际情况，不断夯实质量管理的基础，提升质量管理体系能力。

（三）质量管理体系能力提升是单位质量压力的内在需要

近年来，随着交付产品数量日益增多，用户使用强度逐渐增大，技术质量问题开始逐渐暴露。质量流程和制度与快速交付、批量交付的匹配性还不完善，质量管理体系要求还未落实到位，"两张皮"现象没有从根本上杜绝。

质量管理体系既要适应产品科研生产和发展的需要，覆盖设计、试制、试验、生产及售后服务的全生命周期；同时，又要面对数字化研发模式转型升级。如何有效提升质量管理能力，已成为体系建设的重要课题。

三、质量管理体系能力提升的工作思路

质量管理体系能力提升的总体思路是:把握GJB 9001C—2017标准的新变化和新要求,找准能力提升方向,分析当前质量管理体系的薄弱环节;基于全面质量管理、业务流程管理和系统工程等理论和方法,坚持问题导向,以流程建设为核心,对标世界一流,找差距,学经验;吸纳固化新数字化研发质量管理的创新实践,从组织、流程、规范、监督、文化五个维度,不断提升质量体系的适宜性、充分性及有效性,让体系"能用、管用、好用";将体系能力提高到一个新的高度,实现"提高产品和服务质量,增强用户满意,适应研究所发展需要,支撑型号研发"的目标。

- 按照GJB 9001C—2017标准的要求,将风险管理的思想融入整个体系及过程,动态分析质量体系运行结果与既定目标的偏离情况。
- 通过分析内外审不符合项和产品技术质量问题背后的原因,发现质量管理体系存在的能力短板。

质量管理工作应始终围绕组织、流程、规范、监督和文化五个方面。因而在梳理分析质量管理体系面临的新要求以及自身薄弱环节的基础上,明确制定了质量管理体系能力提升路线图(图1),分别从这五个维度开展具体的提升工作,并将它们形成有机整体,提升质量管理能力。

图1 质量管理体系能力提升路线图

四、质量管理体系能力提升具体做法

(一)细化全员质量职责,健全质量责任体系

1. 完善层次化的质量管控组织架构

持续完善质量管控组织架构,强化项目管理和设计全过程中的质量管控。各部门设立主管质量的部领导和质量员;在科研管理部门按照项目设立质量员;部门下属的各专业科室也设立质量员,并明确规定了各自的职责。

在此基础上,组织推动各部门对接单位质量体系要求。结合部门业务工作实际,编制并执行部门级技术质量工作制度,把质量责任、体系要求落实到科室和岗位。建立完善全员参与、分级负责的层次化质量管控组织架构,实现质量要求传递、质量活动开展、质量管控实施、质量信息反馈,促进了质量体系有效运行。

2. 建立各级各类人员质量责任清单

分工明确、权责清晰,领导有责、全员有责、人人尽责,是体系有效运行的前提和保障。根据自上而下层层分解原则和"一岗双责"原则(即项目质量管理和质量体系建设运行双维度定责),分行政线、设计线和质量线三条线,系统梳理了质量体系范围内的各级人员质量责任,如表1所示;建立了单位各级人员质量责任

清单,作为质量职责的细化与补充,质量责任定义更加细化、明晰,构建起了全员质量责任体系。

表1 两维度、三条线定义各级人员质量责任

角 色	质量责任	
	项目质量管理	质量体系建设运行
质委会(推进组)		
行政线		
设计线		
质量线		

(二)优化质量流程制度,推动体系转型升级

1. 完善质量体系架构

对标一流,结合实际,完善体系架构,提升体系的科学性、规范性及可操作性。运用过程方法,识别、梳理了过程及过程之间的关系。聚焦顾客价值创造,突出核心业务流程,结合GJB 9001C—2017标准条款结构及其在PDCA循环中的分布,将质量管理体系过程分为四类:顾客导向过程、管理过程、支持过程及评价过程(图2)。在通用模型基础上,增加了评价过程,体现了内、外审及管理评审等体系自身要求,响应了绩效评价、卓越绩效等质量管理发展的方向。

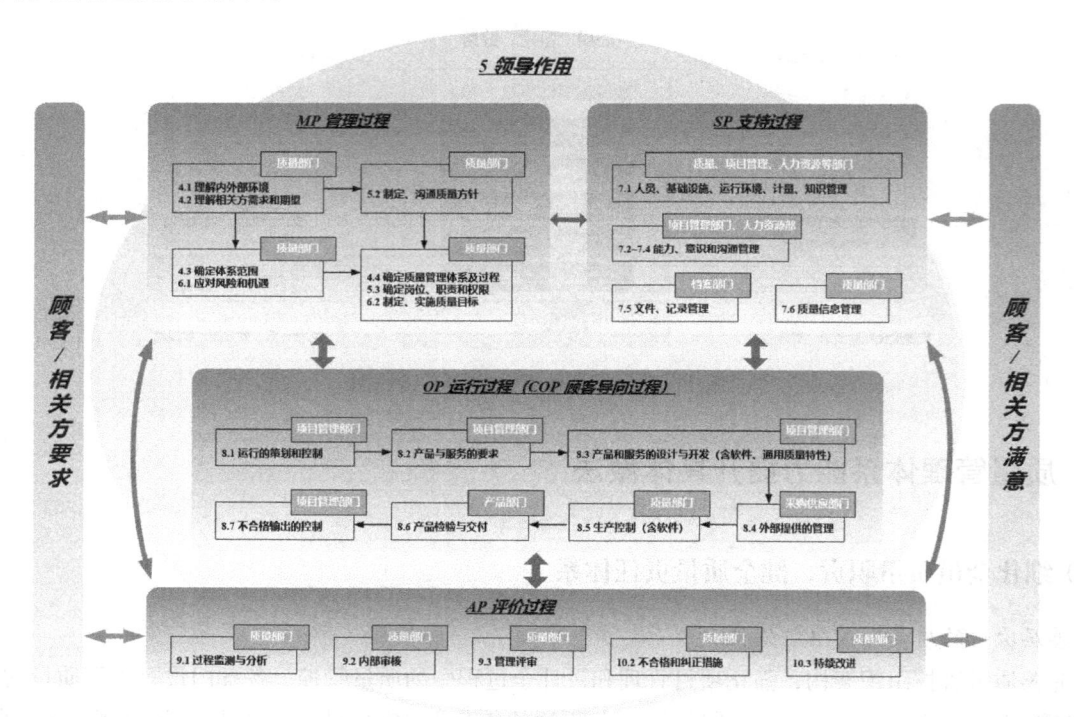

图2 质量管理体系过程关系图

将质量体系涉及的过程分为四大类,63个一级过程,结合业务活动,梳理出流程111个,对过程进行了重新识别和整合,梳理了过程之间的关系,建立了质量体系过程清单。流程与流程之间的前后顺序和衔接关系得到初步识别和明确,确保体系程序对业务的覆盖,推动流程由"碎片化"向"体系化"转型升级。

2. 拓展流程覆盖范围

顶层策划质量管理体系,确定所需的过程和控制程序,部署相关业务流程,并根据实际情况进行适应性调整和改进,持续提升体系的充分性和有效性。贯彻GJB 9001C—2017标准要求,拓展了组织环境及相关方分析、

知识管理的能力，提升了风险管理、产品实现的策划、质量信息管理、顾客关系管理、质量问题归零管理及技术服务等方面的能力。通过识别并新增过程，梳理流程并进行流程显现化、文件化，大幅度拓展了流程对业务活动的覆盖度。

3. 提高流程精细程度

紧密结合业务活动梳理流程，提高流程精细程度，使流程更加贴合科研生产实际。面向流程的用户，以便于理解和执行、提高可操作性为出发点，优化改进流程的表达方式，由简单的流程图升级为"流程图＋流程说明表＋依据的标准文件"（图3），使流程步骤更加细化，流程说明更加细致，可操作性更强。

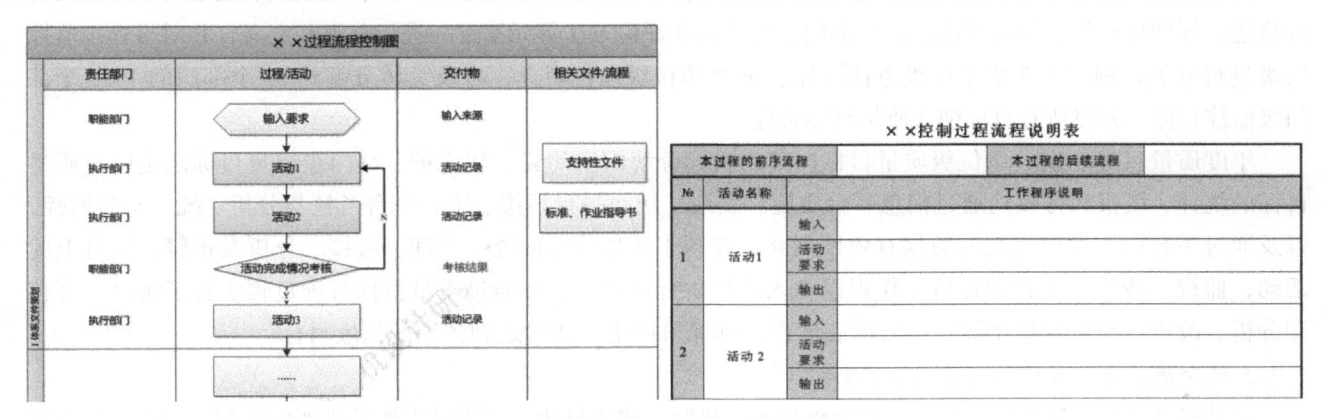

图3 精细化的流程说明（示意图）

在流程中明确过程的前序流程、后续流程，识别并标识了"风险点"和"绩效评价点"。同时，细化完善了试验过程质量控制、通用质量特性管理、技术状态管理、过程节点审查、质量问题"双五"归零、软件工程化及质量信息管理等流程和制度，进一步规范了科研生产过程，加强了过程管控。

（三）固化产品成功经验，形成标准规范

质量管理体系文件是组织质量管理应遵循的最基本的、最低的标准。具体产品研发在遵循体系要求的基础上，结合产品自身特点，可进行扩展和深化，提出更高、更严的质量标准。同时，产品质量管理的成功经验和最佳实践，也可以被吸纳到质量体系中，固化上升为体系层面的标准、规范或指南。通过这种方式，实现质量体系与产品研发实践的良性互动和相互促进。

1. 细化技术质量评审节点，构建结构化的产品研制程序

在传统的设计和开发阶段划分的基础上，增设了SRR、SFR、CDR、FRR、FCA及PCA等评审节点。

2. 建立评审预审查机制，提高设计评审的质量与效率

预审查机制在项目质量管理中进行了广泛的应用，取得了较好的效果。预审查机制如图4所示。在评审前需要进行充分准备，明确评审的准入及退出准则，以及评审的备审材料，提高了评审质量及评审工作效率。

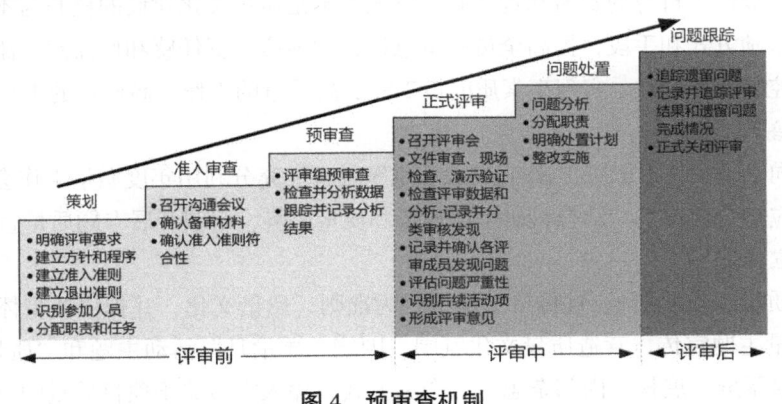

图4 预审查机制

3. 吸纳"双五"归零好的做法，完善质量问题归零管理标准

以"双五"归零管理方法为基础，创新应急处置措施装机控制、改进方案放飞控制和问题归零"预审查"等管控措施，构建了适应产品研制特点的问题归零管理流程、控制环节和具体方法，取得了很好的实施效果。

（四）深化质量监督评价，促进体系要求落地

1. 开展基于过程绩效的质量目标管理

为确保流程有效运行，促进流程绩效达到预期目标，在流程中设置了风险点和绩效点。通过对绩效点的目标描述、预期目标值、检查频次、责任部门、测量元和评价方法等元素逐一进行分解和定义，并对目标按监控层级进行分类，制定了7个单位级考核目标、56个单位级监控目标，以及具体分解到22个部门的1928个部门级监控目标，并将所有目标纳入质量目标管理。

年度质量目标制定、单位级质量目标向部门目标分解模型的建立和维护、部门级质量目标制定以及质量目标的统计、填报和考核均通过信息平台实施。实现了统一平台填报、统一平台考核与分析、统一平台监控，以及通过平台内嵌逻辑实现的数据有效性判断，有利于质量目标的统一管理、考核、分析及预警。通过上述活动，监视、测量、分析和评价工作得以融入流程运行过程中，并通过质量目标管理过程实施了统计、考核和分析、改进，有效保证了流程运行的有效性，确保科研生产活动达到预期的绩效目标。

2. 健全质量评价考核和质量奖惩机制

一是建立健全科研生产质量工作量化评价考核机制。建立科研生产质量工作量化评价模型、管理制度及质量处罚条款。将质量评价融入科研管理，并在计划管理平台中识别质量评价项，实现质量管理与项目管理"三同时"（同策划、同实施、同考核）。按季度组织开展科研生产质量工作量化评价。

二是建立健全质量奖惩机制，明确质量奖励、质量责任追究、质量问题及质量违规违章处理的流程、要求和措施。

3. 实施精准化质量管理体系内部审核

制定年度内审工作计划。采用"通用+专用"模式定制内审表单，针对各部门、各专业特点，开展精细化内审。结合科研生产任务，针对性制定专项内审计划，充分调动质量管理能力提升推进组专家，开展项目专项内审。

系统开展内审前的策划工作。对质量管理体系覆盖的所有部门，逐一分析其适用的质量体系文件要求，在审核检查单上拟定审核内容。既包括相对通用的部分，也包括面向部门特点的针对性审核要求。保证内审工作既全面覆盖质量管理体系过程，又能针对科研生产和管理中发现的薄弱环节进行重点审核。

在专项内审上，推进基于风险的审核。例如，为强化某重点项目的质量监控，依托质量管理能力提升推进组，策划对承担研制工作的7个部门实施专项内审。

（五）强化全员质量意识，提升全员质量自觉

科研质量管理，一靠技术、二靠管理、三靠教育培训，长效机制靠文化。再好的技术，再完美的规章，在实际操作层面，也无法取代人自身的素质和责任心。以人为本是质量文化建设的核心与本质。在质量文化建设中，应充分运用各种激励方式和手段，提高全员质量意识，增强质量责任感和使命感，激发全员参与质量工作的积极性和自主质量控制的自觉性。实现高素质的员工完成高质量的工作，高质量的工作保证高质量的产品。

1. 加强质量教育培训

专题组织开展面向全员的"不忘初心、牢记使命"主题教育。充分利用年度质量工作会，开展质量形势教育、质量警示教育、质量应知应会宣贯。结合科研生产形势和质量形势，组织开展专题质量宣贯培训。

2. 开展质量文化宣传

一是编发《员工质量工作手册》。宣传员工质量行为准则、质量文化，并提供质量体系文件索引和常用流程展示。二是开展质量主题宣传，营造质量文化氛围。围绕"质量月"活动主题和"质量文化宣传周"主题，利用内部网络、电子显示屏、展板、内部杂志等媒介和方式，深入宣传关于项目质量的重要论述和要求，传播

"一次做对"的"零缺陷"质量理念和久久为功的科研工匠精神。

五、质量管理体系能力提升取得的效果

（一）体系能力有提升

经过系统分析、全面梳理，解决了以往质量管理体系程序文件、作业文件层次不清晰的问题。在三级体系文件的定义中，明确了程序文件、作业文件各自的作用和区分原则。程序文件不再以业务制定，而是以过程制定。鉴于此，公司建立了质量管理体系提升 PDCA 环（图 5）。

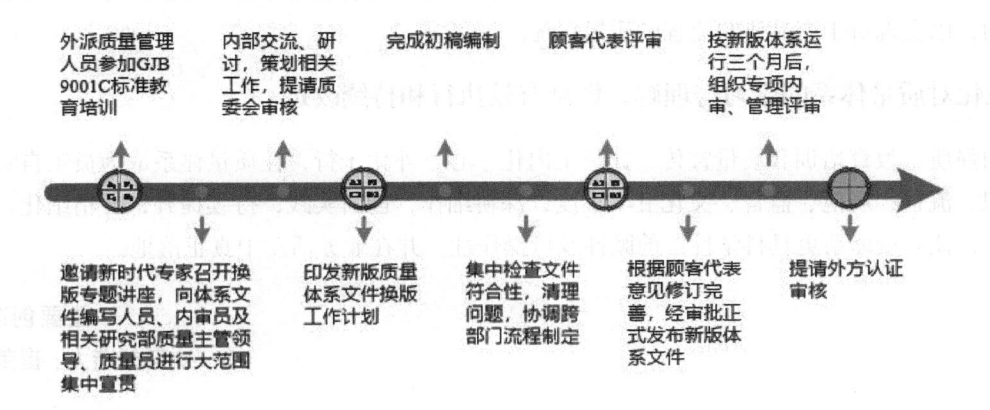

图 5　质量管理体系提升 PDCA 环

（二）体系运行有效性在提升

单位科研生产过程中的质量违规违章问题大幅度减少，图 6 所示为 2016—2021 年间科研生产质量工作量化评价的扣分项统计，总体呈下降趋势，体系运行有效性得到提升。一方面，各部门对质量工作的重视程度在提高，全员质量意识在提升；另一方面，质量责任不断明晰，流程制度持续改进，监督评价发挥作用，促进了体系要求落地。

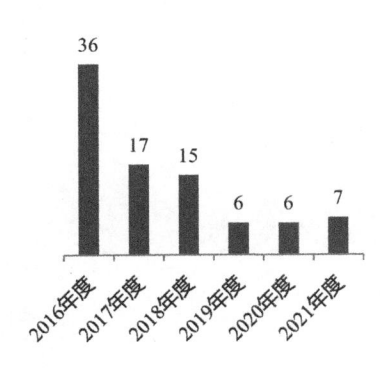

图 6　2016—2021 年间科研生产质量工作量化评价的扣分项统计

通过对产生质量违规违章行为的过程及原因进行分析，发现了质量监督的薄弱环节，并举一反三，在年度质量内审中重点检查类似环节，促进体系的有效运行及持续改进。

六、后续工作展望

质量管理体系建设是一项基础性、保障性、系统性工程。通过组织、流程、人和文化的持续建设和追求卓越，

来实现质量管理能力的提升。在符合标准要求的基础上，结合自身特点和实际情况，充分发挥主观能动性和创造性，形成具有自身特色的管理机制和方法，切实提升质量保证能力和增强顾客满意的能力，支撑和服务单位发展战略，这是质量管理体系建设更深层次的目标，更是体系运行有效性的动力和源泉。后续主要从两个方面进一步提升体系保证能力。

（一）推进先进质量管理方法，进一步提升过程质量控制能力

航空工业集团正在推行产品质量先期策划（Advanced Product Quality Planning，APQP），通过对产品从概念、设计、制造到生产服务阶段的与质量相关的业务活动进行系统规划，并根据业务活动的特点，纳入策划、产品设计与开发、过程设计与开发、产品与过程确认、生产使用与交付后服务等五个阶段，并且在过程中监控业务活动的交付物，以实现对于产品研制流程的质量保证。

（二）强化对质量体系的学习与理解，做到有效执行和持续改进

进一步加强质量教育培训和质量宣传，让员工内化于心、外化于行，让质量体系成为员工自觉遵守的行为习惯。在组织、流程、规范、监督、文化五个维度，深耕细作，创新实践，持续提升，在精细化、精准化、实效性上下功夫，让质量体系更具科学性、前瞻性及可操作性，并在业务活动中真正落地。

主要创造人：蒋　成
参与创造人：崔荣俊、蹇益平

基于直流运维知识包的±800kV柔性直流穿墙套管质量技术体系

中国南方电网有限责任公司超高压输电公司

一、企业概况

中国南方电网有限责任公司（以下简称南方电网公司）超高压输电公司（以下简称超高压公司），是南方电网公司的分公司，负责西电东送工程的建设、运行维护和经营管理。截至目前，超高压公司已建成"八交十直"共18条西电东送大通道。其中，包括±800kV云南送广东特高压直流示范工程、±800kV糯扎渡送广东特高压直流输电工程、±800kV滇西北送广东特高压直流工程、±500kV溪洛渡送广东同塔双回直流输电工程、±500kV云南金沙江中游电站送电广西直流输电工程、±500kV贵广二回直流自主化依托工程、南方电网主网与海南电网500kV联网工程、±800kV乌东德电站送电广东广西特高压多端直流示范工程等一批标志性项目。所辖500kV及以上输电线路约2.4万千米，约占南方电网的41%。其中，±800kV线路6232千米、海底电缆7×31千米，通道设计送电能力5660万千瓦。

超高压公司是我国直流输电技术的创新引领者，从天广直流的"全套引进"，到贵广二回的综合自主化率达70%，从鲁西首次实现综合自主化率达100%，到昆柳龙工程的19项世界第一，超高压公司不断引进、消化、吸收外方成果，推动我国直流技术大规模商用；持续开展从无到有的原始创新，完成了55类6000余台主设备隐患整治，实现了直流核心指标从跟随到引领的跨越，推动了我国电力装备行业的跨越式发展。

二、项目简介

南方电网公司贯彻落实国务院国资委《中央企业关键核心技术攻关实施方案》的工作要求，对直流工程国产化情况进行全面梳理，共发现4项"卡脗子"问题。其中直流穿墙套管体积大、价格高，难以大量储备；缺陷多、作用大，一旦故障将造成直流长时间停运；严重依赖进口，是最迫切需要解决的卡脗子问题。超高压公司主动服务国家战略需求，先行先试，自主探索，整合不同领域优质资源，牵头开展"±800kV柔性直流穿墙套管关键技术研究及应用"技术攻关。该项目2020年被列入"国资委一期关键核心技术攻关任务""国家能源局关键核心技术攻关项目"。

三、质量管理思路

南方电网公司通过引进、吸收、消化和探索，从全套引进到全部自主化国产化，在掌握常规直流核心技术的基础上，以质量技术进步为引领，推动直流输电技术迭代更新和中国电力装备业的发展；围绕直流输电各环节，形成了可复制、可传承、可输出的直流知识包，涵盖管理规范、技术标准、作业标准共计800余项，建立了直流全生命周期管理"知识包"体系。本项目依托直流运维知识包体系，开展"±800kV柔性直流穿墙套管质量技术体系"建设，在真正解决卡脗子问题的同时，建立健全了相关质量技术体系。

四、质量技术方法

（一）存在的问题和解决方案

要实现特高压套管技术自主可控，并且不仅要造得出，还要做到质量可控、性能更优，就需要终端用户、研发设计制造单位、零部件原材料等供应链各环节协同配合。目前，供应链各环节存在的突出问题有：厂家不清楚终端用户实际功能需求；制造研发过程缺乏终端用户产品应用反馈；设备失效后果对用户的影响无法准确判断。究其根本原因有两个：一是供应链各环节运维知识体系不健全；二是供应链各环节质量控制方法不完善。

针对特高压直流穿墙套管供应链各环节存在的问题，基于电网企业20余年直流套管规模化应用经验形成的知识包，优化运用QFD、FMEA等质量控制工具，联合产业链上下游，共同构建覆盖特高压穿墙套管设计研发、供应链管理、制造、安装调试、运行维护的全程质量控制体系（图1）。

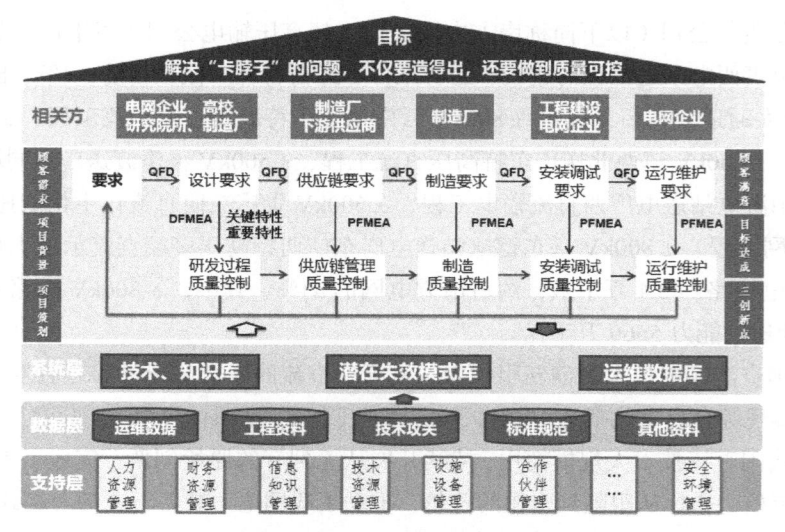

图1 特高压穿墙套管全程质量控制体系

（二）质量提升方法

1. 在电力行业首次构建涵盖技术成果库、失效模式库和运维数据库的直流运维知识包

目前供应链各环节运维知识体系的缺失，导致质量功能展开过程中逐层失真，供应链各环节难以独立在"试错—反馈—提升"过程中提升产品质量。超高压公司运用积累的直流套管运维经验，构建了涵盖技术成果库、失效模式库和运维数据库的直流运维知识包（图2），为实现全过程信息流完整、准确、及时传递奠定了基础。

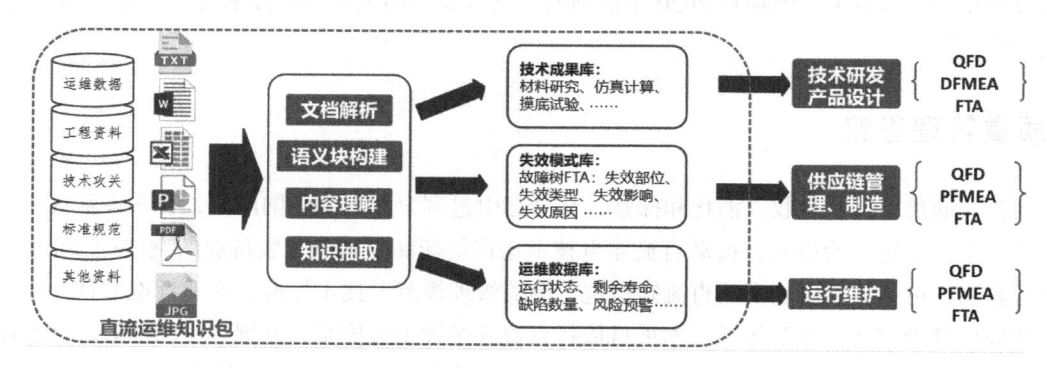

图2 直流运维知识包

直流运维知识包涵盖技术成果库、失效模式库和运维数据库三大数据库：技术成果库反哺产品技术研发，失效模式库预警产品设计制造风险，运维数据库实现产品质量闭环反馈。应用技术成果搜索引擎、设计工艺信息系统、运维自动化系统等载体将传统知识数据向在线化、实时化、智能化的数字信息模式转变。

直流运维知识包为供应链各环节在质量功能展开QFD、质量闭环控制FMEA环节、风险评估SOD"输出"了有效数据支撑。

2.运用失效模式影响分析FMEA，在电力行业首次实现了全过程质量缺陷识别及风险预防的闭环管控

（1）研发设计方面。基于直流运维知识包中与设计研发相关的基础数据，采用DFMEA分析工具精准定位亟待提升的技术关键点，发明产品新结构，提出考核新方法，从源头上解决了特高压套管设计缺乏动态迭代升级的行业难题。例如，基于SOD评估导体发热缺陷亟待解决的技术关键点，识别出在设计、检验方面不合理，通过导杆设计优化、降低失效频度，提出动态回路电阻监测方法，提高缺陷可探测性。

（2）供应链管理方面。运用PFMEA工具延伸质量控制至关键组部件和材料。针对失效高风险质量控制点，定制应对措施，有效降低了因部件质量问题造成整机失效的风险。例如，针对关键组部件空心复合绝缘子弹性模量在功能展开阶段参数确定出现了偏差，导致用户对机械强度的要求无法满足，我们通过采用小角度缠绕工艺，降低失效频度，提出偏移量测试方法，提高缺陷可探测性。

（3）生产制造方面。采用PFMEA分析产品生产制造环节工艺，识别出67项关键工艺质量风险点。针对用户不可接受的芯体开裂，局放超标等失效模式进行攻关研究，提出了特高压直流套管芯体"卷制—浸渍—固化"工艺新方法，破解世界性难题，产品成品率由50%大幅提升至90%。

运用PFMEA工具对运输、安装、调试、运维过程中涉及的技术及安全风险进行分析，识别出风险22项。特别是针对套管水平起吊风险，优化了产品吊具设计，制定专项安装方案，套管一次性安装成功。

风险预防闭环管控的FMEA方法结构如图3所示。

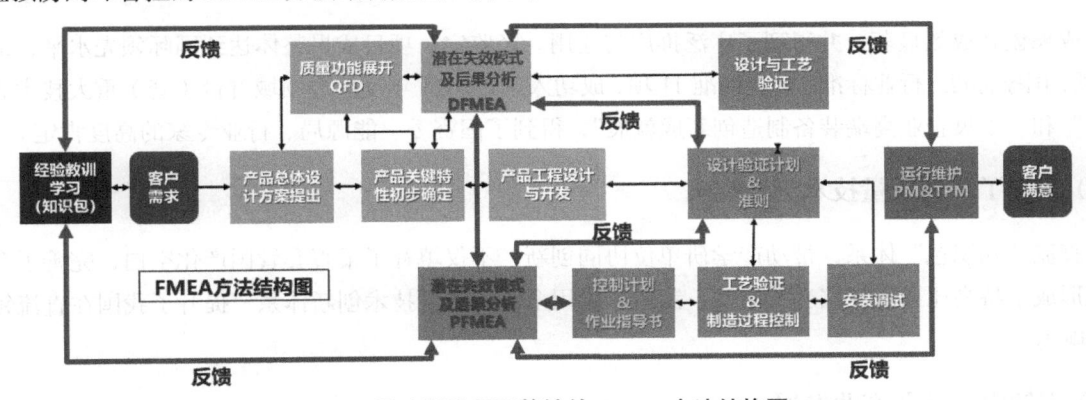

图3 风险预防闭环管控的FMEA方法结构图

3.运用SOD质量风险等级评价矩阵方法，实现产品可量化的质量风险等级划分

电力设备质量风险管控通常参考设备状态导则，风险评估系统性差，管控措施缺乏针对性。基于直流运维知识包，运用SOD质量风险等级评价矩阵方法，实现产品可量化的质量风险等级划分，为质量风险控制技术开发提供了科学依据，大幅提升产品全过程质量预防措施的针对性和有效性。

（1）依托近1000支直流套管设计、制造、安装、运维统计数据库，对套管设计、制造、运维全程质量风险等级评价涉及的严重度、频度、探测度评估标准分别进行了定义和分级评估（图4）。例如，套管SF_6气体完全泄漏严重度评级为10，实际发生微漏气，在线监测装置即可识别并预警，探测度评级为1，风险较低，SD等级为3级。

（2）根据电网企业高可靠性需求，定制了风险等级—应对成本的映射关系，评判质量风险等级程度及应对优先级（图5）。以±800kV直流套管为应用对象，运用SOD风险评估矩阵分析出严重等级为Ⅰ的风险31项，制定针对性措施，实施后风险等级均降为Ⅲ级，紧急程度均降为一般。

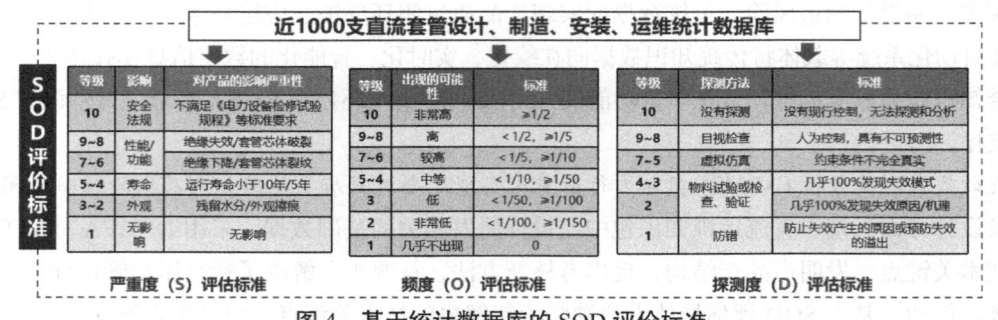

图4 基于统计数据库的SOD评价标准

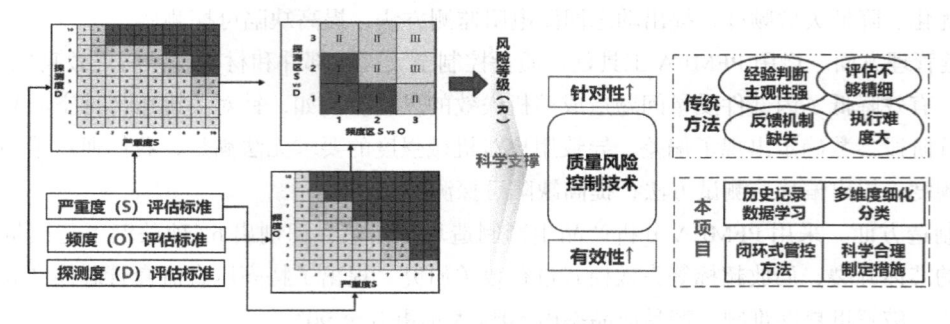

图5 可量化的质量风险等级划分方法

五、项目成效

项目成果创新成效显著，并得到了广泛推广与应用。经鉴定，项目成果整体达到国际领先水平，形成发明专利15项，国家标准、行业标准、企业标准11项，成功入选"2021年度能源领域首台（套）重大技术装备（项目）名单"和"中央企业高端装备制造创新成就展"，得到了国资委、能源局、行业专家的高度肯定。

（一）实现了系列质量技术创新突破

应用直流"知识包"体系，带动产学研单位协同创新，不仅填补了柔直套管国产化空白，完善了套管产品序列，还形成了特高压柔直穿墙套管研发、制造、应用全链条质量技术创新体系，提升了我国在直流领域的话语权和影响力。

（二）引领电工装备产业发展

项目不仅实现了设备造得出、顶得上、用得好，还帮助国内制造企业建立了涵盖设计、工艺、试验的全过程质量管理体系，一次良品率由50%提升到95%以上。在近期国内特高压直流工程中，应用本项目成果研发的套管，市场占比达到33%。项目形成了可复制、可推广的质量管理成果，获得中国质量协会奖质量技术奖一等奖，被国内电力装备制造商广泛应用，带动了国内产业升级。

（三）保障了能源供应安全

套管在工程的示范应用，为大规模商用铺平了道路，推动国内产能大幅提升，可同时满足5回特高压工程建设需要，单支成本较进口产品下降约30%，有效化解了高端电力装备受制于人的局面。

（四）填补技术空白，比肩最高水平

本项目构建了电网企业特有的直流运维知识包体系，运用FMEA等质量控制工具，在行业内实现了全过程质量缺陷识别及风险预防的闭环管控，填补了3项技术空白，5项技术优于或比肩行业最高水平，具体如

表 1 所示。

表 1　国内外技术以及本项目技术情况

技术成果	技术维度	国内原有技术	国外技术	本项目技术	对比
知识包体系	失效模式库	无	无	基于直流套管 20 年运维经验的 31 大类失效模式	填补空白
	运维数据库	无	无	基于运维自动化系统的在红化、实时化、智能化运维数据库	填补空白
	技术成果库	材料研究、套管结构研究资料	材料研究、结构研究资料	基于企业技术检索系统的涵盖直流套管基础材料、结构、组部件、产品运维特性的成果库	优于
全程质量控制	研发设计	无运行经验支撑	成熟的设计、大量运行数据支撑	基于技术成果库反哺，采用 DFMEA 分析工具精准定位亟待提升的技术关键点的创新设计	同等
	制造	粗放管控，成品率低	成熟的工艺、智能化控制	采用 PFMEA 分析产品生产制造环节工艺，识别出 67 项关键工艺质量风险点，运用全过程质量控制工艺新方法，产品成品率由 50% 大幅提升至 90%。	同等
	供应链管理	延伸监造系统不成熟	可信任的供应商体系	运用 PFMEA 工具延伸质量控制至关键组部件和材料，基于高失效风险质量控制点，在设计、制造、检验上定制应对措施，有效降低了由部件质量问题造成的整机失效	优于
	安装调试运行维护	基于法律法规的质量管控	基于法律法规的质量管控	基于 PFMEA 工具对安装过程中涉及的技术及安全风险进行分析，制定专项安装方案。运行后的产品制定运维策略，结合运维自动化系统进行质量失效风险的识别和预警。	填补空白
风险评价 SOD		仅从频度或严重度开展评估，探测度考虑不足	从经济风险评价后果的可接受度，未充分考虑用户体验	应用 FMEA 工具，依托知识包创新应用 SOD 质量风险等级矩阵，定制符合电网企业特点的后果评价标准，首次实现可量化的质量风险等级划分	优于

（五）经济效益

项目成果取得了可观的经济效益：人工、材料、良品率的单支套管综合成本下降 44%，预计可为"十四五"期间 3 条特高压工程节约资金 8.64 亿元。项目实施后特高压套管更换从 1.38 支/年下降到 0.2 支/年，40 年全生命周期共节支 50.9 亿元，极大降低了非计划停电的损失。

（六）社会效益

项目成果树立了行业质量技术创新标杆，形成 11 项标准和 15 项专利，形成了特高压柔直穿墙套管研发、制造、应用全链条质量技术创新体系，提升了我国在直流领域的话语权和影响力，促进了产业链发展，形成了可复制、可推广的质量管理成果，被国内电力装备制造商广泛应用，带动了国内产业升级。套管在工程示范应用，为大规模商用铺平了道路，推动国内厂家产能大幅提升，有效化解了高端电力装备受制于人的局面。

六、结语

根据国家能源规划，"十四五"期间我国还将建设 9 项特高压直流工程，以特高压柔直穿墙套管为代表的高端电力装备需求量大，国产化替代要求高，本成果应用前景广阔，将在我国能源安全新战略中发挥更加重要的作用。

主要创造人：张晋寅

参与创造人：韩晓东、吕金壮

"金字塔"型质量管理系统构建与应用

海洋石油工程（青岛）有限公司

一、"金字塔"型质量管理介绍

随着国内外海洋工程装备市场竞争日趋激烈，产品质量要求日趋严格，建造工艺日趋复杂，海洋石油工程（青岛）有限公司制定了"中国特色国际一流海油工程建造场地"的战略目标，将"质量管理率先实现国际一流"作为支撑目标实现的战略举措，通过资源整合、文化建设、制度创新、专项能力提升等措施，构建"金字塔"型质量管理系统，培育了"海油制造"国际品牌。

"金字塔"型质量管理举措实施以来，公司施工质量一次合格率远超质量目标，节约大量返修成本，产品质量达到行业领先水平。通过连续高质量交付高难度"明星"项目，助力公司实现跨越式发展。近三年客户满意度不断提升，品牌价值效应不断凸显，行业竞争力显著增强，有效提升了周边产业资源质量，带动地区经济快速健康发展，创造了巨大的社会效益。

二、企业概况

海洋石油工程股份有限公司（以下简称海油工程）是中国海洋石油集团有限公司控股的上市公司，是中国唯一集海洋石油、天然气开发工程设计、陆地制造和海上安装、调试、维修等于一体的大型工程总承包公司。

海洋石油工程（青岛）有限公司（以下简称青岛公司）是海油工程控股子公司，主要从事钢质导管架平台、LNG模块化工厂等海上油气田生产设施、陆地模块化工厂的陆地建造，产品覆盖中国各海域的浅、深水油气田工程，并辐射欧洲、澳大利亚、俄罗斯、东南亚、中东、西非、南美等国际市场。青岛公司总占地面积约120万平方米，为目前亚洲最大的海洋工程制造场地之一，设计年加工能力为27万吨；取得ISO 9001、加拿大CSA 47.1、CSA A660、ASME PP、欧盟CPR、API 2B\Q1及特种设备安装许可等多项体系或产品认证。

青岛公司自2006年6月投产以来，累计完成加工量186万吨，为"海上大庆"、能源强国，乃至"一带一路"建设等做出了重要贡献。其中，重3.2万吨的荔湾3-1项目被媒体誉为"海底鸟巢"；Yamal LNG项目是中国企业首次承揽LNG核心工艺模块建造，打破了国际同行长期垄断；巴油P67/P70姊妹船是迄今我国为国外交付的工程量最大、技术要求最高的FPSO总承包项目；"深海一号"能源站是全球首座十万吨级深水半潜式生产储油平台。

三、背景

近年来，受国际油价大幅波动及新冠疫情影响，全球海洋工程装备市场较为低迷。同时，东南亚国家海工装备制造业凭借超低劳动力成本迅速崛起，巴西、俄罗斯等资源大国开始培育本国企业，国内众多船厂在海洋工程领域快速发展，海工装备制造行业竞争激烈。

海工装备制造行业有"定制化、非标准化、深水化"的特点。随着产品结构及目标市场多样化，不同客户的设计理念、技术标准差异显著,"核心设施疲劳寿命 150 年""涂装防腐质保 25 年"等严苛质量要求不断出现。青岛公司工作量快速上升、施工分包占比明显提高的同时,还面临着成熟产业劳动力社会资源短缺的问题。随着新材料、新标准不断运用及新施工单位、新人员大量涌入,质量管理系统化、精细化的需求成倍增加,传统的"事后检验"模式受到很大挑战。

四、质量管理总体思想

工业发达国家的实践表明,"质量强国"是由制造大国向制造强国转变的必然选择,以高质量和高性价比避免同质化竞争,成为企业可持续发展的必由之路。由此,青岛公司制定了"中国特色国际一流海油工程建造场地"的战略目标,将"质量管理率先实现国际一流"作为支撑目标实现的战略举措。

青岛公司充分吸纳国际先进的全面质量管理理念与方法,构建了"质量是公司发展基石"质量核心价值理念,制定了"质量优先、客户至上、持续改进"的质量方针,以努力追求"质量零缺陷"为目标。

青岛公司以组织和资源保障为根,以鲜明的企业质量文化为魂,以体系和制度建设为基,以关键专项能力建设为柱,以全过程绩效管理为纽带,构建了"金字塔"型质量管理系统(图1),着力打造"海油制造"品牌,以成为"更高性价比引领者"来实现公司的长期可持续发展规划。

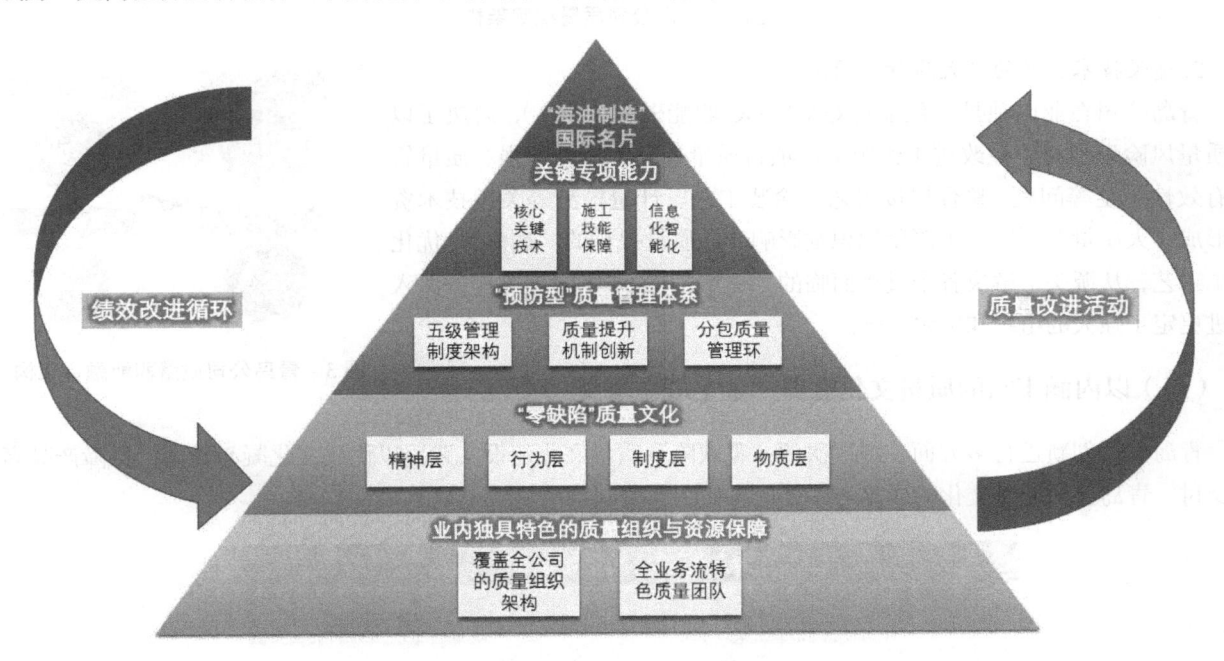

图 1 "金字塔"型质量管理系统

五、主要措施及实施情况

(一)以独具特色的组织与资源保障浇筑"金字塔"塔基

1. 以覆盖全公司的质量组织架构保障全面质量管理推行

青岛公司建立了覆盖全流程的质量组织架构(图2),有效分解质量职责,并为各部门配置了资质完善、经验丰富的质量管理人员。青岛公司有 80 多名员工具备 ISO 9000 内审员资质,115 名检验人员具备国际权威检验资质;建立了"总站+生产部门分站"的两级技能培训机构,聘用初、中、高三级技能培训教练 83 名,以完善的组织架构和高层次的人才配置为全面质量管理的推行打下了基础。

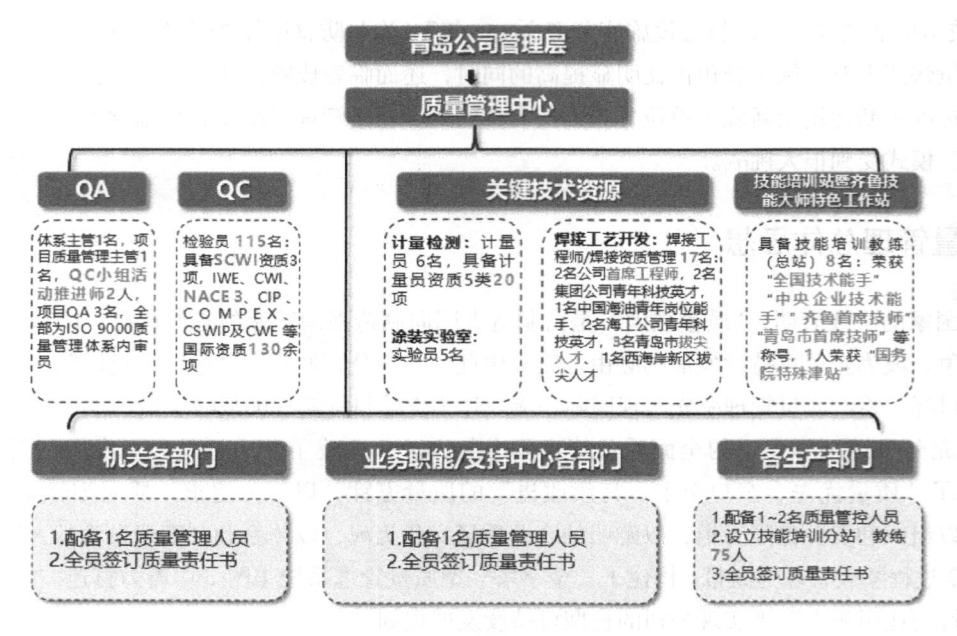

图2 青岛公司质量组织架构

2. 建设技术引领的"大质量"团队

青岛公司在业内独具特色地将QA与QC职能融合（图3），解决了以往质量风险识别与管控改进工作脱节、项目质量计划针对性不强、质量管理有效性不足等问题；整合焊接工艺、涂装工艺、计量检测等关键技术资源形成"大质量"团队，更深刻地识别影响产品质量提升的"痼疾"，优化施工工艺，从源头上解决各个过程面临的"痛点"，为质量管理工作的深入推进奠定了强大的组织和资源基础。

图3 青岛公司质量职能融合架构

（二）以内涵丰富的质量文化滋养"金字塔"塔身

青岛公司创新进行多方面、多层次的"零缺陷"质量文化建设实践，以优质文化凝心聚力，保障产品高质量交付。青岛公司质量文化的内涵与表现形态如图4所示。

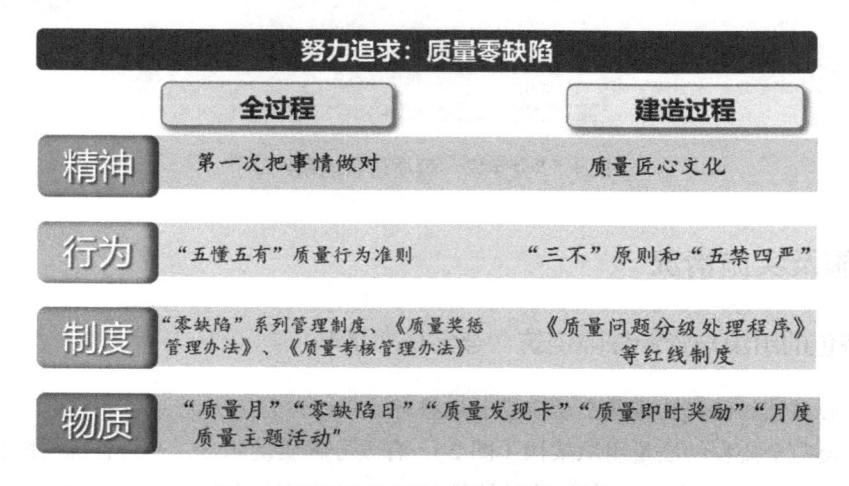

图4 青岛公司质量文化的内涵与表现形态

1. 精神层面：以质量文化理念的系统构建凝聚共识

从知识分享、双向沟通、领导作用、员工参与、培训教育、经验推广等角度制定了"零缺陷"系列制度（表1），为全员开展质量文化建设明确了方向和方法。打造从入场第一天就开始培训的全员"质量培训"矩阵，使质量价值理念、方针、目标得到深入理解，营造了上下同欲、步调一致的"力场"；尤其是新进厂施工单位和人员建立了对产品质量特性的正确认识，质量意识得到统一。

表1 "零缺陷"系列管理制度及其内涵

序号	制度名称	目的
1	质量改进与质量文化建设指南	明确公司质量文化建设的方向和程序
2	零缺陷理论培训管理程序	向公司全体员工讲授零缺陷理论知识
3	质量"现地现物"管理程序	管理人员亲临现场，彻底了解情况
4	零缺陷建议和实施管理程序	收集员工对零缺陷的建议并实施
5	零缺陷双向沟通管理程序	展示零缺陷信息与员工建议
6	Lesson Learned 管理程序	收集分享公司经验教训
7	质量导入教育管理程序	为新员工和新入厂的分包商员工开展三级质量导入教育

"质量之魂，存于匠心"。青岛公司通过"海油工匠"及"最美匠心人物"评选系列活动打造特色鲜明的"质量匠心文化"，表彰一带一路暨金砖国家技能发展与技术创新大赛（图5）、全国石油化工行业焊工技能大赛等国内外赛事冠军，塑造典型匠心人物。青岛公司先后荣获21项个人金奖、7届团体金奖，培养了9名大赛冠军、6名全国技术能手、9名中央企业技术能手，"海洋石油工业劳动模范"、省市级"首席技师"、"工人先锋号"等高水平技能人才层出不穷，形成了良好的价值导向。

图5 青岛公司技能人才参加国际大赛斩获奖项

2. 行为层面：以质量行为准则的发布明确全员行为导向

青岛公司结合自身业务特点，提炼总结了全过程"五懂五有"质量行为准则，建造过程质量管理"三不"原则和"五禁四严"质量行为准则（图6），并将其写入管理手册成为青岛公司全体员工的行为准则，成了广大员工牢记于心的日常工作行事原则。

图6 青岛公司质量行为准则

3. 制度层面：以质量奖惩和红线制度实现激励和约束

青岛公司创新建立了以《质量奖惩管理办法》《质量考核管理办法》为代表的质量激励制度，以《质量问题分级处理程序》《质量停复工管理规定》《个人质量违章记分管理规定》为代表的质量红线制度，使质量文化理念落实为日常工作中系统的、可操作的具体管控要求。

4. 物质层面：以广泛开展的特色活动使质量文化外在凸显

通过"质量月""零缺陷日""质量发现卡""质量即时奖励""月度质量主题活动"等活动将全员纳入质量管理过程（图7、图8、图9）；以各工种"技能比武大赛"提升施工技能水平；通过领导层为基层单位和员工签发质量奖励证书，颁发质量奖励纪念品，广泛张贴质量海报、条幅，制作质量文化宣传片等活动，使质量文化得到外在凸显。

图7 青岛公司2022年"质量月"大班前会

图8 青岛公司2021年度"质量发现卡"优秀提报人

图9 青岛公司"质量即时奖励"荣誉墙

（三）以"预防型"质量管理体系强健"金字塔"塔体

1. 质量管理体系架构

在充分考虑内外部环境因素的基础上，青岛公司在质量管理全流程广泛开展制度定制和创新，策划和持续改进环节的制度占比达70%，在10多个过程创建了青岛公司独有的管理方法，质量管控的重点逐渐转移到事前预防环节，基本实现了建设"预防型"质量管控体系的目标。图10所示为青岛公司质量管理体系架构，图11所示为青岛公司质量管理体系制度框架。

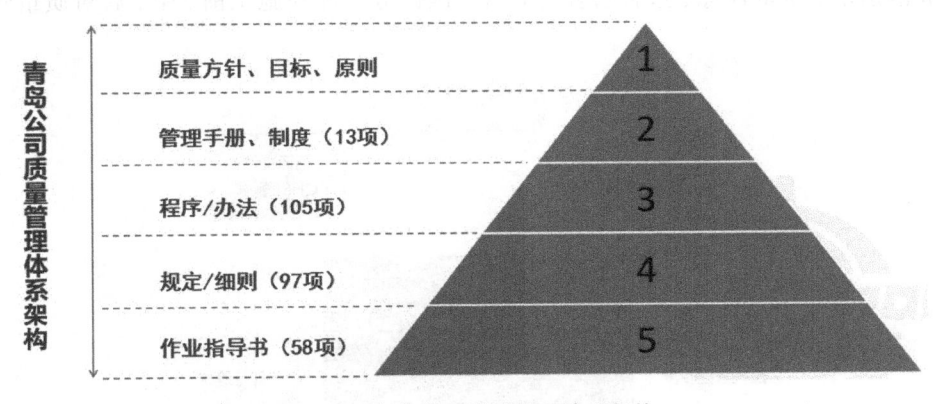

图10 青岛公司质量管理体系架构

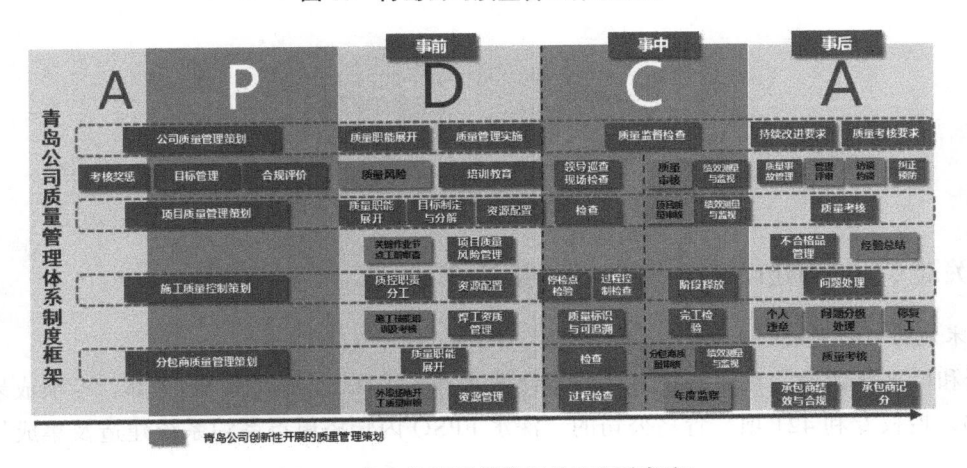

图11 青岛公司质量管理体系制度框架

2. 产品质量提升机制创新

实施《质量风险管理程序》，通过公司各专业共同编修《建造质量风险管理手册》，深入掌握产品建造过程质量特性，质量风险控制有效；开展关键作业节点工前审查，保障了关键工序在资源配置、人员能力与意识、材料准备等方面的有效组织；基于矩阵分级，通过质量问题分级处理、个人质量违章记分管理和质量停复工管理匹配相应管控措施，实现快速精准纠偏；通过质量案例总结分享，为《预防纠正程序》的实施提供输入，有效推动了质量问题预防。系列制度实施以来，青岛公司建造过程质量问题发生率显著降低（图12），达到业内领先水平。

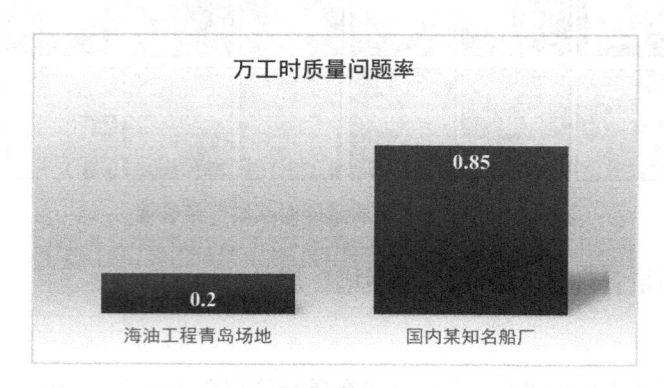

图12 某大型深水项目不同场地万工时质量问题率

3. 打造"分包质量管理重点环"

针对分包质量管理的难点，青岛公司基于工程施工特点，打造了完整的"分包质量管理重点环"（图13），通过资格预审、质量评标、过程管控等程序，确保分包商在施工前、中、后对质量管理全程关注。

图13 "分包质量管理重点环"示意图

（四）以关键专项能力建设筑牢"金字塔"塔柱

1. 核心技术能力不断突破

通过科研和标准化建设，在建造技术领域累计发布各类工法25部、标准63部、专项成果1部、专项标准体系1部，授权专利421项。青岛公司的"深水FPSO内转塔单点系泊系统建造及集成技术创新"项目荣获"中国钢结构协会科学技术奖"一等奖,"海洋结构物陆地装船的创新技术"项目荣获"中国石油和化工自动化应用协会科技进步奖"二等奖,保持核心技术能力行业领先,如图14所示。

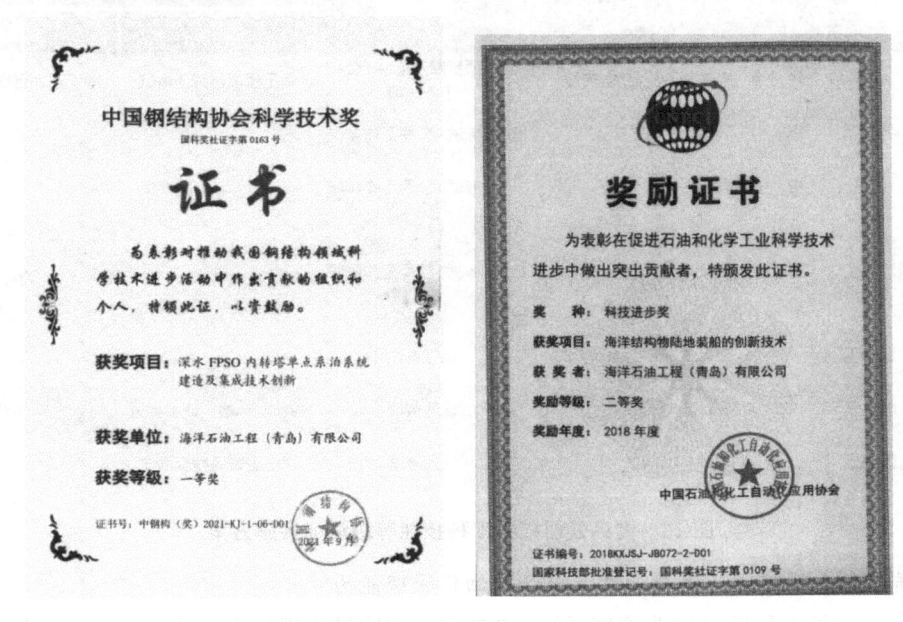

图14 青岛公司获得多项行业奖项

在影响产品质量特性的关键领域,形成了以美标为主,覆盖北美、欧洲、澳大利亚等多地区标准的焊接技术体系,具备焊接关键技术37项、技术成果文件2106份、授权/受理专利25件,发表核心论文100余篇。在业内率先成立涂装实验室,完成5项喷砂新工艺开发及多项原材料性能测试和失效模拟分析,建立涂装质量管理系列标准,有力应对了全球市场的高质量要求。

2. 打造核心工种技能等级认证体系,提升施工人员技能

青岛公司技能培训总站已建成青岛市技师工作站、齐鲁技能大师特色工作站、集团公司技能大师工作室、中国海油示范性劳模和工匠人才创新工作室。依托行业领先的技能培训团队,推行自有"高端技能人才重点培养+协作单位准入技能普及培训"的工作模式。2015年以来,技能培训团队培养出了多名高端技能人才,操作队伍高端技能人才占比由5.6%提升至77.5%。部分高端技能人才证书如图15所示。

图15 部分高端技能人才证书

2017年,青岛公司量身打造了一套涵盖核心工种的技能培训认证和准入制度。从投标阶段便将技术工人持证情况作为重要考核指标,完成各工种技能培训认证万余人次,建设了技能过硬的施工队伍,从技能源头打破了质量提升的瓶颈。图16所示为青岛公司核心工种技能等级认证实施方案。

序号	工种	等级划分	专业划分	评定方案	考试方案 实操	考试方案 理论
1	焊工	初、中、高级	结构/管线	工程项目焊工证书+公司工作年限	同工程项目焊工考试	同工程项目焊工考试
2	管工	初、中、高级	/	认证考试+公司工作年限	√	√
3	铆工	初、中、高级	/	认证考试+公司工作年限	√	√
4	涂装工	初、中、高级	喷砂工、喷漆工、油漆修补工、特种涂装（防火漆、热喷铝等）	认证考试+公司工作年限	√	√
5	切割工	/	结构/管线	认证考试	√	√
6	电仪工	/	/	认证考试	首检不合格，证书失效	√
7	保温工	/	/	认证考试	视施工难易程度而定	√

图 16　青岛公司核心工种技能等级认证实施方案

3. 自主开展质量信息化建设，提升管理效率和精细化管理能力

青岛公司自主建设了工程项目建造管理系统（PCMS）和质量管理信息系统（QMIS），包含项目管理、质量管理、质量控制、计量管理、焊接管理等模块，取得了 5 项软件著作权。在体系运行和项目管理数据的采集、分析与传递全过程实现了集成化处理和动态共享；借助流程透明、数据整合、防呆防错等特色功能，每年节省 10000 人工时；依托高效的大数据分析，质量数据分析由原来的 4 方面 5 项扩展为 8 方面 30 项，支撑了一批独创性量化管控制度实施，实现了质量绩效全面量化评价。PCMS 工作界面如图 17 所示，QMIS 工作界面如图 18 所示。

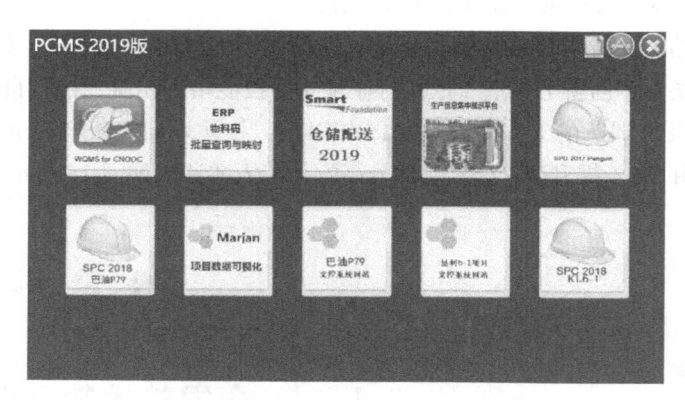

图 17　PCMS 工作界面

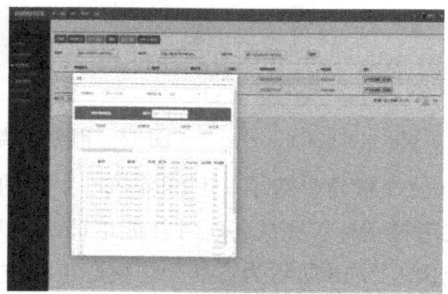

图 18　QMIS 工作界面

青岛公司信息化管理系统在国际项目中通过了客户的严苛审核，替代总包方成熟商业软件开展数据管理（图19）。基于PCMS和QMIS两个系统的数据互通，工程项目实现了质量验收状态及遗留工作动态更新，打破了项目管理、质量管理与施工管理的信息壁垒，有效保障了产品的高效、高质量交付。2018年，PCMS荣获中国信息协会"中国能源企业信息化管理创新奖"。

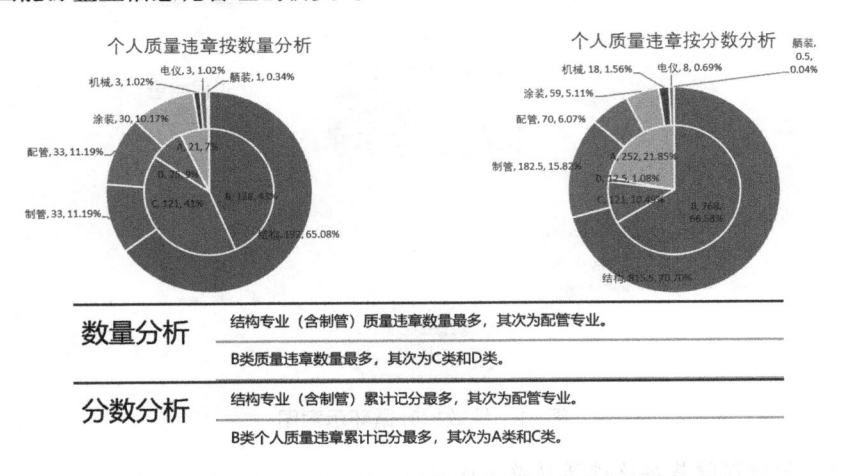

数量分析	结构专业（含制管）质量违章数量最多，其次为配管专业。	
	B类质量违章数量最多，其次为C类和D类。	
分数分析	结构专业（含制管）累计记分最多，其次为配管专业。	
	B类个人质量违章累计记分最多，其次为A类和C类。	

图19 基于QMIS质量数据分析为精准管控提供循证决策

（五）以质量改进循环擦亮"金字塔"塔尖

1. 以绩效管理为纽带实现质量改进闭环

青岛公司以年度质量重点工作计划为抓手，明确重点工作方向和内容；依托QMIS实现质量目标指标监测的信息化管理；基于业务流程创新审核策划，按照业务实际开展步骤和时序串联参与部门，拓展审核深度和广度，及时发现问题并纠偏；管理评审形成"工作部署+专项培训+重点部门辅导+评审总结"系列活动，明确下一年度质量重点工作方向，最终实现"自上而下"的质量改进不断循环。

图20所示为青岛公司流程化审核清单示例。图21所示为青岛公司绩效提升循环示意图。

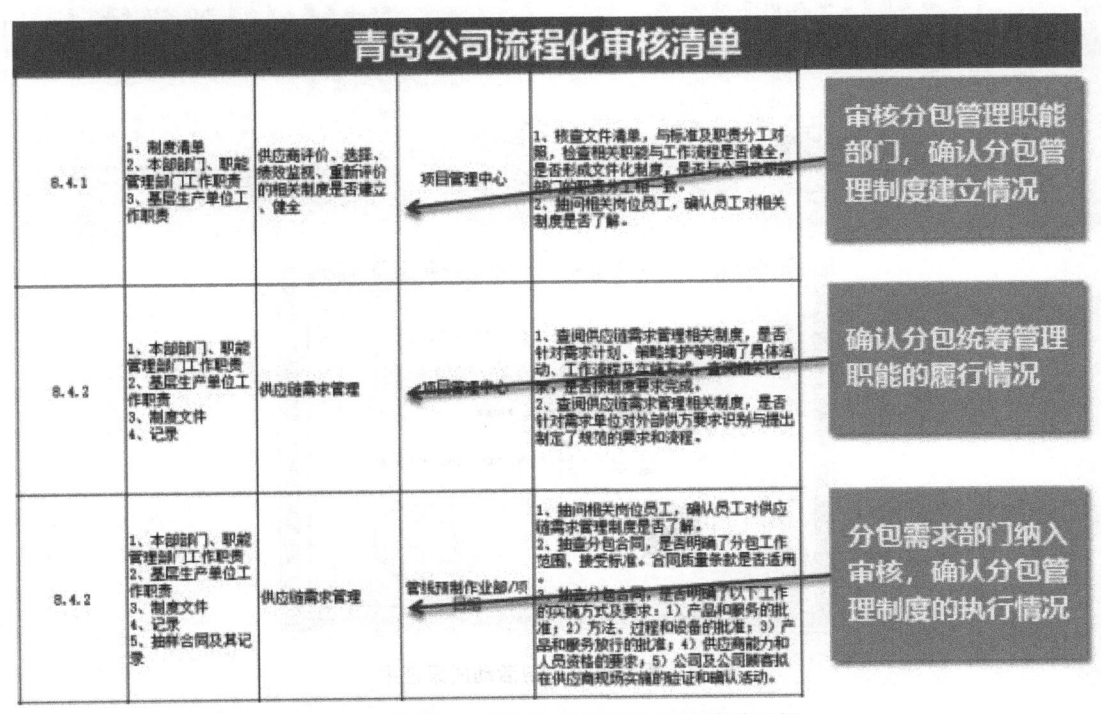

图20 基于分包管理工作流程的审核清单示例

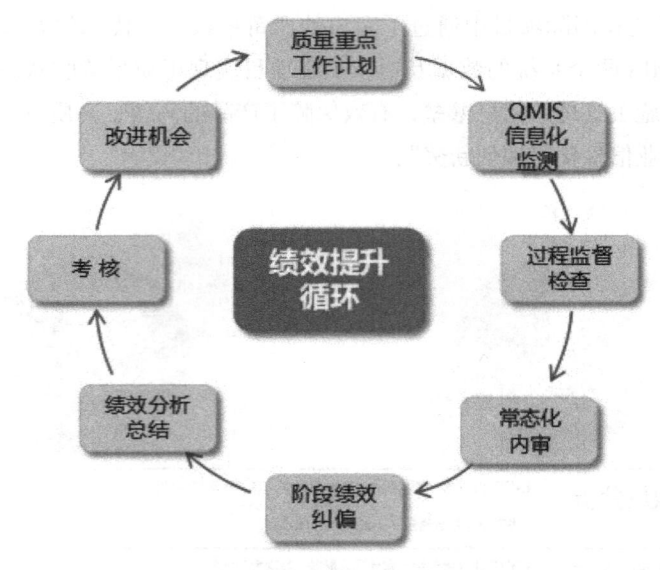

图21 绩效提升循环示意图

2. 通过扎实的过程管理保障基层改进活动做出成效

青岛公司注重一线员工的积极参与，通过QC小组、技改技革、创新创效活动鼓励"自下而上"的质量改进。通过制定活动专项方案，制作视频教程/培训课件，活动推进师辅导，调动全员参与热情，保证改进活动高质量开展。目前青岛公司拥有数个长期坚持开展改进活动的员工团队，近三年实现工艺革新、设备改造成果100余项。其中，2项成果荣获全国优秀质量管理小组荣誉，21项成果获集团公司或行业质量管理小组活动优秀成果奖励，部分证书如图22所示。通过科学改进和过程管理，高效促进了质量提升。

图22 质量改进小组活动成果证书

六、成效

（一）施工质量远超行业水平

通过制度创新强化了施工单位的主体责任和危机意识，推动质量控制节点向施工工序前移，施工质量过程管控能力显著增强，一次合格率连续多年远超目标要求和行业平均水平，有效降低了施工工序返修带来的巨大成本，保障20余个大型项目顺利交付。青岛公司近5年UT/RT（按长度）一次合格率如表2所示。某大型深水项目不同场地焊接返修率为表3所示。

表2　青岛公司近5年UT/RT（按长度）一次合格率

年份	UT	RT	目标值
2018	99.93%	99.95%	98.00%
2019	99.88%	99.65%	98.00%
2020	99.78%	99.75%	98.00%
2021	99.78%	99.74%	98.00%
2022	99.80%	99.72%	98.00%

表3　某大型深水项目不同场地焊接返修率

场地	焊接长度(mm)	一次探伤不合格长度(mm)	结构焊接一次不合格率(%)	结构焊接返修长度(mm)	结构焊接返修率(%)
海油工程青岛场地	47127416	65506	0.14	143400	0.3
国内某知名船厂	62608773	403078	0.64	882741	1.4

（二）以"明星"项目的高质量交付助力公司实现跨越式发展

从2015年Ichthys项目LNG核心主管廊模块，到2018年亚马尔项目LNG核心工艺模块，青岛公司连续实现LNG模块化产品的高质量交付，成功打破了国际同行在该领域的长期垄断，实现了产品价值链的"三级跳"，跻身国际LNG核心工艺模块建造"第一梯队"。

（1）先后成功交付巴西石油FPSO P67/P70项目（图23）、流花16-2 FPSO、企鹅圆筒式FPSO等多个深水FPSO产品，掌握了超大型FPSO自主建造集成的质量保障能力，提高了我国深水海洋工程装备建造水平，对增强我国海洋资源开发能力具有重要战略意义。巴油项目被评为"国资委2019年十大创新工程"（图24）。

图23　FPSO—P67/P70

（2）成功建造我国首个自营超深水大气田核心产品"深海一号"能源站（图25）。公司以比国际同类项目短40%的工期，有效应对"30年不回坞检修"和"核心设施疲劳寿命150年"的严苛挑战，在极限生产负荷下实现产品高质量圆满交付，有力诠释了疫情下"中国速度"的高质量内涵，展现了海工建造"国家队"的时代担当，对加快我国深海资源开发、保障国家能源安全具有重要意义。

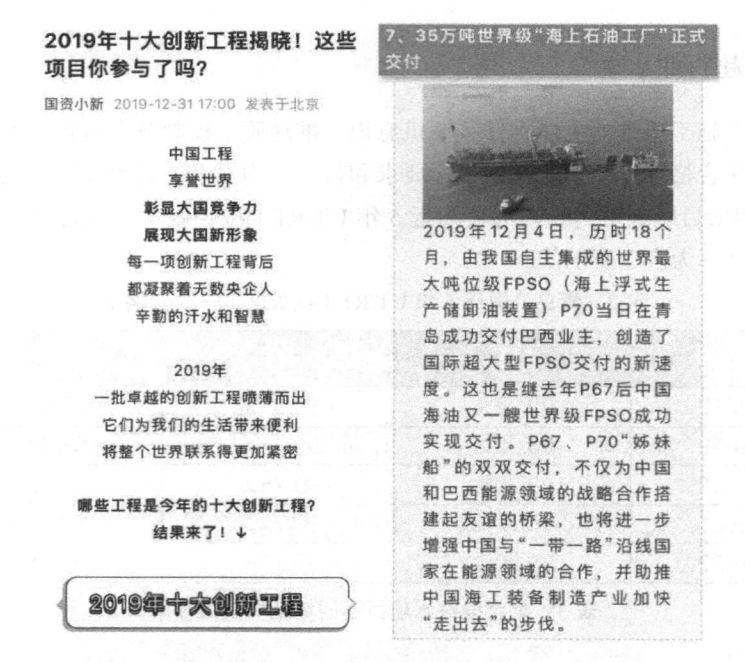

图 24　巴油项目被评为"国资委 2019 年十大创新工程"

图 25　"深海一号"能源站

（三）打响"海油制造"质量品牌

青岛公司积极响应党的二十大号召，打响"海油制造"高质量品牌。近年来客户满意度稳固提高，道达尔、壳牌、埃克森美孚、沙特阿美等国际知名油公司，以及德希尼布、日挥、福陆、SBM 等国际一流工程公司慕名而来。目前，青岛公司海外订单工作量可持续到 2026 年，同时跟踪的国际项目有 30 余个，凸显了巨大的品牌价值作用，企业的社会效益和影响力不断提升。

2020 年，青岛公司质量管理系列成果荣获"中国海油企业管理现代化优秀成果奖"。

（四）有效提升周边产业资源质量，带动地区经济快速健康发展

基于技能培训认证体系，为行业培养各工种技能操作人员 13000 多人次，为推进中国海油 2030 年全面建成"四个中心"乃至实现海洋强国国家战略目标培养了大批质量意识高、操作技能强的高水平技能人才。2022 年，青岛公司获评国家人力资源社会保障部颁发的"国家技能人才培育突出贡献单位"荣誉称号。

依托国内外大型海洋工程装备建造项目的高质量交付，国内 45 家企业的合格产品成功走出国门，走进北极，走向深海，带动了周边企业和相关行业的健康快速发展，推动了地方经济建设，创造了巨大社会效益。

主要创造人：吕　屹

"三线促零"质量管理模式

内蒙古伊利实业集团股份有限公司

一、企业概况

内蒙古伊利实业集团股份有限公司（以下简称伊利）总部位于内蒙古呼和浩特市，是中国规模最大、产品品类最全的乳制品企业，位居全球乳业五强，8年蝉联亚洲乳业第一，营收连续超百亿级增长，2021年实现营业总收入1105.95亿元。

伊利设有液态奶、奶粉、冷饮、酸奶、奶酪五大事业部。截至2021年年底，共有员工61598人，其中，外籍员工近2000人。伊利品牌理念为"滋养生命活力"，根据不同人群需求，设有母品牌及20余个子品牌。伊利全球合作伙伴总计2000多家，遍及六大洲，分布在39个国家，在全球拥有15个研发创新中心、76个生产基地，旗下液奶、奶粉、酸奶、奶酪、冷饮等产品销往60多个国家和地区。伊利是中国首家唯一一个同时服务2008年夏季奥运会和2022年冬季奥运会的健康食品企业。

伊利以"成为全球最值得信赖的健康食品提供者"为愿景，以"伊利即品质"为企业文化信条，确立了品质领先战略"3310"（即3个一流，3个基础，1票否决，0食品安全事件）。在落实品质领先战略"3310"的过程中，伊利赢得了社会各界的认可，获得了全国质量标杆、中国质量奖提名奖、第十九届全国质量奖以及亚洲质量卓越奖等荣誉。

二、"三线促零"质量管理模式简介

（一）背景

伊利始终坚持将食品安全和产品质量放在管理的第一位，全方位提升产品品质，不仅要成为健康产品的提供者，更要成为健康生活的倡导者、带动行业发展的引领者。2018年，伊利明确了2025年进入"品质管理综合竞争力全球乳业前三"的战略目标。在"伊利即品质"的信条指引下，结合世界级制造要求，创建了具有伊利特色的卓越品质管理评价系统，升级品质领先战略"3310"。经过不断总结，完善质量内涵，最终形成以设计线QbD、运行线HARPC、物流线BRCGS三条防线，TPM加持现场管理，六西格玛全程贯通改善的多元引领铸品质的"三线促零"质量管理模式，如图1所示。

（二）组织质量管理制度、模式、方法的主要内容和要素构成

"三线促零"质量管理模式主要围绕"以消费者为中心""塑造消费者高度信赖的质量形象"，吸收、转化、运用国际前沿的管理思想和方法，塑造产品品质，深耕品质领先管理体系，在创新中不断改进。

1. 品质源于设计线：深入质量源于设计（QbD），前置零缺陷管理理念

伊利跨领域引入QbD，按照"品质源于设计"的思想，在上市新产品研发流程中，构建了"七步五门"的风险预判管理框架，推行设计零缺陷管理理念。在新产品研发流程工艺开发阶段，通过PFMEA、DFMEA、DOE等分析工具，开发工艺参数设计空间，合理制定工艺控制空间和操作空间，实现消费者需求与产品品质点的精准转化，结合消费者沟通服务、实时消费洞察的品质改善评价联动系统，借助数字化打造敏捷型设计风险防线。

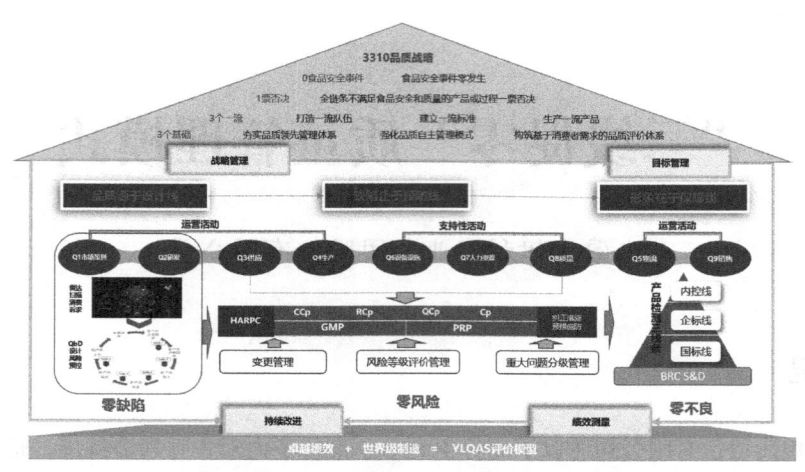

图 1 "三线促零"质量管理模式

2. 缺陷止于预防运行线：基于风险思维全链条深化危害分析与预防（HARPC），打造零缺陷模型

基于风险思维，建立"大改善小循环"的端到端的自主管理，将乳制品HACCP升级为HARPC体系，打通研发、设备、生产和物流的风险管控方法。现场控制点进行第一步层化，界定风险点、法规点、工艺点、质量控制点；对控制方法进行第二步层化，形成过程、供应链、环境卫生、过敏原4个预防控制方案。同时深入微生物研究并结合环境卫生一体化项目，对生产过程质量进行量化、预防性管控，提升风险控制能力，逐步由质量拦截向源头质量控制转型。

3. 形象在于保障流通线：引入国际权威食品安全标准、实现趋零化发展

结合国际化布局及产品进出口业务需求，从工厂、仓储物流到经销商各端口，对标世界标杆企业管理最佳实践，开拓物流供应链管理视野，结合BRCGS储运食品安全标准，增加流通环节防护、防欺诈、异物管理等要求，建立车辆应急管理模型、分仓核查机制。从硬件、仓储、发运、追溯等环节打通生产与物流的食品安全管理体系，升级控制措施，拉动相关方能力快速提升，将流通环节风险控制实现趋零化发展，实现从生产到消费终端的全程安全保障。

4. 应用TPM、六西格玛等方法贯穿全过程，实现精益化管理

从2012年开始，以"提升效率、降低损失"为目标，不断推动焦点改善、教育及训练、自主维护、质量维护等九大支柱的发展；以生产加工过程为主线进行过程缺陷及控制条件的改善；应用六西格玛高阶工具，在研发、生产加工、供应商各领域，通过小组化课题、改善项目等活动提升品质。截至目前，有19家工厂通过TPM奖项，从救火式向预防式管理迈进，最终实现"质量零缺陷、设备零故障、成本零浪费、员工零抱怨、客户零投诉"的目标。

5. 建立管理制度，促进品质管理要求全面落地

为了"三线促零"质量管理模式的有效落实，促进零缺陷、零风险、零不良的实现，搭建以《质量管理大纲》、程序文件及各级操作手册、作业标准为框架的质量管理制度体系，明确全过程品质和食品安全职责，引领业务全方位、规范性管理。

同时，建立《质量管理奖惩办法》奖励先进和创新，惩戒和激励落后，对碰触质量底线的行为和人员实行"一票否决"。各事业部建立全链条"质量红线"，层化和细化质量管理底线。

6. 严格把关制定产品质量管控"三条线"

统计分析既往产品控制数据，收集国际风险信息和标准更新，紧跟国家食品安全风险风向标，每年进行一次产品指标参数评审，形成《年度集团各事业部成品内控标准限量值》标准。在严于国标和国际标准的基础上制定产品企标线，在严于企标线的基础上建立预警线；依据企标线放行产品，依据预警线内部预警，查找根因，迅速纠正改善。

三、"三线促零"在实践应用过程中的典型做法

（一）品质战略引领促落实

品质战略作为公司战略的有机组成部分，明确质量管理发展方向及战略主题。集团、事业部层层开展战略解读，以集团策划、事业部承接、工厂转化的传接球落地机制，确保自上而下方向一致，自下而上层层支持，使各层级战略方向和目标保持一致。

事业部建立职能推进计划，从管理上、制度上、技术上进行专业辅导，对口支持工厂实施改善；工厂建立目标分解库，将战略目标、重点工作目标、日常工作目标分别制定行动计划；由事业部、工厂、部门不同层级对目标计划进行月度回顾与跟进；集团通过卓越品质评价系统年度总评战略实现情况。

（二）大数据雷达系统精准洞察消费者需求，建立三段式消费者需求满足机制

从消费者语言转换到研发的结果验证，再到工艺验证后对消费者品质体验进行改善，形成三段式消费者需求满足机制；整合销售终端、消费者和合作伙伴的信息，建立了大数据雷达消费者需求模块和研发信息模块；从上市前创新研发到上市后效果追踪及持续优化，形成全流程、一站式舆情洞察应用落地闭环，支持产品研发赋能，回应消费者的需求。

（三）全员参与，"三安全"活动营造氛围

将"三安全"（即生产安全、食品安全、危机安全）作为质量管理落地的抓手，与各单位年度推进的重点工作有效结合，通过除隐患、降损失、强业务等内容不断强化全员践行"三安全"的意识。各级管理者作为食品安全第一责任人，开展月度自查，承担食品安全改善项目，建立后进班组帮扶机制，带动全员参与质量管理。

（四）互联网和新技术的应用

随着传统制造业的智能制造升级，伊利加快了数字化转型，建立集团、事业部、工厂三级信息系统蓝图；搭建了研发管理平台（PLM）、智能管理系统（MES）、环境健康安全质量（EHSQ）信息管理系统、质量信息系统（QCS）、视频监控系统（CCTV）、企业资源计划系统（ERP）等系统，辅以相应的移动端应用；通过云商、麦芒、流通移动端等系统实时反馈终端问题，形成了消费者、研发、采购、生产、物流、销售网络化信息平台，如图2所示。

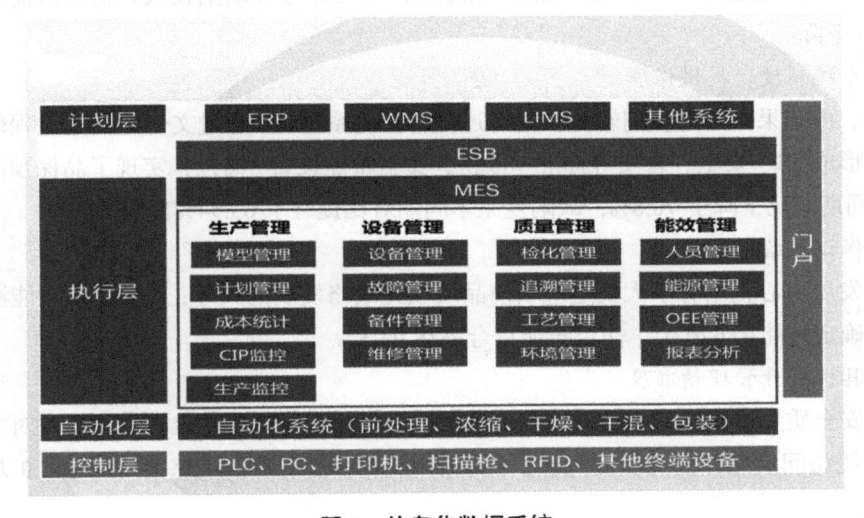

图2 信息化数据系统

在伊利智慧牧场的管理下，数字化、智能化与奶业全产业链深度融合。2021年"伊利智慧牧场大数据分析应用平台3.0"升级完成，正式向全国牧场免费开放使用。该平台是伊利奶牛科学研究院与国内、外产业链专家资源共同研究开发，模拟专家技术、理念思维构建的大数据分析应用平台。通过该平台可逐层级模拟专家思维开展大数据智能分析，直达问题根源，直至生成牧场改善提升成套方案，为每一座牧场随时提供专家"会诊"，相当于将全球奶牛养殖专家的"大脑"放在了每座牧场。

四、组织质量管理制度、模式、方法实践应用场景和产生成效

通过"三线促零"质量管理模式的应用与推广，在市场、研发、生产、流通各环节建立了一道坚固的食品安全防火墙，强化了全链条食品安全与质量管理能力。

（一）品质源于设计线

开发TPP-QTPP翻译器，将市场信息科学解码。在新品开发的5个过程中，通过产品穿行测试和商业化试运行，提高产品上市成功率，平均缩短研发周期3个月，年节约17024工时，实现了敏捷化开发设计。

（二）缺陷止于预防运行线

1. 品质保障，资源先行

通过对物流、原奶、生产能力各方面的资源匹配度进行协调，实现全产业链的快速运转。资源优化后，单吨运距降低约80千米，交货时间缩短了2小时，年度生产计划达成了95.4%，实现产品交付100%合格。

2. 精细管理，人人有责

结合维持改善的理念，应用PM、AM方法，对现有设备进行ABC分类。对影响安全和质量的设备进行重点关注，明确设备维护策略；过程通过现状识别、故障管理等工作的开展，逐步导入基于状态性维护，推动了设备维保效率化，生产时间利用率达到了94.01%。

建立覆盖全品项指标核查计划，加大高风险指标分析频次，制定预警管理审核细则，聚焦变更产品数据分析。通过赋能培训及奖项拉动机制优化预警管理值，制定产品质量核查方案、策划预警管理审核、升级预警管理。目前应用SPC工具识别143个潜在风险，已组织改善71个，实现了食品安全事件为零的目标。

3. 供应商协同，持续改善

利用"外部+内部"结合的方式，进行风险前置管理。外部通过与供应商联动，从菌株溯源、封合强度检测技术，识别设计缺陷，促进供应商在设计端进行改善；内部通过过程缺陷技改、辅导验证机制的落实，使投诉率实现10年持续下降。

4. 完善预防性系统制度，提供保障

基于合规合法，由结果向过程控制转变，提升过程管控的系统性；通过文件建立到过程落地6个方面开展确认与验证工作，形成5S、安全、食安等标准986份，覆盖重点设备/岗位，实现了品保预防性系统的完善及风险控制；缺陷率同期对比下降了70.6%，缺陷复原率同期对比提升了63.94%。

5. 人才储备，保证供给

通过全球人才发展中心，培育了大批适应当前品质领先战略发展的人才；通过岗位技能测评、岗位能力学习地图两大工具，确定技能项620个，岗位技能符合率达93.3%。

6. 引入高阶工具，提升管理精准度

设计环境健康安全质量信息管理系统，输出信息点检、产品直通率、多维投诉与事件对应、文件遵守度等多个数学模型。系统访问量累计850多万人次，获取数据量56万余条，跟踪关闭问题6.9万项，实现管理手段场景化、信息化。

（三）形象在于保障流通线

依托大数据雷达系统开展的消费者品质体验线上产品专项改善，正面舆情环比提升了10%，不断提升消费者产品使用口碑。

依据各事业部产品特性，结合消费者在全网络的舆情反馈，各事业部针对消费者体验进行多维度深度分析，开展产品品质提升项目31项。2022年正面声量较2021年环比提升了28.5%。

五、组织质量管理制度、模式、方法的创新性和推广价值

伊利在推行"三线促零"质量管理模式的过程中，形成了自己的管理特色，总结形成了行业最佳实践，促进了管理进步。其创新性和推广价值主要体现在以下3个方面。

（一）跨领域管理方法转化应用，质量管理体系实现创新

关于乳制品的研发，在展开ISO 9001中的"7.5产品设计与开发条款"时，没有具体可操作性的方法和工具。伊利借鉴药品行业的"品质源于设计"（QbD）的标准，设计了研发端风险预判品质管理的内容。管理层将产品研发的五步基本流程分为五个阶段七个门，设置前置条件和过关标准，利用行政审批流程控制产出结果的质量；在技术层建立知识工程包，将操作标准和设计标准的关联关系预设，提前商业化验证，使产品结果的可靠性大幅提升，在行业内解决了研发与质量管理边界不清的问题。

（二）有机融合基础管理标准和特有管理标准，实现质量管理与业务一体化

伊利在不同发展阶段，分别引入了ISO 9001、HACCP、FSSC22000、BRC GS以及现在的VACCP和TACCP。这些标准相互之间有重叠，行业审核和单个体系的完整性、独立性导致业务上普遍存在多体系硬整合的情况。伊利设计了一体化整合体系，将体系要求嵌入业务流程。无论组织架构是矩阵式还是职能型（或项目型），质量管理体系从上到下都是一个整体，平行看各层级分别又是一个完整体系；把整个过程从上到下层级分解，用信息流串接，形成岗位职责与体系要素的有机结合，解决了困扰行业多年的"两张皮"问题。

（三）从业绩指标到品质改善，解决了顾客需求满足的问题

将药品QbD标准引入食品企业，建立了基于消费者品质体验的品质改善评价系统，结合信息化系统大数据雷达收集的消费者、合作伙伴及市场的反馈信息，将市场发展趋势、消费者诉求转化到产品的开发和改善中，为制造业品质改善开拓了新思维、新技术和新方法。

伊利在过程管理中，搭建环境健康安全质量信息管理系统，构建过程点检稽核与文件落地的质量过程控制地图，层化质量缺陷，重点突破集中改善。同时，借助CCTV（视频监控系统）等工具开展远程监控和过程评估，有效提升了过程管理效能。

主要创造人：吕志勇
参与创造人：李晔秋、陆小苹

构建"4+2"设计预防质量管理体系与项目实践

广州汽车集团股份有限公司汽车工程研究院

一、企业概况

在汽车"新四化"背景下，汽车产业加速转型升级，以创新驱动汽车产品高质量发展成为行业发展的重要方向。广州汽车集团股份有限公司汽车工程研究院（以下简称广汽研究院）以质量战略为牵引，完善了汽车产品"V型"正向开发质量管理流程，聚焦"四新件"质量开发特点，构建了"4+2"设计预防质量管理体系。该质量体系包括研发端的预防理念、预防流程、预防方法、预防工具四个方面，以及研－产一体化风险管控、用户体验提升两项措施，实现了从过往的再发防止向未然防止转变；同时，以质量体系赋能产品研发，强化设计预防落地实施，提升产品设计质量，降低开发质量成本，取得了显著的经济效益。

二、项目背景

在汽车产业快速转型升级、市场竞争不断加剧的背景下，汽车电动化、网联化、智能化、共享化成为行业不可逆转的发展方向。广州汽车集团股份有限公司（以下简称广汽集团）发布了e-TIME行动计划，以用户体验为中心，深化科技创新、智能网联、智能制造及电气化发展布局，助力我国汽车工业高质量发展。广汽研究院作为广汽集团的技术管理部门和研发体系枢纽，积极拥抱汽车"新四化"，创新产品研发，全面提升产品竞争力。

党的十九大明确指出，我国经济要从"高速度发展阶段"向"高质量发展阶段"转变，创新则是实现高质量发展的重要手段。调查显示，超过一半用户认为产品质量是影响购买汽车的重要考虑因素，提升产品设计质量成为产品成功的关键因素之一。尽管广汽集团已经构建了相对完善的汽车产品正向开发质量管理流程，但在汽车"新四化"背景下仍存在诸多问题。"新四化"是以新技术、新材料、新工艺、新供应商等"四新件"为基础，通过新技术等快速迭代，推动"新四化"不断向前发展，持续满足市场客户的新需求。要打造高质量的产品，就必须在产品研发阶段做好设计预防，保证设计质量，减少质量问题流入制造环节，最终避免问题产品流入市场。

汽车产品在创新驱动发展的背景下，单纯做到过往发生的质量问题不再发生，已不能真正起到设计预防作用。防止潜在质量问题的发生，才是真正意义上的设计预防。前者是再发防止，后者是未然防止。过往数据统计表明，超过80%的设计问题是因全新设计或设计变更点引起的，但新设计往往没有成熟经验参照。因此，做好"四新件"的设计预防对于提升"新四化"汽车产品质量至关重要。

三、以质量战略牵引质量开发

设计开发是产品质量形成的关键环节之一，设计质量水平决定产品的固有质量。广汽研究院始终坚持以客户为中心，树立"以满足客户需求为质量目标"的质量理念。在产品开发过程中，往往存在大量需要在Q（质量）、C（成本）、T（交期）之间进行平衡的问题，有时项目组难以决策，需要上升到公司经营层解决。解决这些争执的最佳方法就需要以公司质量战略为牵引。

质量战略清晰定义了品牌的质量 DNA 及品牌质量发展的愿景和目标，能有机协调和调动各方组织与资源，持续打造高质量的产品。广汽集团高度重视质量战略建设（图 1），以推动产品与服务质量不断向上发展。

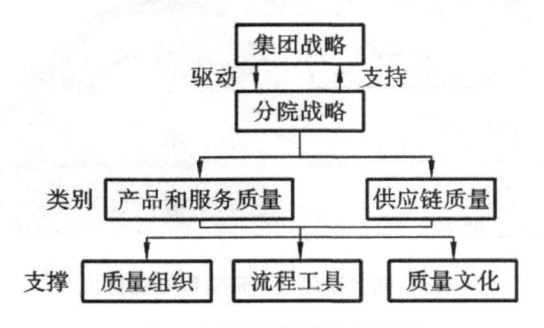

图 1 质量战略建设示意图

广汽研究院承接集团质量战略，积极探索"匠于心·品于行"的品质追求，通过质量组织、流程工具、质量文化建设，协同完善供应链质量、提升产品和服务质量，深化打造"国内领先、国际先进"的汽车研发体系和能力；从客户满意度、产品保值率、IQS、单台索赔金额、体系能力成熟度等五个维度制定短期、中期及远期质量目标，加快达成比肩合资的优秀质量水平、奋力实现世界一流质量水平的总体质量目标。

结合质量战略与自主品牌开发周期及特点，广汽研究院构建了汽车产品"V型"正向开发流程，从需求管理、设计开发、设计验证、用户反馈等维度进行设计开发管理。同时，构建了基于开发流程的预防式"V型"质量管理流程（图 2），从质量策划、设计开发、设计评审、设计验证、设计改进等维度进行产品质量全生命周期管理。经过多年来车型项目质量开发经验的不断迭代，目前该管理流程已经较为成熟。

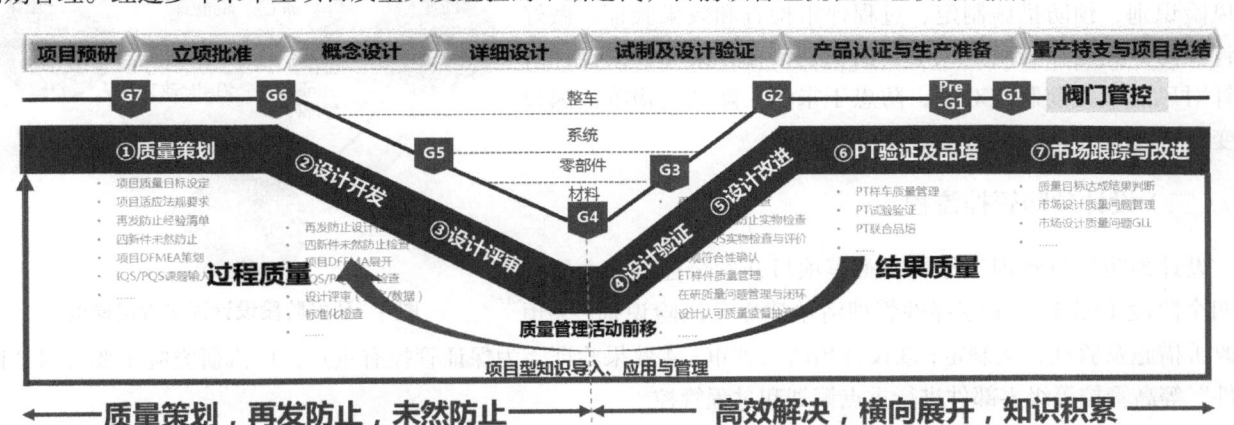

图 2 预防式"V型"质量管理流程示意图

四、"4+2"设计预防质量管理体系论述

聚焦新技术、新材料、新工艺、新供应商等"四新件"质量开发特点，在"V型"质量管理流程的基础上，通过强化质量风险识别、预防措施管控和过程质量管理，构建和完善了"4+2"设计预防质量管理体系（以下简称"4+2"设计预防体系），确保"四新件"质量开发有流程、有方法、可落地，促进设计一次做对，有效防止设计质量问题流出。

在研发阶段，从道、法、术、器层面构筑了管控理念、管控流程、管控方法、管控工具四个方面的设计预防管控机制（图 3），提升设计预防质量管理效果；在研-产一体化质量管理方面完善了两项具体措施；在研-产联合品培阶段，完善基于 DRBFM 的研-产一体化联动机制，建立研-产对设计变化点及其风险管控的方法；联合生产单位，聚焦用户体验，统一并拉通针对"四新件"开发质量的商品性评价方法与标准。

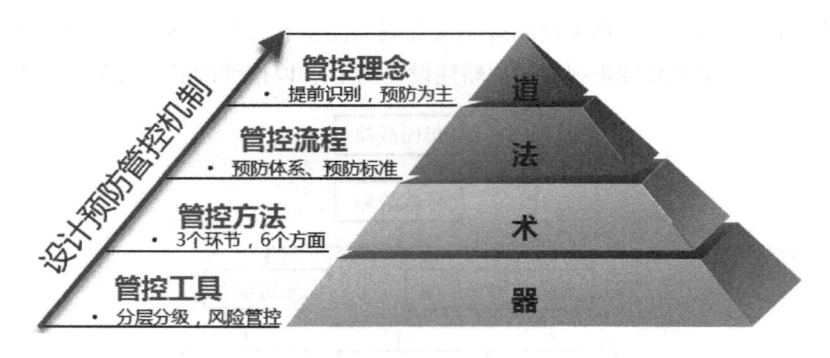

图3 研发阶段设计预防管控机制

（一）设计预防管控理念

研发阶段的设计预防管控，包含基于过往问题再发防止和基于潜在问题的未然防止。未然防止是对无成熟开发经验或首次采用的系统/零部件，把握变更点可能产生的质量风险及影响，开展故障模式及应对策略研究、评审与验证，在设计前期进行规避和改善，防止新问题的发生和流出。首次应用且无成熟开发经验的"四新件"，成为未然防止的关键与核心。

在总结过往质量开发经验的基础上，形成了具有广汽研发特色的设计预防管控模型（图4）。该模型总体包括四个关键环节，即风险识别、预防措施制定、过程评审检查和效果验证。做好设计预防，关键在于质量风险提前识别，在方案和数据设计阶段针对风险项提前制定对策，防患于未然，降低实物阶段因设计变更引起的质量成本。

（二）设计预防管控流程

设计预防质量管理工作贯穿整车项目开发全过程，主要包括四个阶段（图5）：①零部件管理清单建立及风险识别；②预防改善措施及验证方案制定；③设计预防与评审；④效果验证。为保证管控有重点，广汽研究院主要针对"四新件"等高管控等级零部件进行重点策划和过程管控。

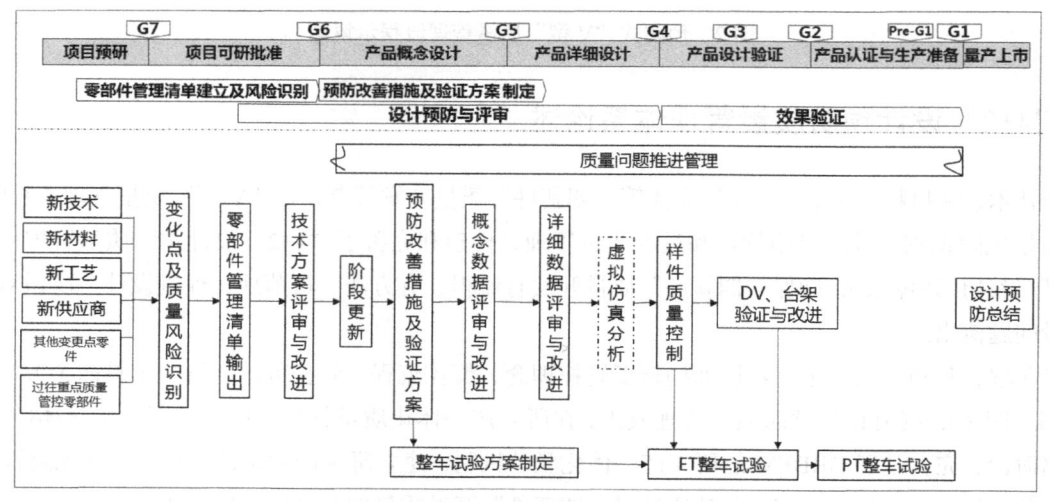

图4 研发阶段设计预防管控模型

图5 设计预防质量管理流程

阶段①：零部件管理清单建立及风险识别。根据整车 E-BOM、零部件定点策略、系统技术方案等输入，梳理过往重点质量管控零部件、沿用修改及新开发零部件（重点包含"四新件"）；提取零部件变化点，参考风险识别方法识别过往质量问题及潜在质量风险；明确零部件质量管控等级，形成初版《整车项目系统及零部件质量管理清单》，并在后续阶段持续更新维护。

阶段②：预防改善措施及验证方案制定。根据零部件潜在质量风险，制定预防改善措施，输入测试及试验部门明确验证方案与计划，含虚拟仿真分析、DVP 设计认可方案、台架试验、整车试验等，输出预防改善及验证措施。

阶段③：设计预防与评审。根据项目及零部件开发计划，开展设计开发与评审、供应商质量监察，包括但不限于技术方案、软件策略与功能、DFMEA、数模/图纸评审、仿真分析、DVP、样件质量要求等，以确保零部件潜在质量风险得以规避或改善。

阶段④：效果验证。使用基于试验结果的设计评审（Design Review Based on Test Results，DRBTR），重点针对设计预防问题进行试验验证；按计划开展零部件 DV 设计认可、台架验证、ET 整车试验、PT 整车试验、商评性评价等实物质量检查活动，以验证设计预防的有效性。

在项目总结阶段，根据零部件设计预防策划完成情况及车型市场表现，进行活动有效性总结。整车项目设计预防有效性 $\alpha = (\sum 市场设计质量问题数 / \sum 设计预防零部件数) \times 100\%$。其中，$\alpha$ 为相对值，越小越好，通过车型项目迭代不断完善目标设定。

（三）设计预防管控方法

为确保设计预防流程有效落地，针对"四新件"质量管控细化了 3 个环节、6 个方面的管控方法，从零部件策划、设计评审、设计验证、设计改进及总结等方面提升和完善具体工作方法（图6），真正实现质量管理从救火向预防转变，从质量保证向质量策划前移。

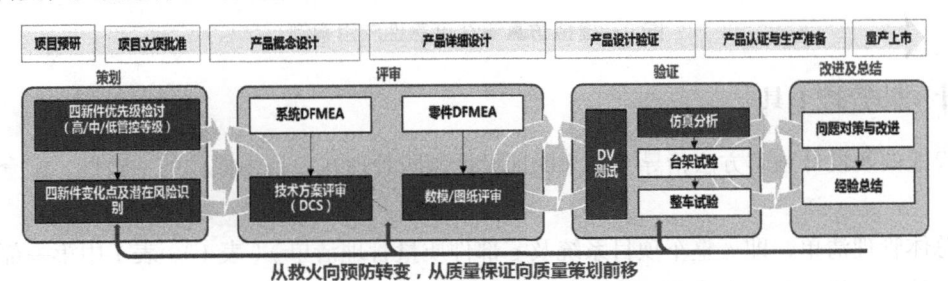

图6 "四新件"设计预防管控前移

在设计预防策划环节，强化"四新件"分级管控（图7）。根据"四新件"的重要度、关注度、创新性三个维度综合评价，分为高、中、低三个管控等级；结合"四新件"变化点及其潜在风险的大小，优化和确定评审层级，突出专家评审作用，压实各级评审责任，提升设计评审有效性。同时，将高管控等级"四新件"技术方案评审、数模/图纸评审结果纳入院级质量阀门评价，强化阀门卡点作用，减少"四新件"质量风险遗漏。根据评审识别的风险，强化"四新件"DV 设计认可的策划与过程管控，验证零部件单品设计质量，进而提升整车搭载验证效率与质量。

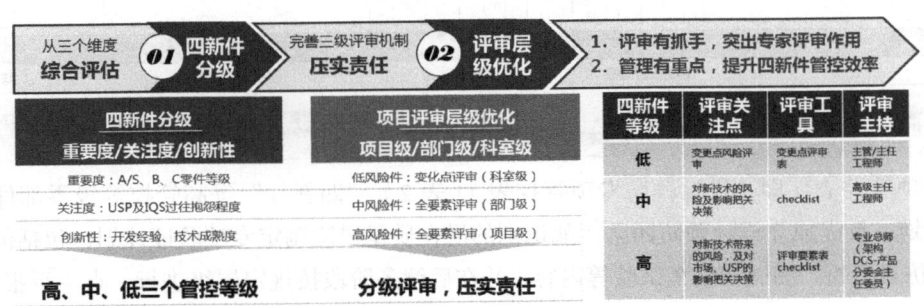

图7 "四新件"分级管控

为确保实物之前发现更多的设计问题并加以改进，广汽研究院持续完善零部件、系统、整车三级虚拟仿真标准体系，重点提升新能源和智能网联等新兴领域虚拟仿真能力。首先，对虚拟仿真标准框架进行深度诊断梳理，完善框架的完整性、协调性，针对"四新件"领域进行查漏补缺和能力提升虚拟仿真能力提升模型如图8所示。其次，针对整车耐久可靠性研究，建立场景化虚拟仿真分析标准，逐步完善和提升虚拟验证手段。以虚拟仿真耐久可靠性应用为例（图9），通过场景分析、路谱采集、模拟计算等，对底盘和车身相关零部件耐久可靠性进行分析，最终根据实车试验验证结果不断修正虚拟验证模型，持续迭代和提升虚拟仿真准确性。

图8 虚拟仿真能力提升模型

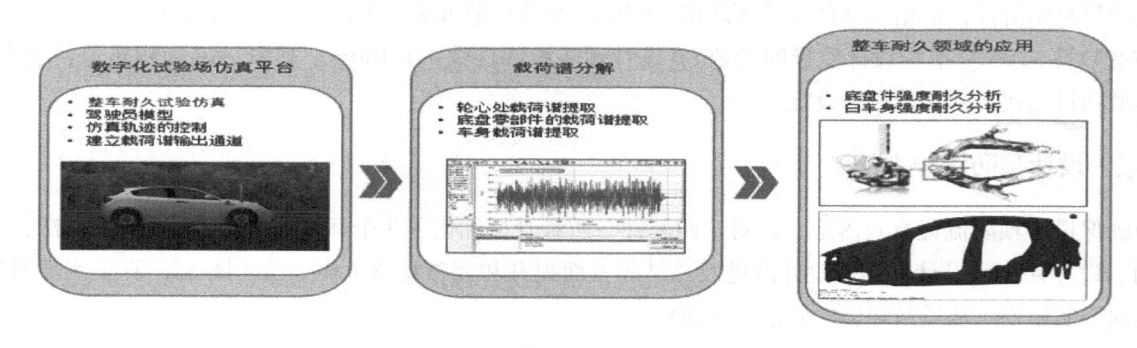

图9 虚拟仿真耐久可靠性应用案例

（四）设计预防管控工具

在体系流程框架及设计预防方法指导下，为保证设计预防管理在项目中操作的一致性，配套了两类质量管控工具。

第一类是总体管理清单，即《整车项目系统及零部件质量管理清单》（表1）。表1中第一部分规定了零部件所属的系统、管控等级、变化点类型、变化点内容、潜在质量风险以及系统DFMEA发布计划等；第二部分规定了控制内容、预防改善措施、测试及验证方案、特性风险及零部件DFMEA发布计划等。根据设计预防策划，在后续各阶段进行回顾和检查，以确保各项设计预防措施执行到位。

表1 整车项目系统及零部件质量管理清单

第二类是专项管控表，即《设计预防专项管控表》（表2），"四新件"等高管控等级零部件需按照该式样进行设计预防策划。首先成立设计预防团队，就识别的潜在质量风险制定专项验证计划，包括但不限于设计方案、设计规格、仿真分析、测试和整车试验等内容，并在后续各阶段按规定层级进行一点一页报告和专项评审。通过该方式保证项目重点质量风险能及时升级汇报，集中各专业力量攻克项目重点质量问题。

表2 设计预防专项管控表

项目代号	阶段	派生	四新主题	如：全新设计滑移门系统		责任领域		批准	
						责任人			

系统/零件		变化原因		潜在质量风险/课题	
供应商		设计输入/设计要件	本阶段变化		
变化点概要					

（表格下方含检证内容、检证项目/计划（设计方案、四配约束、设计规格、仿真测试、样件及DV、台架试验、整车试验、工艺验证）、检证结果（OK/OK/(OK)/NG）等内容）

（五）完善设计预防研-产一体化风险管控机制

为拉通下游生产单位对设计变化点及其质量风险的管控，广汽研究院完善了基于DRBFM的研-产一体化风险管控机制（图10）。DRBFM是一种将失效模式及影响分析（DFMEA）与设计评审创造性结合的方法。

在产品设计阶段甚至更早时期，生产单位就参与过程开发，输入相关制造工艺及客户使用需求等，针对设计变化点开展联合过程评审，从生产、制造品质及客户需求的角度提出改善意见。这一活动贯穿设计开发到评审与验证的各个环节，确保"设计→验证→生产制造→交付"的一致性管控，从而保证最终研发交付物质量。

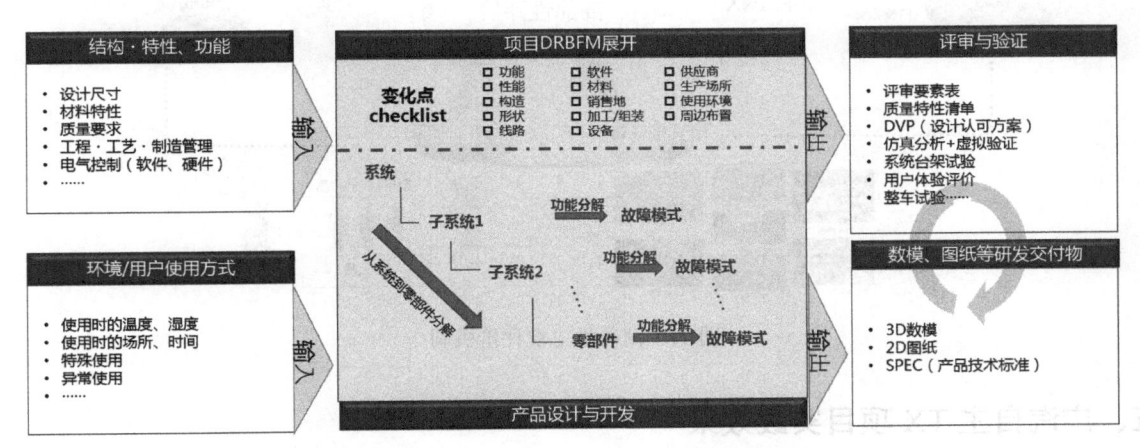

图10 基于DRBFM的研-产一体化风险管控机制

（六）拉通研-产商品性评价方法与标准

为打造高价值体验的产品，广汽研究院聚焦用户体验研究，但对于汽车"新四化"下的商品性评价标准尚未成熟。因此，有必要统一并拉通针对"四新件"开发质量的商品性评价方法与标准，从用户的角度提前输入质量需求，真正实现质量管理源于客户、服务于客户的端对端管理。

（1）结合行业标准及广汽集团自主质量开发的实际情况，制定并完善了商品性十点评价法（表3）。在保证产品竞争力的前提下，结合产品定义及性能目标设定，以7分为基线，在开发初期就联合确定商品性评价指标和目标。

表3 商品性十点评价法

评分分值	1	2	3	4	5	6		7		8		9	10
						6.0	6.5	7.0	7.5	8.0	8.5		
基本定义	极差		很差（界限）			差		认可		好		很好	完美
英文描述	Poor		Borderline			Barely Acceptable		Fair		Good		Very Good	Perfect
市场竞争力	不作为产品		无竞争力			竞争力差		达到同级平均水平	具有一定竞争力	很具竞争力		可引领市场需求升级	
市场反应	有投诉和返修需求		反感，有部分人会提出返修			感觉到不好，但不至于投诉		被市场认可		欣然接受		非常好	非常好，超群的
抱怨人群	所有用户		大多数用户			一般用户		挑剔用户		专业人员			无

（2）联合策划全流程的商品性评价活动，结合项目开发计划，与相关方共同开展阶段性评价，实现质量问题早预防、早提出、早改善。完善商品性主观评价机制（图11），各阶段至少组织一次联合评价活动。设计验证阶段以研发单位为主，邀请生产单位参与早期数字样车、模型、方案及数模评价，尽早提出问题，存在争议问题时上升裁决，减少和避免实车阶段提出对策周期长、成本代价大的问题；认证与生产准备阶段以生产单位为主，对早期提出的问题进行验收评价。

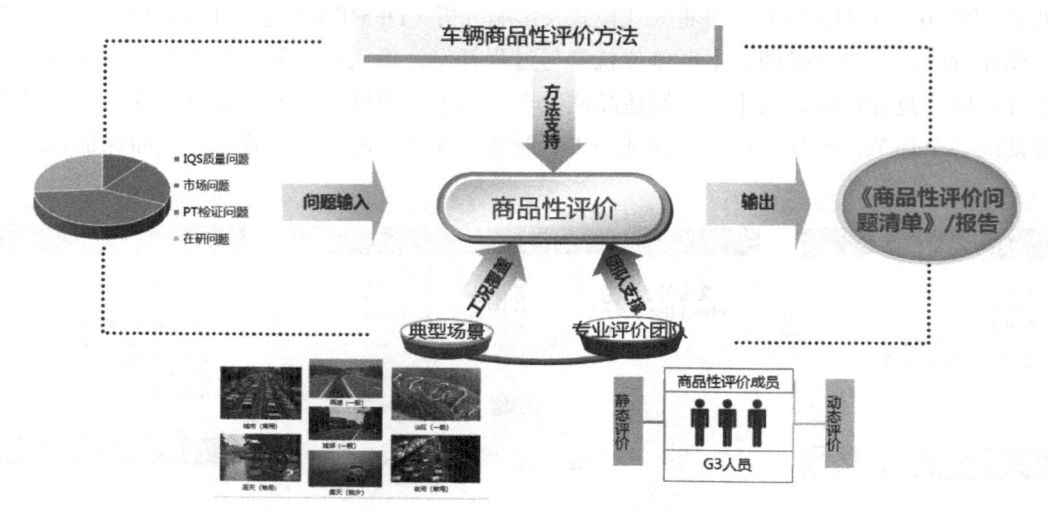

图11 商品性主观评价机制

五、广汽自主TX项目实践效果

TX项目作为广汽自主全新战略平台首款A级SUV，对稳固A级SUV市场明星车地位，具有重要战略意义。其"四新件"搭载件数创历史新高，为过往项目的近两倍（图12）。根据经验预测，产品研发阶段质量问题数与"四新件"搭载件数呈正相关性，若不能在产品研发阶段进行有效的设计预防，将有流入市场的风险，影响新车型市场初期口碑。

打造一款高质量的产品需要强有力的质量保障体系。TX项目全面推进"4+2"设计预防管理活动，取得了明显的效果。通过对"四新件"的设计预防，实现了质量问题的早预防、早发现和早解决。其中，研发

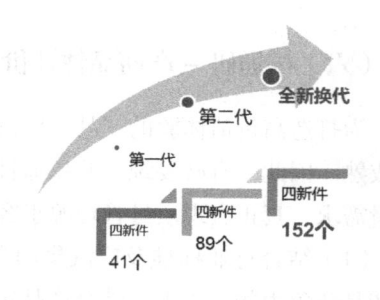

图12 TX项目"四新件"搭载趋势

阶段质量问题占比从过往的 55% 提升到 85%，且超过 80% 在实物生产之前得到有效预防和解决（图 13）；同时，极大减少了实物阶段的质量问题数量，合计下降 69%（图 14）。据统计，TX 项目对比过往项目节省设变费用近一半，大大降低了实物阶段人力和试验成本投入，取得了显著的经济效益。

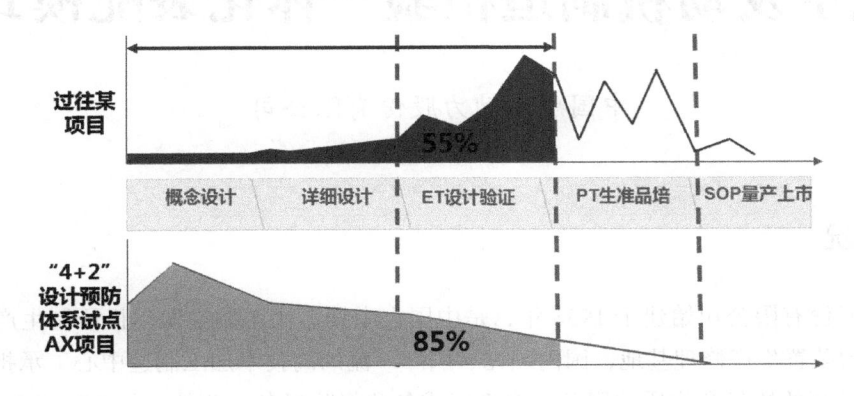

图 13　质量问题解决前移

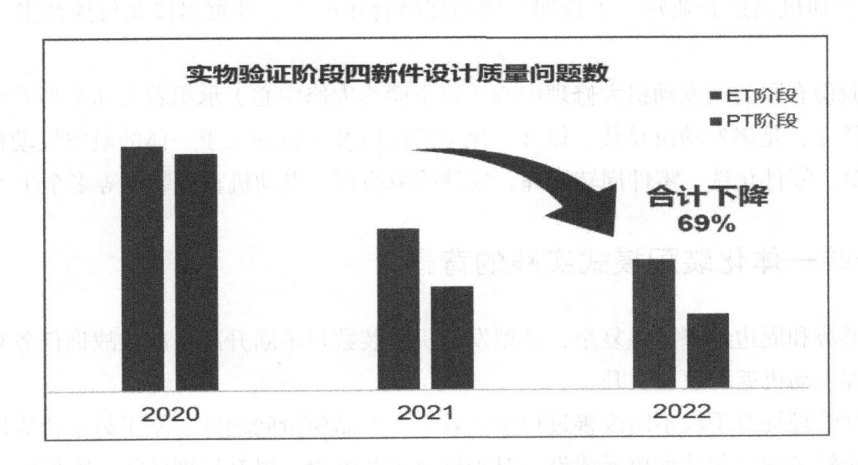

图 14　"四新件"质量问题削减量和趋势

六、结语

　　逻辑斯蒂模型（Logistic Growth Model）将企业成长分为四个阶段：创建期、成长期、优势确立期和效率追求期。在成长期做到再发防止，在优势确立期须做到未然防止。广汽研究院聚焦"四新件"质量开发特点构建的"4+2"设计预防质量管理体系，就是将质量管理的重点从结果管理向过程管理转移，提前识别质量风险，并将质量问题消灭在形成过程中，真正做到防患于未然。实践证明，以质量体系赋能产品研发，强化产品开发过程中设计预防，可以有效减少工作失误的带来的质量风险，降低质量成本和代价，提升产品设计质量和市场竞争力。

　　在"4+2"设计预防质量管理体系作用下，广汽研究院实现了广汽自主品牌市场质量和用户口碑的不断提升，助力广汽集团连续多年获得国内自主品牌 IQS 第一名。为进一步推动国家汽车行业高质量发展，广汽集团在注重产品质量提升的同时，加快企业数字化转型升级，促进企业发展质量和发展效能双提升，努力成为客户信赖、员工幸福、社会期待的世界一流企业，为人类美好移动生活持续创造价值。

主要创造人：兰　波
参与创造人：甘耀强、殷秀娟、李海燕、吴鹏飞

大型航空发动机制造检验一体化装配模式实践

中国航发动力股份有限公司

一、企业概况

中国航发动力股份有限公司始建于1958年，是中国大中型军民用航空发动机研制生产重要基地，大型舰船用燃气轮机动力装置生产修理基地，国内领先、国际一流的高技术加工制造中心，承担了多个国家重点型号研制任务，以良好的质量和优质的服务，全面完成各项保障任务。此外，与RR、GE、SNECMA等10余家国际著名航空发动机制造企业建立了长期稳固的战略合作关系，外贸出口交付连续多年位于居国内同行业前列。

中国航发动力股份有限公司发动机大修理中心（以下简称大修中心）承担着公司某型发动机新机装配、发动机大修、排故等任务，是集发动机总装、修理、化学清洗以及机械加工于一体的航空发动机修理中心，生产流程涉及发动机分解、零件化洗、零件周转修理、零件故障检查、发动机整机装配等多个生产环节。

二、制造检验一体化装配模式实践的背景

近年来，国家形势和周边形势日益复杂，某型发动机列装数量不断升高，部队战训任务和发动机外场使用时间不断增加，修理发动机返厂数量上升。

为此，需要借助管理提升手段不断改善过程生产效率、产品质量问题性。基于数字化应用实践工作的不断深入推进，开展涡轮转子数字化装配单元建设，对于优化工艺流程、提升管理效能、降低维修成本有着相当重要的现实意义。

三、制造检验一体化装配模式实践的主要做法

以最终实现准时化生产、消除过程浪费为目标，通过价值分析识别过程中存在的断点、堵点、瓶颈点，借助自动化技术、数字化检测技术和生产信息管控的科学有效结合，将制造过程与检验过程不断并行，达到设备、网络与操作者的高度融合，以逐步减少人工检测环节，提高生产效率和产品质量。

（一）识别瓶颈环节，明晰改进方向

对某型发动机高涡转子、低涡转子装配过程分别进行价值流分析，查找生产过程中的难点、堵点、瓶颈点和质量波动点，并加以改善。

经过分析发现，在高涡转子、低涡转子装配过程中，存在工序时间长，耗时费力；物料管理不精细，质量风险高；检测过程多，手段落后等关键性问题，针对问题制定了相应的改善措施。

（二）落实改进措施，强化过程管理

1. 重构工艺流程，优化装配过程

（1）确定工艺设计思路。将与装配过程有明显分离界面的工序进行前置，全程采用视觉检测方式代替人工

目视检查，对装配流程和工艺方法进行重构。选取的两型涡轮转子装配精度高，工艺相似性好，经分析产品结构和工艺流程，确定来料齐套性检查、零件尺寸测量、叶片称重排序等工序前置；在线边设置物料缓存区，减轻进线装配压力；在装配区分别设置高涡转子、低涡转子装检一体化工位，以确保装配过程同步进行。

（2）确定装配方式及工位数量。为确保装配工位设置合理，节拍均衡，满足当前"两分两装"的作业模式，对修理过程进行分析。采用传统工作台装配和视觉检测装配相结合的方式，分别设置高涡转子分解工位、装配工位各1个，低涡转子分解工位、装配工位各1个，外加1个涡轮高度检测平台和1个圆跳动检测平台，整个装配区共6个工位。分解工位采用传统工作台和固定工装相结合的方式进行操作，装配工位采用机械臂带动视觉相机全程跟踪装配过程的方式进行操作。此外，装配过程中需要用的加温箱、平衡机等设备与其他单元共用。

（3）确定检测方法。两型涡轮转子产品结构设计紧凑，操作空间狭小，装配过程检测位置可达性差，且装配过程首次采用视觉相机检测装配过程的方式，经验有限，故采用视觉检测、数字化测具相结合的方式进行装配过程检查。针对需要外观目视检测确定的内容全部采用视觉检测的方式进行；对于需要进行尺寸测量的内容全部采用数字化测具连接计算机采集的方式进行。同时，为保证视觉检测的可达性，采用机械臂带动、工艺流程关联、数采程序驱动的方式进行。

（4）细化工艺规程。用视觉检测代替人工目视检查，将准备工序前置，将原有的装配工艺规程按照工位、工序划分，重新设计作业顺序、操作内容和检测方法。结合站位、人机交互设置、自动装配、工序前置等内容，运用ECRS方法，对工艺流程进行简化、合并、取消、重排等精益化改善，重新编制装配过程规程。同时，结合操作者标准作业指导卡运用，对关键操作内容进行详细描述，并利用可视化方法增强作业指导性。

2. 生产线布局调整

（1）数字化装配单元总体布局。基于精益生产理念，保证物流、加工流、信息流最优的原则，对涡轮转子数字化装配单元布局进行设计。单元内主要包括：装前检测区域（齐套性检查工位、零件尺寸测量工位、叶片自动称重排序工位），物料缓存区域（高涡缓存区、低涡缓存区），装配区域（高涡装检一体化工位、传统装配工位；低涡装检一体化工位、传统工位），成品检测区域（涡轮高度检测工位、圆跳动检测工位）四个区域。本次单元调整过程中，重点对齐套性检查工位、零件尺寸测量工位、叶片称重排序工位、高涡装检一体化工位和低涡装检一体化工位五个工位进行优化改进。其余工位本次仅进行布局调整，不进行功能调整。

（2）齐套性检查工位。该工位主要进行来料零件齐套性的检查，通过上料机构将周转箱摆放在运动平台上，利用扫码枪读取周转箱信息，调取档案资料。具体操作是：启动电机将零件传送至视觉检测位置，视觉相机拍照后与后台标准数据库进行比对，查找出缺失的零件，并在操作系统界面进行显示；检查出的缺件信息反馈至MES，并进行仓储库存零件数量的比对，提醒集配人员及时进行缺件补充。此外，齐套性视觉检查取代了以往人工交接清点数量，大大降低了清点难度。

（3）零件尺寸测量工位。该工位主要对需要进行装前尺寸检测的零件进行测量，通过数字化测具采集相应位置尺寸后，利用数据线传递至MES。该工位将测量检查工作与装配工作分离，缩短了零件进入装配后的时间，操作者工作自由度较高。

（4）叶片自动称重排序工位。该工位为自动操作工位，主要完成高涡、低涡四级涡轮叶片的批次记录、称重、喷码、排序工作。作业过程中只需做好料箱的准备，全程由6轴协作机器人自动完成，质量记录实时生成，大大降低劳动强度。

（5）高涡、低涡装检一体化工位。该工位为人机交互工位，主要完成涡轮盘和叶片的装配，盘和轴的装配，锥形螺栓着色检查，套筒着色检查，锁片、锁板的锁紧等工作。装配过程主要由人工操作，尺寸测量由数字化测具保证，目视检查内容由6轴机械臂带动2个视觉相机拍照后，与标准库进行比对判断。在叶片装配时，按照叶片称重排序后的智能料箱亮灯提示依次拿取装配，避免错、漏装。操作过程中由可视化工艺引导，完成视觉检测后在系统界面进行显示，程序设置自动提醒，提示操作者完成下一步动作。装配关键部位拍照留存，替代以往的外观目视检查，并归入质量档案，便于后续进行质量追溯。

（三）集成信息化系统，形成质量档案

1. 计划自动到工位

通过园区网与工控网的两网融合技术应用，装配前作业计划以装配指令集的形式通过MES下达到工位，工位控制系统接收到计划内容后调取相应工艺流卡，按规定作业顺序完成采集，完工后将计划完成信号反馈至MES，完成计划闭环。

2. 工艺结构化处理

对单元内控制系统的工艺流卡进行结构化处理，并与MES工艺规程内容进行关联，确保每一个操作步骤实时准确传递相关作业指导和采集数据，形成交互。

3. 物料状态清晰可控

通过视觉检测，对来料信息进行确认，并将缺件情况反馈至MES，完成物料信息的对接，确保物料状态准确、可控。

4. 质量记录自动归档

通过大修MES和单元控制系统的深度集成，实现作业过程质量记录的电子化。对操作中形成的临时工艺规程、装配质量控制卡、故检单、返修单、发动机修理控制卡、发动机出厂/返厂A类件寿命表、技术状态贯彻落实、技术单执行情况等质量记录进行实时抓取，并关联至单台BOM中，形成电子卷宗。

（四）建立保障机制，压实工作责任

1. 项目计划监控，工作层层分解

利用WBS工具，建立实施工作计划，同时对主计划和子专项计划进行分解。启用项目管理墙等可视化项目管理方式，充分暴露项目推进过程中存在的难点问题，促进建设过程管控及问题快速协调和解决。

2. 项目分层例会，加速问题协调

建立分层级例会机制，每日各系统推进团队对日工作进展进行总结梳理；每周组织召开碰头会；每月主管领导对项目进展及资源保障事项进行协调，推动问题快速处理。

3. 项目保障团队，确保问题闭环

成立项目保障工作团队，涵盖供应厂商、系统开发人员、业务管理人员等。保障团队分组协同，一方面驻扎生产现场，对于过程中存在问题进行记录、分析及反馈；另一方面接收优化指令后在规定时间节点内完成功能优化，保障单元的高效运转。

4. 建立奖惩机制，落实工作责任

将推进工作纳入中心绩效考核内容，对开展效果好的部门及个人进行专项奖励，对敷衍了事、拖期、推诿扯皮的部门及个人进行专项考核，确保项目主体责任得到有效落实。

四、制造检验一体化装配模式实践的实践效果

（一）首次实现装配过程装检一体化运行

建成了公司首个数字化装配单元，将检验过程与制造过程不断并行，并通过自动化技术应用、视觉检测技术应用、信息技术应用等提高了作业效率，降低了人为因素造成的质量问题发生概率，为发动机产业实现自动化生产线打下了坚实基础。

（二）改变了传统的检验工作模式

从传统的依靠人工检验转变为依靠视觉检验和测具检验，检测数据自动判定、传输，检验内容全程拍照记

录并归档,强化了过程管控力度,取消了人工检验环节,降低了检验工作难度,同时实现了检验数据的在线共享。

(三) 视觉识别防错技术深度应用

利用视觉技术进行物料齐全性的检查,确保物流、信息流一致;采用视觉模式识别叶片批次信息,减少了人为识别和记录错误问题的发生;装配过程采用视觉技术检查装配、着色等结果,提高了检测结果判定的一致性和准确性。

(四) 自动化技术应用取代人工作业

利用机械臂取代了以往人工进行叶片称重、标记、排序的动作,大大降低了操作者劳动强度,减少了作业时间,提高了作业效率。

(五) 全程拍照监控,降低质量风险

各工位安装视觉相机,全程拍照记录,关键部位拍照留存,保留了瞬间真实记录,替代了传统人工目视检查方式,更有利于进行质量追溯和故障判定。

主要创造人:邢　波

参与创造人:李海宁、张红亮、许　涛、马永斌、杨　军、李成山、罗　翔

基于TEAS的前瞻性和战略性项目前评估方法及应用

中海油研究总院有限责任公司

一、项目背景

为进一步贯彻落实国家创新驱动发展战略和海洋强国战略，2017年11月，由中国海洋石油集团有限公司联合中国工程院共同成立了"中国海洋资源发展战略研究中心"；同年12月，由科技部批复建设了国内唯一一家天然气水合物国家重点实验室，两个机构均依托中海油研究总院进行日常管理，2021年合并成为水合物和海洋资源战略研究中心（以下简称水合物和战略中心），并致力于海洋油气、天然气水合物、可再生能源、矿藏和海洋生物等五大资源的勘探开发，以及深海、极地、海上丝绸之路和海洋碳汇等领域科学技术研究，以科学咨询支撑科学决策，引领科学发展，组建了一支以院士为主体，知名专家为骨干，长期从事天然气水合物和战略研究的专业稳定的研究队伍。

水合物和战略中心每年都会开展自主前瞻性课题和战略类课题研究，为保证这些课题研究内容的前瞻性、关键性和重要性，就需要在选题阶段开展选题前评估。开展选题前评估的主要难点在于：①如何开展选题前评估研究，从而保证选题质量；②选题方向如何确定；③选题的合理性如何验证。

围绕以上三个工作难点，水合物和战略中心经过一系列的创新和实践，基于TEAS模型——T（Technology & Equipment）、E（Energy Resources）、A（Academician Expert）、S（Strategic Alliance），提出了前瞻性和战略性项目前评估方法，并在多个课题研究中进行应用，取得了良好的效果。

二、项目创新点和亮点

基于TEAS模型，结合德尔菲法，对前瞻性和战略性项目开展选题前评估，主要做法是：基于ISS战略咨询研究系统，依托各大数据库资源，通过论文分析、专利分析等客观的科学数据测度，厘清海洋领域科技发展宏观态势及技术研究热点，全方位考虑设计调查问卷；使用德尔菲法进行技术评估——邀请行业权威专家，采用线上、线下多种方式同步匿名开展问卷调查，根据调查结果进行分析评估；基于多轮调查结果的综合分析，凝练出未来需要重点发展的技术清单；结合"十四五"规划等国家发展战略，布局前瞻性和战略性科研课题，为公司未来战略规划提供支撑。项目的创新点主要如下。

（一）独立性

从事预测的专家彼此互不了解，在完全匿名的情况下交流思想。使用德尔菲反馈匿名函询法，能够消除权威影响，克服专家会议法产生的弊端，使每位专家能够独立自主地做出判断，不互相干扰，而且有充分的时间思考、调查研究、查阅资料。匿名性保证了专家意见的充分性和可靠性。

（二）统计性强、预测结论统一

在应用德尔菲法进行信息分析与预测研究时，对研究课题的评价或预测既不是由信息分析研究人员做出的，也不是由个别专家给出的,而是由一批有关的专家给出的,并对多位专家的回答进行统计学处理。因此,预测结果可以全面反映专家观点。预测过程通过多轮反馈,预测结果较为客观、可信,使专家意见逐渐趋同,保证最终结论的统一。

(三)信息全面性

线上、线下技术预见问卷调查相结合,保证了信息的全面性,扩大了专家的参与方式和渠道。

(四)前瞻性

分析结果体现了核心性、通用性、颠覆性、经济发展重要性、社会与国家安全重要性等多种指数,为提炼关键技术清单、支持科研立项提供了丰富信息。

三、经验做法

基于德尔菲法,开展前瞻性课题和战略性课题的选题前评估,为研究课题提供前瞻性、科学性、重要性的专家研判,确保立项课题的质量和选题合理性。

(一)德尔菲法简介

德尔菲法属于专家调查法中一种很重要的方法。它是根据经过调查得到的情况,凭借专家的知识和经验,直接或经过推算,对研究对象进行综合分析研究,寻求其特性和发展规律,并进行预测的一种方法。德尔菲法除用于科技预测外,还广泛用于政策制定、方案评估、技术预见等方面。发展到现在,德尔菲法在信息分析研究中,特别是在预测研究中占有重要的地位。

(二)筛选课题研究方向

在开始选题前评估之前,首先要根据当前国际国内的研究热点方向、关键核心技术方向等确定选题范围和目标研究对象,也就是确定开展德尔菲法专家调查的问题。依托ISS战略咨询研究系统,可以实现工程科技需求分析、技术体系与态势分析、专利及文献热点分析(图1、图2)、技术预见、市场与产品分析等分析工作,从而为选题方向提供有力的数据支撑。水合物和战略中心主要致力于七大领域的研究,包括海洋油气、天然气水合物、海洋可再生能源、海底矿藏、海洋生物、极地、海洋产业链等。

(三)建立专家库

确定课题研究方向后,接下来选择合适的参调专家。专家的选择是开展评估的关键因素。一方面应根据选题预测所涉及的领域,选择该领域具有权威性和专业性的院士专家;另一方面要考虑专家所属的部门和单位的广泛性,这样可以代表不同的意见,相互促进,使预测结果向着正确的方向统一。

专家人数视预测问题的规模而定。人数太少,学科的代表性受到限制,并缺乏权威,影响预测精度;人数太多,则组织较困难。对于一些重大项目研究,专家人数也可达到100人以上。需要注意的是,很多参调专家由于种种原因不一定每轮必答,因此在选择专家时,可适当多选择一些。

水合物和战略中心建立健全"小实体、大联合"的运行机制,立足总院和海油系统内其他单位,联合我国海洋领域政府机构、产业部门、高等院校和科研单位,建立了一支"以院士为核心、高层次人才为骨干、优秀中青年学者为支撑"的研究队伍。以此队伍为基础,通过梳理国内外海洋资源领域专家名单和项目成果,组建了信息化战略咨询专家智库平台——中国海洋资源战略咨询专家库(图3),囊括100位院士、500多位国内外知名专家(仍在扩充中)。该平台专家涉及海洋资源领域七大方向。

词云分析

图1　文献热词词云分析

图2　文献热词共现网络分析

（1）海洋油气资源开发技术和装备战略。
（2）海洋天然气水合物规模开发战略。
（3）海洋可再生能源（海洋能、风能等）开发战略。
（4）海底矿藏（多金属结核、热液、煤等）开发战略。
（5）以渔业为主的生物资源发展战略。
（6）极地海洋能源开发和海上通道战略。
（7）海洋资源产业发展战略与政策导向。

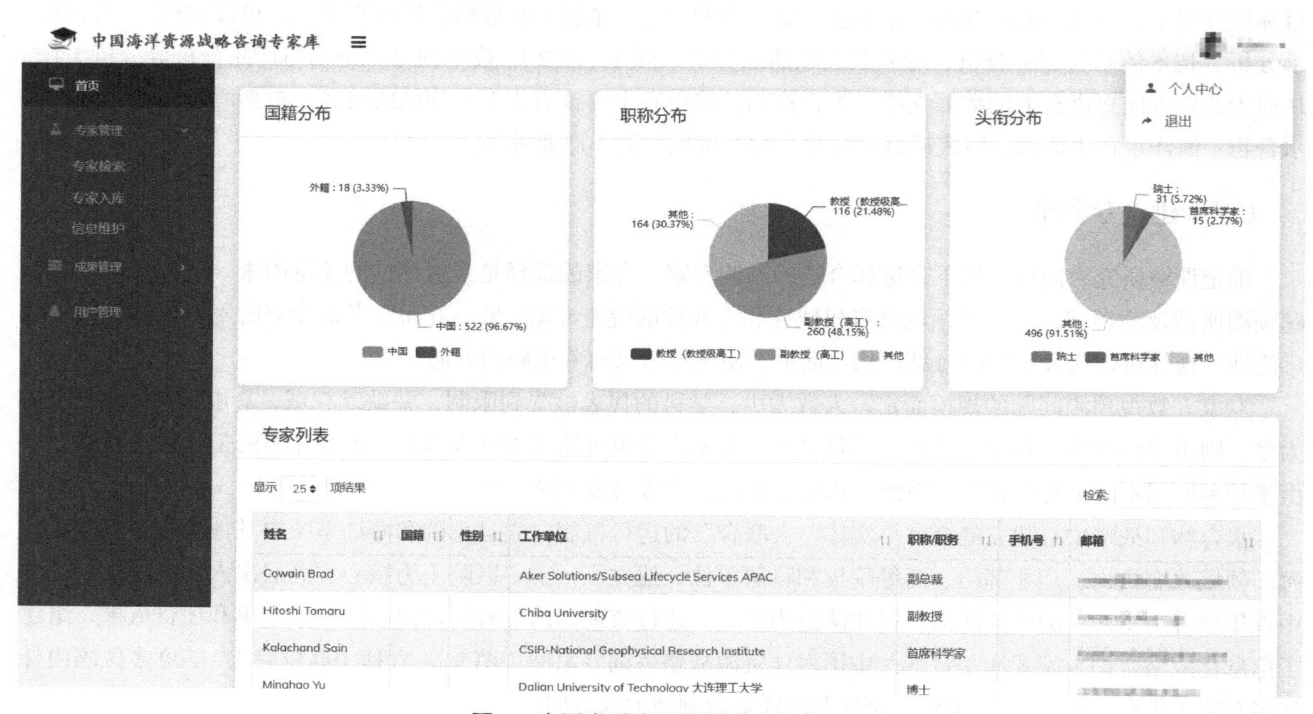

图3　中国海洋资源战略咨询专家库

通过智库平台，可以实现对相关专家的检索和动态管理；可以根据专家姓名、工作单位、职称/职务、学历以及研究领域进行检索（图4）；同时可以为相关专家办理专家入库和信息维护，实现专家信息的及时更新。

图4　检索相关专家

水合物和战略中心根据项目开展需要，可以将目前承担的项目成果在平台共享（图5）。通过设置不同权限，实现项目组内人员以及普通人员的资料查阅和共享，推进了项目的高效高质量完成。

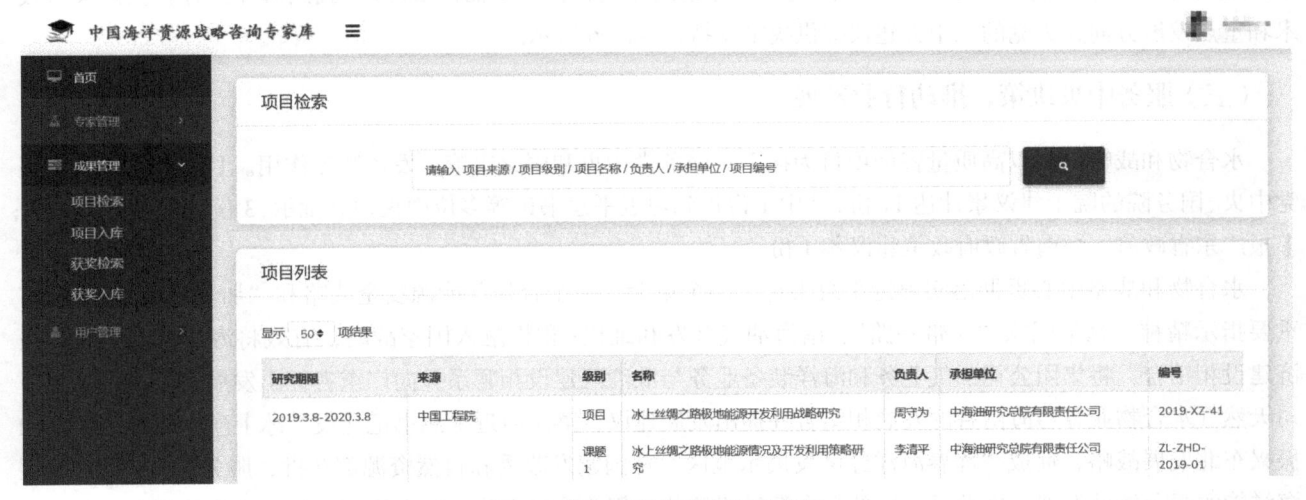

图5　在智库平台共享项目成果

（四）设计调查问卷

调查问卷是开展前评估的主要手段，它的设计直接影响预测的质量。在问卷设计时要遵循以下原则。

（1）问题要简洁明确。用词要十分准确，所提的问题的含义只能有一种解释。

（2）问题要集中并有针对性。要有逻辑顺序，先整体、后局部；同等问题由简单到复杂，或者进行问题分类，这样能引起专家回答问题的兴趣。

（3）问题数量不要过多。如果问题只要求做出简单回答，数量可适当多一些；如果问题很复杂，则数量适当少一些。一般问题数量为20个左右，方便专家在2小时内完成作答。

（4）问卷设计要简洁明了。表格设计应有助于专家作答，便于专家把主要精力用于思考问题，而不是消耗在理解复杂的问卷设计上。

（五）实施过程和结果处理

德尔菲法一般包含四轮调查，且每轮调查中包含着上轮调查的结果反馈。四轮调查之后，将专家作答结果进行收集、归纳、综合整理、统计分析，形成较一致的预测结果。每轮调查之间需间隔一定时间。

对专家作答结果进行分析和处理，是开展前评估最重要的阶段，应用的统计指标包括百分位数、专家积极系数、算数均数、中位数、四分位数间距、标准差、变异系数、协调系数等。最终，通过多轮问卷调查，得出前瞻性和战略性科研课题的选题建议，结合专家建议，确定最终的选题方向，从而完成选题前评估工作。

四、实施效果

（一）服务前瞻性课题选题立项

基于德尔菲法，在天然气水合物国家重点实验室2022年自主前瞻基础研究课题和开放基金课题选题阶段开展前评估问卷调查，结合不同专家建议，确定研究题目和研究方向，提高选题合理性，为海洋石油工业的前瞻性技术梳理、科研项目立项提供决策支持。

（二）助力开展战略咨询项目研究

在"海洋绿色开发工程科技未来20年发展战略研究"战略咨询项目研究中，通过德尔菲问卷调查开展技术预见研究，集思广益，充分发挥行业内院士、专家的作用，提出了面向2040年我国海洋工程科技的关键技术和重点发展方向，为党的二十大建议提供决策支持，如图6所示。

（三）服务中央决策，推动行业发展

水合物和战略中心以高质量咨询项目为抓手，服务党中央和国家决策，发挥智库作用。目前，已成功上报党中央、国务院的院士建议累计达11份，其中1份得到习近平总书记等多位中央领导批示，3份被中办信息采纳；上报广东省政府、海南省政府政策建议各1份。

水合物和战略中心贯彻落实习近平总书记"四个革命、一个合作"能源安全战略和"加快建设海洋强国"重要指示精神，献策国家"一带一路"、南海油气开发和维权；积极融入国家战略，有效将海油战略与地方经济建设相结合，将集团公司油气业务和海洋装备业务与大湾区建设相联系并向广东省提出发展建议，将集团公司天然气水合物业务与海南省的发展相结合并提出发展建议，落实习近平总书记建设"冰上丝绸之路"倡议和振兴东北发展战略，促成"珲春海洋经济发展示范区"在国家发改委和自然资源部获批，服务地方发展；引领海洋能源行业领域发展，推动了工信部多个海洋能源装备相关项目立项，并由研究总院承担相关研究任务，部分项目研究成果被集团公司采纳。

（四）承办品牌论坛，提升业内引领

在TEAS模型的指导下，水合物和战略中心通过承办高端论坛，把中国工程科技高层次交流平台做好做强。目前，已承办中国工程院、国家能源局第五届能源论坛；第十二届世界天然气水合物研究与开发大会暨284次中国工程科技论坛；第287场中国工程科技论坛——海洋强国发展战略论坛；第330场中国工程科技论坛——深水油气勘探开发技术与发展战略论坛；第350场中国工程科技论坛——海洋能源开发低碳发展战略论坛。参加论坛的院士累计80余人次，专家学者累约1900人次。

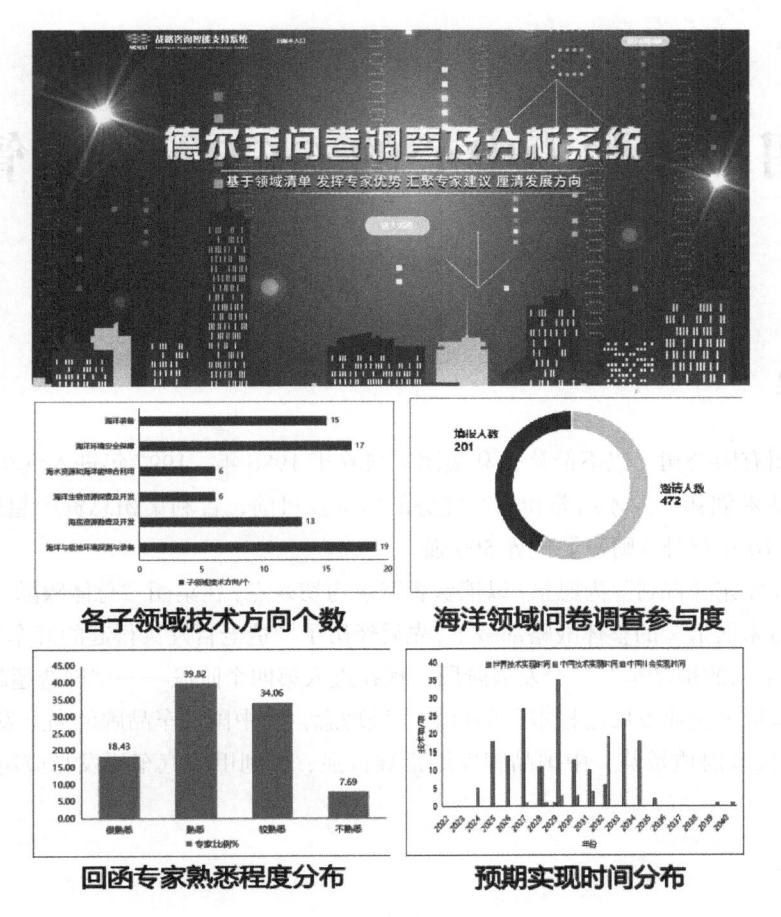

图 6　德尔菲法在项目中的应用

在这些有影响力的国际或国内能源界论坛中，中国海油科技成果得到了宣传展示，得到了业内专家的广泛肯定和赞扬，增强了中国海油在业内的影响力和话语权，为践行中国海油"1534"工作思路提供了有力支撑。

主要创造人：李清平

参与创造人：付　强、程　兵、姚靖婕、王君傲、朱军龙、刘一斌、高　宇

基于以用户体验为中心的 GCPA 质量管理实践

浙江吉利控股集团有限公司

一、企业概况

浙江吉利控股集团有限公司（以下简称吉利集团）成立于 1986 年，1997 年进入汽车行业，在坚持可持续发展的同时，致力于技术创新、人才培养和核心优势的磨炼。目前，吉利集团总资产超过 5100 亿人民币，员工超过 12 万人，连续 10 年跻身《财富》世界 500 强。

吉利集团以"让世界充满吉利"为愿景，以消费者需求为切入点，在集团"总体跟随、局部超越、重点突破、招贤纳士、合纵连横、后来居上"的整体战略部署下，先后经历了"造老百姓买得起的好车""造最安全、最环保、最节能的好车""造每个人的精品车"三个发展阶段，现在进入第四个阶段——"创造超越期待的出行体验"。

吉利集团坚持"质量是企业发展之根本"的核心发展理念，为中国汽车品牌的向上发展做出了表率，先后获得 2017 年浙江省人民政府质量奖、中国品牌发展指数百强、吉利甲醇汽车研发与应用评委特别奖等奖项及荣誉。

二、项目背景

2014 年，吉利集团开启品牌战略，由"造最安全、最环保、最节能的好车"向"造每个人的精品车"进行第三次战略转型，中国汽车市场进入了一个全新的发展阶段，"80 后"和"90 后"成为市场的主力军。消费者主动拥抱国际和专业视野，用户需求和消费形态全面升级，他们比以往更加追求科技、品质和自我表达。

针对这种市场环境和消费者需求的变化，吉利汽车做出主动性战略调整，发布了全新的品牌战略，将新时期的品牌使命定格为"造每个人的精品车"。吉利质量系统一直紧跟集团战略。2007—2013 年，吉利集团通过研究日产 AVES、大众 AUDIT 评价标准、J.D.Power、IQS 评价标准，逐步建立吉利 G-IQS 评价标准，并取得了一定的效果。

为适应吉利集团的战略转型（图 1）与市场的变化，原先以用户抱怨与生产合格兼顾的评审体系已经无法满足市场对产品的需求，以用户体验为中心的 GCPA（Geely Consumer Product Audit）质量管理方法应运而生。

图 1 吉利集团的战略转型

三、项目推进与应用

(一)质量战略目标设定及承接

吉利 GCPA 以 "创造超越期待的出行体验" 为愿景,紧紧围绕 "以用户体验为中心,满足用户需求" 的核心理念,制定 "以用户体验为依托,建立全业务链的成长型质量管理方法" 的目标。为达成这一目标,吉利 GCPA 致力实现用户需求调研导入—业务开展—用户体验增值,根据产品全生命周期的质量管理路径分解制定相应的关键任务。

1. 产品质量持续提升的目标
(1)市场 IQS 持续降低。
(2)用户满意度持续上升。
(3)12MIS 持续下降。
(4)用户体验提升。

2. 吉利 GCPA 质量管理体系搭建与推广
(1)建立 GCPA 推进组织,系统地推进 GCPA 质量管理体系搭建。
(2)自上而下的以用户体验为中心的质量改善意识。

3. GCPA 专业人员系统培养
(1)全员普及 GCPA 质量管理理念。
(2)搭建内训师培养体系。
(3)GCPA 教材开发和完善。
(4)各系统 GCPA 人员的建立与培养。
(5)高层持证上岗。
(6)眼光校准体系与考核体系。

(二)GCPA 概要

1. 吉利 GCPA 的基本概念

吉利 GCPA 是中国汽车行业首部原创用户体验评审管理方法。该方法基于用户体验,以最挑剔用户在选车、用车时的要求,用专业的眼光对产品进行全面评估,比较分析标杆车、竞品车在市场上的满意度水平及竞争力水平,不断提升产品质量及竞争力,持续满足用户需求。

2. 吉利 GCPA 的核心理念

GCPA 是基于产品符合标准与设计要求之上的用户满意程度的衡量。安全法规是底线,性能合格是基础要求。在产品符合安全法规及性能合格的基础上,GCPA 主要聚焦于用户体验(图2)。

图 2　GCPA 聚焦于用户体验

快速提高用户满意度,寻找满足用户兴奋型需求的机会点。用户需求分为基本型需求(基础质量)与兴奋型需求(魅力质量)。吉利在基础质量上已经居于行业前列,当基础质量达到一定的水平后,再往上提升对用户的满意度提升并不能产生明显的贡献，反而会导致质量过剩及成本浪费，而兴奋型需求恰恰能快速提升用户满意度，如图3所示。GCPA在追求高质量的同时逐步提高用户满意度，不断深耕挖掘用户的需求，提供超过用户期待的产品及服务。

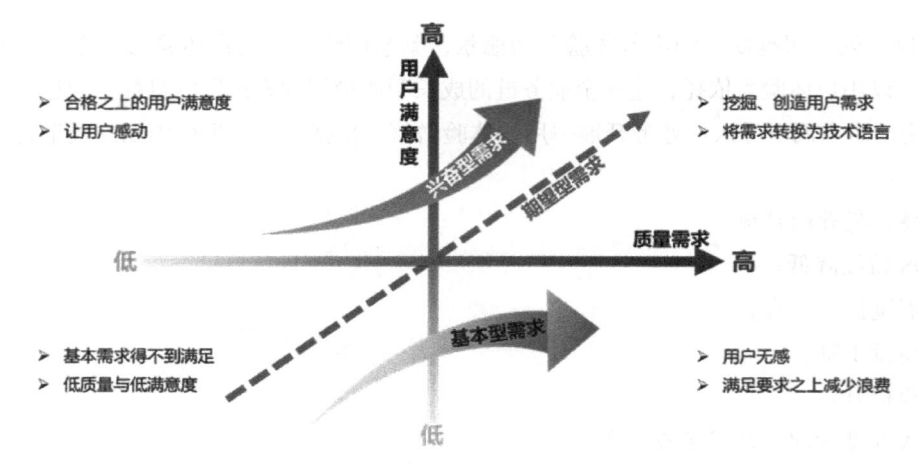

图3　需求的满足与用户满意度的关系示意图

3. 吉利GCPA执行过程

（1）GCPA运行逻辑。通过研究用户不断提升的需求推动产品的更新迭代。通过用户调研收集用户需求；情报中心通过大数据平台对用户需求进行归类整理；GCPA解读用户需求并将其转化成可衡量的标准和要求，从而对标准进行优化；再把新的标准导入产品开发的过程；通过GCPA体验评价后投入市场；用户用车后继续反馈循环模式，GCPA持续了解用户日益变化的需求，实现真正意义上的"用户定义产品"。GCPA运行逻辑如图4所示。

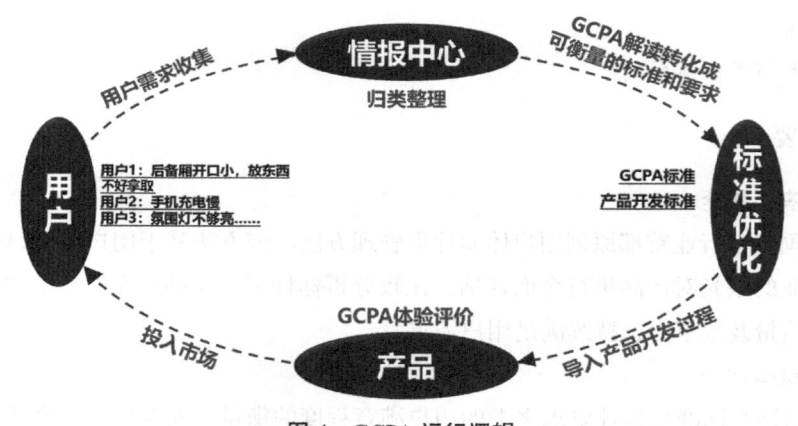

图4　GCPA运行逻辑

GCPA通过"用户调研 — 用户体验 — 市场反馈"循环模式（图5），从用户体验的角度对数据模型、UI/UE、软件逻辑、整车、能耗、耐久以及售后等开展体验评价，不断提升用户体验。

（2）GCPA过程管理。

①高层参与。快速推进落实GCPA质量管理方法，以总裁为首席用户体验官，自上而下形成以用户体验为中心的质量意识。GCPA通过实施自上而下的总裁实车评审机制，快速对产品趋势与难点问题进行决策与实施；通过自下而上的"3+1+1"会议决策机制（图6），全面对整车需优化点进行排查，逐步上升处理，直到问题有效解决，给研发制造人员节省了大量时间。"3+1+1"会议决策机制自建立以来解决重点难点问题约1785项。每月总裁亲自参与整车GCPA评审，从用户角度深入体验产品，共进行评审约86次，评审车辆约460辆，决策重点提升点约552项。

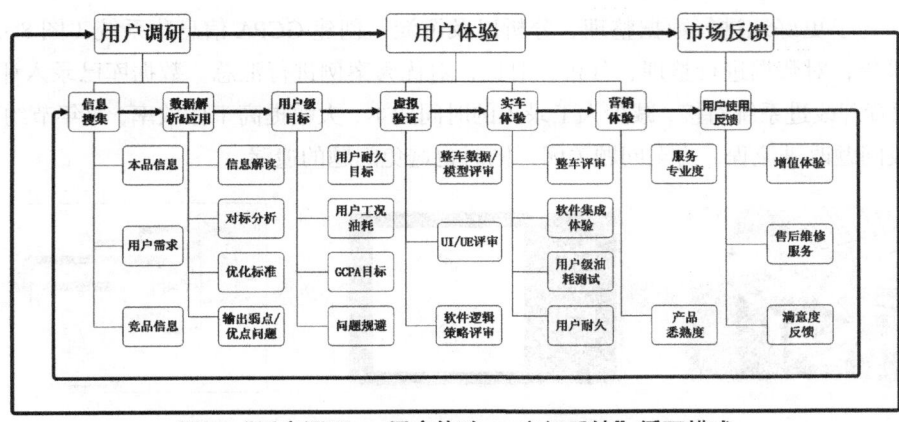

图 5 "用户调研 — 用户体验 — 市场反馈"循环模式

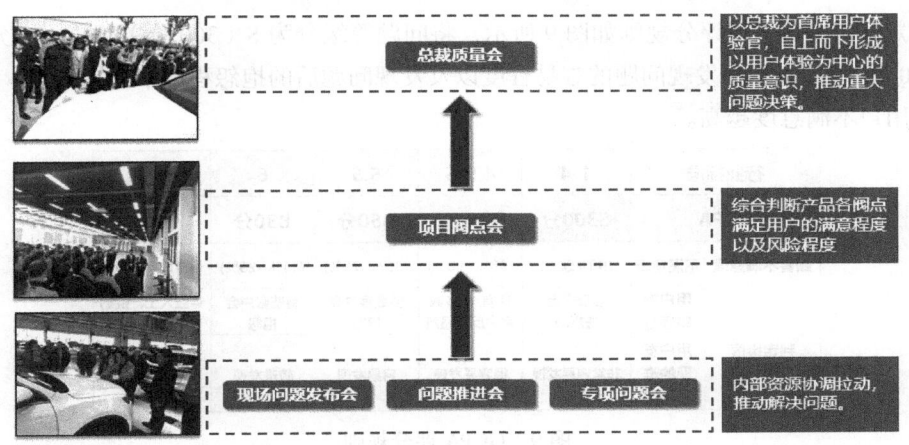

图 6 "3+1+1"会议决策机制

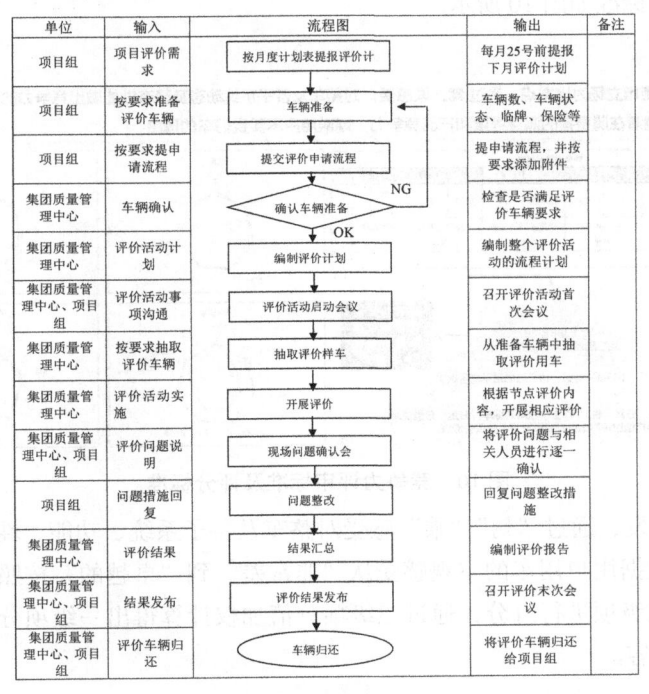

② GCPA 管理框架。GCPA 管理框架如图 7 所示。为快速推进落实用户日益变化的需求，保障 GCPA 质量管理的正常实施，GCPA 在评价管理制度、管理流程、工作输出物上进行了相应的规定，为各部门的业务配合以及业务开展奠定了坚实的基础。

单位	输入	流程图	输出	备注
项目组	项目评价需求	按月度计划表提报评价计	每月25号前提报下月评价计划	
项目组	按要求准备评价车辆	车辆准备	车辆数、车辆状态、临牌、保险等	
项目组	按要求提申请流程	提交评价申请流程	提申请流程，并按要求添加附件	
集团质量管理中心	车辆确认	确认车辆准备 NG/OK	检查是否满足评价车辆要求	
集团质量管理中心	评价活动计划	编制评价计划	编制整个评价活动的流程计划	
集团质量管理中心、项目组	评价活动事项沟通	评价活动启动会议	召开评价活动首次会议	
集团质量管理中心	按要求抽取评价车辆	抽取评价样车	从准备车辆中抽取评价用车	
集团质量管理中心	评价活动实施	开展评价	根据节点评价内容，开展相应评价	
集团质量管理中心、项目组	评价问题说明	现场问题确认会	将评价问题与相关人员进行逐一确认	
项目组	问题措施回复	问题整改	回复问题整改措施	
集团质量管理中心	评价结果	结果汇总	编制评价报告	
集团质量管理中心、项目组	结果发布	评价结果发布	召开评价末次会议	
集团质量管理中心、项目组	评价车辆归还	车辆归还	将评价车辆归还给项目组	

图 7 GCPA 管理框架

053

③系统支持。为了更好地进行数据整理、分析以及沉淀，创建 GCPA 信息化系统（图 8），利用电子设备进行问题录入与采集，对数据进行整理、分析、对比，对优秀案例进行汇总。数据库已录入评价数据 11.89 万条，并与研发问题管理改进系统对接，减少人工录入的时间成本，大幅提高工作效率，每年节约工时 9216 小时。每条问题都会形成问题改进流程，直至问题关闭，同时也避免问题的遗漏。

图 8 GCPA 信息化系统

④GCPA 判定标准。GCPA 评分规则如图 9 所示，将问题等级分为 S（300 分）、A（100 分）、B（50 分）、B（30 分）、C（10 分）类，以用户发现问题的难易程度以及发现问题后的抱怨程度来衡量打分。用户抱怨程度越高，分值越高，用户不满意度越高。

行业标准		1-4	4.5/5	5.5	6	6.5
GCPA		S300分	A100分	B50分	B30分	C10分
顾客不满意度	不满意率	（99%以上）	（98%~80%）	（30%~79%）	（11%~29%）	（10%以下）
判定维度	用户抱怨程度	涉及安全法规项	所有/大多数客户反应强烈	多数客户会抱怨	有些客户会抱怨	专业人士、挑剔的客户会反映
	用户发现的难易程度	非常容易发现	很容易发现	容易发现	较难发现	非专业人员难以发现

图 9 GCPA 评分规则

在 GCPA 评价标准中属于 B30 和 C10 类的问题，行业标准判定合格，但 GCPA 会对用户抱怨的问题进行记录与扣分。如果整车 B30 和 C10 类问题累积较多，总分超过目标值，则判定产品不合格。因此，GCPA 的判定标准是产品存在 B50 及以上问题或总分超过目标值，产品不合格不允许出厂。

竞争力评审标准及评分标准如图 10 所示。

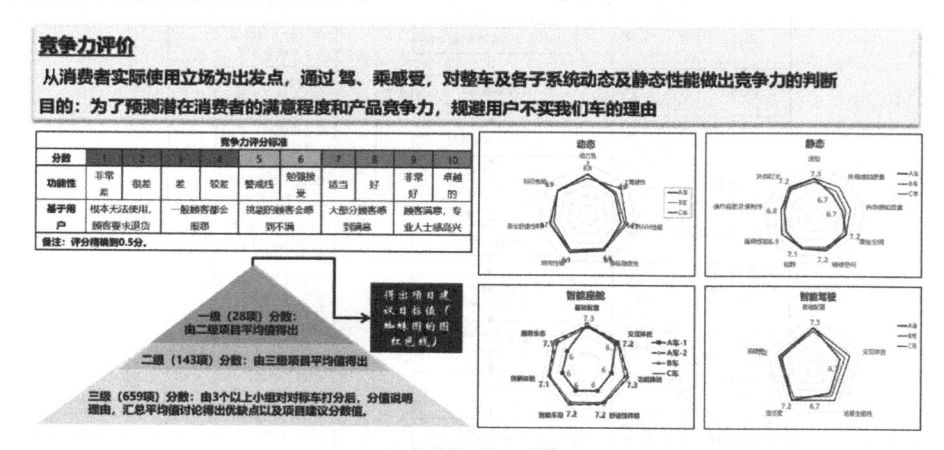

图 10 竞争力评审标准及评分标准

从用户实际使用立场出发，通过"驾""乘"感受对整车及各子系统、功能、性能体验做出竞争力的判断，结果以分值的形式表达。根据用户用车的主观感受从"非常差"到"卓越的"按照 1~10 分进行打分。按照竞争力评价表单对条款的三级项进行打分，通过三级项分值加权计算得出一级项分值。图 11 所示为智能座舱下属一级项功能体验评价内容。

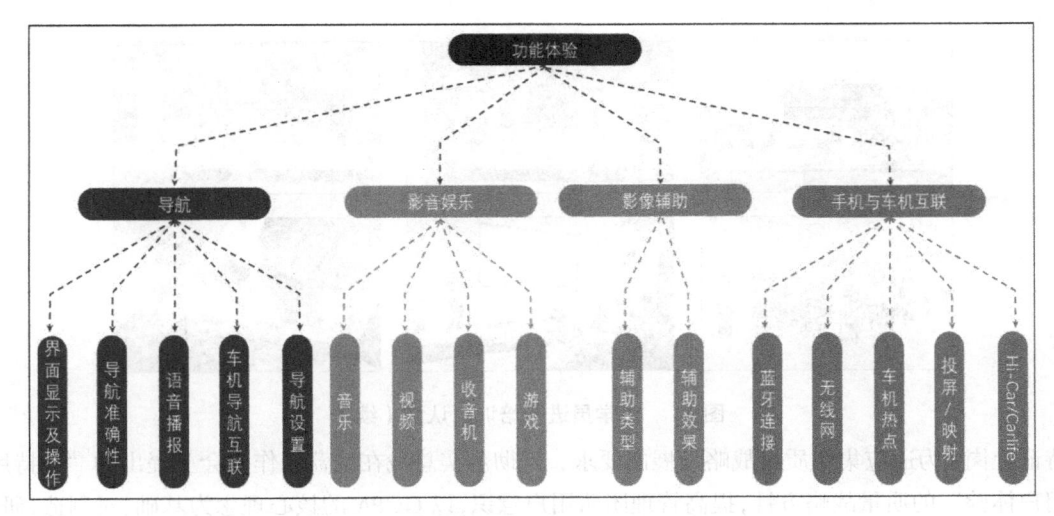

图 11　智能座舱下属一级项功能体验评价内容

GCPA 用户耐久评价：将用户耐久评价发现的问题等级通过劣化系数转化为判定问题的严重度。劣化等级的计算方法为：$\lambda = \alpha \times \beta$。其中，$\lambda$ 为分值，α 为 GCPA 分数，β 为距离系数。

⑤系统性人力资源策划。建立健全人员组织架构，搭建人员能力成长管理体系，统一用户质量意识。为推进 GCPA 质量管理方法，加快质量改进队伍人才的建设，响应集团质量战略转型，制定了"411"人才培养工程（图 12），确保 GCPA 方法得到有效的推广和实施。

图 12　"411"人才培养工程

制定"411"人才培养工程：搭建 4 层人员架构，通过 1 个核心理念，打造 1 支专业 GCPA 内训师队伍。4 层人员架构包含副总经理及以上级别高层领导，部长及以上中层领导，SQE、研发、制造、采购等相关工程师业务人员以及从事 GCPA 评价的专业人员。

人力学习体系搭建：GCPA 质量管理团队开发了全面的 GCPA 专业课程，在各业务单位进行专业讲师认证，通过线上、线下、集中培训等学习路径对学员进行培训、认证，如图 13 所示；健全的人员培训体制，为用户极致体验提升奠定了坚实的人才基石。

课程体系
- 基于满足用户体验的整车评价一理念
- 基于满足用户体验的静态评价
- 基于满足用户体验的功能评价
- 基于满足用户体验的安全评价
- 基于满足用户体验的气味评价
- 基于满足用户体验的动态评价
- 商品性评价

导师团队
- 金牌讲师
- 高级讲师
- 中级讲师
- 初级讲师
- 助理讲师
- 学院导师

学习路径
- 线上吉时学
- 线下培训
- 集团集中培训
- 老带新

图 13　对学员进行培训、认证

图 13　对学员进行培训、认证（续）

高层持证上岗：为适应集团质量战略发展的要求，贯彻落实总裁在经营工作大会上提出的"坚持用户思维，持续引领用户体验"的质量战略方针，提高管理团队用户意识，以 GCPA 的核心理念为基础，对制造、研发、销售、SQE、ME 等模块高管领导进行集中培训、持证上岗（图 14）；总计 74 人考评合格并获取资质，共同牵动全集团质量变革，打造超越用户预期的体验。

图 14　高层持证上岗

评价人员组织框架：根据吉利集团的现状和中长期的质量战略目标要求，建立健全评价人员的眼光校准体系与考核体系，开展培训与认证工作。其中，参加培训的人员超过 1500 人，专项 GCPA 评价人员认证 216 人，高层持证 74 人，全面保障 GCPA 评价体系的落地实施。GCPA 评价人员组织框架如图 15 所示。

图 15　GCPA 评价人员组织框架

人员能力管理：集团所有 GCPA 人员资质归属集团质量管理中心统一管理，经考核合格后方可独立上岗；

根据考核的结果，GCPA人员分为初级、中级、高级三个级别（图16）；所有评价人员由集团人力资源部门统一颁发等级证书，等级证书与人员岗级晋升关联。

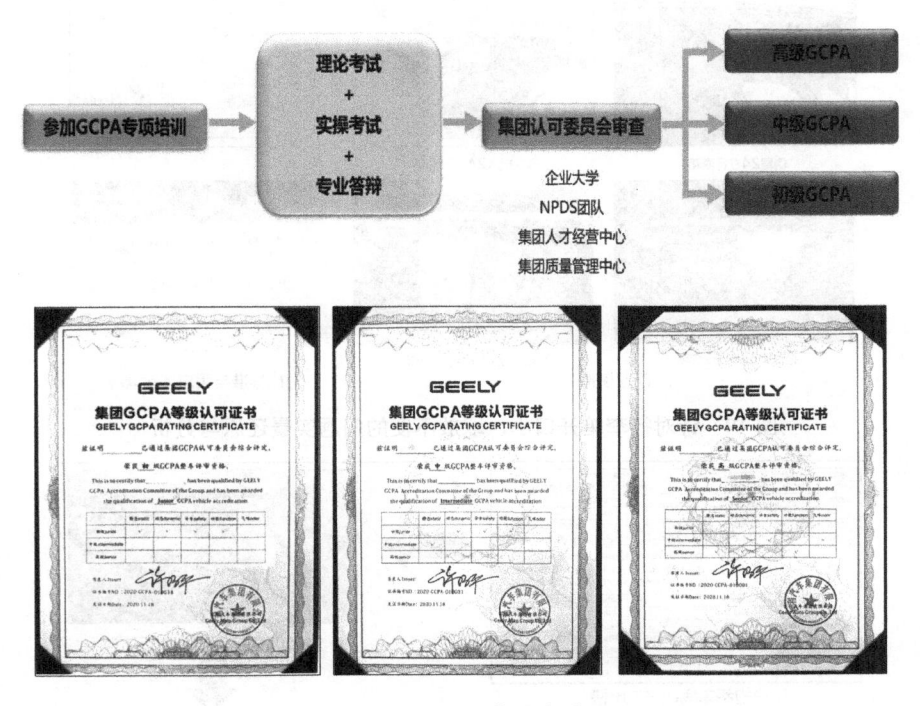

图16 GCPA人员资质

（三）方法运用

1. 用户调研

通过吉利用户生态圈以及相关市场渠道了解用户，明确用户的需求（图17）；通过旗下品牌共收集用户需求1000余项，并对其进行转换。

图17 市场舆情收集原话

（1）用户需求解读。对用户语言进行解读，模拟用户用车的场景进行实景演示与分析（图18、图19），并佐以竞品车进行验证用户思维，提取用户需求。

（2）标准优化。根据用户的需求形成标准或者对现有标准进行优化并在后续项目上实施（图20、图21），满足用户需求，以用户体验为中心，提高用户满意度。

截至目前，GCPA共推动企业技术标准优化405项，GCPA评价标准优化156项。

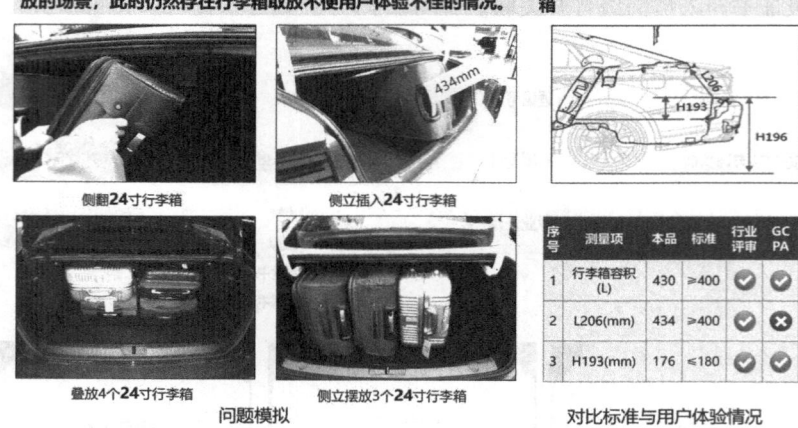

图 18 针对行李箱开口小、取放不便的问题实景还原与分析

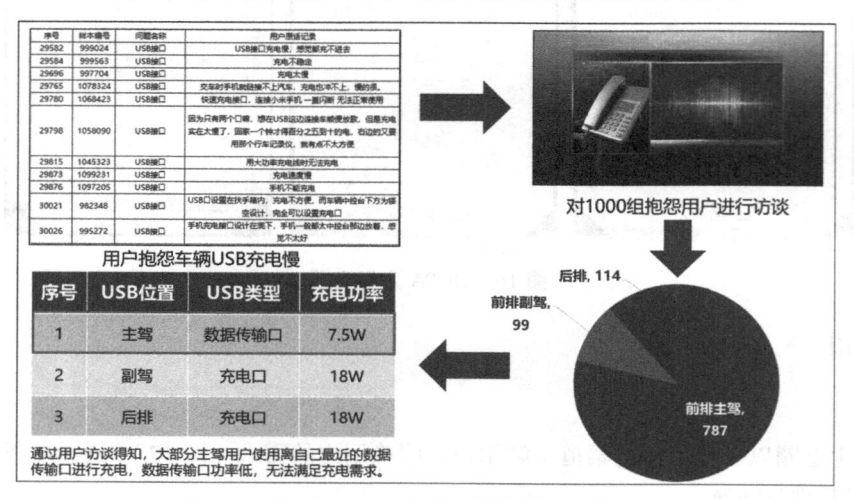

图 19 针对 USB 充电不便的问题还原与分析

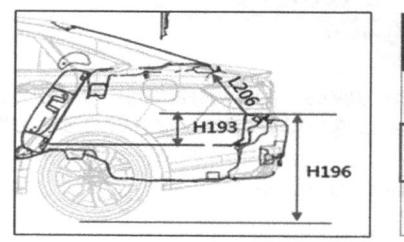

图 20 对轿车行李箱的各参数进行设计的标准

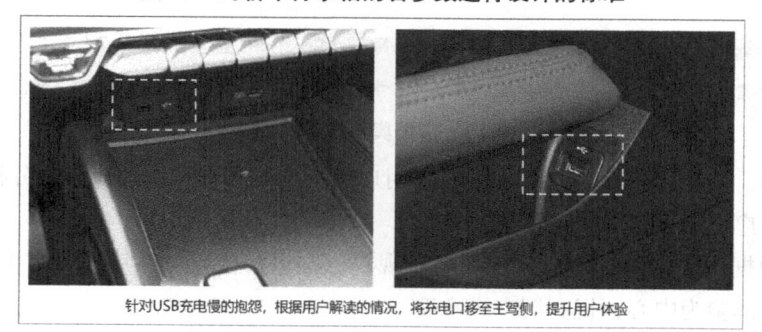

图 21 将数据传输接口与充电接口位置互换，提升用户体验

2. 用户体验

（1）虚拟验证。虚拟验证（图22、图23）主要针对整车数据/模型评审、屏幕界面UI/UE评审、软件逻辑策略评审，旨在在实车未制造前通过对模型、油泥样车、快速成型样件、界面的美观度与逻辑理解等评审修改，减少实物阶段的设变，缩短项目周期。

截至目前，GCPA总共对43个项目进行虚拟验证总计500余次，提出整改意见8000余项，整改率达98%。

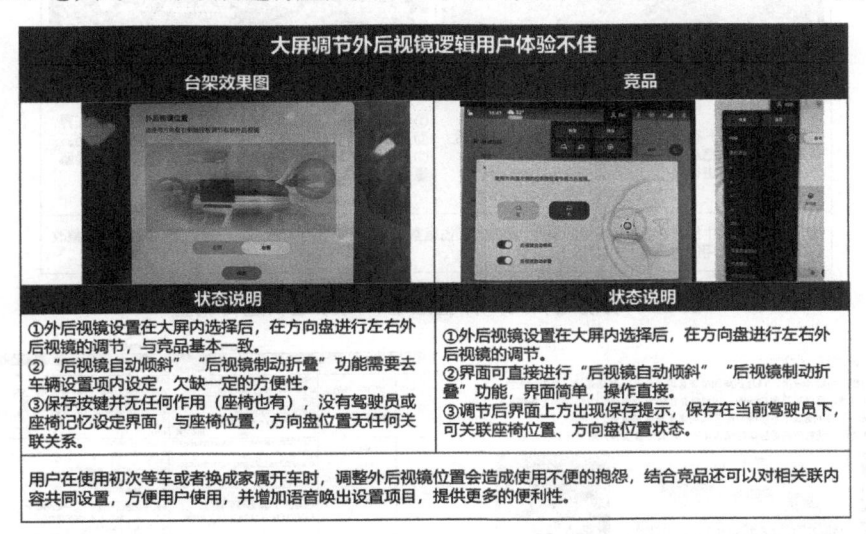

图22 后视镜调节台架效果验证，提出用户使用过程中产生疑惑或不便的问题

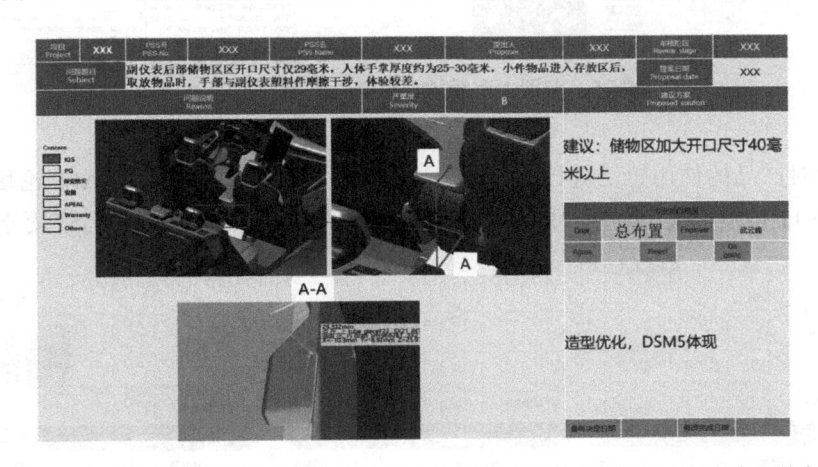

图23 仪表台后部物品取放体验不佳，规避实物阶段用户使用过程中出现抱怨

（2）实车体验。实车体验对实车开展动、静态评价，验证前期弱点问题、虚拟评价问题的关闭状态；并以挑剔用户的眼光，从感知质量、人机工程、空间视野、车辆性能、功能逻辑（图24）等维度对车辆进行全面评价，确认车辆是否满足设计要求，达到交付用户的标准。

截至目前，GCPA每年进行实车评审500余次，每年评审提出整改意见15000余项，整改率达98%。

（3）营销体验。模拟用户购车的过程，从展厅物料、服务接待、产品卖点、试乘试驾四个维度进行审核，通过明访、暗访以及座谈的形式对展厅内外部环境和人员着装、人员接待和沟通、产品配置亮点和技术路线，以及试乘试驾路线和人员能力等方面进行入店检核和评估，确认经销商服务质量。

目前针对已上市车型走访了36家经销商，对各经销商的不符合项提出整改方向，并进行提升。图25所示为车型上市经销商走访计划与评定清单。

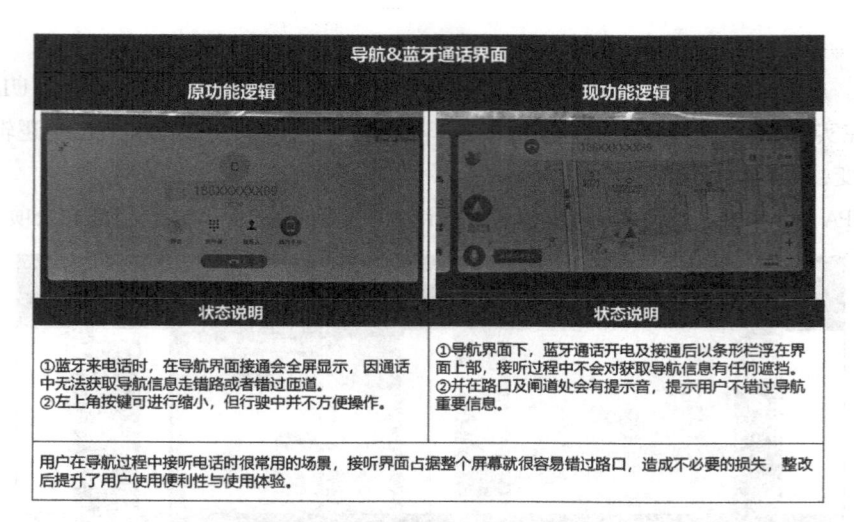

图 24 功能逻辑用户体验感差，对原逻辑进行调整

图 25 车型上市经销商走访计划与评定清单

3. 用户反馈

用户在用车期间对产品的使用感受进行反馈。通过吉利质量管理平台或手机 APP 论坛可以对用户满意度进行实时关注（图 26）；持续接受市场用户的反馈，以进一步了解用户需求，并进行解读分析。

图 26 吉利质量管理平台舆情查看

（四）项目特色

GCPA 是吉利长期实践形成的质量管理方法，在成长的过程中，从原本的"符合性质量"演变为"用户极致体验"。在项目的运行过程中，产生了很多属于吉利 GCPA 的项目特色。

1. 首部符合中国用户 DNA 的评审标准

与行业内其他针对实物制造符合性的评审标准不同，GCPA 首次把中国用户对产品的需求融入设计、研发、制造、动力、质量管理，以及用户看车、买车、用车的过程中，追求更极致的用户满意度，更符合新时代中国用户的用车习惯（图27）。

图27 首部符合中国用户 DNA 的评审标准

2. 行业唯一全业务链、全价值链、全生命周期的质量管理方法

GCPA 从用户需求、产品开发、生产制造、销售服务进行全生命周期的质量管理，涉及战略、研发、供应链、制造、销售、售后等所有业务单位，评价维度涵盖产品定义、设计标准、零部件质量、制造工艺、物流仓储、销售宣传、售后服务等环节，是目前行业内维度最宽、范围最广、专业最全的质量管理方法。

3. 以用户体验为中心的场景化评价

站在用户的角度，模仿用户使用车辆，记录用车的感受与需求。基于用户用车行为，从上车到下车每个环节的用户体验及需求，按照行为、人物、时间、地点、天气、路况六大要素考虑使用场景（图28）。不断优化场景下的功能体验与用户期待，将其转化为产品开发的规范及要求，将产品亮点整理成营销卖点，转化成故事化、情景化的用户语言对营销系统相关人员进行培训，提升产品竞争力。

现已形成 1115 条场景化评价条目，共转化为 178 条产品开发规范与 286 项新功能体验优化需求，已应用于在研车型中。

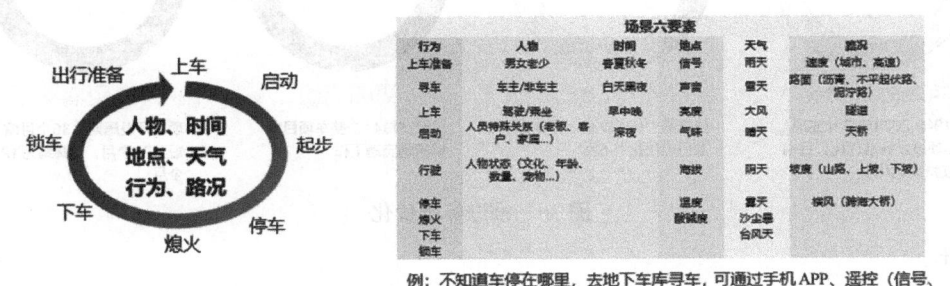

图28 以用户体验为中心的场景化评价

四、项目实施效果

（一）客户满意度成果

自 GCPA 质量管理方法实施以来，吉利集团致力于贴近用户声音，了解用户真正需求，不断提升产品竞争力和用户满意度。历年 IQS 调研结果、用户满意度、12MIS 等显示，吉利汽车整体的实车质量和用户感知质量连续 5 年持续稳定提升，如图29 所示。

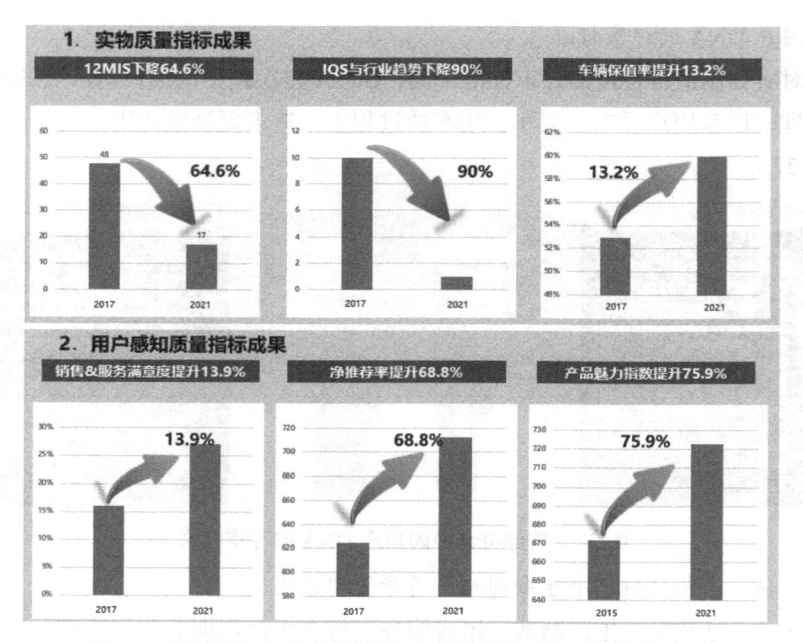

图 29 吉利汽车实物质量指标成果及用户感知质量指标成果

（二）管理效益

1. 标准优化

通过多年的落地执行，GCPA 不断推进技术标准优化。2019—2021 年，共计完成技术标准优化 405 项，支持 41 个项目完成初期流动工作；GCPA 评审标准优化 156 项，助力研发流程缩短 12 个月，如图 30 所示。

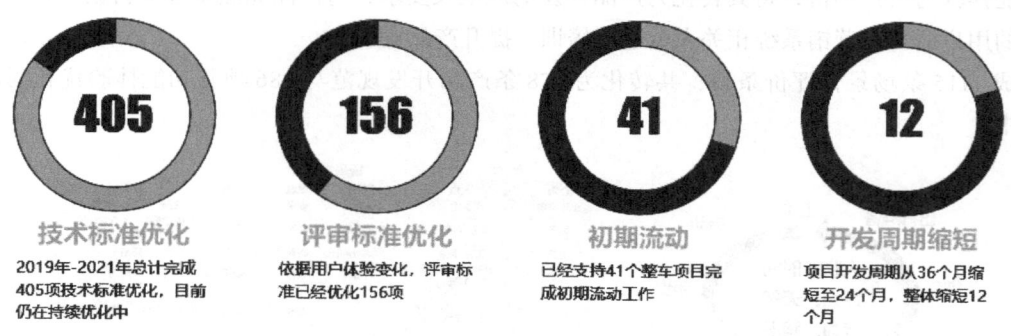

图 30 推进标准优化

2. 销量提升

2021 年，吉利集团汽车总销量超 220 万辆（图 31），5 年蝉联中国品牌乘用车年度销量冠军。吉利集团将坚持以市场为导向，以用户为中心，为用户创造价值，让用户拥有更加完美的消费体验。

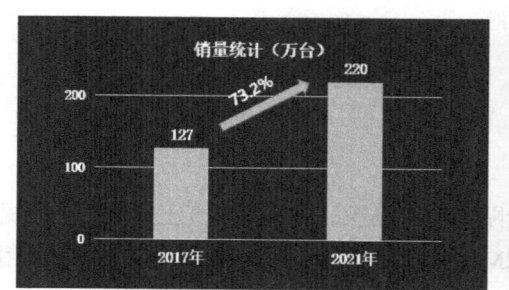

图 31 吉利汽车销量统计

（三）人才培养成果

吉利集团自开展 GCPA 质量管理方法后，搭建了能力标准、能力培养、能力评估为核心的人才培养体系，如图 32 所示。

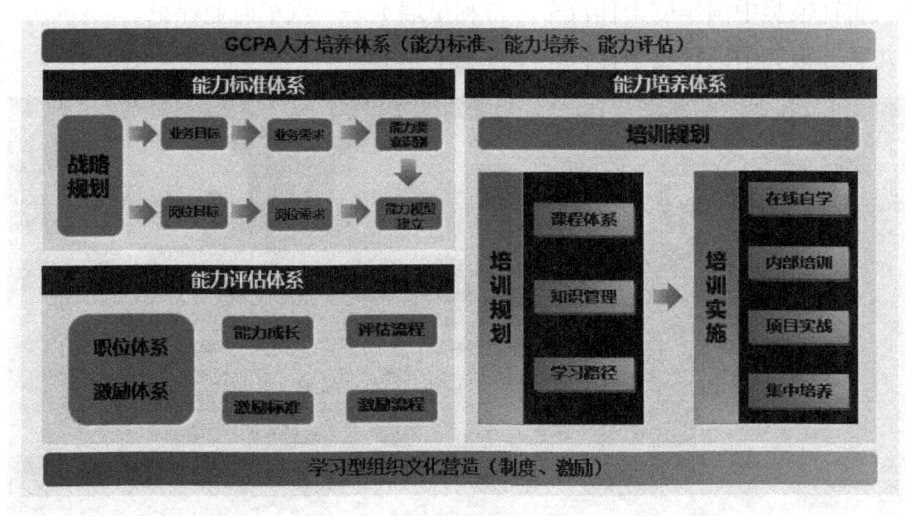

图 32　GCPA 人才培养体系

根据吉利集团的现状和中长期的质量战略目标要求，建立健全评价人员的眼光校准体系与考核体系，开展培训与认证工作（图 33）。其中，开展培训超过 1500 人次；专项 GCPA 评价人员认证 216 人；研发、制造、采购、销售各系统领导持证上岗超过 150 人；通过高层领导持证上岗培训，获取资质领导 74 人，全面保障 GCPA 评价体系的落地实施。

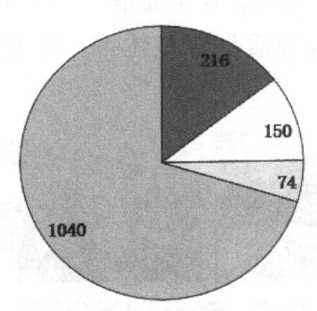

图 33　集团 GCPA 评价员的目光校准培训

（四）社会效益成果

吉利 GCPA 自实施以来，不但在企业内部取得了良好的效果，同时也企业争取到了很多社会荣誉，并在国内外兄弟单位中得到了广泛的推广。

1. 社会责任

多年来，吉利汽车在供应链供应商帮扶、降低环境污染、有效利用发展新能源等方面做出了较大贡献。

2. 社会荣誉

吉利制造恪守"时刻对品牌负责，永远让顾客满意"的质量方针，打造自主核心能力。经过多年努力，获得了行业认可，取得了多项奖项荣誉。

- 2021 年第四届中国质量奖提名奖——国家级。
- 2017 年浙江省人民政府质量奖——浙江省政府。

- 2019年中国品牌强国盛典十大年度榜样品牌——中央广播电视总台。
- 2021年，吉利甲醇汽车研发与应用获中国汽车风云盛典评委会特别奖——中央广播电视总台。
- 2020年度白俄罗斯汽车市场最高荣誉MACKOT奖——国家级。
- 2021年第八届轩辕奖中国年度十佳汽车（吉利星瑞）——汽车商业评论。
- 2022年第九届轩辕奖中国年度十佳汽车（吉利星越L）——汽车商业评论。

图34 社会责任

3. 成果推广

GCPA评价标准已经在领克汽车、马来西亚宝腾汽车、白俄工厂、钱江摩托、Smart、汉马科技、远程商用车、睿蓝、极氪、亿咖通等行业内相关企业全面推广。通过了解当地用户真实需求进行本土化、适应性开发从而形成LCPA、PCPA、QCPA等质量管理体系，并为其定向培养人员，通过考核后持证上岗。成果推广展示如图35所示。

图35 成果推广展示

主要创造人：金敬定

参与创造人：王箐霞、周灵富、崔载福、陈　杰、张陈仓、项奏国、郭　际

"三位一体"调试质量管控研究与应用

江南造船(集团)有限责任公司

一、企业概况

江南造船(集团)有限责任公司(以下简称公司)为中国船舶集团有限公司(以下简称中船集团公司)下属上市公司中国船舶工业股份有限公司的全资子公司,是我国最大、历史最悠久的造船企业之一,是国家特大型骨干企业和国家重点军工企业。

公司的前身是江南机器制造总局,诞生于1885年,1953年正式更名为江南造船厂,在中国近代史上被誉为"中国产业工人的摇篮"。1944年,江南造船厂进入"百家国有企业现代企业制度试点"行列,1966年顺利实行公司制改制。2000年,中船集团公司内部优化组合,公司与新造船厂实施资产重组。2005年,公司开始搬迁至长兴岛,占地面积逾496万平方米,码头岸线3279米,并于2008年完成整体搬迁。

公司的造船流程按现代化造船模式规划布置,并按区域化生产体系组织生产,形成现代化的总装建造生产线,能建造和修理各类船舶,同时能生产舰船动力装置传动装置、船用液罐、舰船舾装件等配套产品。公司建造过的民用船舶有散货船、集装箱船化学品船、油船、科考船、海洋工程辅助船、多用途船等20多种具有当代先进水平的船舶。目前公司所承接的民用主力船型主要有中小型液化船、天然液化石油气运输船(VLGC)及万箱级集装箱船等。除满足国内用户需要外,公司民品还远销德国、美国、新加坡等多个国家。

公司能够自行设计开发多种船型,并配置CAD/TRIBON/CATIA等设计软件,具有以三维电子模型为核心的信息化设计能力。公司设有国家级博士后工作站,并与上海交通大学、708研究所建立产学研合作关系,创建了海洋与船舶工程联合技术创新中心,共同承担国家的重点科技开发项目,实现了企业的可持续发展。

以全面搬迁长兴岛为标志,江南造船又站在了新的历史起点。公司将继续弘扬"爱国奉献、求实创新、自强不息、打造一流"的江南精神,以"讲百年信誉、出一流产品"的质量方针为指导,通过完善体系建设、推进自主质量管理、提高检验技能、加强过程控制,持续质量改进,逐步形成具有"江南"特色的质量管理模式。

二、系泊实验

系泊实验即全船设备系统调试作业(以下简称调试作业),是船舶建造过程中的最后一道工序。调试作业是一个集成系统,它既是集机械、电力、电子、计算机、液压、气动等多学科、多专业交叉复合的系统工程,又体现了现代造船模式提出的设计、技术、调试三者高度集成的新要求。调试作业围绕产品建造特性,以业务流程为基础,区域化管理为核心,聚焦专业化调试路径。设备调试作业的不断改进和优化对于实现船舶技术性能和质量、加快造船进度、缩短建造周期、节约造船成本、提升公司整体实力有着巨大而实际的作用和意义,是造船企业衡量自身生产技术水平和综合实力的重要特征和指标。

调试工作的主要任务是实现船舶的技术性能和质量以及可靠性。调试工作的好坏对造船企业有重要作用,具体如下。

(1)调试工作的技术状态是企业设计、工艺、质量等实际状态的集中体现,表象是现场,实质反映的是设计、工艺等状态的好坏。企业的技术工艺水平是企业的生存之本,是企业的技术实力的集中体现,是企业竞争力的重要特征。

（2）调试工作的生产组织是造船企业生产、技术等管理水平的具体体现。

（3）调试的进度和质量直接影响码头建造周期，并最终决定船舶的交船时间和建造成本。调试的进度快慢和完成质量不仅是考核具体的调试工作本身，而且还是对前道各工序工作质量和工作进度的综合反映和总结。

因此可以论定：设备调试作业是一个系统工程，整个系统的不断改进和优化，对于加快造船进度、缩短建造周期、提高企业管理水平、提升造船企业整体实力有着巨大而实际的意义；是造船企业在激烈竞争过程中自身水平和实力的充分体现；是衡量一家企业生产技术水平和综合实力的重要特征和指标。

三、"三位一体"核心内容

"三位一体"的作业方法关键在于强调调试员的复合性和专业性，从而减少调试人员数量、提高调试人员素质、提高调试工作效率，既有从宏观上对资源的整合，又有从微观上对调试方法的改进和人员素质的提高。通过这种兼顾宏观和微观、系统和个体的改善手段和方法，大大加快了调试工作的进度，保证了调试工作的质量，缩短了码头建造周期，满足了船舶性能和质量，最终保证了交船节点的顺利实现。

（1）"三位一体"质量管控方案的核心之一是以围绕专业化调试为基础推进标准化作业，重新审核过去的标准，用标准化推动精细化，做到质量标准不仅要准，而且更合理，增强核心竞争力，促进品牌价值发展。

（2）调试手册是调试作业的基本要求，是推进系统化调试、集约化交验的基础，围绕"一项一册、依册而试"的实施要求，减少个性化，开展标准化。调试手册从"六基于"（基于现场施工标准的作业指导手册，基于标准手持的设备资料输出优化，基于一站式状态检查的全要素清单，基于系统联判的运行数据积累表册，基于集约化管理的三级式报验流程，基于质量管理系统化）开展全面梳理，多个流程整合形成系统，从而实现"以装判装、以静联动"新型报验模式。

（3）"三位一体"质量管控方案的核心之二是把质量管理落到实处，将质量管理明确化、责任化；把质量管理细化成具体项目，在标准化的流程指导下，能尽快寻找、掌握工作方法，配合相应的质量流程。即每一环节都按已设定好的方式进行，让工作与个人能力相匹配，使流程具有极强的执行力，提高质量的同时提高工作效率。

大型液化气船作为公司的主营产品，其作业安全要求高、设计区域广，施工流程多，系统关联性大。调试二室面向新发展，寻求新突破，围绕"三位一体"建立科学的现场管理机制，不断探索专业化建设路程，实现规程化作业，节拍化生产。通过专项团队的梳理，在运行二部、研究院、品质保证部、模块部、内装部等部门的大力协助下，实现了集约化报验，有效控制产品质量的同时，大大缩短了报验周期，得到船东、船检的高度赞赏。

"三位一体"质量管控方案确保了公司节律化建造，提高了客户满意度，助推了公司高质量发展。

四、具体分析

（一）向前推进安装，助推装试分离

设备及其附件安装是舾装生产环节中的首要节点，建立一个好的质量标准不仅可以保证生产的需求，还可以协助作业区对现阶段不足之处进行整改。

（1）过程前置是为了调试作业能顺利开展。把各阶段状态固化，实现规程化、标准化，使调试人员更好地进行调试，提高效率。而调试作业除了要深化中间产品的概念外，更重要的是要有全局观，要有完整性和系统性的观念。通过检查船体、管系、电气等工作的完整性和正确性，保证最后调试工作的及时性、快速性，保证系泊试验的顺利进行，符合公司提交给船东、船检的工艺质量标准，符合船舶行业标准，符合船东、船检提出

的特殊要求。

（2）前道工序的完整性、完工质量、完工进度对调试工作的正常开展有巨大的影响。例如，一类、二类开孔是否准确，管系完成百分比是多少，大型设备安装是否到位，舱室内舾装件是否完整，设备接线是否完成等，各种各样的扰动因素是相当多且不明确的。又如，船东在建造过程中不断提出新的修改意见，造成大量返工，甚至修改系统原理，可能造成调试过程中大量返工。"三位一体"的质量管控方案就是要不断消除和减少这些因素所带来的影响。

分析得出，调试工作是整个造船过程中的一环。它在生产主流程中，既是重要的一环，在某种意义上也是起主导作用的一环。因此，要更好完成调试工作，必须从源头抓起。只有生产技术准备好、技术状态清楚、前道工序与各级中间产品都保质保量完成，调试工作才有保证，与调试进度有关的其他工作也才有保证。

（二）向后优化设计，让设计更完善

调试新研发船型，尤其是首制船调试时，技术不成熟、设计缺陷较多等方面的问题表现得尤为明显。调试工作的好坏与设计密不可分。如果图纸在前期设计阶段，各个设备和系统之间的位置没有设计好，管路及电气图纸原理错误，都可能给后期的调试工作带来影响。所以，有些问题如果不在设计阶段，经过相关专业的充分平衡，特别是相关参数的匹配，就会给调试阶段带来意想不到的困难。如果到现场再解决这些问题，会造成周期长、成本高、效率低等情况。

进行航行试验后，调试二室对建造阶段、航行阶段的船东、船检给出的意见进行整理分析，根据设备系统进行汇总分类，梳理出共性问题，将设计问题推送到研究院相关技术室，现场对其相关技术要求、质量要求直接从设计端提出。调试二室与研究院通力合作，对相关的技术状态进行仔细研究，以确定技术质量是否符合要求。随着自动化程度的不断提高，高质量管控对设备安装的正确性和及时性有极大的影响，因此要避免在调试过程中才发现问题，造成进度上的延误以及设备的更改。

（三）最终面向客户，提高品牌满意度

交验阶段探索区域系统关联，推进集约化交验。

1. 标准化作业

围绕工程信息化法则，建立调试规程信息流，以全链流管控建立过程可视化管理看板。主要包括：系泊实验标准化管理手册、调试状态管理化看板、航行阶段的试航标准化管理文件。

（1）系泊实验标准化管理手册对机舱和上建设备的工作原理进行了介绍。根据各系统设备工作的关联关系，对调试前的实验准备，作业中的内容、质量控制及注意事项进行了梳理说明，通过规范调试流程，使得作业标准化，调试系统化，检验集约化。例如，冷藏系统、低温冷却水系统、海水冷却系统、主机高温水系统等分区域、分系统、分项目、集成化一体报验。为公司高质量发展，提质增效提供支撑，确保节律化建造，保证船舶设备质量，满足客户需求。

（2）调试状态管理化看板是指推进码头系泊阶段的实验项目和报警点目视化管理。从"管、工、控"角度出发，全面进行实验问题过程记录，主要从人员、周期、投入、外因等方面进行全面分析，从而实现"管理、施工"双重精细化管控。

（3）试航标准化管理文件，是围绕公司高质量、高标准的管理理念。试航作为船舶建造中关键的一环，为确保船舶航行安全，试验项目高效完成，专业对接船员，优化试航管理文件，明确试航各岗位的职责，实行船员制管理体系，通过标准化的过程控制，降低设备操作风险，保障航行安全。

2. 集约化交验

以大型液化气船的系统模块（常规&液货）为例，说明集约化交验的具体方式。

（1）对于常规系统而言，要围绕专业化体系建设，以系统完整性为主导思想，将多级资料进行分级重组，

并将关键控制点进行梳理整合,覆盖到各系统、各设备的检查清单中(主要包括实验程序、系统图、接线图、相关管系图、状态检查表、报警点清单、调试过程控制表),从而实现系统运营的可靠性,为试航提供保障。

(2)对于液货和燃气系统,将围绕建造节律,以系统化、区域化为核心要素,推进集约化调交管理。液货和燃气系统关联性大,信号连锁多,实验的技术难度和周期控制难度极大。调试二室将液货和燃气系统设备的工作原理进行分解,根据各系统设备工作的关联关系,对调试实验前的准备,作业过程中的内容、质量控制及相关注意事项进行了梳理说明。通过专业化过程控制,为公司高质量发展,提质增效提供支撑,确保节律化建造,保证船舶设备质量,满足客户需求。

五、未来发展

面向未来发展,调试二室对自己提出了更高的要求。要在码头阶段整合相关资源、提高劳动效率,最重要的是要打破分工界限。优化就是完善资源,整合资源质量管控的核心就是优化提高,采用矩阵式组织形式组织生产,并在此基础上组建单船调试项目组开展单船系泊实验工作。项目组成员以系泊实验为任务中心,以群体和协调优势来完成工作计划。精细化的管理过程就是工作不断优化的过程,调试二室将质量工作落实到每一个环节,具体如下。

(1)优化流程逻辑图,结合各个系统因果关联,分系统调试,明确各系统独立性、关联性。
(2)注重文本化作业,将调试过程中数据异常的分析和解决方案记录在调试手册中。
(3)坚持目标导向,细化过程管控,推进系泊实验顺利开展。
(4)贯通标准化产品线,实现全局导向一致化。
(5)推进自主管理,提升全局自主管理意识。

六、结语

调试二室践行公司高质量发展,推动现场技术革新,使设备和系统能够完美地实现从设计理念落地到实船运用,并不断优化提升性能的整个过程,再创造以及追求卓越。

在党的二十大报告中对产业工人提出的使命担当,"要贯彻新发展理念,着力推进高质量发展""要实施科教兴国战略,强化现代化建设人才支撑"激励着调试二室踔厉奋发、勇毅前行。调试二室将肩负起新时代的使命任务,谱写出新征程中更绚丽的华章。

主要创造人:郭志刚、潘　勇、明　星

以质量责任制为中心的全程赋能质量管理模式

北京新风航天装备有限公司

一、企业概况

北京新风航天装备有限公司成立于1983年，是空天防御产品总装厂、国家重点保军单位、北京市高新技术企业、二院智能制造产业的骨干力量。以工匠精神和精细管理为理念，致力于向用户交付可靠的产品和服务，提高部队装备好用管用能力。

公司建设"一厂N区"格局，在航天产品先进制造（智能制造、精密加工、精密焊接、增材制造）、复合材料研发及制备、装备测量与检测、保障装备研发、特种环保装备研发等专业领域具备雄厚的技术实力，圆满完成了国家多个重点型号产品科研生产和演习保障任务，为国防现代化建设做出了突出贡献。

公司在技术创新、管理创新等方面紧盯国际一流水平，不断进行创新和突破，获得国家科学技术进步奖特等奖3项、一等奖1项，国防级科学技术进步奖特等奖4项，中国人民解放军科学技术进步奖4项，全国企业管理现代化创新成果二等奖1项，中企研管理创新成果4项，国防企协管理创新成果12项。

公司注重质量安全，创新驱动取得卓越绩效，荣获中国航天事业50年重大贡献奖，获得第十八届全国质量奖、全国质量效益型企业荣誉称号，荣获全国安全文化建设先进企业、全国安全文化示范企业称号，是全国"科技兴安"的典范。

二、企业质量管理纲领

公司高层领导带领全员贯彻落实习近平总书记、中央军委提出的武器装备发展战略，秉持"国家至上"，遵循周恩来总理"严肃认真、周到细致、稳妥可靠、万无一失"的十六字方针，把航天产品的质量放到关系战争胜负和解放军指战员的生命、关系国家利益和人民的安危、影响企业生存和发展的高度来认识，坚持"质量是政治、质量是生命、质量是效益"的质量价值观，追求全员参与、系统管理、预防为主、一次成功。

公司坚持质量制胜战略，将质量作为公司生存和发展的基石，从建立之初即确立了"质量第一、顾客至上"的宗旨。1990年，在航天系统内第一个通过工信部军工产品承制单位质量保证体系验收，取得承担军工产品试制、生产任务许可。1996年，在行业内率先通过质量管理体系认证，奠定了规范管理和不断超越的企业形象。公司坚持并持续改进以质量责任制为中心的综合管理体系，以人为本、创新驱动、诚信经营、追求卓越，为顾客提供满意的产品和服务。

三、实践经验

公司将卓越绩效模式与质量管理体系建设深度融合，以朱兰质量管理三部曲为基础，总结、提炼、升华"以质量责任制为中心的全程赋能质量管理模式"（图1）。应用基于风险的思维，贯彻全面质量管理理念，通过质量策划、质量控制、质量改进的PDCA迭代运行赋能产品实现全生命周期；通过质量工具方法和人员意识、能力的不断赋能，持续提升产品、过程和体系质量，满足顾客不断迭代的要求，提升企业经营绩效和竞争力，实现公司盈利和可持续发展。

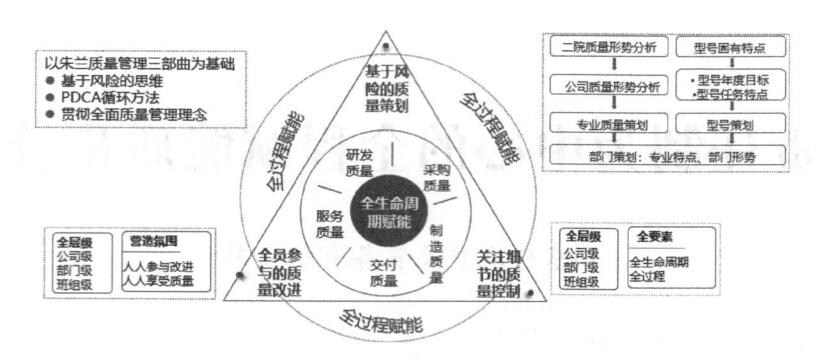

图 1　以质量责任制为中心的全程赋能质量管理模式

（一）构建以质量责任制为中心的责任人体系，以目标为牵引贯穿落实质量责任

1. 构建矩阵式责任体系，明确质量责任

公司实施矩阵式质量管理，纵向以型号质量管理为牵引，横向以专业质量管理为牵引，明确各级质量管理机构和人员的质量责任，规定了公司各部门、各环节以及每一个人在质量工作中的具体职责、要求和权利，提升员工执行力、协同力、创新力。以质量责任制为中心的矩阵式质量管理组织架构如图 2 所示，以质量责任制为中心的责任人体系如图 3 所示。

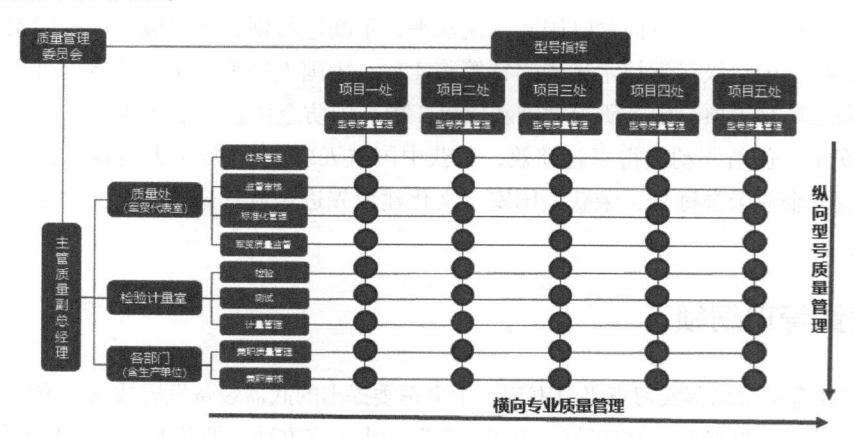

图 2　以质量责任制为中心的矩阵式质量管理组织架构

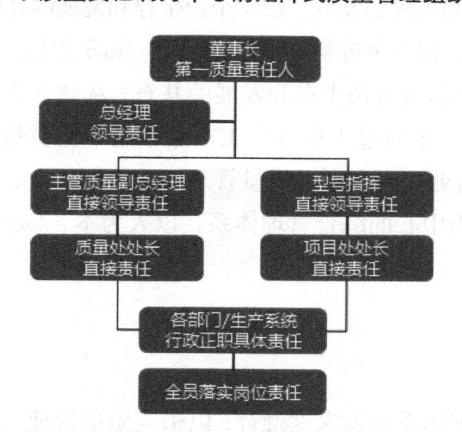

图 3　以质量责任制为中心的责任人体系

2. 目标牵引，层层落实质量责任制

以战略要求为指引，承接战略要求的质量管理目标和以"成功、可靠"为目的的产品保证目标相结合，构建协同一致的质量目标体系（图 4），实施 PDCA 闭环管理并持续完善。2020 年，公司将围绕"质量目

标"的闭环管理纳入质量工作考评，质量目标的策划、分解和实现结果，与部门和人员的年度质量绩效相关；2022年，分解制定公司、部门两级质量KPI和重点工作，通过"定性＋定量"的方式为主要部门和人员下发"质量责任书"，压实各级质量责任，将每个人、每个部门的工作重心聚焦到产品和工作质量目标上。

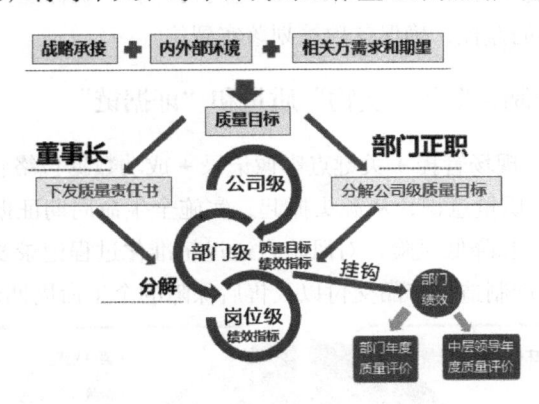

图4 以战略发展为指引的质量目标体系

（二）以"风险"为核心开展三层级质量策划，确保要求传递不衰减

以"风险"为核心，系统应用PFMEA方法，以质量方针为框架，实施三层级质量策划（图5），逐级细化分解管控措施，确保质量要求层层传递不衰减，并通过月度、季度、半年的监控，确保各项策划落实到位。

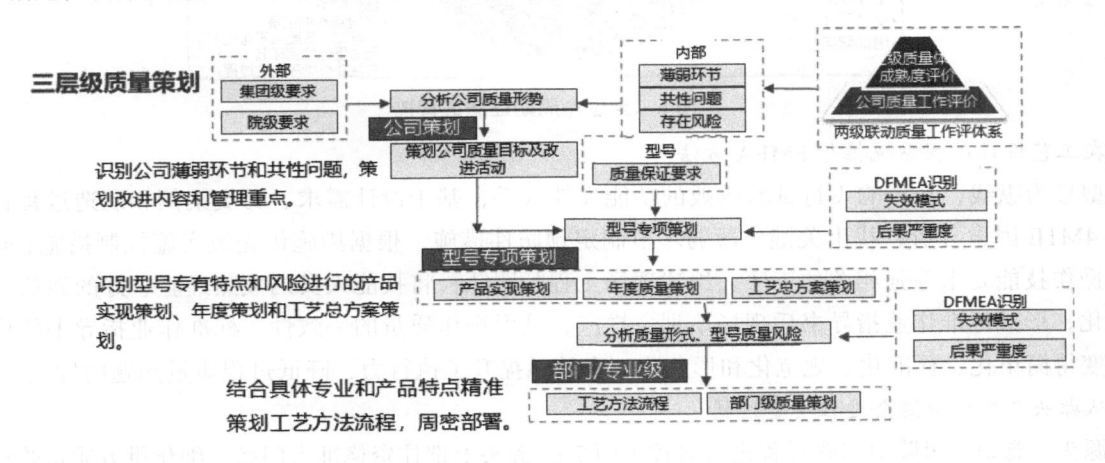

图5 基于风险、逐层分解的三层级质量策划

1.承接发展需要，基于共性问题、薄弱环节，系统策划公司级策划

质量管理部门每年承接军方、上级的要求，全面分析公司质量形势和发展目标。在部门级自评价和公司级专业评价的基础上，识别公司级和部门级质量工作薄弱环节和共性问题；在识别相关方要求的基础上，对差距进行分析，识别风险，系统策划公司级质量目标和改进活动，提出管控措施；并将年度质量目标进行分解，由一把手向科研生产部门颁发质量责任书。

2.承接型号专有特点和要求，策划型号专项策划

各型号项目处承接型号质量保证要求和公司质量工作要点，将各型号DFMEA识别出的与装配过程、加工过程相关的各类弹上设备、结构件以及各接口等的失效模式与后果严重度纳入型号专项质量活动和工作计划，形成产品实现策划、年度质量策划，作为各生产单位开展PFMEA的顶层输入；各型号识别工艺过程中的失效模式及可能导致的后果风险程度，制定并实施预防控制措施，形成型号风险控制策划。

3.结合专业特点识别专业风险，精准策划专业/部门级策划

各部门承接公司级质量策划、型号策划和质量责任书，结合型号任务特点和专业特点、质量工作自评价结

果及型号风险控制策划，分析本部门/专业上年度质量情况以及本年度面临的质量形势和型号质量风险，通过年度任务目标和风险，精准策划工艺方法流程和部门级质量策划；各班组踊跃创建质量信得过班组，基于型号策划、部门/专业策划，制定班组级质量目标及策划。通过周密部署，确保质量要求和保证能力层层传递"不衰减"，并通过月度、季度、半年的监控，确保各项策划落实到位。

（三）关注细节开展质量控制，聚焦"实物"质量和"证据链"

构建"技术手段+源头管控+现场管控+关键点影像记录+成功数据包络管理"的全生命周期证据链管控（图6）。通过强化全员"零缺陷"质量意识，从源头抓起，实施全生命周期证据链管理进行精细化管控。通过技术手段防范风险、现场管控消除和降低风险，对风险点通过精准化过程记录要求，实现"一次把事情做对做好"，确保工艺设计、供应链、生产制造、产品交付以及售后保障的全生命周期证据链质量控制。

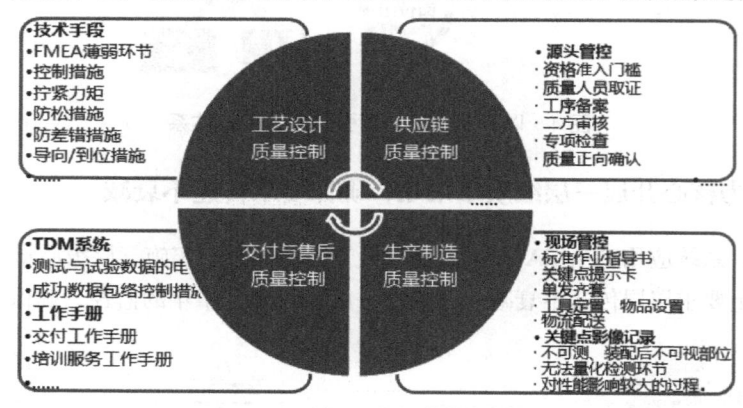

图6 全生命周期证据链管控

1. 在工艺设计过程系统推行FMEA方法

以型号为纵线，从影响飞行试验成败的功能失效入手，基于设计需求、历史案例和制造过程特点逐工序进行4M1E因素分析，找出关键、薄弱环节制定预防性措施，根据措施优先级实施控制措施；同时识别与人的操作技能要求等强相关的工序，组建现场工程师团队，将技能人员的成熟经验、好的做法等隐性知识显性化，形成标准作业指导书后现场培训、推广，确保操作质量的一致性。标准作业指导书的推行使操作过程变得简单化、标准化、规范化和形象化，有效地提升了执行力，降低过程质量问题的发生。

2. 从源头开展供应链全过程质量控制

从源头、意识、风险对采购过程进行管控（图7），源头上把住资格准入门槛，细化供方质量管理和分级评价标准，识别采购过程关键质量控制点；通过对供方质量管理人员培训、考核、发放资格证书，保证供方质量管理人员能力得到满足；通过对供方进行工序备案、实施变更控制和生产准备检查等措施，控制采购过程风险。以质量监督审核促进供方管理能力提升，验收把关确保采购产品质量。

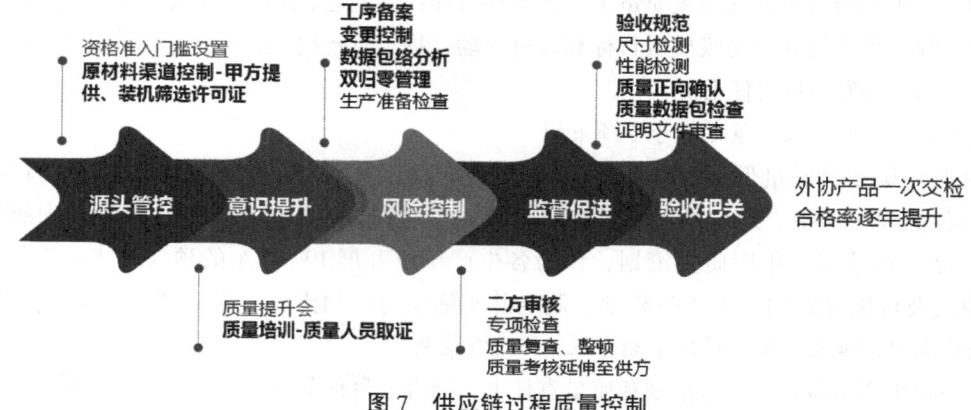

图7 供应链过程质量控制

3. 以星级现场创建为抓手，确保生产制造过程质量控制

在生产制造过程推行星级现场创建，系统导入《企业现场管理准则》（GB/T 29590—2013），坚持"一心（以顾客为中心）、二效（提升效率和效能）、三节（优化节拍、节省时间、节约资源）"的核心理念，成立现场管理推进机构，两级联动推进现场管理，引导生产单位建立现场管理长效机制。精细化现场管理的实施路径如图8所示。

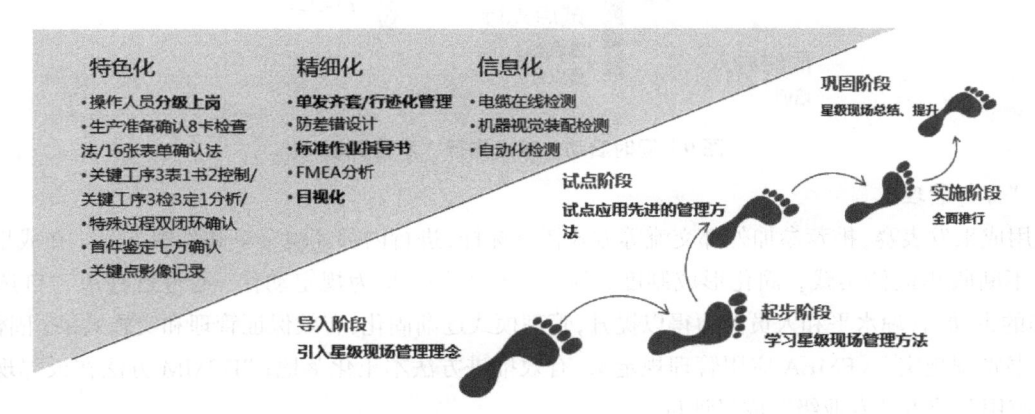

图8 精细化现场管理的实施路径

根据现场特点确定定位，识别相关方要求，建立现场管理目标，并对生产、设备、质量等关键过程进行管理和监控，形成了各具特色的管理方法和模式；根据不同现场特点应用质量工具，有特色地实施看板管理、TPM管理、操作人员分级上岗管理、行迹化管理等，建立单发齐套、行迹化、目视化等精细化管理要求，实现电缆在线监测、机器视觉装配检测，有效确保了现场实物质量。产品合格率稳步提升，质量控制精细化和信息化水平显著提升，有效提升履约能力。

2021年，公司聘任30多名现场管理自评师，组建厂级自评师队伍，制定工厂特色化现场管理评价细则，系统对各生产现场的定位、运营开展诊断和评价，推进现场管理工作向系统、科学、精细和精益转变。

4. 规范影像记录要素，提高质量记录完整性和可追溯性

为确保生产制造过程质量可追溯，各型号识别生产过程中关键影像记录点，规范影像记录要素，制作影像记录标准样册以及影像记录操作规范指导实际拍摄。从设计定型批开始，要求制定影像记录标准图册，提高质量记录完整性和可追溯性。

5. 建立TDM系统和工作手册，保障交付及售后质量控制

实施出厂产品成功数据包络分析，以历年飞行试验成功产品过程数据为包络线，对批次交付装备进行数据一致性分析，公司自主研发测试数据管理（TDM）系统，实现测试与试验数据的电子化管理和数据包络分析，极大提高了数据分析效率和质量。

为适应新形势下激增的服务保障需求，公司建立战区综合服务保障模式，2018年将售后服务办公室升级为导弹保障工程中心，建立了西安分中心、青岛工作站，满足了使用部队就近、快速开展维修保障的需求；为确保不同外场作业一致性，公司将知识和经验固化到培训教材和使用维护说明中，提高顾客使用、维护交付产品的技能水平；同时制定了规范化的工作手册，确保各项工作质量。

（四）以质量工具方法赋能，搭建"比学赶帮超"平台

1. 系统导入质量工具方法

系统导入QC新老七种工具、5S管理、目视化、TPM管理等现场管理方法以及FMEA方法，为有效推进方法落地应用，采用"同时启动、试点先行、示范引领"的方法（图9），即同时开展方法的引入和培训，明确重点部位和重点型号作为试点进行应用。

图9 同时启动、试点先行、示范引领

2. 推行"标杆管理"

通过应用成果发表赛、推荐参加外部交流等方式树立标杆,进行内部经验分享和参观学习。在成果交流分享的过程中,不断收集最佳实践,固化形成制度、流程、标准等,形为规定动作;通过这种由"自选"动作到"规定"动作的带动,管理水平和人员能力得以提升,管理模式逐渐固化,有效保证管理和实施效果;固化形成《标准作业指导书管理规定》《FMEA应用管理规定》,有效推进方法本土化落地;"DSMM方法在钣焊现场中快速响应方面的应用"获得"专业级"成果评价。

(五)关注细节,创建全员参与改进平台

1. 搭建三层次质量改进平台,分级、分层、分类实施质量改进

搭建公司级、部门级和岗位级三层次质量改进平台(图10),通过自上而下、自下而上双向细化、反馈,推动全员参与、关注细节,分级、分层、分类进行精益改善。

公司每年开展面向各部门、各类人员的监督审核、质量隐患发现、合理化建议、QC活动等质量改进活动;部门级针对操作过程中发现的设计、工艺小错误开展质量隐患发现,质量改进课题、合理化建议,促进全员参与质量改进;岗位级持续开展"关注细节精益改善"质量提升活动,通过质量微讲堂、人员命名法等多形式开展质量改进,提升员工质量改进与创新的主动性。

图10 三层次质量改进平台

2. 建立完善的质量奖惩体系,发挥质量奖惩的激励和引导作用

坚持开展质量奖励、质量考核和责任追究,不断制定并完善《质量考核办法》《质量责任追究办法》《质量奖励办法》。2008年开始每年设置100万元年度质量奖励,评选"优质产品奖""质量标兵""质量信得过班组"等10余个奖项,奖励在工作中主动创新、成效显著的个人和团队,激励全员参与质量改进与创新;2018年增设全员共享成功奖,激发全员的责任感和获得感。

3. 以关注细节、精益改善活动营造全员参与氛围

不断深化"关注细节的精益改善"活动,由总装、部装车间推广到公司科研生产部门,最终形成长效机制,

全员精益改善氛围浓厚。2016年，总装现场开展"关注细节保成功"专项质量提升活动；2017年，各分厂全面开展"关注细节保成功"专项质量提升活动；2018年，以创建星级现场为抓手，形成生产现场管理提升长效机制，将"关注细节保成功"成果固化在体系文件中，形成长效机制。

2021年，面向公司18个科研生产部门开展"关注细节精益改善活动"，形成"标杆+经验推广"的推进方法。精益改善项目及参与人数逐年递增（图11），从2016年的158项提升到2021年的1235项，精益改善累计3000余项，参与人次累计5000余次，全员改善的文化和氛围已经形成。

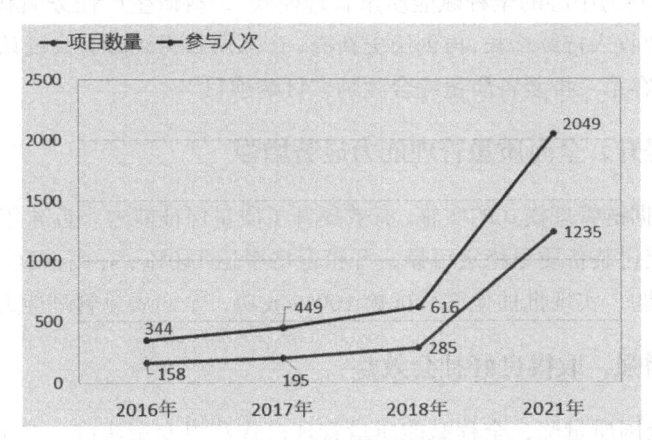

图11 2016—2021年精益改善项目数量及参与人次

4. 优化QC小组活动管理机制，激发员工参与热情

建立QC小组活动管理机制。将QC小组活动及成果与"质量标兵""质量信得过班组"评选挂钩，加大成果宣传和奖励力度，加强质量工具方法使用的培训辅导，极大地激发了员工参与热情。

QC小组注册数量从2017年到2021年增长了233%，从62项提升到207项。在数量增长的基础上，2020年修订《QC小组活动实施细则》，强化过程管理，提升员工应用质量工具分析和解决问题的能力。

全员改进与创新成效显著，2019—2021年，QC小组活动成果不断提升，2021年获院级二等奖2项、三等奖1项，获得航天质协成果优秀奖2项、先进奖1项。

（六）系统评价找出短板，不断改进提升

公司每年通过卓越绩效模式自评价、上级质量管理体系成熟度评价，结合外部评价识别质量管理体系存在的问题以及薄弱环节。创新部门质量工作评价方法，以GJB 9001C质量管理体系标准为框架，结合卓越绩效管理理念，建立"定性+定量"结合的矩阵式全生命周期部门质量工作评价体系模型，包含策划、过程、支持、测量分析与评价和改进5个评价模块。依据部门职能与管理工作性质建立三个评价层次，即计划指挥层、产品实现层和基础保障层（图12），分层进行质量工作评价。

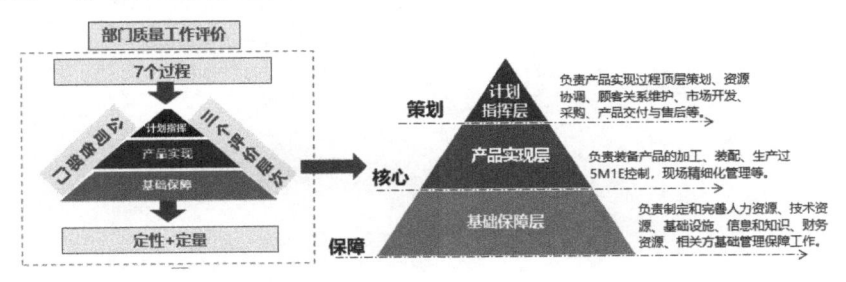

图12 三个评价层次

业务部门对主管业务管理成熟度进行评价，生产单位依据现场管理评价实施细则对现场管理成熟度进行评价。通过两级评价，系统识别公司和部门质量工作的薄弱环节和共性问题，制定目标和改进措施纳入下一年度

目标进行管控，以此形成改进循环，推动质量管理体系绩效的不断提升。

四、实践成果

（一）科研生产任务顺利完成，经营效益稳步增长

通过实施"以质量责任制为中心的全程赋能质量管理模式"，科研生产任务顺利完成，生产能力大幅提升；公司经济保持快速增长，营业收入持续增长，再创历史新高；产品质量得到顾客高度认可，一型装备成为顾客"明星"装备，一型装备入选顾客第二批装备质量综合激励"订购项目"。

（二）产品质量稳步提升，全面质量管理能力显著增强

公司基于全生命周期证据链管理模式的实施，有效提升了质量保证能力。近4年飞行试验成功率逐年上升，从95.8%提升至98.29%；交付装备质量稳定可靠，开箱合格率达100%；在高密度飞行试验过程中，连续5年靶场飞行试验0责任质量问题，实现批抽检飞行试验100%成功，全面质量管理能力显著增强。

（三）知名度进一步增强，取得良好社会效益

2019年获得第十八届全国质量奖，全程赋能质量管理模式获得专家认可，基于产品制造全生命周期的工艺质量提升体系建设成果获国防科技工业企业管理创新成果二等奖，基于提质增效的航天企业"星级现场"管理模式的构建与实施获航研会二等奖。

2个基层生产单位获评"全国五星级现场"，5个基层生产单位获评"全国四星级现场"。星级现场的创建成为集团内的标杆单位，星级现场创建方法已在全院范围内推广，该应用成果可进一步在行业内进行推广。

主要创造人：陈　燕
参与创造人：苏晓庆、张少靖

以"精准、高效、数字化"为核心的精益质量管理体系构建

中国航天科技集团有限公司第九研究院

一、企业概况

中国航天科技集团有限公司第九研究院（以下简称九院）隶属于中国航天科技集团有限公司，辖属厂所多家，主要承担载人航天、探月工程、北斗导航工程等宇航型号，以及战略导弹、战术导弹、无人机等航天、航空型号核心配套产品的研制生产任务，是我国航天惯性技术、航天测控通信技术、军用计算机和微电子技术的奠基者，为我国航天事业和国防军队现代化建设做出了突出贡献。

九院承担的航天电子产品是航天系统工程的重要组成部分，产品广泛配套应用于火箭、卫星、飞船、空间站等航天领域所有重点型号的各个关键部位。其中，计算机、惯性器件、连接分离机构、电缆网、继电器、传感器等电子产品，一同构成了各类航天器的"精确的大脑""耳聪目明的五官""敏感的中枢神经""可靠灵活的关节和经脉""遍布全身的血管"，实现了型号的协调和感知。

航天电子产品具有专业复杂、学科领域广、加工精度高、应用环境复杂、集成化程度高等突出特点，用户对产品质量与可靠性要求高，交付产品质量"零问题"是基本要求。"十三五"以来，九院承担的型号配套任务持续大幅增长，参加的发射飞试任务增长了三分之一，结合国家"两高、一低、可持续"（高质量、高效益、低成本、可持续发展）的要求，传统的质量管理已经不能完全适应日益增长的任务需要，一些问题和矛盾逐渐暴露，迫切需要解决。

2021年，中国航天科技集团有限公司发布了航天精益质量管理体系建设方案，围绕"双一流"战略目标，以及"三高"发展要求，推动建设"架构科学、流程优化、协同高效、持续改进"的航天精益质量管理体系，实现航天型号科研生产质量工作的"全员、全要素、全过程、全数据"管理。

九院系统研判当前任务形势、产品特点和发展需求，立足新发展阶段，贯彻新发展理念，认识到推动质量管理实现从精细到精益转型升级的必要性和紧迫性，迅速落实集团公司统一决策部署，统筹制定了九院精益质量管理体系建设方案，锚定航天强国战略目标，全面构建精益质量管理体系。

二、背景与差距

九院作为航天电子专业院，既有单机配套，又涉及元器件等基础产品，同时承担无人系统装备和电子信息系统等系统项目，呈现出领域多、专业多、地域广、层级多、用户多、全竞争的特点。

在质量管理方面，2005年，九院率先建设了以"监督管理"为核心的质量管理体系，以精细、量化管理为抓手，以风险管控为重点，持续改进创新，初步形成了具有九院特色的质量管理体系。

但是，面对新时期航天型号常态化高强密度发射和九院产业化发展需要，从提升九院整体效能的角度考虑，九院在技术发展、质量管控、成本控制、快速反应、数字支撑、高效管理等方面，还存在管理精细化不够、问题解决不彻底、手段方法不先进等问题，科研生产模式和质量管理模式还有待深化，"型号+产品"双驱动的发展模式尚不健全，对标"三高"要求仍有差距。

三、建设总体思路

坚持"一体化、差异化、产品化、数字化、价值化"原则,以九院和各单位两级质量管理体系为基础,融入精益质量管理要求,推动上下同构一体;以产品化和产品保证为重点,针对不同领域、专业、产品和研制阶段差异化实施,打造一流航天电子产品体系;强化过程质量数据的挖掘和应用,优化流程、降低成本、提升效益,构建以"精准、高效、数字化"为标志的航天电子精益质量管理体系。

建设目标:打造"架构科学、流程优化、协同高效、持续改进"的精益质量管理体系,实现精益质量管理体系与科研生产模式整体协同,实现航天电子数字化质量管理,实现"全业务、全员、全要素、全过程、全数据"质量管控,精准、高效和数字化体系运行,九院质量管理水平和高质量保证成功能力整体提升。

四、体系建设重点内容

遵循集团公司一体化和一以贯之要求,按战略层、组织层、项目层、产品层、数据层五个模块构建。通过机制建立、方法改进、体系完善和能力提升,推动"精准、高效、数字化"管理。五个模块协同运行,确保产品全生命周期质量满足要求,确保九院精益质量管理体系的适宜性、充分性和有效性。九院精益质量管理体系架构模型如图1所示。

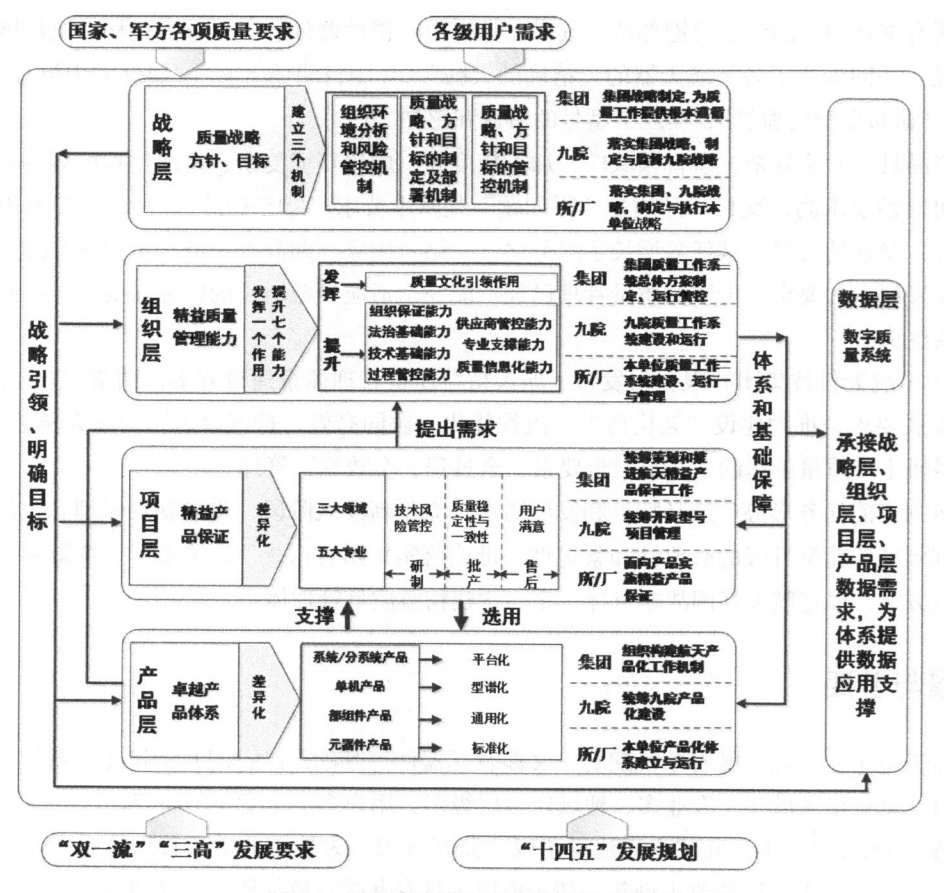

图1 九院精益质量管理体系架构模型

(一)战略层

1. 定位

战略层是九院精益质量管理体系的统揽,在"双一流"战略目标和"三高"发展要求的指导下,为组织层、项目层、产品层、数据层工作开展提供战略引领和明确目标。落实新时代装备建设质量管理体系总体要求，围绕质量战略建立"环境分析、战略部署和战略管控"三大机制，确保质量战略的一以贯之，确保优质高效完成质量目标。

战略层是精益质量管理体系的长远目标和发展方向。院级战略层既要秉承集团公司质量战略的总体目标，又要为厂所提供指引和方向。院级战略以确定全院质量方针和建立长效机制为主要内容。厂所要按照院级战略层要求，明确厂所级具体的质量战略和质量方针、中长期质量目标，并通过具体的战略部署和监督考核、动态调整，支撑全院质量战略的实施和落地。九院及厂所两级战略层架构模型，分别如图2和图3所示。

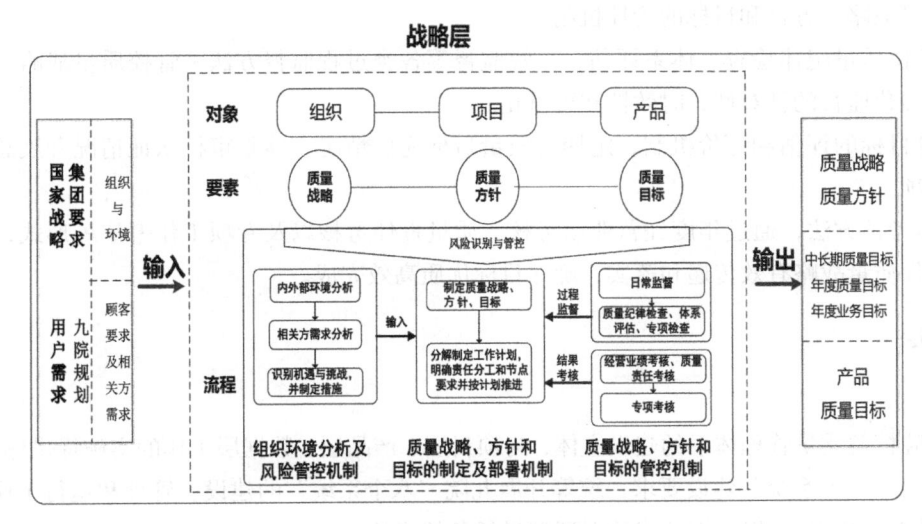

图2 九院战略层架构模型

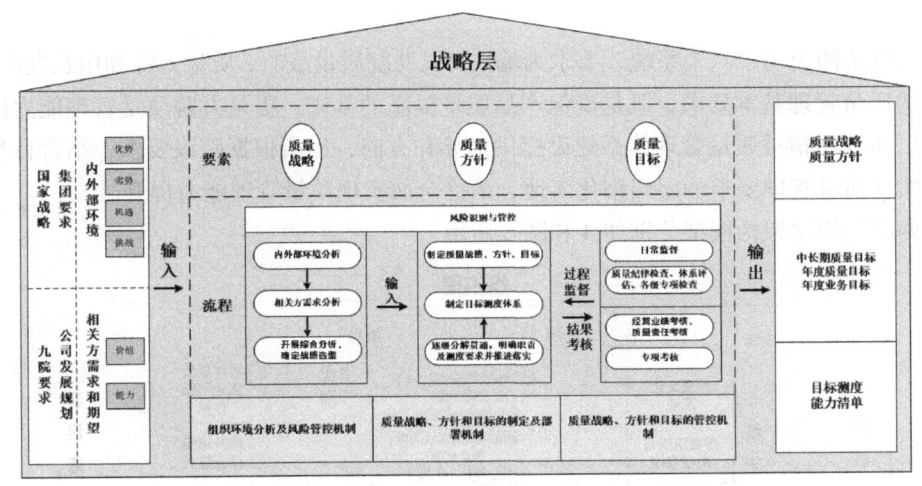

图3 厂所级战略层架构模型示例

2. 重点工作

（1）发布九院新时期质量战略。

对标"双一流"战略目标和"三高"发展要求，按照院"十四五"发展规划，发布新时期九院精益质量战略、方针和目标，统一全院思想认识和行动步伐。

（2）健全组织环境分析和风险管控机制。

① 优化组织环境分析的方法。基于《内外部环境因素管理程序》，结合新时代装备质量管理体系建设要求，持续优化内外部环境分析方法，明确九院、所/厂两级内外部环境分析工作界面，畅通两级要求和结果传递渠道；充分利用先进的分析模型和工具，强化机遇与风险的管控机制，提升分析有效性。

② 基于风险思维开展风险管控。统筹推进全面风险管理，制定院级全面风险管理指南。全面识别分析型

号科研生产风险，确定风险等级，针对性制定管控措施，明确管控计划，建立风险管控机制，有效落实风险管控责任，确保风险事项受控。

（3）健全质量战略、方针和目标的制定及部署机制。

基于《质量、环境、职业健康安全方针、目标管理程序》，明确质量战略、方针和目标的确定、传递和部署的方法，逐步构建九院目标管理体系。持续动态跟踪与完善战略、方针和目标，确保院及各单位协调协同，支撑各项型号任务和业务管理工作高质量完成。

（4）健全质量战略、方针和目标的管控机制。

① 完善和坚持质量纪律检查、体系评估、日常监督等各类过程监督方法，管控质量战略、方针和目标的推进落实情况，强化监督的针对性、时效性和可量化。

② 优化质量目标的评估和评价机制，定期对质量目标完成情况、体系审核认证情况开展总结与检查，识别与管控风险事项。

③ 完善目标考核方法，通过年度经营业绩考核、质量责任考核以及专项工作考核等形式，对目标完成情况开展考核，确保质量战略有效传递和落实，确保目标优质高效完成。

（二）组织层

1. 定位

组织层是九院精益质量管理体系的建设主体，为项目层、产品层、数据层工作的实施提供体系和基础保障。重点落实集团公司"八个系统"建设要求，统筹开展九院"八个系统"的建设、管理和运行工作，着力"发挥一个作用""提升七个能力"，以组织的成功保证型号任务的成功。

2. 管理模式

组织层建设是以集团公司"八个系统"要求为输入，以九院质量战略、质量方针和中长期质量目标为引领，覆盖全业务过程的质量管理基本要求，既是确保产品质量提高的基础，更是九院质量管理能力提升的前提，八个方面的内容为厂所开展精益质量管理体系建设提供指导和方向，厂所根据院级要求，结合自身特点进行必要的补充和细化，实现质量管理要求的层层细化落地，最终全面实现质量管理能力提升。

九院及厂所两级组织层架构模型分别如4和图5所示。

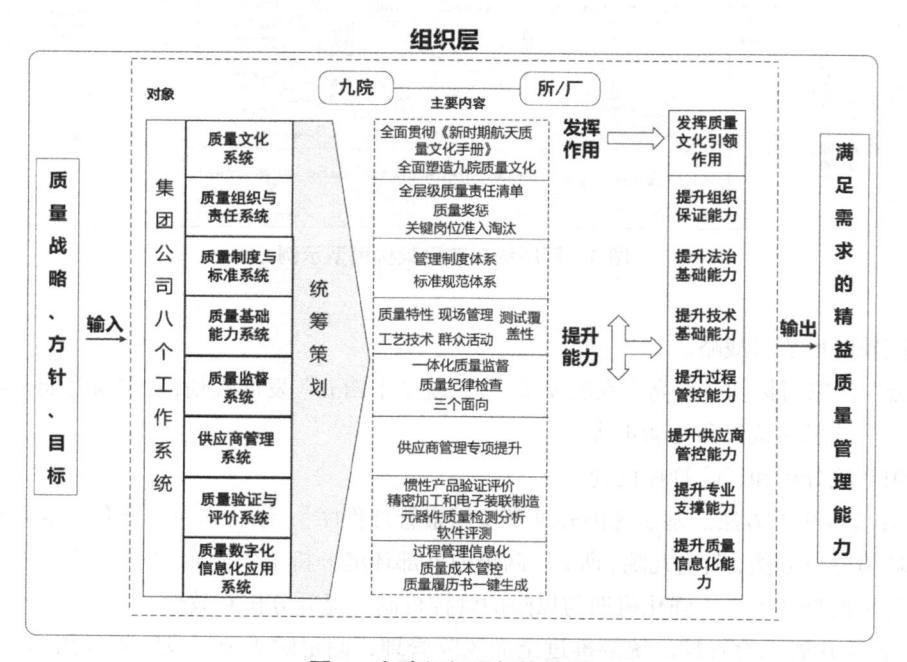

图4　九院组织层架构模型

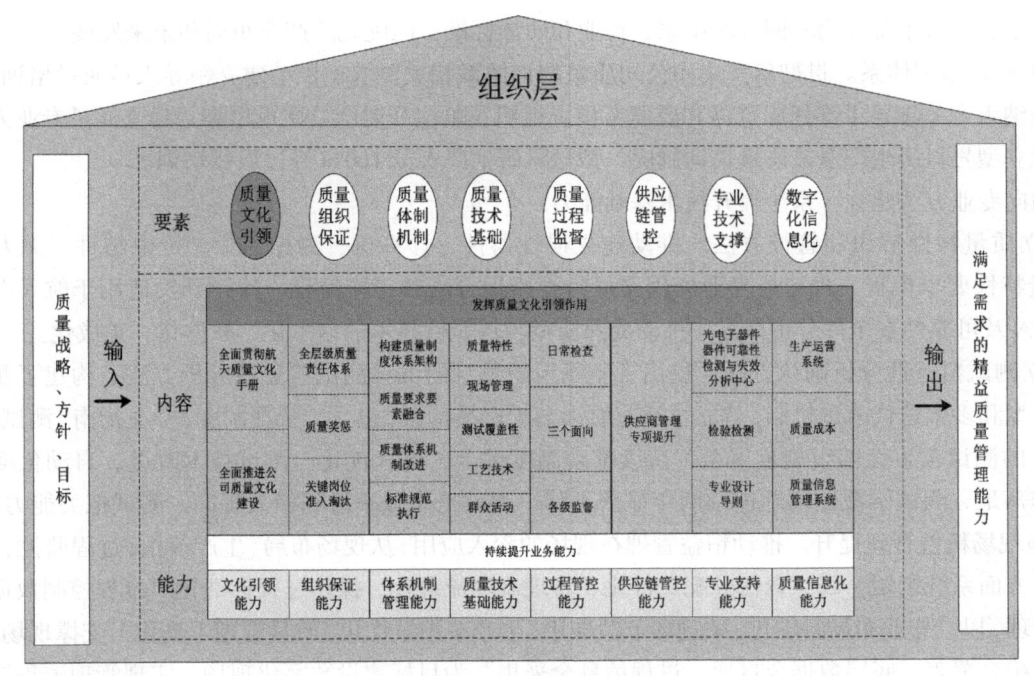

图 5　厂所级组织层架构模型示例

3. 重点工作

（1）面向全员质量意识提升，充分发挥质量文化引领作用。

① 全面贯彻集团公司《新时期航天质量文化手册》。组织开展全员培训，深入开展全员岗位职责、岗位知识、岗位能力的梳理和培训，辨识岗位风险，进一步强化全员质量意识、风险意识、责任意识，筑牢支撑"三高"转型发展的思想文化根基。

② 全面塑造九院质量文化。总结凝练九院质量文化精髓，塑造九院质量文化。将质量意识、风险意识、责任意识有机融入产品实现全员、全要素、全过程，增强全员做好质量工作的思想自觉和行动自觉。

（2）面向质量责任全覆盖，系统提升组织保证能力。

① 全面构建九院质量责任体系。面向型号，从型号两总到研制队伍梳理建立型号队伍质量责任体系，确保型号质量管理责任清晰明确。面向产品，以精益产品保证为主线梳理建立产品保证队伍质量责任体系，确保产品保证各要素要求有效落实。建立"面向流程、面向岗位、纵向到底、横向到边"的全层级、全岗位质量责任清单，完善岗位"一本通"，推动质量责任全面融入岗位工作流程，对质量职责的落实情况实施闭环管理。

② 完善健全质量奖惩机制。研究构建具有九院特点的"高质量保证成功"量化指标体系，从质量结果、质量过程、质量基础工作等维度实施定量评价。持续优化院级监督评价机制，完善质量问题分级分类评价体系，严格落实院级质量奖惩和曝光。对单位、典型产品的高质量保证成功能力实施定量评价，为开展奖惩提供依据，明确针对性改进措施，持续改进薄弱环节。

③ 完善关键岗位准入淘汰机制。依据重大型号任务岗位名录，建立关键岗位胜任评价与淘汰机制，确保关键岗位人员熟悉、掌握和带头落实各级质量要求，确保将最优人员配置在重大航天工程任务的关键岗位。对表现优异的关键岗位人员在政策资源上予以适当倾斜，完善畅通晋升机制。

（3）面向制度标准健全完善，系统提升"法治"基础能力。

① 完善质量管理制度体系。系统梳理各级质量管理制度，设计构建九院质量管理制度体系，确保型号产品研制、生产、管理全过程的全覆盖。全面开展质量管理流程的优化，识别浪费环节，并逐步优化。

② 完善质量标准规范体系。持续完善升级质量管理、质量技术标准以及相关产品规范，加强上下级、内外部的对标研究与分析，确保各级标准规范"横向一致、纵向到底"；进一步发挥各类专业平台和技术机构作用，

做强宇航电子、无人系统和物联网领域国家、行业和团体标准，匹配九院产业布局和未来发展。

③ 完善质量培训体系。贯彻落实集团公司质量培训体系相关要求，推动建立领导人员质量培训考核制度，将质量培训纳入有关领导干部任职资格和履职考核。组织各单位开展全员质量培训，建立质量专业人员持证上岗制度，建立型号科研生产全员质量培训制度，型号科研生产人员100%经过质量培训。

（4）面向专业方法建立，系统提升技术基础能力。

① 建立质量特性辨识和管控方法。推动建立惯性器件、计算机、测控通信、机电组件、无人系统等专业通用质量特性要求模板，规范各专业通用质量特性辨识方法和工作流程。持续开发适用于航天电子产品的FMEA、FTA及可靠性安全性分析工具，推动成熟质量与可靠性技术的信息化、软件化、集成化。

② 建立测试覆盖性分析确认方法。提出了基于风险思维的五维测试覆盖性分析方法，构建了测试覆盖性工作体系模型和多维迭代改进机制，建立了适应航天电子产品特点，包含"管理制度、专业指南、测试指标体系、测试规范"的测试覆盖性四级规范体系，持续推动制度健全、流程优化、测试技术改进、自动化测试应用等一系列工作落地，测试不覆盖问题连续两年显著下降，测试工作效率得到极大提高，测试把关能力明显增强。

③ 实施现场精益管理提升。推动精益管理在现场的深入应用，从现场布局、生产节拍、过程监控、成本控制、绩效评价等方面系统策划，以"责任分配文件化、管理制度流程化、操作过程标准化、过程控制数据化"支撑现场精准管理，以"作业布局科学化、关键环节精准化、生产节拍最优化、质量管理工具化"支撑现场高效管理，以"应用系统全覆盖、底层数据全贯通、过程信息全采集"为目标建设数字化现场，实现管理流程最优、效率最高。九院组织对五星级现场开展精益管理评价，突出提质与增效，探索以"提升、保持、预警、降级"进一步细分对五星级现场的评价分档，强化标杆现场的动态评价考核。

④ 构建新时期制造工艺技术体系。紧密围绕提升型号产品制造工艺能力，提升航天电子专业技术发展能力两条主线，推进产品合格率提高向稳定性控制转变，推进工艺设计细化量化向结构化和知识化转变，推进单项自动化装备研制向柔性化精益制造模式转变，着力实现工艺设计精益化、生产过程自动化、产品检测数据化、制造模式柔性化。

⑤ 强化群众质量活动成效。持续开展QC小组活动、质量信得过班组建设、质量月活动等群众质量活动，加强先进质量工具、方法在一线的应用与推广，保持院群众质量活动成绩在航天系统的领先地位。近三年，九院1500余项QC小组研究课题取得了产品合格率稳定提高、团队工作效率提高、经济效益凸显的"三丰收"，节约了质量成本，产生了经济价值。

（5）面向产品实现全过程，系统提升过程管控能力。

① 完善一体化质量监督机制。推动构建定位准确、职责清晰、流程顺畅、协调统一的一体化质量监督工作体系，研究制定《九院型号产品出厂质量监督要点指南》，完善各级管控界面，推动一体化质量监督深度融入科研生产流程；以重大型号配套产品为主，兼顾一般型号，面向产品、面向流程、面向组织，采用见证、巡视和专项监督监察等方式开展质量监督，实现监督过程前移，质量监督管控点密集化。

② 完善质量纪律检查机制。持续深入开展具有九院特色的质量纪律检查，坚持院级年度查、厂所季度查、车间月月查、班组日日查的机制。完善院级检查专家队伍的选拔和选用机制，持续推进院级检查的高效化和专业化；建立问题整改效果的评估机制，确保重大、系统性问题开展系统整改，一般性问题得到有效纠正，长期性问题明确整改计划，确保问题整改的深入和有效。

③ 完善"三个面向"质量分析机制。九院创新建立了"问题逐级向下深入挖掘、分析逐级向上有效支撑"的"三个面向"质量分析下沉机制。2022年院领导参加了15家单位18次厂所级质量分析会，加大"三个面向"质量分析深度和覆盖度，推动质量分析向剖析深度和数据广度拓展，进一步压准压实质量责任，强化问题督导、彻底解决；厂所领导下沉参加事业部级质量分析会，做好上下两级质量分析融合互动。九院发布《"三个面向"质量分析实施细则》，围绕重大、突出质量问题开展质量分析，多维度研究质量形势，开展多层次原因分析，增加产品合格率、产品故障率等指标分析，实施基于数据管理的质量分析改进。

（6）面向全级次供应商，系统提升供应商管控能力。

① 完善供应商管理制度。搭建九院供应商管理制度框架，发布《供应商管理办法》，针对型号国产物资、进口物资、外协外包领域的供应商，制定针对性的管理办法；针对优选供应商的建立与管理，制定实施细则；针对产品重要程度高、采购需求量大等重点外协外包外购的产品，制定专项的质量保证要求。

② 强化多角度质量问题分析及整改措施管控。组织外协外包外购问题多发单位开展专题质量分析，选择典型外协外包外购质量问题以及影响较大的进度问题，制定相关要求和模板，组织相关单位在产品"三个清楚"梳理成果基础上，开展"三个面向"的分析工作。

③ 强化重点型号产品的外协外包外购穿透式管理。以重点型号产品为试点，在"三个清楚"梳理成果的基础上，借鉴集团公司火工品穿透式管理经验，推动实施穿透式管理；开展黑匣子产品的识别与管控，加强从产品方案到实物验收全过程的管控。

（7）面向竞争与发展，系统提升专业支撑能力。

① 提升惯性产品验证评价能力。以国家惯性技术产品质量监督检验中心、先进光电子技术示范型国际科技合作基地为基础，充分发挥九院惯性产品检测评价领先地位，加大精密检测能力建设和环境试验能力建设投入，持续开展基础支撑性技术、惯性仪表及系统检测技术以及环境和可靠性试验技术的研究，进一步提升惯性产品系统验证评价能力。

② 提升精密加工和电子装联制造能力。依托九院精密与超精密加工、电子装联、微组装、单片集成工艺技术中心，紧跟先进制造技术发展趋势，发挥专业优势，集中力量突破核心、重点工艺技术，解决科研生产技术难题，积极参与航天产品特殊过程能力认证联盟组建、标准制定和过程能力认证工作。

③ 提升元器件（机电组件）质量检测分析能力。依托元器件可靠性中心、元器件失效分析中心、材料可靠性中心，面向自主可控要求，完善应用验证评估手段，突破元器件高可靠、长寿命设计与验证技术，新材料、新结构器件的失效机理与评价技术，确保满足未来装备作战及保障对于元器件高可靠应用的要求。

④ 提升软件评测能力。依托九院软件评测中心，持续拓展资质认证范围，加大能力建设投入，构建完整的软件评测和FPGA验证体系，提升测试自动化和规范性。

⑤ 提升无人系统产品质量与验证能力。结合无人系统产业发展趋势与规模，建设达茂旗无人系统装备鉴定中心，在满足基础性、常态化质量验证与评价需求以外，增强靶场外的可靠性验证试验、霉菌盐雾试验、电磁兼容试验等质量验证评价能力。

（8）面向数据化应用，系统提升质量信息化能力。

① 推进过程质量管理信息化。完善九院质量信息管理系统，加快系统的深度应用。全面实现产品数据包的电子化，重点单机产品总成总测车间和精密制造车间要实现产品在线自动化检测、在线质量确认，实现产品电子数据包的在线生成。探索基于模型的系统工程（MBSE）为基础的产品设计、生产协同及智能化改进模式在重点新研型号全面试点展开应用。

② 推进基于质量成本数据的质量成本管控。加强对质量问题归零成本信息进行有效管理和利用，实现归零问题成本统计分析的全覆盖。深入开展归零成本统计分析，确保质量问题在归零后1个月内开展归零成本统计分析工作，完成质量问题归零成本统计分析报告。

③ 推动质量履历书的一键式生成。全面推动基于MES，开展产品过程质量管控的信息化建设，开展信息化模式下的元器件装机汇总表快速生成，过程质量数据的采集、存储和纠错等研究，实现产品质量履历书一键式生成。

（三）项目层

1. 定位

项目层是九院精益质量管理体系要求在型号层面的具体落实，以型号（项目）为对象，推进精益产品保证工作，向组织层提出资源保障需求，以型号为牵引，在产品层选用通用（货架）产品，交付合格型号产品，满足用户需求。以"体系策划""分级管控""差异推进""精准落实"为原则，以技术风险识别和精益过程控制为核心，全面开展精益产品保证体系建设。

2. 管理模式

九院作为专业技术研究院，院级不直接承担型号任务或产品的研制生产任务。因此项目层的工作，院级主要负责建立院级型号产品保证工作系统，按照"领域＋专业"开展院级产品保证队伍、标准规范和专业技术机构建设，对各单位精益产品保证工作推进情况进行监督、指导和评价。

各单位结合承担型号任务特点开展本单位产品保证工作的策划与实施，制定本单位精益产品保证工作方案，重点围绕"型号＋产品"推进本单位精益产品保证工作，明确产品保证工作项目纳入科研生产统一管理的程序、方法，确保产品保证工作模式与型号研制流程有机融合。将产品保证要求落实到质量管理体系中，对本单位承担产品横向技术流程一致性、技术标准一致性、质量保证措施一致性负责，对交付产品以及采购产品质量负责。

九院及厂所两级项目层架构模型分别如图6和图7所示。

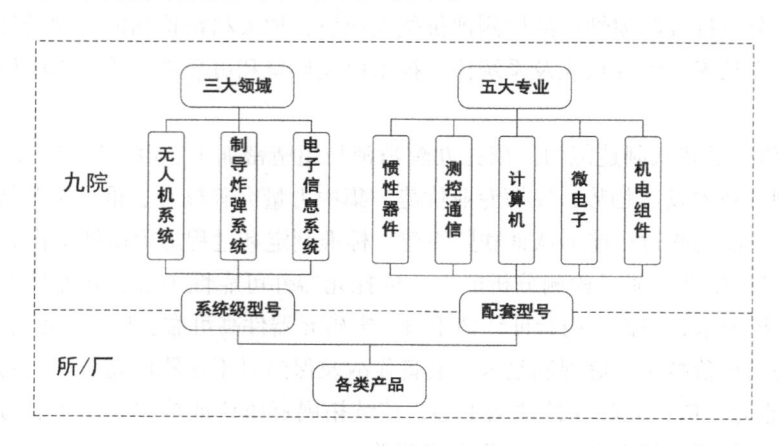

图6 九院项目层架构模型

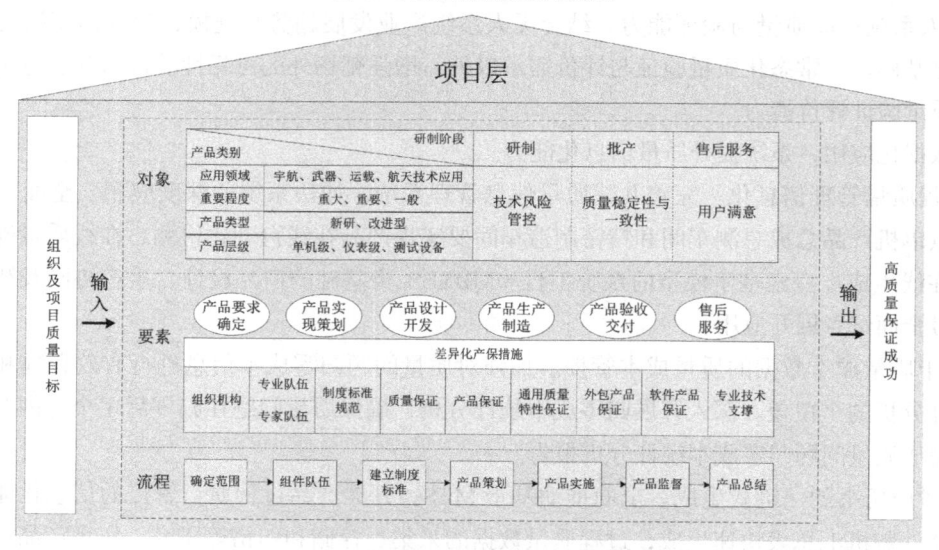

图7 厂所级项目层构架模型示例

3. 重点工作

（1）统筹策划精益产品保证和产品化两项工作。

明确"产品化抓前端产品体系设计、产品保证抓后端产品实现"的总要求，推动产品保证和产品化建设同步策划、同步推进、同步管理。在推动核心产品型谱化、系列化的基础上，同步策划精益产品保证组织机构、人员队伍、制度标准、专业支撑等工作。面向型谱产品制定通用产品保证标准规范，实现型谱产品全过程质量管控的精准化、流程化和通用化；面向研制产品，在通用产品保证标准规范的基础上，全面有效融入上级、用户特殊需求，确保满足型号任务要求。

（2）分类管控"领域"和"专业"两类产品。

无人机、航空制导炸弹和电子信息系统等三大领域实施型号管理，以型号为主线推进精益产品保证，作为院型号总体，系统级产品保证首席是本型号产品保证工作的第一责任人，自上而下统筹规划，确保该型号产品保证要求的分解和纵向传递，降低型号研制流程的浪费和不增值，实现型号研制的精益。惯性、测控通信、计算机、微电子、机电组件等五大专业实施产品管理，以产品为主线推进精益产品保证在产品实现全过程的落实，产品保证首席是第一责任人，面向产品全生命周期，以流程价值化为目标，积极与用户沟通，推动实现过程精益。

（3）融入流程优化三方面工作。

① 优化产品研制技术流程，领域产品从型号总体层面开展流程优化和重构，确定多层级覆盖的通用研制技术流程；专业产品要充分结合当前各级、各类用户要求，尤其是产品保证要求，统筹开展研制流程的优化，确定本产品通用研制技术流程。

② 优化制度标准体系，以现有质量管理体系为基础，有序开展精益产品保证顶层制度、产品保证要素通用标准以及过程记录文件的制修订，赋予产品保证人员技术及管理职能、明确履职要求。

③ 优化信息化支撑，在科研生产管理系统、质量管理信息系统等中增加产品保证人员权限，确保产品保证工作开展的信息化保障，实现产品保证融入研制实际。

（4）分步推进精益产品保证三个阶段工作。

为确保精益产品保证工作成效，按"全面启动、基本建成、持续改进"共三个阶段，分步推进精益产品保证各项工作。

① 全面启动阶段：完成精益产品保证建设方案的制定，明确各项工作的具体计划；各单位均选取2个成熟型谱项目作为试点，先行开展各项工作。

② 基本建成阶段：全面完成制度标准体系建立，各类产品保证队伍配备完整，试点项目运行有效，试点范围持续扩大。

③ 持续改进阶段：结合成熟度评价、质量纪律检查、质量管理体系评估等方法，基于产品保证实施全过程的各类数据，对产品保证相关要素的落实情况及产品保证工作的管理实施情况进行过程监督和专业评价；强化对产品数据和管理数据的分析和应用，支撑产品研制过程的正向检查确认，支撑产品、过程和组织的持续改进，全面建成精益产品保证体系。

（四）产品层

1. 定位

产品层是九院精益质量管理体系要求在产品层面的具体落实，以产品为对象，形成与九院发展相适应的新时期产品化工作模式，向组织层提出资源保障需求，支撑项目层精益产品保证要求在通用（货架）产品的落实。产品化工作是精益质量管理体系产品层的核心，是科研生产模式转型的主要内容和重要抓手，是国防科技工业战线五大攻坚战之一，是九院长期坚持的一项战略性工作。

2. 管理模式

九院作为组织推进产品化工作的责任主体，院级负责院产品化总体策划、制度和机制建设，负责院型谱和货架产品体系建设，以及组织协调、监督检查、成果管理、队伍建设，负责将产品化与产品保证工作统筹安排，在推进产品化工作的同时，做好型谱产品的产品保证工作。

各单位作为具体实施产品化工作的责任主体，负责本单位专业产品的型谱化发展，产品成熟度和实现过程卓越等级提升，以及型谱产品推广应用和更新换代，支撑用户和型号选用；负责本单位产品化管理和产品队伍建设，建立健全相关配套机制，确保完成院实施方案确定的任务和目标。

九院产品层架构模型如图 8 所示。

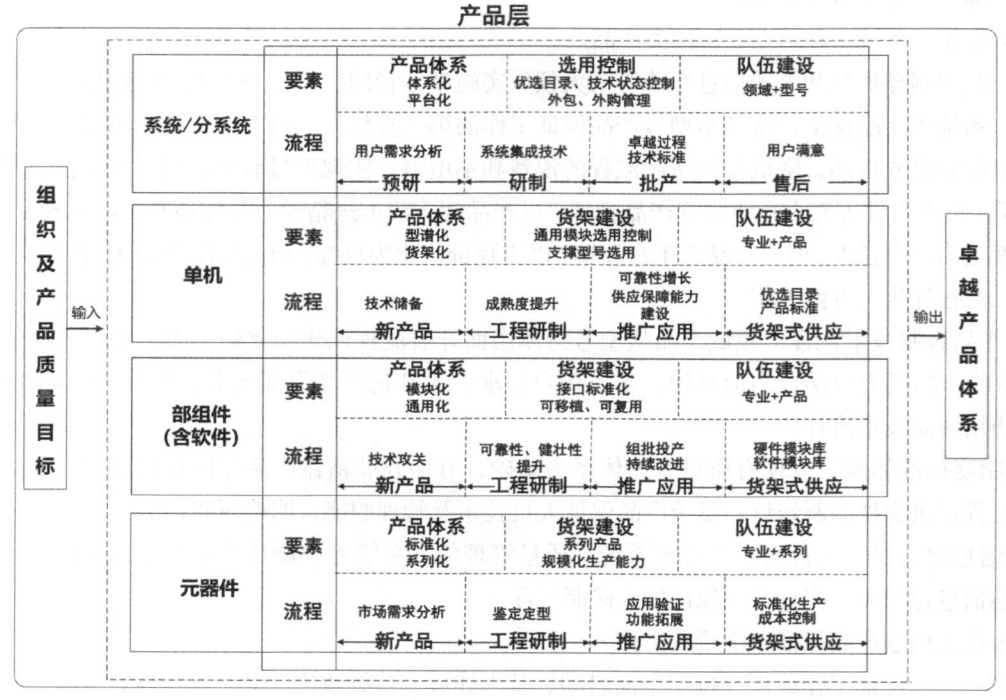

图 8 九院产品层构架模型

3. 重点工作

（1）完善产品体系建设流程。

通过持续推进各层级产品"标准化、通用化、产品化"，推进型谱产品集成开发、成熟度提高和货架式供应，通过对不同层级产品开展型谱建设、成熟度提高、货架建设、生产线建设等工作，不断持续、迭代，逐步打造一流航天电子产品体系。

（2）围绕型谱开展核心部组件、元器件产品统型统标。

深入开展院单机核心部组件、元器件的统型，统一研制准则、统筹研制需求、统一产品架构、统一产品型谱、统一技术条件、统一货架标准，制定产品规范和通用技术标准，不断提升院产型谱产品规范标准等级，利用行业和专业优势，力争占据相关标准的主导地位。注重供给侧与需求侧的协同发力，积极配合用户的产品货架、优选目录建设，借力发挥，不断健全自身产品体系。

（3）建设型谱规划为先导的产品研发体制。

加强型谱规划的战略引领作用，根据技术储备情况和用户需求，以产品型谱规划为主线，制定跨代产品研发计划，包括针对现有产品升级的新一代产品研发、基于新工作原理的新一代产品研发，加快推进产品型谱发展和更新换代。对列入院重点发展的型谱产品研发项目可经院立项审批后予以支持。

（4）建设以型谱产品货架式供应为主的市场开发。

为适应军事装备"两高一低可持续"发展，以及用户快速的需求变化，推动建立可供用户选用的产品货架。各级首席专家按市场要求，以型谱产品为主要选取范围，加快提高型谱产品成熟度，与市场部门一起研究建立货架准入机制，构建可用于外销的成熟产品供应货架，用以支撑各级各类可选产品的市场开拓。

（5）建立型谱产品货架产品订单式采购及供应模式。

借鉴元器件产品营销等商业模式，为用户提供货架产品目录，制定货架产品推介手册，全面介绍现有产品各项技术参数指标、物理特性、软硬件资源、质量保证等，还介绍了产品在不同订货批量下的供货周期、价格，以及服务选项等。研究制定货架产品销售合同模板，将产品规范作为主要合同的技术依据，在已定周期、价格、质量保证要求下，用户对货架产品可采取直接订单式采购。改变原有产品交付主要以型号研制进度节点计划为要求的模式，建立以货架或合同规定的周期节拍下达计划要求，逐步形成基于货架产品选购的订单式采购及供应模式。

（五）数据层

1. 定位

数据层是九院精益质量管理体系的基础支撑层级，承接战略层、组织层、项目层、产品层等四个层级的数据需求，提供数据应用支撑。

2. 管理模式

数据层对九院的主要数据类型及来源、数据资产，以及数据管理资源的结构及交互的描述，进行总体数据架构设计，实现整个体系架构中数据流自下而上和自上而下双向合理有序的流动和应用。

数据层按照全院综合规划、统筹建设、分级部署、上下贯通的基本原则进行建设部署，面向院及厂所两级组织的质量数据、面向项目的质量数据、面向产品的质量数据，以数据管理和元数据标准规范、数据采集和处理工具、数据库等建设为重点，输出满足各层级质量管理需求的数字质量系统。九院数据层架构模型如图9所示。

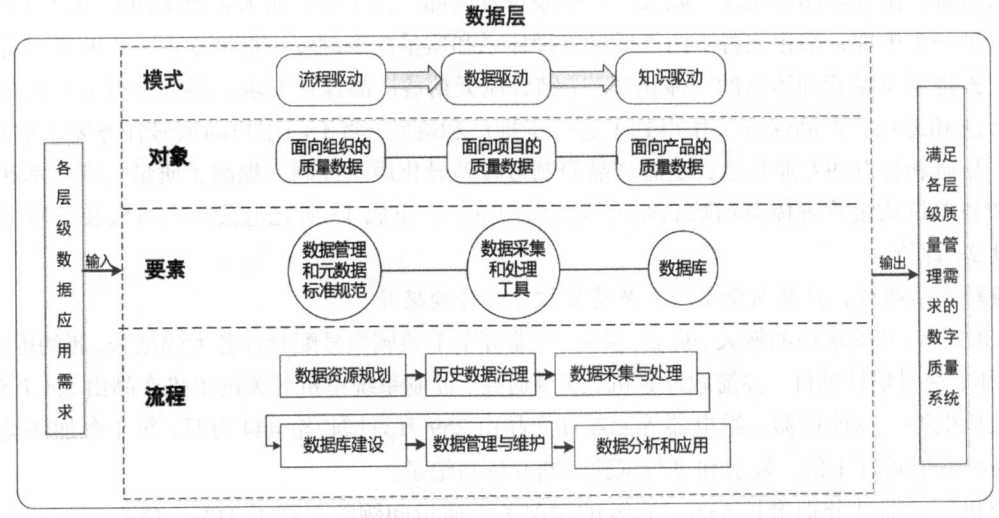

图9 九院数据层架构模型

3. 重点工作

（1）落实集团公司数字质量系统应用工作。

推进系统的二次开发和适应性匹配，满足集团公司、九院、厂所三级需求。通过应用系统的协同，促进三级质量数据的有效贯通，充分利用各类资源，统筹开展质量数据资源的采、存、管、用工作。

（2）完善九院质量数据中心体系。

建设完善"1个院本级+8个单机单位"质量数据中心，形成九院质量数据中心体系。持续推进重点单机单位质量数据中心能力提升，实现与ERP、TDM等系统深度集成。探索开展基于新方法、新工具的数据挖掘、分析、展示、利用工作。结合在线自动检测能力提升，应用集成的历史数据提升在线质量数据判读的有效性、准确性。实现各类产品电子数据包快速生成。

（3）持续夯实数字质量信息化基础。

生产信息化和两化融合是夯实数字质量工作的基础。两年来，九院能力快速拓展，MES向一线下沉，PDM系统多学科协同，ERP系统集成扩容。优化建设智能仓储物流等64项关键工序，拓展提升激光陀螺腔体智能化加工等24项制造单元，统筹推进导航接收机等16条数字化生产线建设。后续，九院将全面推进信息系统打通穿透集成，加速推进智能单元到智能制造产线的升级改造工作。

（4）基于数据和流程驱动的质量管控模式。

统筹推进数据结构化和数据接口相关工作，全面分析数据在整个研制、生产中的分布，开展有效的数据收集和治理工作，构建过程及结果数据模型和管控模式，强化数据的深入分析和应用，形成数据生成、分析的具体约束和方法，建立以量化数据表征、评判产品研制和质量管控水平的标准和流程，推动各单位形成基于数据和流程驱动的质量管控模式。

五、建设的初步成效

九院按照集团公司精益质量管理体系的整体建设思路和部署，结合自身特点，进一步确定了质量战略、质量方针，更新了中长期质量目标，在原有院和厂所两级质量管理体系的基础上，进一步梳理职责定位、管理模式，加大了质量工作要求和重点内容的管理力度，细化完善了两级质量管理体系文件和质量管理规章制度体系，初步实现了上下贯通的一体化质量管理体系，为质量管理能力的稳步提升奠定了基础。近三年来，九院交付产品质量和整体质量能力逐步提升，主要表现以下方面。

1. 院及厂所两级质量管理体系运行有效性进一步提升

结合航天精益质量管理体系建设，院及厂所将装备发展部、科工局、航天科技集团公司以及各型号院等上级和用户要求进一步梳理，细化完善了两级质量管理体系和质量规章制度、标准规范，不断推进各级质量管理要求的落地，推进了质量管理体系的一体化管控；结合航天精益产品保证要求，研究推进了单机单位推进产品保证工作的方法和途径，产品保证工作得到了进一步推广和落实；将不同用户的型号任务要求进行分级分类，根据各专业产品研制特点和专业特色，实施产品研制过程差异化质量控制，提高了质量管理效率和效能。2022年，院本级和各单位质量管理体系均顺利通过认证机构审核，下属13所光电公司新时代装备质量管理体系建设通过成熟度2+评价。

2. 任务履约高质高效，产品质量水平和质量管控能力持续提升

2019—2022年，九院承担的航天、航空、船舶、兵器等军工领域型号配套任务大幅增长，履约能力大幅提升。2018—2022年，交付惯性器件、弹箭载计算机、遥测遥控、控制系统单机等关键单机产品由5.8万台增长至7.7万台，交付集成电路、电连接器、继电器等元器件产品由259万只增长至444万只；每年参加各类飞行试验和宇航发射任务次数增长近1倍，发射和飞行试验不断开创新纪录。

在交付单机、元器件分别增长33%、71%的情况下，质量问题数下降了31%，精心打造了一批满足部队和型号需求的航天电子精品。九院质量管理成果屡获佳绩，获中国质量协会质量技术奖一等奖1项、二等奖1项，获得国际QC金奖13项、国优QC成果6项、全国质量信得过班组6个，创建五星级标杆现场19个、四星级现场50个。

3. 圆满完成了国家重大型号任务

航天电子研究院整体产品保证水平持续提高，圆满完成以载人航天、探火探月、北斗导航工程等为代表的一批国家重点任务，型号任务完成能力和生产过程管控水平跨上新台阶。在国庆70周年阅兵、空间站建造、长征五号、长征七号首飞等为代表的宇航发射和武器型号飞试任务均取得良好成绩。为实现航天梦、强国梦做出了应有贡献，实现了交付整机产品批次性质量问题为零，出厂后重复性质量问题为零的目标，未发生因院配套产品造成影响型号发射任务成功的质量问题。

4. 高质量完成多项国家重大攻关任务

惯性专业高精度三自激光惯组在重大武器型号首次应用并实现批产，高精度光纤陀螺平台系统完成样机研制。测控通信专业朝着小型化、高精度、抗干扰及陆海空天综合测控系统集成方向迈进，国内首套虚拟无线电视频测控基带样机研制成功，测距精度由米级提升至厘米级，基于数字阵列天线的全空域多目标测控技术达到

国内领先水平，开创了数字多波束系统成功执行靶场遥测任务的先河。计算机专业可靠性、集成度、性能和自主可控方面取得长足发展，实现了系统芯片化，高性能处理 SiP 计算机集成了千亿次 DSP、千万门级 FPGA 等核心器件，最高处理能力达到 4000 亿次，图像处理速度由 240 秒缩短到 0.5 秒，达到国内领先水平。微电子专业配套了空间站 50% 的芯片，极大增强了我国空间站自主可控能力。机电组件专业实现了宇航用微波开关国产化，宇航用大功率微波开关产品体系和研制平台基本构建。

后续，九院将以坚决维护国家安全与发展利益为根本出发点和落脚点，立足新发展阶段，完整、准确、全面贯彻新发展理念，积极融入新发展格局，以"高质量保证成功、高效率完成任务、高效益推动航天强国和国防建设"为发展目标，持续推进精益质量管理体系建设，推动质量管理实现从精细到精益的转型升级，全面提升质量管理水平和高质量保证成功能力，加快建设世界一流航天电子公司，支撑世界一流航天企业集团建设、航天强国建设和世界一流军队建设。

主要创造人：姜　梁
参与创造人：杨　雨、曾梓航

基于卓越绩效的"四全"质量管理

中国船舶集团有限公司第七一六研究所

一、企业概况

中国船舶集团有限公司第七一六研究所（以下简称七一六所）创建于1965年5月，是中国船舶集团有限公司所属的一个以军为本、军民融合、集科研生产经营于一体的综合性研究所，是我国国防现代化建设和国民经济建设的一支重要力量，地处江苏省连云港市著名风景区花果山脚下。现有从业人员3400余名，各类专业技术人员2000余名，其中硕士研究生以上学历1200余人，高级职称人员800余人，获"国务院政府特殊津贴"等各类省部级以上专家120余人。

七一六所主要从事军用电子信息系统、民用电子信息、智能装备三大业务，建有完整的经营管理体系、科技创新体系和人才培养体系，是国家一级学会中国指挥与控制学会副理事长单位，拥有4个船舶行业测试中心、15个省级工程技术中心，其中陆上联调测试中心正在建成为国家级军工全行业涉海装备科研试验场。七一六所是工信部"两化"融合管理体系贯标试点单位、工业企业知识产权试点企业、国家知识产权优势企业、江苏省"两化"深度融合创新示范单位，拥有"杰瑞""JARI"等江苏省著名商标，入选江苏省科技服务业"百强"机构，品牌价值超30亿元。建所以来，共获得包括国家科技进步奖特等奖在内的科技成果奖500余项，其中国家级奖20余项，省部级奖300余项，先后荣获"全国文明单位""全国企业文化建设示范基地""中国工业大奖表彰奖""国防科技工业军工文化建设示范单位""中央企业先进集体""江苏省五一劳动奖状"等荣誉称号。

二、质量管理纲领

七一六所牢固树立"质量就是生命、质量就是胜算"的理念，强化质量意识，锤炼质量文化，狠抓工作质量、过程质量、产品质量和经营质量，质量管理精细化水平持续提高。

2013年，获得"江苏省质量奖"和"连云港市质量奖"；2016年，集团公司内首家获得"全国质量奖"；2017年，集团公司内首家获得"全国质量标杆"，获得"全国实施卓越绩效模式先进企业特别奖"，通过了"江苏省质量信用AAA认证"；2018年，集团公司内首家且唯一一家获得首届"中船重工质量奖"；2019年，获得"全面质量管理推进40周年杰出推进单位"称号；2020年，入选军委装备发展部、国防科工局"新时代装备建设质量管理体系试点单位"；2021年，"基于卓越绩效的四全质量管理"成功入选国防科技工业先进质量管理方法；2022年，全国首批通过GJB 5000B四级评价。图1所示为七一六所部分质量荣誉。

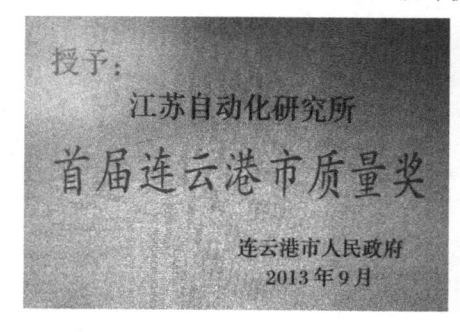

图1 部分质量荣誉展示

（一）质量文化

七一六所继承弘扬以"两弹一星"精神和载人航天精神为核心内涵的军工文化，构建了七一六所特色的军工质量文化，形成了包含质量方针、质量理念、质量价值观、质量道德观、质量工作作风、质量行为准则在内的完整的质量文化体系（图2）。七一六所大力推进质量文化宣传活动，陆续发布《质量文化手册》《质量文化理念故事集》《质量文化演讲文集》等系列书集，积极推动质量文化的宣贯落地，常态化组织质量文化主题演讲比赛等活动，充分运用网络化、信息化手段，组织开展质量文化交流、理念故事征集、质量案例宣贯、质量规章培训等形式多样的质量文化活动，打造深入人心的质量文化氛围，引导员工在质量文化的熏陶下，自觉地为实现质量目标、提升七一六所质量竞争力做出努力。

图2 质量文化体系

（二）质量战略

七一六所在质量战略制定过程中，充分收集国际形势、宏观环境、行业政策、行业发展等各方面的信息，运用多种方法提升战略制定的科学性和系统性。所领导多次组织研讨，研究确定了"质量至上、问题导向、创新发展、效益提升"的质量工作原则，厘清了质量管理思路，确定了战略举措，提出了全面实施质量管理"1234"工程，即坚持一个牵引，新时代装备建设质量管理体系；深化两项建设，GJB 9001C体系和GJB 5000B体系；推进三项工程，可靠性工程、质量信息化工程和质量人才工程；提升四个水平，通用质量特性设计水平、过程管理精细化水平、两化融合水平和质量效能水平。

"十四五"期间七一六所的质量工作总体发展目标是：新时代装备建设质量管理体系持续深化提升，成熟度达到四级以上；完成软件工程化GJB 5000B换版并通过四级认证，领域工程技术深度应用，软件产品质量稳定可靠；质量管理两化融合水平有效提高，初步实现质量大数据的有效应用和系统管理；装备通用质量特性水平显著提高，装备质量稳定可靠并处于国内领先水平；质量管理能力和水平在中国船舶集团内名列前茅。"十四五"质量发展战略如图3所示。

图3 "十四五"质量发展战略

三、项目简介

卓越绩效模式起源于美国的波多里奇国家质量奖评审标准，是一种世界级企业成功的管理模式。实施这个标准可以促进企业增强战略执行力，改善产品、服务和管理质量，持续提高企业的整体绩效和管理能力。

"十一五"以来，七一六所作为中国船舶集团公司的先进代表，大力推进卓越绩效模式，以卓越绩效模式为框架，以管理体系为运行模式，以自评、内审、外审、管理评审等为问题识别手段，以精益管理、6S管理、QC小组等为改进手段，持续开展管理创新与改进，管理水平不断提高，为按时高质完成军品科研任务、提高发展质量水平发挥了积极的促进作用。

在推进卓越绩效模式过程中，七一六所在GJB 9001质量管理体系的基础上，创造性地将卓越绩效的管理理念融入武器装备质量管理，构建了基于卓越绩效的"四全"质量管理模式（图4）；实施全方位、全系统、全特性、全寿命的质量管理，建立了以所长负责制为主体的质量责任体系并层层分解落实；在元器件、零部件、原材料、配套产品、分系统、系统各层级提出了多层次、系统性的质量保证要求；在装备研制的全过程制定了各项功能性能和通用质量特性控制措施；在装备形成的全生命周期建立了各阶段质量管理的任务和要求，规范了文件制度体系，强化了过程监督管理，严肃了质量工作纪律，有效提升了装备质量。

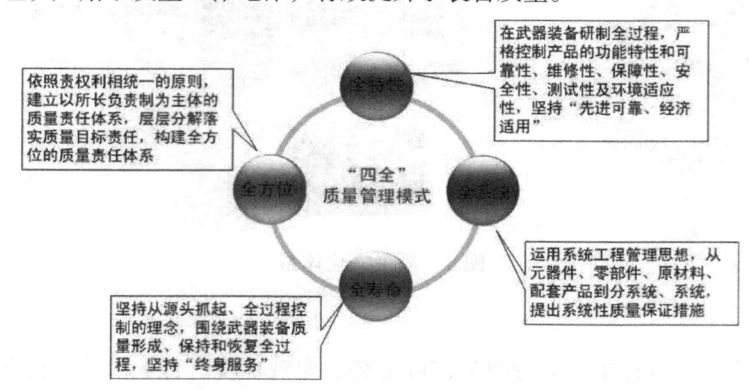

图4 "四全"质量管理模式

七一六所基于卓越绩效的"四全"质量管理模式创造性地将卓越绩效管理模式的9条基本理念与武器装备质量管理融为一体，提出了全方位、全系统、全特性、全寿命的质量管理举措。它是建立在大质量观概念下对质量内涵的拓展，是对全面质量管理实施过程的标准化、条理化和具体化，从关注产品和服务质量拓展到过程、体系和装备战斗力保障，从关注满足顾客要求拓展到超越顾客期望，促进了支撑新一代装备发展、覆盖装备全系统全寿命各环节的装备质量工作体系的建设。"四全"质量管理与卓越绩效核心理念的融合如图5所示。

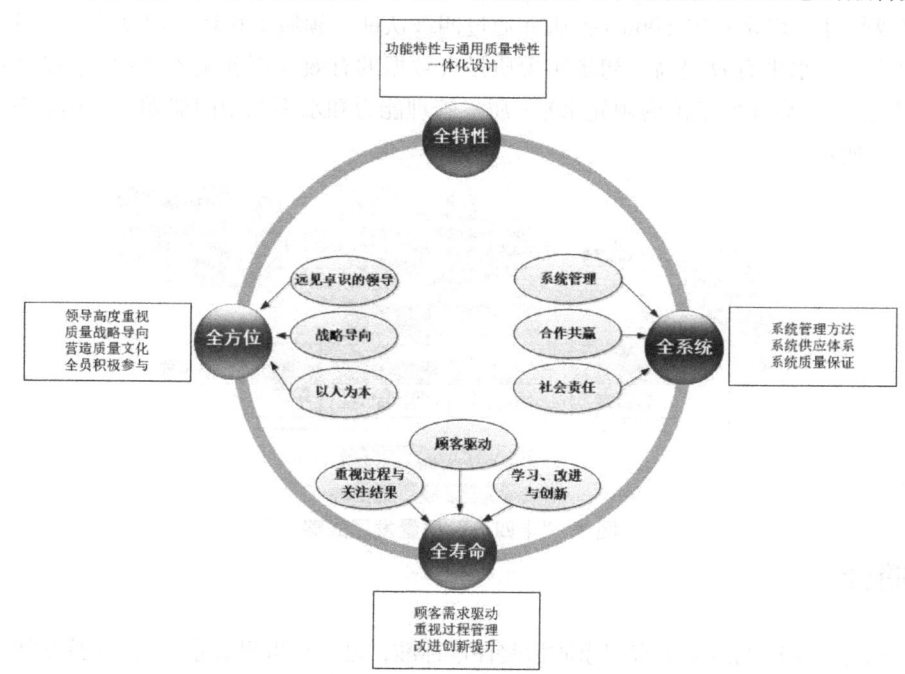

图5 "四全"质量管理与卓越绩效核心理念的融合

四、实践经验

(一) 全方位构建质量责任体系

依照责权利相统一的原则,七一六所建立了全方位的质量责任体系,切实将质量管理与科研任务有机结合,积极引导全员参与,形成了良好的质量氛围。

(1) 部门层面:每年所长与各部门负责人签订年度质量管理目标责任状,明确质量目标、责任考核等质量责任,制定了《第七一六研究所质量奖励、质量处罚和责任追究管理办法》,按照季度和年度实施工作考核。

(2) 岗位层面:制定了《质量职责》,发布了《第七一六研究所岗位质量责任清单和负面清单》,明确了所长为本单位质量工作的第一责任人,规定了岗位人员的质量职责与权限,引导员工不断提高产品质量、工作质量和过程质量,提升质量管理工作绩效。

(3) 项目层面:制定了《第七一六研究所科研生产项目行政指挥线和技术指挥线管理规定》,每年对军品研究开发项目负责人、军品型号项目负责人、军品型号产品质量师、可靠性师、标准化师、计量师、工艺师进行任命。重点型号项目组建型号项目办和总师办,明确和细化了4个层级、18类人员的质量职责,将质量责任与型号岗位职责密切关联,有效落实了型号"两总"的有关要求,确保了项目的有序开展。型号项目质量责任体系如图6所示。

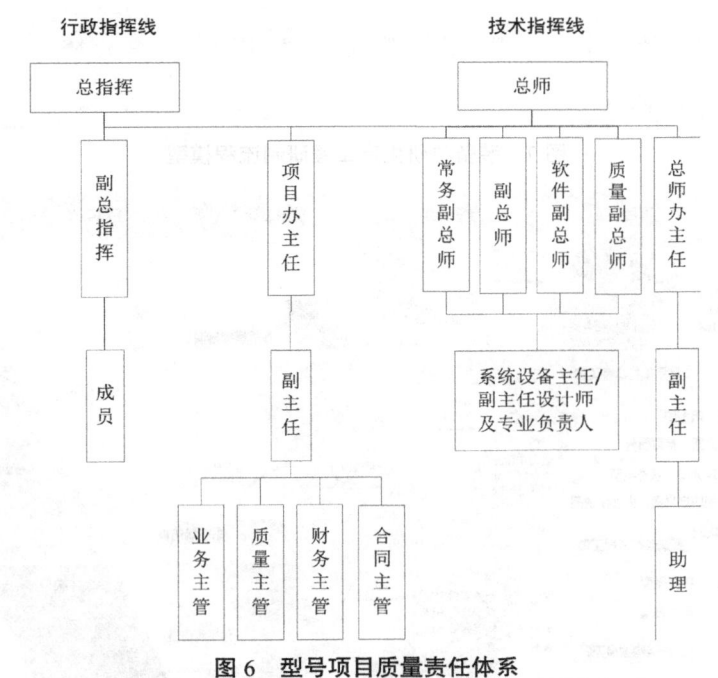

图6 型号项目质量责任体系

(二) 全系统落实质量保证

七一六所根据装备的不同层级,细化装备层级颗粒度质量管理模式,从系统、分系统、设备到元器件,从硬件到软件,实施层级化的质量管理。针对科研生产实际,以提高效率、提高质量为出发点,运用系统工程和流程管理的思想,设计了3类、15种工程研制流程模型(图7),明确了6类产品、6个阶段、129份文件、16类表格的实施标准。

此外,对策划类文件进行了表格化改进,重点对质量保证大纲、设计开发策划书、风险管理计划、技术状态管理计划等文件要求进行了优化,进一步提升了装备研制策划的针对性和可执行性。

自2020年开始,七一六所探索实践MBSE模式下的系统设计开发过程,以系统架构模型和系统设计为核心,开展了系统作战需求运行分析建模、系统逻辑架构设计建模,梳理形成了基于MBSE的系统设计开发流程(图8),

初步建立了复杂大系统的产品核心模型库。

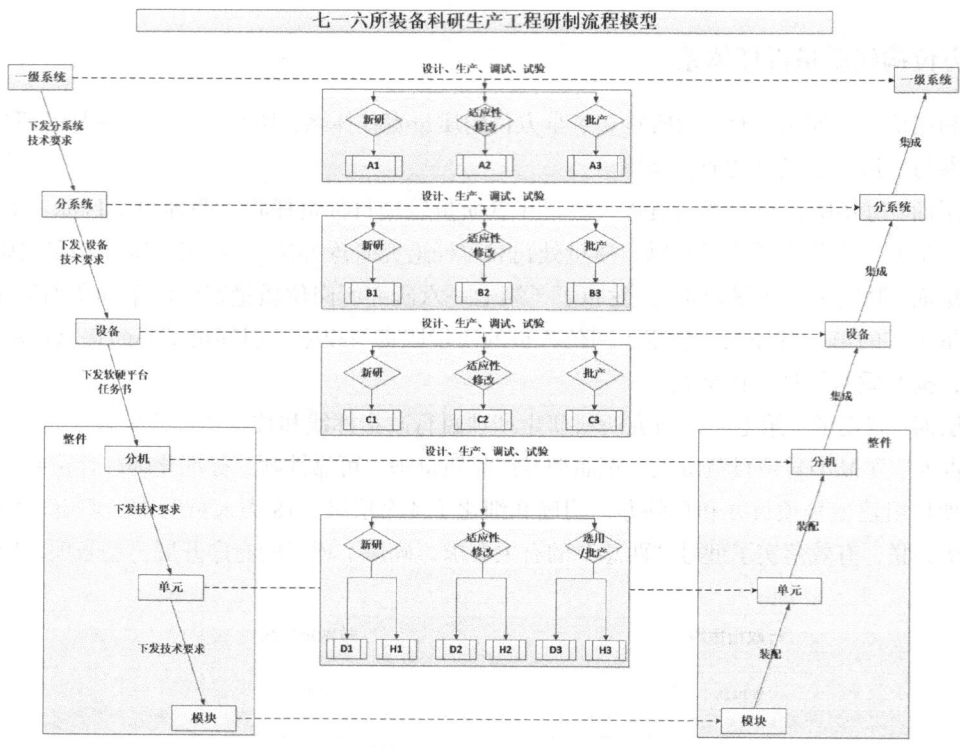

图7 装备科研生产工程研制流程模型

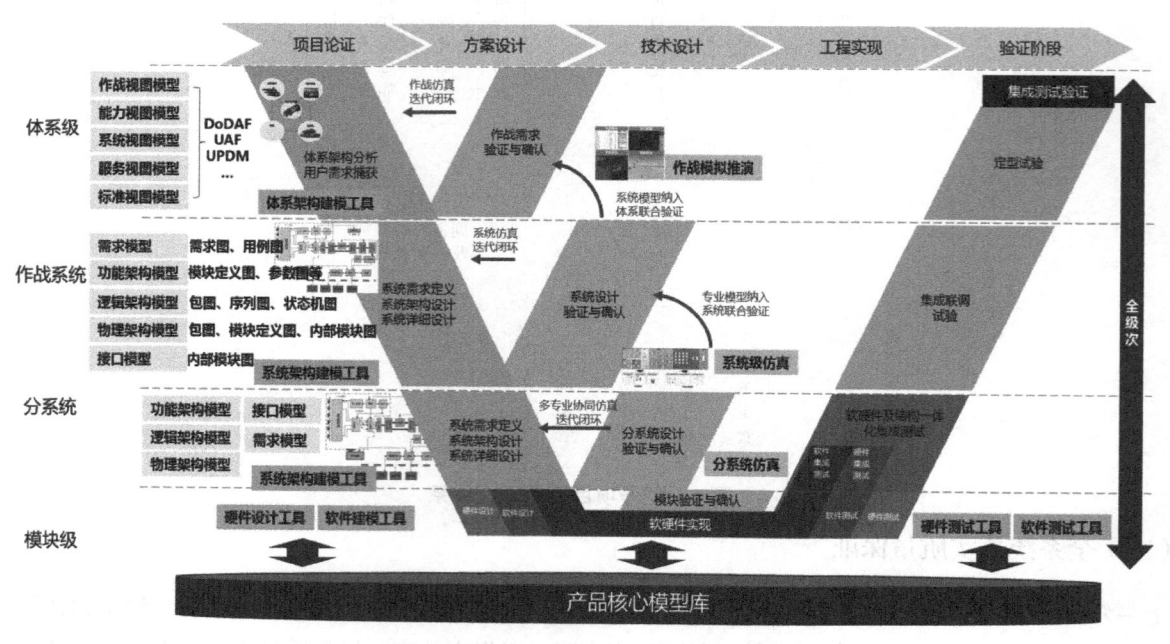

图8 基于MBSE的系统设计开发流程

（三）全特性提升研发质量

为切实提高装备通用质量特性的整体设计水平，七一六所建立了"管理牵引＋技术驱动"的通用质量特性工作系统，健全组织架构，建立通用质量特性专业人才队伍，加大装备通用质量特性全寿命周期人力资源的投入和保障，引进先进的通用质量特性协同设计平台，打通主业务的设计流程，以知识管理为依托平台，建立健全了全所的通用质量特性基础数据库，采用数据分析、数据挖掘等技术，开展可靠性趋势分析，编制形成一套涵盖通用质量特性管理、设计与分析、验证与评价等全过程的通用质量特性精细化技术文件模板，构建了涵盖组织机构、专业队伍、过程控制、工作流程、规范指南、任务需求、技术集成、数据库八大要素的基于能力成熟度模型的通用质量特性管理体系（图9），从企业管理和产品设计两个维度，规范开展装备通用质量特性论证、设计、验证等工作，形成了以全寿命周期数据为牵引的通用质量特性正向设计能力，提升了产品的实物质量。

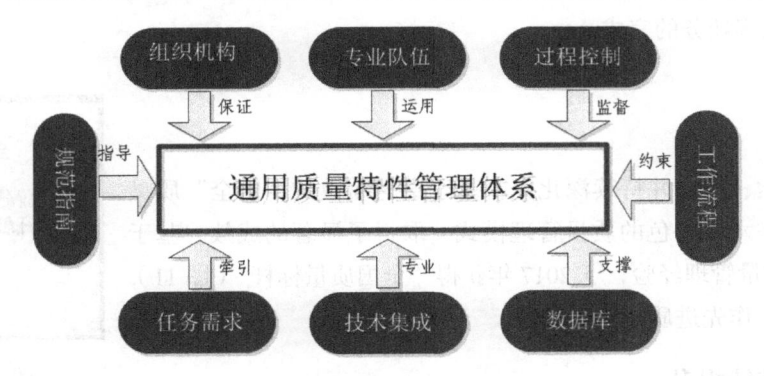

图9　通用质量特性管理体系

（四）全寿命严格过程管控

七一六所深化实施产品的论证、研发、制造、检验、试验和保障的全寿命周期管理模式，形成了科研生产全过程质量管控体系，对科研生产过程进行全过程、全系统的过程质量控制。以顾客需求为牵引，对形成和影响科研产品质量的各个环节和因素进行监控，在每个研制阶段设立质量控制点，分阶段实施控制，紧紧围绕科研产品的研制过程，确保一次成功。围绕武器装备质量形成、保持和恢复全过程，构建科研生产监视测量系统，确保全过程质量管控、持续改进。全寿命过程管控如图10所示。

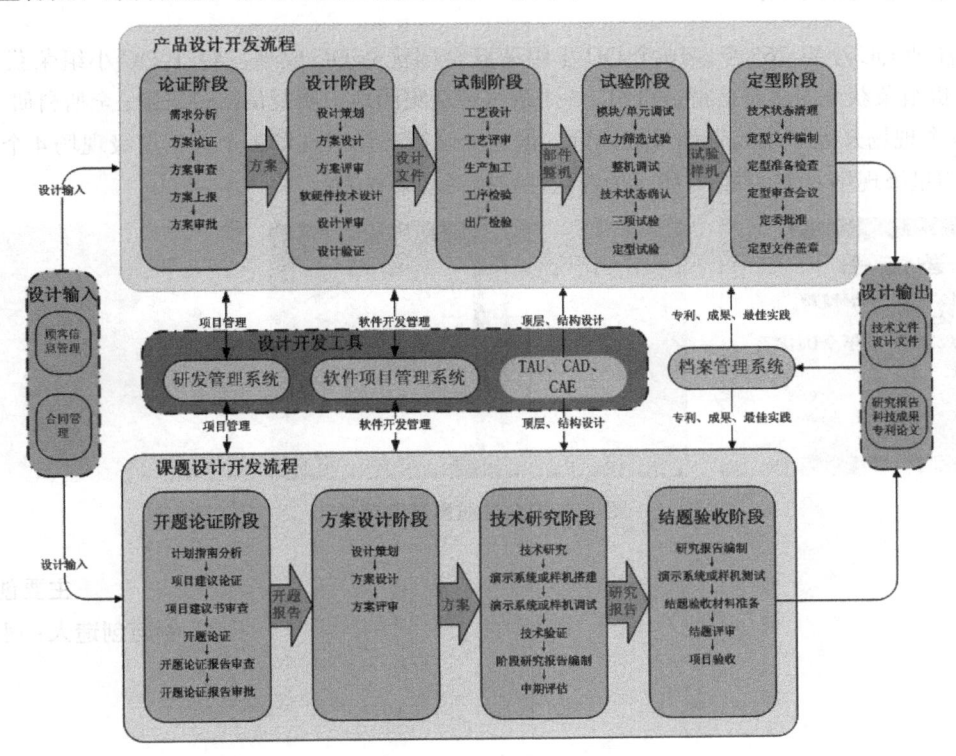

图10　全寿命过程管控

七一六所深入贯彻装备"大保障观"，制定了《技术保障程序》《第七一六研究所军品技术保障体系管理规定》《顾客满意度测量程序》等制度，明确了服务保障的职责分工、工作内容、工作流程、质量信息的收集和处理等要求，建立了完善的平时和战时技术保障体系；创新军地一体化服务保障模式，有效整合军所保障资源，开发信息化保障管理系统，建立由基础技术状态信息数据、维修保障信息数据、器材保障数据、维修决策策略知识组成的装备维修保障信息数据库，采用系统化、信息化手段完成装备保障信息的采集、统计、分析及决策，提高装备保障效率，支撑装备设计改进；建立保障工作快速响应机制，12小时内回复，48小时内抵达顾客现场，及时处理问题，保障顾客任务的完成。

五、实践成果

七一六所积极探索、应用并持续深化完善基于卓越绩效的"四全"质量管理，构建了具有七一六所特色的质量管理模式，取得了显著的成效。基于卓越绩效的"四全"质量管理经验，于2017年获得"全国质量标杆"（图11），2021年入选国防科技工作先进质量管理方法。

图11 全国质量标杆

（一）装备质量持续提升

建立了包括2个主库和8个分库在内的可靠性基础数据库，形成典型案例305条，故障模式164种；标准显控设备可靠性指标大幅提升，MTBF由3000h上升至4500h；软件产品质量和研发效率大幅提升，三方测试缺陷率大幅下降，人均生产率提升近7倍，积累优秀样例、经验教训、重用模块等软件资产1000余项，软件重用率达到85%以上；装备一次交验合格率始终保持在99%以上，大型试验成功率达到100%，先后受到了军方、地方政府以及顾客的高度评价。

（二）全员改进成果丰硕

累计登记注册QC小组265个，10个QC小组荣获全国优秀QC成果，49个QC小组荣获集团地市优秀QC成果，3个班组荣获全国质量信得过班组，5个班组荣获集团地市质量信得过班组；全所科研、生产、办公、后勤等累计84个现场开展了现场管理星级评价，创建全国级五星级现场1个、四星级现场4个，江苏省五星级现场5个、四星级现场6个。图12所示为群众性质量活动荣誉展示。

图12 群众性质量活动荣誉

主要创造人：顾 浩
参与创造人：司广宇、杨大伟

基于风险指引型理念提升核电厂运维质量

上海核工程研究设计院股份有限公司

一、企业概况

上海核工程研究设计院股份有限公司（以下简称上海核工院）（图1）始建于1970年2月8日，前身是七二八工程队，与中国核电同时起步发展起来的。其主营业务为核能研发、设计、工程建设管理、核电站服务，隶属于国家电力投资集团有限公司（以下简称简称国家电投）。上海核工院办公园区全景如图1所示。

图1 上海核工院办公园区全景图

上海核工院创造了中国核电三个"第一"：独立自主研发设计中国第一座核电站——秦山核电站，奠基中国民用核电体系，被誉为"国之光荣"，获得了1997年国家科技进步奖特等奖；总包设计中国第一个出口核电站——恰希玛核电站，被誉为"南南合作的成功典范"；中国第一台重水堆核电站——秦山三期的技术总支持单位。

2007年，党中央、国务院作出"引进先进技术、统一技术路线、高起点实现我国核电自主化"这一重大战略决策。上海核工院被定位为我国引进、消化吸收第三代先进核电技术并实现再创新的技术主体，开启了勇攀三代核电自主创新高地的二次创业征程。立足国家科技重大专项，上海核工院联合产业上下游单位，成功完成三代非能动核电先进技术引进、消化吸收、再创新，建成世界首台三代机组，并开发自主化"国和一号"大型先进压水堆核电型号。"国和一号"效果图如图2所示。

图2 "国和一号"效果图

五十载风雨兼程，上海核工院始终将设计质量作为核电安全的本质要求，不断提高服务质量水平，曾先后获得全国五一劳动奖状、中国质量协会质量技术奖可靠性管理优秀项目、"中国质量协会质量技术奖"一等奖、上海市市长质量奖、首批上海品牌认证等荣誉。上海核工院也始终致力于为核电站的安全运行和改造延寿等工作保驾护航，以高质量的设计服务工作，服务核电工业。

二、管理方法提出的背景

2010年2月，国家核安全局发布了《概率风险评价技术在核安全领域中的应用（试行）》技术政策。该政策明确阐述了概率安全分析（PSA）技术和风险指引安全管理的重要作用，表达了国家核安全局的积极态度和明确立场，为PSA技术在核电厂的应用指明了总体方向，从政策层面为国内核电厂开展风险指引型应用奠定了基础。我国风险指引型核安全监管体系的发展历程如图3所示。

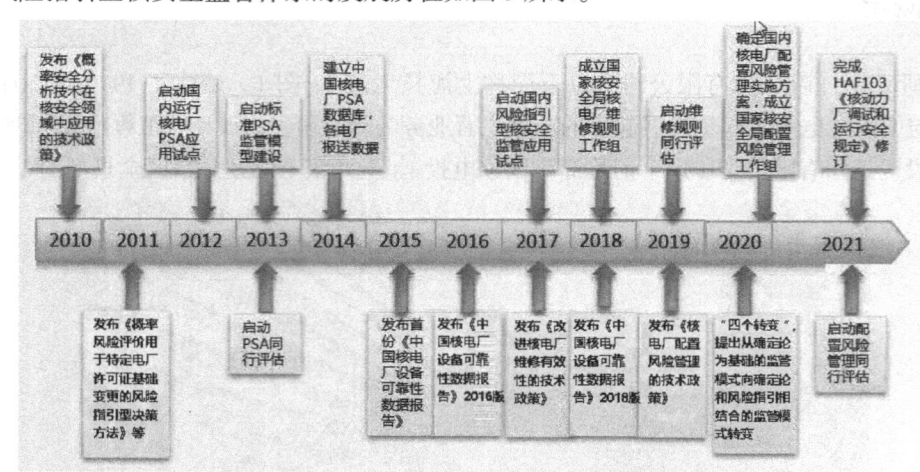

图3 我国风险指引型核安全监管体系的发展历程

风险指引型方法综合了传统确定论分析和概率论分析两方面的优点，在确保安全的前提下，合理优化核电厂运行和维护决策，提升核电厂运行维护质量和安全水平，减轻管理机构和电厂的负担，提高核电的市场竞争力和经济效益。

上海核工院同时也是上海核安全审评中心（图4）的依托单位，作为国家核安全局的技术支持机构，上海核工院深度参与并引领了各项风险指引技术在核安全领域中的应用。从风险指引型核安全监管和风险指引型核电厂运行性能应用两个维度，通过将概率安全评价风险见解与传统的工程分析理论深度融合，形成了一套系统性的风险指引型综合决策方法，并开发了一系列具有完全自主知识产权的风险指引软件工具平台，从广度、深度和效率上提高风险指引的理论水平和应用质量，取得了显著的经济效益和社会效益，逐步成为核电厂运维质量持续改进的典范。

图4 上海核安全审评中心

三、管理方法总体思路

基于风险的思维是 ISO 9001—2015 标准的核心理念。将"基于风险的思维"与"过程方法"的管理原则一起融入质量管理体系及其各过程,是质量管理体系策划和过程策划的重要输入内容。

(一)基于风险的思维

基于风险的思维使组织能够识别可能导致其过程和质量管理体系偏离质量管理任务目标的各种风险因素。在实施 PDCA 循环控制措施的源头是风险因素,应从"全系统、全过程、全要素"三个维度识别可能导致其过程和质量管理体系偏离质量管理任务目标的各种风险因素,做到风险识别不漏项。只有采取有效的风险控制措施,才能最大限度地降低不利影响,并最大限度地利用出现的机遇,实现质量管理任务目标。

(二)"过程方法"的管理原则

采用过程方法,即将基于风险的思维融入 PDCA 循环。在 PDCA 循环中基于风险的思维主要体现为:①策划(Plan):识别和应对风险和机遇,确定开展风险指引型应用的对象和目标;②实施(Do):执行策划中制定的风险控制措施,开展确定论工程分析和概率论风险评价;③检查(Check):检查风险控制措施的落实情况,开展性能监督;④处置(Act):根据检查结果及电厂运行实际,动态调整。

(三)体系完整的安全质量量化方法(系统性)

项目建立了一套与"过程方法"相融合的、完整的风险量化评估体系(图 5),实现了高标准、严要求的核电全生命周期应用。在学习消化国际先进技术的基础上,通过 PDCA 循环的实践积累、总结归纳、提炼升华,最终形成一系列包含分析方法、技术导则在内的全套企业标准和设计手册,支持形成完整配套的行业标准,为开展设备级的根本原因分析、系统级的故障逻辑组合,以及电厂级的综合风险评估等工作提供了全面指导,促进行业整体技术的提升。

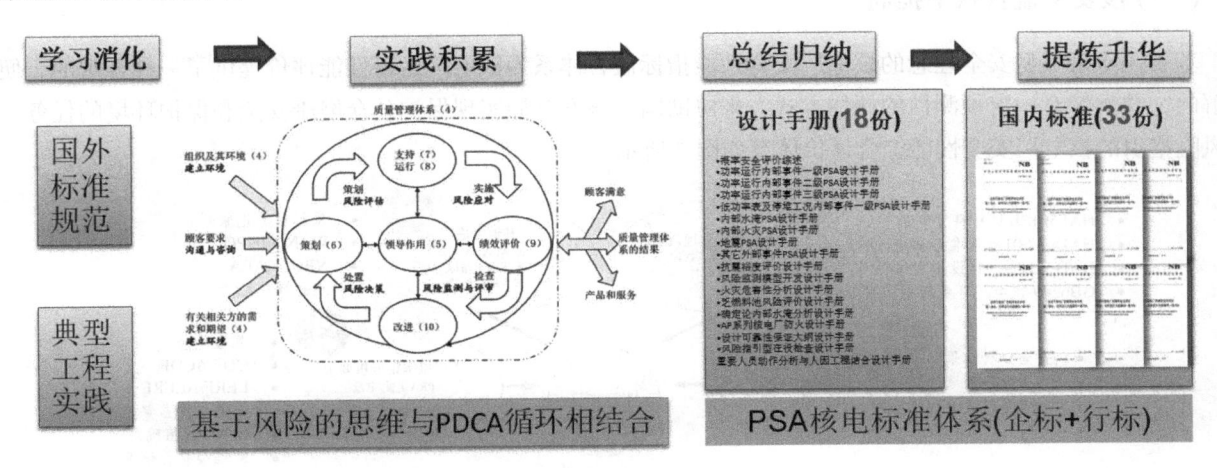

图 5 风险量化评估体系

(四)问题导向,提升运维安全质量(科学性)

核电作为一个高端装备产业,高标准、严要求是其高安全性的一个重要保障,同时也存在着部分要求过于保守,导致运营管控和监督投入大量不必要的资源。因此,如何在保障安全性的前提下,找到过度保守要求,释放部分裕度,提升电厂安全性、经济性合理平衡成为业界关注焦点问题之一。

团队依托国家重大专项,经过 10 余年不懈的研究摸索和实践积累,将"基于风险的思维"和"过程方法"

管理理念深度融合，从核安全监管和核电厂运行两个维度践行风险指引型安全理念（图6），提升核电厂运维安全质量。

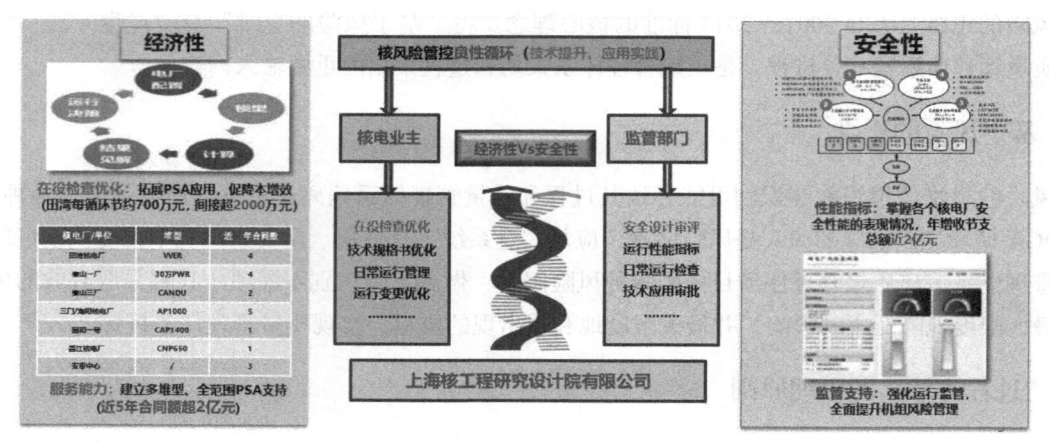

图6 安全性与经济性平衡

上海核工院强化数字化思维，持续深化数字技术在质量管理中的应用，创新开展质量管理活动，加快质量管理数字化工具方法研发与应用，全面实现了管理理念工具的平台化、核心算法的自主化和数据流程的自动化，形成了具有完全自主知识产权的软件工具平台，并取得了一系列成效。

四、管理方法的实施过程

项目应用基于风险指引型的综合决策方法，实现了部分过度保守裕量的释放。在国家发布相关应用政策声明后，相关技术得到了快速的发展，形成了包含性能指标、配置风险管理、在役检查和技术规格书优化等一系列应用，为电厂业主和安全监管方带来了显著的效益。

（一）核安全监管效率提高

基于风险指引型安全理念的核电厂安全性能指标监管体系为核电厂运行性能评价提供了一种客观的、便于理解的，并且带有一定预测性的评估方式，来协助国家核安全局实现保护公众健康安全和保护环境的任务。基于风险指引的核电厂安全性能综合评价体系如图7所示。

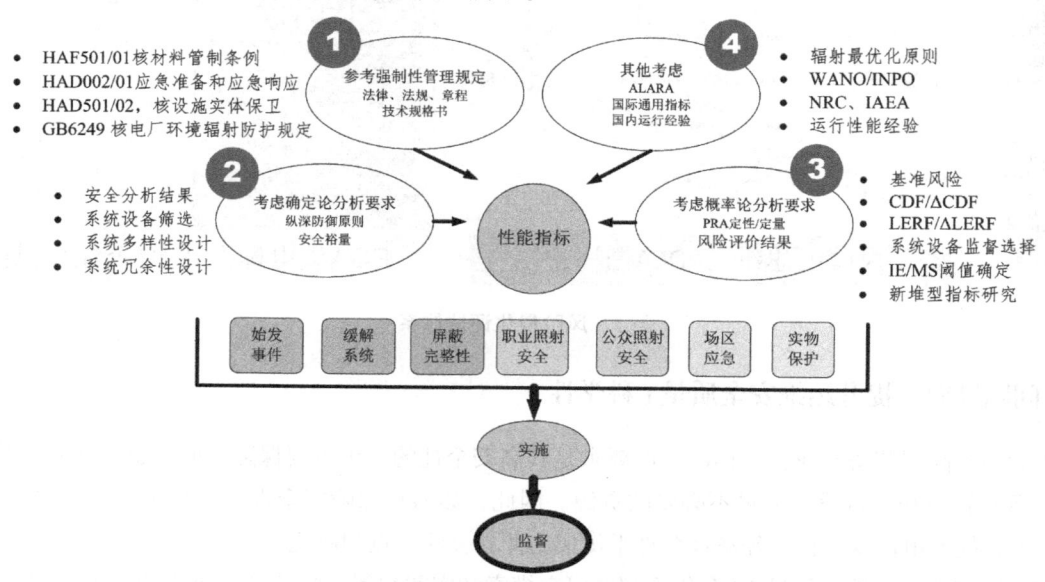

图7 基于风险指引的核电厂安全性能综合评价体系

上海核工院受国家核安全局委托,从顶层规划、指标设计、评价准则、数据采集、结果评价、公开方案、系统开发等方面为核电厂安全性能指标提供全面技术支持。

(二)核电厂运行性能提升

上海核工院基于风险指引思维过程方法的质量管理理念,形成了风险指引型综合决策方法(图8),并将其应用于核电厂运维管理,在确保安全性的同时提升经济性,进而提升电厂运行的综合性能。风险指引型综合决策包含以下四个步骤。

(1)确定并阐述应用对象和目标。
(2)实施工程分析,结合传统工程分析和PSA的判断做出最后的决策。
(3)确定实施和监督大纲。
(4)准备书面的评估文件并提交应用申请。

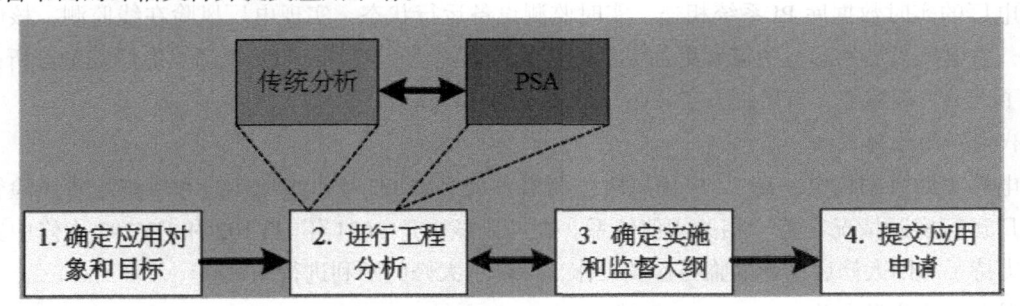

图8 风险指引型综合决策方法

五、管理方法在重大工程中的应用

(一)国家核安全局监管支持

国家核安全局核电厂安全性能指标体系作为国内首个用于核安全管理的指标体系,在国家核安全局的推动下于2008年1月投入试用,并于2018年正式使用。国内各运行核电厂按照《核动力厂核安全报告规定》定期提交性能指标数据。

利用软件平台这一载体,电厂能够通过互联网远程提交指标数据并得到实时的结果反馈,核安全监管部门也能迅速掌握各个核电厂安全性能的表现情况,分析运行安全趋势,以便配合现场检查采取相应的监管措施,目前已覆盖国内所有核电机组。

国家核安全局、各核与辐射安全监督站已结合性能指标体系开展例行与非例行的性能指标监督检查活动,并将性能指标结果作为监管行动的依据。该成果已成功应用于国内各个核电厂,包括昌江核电厂(年增收节支总额2000万元)、三门核电厂(年增收节支总额2000万元)、海阳核电厂(年增收节支总额2000万元)、防城港核电厂(年增收节支总额2000万元)、秦山核电基地(年增收节支总额3000万元)、红沿河核电厂(年增收节支总额3000万元)、阳江核电厂(年增收节支总额3000万元)等。

此外,中国核保险共同体通过参考指标体系的研究成果,用于评估核电厂整体风险水平和运行绩效,并基于评价结果对保险报价进行一定程度的调节,指导核电厂开展有针对性的风险防范活动,性能指标体系的广泛应用促进了中国核保险共同体与我国核电业主(被保险人)之间的深度交流与良性互动。

性能指标作为核电厂总体安全状况公开,已成为国家核安全监管部门与公众沟通的重要窗口,让公众随时了解我国核电厂运行状况,信息公开页面得到社会各界广泛关注。

（二）风险指引型配置安全管理

为响应国家核安全局配置风险管理相关要求，提高核电厂配置风险管理水平，上海核工院开发的风险监测器已先后应用于我国的各类核电堆型，包含二代电厂、三代电厂和新型电厂，并取得了阶段性成果。核电厂风险监测器的自主化化解了国内相关软件受制于其他软件公司的不利局面，打破了国外技术垄断，有力提升了国内 PSA 领域在算法研究和软件开发方面的技术能力和水平，为后续运行电厂提供安全可靠的风险管理工具奠定了坚实的基础。

1. 在二代电厂的应用成效

在二代电厂（如秦一厂和方家山 1/2 号机组）应用平台进行风险指引型管理，可以根据电厂配置（组态）实时计算电厂风险，实现了核电厂在线风险的实时监测和维修活动的风险评估，具备技术规格书电子化显示和编辑功能，具备历史风险管理和图形化显示功能，并提供设备状态实时采集接口。其中方家山 1/2 号机组的风险监测器与电厂的实时数据库 PI 系统相连，实时监测设备运行状态，实现电厂风险在线监测。核电厂风险监测器的应用，为电厂人员的运行决策和更加灵活的在线维修提供了依据，同时提高了电厂安全分析人员的工作效率，降低了人员失误概率，有效提升了核电厂的安全性和经济性。

2. 在三代电厂的应用成效

在三代电厂（如海阳核电一期），应用风险监测器开展海阳 1/2 号机组的运行和维修配置风险管理，并根据海阳核电厂运行实际情况完善了相关阈值体系。在海阳核电厂 2021 年 HY102 和 HY202 大修中完成了风险分析，有效支持了海阳大修启动前的临界检查工作，保障了大修的顺利进行。

3. 在新型电厂的应用成效

在新型电厂应用方面，与高温气冷堆示范工程的电厂管理体系相结合。基于配置风险管理体系的各个要素，综合考虑电厂各部门的职责，建立了配置风险管理组织方案流程（图 9），将配置风险管理相关职责落实到各个部门；并设计了有效的文件管理体系，获得了电厂的认可。

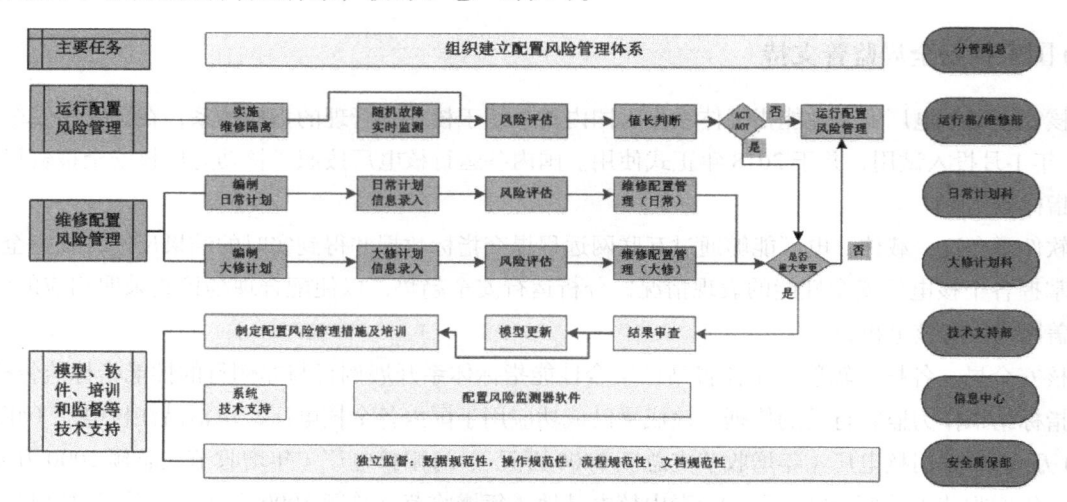

图 9 配置风险管理组织方案流程图

对于新型电厂，其大修尚未成熟存在较大的优化空间，风险监测器亦可为大修工期排程提供定量的安全分析支持，在保证安全的前提下缩短大修工期，提升电厂能力因子，可为保障电力供应安全和节能减排做出重要贡献。每缩短一天大修工期可增加电厂效益 1000 多万元，具有明显的经济效益。

4. 在其他方面的推广

PSA 团队正在开展秦三厂重水堆和国和一号示范工程的配置风险管理应用探索，后续潜在推广对象包括核电厂业主、设计院、高校、石油化工、航空航天等需要开展配置风险管理的单位，具有广阔的应用前景。

（三）风险指引型管道在役检查

田湾核电站一、二号机组是中国"九五"期间开工建设的重点工程之一，是中俄两国迄今最大的技术合作项目。田湾核电站的安全系统均采用"N+3"的多重保护安全系统，即每个安全系统均由4个完全独立和实体隔离的通道组成。该设计比一般压水堆采用的"N+1"或"N+2"的设计更加可靠，提高了核电站的安全性，但同时也使电厂的管道、设备数量相较于其他电厂大大增加，电厂在役检查工作繁重，迫切需要引入风险指引决策的方法对其进行优化，从而提升工作质量。

田湾核电厂风险指引型管道在役检查（RI-ISI）优化项目全面考虑了管道焊缝的破损可能性和安全重要度，更加合理地制定了在役检查计划和检查程序。该项目使有限的在役检查资源集中于风险重要度更高的管道焊缝，使其得到足够的重视；并适当减少那些对风险重要度极低的管道焊缝的检查，从而提高在役检查工作精准度，在确保核安全的前提下有效降低操作人员的受辐照剂量，减轻监管机构和电厂的负担，缩短大修时间，为核电厂带来显著的经济效益和社会效益。

田湾核电厂RI-ISI优化项目包括对田湾核电厂一、二号机组的14个系统和三、四号机组的17个系统开展RI-ISI方法应用。其中一、二号机组一回路压力边界内管道的RI-ISI优化成果已于2017年1月获得国家核安全局批准（图10）。一、二号机组一回路压力边界外的管道和三、四号机组的17个系统管道也已完成RI-ISI分析。

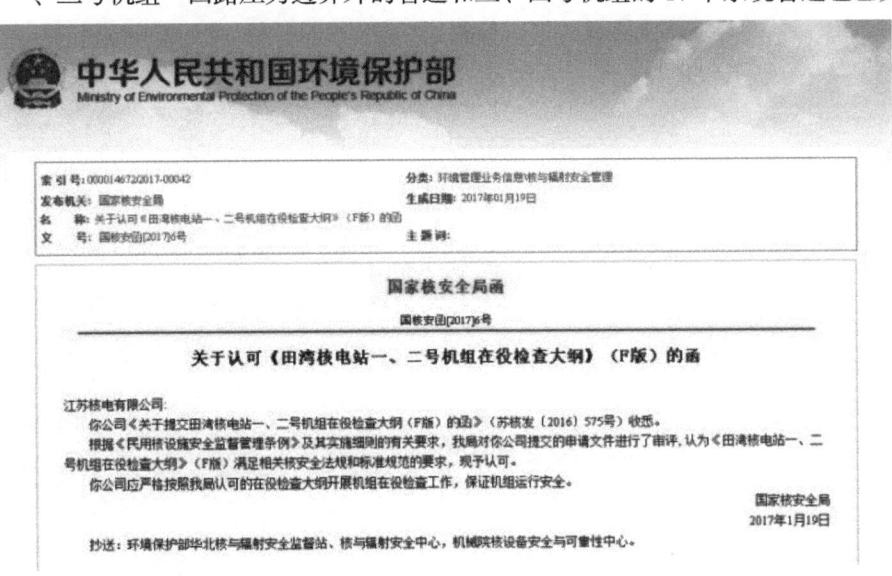

图 10 国家核安全局批复函件

以田湾核电厂一、二号一回路压力边界内管道的RI-ISI优化成果为例，有效减少了田湾核电厂一、二号机组的检查人员辐照剂量（两台机组每6年减少的集体剂量约60~70man.mSv）；减少射线探伤占用的低水位隔离时间窗口20小时（约2000万元电价收益），缩短了大修工期；一个在役检查周期内（两台机组 × 四次大修）节省在役检查直接成本近700万元，间接收益超2000万元。本项目成果被中国核能行业协会专家鉴定为国内外先进水平。目前上海核工院正将相关成果推广应用至福清五、六号机组等国内其他核电厂。

六、结语

上海核工院实现了理论与技术方法的突破，建立了系统的风险指引型技术体系，实现了系列软件工具平台的开发，对理论和技术方法进行了内化。部分技术成果经鉴定达到国际或国内先进水平，并已获得上海市质量标杆（2021—2022）、全国质量标杆（2022）、国家电投首个美国电力研究院（EPRI）TTA奖（提升了国际影响力及行业美誉度），省部级一等奖2项、二等奖2项、三等奖2项。上海核工院还形成了具有国际竞争力的知识产权布局,包括发明专利申请3项(已授权2项),软件著作权13项,发表论文30篇(其中EI 9篇),并且主编或参编标准33项,为国家和行业相关标准的制定提供了有力支持,为我国核电风险指引型监管体系的完整构建做出了突出贡献。

相关成果已全面实现具体工程应用,基本覆盖国内所有的二、三、四代堆型;形成的技术理念和成果还可以进一步拓展应用到石油化工、航空航天等高安全、高可靠要求的行业。

上海核工院将一如既往以数字化赋能企业全员全过程全方位质量管理,提高产业链供应链质量协同水平;持续深化研究推广核电厂风险指引型综合决策技术,全面强化质量管理数字化能力;加强全生命周期质量数据开发利用,提升数据驱动作用,为提高我国核电厂运维质量和核电高质量发展做出新的贡献。

主要创造人:詹文辉
参与创造人:杜东晓、邵 舸

基于测量过程控制的型号计量体系构建

中国航空工业集团公司西安飞行自动控制研究所

一、背景

随着当今国际形势日趋严峻,军方对新武器装备快速形成战斗力的需求更加紧迫,各军种对于武器装备的交付要求日益增加,型号研发周期和生产交付时间大大缩短,从而增加了产品质量管控的工作难度。

"用数据说话"是质量管理最重要的原则之一,如果数据失真或者误差很大,就可能导致分析失效,决策失误、管理失范。而要保证数据的质量,就必须对获得数据的测量过程进行有效的监管。中国航空工业集团公司西安飞行自动控制研究所(以下简称自控所)作为航空工业核心航电系统供应商,面对主机和下游配套,生产研发及交付活动中均存在大量的测量活动,型号计量中的测量系统分析是对质量能力进行有效管控的重要抓手,应用测量系统分析技术,通过识别并获取测量过程关键数据,数据深度挖掘分析,开展质量改进和测量系统改善活动。

依照《GJB2712A 装备计量保障中测量设备和测量过程的质量控制》的要求,计量管理是产品测量过程质量管控的重要业务环节,必须紧跟主体企业变革的进度,锚定组织战略需求,建立高效和专业的型号计量体系,为科研综合创新变革保驾护航。

二、需求分析及体系构建思路

(一)顾客需求强化支撑保证创新力

自控所作为 GNC 领域的骨干企业,承担国家多项重大型号任务,产品覆盖飞行控制、惯性导航、组合导航、电子与计算机、液压部件、精密机械制造、传感器、仿真等领域,专业门类广,军品任务的特征决定了自控所科研生产呈现多品种、小批量以及科研和批产高度交叉特性。对测量过程质量和作为关键生产要素的监视测量设备管控能力提出了更高的要求,不深入研发生产一线了解型号的设计参数特点、项目实际测量过程需求,就无法针对薄弱环节开展管理和技术控制。

(二)层级压力激发体系变革内驱力

为了应对型号研制产能的急剧扩张,自控所采用了"一所五园区"的运营模式。研发制造业务随空间调整、业务整合重新布局,测量设备随产线布置飞速扩充,外部供应商的大量引入,引申出对测量设备、测量过程管控的高标准、高要求,对实验室式管理的计量管理体系提出了艰巨的挑战。

三、体系构建与实施

计量管理的目的是实现测量体系的质量控制,构建新计量体系就是针对武器装备研制过程实现测量过程控制,对产品质量形成有力保证(图1)。新体系与传统的模式相比,核心要素就是从过去的仅关注仪器本身指标合格与否,转变为将武器装备型号设计参数延伸至测量过程的有效管控,关注测量过程配置测量因素(如测量设备、测量方法、人员能力)的符合性,测量过程关键测量数据的识别、有效获取、数据挖掘分析,测量系统合规性准确评估，最终实现型号测量过程缺陷识别、控制和改进，提升型号管理能力和水平。进行型号全生命周期的标准化、精细化、结构化、信息化的过程管理；结合武器装备可计量性设计、型号产品参数测量控制与分解、生产试验调试现场测量系统的分析、计量技术专业支持，从而保障型号产品测量数据量值准确、可靠。

体系建设过程的主要做法如下。

（1）转变思路，构建面向型号测量过程的计量管理体系模型。

（2）借鉴 APQP 模型，实现测量过程控制嵌入型号研制流程。

（3）精准业务前伸，实现测量过程关键数据有效管理。

（4）基于数据的整合及应用，引导型号研制生产保障需求的响应。

（5）推进业务与信息化协同，提高管理实施效率。

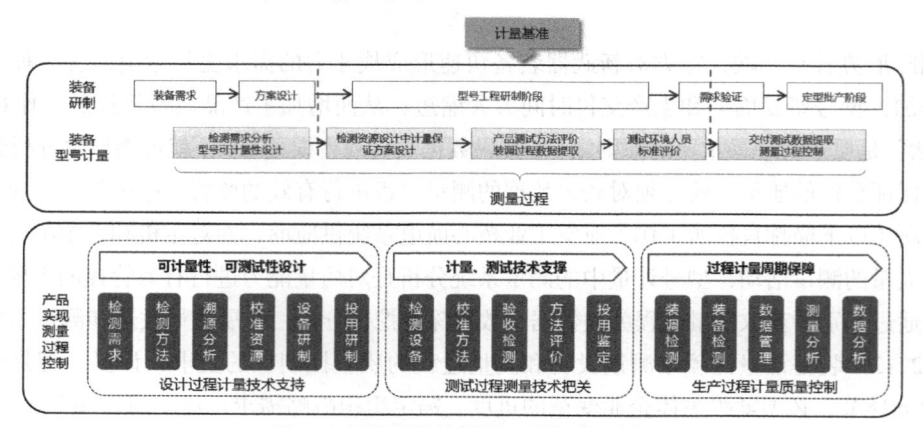

图 1　研制阶段的型号测量过程保证

（一）转变思路，构建面向型号测量过程的计量管理体系模型

明确管理职责，先期策划型号计量工作思路，提升型号计量监督的系统性，保障数据信息的全面、准确、有效。运用测量过程定性评价机制，细化管理颗粒度，加严质量控制手段。以计量技术为基础，参照《GJB 2712A 装备计量保障中测量设备和测量过程的质量控制》《GJB 5109 装备计量保障通用要求检测和校准》的要求，通过对武器装备可计量性设计、型号产品数据传递链控制与分析，保障型号产品数据溯源准确、性能可靠。

1. 围绕战略核心，实现顶层设计规划

型号计量组织体系应当分为金字塔体系三个层级，从上至下依次为需求层、控制层和支持层（图 2）。通过测量过程控制与数据管理实现全流程贯穿。

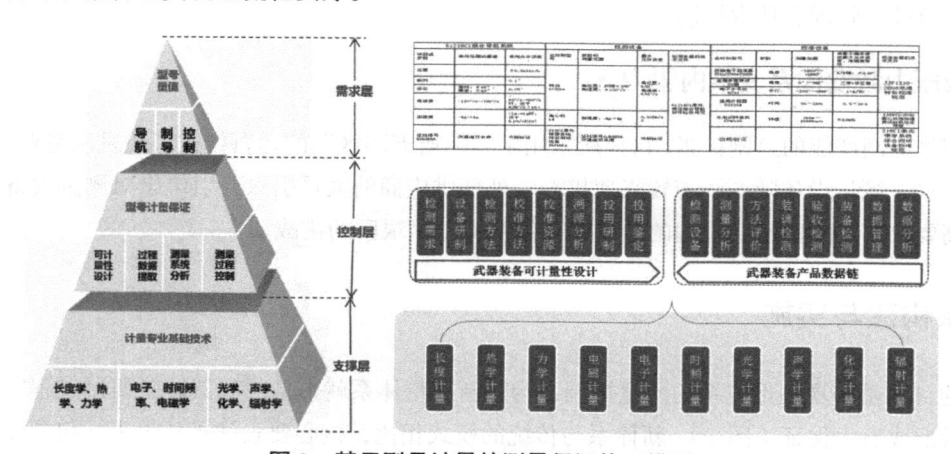

图 2　基于型号计量的测量保证体系模型

（1）需求层：自控所主要武器装备的测试需求，包括产品性能参数、安全参数、质量参数，以及产品生产

测试过程中的过程测量参数。需要计量组织与型号研制生产及质量管理部门密切合作，按照溯源特质，梳理分析相关参数，实现型号计量管理的需求准确输入。

（2）控制层：测量过程控制设计，计量部门通过可计量性设计、过程测量数据提取、测量系统分析、测量系统控制等规范流程。分流管理职责，提升型号技术牵引能力，加大项目的管控力度。将型号计量管理纳入产品研制的全流程，做到型号计量进计划、测量数据受管理。

（3）支撑层：计量技术基础专业支持，包括长、热、力、电、光、专用地等计量技术基础专业和计量管理，通过计量校准技术项目研发、智能工具、信息化的应用。保障型号在研制生产过程中的计量效率和计量量值溯源覆盖能力。

2. 数据深度挖掘，强化测量过程能力管理

武器装备测量需求包括产品性能参数、安全参数、质量参数，以及产品装调测量过程中的测量参数。型号计量师结合主机要求，与自控所内型号研制生产部门及质量管理部门密切合作，梳理产品技术参数，分析相关测量过程，提炼型号计量的需求输入。

型号计量师通过型号研发、生产过程测量系统策划，通过可计量性设计、过程测量数据提取、测量系统分析、测量系统控制等规范流程，将型号计量管理纳入产品研制的全流程，做到型号计量进计划、测量数据可分析、过程要素可控制。

装备型号计量是以计量技术为基础，通过对武器装备可计量性设计、型号产品数据传递链控制与分析，保证导航产品、制导产品、飞控产品数据量值准确、测量过程受控、单位与主机统一。通过型号研制需求分解，对所内型号研制、定型、批产不同阶段的测量能力要求，借力MSA、CPK、MTBF、MTTR等科学数据分析工具进行数据的深度挖掘，有效地实现在产品研制生产过程中准确、实时地对测量过程实施监督管理，从而提升武器装备的交付质量。

3. 推进信息化协同，提升型号体系管理能力

基于自控所面向型号的计量管理体系模型，梳理型号计量管理的各项业务流程、制度规范，搭建型号计量测量系统，推进型号计量信息化协同，提高型号体系管理水平（图3）。通过计量保证的量值溯源、测量过程数据分析，推进型号计量管理体系化、智能化、数据化，提高型号计量保证效率，结合企业现状整体策划、突出重点、建用结合、分步实施。最终形成面向型号实现计量保证，在自控所承制的系统设备及部件研制、试制生产、交付过程中，全测量过程融入型号计量保证理念，实现型号研制过程中对测量设备状态、测量过程质量的有效控制。

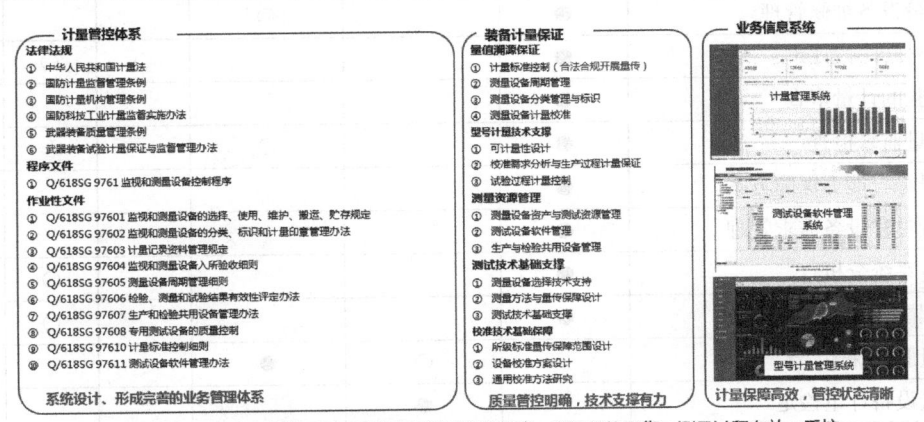

图3 基础制度和信息平台

（二）借鉴APQP模型，实现测量过程控制嵌入型号研制流程

"凡事预则立"，自控所的型号管理模型以型号研制为牵引，借鉴APQP结构化的策划模型，根据型号研制、试

验、定型、批产的不同阶段的工作需要，制定各阶段具体的计量工作职责，组织分解和落实型号总计量师系统的工作要求，以准确的数据进行决策，用可靠的计量保证手段确保数据准确，保证研制、生产以及交付所用设备状态有效性，从而达到自控所产品质量的有效控制。将计量工作嵌入型号研制全寿命周期管理。

1. 建立以型号计量师为主导的任务矩阵，细分型号研制要求

搭建面向型号的计量管理体系，策划横纵结合的矩阵架构，横向以产品的不同阶段进行任务细分，纵向以型号计量师为主导的角色分类，按照所内承研的型号交付主机方向进行专业划分，型号计量师协同设计、工艺师、计量技术人员、计量管理人员等组成各型号计量管理监督团队。方案设计阶段型号计量矩阵如图4所示。

型号研制阶段	工作内容	型号计量师	计量技术人员	计量管理人员	设计师	工艺师	质量师	供应链
型号方案设计阶段	1. 型号测量过程需求分析	●	○					
	2. 可计量性设计	●	○					
	3. 新测量设备需求研究	●	○		○			○
	4. 型号转阶段评审	●			○			
	5. 研制过程检测需求分析	●			○	○		
	6. 研制过程文件计量审签	●			○	○		
型号研制工程阶段	1. 策划型号计量保障方案	●	○	○				
	2. 型号测量过程体系管控	●		○				
	3. 型号专用设备管理	●						
	4. 测量过程设备需求管理	○	●	○				
	5. 测量过程数据提取	●	○	○				
	6. 测量系统分析	●			○			
	7. 过程能力评估	●			○			
	8. 研制过程检测需求分析	●		○	○			
	9. 装备检测校准需求分析	●			○	○		
	10. 计量服务保障		○	●				
	11. 测量设备计量检定		●					
	12. 测量设备维修管理	●		○				
	13. 型号转阶段评审	●			○	○		
	14. 试验的计量审查	●					○	
	15. 计量监督检查	●		○			○	
型号定型批产阶段	1. 型号综合能力保障方案	●						
	2. 测量过程设备需求管理	●						○
	3. 测量系统分析	●			○			
	4. 过程能力评估	●			○			
	5. 计量服务保障		○	●				
	6. 测量设备计量检定		●					
	7. 测量设备维修管理	●		○				
	8. 型号转阶段评审	●			○	○		
	9. 试验的计量审查	●					○	
	10. 计量监督检查	●		○			○	

图4 方案设计阶段型号计量矩阵图

型号计量师按照主机型号总计量师系统的工作要求,结合自控所承研成品的指标和技术特点,组织分解和落实型号总计量师系统的工作要求和工作计划,系统策划负责的承研型号的测量系统、组织负责型号计量监督管理工作,确定工作原则、工作目标和工作职责,带领专业技术人员,开展型号研制过程的测量过程保证工作。

根据装备型号研制流程,型号研制过程一般分为论证阶段、方案阶段F、工程研制阶段(初样阶段C、试验阶段S)、定型阶段D、批产阶段P,每个阶段测量需求都有相应的管理要求。

细化25项主要工作内容,确认职责角色,通过分阶段任务的逐项实施,实现型号计量管理有效落地。

2. 分解型号方案设计需求,系统策划预先保障能力

在方案设计阶段,型号计量师协同设计人员论证测量系统的需求方案,同时带领计量技术团队进行型号研制所需测量技术的论证,确保测量系统在投用前的稳定性、准确性、有效性。型号研制这个阶段更注重任务策划的完备性和系统性,设计APQP模型,全面规划可计量性设计和设备能力的预先保障。

3. 总体策划型号测量能力,注重测量数据可溯源性

协同研发部门自上而下地分解主机任务书中关于型号研制的关键性能指标,确保相关指标、测量方法、单位、范围、定义等在符合计量法律法规前提下,与主机认识保持一致。开展型号相关测量指标预先摸底,参考自控所其他型号研制过程中的测量设备配置清单和测量指标,规划布局测量设备需求,评估测量仪器采购或研发需求,预先研究型号特殊测量参数的测量保证能力,为测量能力规划落地打下技术基础。

4. 预先研究周期质量保证,开展可计量性设计任务

在方案设计阶段开展可计量性设计,预先研究型号装备交付部队后能够准确且便利地对产品性能和参数进行计量校准的设计特性。

分解型号总计量师系统下发的"可计量性方案",组织计量技术人员对系统、设备及部件研制的技术文件进行分析,对测量过程的需求进行了初步调研,针对实际需求编制相应可计量性设计方案,与主机需求实现对接。规划设计实现产品测量能力的详细需求方案,如检测接口、校准接口、数据总线,同时开展测量方法、测量设备选用原则设计,并参与完成产品设计指标测量方案、测量设备的量值溯源规划。确保型号测量过程符合国防军工计量要求。

同时,针对研制过程的计量标准管理、专用测量设备质量控制、共用设备管理、工作计量器具管理、测量软件管理、试验计量管理、准确度要求、检测与校准技术及各研制阶段的计量保证要求,并明确相关量传要求,并将具体要求落实到电子表单,通过信息化手段实施控制。

5. 全面开展测量设备需求研究,确定设备研制节拍

自控所型号计量管理中在型号方案设计阶段通过型号测量指标结构化,形成详细的条目化清单,参考所内其他型号研制过程中的测量设备配置清单和测量指标可溯源性,合理规划布局测量设备需求,有效评估测量仪器采购或研发需求。提出型号任务所需要的新测量设备,编制采购、设备研制计划,确保本阶段测量系统满足型号研制任务,利用测量设备准备状态检查表(表1)跟踪落实新设备的准备情况,保证型号测量系统的完整性。

表1 测量设备准备状态检查表

NO	问题(设计是否考虑了以下几个方面)	是	否	不适合	评价/措施	负责人	日期
1	测量过程中对象的变化(设备适应性)						
	可维护性						
	防错						
2	是否已编制了设备清单						
3	是否确定验收标准						
4	是否开展预先研究						

续表

NO	问题（设计是否考虑了以下几个方面）	是	否	不适合	评价/措施	负责人	日期
5	是否已确定设备满足对应测量活动指标要求						
6	是否有设备预防性维护计划						
7	新设备的作业指导书是否完善清晰易懂						
8	是否具备设备校准溯源能力						
9	是否有测量设备校准/验证的记录，证明测量设备的范围能力符合要求						

（三）精准业务前伸，实现测量过程关键数据有效管理

型号工程研制阶段主要是型号的 C 阶段和 S 阶段，这个阶段的工作重点在于充分验证产品是否满足预期的设计，因此测量设备的测量误差，测量系统的稳定性是否满足方案设计阶段的测量需求，需要对测量数据进行科学的评估和分析，结合设计、工艺顶层文件业务前伸。通过量传的溯源链将测量仪器与型号研制参数、生产过程测量环节、测量设备寿命周期状态、量值溯源体系相关联，将测量过程的要素数据化、显形化、固定化、标准化，将单元现场关键数据提取、测量分析、管理控制形成基础的条目化信息，并利用测量系统分析工程技术以及过程能力工程技术工具实施验证，根据分析结果实时开展改善活动，确保测量过程的准确实施，为长期监管打下坚实的基础。装备检测需求明细梳理如图 5 所示。

图 5　装备检测需求明细梳理

1. 打通测量过程数据链，实现关键数据识别与有效获取

型号计量师在型号计量的实施过程中，组织策划对生产单元中关键测量设备进行自动化改造或者更新，通过标准接口将测量设备实现网络化连接，目的是测量数据的自动化采集及上传，保证测量数据的及时性和准确性。

（1）梳理单元测量设备谱系，提取关键数据。以生产单元为关注的焦点，结合生产工艺文件，掌握该装调单元测量过程要求、单元内仪器设备的构成，形成完整的测量设备配置清单，配置清单包含每一台测量设备的计量特性（测量参数、测量范围、准确度等级等）。单元测量设备谱系梳理如图 6 所示。

（2）条目化设备和测量信息，确保数据测量合规。测量设备用于不同的测量过程时，可能存在不同的测量要求，

如主控阀柔性杆装配力矩公差要求为 ±0.1N·m，而后续工序组件固定力矩公差要求为 ±0.2N·m。因此，验证测量仪器计量特性是否满足不同的过程测量需求，是实现过程控制的关键环节。将单元测量设备配置清单与装调过程测量环节一一对应，将产品生产过程的各阶段的测量要求（测量范围、准确度要求等）固化到型号计量管理信息系统单元测量过程验证要求中，通过采集测量数据与工艺规定参数指标进行比对，实时验证测量指标的符合性。

（3）流程相关信息平台集成，有效整合相关数据。对接综合计划管理系统（PMIS），准确识别型号测量过程任务，保证过程获取数据的可操作性，识别影响过程质量的关键指标特性，数据获取的可行性、测量成效，将测量传感器、测量设备通过统一管理的过程测量控制平台，提取各测量设备的过程测量数据、测量要求、历史数据、设备管理等信息，有效整合至型号计量管理系统。

图6　单元测量设备谱系梳理

对过程运行数据全面感知、即时传输、实时分析，利用信息化手段实现执行层到管理层决策层链路贯通，形成支持管理决策的管理驾驶舱和业务数据智慧运营平台构建的可视化表达体系。测量过程控制平台架构如图7所示。

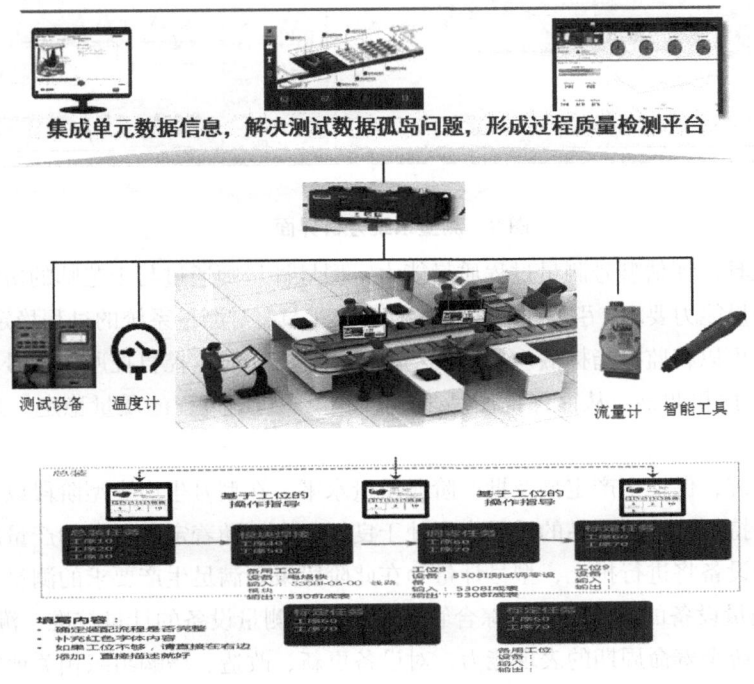

图7　测量过程控制平台架构

2.基于测量数据的工程分析，实施测量过程有效监控

在型号计量管理过程应用工程技术分析工具，实现型号计量监督通过数据分析的方式使过程测量能力显形化，为过程质量的监管提供科学依据。

（1）借力测量系统分析工具，规范型号测量设备投用验证。基于数据的决策其数据必须是可靠的，而测量系统中特别关键的测量设备，其检定结果反映的是该测量设备在特定的检定环境中，满足测量设备技术指标要求的结果。当使用人员、使用环境等条件发生变化时，必然存在测量结果的差异性问题。在新研制型号测量设备投用时，开展测量系统工程技术分析工作，规范测量设备投用前验证。通过制定测量系统分析计划并组织实施，评定本型号的测量系统是否持续稳定，测量数值是否满足测量需求。测量系统分析计划如表2所示，测量系统分析界面如图8所示。

表2 测量系统分析计划

序号	设备	编号	工序	分析内容	时间	测量人	分析人	备注
1	某舵机综合测量系统	Z600-1103	DDV装调	稳定性重复性	2020-5-31至2020-7-31	张敏	朱煜	

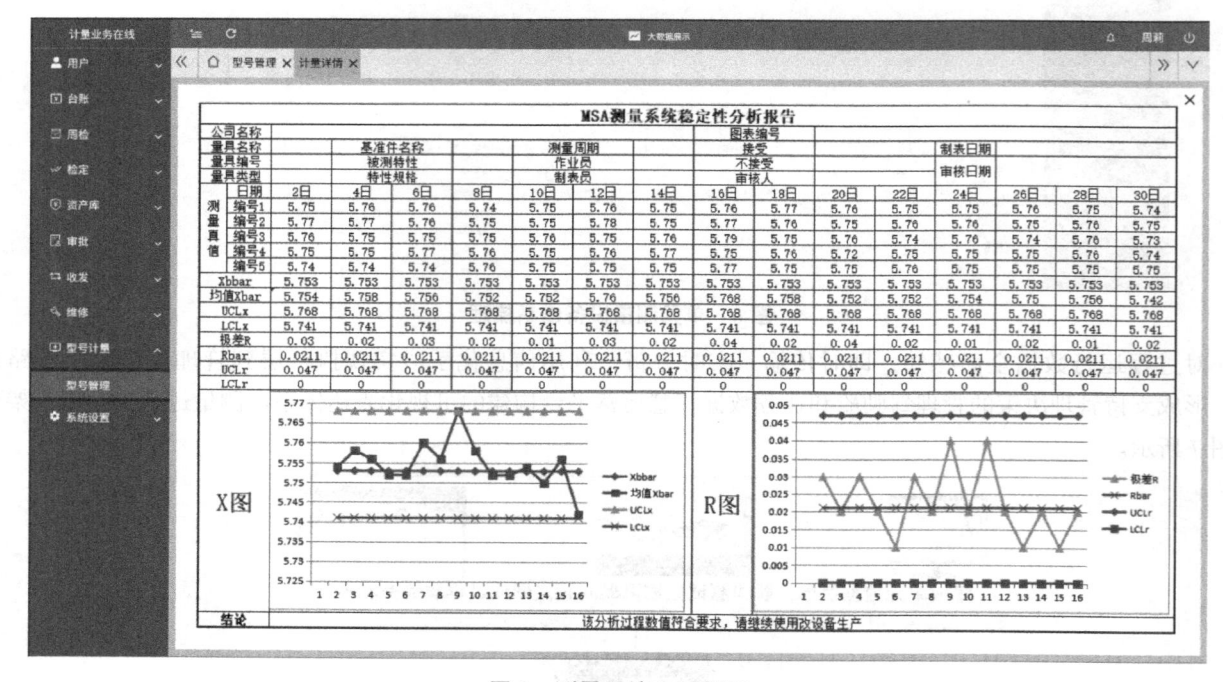

图8 测量系统分析界面

（2）应用测量分析工具，评估型号测量过程质量能力。型号计量师通过与工艺师的协同工作，关注产品在装配调试过程中的特定测量能力要求，引入过程能力工程技术工具，对测量系统的过程稳定性进行初步的验证，过程测量能力稳定有效，可以将监控指标嵌入单元现场信息系统，实时监控自控所各型号单元现场测量系统的质量稳定性，即时进行干预和调整，从而保证产品生产、试验、装调过程的质量稳定。过程能力评估界面如图9所示。

（3）全面分析测量系统，保证生产定型及批产阶段质量水平。在型号生产定型阶段以及批产阶段，随着测量系统在前期研制阶段的持续验证，产品的质量表现处于良好状态，随着定型时期的产量的增加，以及产品售后维修保障的实施，测量设备将进行扩充，型号计量师在此阶段策划满足生产要求的测量系统能力，协同计量技术基础专业人员以及测量设备的维修人员，综合管理型号涉及测量设备的计量校准、溯源特性和维修数据，通过数据统计分析测量系统全寿命周期的表现能力，对设备更新、改造、增购组织相关评审和能力验证，确保产品生产质量和稳定的生产节拍。其信息展示界面如图10所示。

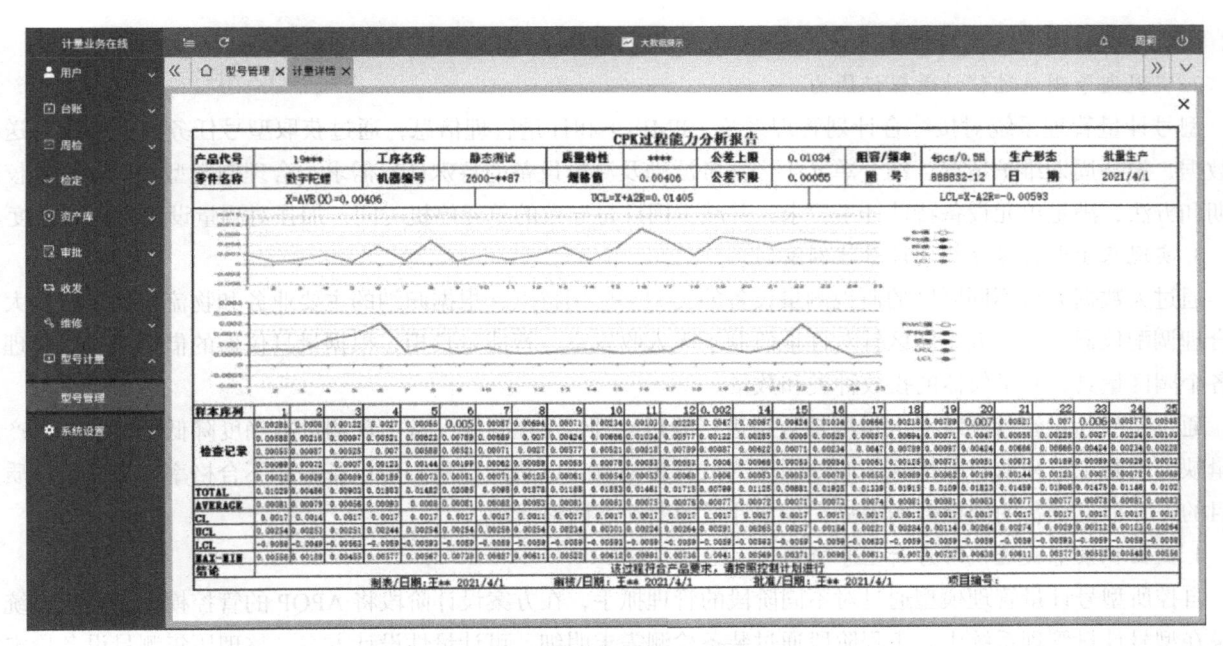

图9 过程能力评估界面

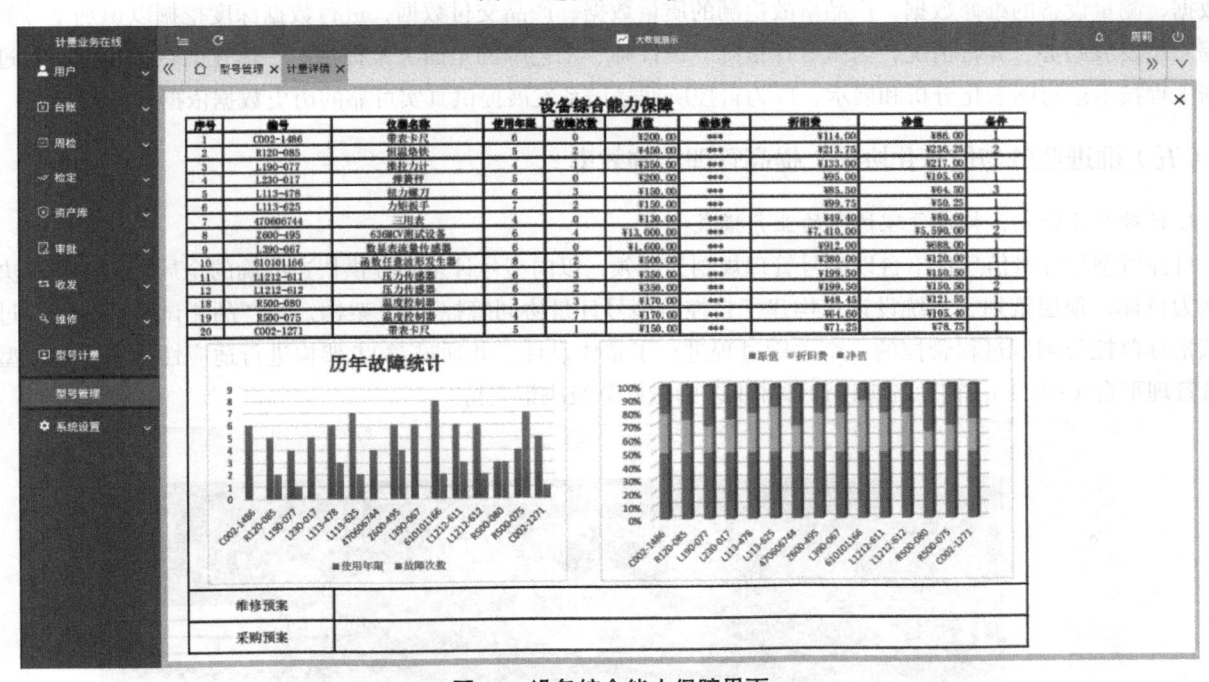

图10 设备综合能力保障界面

（四）基于数据的整合及应用，引导型号研制生产保障需求的响应

自控所通过新的型号计量管理模型在计量基础业务的基础上，通过优化计量流程、业务与信息化深度融合，形成具有型号计量特色的测量过程体系。围绕战略目标，聚焦科研生产经营主流程，持续改进型号计量管理流程和相关业务域信息系统，提高体系运行效率，快速响应型号研制生产的测量保障需求。

1. 优化型号测量设备资源配置

资产管理模块涉及的流程表单集成到计量业务在线平台内，同时打通信息系统，通过数据关联自动推送，与采购供应管理系统对接，直接获取采购进度、技术合同信息。

结合型号各单元相关的测量设备配置情况、仪器的资产流转信息、寿命期内的故障维修信息及周期计量数据，为型号计量师系统规划测量设备资源配置管控和全寿命周期管理提供基础数据支持。

2. 实现型号测量过程计量保证能力

型号计量管理系统对接综合计划管理系统（PMIS）和计量管理信息，通过获取型号任务信息、仪器送检率数据，设备周期维护情况，结合单元生产任务波动及测量设备的特殊计量需求，合理制定型号测量设备校准周期和方法，满足单元设备特殊计量要求，并减少因计量导致的单元停机时间，加强对测量设备的保障强度。

3. 实现基于大数据分析的计量控制策划

通过大数据分析不同园区的监视测量设备的类型和应用特点，根据归纳的主要业务和物流特性，根据大数据合理调配仪器，并在五个园区针对性地研制了无人收发室、智能量具柜，根据量具仪器的借用频次，合理规划各个园区量具、测量仪器的投放种类和数量。

通过型号计量管理系统对大量测量数据进行分析整理，发现测量设备出现测量准确度降低，存在导致产品质量缺陷的隐患，采取有效措施，调整园区测试资源配置，以达到控制测量设备检定不合格率，提高装备质量的目的，并根据设备的周检数据趋势，策划计量周期动态调整活动。

4. 数据积累螺旋迭代助力新型号研制

自控所型号计量管理模型通过对不同阶段的管理抓手，在方案设计阶段将APQP的管控模型条目化并统一记录在型号计量管理系统中，工程阶段通过装备检测需求明细，可计量性设计方案，整理历年测量设备检定校准数据，测量设备的维修数据，产品事故追溯的质量数据，产品交付数据，进行数据深度挖掘以识别型号测量过程质量发展趋势、异常情况，为型号计量师、设计师、工艺师的全面决策提供了一体化的数据模型。对过程数据工程技术进行图表化分析和展示，以为自控所型号谱系发展提供真实可靠的历史数据依据。

（五）推进业务与信息化协同，提高管理实施效率

1. 针对业务特点，构建管理协同的业务模式

自控所型号计量信息化平台以型号管理规划为引领，以向型号计量师提供快速准确的全局管控视图和决策依据为目标，顶层策划、系统设计，构建了自控所型号计量协同管控与IT架构，将产品测试指标分解、过程测试指标监控与测试过程管控的三个关键过程进行了整体设计，并通过对IT架构进行适应性改造，建立型号计量管理平台（图11），辅助各级设计师和工艺师做好分级决策支持。

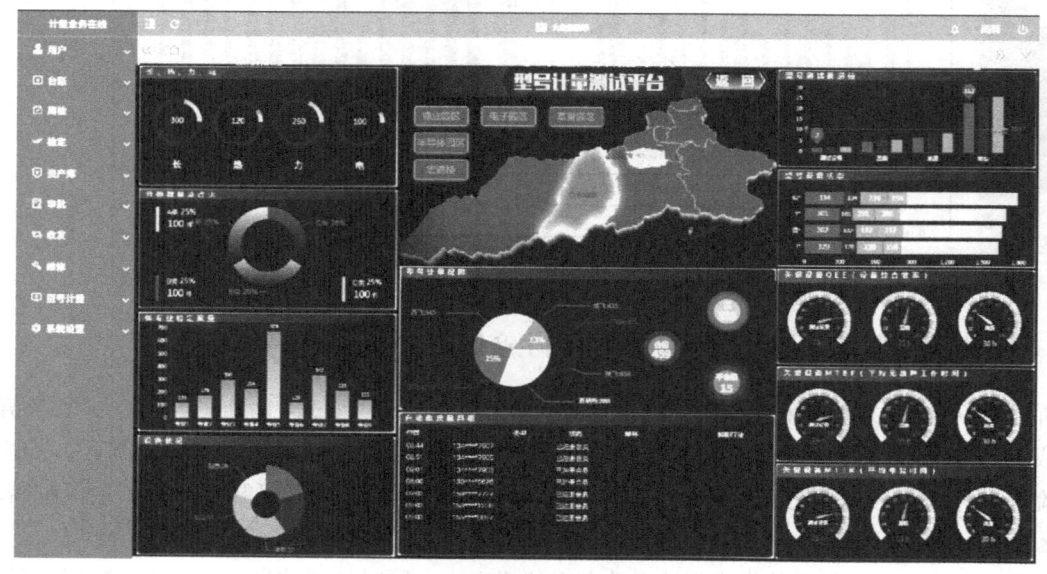

图 11　型号计量管理平台

2. 针对业务架构，构建流程对接的IT架构

针对业务架构，构建了基于型号管理的"决策、管理、基础"三层业务管控与IT"分析数据、流程管控数

据、型号主数据"三层数据体系的映射；将过程质量管控的测试数据进行有效的整合，自下向上地反馈和显示型号计量管理中目标达成情况，帮助自控所提高业务执行效率。型号计量管理系统如图12所示。

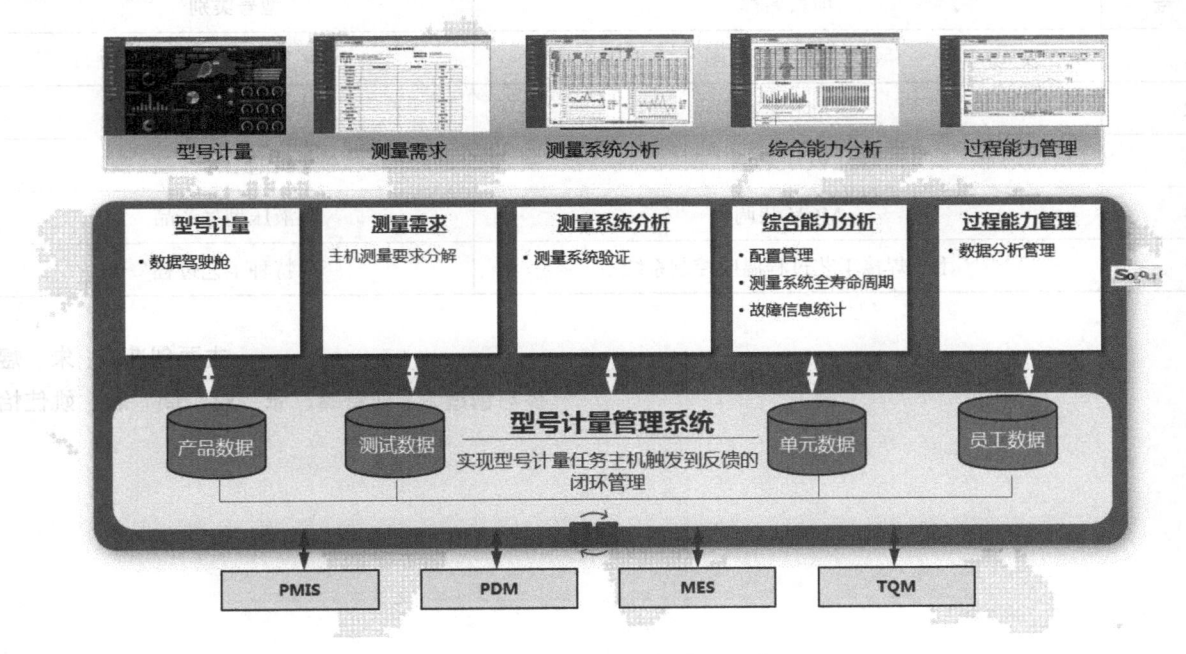

图12　型号计量管理系统

根据数据模型和数据整合、更新要求，实时采集测试数据到集成管控平台数据中心，用于数据分析、挖掘与可视化展示。对数据进行不同集合的图形、图表和数据看板形式的展示，用于提供决策和分析视图。

四、实施效果

通过构建基于测量过程质量控制的型号计量新体系，将计量技术支持有效融入型号计量的任务管理，搭建了基于跨越完整型号计量工作的信息平台，有效提升了型号计量管理在型号研制过程中对测量质量管控的全面性、准确性、科学性。

（一）实现型号计量管理的体系化，全面提高型号产品交付质量水平

引进APQP模型，构建面向型号的计量管理体系。将测量过程管理前伸至研制流程中。根据业务工作逻辑，将横纵结合的矩阵架构条目化工作集成到型号计量测量平台信息系统中，实现了部件级、系统级、管理层全数据链的智能采集和科学分析，实现了从生产单元现场到型号管理的一体化的测量数据控制。强化过程控制，层层落实，增强了型号计量师同时对多型号进行有效监督管理的能力，使型号计量管理更专业、更全面、更智慧。自控所在J10型号计量管理中已成功运用了该模型，实现22个型号的管理覆盖，业务支撑型号79个，涉及部件236类；和自控所质量相关业务团队通力合作，产品一年期故障从165次下降至122次；商保期故障数下降12.2%，未发生重大质量事故。

（二）实现测量过程数据有效管理，全面提升型号测量过程管理能力

自控所型号计量管理选取重点型号中的测量过程应用场景进行试点，集成了生产信息、计划管理信息、装调过程数据、测量设备校准数据、测量设备综合效率等数据信息；采用了MSA、CPK专业分析工具，使产品装调过程测量数据过程管理更加准确、专业；年不合格品单份数从2996份下降至1068份，年下降率超过30%。部分应用如表3所示。

表3 测量过程数据控制

序 号	项目名称	型号类别
1	作动器产品装调	某型号液压产品
2	激光陀螺装调	某光学型号产品
3	LVDT装调	某机电型号产品
4	MCV装调	某液压型号产品
5	手工焊接工艺过程温度控制系统	某特种工艺过程

主要创造人：朱　煜

参与创造人：刘奇峰、张　斌、周　莉、姚佳怡

基于迭代微循环模式的全过程工程质量提升方法

许继电气股份有限公司

一、企业概况

许继电气股份有限公司（以下简称许继）是中国电力装备行业的领先企业，致力于为国民经济和社会发展提供能源电力高端技术装备，为清洁能源生产、传输、配送以及高效使用提供全面的技术、产品和服务支撑。许继积极履行国有企业的社会责任，致力于为国民经济和社会发展提供高端的能源电力技术装备，为"双碳"目标下清洁能源的生产、传输、配送以及高效使用提供全面的技术和服务支撑。

许继柔性输电公司（以下简称柔性输电公司）隶属于许继电气股份有限公司，成功研制了多个创造"世界首个"和"世界之最"的换流阀产品，实现了"中国创造"和"中国引领"，增强了我国在世界电工装备领域的话语权和影响力。柔性输电公司先后承建国内外特高压、柔性直流、远海风电柔直送出等多个类型直流输电工程近40项，积极助力"西电东送"加速度，不断创新推进国产化。2019年，柔性输电公司高压直流输电换流阀入选工信部第四批"制造业单项冠军产品"。

二、工程质量提升管理总思路

柔性输电公司秉承"直流工程无小事"质量理念，在质量管理上突出维度全、措施多、过程细，聚焦关键环节，以预防改进为主，持续提升工程质量。工程质量管理总体思路如图1所示。

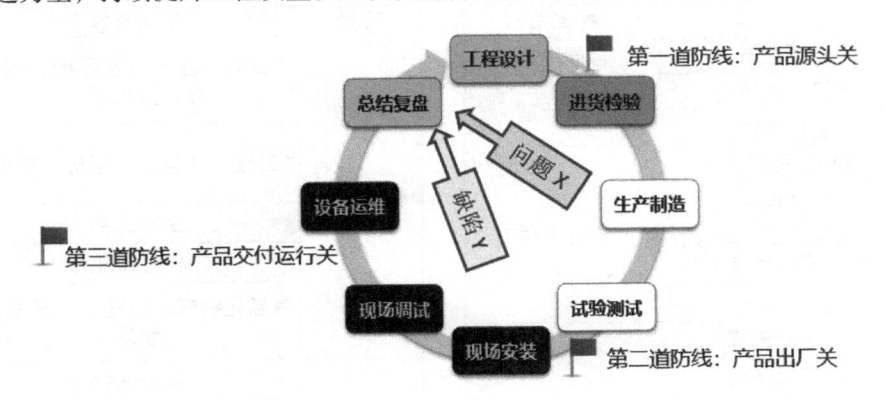

图1 工程质量管理总体思路

（一）维度全

以人、机、料、法、环、测等六要素为质量管理基础，结合工程管理的项目策划、风险管控和质量检测等方面，全方位、系统化开展项目管控。

（二）措施多

聚焦工程全过程质量风险和产品"三道防线"的质量防控，针对每个维度，充分发挥全员集体智慧，全面做好防控措施落实。以产品源头关、产品出厂关和产品交付运行关"三道防线"为质量关键把控关口，分阶段总结复盘工程产品和管理风险，举一反三制定优化改进措施，直击风险源头，减少中间环节立整立改，实现工程产品性能和质量的不断迭代提升。

（三）过程细

积极营造"零缺陷"质量氛围，深入产品设计和验证、深入客户需求和参与、深入工艺改进和实施，立足工作中的易错点和易漏点，防微杜渐。

三、工程质量提升措施

（一）"两全一延伸"工程策划

1. 范围全

将工程质量控制方案细化为工程主流产品，将与关键或风险物料供应商质量沟通前移至采购中标后；在总结前期工程供货质量基础上，推进质量要求的传递；要求供应商提供质量控制方案，经评审通过后备案，作为后期监造依据。

2. 全员参与

工程管理实行现场项目经理制，建立现场项目部，制定切实可行的、职责分明的现场组织构架和具体工作明细。根据工程现场阶段不同、人员变动调整宣贯和公示；根据场地情况，研究出阀塔主体"流水线"式作业安装方案。

3. 管控阶段延伸

工程质量管控阶段向前延伸至工程立项，向后扩展至投运。对于工程管控对象，向外服务客户、施工方和运维单位，延伸至供应商、供应商的供应商及包装运输单位，对内做好上下游工序间的配合和管控。如东直流工程质量控制点如图2所示。

阶段	工作内容	时间节点
合同签署	合同评审	合同签署前
项目策划	组织架构策划	设计前
	生产计划	
设计过程	IPD工程设计	设计冻结前
	设计评审	
	中试（选型测试、软硬件测试、系统仿真）	
	型式试验	
采购过程	供应商选择	按配套计划
	供应商评价	
	延伸监造	
	首批检测	
	到货100%检验	
	特殊检验（霉菌检验、盐雾试验等）	
	检验工装	
	配套期专人跟踪	
	存储环境	

阶段	工作内容	时间节点
制造过程	"三按"生产（按图纸、按标准、按规范）	按生产计划
	"三检"（自检、互检、专检）	
	生产工装	
	例行试验	
	信息化物料、过程、人员追溯管理	
服务过程	包装运输	按项目计划
	现场安装指导	
	分系统试验	
	系统试验	
	试运行	
	投运	
	售后服务	
合计	28	

图2　如东直流工程质量控制点

（二）"有理有据"的产品设计攻关

1. 全方位需求响应，明确产品设计目标

以关键技术参数为设计目标的分层管理，以技术需求为根本，统一为关键技术参数，全局策划，层层分解。如东直流工程换流阀关键技术设计提升如图3所示。

产品设计前，根据项目实际需求，结合以往工程经验总结、相关产品标准、国网／南网反措、技术规范、同行业产品对标，确定产品设计方案。工程设计输入标准分解图如图4所示。

图3 如东直流工程换流阀关键技术设计提升

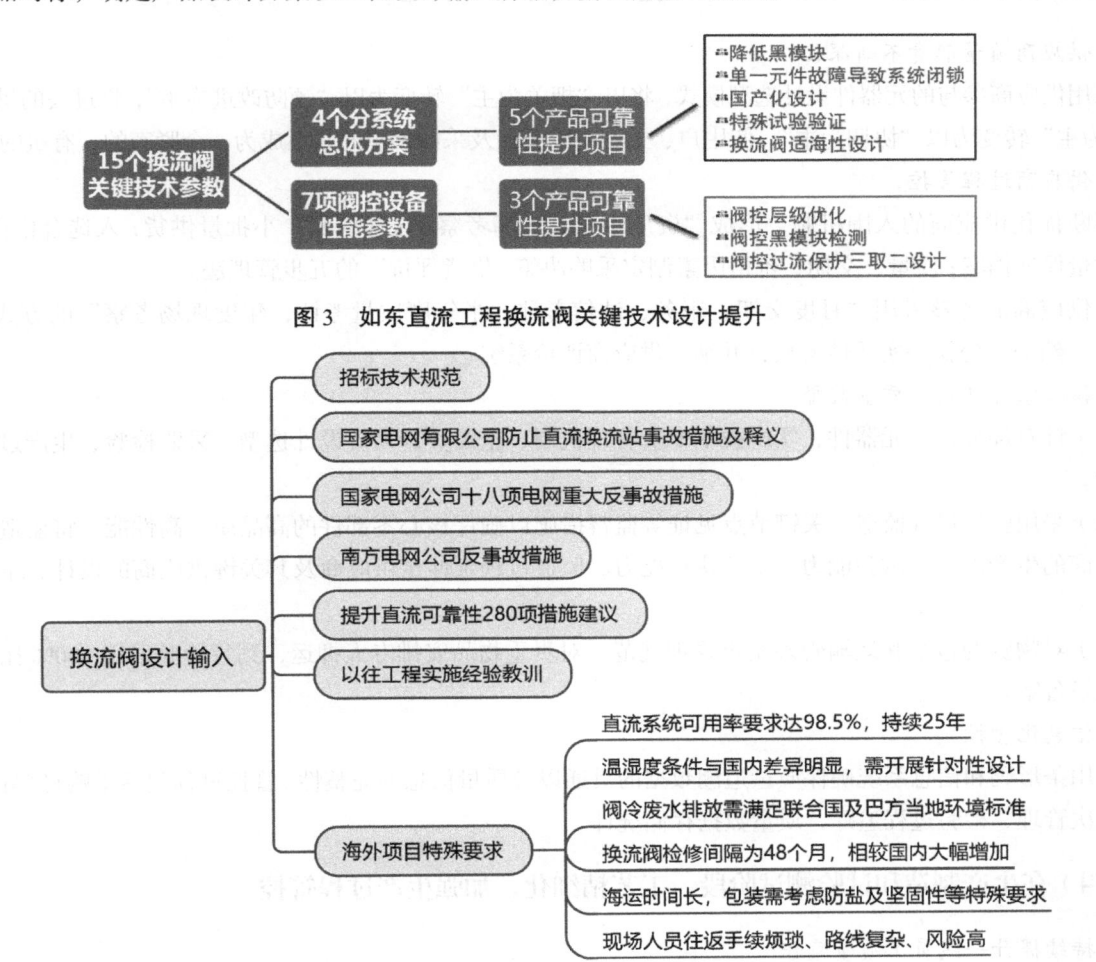

图4 工程设计输入标准分解图

2. 与用户、供应商沟通通多

用户参与产品设计和测试验证，如设计方案、试验验证标准、验证方法、试验结果分析等。供应商参与元器件设计选型，并服务于工程全过程，将业主质量要求分解传达至供应商，使用户、许继及供应商形成一个紧密的整体。产品设计前，对工程招标公告、技术规范逐项识别，形成工程需求清单和实施要素表，在工程设计实施过程中进行逐项核实和记录，并通过设计联络会、书面提资函等形式加强与上级成套设计单位、下级供应商等之间的设计沟通交流，最终形成双方认可的书面设计冻结材料，以确保产品相关前后端设计的一致性。

3. 全面的试验能力建设和试验验证

全面梳理换流阀型式、例行试验方案，评估厂内试验系统的软硬件，积极进行试验平台打造和试验方法的研究。自行、联合设计搭建，或将现有试验系统升级改造为具备纵深研究能力的深度测试平台，通过相关测试设备使用、测试方法开发、以及相关培训，不断向CNAS体系运行要求和质量控制系统靠拢。

从招标、设联会等阶段参与相关试验规范的评审。通过样品试制、仿真、第三方等效试验、内部测试验证、

联合调试等方式开展全面系统的参数核算、建模仿真、功能验证;从电、磁、热、力等多物理场开展多维度换流阀产品性能验证。

4. 可测试性、可验证性设计

产品不仅要在性能可靠性等方面做好设计,还要在安全性、外观一致性、防呆防错、操作便捷性等方面做好细节设计。从设计阶段考虑产品后续的测试试验需求,同步研发配套测试验证工具工装。

(三)在采购阶段,严格依据技术规范,确保原材料质量

1. 供应商质量职责不断深化

采用供应商参与的元器件设计选型模式,将以"把关为主"转变为以"预防改进为主",将过去的供应商的以"分工为主"转变为以"协调为主",使用户、柔性输电公司及采购供应商联系成为一个紧密的、有机的整体。

2. 供应商过程管控

不断优化供应商的入围机制,形成"资质审核、现场考察;送样检测、小批量供货;入选合格供方名录、建立质量保证档案;质量、交期、价格因素制定采购决策;供货评价"的五步管理法。

对供应商的考核采用"月度交期、服务、诚信考评,半年度质量考评,年度现场考察"的方式执行;采用警告、约谈、处罚等实质性考核,并纳入供应商评价系统。

3. 核心零部件实施质量监督

(1)针对部分核心元器件,实施技术专责管理机制,全面负责物资设计选型、采购检验、生产过程等全周期质量。

(2)采用驻厂过程监造、关键节点见证等监督措施以确保核心零部件的高品质、高性能。将监造范围扩大至供应商的生产能力、试验能力、工艺执行能力。监造过程延伸至供应商及其关键供应商的设计、生产、试验过程。

(3)对物资的包装和运输管理制定管理规范,对贵重物品安排专人押运,到货检验采用100%比例检查和检验记录备案。

4. 信息化管控

采用条形码和信息系统确保质量追溯数据的贯通以及质量信息的完整性。管控过程包括采购订单执行追踪、物料批次管理、检验过程追踪、质量数据存储统计。

(四)在生产制造和试验测试阶段,工艺精细化,加强生产过程管控

1. 持续提升一线员工质量意识

强调"零缺陷"理念,不断提升员工荣誉感和自豪感,强化一线员工参与重大工程的神圣感。采取日常培训、案例分享、质量竞赛、质量奖惩等多种多样的措施和手段,不断提醒员工质量的重要性;持续培训员工的质量意识,使员工时刻以质量为先,在换流阀产品的生产制作过程中,不放过任何一个质量问题,不错过任何一个质量隐患。

2. 工艺精细化促进产品质量不断提升

将质量建立于生产工艺过程。以工序质量控制为核心,设置质量预控点进行预控,按照模块化生产思路(图5),通过样机试制和生产节拍测试,对产品进行多级工艺分解(图6),并将工序关键质量控制点融入工艺路线,辅以可视化工艺平台和专用工装,实现作业人员操作工艺可视化。

生产制造过程严格遵循工艺规范,换流阀产品生产制作之前,由工艺设计人员组织工艺培训和讲解,生产制造相关人员需全员参与;在生产制造过程中,有工艺设计人员及分管领导进行全过程工艺巡视督查,尤其是样机试制、首台套评审,如发现工艺质量问题,在实施相应的处罚措施督促员工增强责任心的同时,并及时组织再培训、再监督的循环流程,直至所有生产制造人员完全掌握工艺标准和要求。

图 5 换流阀组件装配工艺流程图

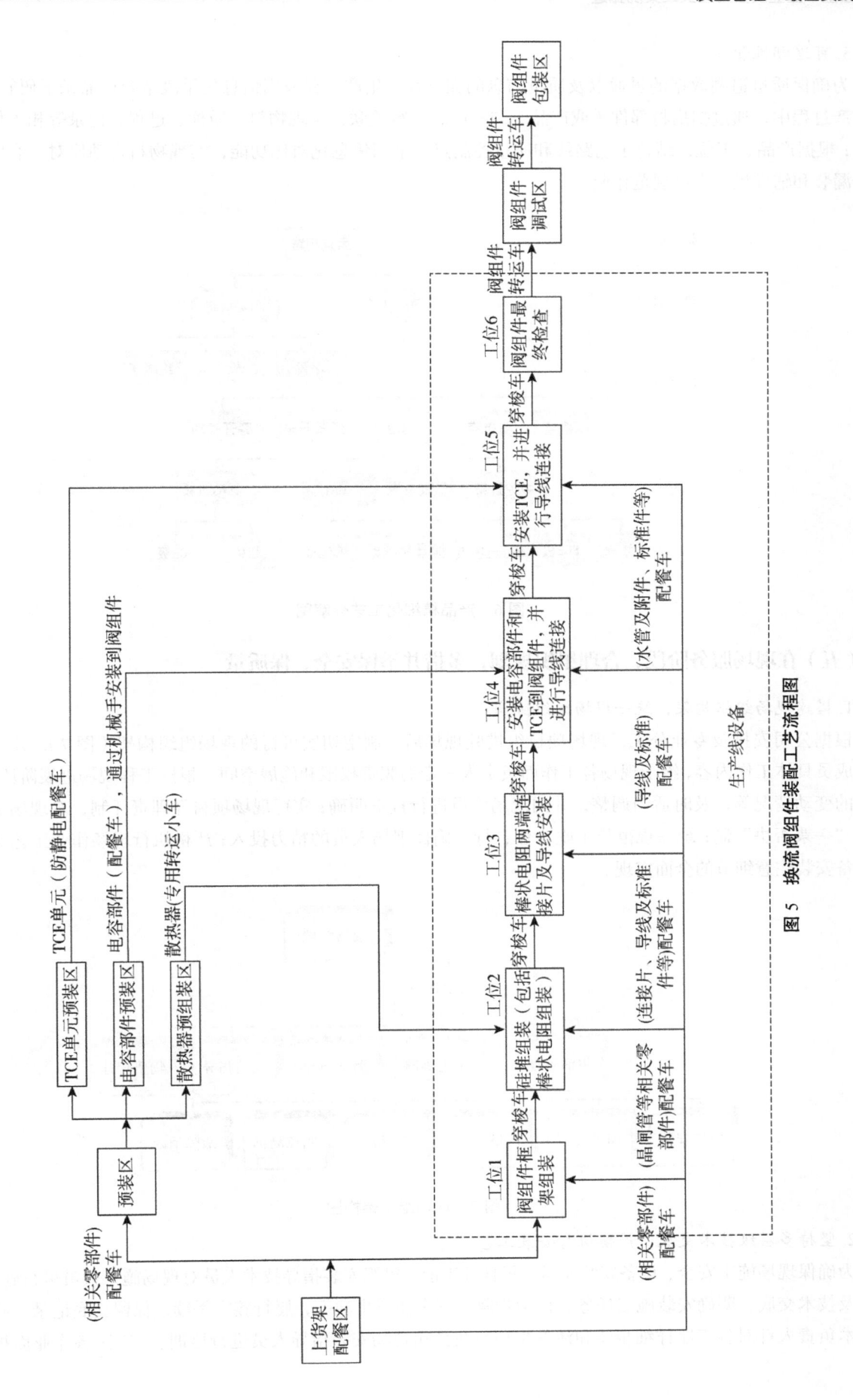

3. 可追溯性管理

为确保质量追溯数据的贯通以及质量信息的完整性，生产过程采用信息化手段结合产品条形码管理方式。在生产过程中，通过扫描将部件（或产品）与其组成物料关联，实现物料、质检、过程、记录等相关信息可追溯性；根据产品、工位，结合工艺路线和质量控制点，采用信息化对比功能，实现物料自动比对，有效防止物料错漏装和辅导操作人员规范作业。

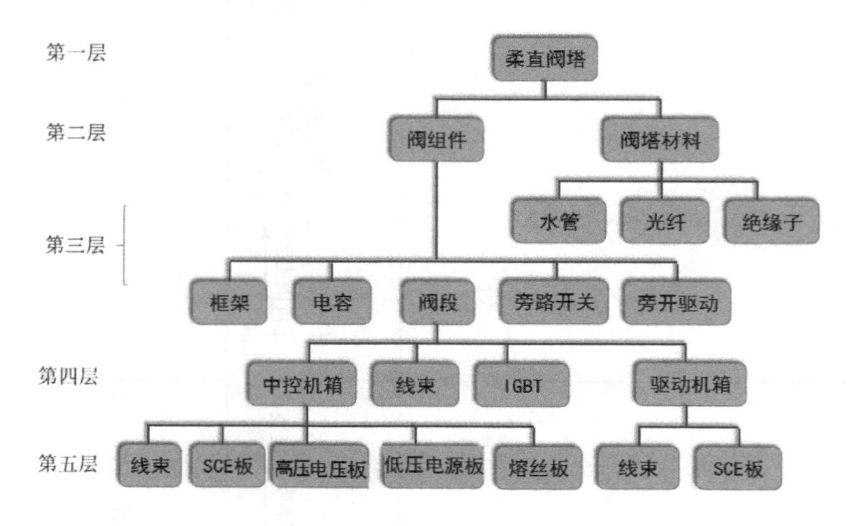

图6 产品精细化工艺分解图

（五）在现场服务阶段，合理组织规划，多措并举保安全、保质量

1. 搭建现场组织构架，统一现场组织协调

根据公司安排及专业分工，现场项目组进驻现场后，制定切实可行的现场组织构架（图7），并明确具体组织成员具体工作内容，给予现场各工作面负责人一定的职责权限和施展空间。根据工程现场进展阶段的不同、成员的变动情况等，及时适当调整，并向现场成员进行宣贯明确；实行现场项目经理责任制，对现场员工考核实现"一票否决"制；统一规范员工吃、住、行，确保现场人员的精力投入；严格执行现场作业工艺文件，确保设备安装注意细节的全面实现。

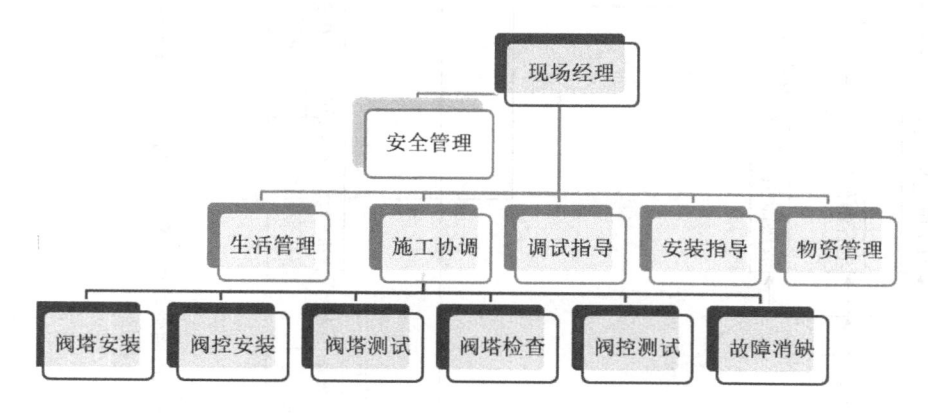

图7 现场组织架构图

2. 坚持多层级技术交底，严格执行安装工艺

为确保现场施工安全、设备安装质量，每日开工前，组织安装指导技术人员对现场施工人员进行施工内容、安全及技术交底，明确安装施工任务、详细步骤、安全注意事项等，履行签字手续，保留交底记录。我公司安装技术负责人针对各工序详细步骤和注意事项对我公司现场安装指导人员进行培训、交底；各作业面指导人员

对作业面施工人员进行的安装施工任务、详细步骤、安全注意事项等交底，并履行签字手续，签字坚持"三不"原则——不知道、不清楚、不签字。

3. 故障缺陷深掘分析，不放过任何潜在隐患

针对安装调试过程中发现的故障缺陷，在完成现场初步分析和处理后，第一时间将缺陷元件邮寄回公司，借助公司试验环境及技术力量进行深层次的故障缺陷原因分析，以确保设备不存在潜在类似隐患。针对现场出现的任何缺陷和问题，均要在第一时间举一反三，排查同类位置是否存在问题、同类元件是否存在问题、同类问题是否发生过，并快速形成全面分析报告。

4. 针对关键施工作业内容实施专项交叉质检

针对换流阀本体安装、本体调试过程中存在的关键施工作业内容，例如光纤连接、水压试验、元件更换、故障消除等可能引起换流阀设备严重缺陷或故障的工作项目，检查阶段现场施行专项交叉质检措施，分别安排不同人员分组进行交叉冗余检查。"冗余"增加了检查工作的可靠性，"交叉"减少了检查工作的主观遗漏情况，以减少人为疏忽和失误带来的质检遗漏问题。

5. 落实三级验收体系，确保验收切实有效

工程现场严格落实三级验收体系（图8），第一级由我公司施工作业面负责人组织，主要由我公司安装技术指导人员及现场施工单位作业面人员组成；第二级由我公司现场负责人组织，主要由我公司现场负责人、各作业面负责人、公司安排的各专业专家组成；第三级由业主建管单位组织，主要由我公司现场负责人、施工单位负责人、监理单位、业主单位、监管单位等。三级验收体系组成人员不同，其验收侧重点也会有所差异，更大可能会发现设备存在的隐藏缺陷、不易发现的问题等。

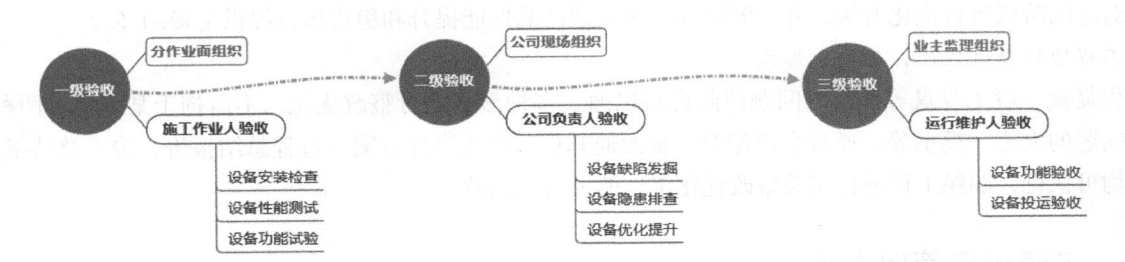

图 8　三级验收体系

6. 邀请专家莅临检查，助力设备质量提升

根据现场进度和条件，主动邀请公司专家抵达现场开展"查问题、找缺陷、定措施、提质量"的安装调试质量专项提升工作。专家主要有公司主管领导、各专业主设人员、各部门专责人员等，涵盖换流阀电气设计、结构设计、控制设计、软件设计、高压试验、工程实施、安全质量等所有专业，从专业角度对现场换流阀设备的安全调试工作进行检查，并提出优化改进建议。

（六）在设备运维阶段，主动跟踪设备状态，提前发现设备隐患

将质量建立于服务过程，施工前对操作者（尤其是相关方）进行详细的技术、质量交底，务必使操作者明确质量要求，必须掌握好技术要点、难点。施工中强化"定标准、查问题、找缺陷、定措施、提质量"的交叉质量监督，严格执行"三检"制度（现场交叉自检、项目部抽检、监理验收）。

1. 通过积极沟通交流，获取设备运行状态

以客户为关注中心，强化售前技术支持和售后技术服务两条主线，以技术促进服务提升，以服务促进技术改进为宗旨，打造直流输电换流阀精品工程。通过积极与驻站值守人员、换流站运行人员沟通联系，及时获取设备的运行状况、运行数据等，并归纳收集形成设备运行记录；通过对设备运行状态和数据的横纵向对比和理论分析，可以提前发现设备可能存在的运行隐患和缺陷，以便在设备问题的进一步发展和扩大之前，及时提出

对策并有效制止。

2. 通过开展运维检修工作，发现设备缺陷隐患

通过驻站实时巡视、运行数据收集分析，掌握设备运行状态，提出针对性的设备运行质量保障意见，积累运维数据。既为后续产品设计质量提升提供参考依据，又在换流阀运维、检修、技改等领域和业主共同提炼运维研究课题，拓展公司业务。

利用直流输电系统每年一度的设备大修、换流站临时停电检修等机会，安排相关专业技术人员进入换流阀设备内部进行检查测试工作，以便于发现设备存在的潜在缺陷或隐患，并能够及时利用停电检修时段处理，避免小的缺陷或隐患逐渐扩大影响，造成整体设备的故障或直流线路的停运。

（七）在总结复盘阶段，找错查缺，为后续工程优化提升打基础

分阶段开展工程总结，固化典型管理和产品设计经验，提炼产品改进项目，开展产品对标并研究同行业产品亮点，为后续项目实施提供宝贵经验。

1. 过程复盘定措施，及时整改

在工程实施过程中的每一个阶段，均由相关责任部门负责过程复盘总结，找出该阶段中存在的问题，并制定整改措施，通过公司层级的会议评审并及时完成整改，确保各阶段换流阀相关产品以高质量高标准顺利实施完成。

2. 竣工复盘定计划，按期优化

针对每一个工程，在竣工后都需进行竣工复盘总结工作，主要针对工程管理和过程实施中存在的亮点和优点，固化典型管理；发现工程管理和过程中存在的不足和确定，提炼改进措施，并作为下一个工程的设计输入，按期在对应的阶段进行优化升级，并不断循环，为工程产品性能提升和稳定运行提供宝贵的经验。

3. 工程项目整改优化，不拘于形式

过程复盘、竣工复盘等涉及的问题或隐患可以通过多种形式进行整改优化，不需拘于某一种、两种形式，可根据问题的大小、类型等，通过会议纪要、整改通知单、优化设计方案、过程总结报告、竣工总结报告等任一形式均可执行，确保工程项目相关整改优化工作的灵活、高效。

四、工程质量管理成效

截至目前，已供货并投运的直流输电工程换流阀设备一次性验收通过率达100%、一次性上电成功率达100%。

2022年12月，白江工程、白浙工程供货的换流阀设备"零缺陷"顺利完成系统调试工作，并投入商业运行，也再次巩固了许继在特高压直流输电领域的领先地位。

2022年9月，巴基斯坦±660kV默拉工程投入商业运营一周年，公司供货的换流阀设备保持安全稳定运行365天，可用率达99.84%。

2022年11月，土耳其凡城背靠背联网工程顺利完成28天试运行，正式投运，为"一带一路"建设再添硕果。

五、结语

质量的持续改进是柔性输电公司质量工作永恒的主题。随着对换流阀产品认识的不断加深，柔性输电公司将通过纠正、预防等一系列的质量改进措施，改进组织的管理有效性，改进过程能力，完善质量管理体系，最终提高产品质量，增强用户的满意度，达到提高企业竞争力的目的。

主要创造人：马　莉

参与创造人：王晓民、刘　堃、董朝阳

基于数字孪生的特种车辆生产线仿真与在线监控技术

北京北方车辆集团有限公司

一、案例背景

北京北方车辆集团有限公司（以下简称北方车辆）隶属于中国兵器工业集团公司，是国家重点保军单位，国家装甲车辆研制、生产骨干企业。始终秉承"强国利民、诚信兴业"的宗旨，牢记核心使命，为国防现代化建设和国家经济建设做出了重要贡献，荣获国家科技进步奖一等奖等多项奖励和荣誉，被中共中央组织部、人力资源和社会保障部、工信部、总政治部、总装备部等五部委联合授予"高新技术武器装备发展建设工程突出贡献奖"荣誉称号。

质量不仅关系到军工企业的生存和发展，更关乎国家利益和民族安危。随着特种车辆需求的增多，以及顾客对产品的质量要求越发严格，企业在提升数字化建设总的规划下，围绕特种车辆核心部件生产的质量与效率，开展了管理提升工作。针对复杂产品冷加工生产线建设领域，构建了基于数字孪生的特种车辆生产线仿真和在线监控技术的质量控制模式，确保军工产品质量的稳定，持续提高军工产品的质量水平；结合"中国制造2025"以及兵器工业"十三五"规划要求，提高自动化、智能化生产水平，提升企业制造能力，努力打造兵器制造窗口；企业利用质量技术与质量工具，打造数字孪生产线，实现数字化管理，显著提高基础管理水平，从而解决特种车辆复杂产品的质量问题。

二、案例内容

（一）项目规划情况

本项目构建了基于数字孪生的特种车辆生产线仿真和在线监控技术的质量控制模式（图1），运用QFD、AHP、TRIZ方法，进行特种车辆生产线建设需求分析；构建了"五维三步质量仿真控制法"，将物理生产线建设及运行中可能遇见的故障，在构件的虚拟生产线中解决（图2）；构建"全过程加工变量在线监控法"，实时检测并及时调整基准、刀具、机床、人员、温度等变量引起的加工和测量误差；最终实现产品质量终检及溯源，产线整体过程能力指数达到优等。

（二）项目总体设计情况

运用QFD、AHP、TRIZ方法，构建数字化孪生的特种车辆生产线。运用"质量功能展开"将企业对产品的需求进行多层次的演绎分析，转化为产品的质量要求、工艺要求、生产要求，从顶层设计指导生产线的建设和质量保证；针对多层次的指标运用"层次分析法"对生产线建设需求度进行权重值的计算与排序，完成总体方案的设计决策；运用"发明问题解决理论"对生产线进行全面分析并且识别出关键问题，并将关键问题转化为发明理论、通用技术中的问题模型，运用冲突矩阵找出解决方案；再权衡技术实施的难易程度、制造成本、交付时间需求及投资成本的限制等因素，筛选出最佳解决方案；充分利用物理模型、传感器更新、运行历史等数据，集成多学科、多物理量、多尺度、多概率的仿真过程，在虚拟生产线中完成映射，从而反映相对应的物理生产线全生命周期过程。

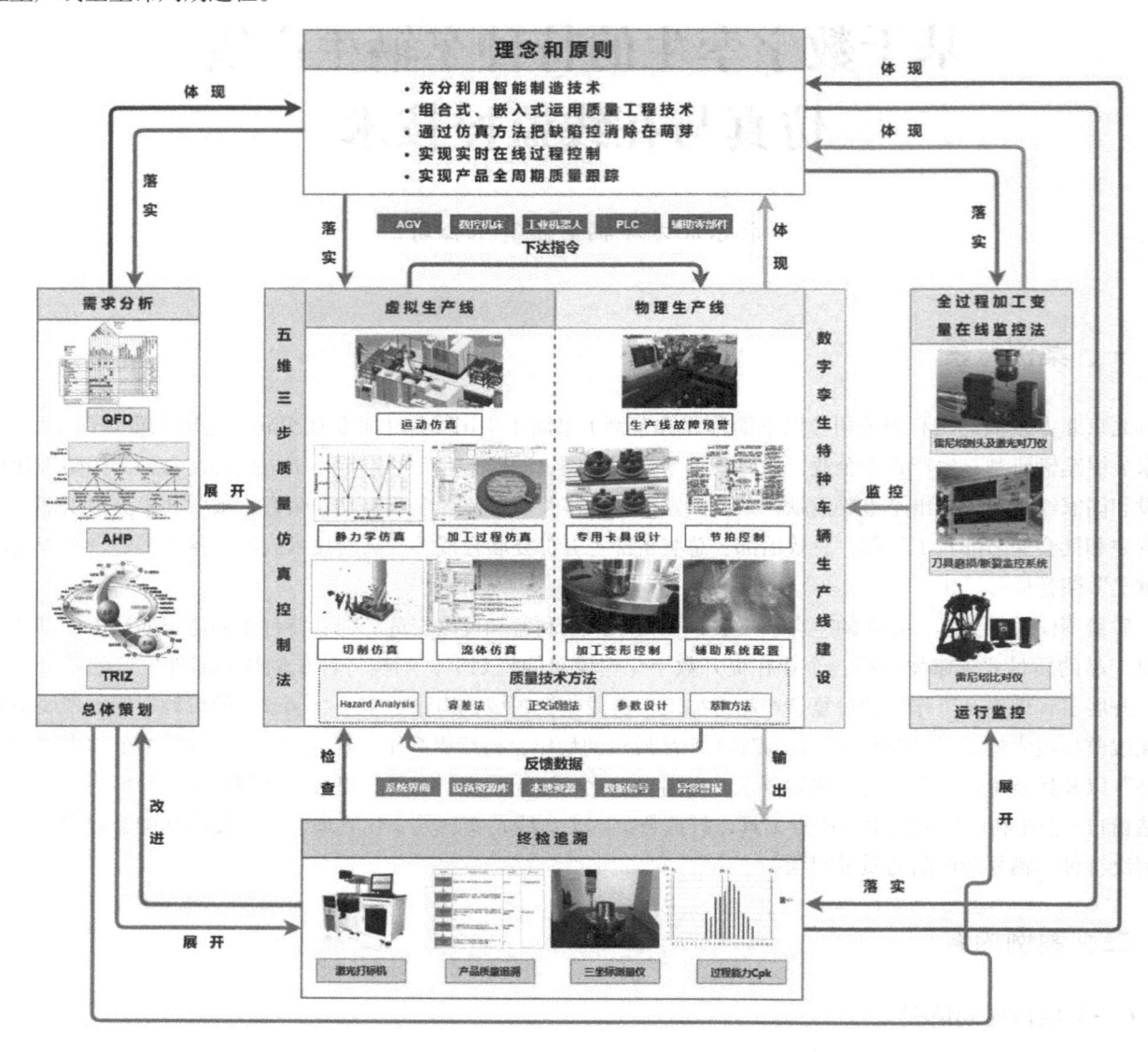

图1 基于数字孪生的特种车辆生产线仿真和在线监控技术的质量控制模式

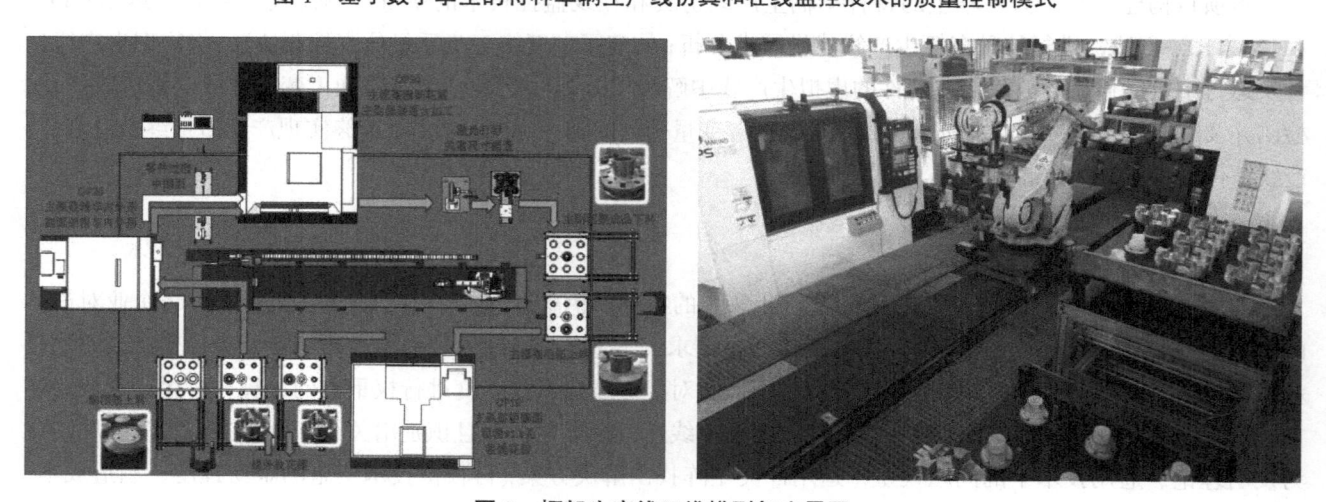

图2 框架生产线三维模型与实景图

图 3 所示为框架生产线质量屋。

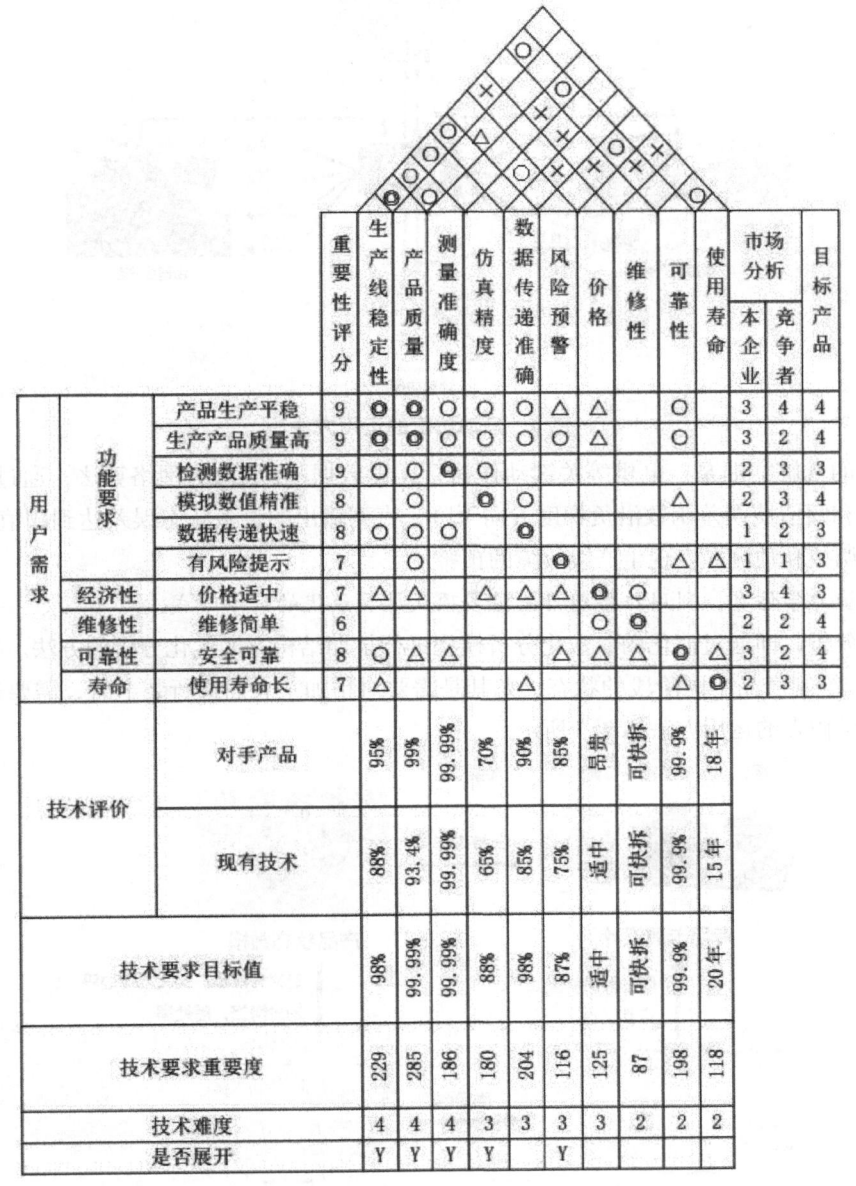

		重要性评分	生产线稳定性	产品质量	测量准确度	仿真精度	数据传递准确	风险预警	价格	维修性	可靠性	使用寿命	市场分析 本企业	市场分析 竞争者	目标产品
用户需求	功能要求	产品生产平稳	9	◎	◎	○	△	△				○	3	4	4
		生产产品质量高	9	◎	◎	○		△				△	3	2	4
		检测数据准确	9	○	○	◎	○						2	3	3
		模拟数值精准	8	○		○	◎					△	2	3	4
		数据传递快速	8	○	○	○		◎					1	2	3
		有风险提示	7	○				○	◎		△	△	1	1	3
	经济性	价格适中	7	△	△	△	△		○	◎			3	4	3
	维修性	维修简单	6							○	◎		2	2	4
	可靠性	安全可靠	8	○	△	△		△	△		◎	△	2	4	4
	寿命	使用寿命长	7	△			△				△	◎	2	3	3
技术评价		对手产品		95%	99%	99.99%	70%	90%	85%	昂贵	可快拆	99.9%	18年			
		现有技术		88%	93.4%	99.99%	65%	85%	75%	适中	可快拆	99.9%	15年			
		技术要求目标值		98%	99.99%	99.99%	88%	98%	87%	适中	可快拆	99.9%	20年			
		技术要求重要度		229	285	186	180	204	116	125	87	198	118			
		技术难度		4	4	4	3	3	3	2	2	2	2			
		是否展开		Y	Y	Y	Y		Y							

图 3　框架生产线质量屋

（三）项目开发过程情况

1. 构建虚拟生产线运动仿真，利用数据协同交互功能，实现对设备数据的实时管控，使用神经网络算法建模，实现对故障的精确预警

特种车辆核心零件自动化生产线由两台立式加工中心、一台数控车床、一台机器人、一台对比仪、一台打标机、两条上下料道、上位机等设备组成，能实现主副框架产品的组合加工。生产线配置了齐全的硬件与软件、网络接口，具备与数字化车间主控网络系统联网条件，能实现加工程序、加工信息、设备状态信息的相互实时传递。

（1）通过建立虚拟生产线，运用数字孪生技术，可以对物理生产线的实时状态进行直观的了解；根据运动仿真出现的问题，如干涉、碰撞等，可以精准到模块、零件，调整设备布局、动作控制程序；依托于实时数据采集、存储、传输、管理技术，通过 MES、ERP 和设备 PLC 数据采集接口，实现数据的统筹管理并与数字可视化大屏系统数据交互，保证大屏系统能够快速完整地接收到现场设备的实时数据。运动仿真的运用方法如图 4 所示。

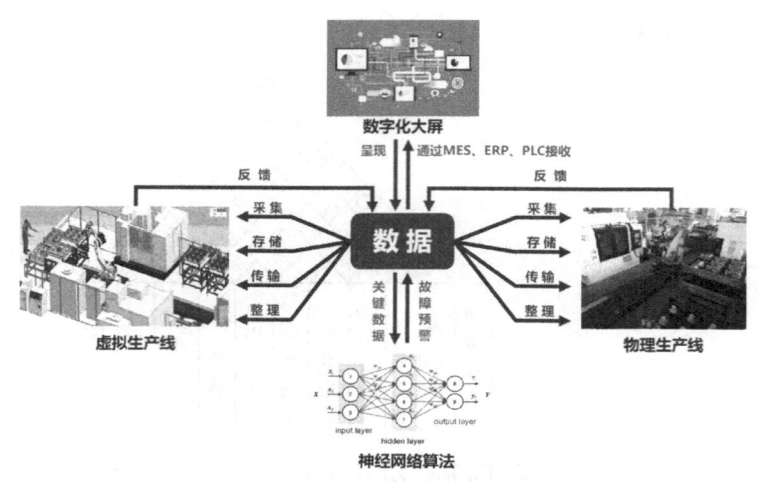

图 4　运动仿真的运用方法

（2）针对收集的气缸、油泵、电机等关键动作执行元件数据，运用 BP 网络算法，通过样本数据的训练，不断修正网络权值和阈值使误差函数沿负梯度方向下降，直到输出的设备状态误差达到阈值输出；并以此为依据对设备状态进行调控和预测，实现生产线故障的预警。

2. 对产品进行静力学仿真，利用拉格朗日差值多项式计算最优的装卡方式

静力学有限元分析，即通过简化的参数化分析模型进行早期结构方案优化分析的方法。根据初步设计的专用卡具 CAD 模型，绘制产品不同阶段的状态，尤其是需要对精加工表面进行装卡时，需要进一步验证装卡方式的可靠性。静力学仿真的运用方法如图 5 所示。

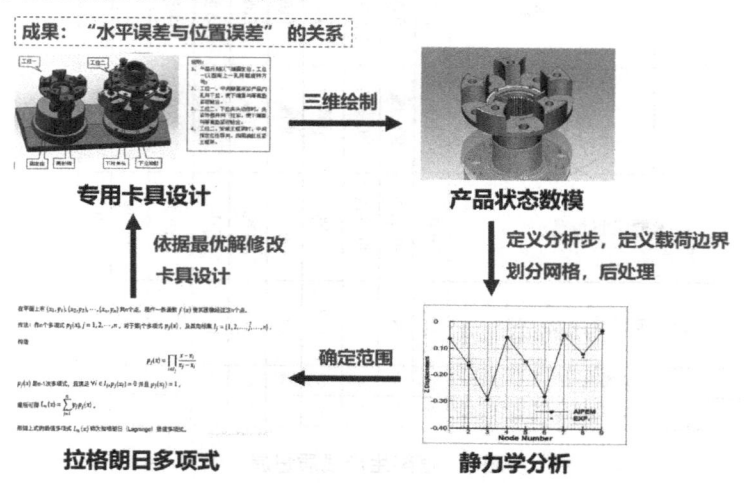

图 5　静力学仿真的运用方法

本项目使用 ABAQUS 有限元软件，经过数模导入、定义分析步、定义载荷边界、划分网格、后处理步骤，对产品装卡变形进行模拟仿真。通过优化分析，以提高产品装卡牢固程度抵消切削力的作用、降低产品装卡受力变形为目标，确定出最理想的夹装方式及夹紧力区间。

由于静力学仿真时间成本较高，因此在试验数个参数并进行迭代计算后，另采用拉格朗日差值法，用函数表示装卡位置、力度、变形之间的规律，并利用已仿真的数个观测值逼近最优解。经过 PDCA 循环最终体现在专用卡具设计上，如装卡方式、卡紧位置、油缸力度、电机速度、压板形状等，得出了"水平误差与位置度误差"的关系，减少了产品装卡变形。

3. 通过加工过程仿真技术评估工序能力，运用容差设计平衡节拍，使得质量和成本综合起来达到最佳经济效益

在编制数控程序时，一个简单的错误就可能损坏零件、刀具、机床，甚至伤害机床操作人员。本项目在产品实际加工之前，建立工件、刀具、机床的实体模型，运用计算机辅助制造，确定切削轨迹，并运用

VERICUT 软件进行加工过程仿真，加工过程仿真的运用方法如图 6 所示。

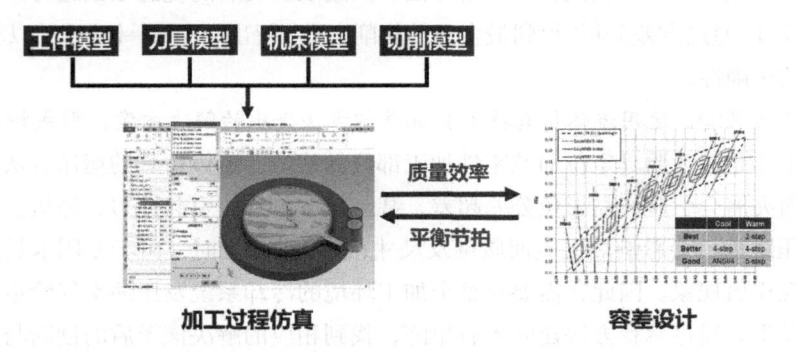

图 6　加工过程仿真的运用方法

在刀具路径仿真中，检查一些不适当的刀具轨径，并评估工艺参数。例如，过大的切削深度会产生震颤、毁坏工件和刀具，过高的进给率会导致难以接受的表面粗糙度等。在虚拟加工里检测到一次碰撞，就能够避免一次真实的碰撞。

另外，加工过程仿真还能提供各工序准确的加工时间，便于计算各工序、工位的节拍。产品在生产线上自动加工时，工艺的安排需均匀各个工位的节拍，以保证生产线整体的连续性。但在减少装卡次数、提高装卡精度、保证产品质量的同时均匀生产节拍、机械手的节拍、缩短加工周期，对工艺的安排要求非常苛刻。

因此，需要运用容差设计对影响产品输出特性的诸因素进行考察，通过分析找出关键因素，逐个改变其精度，并计算损失函数，分析、权衡质量收益，从而确定使产品寿命周期成本最低的零部件容差；并不断重复加工过程仿真，在保证工序能力的前提下，平衡各工位的节拍，使得质量和成本综合起来达到最佳经济效益。

4. 对关键工序进行切削仿真，并进行正交试验，通过望目特性的参数设计获得最佳切削参数

不同的材料特性会导致产品加工过程的切削力、切削温度以及切削变形不同，从而影响位置度、同轴度、圆柱度等。在加工精密部件的关键尺寸时，选择合理的切削参数尤为关键。切削仿真的运用方法如图 7 所示。

针对特种车辆某关键零件自动化加工时，为了优化其切削参数，结合镗孔工序加工要求和工艺特点，依据经验公式开发了切削数据估算软件，为切削仿真提供了准确的设置参数；应用 Deform-3D 有限元软件，完成了该产品镗削、铣削等过程的切削仿真，获得了材料的应力应变分布、切削力切削变形曲线和工件温度场分布及变化曲线。

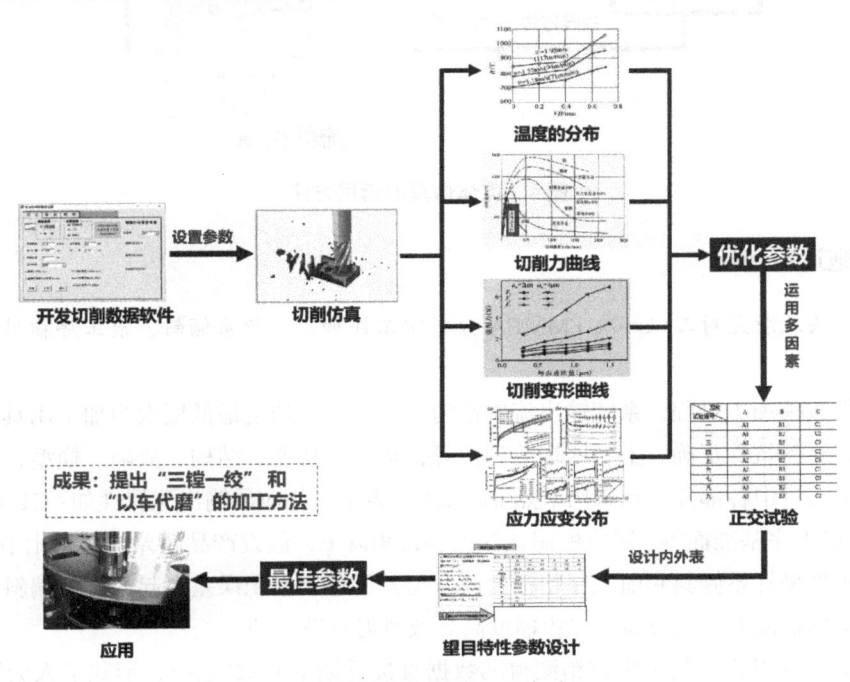

图 7　切削仿真的运用方法

在实际试生产中，运用多因素正交试验的分析方法，只选取仿真后的优选参数进行少量试验，设计内外表进行望目特性的参数设计，通过方差分析，得到最合理的切削参数；提出"三镗一铰"和"以车代磨"的加工方法，反向验证了仿真结果的正确性。

5.通过危害分析评估风险，运用流体仿真技术验证萃智方法提出的解决方案，形成特色操作法

流体仿真的应用主要是保障胎具定位面及零件加工部位的清洁。流体仿真的运用方法如图8所示。通过危害分析可以知道定位面夹屑会引起产品形位公差超差，甚至摆放不到位引起撞刀、撞机。零件加工部位积屑时精加工刀具随切屑挤压跳动，会影响加工表面质量及尺寸；在自动加工时，由于专用卡具的特殊化设计和人工调整的欠缺，容易出现积屑现象。因此，需要对整个加工环境的冷却系统及压缩空气管道进行流体仿真，最大限度避免积屑情况的发生。通过萃智方法建立矛盾矩阵，找到相应的解决该矛盾的创新与案例，提出了"运用毛刷清理花瓣槽"积屑清理方法，运用冷风流射技术加工"平直碎屑"方法，在流体仿真中加以验证并成功应用于物理生产线。

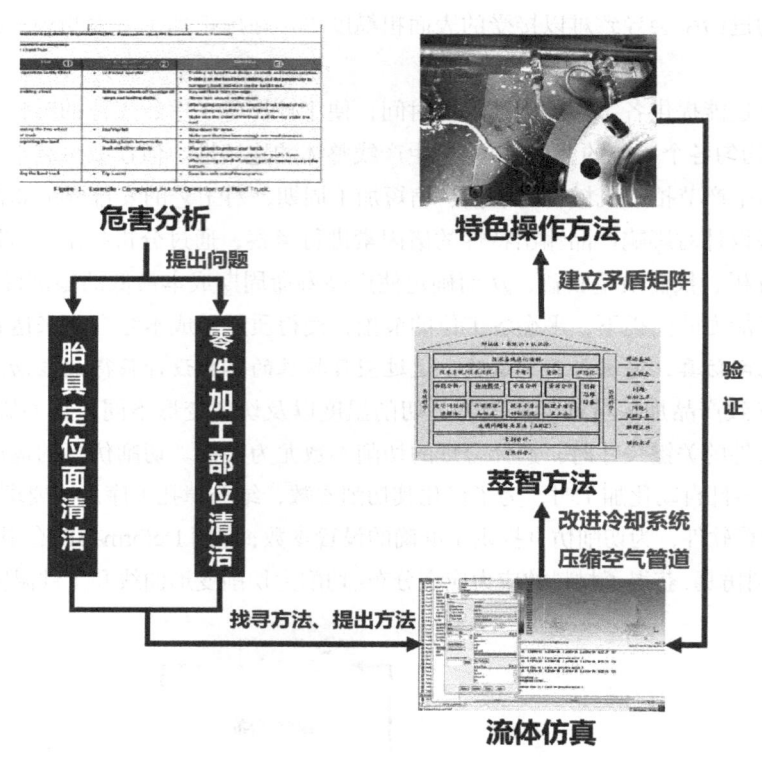

图8 流体仿真的运用方法

（四）项目实施运行情况

1.运用雷尼绍测头及激光对刀仪解决FMMEA分析中工件加工坐标系倾斜、前工序粗糙度高、基准难找的问题

分析层次为工件数控加工过程，系统输出流属性为产品尺寸，选定最低层次为加工用具。假设系统输入流正常，即毛坯规范、材料特性正确、上料区摆放到位等，依照"功能、结构、故障"模型，以各加工用具输出流属性为节点，加工过程中各部分分别采用节点 n_1、n_2… 表示，相应的输出流属性如：C1 为机械手、C2 为机械手定位、C3 为上道工序基准面等；制作模糊认知图邻接矩阵 E，假设产品超差时，得出节点向量；最终确定超差的主要原因是工件坐标系倾斜和前工序粗糙度高，超差机理为累积误差引起的工件偏斜无法由胎具定位装置找正引起的工件坐标系偏差，以及前工序粗糙度高导致对刀基准跳动。

雷尼绍测头的运用可以将工装主定位销测得的数据直接反馈给 CNC 系统，消除了人为误差对测量结果的

影响,提高了测量准确性。即使后工序的加工是以前工序加工内容为基准进行,也可使用雷尼绍测头对前道工序加工孔或轴的中心位置进行标定校正,消除前工序加工孔或轴的位置尺寸误差对后工序加工内容的影响;还可利用平面度测量功能,实现测头的自动校正功能,尽量降低已加工平面的加工质量对后续加工内容的质量影响。雷尼绍测头及激光对刀仪的运用方法如图9所示。

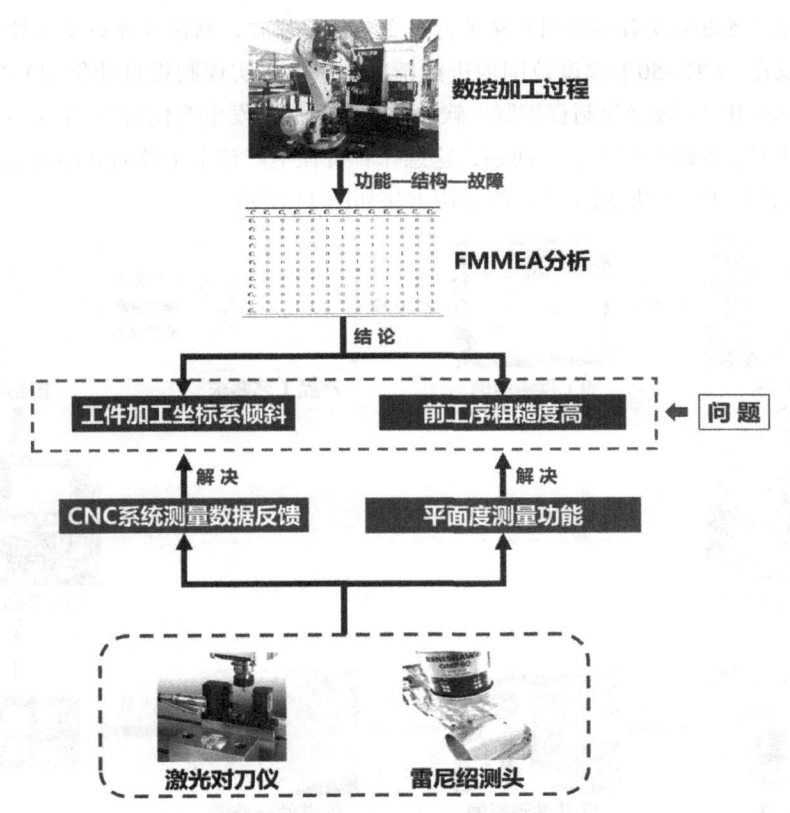

图9 雷尼绍测头及激光对刀仪的运用方法

刀具磨损/断裂监控系统能够实时记录刀具、砂轮磨损过程中的功率、负载、振动等信号变化,据此确定最优化的换刀时间,并同时用于评价刀具当前的工况性能。生产过程中为保证工件加工质量,通常选择保守使用刀具,无法最大化地利用刀具,造成浪费。刀具磨损/断裂监控系统通过刀具加工工件所产生的信号变化,来判断当前刀具状态,延长刀具寿命、节省成本。通过设置刀具的磨损极限,实时监测刀具的磨损状态。当刀具的磨损到达极限时,及时给出换刀信号,避免因为刀具提前失效而导致的零件批量性缺陷。刀具磨损/断裂监控系统的运用方法如图10所示。

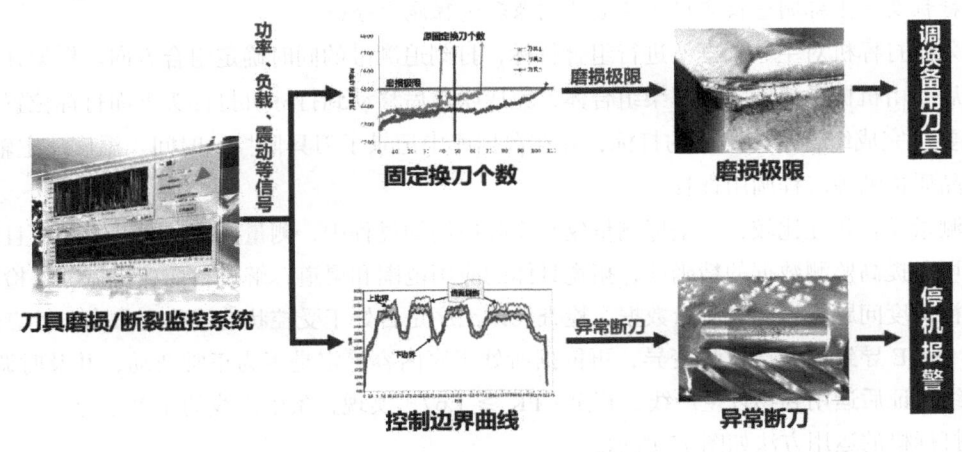

图10 刀具磨损/断裂监控系统的运用方法

2. 运用刀具磨损/断裂监控系统，实现加工信号在控制边界线外的异常处置

刀具磨损/断裂监控系统是针对加工过程中刀具断裂等异常工况进行判断及报警的智能监控系统。该系统通过学习正常的加工过程，自动生成控制边界曲线，当刀具发生断裂时，系统会及时发出报警信号，避免机床撞伤，保护断刀后的后续加工刀具，降低废品率。

3. 运用雷尼绍比对仪规避温度引起的测量误差，并自动调整刀补，确保零件公差在控制图制定范围

雷尼绍比对仪可以在 −5℃~50℃温度范围内进行精准测量，可实现制程自动化的 EZ-IO 软件，以及用于在数控机床上更新刀补的 IPC（智能化制程控制）软件。当车间温度发生变化时，如早上气温低、午后气温升高，雷尼绍比对仪可以通过重新校准来解决这一问题，这意味着可在生产首个工件后立即开始进行精确的测量，而不会受到环境温度变化的影响。雷尼绍比对仪的运用方法如图 11 所示。

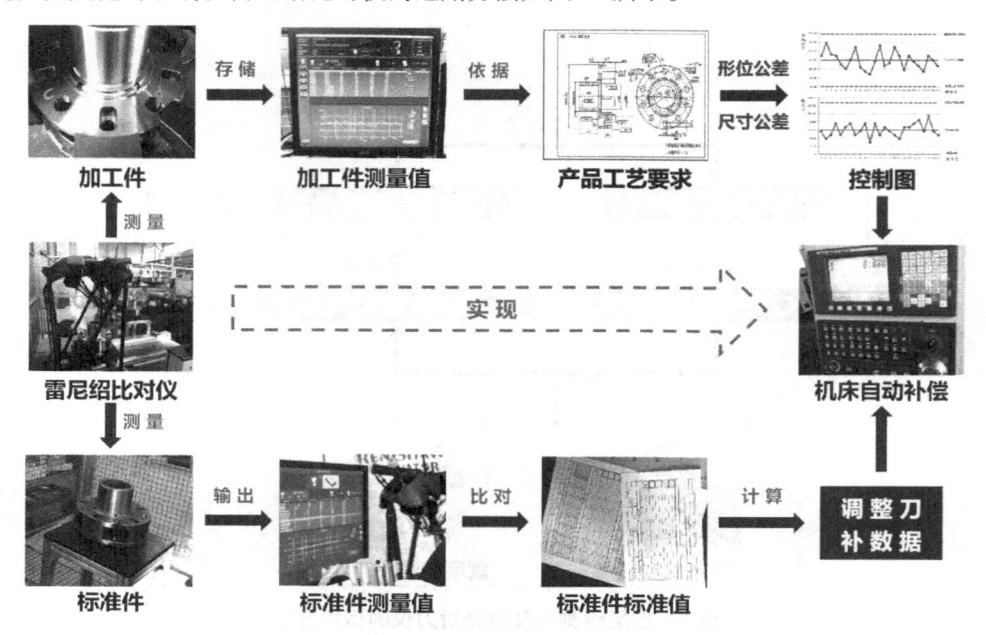

图 11 比对仪的运用方法

操作员通过查看 Equator 比对仪的进程监控屏幕，上面列出正在测量的所有特征。特征名称旁边有一个小长条，当每个特征的尺寸或位置开始漂移时，它将从绿色变为琥珀色，最后变为红色。智能机床可以自动识别对应每个特征的加工刀具，不定时调整制程，确保零件重新回到公差控制图制定的范围内。在自动化集成的同时，可以节省人工以及降低换型带来的操作烦琐性，进行并线检测，将刀补等信息直接反馈给机床，提升产品制造的高度稳定性，提高检测质量，从而降低综合成本，提升竞争力。

4. 运用打标机及三坐标测量仪实现产品质量溯源和过程能力分析

打标工位采用打标机对主、副框架进行组合打标，打刻追溯号的同时确定组合方向。框架在第三工位机床完成组合加工后，由机械手抓取主副框架组合体，完成吹水后移动到打标机打标头下面打标位置，然后打标机启动。按工艺要求完成组合唯一编码的打标，并在数据库中记录了刀具监控、时间、温度、主轴功率等数据，将来可通过产品质量溯源流程调用查看。

与传统的测量设备相互比较，三坐标测量仪在实际应用的过程中，测量操作的时间很短，且测量应用的工作效率很高，可以提高监测数据的精确度，拓宽具体的应用范围和渠道，解决目前在机械零件检验过程中出现的技术问题和精确度问题等。通过测量数据，检查关键工序是否处于受控状态或稳定状态，计算过程能力指数 CPK。若产生 5M1E 导致的生产过程变异，再依据所处工序内容确定是否为正常波动，并及时调整加工方案，经过虚拟生产线验证后运用到物理生产线，直至 CPK ≥ 1.67，实现整条生产线的完美运行。

三坐标及打标机的运用方法如图 12 所示。

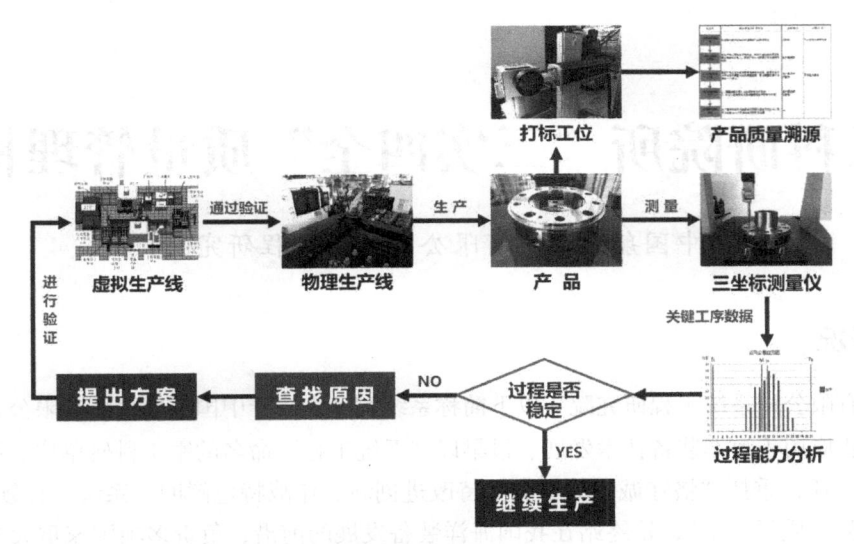

图 12　三坐标及打标机的运用方法

三、案例效果

通过智能生产线建设，从生产效率、人力资源、制造成本等方面一举突破了传统生产模式的瓶颈，为进一步改革深化创造了条件，打开了由传统企业向工业4.0升级的广阔空间。自动化与信息化所组成的两化目标引领，已成为北方车辆深化技术改革、生产转型两化升级的行动指南，是高效优质地完成军品保障任务的新思考、新举措和新方法。

北方车辆将全价值链全要素深度潜力挖掘作为成长目标，把进一步实现生产过程的两化作为改革主要方法，在改革创新领域做到敢为人先，敢于付出，持续提升企业核心竞争能力，在国际激烈的竞争市场环境下，占优势，争胜势，取胜果，为企业健康可持续发展奠定基础。

特种车辆生产线的建立，将这种数字孪生运维管理方法推广到行业内同类型、高精度、大批量的军工产品，推动行业内相关企业的快速升级。同时，在这个过程中对所涉及的所有流程、数据及知识进行梳理和管理，对相关的制度、信息化技术等进行全面调整，对行业内智能化建设具有重大的参考价值。

四、经验总结

本项目通过大量的资料审阅与实践，充分利用智能制造技术，将智能装备、传感器、过程控制、智能物流、制造执行系统、信息物理系统等组成了人机一体化系统。在信息化平台内建立虚拟生产线，通过集成物理反馈数据，辅以人工智能、机器学习和软件分析，借助于数字孪生技术进行仿真验证，在信息化平台上了解物理实体的状态，通过预定义的接口元件对物理生产线进行控制。

本项目通过研究组合式、嵌入式运用质量工程技术，将加工仿真和离线编程技术应用于加工中心，根据机床、夹具、工件和刀具的实际尺寸建模并进行加工仿真，进行刀具与工件的干涉碰撞分析，较大程度地缩短了程序调试时间。通过ID编码对刀具集中管理，系统自动识别刀具所在的位置；通过对刀具信息及使用状况的管理，实现刀具寿命的精准预测，从而能够及时更换刀具，避免产生不合格品；同时对生产、设备、质量的异常做出正确的判断和处置，通过预防把缺陷消除在萌芽当中；采用雷尼绍测头及激光对刀仪、雷尼绍比对仪和吉兰丁在线检测软件，构成生产线在线监控系统，在提高生产效率、节省检测费用的同时，极大提高了产品生产合格率。

主要创造人：李瑞峰
参与创造人：徐欣培、张国振、宁梓茜、陈红兵

军工科研院所"三实四全"质量管理模式

中国船舶集团有限公司系统工程研究院

一、企业概况

中国船舶集团有限公司系统工程研究院(以下简称系统院)隶属于中国船舶集团有限公司,是我国最早将系统工程理论和方法应用于海军装备技术发展、最早以"系统工程"命名的军工科研单位。系统院以建设强大海军、服务国家为己任,秉持"恪守诚信为本、坚持改进创新、作战特色鲜明、系统工程领先"的质量方针,始终坚持"军工产品,质量至上",始终站在我国海洋装备发展的前沿,负责多项国家重大专项工程任务,在多领域多系统的设备研制和科研手段建设方面取得了多项突破,经过五十余年的发展,已成为覆盖"体系研究和顶层规划、系统综合集成、系统核心设备研制"三个层次的骨干军工科研单位。两次被中共中央、国务院、中央军委授予"某技术武器装备发展建设工程重大贡献奖",被国务院、中央军委联合授予"某工程建设重大贡献奖"等,牵头研制的某系统作为船舶行业代表接受了新中国成立70周年阅兵检阅。

截至目前,系统院共有员工1095人,"双聘院士"1人、"外聘院士"2人;集团公司首席专家5名、学科带头人3名;具有正高级职称人员195人,占18%,副高级职称人员275人,占25%。共获得科技进步奖491项,其中国家级奖项28项、省部级奖项264项;获得授权专利1357项,申请专利3419件,软件著作权登记862件;获得国防科技工业企业管理创新成果一等奖5项、二等奖4项、三等奖1项;全国企业管理现代化成果二等奖1项;连续多年被集团公司授予"专利申请先进单位""授权发明专利先进单位"荣誉称号。2021年在集团公司经营业绩考核中名列科研院所第一,获得集团公司经济效益突出贡献一等奖和经营承接突出贡献二等奖。

二、质量管理模式内涵

(一)模式概述

系统院以装发新时代质量管理体系方法指南为指导,统筹集团公司《舰船精细化质量管理要求》,严格执行GJB 9001C《质量管理体系要求》和GJB 5000B《军用软件能力成熟度模型》,建立了以部队用装需求为牵引,以军工特色质量文化为导向,以科研生产主价值链为主线,融合各职能管理要素,以质量专业技术和信息化手段为支撑,以不懈追求顾客满意为目标的"贴近实战、付诸实干、追求实效,全寿期、全流程、全要素、全角色'三实、四全'质量管理模式",如图1所示。

(二)具体内涵

1. 贴近实战

以新时期部队迫切用装需求为牵引,紧密对接装备机关、一线部队和总装船厂等相关方,应用需求管理标准方法,从质量文化、技术引领、研制模式等方面,注重实战需求双向追踪反馈,在研在制装备全寿期致力于能打仗、打胜仗。

2. 付诸实干

以全寿期覆盖、全流程管控、全要素融合、全角色参与为质量保证手段,以科研生产为主线,运用新时代装备建设质量体系过程方法,覆盖先期技术开发、论证立项、工程研制、列装定型、装备生产、售后服务、维修等各研制阶段,建立全寿期质量管控视图;"前伸"作战需求管理,"做厚"研制生产过程,"后延"装备服务保障,以质量专业技术和信息化手段为支撑,固化全流程精益研发模式;明确各类、各级人员岗位职责,基于全员参与，实现质量、项目、采购、财务等全管理要素要求融合，推动职能型管理向流程型管理转变。

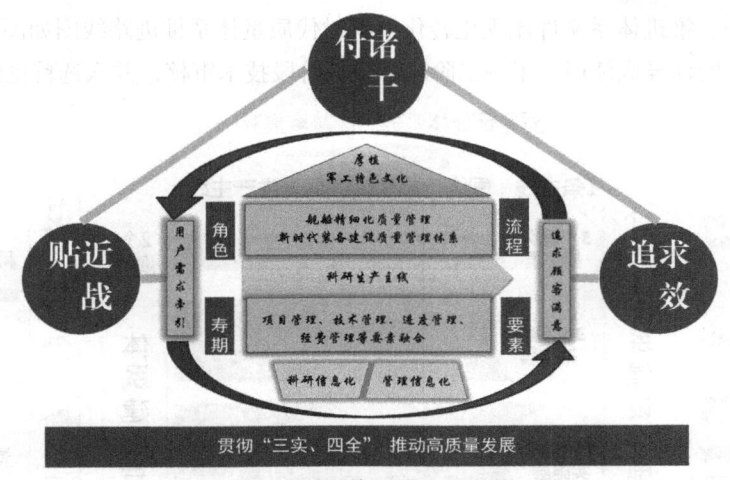

图 1 质量管理模式示意图

3. 追求实效

以交付战斗力、助力打仗打赢、提升顾客满意为目标，注重组织知识积累运用，推进质量体系运行精细有效，保障交付装备质量过硬，树立军工精品品牌，追求质量体系运行效率效益。

三、质量模式实践经验

（一）发挥质量文化引领作用，建立需求管理标准过程

1. 迭代升级质量文化体系，赋予新时代新内涵

结合当前国内形势和自身发展实际，从质量战略、质量方针、质量理念等方面赋予其新的内涵，形成全员共鸣，发挥导向作用。其中，将质量强院作为院质量战略，调整院质量方针为"恪守诚信为本、坚持改进创新、作战特色鲜明、系统工程领先"，确立质量制胜为质量理念、有质量有底气为院质量价值观、真心良心匠心为院质量道德观，以及心系战场、工于集成、严慎细实、动真碰硬为质量行为准则。

组织各级人员根据业务特点，结合岗位职责和工作实际深入思考质量工作、谈认识，院长、书记等领导带头录制"讲质量"短视频。行业总师和广大员工积极参与"讲质量"活动，分享经验、交流心得，逐步形成全员学质量、讲质量、扎实干质量的良好态势。

2. 责任追究和质量激励并举，亮明质量追求

召开质量管理委员会扩大会议，针对历年质量问题案例，建立质量问题信息库，进行反面警示；发布《产品质量问题调查和责任追究实施细则》，细化强化对质量问题的分类和考核要求，严格责任追究，夯实质量责任。发布《质量激励办法》，聚焦交付装备质量，开展质量信得过产品奖评选，总结优秀质量管理经验，树立质量标杆，激发全员学习热情，发挥正向引导作用。

3. 建立需求跟踪矩阵，确保顾客需求落实落地

通过设计输入、输出关系对照，维护全寿期顾客需求到产品/部件需求、到设计开发、到生产实现、到试验验证的可追溯关系，确保需求得到分解落实和充分验证；建立季度军地联合检查和质量形势分析会议机制，及时开展顾客需求和产品实现过程问题的双向跟踪。

（二）围绕价值创造主线，实施基于流程的要素融合质量管控

1. 依据装发新体系建设方案，应用系统工程方法重塑质量体系架构

严格按照装发新时代质量体系实施指南6阶段22步骤标准方法，结合自身业务实际，构建3层架构、22

个流程域、93个流程组、597个末级流程的流程架构，基于信息化手段编制各流程参与角色、工作内容、工作依据和输入输出流程地图，推进体系文件流程化转化。新时代质量体系推进路线图如图2所示。该项目分别以华北片区第三名和第一名的优异成绩通过了一二阶段和三四阶段技术审核，并入选首批优秀实践案例。

图2 新时代质量体系推进路线图

2. 着眼实施效果，深入推进GJB 5000B软件过程改进工作

系统院作为三级认证单位深度参与B版标准试点验证，重点围绕强化软件全寿命管理、强化组织能力提升、强化工程实践、强化管理实效四个方面，对52份体系文件进行了换版修订，对QA检查单及同行评审检查单进行了优化改进，发布基于GJB 5000B标准的软件管理体系V5.0，高标准通过换版审查。

3. 构建精益研发流程体系，加强需求管理和产品正向设计

从系统集成业务特色出发，开展精益研发体系专项工程建设，策划并发布500余个工作包，识别系统研制过程58个控制点实施精细监控，设计三级质量检查表，对阶段、科研活动和产品逐级实施过程质量管控；开展基于模型的系统工程（MBSE）专项工作，选取8个典型产品试点推进，将MBSE与项目管理、质量管理等深度融合，伴随型号研制进度同步开展基于模型的正向设计、利益相关方需求追踪、分系统模型设计规范研究和系统架构与能力验证等工作，落实需求牵引设计、设计保证质量。精益研发平台业务逻辑框架示意图如图3所示。

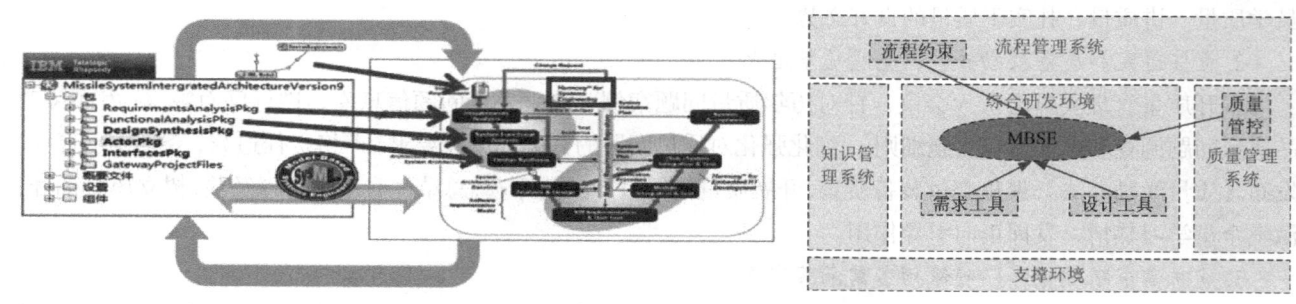

图3 精益研发平台业务逻辑框架示意图

4. 以业务流程为主线，实现业财融合管理

融合项目、财务、质量、进度、保密等管理要素，建立基于以业务流程为核心的业务运行支持平台。业务逻辑上，以项目管理为基础建立包括预算、供应链、质量、跟产、财务等在内的统一业务流程，建立跨部门在线协同机制；数据逻辑上，生成以财务数据和项目运行为核心的决策平台，支撑管理决策；信息化实现上，通过综合管理平台——晒促平台集成供应链管理平台、质量管理（QMS）平台、项目管理平台和财务管理平台等，实现产品过程运营数据集成联动。业财融合平台业务逻辑示意图如图4所示。

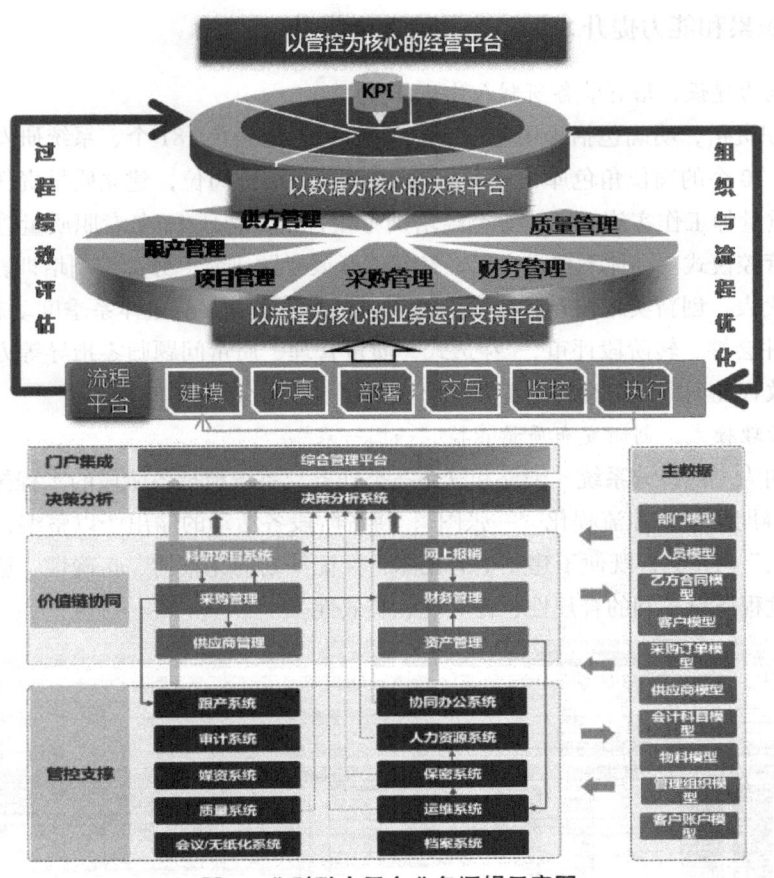

图4 业财融合平台业务逻辑示意图

5. 加强通用质量特性设计能力建设，夯实质量技术基础能力

在人才队伍建设方面，建立了由18名通用质量特性专业人才组成的通用质量特性工作小组，有效指导通用质量特性与功能性能一体化协同设计，通用质量特性的一体化协同设计管理体系架构图如图5所示；在知识体系构建方面，按专业术语、要求和规定、工作项目等方向整理共计136项国家军用标准，形成《通用质量特性标准集》，供设计人员参考查阅，整合包含建模、分配、预计等在内的20项设计要点，形成《通用质量特性设计分析方法指南集》，给出项目设计案例；在信息化手段支撑方面，上线RMS技术集成应用平台，辅助设计过程并验算设计指标的准确性，相关成果荣获国防科技工业企业管理创新二等奖。

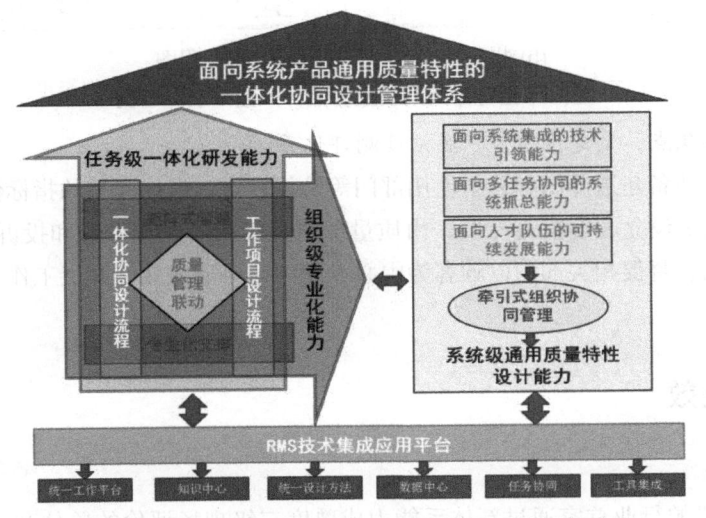

图5 通用质量特性的一体化协同设计管理体系架构图

（三）立足知识积累和能力提升，保障交装战斗力提升

1. 突出专业技术能力建设，培育装备研制人才队伍

细化质量队伍任职资格，明确包括通用角色 50 个、专用管理角色 181 个、系统研发角色 8 个、软件研发角色 18 个和院外角色 10 个的岗位角色库，梳理归集 26 类质量关键岗位，建立质量责任体系，各司其职，分工协作；发布《派驻质量师工作实施细则》等，经培训考核合格，聘任 13 名专职质量管理人员派驻各业务部门建立过程质量一级管控模式。在体系建设方面，按条款开展专题研究，分类编制培训教材讲义和体系运行检查表单，并联合顾客代表，创新实施按专题按模块的"三全、三覆盖"质量体系季度动态内审模式；在过程质量控制方面，通过文件会签、转阶段评审、"穿透式"质量管理、质量问题归零指导等方式，月均发现过程质量问题 100 余项，有效管控项目研制过程质量。

2. 建立军地协同管理模式，创新发布质量管控"一图一表"

以产品全寿命周期为主线，分系统、硬件和软件三类任务，系统梳理各阶段的工程技术活动和应遵循的质量要求，构建装备全寿期质量管控流程化"一张图"，将各阶段各活动的输出予以整编，形成供各类人员检查工作完整性的"一张表"（图 6），既便于建立全局视图，保证策划的完整性、正确性、适宜性，又清楚各个过程的工作标准，保证过程质量控制的合规性、针对性、有效性。

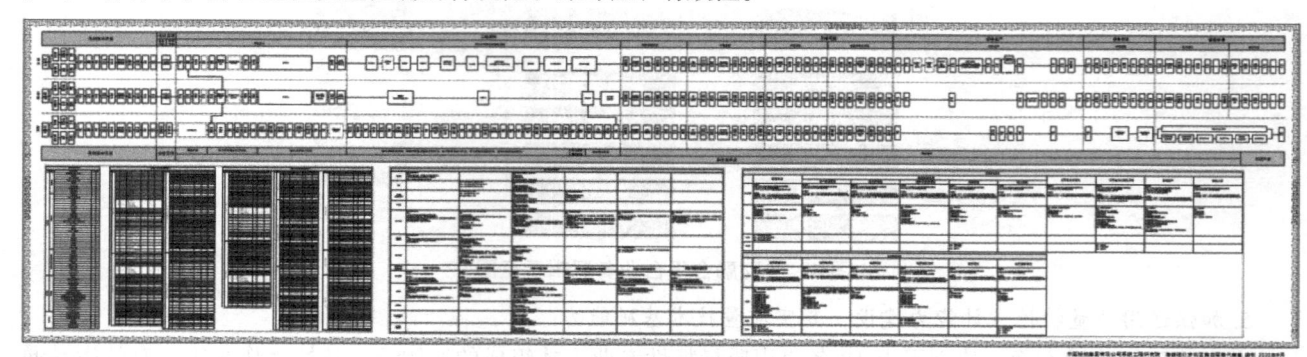

(a) 装备全寿命周期质量管控流程图

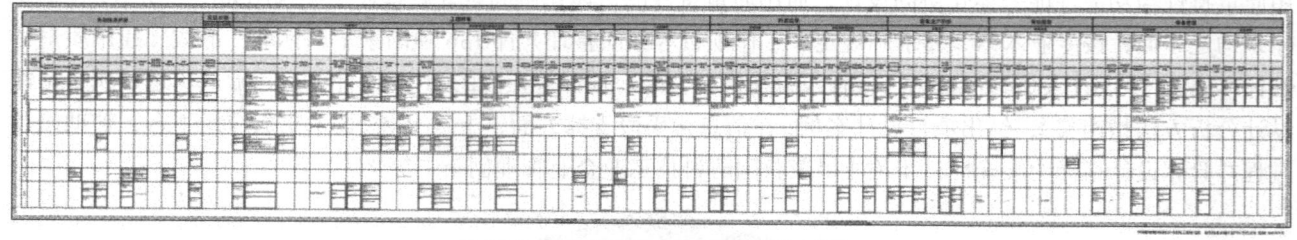

(b) 装备系统产品实现过程工作流程图

图 6 全寿命周期质量管控"一图一表"示例

3. 突出以顾客为关注焦点，创建价值客户满意度测评体系

针对装备主管部门、装备建造部门和装备使用部门等价值客户，形成完整的指标体系和针对性强的测评方案，保证数据收集真实性；设立顾客投诉专线，由质量部门直接收集顾客抱怨和投诉，拉条挂账、跟踪闭环，并纳入责任部门绩效考核，督促相关部门以顾客为中心、面向装备形成效能开展工作，相关成果荣获国防科技工业企业管理创新二等奖。

四、质量工作成效

1. 质量体系建设方面

2022 年 7 月，成为船舶行业首家通过新体系能力成熟度三级现场评价的单位和全国为数不多通过新体系

三级评价的军工科研生产单位，系统院质量管理步入新时代质量管理体系阶段。

2. 软件过程改进方面

2022年9月，以军工行业内首个"零弱项"的成绩高标准通过换版评价，取得GJB 5000B三级"全面级"成熟度认证，软件研制能力再上新台阶。

3. 产品质量方面

2021年至今，实现军检一次交验合格率达100%，保持外部通报质量问题"零"新增。

4. 群众性质量活动方面

近两年，舰艇动力防护装备研究设计班组、水中兵器班组获得全国质量信得过班组；保障争先QC小组获国优QC小组荣誉称号。

主要创造人： 秦国栋
参与创造人： 郎丰永、李向东、崔　萌、刘　佳

以四维质量管理模式赋能装备质量提升

中国船舶集团有限公司第七二五研究所

一、企业概况

中国船舶集团有限公司第七二五研究所（以下简称七二五所）成立于1961年，隶属于中国船舶集团有限公司（以下简称集团公司），是我国专业从事舰船材料研制和工程应用研究的军工研究所，是海军各型装备的材料技术责任单位。七二五所总部位于洛阳，全所员工4600余人；现设9个研究室（院）及分部、10个高科技产业公司；在青岛、厦门、三亚等地建有科研和生产基地，总占地面积3700余亩、海域面积240余亩；拥有海洋腐蚀与防护国防科技重点实验室等8个国家级创新平台、4个海洋环境试验站、4个国家级检测认证中心和22个省部级创新平台，是材料科学与工程学科博士、硕士培养点和博士后工作站。

建所六十余年来，七二五所坚持"以军为本、技术引领、产研结合、创新提升"的指导方针，践行"先进材料强军报国、高端装备服务社会"的使命，构建了中国特色的舰船材料和腐蚀与防护技术体系，为海军装备提供金属和非金属材料及制品、焊接材料、防腐和防污装置、特殊功能涂料及技术服务，支撑了我国海军舰船装备的建造和换代升级。同时，以科研积淀为技术基础，积极实施创新驱动、拓展科技产业，整合形成特种装备、钛合金、橡塑复合材料、腐蚀控制与环境工程四大产业板块，并提供专业的科研、检测等服务，产品广泛应用于"中国天眼"、港珠澳大桥、北京大兴国际机场等国民经济领域的重大工程，带动了行业和区域经济的快速发展，注册的"双瑞"商标于2018年获评"中国驰名商标"。

在高质量发展的全新阶段，七二五所全面落实集团公司舰船精细化质量管理要求，实施四维质量管理模式，着力打造"科研体系化、平台品牌化、人才多元化、成果实用化"的科技创新体系和"产业结构合理、空间布局协调、运营管理先进、质量效益领先"的高质量发展新格局，科技创新能力和经营管理质量持续提升。累计获国家科技奖60余项，省部级科技进步奖400余项，授权专利1724项，主编国际标准5项，主参编国家、国家军用和行业标准366项。2021年，营业收入为98.52亿元，品牌价值跃升至70.87亿元，获利能力和创新能力在集团公司名列前茅，连续16年入选河南企业100强。

二、四维质量管理模式的实施背景

七二五所实施四维质量管理模式是外部环境（国家战略、国防需求、社会环境）推动，内部管理主动寻求提升，双向强化的结果。

（一）外部环境

1. 国家战略

随着国家发展经济结构转型升级，国家提出"中国制造2025"、"一带一路"倡议和"军民融合"等政策，给企业带来了发展的机遇。政府部门和协会推出了一系列质量奖、质量标杆、质量管理小组活动、现场管理星级评价、质量诚信建设等评审措施，引导和激励企业通过提高质量管理能力，提升其国内及国际综合竞争力。

2. 国防需求

当前国际政治形势风云变幻，国家提出质量强装、建设一流海军等举措，要求必须要有一流装备赋能海军；

军工集团的新时代高质量发展战略,重视质量,崇尚质量,对质量管理体系运行有效性提出高质量、高标准要求,不断推进责任制的落实、精细化管理等,并实施严厉的考核和质量责任追究。

3. 社会环境

顾客对产品和服务质量的要求越来越高,二方审核、三方审核的现象越来越普遍;加之民参军企业的数量增加,加剧了市场的竞争强度;社会对工程、装备、产品和环境的高期望、高要求,促使各种生产要素成本提升。

(二)内部环境

1. 管理特点

七二五所经过三次创业,结合军品、民品两条业务主线,科研、生产两大领域,形成独具特色的"一所两制"管理特点。随着七二五所发展多元化和规模不断加大,质量工作的条件和环境不断变化,装备产品的重要性与日俱增,加之下属子公司多、生产场所多、产品类型多、国际性服务多,形成了"一重四多"的管理局面。

2. 装备特点

装备类型跨度大,产品涵盖金属、非金属、焊接材料、防腐防污装置和功能涂料等;种类多,细分产品有上百种;装备应用行业多,用于船舶、航天航空、石油、热力等行业。

3. 管理需求

在生产、科研和管理上全面推行精益管理、卓越绩效管理、精细化质量管理,主动追求质量管理的提升。

三、四维质量管理模式概述及实施重点

(一)四维质量管理模式概述

四维质量管理模式是七二五所多年来在装备质量管理方面不断摸索、不断创新所凝练的质量管理模式。该模式基于国军标和国标等多种质量管理体系的要求,结合自身科研、生产实际,运用过程方法,以质量为核心,围绕全所的科研和产业,沿着精神层、制度层、行为层、本质层四个维度,通过提炼特色质量文化、建立特色质量管理制度、打造优秀双零班组和精品项目等实施质量建设和管控,形成一套目标明确(P)、标准作业(D)、监管有效(C)、螺旋上升持续改进(A)的质量管理模式。

(二)四维质量管理模式的实施重点

1. 精神层

精神层是四维质量管理模式的"核心"层,包含质量理念、质量意识、质量价值观、质量道德观、质量知识等内容,体现了七二五所人对质量的精神追求。精神层具有指引、凝聚和辐射作用,决定了七二五所人对质量的认识和定位、其外在所表现出的质量言行以及提供产品和服务的质量水平;主要通过质量文化创建、传播和质量培训教育来树立四维质量管理的理念。七二五所质量文化体系如图1所示。

一方面,对内提炼七二五所质量使命、愿景、价值观等质量文化核心内容,将"舰船精细化质量管理要求""质量零缺陷管理"等质量管理理念和要求一并融入《质量文化手册》(图2),从思想上引导和提升广大员工对四维质量管理模式的认识;并通过质委会、质量工作会、质量工作例会、班前班后会和质量培训课堂"四会一课"的形式广泛传达和学习,增强对四维质量管理模式的理解;对外制定《质量文化走进供应商手册》《核安全质量文化手册》,通过举办供应商大会(图3)、开展供应商现场考察、质量大走访等活动多渠道向供应商和顾客等利益相关方传递七二五所质量文化,将四维质量管理模式和"穿透式"质量管理要求落实到供应商,在质量管控思想上产生共鸣。

另一方面,通过各级质量培训教育,传授广大员工精益管理、零缺陷质量管理等知识和理念,增强广大员工的质量意识和履职能力,确保全员形成良好的质量管理行为,共派出9批82名领导骨干赴日本参加精益管理生产培训；79名中层领导参加两期清华大学职业经理培训；开设精益道场，共完成37期培训，参加人员720余人；组织质量管理人员和技术人员参加质量管理体系标准培训、可靠性技术、卓越绩效管理等培训。

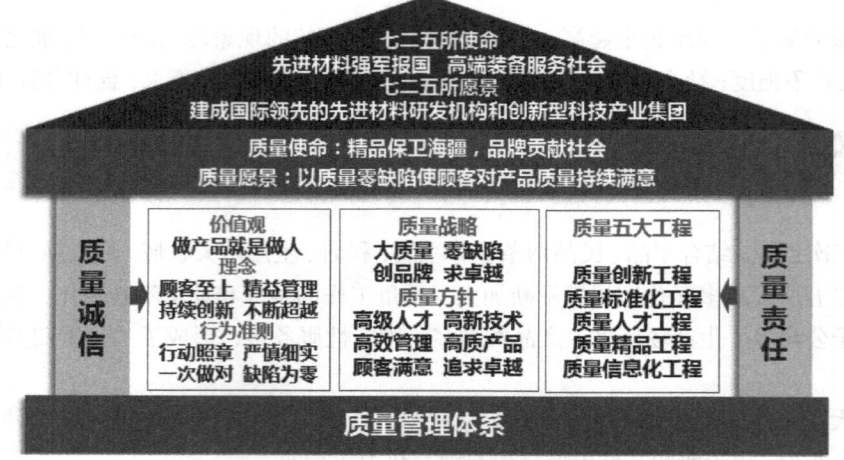

图1 七二五所质量文化体系

图2 精神层——质量文化创建与传播（内部）

图3 精神层——质量文化创建与传播（外部）

2. 制度层

制度层是四维质量管理模式的"法制"层，包含组织架构、规章制度、管理要求等内容，是精神层的具体表现，以制度形式规范七二五所人的质量行为、工艺标准，提供了对行为层的要求和评价。制度层主要通过健全质量基础制度和建立特色质量管理制度来保障四维质量管理模式的有效实施。

一方面，七二五所及下属各公司均取得质量管理体系认证（图4），建立了包括GJB 9001C、GB/T 19001、海军核安全设备资格认证、API认证、AS 9100D、特种设备压力容器、压力管道元件等质量管理体系资质，将主要科研、生产业务均纳入质量管理体系范围进行系统化、标准化管理，增强稳定科研生产和应对风险的能力。

同时，按照产品类别，实施"程序文件标准化"管理，将集团公司、质量管理体系有关要求融入具体业务过程；所级层面制定了47个通用质量管理制度；所属各单位分别根据所级通用质量管理制度制定各自的质量管理制度或专用程序文件，形成了两级立体化的质量管理体系文件，有效解决"两张皮"的问题，确保了各项质量管理要求的有效执行。

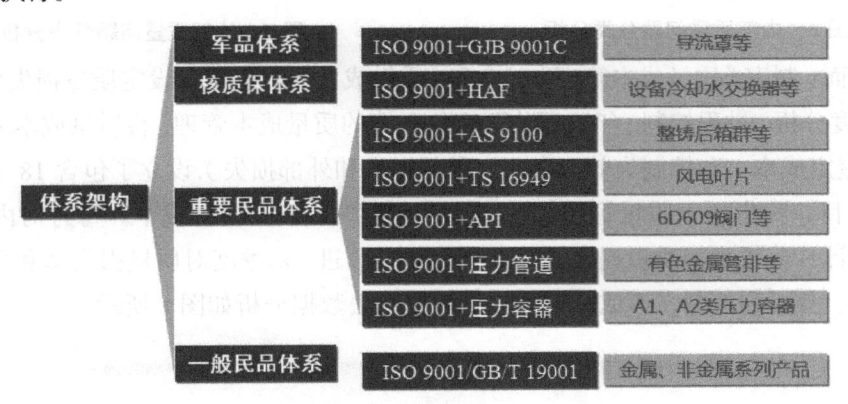

图4 质量管理体系认证

另一方面，七二五所根据自身管理"一重四多"的特点，制定了《质量风险管理办法》《"质量零缺陷、安全零违章"班组达标建设管理办法》《质量专员制度》《质量运行量化评价》等具有七二五所特色的管理制度，指导全方位、全过程的质量策划、质量运行监测、质量改进和质量结果评价。

3. 行为层

行为层是四维质量管理模式的"实施"层，包含个人和群体的质量行为，反映了七二五所人对质量文化精神维度的理解和对制度维度的遵守，决定了本质层的质量水平。行为层主要通过质量提升模型和双零班组建设开展实施。

（1）创新提出质量提升模型。从体系运行、实物质量、质量成本、持续改进四方面对下属研究室和公司进行质量管理状况量化评价，促使质量管理自我改进、自我提升、主动预防。

- 体系运行方面：创新引入质量问题反差率指标（图5），量化评价各单位质量管理自我改善能力。质量问题反差率越高，表示自我改善的能力越差。质量问题反差率的引入有效地激发和强化了各单位自我发现问题、自我改进和自我提升的能力。尤其是质量问题反差率较高的单位，可有效促使其开展主动式质量管理，制定有效预防或纠正措施，解决体系运行中发生的问题。

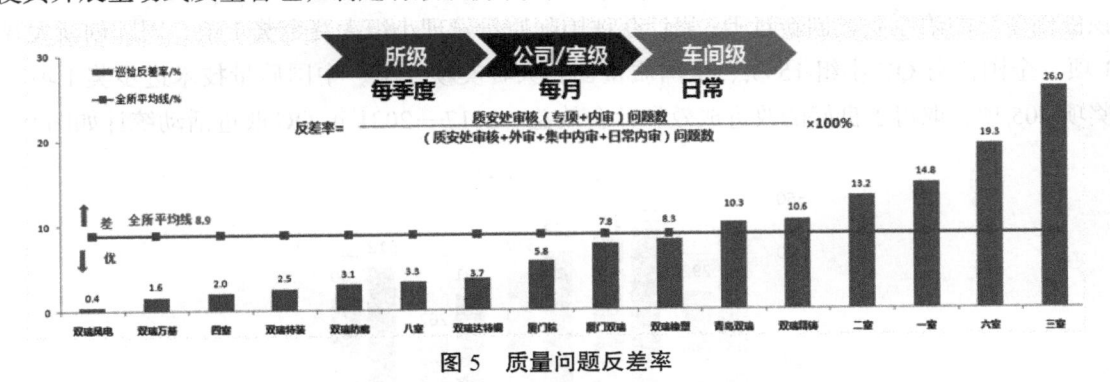

图5 质量问题反差率

- 实物质量方面：每月监测产品/重要工序一次交验合格率，对发生的内外部质量问题进行分类、统计和分析（图6、图7）。对未达到质量目标的产品/重要工序分析问题原因，制定纠正措施或改进措施，并对措施进行有效性评估，确保措施有效、可执行；同时，对未达标的产品/重要工序持续跟踪管理，直至产品/重要工序一次交验合格率达标，确保措施落实到位、产品实物质量可控。

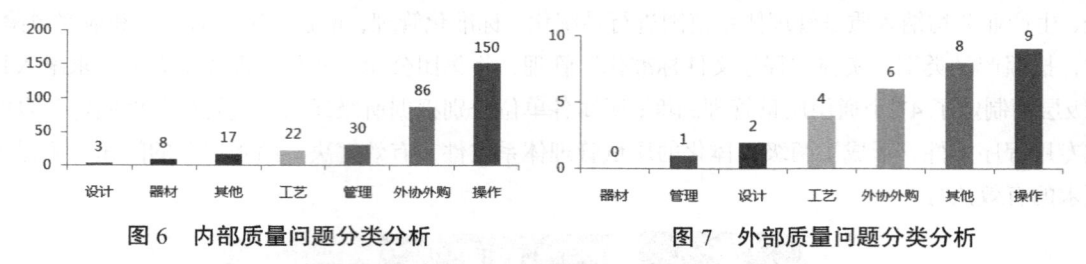

图6 内部质量问题分类分析

图7 外部质量问题分类分析

- **质量成本方面**：制定《质量成本管理办法》和《质量成本核算办法》，设定质量损失率目标。实施"年初预算、季度分析、过程控制、年底评价"四位一体的质量成本管理，将质量成本分为控制成本（含预防成本、鉴定成本）和控制失效成本（含内部损失和外部损失），设立了包含18个分项科目的"质量成本"科目，归集属于质量管理的各项费用和损失，核算质量成本。每月对内外部质量损失进行分类目统计，分析大额质量损失原因，指导质量改进；每季度对质量损失率和质量成本预算执行率进行统计、分析和控制，形成分析报告。质量损失数据分析如图8所示。

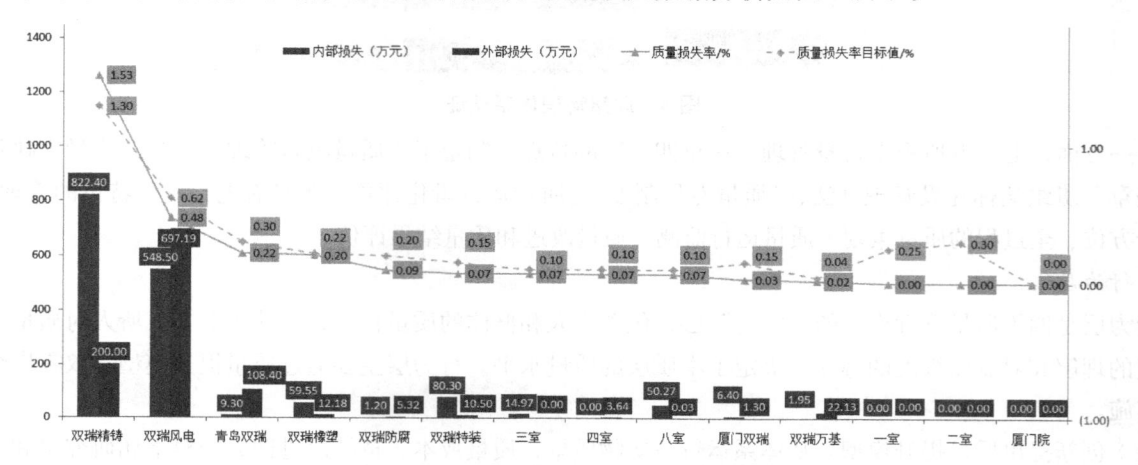

图8 质量损失数据分析

- **质量改进方面**：建立改进与创新体系。综合运用改进创新工具，从流程改造、工艺创新、QC小组、合理化建议四个层级开展改进创新活动。全所每年QC小组活动梳理300余项，年创经济效益达1500万元以上；每年评选2~3个质量管理小组活动优秀单位和优秀推进者，采取"守擂打擂"的方式设流动牌匾，有效促进各单位推进活动的积极性和有效性，已形成"鼓励人人创新、人人积极创新"的浓厚质量创新氛围；累计获评国际质量管理小组大赛金奖1项、国际创新大赛二等奖1项、全国优秀QC小组15项、全国质量创新大赛奖项5项、中国质量技术进步奖1项、省部级奖项105项，取得了良好的改进成效和社会效益。2017—2021年QC改进活动统计如图9所示。

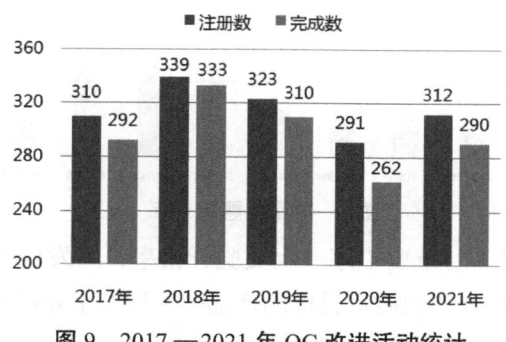

图9 2017—2021年QC改进活动统计

（2）创新提出"质量零缺陷、安全零违章"的"双零"班组建设活动。将"零缺陷"质量管理理念根植于一线班组，建立了双零班组达标评价体系；通过组织引导、过程管控和量化评价，引导创建优秀班组；通过争创一级达标双零班组等激励措施，持续提升一线班组这个基础单元的质量管理水平，促进全所质量管理水平的整体提升；累计获评全国质量信得过班组 10 个，全国安全管理标准化班组 12 个。"双零"班组建设如图 10 所示。

图 10 "双零"班组建设

4. 本质层

本质层是四维质量管理模式的"目的"层，包括产品的功能、特性、价格、包装、外观、安全、服务的态度等内容，是七二五所质量管理输出的目标产物。它直接面向顾客、社会、政府、市场等，反映了产品、服务的本质质量，主要通过开展质量风险分析管控和精品创建等开展实施。

一方面，围绕产品本质质量，狠抓前期质量策划，推行加强前期预防工作。不断完善《产品实现的策划管理办法》，从项目质量目标、产品实现流程、资源需求、关键过程控制、风险管理等 14 个方面制定项目策划文件模板，应用 QFD、FMEA、防错法等工具，加强前期质量预防管理。对军品和重要民品开展全生命周期的质量风险分析和管控，形成质量风险分析库，通过风险分析和措施管控全面降低产品全生命周期的质量风险。同时，联合军代室组织召开质量风险分析交流会议，推广应用质量风险管控优秀方法，进一步提升产品质量风险管控的成效。

另一方面，联合军代室协同作战，开展"找差距、补短板、强弱项"专项行动，从顾客角度狠抓产品薄弱环节。推行精品项目和精品创建活动，每年年初下发"军品创精品，民品创名牌"精品项目的申报计划，年底联合军代室开展精品项目的发布、交流和评审，引导各单位努力提高产品本质质量，打造项用、耐用装备，培育名牌产品，形成品牌优势；累计评比 A 级精品项目 16 项，B 级精品项目 15 项。精品项目成果发布会如图 11 所示。

图 11 精品项目成果发布会

四、四维质量管理模式的实施效果

四维质量管理模式实施以来，七二五所质量基础不断完善，产品实物质量不断提高，顾客满意度持续提升，取得了显著的经营业绩，获得行业和社会的多方面高度认可。

（一）质量管理成熟度提升

质量管理体系不断完善，成熟度水平不断提升（图12），顺利通过各类体系的资质审核，以第一名的成绩顺利完成集团公司舰船精细化质量管理成熟度监督评价。

（二）经营绩效快速增长

营业收入持续保持快速增长，2017—2021年年均增长率达14%，圆满完成规划目标。2021年营业收入为98.52亿元（图13），品牌价值为70.87亿元，获评集团公司经营业绩考核A级单位，连续16年入选河南省企业100强。

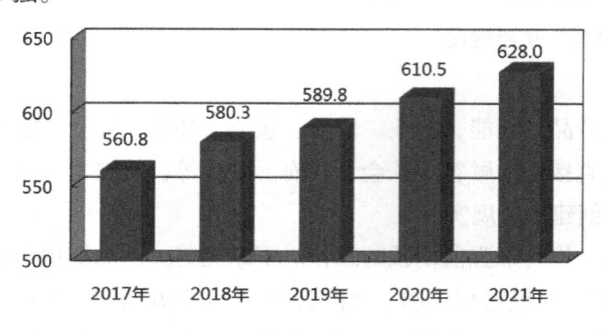

图12 质量管理成熟度（千分制）统计

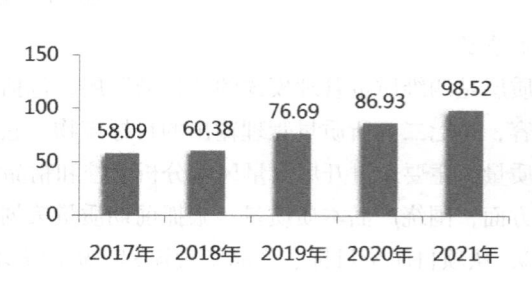

图13 营业收入（亿元）

（三）产品绩效显著

出色地完成了辽宁舰、山东舰、蛟龙号、深海勇士号、奋斗者号等重大型号攻坚任务，用先进材料和专业服务为舰船装备的安静化、隐身化、轻型化做出了突出贡献；2021年顾客满意度第三方测评结果为86.92分，远高于同行业的79分；获得央企楷模（图14）、航母工程建设突出贡献奖（图15）、金牌供应商、五星优秀合作单位等荣誉。

图14 央企楷模

图15 航母工程建设突出贡献奖

民品四大板块27类主要产品中，3类产品技术处于国际领先，15类处于国际第一方阵，9类处于国内第一方阵，部分产品在细分市场占据绝对优势，先后获得各类名牌产品12项（图16）。其中，船舶压载水管理系统在中大型船舶领域，装船量世界第一；海绵钛产能近3万吨，综合实力国内第一、世界第三；超大型复合材料构件成型技术达到国际先进水平，是国内唯一实现大尺寸、大厚度制品真空辅助成型、RTM成型等多种复合材料技术的单位；金属波纹管膨胀节作为高端市场引领者，国内市场占有率超过60%；轨道减振器在中高端领域市场占有率超过45%；桥梁支座应用港珠澳大桥、京沪高铁等重大民生工程，市场占有率稳居第一；转体球铰应用在4.6万吨保定乐凯斜拉桥等300多个大型工程，多次刷新自己创造的世界纪录（图17）。

图16 名牌产品示例

图17 央视播报转体球铰刷新世界纪录

（四）质量荣誉

七二五所先后荣获首届和第三届中国质量奖提名奖、第十七届全国质量奖、2018年全国质量标杆、首届中国船舶质量提名奖、第44届国际质量管理小组大赛金奖、全国质量诚信优秀典型企业、全国质量管理小组活动优秀企业、河南制造十大品牌、中国驰名商标、最具市场竞争力品牌等重大荣誉。

主要创造人：徐　健

参与创造人：郭小辉、聂富强、龙兴平

电网设备"全景质控"体系的构建与应用

国网物资有限公司

设备是电网安全稳定运行的物质基础，国家电网始终高度重视采购设备质量监督管理，贯彻全生命周期质量管理理念，经过多年的创新实践，形成了具有国网特色的采购设备"全景质控"质量管理理论和实践。

一、基本情况

国网物资有限公司成立于 2012 年 2 月 9 日，注册资本金为 10 亿元，是国家电网有限公司全资子公司，定位为国家电网有限公司总部集中招标代理平台和重大工程物资供应服务的专业机构，服务国家电网有限公司物资管理，为电网建设、生产运行和经营管理提供招标代理和物资供应服务。公司是中国招标投标协会理事单位，先后被评为招标代理机构诚信创优 5A 级先进单位、招标代理机构信用评价最高级 AAA 级企业、全国优秀采购代理机构、推动行业发展贡献单位等。同时，公司支撑国网物资质量监督管理和供应商管理等，积极探索强化质量管控，提升采购设备质量。近年来，面临内外部复杂形势，对电网设备质量管控提出了更高要求。

（一）外部环境

受疫情和中美经贸斗争等因素影响，我国产业链供应链安全受到冲击，经济下行压力增大。部分供应商为应对困境，偷工减料、以次充好、弄虚作假、铤而走险，物资质量管理面临前所未有的困难和挑战。同时，"天成元电缆"等事件反映出政府监管、社会监督越来越严，对开展供应商管理、强化质量监督和严格责任落实提出了更高要求。

（二）内部发展

当前正处在加快建设具有中国特色国际领先能源互联网企业的关键阶段，电网作为公司运营发展的根基和促进经济社会发展的"大国重器"，其建设和运行质量被摆在越来越重要的位置。提高电网物资质量，保证电网安全可靠运行，更是落实"质量强国""质量强网"战略和实现公司战略目标的切实举措和根本保障。

（三）专业管理

公司内部质量检测能力存在区域建设不平衡、少数单位能力不够等现象，少数电网物资质量存在短板，有待大力整治。同时，国家推进能源革命，加快数字化发展和稳定经济、驱动创新、优化营商环境等政策逐步落地，新技术、新装备、新业态、新理念等不断涌现和蓬勃发展，物资质量监督管理面临着一系列政策、技术条件等有利因素，急需把握好新形势、新局面。

国网物资公司立足"质量强网"战略基点、坚持"质量第一、效益优先"理念，充分运用数字化、网络化、信息化等手段，依托现代智慧供应链"五E一中心"建设成果，在事前、事中、事后全方位开展全景质量管理，全力构建"全景质控"体系。

二、"全景质控"体系架构与目标

基于全生命周期质量管理理念，依托现代智慧供应链"五E一中心"建设成果，在事前、事中、事后全方位开展物资质量监督管理，立足"质量强网"战略基点、坚持"质量第一、效益优先"理念，充分运用数字化、网络化、信息化等手段，全力打造电网设备"全景质控"体系（图1），提高公司质量管控水平，支撑公司电网高质量发展。

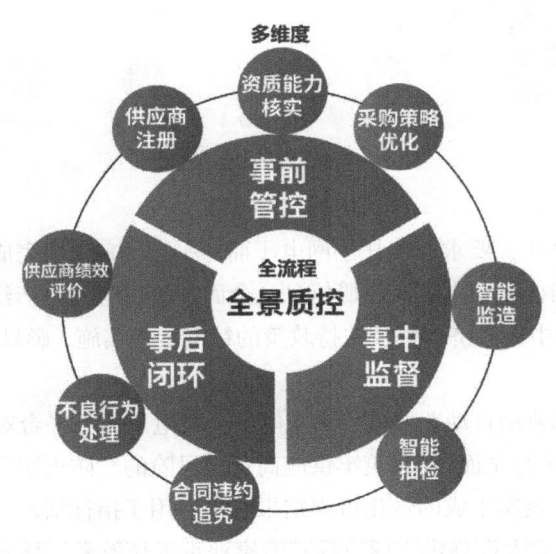

图 1 "全景质控"体系架构图

通过"全景质控"体系的构建与应用，在事前管控方面，实现供应商信息全方位数字化管理，防范供应商虚假投标风险，激发供应商以质取胜的公平竞争意识，从源头管控采购设备质量。在事中监督方面，打造透明工厂，实现数据精准在线交互；实行"货到抽检、合格入库、集中储备、按需配送"作业管理，实现检储配一体化高效运作。在事后闭环方面，打出治理质量问题的"组合拳"，客观甄选出"重质量""讲服务""守诚信"的供应商，持续推动社会质量诚信建设。

1. "全景质控"体系保障电网安全运行

保障大电网安全是公司各项工作的重中之重，设备质量是电网安全的重要物质基础。通过严格执行监造抽检制度，突出质量优先采购策略，强化设备关键工艺、原材料、组部件现场见证和在线监督，坚持抽检"三个百分之百"原则，对典型问题实施针对性专项治理，持续提升采购设备质量，确保电网安全可靠运行。

2. "全景质控"体系提升电网物资效益

设备质量将直接影响建设进度、设备使用年限和运维成本，对运营效益影响巨大，保设备质量就是保效益。未来一段时间，电网建设任务依然繁重，采购设备数量仍然较大，充分发挥质量监督这把"利剑"的震慑作用，有助于提升设备供应效率和运营安全性，实现降本增效。

3. "全景质控"体系促进电工装备生态圈互利共赢

电网企业和电工装备制造商就像鸟之两翼、车之双轮，共同承担着质控链生态圈建设责任。通过强化内外协同，拓展电工装备智慧物联平台（EIP）接入范围，强化供应商服务和分级分类管理，推动上下游企业严格落实质量责任，发挥标杆企业引领作用，带动上下游两端企业发展，持续提高电网装备水平，推进电工装备产业链向中高端迈进，构建电工装备生态圈互利共赢、高质量发展的新格局。

三、"全景质控"体系的主要内容

"全景质控"体系的内容主要体现在事前管控、事中监督、事后闭环、全景评估供应商四个方面。

（一）事前管控，建立供应商信息"一本账"

通过供应商注册、资质能力核实、采购策略优化，实现采购前质量管控。事前管控业务架构如图2所示。

图2 事前管控业务架构图

1. 供应商注册

按照《国家电子招标投标办法》要求，依托国网电子商务平台（ECP）完成信息注册，供应商即可参与公司物资供应链相关业务。通过结构化的供应商注册信息，全面了解供应商生产经营范围、企业性质等信息，防止"皮包公司"虚假投标，便于中央经济调整及扶持政策的精准落地实施，彰显国家电网作为央企的社会责任。

2. 资质能力核实

通过数据结构化归集和内部业绩自动获取基于国家电网公司电子商务平台对供应商的财务资信、销售业绩、生产装备、试验检测等资质能力进行全面核实，筑牢供应商资质风险的"防火墙"，打造数据化支撑、网络化共享、智能化应用的信息核实新模式。核实生成的量化可视结果直接应用于招标活动，系统按照评标规则自动比对筛选，实现了资质能力全量可视；大大提高供应商投标和专家评审工作效率，核实工作效率提高30%，评标工作效率提高40%；确保了评标数据的真实可靠，有效防范供应商虚假投标、骗取中标以及合同履约过程中的质量风险。

3. 采购策略优化

公司始终秉持"质量第一、价格合理、诚信共赢"的采购理念，采用突出质量技术权重的综合评审办法，各类设备技术权重均不低于价格权重，且高于50%，部分设备技术权重高达60%，引导供应商重视综合产品质量，激发供应商树立以质取胜的公平竞争意识。

（二）事中监督，织密质量监督"一张网"

通过智能监造、智能抽检、输电线路材料质量追溯标识管理，实现制造中、到货后质量监督。事中监督业务架构如图3所示。

图3 事中监督业务架构图

传统监造是指，委托设备监造人员到供应商现场进行监督。监造范围除特高压设备外，主要包括66kV及以上变压器、电抗器、断路器、组合电器等四类电网设备。

1. 智能监造

以电子商务平台（ECP）为核心业务管理系统，实现了监造业务的全过程在线闭环管理。以e物资为智能移动作业工具，实现了监造人员与管理系统间的线上线下实时交互；以电工装备智慧物联平台（EIP）为生产数据实时采集分析平台，连接10个大品类、1100多家优质企业，监造模式从传统现场旁站监督转变为在线智能全过程见证为主，全方位打造透明工厂；在2021年初新冠疫情防控战中，EIP平台发挥了质量管控"千里眼"

作用；电工装备智慧物联平台，实现了设备制造全程状态感知，消除了驻厂监造关键点见证的监造盲区，实现了智能监造的跨越。

2. 智能抽检

抽检范围既包括配变等30类常规电网物资，也包括约定抽检的设备材料。对于仪器仪表等电商物资，由国网电商公司和采购单位共同实施抽检工作，并及时对不合格物资进行下架处理；按照集中储备、就地抽检原则，加强物资仓储和质量抽检业务的协同；在入库物资规模较大、周转率较高的区域中心库或周转库，就地或就近建设物资质量检测中心，实施物资到货即可检、出库即可用的"检储配"一体化协同管理新模式。省级质量检测网络架构如图4所示。

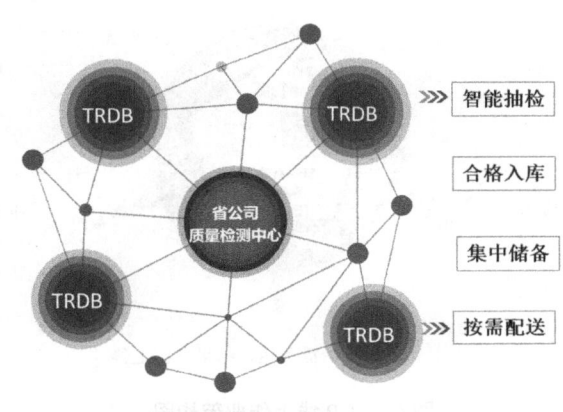

省级质量检测网络

图4　省级质量检测网络架构图

（三）事后闭环，下好全程管控"一盘棋"

通过供应商绩效评价、合同违约处罚、不良行为处理实现闭环管理。事后闭环架构如图5所示。

图5　事后闭环架构图

1. 供应商绩效评价

按照"谁使用，谁评价；谁主管，谁负责"的原则，供应商绩效评价提高专业部门"话语权"，在生产制造、物资供应和运行维护等阶段开展专业评价。各专业制定本部门管理范围内的绩效评价标准，依托ECP平台，开展本专业的绩效评价工作；评价科学合理，精准高效，供应商可以查看同物资品类下所有供应商的得分情况，从而引导供应商主动对标行业内标杆，不断提高产品质量和服务水平；公示期结束后，评价结果直接应用于评标环节，助力选优选强供应商。

2. 合同违约处罚

对出现质量问题供应商，按照合同约定进行违约责任追究；系统自动进行智能判断与决策，减少人为干预，增强判定结果的客观性和准确性。

3. 不良行为处理

针对供应商的质量、诚信、履约、服务等问题，进行供应商不良行为处理；结果自动推送招标初评环节，生成"预否决单"；落实对供应商的处理措施，直接打击各类不诚信、轻质量等不良行为；运用大数据理念，统筹分析各省公司处理数据，对发生多次或严重不良行为的供应商，进行联动处理，并在公司系统内执行；处理信息实施共享，使供应商"一处受罚，处处受限"；供应商处理期满、整改验收合格后，方可恢复其中标资格；处理工作公平公正，严谨规范。

（四）全程线上，做好全链业务"一键控"

依托现代智慧供应链成果，应用 ECP、EIP、ESC 等平台收集汇总业务数据，实现数字化运营。

1. ECP 助力全景质控业务线上操作

深化应用 ECP2.0、e 物资，实现供应商注册、资质能力核实、监造抽检管理、绩效评价、不良行为处理全业务、全数据线上作业，支撑全景质控业务高效开展。ECP 线上作业架构如图 6 所示。

图 6 ECP 线上作业架构图

新一代电子商务平台有效注册供应商超过 25.7 万家，每年组织供应商资质能力信息核实 1.4 万家次，272 类产品全覆盖，打造高结构化供应商信息库，实现从源头管控设备质量的目标。

2. EIP 助推质量监督管控手段提升

促进设备监造数字化、智能化转型，全面深化 EIP 平台推广应用。累计互联供应商 1124 家，发布 2021 年电工装备行业工业互联网发展研究报告，编制下发 EIP "云监造"工作规范，修订完善 EIP 平台运营方案，组织各单位完成"云监造"订单 7 万余个，平台运营成效初步显现。

3. ESC 实现全景质控业务智慧运行

76 项全景质控功能指标全部实施落地，不断加大质量管理在运营分析、价值创造、风险预警、资源配置等方面的应用力度，着力打造智慧高效物资质量管控体系。

四、"全景质控"体系应用成效

全景质控通过事前管控、事中监督、事后闭环实现全流程的层层质量把关。基于 ECP 推进质量监督所有业务线上操作，实现了流程统一、标准公开、结果透明；基于 EIP 推进"透明工厂"建设，实现了生产制造环节状态感知、在线交互、自动预警；推进全网质量检测资源和检测结果共享，实现了质控链的数据融通、优化提升、智慧运行；打造了全景式、平台型、网络化、可视化的全景质控质量管理体系，助力供应链整体运营质效提升。

（一）"全景质控"体系应用解决了关键难题

1. 解决了信息不对称、"皮包公司"虚假投标的问题

建立供应商全品类注册、重点物资全量"体检"制度。基于电子商务平台对供应商的财务资信、销售业绩、生产装备、试验检测等资质能力进行全面核实，筑牢供应商资质风险的"防火墙"；核实生成的量化可视结果直接应用于招标活动，系统按照评标规则自动比对筛选，确保了评标数据的真实可靠，有效防范了供应商虚假投标、骗取中标以及合同履约过程中的质量风险。

2. 解决了管控手段单一、物资"带病入网"风险大的问题

丰富设备监造信息化手段。应用EIP平台开展远程监造，实时采集、监控设备的生产计划、工艺质量、出厂试验数据等，打造"透明工厂"，强化制造过程质量管控；通过贯彻落实集中储备、就地抽检等原则，加强物资仓储和质量抽检业务的协同，开创"检储配"一体化协同管理新模式，有效解决了过去仓储、检测分离带来的环节多、时间长、成本高、外部干扰多的问题，也有效防范了质量检测过程中的廉洁风险。

3. 解决了供应商责任意识不强、生产标准不高的问题

通过把好供应商质量关，做好全生命周期管理，收集供应商生产、供货、服务的历史信息，分级分类建立供应商和产品信息库，研究与采购联动的激励机制，前移质量管控关口，确保选好选优供应商和产品；严格执行评价结果公示制度，严肃合同违约处罚和不良行为处理，对质量问题、失信行为保持"零容忍"高压态势，提高供应商违约失信成本，引导供应商自觉提升产品质量。

（二）"全景质控"体系应用取得了显著成效

1. 实现了物资质量持续提升

智能化监造使监造管理更加精细、精准，主网设备质量逐步提升。500千伏及以上变压器、组合电器等4类重点设备出厂试验一次通过率逐年上升，2022年达到99.41%；实行抽检定额管理，推动抽检规范化开展，推进"检储配"一体化作业，配网物资抽检合格率由2017年的97.17%提高到2022年的98.45%。

2. 实现了工作质效显著提升

"全景质控"体系业务流程透明统一、数据信息安全可靠、质量管控严谨规范，切实做到"流程统一、过程受控、全程在线、永久追溯"。在提升数据质量、工作质效的同时，打造风清气正的营商环境；通过深化全景质控业务链运营，资质能力量化核实助力招标评审时间大幅缩减；智能监造降低一线监造人员工作强度，提升远程监造能力；检储配一体化协同，抽检作业时间成倍压缩。

3. 实现了营商环境进一步优化

全景质控数字化运营，全业务线上作业，使供应商从线下奔波到线上交互、网络协同，同时引入保险、保函等金融产品服务，助力电工装备供应商降本增效，形成供应链发展新动能；推进全程数字化，实现"一次都不用跑"，减少链上企业商务成本，年可节省3.42亿元，助力"链主"带动能力提升，助力产业链升级。

（三）"全景质控"体系应用发挥了更大作用

1. 推动公司高质量和可持续发展

深化落实资产全寿命周期管理理念，持续提升质量对保安全、提效益、促共赢的本质作用；全方位提高设备采购质量、工程建设质量、设备管理质量；全力以赴选好选优、提质增效，推动公司高质量和可持续发展。

2. 确保相关产业链供应链稳定有序

利用搭乘新一代数字技术应用"快车"的新机遇，进一步夯基础、强质量、防风险、补短板，发挥平台和枢纽作用，推动物资质量管理高端化、绿色化、智能化、融合化发展，采购供应和产品质量保障能力更加牢靠，电网建设和公司发展相关产业链供应链稳定有序。

3. 构建和谐共赢电工装备生态圈

将新一代数字技术和物资质量管理业务深度融合，实现电工装备需求侧、供给侧、第三方服务单位互联互通，建立信息高效协同、开放共享的电工装备生态圈体系，充分发挥市场需求对供给侧自我提升的深层驱动作用，实现生态圈自适应良性循环。

主要创造人：熊汉武
参与创造人：孙　萌、陈金猛

航天元器件可靠性测试分析技术体系构建与工程应用

航天科工防御技术研究试验中心

一、项目背景

元器件是航天装备研制、生产与应用等过程中重要的通用基础，对航天装备产品的研制周期、寿命、性能、成本和发射风险都有极其重要的作用和影响。任何一个元器件发生故障，都有可能造成航天装备系统的失效。没有高质量、高可靠性的元器件，设计再好的航天装备也难以发挥作用。

航天装备使用的关键重要元器件大部分为高端元器件。由于采购途径与供货渠道控制力度不足，假冒、翻新等元器件层出不穷。因此，通过测试分析手段对航天装备用大规模高端集成电路的质量进行把关极其重要。

随着型号装备国产化要求的提升，型号设计师逐渐尝试在设计过程中使用国产元器件。但由于多方面因素，部分国产元器件在型号应用过程中出现不匹配的现象：元器件本身不适应恶劣工作环境；与国外元器件不兼容；元器件的批次一致性、稳定性欠缺等，这些现象表明国产元器件成熟度距离大规模批量使用仍有距离。

为了精准航天装备使用的高端元器件，早期发现并解决国产元器件设计、制造等过程的薄弱环节或缺陷，解决用户"不好用""用不好"以至于"不敢用"的问题，必须尽快建立元器件验证评价技术与标准体系框架，在确保航天装备元器件可靠性的同时，推动我国元器件国产化进程。

本项目结合航天装备元器件需求和我国元器件研制、生产的实际情况，研制了一套适用于航天元器件的可靠性测试分析技术体系构建与工程应用方法，对大规模生产条件下航天装备元器件的质量管控具有重要意义。

二、总体思路

航天元器件可靠性测试分析技术体系构建与工程应用方法以"新质核心要素、敏捷验证手段、数智基础支撑、开放融合架构"为总体战略；以"五维三层"测试分析技术体系为核心，保证元器件的质量满足航天装备可靠性要求；同时，规范元器件供应商的设计制造过程，使其具备生产满足用户可靠性要求产品的能力。项目总体模型如图1所示。

"五维三层"质量保证架构体系解读如下。

针对航天装备研制特点，在初样阶段的元器件基础与选用策划、正样阶段的元器件分析与验证、定型阶段的元器件决策与应用等三个层面，分别从"元器件智能化测试分析评价技术、基于应用可靠性的元器件验证评价技术、运用大数据技术的元器件质量保障、开放融合型的元器件保证链构建、支撑型号全流程的元器件保证标准文件体系"等五个维度实施元器件质量保证，形成了多维度、多层级的矩阵式质量保证要求。

- "元器件智能化测试分析评价技术"维度的三个层级分别是"基础与策划"层双向分析元器件固有质量，"分析与验证"层设计"基于测试分析＋验证评价技术的双轮模型"，"决策与应用"层智能试验流程线控制监督一体化管理。
- "基于应用可靠性的元器件验证评价技术"维度的三个层级分别是元器件需求生成及统型机制、多维度验证分析、验证评价与持续跟踪。
- "运用大数据技术的元器件质量保障"维度的三个层级进行了装备元器件多源质量数据采集、装备元器件多源质量数据分析、数据决策支撑。
- "开放融合型的元器件保证链构建"维度的三个层级构建了专用实验室质量体系、卓越产品保证体系、供应链质量控制机制。
- "支撑型号全流程的元器件保证标准文件体系"维度的三个层级构建了元器件保证标准体系、型号元器件保证大纲、研究院工程应用监督标准。

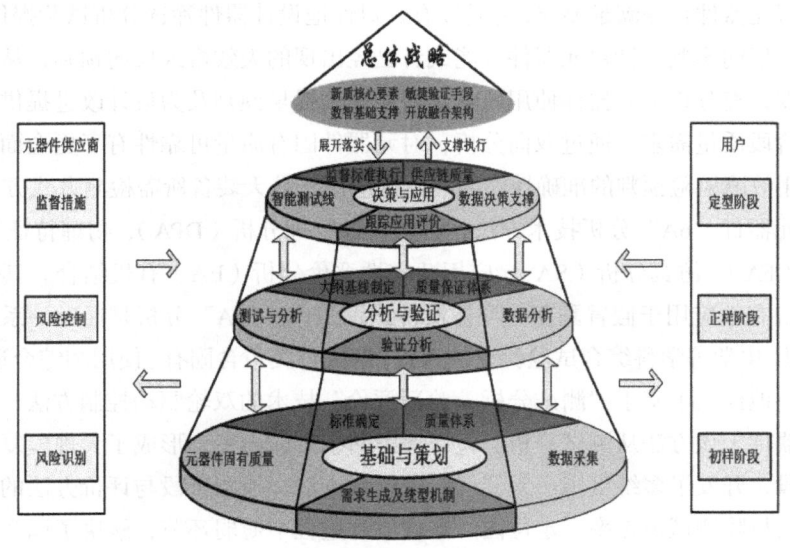

图 1 项目总体模型图

三、详细内容

（一）元器件智能化测试分析评价技术

秉承"新质核心要素、数智基础支撑"的战略思想，创新性地提出了以"低成本、大规模、轻量化"为特点的元器件新型质量管控手段，建设元器件"固有质量可靠性识别、测试分析双轮管控、智能化检测手段监督控制"三层管控架构，如图 2 所示。

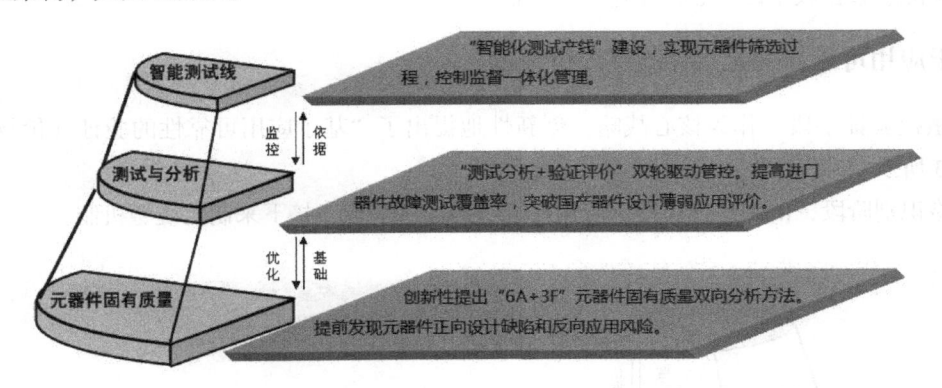

图 2 元器件智能化测试分析评价技术三层管控架构示意图

- 在元器件固有质量层，对器件自身缺陷及应用风险进行识别，有针对性地为后续测试与分析层，选择合适的筛选手段及分析重点提供理论支撑。
- 在测试与分析层，加大对元器件已有及潜在故障的测试覆盖度，分析评价器件在不同应用严酷环境条件下的适用程度，为航天装备筛选可用元器件，同时为底层芯片设计优化提供指导。
- 在顶层，即智能测试线层，通过智能化测试产线建设，过程可控、提高效率、减少人为风险、积累数据，实现元器件筛选过程控制监督一体化管理。

通过元器件智能化测试分析评价技术三层管控，为航天装备筛选符合可靠性要求的元器件。

（1）针对元器件固有可靠性，应用"6A+3F"组合分析手段，对元器件开展元器件正向设计要求和反向应用风险双向分析。正向分析时，从器件设计结构功能特点出发，充分识别国产半导体器件结构缺陷、设计薄弱点、使用芯片替代等问题；发现器件假冒、后期翻新、改标、版图更改等问题。同时，结合任务需求，从元器件结构设计等方面分析元器件是否满足要求，为后续有针对性地设计器件筛选分析试验提供依据。反向分析时，对元器件使用风险进行反向预判。针对元器件可能或者已经出现的失效模式反向预判，从元器件生产使用中可能存在时失效模式出发，充分识别元器件使用风险及可能性，提早预判及为设计改进提供指导思路，保证元器件满足航天装备设计阶段质量需求。通过双向分析，对元器件固有质量可靠性有了更全面的认识。确保对器件故障模式的识别及使用故障风险预判的准确性，为元器件应用于航天装备所需检测方式方法的确定奠定基础。

构建了国内首家元器件"6A"分析技术方法，将破坏性物理分析（DPA）、物理特征分析（PFA）、结构分析（CA）、失效分析（FA）、仿真分析（SA）、应用适应性评价分析（EA）有机结合。其中，半导体物理特征分析技术为国内首创，有效应用于假冒翻新半导体器件识别工作。"6A"分析是通过一系列无损和破坏性解剖分析的手段，依靠物理、化学等学科综合试验验证的方式，解决各类包含固有、使用和综合适用性的可靠性问题。

（2）本项目创新性地提出了基于"测试分析+验证评价"技术的双轮驱动控制方法，旨在为航天装备筛选符合可靠性要求的元器件。该方法从测试分析、验证评价两个方向出发，形成了大规模复杂集成电路的系列检测方法及相关技术手段，开发了多维度国产元器件验证评价方法。检测手段与评价方法的互相促进，提高了高端大规模复杂集成电路故障测试覆盖率，定位国产器件设计过程中薄弱环节，解决了国产器件成熟度评价无方法，低等级器件、塑封器件考核管理手段弱等问题。

（3）元器件在武器型号批产批量应用阶段，对元器件的检测任务存在任务环节多、批量大、周期短等特点。打造"智能试验流程线"，包括自动化试验线、数据采集并且智能化分析、实物流转及相关管控流程。解决传统人工检测监督管理方式中检测效率低、测试稳定性低、监督管理复杂等方面的不足。

"智能试验流程线"从总体上规划智能化生产建设的硬件需求以及相对应的管理方法，实现元器件筛选操作自动化、数据流自动提取记录、异常状态判断与报警，实现筛选控制监督一体化管理。机器的使用大大提高了检测效率，减少人为因素风险，使筛选过程的质量监督管理更加可控。同时，数据自我采集、积累、分析，为大数据质量保障、数据收集以及数据库建设提供基础。

（二）基于应用可靠性的元器件验证评价技术

以"形成敏捷验证手段"作为核心战略，创新性地提出了"基于应用可靠性的验证评价技术循环模型"，具体思路如图3所示。

（1）在风险识别阶段，由用户首先提出应用需求，即需求生成，接下来制定统型机制。

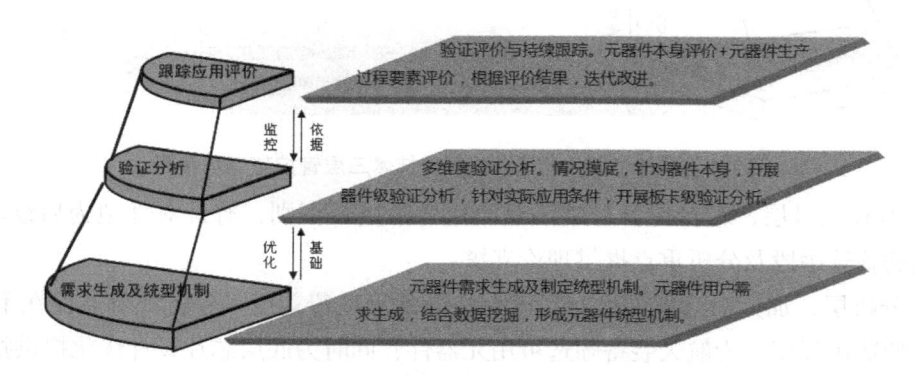

图3 基于应用可靠性的验证评价技术思路

（2）在风险控制阶段，对核心关键元器件进行验证分析，给出元器件的综合评价。

（3）在风险监督阶段，持续跟踪元器件的应用评价，进而更新完善需求生成。

应用可靠性是元器件实际使用过程中的一种特性，区别于固有可靠性，它是基于用户使用需求的一种元器件特性。循环法的优势在于形成了一个发现问题、解决问题的闭环，并且通过循环使用，第一阶段遗留下的问题可以通过循环到第二阶段继续解决。三个阶段下通过需求生成及统型机制、验证分析、跟踪评价的循环迭代，元器件应用可靠性得到了逐步提升。

元器件需求是推动其设计、生产等一系列过程的源头。需求生成是循环模型的起点，也是三层质量控制模型的基础。为了让用户应用"可用""好用"的元器件，从产品本身、应用特性及环境等多个方面综合分析，明确用户需求。需求生成的结果作为后续设计验证分析的输入。

多维度验证分析是循环模型中的中间核心环节，也处于风险识别的关键阶段。需求生成结果作为验证分析的输入，验证分析的主要目的在于确定元器件的功能性能和环境适应性等是否能满足用户需求。

验证评价与持续跟踪是循环模型的末尾部分，元器件在使用过程中暴露的问题将进一步更新需求生成，迭代入下一阶段从而提高元器件应用可靠性。

（三）运用大数据技术的元器件质量保障

基于航天装备研制阶段及规模化批生产阶段元器件质量可靠性保障能力提升发展需求，从数据采集、数据分析、数据决策支撑三个维度进行了技术构建，如图4所示。解决元器件质量数据分散、数据交互及融合困难、质量预测及可追溯性差等问题，科学统筹航天装备研制全寿命周期元器件质量数据采集与应用，突破了元器件多源质量数据融合与分析、基于模型的元器件质量保障关键领域应用等关键技术，形成了基于数据驱动的装备元器件质量保障服务模式，实现了元器件多源质量数据资源的统一管理、协同共享与综合应用，全方位满足装备元器件设计选用、质量管理、科学决策等智慧化服务需求。

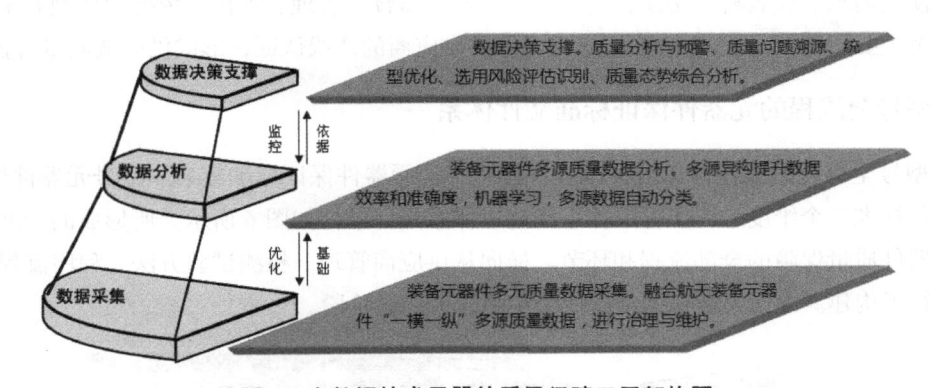

图4 大数据技术元器件质量保障三层架构图

通过有效整合采集的质量数据，以专业知识为指导，构建质量问题分级指标和风险评测指标体系，建立航天装备质量问题预警机制，主要服务于武器系统各级质量管理人员、选用管理和设计人员。

通过质量问题溯源获取该元器件所有的相关质量数据，并基于这些数据支撑做出该元器件质量问题的决策。在质量监督人员针对质量问题进行决策之后，本系统可对决策变量和路径进行记录并导入数据库，并进一步跟踪该决策实施效果。在决策周期结束后，本系统可针对决策进行评价并生成质量问题处理报告，备查的同时可以闭环支撑后续相似元器件质量问题解决方案，辅助优化决策路径，用以闭环支撑后续发生相似元器件质量问题时，做出更优化的处理决策。

元器件统型分析主要提供全面的统型决策支持支撑，实现压缩元器件品类、降低检验成本、提高整体可靠性的目标。通过建立元器件统型分析模型，对设计选用清单开展统型分析，反馈元器件统型建议。同时，根据用户实际统型方案迭代优化模型，提升统型模型精准度。

元器件选用风险评估识别主要包括质量可靠性风险评估、可控风险评估、国产替代风险评估、禁限运风险评估等功能。元器件质量大数据驾驶舱对型号质量重点数据和宏观指标进行仪表盘化、个性化监控。

（四）开放融合型的元器件保证链构建

总体质量管理体系建设基于开放融合的理念，按照装备元器件使用特点，吸纳元器件生产厂家的生产要求。从质量体系、质量保证体系、供应链质量三个维度进行了构建，如图5所示。

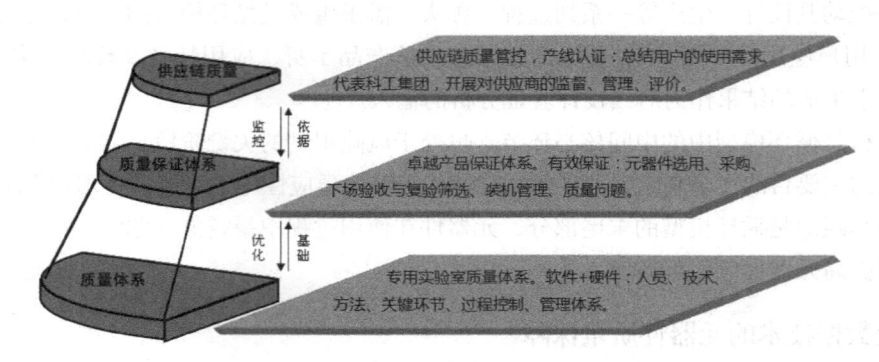

图5 开放融合型元器件保证链三层架构

从航天装备元器件可靠性测试分析技术搭建的软件、硬件两方面着手，从人员、技术、方法、关键环节、过程控制、管理体系六个方面进行了专用实验室质量体系建设。

建立了卓越产品保证体系，对航天装备元器件从选用管理、采购管理、下场验收与复验筛选、装机管理、质量问题五个方面采取有效保证措施，使用于装备任务的元器件在全寿命周期内符合型号产品功能、性能、使用寿命、环境、质量和可靠性的要求。

总结用户的使用需求、代表科工集团，开展对供应商的监督、管理、评价，依据"新型五统一"办法，基于"产线认证三个主要原则"，从五个方面实施对元器件供应商的产线认证，形成供应链质量管控方法。

（五）支撑型号全流程的元器件保证标准文件体系

建设了支撑型号全流程的元器件保证标准文件体系，从元器件保证标准体系、型号元器件保证大纲、"二院工程应用"监督标准三个维度进行了标准体系构建，体系文件结构如图6所示。所形成的标准、文件架构覆盖了航天装备元器件质量保障的全部流程和环节。横向从供应商管理、检测试验方法、程序流程评价、下场验收监制等环节进行了构建。纵向覆盖初样、试样、定型三个主要阶段。

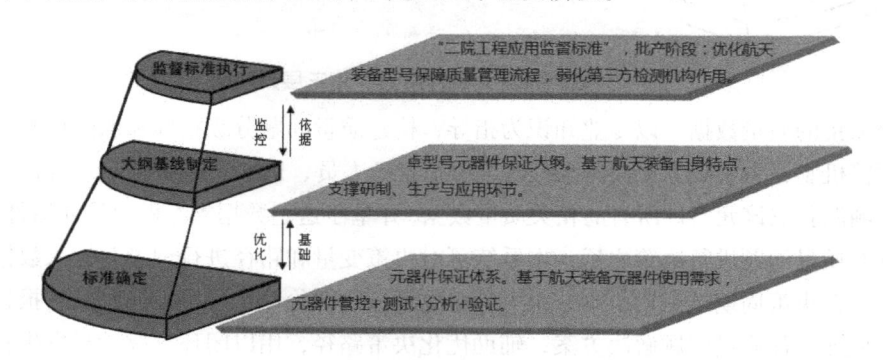

图6 体系文件结构图

元器件保证标准体系在元器件保证基础与策划层，从元器件管控、测试、分析、验证四个维度制定了元器件保证标准体系。该标准体系基于航天装备元器件可靠性测试分析要求、用户使用气候、机械、空间环境特点、元器件供应商质量风险控制程度与措施进行制定。

型号元器件保证大纲针对每个航天装备的属性特点，"量身定做"了型号元器件保证大纲，用于支撑型号的研制、生产与应用环节。使元器件在型号的整个寿命周期内，满足武器系统功能、性能、环境、安全性、质量与可靠性的要求。各型号在该大纲的基础上，结合各型号的具体特点和要求，制定型号元器件保证大纲，作为各型号推行产品保证工作的依据。

"航天二院工程应用"监督标准通过对承制方设计、生产、鉴定、认证、质量一致性检验以及使用方采购、验收等质量保证的详细技术规范进行管控，优化批产阶段武器装备型号保障质量管理流程，弱化第三方检测机构在批产阶段对元器件复验筛选工作的作用。

四、实施效果

形成了一套"五维三层"航天元器件可靠性测试分析技术体系。在该体系下开发了大规模复杂集成电路的系列检测方法及相关技术手段，针对国产低等级、塑封元器件设计薄弱环节，开发了多维度国产元器件验证评价方法，创造的半导体物理特征分析（PFA）技术有效应用于假冒翻新半导体器件识别工作，形成了基于数据驱动的装备元器件质量保障服务模式，施行了元器件产线认证，建立了支撑航天装备全流程的元器件保证标准体系，提高了航天装备元器件可靠性水平。

同时，建设了柔性脉动式智能化产线，开发了元器件质量大数据智慧服务平台，形成了装备元器件质量大数据库、国产元器件薄弱设计识别库、半导体器件标准版图特征库、半导体器件批次信息库。开创了基于ATE的霍尔器件的非线性、准确度自动测试先例；国内首次提出CPLD器件动态老炼测试方法，使CPLD资源覆盖率提升至100%，远超行业普遍存在的资源覆盖率60%；自主开发了FPGA检测通用全自动重构平台，将一次性测试资源覆盖率提升至95%以上；具备年5000万只元器件的筛选能力，建成了一支国内一流的元件器人才队伍，发明专利近200项（部分还未授权）。

在该体系下，近10年没有发生过由于元器件检测失误而导致的重大工程事故，有效保证了研究院每年航天装备发射成功率近100%。

主要创造人：谷　成
参与创造人：王　坦、陈　波

基于全价值链品质保证战略的构建与实施

广汽丰田汽车有限公司

一、企业概况

2004年,广汽丰田汽车有限公司(以下简称广汽丰田)落户南海之滨——广州南沙,在芭蕉林里,建起一座"丰田全球模范工厂"。秉承丰田数十年汽车制造之精义和广汽集团自力更生、艰苦奋斗的创业精神,广汽丰田坚持建设"品质第一"的内部文化,实施全价值链品质保证战略。

18年来,广汽丰田稳健发展,建成了五条生产线,年产能整体达100万台,成为丰田全球集中规模化程度最高的生产基地。目前,全国共有经销店666家,实现对轿车和SUV各主流细分市场全覆盖,也是国内集多种动力技术于一体的全擎全动力汽车生产服务提供商。引进TNGA架构、拥抱纯电浪潮,广汽丰田实现行业领跑,集聚40余家零部件企业。截至2021年销售收入连续三年破千亿元,工业产值连续两年破千亿元,推动汽车产业成为南沙首个千亿级产业集群。

二、企业质量管理目标

(1)致力于提升品质,打造"丰田全球模范工厂"。广汽丰田秉承数十年汽车制造之精义,引进了全球最先进的生产设备和工艺,布局了冲压、焊装、成型、涂装和总装五大生产工艺,着力打造"丰田全球模范工厂"。

(2)应用先进技术,实现多产品线优化生产。广汽丰田发挥TNGA全球最新造车理念综合优势,不断导入丰田全球最新技术,并运用大数据、信息化、物联网构筑"供应商、广汽丰田、顾客"三位一体、行业领先的智慧供应链体系,用更低成本、更短周期实现零库存和柔性生产。在产品方面,目前广汽丰田产品线涵盖燃油车、HEV(混合动力车型)、EV(电动车型)、PHEV(插电式混合动力车型),是国内集多种动力技术于一体的全擎全动力汽车生产服务提供商。在质量安全方面,早在公司成立之初,广汽丰田就引入丰田的精益化生产模式,实现了生产效率和产品合格率双提升。

(3)进一步提高质量管理水平,推进制造工序的智能化升级。通过建立内制不良管理、工程监查和品质风险识别系统,构建工程品质信息网络,关联各类品质数据,实现各环节品质共享;通过导入智能检查技术,由传统的人工检查改善为视觉智能自动检查,自动分析识别缺陷、统计数据、分析合格率,实现精确度更高的智能检查。

三、构建品质保证体系

在广汽丰田的企业理念中,突出强调了一点:始终贯彻"顾客第一"宗旨,根据客户的需要提供高品质的产品和高质量的服务。广汽丰田全体员工以生产超越客户所期待的汽车为目标,不制造不良,不流出不良,不让不良品流入下一道工序,不让不良品流入市场。

2006年,在结合ISO 9001规格要求和丰田质量管理经验的基础上,广汽丰田建立了以自身的"自工序完结"为核心的品质保证体系。品质保证工作是贯穿于全过程的,它涵盖了商品企划、设计、生产准备、采购、生产、检查、物流、销售和售后服务、品质监查十大环节。

与此同时，基于定期对内外部环境变化的监视和评审，持续对品质保证体系进行完善，以确保体系的有效性和实质性。2021年，基于"顾客第一、品质第一"的品质方针，利用数字化技术赋能全价值链品质管理，为顾客提供更高品质的产品和服务。

2021年，广汽丰田再度以优异的成绩通过了ISO 9001质量管理体系的认证审核，以"0不符合项"顺利通过中国强制性产品认证（China Compulsory Certification，CCC）及节能汽车产品认证的监督审查。

（一）品质保证活动概要

图1所示为广汽丰田品质保证活动概要，绕箭头方向一圈，从商品企划到生产、销售售后的全过程构成品质保证的一个循环。品质保证的核心思想是自工序完结，它贯穿品质保证活动的每个环节。

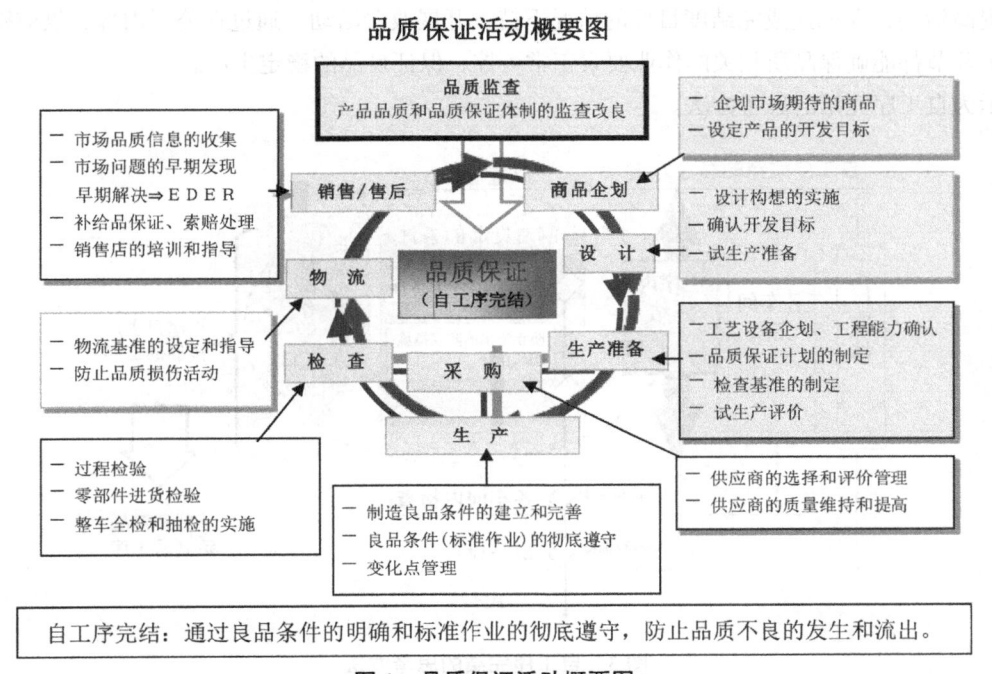

图1　品质保证活动概要图

（二）开展自工序完结活动

自2006年投产，广汽丰田全面开展自工序完结活动（图2），通过良品条件的明确和标准作业的彻底遵守，防止品质不良的发生和流出。

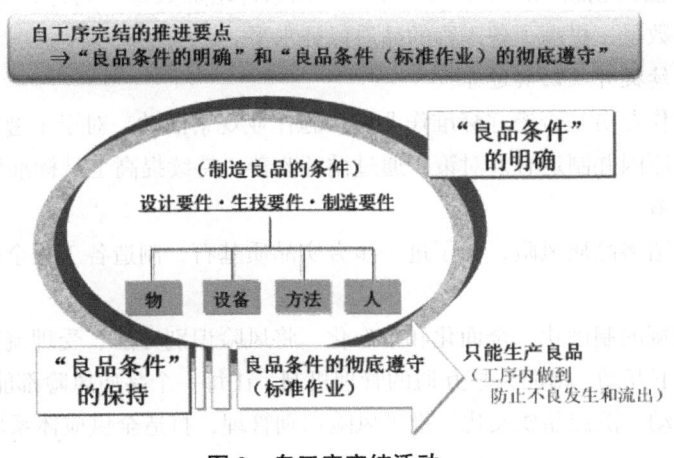

图2　自工序完结活动

自工序完结活动通过"完善良品条件"和"遵守标准作业"这两方面来展开工作。"完善良品条件"是指从设计、生技、制造的观点，列出所有能想到的"制造良品的条件"；"遵守标准作业"是指明确作业人员遵守"制造良品的条件"的标准，或通过改善使其易于遵守。

为了能够明确"自工序完结"的进展状况，并能对各个工序的自工序完结活动进展效果进行判断，同时导入"自工序完结度"的定义（自工序完结度 = 良品条件的整备率 × 标准作业的遵守率）。以自工序完结度100%为目标，全员、全速、全力强化品质基础，进一步提升车辆品质，实现最终产品的"零缺陷"。

（三）提高自工序完结度

在开展自工序完结活动的过程中，各工程对业务要素进行分解、明确良品条件，定期进行自工序完结度的评价并开展提高活动，在未达成完结度目标的情况下持续开展改善活动。通过在公司内部、供应链内部开展此活动，让每个环节都能确保品质相关的作业要素正常可控，保证良品的稳定生产。

图3所示为自工序完结的思考方法。

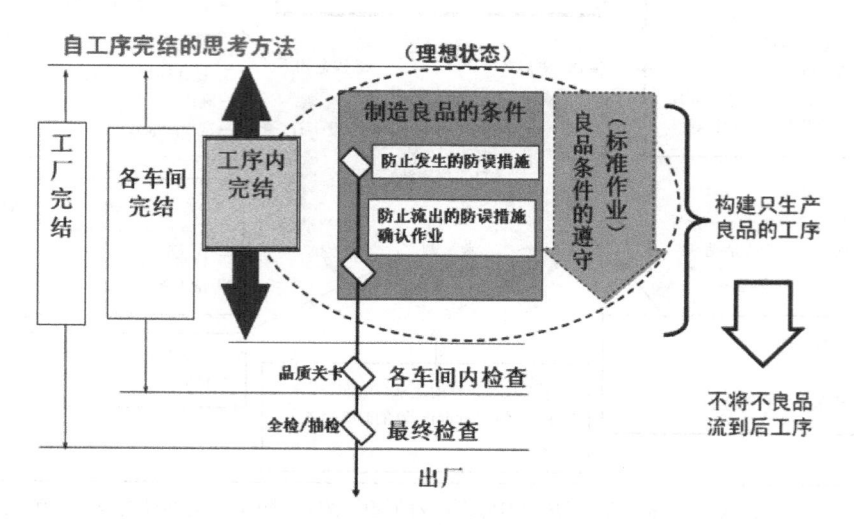

图3 自工序完结的思考方法

1. 良品条件的完善与深究

基于各制造部门的推进实绩，完善并统一了自工序完结推进方法，编制《自工序完结活动手册》，各部门以作业要领书为基础，按照要领书中的每一作业要素重新完善良品条件；针对每一工程的过往不良，各部门通过原因分析，明确缺失的良品条件，建立良品条件反馈体制，持续完善良品条件。

通过良品条件整备方法的创新和改革，每一工程良品条件增加数量平均达5～10个，大大充实了内制车间和供应商侧的良品条件数量，提高了各工程的品质保证水平。

2. 标准作业遵守度持续提升及切实遵守

现场各级管理者针对作业员是否遵守标准作业，实施作业观察活动。对于未遵守标准作业的项目，通过与作业者的深入交流，查明原因并制定有效对策，通过循环改善，持续提高全员标准作业遵守度。

3. 进一步夯实品质基石

内外环境变化将带来诸多品质风险，为了进一步夯实品质基石，制造各工程全面落实推进全员品质风险识别行动。

（1）实现品质风险挖掘的制度化、全面化和常态化，将风险识别方法、受理流程、评估要求、跟进管理办法等要求明确化，形成上下互动、横向共享互通的管理机制，让每一个品质风险都能得到有效管理并彻底改善。

（2）通过激发全员行动，沉淀品质文化，推进风险识别管理，打造全供应体系新的核心竞争力。

（四）品质保证活动成效

1. 供应商品质的提升

广汽丰田对供应商的品质保证体系、供应链管理、工程管理、最终检查、仓储管理等方面，全面系统性地进行监查和评价，对不足之处提出改善要求并限期整改。此外，广汽丰田还致力于提高供应商的自我审查和改善能力，通过培养供应商的自查员、指导供应商建立自查体制，促进供应商质量管理体系有效运营。经过多年的持续改善，供应商体系逐渐完善，产品纳入不良也显著递减，在2020年、2021年连续达成了0.28ppm的纳入不良目标。

2. 内制品质水平的提高

通过在公司内全面开展自工序完结活动，各制造部门全力强化品质基础，进一步提升了车辆品质。目前，广汽丰田的整车一次性合格率处于行业一流水平，全检不良率低于0.01件/台。

3. 车辆检查方式的改善

过往的车辆检查需要人工对照纸张进行检查项目的确认，导致检查效率较低，而且容易出错。通过视觉识别、机器人手臂等手段的应用，实时采集车辆式样信息，并运用图像识别技术和人工智能自主学习，自动检查识别式样误欠品不良，提高检查精度、降低作业负荷和防止不良流出。

4. 构筑车辆全流程可视化体制，提升管理品质

为了掌握每一台车辆的最新状态，广汽丰田在车辆生产、物流、销售的每一个关键环节，通过机器扫描、GPS定位或系统操作等方式进行信息采集，并将采集到的信息进行统合后传送到前端电子管理看板，实现了全流程可视化管理。例如，在车辆运输过程中，司机利用手机APP定期扫描运输单上传地理位置，管理人员可通过系统及时查看每一台车的位置信息。

5. 提供保养方案及智能诊断，提升服务品质

随着数字技术的迅猛发展，物联网、大数据等新一代信息技术手段被越来越多地运用于各行各业。为了提升管理品质和服务品质，广汽丰田在车辆全流程管理及售后服务品质提升等方面运用了物联网、大数据等技术，给车主提供合理的保养建议，确保车辆处于保持安全、稳定的状态。

广汽丰田售后服务团队利用大数据构建了车辆保养及智能诊断等模型。车辆保养模型会结合车辆的保养履历和车主的保养习惯为每一台车计算出合理的保养时机及保养项目，给车主提供最有价值的参考；智能诊断模型则会在车主到店保养时，将同车型车辆各零件的故障率等计算出来，辅助售后业务人员在接待时进行诊断确认，确保车主用车安全。

6. 新能源汽车业务推进

近年来，随着国家地方政策的引导、客户消费习惯的改变，新能源汽车飞速冲击传统汽车市场。为应对新能源产业带来的变化，贴合新能源客户升级的需求，以及面对国家及地方新能源生产及销售的政策要求，广汽丰田梳理了主机厂相关合规课题370条、销售店相关合规课题68条，并制定了《广汽丰田合规性标准手册》，切实保证新能源车辆生产销售的合规性。同时，为了应对新能源客户特有的体验需求，2020年制定了《广汽丰田新能源专属SOP》，标准化销售点新能源客户接待的流程共76项，以高质量的销售、服务提升客户体验。

7. 市场品质的快速对应

为了强化市场品质对应活动，提高市场品质水平，广汽丰田建立市场不良案件激增检知模型，基于从顾客、销售点、政府、第三方机构、网络媒体等各种渠道收集的信息分析市场不良的发生趋势，快速精准识别出市场不良激增案件。同时，市场品质统括部门联合日本丰田技术专家和责任部门共同对不良进行调查和对策解决，建立了迅速对应和处理的体制；通过持续改善，市场不良率从6.1件/百台下降到3.3件/百台。

8. 节能环保

广汽丰田积极导入节能车和新能源车型。车型数量从2016年的2款双擎节能车，到2021年增加到6款双

擎节能车、2款纯电动车型、2款插电混动车型。节能车和新能源车销量稳步提升，从2016年的年销3万台提升至2021年的年销超18万台，6年翻了6倍，进一步降低了车辆的能耗水平和二氧化碳排放量，为保护环境做出了贡献。

9. 人才育成

为了将全体员工打造成为"质量人"，广汽丰田重视质量人才的育成，通过开展创意改善提案活动、全员QC小组活动、认真观察表彰活动、品质月活动等，激励员工不断改善创新，提升全员品质意识。

四、结语

一直以来，广汽丰田致力于成为顾客最喜爱的品牌，协同销售渠道，为顾客提供高价值产品、高品质服务、高品位体验；通过销售点为顾客带来全方位的出行服务以及丰富多彩的社区服务；同时，积极探索共享、移动出行领域，加速布局未来战略新兴业务。

今后，广汽丰田将继续发挥产、销、研一体化的优势，秉持"一切为了您的微笑"的企业使命，致力于成为中国消费者最喜爱的品牌。

主要创造人：王宣礼

参与创造人：雷伟锋、张成刚

基于风险识别的分类分级质量管理模式

中铁工程装备集团有限公司

一、背景

隧道掘进机是集机械、电气、液压、传感、导向等技术于一体的高端装备，可广泛应用于地铁、综合管廊、海绵城市、地下车库以及铁路、公路、水利、煤矿等领域，因此被誉为"工程机械之王"。它的研发制造主要呈现以下两个特点。

（1）复杂。涉及学科专业多，结构复杂。

（2）并行。有三个层面的并行：设计研发系统内部的结构、液压、流体、电气等多专业子系统并行设计；设计图纸分批下发，设计与生产并行；内部生产与外部外协供应商之间的并行生产。

这就要求在设计、工艺、制造每个环节都要提前预判、对质量风险进行识别，把每个环节出错的概率降至最低，甚至是零缺陷。因此，建立一套适合隧道掘进机设计研发、生产制造和售后服务质量管理模式成为企业发展的必然选择。

中铁工程装备集团有限公司（以下简称中铁装备）始终坚持管理创新和技术创新并重，探索总结了一套适合企业"大型装备＋非标定制"产品的基于风险识别的分类分级质量管理模式，在企业管理、技术创新、质量提升、品牌效应等方面取得了显著成效。

二、主要内涵

中铁装备通过持续提高企业管理创新活力，推进企业实现高质量发展，在产品设计、制造、服务全流程推行主动识别、分类分级、平台化管控，精准满足客户需求，实现产品快速高质量交付。

（一）革新质量管理理念

质量管理从事后或事中向事前转变，强化事前预防，事前对风险主动识别，降低事中和事后发生质量问题的概率。

（二）分类分级管理

根据重要程度和技术难度对质量风险进行分级，从人、机、料、法、环、测等维度对不同控制点制定针对性管控措施，确保控制点等级与管控措施有效匹配，确保优势资源在关键环节发挥关键作用。

（三）有效协同

设计、工艺、制造、质量、服务等系统要确保有效协同、充分融合，在风险识别、措施制定、执行落实、监督检查等责任明确的基础上，形成跨部门协同机制，群策群力，实现质量风险分类分级管理机制有效落地。

三、具体做法

（一）对产品进行分类分级

从理解市场、细分市场、组合分析、制订业务计划、融合和优化业务计划、管理和评估业务计划等方面，构建市场管理及规划管理体系。

（1）结合隧道掘进机按照直径大小、应用领域等分类特点，产品可分为掘进机、专用设备、服务型产品等三大产品族；盾构类、竖井掘进机系列、巷道掘进机系列、盾构机配套专用设备、超前线、工程服务等17个产品类；超大直径盾构机、超高水压盾构机、切槽铺管机、大坡度斜井TBM、水下沉井掘进机、快速掘锚成套化施工装备、多功能钻机、单臂凿岩台车、智能湿喷台车、信息及智能化服务等66个细分产品。

（2）从产品的技术难易程度来区分，项目可分为常规项目和难点项目。常规项目是指已完成设计、生产和制造，并成功运行5个以上类似的设备；功能区别较小，各主要部件与系统的设计、制造工艺和组装工艺已较为成熟，市场反馈问题较少的项目。例如，开挖直径为4～10米的盾构、直径为3～9米的TBM。难点项目是指已完成类似的设备较少，5台以下；功能区别较大，或主要尺寸和功率与已有设备区别较大；应满足的标准是首次接触等。例如，开挖直径为10米以上的盾构、直径为4米以下的盾构、直径为9米以上的TBM和所有常压泥水盾构等。

（3）从项目的重要性来区分，项目分为一般项目和重点项目。重点项目是指首次合作的客户，项目影响力大，对公司有重要影响力的项目，如首次进入国家、行业、领域等或国家级重点项目等。

（二）对质量风险分类分级

质量风险是质量特性偏离预期目标的可能性（发生度）及其后果（影响度）的组合。质量特性是与顾客需求或期望相关的产品本身固有特性，可能影响产品的安全性或法规符合性、配合、功能、性能或其后续过程的产品质量特性或过程参数。质量特性分为关键质量特性、重要质量特性和一般质量特性。

- 关键质量特性是指如果发生故障，可能会导致人身安全事故，或使产品丧失主要功能，或使施工现场无法更换，或产生严重污染，或必然引起客户投诉，或使产品关键部件无法装配且无法返修导致关键部件报废等一项或多项特别严重的后果。
- 重要质量特性是指如果发生故障，可能会导致人身安全事故，或降低产品原有的使用功能，或使施工现场更换困难、更换工期长，或产生轻微污染，或可能引起客户投诉，或使产品关键部件无法装配且返修困难导致加工组装成本显著上升或工期延误等一项或多项比较严重的后果。

质量风险以风险影响的严重程度和风险发生的可能性为依据，可划分为高风险、中风险、低风险，如表1所示。

表1 质量风险分级

影响度 发生度	特别严重（关键质量特性）	比较严重（重要质量特性）	不严重（一般质量特性）
经常发生	高风险	中风险	低风险
时常发生	高风险	中风险	低风险
很少发生	中风险	低风险	低风险

（三）建立设计风险分级管理流程

成功的产品有两个重要特点：满足客户需求和实现企业商业目标，两者缺一不可且要同时考虑。与此相对应，为了满足外部客户需求和内部经营需要，产品开发过程应建立两条基线：一是需求实现，二是商业目标实现。

中铁装备基于此两条基线建立了技术评审（TR）和决策评审（DCP）机制及流程。通过技术评审收敛和控制技术实现风险并满足客户需求；通过决策评审收敛和控制项目商业实现风险并管理产品投资收益；同时通过建立产品立项、开发流程将技术评审和决策评审进行集成，确保需求实现和商业目标并重，确保研发价值实现。

1. 技术评审

隧道掘进机作为隧道施工专用工程机械，集机、电、液、光、信息化技术于一体，产品由上万个零部件组成，各子系统尤其复杂，在设计过程中，需要从多层次、多角度出发考虑，还要兼顾产品实现过程中跨领域的协调和衔接，因此技术评审尤其重要。

（1）成立技术评审专家委员会。为了确保技术评审的高质量和高交付，中铁装备成立了技术评审专家委员会（TRG），即由公司内部与外部各专业领域专家所组成的评审委员资源池。资源池由营销、研发、生产、采购、质量、服务、财务等多领域人员组成。

（2）设置技术评审点。在产品立项、开发流程中设置10个技术评审点，并编制相匹配的评审要素表，明确各阶段评审要素和关注点以确保评审过程受控。

（3）适时启动评审。各研发项目根据研发计划适时启动评审，在资源池中选取专家的专业类别和人数，从结构、电气、液压、流体、工艺等技术系统方面进行项目内的技术评审。

（4）给出专业建议。评审委员会在产品研发各阶段将结合技术发展趋势，根据产品需求、评审要素表及项目成本，提出关键技术问题，评估技术风险，给出专业建议，为产品决策提供技术支持。

2. 决策评审

决策评审是对产品开发风险进行逐级收敛与把控，目的是确保企业商业目标的实现并做出正确的投资。决策评审关注以客户为导向的市场数据，结合市场数据和商业目标对其优劣进行判断，并通过决策筛选掉劣质项目；既避免了劣质项目消耗资源，又能确保企业资源的高效利用，防止四面出击所带来的负面影响。

中铁装备在开发某客户盾构产品过程中，于开发阶段召开概念决策评审（CDCP）。在决策评审中，该项目决策团队发现产品使用的进口零部件可实现国产化替代，而项目研发人员并未掌握此零部件已国产化的信息。于是，决策团队及时将项目暂停，做出项目调整决策，直接节省成本170万元。该产品客户订购了6台，共计节省成本1020万元。

决策评审通过后，设计团队结合前期设计、工艺、质量问题库组织各系统完成风险识别、风险分析、风险评估和风险等级确定。根据不同的风险等级从人员准入、管控方法等方面制定针对性控制措施，形成设计风险识别及管控措施清单；对于关键、重要部件，在设计图纸的同时，完成相应产品质量特性清单或检测图纸绘制并同步下发，在检测图中应对产品关键质量特性和重要质量特性予以特殊标记；各系统在下发设计图纸的过程中同步完成风险识别清单闭环签认，闭环签认纳入图纸下发关键节点管理；各设计单位应根据风险分级，从保证设计质量的不同维度，投入相匹配的资源及管控措施，确保分级管理切实落地。

（四）建立制造服务风险分级管理流程

生产服务单位收到设计图纸后，根据产品图纸、质量特性清单或检测图和类似项目质量问题库，开展风险识别、风险分析、风险评估和风险等级确定，并根据风险等级制定不同的控制措施，形成制造风险识别及管控措施清单和质量检验计划。

在工艺文件或组装方案中，对高、中风险的工艺控制措施予以特殊标记，将其作为生产过程中关键、重要质量控制点进行管理。

生产服务根据质量控制点分级。在保证产品质量的"人、机、料、法、环、测"（5M1E）6个方面，投入相匹配的资源及管控措施，确保分级管理切实落地。原则上，关键控制点、重要控制点、一般控制点的比例为1∶2∶7，可根据实际情况对控制点严加管理。

（五）建立质量风险分类分级管控平台

通过持续建设和完善各种类型重难点项目的质量分类分级数据库，形成平台化、标准化的分级管控标准。后续产品根据分类直接借用，新设计结合风险识别增加新的质量控制点，然后加上标准化分级管控标准，形成新的项目管控分级标准，最终构建了产品分级管控标准化平台。产品分级管控标准化平台最终要涵盖所有产品，这样在召开项目策划会时，常规项目的质量管控可以直接借用某个项目分级管控标准，重难点项目可以在某个节点完成新的分级管控标准。

四、实施效果

中铁装备通过应用基于风险识别的质量分类分级管理模式，实现了客户需求精准快速响应，缩短了产品研发制造周期，有效提升了隧道掘进机产品市场竞争力，带动企业各项工作顺利开展，从而推动企业实现高质量发展。

（一）质量竞争力显著提升

中铁装备坚持以"让产品和服务始终保持领先"为目标，以风险识别与分类分级过程管控抓手，实现产品全生命周期质量管理，隧道掘进机的地质适应性、产品可靠性均处于国际领先水平。中铁装备连续两次荣获第二届、第三届中国质量奖提名奖；2021年9月16日，在第四届中国质量（杭州）大会上，中铁装备以制造业第2名的成绩，荣获中国质量领域最高荣誉——中国质量奖，产品质量和市场履约能力稳步提升。

（二）品牌效应日趋显著

2020年，中铁装备隧道掘进机订单和产量在国内同行中率先破千，成为生产盾构机数量最多的企业。目前在全国有20个生产基地，盾构/TBM年产能280台，已累计生产1307台盾构/TBM；各类产品应用于国内40余个城市，出口至意大利、法国、丹麦、澳大利亚、新加坡、阿联酋、以色列、秘鲁等30多个国家和地区，尤其是在欧洲高端市场接连取得重大突破，成为国内出口海外盾构第一品牌；中铁装备的出口已占到了国产掘进机出口海外的76%，树立了"中铁装备""CREG"两大国际知名品牌。中国品牌促进会评估企业品牌价值达50.44亿元，是中国掘进机行业品牌价值最高企业，市场占有率连续10年保持国内第一，连续5年产销量世界第一，品牌影响力日趋显著。

主要创造人：贾要伟
参与创造人：王劲松、许庆伟、栾　飞、卢海洋

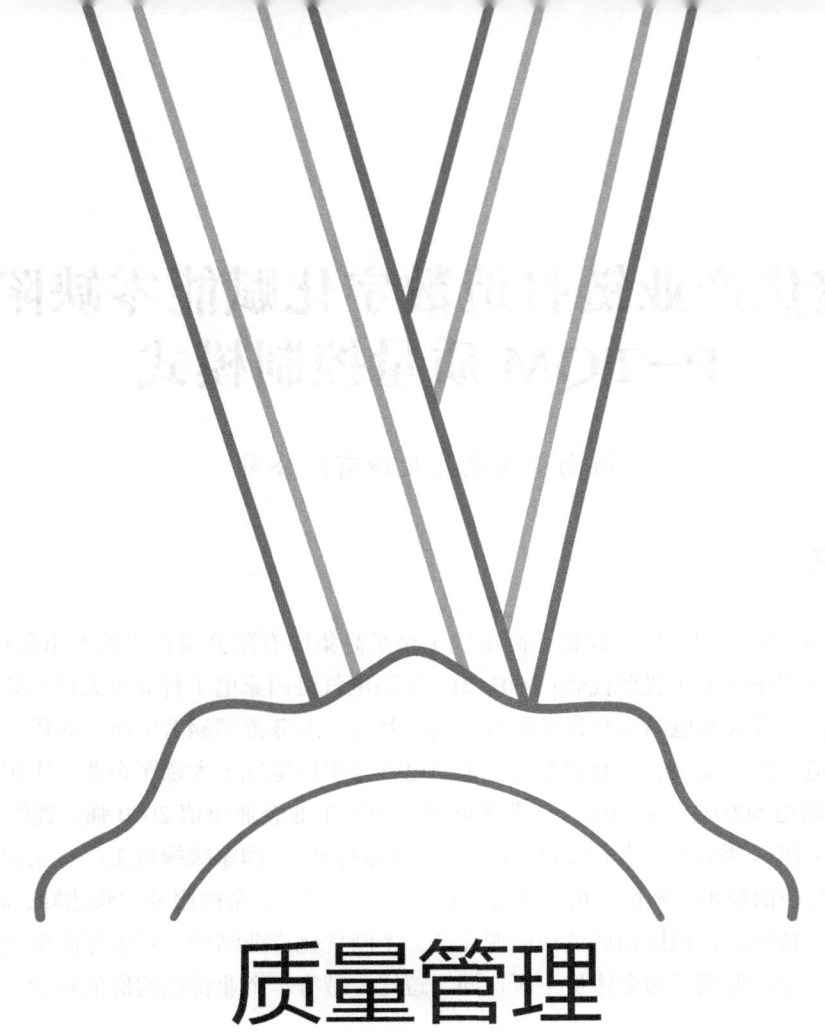

质量管理
优秀实践案例

聚焦产业链打造数字化赋能零缺陷 P-TQM 质量控制模式

河南平高电气股份有限公司

一、企业概况

河南平高电气股份有限公司（以下简称平高电气）是平高集团有限公司控股的上市公司，于 2001 年 2 月 21 日在上海证券交易所挂牌上市（股票代码：600312）。平高电气是国家电工行业重大技术装备支柱企业，是我国高压、超高压、特高压开关及电站成套设备研发、制造基地，业务范围涵盖中压、高压、超高压、特高压交直流开关设备研发制造、销售安装、检修服务等。平高电气是中国电气十大领军企业、中国机械 500 强、中国制造业上市公司价值创造 500 强、中国电气工业 100 强、中国工业企业市值 2000 强，连续 5 年荣获上海证券交易所年度信息披露工作 A 类评价，获得 2021 年 "全国质量标杆" "国家级绿色工厂" 荣誉称号。平高电气紧盯国家重大需求和科技前沿技术，坚持 "精耕主业、相关多元" 方向，全面服务 "碳达峰、碳中和" 目标实现，探索新业务、新业态、新模式，积极拓展清洁能源业务，不断优化产业结构，积极保障电网安全，助力国家能源事业健康快速发展，逐步形成了为全体员工所认同、遵守，带有本企业特色的价值观念，引导一代代平高人走向精神高地。

二、企业质量管理纲领

公司以高质量创新发展为主线，根植零缺陷理念，秉承 "诚信为本、一次做对、健全体系、预防为主、追根求源、继承积累" 二十四字质量方针，经过 QMI 变革——技术工艺源头治理，基本解决了困扰行业放电、漏气的难题，实现了产品质量二次飞跃。并将产品研发、制造、服务向供应端、客户端延伸，借助信息化、数字化技术，聚焦产业链打造数字化赋能零缺陷 P-TQM（代表全面质量管理）模式。

（一）零缺陷理念及体系

零缺陷核心理论是 "第一次把正确的事情做正确"，包括做正确的事、正确地做事和第一次做正确。平高电气于 2009 年与克劳士比学院合作，导入零缺陷理念并树立 "四个一" 质量理念（图 1），培育 "一次做对" 质量文化，使全员改变心态、改变角色、改变行为，将零缺陷活动向全价值链进行延展，通过产品全生命周期质量风险预先识别与控制、所有过程 "一次做对标准" 建立，以及所有过程薄弱环节有效管控，逐步建立覆盖产品实现全过程以及产品全生命周期的零缺陷体系，最终形成的基于产品全生命周期零缺陷体系模型示意如图 2 所示。

图 1 "四个一" 质量理念

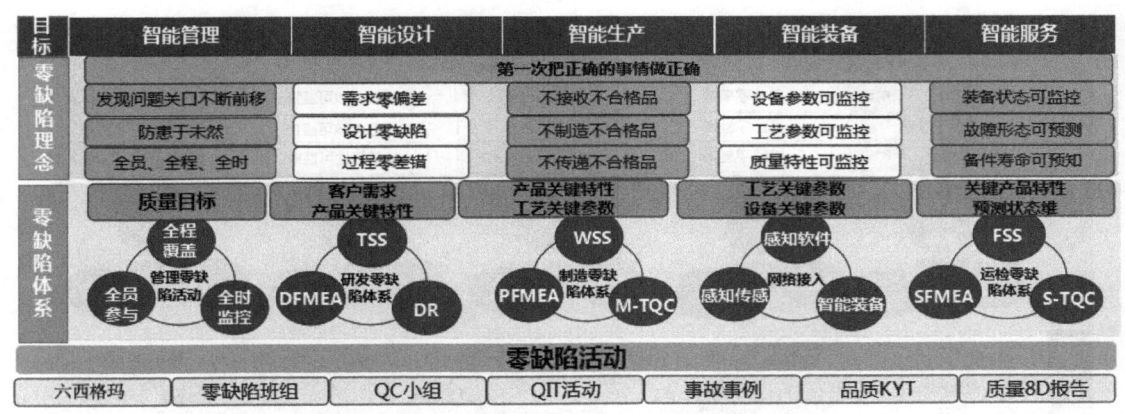

图 2 基于产品全生命周期零缺陷体系模型示意

（二）"数字平高"战略

2009 年以来，公司依托信息化规划，先后上线了 PDM、PLM、SAP、MES、CRM、SCM、QMS 等信息化系统，基本实现了质量全过程管理信息化。2018 年提出"数字平高"战略规划（图 3），推动数字化设计、数字化仿真、数字化验证一体化平台建设，打通数字化工艺、工艺仿真、虚拟制造平台，打造数字化、智能化产线及工厂，对数字化质量管理提出新的要求。

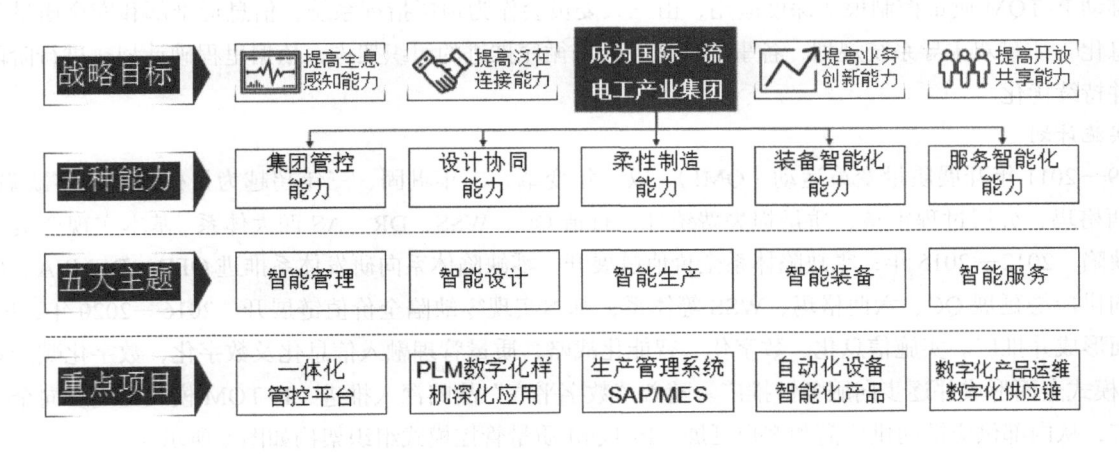

图 3 "数字平高"战略规划

三、数字化赋能零缺陷 P-TQM 质量控制模式介绍

（一）数字化赋能零缺陷 P-TQM 质量控制模式设计

随着公司数字化战略的展开，三维设计取代原有二维设计，数字化样机逐步取代实物样机，数字化仿真测试逐步取代实物测试，数字化工艺设计逐步展开，工艺仿真逐步取代工艺验证，模拟制造等理念逐步导入，这些新的数字化技术的发展对质量管控提出新的要求，但也给产品实现真正的零缺陷带来机会。基于这一变化及思考，公司将"零缺陷三角"中工作站 WSS 与数字化技术紧密结合，并将重点 TQC 活动基于数字化技术进行迭代与调整，始终保持全过程质量风险管控模式，始终坚持零缺陷理念，打造数字质量管理系统（QMS），建立数字化战略下平高 P-TQM 零缺陷质量控制模式，具体示意如图 4 所示。

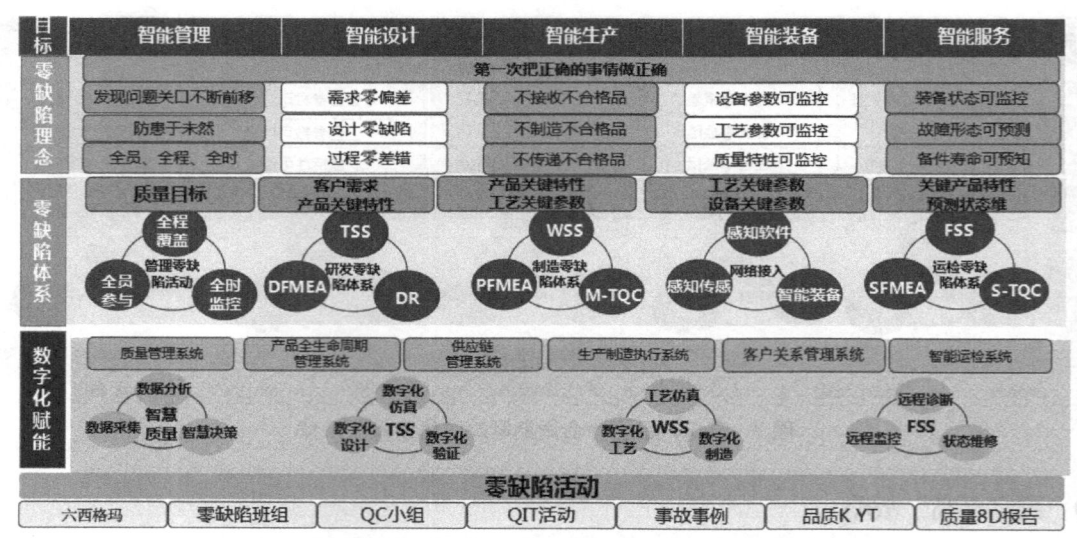

图 4 聚焦产品全寿命周期数字化赋能零缺陷 P-TQM 质量控制模式

（二）数字化赋能零缺陷 P-TQM 质量控制模式落地实施规划

1. 组织构架

为推动 P-TQM 质量控制模式深度应用，由三大委员会作为顶层指挥系统，信息运维部和安全质量部负责进行信息化＋质量双主导系统规划，各事业部试点导入循序推进的组织架构，依据里程碑计划，进行阶段性复盘完善并持续优化。

2. 实施计划

2009—2011 年开展质量变革运动（QMI）。以一年变革、二年巩固、三年超越为目标，引入零缺陷理念，实施六西格玛、分层过程审核、质量损失费统计，打造 QC、WSS、DR、AS 四大体系，基本实现全员及制造过程零缺陷。2012—2015 年，零缺陷体系全价值链展开。零缺陷体系向研发体系推进 QFD、DFMEA、可靠性体系，向供应链延展 QC、六西格玛、WSS 等体系，基本实现零缺陷全价值链展开。2016—2020 年，P-TQM 模式全面形成并推广。实施信息化、数字化、智能化战略，质量管理融入信息化及数字化，数字化赋能零缺陷 P-TQM 模式全面形成并逐步向服务链推广。随着"数字平高"战略深入推进，P-TQM 模式已逐步向全产业链复制推广，从内部供应链向供应商和客户延展。P-TQM 质量管控模式组织架构如图 5 所示。

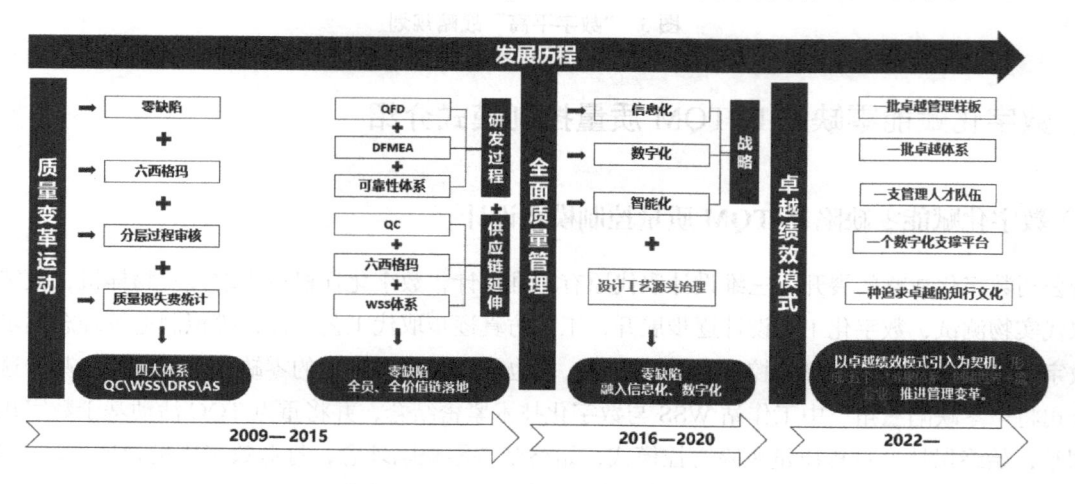

图 5 P-TQM 质量管控模式组织架构

四、数字化赋能零缺陷 P-TQM 质量控制模式实施过程

（一）研发过程

1. 研发零缺陷体系

为了设计出满足客户需求的产品，公司建立了完整研发零缺陷体系。通过 QFD 实现客户需求层次分解，将客户需求转化为产品质量特性，通过评审，确定研发设计基线；系统推动缺陷研究，研发过程嵌入 DFMEA，预先识别失效模式，采取可靠性设计确保研发过程一次做对；设计过程结合数字化研制，建立 TSS 零缺陷体系，通过数字化设计、仿真、验证实现产品设计零缺陷；为确保风险及问题闭环管理，研发过程建立关键环节设计评审（DR），对需求及风险进行环环验证，真正实现研发一次做对。具体研发零缺陷体系如图 6 所示。

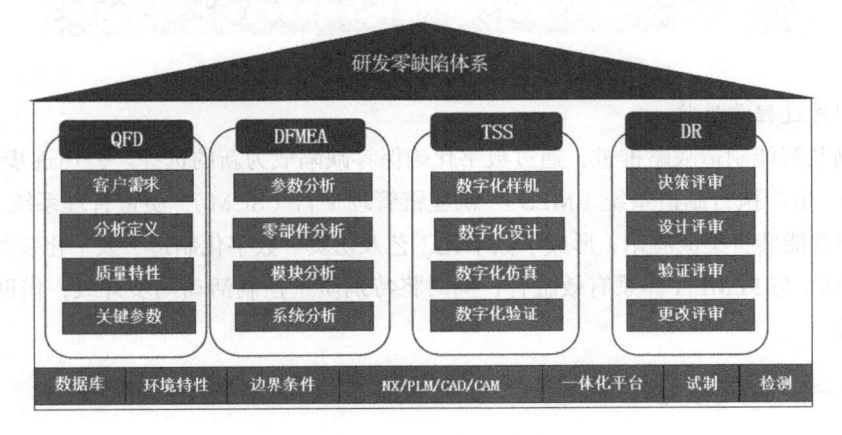

图 6 研发零缺陷体系

2. 数字化赋能研发过程零缺陷

公司基于 PLM 系统，搭建数字化产品高效协同研发平台，实现设计、仿真、试制、检测工作的协同，提高资源共享水平，提升研发工作标准化、数字化、集成化、智能化，实现产品研发的可靠、经济、高效，数字化 TSS 体系如图 7 所示。

图 7 数字化 TSS 体系

（二）供应链过程

1. 研发零缺陷体系

公司自 2010 年以来，以精益生产、柔性制造为理念，综合运用 PFMEA 理念预先识别制造风险，进行防

错设计、制定工艺标准；通过制造体系图、工序检查卡、制造履历表、作业指导书建立完善的WSS（工作站）体系；在全过程深入开展四无活动、特别控制等手段，建立制造过程TQC体系。制造过程零缺陷体系如图8所示。

图8 制造过程零缺陷体系

2. 数字化赋能制造过程零缺陷

随着数字化研制及智能制造战略推进，通过数字化确保零缺陷成为新的选择。公司逐步推动设计仿真装配一体化平台（PLM）、生产执行制造系统（MES）、供应链管理平台（SCM）、质量管理系统（QMS）等核心信息系统建设，以及与智能装备集成应用，形成了数字化工艺及仿真、数字化制造、数字化装备制造零缺陷体系，将原有WSS体系升级，与PFMEA体系有效融合，同时将特别质量控制活动同步升级，借助数字化制造数据，实现智能分析及预警。

（三）客户端——产品运维过程

1. 运检零缺陷体系

公司导入设备全生命周期管理理念，建立自主保全体系（FSS），通过智能运检系统，实时收集设备状态参数，实现预知保全。公司将FMEA理念延展到运检过程，通过系统研究交付后设备故障机理，联动研发制造不断提升产品可靠性。此外，还推出运检过程特别质量管理活动，不断完善设备全生命周期运检体系，实现交付后产品运检零缺陷。具体运检零缺陷体系如图9所示。

图9 运检零缺陷体系

2. 数字化赋能智能运检过程零缺陷

公司建立CRM系统，将原线下运检过程迁移到线上，实现了运检过程信息化。在此基础上，2019年上线远程运维检修系统，综合采用大数据、云计算技术和设备机理智能诊断算法来实现高压开关设备数据远程接入，实现客户现场设备健康状态多维度评估。结合已经建立的PLM、ERP、MES等系统，公司建立了覆盖设备研发、制造平台、安装、运行、维护、更新、改造和退役报废等所有环节的全生命周期管理，尤其是上线运检系统后，可及时发现设备潜在缺陷，提出预警，及时消缺，避免设备恶性故障的发生，保障电网的安全可靠运行，同时也为用户提供更精准的"厂家代维"服务。智能运检评价中心如图 10 所示。

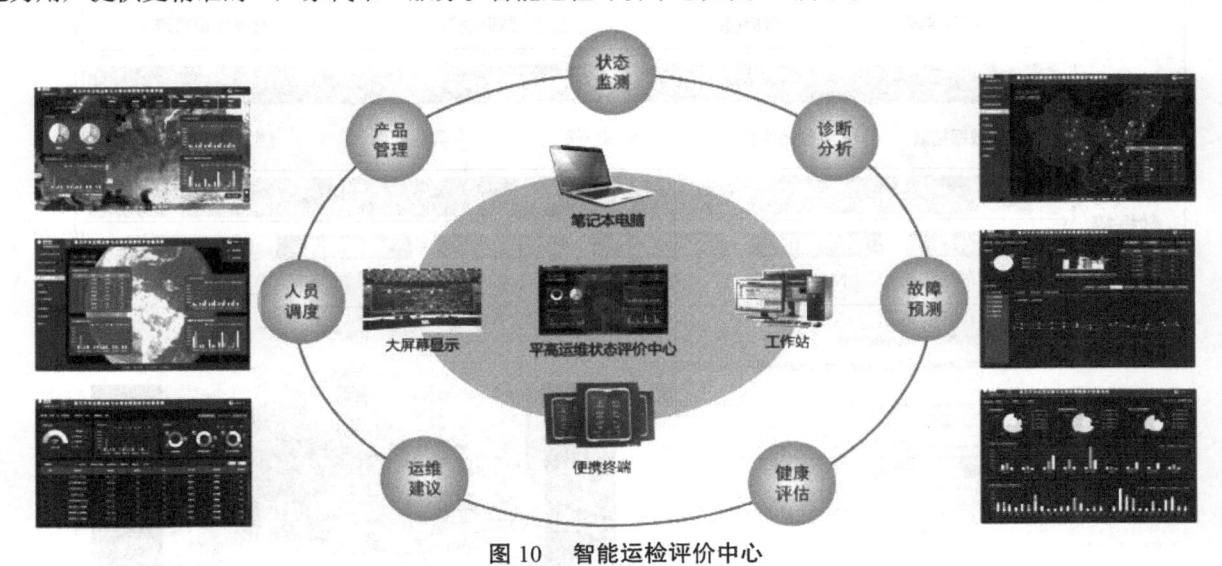

图 10　智能运检评价中心

（四）产业端——大数据应用及能源互联网生态圈打造

1. 打通产业链上下游，实现智慧治理

平高电气结合实际业务发展，部署以深化 ERP "核心资源集约化管理"、PLM "产品全生命周期管理"两条管理主线，形成以 ERP 为企业内部经营管理、PLM 为产品信息化管理的内部双核心地位，以 MES、QMS 等系统为抓手解决生产制造、质量管理等核心经营范围的管理痛点，以 SCM、CRM 为抓手向供应链上下游延伸，全面支撑公司发展战略（图 11）。

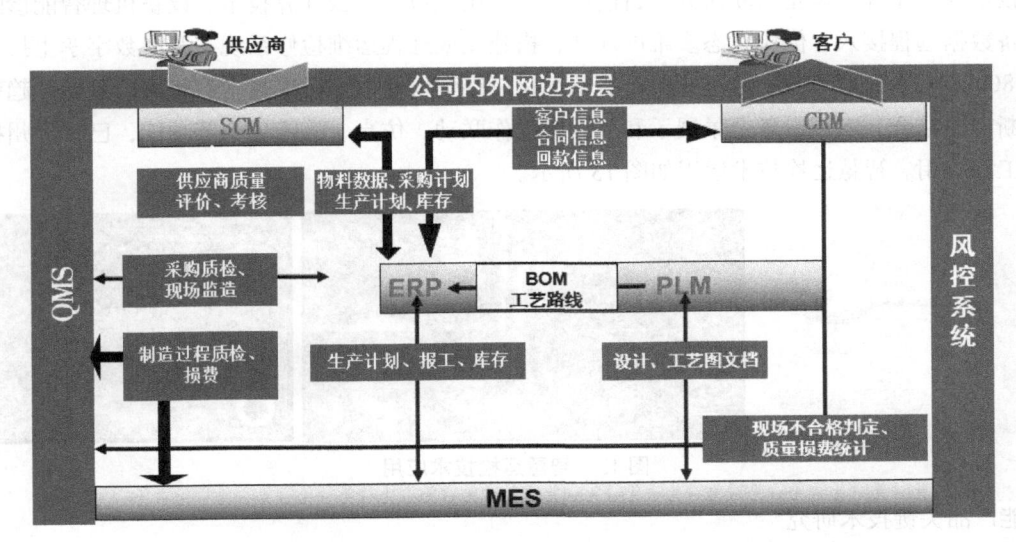

图 11　信息化打通产业链上下游数据

公司建立数据采集中心，对外接入国网智慧物联平台，对内建立生产管控中心，向前延伸扩展深化 SCM 应用。通过大数据的有效共享及实时传递，实现了产业链智慧治理，有效确保了国网—公司—供应商的高效协同如图 12 所示。

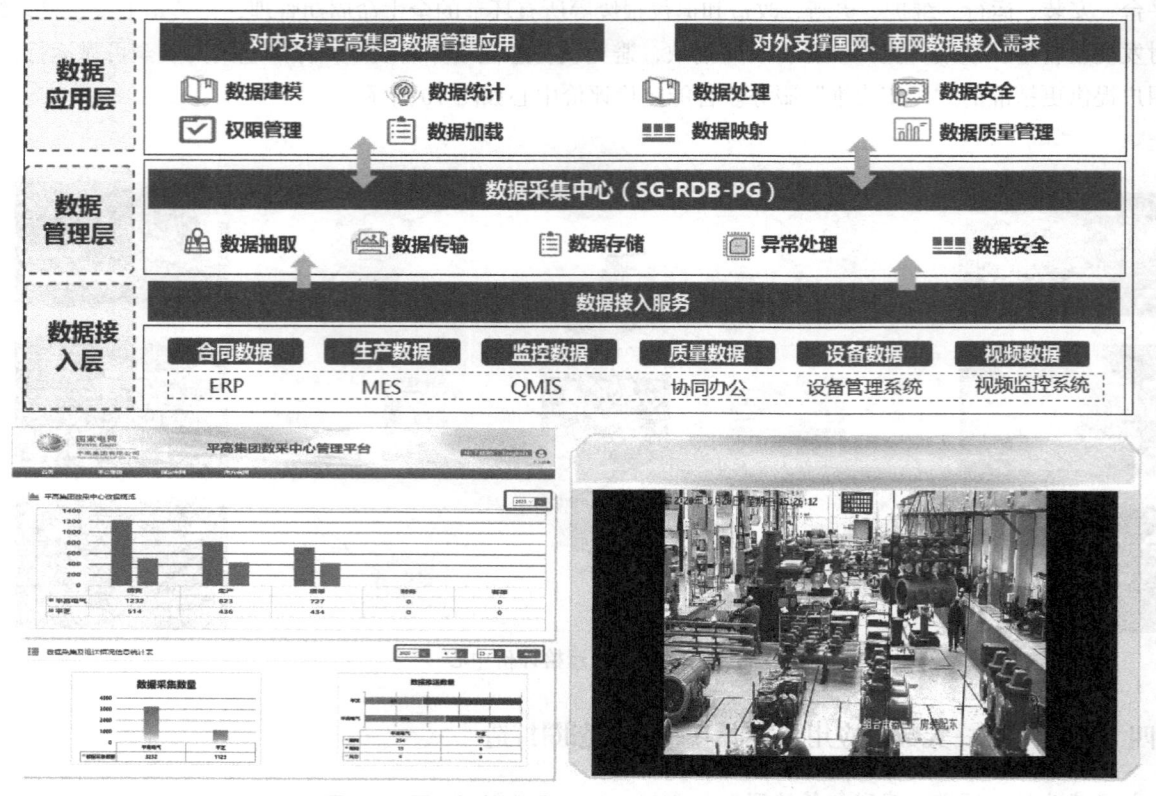

图12 国网智慧物联平台实时监控公司制造信息

2. 前瞻性技术探索及应用

（1）智慧运检技术研究

公司已将 5G、大数据、物联网、人工智能等技术研究列入 2021 年度重点工作任务，下一步公司将集全力开展前瞻性技术与高压开关设备关联研究。目前已综合采用大数据、云计算技术、设备机理智能诊断算法实现高压开关设备数据远程接入、健康状态多维度评估，搭建完成远程运维检修系统。开展数字孪生技术研究，完成 550kV、800kV GIS 三维建模，通过开关设备精细化三维建模和数字孪生技术，将阈值判断、趋势分析、专家经验等诊断方法结合，实现设备全景展示和部件级操作联动、仿真、故障模拟等功能，已在灵州换流站、中州换流站等工程应用。智慧运检技术运用如图 13 所示。

图13 智慧运检技术应用

（2）智能产品关键技术研究

仿真技术 /APP：高压开关设备在服役过程中受到电磁场、温度场、气流场以及机械应力等多物理场综合作用，公司经过多年研究，开发了高压开关多物理场耦合仿真平台及定制化的仿真 APP。研发中充分利用仿真等最新技术研究成果（图 14），新产品较上一代产品质量降低 50% 以上，占地面积减少 15%。

图14 新一代 GIS 产品运用

智能化产品：公司智能高压开关设备是适应智能电网的需求，采用数字滤波、趋势分析、指纹分析等算法，开发信息交互、专家系统、寿命预测等智能化模型，以实现高度的智能化和可靠性，使其具有测量数字化、控制网络化、状态可视化、功能一体化等技术特征，满足智能电网建设应用要求。智能化产品如图15所示。

图15 智能化产品

（五）全面开展零缺陷全员参与的质量管理活动

公司坚持预防为主质量管理思路，持续实施质量改进；牢固树立"四个一"质量理念，以零缺陷管理、信得过班组、QC小组、分层过程审核等典型活动为抓手，以技能大师工作室为平台，形成人人关心质量、人人重视质量的良好氛围。质量管理"425"活动如图16所示。零缺陷活动班组覆盖率达91%，9个QC小组获全国优秀质量管理小组，创建了18个技能大师创新工作室，其中3个国家级、4个省部级，技能大师创新工作室先后立项创新项目1240个，创造经济效益8881万元。

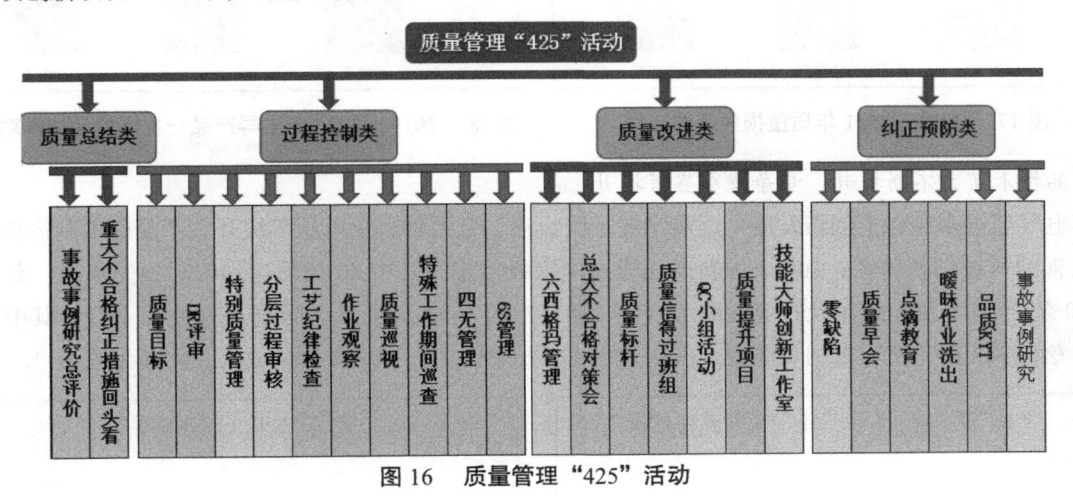

图16 质量管理"425"活动

五、项目实施效果

（一）经济效益

平高电气紧紧把握全球新一轮工业革命和能源革命的重大机遇，抓住"中国制造2025"、坚强智能电网建设等战略机遇，以实现全方位高质量发展为目标，夯实管理基础，提升发展质量、效率和效益，保持高质量发展，确保财务绩效均衡健康，打造国际一流电工产业集团。

（二）管理效益

1. 零缺陷管理体系持续推进，主要产品性能指标处于国际领先

平高电气主要产品性能指标国内外对比情况如表 1 所示。

表 1 平高电气主要产品性能指标国内外对比情况

序号	产品类别	性能指标	平高	国内标准	国际标准	对比说明
1	1100kV 切滤波器断路器	额定电压 1100kV 额定电流 4000A	1100kV 4000A	1100kV 4000A	1100kV 4000A	世界首台套
2	252kV 高速断路器	额定电压 252kV 额定电流 4000A	252kV 4000A 全开断时间 25ms	无	无	世界首台套
3	816kV 系列直流断路器	额定电压 816kV 额定电流 8000A	816kV 8000A	816kV 6600A	816kV 6600A	打破国外技术垄断

2. 质量管理绩效显著提升，客户满意度不断提高

高质量意味着优成本、降损失。2019—2021 年，在公司工业总产值持续上升的情况下，质量损失率逐年下降（图 17），主导产品一次提检合格率提升至 99.93% 以上（图 18）。

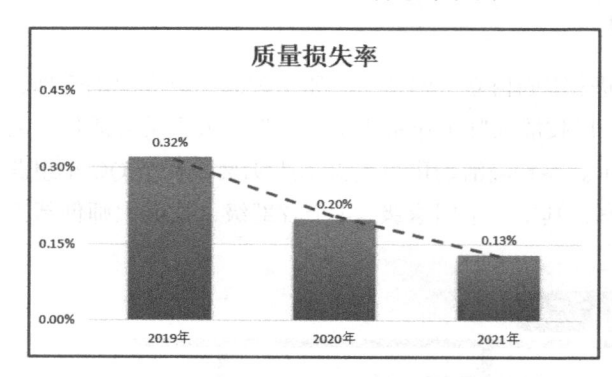

图 17 2019—2021 年质量损失率对比图

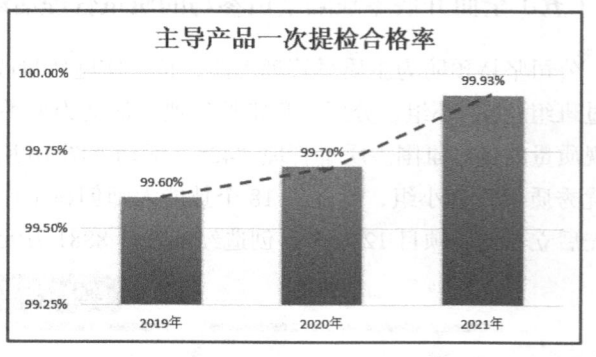

图 18 2019—2021 年主导产品一次提检合格率对比图

3. 产品技术实力不断提升，竞争壁垒显著提升

平高电气经过多年自主创新发展，逐步掌握了交直流、全系列、全电压等级开关产品研发制造技术，形成了科学完善的科技创新体系，100 余项新产品通过国家级鉴定，其中 40 余项达到国际领先水平，获得省部级科技奖 60 余项，参与制定国家及行业标准 70 余项，拥有专利 1600 余项，专利实施率达 90% 以上；其中"十三五"期间获得专利 384 项，发明专利 308 项，占比 80% 以上（图 19），国家级科研成果 384 项（图 20）。

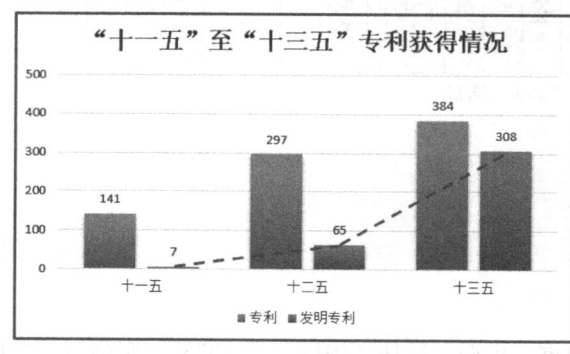

图 19 专利获得情况

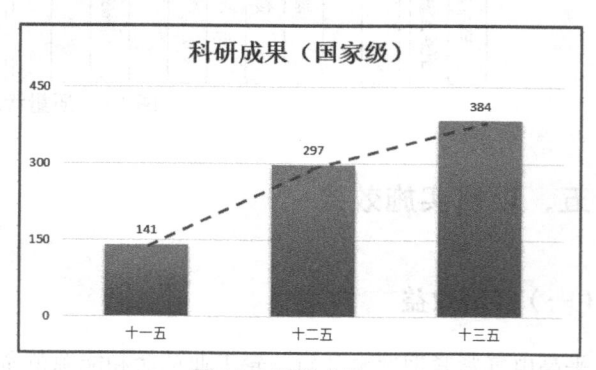

图 20 科研成果

（三）品牌效益

1. 持续不断高质量发展，平高品牌影响力显著提升

公司主要产品性能均达到国际领先水平，550kV SF_6 断路器获我国高压开关领域唯一国家优质产品质量金奖，220kV 及以上断路器被评为"中国名牌产品"。商标"PG"图形商标已被认定为中国"驰名商标"，并在美国、日本、印度等马德里成员国成功注册。平高电气在 50 年的发展过程中，以优质的产品和服务、对社会负责的态度，多次被评为国家、省、市"重合同守信用"单位，树立了良好的"平高"品牌形象和市场信誉。

2. 坚持国家"一带一路"倡议，国际市场品牌影响力不断提升

平高电气积极参与"一带一路"建设，致力于将中国设备推向国际，产品远销全球各地，覆盖六十多个国家和地区。2018 年，两个 765kV GIS 电站项目获得"印度国家电网公司金奖"；2019 年，公司自主研制的 72.5kV–145kV PASS 产品通过意大利国家电网的 TCA 认证，公司成为国内开关行业第一家将产品打入欧洲高端市场的企业；2020 年，老挝色贡 550/230kV 输变电获得老挝能矿部颁发的"国家优质工程奖"；2021 年，公司成功研制 800 千伏高参数直流隔离开关，解决了白鹤滩江苏特高压工程高海拔、重污秽问题并实现工程量产。

3. 打造平高高质量名牌，质量影响力持续提升

公司在质量管理上狠抓基础的质量管理与工艺管理，通过完善公司质量管理体系，运用 6S、QC、六西格玛、零缺陷等管理工具，促使公司质量管理水平得到大幅度提高，变革企业文化，增强公司竞争优势，促进平高品牌及质量影响力持续提升。2013—2021 年，平高电气在质量方面获得的奖项如表 2 所示。

表 2 平高电气在质量方面获得的奖项

序号	质量方面获得奖项	获奖时间	获奖等级
1	全国质量管理创新基地	2013 年	国家级
2	全国机械工业群众性质量管理活动优秀企业	2017 年	国家级
3	河南省质量标杆	2017 年	河南省级
4	全国质量标杆企业	2021 年	国家级

（四）社会效益

1. 保障电网稳定运行，为国家经济发展贡献力量

截至 2021 年年底，公司累计为电网稳定运行提供 GIS 设备 33267 间隔、断路器 29904 台、隔离开关 79079 组，为电网建设及稳定运行提供保障。成立政治保电小组，围绕国家重大活动、抢险救灾、疫情防控等任务，坚持开展应急保电工作，圆满完成全国"两会"保电、青岛上合峰会保电、G20 杭州峰会保电、第三届进博会保电、武汉军运会保电、"博鳌论坛会议"保电、丝绸之路（敦煌）国际文博会保电、金砖五国厦门峰会保电等重点保电任务（图 21）。

图 21 圆满完成各种保电任务

2. 推动"超特高压"产品走向国际，打造"中国名片"

公司签订波兰 400kV 日多沃项目、印度斯如瓦蓝 765kV GIS 电站项目、印度坎普尔 765kV/400kV 电站项目、印度吉申根杰 400/220kV GIS 电站项目、波兰 400kV 科杰尼采项目，印度斯如瓦蓝 765kV GIS 电站项目、印度坎普尔 765kV/400kV 电站项目荣获印度国家电网公司 GIS 运行金奖，波兰 400kV 科杰尼采项目的顺利投运为公司全面进入欧盟高端市场打下坚实基础，为超特高压产品走向国际市场迈出重要的一步，成为"中国名片"。

3. 服务电网绿色建设，深耕环保设备研究

致力于减少六氟化硫气体使用，践行国家"碳达峰、碳中和"战略，已在高压、配网领域成功研制系列化真空、混合气体、纯氮气等绿色环保的电力装备，实现技术引领。平高电气供货的国内首台套 126kV 无氟环保型气体绝缘金属封闭开关设备已在鹤壁思德变投运，并纳入《绿色技术推广目录（2020 年）》；预制舱式模块化变电站相较传统常规变电站，节约占地面积 60% 以上；高压电极电锅炉利用自身"技术先进、清洁高效、智能科技"的特点，为调整供热能源结构、实现节能减排提供了有效途径。

主要创造人：庞庆平、李　旭
参与创造人：梁利艳、张艺楠、李岳政

超/特高压换流（柔直）变压器全过程质量管控关键技术及工程应用

中国南方电网有限责任公司超高压输电公司

一、企业概况

中国南方电网有限责任公司超高压输电公司（以下简称超高压输电公司）为中央企业中国南方电网公司下属的二级单位，负责规划、建设、运行、维护、管理南方五省区（广东、广西、云南、贵州、海南）"西电东送"交直流混合运行主网架。超高压输电公司先后完成规划建设和运行管理一系列国家重点工程，已建成"八交十直"共 18 条"西电东送"清洁水电能源大通道，如 ±500kV 天广直流工程、世界首条特高压直流 ±800kV 云广直流工程、世界首条同塔双回直流 ±500kV 牛从直流工程、云南电网和广西电网背靠背直流异步联网工程、世界首条特高压多端混合柔性直流 ±800kV 昆柳龙直流工程、海南联网海底电缆一回工程等。超高压输电公司牢记国家"双碳"能源战略转型的嘱托，以高压直流、海底电缆两个核心创新竞争力为依托，坚守央企主责主业，有序推进新型电力系统建设，包括海上风电业务、西北风光清洁能源基地送出项目、西南风光水清洁能源基地送出项目等。

检修试验中心为超高压输电公司直属的技术支撑单位，是超高压输电公司技术的核心、创新的核心、支撑的核心，在高电压技术、高压直流输电技术、直流控制保护技术、海底电缆运维技术、直升机巡线技术等领域都位于全国前列。检修试验中心高电压技术团队坚决贯彻国资委对于央企的要成为国家高端制造业产业链"链长"的要求，近年来联合电力行业上下游产业链，深入高端自主可控设备研发，先后成功研发首台国产换流变压器用有载分接开关、首台国产特高压直流穿墙套管、世界首台 ±800kV 特高压柔性直流桥臂电抗器、世界首台高海拔抗震低损耗换流变压器等世界领先的"大国重器"核心装备。

二、项目简介

超/特高压直流输电具有输送容量大、走廊占地面积小、点对点输送等优点，在实现资源优化配置、国家能源安全等方面发挥了巨大作用，并伴随"一带一路"倡议的实施，推动了技术输出、装备输出。柔性直流具有控制灵活、占地面积省、无须无功补偿等优点，在远距离、大容量输电，尤其是新能源送出和区域电网互联等方面具有广泛应用场景。

换流变（柔直变）是直流输电系统的核心设备，具有绝缘结构复杂、技术含量高、制造工序多、单体价值高等特点，一旦发生故障将导致直流系统较长时间停运，甚至影响"西电东送"主通道的送出能力。

近年来，大型变压器尤其是换流变压器恶性故障呈高发态势，严重威胁大电网安全，并带来不良的社会影响。这些故障均表明：换流变（柔直变）在设计制造、套管及分接开关等重要组部件和绝缘纸板等核心原材料质检体系、防火防爆性能、试验检测手段等存在薄弱环节，亟须采取从原材料组附件选型、设计、制造、试验、安装、交接和运维等各环节提升管控能力，进一步提升直流电工装备的制造水平和市场竞争力。

三、项目质量管理理念

20 世纪，随着上下游产业链之间的联系越来越紧密，美国管理学家迈克尔·波特提出了价值链整合管理，其核心思想是供应链向上下游相关方延伸，以协同、多赢为运作模式，实现对价值链中物流、资金流、商流、工作流和信息流的有效控制，从而提升企业整体竞争优势。

检修试验中心在直流输电系统用超/特高压换流（柔直）变压器全过程质量管控理念方面，通过标准化良好行为企业平台、"西电东送"国家重点工程平台、"大国重器"国家技术创新平台，开展了大胆的探索实践。

（一）标准化良好行为企业平台：打造换流变压器管理标准、技术标准、岗位标准"三位一体"的质量管理理念

检修试验中心是超高压输电公司技术的核心、创新的核心、公司发展支撑的核心。2021年，超高压输电公司被中电联确定为电力企业"标准化良好行为企业"5A级单位。在本项目全过程环节中，项目组严格按照管理标准、技术标准、岗位标准"三位一体"的高标准要求，开展项目质量管理工作。

在管理标准上，提前梳理并落实知识和信息管理、法务和合同管理、能源和环境管理、质量安全职业健康管理、设备设施和材料管理、科技管理、技术监督管理、生产运维管理、试验检测管理等；在技术标准上，严格执行超特高压换流变压器国家标准、行业标准，履行技术协议条款，编制品控专项工作方案和监造作业指导书；在岗位标准上，制定决策层岗位标准、管理层岗位标准和操作层岗位标准，组建专项技术攻关团队对技术难题进行专项攻坚，确保团队协作分工形成合力。

（二）"西电东送"国家重点工程平台：履行央企供应链"链长"职责定位，打造换流变压器供应链品控全过程环节质量管理的质量管理理念

2021年1月，习近平总书记明确指出，"中央企业等国有企业要勇挑重担、敢打头阵，勇当原创技术的'策源地'、现代产业链的'链长'"。在超特高压换流变压器领域，检修试验中心积极履行新历史使命，强化国内产业链供应链安全，构建超特高压换流变压器的"链长"质量管理体系。

图1所示为工作中的特高压柔性直流换流变压器。

图1 工件中的特高压柔性直流换流变压器

确保超特高压换流变压器原材料和组部件的供应安全。作为"大国重器"，长期以来，换流变压器高端绝缘纸等原材料和组部件由外方制造商供应。检修试验中心主动作为，牵头制造企业和科研院所进行研发，攻克了一系列原材料和组部件的设计和制造工艺，保证了供应链安全。

确保供应链各环节质量可控。检修试验中心率先提出品控前端环节质量管理理念，按照资产全生命周期管理理论和方法，构建了从变压器设计、原材料和组部件质量管控、生产制造、贮存运输、现场安装、交接验收和设备运维全链条的质量管控体系，既要管住供应商的设计、制造、运输、交接各个环节，又要保证供应商的

上游供应商的原材料和组部件的安全。基于飞行检查模式开展不定期的督查，开展不定期的抽检试验，确保各个环节质量安全。

（三）"大国重器"国家技术创新平台：构建自主知识产权体系，打造换流变压器质量创新技术"策源地"的质量管理理念

在工程建设中开展科技研发，边建设边研发，从建设中找问题，依托研发解决问题。检修试验中心积极贯彻落实公司党委"先人一步、高人一招"的要求，主动开发科技项目，勇当原创技术的"策源地"。

基于昆柳龙直流工程，先后承接了国务院国资委核心技术攻关科技项目、国家重点研发计划（特高压设备安全运行与风险评估方法）、南方电网公司重点科技项目（换流变压器故障模拟平台、换流变压器重大火灾消防技术研究等）、超高压输电公司重点科技项目（换流变压器动态评价和状态预警及性能保持关键技术研究等）。

目前，检修试验中心已经成为国内换流变压器领域设计规划、故障诊断、检修维护、灾害处理等多个技术方向的原创技术"策源地"，团队在昆柳龙直流工程建设中，创造了19项世界第一（图2）。

图3所示为换流（柔直）变压器故障模拟平台。

图2　国务院国资委：世界首条特高压多端混合柔性直流 ±800kV 昆柳龙直流工程创造19项世界第一

图3　换流（柔直）变压器故障模拟平台

四、项目质量提升举措

依托国家重点项目（±500kV 禄高肇三端直流工程、世界首条特高压多端混合柔性直流 ±800kV 昆柳龙直流工程）、国家重点研发计划（特高压设备安全运行与风险评估方法）、南方电网公司重点科技项目，按照资产全生命周期管理理论和方法，构建了从变压器设计、原材料和组部件质量管控、生产制造、贮存运输、现场安装、交接验收和设备运维全链条的质量管控体系，全面推动了换流变质量提升，确保了重点工程高质量建成、大电网安全和重大电工装备制造水平提高。

（一）组织机构举措

换流变（柔直变）制造涉及工序繁多，环环相扣，不容有失。在直流工程建设前期，超高压输电公司主要领导亲自挂帅，抽调精兵强将组成项目部具体执行；下设若干工作小组，强化任务分工和责任落实；建立了定期会商、情报共享、协同攻关、联合监造等工作机制。

为强化对原材料和组部件制造厂家的质量管控，组成联合技术团队对上游厂家的生产环境、关键工艺、出厂试验等开展过程监督；对厂家的质量事件及时向同类制造厂家进行通报，对设备制造中的缺陷问题开展联合

攻关；运行单位在设计阶段就深度参与，并邀请行业资深专家开展设计审查；在委托专业机构开展全过程驻厂监造的同时开展不定期质量监督，对电磁线、绝缘纸、矽钢片等开展第三方测试，有效提升了换流变（柔直变）质量。

（二）品控管理举措

深入践行质量全过程管理理念，构建了业主单位和制造企业高效协同、外协单位（包括监造单位、检测机构、上游厂家、外部专家和科研院所等）广泛参与的换流（柔直）变压器全过程质量管控模式（图4），在变压器设计、原材料和组部件管控、产品制造、贮存、运输、安装、交接和运维等各环节细化质量控制措施。

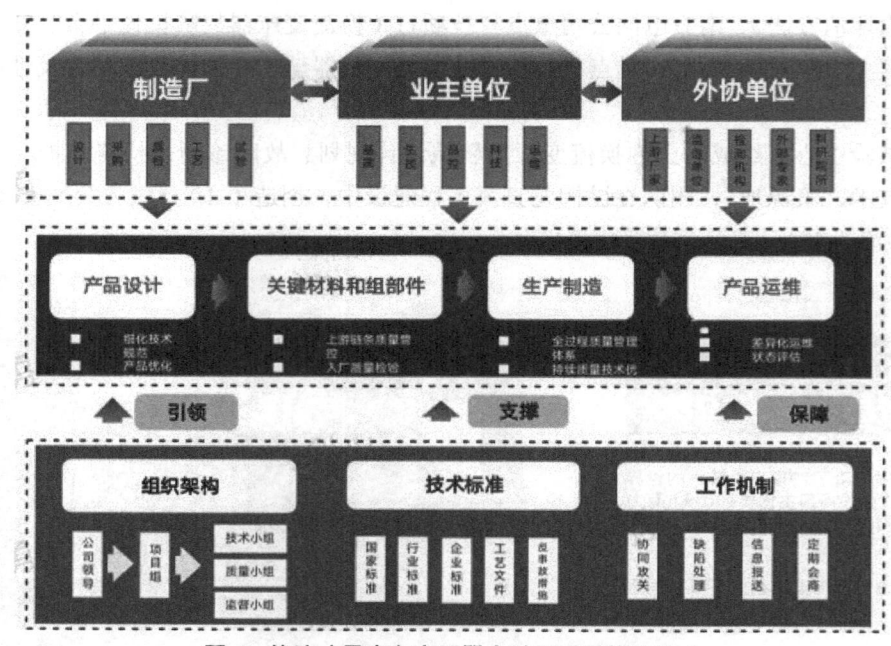

图4 换流（柔直）变压器全过程质量管控模式

检修试验中心作为业主单位，锚定"国家队地位、平台型企业、价值链整合者"央企定位，推动产业链上下游互促共进、共赢发展。系统梳理换流变（柔直变）制造和运行暴露出的典型问题，形成"缺陷词典库"；在严格执行国家标准、行业标准和反事故措施基础上，持续完善换流变压器技术规范书、监造指导书、抽检指导书；强化与制造企业的沟通互动，将运维经验反馈到前端设计制造环节；在供货制造厂家建立一套严密的质量监督管理体系，在铁心叠片、线圈绕制、油箱焊接、器身装配、干燥处理等各环节均形成完整的工艺文件，确保工程产品的高质量产出。

（三）技术创新举措

以问题为导向，针对近年暴露的绝缘纸板质量不良导致的局放超标、换流变燃烧起火等故障高发，变压器运输冲击记录不良，风险预警和状态评估手段不全等问题，加大技术攻关力度，具体如下。

（1）创建了特高压变压器绝缘纸板的缺陷模拟及复合电场试验平台，获得了绝缘纸板空腔、起层、异物等微米级缺陷的介电特性，揭示了绝缘纸板微尺度缺陷的放电及动态演化机制；攻克了大型绝缘成型件微米级缺陷探测的行业难题；建立了特高压变压器绝缘纸板微米级缺陷的故障特征指纹识别库，实现了绝缘件缺陷类型及其危害等级的识别与评估（图5），牵头编制《换流变压器绝缘纸板及纸质绝缘成型件X光检测导则》。

（2）研究并提出新型换流变阀侧套管封堵结构："防爆层+防火层+隔热层+防火层"四层结构（图6），提升防火、防爆性能，整体耐火极限时间从2小时提升至4小时；设计并开展封堵结构抗爆性能试验，验证了在防爆板变形量和屈服强度同等条件下，封堵结构需满足60kPa机械冲击力的要求；形成了能源行业标准《换流变压器绝缘材料耐火等级评估导则》和《换流变压器阀侧套管封堵装置技术规范》。

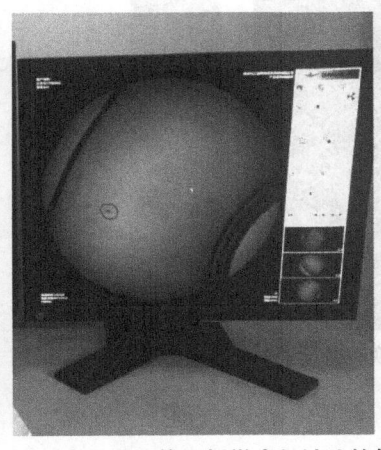

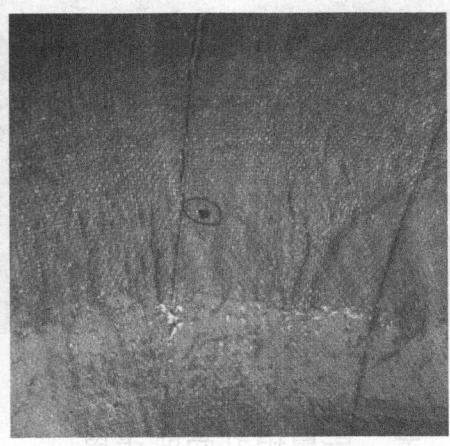

图5 换流变压器绝缘纸板微米级缺陷的故障特征识别

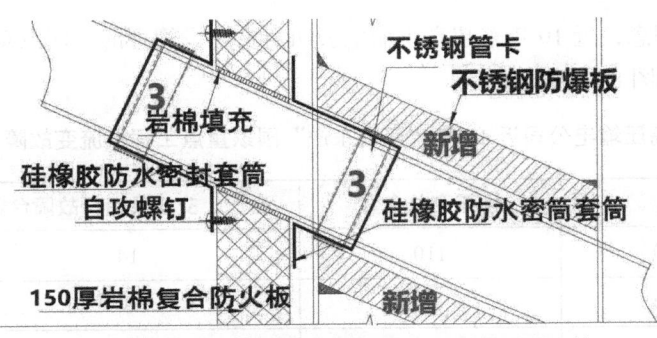

图6 换流变压器阀侧套管穿墙防火抗爆封堵设计

（3）研发了一套大型变压器运输状态监测智能终端，可对变压器运输过程中的三轴冲击加速度、氮气压力、倾斜角度、运输速度、GPS位置信息、环境温湿度等进行监测，实现了变压器运输状态和设备绝缘状态的全面准确监控；开发了基于物联网+的变压器大件运输远程监控平台系统，实现了变压器运输全过程信息的全景式实时在线呈现和风险预警，全面提升运输效率和质量；开发了配套的运输监测APP，支持安卓和IOS系统，能够在手机端实现运输状态的显示、查询和信息推送等功能，最大化提升了运输管理的效率和实时性。

（4）通过对换流变实际缺陷及故障案例的解剖分析，以及基于模糊数量化理论科学筛选出换流变压器状态表征关键参数，建立了表征换流变压器运行状态的特征判据，解决了状态评价过程中参量维数过多和聚焦性不强的问题；提出了基于故障本征证据和特征指标的换流变压器状态评估方法，建立了换流变压器动态评估和风险预警模型（图7），实现了利用实时监测数据进行换流变压器状态三级评估；提出了换流变压器剩余寿命递归评估方法和基于风险成本兼顾的换流变压器检修策略、性能保持方法，实现了换流变压器资产管理绩效最优、风险最低。

（5）针对换流站带电情况下开展换流变压器局放试验时干扰复杂、幅值大，导致换流变压器现场局放试验困难的问题，开展了多个±500kV和±800kV换流站和柔性直流换流站带电情况下现场局放试验背景干扰的实测，提出了换流变压器现场局放试验脉动干扰的耦合极性消干扰法、空间干扰的小波消干扰方法、入地电流的FIR数字滤波和频域消干扰方法；开发了抗干扰性强、适用于换流站带电情况下换流变压器局放试验的新型局放仪，实现了换流变压器现场局放试验典型干扰的智能识别与抑制。

（6）成功研发超/特高压换流变（柔直变）绿色降耗技术。以交直流复合电场仿真分析及场强控制、漏磁控制和屏蔽技术、结构强度计算机整体抗震性能分析为基础，与制造厂联合研发出目前世界容量最大的柔直变压器，能耗水平较同行业平均水平低25%，在同电压等级产品中能效等级最高。

图 7　换流变压器状态评估和风险预警系统

五、质量提升实践成果

应用本项目质量管控理念，近 10 年来超高压输电公司负责建设管理的"西电东送"国家重点工程换流变故障率逐年走低，如表 1 和图 8 所示。

表 1　超高压输电公司近 10 年"西电东送"国家重点工程换流变故障率一览表

重点工程	换流变总台数	出厂、交接及运行故障台数	故障率
两渡直流工程（2014）	110	14	12.73%
金中直流工程（2016）	28	3	10.71%
滇西北直流工程（2017）	56	3	5.36%
昆柳龙直流工程（2020）	56	1	1.79%
禄高肇直流工程（2021）	14	0	0.00%

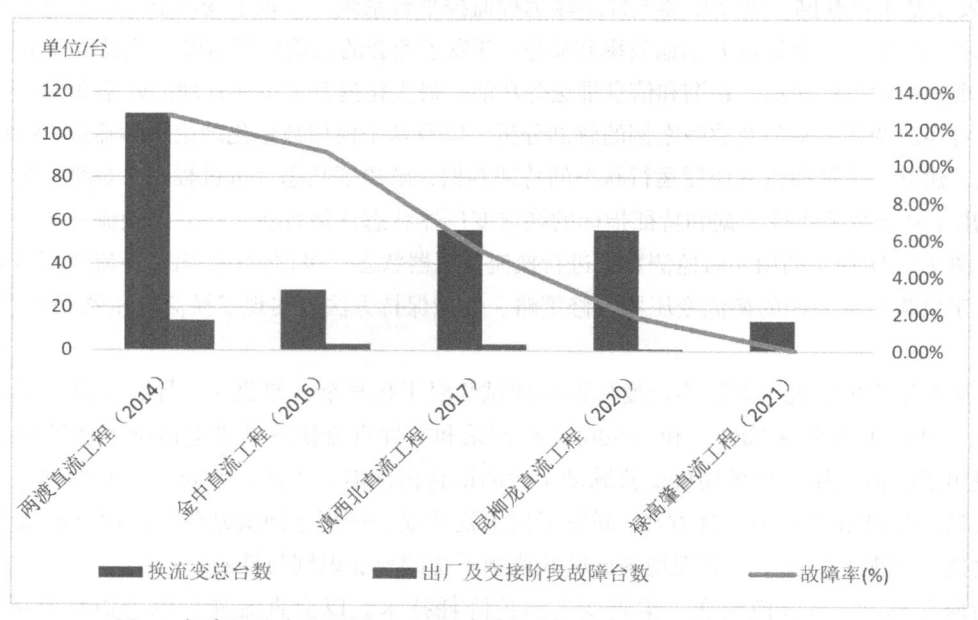

图 8　超高压输电公司近 10 年"西电东送"国家重点工程换流变故障率

超高压输电公司已将全过程质量管控理念和方法推广至直流系统其他主设备，包括换流阀、直流穿墙套管、桥臂电抗器等，成功组织完成多项特高压柔直专有设备研制，调试和运行状况良好。特高压柔直换流阀成套装置等5种设备成功获批"国家能源局首台套重大装备清单",带动国内相关装备制造业高端化和设备国产化;形成的《大型直流工程物资质量管控体系构建与实践》获"2021年中国电力行业设备管理与技术创新成果"一等奖,并在全国设备管理年会作为典型案例进行经验推广。

六、质量提升社会效益

通过采取优化设计方案、优化磁屏蔽结构、严格控制漏磁在结构件中产生的损耗等措施,云贵互联通道(禄高肇)工程±500kV高海拔低损耗换流变压器空负载损耗大大降低、能效显著提高,达到国际领先水平。低损耗高能效再加清洁水电能源的高效利用,可以有效降低碳排放量,实现绿色环保。预计2020—2030年,该工程可送出云南富余电量约580亿千瓦·时,可减少火电燃标准煤1700万吨,减少二氧化碳排放约5800万吨,助力我国早日实现"双碳"目标,具有显著的社会环保效益。

换流变(柔直变)全过程质量管控理念,保证了多项"超级工程"的圆满建成,尤其是在新冠疫情严重影响装备制造业的不利情况下,仍助力世界首条±800kV特高压多端混合直流工程、国内首个±500kV两端改三端直流工程提前投产,获得南网新闻以及国务院国资委"国资小新"的多次专题报道。项目主要完成人(孙勇)受邀参加第五届共青团中央组织的"中国制造日"讲述"大国重器"至精至细的质量管控理念,并在央视新闻联播进行了报道,彰显了南方电网践行"国之大者"的良好社会形象(图9)。

图9 团队成员孙勇(右三)受邀参加共青团中央"中国制造日"

主要创造人:孙　勇
参与创造人:刘青松

船舶吊马智能制造单元研制与应用

江南造船（集团）有限责任公司

一、企业概况

江南造船(集团)有限责任公司前身为历史上著名的江南机器制造总局，距今已有157年的历史，曾创造了中国第一炉钢、第一磅无烟火药、第一台万吨水压机、第一条全焊接船等众多"中国第一"，是我国最大、历史最悠久的造船企业之一，隶属于中国船舶集团有限公司，是国家特大型骨干企业、国家重点军工企业。公司拥有各类员工两万余人，年造船能力250万载重吨。公司产品结构军民融合，军工产品覆盖水面水下、大舰小艇；民用产品为LPG船、LNG船、大型/超大型集装箱船、公务科考船等高附加值、高难度船舶产品。

二、项目简介

本项目属于船舶先进制造技术领域。

船用吊马是指用焊接或其他可靠的连接方式，安装在船舶分段或总段上，用于船舶分段和总段的起重、吊运、移位、翻身及搭载等吊装作业的受力构件。吊马制造效率直接影响中间产品交付周期，制造质量直接决定吊装作业的安全可靠性。船舶吊马传统制造完全依赖人工作业，存在作业任务重、环境差、效率低、质量不稳定等痛点问题。

项目创新提出了研制与应用吊马智能制造单元的概念，重点开展了吊马型号精简和结构优化、吊马智能制造单元研发、工程样机装置研制、吊马生产中心建设等研究工作，首次在船舶行业内集成了机器人视觉识别、智能抓取、智能焊接技术，研制出具备装配、搬运、焊接三大系统的吊马智能制造单元，实现了搬运、焊接、打磨以及下料等工序的无人化作业，同时打造了江南造船船舶吊马全寿命周期管理平台。项目研制的吊马智能制造单元是目前船舶行业内最先进的吊马制造单元。

三、项目质量管理纲领

船舶吊马智能制造单元项目组依托于江南造船（集团）有限责任公司江南研究院生产技术研究所先进制造室，紧密围绕公司"讲百年信誉、出一流产品"的质量理念，秉承"源于生产，服务生产"的宗旨，发扬"悬规植矩、器惟求新"的江南精神，以"团结进取，求实创新"的发展理念、"为客户驶向深蓝保驾护航、为员工愉快工作快乐生活开通航线"的服务理念，创新船舶吊马生产新模式，推动智能制造技术进步，提升产品质量，满足客户需求，助力船舶制造业高质量发展。

四、质量提升措施

（一）吊马型号精简和结构优化

1. 吊马型号精简

船舶通用吊马的结构形式和具体尺寸是固定的，能在各种船型各种分段或总段使用。根据吊马的结构特点，其型式分为 A、B、C、D、E 共 5 种。项目未推进前，共有 91 种不同吊马形式，型号冗杂，导致焊接质量一致性较差。

针对此问题，项目选取典型船的吊马型号进行分析，研究其共性与替代性，对吊马型号进行精简。经过优化后，原 91 种吊马现优化精简为 20 种，可以满足江南造船产品需求，并且充分适合自动化生产方式，为吊马智能制造单元研发奠定基础。

2. 吊马结构优化——关键风险因素识别

首先，通过研究焊接机器人焊接工艺（图1），对每种型号规格的吊马进行机器人焊接仿真，精准定位焊接不可达部分，针对性地进行吊马结构优化。

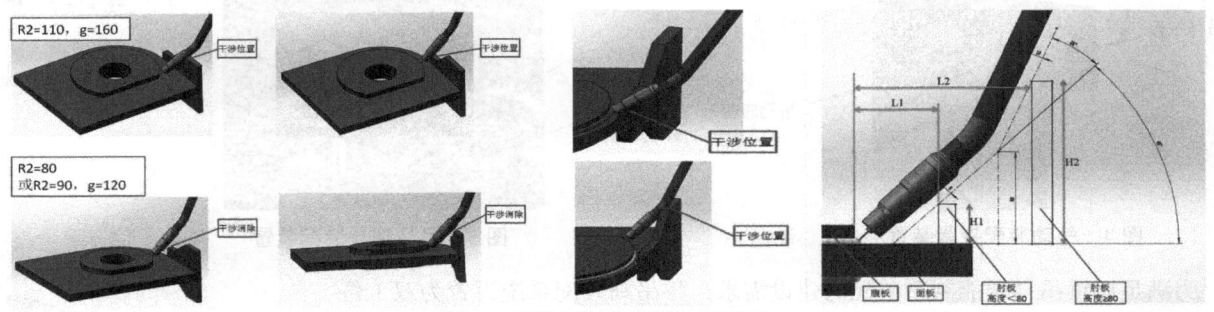

图 1　焊接机器人焊接工艺研究

其次，对传统吊马结构进行优化，提出多种结构优化方案（图2），综合对比材料成本变化、理论结构强度变化、现场使用情况等多种因素，选择最优优化方案。

图 2　吊马结构优化方案

最后，由于吊马形式的变更，对吊马结构的风险因素进行针对性分析，对优化结构后的吊马进行有限元强度校核（图3），计算不同钢丝绳拉力角度下的实际使用工况，确保吊马承载能力达到现场使用要求。

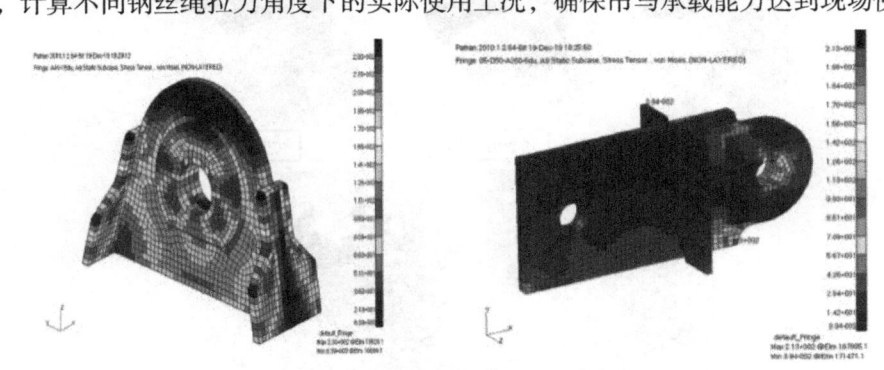

图 3　吊马结构有限元强度校核

经过优化后，现有 20 种吊马完全满足焊接机器人焊接可达性要求，同时满足江南造船吊马使用强度要求。

（二）吊马智能制造单元研发

1. 吊马装配系统研发

针对吊马零件装配中存在的装配精度低、吊马翻身困难的问题，研发一种带有变位及快速定位功能的装配工作台。

吊马装配系统由组对变位机、人工组对工装、悬臂吊及吊具、工件缓冲定位装置、电气控制系统、软件系统、防护围栏等组成。组对变位机为水平转动变位机，人工组对工装可以完成工件由竖直方位向水平方位转换。

针对吊马主、腹板的对齐问题，设计一种气动伸缩套筒（图4）确保主、腹板的吊孔严格对齐。同时，套筒本身具备气动伸缩滑块，可以夹紧主、腹板，方便人工点焊。

为满足吊马双面点焊要求，避免手工进行吊马翻身，设计一种链条传动结构，使用电机进行驱动，带动整个吊马装配装置旋转（图5），使吊马翻身无须人工，完全由机器进行控制。

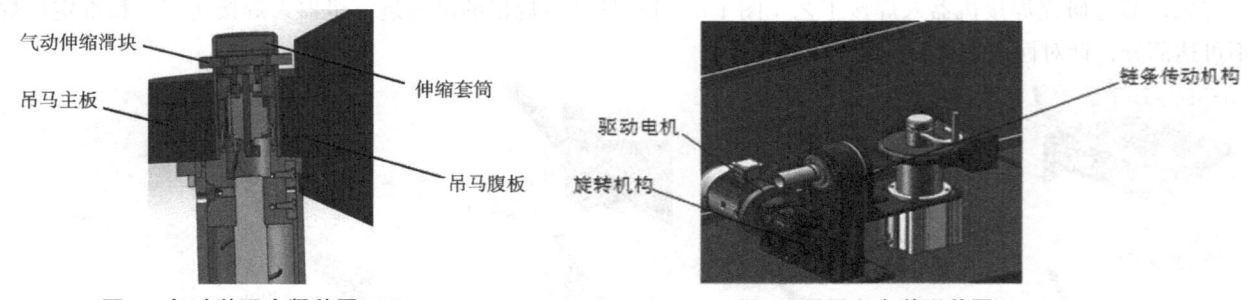

图4 气动装配夹紧装置

图5 吊马翻身装配装置

为满足后续吊马智能制造单元的建设需求，将吊马装配系统设置为双工位配合后续搬运机器人进行吊马的吸取搬运工作。

2. 吊马智能装夹系统研发

针对吊马焊接中存在的人工翻身劳动负荷大等问题，研发设计一套吊马智能装夹系统（图7）。

对全部5种型号吊马结构进行研究，确定一种液压夹紧装置，对每种型号吊马采取装夹主板的形式进行吊马固定。

吊马生产中需双面满焊，为满足此要求，将液压夹紧装置安装在一台变位机上，配合焊接机器人进行吊马的完整焊接工作，达到双面全覆盖效果。

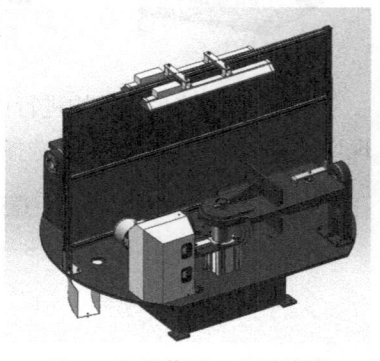

图6 吊马装配工位设计图

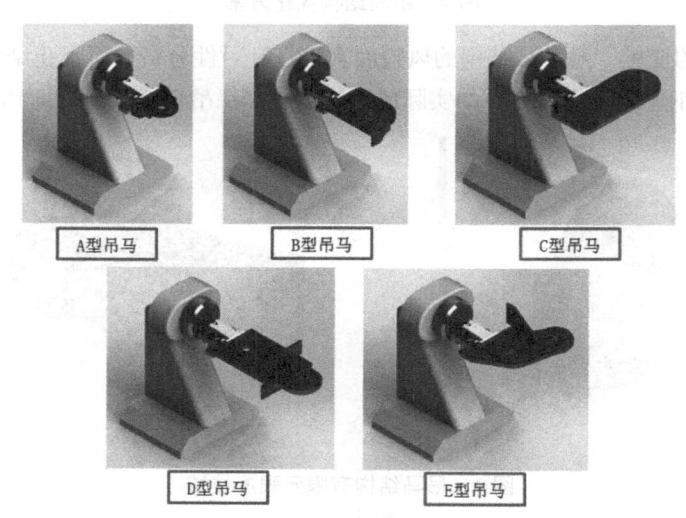

A型吊马　　B型吊马　　C型吊马

D型吊马　　E型吊马

图7 吊马智能装夹系统

3. 吊马智能焊接系统研发

针对吊马焊接中存在的焊接质量不稳定、焊接效率较低等问题，设计焊接机器人与焊接变位机协同工作。吊马智能焊接系统主要由焊接变位机、焊接机器人、激光视觉跟踪装置、工件焊接夹紧工装、焊接电源系统、电气控制系统、软件系统（包含显示屏）、防护装置等组成（图8）。焊接区域周围设有安全护栏，保护现场人员安全。通过在焊接机器人末端设置一套激光视觉跟踪装置，实现工件焊缝的实时测量跟踪，确保焊接质量。

4. 吊马智能搬运系统研发

针对吊马上下料工序中存在的人工劳动负荷大、效率低下等问题，设计一台带有第七轴的吊马搬运系统（图9），代替人工进行吊马的上下料工作。该系统还具备自动码垛功能，可将成品吊马规则码放至下料托盘中。

图 8　吊马智能焊接系统

图 9　吊马搬运系统

为了发挥搬运机器人的工作效能，完成组对区的吊马搬运到焊接区以及焊接区焊接完成的吊马放置到下料托盘中，配置机器人移动滑台以增加搬运机器人的作业范围。移动滑台为伺服电机驱动，高精度行星减速机和齿轮齿条传动，滚珠直线导轨导向，可带动搬运机器人在组对区、焊接区和下料区往复移动，移动位置控制精准。图 10 所示为搬运机器人第七轴。

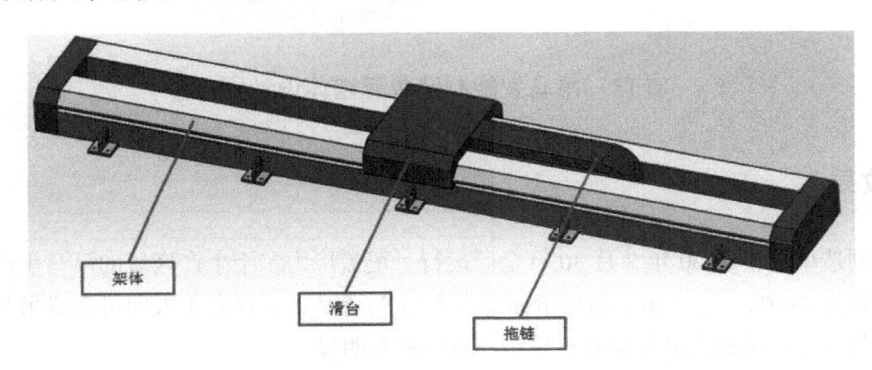

图 10　搬运机器人第七轴

搬运机器人下料区（图 11）也采取人机隔离的安全措施。6 个成品料箱分为 2 个下料工位，每个工位摆放 3 个料箱，在每个工位的外侧和两个工位之间设有安全围栏。人工进行吊运一侧的围栏设计成具有安全锁的安全门，只有安全门处于关闭状态时才允许搬运机器人装箱，而且只有搬运机器人完成该工位装箱工作后准备进行另一个工位的装箱时，人工才能够打开该安全门。人工下料和摆放料箱时打开其中一个工位的安全门后，搬运机器人无法在安全门未关闭时进入该工位作业，以确保人员安全。

针对不同吊马装配与焊接时间不匹配的情况，创新提出设置一个吊马缓存工作台（图 12），集中人工劳动时间，减小人工劳动负荷。

图 11　智能单元下料区

图 12　吊马缓存工作台

综上，针对吊马生产关键工艺环节，开展适应多种类吊马生产的自动化装配工装和机器人系统研发，使得搬运上料、吊马装夹、吊马焊接、焊缝层间打磨、吊马下料等工序全部由机器人自动进行，最终形成吊马智能制造单元整体方案（图13）。

将工件的模型导入系统后，系统自动提取待焊接吊马信息和位置分布信息，通过确定的工件在装配工位上的位置，自动编排上下料的工作顺序，系统自动规划机器人运动轨迹、绕开运动奇异点，自动进行抓取，放置到焊接变位机或者缓冲平台上。

对于焊接、打磨清渣、搬运上下料等实际工作任务，系统根据优先级自动进行任务规划，调度运行，无须人工参与，自主独立运行。

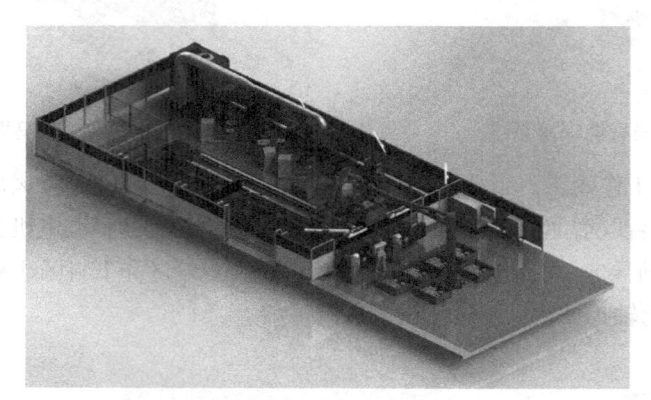

图13　吊马智能制造单元整体设计图

五、应用效果

船舶吊马智能制造单元于2020年8月30日全厂运行，覆盖厂内三个生产区域的吊马生产，使人员投入减少80%、生产效率提升200%，生产物量满足指标要求平均96个/天，仅需1人即可完成吊马智能制造单元操作任务，焊接质量与人工焊接相比显著提升，质量一致性提升明显。

吊马是船舶建造所必需的工装件，在国内造船业中每年的吊马需求达百万件以上。本项目开创了吊马智能制造的先例，为船舶行业推进智能制造提供了新思路，符合船舶行业高质量发展要求，在行业内具有广阔的推广应用前景。

图14所示为吊马智能工作站启动仪式，图15所示为吊马制造车间，图16所示为传统手工制造模式和智能制造模式的对比。

图14　吊马智能工作站启动仪式

图 15 吊马制造车间

	传统手工制造模式	智能制造模式
装配工序	平铺装配	半自动化装配
搬运工序	人工搬运	自动化搬运
焊接工序	人工焊接	智能化焊接
下料工序	人工下料	智能化下料
焊接成品	焊接质量低	焊接质量高

图 16 传统手工制造模式和智能制造模式的对比

主要创造人：郭常福、汪文灏、尹志双

大型复杂软件系统质量保证关键技术应用

北京计算机技术及应用研究所

一、企业概况

北京计算机技术及应用研究所始建于1957年，是我国最早从事计算机研究的大型骨干专业研究所之一，是以计算机软硬件研制及产品开发应用为主，集研究、设计、试验、生产和服务于一体的国防领域计算机与控制技术核心研究所，是我国第一台数字计算机主要研制单位之一。北京计算机技术及应用研究所先后走出汪成为、何新贵、李伯虎3位院士；获得国家科技进步特等奖4次，省部级奖励200余项，千名研发人员发明专利拥有量达200余项；拥有2个一级学科、1个二级学科硕士学位授予点；主办核心刊物《计算机工程与设计》。北京计算机技术及应用研究所立足于信息技术产业，主要业务板块涵盖计算机与存储、信息安全、物联网、软件工程与测评、惯性测量与导航、智能制造等多个领域，为党、政、军及国民经济关键行业信息化建设提供完整的解决方案。

北京计算机技术及应用研究所拥有包括多个国家级创新中心在内的创新平台，主要包括国防科技工业网络安全创新中心、国防科技工业信息化自主可控技术创新中心、国家高端装备和智能制造软件质量监督检验中心、国防科技工业软件测试和评价实验室。

二、质量体系

北京计算机技术及应用研究所秉承国家利益高于一切的核心价值观，以系统管理、预防为主、持续改进、顾客满意为质量方针，依据GJB 9001C制定了适宜、有效、持续改进的质量管理体系，确保产品质量和服务满足顾客要求。

三、项目简介

（一）需求背景

复杂装备中的软件越来越多、越来越重要，工程中迫切需要软件质量保证的技术方法。软件测试是软件质量保证的重要技术手段，软件测试充分性是软件测试领域中的核心问题。软件测试充分性已经有了许多成果，如语句、分支、MC/DC覆盖等。但这些充分性指标都是针对代码的，只适用于单元测试、部件测试和配置项测试，对系统级测试则无能为力。针对软件密集型的复杂装备，软件系统级测试的充分性评价方法是软件测试领域中的痛点所在，也是影响软件可靠性评估的关键因素之一。在此背景下，实际工程中急需复杂装备软件系统测试充分性的评价方法。

（二）技术研究成果

本项目给出了"基于系统特征状态的复杂装备软件系统测试充分性评价方法"。该方法的具体技术内容和技术指标如下。

引入了系统特征状态和系统特性的概念与定义；提出了基于应用层协议提取系统特征状态的方法；提出了基于系统特征状态的数据采集与解析统计方法；提出了系统测试充分性的量化度量指标，即 KCSC 指标；给出了复杂装备软件系统测试充分性评价的工程实施指南；针对系统特性，提出了基于组合测试的验证充分性度量方法。

（三）成果的作用与意义

本项目的研究成果解决了复杂装备软件系统测试充分性量化度量和指标评价的工程实际问题，为复杂装备软件的内部测试、第三方评测、鉴定测评提供了系统级测试的有效手段，为复杂装备软件的质量保证提供了核心技术支撑。

（四）成果推广应用

本项目的研究成果本身就来源于某复杂系统的大量工程实践。在航天科工集团 2018 年开始的"软件质量提升示范应用工程三年行动"中，针对××反导骨干复杂系统的弹上系统，开展了基于系统特征状态的系统级测试验证示范应用，示范应用的结论为：该技术方法为系统级测试的充分性度量提供了工程解决方案，解决了系统级测试缺乏充分性量化度量指标的问题，已具备了工程推广应用的条件，弥补了现有测试条件下的诸多困难，有助于系统故障的分析或系统设计的改进。

本项目的研究成果已纳入了《军用软件测试指南》（GJB XX-003-2021）之中，为军用软件测试充分性的量化指标考核、复杂装备软件的质量保证提供了技术支撑。

四、实践内容

（一）方法介绍

1. 系统特征状态

系统的行为具备许多特征，例如导弹制导方式、目标跟踪方式、传感器应用方式等。系统的每一系统特征可能存在多种状态，例如导弹制导方式特征有三点法制导、高度动态前置法制导等状态，目标跟踪方式特征有搜索、跟踪、记忆等状态，传感器应用方式特征有雷达、红外、光电、操作杆等状态。

系统具有许多特征，每一特征具有若干状态，所有的系统特征状态刻画了系统的行为特性。系统特征状态的验证充分性存在如下两个核心问题。

核心问题一（又称"分母问题"）：系统中到底有多少个特征状态？

核心问题二（又称"分子问题"）：系统中到底验证了哪些特征状态？

2. 系统的应用层协议

系统由分系统、子系统、设备等组成，系统内部存在着大量的实时信息交换，系统的应用层协议是系统生命的脉搏，体现着系统生命的特征，是系统特征状态的观测源。

3. 基于应用层协议提取系统特征状态

"分母问题"回答不了，充分性的定量评价则无从谈起。

（1）离散型的特征状态。在应用层协议中通过整型取值定义一个字段通常就定义了一个离散型的特征状态。

（2）连续型的特征状态。在应用层协议中通过实数取值定义一个字段通常就定义了一个连续型的特征，依据系统测试的需求，通过区间划分方式定义出具体的状态。

（3）系统特征状态的描述语言。使用一种规范的描述语言对应用层协议中刻画的特征状态进行描述，描述后的结果是一组描述文件，此过程亦称系统特征状态建模。通过系统特征状态建模，可以回答出"分母问题"，即系统中到底有多少个特征状态。

系统特征状态建模的描述语言目前没有现成的，需要自行研制开发。航天软件评测中心在工程实践中研制开发了一种系统特征状态建模的描述语言。

系统特征状态建模的描述语言通过一系列的关键字定义和格式定义，对应用层协议进行二次描述，描述后的结果是一组模型文件。利用解析辅助工具很容易对该组模型文件中的关键字进行解析分析，从而统计出系统中到底有多少个特征状态。

4. 系统运行中的实时数据采集

对系统运行中出现的系统特征状态进行统计分析，取决于系统运行中的实时数据采集。

1）实时数据采集的通用要求

实时数据采集应不影响系统实时性且不过多消耗系统资源，完整记录应用层协议中的所有信息。

（1）不推荐的实时数据采集方案是通过系统内的数据记录文件进行数据采集。软件运行过程中接收数据和发送数据时将数据同时写入系统中事先建立的数据文件中，数据文件中记录的是内容解析后的数据而不是原始二进制数据。这样的设计一是消耗系统的资源，二是影响系统的实时性，且软件中一旦对数据内容解析有误，极不便于故障的隔离与定位。

（2）推荐的实时数据采集方案是通过实时高速数据采集通信口进行数据采集。软件运行过程中接收数据和发送数据时均将数据同时发送数据采集通信口，系统外部配以高速数据采集硬件设备进行原始二进制数据的实时采集和保存。这样的设计一是不消耗系统的资源，二是不影响系统的实时性，且保证了数据的原始性和客观性，有利于故障的隔离与定位。

2）实时采集数据的解析统计

针对实时采集的数据文件，结合系统特征状态建模的模型文件，利用辅助工具对出现的系统特征状态进行解析与统计，由此统计出系统中到底验证了哪些特征状态，即回答了"分子问题"。

（1）建立系统特征状态清单：依据系统特征状态建模的模型文件，建立系统特征状态清单。所有系统特征状态的覆盖标识均初始化为0，表示均未覆盖。

（2）对采集数据进行解析统计：依据系统特征状态建模的模型文件，对采集数据内容进行解析分析。将出现的系统特征状态在系统特征状态清单中与之对应的覆盖标识设置为1。系统特征状态清单中覆盖标识为1的个数即为系统特征状态覆盖的"分子数"。

（3）系统特征状态覆盖的统计与程序代码语句覆盖的统计非常类似。程序代码语句覆盖的统计是依据源程序和插桩数据断言已覆盖的程序代码语句，系统特征状态覆盖的统计是依据模型文件和采集数据断言已覆盖的系统特征状态。

（4）对采集数据进行解析统计的工程难点在于，工程中采集数据的格式多种多样，没有统一的标准，导致对采集数据的解析统计没有统一的辅助工具可用，需要针对采集数据格式的自身特点进行专项研制开发。目前一些工程研制单位正在努力推进采集数据格式的标准化工作，由此为辅助工具的通用化带来了希望。

5. 量化考核指标

（1）系统特征状态覆盖率。系统特征状态覆盖率是系统中已验证的特征状态总数占系统中所有特征状态总数的百分比。

（2）关键特征状态覆盖的KCSC指标。系统特征状态的重要性分布是系统任务剖面的一种投影体现形式。工程中需要考虑系统特征状态重要性分布的因素，因此提出了关键特征状态覆盖的量化考核指标，简称KCSC（Key Characteristic State Coverage）指标。

定义：关键特征状态覆盖的KCSC指标为：

$$KCSC = \frac{\sum_{i=1}^{n_c}\left(\alpha_i \sum_{j=1}^{n_i} \rho_{i,j} \beta_{i,j}\right)}{\sum_{i=1}^{n_c} \alpha_i}$$

其中，系统有n_c个特征c_i, $i=1,2,\cdots,n_c$；特征c_j有n_j个状态$s_{i,j}$, $j=1,2,\cdots,n_i$；特征c_j的重要度因子为α_j, $\alpha_j \geq 0$；特征c_j的状态$s_{i,j}$的重要度因子为$\beta_{i,j}$, $\beta_{i,j} \geq 0$, $\sum_{j=1}^{n_i}\beta_{i,j}=1$；特征$c_j$的状态$s_{i,j}$是否覆盖的标志为$\rho_{i,j}=\begin{cases}0, & s_{i,j} \text{ not be covered}\\ 1, & s_{i,j} \text{ has be covered}\end{cases}$。

工程中针对特征权重采用的取值方法为：不重要的取0.5，一般的取1.0，重要的取1.5，非常重要的取2.0。例如，"工作方式"特征对于系统而言非常重要，所以"工作方式"特征的权重取2.0。

工程中针对状态权重采用的取值方法为：某状态占该特征所有状态的份额比例。例如，"工作方式"有作战、训练、电子目标、测试维护4种状态，其中作战状态非常重要，所以作战状态的权重取3/6，训练状态的权重取1/6，电子目标状态的权重取1/6，测试维护状态的权重取1/6。

系统特征状态覆盖率和KCAC指标都是反映系统测试充分性的度量，而KCAC指标更贴近工程实际需求。

6. 指标评价的工程实施指南

第一步：系统应用层协议实时数据采集能力评估。当系统具备应用层协议实时数据采集的基本能力时，量化评价的系统测试才具备开展的条件。

第二步：系统应用层协议的建模与量化分析。使用专业的通信技术描述语言，对系统应用层协议进行描述，分析系统具有多少个特征状态。

第三步：系统特征状态的权重剖面确定。对系统的特征和状态给出权重值的定义。通常在等值分布的基础上，进行针对性的调整。

第四步：生成采集数据的解析程序。依据通信字描述语言的建模结果，生成针对采集数据解析特征状态验证情况的解析程序。

第五步：进行系统测试验证，收集采集数据。以时间顺序收集并标识采集数据，通常以采集数据的采集时间为其唯一标识。

第六步：对采集数据进行分析，确认系统测试正常。如果确认系统测试不正常，有如下3种处理方式。

（1）剔除不正常的采集数据，继续。（宽松）

（2）除剔除不正常的采集数据之外，还将与不正常采集数据相关的特征状态均处理为未验证。（较严）

（3）废弃之前的所有采集数据，重新统计。（最严）

第七步：对采集数据进行KCSC指标评估。如果KCSC指标满足要求，则系统测试结束；如果KCSC指标未满足要求，则生成尚未验证的特征状态清单，继续系统测试。

第八步：针对尚未验证的特征状态，补充系统测试。依据尚未验证的特征状态清单，以权重大者为优先，补充进行针对性的测试。

第九步：对补充的采集数据进行KCSC指标评估。如果KCSC指标满足要求，则系统测试结束；如果KCSC指标未满足要求，则生成尚未验证的特征状态清单，重复第五步继续测试，直至规定的终止时间或规定的重复次数，系统测试结束。

第十步：形成系统测试报告，给出KCSC指标评价。如果第六步中采取的是最严的处理方式，则给出的KCSC指标称为"无故障运行达到的KCSC指标"，类似于硬件可靠性评估中的无故障运行时间。

7. 系统特性的分析方法

（1）系统特性的含义。系统特性是判断系统某一特定行为的一组系统特征的集合。系统特性通常是判断系统运行是否正常的判别依据。系统运行后，判断系统是否运行正常，需要对系统特性中的特征状态进行逻辑关系、数据精度等的分析判断。

（2）系统特性的验证充分性度量。系统特性的验证充分性使用系统特性中各特征状态的组合测试覆盖进行度量。

组合测试的定义：系统有若干个特征，每个特征有若干状态，如果任意两个特征的所有状态组合都曾经被验证过，则称为两两组合覆盖；如果任意三个特征的所有状态组合都曾经被验证过，则称为三三组合覆盖；如果所有状态组合满足两两组合覆盖，且指定的部分状态组合满足三三组合覆盖，则成为二三组合覆盖。

项目组的研究成果：①两两组合测试用例生成的遍历搜索算法，2019年2月发表于《计算机工程与设计》。该算法比同类算法具有更强的测试用例优化能力。②组合测试用例生成的向量累加优化算法，2021年6月发表于《计算机工程与设计》。该算法解决了二三组合测试用例生成问题。

（二）关键技术与创新点

本项目的主要关键技术与创新点如下。

1. 突破了系统测试的量化度量指标技术

首次提出了系统特征状态和系统特性的概念与定义，使用系统特征状态和系统特性刻画软件系统；提出了系统特征状态覆盖率的量化度量指标，提出了关键特征状态覆盖的量化考核指标（简称KCSC指标），解决了系统测试缺乏充分性量化度量指标的问题。

2. 突破了实时数据的采集、解析、统计与分析技术

采用实时数据采集技术，基于采集数据进行解析、统计与分析，采用以数据说话的量化评估方法，实现了对大型复杂武器装备系统海量系统特征数据的自动化分析，极大缩短了人工数据分析时间，提高工作效率上百倍的同时又可防止人为错误，例如对于1300万的数据，完成系统特征提取、分析，给出分析结果和数据清单仅需30秒；解决了海量数据无法依靠人工分析的问题，为得出系统级测试充分性的定量度量值提供了技术保障。

3. 突破了防空反导武器装备软件系统级测试与验证量化指标评价的工程实施技术

针对系统特性，提出了基于组合测试的验证充分性度量方法，开发了相应的数据分析与充分性度量工具，开展了3个实际型号的工程实践，形成了防空反导武器装备软件系统测试指标评价的工程实施指南，为系统测试的充分性度量提供了工程解决方案。

（三）工程实践

××武器系统的工程实践：依据《××制导车信息交换字》通信协议，共定义了××个系统特征状态。系统测试中，系统特征状态覆盖率达到了58.00%，生成了未覆盖清单，有效指导了后续测试工作。

××武器系统的工程实践：依据《××指控系统与其他分系统应用层协议》的通信协议，共定义了××个系统特征状态。系统测试中，经28批数据的统计分析，特征状态覆盖率达到了60.22%，KCAC指标达到了0.631894，生成了未覆盖清单，有效指导了后续测试工作。

在航天科工集团2018年开始的"软件质量提升示范应用工程三年行动"中，针对××武器系统的弹上系统。经过××条实测弹道数据的统计分析，特征状态覆盖率达到了89.87%。示范应用的结论为：该技术方法为系统测试的充分性度量提供了工程解决方案，解决了系统测试缺乏充分性量化度量指标的问题，已具备了工程推广应用的条件，弥补了现有测试条件下的诸多困难，有助于系统故障的分析或系统设计的改进。

本项目的研究成果已纳入《军用软件测试指南》，为军用软件测试充分性的量化指标考核提供了技术支撑。

（四）知识产权

《两两组合测试用例生成的遍历搜索方法》授权专利（专利号为2015 10 802517.7）；《一种基于系统特征状态的软件测试充分性度量方法》授权专利（专利号为2018 11 270209.4），见图1；《一种基于XML的通信数据协议通用化描述方法》受理专利（专利号为2018 11 273839.7）；《系统级测试数据分析及充分性度量工具软件》授权软著（登记号为2022SR0024682），见图2。

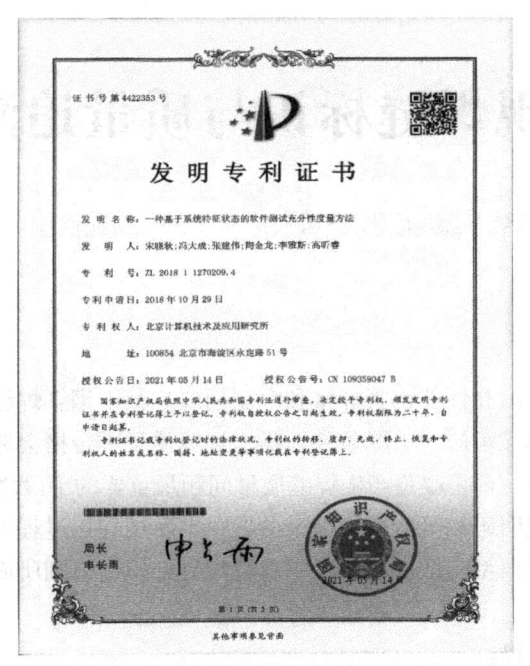

图1 《一种基于系统特征状态的软件测试充分性度量方法》授权证书

图2 《系统级测试数据分析充分性度量工具软件》授权证书

主要创造人：宋晓秋

参与创造人：李　敏、冯大成

基于数字化车间系统实现焊缝标识与质量追溯

东方电气集团东方锅炉股份有限公司

一、项目简介

蛇形管是大型清洁高效电站锅炉高温高压核心部件，由高性能钢管焊接和弯制而成。其中钢管焊缝质量决定了蛇形管产品质量。蛇形管在电站运行过程中，既受热又承压，工况条件恶劣。焊缝质量不合格会造成极大的安全隐患和无可估量的损失。蛇形管焊缝质量追溯管理一直是避免产生焊缝质量问题最重要的手段之一。

目前，蛇形管对接焊缝标识与追溯主要依靠人工标记明码和纸质单据记录的形式来实现焊接过程参数、焊接人员资质、探伤检测结果等记录。蛇形管制造过程属于典型离散型制造。蛇形管焊缝标识与追溯所面临的现状如下。

（1）焊接过程多变，存在连续施焊与非连续施焊等过程。

（2）生产环境复杂恶劣，现场油污、粉尘、锈蚀等问题多。

（3）追溯流程冗长，有机焊、手氩、探伤、机弯、手弯等多个工序。

数字化车间系统是对制造车间人员、设备、物料、能源等资源进行协调管理并组织生产活动的管理系统。该系统主要包括制造运营管理、物料管理、质量管理、设备管理等模块。

为解决蛇形管焊缝标识与质量追溯问题，提高生产效率，降低质量风险，本项目构建了一种基于数字化车间系统的焊缝标识与质量追溯方法，从而实现蛇形管焊缝质量全生命周期追溯与管理。

二、方案设计

系统设计包含的主要技术方案设计有：系统编码方案设计、标识方案设计、主流程方案设计。

（一）系统编码方案设计

根据蛇形管的产品 BOM，其结构分为管屏、管圈、管段和焊缝，一个管屏由多排管圈组成，一排管圈由多根管段组成，一根管段由多节原材料对接焊组成。编码按产品层次划分，包括管屏码、管圈码、管段码和焊缝码，管圈按管屏进气口方向顺序编码，焊缝按管圈进气口方向顺序编码（图1）。

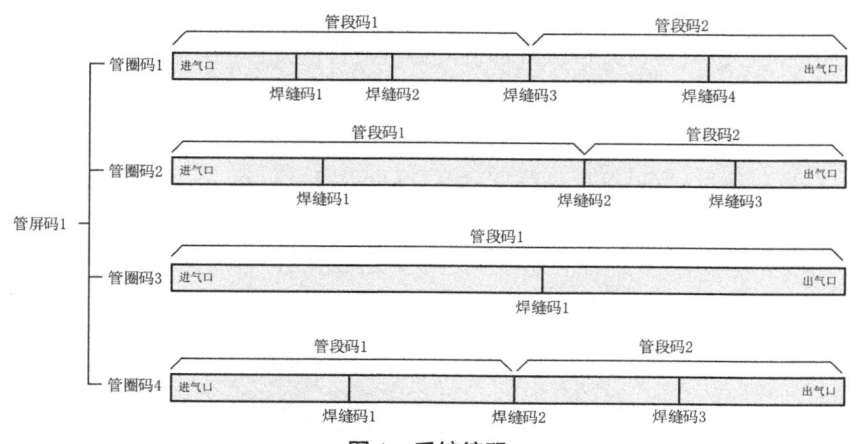

图1 系统编码

（二）标识方案设计

1. 管圈、管段标识

蛇形管流转过程会受到产线刮擦、设备夹持、油污沾染等，标签采用三层结构（图2）：底层标签纸、表面加强膜、中间二维码油墨标识。底层标签纸选用防水、防油污、耐磨的PET材质，为增强其表面附着力，采用加强型胶水；中间二维码油墨标识采用高附着、速干型油性墨水；表面加强膜采用PVT材质，厚度5丝，具有抗拉、抗磨损、抗油污的特性。

图2 标签三层结构

蛇形管管径范围为29～89mm，为适应管子表面的各种复杂状况，确保有效附着，标签采用"腕带搭接自粘"的形式环绕管子外表面一周，根据管子直径分为6种规格型号（表1）。为保障标签在极端情况下能够被解析和识别，二维码采用两列，沿长度方向均布，且彼此错开，标签四周打印明码（图3）。

表1 标签型号规格尺寸

序号	编码形式	编码实例	钢管直径（mm）	钢管周长（mm）	标签尺寸（mm）	膜的尺寸（mm）	膜的厚度
1	A+年份+7位流水	A20201000000	28～40	88～125	140×40	140×40	5丝
2	B+年份+7位流水	B20201000000	40～50	125～157	170×40	170×40	5丝
3	C+年份+7位流水	C20201000000	50～60	157～188	200×40	200×40	5丝
4	D+年份+7位流水	D20201000000	60～70	188～220	230×40	230×40	5丝
5	E+年份+7位流水	E20201000000	70～80	220～251	260×40	260×40	5丝
6	F+年份+7位流水	F20201000000	80～90	251～283	300×40	300×40	5丝

图3 标签示例

2. 管屏标识

管屏码为明码，按"工号+零件图号+流水号"形式编码，具有唯一性。管屏标识是将明码利用气动打码机刻印在钢板牌上。钢板牌尺寸为 100mm×50mm×5mm，印刻深度 2mm，钢板牌最终会焊接在管屏固定位置，保证管屏码在包装发运时不会丢失。

（三）主流程方案设计

蛇形管制造主要流程为：机焊、探伤、弯管、手氩、装配（图 4）。针对不同工序差异性，设计了不同的应用场景。

（1）机焊：综合考虑贴码工作量以及便于后续工序识别二维码，系统设计了头/尾码标签并通过系统绑定二维码与焊缝编码来表达连续施焊段焊缝。操作者在系统领取机焊任务后，在对接焊前贴头码，在对接焊后贴尾码。

（2）探伤：探伤通过扫码获取管段信息，并根据管段信息设定探伤参数进行质检探伤，完成探伤后，录入探伤数据。

（3）弯管：系统领取弯管任务后，通过扫码获取管子信息，并设定弯管参数进行弯管，最后报工。当二维码破损时，需补码。

（4）手氩：由于管子过长，部分蛇形管在制造过程中需要进行手工氩弧焊接长。此时，操作工需扫码上料并报工，以此重新绑定二维码与焊缝编码关系。当二维码破损时，同样需补码。

（5）装配：系统自动对管屏进行编号，操作者在系统中领取任务后，通过扫码上料，绑定管屏码与二维码关系，最终系统记录下管屏的二维码标签组成，从而实现后续焊缝追溯。操作者还需将管屏明码实物钢板牌焊接在管屏固定位置，便于管屏现场追踪。

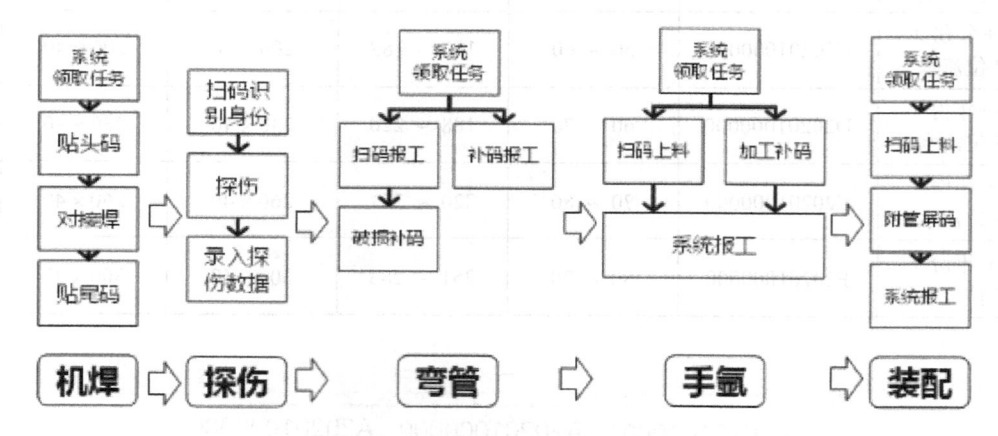

图 4 蛇形管制造主要流程

三、系统集成

蛇形管数字化车间系统通过工业以太网，连接硬件设备系统（图 5）。硬件设备系统包括蛇形管自动对接焊生产线、半自动贴标机、蛇形管焊缝探伤系统、蛇形管管屏装配平台等。应用服务通过工业以太网与工控系统通信，实现控制指令下达，获取标签信息；应用服务采用 BS 架构，向数字化车间系统提供 Webservice 接口，实现系统集成。

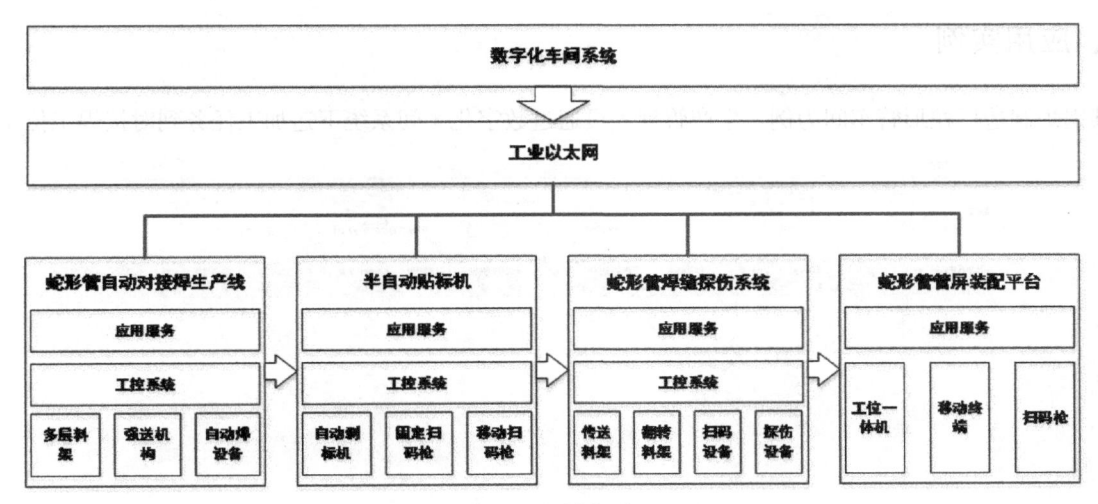

图 5 系统集成

蛇形管自动对接焊生产线实现管子自动化对接焊，提供管子输送、管子对齐、自动焊接等功能。

半自动贴标机安装于蛇形管自动对接焊生产线的焊机出口侧后端，用于管圈、管段标识条码的自动剥标，可匹配不同规格的标签，通过应用服务提供 Webservice 接口，实现与数字化车间系统的集成。由人工进行贴标。

蛇形管焊缝探伤系统由传送料架、翻转料架、扫码设备、探伤设备等组成。蛇形管管段或管圈在自动对接焊完成后，由料架传送至探伤室附近，扫码设备读取管段或管圈头/尾码，获取焊缝信息。控制室逐个对焊缝进行RT 拍片，并在数字化车间系统质量功能模块上完成对焊缝质量的判定。数字化车间系统在线收集焊缝质量信息。

蛇形管管屏装配平台的作用是将管圈及其附件组成完整管屏。基于数字化车间系统，管屏具有唯一识别身份码。操作者在数字化车间系统内完成生产任务接收、管圈上料、生产任务关闭等操作，最终在系统内形成完整的焊缝质量追溯链。

在数字化车间系统应用层，实现车间制造过程的信息化、数字化管控，系统通过二维码标签识别物料身份信息，关联焊接参数、加工人员信息、质检信息等，系统功能配置见表2。

表 2 功能配置

编号	名称	详细说明	实现方式	操作人员
1	按编码规则生成流水码	系统按约定的规则完成所有流水码的生成	系统	质检员
2	打印离线二维码标签	标签打印机事前打印好所有二维码标签，由工人进行标签安装	标签打印机	车间操作员
3	对接焊缝贴标	自动贴标机按照来料管径大小，进行二维码标签的粘贴	自动贴标机	自动贴标机操作员
4	扫描焊缝二维码	扫码设备在自动贴标机完成贴标后，扫描焊缝二维码，将二维码信息上传到数字化车间系统	扫码设备	扫码设备操作员
5	焊缝、工艺参数、零件号的绑定	系统与焊接数采系统集成完成工艺参数的获取，同时将工艺参数关联至焊缝流水码	系统	系统操作员
6	管圈号与焊缝空间位置的关联	长管在进探伤室时，扫描设备按长管顺序扫描焊缝编码，将管圈号与焊缝空间位置进行关联	系统	系统扫码设备操作员
7	焊缝与探伤记录的绑定	扫描焊缝二维码，将探伤记录信息与焊缝流水码进行绑定	系统	系统探伤员
8	管屏与各管圈空间位置的关联	按顺序扫描长管任一二维码，在系统中将管屏码与各管屏码实行关联	系统	系统装焊操作员
9	打印管屏码	系统发送管屏码，完成管屏明码牌打印	系统	系统质检员

四、应用实例

以某锅炉制造厂蛇形管车间为例。生产管理人员通过数字化车间系统下达加工任务到对接焊工位（图6）。

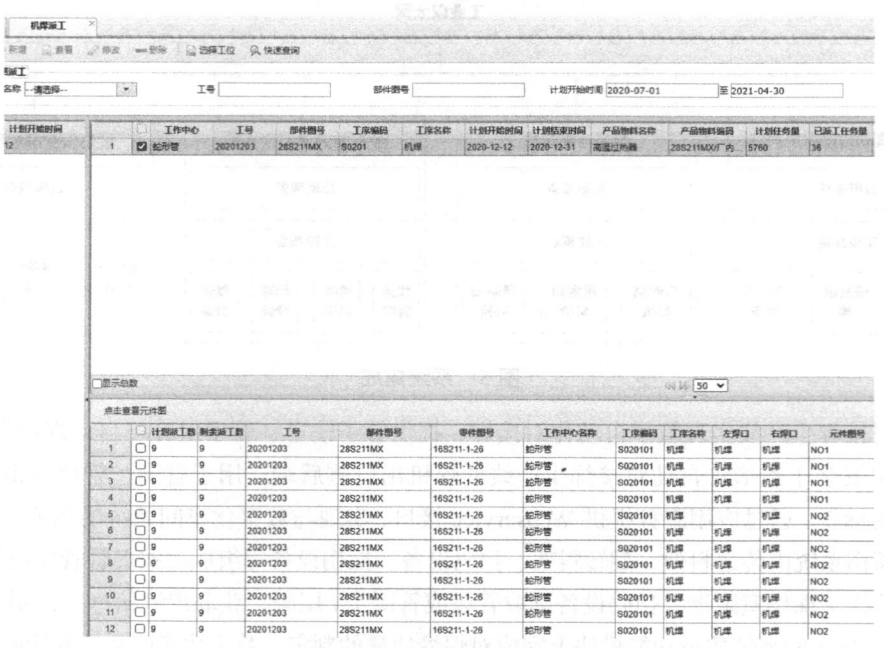

图6 自动焊派工系统界面

焊工通过数字化车间系统领取加工任务，依次完成管子对接焊加工，形成管圈，同时系统记录每一个焊缝的焊接参数及焊工信息。焊工依据施焊顺序（从头到尾/从尾到头），通过系统下达自动贴头/尾码指令，半自动贴标机接收到指令，依次完成管圈传送、端部识别、贴标位置定位、自动剥标及条码识别后，向系统回传条码信息，系统实现条码、管圈、焊缝的关联绑定（图7）。

图7 自动焊报工系统界面

在管圈/管段探伤阶段，数字化车间系统通过扫码设备，扫描头/尾码，获取管圈/管段焊口信息，在系统中对每条焊缝质量逐一判定并在系统中维护质量检测参数及检测结果（图8）。

图8 蛇形管RT探伤系统界面

在管屏装配环节，将管屏码牌焊接到管屏固定位置（图9），再通过数字化车间系统手机APP扫码上料功能实现管屏与管圈的关联记录（图10），从而实现焊缝的逆向追溯。在生产过程中，生产人员可随时通过识别二维码标签获取焊缝信息，然后关联加工信息、焊接参数与质检数据等。

图9 管屏码牌实物

图10 手机APP上料报工界面

五、结语

基于数字化车间系统的蛇形管焊缝标识与质量追溯方法是在车间生产过程信息化、数字化基础上，通过二维码标签识别物料信息，关联记录焊接参数、加工人员信息、质检信息等，实现蛇形管焊缝的全生命周期追溯与质量管理，减小人工录入工作量，减少数据错误及丢失，提升产品质量和生产运行效率。本项目以数字化车间系统为依托，融合各种信息化、自动化关键技术，对原有质量管理模式进行创新，是离散型智能制造模式下一种数字化车间系统的扩展应用，对推进传统企业转型升级具有重要意义，在国家重大装备制造行业具有推广价值。

主要创造人：王　川

雷达装备"五精"质量管理方法研究与实践

西安电子工程研究所

一、企业概况

西安电子工程研究所（中国兵器工业第二〇六研究所，以下简称我所）始建于 1967 年，是国家核定的重点保军和统筹建设单位，是国内主要为常规武器装备配套的火控雷达专业技术研制生产单位，是集雷达与综合电子工程技术于一体的高科技、产业化的电子工程研究所。具备"武器装备科研生产许可证""武器装备承制单位注册证书""军用软件研制能力等级证书""武器装备质量体系认证证书""涉及国家秘密的信息系统使用许可证""二级保密资格单位证书""载人航天工程科研生产单位资格证书""实验室认可证书""陕西省科研单位认定证书""高新技术企业证书"。拥有西北地区规模最大、频率覆盖最全的"十米法"电磁兼容测试实验室，西北地区最先进的多功能射频仿真综合测试实验室，西安地区设备最全的环境试验中心，运算能力达到每秒 8.66 万亿次的高算中心，大型雷达天线远场等。

经过多年的发展，我所突破和掌握了防空火控雷达、目标指示雷达、炮位侦校雷达、战场侦察雷达、机载雷达、精确制导雷达等系统总体技术，在相控阵技术、毫米波导引头技术、毫米波器件与集成应用技术等产品技术领域处于国内领先水平。

二、质量管理纲领

西安电子工程研究所坚持"全员参与、持续改进、关注细节、成功用户"的质量观，贯彻"质量是政治、质量是生命、质量是效益"理念，以"精诚为本、进程为道"为质量方针，以实现"交付产品开箱合格率 100%、定型产品交验试验成功率 100%、研制产品成功率 95% 以上、用户满意度 100%"为质量目标，着力打造"100% 安全、100% 可靠、100% 放心"的精品装备。

树立精品意识,提供质量优质的产品，是我所为国防建设应尽的责任和义务。因此，必须在工作上精益求精，在学习上聚精会神，不断追求完美、追求卓越，突出一个"精"字。必须以顾客为关注焦点，了解顾客当前和未来的需求，满足顾客要求，并争取超越顾客的期望；必须诚实接受顾客批评，诚心接受顾客的建议，诚意为顾客提供服务，让顾客放心，让顾客满意，与顾客沟通，与顾客分享，树立企业信誉，培养服务意识，突出一个"诚"字。只有不断改进、不断进步，才能使质量体系的建设不断完善、持续有效；只有与时俱进、创新发展，才能提高组织对改进要求的快速而灵活的反应能力，突出一个"进"字。必须建立有效的运行机制和文件化的质量体系，来确保我们的目标、我们的承诺实现，推进持续改进。同时采用程序化的过程控制方法、系统化的管理方法，基于建立闭环决策方法来实现富有挑战性的目标，突出一个"程"字。

三、案例介绍

（一）案例背景

近年来随着国际形势和我国周边环境日益复杂，部队立足实战化需求，常态化开展备战训练，对装备的使用频次和时间不断增加，我所在役装备在使用过程中逐渐暴露出诸多问题，不但售后保障压力巨大，也影响了部队正常训练，这表明现有的质量体系和管理方法已不能适应新时代装备建设需求。为深入贯彻习近平强军思想和习近平总书记关于武器装备质量建设的重要论述，积极践行强军首责，扎实推进质量制胜战略落地，把打造"好用、管用、实用、耐用"的精品装备作为企业义不容辞的政治责任,以着力提升装备质量管理水平、加快实现装备发展"从有到优"为目标,选择典型装备,通过"精心策划""精细实施""精益管控""精确评价""精准改进",探索出一套符合雷达装备特点、满足部队实战化需求的"五精"质量管理方法(图1、图2),带动产品实物质量和质量管理水平有效提升。

图1 "五精"质量管理方法内涵图

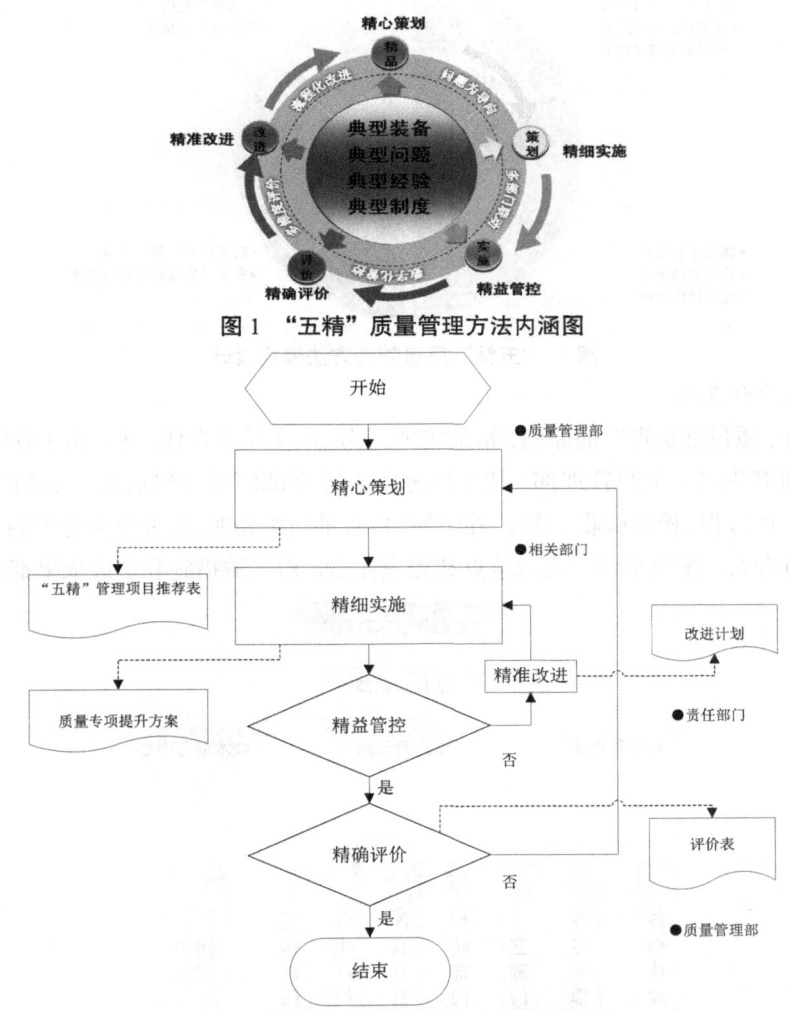

图2 "五精"质量管理方法实施流程图

(二)适用范围

雷达装备"五精"质量管理方法涉及选取试点、形成制度、推广开展、成果固化、持续改进等方面,适用范围可以涵盖所有复杂电子装备的军装、军贸产品。

(三)总体思路

坚持武器装备"四用"原则,利用"PDCA"质量管理方法,以典型装备的典型问题为牵引,制定科学合理的实施方案,重点抓各项措施的落实和评价工作,确保"五精"质量管理方法取得实效并建立机制,长效开展,突出军品必为精品要求。

(四)实施过程

1. 精心策划,系统实施管控

坚持武器装备"四用"原则,利用PDCA质量管理方法。2017年,选取两型问题较多的典型雷达,试点开展"五精"质量管理方法研究。以典型装备的典型问题为牵引,系统分析研究装备质量形成和可靠性增长的内在机理和瓶颈短板,制定科学合理的实施方案,重点抓各项措施的落实和评价工作,精心策划"五精"质量管理方法模式(图3),建立长效机制,持续改进。

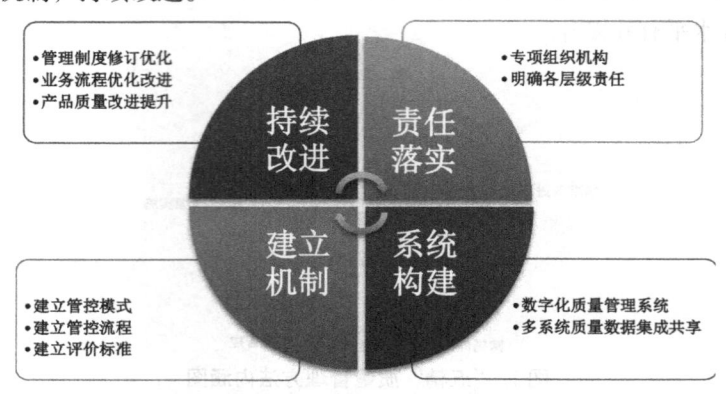

图3 "五精"质量管理方法模式设计

2. 精细实施,确保责任落实

按照"业务谁主管、质量谁负责"的原则,精细实施,层层压实质量责任,建立由主管质量所领导任总指挥,质量管理部牵头,科研开发部、生产管理部、技术服务中心等多部门联合组成的"五精"质量管理组织机构(图4),从管理提升、生产过程、检验验收、采购、外协外购、质量问题处理、服务保障等方面综合施治、系统治理,逐条分解任务,落实负责人、配合单位、完成节点和完成标志,对采取措施和形成成果都做了精细要求。

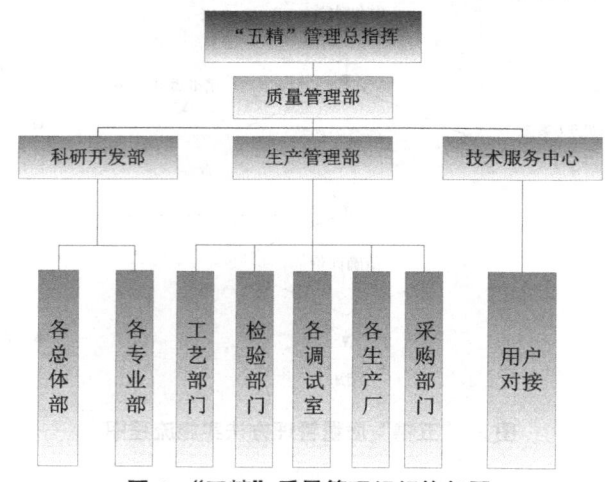

图4 "五精"质量管理组织构架图

3. 精益管控,推进数字化赋能

按照"100%安全、100%可靠、100%放心"标准,推进数字化质量管理系统建设和应用,开发"集约型信息化质量管理系统"(图5),利用数字化手段,收集、统计、分析产品质量数据,实现数据的动态监控和精准推送,为各级管理人员提供决策依据。利用CARMES、MES、PDM、MRP等系统实现产品数据的自动采集、分析和监控,引入AOI、X光、飞针、图像信息采集等自动化检验检测手段,确保装备研产过程受控,推动质量管理关键场景数字化。

4. 精确评价,助推质量创新

加强与"精品"装备相适应的评价模型、方法研究,建立"精品"装备评价模型(图6),对精益管控效果进行评价。通过不断优化评价模型,使该模型能"精确评价"雷达装备质量状况,真实反映装备薄弱环节,为后续的"精准改进"提供准确依据。同时通过提炼试点经验,固化了管理方法创新成果,形成了质量管理体系三层次文件《"精品工程"项目质量管理办法》,积极推动了质量变革、质量创新,质量基础不断夯实。

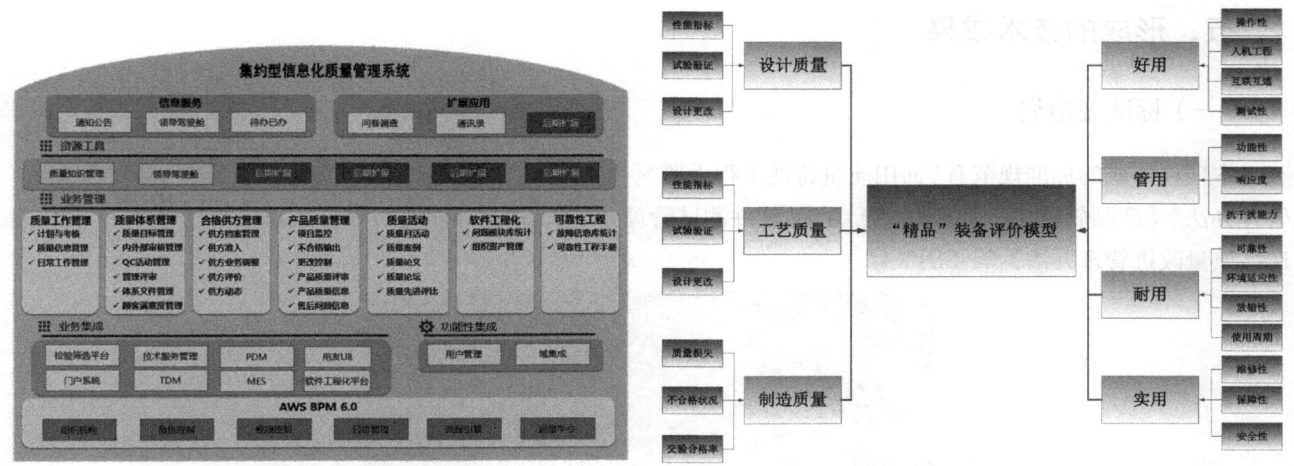

图5 集约型信息化质量管理系统

图6 "精品"装备评价模型

5. 精准改进，提升管理成效

坚持"零缺陷"系统工程理念，针对评价分析出的装备薄弱环节精准改进，产品实物质量显著提升，整机一次交验合格率由90%提升至99%，各分机一次交验合格率达由95%提升至100%；装备全生命周期内无严重及以上质量问题发生，一般质量问题处理平均时间由8天缩减到4天，且问题闭环到位，不重复发生；以往占比最高的外协外购产品质量问题数下降40%，产品质量综合满意度稳步提升（图7），"精品工程"的带动作用显著增强。

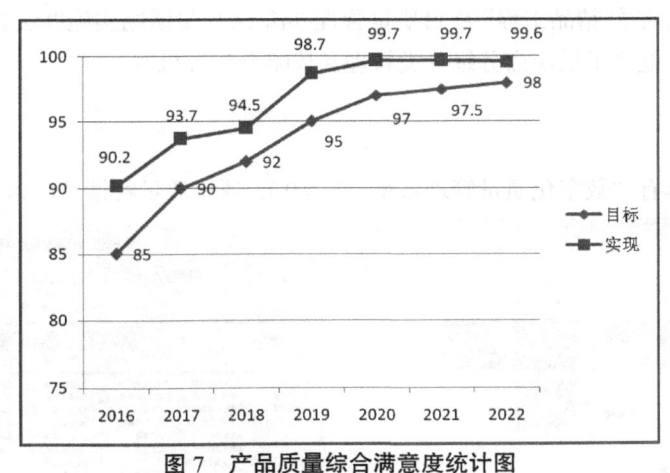

图7 产品质量综合满意度统计图

四、应用情况

2017—2019年，选取两型雷达试点开展"五精"质量管理，通过"精心策划""精细实施""精益管控""精确评价""精准改进"，产品实物质量极大提升，设计工艺文件准确，能有效指导生产，生产过程管理规范，检验验收覆盖率达到100%，各分系统及整机一次交验合格率达到100%，全生命周期内无低层次问题出现，质量问题闭环率达100%，无重复发生，往年占比最高的外协外购产品质量问题数下降40%。2020年，以形成的《"精品工程"项目质量管理办法》为指导，在科研生产交叉状态的两型产品上深入开展"五精"质量管理，评价结果显示，某型产品质量稳定可靠，而另一型产品技术状态不固化，全年发生的设计更改和工艺更改数量均超过5个，未达到"精品"要求，需进行针对性的精准改进。2022年，将雷达装备"五精"质量管理方法应用推广至新研的××E炮位侦校雷达，加强雷达产品研制过程质量管控。

五、形成的技术成果

（一）标准规范类

本项目形成的标准规范有《通用质量特性工程手册》《生产现场质量监督检查管理办法》《质量问题"双归零"管理办法》《产品软件生产管理办法》《产品软件测试管理办法》《产品质量与可靠性数据包管理程序》《交付后产品质量改进管理办法》等（图8）。

图8　标准规范类成果图

（二）实施指南类

本项目形成的实施指南有《"精品工程"项目质量管理办法》《质量激励实施办法》《质量责任追究管理办法》《质量专家队伍管理办法》，健全了供应商分级分类管理和战略合作等机制。

（三）软件工具类

本项目形成的软件工具有"数字化质量管理系统"（图9）、通用质量特性"CARMES软件"（图10）。

图9　数字化质量管理系统

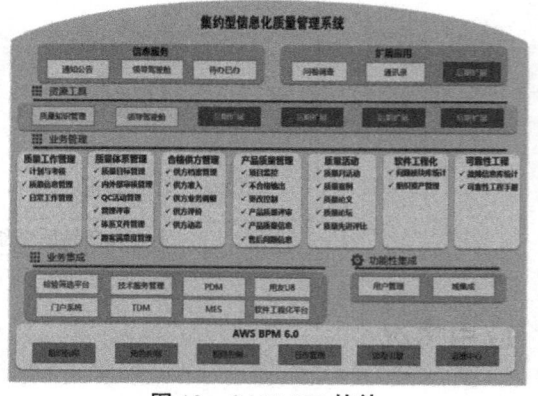

图10　CARMES软件

（四）成果奖励类

"军工院所集约型信息化质量管理"获国防科技工业企业2020年度管理创新二等奖，"复杂电子产品通用质量特性的数据治理体系构建与实施"获集团公司2019年度管理创新二等奖，"全价值链体系化质量综合提升工程建设"获集团公司2020年管理创新三等奖，"雷达装备'五精'质量管理方法"被《国防军工企业先进质量管理办法集》收录。

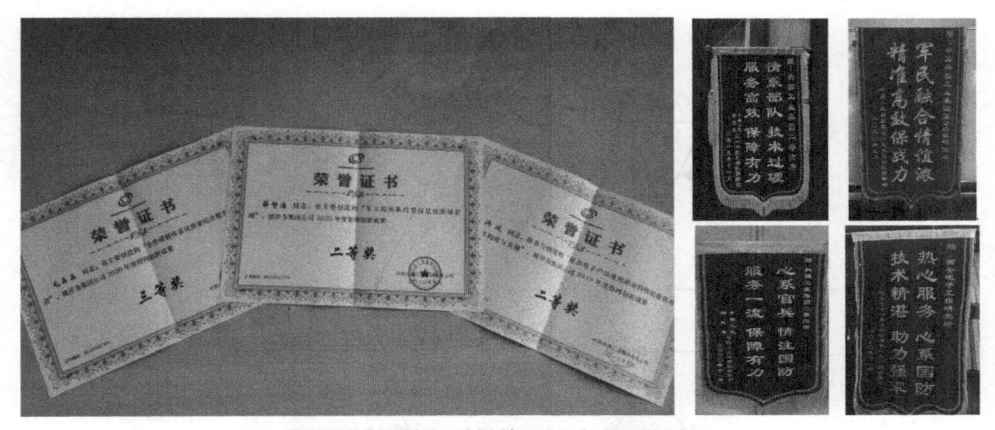

图 11 "五精"质量管理活动成果奖励图

六、案例的创新点及推广价值

（1）将雷达装备"五精"质量管理方法形成制度，纳入企业质量体系文件。
（2）建立精品装备评价模型和准则，为精准改进提供支撑。
（3）利用数字化手段收集、统计和分析产品质量数据，对产品过程实施精益管控。
（4）建立质量问题通报和警示机制，针对"五精"质量管理的拉条挂账问题编制质量警示案例，并在局域网进行通报，进一步提升员工质量意识。
（5）实行质量技术团队终身负责制，使质量责任终身追究制有效落地。

该质量管理工作法是质量体系和质量保证要求的细化补充，可在各武器装备承研承制单位进行推广。通过"五精"质量管理的开展，以点带面，全面提升实物产品质量和质量管控水平，是落实质量制胜战略的一次成功实践。

七、典型案例

（一）案例背景

×××16系列防空导弹武器系统目标搜索雷达已交付用户××余套，目前还在批量生产，在用户使用过程中逐渐暴露出产品在设计、工艺、可靠性等方面诸多问题。对近4年该型雷达质量问题进行统计分析，质量问题共计78项，其中外协外购问题数占比77%，累计造成质量损失100余万元。如何根治质量顽疾，已成为我所迫在眉睫的质量工作。为提高产品实物质量、有力保障用户，我所履行好强军首责，按照"五精"质量管理的思路，实施了整治提升。

（二）使用情况

1. 系统分析，精心策划

2018年选取该型雷达试点开展"五精"质量管控，运用头脑风暴法，系统分析该型装备质量形成和可靠性增长的内在机理和瓶颈短板，并做出因果图（图12）。

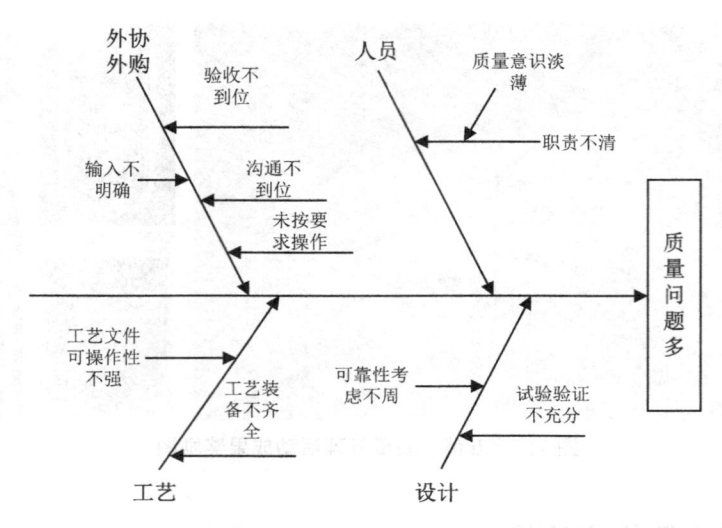

图12 XXX16B目标搜索雷达问题分析因果图

2. 标本兼治，精细实施

根据分析结果，多部门联合制定了质量专项提升方案，从内部管理提升、生产过程优化、外协配套产品管控、设计改进等方面制定了详细措施。

3. 目标明确，精益管控

一是在内部管理提升方面，按月发布问题通报和警示案例，强化质量警示作用；建立与总体单位和配套单位质量信息双向沟通机制，通畅了沟通渠道；编制了《不合格输出"双归零"管理办法》，加强了质量问题处理的时效性。二是在外协配套产品质量管控方面，细化外协技术协议和验收细则，对问题多发供方进行点对点的监督和指导。三是在产品改进提升方面，组织技术部门对部队反馈较多的T/R组件报故、电站溢油等问题进行设计改进，典型质量问题得以彻底解决。四是在生产过程优化方面，利用数字化质量管理系统、MES、M3等系统进行过程数据自动采集、分析和监控，使生产过程受控。

4. 精确评价、精准改进

2018年提升计划完成后，组织各部门对整治效果进行量化评价，雷达整体质量水平显著提高，但生产过程中仍存在不少问题，雷达可靠性还有待进一步提高。针对评价中的问题，制订了2019年专项改进计划，并监督落实。

（三）实施效果

该型雷达经过两年"五精"质量管理，通过逐个环节的工作落实，逐个问题的整治解决，逐个阶段的成果巩固，产品实物质量显著提升，整机一次交验合格率由90%提升至99%，各分机一次交验合格率达由95%提升至100%；全生命周期内再无低层次问题出现，质量问题处理平均时间由8天缩减到4天，且问题闭环到位，不重复发生；往年占比最高的外协外购产品质量问题数下降40%；用户反馈较多的典型故障通过设计改进，彻底得到解决，未出现顾客的抱怨和投诉。

我所通过雷达装备"五精"质量管理方法研究与实践，选取试点，形成制度，以点带面，成果固化，迭代推进，全面提升实物产品质量和质量管控水平，将"军品必为精品"作为卓越目标追求，坚决落实质量制胜战略，努力为部队提供优质精良的产品，为建设具有全球竞争力的世界一流集团公司贡献兵器雷达力量。

主要创造人：白　峰
参与创造人：傅　强、白云涛、郭晓阳、许　波

大型整体增材制造产品研制过程质量管控应用与实践

航空工业第一飞机设计研究院

一、企业概况

航空工业第一飞机设计研究院成立于1961年（以下简称一飞院；法人名称为中国航空工业集团公司西安飞机设计研究所），是我国集歼击轰炸机、轰炸机、运输机、民用飞机和特种飞机等设计研发于一体的大中型军民用飞机设计研究院。

多年来，一飞院经历了由测绘仿制到自行研制的历程，先后成功研制了我国第一代支线客机——运七飞机、第一架空中预警机——空警Ⅰ号、第一代歼击轰炸机——"中国飞豹"、第一架轻型公务机——小鹰500、大型运输机等十多种型号的军民用飞机，为国防建设、发展民用飞机产业及我国科学技术进步做出了重大贡献。

通过多项军民机型号任务的磨砺和锻炼，一飞院打造出了一支"特别能吃苦、特别能战斗、特别能攻关、特别能奉献"的优秀技术和管理团队，铸成了"报国、拼搏、求实、创新、团队"的飞豹精神，成为我国军、民机研制领域的中坚力量。

一飞院设计开发、生产试验设施完善，设有总体气动、强度设计等14个设计研究所/中心，拥有铁鸟综合试验、强度新技术、飞机各系统及电磁兼容等7个综合试验室以及先进的技术保障设施，具有完备的军用飞机、民用飞机及其配套产品的研发能力。

二、质量管理纲领

（一）质量方针

一飞院的质量方针为："聚焦战略、流程驱动、顾客满意、持续改进"。

（二）质量方针的含义

一飞院的质量方针的含义如下。

聚焦战略：聚焦国家战略需求，进行研究院中长期战略规划；聚焦"三个成为"的使命担当，以满足部队和市场需求牵引为基础构建军民融合的质量管理体系，以质量促进战略规划的实现。

流程驱动：构建和完善层次清晰、结构合理、整体协调、科学有序的工作流程，强化预防和过程控制，驱动本院产品质量向高层次迈进。

顾客满意：坚持客户第一的原则，强化关注顾客和相关方满意度，通过质量体系的有效运行，满足并超越顾客要求。

持续改进：通过不断创新，不断改进，满足顾客日益增长的需求，实现自我超越。

（三）中长期质量目标

一飞院贯彻"质量就是生命，质量就是胜算"的理念，适应飞机快速发展和质量迈向更高水平的需求。其

2022—2027年中长期目标如下。

（1）实现军民机质量管理体系融合，实现质量管理体系与AOS管理体系融合。

（2）实现岗位级作业流程，建成质量管理信息化系统。

（3）因本院设计问题导致的重大质量问题为零，飞机百起落试飞不安全事件发生数每年减少0.05，实现对供应商科研、生产和服务质量的有效管控。

（4）系统集成产品准时交付率每年至少提高0.5%，故障返修率每年至少下降1%。

（5）客户满意度至少每年增加0.5%，取得省部级以上质量奖1项。

注：以上为本院确定的中长期质量目标（2022—2027年），依据项目任务情况逐年分解制定年度目标值，在五年内达到预定指标。

三、项目简介

本项目属航空技术质量领域，涉及大型整体增材制造产品研制过程质量管控应用与实践等内容。具体包括：增材制造产品质量问题的分析与质量提升方法、增材制造产品研制工作流程、增材制造产品研制质量文件体系和供应商管理方法的改进和创新。

本项目针对大型整体增材制造产品的质量问题，以提升增材制造产品质量，满足产品装机、批产要求为目标，运用PDCA现代质量提升理论，制定了四个阶段的质量提升目标和控制指标要求和相应的质量提升措施，经过分步骤地实施和迭代，提高了增材制造产品设计/制造过程的质量管控能力，建立了增材制造产品研制工作流程和质量文件体系，探索出一条适用于增材制造产品供应商管理的方法，实现了大型飞机增材制造产品质量的提升和装机、批产应用。

四、实施过程

（一）立项背景

增材制造技术为现代航空制造业的发展提供了巨大契机，以其强大的个性化制造能力和对设计创新的强力支撑特性颠覆了传统设计和制造途径，实现了轻量化、整体化、结构—功能一体化设计、高性能材料制备和复杂构件制造的一体化，使大量的产品概念发生了"革命性的变化"。

增材制造技术在大型飞机上应用，可充分发挥其零件综合力学性能优异、材料利用率高、机械加工余量小、制造周期短、成本低等优势，是突破制约大飞机研制重大"制造技术瓶颈"的有效手段之一。

但是，我国的增材制造产品，特别是航空高端结构产品研制和应用仍处于起步阶段，在基础理论数据、关键工艺控制及产品制造稳定性、标准制定等方面与欧美等发达国家仍存在较大的差距，主要表现在以下几方面。

（1）增材制造产品的研发流程不成熟。设计/制造过程的质量控制缺乏有效的手段，增材制造产品报废率高、稳定性差。

（2）适用于增材制造产品的检验手段有待开发。针对增材制造毛坯和产品特有的缺陷存在检验不出、检验不全的问题，缺陷的识别和缺陷的影响评价能力有待提高。

（3）对TC18、TC11、GH4169等高性能金属增材制造材料性能还没有系统的研究。缺乏规模化的试验数据积累和完善的数据库，增材制造构件研制相关的材料、工艺、产品等方面的标准规范严重不足。

（4）传统的增材制造供应商管控方法不适用。增材制造供应商经营状况不良、供货能力薄弱、质量体系不健全，存在产品交付和质量的风险。

由于上述问题的存在，导致某大型飞机增材制造产品返修率约为70%、每件修复次数约为1.1次、报废率约为6.67%，研制成本居高不下、交付进度缓慢，严重阻碍了型号研制任务的进展，对增材制造技术的普及和应用也产生了较大的负面影响。

本项目以提升某大型飞机增材制造产品质量为目标，开展大型整体增材制造产品研制过程质量管控应用与实践。

（二）总体思路

基于某大型飞机的研制需求，结合增材制造产品的设计和制造特点，以解决"大型飞机增材制造产品的返修率高，均件修复次数多，报废率高"的现状为目标，运用现代质量管理和质量改进方法，通过质量问题统计、质量原因分析、质量阶段提升目标和控制方法研究，制定出增材制造产品质量提升路径和实施措施。通过设计/制造过程关键因素质量控制、完善增材制造检测手段和质量评价体系、建立增材制造材料数据库和标准规范、探索和创新增材制造供应商的管理方法等手段，分四个阶段持续提升增材制造产品的质量，最终达到"增材制造产品返修率5%以下、每件修复次数0.3次以下、报废率0%"的质量目标，为大型飞机的研制和批产提供质量稳定、产能充足的增材制造产品，并产生可观的经济效益。本项目总体思路如图1所示。

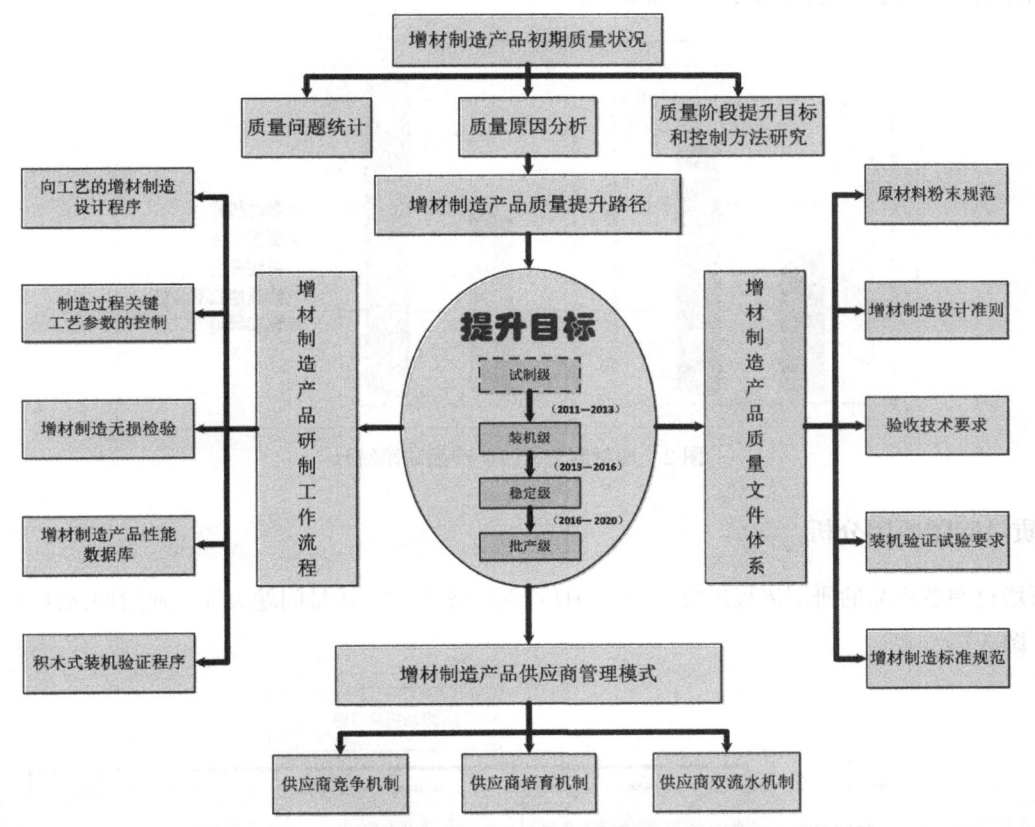

图1 某大型飞机增材制造产品质量提升总体思路

（三）质量问题统计分析

大型飞机采用增材制造技术，解决了大型主承力金属构件研制周期长、材料利用率低、大型锻造设备匮乏等问题，成功实现了增材制造产品的装机和应用。但是，增材制造产品在研制初期，产品报废率高、稳定性差，直接导致了交付周期的紧张和产品成本的激增，并为增材制造产品的质量埋下了隐患。

以大型飞机某型产品ZCHJ为例，某型号大型飞机增材制造结构件，每批为6件，左右各3件。在产品试制初期，每批产品的返修率很高，每个零件也存在多处返修的情况，产品甚至出现了报废情况。表1所示为大型飞机某型产品ZCHJ产品试制初期的不合格情况统计。

表 1 ZCHJ 产品试制阶段不合格情况统计

批次	应交付件	返修件数	返修部位数	报废件数
1	6	5	8	1
2	6	4	7	0
3	6	5	7	1
4	6	3	5	0
5	6	4	6	0

由表 1 可知，ZCHJ 产品在试制初期，平均返修率为 70%，每件产品的返修次数为 1.1 次，报废率为 6.67%。

图 2 为 ZCHJ 产品试制初期 5 批次的不合格超差项的统计情况。从图 2 可以看出，零件超重、高密夹杂、毛坯开裂、修复性能不合格、机加缺陷是增材制造产品的主要缺陷。在产品试制初期的 33 个超差项中，这 5 种主要缺陷分别有 4 项、7 项、8 项、5 项和 9 项。

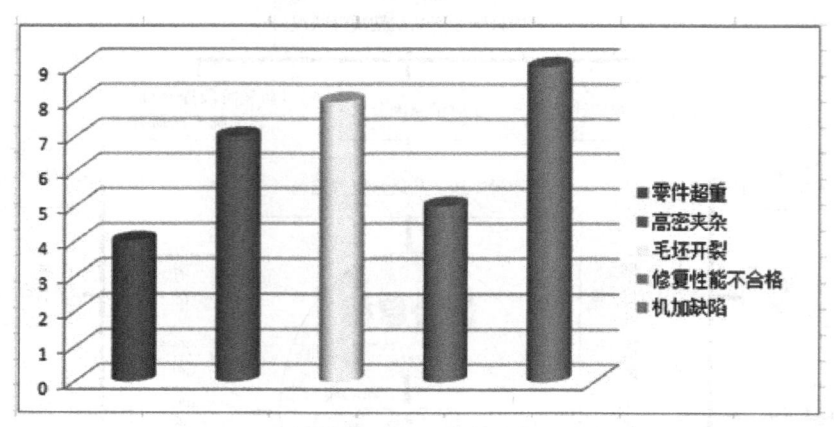

图 2 增材制造 ZCHJ 产品缺陷统计

（四）质量问题原因分析

从分析增材制造产品的研制流程出发，对 ZCHJ 产品的 5 个主要质量问题表征，通过归纳法进行了深入的原因分析（图 3）。

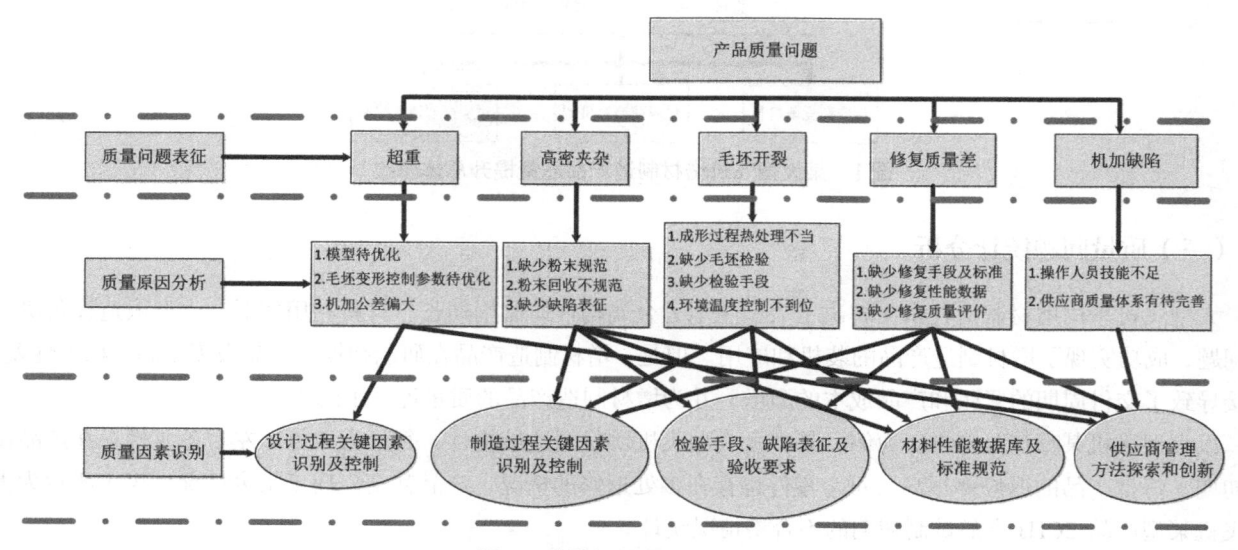

图 3 质量问题主要原因分析

1. ZCHJ 产品超重原因分析

（1）产品数模需要进一步优化。在保证产品功能、性能的前提下，通过拓扑优化的方法，结合工艺制造要求，减轻模型重量。

（2）毛坯变形控制参数待优化。在工艺过程中，为了控制产品的变形，毛坯的加工余量较大，导致产品超重。

（3）机加公差偏大。由于供应商机器设备存在缺陷、工艺操作人员能力不足等，导致产品的最终精度公差控制偏大，这也是导致产品超重的原因之一。

2. ZCHJ 产品高密夹杂原因分析

（1）缺少粉末规范。粉末是增材制造产品的原材料，粉末的颗粒度大小、均匀性、纯度等缺少相关规范，因而粉末中存在杂质造成增材制造产品出现高密夹杂问题。

（2）粉末回收不规范。增材制造产品在制造过程中，未参与成形的粉末将会被回收；回收的粉末质量需要经过检验，并以一定比例混合；回收粉末的质量不高，也会导致产品高密夹杂问题的产生。

（3）缺少缺陷表征。高密夹杂在增材制造产品中的缺陷表征，以及对产品性能的影响有待研究，需开展系列的验证试验。

3. ZCHJ 产品毛坯开裂缺陷原因分析

（1）成形过程热处理不当。产品热处理工艺参数的不稳定、热处理工艺控制不规范，是导致毛坯开裂的主要原因。

（2）缺少毛坯检验。增加增材制造产品毛坯的检验环节是预防毛坯开裂的有效措施，缺少此环节将导致毛坯质量的不可控。

（3）缺少检验手段。缺少增材制造产品毛坯的检验手段，不能有效地检验出、检测全毛坯的缺陷，无法进行缺陷的评估。

（4）环境温度控制不到位。增材制造过程中，环境温度的剧烈变化，会导致毛坯开裂；设备环境温度控制不到位，也是导致产品毛坯开裂的原因之一。

4. ZCHJ 产品修复质量差原因分析

（1）缺少修复手段及标准。增材制造产品的缺陷可以通过一定的手段进行修复，修复后经过后续的热处理，能够使产品达到原来的性能。但是，目前缺乏增材制造产品修复工艺的研究，以及修复后产品的验证要求。

（2）缺少修复性能数据。采用有效的修复手段后，修复界面的性能缺少验证数据。

（3）缺少修复质量评价。修复质量缺少评价标准，产品是否可以继续使用，可以使用的期限是多久无法判断。

5. ZCHJ 产品机加缺陷原因分析

（1）操作人员技能不足。供应商的操作人员缺乏制造经验，部分未进行上岗技能培训和质量培训。

（2）供应商质量体系有待完善。

（五）质量因素影响识别与分析

表 2 为 ZCHJ 产品试制阶段 FMEA 分析表，包括研制过程中潜在故障模式、故障影响、故障发生的原因。其中，故障模式的潜在影响细分为 9 类，风险组合共 24 个；根据严重度（S）、频度（O）、探测度（D）的评价准则，评定了每个风险组合的三个参数的值，并计算了风险顺序数（RPN）。

帕累托分析图又被称为排列图或主次因素分析图，帕累托分析法是一种从影响产品质量的许多因素中找到主要因素的有效方法。将影响 ZCHJ 产品的 24 个风险组合归纳分类，并将 RPN 值叠加，按照帕累托的理论思想，绘制了主次因素分析图，也就是帕累托分析图，如图 4 所示。

表2 ZCHJ产品试制阶段FMEA分析表

风险编号	潜在故障模式		潜在影响	潜在引起故障机理		S	O	D	RPN
1	FM1	超重	返修	CF1	设计细节	3	2	5	10
				CF2	公差控制	4	5	5	14
2	FM2	开裂	报废	CF3	工艺参数	3	2	7	12
				CF4	性能数据	3	4	5	12
				CF5	检验手段	7	4	6	17
				CF6	缺陷数据	4	4	4	12
3	FM3	变形	返修	CF7	设计细节	5	2	6	13
				CF8	工艺参数	8	6	4	18
4	FM4	断裂	报废	CF9	材料性能	9	1	6	16
				CF10	工艺参数	7	6	4	17
5	FM5	高密夹杂	试验验证	CF11	粉末比例	6	3	4	13
				CF12	性能数据	5	5	5	15
				CF13	现场管理	5	5	6	16
6	FM6	毛坯开裂	修复	CF14	检验手段	6	6	3	15
				CF15	评判数据	4	5	5	14
				CF16	工艺参数	8	4	4	16
7	FM7	裂纹	返工报废	CF17	设计细节	4	2	3	9
				CF18	工艺参数	7	4	5	16
				CF19	机加工艺	6	6	6	18
				CF20	性能数据	3	4	3	10
8	FM8	划伤	返工	CF21	现场管理	5	4	2	11
				CF22	操作不当	5	5	4	14
9	FM9	凹坑	返工	CF23	现场管理	5	3	2	10
				CF24	工人操作	5	2	5	12

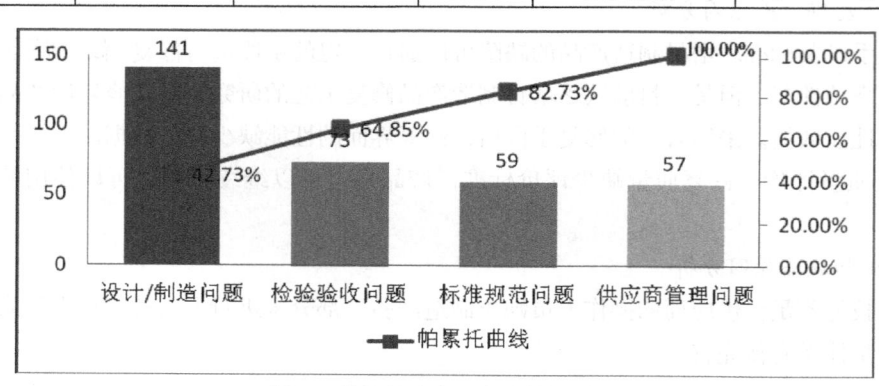

图4 增材制造产品帕累托分析图

通过分析增材制造产品质量问题的原因，对ZCHJ产品进行了研制全过程的关键质量因素识别。这些质量因素是影响产品质量的主要因素，后续将重点针对这些质量因素制定相应的改进措施，从而达到提升产品质量的目的。

识别出的增材制造产品质量关键因素如下。

（1）设计/制造过程质量控制。

（2）检验手段、缺陷标准及验收要求。

（3）材料性能数据库及标准规范。

（4）供应商管理。

（六）制定质量提升路径

基于增材制造产品质量问题的原因分析，采取有效可行的手段分步消除质量因素的影响，最终实现产品的跨越式改进。参考国际著名管理咨询公司麦肯锡的质量管理水平 4 个等级，建立了增材制造产品的质量提升目标和分步实施策略，并按照增材制造产品研制周期的要求对目标实现周期进行了合理的计划，如图 5 所示。

图 5 ZCHJ 产品质量提升路径

第 1 级为试制级。采用传统的检验方法，通过产品的最终检验保证质量，在生产制造过程中应用了有限的预防措施，产品返修率 ≈ 70%、每件修复次数 ≈ 1.1、报废率 ≈ 6.67%，产品达到工艺件要求。试制级目标实现时间为 2009—2011 年，是产品的起始阶段。

第 2 级为装机级。通过设计关键因素识别和制造关键因素识别，有效地控制了产品的质量。相比于第 1 级，增材制造产品的质量有明显提升，产品返修率 ≈ 50%、每件修复次数 ≈ 0.8、报废率 ≈ 2%，达到了装机的要求，产品交付基本满足要求。装机级目标实现时间为 2012—2014 年。

第 3 级为稳定级。通过开展增材制造产品检验缺陷的研究，检验手段有所扩充，明确了缺陷表征及验收要求，并运用到制造及产品的检验中，使增材制造产品的质量进一步提升，制造商成本得到了有效控制，并产生了可观的经济效益；制造过程基本固化，产品返修率 ≈ 30%、每件修复次数 ≈ 0.5、报废率 ≈ 1%。稳定级目标实现时间为 2015—2017 年。

第 4 级为批产级。通过开展大量的材料和工艺试验，积累了一定规模的性能数据和工艺参数，建立了增材制造材料性能及工艺参数数据库，并编制了企标和航标等相关标准，同时开展了相关供应商管理方法的改进，产品质量稳定，几乎无不合格产品；经济效益可观，能够满足批产交付要求，产品返修率为 5% 以下、每件修复次数为 0.3 以下、报废率达 0%。批产级目标实现时间为 2018—2020 年。

（七）质量改进流程图及质量控制指标

采用六西格玛工具箱的流程图，建立产品的质量改进模型。考察增材制造产品的质量情况，统计数据，分析产品研制的过程，并寻找原因和分析数据。在产品质量原因定位明确后，制定改进目标，改进时机成熟时，制定改进方案并执行，通过对比分析改进效果，确定改进措施是否有效。有效的改进措施制定为行动项，固化在研制流程中，使产品质量得到提升。当出现新的质量问题时，继续重复上述流程，使增材制造产品质量持续改进和提升，如图 6 所示。

采用 P 控制图对设定增材制造产品每个质量提升阶段的质量指标进行控制，使质量目标实现路径量化。基于增材制造产品质量问题的特点，对 P 控制图控制参数计算方法进行改进：将产品不合格率设为 k，返修次数设为 m，报废率设为 n，根据 3 个参数对产品质量的影响程度分别给定百分比，则：

$$p = 30\%k + 20\%\frac{m}{\lambda} + 50\%n \tag{1}$$

其中，λ 为全机产品总个数 6。

P 控制图的控制界限为：

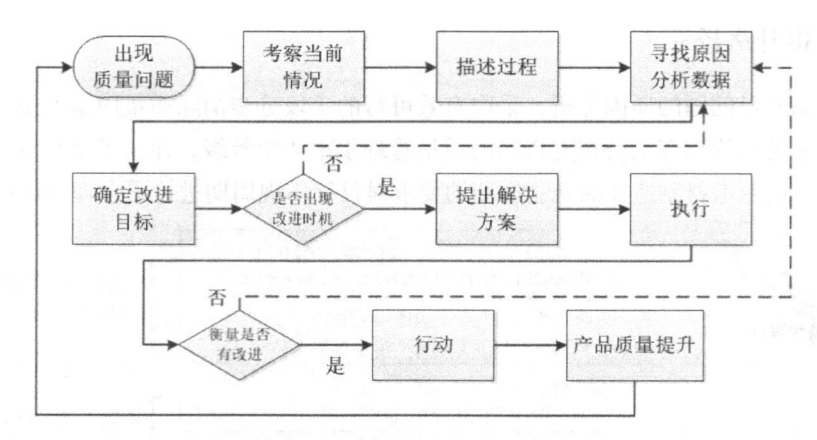

图 6　增材制造产品质量改进流程图

$$中心线CL：\bar{p} = \frac{不合格品数之和}{被检产品之和} = \frac{\sum np}{n} \quad (2)$$

$$上控制界限UCL：\bar{p} + 3\sqrt{\bar{p}(1-\bar{p})/n} \quad (3)$$

$$下控制界限LCL：\bar{p} - 3\sqrt{\bar{p}(1-\bar{p})/n} \quad (4)$$

根据休哈特经验制定的控制图采用 3σ 法则，质量特性服从正态分布。如果是受控状态，落入平均值 ±3 标准差之内的概率为 99.7%，落入标准差之外的概率为 0.3%，0.3% 是非常小的值。控制图上的点处于控制界限之外时，完全可以断定过程处于异常状态，存在引起异常的原因。增材制造产品 4 个阶段的质量控制参数如表 3 所示；4 个阶段质量控制 P 值图如图 7 所示。

表 3　增材制造产品 4 个阶段的质量控制参数表

阶　段	不合格率参数 k	修复次数参数 m/δ	报废率参数 n	控制参数中心线 $\bar{p}$	上控制界限 UCL	下控制界限 LCL
试制阶段	0.70	0.183	0.067	28.02%	28.86%	27.18%
装机阶段	0.50	0.133	0.020	18.67%	19.23%	18.11%
稳定阶段	0.30	0.083	0.010	11.17%	11.51%	10.83%
批产阶段	0.05	0.050	0.000	2.5%	2.58%	2.43%

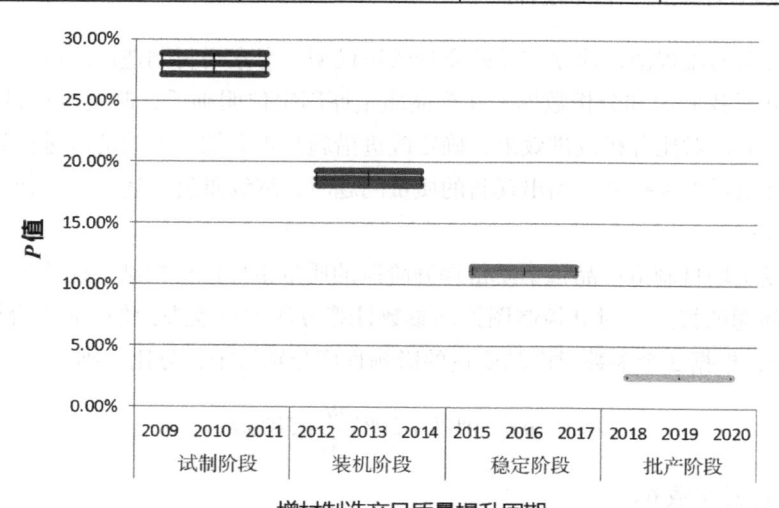

图 7　增材制造产品四个阶段质量控制 p 值图

（八）建立质量控制研制流程

增材制造技术在航空领域属于"三新"的范围。增材制造技术及产品在大型飞机的使用，对于提升航空产品性能具有重要的作用，但同时潜藏着较大的风险。因此，必须按照相关法规及标准要求，在使用前进行充分的论证、试验和鉴定。

但是，增材制造大型整体金属构件并未有装机应用的先例，无相关研制工作流程参照。因此，必须结合质量控制要求，建立增材制造产品研制工作流程，以确保增材制造产品使用规范、技术可行、风险可控。

参照航空工业产品研制新技术应用工作流程和新材料研制流程，结合增材制造产品研制的特点，建立了增材制造产品研制工作流程图，如图8所示。

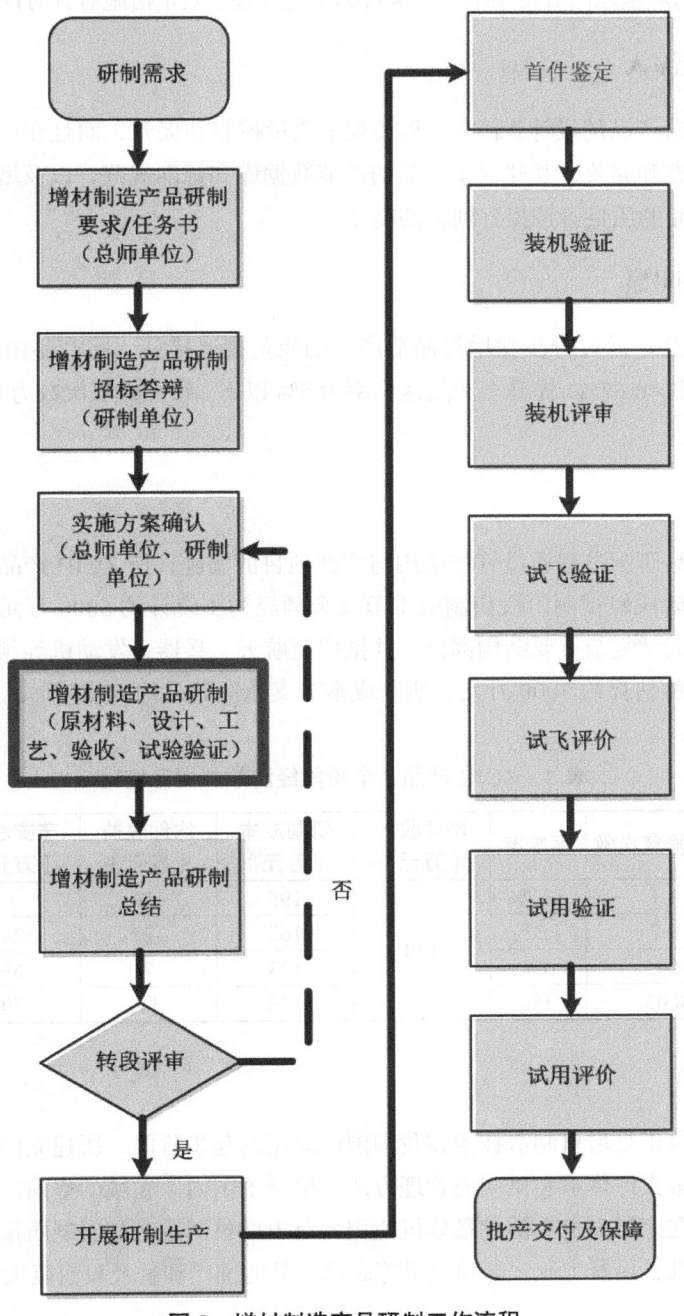

图8 增材制造产品研制工作流程

五、实施效果

本项目采用现代质量管理和改进方法，结合增材制造产品的研制特点，通过大型整体增材制造产品研制过程质量管控应用与实践，在国内首次实现了多组件、多部位主承力金属构件增材制造产品的批量装机应用。本项目的实施效果具体如下。

（一）现代质量管理工具的综合运用

综合运用 PDCA 质量提升理论、FMCA 故障分析、六西格玛流程图、P 控制图、帕累托分析图等现代质量管理工具，使增材制造产品的质量原因分析精准、质量目标制定合理、质量措施有针对性，实现了质量提升的目标。

（二）质量提升全面深入

本项目不仅在增材制造产品的设计/制造过程实现了质量控制和提升，而且在产品检测、验收评价、装机验证程序等方面进行了扩充和完善，并建立了产品的性能数据库和标准规范，以及增材制造供应商管理的新方法新模式，将增材制造产品的质量管控提升到新的高度。

（三）质量提升效果明显

运用现代质量管理方法，通过分步骤增材制造产品的质量提升措施，将产品由最初的产品返修率≈70%、每件修复次数≈1.1、报废率≈6.67%，提升至产品返修率为5%以下、每件修复次数为0.3次以下、报废率达0%，质量提升效果明显。

（四）经济效益显著

大型整体增材制造产品研制过程质量管控应用与实践项目的实施，使 ZCJH 产品质量、交付保障和经济效益有了显著的提升。批产阶段较试制阶段研制成本节支金额经初步统计约5000万元。该项目质量管理与质量提升方法还用至飞机其他大型复杂重要结构部位，并推广至航天、兵器、发动机等领域。相关领域批产阶段较试制阶段研制成本节支总额估算约3000万元。研制成本节支总额共计约8000万元。ZCJH 产品 4 个阶段经济效益提升统计如表 4 所示。

表 4 ZCJH 产品 4 个阶段经济效益提升统计

项目序号	返修率	每件修复次数	报废率	均件收入（万元）	研制成本（万元）	均件收益（万元）	节支总额（万元）	年均质量提升效益（万元）
试制阶段	66.7%	1.1	6.67%	140	196	-56	/	/
装机阶段	43.4%	0.7	1.3%	140	162	-22	34	2448
稳定阶段	5.1%	0.05	3%	140	133	7	63	4536
批产阶段	5.1%	0.03	1%	140	126	14	70	5040

（五）示范作用巨大

本项目开展和实施阶段正是增材制造技术在我国国内应用的起步阶段，所建立的增材制造产品研制工作流程、增材制造产品研制质量文件体系和供应商管理方法，填补了国内该领域的空白。本项目成功实现了增材制造大型复杂主承力结构件在大型飞机上的批量装机应用，对于增材制造产品研制质量管理模式、增材制造产品在军民用航空产品、发动机、兵器工业、导弹卫星等高端产品的推广和普及具有巨大的示范作用。

主要创造人：朱胜利

参与创造人：刘 磊、王志刚

设备设施全生命周期质量精益管理在乌东德水电站的应用

中国长江电力股份有限公司

一、企业概况

中国长江电力股份有限公司（以下简称长江电力或公司）是经国务院批准，由中国长江三峡集团有限公司作为主发起人设立的股份有限公司。公司创立于2002年9月29日，总部位于湖北省武汉市，主要从事水力发电、清洁能源和智慧综合能源、配售电以及投融资业务，在中国、秘鲁、巴西、巴基斯坦等多个国家开展相关业务。长江电力现拥有长江干流三峡、葛洲坝、溪洛渡和向家坝四座电站的全部发电资产，水电装机82台，其中，单机容量70万千瓦及以上机组58台。长江电力代为管理乌东德和白鹤滩两座水电站，是中国最大的电力上市公司和全球最大的水电上市公司。

乌东德水力发电厂（以下简称乌东德电厂）是长江电力下属的电力生产管理单位和生产成本控制中心，是乌东德水电站电力生产安全的第一责任单位，负责乌东德水电站电力生产、技术管理、坝区管理和生产成本控制。

二、项目简介

乌东德水电站是金沙江下游河段四个水电梯级（乌东德、白鹤滩、溪洛渡、向家坝）中的最上游梯级，电站左右岸厂房各安装6台单机功率为850MW的混流式水轮发电机组，总装机容量为10200MW。工程于2011年开始筹建，2015年12月正式开工，2017年1月开始大坝本体浇筑，2019年8月开始全面机电安装，2020年6月首批机组投产发电，2021年6月全部机组投产发电。

乌东德水电站百万千瓦级水轮发电机组作为世界水电"无人区"，其设计、制造、安装、调试及后续运维管理存在诸多重大挑战和技术难题。为打造乌东德水电站精品工程，乌东德电厂深入践行"建管结合、无缝交接"管理理念，充分总结葛洲坝、三峡、向家坝和溪洛渡流域电站设备设施管理经验，以设备设施全生命周期质量精益管理思路为统领，根据工程进度和现场需要，分批次派遣技术骨干深入参与设备设施设计、制造、出厂验收、安装调试、运维管理等各个环节，前移质量控制关口，严格把控各环节质量；全面、深入掌握设备设施设计、制造、安装、调试全生命周期情况和性能规律，进一步提升工程整体质量；实现机电工程"设计零疑点、制造零缺陷、安装零偏差、进度零延误、运行零非停、安全零事故"目标，夯实本质安全电站基础，为设备设施长周期安全稳定运行奠定基础，从而降低企业运维成本、提高企业综合效益，在行业内具有巨大推广潜能和应用价值。

三、主要举措

（一）充分借鉴流域电站设备管理经验，高质量做好接管准备

1. 编制电力生产准备方案，全面策划接机发电工作

系统梳理各阶段工作任务目标和时间节点，充分借鉴三峡、溪洛渡、向家坝电站电力生产准备工作经验，编制《乌东德电厂电力生产准备方案》，从组织机构与队伍建设、参与工程建设、生产与技术管理体系建设、安全管理、设备设施接管及运行管理、后勤保障和坝区管理、党建和企业文化建设等7个方面明确了乌东德电力生产准备各项工作及责任部门。任务具体、要求清晰、责任明确，为做好电站高质量接机发电和运行管理准备工作提供了全

面的指导。根据设备设施接管技术要求,编制《首批机组接管方案》等21个专项设备设施接管方案,根据接管方案组织开展设备设施接管预演,查找遗漏事项并及时完善,确保接机发电准备工作无盲区、无死角。

2. 广泛征集技术建议,加强前期技术总结

一是充分吸收公司范围技术经验。通过多种渠道向公司各单位广泛征集当前流域电站设备设施缺陷、技术改造、科技创新等方面建议,加强前期技术储备。

二是专题梳理公司流域电站水力机械辅助设备、通风空调系统、排水系统等关键设备运行情况,针对主要设备选型形成建议清单,为乌东德水电站设备选型提供参考和依据。

三是总结分析公司流域电站重要设备设施缺陷、问题等,整理汇编《参与电站建设重点技术问题分析》,作为后续乌东德工程设备设施质量全生命周期精益管理的案例支撑,避免流域电站问题频发和家族性缺陷在乌东德水电站出现。

四是多次与设备供货厂商、相关领域专家及国内其他电站开展技术交流和专题研讨,咨询相关领域前沿技术、调研意向产品使用情况,据此建立《参与新建电站建设技术工作建议跟踪表》,对合理化建议分专业、分系统进行分析,并在后期设备设施设计、制造、出厂验收、安装调试及运行维护全生命周期管理过程中逐一跟踪落实,实现闭环管理。

3. 高标准建立制度管理体系,建立健全专项组织机构

全面梳理并制定制度编写计划,以规范性、针对性、实用性、可操作性为基本要求,制定了《规章制度管理办法》《生产设备设施分工管理细则》等174项管理制度,并在公司制度基础上进一步细化,明确了具体要求与工作流程,确保制度可执行、好执行,形成"按制度管人、按流程办事"的管理模式。根据工作需要,及时建立健全组织体系,成立制度委员会、技术委员会、安全生产委员会、招标采购领导小组、保密工作领导小组等专项组织机构,明确了工作职责与分工,确保各类事务有人决策、有人落实、有人担责,有效落实了各项工作责任制,有力促进了电力生产筹备及后期管理工作规范高效开展。

4. 以储备培养为举措,协调推进人才队伍建设

为缩短电力生产人才培养周期,打造年龄层次、技术经验层次合理的人才队伍,以适应电站高强度接机发电的批量人才需求。2017年,乌东德水电站在尚未全面开展机电安装前,依托三峡电站、葛洲坝电站、溪洛渡电站、向家坝电站等已进入稳定运行阶段的生产单位,采取选拔的方式提前储备200余名电力生产管理和技术人员,通过在上述培养单位任实职、担实责,将储备人员安排在电力生产一线进行培养锻炼。在培养过程中,综合利用导师带徒、岗位技能达标、岗位资质认定、技能竞赛等方式为储备人员"搭梯子""压担子",不断巩固和提升其专业技能水平,促进储备人员综合素质能力持续提升,满足电力生产筹建及后期运维人力资源需求,为高标准、高质量、高水平接管、运行、维护好乌东德水电站提供了可靠的人力资源保障。

(二)深入践行"建管结合、无缝交接",从源头保障设备设施质量

一是组织专项技术团队开展机组设计复核,梳理合同及设联会技术条款。从设计计算报告、计算条件、计算工况、计算方法、计算结果的合理性、正确性和计算成果等方面对机型进行横向对比,全面系统检查、发现和消除设计疑点;累计复核水轮机设计计算报告148个,其中存疑83个;累计复核发电机设计计算报告124个,其中存疑82个;发现设计疑点及时向厂家反馈核实,并全部有效消除,保证了设备设施设计质量。

二是选派技术骨干入驻重要设备制造厂家开展设备监造,严格审查原材料测试报告、质量见证等关键环节。共计600余人次参与座环、导水机构、主变压器等重要设备出厂验收,及时发现并协调处理进水口启闭机油缸内壁粗糙度超标、转子磁轭拉紧螺杆厂内制造缺陷等百余项,保证了设备厂家制造质量。

三是深入参与招标文件审查、设计联络、设备出厂验收等技术协调工作712人次,提出优化建议1278项,极大促进了工程质量提升。

四是持续选派190余人深度参与相关单位工程项目管理、机电安装监理、机组安装调试等现场工作,严格

把控设计、制造、安装、调试等关键环节的安全质量;同步梳理设备设施接管前尾工、缺陷,并建立跟踪台账,严格执行尾工和缺陷闭环管理,持续跟踪、协调落实,从源头保证了设备安装调试质量。

五是选派技术骨干常驻厂家,全程参与计算机监控系统研发,确保系统稳定可靠。在参与计算机监控系统及主设备状态监测趋势分析系统建设过程中,提出了监控系统"三层二网"结构,实现生产控制大区信息统一发布,为公司大数据中心和智能电站建设奠定了基础。

(三)立足设备运维需求,全面统筹做好技术管理

1. 收集汇编电站技术资料,建立生产技术数据资料库

为电站运行、维护、检修做好数据储备。在参与工程建设中全面收集各类图纸、招标文件、设计报告、安装维护手册等重要技术资料;充分利用参与GIS、厂用电、干式变等设备设计招标审查的机会,积极与机电公司、设计院等相关方交流讨论,组织开展系统图绘制、审核工作;编制《厂用电系统编号规范》,并得到设计院高度认可,已在后续设计资料中运用。

2. 编制技术标准文件,夯实生产技术管理体系基础

坚持高标准高要求编制作业指导书、运行维护与检修规程等技术标准文件,以此为抓手夯实乌东德生产技术管理体系基础。累计编制设备设施运行维护与检修作业规程126部,作业指导书1280部,为设备运维提供切实有效的指导;依据公司信息管理平台完成技术标准管理平台建设,实现了技术标准结构化和信息化;及时建立设备履历等全生命周期台账并动态更新,确保设备设施信息追根溯源。

(四)深入践行"三精"生产理念,确保设备设施长期安全稳定运行

1. 传承发扬长江电力"三精"生产理念(精确调度、精益运行、精心维护),高标准高质量开展设备设施维护

接管设备设施后,以"全面提升准确判断设备设施健康状况和科学决策设备设施维护策略的核心运维能力"为目标,驰而不息开展高质量运维管理。

一是严格落实"首稳百日"举措,每天至少开展4次设备设施巡回检查,不间断监视设备运行状态,全面排查风险隐患,及时发现机组风洞温度过高等重要缺陷。

二是实行缺陷分类闭环管理,及时处理设备缺陷,保证机组健康。

三是定期开展设备分析,组织设备状态分析会、专业组会议,提交各类诊断报告,全面诊断设备健康状况,科学评估安全运行风险。

四是接管设备及区域后,第一时间实施封闭管理,与非接管区域实现物理隔离,严格实行凭证通行,确保接管区域安全。

2. 积极探索并掌握设备设施运行规律,确保设备设施长期安全稳定运行

构建"日分析、周诊断、月研判"的诊断运行体系,全面诊断设备健康状况,科学评估设备运行状态。开展了机组孤岛系统试验、一次调频、性能试验等重要设备试验,进一步掌握设备运行规律;针对乌东德水电站深度调峰、开停机频繁等特点,开展专题分析研究,制定设备运行风险辨识清单和控制措施等并严格有效落实,提升机组运行可靠性;开发并实施机组监控系统一键开导叶排水,极大提高机组排水效率,减小人员操作风险,在全国水电行业尚属首次。在全体员工的精心守护下,全部12台机组圆满实现"首稳百日"目标,机组全面投产发电第一年发电量达到389.72亿千瓦·时,超过电站多年设计平均值。

(五)大力推进管理创新,赋能智慧电站建设

1. 研发精益管理平台

研发精益管理平台,利用信息化技术实现生产管理效率提高。

一是将管理制度体系融入平台任务区、任务块、任务链,以任务"区、块、链"方式驱动各项业务流程,任务实时派发、跟踪与多维度统计,确保任务分配合理、责任划分明确、工作进度可控、操作简单便捷,实现设备设施精益管理,各项工作全过程标准化、流程化、透明化。

二是实现全厂技术资料便捷管理与快速共享,高效在线协同办公。

三是开发检修模块,实现检修任务一键策划、报告一键导出、检修进度可知、检修质量可控、检修全局可视;通过结构化风险辨识清单,进一步提高作业风险管控水平,全过程保障岁修安全,实现数字化检修。

四是开发考勤打卡、会议签到、印章审批、用车申请、餐食预订等功能,实现综合业务办理信息化和无纸化。

2. 推行工器具集中智能管理

针对乌东德水电站厂房可利用空间狭小问题,创新工器具管理模式,改变传统的生产部门及分部工具间设置方式,由厂部统一集中管理。利用信息化技术实现工器具借出和归还的自动记录、工器具自动清查等功能,提高管理效率与工器具利用率,降低工器具配置成本。

四、实施效果

深入践行"建管结合、无缝交接"创新管理理念,全面深入参与乌东德工程设备设施设计、制造、出厂验收、安装调试、接管及运维全生命周期各个环节,取得了如下显著成效。

(1)设备设施质量得到有效提升,避免了流域电站问题频发和家族性缺陷出现,为设备设施长期安全稳定运行奠定了基础,进一步巩固电站本质安全水平。

(2)所有电力生产设备设施按期接管,更是创造了半个月接管4台、半年内接管8台85万千瓦机组的纪录。

(3)设备设施运行安全稳定,所有机组一次通过72小时试运行,并全部实现"首稳百日"目标,实现了从电站建设向电力生产的平稳过渡。

(4)通过深入参建,系统收集、整理了设备设施采购合同、图纸、设计计算报告、使用说明书等一系列技术资料,为后续电站精益运维和状态分析提供技术支持。同时建立设备履历等技术台账,为后续设备全生命周期管理提供信息溯源,便于运维人员掌握设备的"前世今生"。

(5)充分利用工程建设阶段人才培养黄金期,通过参与工程建设、设备安装调试等实战平台,有效加快员工成长成才速度,在极短时间内培养出一大批业务能手,成为"大国重器"的优秀守护者。

(6)百万级水轮发电机组设备设施全生命周期质量精益管理的成功实施,为后续重大水电工程提供了参考和遵循。

主要创造人:王金涛

参与创造人:姚登峰、唐晓丹

航天产品从精细化管理走向精量化管理的实践

北京空天技术研究所

一、前言

中国航天质量管理的发展，以系统工程理论和方法为指导，以航天重大项目任务为牵引，以"坚持、完善、发展"为原则，不断从实践中总结经验和教训，并在此基础上进行理论总结和管理创新，最终实现质量管理能力的跨越发展。

航天重大项目采用大量科技前沿技术，技术创新性强、攻关指标高、可靠性要求高。在航天精细化质量管理的基础上，中国航天科工集团三〇一研究所（以下简称三〇一所）通过不断实践、创新和总结提炼，探索出一套科学的精量化管理方法——"五量"分析方法。从"五量"的角度全面量化描述航天重大项目系统研制全流程的要素和特征，实现全系统质量的量化分析和精确管控。"五量"分析方法有效支撑了航天重大项目任务连续取得圆满成功，实现航天产品质量管理的又一创新飞跃。

通过近 5 年的实践应用，三〇一研究所在产品精量化管理方面取得了突破性成果，形成了以"五量"分析方法为代表的行业标准、集团手册指南等，被推广应用于中国航天科工集团内多家单位，有效支撑多项航天重大项目任务取得圆满成功。

二、企业概况

三〇一所成立于 2008 年，是根据中央批准的《某飞行器科技工程重大专项实施方案》，依托三院组建的中国某飞行器科技工程中心，对外名称为"北京空天技术研究所"。三〇一所作为某技术研究的开放性国家研发平台和某重大专项研究体系的核心，承担专项任务管理和总体抓总职责，同时负责完成基础研究、关键技术攻关、集成及演示验证等工作。

截至目前，三〇一所现有职工 306 人，职工平均年龄为 35 岁，其中 35 岁以下人员占总人数的 60.7%，中共党员占总人数的 85.3%，博士研究生占总人数的 22.6%，硕士研究生占总人数的 63%，高级职称人员占总人数的 40.4%。这是一支朝气蓬勃的创新创业团队，以国家级有突出贡献中青年专家、百千万人才工程国家级人选、全国五一劳动奖章和国家科技奖获得者为领军人才，以青年才俊为生力军，形成了科技工程技术研究的中坚力量。

三〇一所作为总体单位，联合国内有关参研参试单位，通力合作、顽强拼搏，突破了某类飞行器研制多项关键技术；借鉴科研项目管理实践经验，在三院已有科研生产质量管理体系基础上，开展了精量化质量管理模式的探索和实践，成功完成了若干项科研探索飞行试验，带动了一大批科研、管理人员的成长，取得了一大批科技创新成果和多项自主知识产权；牵头提前高质量完成了某重大专项任务目标，科研试验成果国际领先；实现了我国某技术领域研究从探索、跟随到自主研究、自主创新、比肩发展的跨越。

三、实施背景

（一）持续推进国家质量强国的战略实施，贯彻党的十八大以来重大会议质量工作精神

党的十八大以来，以习近平同志为核心的党中央高度重视质量工作，把推动发展的立足点转到提高质量和效益上来。三〇一所坚决贯彻和执行党中央的指示，严格落实党中央国务院关于建设质量强国的决策和部署要求，深入贯彻和执行《质量管理 组织的质量 实现持续成功指南》（以下简称《指南》）等国家标准以及航天质

量管理相关行业标准，综合应用《指南》中的质量管理原则、行业规范等，充分结合系统工程等理论，确保质量管理模式的延续性和科学性，创新质量管理模式，为航天产品高质量发展奠定坚实基础。

（二）以航天重大项目任务为中心，为高频次的试验任务圆满成功提供有效保障

航天重大项目采用大量科技前沿技术，质量要求高、研制周期紧，试验任务呈现高频次趋势，导致产品技术风险增加，对质量管控的需求较迫切。

为适应航天重大项目快速发展和更新迭代的需求，实现对产品完成预定任务能力的管控，最大限度降低产品研制风险，急需一套行之有效和规范化的质量管理模式来有效指导开展产品质量管理，以提升产品质量，确保产品风险可控，为系列试验任务的圆满成功提供有效保障。

（三）为实现产品"零缺陷"的终极目标，质量管理模式迭代优化是企业追求高质量发展的迫切需求

创新项目的管理，更多是导向如何做好创新、如何做好项目管理，但航天重大项目创新项目仅仅靠项目管理是难以保障项目达到预期的。尽管创新允许不断尝试和失败，但针对航天重大项目创新项目，尝试和失败是有时间和阶段限制的，一旦跨过了这个时间和阶段，要实现产品"零缺陷"的终极目标，就需不断迭代优化创新项目的质量管理模式，对创新项目的全生命周期进行质量管理。建立"零缺陷"理念，不断迭代优化质量管理模式，是确保企业高质量发展的迫切需求。

四、实施过程

为实现"零缺陷"质量管理中的"预防在先""一次做对"理念，通过多年在航天重大项目上的质量管理摸索与实践，深入结合系统工程、六西格玛管理等方法，建立了一套精量化质量管理方法——"五量"分析方法（"五量"指的是余量、随机量、变化量、差异量和累积量）。"五量"分析方法从概念、内涵、基本原理、流程等方面构建了完善的精量化质量管理体系，有效指导精量化质量管理的正确实施。

（一）通过在航天重大项目开展过程中不断创新实践，总结、提炼形成具有行业特色的基于"五量"分析方法的质量管理模式

为满足提升航天重大项目质量管控能力的需求，在项目开展过程中，通过大量的质量管理摸索和科学实践，迭代演进发展形成了"五量"分析方法，有效支撑了航天重大项目任务连续取得圆满成功。根据各个量的分析对象、分析特点、分析结果等特征，从科学、合理、全面和系统的角度对"五量"的各个量进行了深刻剖析和定义如图1所示。

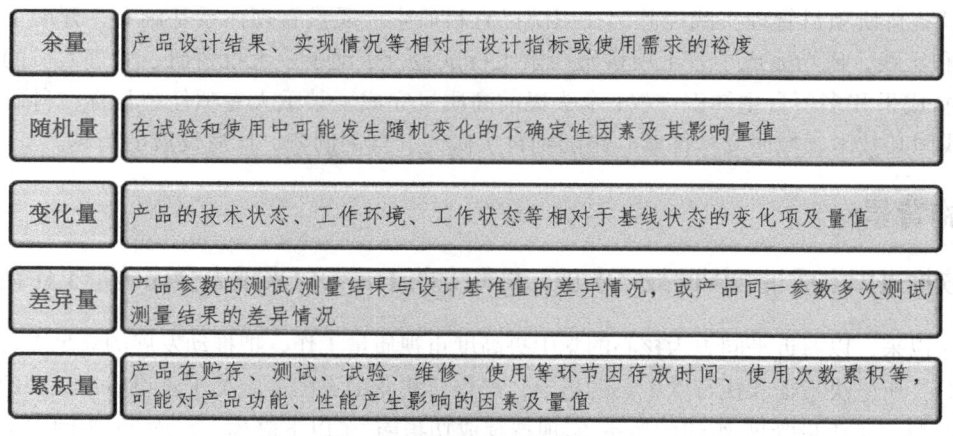

余量	产品设计结果、实现情况等相对于设计指标或使用需求的裕度
随机量	在试验和使用中可能发生随机变化的不确定性因素及其影响量值
变化量	产品的技术状态、工作环境、工作状态等相对于基线状态的变化项及量值
差异量	产品参数的测试/测量结果与设计基准值的差异情况，或产品同一参数多次测试/测量结果的差异情况
累积量	产品在贮存、测试、试验、维修、使用等环节因存放时间、使用次数累积等，可能对产品功能、性能产生影响的因素及量值

图1 "五量"各个量的定义

"五量"分析方法是根据产品的用途和特点,从涉及产品功能和性能的设计、生产、试验、使用、环境条件等多方面,重点提取余量、随机量、变化量、差异量和累积量等"五量"关键定量要素进行逐级分解,对产品实际状态与设计要求进行精确定量检查分析和改进,是释放产品技术风险、保障产品"零缺陷"、保证试验任务"一次成功"的精量化质量管理方法。

(二)以实现精量化管理为目标,建立了科学、完备的"五量"分析理论和方法体系

在航天精细化质量管理基础上,结合系统工程、六西格玛管理等方法,建立了"五量"分析理论和方法体系,实现航天产品从精细化管理走向精量化管理。

1. "五量"分析基本原理

(1)理论基础。"五量"分析的原理是根据产品的指标要求、系统组成,分别按照"五量"中各个量的定义和内涵,逐一梳理出可能影响使用、造成故障的各量对应关键项,对各关键项通过理论推导、仿真计算、试验测量等手段,运用定量法、结构法、因果法、比较法、分类法等分析方法进行量化分析,与要求值或正确值进行比较,判断关键要素项的量值是否合理,视情况采取管控或优化措施,为持续提升质量提供坚实支撑。

(2)运行机理。"五量"分析是系统工程开发、生产、验证、使用等过程中的重要工作内容和活动。在设计开发过程中,通过余量分析,确认产品设计指标满足研制要求;通过随机量分析,确认产品能够适应内外部环境随机变化。在生产制造和试验验证过程中,通过差异量分析,确认产品实际状态稳定;通过累积量分析,确认产品能够完成剩余阶段任务。

"五量"分析是基于V字模型,对设计开发阶段的自上而下的指标分解,以及试验阶段自下而上的测试指标的汇聚,通过技术和工作状态等变化量循环分析和改进,确保产品技术状态受控,保证产品全流程工作闭环、质量受控,并能建立面向该产品的"五量"数据库,用于支撑后续产品优化升级,进一步提升产品质量。"五量"分析方法模式如图2所示。

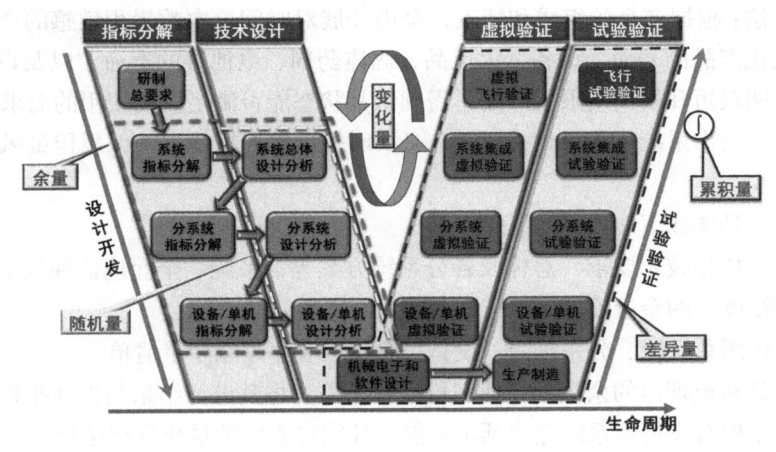

图2 "五量"分析方法模式图

2. "五量"分析方法

(1)余量分析方法:将产品实际实现指标与设计指标或实际使用需求指标相比,从功能、性能、时序等方面分析产品裕度值。余量分析的关键是,要把所有影响飞行器系统稳定可靠运行的相关要素或指标囊括进去,充分利用仿真和试验,对其裕度进行科学合理的量化分析和评价。

通过余量分析,识别出系统余量相关风险,必要时提出针对性措施,确保余量风险可控。

(2)随机量分析方法:梳理产品内部和外部可能出现的不确定因素,量化分析在不确定因素影响下,产品的正常工作范围,评估对完成任务的影响,提出相应保障措施。

通过随机量分析,识别出系统随机量相关风险,必要时提出管控措施,确保随机量风险可控。

（3）变化量分析方法：对飞行器系统各层级涉及的所有产品从设计、生产、试验等环节相对于技术状态基线发生的变化开展量化分析；同时，开展"九新"（新技术、新材料、新工艺、新状态、新环境、新单位、新岗位、新人员、新设备）、产品实现环节（人、机、料、法、环、测、软件）变化量的分析，从不同维度和视角，确保变化量分析全面、准确，产品技术状态正确、受控。变化量分析方法与技术状态控制方法相比，更强调量化分析和控制。

通过变化量分析，识别出系统变化量相关风险，必要时提出管控措施，确保变化量风险可控。

（4）差异量分析方法：将产品的测试/测量结果与基准结果或设计要求进行比较，分析其符合程度或偏离程度及趋势。分析数据包括产品的几何构型数据、性能数据、发出指令和执行动作的时序、时间数据等，分析范围应覆盖产品纵向（同产品个体不同时间）、横向（同型号不同产品个体）、其他型号同类型产品。

通过差异量分析，针对超出设计要求的差异量，或者虽未超出规定范围但存在不合理趋势（例如某几次数据连续接近最大值，而某几次数据又连续接近最小值）的差异量，应深入开展原因分析，必要时提出管控措施，确保差异量风险可控。图3所示为某产品差异量分析中测试/测量结果正常的分布区域。

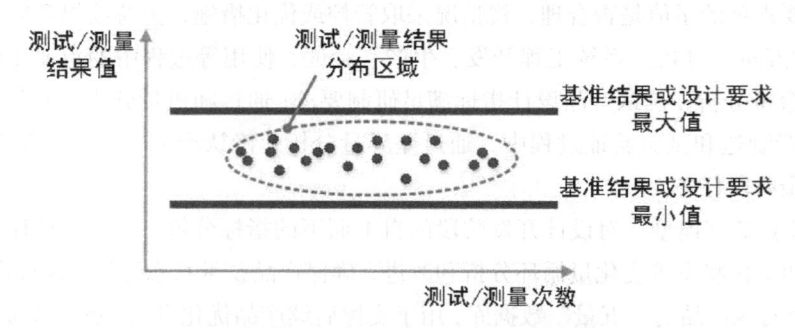

图3 某产品差异量分析中测试/测量结果正常的分布区域

（5）累积量分析方法：根据产品的组成和特点，全面开展对时间、次数累积敏感的产品梳理，重点包括橡胶制品、粘接剂等易老化产品的寿命，设备、火工品、固体药剂、电池等的寿命，以及设备等的通电时间、使用次数等。对于生命周期较短和快到期限的产品，需确认其状态能否满足后续使用的需求。

通过累积量分析，识别出系统累积量相关风险，必要时提出管控措施，确保累积量风险可控。

3."五量"分析流程

（1）余量分析流程，具体如下。

①梳理系统余量项。依据技术要求、总体及各分系统方案等，系统、全面地梳理表征飞行器系统总体指标可实现性、分系统工作裕度等的余量项。

②编制余量清单。按照系统级、分系统级、设备级等层级有序编制余量清单。

③开展余量分析。针对梳理出的余量项，使用科学分析方法将其设计结果与设计指标要求或使用需求进行逐一比对分析，获取余量项对飞行器系统完成预定功能、性能等影响的量化分析结果。

④查找余量风险点或优化产品设计。根据余量项的分析结果，找出产品裕度过小或过大的环节，必要时采取管控措施。

⑤管控余量风险或改进产品设计。针对采取管控措施的余量项，应深入分析余量不足的原因，以及对产品完成既定任务的影响，提出改进产品设计的措施，并确保措施得到有效落实。

⑥形成余量分析结果及报告。根据余量分析情况，及时形成余量分析结果及报告。

（2）随机量分析流程，具体如下。

①梳理系统随机量。依据技术要求、总体及各分系统方案等，系统、全面地梳理产品内部和外部可能出现的不确定因素，获取随机量项。

②编制随机量清单。按照系统级、分系统级、设备级等层级有序编制随机量清单。

③开展随机量分析。针对梳理出的随机量项,使用科学分析方法对产品在受随机量影响下的工作适应性进行分析,获取随机量项对飞行器系统完成预定功能、性能等影响的量化分析结果。

④查找随机量风险点。根据随机量分析结果,确定产品正常工作范围以及对完成任务的影响,必要时提出相应的管控措施。

⑤管控随机量风险。针对采取管控措施的随机量项,应深入分析其带来的影响,提出改进产品设计的措施,并确保措施得到有效落实,保证产品在试验过程中可正常工作。

⑥形成随机量分析结果及报告。根据随机量分析情况,及时形成随机量分析结果及报告。

随机量分析流程如图4所示。

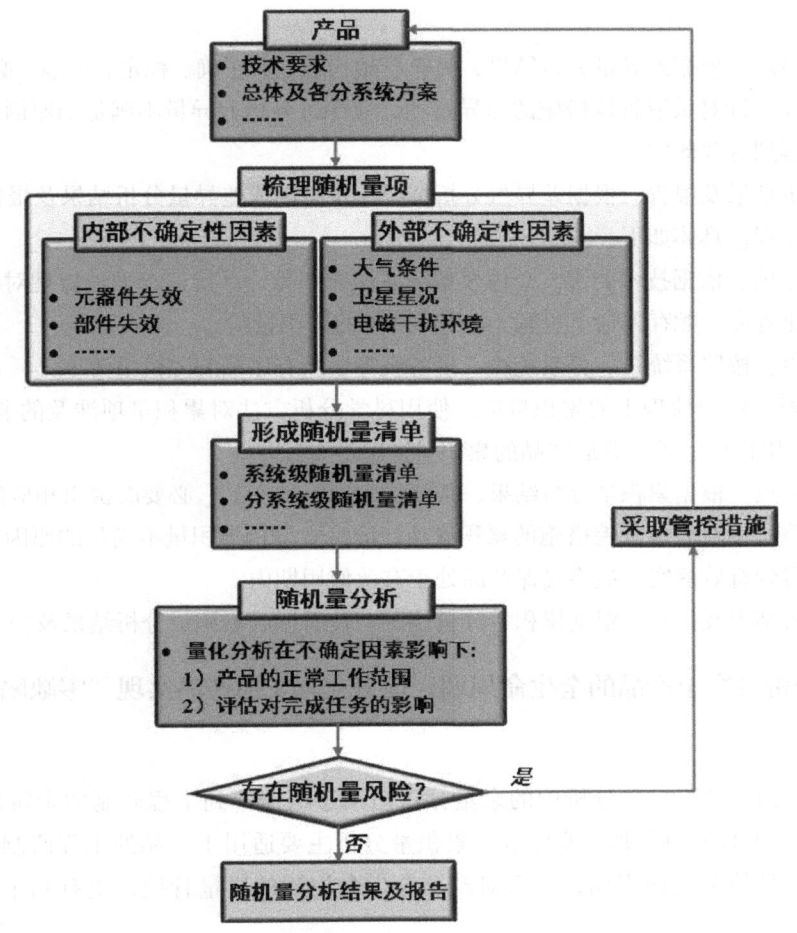

图4 随机量分析流程图

(3)变化量分析流程,具体如下。

①明确技术状态基线。明确飞行器系统技术状态基线。

②梳理产品变化量项。依据技术状态基线、技术要求等,系统、全面地梳理飞行器系统各层级产品相对于技术状态基线的变化量项。

③编制变化量清单。按照系统级、分系统级、设备级等层级有序形成变化量清单。

④开展变化量分析。针对梳理出的变化量项,从设计、生产、试验、措施落实等环节对飞行器各系统层级开展变化量影响分析,获取变化量项对飞行器系统完成预定任务影响的量化分析结果。

⑤查找变化量风险点。根据变化量项的影响分析结果,明确产品技术状态是否正确、受控,必要时采取管控措施。

⑥管控变化量风险。针对采取管控措施的变化量项,应深入分析状态变化带来的影响,提出改进产品设计

的措施，并确保措施得到有效落实。

⑦形成变化量分析结果及报告。根据变化量分析情况，及时形成变化量分析结果及报告。

（4）差异量分析流程，具体如下。

①梳理产品差异量项。依据技术要求、总体及各分系统方案、遥测参数及判据等，系统、全面地梳理产品需要开展测试/测量的参数，获取差异量项。

②编制差异量清单。按照系统级、分系统级、设备级等层级有序编制差异量清单。

③开展差异量分析。针对梳理出的差异量项，使用科学分析方法将其测试/测量结果与基准（测试/测量）结果或设计要求进行比对分析，找到差异量项若干次测试/测量结果的符合程度或偏离程度及趋势，获取产品的差异量情况。

④查找差异量风险点。根据差异量分析结果，明确产品状态是否正确、稳定、可靠，必要时采取管控措施。

⑤管控差异量风险。针对采取管控措施的差异量项，应深入分析差异量不满足的原因，提出改进产品设计的措施，并确保措施得到有效落实。

⑥形成差异量分析结果及报告。根据差异量分析情况，及时形成差异量分析结果及报告。

（5）累积量分析流程，具体如下。

①梳理系统累积量项。依据技术要求、总体及各分系统方案等，系统、全面地梳理对时间、次数累积敏感的产品，获取涉及老化寿命、贮存寿命、里程/使用时间等的累积量项。

②编制累积量清单。按照系统级、分系统级、设备级等层级有序编制随机量清单。

③开展累积量分析。针对梳理出的累积量项，使用科学分析方法对累积量项涉及的老化寿命、贮存寿命、里程/使用时间等开展累积量分析，获取产品的累积量情况。

④查找累积量风险点。根据累积量分析结果，查找快到期限的产品，必要时提出相应的管控措施。

⑤管控累积量风险。针对采取管控措施的累积量项，应深入分析累积量不满足的原因，提出改进产品设计的措施，并确保措施得到有效落实，最终确保产品处于有效使用期内。

⑥形成累积量分析结果及报告。根据累积量分析情况，及时形成累积量分析结果及报告。

（三）"五量"分析贯穿于产品的全生命周期，能更充分支撑产品实现"零缺陷"终极目标，开展全生命周期管理

在适用的时间阶段上，"五量"分析中的余量分析适用于从论证到工程研制的全阶段；随机量、变化量分析适用于方案设计到工程研制阶段；差异量、累积量分析主要适用于产品的工程研制阶段，如图5所示。"五量"分析贯穿于产品的全生命周期，实现对产品全生命周期的质量管控，更有利于产品实现"零缺陷"终极目标。

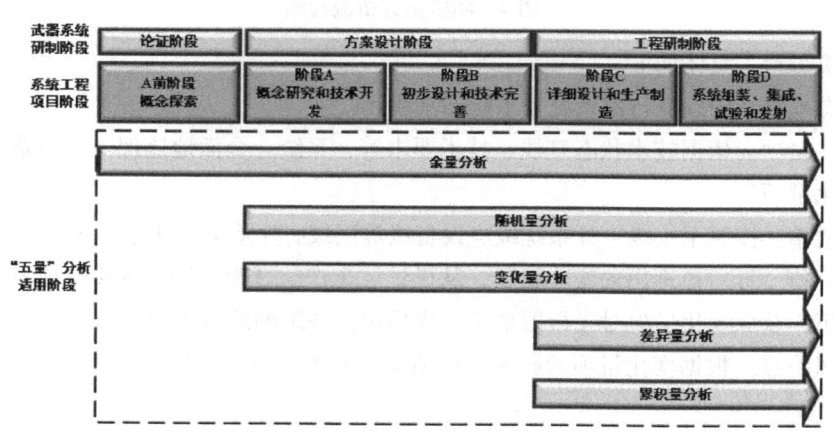

图5 "五量"分析适用阶段

（四）发展方向

"五量"分析数字化的特点，使其能充分融入基于模型的系统工程（MBSE），高效植入数字化流程。加强"五量"分析方法与数字化结合，应用数字化的手段和能力，从需求到方案、从技术设计到研制试验，可实现"五量"分析覆盖产品研发全流程和全要素。

五、实施成效

对产品全生命周期开展"五量"分析，可清晰展现产品在不同时间阶段的可靠工作特性，有针对性地提升产品质量和可靠性，有效保障了多次航天重大试验任务取得圆满成功，创下了多个世界纪录。

（一）管理效益

1. 提高客户满意度，助力后续项目接续发展

航天重大试验任务连战连捷，极大地提高了客户满意度，极大地增强我单位开展重大项目的信心，夯实了我单位攻坚决胜的基础，筑牢了我单位更好、更快发展航天项目的根基，为后续发展客户群体和项目承接奠定了良好基础。

2. 落实"零缺陷"管理的创新实践

"五量"分析落实了"零缺陷"四项基本方针中的"精准衡量"方针，实现了事中精准衡量和控制，事后分析、评价和改进，有效提升了质量管理从精细化管理向精量化管理转变的能力。

3. 实现风险量化管控的重要抓手

"五量"分析与技术风险管控相结合，不仅能客观、准确地量化反映产品的技术风险，而且可以实现技术风险的量化识别、量化分析、量化评价和精准管控，使技术风险管控从定性深入到定量。

4. 精量化质量管理模式可推广应用于相似产品和领域

"五量"分析适用于复杂程度高、环境变化大、系统建模级数字运算能力强的巨系统项目（例如航天重大项目），也适用于航空、船舶、兵器等领域的巨系统项目，具有较强的推广适用性。

（二）经济效益

对航天重大项目实施"五量"分析的精量化质量管理，可实时分析产品的状态并发现产品存在的质量问题，进而采取有效措施进行改进，从而使产品质量得到了明显提升，产品交付使用后的返修或故障率降低了50%以上。

（三）社会效益

航天重大项目大部分均服务于国家的国防建设，可为我国实现国防现代化建设等贡献突出力量。

（四）创新效益

"五量"分析是一种科学、系统的思维和分析方式。它从不同角度全面量化描述了航天重大项目系统的要素和特征，提供了一种全系统、多层次、全维度的思维的和分析方式，是定量法、结构法等多种科学分析方法的系统性发展和应用，是吃透技术、吃透状态、吃透规律的新手段。

"五量"分析是精量化质量管理的最佳实践，将推动科技进步，引领行业质量管理体系发展，健全质量标准体系。

"五量"分析数字化的特点，与数字化技术相结合，能实现多学科/多专业的高效协同。

主要创造人：刘 杰

参与创造人：有连兴、莫 松、孟 飞、刘 琳、张 旻

大型装备制造企业质量管理信息化平台建设及应用

上海振华重工（集团）股份有限公司

一、企业概况

上海振华重工（集团）股份有限公司（以下简称振华重工）是全球最大的港口重型装备制造商之一，为国有控股A、B股上市公司。振华重工在上海本地及南通等地设有8个生产单位，占地总面积为1万亩，总岸线为10千米，涉及港口机械、海洋工程装备、大重特型钢结构、海上运输与安装、系统总承包、电气、投融资、一体化服务等八大业务。除传统领域外，目前公司将业务领域延伸到智慧产业、民生消费、融合发展和数字产业。

从1992年成立至今，振华重工资产规模增长了数千倍，产品进入全球105个国家和地区。在集装箱岸桥市场，产品市场份额连续21年居世界第一；近10年，全球平均市场占有率超过了70%。公司曾获"国家科技进步奖一等奖""中国质量奖"等荣誉，被全国总工会授予"全国五一劳动奖状"。

振华重工总部设在上海，按照职能、保障、业务分三大类部门共14个；事业部共4个，分为六大子公司和2个分公司；设立了振华设计研究总院、振华重工事业部、新产业事业部、停车事业部、船运事业部，以及以长兴分公司、南通分公司为代表的独立履约主体的分公司。

振华重工在上海和江苏设有8个生产单位；在欧洲、美洲、亚洲、非洲等地设立了28家海外机构；设立欧洲采购中心、北美物流采购中心，并在荷兰设立全球备件仓库；在国内成立华东、华南、华北、华中四大区域中心办事处。

二、实施背景

（一）必要性

我国装备制造业经过50多年的建设，取得了令人瞩目的成就，已成为我国经济发展的重要支柱产业，在规模上已经居世界领先水平，但在信息化发展进程中尚未跟上时代步伐。这主要是由于整体上我国企业对质量信息化建设不够重视，没有形成顶层设计、系统集成和持续推进的体系。现阶段，我国装备制造业质量管理信息化工作主要存在以下问题。

1. 决策引领无法持续

信息化建设可以有效实现产品在线监测、远程监控及全生命周期可追溯，帮助企业及时发现产品早期故障，降低质量损失，提升管理效能。目前我国大部分装备制造企业已经开始企业信息化建设，但在质量管理信息系统集成方面仍存在不足。企业往往因为决策层变动、前期资金投入较大、信息化推进受阻等，无法持续推进大型装备制造企业质量管理信息化系统平台的建设及应用推广。

2. 质量管理"信息孤岛"现象普遍

质量管理信息化数据面向产品生产的所有环节，质量管理信息系统需要采购、生产、技术、质量及财务等多个系统的协调，才能实现"采购—生产—销售"的企业全流程质量管理。

许多装备制造企业没能将各个模块有机联动起来，质量管理"信息孤岛"现象仍普遍存在；质量管理信息化系统的建设还处于初期预想阶段，无法将一线数据实时录入，并关联、跟踪、分析形成管理决策依据。

3. 质量管理创新不足

质量管理信息化可以充分应用质量管理工具，可以多区域、多单位、多人次共同使用，协同管理。深入生产获取第一手关联数据，实现流程化、数字化、标准化管理，避免流程耗时耗材问题和跨部门协作困难等壁垒，实时统计分析并互联互通，实施高效质量管理解决方案。

多数大型装备制造企业在质量管理信息化方面应用普遍不足，呈现散状多点的孤立式管理或老旧纸质文本管理方式，导致统计数据失真、不及时；人工和耗材量非常大、成本高；无法多部门协同和高效集成并实时分析共享；质量管理工具也得不到充分应用，很难发挥质量管理的效果。

要解决上述存在的问题，企业必须通过推进质量管理信息化建设来提高质量管理水平，从而使企业数据更易于集成分析、共享，跨部门协作管理更加高效，更有利于知识赋能和降本增效。

（二）迫切性

振华重工在大型港口机械等产品上具有世界领先的核心技术，但其质量信息化的管理起步比较晚，还存在很多不足。例如质量管理方法不够先进、管理工具无法发挥效果、质量数据收集分析较浅，以及质量管理流程低效等。这些问题阻碍着振华重工在质量管理层面取得更大突破。

在质量管理信息化工作推广和执行的过程中，振华重工也面临许多共性问题。例如，如何高效准确地完成各阶段数据收集并做测算，如何指导下阶段的改进提升计划，如何进行设计优化，如何进行互动等。因此，振华重工迫切需要建设一个质量管理信息化平台来解决这些问题。

（三）创新目标

开展大型装备制造业（大型港口机械）质量管理信息化平台创新建设，旨在实现"科学的统计、科学的分析、科学的决策、科学的改进、科学的管理"，从而降低质量管理成本、提升管理效能、领跑行业创新。

三、项目简介

近年来，振华重工围绕打造"科技型、管理型、质量型"的世界一流装备制造企业，持续推进科学技术、信息化技术在管理上的应用，用信息化管理的敏捷高效，提升管理效能，从而实现新的引领。

基于公司产品全生命周期管理的理念，振华重工从质量信息管理、产品质量管理、质量改进管理以及质量提升管理四个方面，搭建公司质量信息化管控平台。该项目实现可视化展示，可以根据数据变化的趋势做判断，进行管理改善，能动态掌握实施项目的过程数据，加强过程管控、事前干预，以及进行项目完工后的资料归档，项目交付后质量可以追溯等。

（一）系统架构

各系统通过一个账号、一个网址实现登录和日常管理。系统架构为质量信息管理（报送、汇表）、产品质量管理（原材料、焊接、整改、报验管理）、质量改进管理（质量事故、顽症、微创新、质量技术与QC小组活动）、质量提升管理（质量成本、满意度、评优）四大质量信息化管控模块，如图1所示。

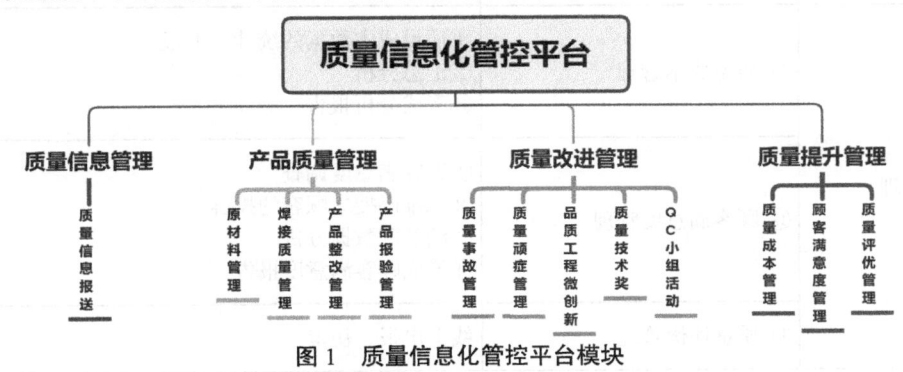

图1　质量信息化管控平台模块

（二）各系统模块功能

振华重工质量信息化管控平台各系统模块及其主要功能如表1所示。

表1 各系统模块及其主要功能

板块	模块	主要功能	备注
质量信息管理	①质量信息报送	①各类质量数据上报 ②数据处理、分析 ③形成分析报表	
产品质量管理	②原材料管理	①原材料跟踪管理 ②原材料证书管理 ③打印原材料跟踪报告	
	③焊接质量管理	①焊工证书管理 ②焊缝实名制跟踪 ③探伤申请、探伤报告打印	
	④产品整改管理	①线上整改提出 ②整改责任判定 ③整改处理、闭环 ④数据分析、改善提升	
	⑤产品报验管理	①线上申请报验 ②报验登记 ③打印报验单 ④数据分析、改善提升	
质量改进管理	⑥质量事故管理	①线上申报、调查、审批、结案 ②数据分析、改善提升	
	⑦质量顽症管理	①顽症上报 ②顽症闭环处理 ③数据分析、改善提升	
	⑩品质工程微创新	线上注册、提交材料、申报	
	⑨质量技术奖	线上申报、初审	
	⑧QC小组活动	线上申报、初审	
质量提升管理	⑪质量成本管理	①质量成本数据的统计、上报 ②汇总分析 ③形成分析报告	
	⑫顾客满意度管理	①顾客满意度调查 ②二维码搜集顾客的投诉 ③满意度数据分析 ④形成顾客满意度报告	
	⑬质量评优管理	线上申报、初审	

四、实施场景及内容

为解决质量管理信息化建设慢、信息孤岛和升级问题，振华重工借助中交集团大力推进数字化、网络化、智能化办公的东风，持续推进科学技术、信息化技术在管理上的应用。

2019年，振华重工在质量管控工作中导入质量信息化管控平台，迈出了信息化建设的第一步，后期逐步升级。该平台是建立在Excel表单基础上的系统，操作上手难度小，由公司员工自主维护。用户可以从电脑客户端、手机客户端、网页端进行操作。网页端操作包含邮件、企业微信接收消息提醒和在企业微信中直接进行表单操作，质量信息化管控平台的数据与公司其他管理系统互联互通。

振华重工质量信息化管控平台集成门户展示如图2所示。

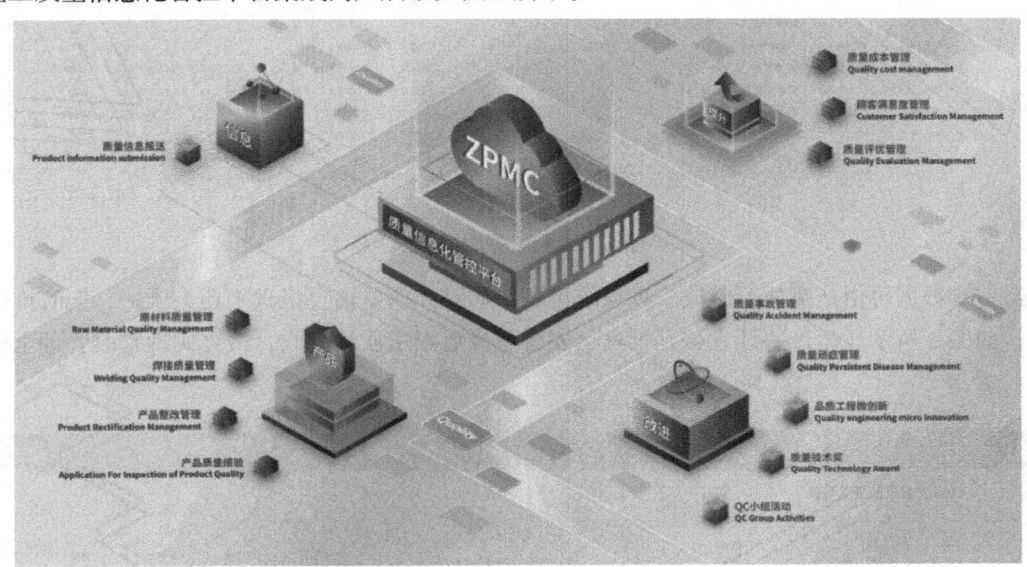

图2 质量信息化管控平台集成门户展示

（一）质量信息报送平台

质量信息报送平台（图3）可实现各单位合格率类、统计类、报备类数据的实时上报、统计报表、预警提醒；按照时间和组织架构条线集成数据图表，可任意选择单位、部门和振华重工多维度生产质量汇报表，为数据分析给出最终改进提供依据。

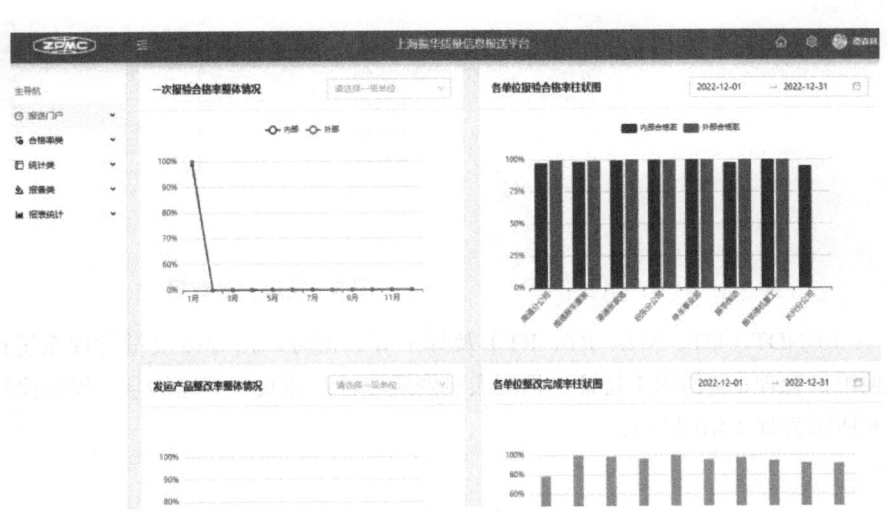

图3 质量信息报送平台界面

（1）各单位可在质量信息报送平台手动录入或按照系统固定模板导入相关质量数据，如图4所示。

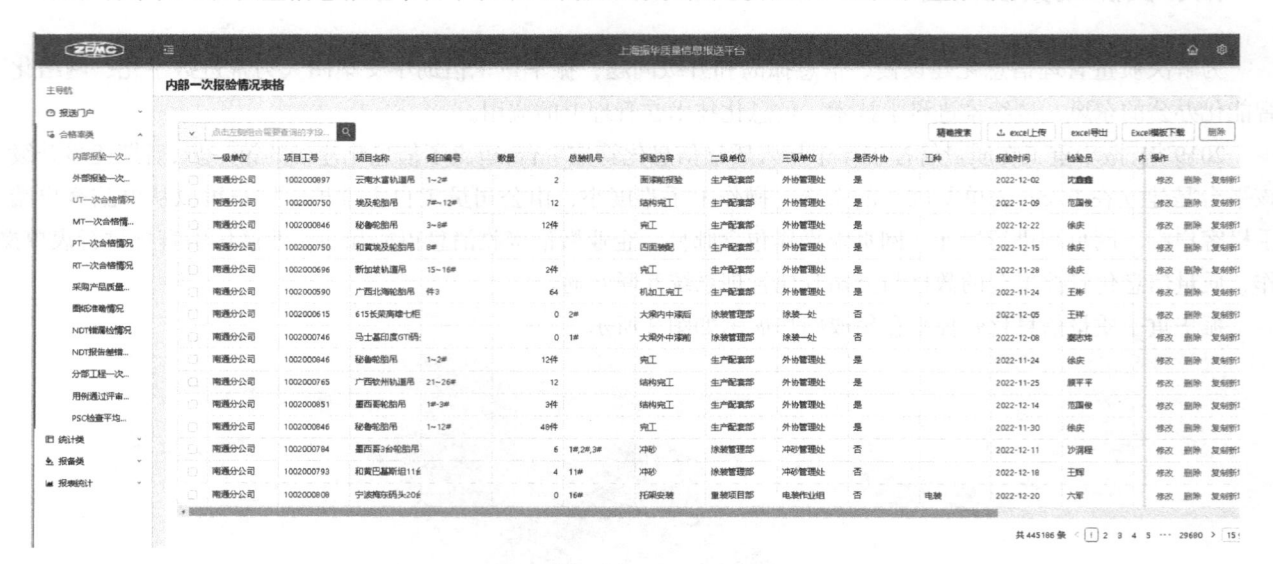

图4 导入相关质量数据

（2）发运整改数据可由产品质量整改管理系统推送，亦可在质量信息报送平台上维护，实时推送整改内容及责任部门，如图5所示。生产一线在接到推送，安排整改后报送质检验收，最终实现整改管理全流程可视化闭环管理。

图5 发运整改数据

（3）NDT（UT、MT、PT、RT）及焊工等数据可以由焊接质量管理系统推送，亦可在质量信息报送平台单独维护管理；包括焊工持证、检测人员资质、计量器具、焊缝信息、焊缝检测等信息，并形成正式质量报告。图6所示为焊工情况列表。

图6 焊工情况列表

（4）实现证书到期提醒、计量器具到期邮件提醒。

（5）提供生产单位质量数据统计报表，全面展示各单位、各部门、各车间的质量趋势，对不达标的及时提出预告、预警。图7所示为内外部报检一次合格率统计情况列表。

图7 内外部报检一次合格率统计列表

（6）提供振华重工整个集团公司数据统计报表，为公司质量改进提升提供有力的数据支撑。图8所示为各单位报检合格率柱状图，图9所示为用例通过评审率仪表盘，图10所示为修改单金额月度折线图。

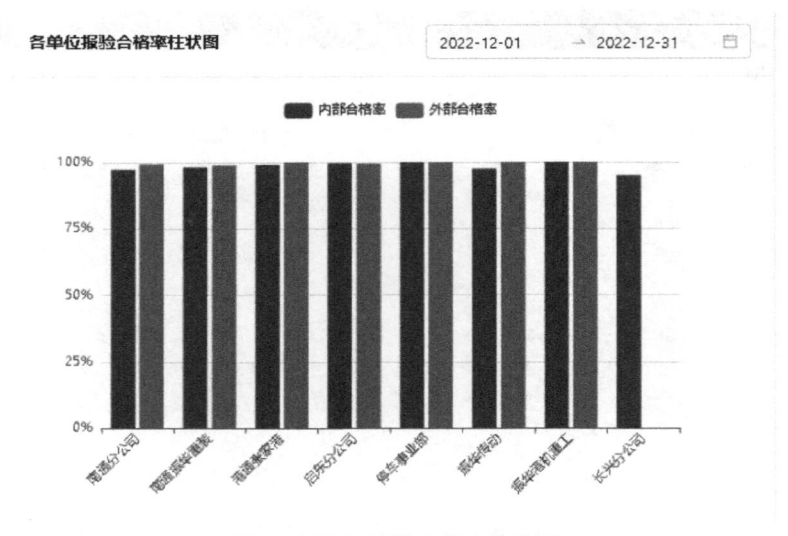

图 8　各单位报检合格率柱状图

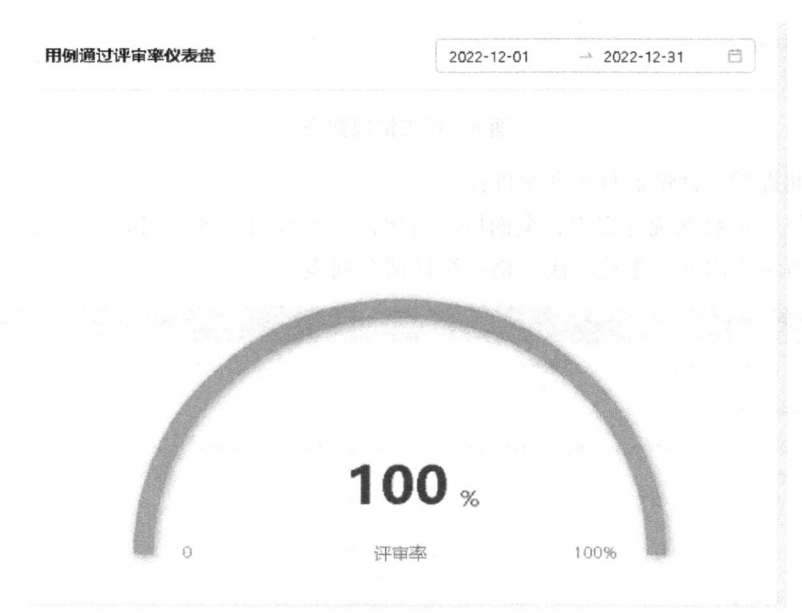

图 9　用例通过评审率仪表盘

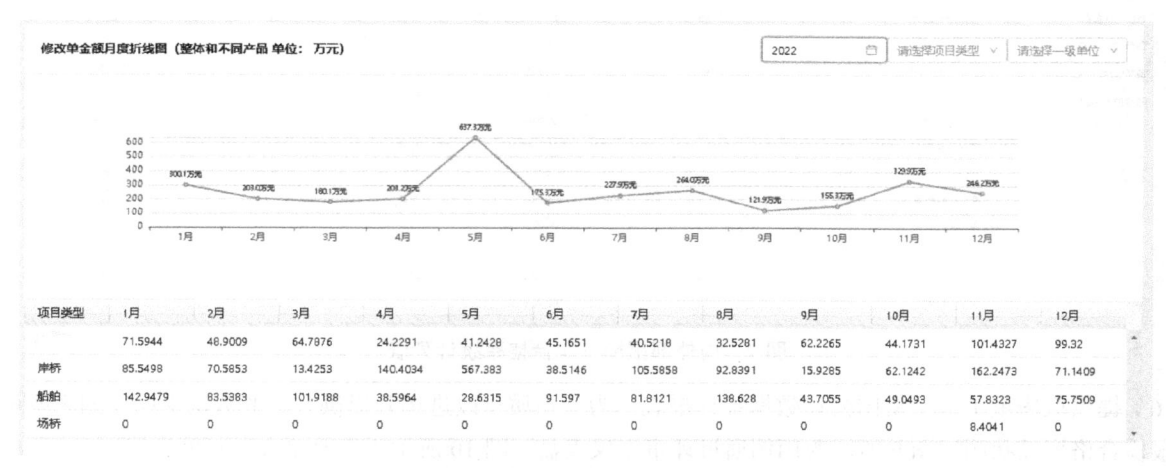

图 10　修改单金额月度折线图

（二）产品质量整改管理平台

产品质量整改管理平台可实现各单位在生产过程中质量整改数据的全过程管理，实时将质量问题推送至施工部门，及时安排整改并实时反馈，做到项目整改实时统计分析，为项目实现"不欠债发运"提供可靠保障。

图 11 所示为振华重工产品质量整改管理平台登录界面，图 12 所示为振华重工质量整改平台使用手册界面，图 13 所示为振华重工整改审批流程图。

图 11　产品质量整改管理平台登录界面

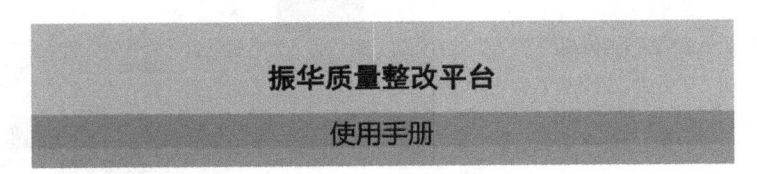

图 12　质量整改平台使用手册界面

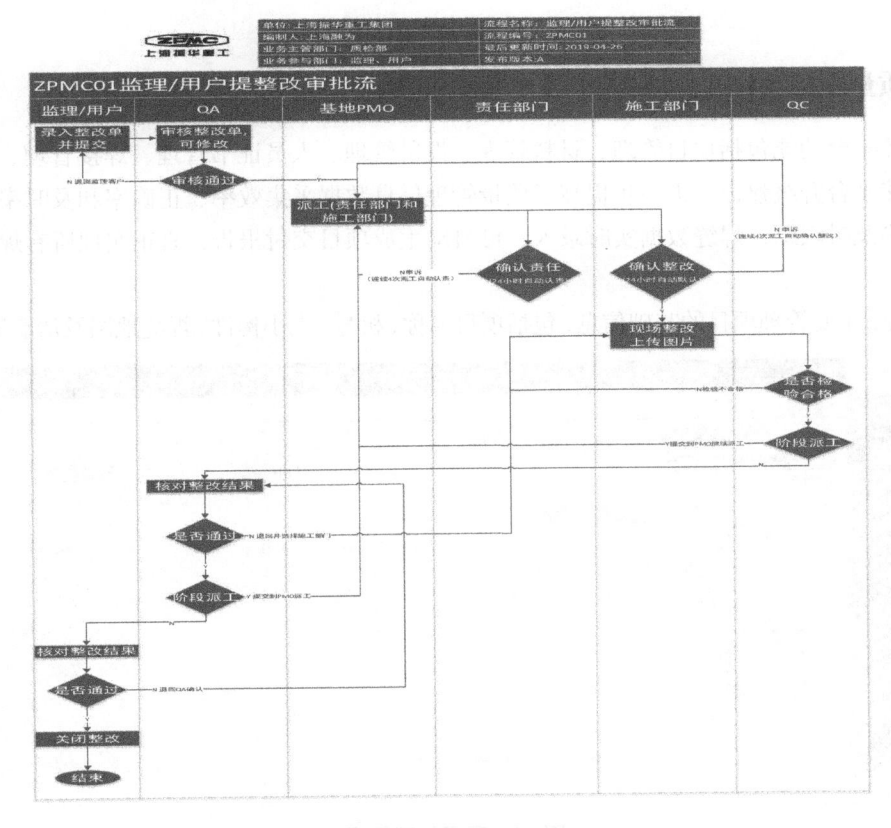

图 13　整改审批流程图

各单位可在产品质量整改管理平台维护项目各类信息，筛选或查看各类报表和处理现场反馈问题（图14）。针对项目录入整改数据，维护机号、部位、描述及提出人、提出日期、整改分类等；每个项目由生产管控办公室（PMO）进行整改问题派工，施工单位进行现场整改，并在移动端第一时间将整改完成后的合格照片上传至系统平台，整改后的图片及整改内容将及时推送至项目QC验收确认；施工管理员将整改情况推送至QC验收后，QC、QA分别确认后对整改问题进行关闭或者退回施工方操作，直到最终整改问题全部关闭，完成在系统中的闭环管理。

同时，根据项目生产计划和发运周期，可及时在整改系统中的整改清单中查看所有整改数据，及时梳理提醒、预警或进一步推进问题及时解决，并实时生成统计汇报表供所有部门共享、互通数据，给予及时协同管理。

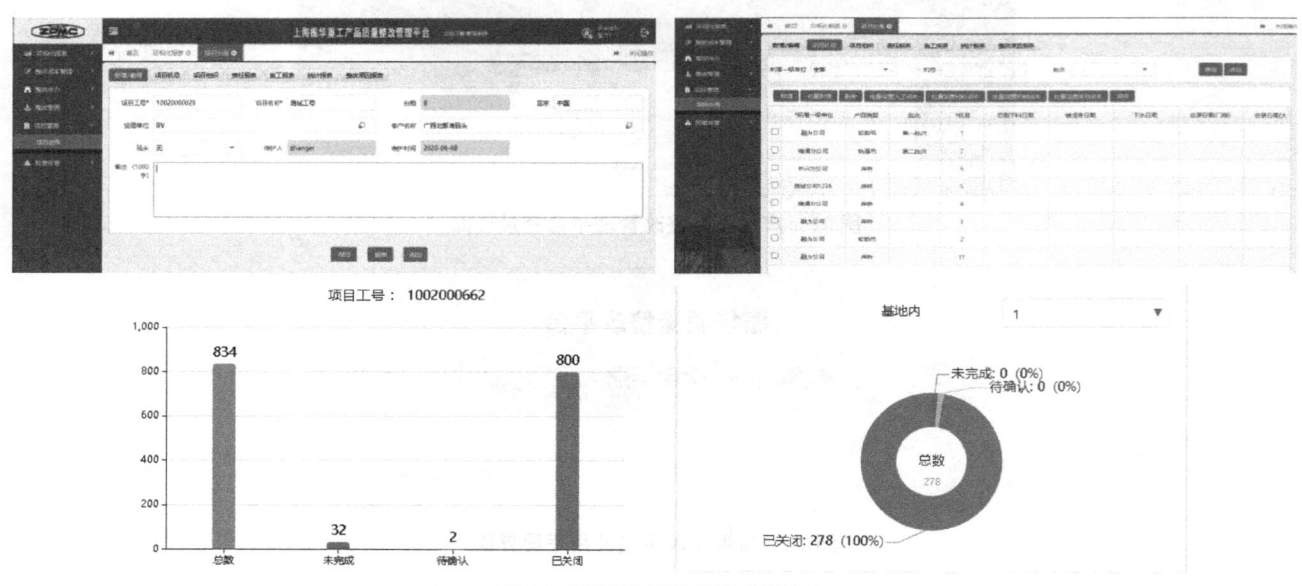

图14　整改项目各类数据信息

（三）焊接质量管控平台

焊接质量管控平台功能包括项目管理、材料管理、设备管理、人员证书管理、焊接管理、系统管理、统计报表等。通过焊接平台升级建设，进一步提高了质量管理信息数据采集效率、正确率和及时率，实现公司产品每条焊缝信息准确及时跟踪，焊缝数据实时录入，可自动生成项目交付报告，真正实现所有焊缝信息全过程跟踪管理。

（1）项目管理：主要管理项目的基础信息，包括项目名称、机号、大小构件、焊缝地图及清册等，如图15所示。

图15　项目管理界面

（2）材料管理：主要管理焊接生产过程中所使用的所有原材料信息，包括焊接材料、钢材证书及跟踪信息等，如图16所示。

图16　材料管理界面

（3）设备管理：主要管理焊接中所涉及的所有设备，包括焊机、各类检验、探伤设备等，如图17所示。

图17　设备管理界面

（4）人员证书管理：主要是焊工、检验员证书有效性管理，如图18所示。

图18　人员证书管理界面

(5)焊接管理：主要管理分包商VT申请信息录入，VT派单，VT结果登记，无损检验申请，无损检验派单，无损检验结果登记（UT、MT、PT、RT），完成单条焊缝信息全过程信息管理，实现焊缝管理流程系统化及焊缝信息实时共享，便于查阅和跟踪，如图19所示。

图19 焊接管理界面

（6）统计报表：主要管理电焊工考核表、检验员工作量统计报表、单位部门焊缝合格率报表、项目机号构件合格率报表、焊缝检验跟踪记录、焊缝材质跟踪记录、探伤单据跟踪记录、分包商项目合格率，实时生成汇报表，如图20所示。

图20 统计报表界面

（四）质量顽症管理

质量顽症管理实现顽症标准库的维护管理、质量顽症数据填报以及顽症报表统计显示。顽症标准库（图21）分为港机类和海工类两部分：针对具体内容港机类质量顽症分为10大类，293项；海工类质量顽症分为14大类，339项定义惩罚规则。

图 21　顽症标准库界面

各生产单位可在系统中手动录入或按照模板导入顽症数据，系统可自动完成顽症数据整合以及报表统计分析，如图 22 所示。

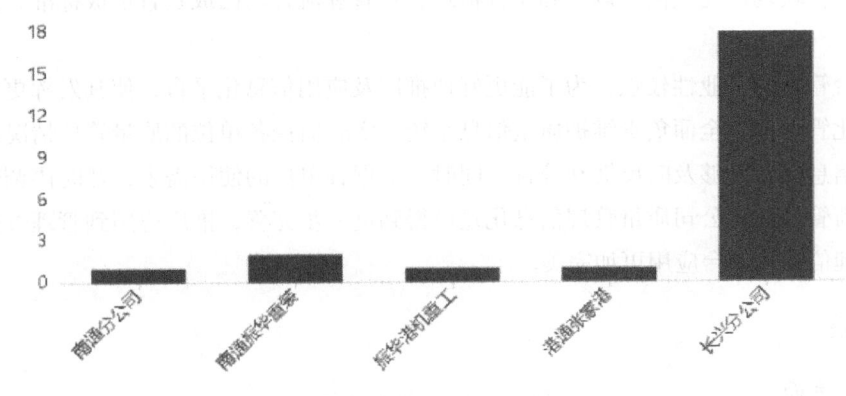

图 22　顽疾数据整合以及报表统计分析

五、实践成果

（一）推广应用情况

1. 产品质量整改模块

产品质量整改模块已上线运行 3 年左右，有近 400 个项目，1500 多台机，约 8 万多条整改数据。目前公司港机产品已全部应用，部分海重工项目已推广试用，小型配套件产品也已开始推进整改模块在质量管理过程中的应用；一线实操应用与汇总数据分析报表一体化运作，提升港机项目整改提出、分派、处理及反馈、验收至闭环全过程管理实效；跨区域跨部门协同，简化流程，提高工作效率和准确度，解决了整改现场低质流程和耗时长问题；问题配照片展现在所有人面前，更加直观可视化管理跟踪，为公司港机项目全面实现"不欠债发运""工序不欠债"管理工作提供了高效管理模式，进一步保驾护航。

2. 焊接质量管理模块

焊接质量管理模块已全面上线运行近 3 年，系统整体运行良好，系统上有 400 多个港机项目，1500 多台机，约 150 万条焊缝信息条目。目前港机产品已全面推广上线应用，海重工项目也在推进应用中，对于尚未全覆盖的新兴产品项目，后期也在筹划落实方案；实现公司所有产品焊缝数据实时录入系统，信息化管理焊接信息参数和检验检测数据，实时统计分析；全面实现产品每条焊缝与实物一一对应跟踪，实现全过程无纸化管理，最终生成产品交付报告并归档。

3. 质量顽症管理模块

质量顽症管理模块已上线运行近两年，目前已有近 10000 条顽症条目清单，各单位已逐渐推广使用。目前，这种顽症管控模式可以用移动端在现场实时采集录入顽症问题，做到高效采集、及时督促纠偏；做到改进提升，数据及时汇总分析；提出纠偏方案意见，实现无纸化管理。

4. 质量信息报送模块

公司所属各单位均能通过信息报送系统报送相关的质量信息数据。按照单位、部门条线和月度、季度、年度等时间条线展现各质量数据统计图表，总体使用率达 97% 以上。除个别项目外，因模块刚开发使用，信息数据尚不完整；后续还需将历史数据陆续导入，保证数据的完整性；为质量改进决策提供依据，为公司质量分析改进提供大数据分析，提出建设性提升改进建议。

（二）后期规划

根据信息化平台的模块开发计划，顾客满意度管理模块、产品质量报验模块、原材料管理模块以及质量改进和提升管理的相关模块均已完成前期调研和流程梳理，且管理流程均已成熟且形成标准，两年内全部开发完成，上线使用。

鉴于信息化平台管理的专业性较强，为了能更好地推广及应用信息化平台，使其发挥更大的作用，公司增设了一个质量信息化管理岗，全面负责维护质量信息系统，实时监控各单位的质量管控情况以及公司的总体质量运行情况，发现信息异常能够及时反馈和处置。同时，根据各单位的使用需求，及时协调软件公司对现有模块的优化和系统更新管理，让公司质量管理信息化建设得到进一步完善，推广应用到管理过程和结果评价每一个层级，使质量管理信息化平台应用更加完美。

（三）经济效益

1. 直接经济效益方面

（1）人工方面

①整改模块。原整改流程需 20 个人工 / 台机，使用信息化整改模块后仅需 15 个人工 / 台机，每台机节约

5个人工；已使用推行约400个项目1500多台机。每个人工按324元计算，共节约成本约243万元。

②焊接管理模块。原焊缝管理需开设探伤报告、印发、填写和制作交机资料等，单台机耗费90个人工，使用焊缝信息化管理模块后仅需要50个人工，每台机可节约40个人工；现已在400个项目上1500台机上生成150万条数据实际应用，每个人工按324元计算，可节约成本约1944万元。

③顽症管理模块。原顽症管理需10个人工/台机，使用移动端信息化采集和管理后，仅需5个人工/台机，每台机可节约5个人工；目前已在400个项目上约1500台机推行使用，每个人工按324元计算，可节约成本约243万元。

④信息报送模块。使用信息化采集模块前需要各单位指定专人统计、分析，然后汇总再分析，推行信息化采集自动分析后每台机可节约2个人工；每个人工按324元计算，可节约成本约97.2万元。

综上，合计可节约人工方面的成本约为2527.2万元。

（2）耗材方面

采用信息化管理后，每年节省A4用纸及印发耗材约80.3万元。

（3）管理效益方面

提高单据发放、数据统计效率，工作效率平均提升约90%；提升了相关的生产指令、质量管理方法、改进提升等工作的操作时效；质量管理能跨区域跨部门协作、实现实时互享互通，提升了质量管理工具及方法在实际管理工作中的应用效益。

（四）经验分享

推动质量管理活动信息化、网络化、智能化升级，可增强产品全生命周期、全价值链、全产业链质量管理信息化管控能力。

选择的信息化工具需具备以下条件。

（1）高度可定制化系统集成。

（2）易上手、学习成本低。

（3）赋能创新、能够自主维护升级。

（4）性价比高、流程精简，助推跨区域跨部门合作共享。

（5）信息共享、统一门户，助力多地工厂质量管控。

深入应用质量管理工具，可更加高效地提高产品和服务质量，促进企业高质量发展。

本案例首次应用到重型装备制造企业质量管理中，可作为大型装备制造行业推广应用借鉴方案。

主要创造人：郭　进

参与创造人：俞冬军、谭森林

构建基于航天复杂系统实现"一次成功"卓越质量管理模式

南京晨光集团有限责任公司

一、企业概况

南京晨光集团有限责任公司（以下简称公司）为中国航天科工集团有限公司出资的国有独资公司，是中国航天科工集团第四研究院（中国航天三江集团有限公司）下属单位，前身是1865年洋务运动时期的金陵机器制造局，被誉为"中国近代民族工业摇篮"。1996年，公司改制为有限责任公司，主要产业包括航天防务装备产业、智能制造产业、现代服务业，拥有2家控股子公司、3家研究所、4家参股公司、6家分公司及分厂，是国家军工骨干企业及国内最大航天防务产品研制生产基地之一。

20世纪80年代，公司按照国家《工业企业全面质量管理暂行办法》等的要求，在全公司范围内推行全面质量管理（TQC）。公司是航天系统最早的企业之一。1994年，公司采用ISO 9000质量管理体系标准模式并通过认证，成为航天系统首批通过质量管理体系认证的单位。进入21世纪，公司深入开展新一轮全面质量管理和军民品质量管理体系建设，以及6S管理达标。根据科研生产实际，公司2004—2007年开始导入卓越绩效管理模式，制定了公司卓越绩效管理模式推进工作实施方案，并长期稳步实施，在获得中国航天科工集团第三届航天科工质量奖的基础上，坚持改进创新。2010年以来，根据航天科工集团要求，公司大力实施"质量制胜"战略，深入卓越绩效管理，整合并构建公司综合管理体系，创新质量工作模式，推进零缺陷系统工程管理、科研生产"四个两"，打造航天品牌，成就产品卓越。2020年至今，公司以习近平强军思想为指导，履行强军首责，坚持追求卓越、强化管理，以党建促发展，围绕中长期发展战略目标，深化卓越绩效管理基本理念的贯彻落实，坚持自评自改自我完善机制，全面推进质量管理，取得了良好的成效，提升了公司质量保证能力和经营整体绩效，不断拓展市场并赢得了行业竞争优势。公司先后荣获了2021年南京市市长质量奖、2022年江苏省省长质量奖提名奖。

二、公司卓越质量管理模式及内涵

多年来，公司根据航天产品参与单位多、系统复杂、技术难度大、质量要求高等特点，立足于"第一次就按要求把工作做对"，全体员工在各项工作中追求"零缺陷"，力争一次做到完美、卓越，凝练总结出了"一次成功"卓越质量管理模式，其框架如图1所示，实现"一次成功、次次成功"。"一次成功"卓越质量管理模式，简称为"3+4+5"质量管理模式，具体解析如下。

"三全管理"是产品保证模式。围绕"要求精准、过程量化、结果正确"，面向全员、全要素、全流程管理，全员掌握要素、要素纳入流程、流程驱动管理。其中，"全员"是指产品研制任务各单位、项目团队和各层级全体员工；"全要素"是指产品保证、质量保证、可靠性保证、安全性保证、5M1E等方面要素；"全流程"是指产品"四个一"代研制程序、全生命周期技术流程、管理流程。

"四维创新"是实施路径，指基于MBSE的产品研发模式。将航天系统工程管理思想和IPD模式相结合，以MBSE模式转变为切入点，优化组织和流程，建立模型主导、数据驱动、数据贯通的数字化研制模式；通过订单拉动的多品种、变批量复杂航天装备智能制造，开展航天型号复杂系统产品供应链模式变革，实现基于总装拉动的内部供应链集成、外部供应链协同；基于结构化数据采集与确认的全过程质量追溯，建设数字检验系统，提高在线检测覆盖率，完善现场质量管理系统，建立结构化、量化数据和现场多媒体记录的快速采集和及时确认，确保了全产品、全级次、全过程质量全面受控可追溯；实行一体化的数据驱动的企业智慧运营管控，实现公司战略、财务、质量、人力资源、风控等管理业务数字化运行。

"五个抓手"是质量基础。公司始终以管理体系为基础，从关注体系运行的符合性，到关注体系运行的有效性、重视管理能力提升，再到追求组织经营绩效，不断探索适应公司高质量、卓越发展的模式；创新推进强化科研生产质量工作的"四个两"（即：设计、工艺优化要深入；仿真试验、可靠性试验要充分；技术、管理归零要彻底；工作形式、工作流程要简化），提升公司质量创新力和竞争力；在航天质量问题"双归零"五条原则的基础上，进一步推动"三个面向"（面向产品、面向流程、面向组织）质量分析方法，使"双归零"工作标准化和规范化，不断提升质量分析工作的整体效能；持续推进全生命周期的装备成本工程，建成智慧财务，科学实施成本工程管理，支撑公司高质量发展；持续推进质量技术创新，采用去手工、提高工装覆盖率、智能化改造、三类检测等手段提高产品质量保证水平，确保一次成功。

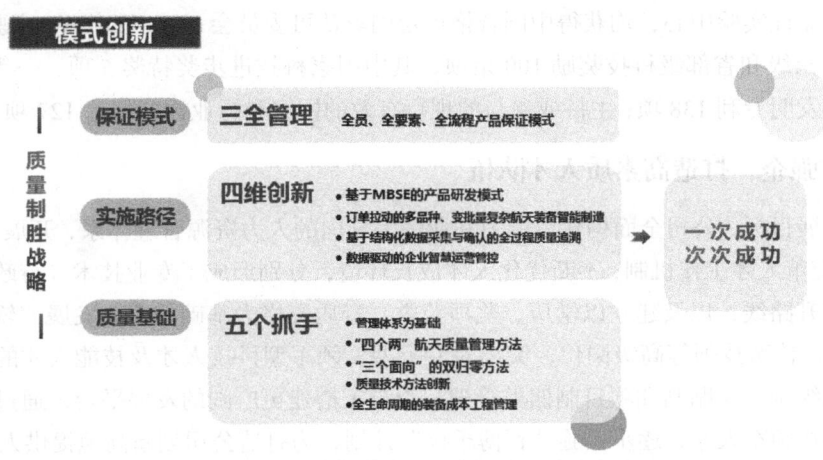

图 1 "一次成功"卓越质量管理模式框架

三、公司质量管理做法经验及成效

（一）文化和战略引领，建设航天一流企业

公司作为有 150 余年历史的企业，从洋务运动"自强、求富"到当今成为航天装备产品"大国重器"自主创新的智能制造国家队，公司高层领导始终坚持文化和战略引领作用，确立了企业文化"第一核心竞争力"地位，以"科技强军、航天报国"为使命，坚持"国家利益高于一切"核心价值观，带领全体员工认真履行，增强文化认同，凝聚共识，从而为公司高质量发展提供了强大的精神动力。同时，公司全面谋划"十四五""134561"发展的目标、战略、路径、方法，推进一流的总装厂、一流的伺服技术研究所、一流的地面设备设计研究所、一流的制造技术研究所、一流的智能制造总体研究院、一流的服务业发展平台等"六个一流发展平台"建设，构建公司经营管理体系新格局，促进了公司的全面可持续发展。公司先后获得全国文明单位、全国五一劳动奖状、江苏省文明单位、国资委企业文化示范单位、国防科技工业军工文化建设示范单位等荣誉。

（二）强化科技创新，增强核心竞争优势

公司坚持"掌握关键核心技术，打造原创技术策源地，实现科技自立自强"的创新驱动发展战略，打造一流技术，履行科技强军使命。公司以科技创新规划为纲，以重大科技创新项目为引领，落实公司技术一流的规划目标，履行"科技强军、航天报国"的神圣使命。公司规划布局了"六大技术体系"[伺服控制系统专业技

术体系、地面装备（车载）专业技术体系、先进制造专业技术体系、智能制造系统专业技术体系、节能环保专业技术体系、高端装备专业技术体系］和借鉴"钱学森系统工程"思想（探索一代、预言一代、研制一代、批产一代）的航天产品协同研发创新模式，打造"1+3+N"（1个研究院，3个研究所，覆盖装配及系统集成、数控加工、增材制造、焊接、精密加工等N个科工集团级工艺中心）研发平台，制定了清晰的技术发展图谱，确立了"五个一流技术"（一流的智能总装测试技术、一流的伺服控制研发技术、一流的智能制造技术、一流的航天地面设备研发技术、一流的制造实验技术）的发展目标。

公司积极与清华大学、北京航空航天大学、南京航空航天大学、中国科学院等知名高校院所在伺服控制、先进制造、智能制造等多个领域联合开展产学研合作。公司科技创新氛围浓厚，富有科技创新活力。

公司承担多项国家级课题研究工作，科研成果获得国家认可。公司连续5次获评国家认定的高新技术企业、国家技术创新示范企业；首批通过"国防科技工业企业技术中心"认证，是江苏省省级企业技术中心，建成国防科技工业复杂结构高效电加工技术创新中心、南京市伺服控制工程技术研究中心、中国航天科工集团智能总装创新中心等多个技术中心；拥有3个国家及国防认可的实验室，分别为计量检测中心、理化分析与无损检测实验中心、环境与可靠性实验中心，均获得中国合格评定国家认可委员会CNAS/DILAC实验室认可资质。

公司先后荣获国家级和省部级科技奖励100余项，其中国家科技进步奖特奖5项、一等奖3项；获得授权专利290余项，其中发明专利138项；主持或参与的现行有效的国家和行业标准累计127项。

（三）深化人才强企，打造高素质人才队伍

围绕公司战略发展目标，公司全面构建以能力和业绩为导向的人力资源管理体系，开展各类人才"选、育、留、用"，勇于创新变革人才工作机制；不断优化人才成长环境，分别形成了专业技术、行政管理人才晋升"双通道"和技能人员晋升路线，以及建立以学历、奖项荣誉、资质资格为基础的职业发展"软通道"——即专家序列；设置首席专家、首席技师等高级岗位，突出对专家型、领军型科技人才及技能人才的培养。同时，公司推进岗位职能制、能级制、津贴制和项目制四类管理，为员工搭建更广阔的发展平台，通过建立培训三级管理体系，引进高层次科技领军人才，逐步实施"百博千硕"计划，为打造公司创新高地提供人才支撑。

公司依据《追求组织的持续成功 质量管理方法》（GB/T 19004），持续实施能力提升工作，推行基于战略的三层绩效管理模式。以绩效管理为抓手，构建了基于价值创造的绩效考核及薪酬分配体系，设立了科技进步奖、质量奖、人才激励基金等奖项，年奖励额度为800万元，加大专项激励力度，激发了员工干事创业、创新发展的热情；同时，严格公司整体绩效、各单位绩效、员工绩效的考核评价，持续改进绩效管理并提高薪酬水平竞争性，员工的收入和幸福指数持续提升。

公司先后培养了以党的十九大代表、全国优秀共产党员、特级技师王南石，全国五一劳动奖章获得者、全国技术能手、中国青年五四奖章获得者、全国青联常委徐斌等为代表的一大批技能实战专家；建有国家优秀博士后科研工作站1个，国家级技师工作室1个，技能大师工作室2个；公司人才队伍里有全国劳模和五一劳动奖章获得者7人，享受国家政府津贴专家15人，中华技能大奖获得者1人，全国技术能手5人，国防科技工业"511"人才32人，航天基金奖获得者28人，中国载人航天工程突出贡献者1人，江苏省"333"高层次人才16人，江苏大工匠1人，江苏省有突出贡献中青年专家4人，江苏省"双创人才"5人，省部级首席技师3人。

（四）加快数字化转型，推进智慧晨光建设

公司围绕国有企业推进数字化转型工作要求，落实"数字航天"战略，以"智慧企业"建设战略目标为指导，推进以流程驱动、智能制造、数据赋能为特征的数字化转型工作。

1. 引入华为流程管理理念，实现公司业务流程重构与组织变革

公司创新性地开展了流程信息化标准体系建设，完成了公司全业务域流程架构建设，将公司业务整合为战略、投资、计划管理、市场营销与销售管理、集成产品开发管理、集成供应链管理、售后服务管理、质量管理、

财务管理、人力资源管理等十大业务领域，完成200多条业务流程的设计和优化。以业务流程化推进流程优化，建立了流程责任人体系，与传统的职能化管理结构融合，形成了新的矩阵式组织结构。以流程信息化推进信息化建设，完成了智慧企业综合管理、数字化协调研发、数字化运营管控三大信息化环境平台建设，核心值业务流程数字化覆盖达到了70%，实现了"四个在线"目标，即人员在线、产品在线、业务在线、用户在线。

2. 数据资产规范化建设，赋能业务模式转型

秉承"数据资产是核心资产"的理念，建设了公司数据资产管理体系和数据资产服务体系，形成了数据治理能力和数据服务能力。基于国际先进的DAMA数据管理知识体系，依据公司十大业务架构，识别关键业务对象，建立了完整的数据资产目录，并实施规范化管理，重点形成了基于基础资源库数据的产品规范化设计能力、基于通用模型库的快速设计与工艺设计能力、基于产品数据贯通应用的四个业财一体化能力、基于BOM设计制造协同能力、基于MBD的设计仿真能力、数字化制造执行管理能力。建立了以"文化、技术、管理"三要素为核心的知识管理体系，以"知识识别、知识获取、知识管理、知识共享、知识应用、评价改进"为管理主线，形成了公司知识资产地图，在型号产品设计研发、工艺设计、生产制造等方面实现了知识牵引下的模式转型。围绕技术创新、智能决策的创新理念，实现了双向数据信息打通，获得国防科技进步奖三等奖，申报国防发明专利4项、民用发明专利1项；基于数字化协同研发平台的集成产品开发模式应用获得江苏省企业管理现代化创新成果二等奖；加快"云、大、物、移、智"新兴信息技术应用创新，实现了基于信息管理的智能总装生产模式、基于视觉检测技术的产品测试以及基于大数据算法的产品质量预测提升。

3. 集成供应链（ISC）管理模式变革，实现生产过程管理模式转型升级

以提升装备准时生产交付能力为核心，在型号科研生产过程引入ISC管理模式，对生产过程开展管理模式和流程变革，建立了"需求导向、总装拉动"的计划管理体系和运作机制，按照满足产品交付需求，对生产管理相关业务域进行了流程识别设计，完成了全部业务流程/子流程（47个）设计，并通过流程将生产过程的业务规范、作业指导书、模板等固化，并基于ERP、MES等构建了数字化管理平台，实现供应链计划、制造、采购、外协等管理流程固化。通过ISC管理模式的优化变革，实现了装备生产从需求到交付的全流程贯通，产品生产效能大幅提升，并确保了产品100%准时交付。

4. 数字工厂建设，实现装备生产方式转变

围绕生产方式从传统资源依赖型向效能提升型转变目标，以航天装备总装智能车间试点项目为重点，先后完成了总装智能生产线、结构件柔性生产线、伺服机构数字化生产线、自动喷涂生产线等多条智能生产线建设，推进了公司数字化建设进程，初步形成了以数字化制造为主的新生产模式。通过数字化工厂建设，航天装备生产能力相比三年前提升数倍，效能提升了一倍以上；100%取消了多人协同火工作业工序，提升了生产作业现场的本质安全度。

（五）坚持质量制胜，提供一流装备和服务

公司以习近平强军思想为指导，坚持"质量至上"和"质量制胜"战略，贯彻"质量就是生命、质量就是胜算"的理念，从"实战化"出发，以顾客为关注焦点，强化装备全生命周期的质量管控，紧扣质量能力提升六大关键成功要素，全面实施质量文化和全员素质提升工程、质量管理体系成熟度提升工程、产品精细化管控提升工程、数字化质量管理提升工程、标准化管理提升工程、技术保障能力提升工程；结合落实科研生产"四个两"规划，持续开展体系和流程的融合，提升质量管理体系成熟度；推进设计开发，软件工程化，工艺过程、生产过程精细化质量管控；开展精品工程、外购外协、现场执行治理等专项质量提升工作，以及强化数字化质量管控、质量保障条件建设、标准化管理等基础管理，并践行"4A"式服务模式，抓实产品保障工作，全面提升了公司质量保证能力，为确保公司科研生产任务的完成和实现"一个目标三步走"公司中长期战略目标、持续追求卓越提供了坚强的质量保障。

公司顾客满意度整体保持较高水平并呈稳步上升趋势。公司多次参与大型试验任务取得圆满成功，先后荣

获中国航天科工质量奖、中国载人航天工程突出贡献集体、装备发展建设工程突出贡献奖等多项荣誉。

四、结语

新时代的发展机遇促进公司质量提升工作进入了一个崭新的历史时期。公司将牢记"科技强军、航天报国"企业使命，坚定履行强军首责，以更强的创新精神，推动质量变革；高站位推进公司卓越绩效管理实践深入；全方位不断丰富和发展公司基于航天复杂系统实现"一次成功"卓越质量管理模式的内涵和外延；持续提升公司产品质量、服务水平和社会影响力，为实现质量强企和公司高质量发展做出新贡献。

主要创造人：袁　勇
参与创造人：曹　辉

基于风险智能管控的超高压电网高质量运行维护的实践

中国南方电网有限责任公司超高压输电公司

一、企业概况

中国南方电网有限责任公司超高压输电公司（以下简称超高压公司或公司），是中国南方电网公司的分公司，承担起了"一肩担当西电东送能源战略，一网紧联南方五省（区）"的光荣职责。确保超（特）高压主网架安全畅通是超高压公司重要的使命担当。

截至 2021 年，超高压公司已建成"八交十直"共 18 条西电东送大通道，以及两回 500 千伏海南联网输电线路。下设 10 个超高压局和检修试验中心、南宁监控中心，共 12 个基层单位。

超高压公司及所属单位荣获全国先进基层党组织、全国"五一"劳动奖状、全国文明单位、中央企业先进集体、中央企业先进基层党组织、中央企业第一批基层示范党支部、全国"安康杯"竞赛优胜企业、全国"工人先锋号集体"等荣誉，以及国家科技进步奖特等奖、国家优质工程金奖、鲁班奖等多项奖项。

二、项目简介

本案例成果按照"1+2+4"的组织框架进行介绍，以风险防控为主线，借助串联直流输电和海底电缆运维两大名片，依托生产指挥平台、智能变电、智能输电、智能海缆建设四方面数字化支撑，充分展示超高压公司一流设备运维及风险防控水平。本案例曾获评 2022 年"全国质量标杆"典型经验。

"1"：一条风险防控主线。利用数字化工具打造电网、设备、作业风险地图，全面辨识评估运维风险，实现风险数据全面融合、风险因素智能分析、风险等级动态评价。

"2"：两张名片。一是以设备全生命周期为抓手，创建直流能量可用率管控体系；二是首创海底电缆"3 防 4 业 4 基 4 核心"立体安全管控体系。

"4"：四方面数字化支撑。构建超高压公司"1+3"风险管控支撑体系，生产指挥平台聚焦"促应用"，智能变电、智能输电、智能海缆聚焦于"强感知""融数据"，多项应用已被第三方鉴定为国际领先水平。

三、实施过程

（一）项目策划

1. 项目推进过程和目标

项目以"提高企业本质安全水平，提升设备可靠性，建设世界一流输电企业"为目标，按照《南方电网公司创新驱动发展规划》《南方电网公司创新工作管理规定》等要求，开展项目推进工作。项目成果的主要框架如图 1 所示。

2. 创新点和领先性

（1）在风险评估环节，首创数字化风险地图管理工具，解决了传统风险数据跨部门、跨专业，风险因素分析不全面、不系统，风险等级评估不准确、不及时等问题，实现了风险数据全面融合、风险因素智能分析、风险等级动态评价。

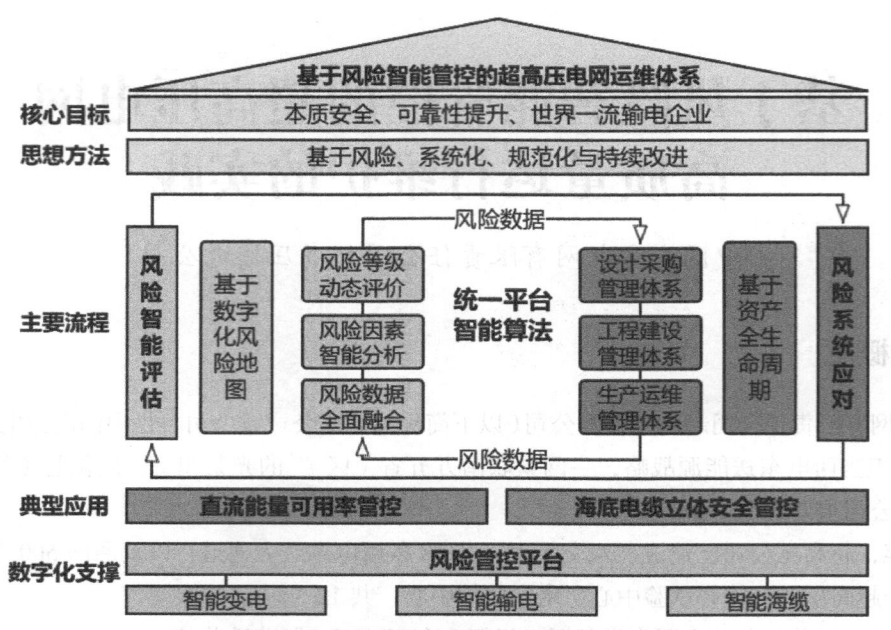

图 1　基于风险智能管控的超高压电网运维体系框架

（2）在风险应对环节，建立起基于资产全生命周期的策划机制。根据风险智能评估结果，从规划设计、采购、工程建设、生产运维等环节，制订针对性的风险预控措施工作计划，并实施动态更新、闭环管控。

公司将上述体系方法，应用到高压直流输电和海底电缆的运行维护管理，形成了超高压公司生产运维的两个国际标杆和王牌。超高压公司以超前管控、协同管控为主要理念，形成贯穿全生命周期的直流能量可用率管控体系；以风险管控为主线，创新优化原海缆安全管控体系，首创形成海底电缆"3防4业4基4核心"立体安全管控体系。

本项目主要创新点和领先性如表 1 所示。

表 1　主要创新点和领先性一览表

创新点/领先性	风险管控		典型运用场景		
	评估	应对	变电	输电	海缆
国风首创基于数字化风险地图的风险管理机制	√	√	√	√	√
在电力行业内率先建立直流能量可用率管控体系	√	√			
首创世界领先的"3344"成套海缆立体安全管控体系	√	√			√
智能算法研发及应用	50项	39项	170项	6项	6项
首次实现超高压电网全域数字化平台建设及示范应用	√	√	√	√	√

（二）主要做法

本项目自 2016 年启动，总结超高压公司 10 余年电网运行维护及风险防控经验，固化形成了以风险管控为主体的《设备运行方案》和落实载体（《一站一册》《一线一册》）。2019 年，深化应用"二维风险矩阵"，形成以风险点为横轴，运维站点、线路等设备为纵轴的"风险地图"。在此基础上，从资产全生命周期的 5 个维度进行风险应对的系统策划。同年，启动了智能换流站、智能线路、智能海缆的示范建设。2020 年，启动了风险管控平台的开发和建设。以下从风险地图管理体系主要理念和构成方法，直流、海缆风险防控体系，智能化建设四个方面进行介绍。

1. 构建以数字化风险地图为基础的风险管理体系

数字化风险地图风险管理机制模型如图 2 所示。

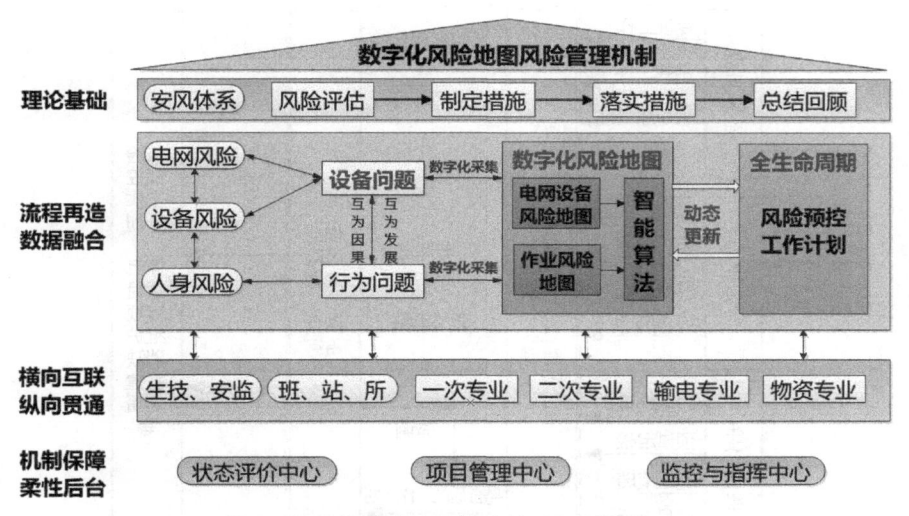

图2 数字化风险地图风险管理机制模型

数字化风险地图对各类设备运行数据、作业数据、风险清单、工作计划等多个来源的风险数据进行数字化采集，通过智能算法进行大数据挖掘和分析，来打通不同部门、不同专业间的"数据壁垒"。以设备全生命周期管理为基础，形成统筹融合、便于执行、易于管控的工作计划和监督计划。应用电网设备风险地图、作业风险地图动态落实风险管控，以PDCA闭环管理为手段闭环计划任务，实现风险超前控制和持续改进。

（1）应用电网设备风险地图，削降"设备问题山"。

该地图对上承接了电网运行方式、设备运行方案揭示的主要风险和重点工作，对内整合了设备突出隐患、缺陷、反措等风险管控业务信息，聚焦于"设备"，建立起"以风险点为横轴，运维站点、线路等设备为纵轴"的风险地图，横纵轴交叉点即为该设备的风险数据集合。

由表2可知，B站开关有拒动隐患。通过设备风险地图，关联B线路树障隐患提级管控，降低树障导致线路跳闸的概率，可以使得开关拒动隐患和树障隐患的整体防控成效提升。

表2 风险地图二维风险数据关联示意

风险点	变电			输电		
	A站	B站	C站	A线	B线	C线
开关拒动隐患	无	开关拒动	无		站点关联提级管控	
树障隐患				Ⅱ级(15处)	Ⅱ级(17处)	一般(20处)

（2）应用作业风险地图，削减"行为问题山"。

作业风险地图以电网设备风险预控工作计划为基础，辨识和预控综合性风险，聚焦于"人员"。将可能对作业和人员造成影响的如天气情况、节假日信息、人员配置、停电计划调整等综合性风险因子与工作计划建立关联，从时空维度横向、纵向综合研判，经过风险管控平台运算分析后形成面向相关决策者的工作计划调整建议，如图3所示。

2. 构建贯穿设备全生命周期的直流能量可用率管控体系

上述风险管控的基本理念和管理方法成功应用于超高压公司各回直流输电工程的建设运维，经过不断的迭代更新、持续改进，形成了贯穿设备全生命周期的直流能量可用率管控体系。

超高压公司直流能量可用率管控体系创建历程如图4所示。

超高压公司改变以往能量可用率指标管控不系统、部门协同不深入等做法，逐步形成了以提升直流系统可靠性为根本，以最大限度减少停电时间为核心，以超前管控、协同管控为主要理念，贯穿全生命周期的直流能量可用率管控体系，其框架如图5所示。

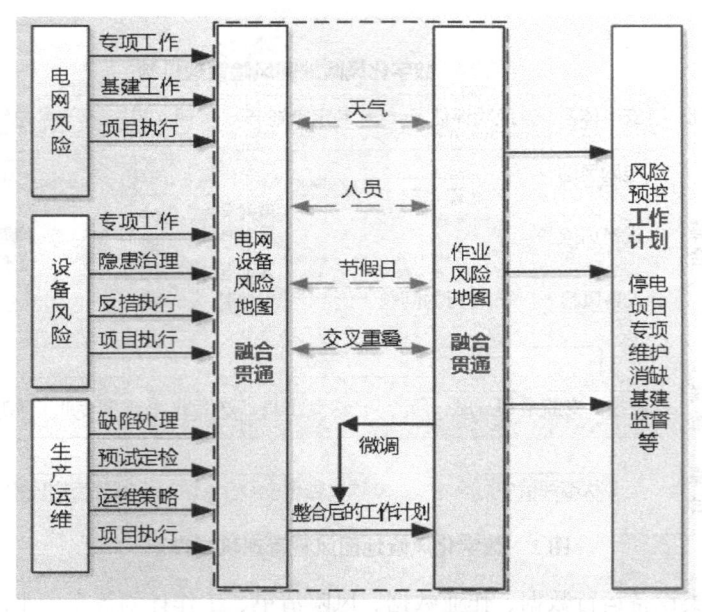

图 3 作业风险地图综合性风险辨识示意图

图 4 超高压公司直流能量可用率管控体系创建历程

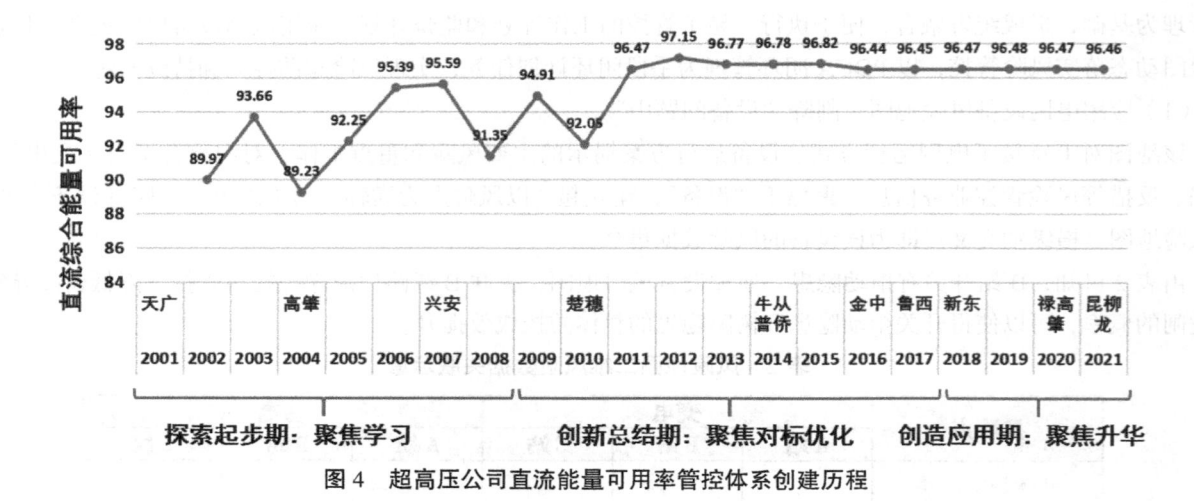

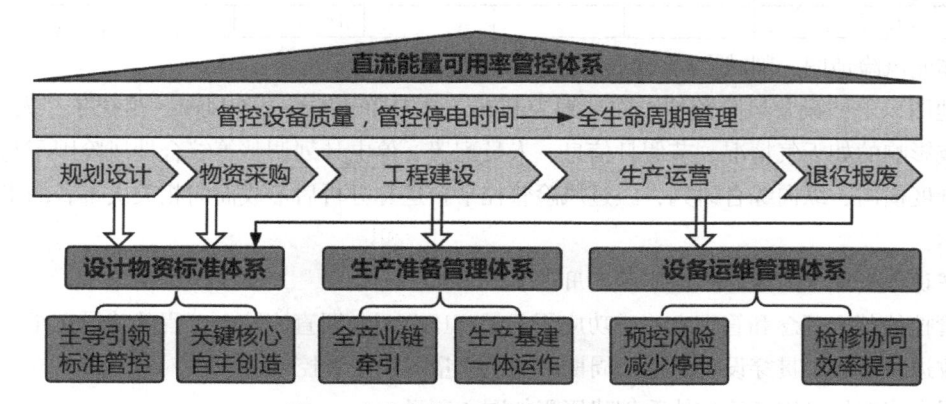

图 5 直流能量可用率管控体系框架

（1）以提升源头可靠性为核心，构建主导引领的设计、物资标准管理体系，如表3所示。

在规划设计与物资采购阶段，超高压公司主导引领直流输电主流设备厂家、设计单位、科研单位，通过深入分析，总结运维经验，形成了一系列具有行业影响力的规范、标准，奠定了直流能量可用率管控体系的前端基础，为各直流工程规划设计和设备采购提供了有力的技术保障。针对关键核心技术、设备"卡脖子"可能导致直流长时间停运风险，超高压公司主动投身国家补链强链专项行动，集合优势资源高效完成国资委下达的关键核心技术攻关任务。柔直穿墙套管、有载分接开关实现从整机到组部件的全链条国产化，成功化解"卡脖子"风险。

表3 设计、物资标准管理体系

编号	名称	作用
1	《±160kV至±800kV直流换流站一次设备选型指导意见（试行）》	从设备参数、防污、防雷、抗震等10个方面规范设备选型，并形成换流变、断路器、阀等17类设备的选型要求
2	《二次装备技术导则》	主导厂家逐步完善直流关键设备、部件冗余化的设计
3	《反事故措施》	完成阀冷关键传感器、主时钟授时、控保关键光耦继电器、鲁西阀控通信板等110余处单一元器件可能导致直流闭锁隐患整治
4	《线路防灾设计方案》	优化设计，加强线路防范自然灾害能力，采用减小保护角，甚至负保护角，有效降低雷电绕击概率
5	《超高压公司标准化体系建设标准技术规范书》	涵盖变电一次、二次、直流、线路等4个专业，包含设备本体、在线监测装置、仪器仪表等各相关类别
6	《直流输电关键设备技术规范书》	主导完成了电网公司换流变压器、直流穿墙套管、直流控制保护、换流阀、阀冷系统等8类设备15项技术规范书

（2）以分层漏斗风险管控为基础，构建贯通协同的生产准备管理体系如图6所示。

在工程建设与生产准备阶段，各部门、单位之间容易出现"割裂式"和"局部式"的管理，容易造成风险隐患的后移。超高压公司以分层漏斗风险管控模式[①]为基础，通过业务流程再造，打破部门壁垒，实现安全、质量、效率与效益的综合最优。

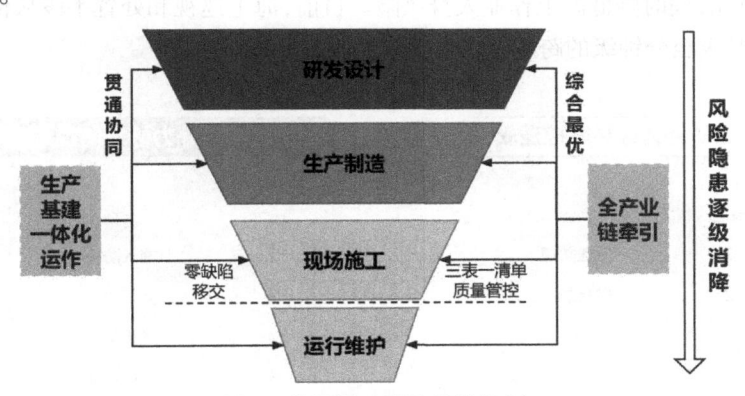

图6 分层漏斗风险管控机制

（3）以通道"随时可用"为导向，构建智能主动的停电检修体系。

在生产运行阶段，一方面基于风险地图的管控机制，实现超前融合预控风险，将缺陷、隐患尽可能扼杀于摇篮，减少非必要停电次数；另一方面，应用"三二一""红黄绿"年度检修协同策划机制，提高效率，减少停电时间。

3. 构建以"3防4业4基4核心"为框架的海底电缆运维体系

超高压公司以海南联网系统核心设备——海底电缆安全运行为目标，以风险防控为主线，创新性应用数字化转型、人工智能、流程再造、安全生产风险管理、核心竞争力分析等管理工具，首创以筑牢"3道防线"为抓手，通过规范"4项业务"，夯实"4个基础"，提升"4个核心能力"，形成海底电缆"3防4业4基4核心"立体安全管控体系，如图7所示。

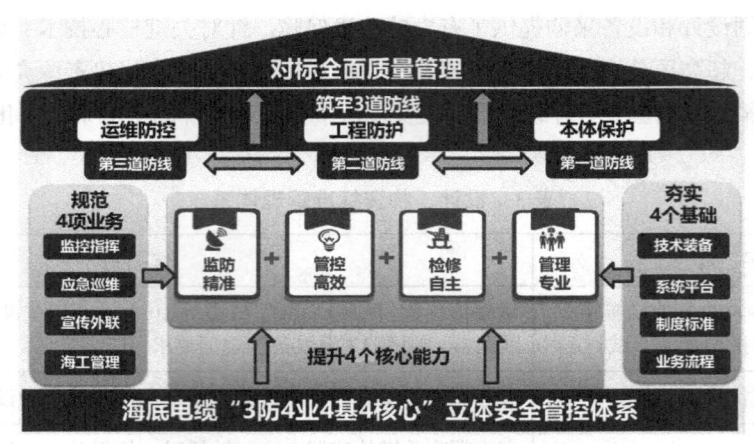

图 7 海底电缆"3防4业4基4核心"立体安全管控体系

（1）优化防控逻辑，人工智能筑牢3道防线，前移管控关口。一是打开新思路、研究新技术，掌握海缆本体健康状态第一道防线；二是运用安全生产风险管理工具，动态开展7根海缆地形地貌和埋深检测数据分析，及时掌握工程防护水平状态，采取差异化运维管控手段，构建第二道防线；三是运用数字化转型管理工具将原有的船速阈值运维防控逻辑优化为多维度船舶行为分析运维防控逻辑，将目标加速度、滞留时长等要素纳入风险分析及预警范畴，为精准提前干预提供决策支持，促进海底电缆运维管控由危险行为发生后处置转变为危险行为发生前提前干预，强化第三道防线。

图8所示为多维度阈值管控图，图9所示为人工智能抛锚预测样本学习流程，图10所示为多元化运维防控逻辑。

（2）整合全域装备，高精尖快赋能4项业务，提升处置效能。超高压公司通过装备新型混合固定翼、多旋翼无人机、高清透雾长距离实时影像装备、国内首艘海缆专业运维船和水下机器人等海陆空利器，大大缩短风险处置时间，提升处置效能，同时降低海上作业人身风险。目前，海上巡视和处置手段从传统的1种增加至4种，实现处置取证时效从小时级至分钟级的跨越。

原防外力破坏防控逻辑		VS	优化后的防外力破坏防控逻辑	
序号	名称		序号	名称
1	低速防控		1	闯入防控
2	抛锚防控		2	低速防控
			3	抛锚防控
			4	单拖防控
			5	双拖防控
			6	黑名单防控
			7	滞留防控

图 8 多维度阈值管控图

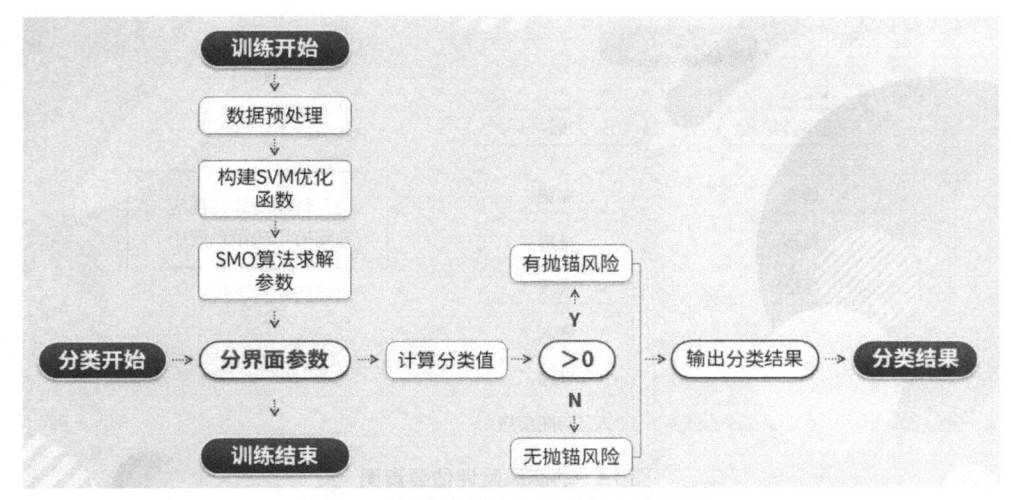

图 9　人工智能抛锚预测样本学习流程

图 10　多元化运维防控逻辑

图 11 所示为快反无人机，图 12 所示为高速运维船。

图 11　快反无人机

图 12　高速运维船

（3）研发指挥平台，数据驱动夯实 4 个基础，精准评估风险。运用安全生产风险管理、数字化转型管理工具将两类风险通过动态算法融入智能海缆监视应急支持与决策系统中，实现风险评估智能化、动态化，充分及时掌握海缆风险全貌，如图 13 所示。在技术装备和系统平台方面实现了前后端数据贯通，同步建立了工作制度标准和业务运转流程。

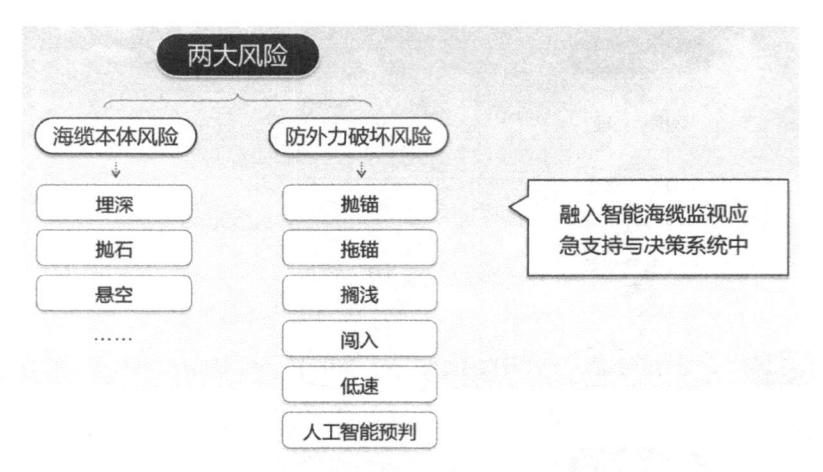

图 13 动态风险评估要素图

（4）健全管控体系，以我为主锻造4个核心能力，打造专业队伍。超高压公司自主开展海上工程业务，配置水下机器人、动力定位船、多波束侧扫仪等海工装备，实现了海底电缆本体和环境的风险态势感知。一是全国首次突破复杂海况下强电磁场环境海缆带电检测关键技术（图14）和深海落石管精准抛石施工关键技术（图15）；二是全球首次掌握500千伏充油海缆损伤隔水修复关键技术（图16），冲破国外海缆隔水修复技术"卡脖子"困境。关键技术的突破，快速增强了超高压公司在海上风电场海底电缆运维领域的核心竞争力。

图 14 全国首次突破复杂海况下强电磁场环境海缆带电检测关键技术

图 15 全国首次突破深海落石管精准抛石施工关键技术

图 16 全球首次掌握500千伏充油海缆损伤隔水修复关键技术

4.构建以数据智能驱动为目标的风险管控支撑体系

为了实现风险管理全流程数字化,实现在更大范围内的风险智能管控,超高压公司确定了以精准高效做好设备运维为目标,"1个平台+3个方向"的建设范围,强感知、融数据、促应用的建设思路。"1个平台"是生产业务风险管控平台,聚焦"促应用",以各类风险数据为基础,以智能算法的应用为核心,统筹融合各子平台数据,公司层面、局层面各项生产业务、风险管控业务,实现典型场景下的智能分析与决策;"3个方向"分别为智能变电、智能输电、智能海缆建设,聚焦于"强感知、融数据",以各类智能技术装备和先进传输技术应用为基础,实现运行数据的数字化采集,实现单一站点、线路、海缆层面的风险智能防控。超高压公司"1+3"风险管控支撑体系如图17所示。

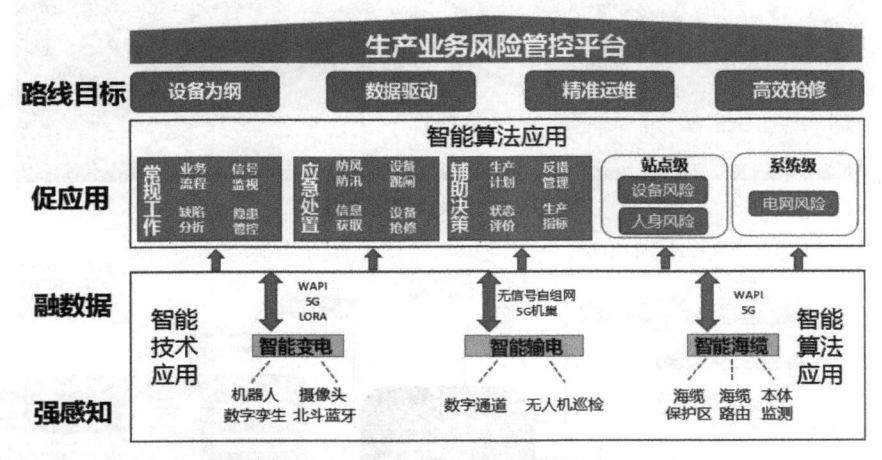

图17 超高压公司"1+3"风险管控支撑体系

（1）建设统筹融合的风险管控平台。风险管控平台构建了关联多业务系统数据和多专业管理要求的生产业务风险管控模型,形成了场景化"数据+业务"混合驱动的闭环迭代优化机制,实现了智能技术与管理手段深度融合。其主界面如图18所示。

（2）建设全面感知的智能变电。智能换流站建设以"数字技术与业务深度融合"为核心思想,以"设备状态一目了然,生产操作一键可达,风险管控一线贯穿,决策指挥一体作战"为建设目标,聚焦运维核心业务,以智能监视、智能巡视、智能操作、作业管控、智能决策作为主要建设重点和方向。

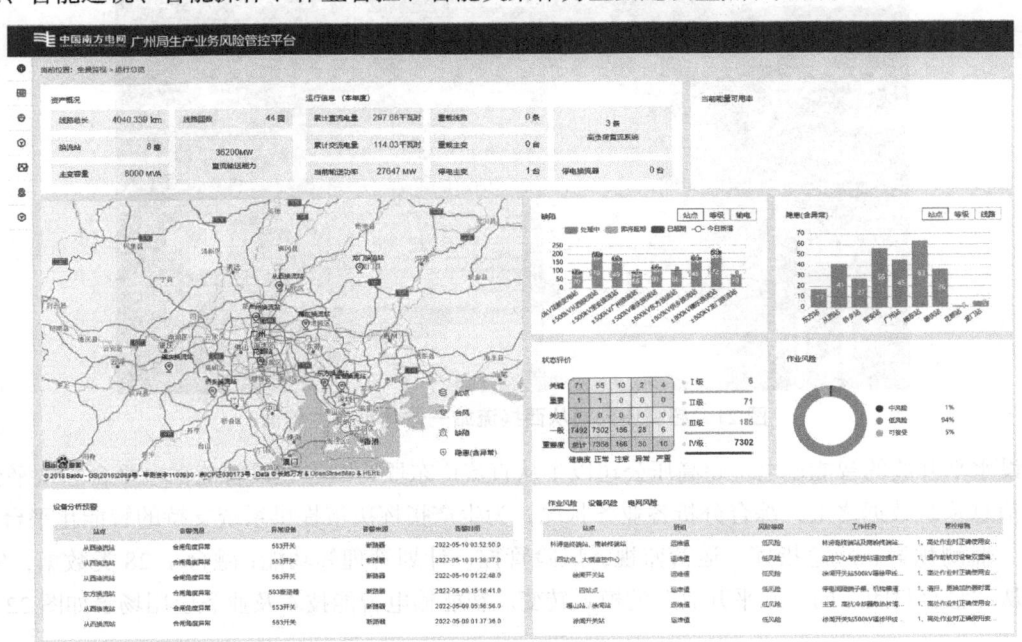

图18 风险管控平台主界面

图 19 所示为智能换流站建设思路，图 20 所示为智能换流站智能技术及业务应用场景，图 21 所示为超高压公司从西换流站一体化平台主界面。

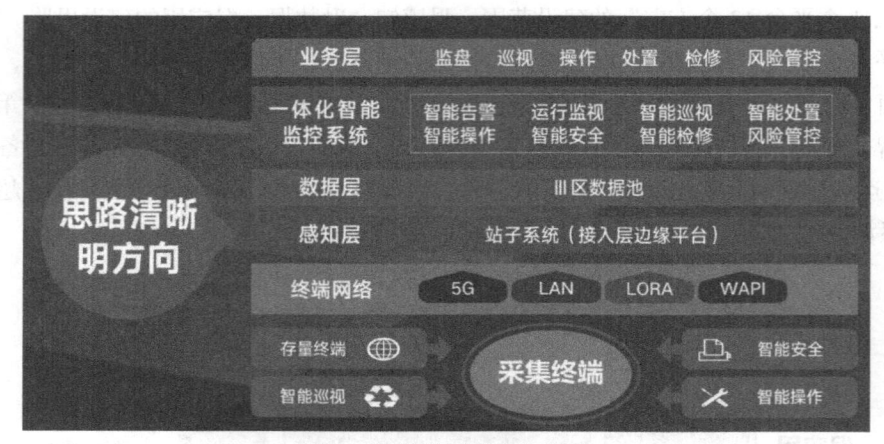

图 19 智能换流站建设思路

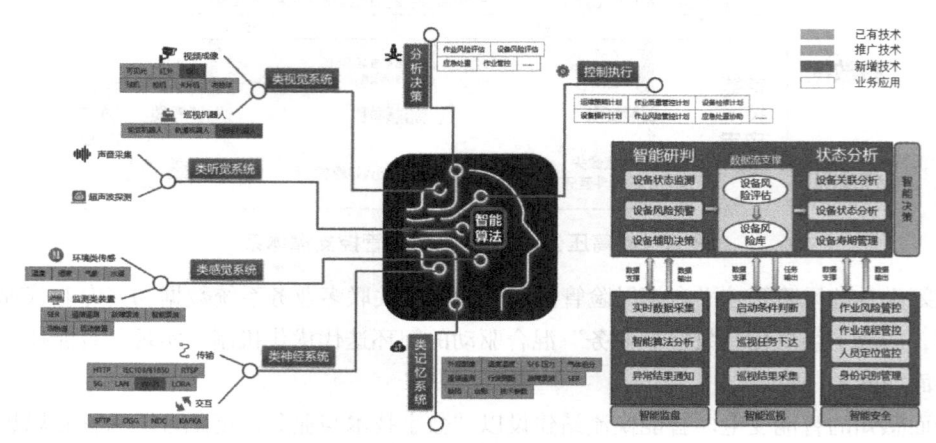

图 20 智能换流站智能技术及业务应用场景

图 21 超高压公司从西换流站一体化平台主界面

（3）建设水平开放的智能输电。超高压公司以牛从直流广东段为试点建设智能输电平台。该平台是建立在各生产管理信息系统数据之上，综合分析各业务状况，为生产指挥决策提供系统支持的智能化平台；具备多维可视化展示、监测预警、应急指挥、运营监视、风险管控、计划管理等功能；融合了 28 类数据，实现了输电各专业系统从"垂直封闭"向"水平开放"的模式转变。智能输电智能技术及业务应用场景如图 22 所示。

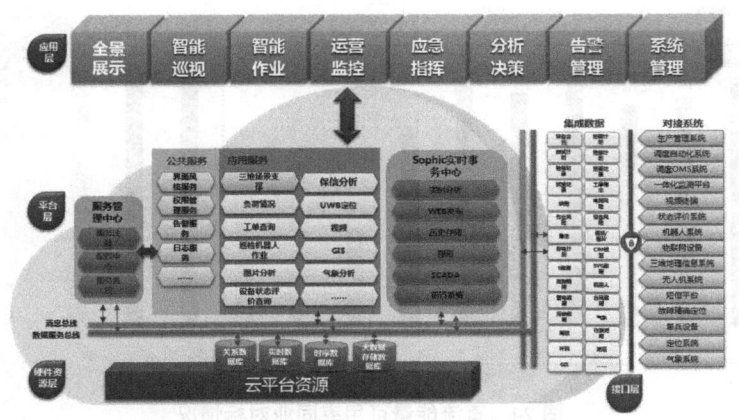

图 22 智能输电智能技术及业务应用场景

（4）建设物环一体的智能海缆。针对海缆设备，国内首创海缆智能风险监控与决策指挥平台，应用海缆环境风险和本体状态，融合海底监测、海面监控、空中巡检、海上定向无线通信等多种智能化技术实现海缆环境风险和本体状态的智能识别、智能预警、辅助决策指挥、海上巡维和应急快速联动。智能海缆平台主界面如图23所示。

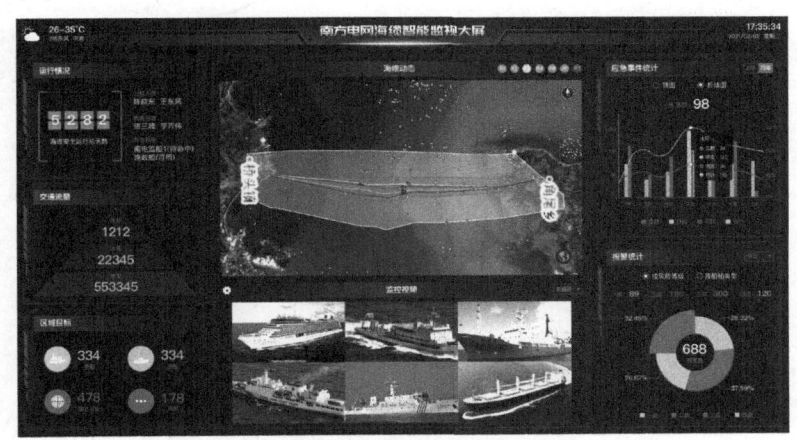

图 23 智能海缆平台主界面

四、实施成效

（一）管理效益

成果实施以来，逐步完善了安全生产风险管理体系，打造了符合高质量发展要求的企业管理体系，内部运营管理更加协同高效，直流能量可用率大幅提高，常年保持在96%以上。参考国家能源局和中国电力企业联合会可靠性管理中心联合发布的"中国2012—2021年直流系统平均能量可用率"数据，超高压公司直流能量可用率为行业最高值（图24）。直流回均闭锁次数从2018年的1下降到2021年的0.73（图25），直流回均非计划停运次数从2018年的4.11下降到2021年的1（图26）；成功应对32次台风、58轮强降雨、23轮低温冰冻灾害及57次4级以上地震；连续五年未发生电力安全事故，百万工时工伤意外率为0.62%（图27），达到行业一流水平。有力支撑了粤港澳大湾区发展、深圳先行示范区建设和海南全面深化改革开放等国家重大战略，为缩短南方五省区（粤桂滇黔琼）客户停电时间、提高客户服务满意度发挥了基础性作用。

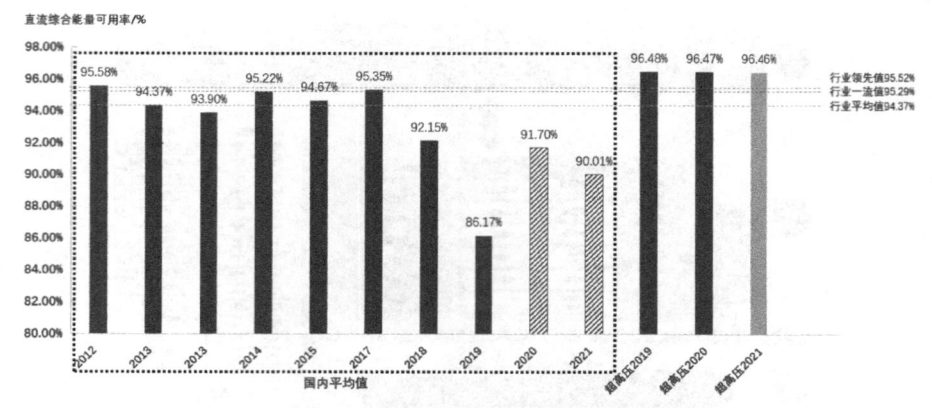

图24　直流能量可用率同业对标情况

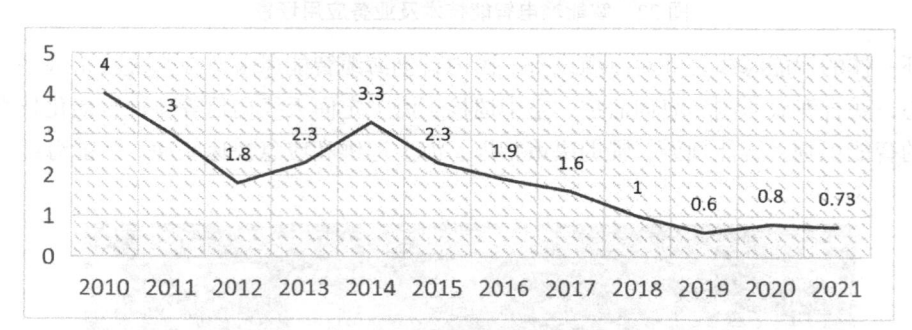

图25　历年直流回均闭锁次数折线图

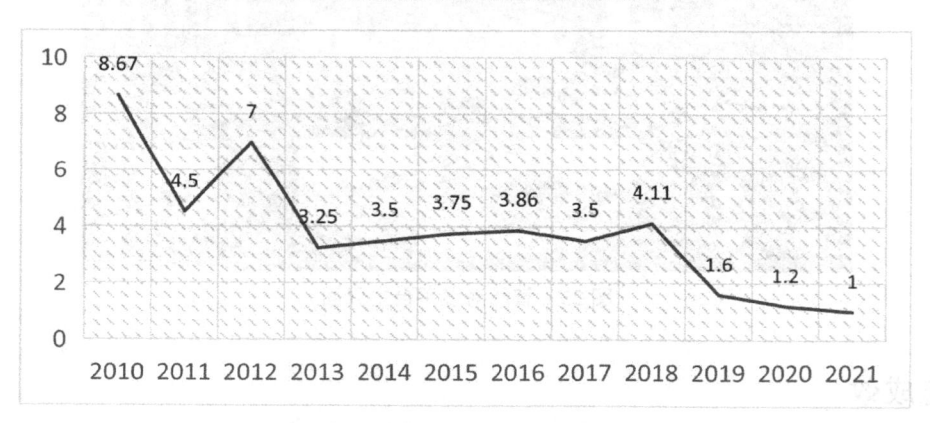

图26　历年直流回均非计划停运次数折线图

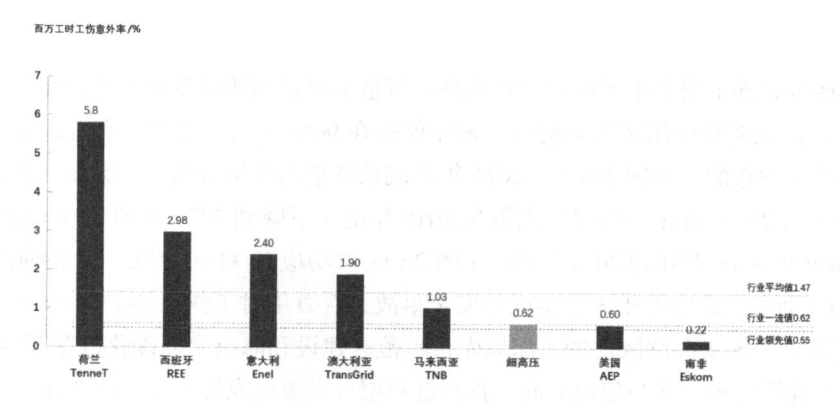

图27　百万工时工伤意外率同业对标情况

（二）经济效益

成果实施以来，西电东送大通道保持稳定运行，保障了全网送电稳定性、可靠性，公司经营效益成果明显。2019年，西电东送年送电量突破2000亿千瓦·时，较5年前在生产人员增长仅15%的基础上实现送电量翻番；2020—2021年保持稳定运行，年售电量稳定在2026.9～2142亿千瓦·时；截至2021年，超高压公司营业收入已提高到728.81亿元，人均营业收入达1449.8万元／人·年，达到行业最高水平（图28）；全员劳动生产率达到221.87万元／人，在全网管制业务单位中排名第一。按每次直流非计划停运和闭锁平均24小时，每小时负荷损失200万千瓦·时电，每千瓦·时电收入0.09元计算，2019—2021年间累计减少质量损失2.56亿元。超高压公司2019—2021年主要经济效益数据如表4所示。

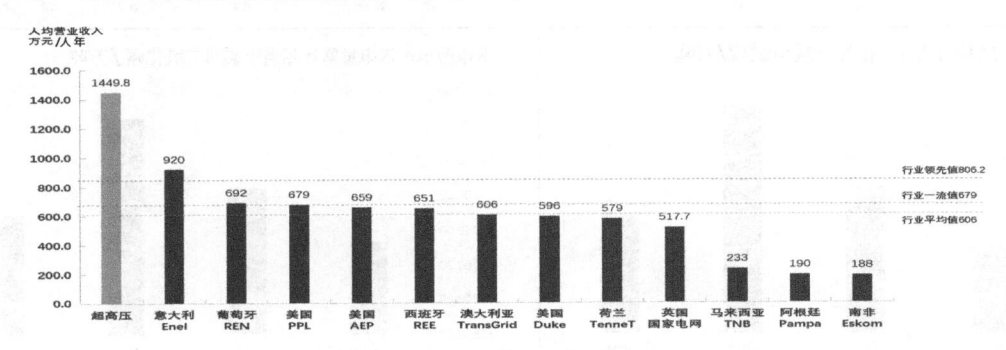

图28 人均营业收入同业对标情况

表4 超高压公司2019—2021年主要经济效益数据表

序号	项目	单位	2019年	2020年	2021年	2021年行业平均水平	2021年行业最佳水平	2021年本企业名次
1	资产总额	亿元	612	612	641.74	—	—	11
2	营业收入	亿元	710	738	728.81	728.81	6100	7
3	净利润	亿元	16.6	23.08	4.18	—	—	—
4	总资产周转率	次	1.18	1.14	1.10	0.18	1.1	1
5	万元资产运维费	元	112.96	113	111.71	228	102	7
6	人均营业收入	万元／人·年	1449.57	1511	1449.8	606	1449.8	1
7	报废资产净值率	%	7.2	9.13	8.79	14.03	5.33	—
8	万元固定资产售电量	千瓦·时／万元	20.3	19.15	16.43	4.54	16.43	1
9	全员劳动生产率	万元／人	202.83	205.33	221.87	—	—	—
10	总资产报酬率	%	5.16	5.74	2.94	4.5	7.4	8
11	非化石能源电量占比	%	87	87	87	39.00	87	1
12	综合线损率	%	5.66	5.96	5.64	5.96	2.5	4
13	售量电	亿千瓦·时	2117	2142	2026.9	—	—	—

（三）社会效益

2019—2021年，西电东送主网架直流能量可用率、设备可靠系数始终保持行业领先水平，有力保障了南方五省区主网架稳定送电，保障了送端电厂、受端用电客户利益。由图29可知，2021年，西电东送清洁能源电量占比已达84.76%；2021年，全年统调水电发电量为4021.2亿千瓦·时；2019年，水电西电东送电量累计相当于减少燃烧标准煤5432万吨，减排二氧化碳14450万吨，减排二氧化硫106万吨，线路损耗降低5.80%，年均降低0.51个百分点。以上数据说明本项目在污染防治攻坚战中发挥重要作用，确保了国家清洁能源消纳。

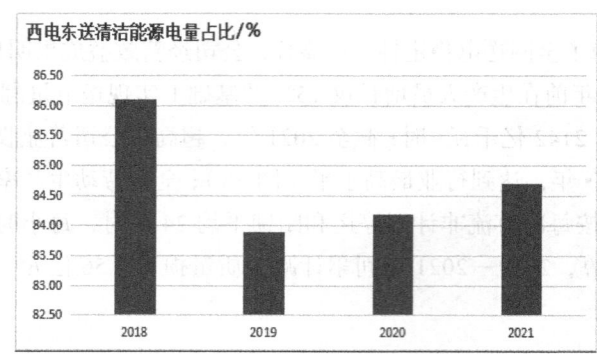

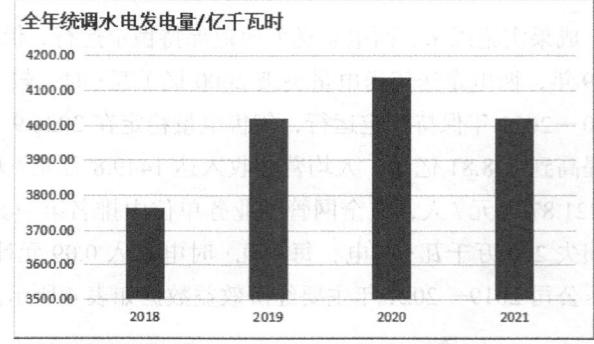

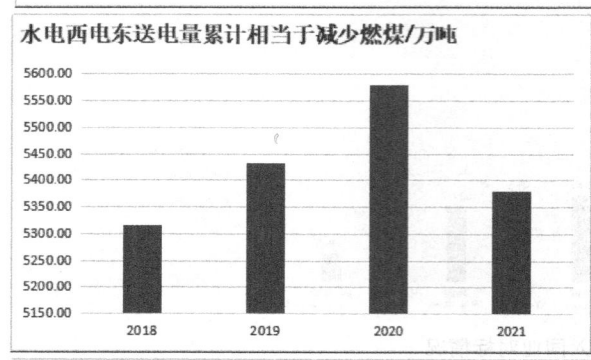

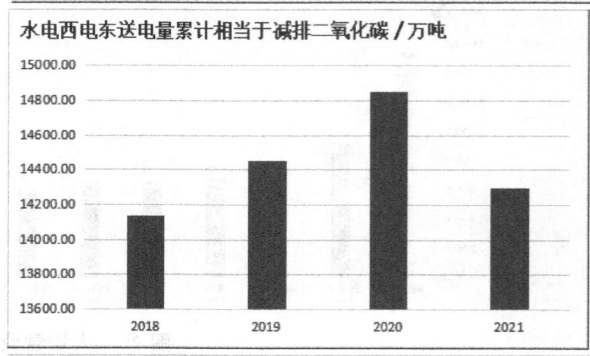

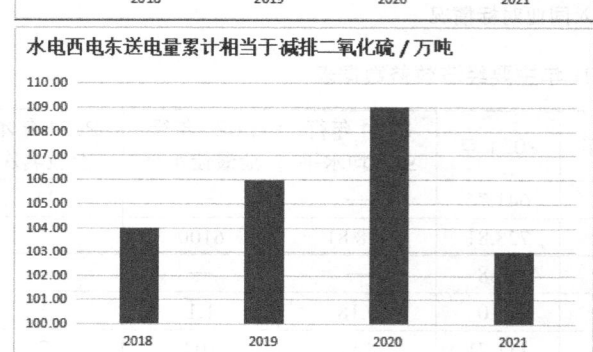

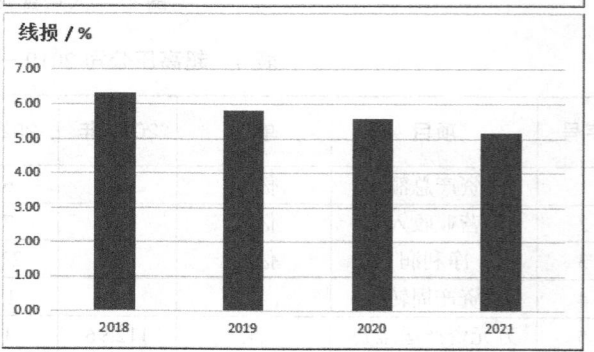

图 29 社会效益示意图

主要创造人：李 党

参与创造人：胡忠山、杨 洋、邓 杰、王帅伊、黄 维

"天问一号"相控阵着陆雷达火星表面特殊环境适应性分析与验证

北京遥感设备研究所

一、立项背景

"天问一号"是我国自主设计的首次实现对火星"绕落巡"三步一体的探测器，是中国航天事业的一个重要组成部分。探测器系统由环绕器和着陆巡视器组成，着陆巡视器由进入舱和火星车两部分组成。火星探测相控阵着陆探测雷达（以下简称相控阵着陆探测雷达）是进入舱GNC分系统关键敏感器，用于火星着陆巡视器在降落伞减速段及动力下降段的导航、制导与控制的精确测量，主要是向GNC分系统提供着陆巡视器相对于火星表面的多个波束轴向的距离、速度精确测量数据，用于着陆巡视器发动机减速、悬停和软着陆控制，确保着陆精度和安全。

目前，国际上火星探测器着陆失败率较高。"天问一号"火星探测任务为我国首次火星探测飞行，相控阵着陆探测雷达是保障探测器成功着陆的关键设备，也是首次将相控阵体制应用于地外天体着陆测量。与月球环境相比，火星表面有一层稀薄大气，探测器着陆过程面临的环境更为复杂，探测器气动减速、火星表面风沙与尘暴等都会对其着陆过程带来干扰。为保证相控阵着陆敏感器在火星表面复杂环境中可靠工作，对产品环境适应性设计与验证提出了严峻考验。

二、详细质量技术内容

（一）火星表面特殊环境适应性设计与验证质量管控体系

本项目创新性地建立了"天问一号"相控阵着陆探测雷达火星表面特殊环境适应性设计与验证质量管控工作体系，如图1所示。

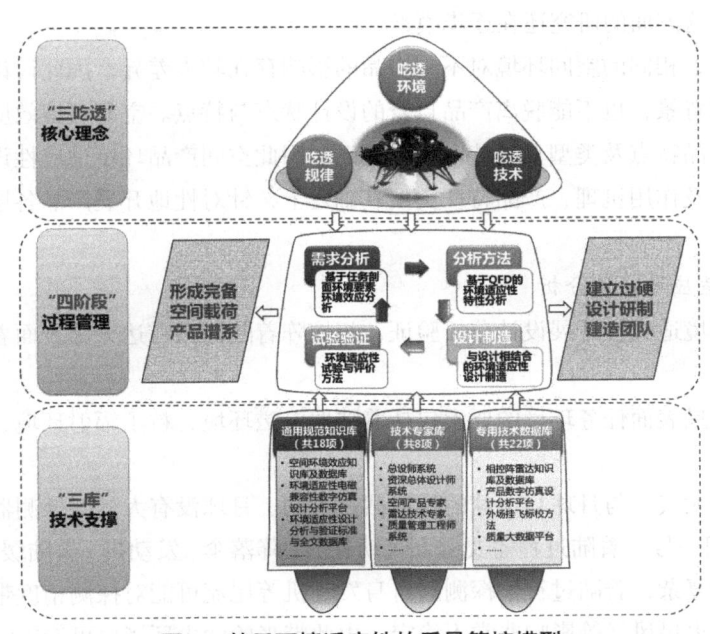

图1 基于环境适应性的质量管控模型

为保证火星探测任务万无一失，项目团队继承"追逐梦想、用于探索、协同攻坚、合作共赢"探月精神，遵循"吃透规律、吃透环境、吃透技术"的理念，在遵循客观事物规律的前提下，在对产品所需技术、所处环境等多方面进行充分分析的基础上，在知识库、专家库、数据库的支撑下，全面梳理火星着陆环境要素与可能风险点；先后开展"需求分析、分析方法、设计制造和试验验证"四个阶段的过程管控，以及全面的环境适应性设计分析工作；对关键环境特性开展全面实物验证工作，并回归需求分析，实现全方面过程管控闭环，构建了一套成熟、完善的火星表面特殊环境适应性分析与验证方法。在此质量管控方法的指导下，项目团队顺利完成了相控阵着陆探测雷达的研制，确保了火星探测任务圆满成功。

（二）"四阶段"过程管理

1. 基于任务剖面的环境要素及环境效应分析

空间环境是指空间产品进入预定轨道到在轨工作期间所经受的各种环境。从环境要素来看，空间环境包括真空、热、电磁辐射、粒子辐射等环境。空间环境要素具有特定的时空分布，对于不同轨道、不同任务的航天器而言，其风险仅来源于其可能面临或遭遇的空间环境要素，而非全部要素。因此在特定空间产品研制过程中，对其全生命周期内不同时间段、不同轨道位置、不同任务期间的空间环境效应及其风险识别开展相应的防护设计与验证，对产品的研制与在轨安全而言具有重要意义，这也是空间环境适应性设计与保证工作的重点与源头。

一般空间产品在轨工作环境包括以下内容。

（1）空间粒子辐射。

（2）太阳辐射。

（3）空间原子氧环境。

（4）空间真空环境。

（5）空间冷黑环境。

（6）其他环境。

除以上空间环境，空间产品所面临的空间环境还有空间碎片、地球磁场、微重力等。这些环境效应更多依靠系统设计降低任务风险。伴随国内航天事业的发展，空间产品包括月球探测、火星探测等星体探测任务，除传统卫星产品中考虑的太阳辐射、空间粒子辐射等环境的影响外，空间产品还需考虑月球、火星等星体粉尘、气体氛围等环境的影响，这方面的研究还在逐步摸索。

在完全相同的轨道上，相同的空间环境对不同产品的影响存在较大差异，因此讨论空间环境效应的恶劣程度，既不能脱离空间环境背景，也不能脱离产品自身的设计状态与特点。空间环境效应与环境、产品类型密切相关，空间环境效应与产品特点及类型具有特定对应关系。因此空间产品环境适应性设计是指在充分认识任务环境要素、相关环境效应及作用机理、产品特征类型基础之上，针对性地开展产品各层次的空间环境适应性防护设计分析与验证。

2. 基于QFD的环境适应性特性分析

针对火星表面空间环境适应性开展设计分析验证，相控阵着陆探测雷达火星表面着陆任务剖面及空间环境效应分析。

根据任务剖面确定火星表面任务环境的要素包括着陆器电磁环境、粒子辐射环境、着陆力学环境、火星扬尘环境等，如图2所示。

火星表面有一层稀薄大气，与月球与地球的环境截然不同。月球没有大气，探测器着陆过程靠反推发动机减速，干扰因素少。"天问一号"着陆过程需要融合气动外形、降落伞、发动机、着陆缓冲等多项技术才能实现，器上承受的力学环境更为复杂，着陆过程中探测器自身发动机等尾流可能对探测精度带来影响。此外，火星大气稀薄且受季节、夜昼、火星风暴等影响非常不稳定，由此带来的沙尘环境也可能影响相控阵着陆探测雷达的探测准确性。

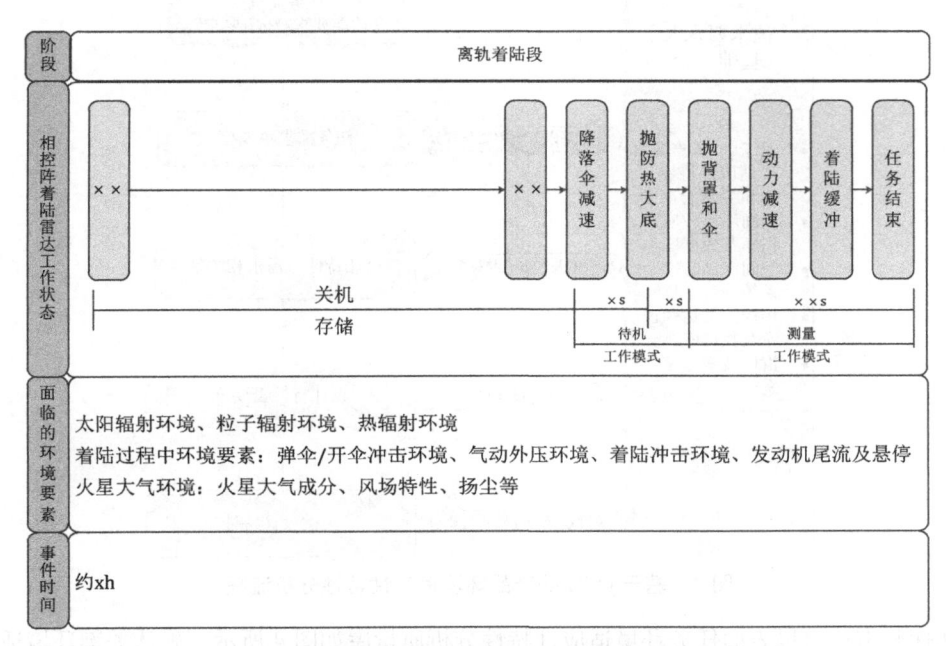

图 2　相控阵着陆探测雷达火星表面任务剖面

充分利用空间环境适应性知识库及专家体系，吃透火星着陆环境的各项环境要素，针对各类环境要素，对产品可能存在的问题进行了分析，对拟采用的设计、验证分析方法进行了初步策划，如表1所示。

表 1　火星着陆阶段相控阵着陆探测雷达任务阶段及空间环境效应分析

序号	环境描述/要素	环境效应/可能出现的问题	环境效应分析及防护设计	验证/分析方法
1	太阳辐射环境	外表面材料紫外辐射效应	抛大底后工作时间短，对产品性能无影响	/
2	粒子辐射环境	总剂量效应	元器件原材料选用及历史数据分析	材料、器件应用经验分析，防护设计分析，试验摸底分析
		单粒子效应	元器件选用、单粒子防护设计措施	材料、器件应用经验分析，防护设计分析
		表面充放电效应	多点接地设计	定性分析
3	热辐射环境	热疲劳、超额定温度	有限元仿真分析元器件原材料选用	同发射段环境试验（热真空、热循环）
4	火星大气环境	火星大气成分影响	（无先例与数据）	热真空试验（模拟火星大气环境）
		低气压放电	大功率射频类部件放电	/	低气压放电试验
		火星扬尘环境	（无先例与数据）		扬尘试验
5	着陆过程其他环境要素	探测器电磁环境	电磁干扰	屏蔽、接地等电磁兼容性设计及仿真	电磁兼容试验
6		着陆过程冲击、振动等力学环境	机械疲劳、结构断裂、连接不牢等	有限元仿真分析材料、工艺选用	环境试验（冲击、振动、加速度等）
7		发动机尾流环境（悬停工况）	（无先例与数据）	/	点火悬停试验

项目团队提出了《基于QFD的产品环境适应性特性分析要求与准则》，明确了产品环境适应性特性分析的具体要求及打分原则，分析流程如图3所示。项目团队充分利用空间环境适应性、相控阵雷达知识库及专家体系，采用任务需求分解—知识库分析—专家审查打分—关键特性确定的方式，结合产品功能与任务需求开展了基于QFD的火星表面任务环境适应性的设计特性分析。

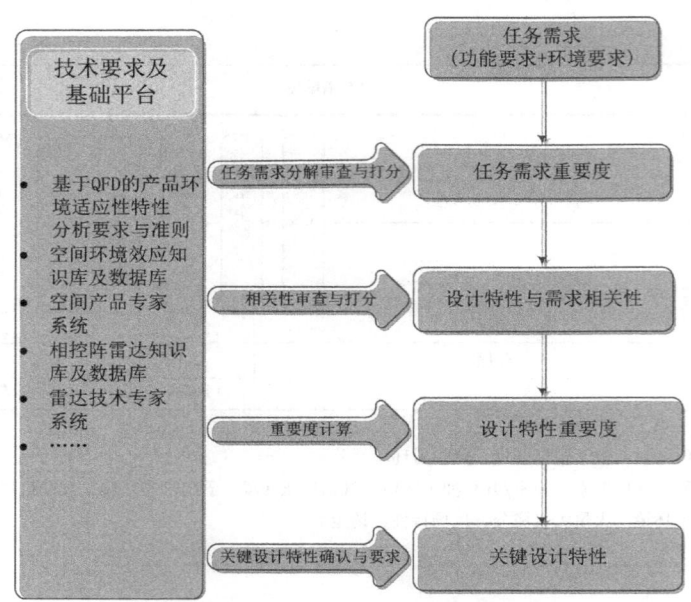

图3 基于 QFD 的产品环境适应性特性分析流程

相控阵着陆探测雷达火星表面任务环境适应性特性分析质量屋如图4所示，确认关键环境适应性设计特性包括：热设计、扬尘适应能力、悬停适应能力（悬停工况发动机尾流适应性）。针对关键环境适应性设计特性，重点开展设计分析工作，后续需开展整机实物验证。

		热设计	抗力学设计	抗辐照设计	真空防护设计	电磁兼容性	扬尘适应能力	悬停适应能力	重要性评分
功能要求	测距测速功能	9	3	3	3	3	9	9	9
	相对时计量功能	3	3	1	1	3	1	1	5
	串口通信功能	3	1	3	1	3	1	1	6
	遥测自采集功能	1	1	3	1	3	1	1	6
火星着陆段环境要求	着陆器电磁环境	0	1	1	0	9	1	1	9
	太阳辐射环境	3	0	1	0	0	0	0	9
	粒子辐射环境	0	0	9	0	0	0	0	9
	热辐射环境	9	0	0	0	0	0	0	9
	着陆过程力学环境	0	9	0	0	0	0	3	9
	火星大气成分	3	0	0	1	0	3	1	9
	火星低气压	3	0	0	3	0	1	3	9
	火星扬尘环境	0	0	0	0	0	9	3	9
	发动机尾流（悬停）	0	0	0	0	0	1	9	9
	产品设计特性重要度	293	282	144	167	80	159	233	

注：表格中空白部分需要对关系矩阵中两两之间的相关性进行了评分。其中，0为无关系，1为弱关系，3为中等关系，9为强关系。

图4 相控阵着陆探测雷达火星表面任务环境适应性特性分析质量屋

3. 与产品设计相结合的环境适应性设计与制造

项目团队在相控阵着陆探测雷达研制生产过程中，结合产品设计开展了详尽的环境适应性设计工作，包括热设计、抗力学设计、抗辐照设计、真空防护设计等。设计过程中依托基础技术平台，采用了有限元仿真、半实物仿真、实验室测试分析、经验数据分析等设计分析方法。与产品设计相结合的环境适应性设计与制造体系如图5所示。

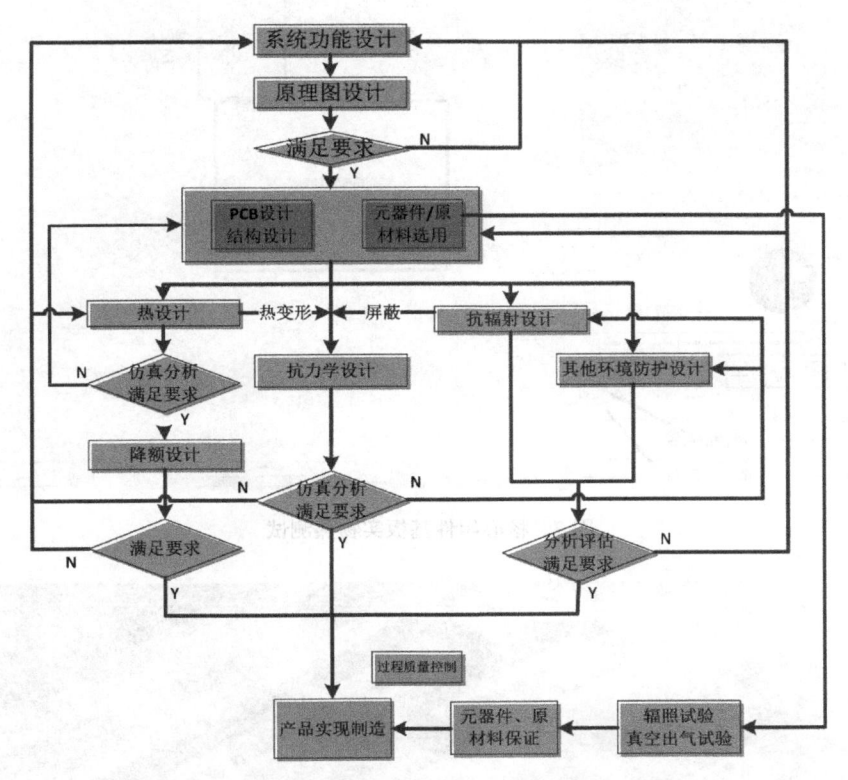

图5 与产品设计相结合的环境适应性设计与制造体系

重点对关键环境适应性设计特性开展的设计分析工作如下。

（1）热设计。

项目团队在研制过程中针对产品不同阶段的热环境，开展了多轮热仿真设计迭代。从芯片/材料—组件—整机多产品层次开展了大量热仿真与热测试，确保产品热设计满足要求，功率元器件满足航天降额要求。

相控阵着陆探测雷达热仿真分布如图6所示，核心组件基板实物热测试如图7所示，核心芯片红外稳态热测试如图8所示。

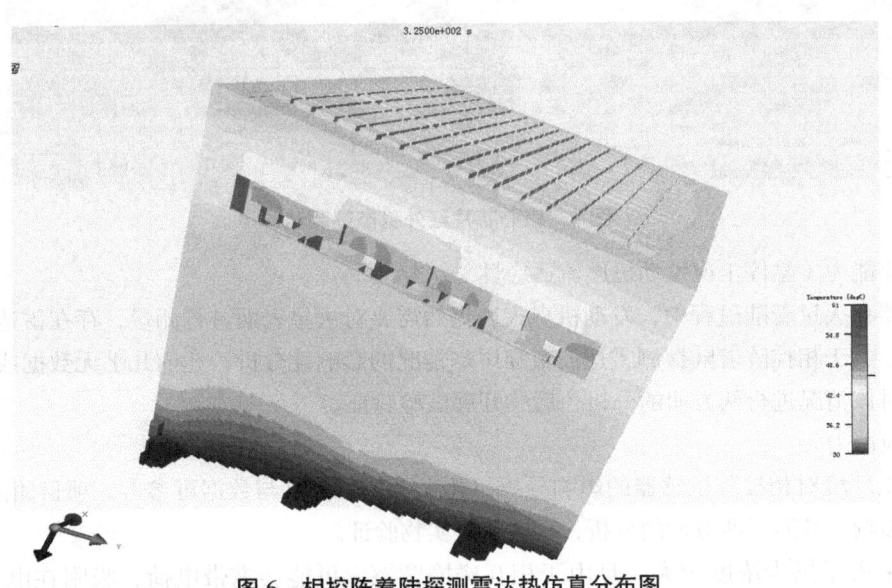

图6 相控阵着陆探测雷达热仿真分布图

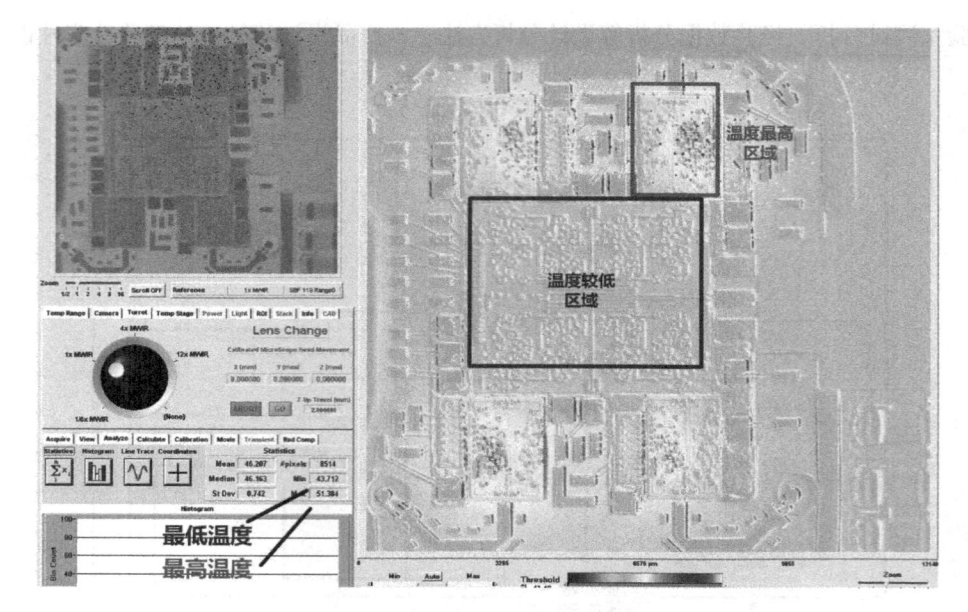

图 7　核心组件基板实物热测试

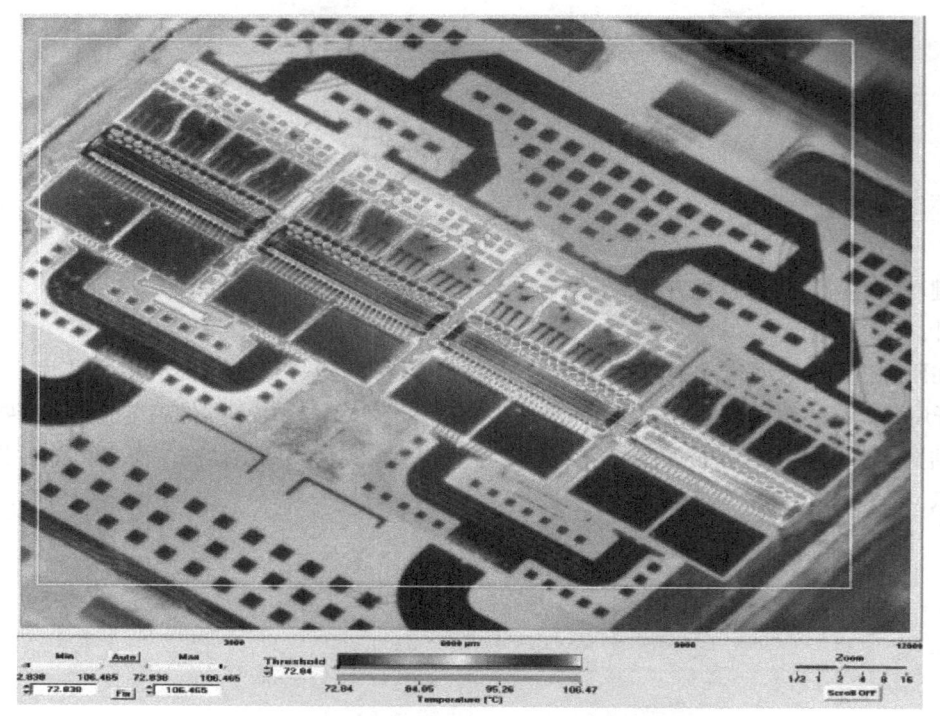

图 8　核心芯片红外稳态热测试

（2）悬停适应能力（悬停工况发动机尾流适应性）。

相控阵敏感器在火星着陆过程中，发动机点火后仍然需要对火星表面进行测量，存在雷达波束指向穿越发动机尾焰的情况。关于相控阵着陆探测雷达波束穿尾焰情况的影响性分析，此前几乎无数据或相关试验进行参考。因此，需要对该情况进行两方面的分析，后续开展试验验证。

（3）扬尘适应能力。

关于火星扬尘环境对相控阵敏感器的影响分析，几乎无先验信息与数据可参考。项目团队基于已有认知，考虑可能存在的影响，开展了两方面的分析，后续开展实物验证。

● 静电吸附：火星扬尘浓度较大，且由于相互碰撞摩擦，可能会携带电荷，吸附在电子设备表面，相控阵着陆探测雷达的内部组合与组合之间低阻抗机械固连，产品外壳采用全金属设计，且相控阵敏感器整机与火星探测器之间的安装接地良好，产品表面不易产生静电，火星扬尘静电吸附的影响可忽略。

- 对电磁波传输的影响：火星扬尘可能会增大电磁波在空间中的传播衰减，减小相控阵敏感器的探测威力，但是由于火星扬尘颗粒的特征尺寸小于波长，对电磁波传播性能影响较小。

4. 试验验证与评价

产品研制生产的重要一环是对产品重要特性是否满足要求开展实物验证与评价。表2对相控阵着陆探测雷达火星表面着陆任务中需要开展的各项验证试验及试验对象进行了汇总。针对关键环境适应性设计特性，必须开展整机实物验证。热设计特性的试验验证方法比较成熟，但扬尘适应能力与悬停适应能力（悬停工况发动机尾流适应性）的整机实物验证方法无据可依。因此，针对扬尘适应能力与悬停适应能力（悬停工况发动机尾流适应性）开展了相应的验证试验设计与实施。

表2 相控阵着陆探测雷达空间环境验证试验项目与方法

序号	空间环境及效应		验证/分析方法	试验对象	试验标准与方法	试验方法成熟性
1	力学环境		力学环境试验	整机	GJB1027、QJ2630等	常规试验，工程试验方法较为成熟
2	热环境		热环境试验	整机	GJB1027、QJ2630等	常规试验，工程试验方法较为成熟
3	粒子辐射环境	总剂量效应	材料、器件应用经历/摸底试验分析	材料、器件	GJB548、GJB762、QJ10004等	工程试验方法较为成熟
4		单粒子效应		器件	GJB7242、QJ10005等	工程试验方法较为成熟，同时采用防护设计降低产品风险
5	真空环境	材料出气、材料蒸发、材料升华等效应	材料相关指标应用经历分析/试验摸底分析	材料、器件	QJ20290	工程试验方法较为成熟
6	火星大气环境	火星大气成分影响（干燥大气）	环境试验（火星环境热真空试验）	整机	参考热真空试验方法，真空罐充入CO2气体，控制气压	工程试验方法较为成熟
		低气压	环境试验（火星环境热低气压放电试验）	QJ20325	真空罐充入CO2气体，控制气压	工程试验方法较为成熟
		火星扬尘环境	扬尘试验	整机	无	针对特定试验对象，无参考标准
7	着陆过程其他环境	探测器电磁环境	电磁兼容性试验	整机/探测器	GJB152等	工程试验方法较为成熟
		发动机尾流（悬停工况）	悬停试验	整机	无	针对特定试验对象，无参考标准

由表2可知，验证试验中扬尘试验、悬停试验无参考标准及经验，要想开展实物验证试验，需要开展策划与方案设计。

考虑试验过程资源有限，无法对产品完成全部技术性能的测试。因此项目团队采用QFD的分析方法，对产品技术特性重要程度开展分析，确定了验证试验过程必须完成的技术测试指标。分析方法与依据参考《基于QFD的产品环境适应性特性分析要求与准则》，由所内相控阵雷达专家系统对产品技术特性与功能相关性进行审查与打分。相控阵着陆探测雷达产品技术特性分析质量屋如图9所示。根据分析，获得了相控阵着陆探测雷达的技术特性重要度优先级，项目团队据此开展试验策划与检测验证的具体方案。

功能要求		测距范围	测距极性	测距精度	测距有效性	测速范围	测速极性	测速精度	测速有效性	遥控加断电	工作建立时间	相对时	功耗	重要性评分
功能要求	测距测速功能	9	9	9	9	9	9	9	9	9	9	9	9	9
	相对时计量功能	6	3	6	3	6	3	6	3	3	3	9	3	5
	串口通信功能	6	3	6	3	6	3	3	3	3	3	3	3	6
	遥测自采集功能	6	3	3	3	6	3	3	3	3	3	3	3	6
产品技术特性重要度		183	132	165	132	183	132	147	132	132	132	162	132	

注：表格中空白部分需要对关系矩阵中两两之间的相关性进行了评分。其中，0为无关系，1为弱关系，3为中等关系，9为强关系。

图9　产品技术特性分析质量屋

（三）地面等效试验方法

微波探测是地外天体着陆过程中重要的测距测速手段。微波测量过程中，火星表面气流激起的扬尘或着陆器降落过程中激起的扬尘，对微波测量产生的影响需要进行验证。

项目团队采用飞机挂飞试验的方式开展扬尘条件下的工作稳定性、测量精度的验证，挂飞试验场地选择接近火星地形的无建筑物、无植被、无水源的戈壁沙漠地形，具体位置为甘肃敦煌西侧的沙漠地区，场地面积大于××km××km，直升机挂飞试验场地在敦煌机场周边区域；有效飞行区域不小于××km××km。

依据确定的挂飞过程必须完成的技术测试指标，项目团队制定了扬尘挂飞验证试验策划与方案，试验场景如图10、图11所示。

图10　扬尘试验机上试验平台

图 11　扬尘试验实施

试验过程中，相控阵雷达测量正常，在扬尘从无到有和从有到无的过程中，验证了相控阵敏感器测量精度满足指标要求，扬尘影响可以忽略。

三、创新点

相控阵着陆探测雷达由本单位自主研制，助力"天问一号"飞行器一次成功着陆火星。项目创新点如下。

（1）在质量模型研究方面，针对质量管控特殊要求，在航天产品研制经验基础上，引入 QFD 方法，将质量管控体系与环境适应性设计深度融合，遵循"吃透规律、吃透环境、吃透技术"的理念，在对产品所需技术、所处环境进行充分分析的基础上，在知识库、专家库、数据库的支撑下，全面梳理火星着陆环境要素与可能风险点，先后开展需求分析、分析方法、设计制造、试验验证四个阶段的过程管控，以及全面的环境适应性设计分析工作，并对关键特性开展全面实物验证工作，形成了一套针对地外天体特殊环境的适应性分析及验证方案，构建了火星表面特殊环境适应性设计与验证质量管控体系。此体系与相控阵着陆探测雷达迭代研制和生产融合，实现了产品质量"零缺陷"，为后续研制和生产的航天产品的质量管控奠定了坚实的基础。

（2）在工程技术研究方面，针对飞行器着陆火星的多项技术难题，在国际技术封锁的条件下，突破了中断连续波高精度测量、宇航级瓦片式 TR 组件设计、相控阵高密度集成、软硬结合抗辐照加固等关键技术，实现了飞行器在地外天体全程稳定高精度测量和软着陆，综合技术水平达到国内领先、国际先进。其中，测量精度、小型化水平国际领先。

（3）在工程应用方面，针对火星表面与地球表面的特殊差异性，结合质量管控体系，对产品设计指标体系、环境适应性等属性进行了重要度分析，明确了后续设计验证的重要特性及关键指标，构建了高精度多传感器相融合的地面验证系统，完成了火星着陆测量雷达地面等效试验（扬尘试验、悬停试验）验证，解决了火星着陆测量雷达天地一致性验证难题，圆满完成火星着陆任务。

主要创造人：黄宜虎

参与创造人：刘　佳、张文俊

航天装备制造企业基于控制理论的零缺陷系统工程管理

北京星航机电装备有限公司

一、企业概况与项目简介

（一）企业概况

北京星航机电装备有限公司始建于 1960 年 4 月 22 日，是国家重点航天产品制造企业。

企业先后通过高新技术企业认定、北京市企业技术中心认定及国家企业技术中心认定，现为国防科技工业精密铸造技术、高效数控加工技术、难加工材料加工技术和激光增材制造技术研究应用单位，是中国航天科工集团焊接工艺分中心、增材制造技术创新中心，是三院金属材料理化分析检测中心、金属材料失效分析中心，形成了完整配套的现代化装备制造体系。

企业先后获省部级以上科技奖励 70 余项，其中，国家科学技术进步奖特等奖 2 项、一等奖 3 项，国防科学技术进步奖特等奖 6 项，中国机械工业科学技术特等奖 1 项；两次荣获国家高技术装备发展建设工程突出贡献奖。

企业现有职工 2000 余人，其中，本科及以上学历 790 余人（硕士及以上学历 280 余人），副高级及以上职称 210 余人，技师及以上技能人员 230 余人。企业科研生产占地 30 余万平方米，现有资产总值近 100 亿元。

（二）项目简介

企业以"零缺陷"为目标，通过分析质量改进、零缺陷"金光大道"十四步和控制理论之间的关系，创新性地提出了基于反馈原理的控制理论、"金光大道"十四步和 PDCA 循环相融合的"零缺陷"质量改进方法。顶层规划，通过成立组织机构、践行管理者的承诺等发挥领导作用，开展思想、文化和素养的变革；通过分析面临的质量形势和存在的问题，按照"零缺陷"改进方法从"三个面向"（面向供应链、面向过程、面向用户）确定具体改进项目并开展改进工作；建立公司级与承制分厂、业务部门、各型号各维度密织责任网络的推进机制；部门联动，将党建活动、QC 小组活动等作为"零缺陷"改进工作的载体，形成一套"基于控制理论的零缺陷系统工程管理"方法，最终目标是实现"八个零"，推进企业高质量发展。项目主要内容如图 1 所示。

二、企业质量管理战略

企业以习近平新时代中国特色社会主义思想为指导，落实高质量发展、质量强国和航天强国等重大战略部署，始终秉承"国家利益高于一切"的核心价值观，全面履行"科技强军、航天报国"的企业使命，坚决履行强军首责，坚持质量制胜战略，遵循"质量就是生命，质量就是胜算"的理念，深化全员"零缺陷"质量意识，确定了"体系为基，过程管控，创新改进，顾客满意"的质量方针并严格实施，强化质量责任落实，规范工作流程和标准，细化量化过程控制，夯实质量基础基石，创新应用质量管理新工具、新方法，系统预防、持续改进，不断提高质量管理体系的有效性，全面提升质量治理能力和产品质量竞争力，为实现"建成世界一流航天装备制造企业"的愿景提供有力支撑。

质量管理 优秀实践案例

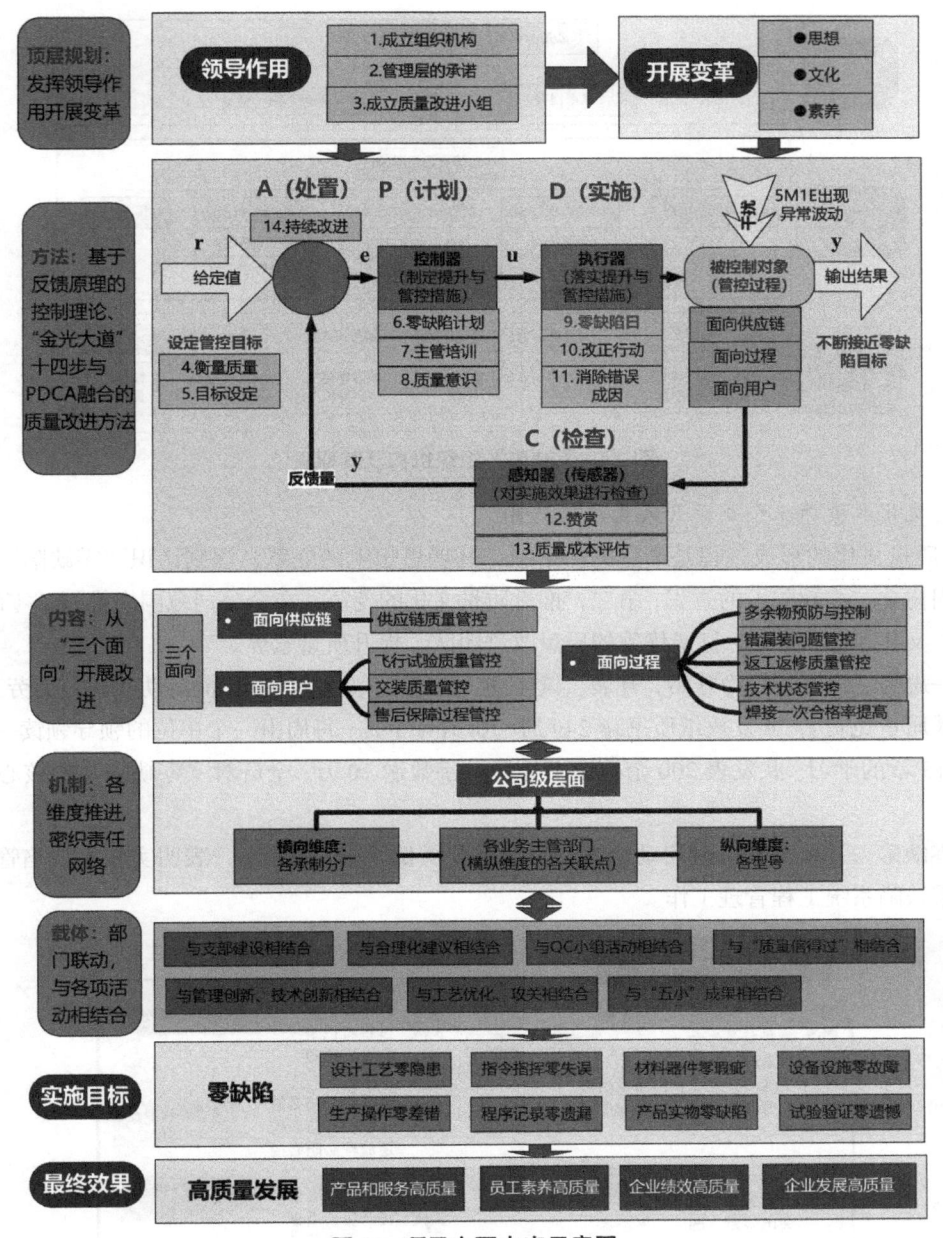

图 1 项目主要内容示意图

三、主要做法与经验

（一）顶层规划，发挥领导作用，推动变革

领导作用是质量管理七项原则的第一项。通过领导作用的发挥，建立统一的宗旨和方向，创造全员积极参与实现质量目标的条件。

1. 成立组织机构

成立组织级领导小组（质量管理委员会）和推进办公室（质量文化变革推进团队），各业务管理部门和科研生产一线部门结合自身实际，成立部门级组织机构，即实施团队。通过各级组织机构相关职责的落实，逐级践行管理层的承诺，坚定不移地推进"零缺陷"系统工程管理的实施。"零缺陷"组织机构及其职责如图 2 所示。

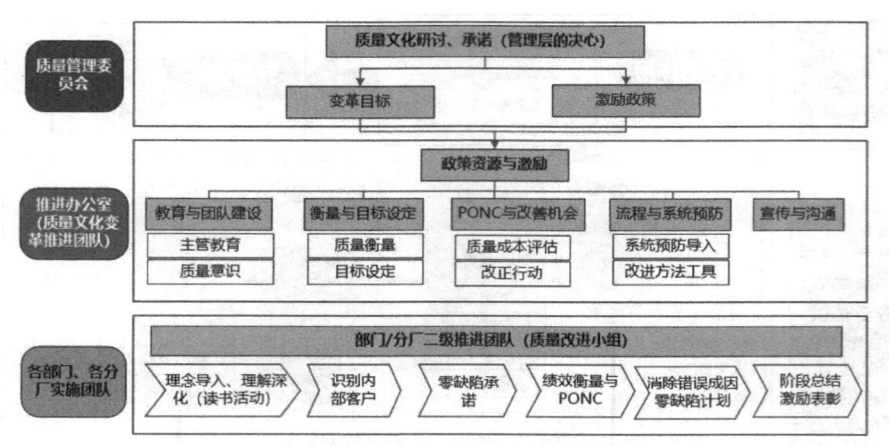

图 2 "零缺陷"组织机构及其职责

2. 从思想、文化和素养三个层面开展变革与提升

"零缺陷"质量文化的形成过程是渐进的。第一，开展思想上的变革，深刻认识"零缺陷"的内涵，转变思想观念，牢固树立"零缺陷"的意识；第二，推进质量文化的变革，在全公司范围内推行"零缺陷"的理念，营造"零缺陷"文化氛围；第三，打造优秀的质量改进团队，提升质量素养。

（1）从统一思想、语言和行为开始，开展"读经典、学管理"线上读书交流活动。学习克劳士比"零缺陷"经典著作——《质量免费》，共发放纸质书籍 249 册，历时 4 个月；每周由一个单位的领导领读一个章节，完成全书三大部分 13 章的学习；共发表 200 余篇读书体会，字数逾 10 万；全员对"零缺陷"的核心思想和理念有了深刻的认识。

（2）在"零缺陷"系统工程管理启动会上，发布了"质量承诺"（图 3），表明实施零缺陷管理的决心，坚定不移地推进零缺陷系统工程管理工作。

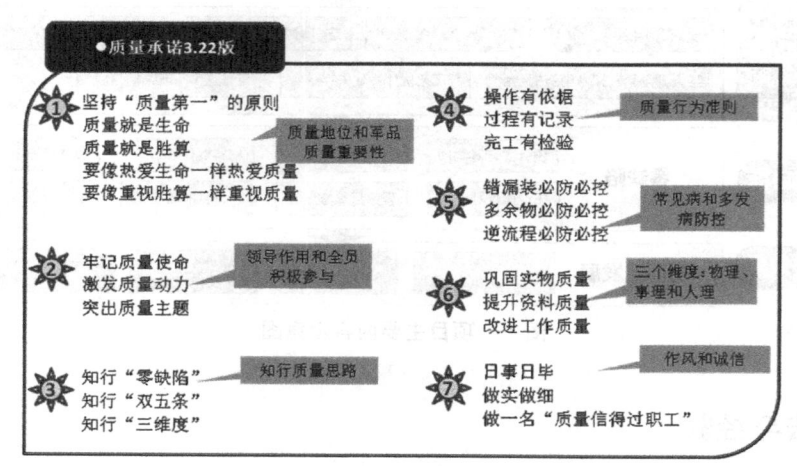

图 3 质量承诺

（3）对各级各类人员开展"零缺陷"专题培训。在全公司范围内倡导"零缺陷"管理理念，带动公司各级各类人员知行"零缺陷"。

（4）利用公司微信公众号和"星航质量"微信公众号、公司网页、展板、条幅等大力开展"零缺陷"宣传活动，营造"零缺陷"管理的氛围，使"零缺陷"理念逐步入脑、入心、入行。

（二）建立控制理论、"金光大道"十四步和 PDCA 相结合的"零缺陷"改进方法

1. "零缺陷"与"质量改进"的关系分析

根据克劳士比的"零缺陷"经典理论，零缺陷特别强调系统控制和过程控制，要求第一次就把事情做正确，

使产品符合对顾客的承诺要求。在质量管理活动中，按其对产品质量所起的作用来衡量，分为质量控制和质量改进。质量改进的最终目标是零缺陷，按照"零缺陷"改进方案"金光大道"十四步，企业将其按照PDCA循环进行划分，来实施"零缺陷"质量改进工作（图4）。

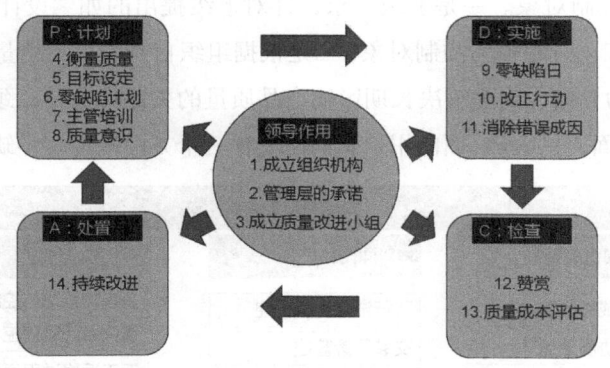

图4 "零缺陷"改进方案实施步骤

2. 用控制理论诠释实现"零缺陷"的可能性

基于反馈控制原理的控制系统中，控制装置对被控装置施加的控制作用取自被控量的反馈信息。这些反馈信息用来不断修正被控量和控制量之间的偏差，从而实现对被控量进行控制的任务。按照该理论，被控量和控制量之间的偏差会逐渐无限地接近于零，从而实现"零缺陷"。按照基于反馈原理的控制理论构建的质量改进模型如图5所示。

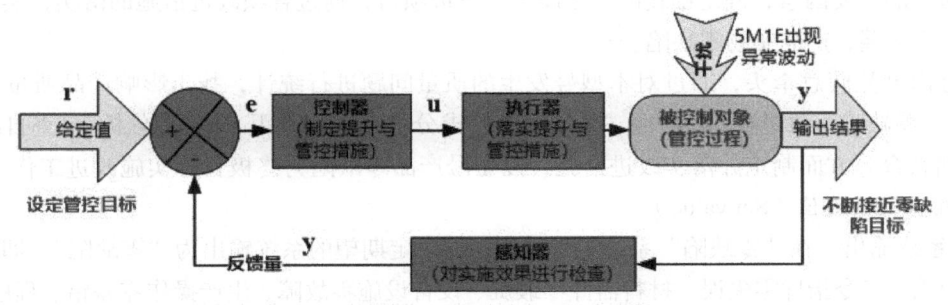

r：参考输入；e：控制误差；u：控制输出；y：系统输出

图5 基于反馈原理的控制理论构建的质量改进模型

3. 将"金光大道"十四步、基于反馈原理的控制理论融入PDCA循环，形成"零缺陷"改进方法

在对"金光大道"十四步、基于反馈原理的控制理论及质量改进之间的关系进行分析的基础上，企业结合自身实际，开发了基于控制理论的"零缺陷"系统工程管理实施模型，如图6所示。

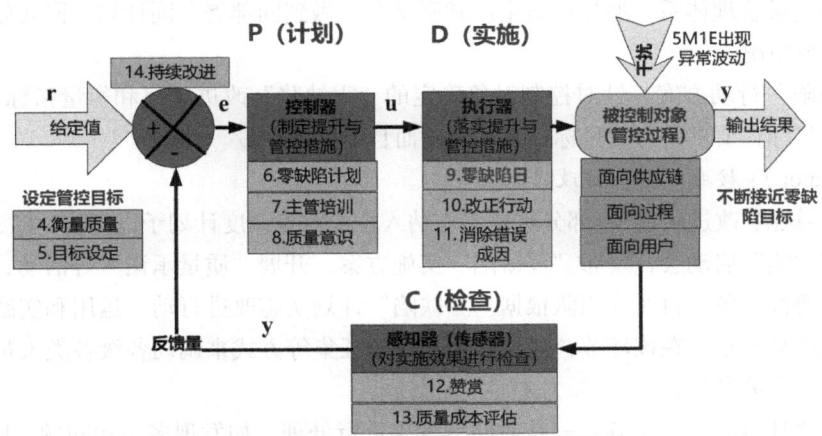

图6 "零缺陷"系统工程管理实施模型

(三)按照基于控制理论的"零缺陷"管理模型开展质量改进

1. 明确控制对象

可通过两种方式来确定控制对象。一是上级要求,针对上级提出的如"设计质量提升""工艺质量提升"等工作要求,将设计过程和工艺过程作为控制对象;二是根据组织自身需求,衡量质量管理体系各过程、科研生产任务质量情况,以问题为导向,聚焦解决长期影响产品质量的关键环节及瓶颈问题,确定"零缺陷"改进项目。公司结合自身实际,从面向供应链、面向用户和面向过程三个方面确定"零缺陷"改进项目,如图7所示。

```
                    零缺陷改进项目
    ● 面向供应链        ● 面向用户         ● 面向过程
    自订货成件质量提升   飞行试验质量管控   多余物预防与控制
    工序外协质量提升    交装质量管控       错漏装问题管控
    外购器材质量提升    售后保障过程管控   返工返修过程质量管控
                                         焊接一次合格率提高
```

图7 "零缺陷"改进项目示意图

(1)各处室由部门正职牵头,针对所主管的业务和过程,找出突出的问题和关键控制环节,结合KPI确定"零缺陷"改进项目,通过各项改进措施的有效落实,实现指令指挥零失误。

(2)各分厂由分厂正职牵头,分解落实公司级的"零缺陷"改进项目;同时,对发生的质量问题进行统计,找出影响产品质量的主要因素,确定细化的"零缺陷"改进项目,通过各项改进措施的落实,实现生产操作零差错、程序记录零遗漏、产品实物零缺陷。

(3)各型号由型号两总牵头,通过对本型号发生的质量问题进行统计,找出影响产品质量的关键环节和瓶颈问题,确定"零缺陷"改进项目;对照"零缺陷"要求分析存在的差距,从案例分析、自查自纠、工艺优化、制度完善、培训教育等方面制定并落实改进措施,以型号产品零缺陷为终极目标实施改进工作。

2. r:参考输入或设定值(Set value)

r是期望的系统输出,在"零缺陷"系统工程模型中,设定期望的系统输出为"零缺陷",即管控目标,包括设计工艺零隐患、指令指挥零失误、材料器件零瑕疵、设备设施零故障、生产操作零差错、程序记录零遗漏、产品实物零缺陷、试验验证零遗憾。

3. 控制器(Controller):制定措施与制订计划

控制器是用来制定控制与提升措施、制订工作计划的构件。其控制输出u,为制定的具体措施、制订的工作计划,主要包括以下内容。

(1)成立"零缺陷"实施团队。制订"零缺陷"管理推进计划,将"零缺陷"系统工程方法植入日常工作流程和计划,使其与质量管理体系、型号科研生产紧密结合,做到同部署、同计划、同实施,并在实施过程中及时跟踪检查目标完成情况。

(2)制定"零缺陷"行动方案。针对控制对象确定的"零缺陷"改进项目和衡量指标,设定阶段性目标,包括质量成本要素和目标,要求所有的目标都必须明确而且能够被衡量。

4. 执行器(Actuator):按照计划实施改进行动

按照计划实施"零缺陷"改进项目,将部分重要工作纳入企业重点调度计划予以考核。将3月22日设立为"零缺陷"日,召开"零缺陷"启动会,发布"零缺陷"实施方案,开展"质量承诺"等活动,达成全员共识,层层传递质量改进的必要性。各项目实施团队根据"零缺陷"计划实施改进行动,运用和实践质量理念,以实际行动追求过程质量和产品质量。在该环节,通过合理化建议征集等方式来调动各级各类人员参与质量改进的积极性,体现"零缺陷"全员参与。

消除错误成因是该环节的核心步骤。一是对问题现象进行处理,如发现多余物问题,则消除多余物;二是进行原因分析，从人、机、料、法、环、测（5M1E）方面进行分析，查找问题背后的深层次原因；三是针对原因从人、机、料、法、环、测（5M1E）方面制定纠正措施，形成长效机制；四是举一反三，查找本部门、本型号、其他部门、其他型号是否存在类似问题，并采取纠正措施。

5. 感知器（Sensor）：对实施效果进行检查，针对存在的差距确定处置措施

感知器即传感器，其输出为 y（系统输出），并与 r（期望的系统输出）进行对比，e 为期望的系统输出与实际测量输出之间的差值，即 e=r-y。

团队开展问题分析、数据测量、改进措施制定、验证、内部沟通等活动，开展各项目的质量成本统计，判断出究竟是哪一项产品、工序或哪一个环节在"不符合要求的花费成本"上高居榜首，验证产品和服务质量的趋势，验证"零缺陷"管理是否有成效，找出最佳的改进方法，消减质量代价。通过定期检查机制的落实，对实施进展和效果进行检查，对表现突出、改进效果显著的集体和个人进行表彰和奖励，鼓励项目实施团队更好地开展改进工作。

对各"零缺陷"改进项目完成情况进行总结，对项目实施过程中取得的成果进行梳理与提炼，固化为标准规范、规章制度、管理手册等，实现知识的分享与传承，达到共同提高的目的。同时，将检查和验证结果与设定的目标进行比对，分析存在的差距和原因，决定是否开展新一轮的改进工作；若目标已实现，则选取新的"零缺陷"项目开展改进工作，逐个击破。表1为"零缺陷"改进项目实施示例。

表1 "零缺陷"改进项目实施示例

流程	"零缺陷"改进项目	
确定控制对象	多余物问题管控	试验管控
r：设定值	总装过程多余物问题为零	技术准备期间零故障，试验成功率达100%
控制器（制定措施与制订计划）	1）3月收集10年来典型案例，凝练教训与启示； 2）4月组织开展典型质量案例的宣贯教育； 3）5—6月各分厂完成《多余物防控实施方案》并评审；	以"为飞行试验成功做最充分的准备"为主题开展策划工作。 1）3月收集近10年以来大型试验发生的所有问题； 2）4月从人、机、料、法、环、测各方面进行梳理，分析存在的薄弱环节； 3）5月针对进场产品分析存在的风险，制定管控措施；
控制器（制定措施与制订计划）	4）7月开展相关标准的培训与考试； 5）8—9月组织开展工艺文件中多余物防控措施的复查，开展自查自纠； 6）10月完成现场多余物防控措施落实情况的检查与整改； 7）12月完成项目总结	4）6月制定进场前各部门各环节所要开展的工作及要求，形成进场前确认表； 5）7月完成《试验控制程序》的完善与评审； 6）8月在进场型号上进行实施； 7）9月完成试验总结； 8）10月形成《试验准备流程一本通》等，实现知识共享； 9）12月完成项目总结
执行器（实施改进行动）	1）按照计划开展实施，领导小组、技术中心和质保部进行监督； 2）各分厂将多余物管控上升到分厂厂策的高度，以此为切入点，提高现场管理水平； 3）在生产过程中加大控制力度，确保各项预防与控制措施落实到位	1）明确试验组织机构的组成，压实落实主体责任； 2）为试验做最充分的准备，复查确认工作到位； 3）做好工装、吊具、设备、量具的状态确认； 4）关键环节质量把关到位，向主要领导汇报； 5）试验现场关注返工返修过程控制； 6）问题快速处理，最大限度降低影响
感知器（对实施效果进行检查，针对差距确定处置措施）	总结经验，完善体系文件《多余物防控质量管理规定》，固化提升效果，实现知识共享 通过对各项计划落实情况和指标的测算，全年无新增多余物质量问题，减少质量损失20.3万元，目标实现	总结经验，完善《试验控制程序》，编制《试验准备流程一本通》，固化提升效果，实现知识共享 1）通过对各项计划落实情况的监督和指标的测算，技术准备期间发生1项故障，其原因是电缆芯线断裂，反映出电缆制作和敷设过程中存在薄弱环节； 2）试验成功率达100%；减少质量损失35.6万元； 3）电缆制作和敷设专项质量提升列入2022年"零缺陷"改进项目

注：选取部分改进项目作为示例

（四）形成公司、本部和型号各维度推进的机制，密织责任网络

1. 公司维度

以领导、部门（含分厂、处室）、班组、个人四个层级为主体，以策划、执行、评价、改进四个环节（PDCA）为主线，按照"全员覆盖、层层落实、标准明确、对标评价、持续改进"的原则，通过深入开展"零缺陷"活动，将"零缺陷"的理念根植到企业的经营管理和生产活动全过程中，形成横向覆盖全部工作环节，纵向贯穿全体人员的"零缺陷"系统工程管理网络。

2. 本部维度

充分发挥公司本部的组织管理职能，按照"牵头抓总、统筹协调、扎实推进"的原则，认真履行"零缺陷"管理岗位职责，通过组织策划、实施、监督、评价和改进等工作，确保"零缺陷"系统工程在公司本部有效实施。

3. 型号维度

充分发挥型号指挥系统的顶层指导作用，以总指挥为核心的行政指挥系统和以总师为核心的技术指挥系统为主体，相互协调和支持，将"零缺陷"系统工程方法、手段和要求贯穿型号研制生产工作的全过程。

（五）部门联动，将"零缺陷"管理融入各项业务活动

质量部门作为"零缺陷"系统工程管理的主管部门，与党办、工会、团委、技术部门等其他业务主管部门联动，以党建活动、合理化建议活动、工艺优化和工艺攻关活动为载体，推进"零缺陷"改进项目的实施，使得"零缺陷"系统工程管理融入各项业务活动。

四、实践成果

企业通过实施"零缺陷"系统工程管理，坚定树立了"零缺陷"意识和理念，以自动控制理论和PDCA循环工具，明晰了实现"零缺陷"的路径，系统整理了实施模型和内涵，梳理制定了工作方法和流程，构建并运行了基于控制理论的"零缺陷"系统工程管理模式。

在持续实施的过程中，全员参与质量改进的积极性全面增强，基础管理进一步强化。通过技术途径解决了多项管理难题，研制生产受控，变事后救火为事前预防，产品质量持续提升；同时，积极凝练做法，申报各级标准，实现标准引领、高点定位，成果得到推广应用。其主要质量指标如下。

（1）试验成功率连续保持100%。2020年以来，公司负责总装的产品试验成功率达100%，靶场故障率从2019年的0.14%逐步降低到2022年的0。

（2）在产品任务数量逐年增长的情况下，质量问题数量逐年下降。院级问题数量从2019年的8项降低至2022年的3项，质量损失率从2019年的0.57%下降至2022年的0.09%。

（3）顾客满意度保持在99%以上，特别是在产品质量和基础管理方面评价均为"非常满意"。

主要创造人：张　轶

参与创造人：王学仓、杨　敏

以精品理念创建白鹤滩精品质量管控模式

东方电气集团东方电机有限公司

一、企业概况

东方电气集团东方电机有限公司（以下简称东方电机）成立于1958年，是中国东方电气集团有限公司的全资核心子企业，是我国研究、设计、制造大型发电设备的重大技术装备制造骨干企业，是全球发电设备、清洁能源产品和服务的主要供应商，其发展历程如图1所示。

图1 东方电机发展历程

东方电机主要从事水轮发电机组、热能发电机（包括燃煤、燃气、核能）、风力发电机、交（直）流电机、调相机、成套节能环保设备、泵等设备的研发、设计、制造和服务，以及电站改造、电站设备成套、安装、维护及检修等业务；具有电力工程总承包、市政公用工程施工总承包、环保工程总承包、机电工程施工总承包等多项资质和能力；能为用户提供中小热电、垃圾发电、生物质发电、风力发电、光伏发电及热电联产EPC总包，以及发电设备智能诊断、固废循环经济产业园、水环境治理工程、综合能源服务与管理等系统解决方案。

风雨60年，东方电机通过自主创新和科研攻关，形成了水、火、核、气、风、光"多电并举"的产业发展格局。时至今日，东方电机通过不懈努力，实现了发电设备产量累计超6亿千瓦的突破（图2）。公司主导产品占全国总装机容量的30%，遍布31个省（市、自治区）；累计出口发电设备355（台）套，6702.5万千瓦，涉及美国、印度、巴基斯坦、巴西等36个国家和地区。

二、实施背景

白鹤滩水电站项目（以下简称白鹤滩项目）是当今世界在建规模最大、技术难度最大的水电工程，是中国乃至世界当今水电建设的"珠穆朗玛峰"，是国家实施"西电东送"的重大工程，承载着几代中国水电建设者的梦想与追求，彰显了中国水电建设事业的卓越智慧和成就。

白鹤滩项目位于四川省宁南县和云南省巧家县境内，是三峡集团开发建设的金沙江下游四个水电梯级乌东德、白鹤滩、溪洛渡、向家坝中的第二个梯级，首次将世界水电带入"百万单机时代"。电站总装机16台，为1000MW机组，东方电机承担了左岸8台机组的研制任务，首批机组计划于2021年7月1日前发电，是向建党100周年献礼的"双百工程"。

图2 东方电机累计发电设备产量

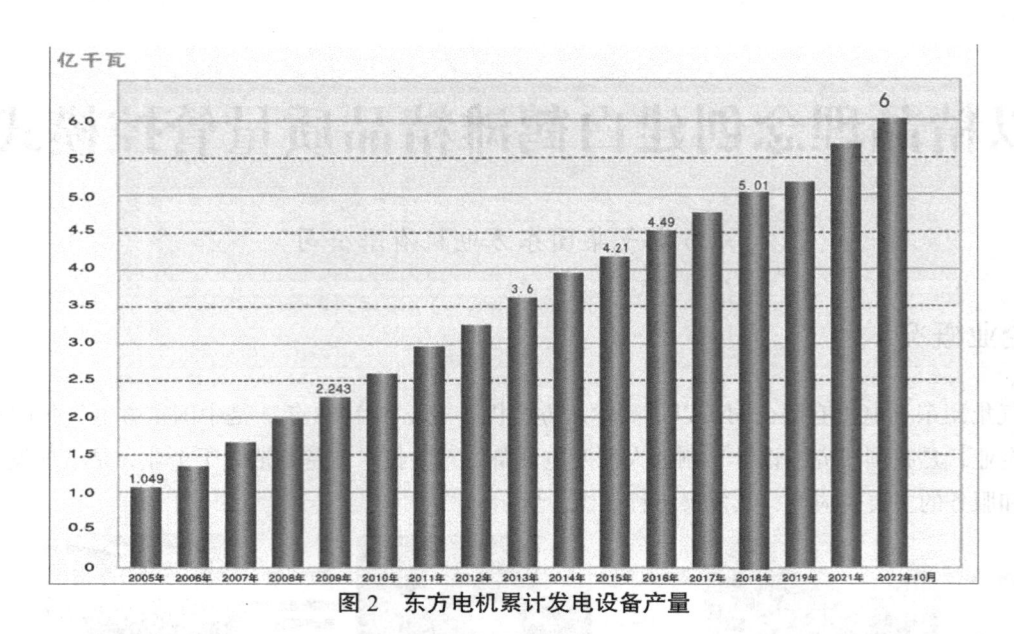

自工程开建以来，三峡集团便明确提出了"精品机组、大国重器"及设计零疑点、制造零缺陷、安装零偏差、进度零延误、运行零非停、安全零事故、服务零投诉七个零的项目目标。要实现白鹤滩项目精品质量、准时交付等高标准、高要求，势必要求所有参建单位采取一套精准管控、组织高效的精品模式。

三、创精品工程

（一）守产业报国初心，担制造强国使命

东方电机秉承产业报国初心、勇担制造强国使命，主动适应能源行业变化，砥砺前行，以高度的政治责任感和社会责任感，全力以赴将白鹤滩电站建设成为精品工程、创新工程、绿色工程、民生工程和廉洁工程。并以白鹤滩项目研发制造为契机，精心准备、精准策划、精细管理，用一流的人才打造一流的技术，用一流的技术确保一流的品质，用一流的文化实施一流的管理，用一流的管理实现一流的履约，用一流的履约创造一流的效益。通过风险防范、难题攻克、履约交付、体系优化等，探索出了一套极具操作性、系统性、创新性的精品质量管控模式，确保了白鹤滩世纪工程圆满实现既定目标。

（二）立精品质量目标，创行业制造标杆

白鹤滩项目是当前单机容量最大、电压最高的全空冷水轮发电机组，其技术、质量指标要求高，综合难度大，也是东方电机大水电自三峡、溪洛渡以来，从追赶、跨越到引领的关键项目，被誉为东方电机大水电3.0标杆项目，如图3所示。

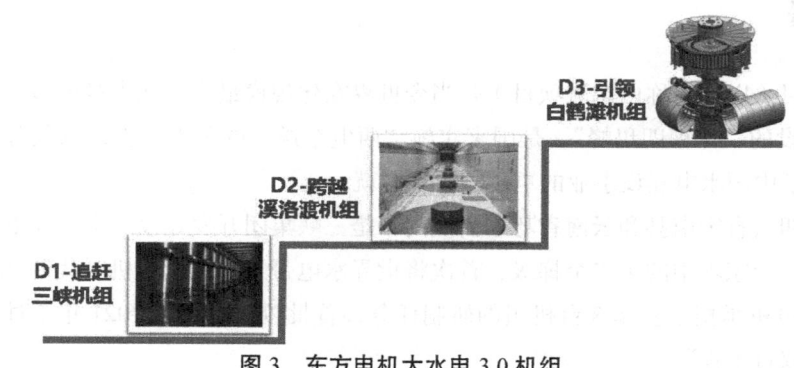

图3 东方电机大水电3.0机组

然而，现有的管理精细化程度、管控模式根本无法满足白鹤滩项目"七个零"的精品要求。同时，由于项目台数多，尤其是涉及新技术、高指标的部分，要保证在6~7年的时间内完成，所生产的部件全部满足精品要求，保证2021年"七一"发电的目标，项目执行风险异常大。如何在项目推进过程中，做到精准防范质量风险和进度风险，是东方电机面临的重大挑战。

为此，东方电机确定了推出第三代大水电机组、打造传世精品、引领行业发展的精品目标。为全面满足项目"七个零"的质量目标，公司确定了关键零部件、关键制造过程质量、关键配套件、关键原材料、关键尺寸/特性、外观质量等精品指标，力争机组安全性、稳定性、可靠性、主要性能、质量指标达到世界领先水平，做到项目内在品质一流、外在形象一流、管理过程一流，即"三个一流"。

（三）建精品工程团队，树典型先进人才

白鹤滩项目作为集团公司和东方电机的"一号工程"，集团、东电党政主要领导分别担任两级领导小组组长。项目执行团队总负责人由总经理担任，各子团队负责人由公司副总经理或副总工程师级的专家担任。公司成立白鹤滩项目领导小组办公室和8个项目管理子团队，明确领导小组办公室和各项目管理子团队的主要工作职责及人员组成，各子团队间既分工明确，又相互协作，形成一个具有超强战斗力的精品团队。

东方电机通过不断深化党建共建，持续强化"精品白鹤滩"创争联动活动，双方党支部战斗堡垒作用和党员先锋模范作用被充分发挥。通过工地党建活动，白鹤滩项目埋件制造及转轮制造质量全部达到精品要求，部件产出进度全部达到合同规定交付时间要求，实现了精品目标、献礼目标、党建目标和廉洁目标要求。参建部门、班组、职工分别获得金沙江流域水电工程建设劳动竞赛先进单位、先进集体、先进班组、优秀党员先锋号、优秀建设者、十大创新人才、十大工匠、党员红旗岗等荣誉称号。获得荣誉称号及颁奖现场，如图4所示。

图4 获得荣誉称号及颁奖现场

（四）抓过程质量管控，造差异化优势

为保证研制过程质量，东方电机制定了"1475"精品质量管控方案：一条主线贯始终、四大过程抓关键、七个方面重管控、五个机制强执行的思路。该方案以项目质保大纲、项目精品质量管控计划为一条主线，系统梳理设计、生产、采购、安装四大业务过程的关键点和薄弱点，全面细化设计过程、关键部件、关键过程、关键配套件、美丽机电等5个方面的管控措施，强化监督、沟通、反馈、激励和考核等5个机制建设，强调运用先进的质量管理工具，以保关键、重过程、强执行、抓监督作为主要管控方式，力争以"过程精品"确保"结果精品"，打造质量差异化竞争优势。

一是构建"设计+内控+精品"的三级指标体系，形成质量差异化竞争优势。白鹤滩项目构建了设计、内控、精品三级指标，确定了设计底线思维和差异化竞争思维，以满足设计指标为底线要求，以满足内控指标为过程控制要求。共确定了120项精品指标，并在此基础上制定了更为严苛的306项内控指标。8台机组精品指标达标率为100%，质量让步接收项为0。被誉为水轮发电机组心脏的转轮有2台实现了"零残余"、3台实现了"零配重"。过程质量有效地保证了安装进度，现场无重大质量问题的返工返修，真正实现了以质量保进度。

2022年9月，8台机组较同行业率先完成全部投产发电（图5）。抓过程质量管控是东方电机在满足业主

要求的同时，打造质量差异化管控的核心。

图 5 部分机组顺利完工仪式

二是创新供方"车间式管理"分包模式，打通制造瓶颈。通过开展供方能力评估与风险判定，组织点对点的技术帮扶和过程监督，实施"一件一策""一单一评""1+N"逐台分包、开工前检查、"预验收＋正式预收"、关键配套件管控等手段，有效控制了采购风险，不仅让业主同意了公司的分包模式，而且大力提升了管理效能。白鹤滩项目80个重大结构件共分包35个，占比高达43.8%，其中，按期交货率达100%，运营成本降低10%，效率提高20%，特别是重要结构件装焊效率提高20%，关键件磁极铜排效率提高150%；UT探伤一检合格率高达99%，创造了东电历史上最高水平，精品达标率为100%，如图6所示。

图 6 白鹤滩项目重大结构件完成情况

三是实施精益化的风险管控手段，推进质量"河长制"建设。实施部件责任制，强化关键特性管理等方式，开展了关键部件和关键过程制造质量风险评估，确保制造质量的稳定。制定第三方材料检测控制流程；编制部件外观非量化标准；优化ITP设置原则，识别关键检验点的I点设置，编制三级检验记录表单，确保检验屏障充分有效。工程检验现场如图7所示。定制新型包装材料和真空包装方案、创新运输方案，引入箱件和零件二维码信息管理，降低错件、漏件概率，确保精品交付。项目风险识别109项，已关闭108项，关闭率为99%，通过全方位策划、精细科学梳理和持续动态管控三大方面的实施，切实有效预防和控制了项目风险。

图 7 工程检验现场

四是部署"内外协同"的精品安装调试，确保制造和安装的标准化、一致化。将精品安装标准和制造标准进行统筹确定，保证标准之间的一致性和延伸性。首次全面实行安装过程控制卡，将安装中存在的质量信息以安装月报形式在团队中共享，快速进行经验反馈。成立专家现场调试团队，制定应急预案，做好安装调试、运行维护等环节的技术支持和配合。基于此，白鹤滩项目安装部件质量全部达到安装精品标准要求，定子圆度最优为 0.4mm，转子圆度最优为 0.36mm，均达到精品指标要求的 0.6mm。安装调试现场如图 8 所示。

图 8 安装调试现场

（五）以"文""化"人模式，构五位一体机制

白鹤滩项目一直秉承"文＋化"的建设思路，坚持以"文""化"人，以"制度建设"为基础，以"精神感化"为导向的精品文化建设，从理念层、制度层、物质层 3 个维度全方位打造新型立体式质量文化堡垒。

一是建立一切"以精品为中心"、一切"以业主为中心"的流程化管理。打破以往职能管理过于关注内部控制与管理，而忽略公司整体项目精品目标的痼疾。共编制 4 个纲领性管理文件、13 个专用程序文件、26 个部件质量改进实施计划、2 套内控标准，以及系列标准化表单，推进体系化制度建设，如图 9 所示。

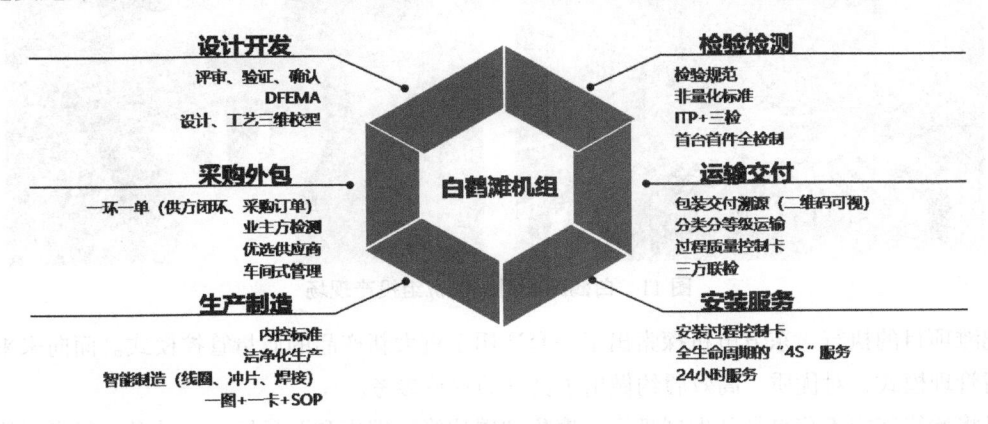

图 9 机组体系化制度建设内容

二是建立"监督、沟通、反馈、激励、考核五位一体"的管理机制。配套出台了白鹤滩项目《精品工程激励办法》，从技术创新、项目管理、定额工时奖励、精品达标率等 4 个方面对白鹤滩项目全过程实施精品管控。其中质量指标系数取值为 1 或 0，制造进度系数取值为 1 或 0.5，即当质量指标不达标时，制造进度实行一票否决。设立了定额工人工时专项奖励，对内控指标达标的工时奖励增加 25%。在奖励的同时，增加对过程中出现的违规现象、重复问题或业主反馈意见的考核，重奖重罚，白鹤滩项目绩效考核金额达到上百万元，质量改进与绩效考核的双轨联动，确保了 8 台机全部验收合格。

三是专门策划并实施各层级、全方位、全链条的精品培训。通过开展"自上而下""自下而上""走出去""请进来"相叠加的精品意识培训，让领导带头参加走进班组、走进供方、走到电站的精品意识培训（图10）。本项目组织培训2000多人次/年，关键供应商有41家。以项目为载体，将精品文化根植于心，"人人创精品"在产品实现过程中的各个环节得以落实，提升了公司及供应链上下游全体参与人员的素养。

图10 开展各类精品意识培训

四、获精品成效

东方电机在机组设计过程中，发明了机组总体设计、转轮水力研发、电磁设计、高效冷却技术、推力轴承技术、高电压绝缘技术、高强度材料研究与应用、关键部件制造技术等一系列具有自主知识产权的核心技术，创造了多项世界纪录。

2021年6月28日，白鹤滩项目首批机组安全准点投产发电，各项性能指标优良，振动摆度值约0.06mm，水轮机最优效率为96.7%，主要指标全面优于三峡公司精品机组要求，优于世界所有已投运的巨型水电机组，处于国际领先水平。如空冷系统温度低，温差小，通风损耗低，效率高，定子线棒直线部分的整体温差不超过5K，定子铁心整体温差不超过3K，优于合同规定，将大幅延长机组运行寿命。

白鹤滩项目首批机组投产现场，如图11所示。

图11 白鹤滩项目首批机组投产现场

通过白鹤滩项目的执行，东方电机探索出了一套适用于重大新产品的质量管控模式。面向未来的抽蓄大发展，成功创新管理模式，对优质、高效履约做出了良好的示范参考。

东方电机将始终坚定不移贯彻新发展理念，聚焦"碳达峰、碳中和"目标，主动融入新发展格局，主动服务国家战略；秉持绿色动力、驱动未来的企业使命，深入践行"遵章守规、一次做好、精益求精、客户满意"的质量方针，全面建设创新驱动型、绿色低碳型、数字智慧型、制造服务型、质量效益型的"五型企业"；致力于中国水电装备研制的创新发展，为人类社会进步提供源源不断的清洁能源；全力打造运营质量优异、发展动能强劲的世界一流能源装备企业，为促进经济社会发展全面绿色转型做出新的更大贡献。

主要创造人：鄢志勇

参与创造人：张天鹏、黄　萍、丁永红、刘思路、秦海泉、侯　伟、杨　勋

推行卓越绩效管理的质量提升实践

贵州梅岭电源有限公司

一、企业概况

贵州梅岭电源有限公司（以下简称梅岭电源）原名为梅岭化工厂（2013年8月改制），代号国营三四〇一厂，隶属于中国航天科工贵州航天江南集团有限公司，系国有独资企业，专业从事"弹、箭、星、船、深空探测"配套电源产品及充放电检测设备的研制、生产和服务，如图1~3所示。

图1 全景鸟瞰图　　图2 公司大门近照　　图3 科研大楼

梅岭电源创建于1965年，由北京原七机部二院707所电源研究室与上海机电二局长宁蓄电池厂内迁合并组建，是第一批实行厂所合并的军工企业，是第一批获得国家军工产品科研生产许可证的单位之一。梅岭电源历史沿革如图4所示。

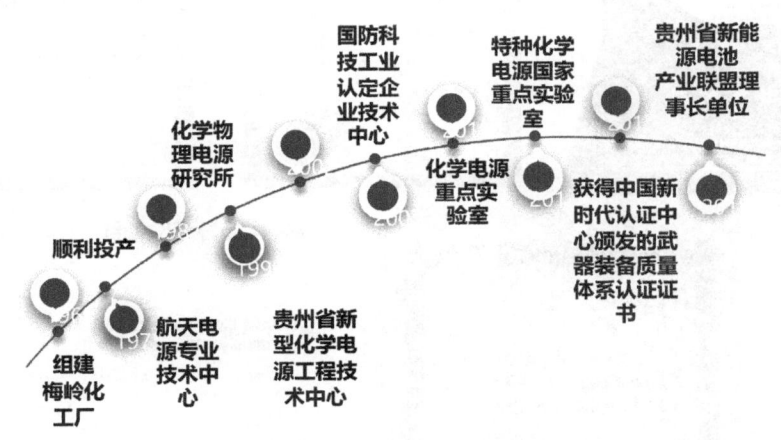

图4 梅岭电源历史沿革

梅岭电源先后荣获全国科学大会奖、国家发明奖、国家科技进步奖特等奖/一等奖、国防科技进步奖特等奖/一等奖、国家载人航天突出贡献奖、高新工程突出贡献奖、探月工程突出贡献奖等20余项国家级科技成果奖和荣誉，以及100余项省部级科技成果奖。2016—2018年，公司及员工获得的主要荣誉如表1、图5所示。

表1 2016—2018年获得的主要荣誉

序号	类别	成果/荣誉名称	颁奖机关	获奖时间（年）
1	公司	高技术××装备发展建设工程突出贡献奖	中央组织部、工信部、人力资源部、国防科工局、中央军委政治工作部、中央军委装备发展部	2016
2		探月工程三期载人返回飞行试验任务突出贡献奖	中国航天科技集团	2016
3		中国航天基金奖	国防科工局	2017
4	个人	航天科工集团公司高级专家	中国航天科工集团公司	2018
5		突出贡献专家	中国航天科工集团公司	2018
6		十院第三批突出贡献专家	中国航天科工集团第十研究院	2017
7		十院优秀学术技术带头人	中国航天科工集团第十研究院	2017
8		十院第三批学术技术带头人	中国航天科工集团第十研究院	2018
9		遵义市十佳科技领军人才	贵州省遵义市政府	2018

图5 部分荣誉证书、成果及资质证明

近年来，梅岭电源取得的主要科技成果奖如表2所示。

表 2　公司近几年取得的主要科技成果奖

序号	成果名称	奖励等级	获奖时间（年）
1	水下××固体××××系统研制	国家科技进步奖特等奖	2018
2	高比能量锂离子电池关键技术及应用	国家技术发明二等奖	2018
3	××-10××××系统	国防科技进步奖特等奖	2018
4	通用型××配套电源	国防科技进步奖三等奖	2016
5	长贮存寿命高比能量锌银贮备电池技术	航天科工集团公司科技进步奖三等奖	2019
6	空间用高比能量锌银蓄电池技术	贵州省科技进步奖三等奖	2017
7	长贮存寿命高比能量锌银贮备电池技术	十院科技进步奖特等奖	2018
8	空间用高能功率型锂亚硫酰氯电池技术	十院科技进步奖一等奖	2018
9	高比能量锂氟化碳电池技术	十院科技进步奖二等奖	2018

梅岭电源肩负着"科技强军、航天报国"的崇高使命，认真践行"国家利益高于一切"的核心价值观，每年将不少于 3% 的收入投入新产品的研发，努力建设一流研发及技术平台，坚持不懈地为实现"建成现代化的、具有国际竞争力的动力能源高科技企业"宏伟目标愿景而努力奋斗。梅岭电源的使命、愿景、价值观如图 6 所示。

使命：坚持"以军为本，军民融合"，力争2025年建成现代化的、具有国际竞争力的动力能源高科技企业。→ 科技强军、航天报国

愿景：坚持"以军为本，军民融合"，力争2025年建成现代化的、具有国际竞争力的动力能源高科技企业。→ 把公司建成国际知名、国际一流的动力能源高科技企业

价值观：追求自身发展和员工成长的进程中，认真履行军工企业"铸造国家安全基石"责任，在追求企业效益的同时注重社会效益和员工个人价值实现，始终将国家利益放在首位。→ 国家利益高于一切

图 6　梅岭电源的使命、愿景、价值观

经过多年的潜心研究和技术积淀，梅岭电源现拥有核心和关键技术 81 项，其中，核心技术 27 项。近年来，公司获得授权专利共 107 项（发明专利 59 项），公司员工共发表/发布论文 183 篇（其中 SCI 论文 24 篇，核心期刊论文 18 篇）。"梅花"商标被评为中国驰名商标，"梅岭电源"是航空航天业界公认的名牌产品。梅岭电源的产品市场占有率约为 50%，其中航天产品的市场占有率达 82%。

二、实施卓越绩效管理的背景

梅岭电源在"十三五"期间制定了"巩固国内军品市场，积极拓展民用市场，努力开发国际市场"的经营策略。虽经过多年的努力，但确需加大拓展民品市场和国际市场的力度。就军品市场而言，尽管独居鳌头，基本实现全覆盖国内各大军工集团，但随着竞争对手的实力逐步增强，已经对梅岭电源构成威胁态势；目前，在民品市场，公司仅在移动通信梯度锂电池、电动汽车电池等领域有一席之地，市场份额还很小；国际市场由于受国际贸易壁垒和技术封锁的影响，尚处于起步阶段。营业收入和市场份额虽逐年提升，但成效式微。

通过多年研究和对比分析，2018 年 3 月，公司正式决定导入国际先进的质量管理方法——卓越绩效管理模式，并拟定了"学习—推行—自评总结—改进创新—再实施—再自评总结"的渐进式循环往复推进程序和工作思路。自从推行卓越绩效管理模式以来，公司致力于实现"建成国际知名、国际一流的动力能源高科技企业"的企业愿景。在公司高层领导团队以身作则的带领下，企业文化内涵内化于心、外化于行。同时，愿景也给企业发展指明了清晰的战略方向，通过五化（产品高端化、技术引领化、市场全球化、智能制造化、运营智慧化）建设，实现三个转变（产品从单机向电源系统转变、产业从单一军品向军民并进转变、企业从科研生产型向高科技技术型转变）的关键战略路径，并坚定执行，形成了跨地域、多专业互补的发展格局。梅岭电源充分利用互联网、云平台、应用系统等 IT 手段为公司的生产经营活动全方位提供智能支持，不但在信息收集、处理、应用与共享等方面充分发挥应有的作用，同时还为切实提升产能打牢了基础，为公司信息资源的获取、存储、

利用和共享提供了强有力的智能保障。助力落实五化建设，实现三个转变的战略定位，助推企业转型升级，稳步前行并助力实现"建成国内领先、国际知名的化学电源高新技术企业"的企业愿景。

三、实施过程

2018年3月，梅岭电源决定"导入卓越绩效管理模式，争创省长质量奖"并将其纳入2018年度重点工作之一进行部署。

2018年6月11日—至13日，派遣多名人员参加中质协在成都举办的"卓越绩效评价准则及实务"课程培训。

2018年8月15日，向贵州省质量技术监督局汇报了"导入卓越绩效管理模式，争创省长质量奖"的工作思路及工作计划安排，得到省局领导的大力支持和帮助。

2018年9月18日，参加了贵州省质量技术监督局组织的"贵州省2018年'走进荣耀企业'"活动，参观和学习了2018年贵州省省长质量奖得主瓮福集团，并与瓮福集团卓越绩效工作团队及参观代表进行了交流、探讨。

2018年11月3日，召开全公司人员参加的"导入卓越绩效管理模式，争创省长质量奖"启动大会，成立了董事长任组长、各分管副总经理任副组长、主要职能部门负责人任团队成员的工作机构（64名成员），明确了工作职责和目标，下发红头文件以指导工作的开展。

2018年11月3日—5日，启动大会结束后，辅导专家完成了对梅岭电源为期3天的摸底调研及现状诊断，编制调研报告1份，制订了详细的工作开展计划并明确了各阶段的工作任务、内容及目标。

2018年12月，分组对口进行《卓越绩效评价准则》和《卓越绩效评价准则实施指南》培训。充分识别卓越绩效管理的各过程，运用过程管理方法实施管理和控制，力争每一过程均能取得实效。按领导、战略、顾客与市场、资源、过程管理、结果、测量分析与改进七大模块成立了7个实施小组，对口完成了《卓越绩效评价准则》和《卓越绩效评价准则实施指南》培训。培训课时达56，参加人次达164。

1. 典型做法1：充分识别过程，力求百分之百增值

识别了"生产制造""市场营销""采购"等九大关键过程（4个价值增值过程和5个支持性过程），梅岭电源对全过程系统识别充分（图7），将成果转化和产业化等过程确定为关键过程和价值增值过程，此过程识别方法科学合理，能充分体现过程对战略实现、核心竞争力及价值贡献度的影响。对过程方法的充分理解，有利于公司通过系统的过程管理实现经营目标。

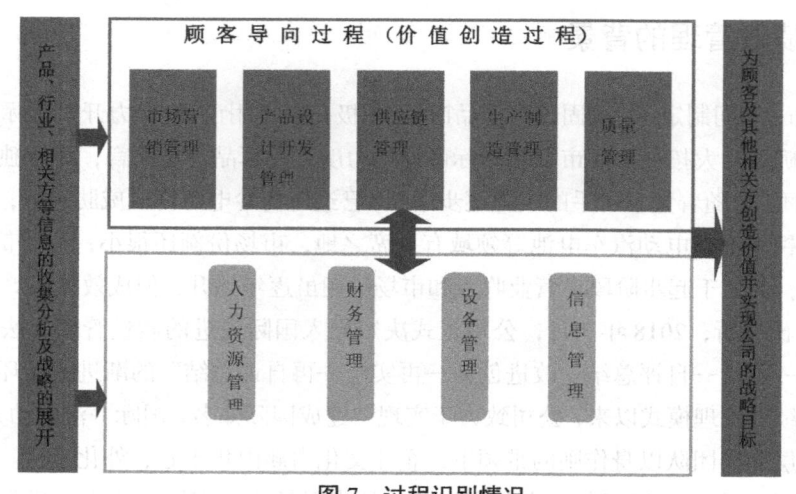

图7 过程识别情况

2. 典型做法2：过程质量零缺陷，产品实物高可靠

每年定期或不定期开展"精品工程"活动，以此为契机深入贯彻落实"零缺陷"理念（图8）。要求操作过程必须零缺陷，过程检验一定无缺陷，管理过程不得有缺陷，出现质量问题必须技术、质量"双归零"，确保实现"人人质量100分"，塑造"精品实物质量"形象。

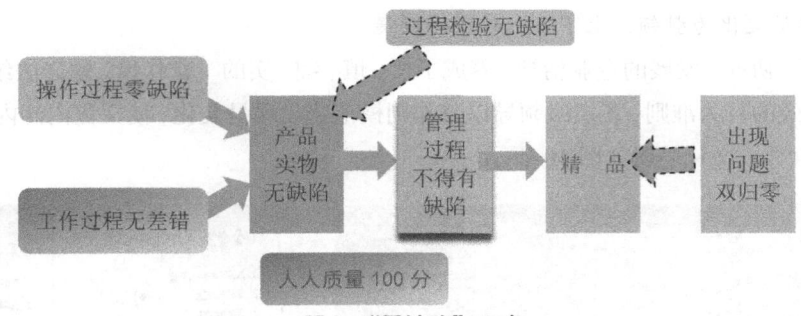

图 8 "零缺陷"理念

2019 年 1 月，进行自我评价。完成了从领导、战略、顾客与市场、人力资源、财务资源、信息与知识资源、技术资源、基础设施、相关方资源、科研生产过程管理、质量过程管理、应急管理、测量分析改进、结果、组织概述等方面进行的自我评价。形成自评分项报告 15 个，报告字符数约 13 万，自评结果为 450 分。针对自评结果，制定了详细的整改方案。

2019 年 2 月，成立了战略规划、知识管理、绩效考核系统、员工满意度调查、顾客满意度调查、顾客忠诚度调查、企业文化建设、基础性证实材料、关键性证实材料、现场评审汇报 PPT 等十大专项工作组。明确十大专项工作任务并开展相关专项工作，制定了详细的十大专项工作方案，之后各专项工作按部就班、如期开展。

3. 典型做法 3：缜密规划强有力落地，助推企业高速高质发展

基于卓越绩效理论，梅岭电源成立战略委员会，以使命、愿景、核心价值观为指引，建立科学的战略管理体系。在战略制定过程中，高度重视内外部环境的变化，对内外部环境信息进行多方面、多渠道、多元化的收集和采集，利用 PEST、SWOT 等多种先进工具进行分析，最终选定"SO"战略。确定了通过实施"军民并进、创新驱动、人才强企、质量制胜"的战略策略，推动一平台、两开发、三建设、四基地的实现，保障到 2020 年，实现营业收入确保 10 亿元，力争 12 亿元，利润总额确保 1 亿元，力争 1.2 亿元的规划目标，直至实现到 2025 年，全面建成国内领先、国际知名的化学电源高科技企业和最终实现"企业愿景"的具体战略部署。

梅岭电源根据总体发展战略，确定战略目标，制定战略规划（图 9），以财务、人力、信息、技术等资源为支撑，通过产业发展、技术研发、市场营销等业务系统识别关键要素，制定公司战略总体布局，建立了以战略目标为基础的战略执行及监控机制，以责任书、责任令方式进行任务认领，发展规划部按月、季度或全年进行绩效考核。针对具体关键绩效指标，编制专项规划并进行布置落实，要求有具体指标完成措施和具体责任人，形成了真正意义上的战略动态循环推进和战略目标动态监测机制，确保战略落地。通过细致的战略分析与制定，严密的战略规划、部署、执行、监控，针对内外部环境的变化，做出快速反应和战略调整，使公司在激烈的市场竞争中不断发展壮大，实现连续 5 年主营业务平均增幅超过 20%。明晰的战略，为公司自强奋进提供了源源不断的动力。

2019 年 10 月，完成《企业文化建设专项》《战略规划专项》《绩效考核专项》《知识管理专项》《员工满意度专项》等十大专项工作。

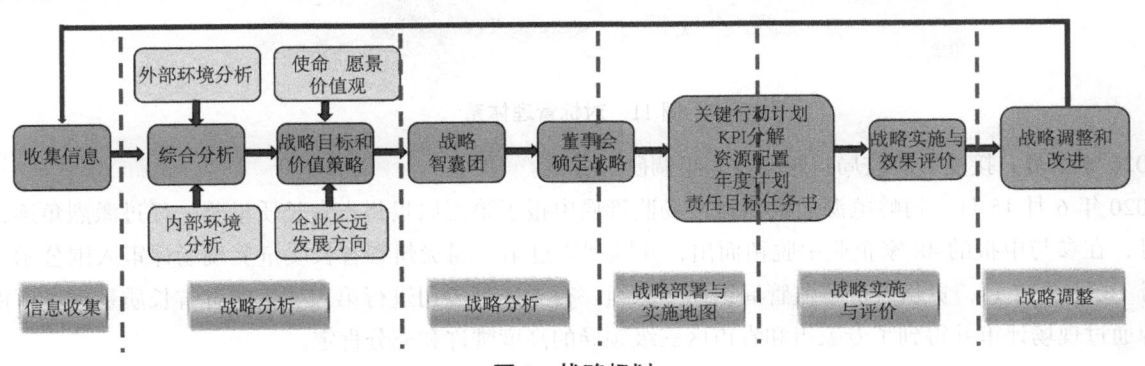

图 9 战略规划

4. 典型做法4：质量文化为引领，上下齐心拧成一股绳

培育了求实、创新、协同、发展的企业精神，养成了严、慎、细、实的工作作风，遵守法纪、强素养、讲协同、敢担当、重创新、求实效的行为准则，各层级领导以身作则模范建设质量文化，使文化内涵内化于心、外化于行，形成一种无须提醒的自觉，文化手册如图10所示。

图10 文化手册

2019年11月—2020年6月，找准标杆企业，注重对标管理并认真找出差距，有的放矢进行改进。期间，先后又进行了三次全面自评，并坚持做到认真撰写自评报告。每次自评均针对薄弱环节制定整改措施，并拉条挂账实施整改部署。在"学习—推行—自评总结—改进创新—再实施—再自评总结"的渐进式循环往复中，一步一个脚印地践行"卓越绩效管理"。

5. 典型做法5：关注并重视对标管理，知彼知己百战不殆

制定对标管理办法，建立了公司、业务板块、职能、岗位等不同层级的全方位对标管理体系（图11），对标公司内、行业内、行业外的标杆典范的标杆选择、标杆学习、对标改进等关键活动。全面获取标杆、竞争对手信息和数据，通过与顾客交流或公开报道和信息发布等多渠道进行收集，在此基础上进行全面、系统的分析，采取改进措施，有利于公司绩效提升。

图11 对标管理体系

2020年1月，接受省质监局组织的专家组调研、考察。

2020年6月15日，梅岭电源向贵州省市场监管局申报了第三届贵州省省长质量奖。经过激烈角逐，2020年8月，在参与申报的48家企业中脱颖而出，并顺利通过第三届贵州省省长质量奖现场评审入围公示。2020年8月16日—17日，贵州省市场监管局组织专家组一行4人到公司进行第三届贵州省省长质量现场评审，梅岭电源通过现场评审并得到了专家组和省市区三级领导的高度赞许和充分肯定。

2020年12月30日，贵州省质量发展大会胜利召开，会上公司正式获得第三届贵州省省长质量奖提名奖。

四、实施效果

导入并推行卓越绩效管理模式以来，梅岭电源利润从 2016 年的 1.09 亿元上升到 2020 年的 1.80 亿元，营业收入从 2016 年的 4.22 亿元上升到 2020 年的 10.09 亿元。梅岭电源引入和充分利用智能制造技术后，现年产电池及电池充放电检测设备由 2016 年的 11000 余台（套）跃升至 2020 年的 45000 余台套。

2020 年 6 月 15 日，梅岭电源向贵州省市场监管局申报了第三届贵州省省长质量奖。2020 年 12 月 30 日，梅岭电源正式获得第三届贵州省省长质量奖提名奖（图 12）。2020 年 9 月，梅岭电源向航天江南集团有限公司申报参评首届航天江南质量奖。2020 年 9 月 23 日—24 日，航天江南集团有限公司组织专家组对梅岭电源进行了现场评审。2020 年 12 月，梅岭电源正式获得首届航天江南质量奖。

图 12　第三届贵州省省长质量奖提名奖奖杯和证书

2016—2020 年，实施"探索"项目 5 个，"预研"项目 34 个，"研制"项目 145 个，在长期的技术积淀中形成了"低温快速激活锌银贮备电池"等关键、核心技术若干项，其中"低温快速激活锌银贮备电池"等 8 项达到国际领先水平，"火工品测试技术"等 73 项达到国内先进水平。梅岭电源主持和参与制定并发布的现行有效的国家军用标准共计 12 项。梅岭电源将不低于销售收入 3% 的资金投入技术研究和产品研发，形成强有力的资金支持保障。到目前为止，公司累计获得国家级科学技术奖 20 多项，省部级科技成果奖 100 余项。梅岭电源在对科研技术进行总结提炼后撰写和发表论文 183 篇。公司先后获得授权专利 107 项，还荣获国家技术发明二等奖和国家科技进步奖特等奖各一项，被授予"国家技术创新示范企业""贵州省技术创新示范企业""贵州省工业品牌示范企业"荣誉称号，如图 13 所示。

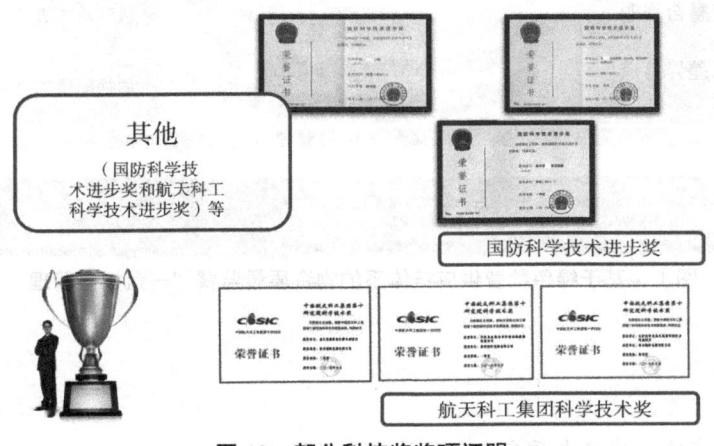

图 13　部分科技奖奖项证明

主要创造人：邹　睿

参与创造人：曾凡华、秦元毅

基于绿色数智供应链体系的电网物资质量监督"一盘棋"管理

国网安徽省电力有限公司

一、项目简介

国网安徽省电力有限公司（以下简称安徽公司）深入贯彻"质量强国"发展战略，坚持将物资质量监督管理融入建设现代能源服务企业大局，以更好支撑电网本质安全和公司经营的发展方向。安徽公司以深化物资质量监督管理为目标，以绿色数智供应链体系为驱动，针对建设统筹不够、检测资源不足、智能运作不完善、成果运用不充分等关键问题，全局性规划理顺组织架构，统一制度标准，深化绿色数智供应链应用，创新质量监督新模式与新方法，推行"省市县一体化"与"检储配一体化"管理贯穿始终，建立集专业高效协同、系统智慧应用及优秀人才储备于一体的保障体系，打造了基于绿色数智供应链体系的物资质量监督"一盘棋"管理模式（图1）。安徽公司在安徽省内建成了"1+6+10"电网物资质量检测体系，在国网系统内率先实现检测能力和检测区域两个"百分之百全覆盖"，检测能力位居国网公司前列，做到了抽检计划智能编制、检测资源可视化应用、供应商制造体系评估结果有效运用、质量监督新模式与新方法不断创新，实现了能力建设、运营管理、创新提升"一盘棋"的目标，物资质量监督管理向可视化、便捷化、智慧化方向发展。

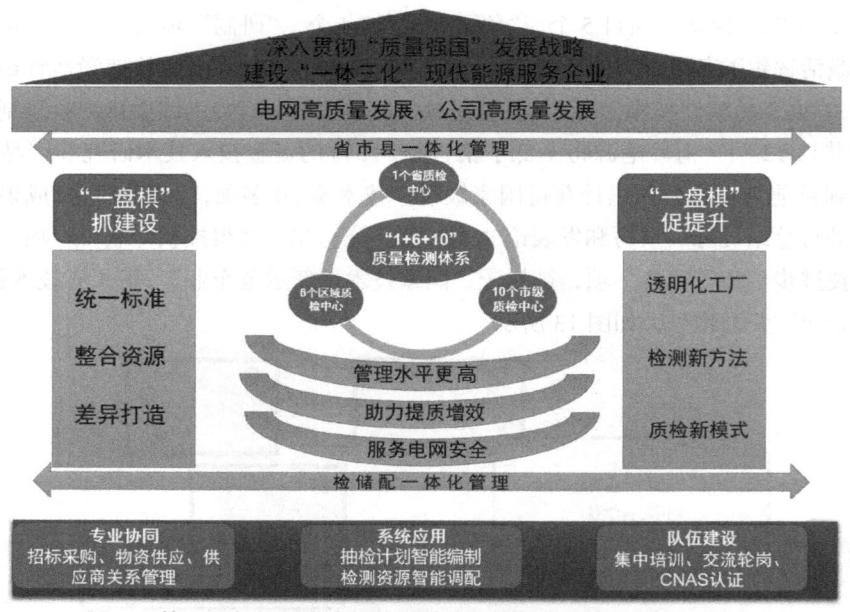

图1 基于绿色数智供应链体系的物资质量监督"一盘棋"管理

二、工作背景

1. 贯彻"质量强国"战略，建设本质安全电网的重要保障

党的二十大报告明确指出，要加快构建新发展格局，着力推动高质量发展。建设质量强国是党中央做出的重大战略决策，是全面建设社会主义现代化国家的重要内容。电力作为基础性能源产业，转变发展方式，坚持"质

量强国"战略，持之以恒建设本质安全电网，全面加强质量监督管理，提升采购设备质量，对保障国计民生和社会稳定都具有举足轻重的作用。国网公司把握新时代发展机遇，做出"打造国际领先、国网特色的绿色现代数智供应链管理体系"的工作部署，以5G、人工智能、物联网、大数据、区块链等新技术运用为纽带，打造质量监督管理、供应商管理新模式，构建全景质控业务链条。确保采购设备"好中选优、选优选强"，加快推动电网装备迈向中高端，促进电工装备提档升级。

2. 推进电工装备产业升级和供应链资源整合的必要举措

随着供给侧结构性改革的持续推进，电工装备制造行业呈现两极分化态势，高端设备市场竞争不足，低端设备市场竞争激烈，供应商数量庞杂且产能普遍过剩，产品质量水平参差不齐，恶意低价抢占市场带来一定质量隐患，质量事件时有发生。在此形势下，亟须加强采购物资质量监督管理，引导供应商强化设计、研发、生产能力，有序竞争、重视质量、诚信履约，实现供需双方共赢。目前，国网公司正在从传统物资管理向供应链绿色化、数智化管理转型，构建绿色数智供应链体系，以资产全生命周期理念为引领，建立全息多维质控模式，增强检测资源配置，促进了信息集成、业务协作和资源共享，全面提升采购设备质量、采购供应效率，促进了供应链资源的有效整合，有力防范了企业运营和廉洁风险。

3. 提升质量管理质效，更好发挥监督服务作用的迫切需要

面对当前经济增速放缓、经济下行压力增大的新常态，安徽公司坚持高质量发展理念，不断加强物资质量监督能力建设，将物资质量监督作为"电网高质量发展、公司高质量发展"保驾护航的重要力量。但与目标任务相比，物资质量监督管理能力与水平仍然存在较大差距，主要体现包括检测项目繁杂、检测周期长与检测资源不足的矛盾日益突出，检测资源建设与运用统筹力度有待加大，物资质量监督信息化应用水平有待提高，质量监督成果运用穿透力不足、深度不够。为解决上述问题，安徽公司实施基于绿色数智供应链体系的物资质量监督"一盘棋"管理，全局性统筹检测资源建设，搭建信息化平台，提升总体检测能力与检测效率，强化检测过程风险防控，更好地发挥物资质量管理监督与服务作用。

三、主要做法

（一）明确组织机构，规划物资质量监督管理体系

围绕国网公司"一体四翼"发展布局和"双碳"建设目标，坚持"质量第一、效益优先"，创新采取"一盘棋"管理模式，着眼长远、统筹布局，制定总体规划，持续提升物资质量监督管理能力，实现了体系建设一张蓝图绘到底。

1. 制定总体建设方案

2018—2022年，安徽公司相继出台《关于加强物资质量监督体系建设的通知》《关于提升物资质量检测体系运行质效的通知》《关于开展物资质量检测体系精益化管理提升专项行动的通知》《关于强化首台首套设备入网质量监督工作的通知》《物资部关于开展2022年质量监督再提升专项行动的通知》等纲领性文件，制定了总体建设方案。

2. 优化组织机构管理

明确省、市两级物资部和质量检测中心工作职责，理顺省级质检中心组织机构与管理模式。省级质检中心在业务上接受物资部的业务领导，并按照相关管理要求承担对各市级质检中心的专业管理和监督职能，发挥承上启下的作用。

（二）提升检测能力，质量监督管理体系建设"一盘棋"

推进省、市两级质检中心建设，充分考虑各质检中心地理区位、检测项目分布及检测能力覆盖等因素，因地制宜、发挥专长、各有侧重、差异化建设检测能力，优化检测基地布局，全局性提升检测能力，各级质检中

心相互统筹资源调配和业务协作，实现质量监督管理体系建设"一盘棋"。

1. 高标准建设两级质检中心

省级质检中心以"国内一流电网物资质量检测中心"为建设目标，在整合省电科院既有的场地、设备资源的基础上，整体租赁安徽继远电网检测基地进行建设升级。16家市级质检中心分别采取"主业自建"和"依托省管企业建设"两种模式，在有效盘活利用省管企业空置场地、专业人才等资源基础上，同步发挥专业部门技术优势，适应省管企业强身健体改革需要，因地制宜、分类施策，开展本级质检中心建设。

2. 统筹制定管理制度标准

为加强各质检中心规范化管理，提高标准化作业水平，公司统一组建制度标准制定工作组，制定了6项质检中心管理规范（试行）、28类物资抽检作业指导书、44类物资的抽检试验报告模板及原始记录模板，同步完成了检测安全管理、样品管理规定、技术资料归档管理等制度修订。通过管理制度标准的统一，做到了各级质检中心检测计划一体化编制、检测过程一体化组织、检测结果一体化管理，确保了体系运转规范高效。

3. 多举措锻炼质量监督队伍

每年度统一安排多批次集中培训，通过现场实操和理论讲解相结合的方式，对各地质量专责、两级质检中心检测人员进行培训，提高两级质量监督人员业务技能水平。省与市级质检中心、市与市级质检中心间采取轮岗实训、交流研讨等方式，做到质检中心管理和技术人员"走出去、引进来"，互学互促、共同提升。举办公司首届物资质量监督管理劳动竞赛，各级质检中心以赛促学、比学赶超，进一步规范检测日常作业，严格执行工作标准，提升检测服务能力。

（三）提升"建转运"质效，质量监督管理体系运行"一盘棋"

深化"1+6+10"检测体系建设，持续推进"省市县一体化""检储配一体化"管理，优化三级质检中心运行机制，强化物资质量监督管控平台应用，全面提升质量监督管理体系运行质效。

1. 开展区域检测中心评选

为进一步提升各市级质检中心运行成效，组织开展区域检测中心评选，从检测能力、检测区域、储检协同、管理质效等方面进行考量，最终评选出蚌埠、阜阳、六安、安庆、宣城、池州6个质检中心作为区域检测中心，标志着"1+6+10"物资质量检测体系（图2）全面建成。实现了1个省级中心统领全省，6个区域中心辐射周边2～3个地市，10个市级中心满足本单位重要配网物资检测需求，确保检测能力和检测地区两个"百分之百全覆盖"。

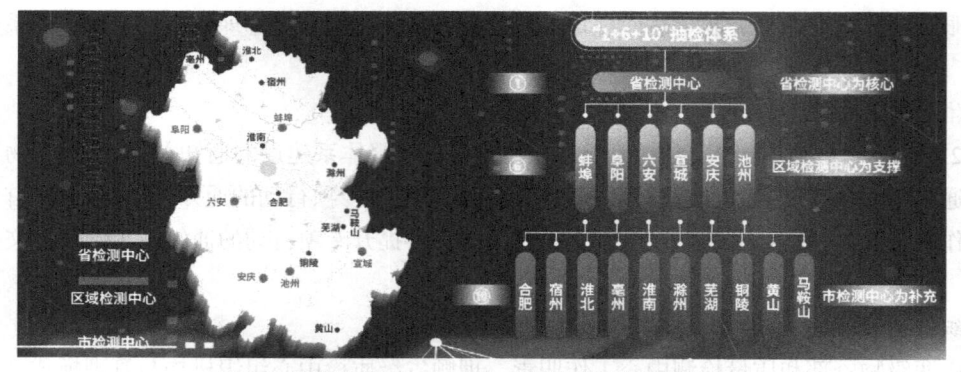

图2 安徽公司"1+6+10"电网物资质量检测体系

2. 落实"省市县一体化"管理

依托全省物资质量检测信息管控平台，视频在线监控全省17家质检中心的日常工作开展，实时推送、接收各质检中心任务流数据，实现检测能力分布、检测过程可视化，对各级质检中心标准化作业情况开展远程在线监督，确保检测结果的权威性和公正性。严格开展物资抽检定额完成率考核，通过可量化的业务数据、可计算的指标模型，客观评定各单位抽检工作质效，从检测业务量和检测项目深度两个层面，统一设定任务目标，督促各单位规范开展"一体化"运行。

3. 推进"检储配一体化"应用

在"1+6+10"物资质量检测体系基础上，同步完成"检储配一体化"基地建设（图3），检测能力覆盖配电变压器、电力电缆、架空绝缘导线、开关柜、柱上断路器、隔离开关等30类配网物资B级及以上检测需求，通过做精做细质检、仓储、配送（调配）业务协同"软管理"，充分发挥检测、仓储、配送设施"硬功能"，将供应计划、物资到货、质量检测、存储保管、集中配送等环节业务流程进行深度优化融合，实现配网物资即来即检、即检即储、即需即配，高质量、快速响应业务提速、应急保障、项目现场等各类物资需求。

图3 安徽公司"检储配一体化"基地建设情况

4. 推行"飞检+复检"管理机制

省公司物资部、省物资分公司、省电科院组建"飞检"工作组，不定期对各级质检中心体系运转、安全管理、试验操作等开展规范性检查，现场随机抽取已检样品进行复检比对。针对日常检测合格结果开展随机抽查复检，检测不合格样品全部开展复检比对，确保检测结果准确公正。

（四）创新争先，质量监督管理体系提升"一盘棋"

巩固各级质检中心"建转运"成果，拓展质量监督应用范围，创新建设检测新方法，释放"1+6+10"物资质量检测体系新动能，更好地支撑电网本质安全和公司经营发展。

1. 打造检测"透明试验室"

安徽电力省质检中心与淮南公司质检中心针对检测取样手工登记、检测数据无法自动录入、检测数据未深入挖掘应用、检测过程追溯难等问题，开展基于智慧物联的电网物资"透明"检测关键技术研究和应用。将检测信息自动化采集功能延伸至检测现场监控设备，检测初始同步触发服务器记录检测过程监控视频，为检测结果寻源追溯及应对供应商质疑提供强有力、多样化的验证支撑材料。

2. 拓展建设检测新方法

充分调研各专业管理部门和基层运维单位质量监督需求后，延伸拓展建设了一批投资小、见效快的特色检测能力，自主研发了水泥杆、电缆保护管、配电变压器等9款便携式、无损式检测仪，在6家区域质检中心部署光缆检测、柜体内部元器件性能、金属技术监督等特色检测能力。

3. 创新质量监督新模式

各级质检中心积极创新，改进检测工艺，助力物资抽检工作水平提高，已获得发明专利17项、实用新型专利43项。针对现有各类试验装置的数据传输特点，开发集成配变能效、电缆保护管等便携式快检仪，实现检测数据自动上传至质量监督管理系统，减少人为干预，提高物资抽检全过程管控的透明度。

（五）全景质控，深化绿色数智供应链场景应用

深化绿色数智供应链场景应用，做到智能编制抽检计划、智能调配检测资源，实现资源最优化利用，减少

时间和人力成本，高效开展物资质量监督工作。强化质量监督成果运用，开展供应商制造体系评估，差异化优选供应商和产品，不断提升采购入网设备质量。

1. 抽检计划智能编制

通过抽检计划与策略优化场景应用，打破传统模式限制，按照物资类型、供应商、供货批次全覆盖的原则，系统综合抽检定额、历史抽检合格率、地市均衡性等信息，建立涵盖不同维度的14种抽检策略模型（图4）。一键获取需求供应计划后选定抽检策略模型，系统智能生成抽检计划。对于历史抽检合格频次低、产品质量评价得分偏低、有不良行为等的供应商，可调整权重比例策略，针对某类物资对症下药，提高抽检比例。

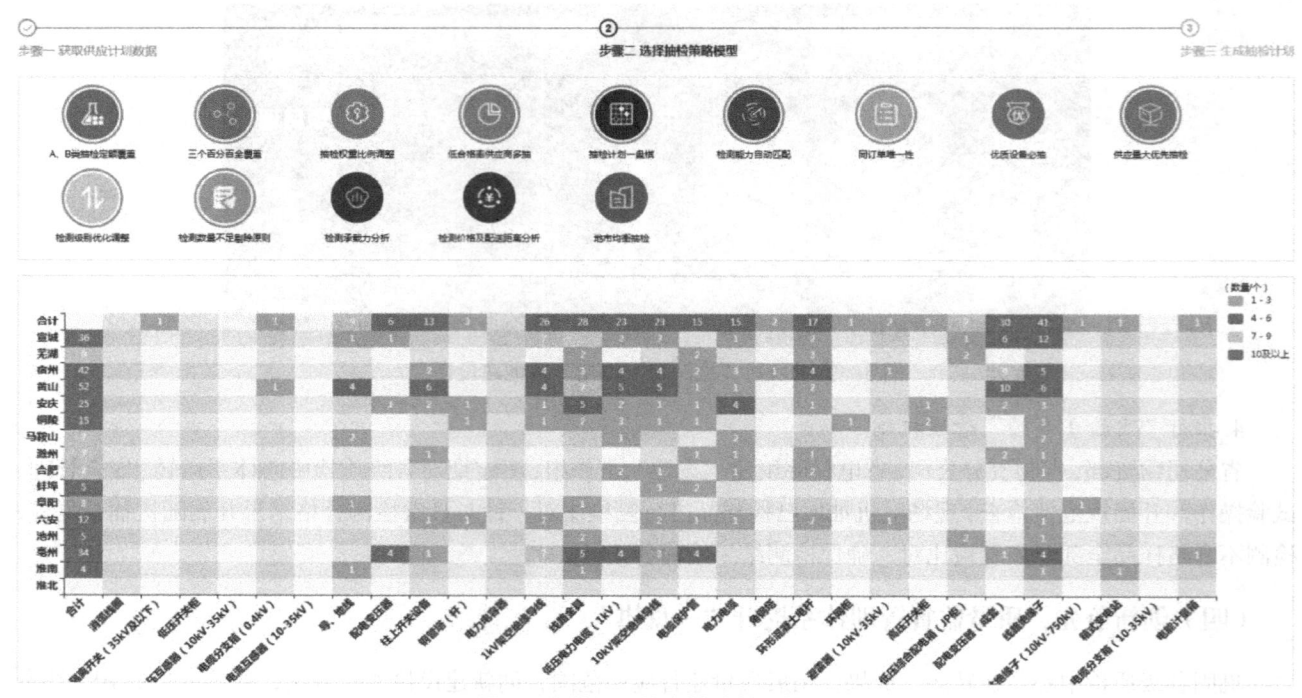

图4 安徽公司物资抽检策略模型

2. 检测资源智能调配

通过检测资源可视化场景应用，推广检测任务"派单、接单"模式，实现检测任务智能分配、检测资源实时共享。以各质检中心实时数据共享和大数据分析为基础，分析全省范围内各质检中心的检测能力和承载能力，综合考虑样品运输距离、检测费用成本、历史检测质量，选定最优质检中心，智能化将检测计划匹配至最优质检中心。安徽公司物资质量监督管控平台如图5所示。

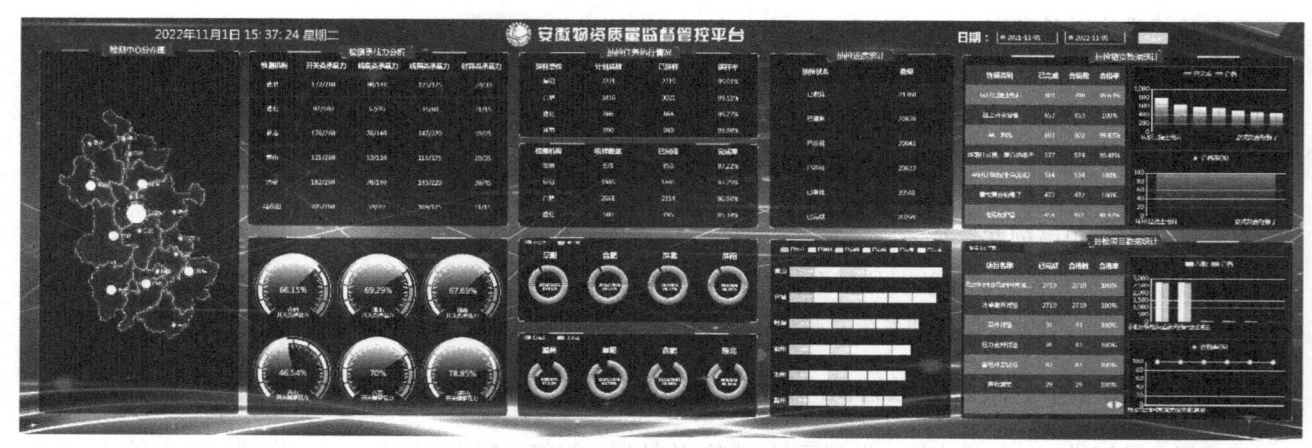

图5 安徽公司物资质量监督管控平台

3. 检测结果自动判定

分析全省抽检物资 30 类，建立电网设备检测结果和问题的标准文本词库，量化招标合同、抽检作业规范、国网检测问题分类分级导则等判定依据，利用机器学习技术自动比对参数与标准，实现智能判定检测结果、检测问题自动分类分级，减少人为因素干扰，提升风险防控能力，增强检测结果公信力。

4. "防篡改"物资质量链建设

通过区块链技术建立"防篡改"物资质量链，建成省公司物资公司、地市公司、检测中心等多方共识的检测数据账本，将物资抽检各环节数据存证，通过智能合约技术对检测过程数据进行留存记录，实现物资质量信息全生命周期链上追踪可溯源，降低因数据篡改或丢失造成的经济损失，减少因责任不明确造成的推诿现象。

5. 供应商制造体系评估

通过对供应商资质能力、生产供货、安装服务、运行质量、成本费用等多维数据分析，智能识别产品质量风险，动态调整抽检策略，定制化安排检测项目。落实评价信息内外协同共享共用，对内发布产品质量风险提示，引导专业部门加强相关产品的交接验收和运行监控；对外发布产品质量预警，督促供应商强化自身质量管理。

四、创新点

1. 提升物资检测硬实力

围绕"质量强国"和"提质增效"管理目标，深化业务联动协同，深挖内部管理潜能，先后投入建设资金 1.65 亿元，全省范围内打造"1+6+10"电网物资质量检测体系，实现物资检储种类和配送区域全覆盖。

2. 开展全景质控软管理

开发全景库存可视化、检测资源自动分配、智能配送在途监控等功能，实现到货信息主动推送、抽检策略动态更新、检测计划一键下达、检测结果自动回传、物资需求预约领料、物资配送在途跟踪，形成"先检后储、按需配送"的"检储配一体化"业务新模式。

3. 拓展质量监督新手段

研制移动检测车，集成 29 种检测装备，推行"送检上门"服务，解决工期紧张和大件物资送检困难问题。实施延伸监造、精准监造，将管理关口前移，对主设备的原材料、组部件进行监造管理，引导供应商加强采购质量管理。

4. 强化抽检风险双防控

开展"人防+技防"的检测业务双重监督，建立抽检结果复核机制，对已检样品随机抽查、交叉复检。应用数据接口技术，实现检测仪器设备的感知互联，对各级检测中心抽检数据进行自动采集，避免人工干预，提高检测效率，减少廉洁风险。

五、应用成效

通过实施基于绿色数智供应链体系的物资质量监督"一盘棋"管理，公司质量监督管理质效迈上新台阶，建设成果获得国网公司认可，物资抽检合格率逐步提高，平均检测周期缩短至 10 个工作日，物资质量检测费用同比下降 12%，物资供应效率同比提升 15%，2022 年抽检样品数量为 23095 件，同比增加 49.48%；抽检平均合格率提升至 99.68%，同比增加 0.25%，测算节省检修运维费用为 2300 万元；供应商主动召回设备材料共计 1.12 亿元，有力支撑了电网本质安全，有效保障了电网安全稳定运行。

主要创造人：谢　岗

参与创造人：叶　飞、骆星智

实施"1246+N"全生命周期军贸质量管理模式

内蒙古第一机械集团有限公司

一、企业概况

中国兵器工业集团内蒙古第一机械集团有限公司（以下简称一机集团）是国家"一五"期间156个重点建设项目之一。经过近70年的发展，一机集团成为跨多地区、股权多元、以军为本、以车为主、军民融合发展的现代化企业集团，是国家唯一的集主战坦克和轮式步兵战车于一体的科研制造基地，也是内蒙古自治区最大的装备制造企业。

一机集团始终牢记核心使命，履行强军首责，大力弘扬和传承"把一切献给党"的人民兵工精神，以文化提升装备质量，引领世界一流公司建设。一是深入践行具有军工特色的质量管理文化理念体系。坚持守正创新，总结提炼公司近70年发展中传承的红色血脉，凝结形成以铁心向党的忠诚文化、铁肩担当的攻坚文化、铁甲奔流的创新文化、铁血落实的执行文化、铁柔相济的包容文化、铁志为民的人本文化为内涵的"铁骑文化"和敢于担当、善于攻坚、勇往直前、永争第一的"战车精神"，同时大力推动质量文化建设，深入实施质量制胜战略，坚持"军工产品质量第一"的思想，确立了"靠质量赢得市场、以诚信赢得用户"的质量理念。2005年9月，开展学习宣传《军工质量文化手册》《军工质量文化建设实施指南》活动。2006年5月，质量系统提出了"质量就是生命、质量就是效益"的质量价值观，"诚实守信、忠诚敬业"的质量道德观，"照章办事、一次做对、严慎细实、缺陷为零"的质量行为准则等。二是深入宣贯推动文化体系落地生根。研究起草公司企业文化建设指导意见，编制企业文化员工手册，推动文化融入管理、融入制度，先后制定《打造公司外贸质量品牌工作方案》《系统开展陆军装备质量清查整顿工作方案》《严肃责任落实，以"四个铁"强化安全、质量工作责任追究的若干措施》等推进质量文化建设、提升装备质量的制度文件，完成双五条质量问题归零90余项，质量数据关键工序在线检测覆盖率达70%以上，征集质量专项合理化建议2400余条，498项QC成果创效1100余万元，157项成果纳入有关标准、技术文化和管理制度，以文化统一思想、凝聚力量，坚定履行好强军首责、推动高质量发展、建设世界一流公司。

公司研制生产的装备广泛服务于陆军、海军、空军、火箭军、战略支援部队、武警部队等多个军兵种，参加了新中国成立10周年以来历次大阅兵，公司多次受到党中央、国务院和中央军委表彰。新中国第一辆坦克、第一辆8×8轮式战车、第一门中口径轮式自行榴弹炮、第一门中口径轮式自行突击炮等都诞生在这片沃土。公司5次荣获全国"五一"劳动奖状，先后被授予全国文明单位、军工文化建设示范单位、全国安全文化建设示范企业、全国职工职业道德建设标兵单位、全国安康杯竞赛优胜企业、全国模范劳动关系和谐企业、全国用户满意企业、中央企业先进基层党组织标杆等荣誉称号。

立足新时代，全面落实党中央、国务院、中央军委各项决策部署和兵器工业集团党组决议决定，坚持系统观念，聚焦主责主业，履行好强军首责，推动高质量发展，在"九个一流"上凝心聚力、务实笃行，高质量建设活力一机、创新一机、数字一机、效益一机，努力实现幸福一机，打造具有全球竞争力的世界一流公司，奋力在服务好国家战略、服务好国防和军队现代化建设、服务好经济主战场中承担更大责任、发挥更大作用。

二、项目简介

公司尊崇"始终坚持国家利益高于一切"的核心价值观，秉承"唯实、创新、开放"的企业精神，积极推进"九个一流"管理提升战略，以"培育核心能力、创造市场价值、军民融合发展"为经营理念，以设计、工艺、生产、采购、检验等全过程质量大数据为管理主线，以优化信息流提升管理体系效能、统计数据流促进实物质量提升为驱动，以运用系统观念，辨识四个链条全过程质量风险，设置管控 N 个"门限"为抓手，继承和发扬铁心向党的忠诚文化、铁肩担当的责任文化、铁甲奔流的攻坚文化、铁血落实的执行文化、铁柔相济的包容文化、铁本为民的人本文化，体系化推进技术链、产业链、供应链、服务链四条质量管理，构建数据驱动与质量门限融合的"1246+N"的全生命周期质量管理模式，提升全过程质量管控能力。坚持"靠质量赢得市场、以诚信赢得用户"的质量方针和"以人为本、安全为先"的安全方针，紧扣"服务于国家国防安全、服务于国家经济发展"的使命，努力打造成为"具有全球竞争力的世界一流公司"。

三、项目实施背景

强化外贸产品质量管控、优化外贸质量管理模式，对于集团公司和一机集团提升产品质量具有重要意义。对于增进国家间战略互信具有重要意义。用户订购兵器产品、使用公司装备，充分体现了两国间的互信，所以提高装备质量就是增强战略互信。外贸装备在维护国家利益方面具有重要战略作用，军贸坦克作为用户军队现代化建设的重要组成部分，直接关系到用户军队现代化建设和战斗力生成，关系到用户官兵生命安全、战争胜负。因此，创建数据驱动与质量门限融合的"1246+N"的全生命周期质量管理模式，是增进国家战略互信，为用户提供好用、管用、耐用的高质量装备的迫切需求。对于体系化推进质量管理具有重要意义。创建数据驱动与质量门限融合的"1246+N"的全生命周期质量管理模式，是贯彻落实兵器集团体系化装备建设质量管理各项决策部署的基础，是扎实落实焦开河董事长、党组书记提出的"各级总体单位既要重视本单位的体系建设，也要重视分承制方的体系建设，构建良好的质量管控生态"的重要指示精神的具体体现。目前，集团公司在外贸产品质量管控方面还没有形成体系化、可推广的管理模式，虽然不同企业采取了多种特色化的方法，但是均缺少推广性，对其他单位的借鉴性不强。因此，创建数据驱动与质量门限融合的"1246+N"全生命周期质量管理模式，对于全面提升集团公司外贸产品实物质量意义重大。对于反哺内装质量提升具有重要意义。外贸产品管控灵活、便捷、高效是提升外贸产品质量的前提。应用了多项新的设计结构、先进工艺技术，例如履带和负重轮橡胶材料经过多次改进提升，火控系统不断优化，性能大幅提升，一体化动力舱性能更加可靠，跑冒滴漏松等问题得到有效控制，特别是外贸产品严苛的实验考核，实现高的检验验收标准等。因此，创建数据驱动与质量门限融合的"1246+N"全生命周期质量管理模式，将经过验证的技术成果和管理经验固化并推广，对于反哺内装质量提升具有十分重要的意义。对建设世界一流企业具有重要意义。一流的企业需要有一流的产品和一流的品牌，一流的产品和品牌需要一流的产品质量来支撑。集团公司的装备已经在国际市场打响了品牌，这也印证了集团公司外贸管理体系"一盘棋"作用得到有效发挥，产品质量在市场竞争中得到了锤炼，以过硬的质量赢得了用户认可。因此，创建数据驱动与质量门限融合的"1246+N"全生命周期质量管理模式，是集团公司在国际竞争中持续取得优势、在国际市场中持续占据一席、建设具有全球竞争力的世界一流企业的必然需求。

四、内涵和做法

一机集团结合数字化"一张网"建设为依托，以设计、工艺、生产、采购、检验等全过程质量大数据为管理主线；以优化信息流提升管理体系效能，以统计数据流促进实物质量提升为驱动；以运用系统观念，辨识四个链条全过程质量风险，设置管控 N 个"门限"为抓手；继承和发扬铁心向党的忠诚文化、铁肩担当的责任文化、铁甲奔流的攻坚文化、铁血落实的执行文化、铁柔相济的包容文化、铁本为民的人本文化，体系化推进技术链、产业链、供应链、服务链四条链路质量管理，构建数据驱动与质量门限融合的"1246+N"全生命周期质量管理模式，提升全过程质量管控能力。

（1）"1"是一条主线：以质量大数据为管理主线。就是全面梳理公司现有37个业务系统基础功能及应用情况，绘制自身信息化发展画像，制定公司信息系统基础架构、信息系统集成通用要求、数据管理准则三项信息化顶层设计标准，同时为强化生产管控能力，以物资管控系统为契机，实现与生产指挥调度系统、合同管理系统、基础数据管理平台、物流管理系统、报价系统、MES的集成，实现生产数据的共享共用；开展基础数据管理平台与PDMS、MPMS的集成与数据清洗，打通设计工艺、制造数据瓶颈，进一步强化生产过程的信息化管控及数字化加工制造能力。

（2）"2"是双流赋能：以信息流赋能管理效能提升、以数据流赋能实物质量提升。就是识别设计、工艺、生产、检验、采购、售后等全过程质量要素，并按照全过程质量要素要求的"信息流"和质量要素结果"数据流"进行分类归集，为信息化管理提供基础（图1）。

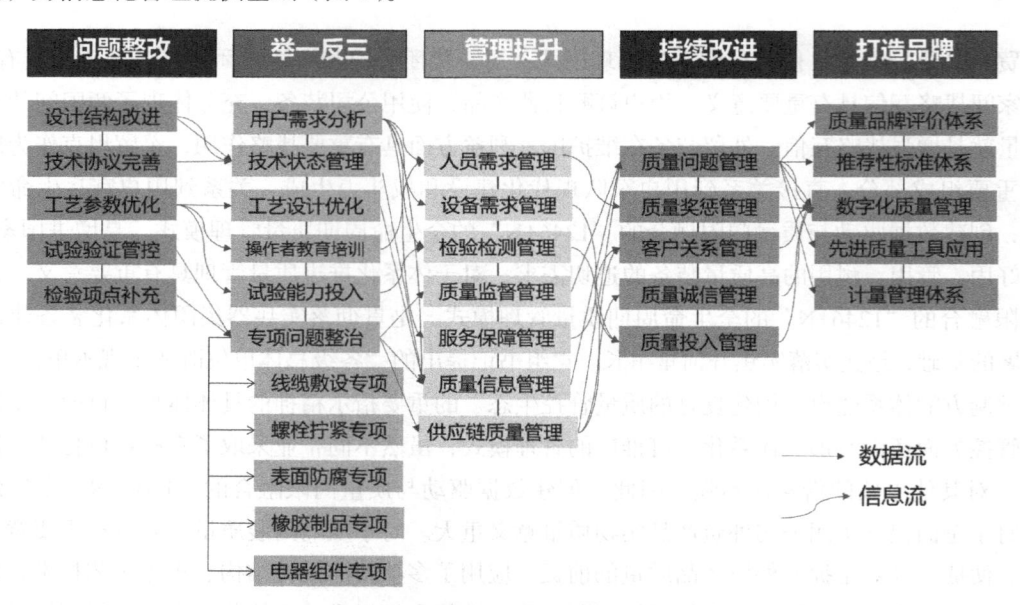

图1 质量品牌工程建设"数据流"和"信息流"示意图

（3）"4"是四条链路：技术链、产业链、供应链、服务链。就是强化产品科研、工艺技术改进提升等技术链条质量提升，原材料复验、铸造、锻造、焊接、机加、硫化、热处理等产品实现全生产过程产业链条质量提升，原材料供应、标准件供应、配套产品供应等全供应链条质量提升，产品售后服务保障的服务链条质量提升，不断提升产品质量和管理能力。

（4）"6"是六铁文化：铁心向党的忠诚文化、铁肩担当的责任文化、铁甲奔流的攻坚文化、铁血落实的执行文化、铁柔相济的包容文化、铁本为民的人本文化的六铁文化。就是在产品全过程、全员、全流程改进提升的过程中继承和发扬一机集团"六铁文化"，充分体现一机人独特而深厚的精神特质和精神风貌。

（5）"N"是N个质量门限：以运用系统观念，辨识四个链条全过程质量风险，设置管控N个"门限"为抓手。就是借用电子电路"与门"的含义，只有当决定一件事的所有条件都具备时，这件事才会发生。它将质量计划、质量标准、质量要素、质量控制方法、流程管理融为一体，通过"质量门限"的设计、"质量门限"的关闭、单个"质量门限"的打开和所有"质量门限"的贯通，实现外贸产品质量控制的目标。具体的做法如下。

（一）以质量大数据为管理主线，推进数字化"一张网"建设

以高质量建设"数字一机""着力打造一流的信息化水平"目标为指引，进一步强化生产过程的信息化管控及数字化加工制造能力，统筹考虑长远及当前目标，全面梳理公司现有37个业务系统基础功能及应用情况，绘制自身信息化发展画像。积极对标成飞集团、三一重工等单位，借鉴科学的信息化管理成果，制定了《一机

集团数字化"一张网"实施方案》(图2),明确了公司信息化建设布局、技术架构、数据架构,制定了公司信息系统基础架构、信息系统集成通用要求、数据管理准则三项信息化顶层建设标准,从源代码开放、版权归属、统一系统架构、统一接口等方面出发,严格落实软件建设、升级、集成项目全过程把关、审核,为公司"一张网"实施做好管理支撑。同时为强化生产管控能力,以物资管控系统为契机,实现与生产指挥调度系统、合同管理系统、基础数据管理平台、物流管理系统、报价系统、MES的集成,实现生产数据的共享共用;开展基础数据管理平台与PDMS、MPMS的集成与数据清洗,打通设计工艺、制造数据瓶颈。具体从电子工艺指导现场生产、自下而上的数据采集、内部工业物联网融合应用等方向开展具体工作。首先,在三、四、五、六分厂MES应用的基础上,进一步拓展系统功能,主要军品车间实现电子工艺指导现场生产,技术状态管控能力得到提升;开展零件转入转出数据的比对分析,实现数据异常情况实时预警。其次,结合质量信息追溯及产品加工信息管理的需求,采集关键重要零件在各道工序的加工设备、人员、检测等信息,形成加工信息数据库及质量数据包。再次,在总装车间开展三维装配工艺规划和设计,实现重点部件基于三维工艺的全过程模拟装配,提高总装工艺信息化水平。最后,探索构建基于工业物联网的轮式车辆总装数字化车间,开展数字化车间建设基础技术研究,形成信息化的生产管控模式,全面提升总装生产制造能力与水平。

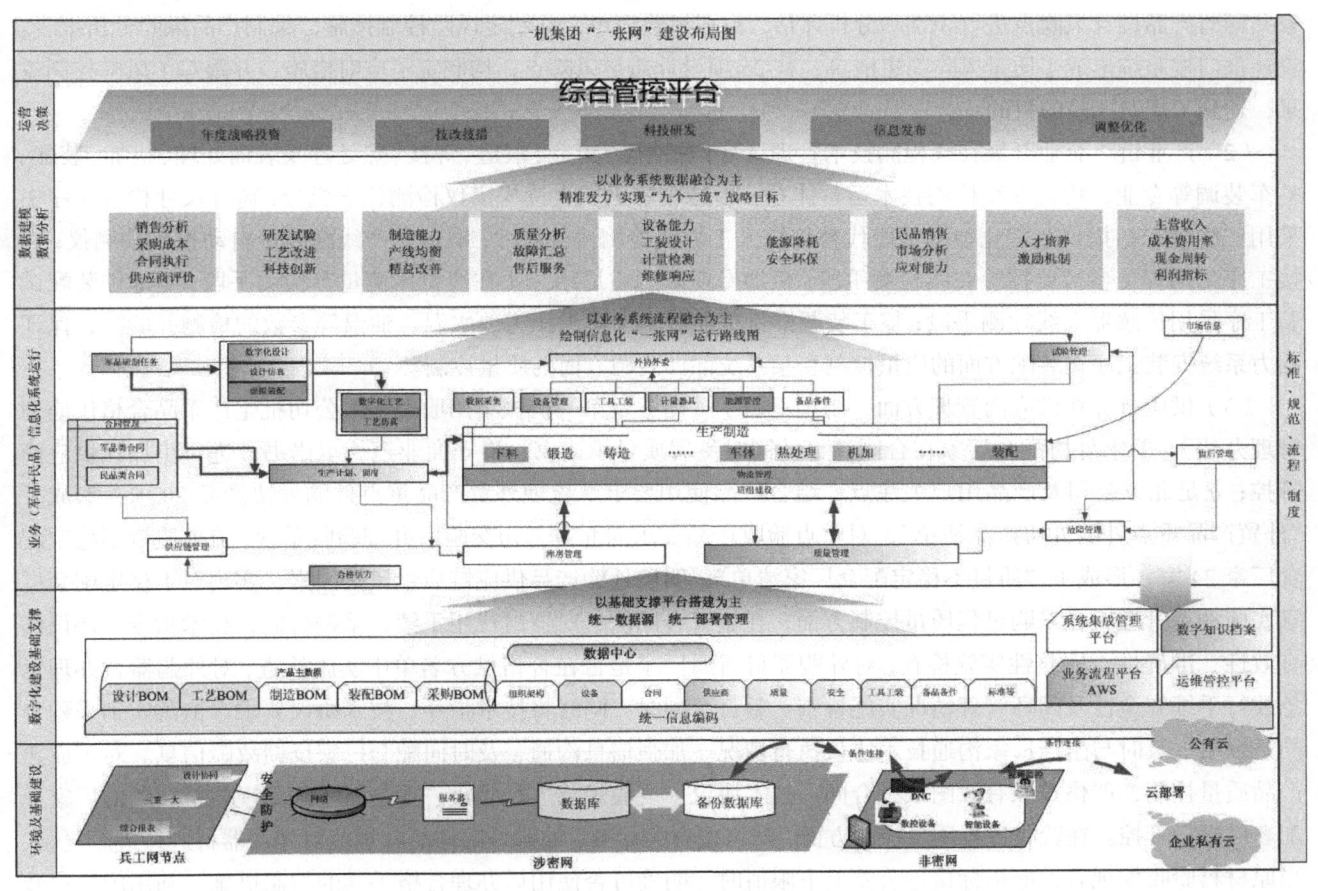

图2 一机集团"一张网"建设布局图

(二)以信息流赋能管理效能提升、以数据流赋能实物质量提升

本项目从供需双方一体化管控机制、供应链质量管控、质量可靠性人因物因持续改进等方面,系统性梳理管理流程、体系要素,识别设计、工艺、生产、检验、采购、售后等全过程质量要素,并按照"数据流"和"信息流"进行分类归集,确定以质量管理全过程的"数据流"和"信息流"作为全层级、全流程、全要素、全员参与的双流驱动,最终实现实物质量提升、质量管理能力提升,同时也为大数据"一张网"信息化建设

提供指导。

(三) 全面疏通技术链、产业链、供应链、服务链四条链路，提升管理能力

(1) 技术链。以某型军贸产品为例，对该型军贸产品研发制造全链条进行梳理，构建了产品树，梳理了供应链清单，该型军贸产品由八大系统组成，包含44个设计组别，涉及各类零部件8000余类，总计22000余项（不含标准件和辅料），其中，外购外协件1000余项，涉及协作配套单位100余家，遍布北京、内蒙古、河南、山西、山东、江苏、上海、四川等中国大部分省（市、自治区）。围绕用户需求目标及产品指标转化，以订货合同和技术状态文件为输入，自上向下逐层开展指标分解落实和验证工作。总体设计部门编制整车任务书，分解各项性能指标及通用质量特性指标并下发至分系统设计部门，同时分系统设计部门将分解后的各项指标以任务书或技术协议等形式下发至配套厂家，确保全部指标分解落实。该型军贸产品用户对装备性能指标要求非常严苛，设计部门依据双方的合同内容以及历次用户主要关注点和配置调整要求开展指标分解，同时设计部门还将该型军贸产品近年来批生产和用户使用中暴露问题的解决措施进行落实，进一步提升产品的质量；围绕信息化及数据共享，各类图纸审核采用线上审签方式，确保相关知识成果能够及时共享到相关人员；同时设计部门与配套厂家共同对产品设计风险点进行识别和分析评估，形成风险清单，并制定风险控制措施，编制产品风险分析报告。设计部门按系统形成了质量风险隐患清单，共25项设计质量风险点，均制定了应对措施，并跟踪了风险控制效果，达到了规避风险的目的。

(2) 产业链。企业开展在线检测技术管理运行，从冶炼、铸造、锻造、焊接、热处理及表面处理、机加、装配、整车装调等专业，构建在线检测技术运行体系。冶炼工序采用直读光谱仪检测化学成分；铸件尺寸检查工序中采用三维激光扫描仪数字化检测手段代替传统人工划线检测铸件尺寸；锻造生产线配置了自动投影检测仪；焊接工序采用焊接参数监控等在线检测手段；机加专业采用雷尼绍探头在线机床测量等检测手段；零部件装配试验工序采用传感器在线检测手段；整车装调推行机油压力、操纵压力、水温、油温等参数的检测并验漏，保证动力系统安装工序在装配方面的质量控制和某系统部件装调方面的质量控制。

(3) 供应链。在供应商管理方面，制定下发了《内蒙古第一机械集团股份有限公司批生产军品合格供应商管理办法》，要求外协配套厂家在合同签订的同时签署质量承诺书、恪守商业道德承诺书，进一步加强供应商管控；立足北方公司及产品用户关注点，结合产品使用要求，梳理外贸产品重点外购外协产品20项，形成了"外贸产品重点外购外协产品清单"，对重点验收产品要求向北方公司交验后办理验收手续；梳理质量不稳定配套厂家24家，形成了"质量不稳定配套厂家清单"，明确外购产品供应链质量风险因素，实现对不稳定配套厂家实施动态管理。在采购过程质量控制方面，在签订合同前，对器材代用手续，采购合同，技术指令，协议的有效性、准确性、完整性实施检查；对外购器材所属厂家是否在合格供方名单中实施检查；对外购器材办理紧急放行手续齐全性及闭环管理情况实施检查。签订合同时，同时将技术指令、技术协议要求严落实到采购合同条款中。及时与生产厂家沟通技术协议执行情况。加强信息沟通，及时向配套厂家反馈故障信息。对于成熟产品质量控制，严格按照有效图纸、合同、技术协议、复验规范进行验收，重点对曾经出现质量问题的厂家及配套件进行管控。在验收过程质量控制方面，严格按有关标准、外购外协件复验规范对外购器材进行进厂复验，当原材料验收发现有性能指标接近公差上下限值时，明确可否使用后办理合格手续的控制措施。利用闲置包装对分装配送器材进行适当防护，在转运中采用转运器具等保护措施，确保器材标识清楚、不混、不丢、无磕碰。在质量保障能力提升方面，对现有复验能力进行了梳理，共梳理检测项点54项，形成了"复验能力清单"。针对不具备复验能力的重要外购外协件进行驻厂验收，保证产品质量良好，产品合格率达100%；对质量不稳定外协厂家进行监督检查，把质量形势传导到配套厂家，提高产品质量意识的同时切实提高外协配套件质量。

(4) 服务链。公司服务保障链建设在质量强国、质量强军的大背景下，公司进一步强化军品质量责任意识，在确保装备配套资料规范、齐全的基础上，加强装备巡检、巡修工作，创新技术服务保障模式，不断提高装备服务保障能力和水平。实施了"预期型主动军品服务模式"，组建了专业技术保障队伍，制定了技术保障工作规范，

明确了工作流程,将军品售后服务工作界面前移,确保了装备的保障效果。从2012年开始,公司连续获得中央军委、原总装备部、国防科工局的奖励,装备使用部队近几年为公司赠送了多面锦旗,对装备使用过程伴随保障和应急维修保障等工作予以高度认可。

(四)践行六铁文化:铁心向党的忠诚文化、铁肩担当的责任文化、铁甲奔流的攻坚文化、铁血落实的执行文化、铁柔相济的包容文化、铁本为民的人本文化

文化自信是更基础、更广泛、更深厚的自信,是更基本、更深沉、更持久的力量。近年来,一机集团积极探索新时代国企改革大背景下文化建设的新思维、新路径和新成效,持续完善"铁骑文化"理念体系、工作体系和评价体系,将六铁文化贯彻执行到质量管理的每一个环节,以文化引领和保障具有全球竞争力的世界一流特种车辆研发制造集团建设。把"绝对忠诚"作为第一标准,深入学习党委会"第一议题"、党委理论学习中心组"第一内容",学习贯彻关于"军贸是增强国家政治互信的基础,是实施"一带一路"创新举措,是大国博弈的工具"精神,研究制定履行强军首责、创新驱动、党的建设等细化落实措施100余项,持续督查督办、跟踪问效,以实际行动和发展成效践行"两个维护",坚持把"铁骑文化"宣传教育嵌入质量管理工作、融入生产日常,坚持质量立企,秉承产品质量就是战斗力的理念,打造军贸质量品牌,军贸用户关注问题得到彻底解决,得到用户一致好评。坚持秉承"零容忍"质量文化理念,确保军贸产品质量稳步提升。

(五)运用系统观念,设置管控质量"门限",提升全过程质量管控能力

为加强军贸产品质量管理和控制,有效提升科研和生产产品质量管控能力,提高科研产品研发质量,通过系统梳理科研生产全过程质量要素,针对质量管控环节,强化型号质量师系统保障能力,引入系统工程中"门限"机制,通过识别设计、工艺、制造、采购、检验、服务等全过程的关键环节,设置质量管控要求,以"质量门限"为抓手,将"质量门限"控制管理运用到四条链路的各个环节,贯穿在军贸项目论证、设计阶段、工艺准备、外购器材控制、制造过程质量监控、整车总装总调总试及交付全过程,提升科研、工艺、采购、检验、试验、生产、交付质量管控能力,全面提高外贸产品质量管理水平。

五、实践成果

通过构建数据驱动与质量门限融合的"1246+N"全生命周期质量管理模式,提升全过程质量管控能力的目标基本实现。集团公司在国际竞争中持续取得优势,在国际市场上占据一席之位,为建设具有全球竞争力的世界一流企业奠定了基础。企业的信息化管理能力,以及外贸质量管控能力达到了国内先进、国际中游的水平,企业的整体质量管控能力得到了跨越式的发展。项目完成后,某型军贸产品各系统及整机一次试验成功率明显提高,经统计,整机一次试验完成合格率明显提高,公司以该型军贸产品为依托,建立起品牌工程评价及成效模型,对兵器集团打造军贸品牌,建设世界一流企业起到了典型的示范作用。

主要创造人:洪振军
参与创造人:赵建军、张小梅、荣俊红、颜 馨、骈 亮、杨海梅、刘明娇

核工业建安企业质量损失管理体系构建和应用

中国核工业二三建设有限公司

中国核工业二三建设有限公司（以下简称中核二三）成立于1958年，隶属于中国核工业集团公司，注册资本为64336.92万元，2018年入选"双百企业"。中核二三主要业务范围涉及工程咨询、勘察、设计、土建、安装、设备制造、检测、消防、监理、装饰装修、检维修、物业等建筑业价值链的各个环节，能够承担工程总承包、项目管理、工程设计、工程施工、工程咨询等工作。中核二三是中国最大的核工程综合安装企业，是国际上唯一连续近40年不间断从事核电站核岛安装工程的企业，参与了中国大陆所有的核军工、核科研工程和大部分核电站核岛安装工程，先后荣获国家及省部级奖项160余项，多次被党和国家领导人誉为重大工程建设的"国家队""铁军"。

中核二三坚持以习近平新时代中国特色社会主义思想和习近平总书记关于核工业和中核集团一系列重要指示批示精神为指导，践行中核集团"强核强国，造福人类"企业使命，秉承"两弹一星"精神，"四个一切"核工业精神，"强核报国，创新奉献"新时代核工业精神，牢固树立"质量创造价值，质量成就品牌"的质量理念，贯彻执行"安全第一、质量第一"方针，以科学发展观持续完善质量管理体系，牢筑保障工程质量防火墙，紧盯关键少数，强化领导作用和责任担当，以点促面、以面促体，提升公司质量工作绩效，推进公司"强军兴核优民"战略目标实现，助力质量强企、质量强国。

一、质量损失管理体系实施背景

目前，中核二三仍然处于劳动密集产业阶段，还没有摆脱粗放管理状态。2019年，中核二三经营规模首次迈上百亿元台阶，但项目管理和控制能力亟待增强。中核二三射线检验一次合格率、QC一次合格率常年保持在95%以上，在高合格率的外表下，各级管理人员和施工人员看不到数据背后存在的巨大成本损失，质量控制过程改进意愿不强。

近年来，由于成本因素的变化，企业的生产成本不断增加，但核电单堆合同总额并未相应增加，造成利润率不断下降，有效控制生产成本是企业实现可持续发展的重要途径。重视质量、加强质量损失管理，成为企业以质量降成本、求利润、求生存的内在要求。为此，中核二三必须建立适用于核工业建安企业的质量损失管理体系，通过质量损失管理体系的落地，强化工程建设中各过程控制，减少成本损失、减少资源浪费，促进企业由粗放经营向精益创效转型，进而实现企业高质量发展。

二、质量损失管理体系构建

中核二三经过系统摸排、广泛讨论、实际测算在核工程建设中可能存在的质量损失及损失额，在单项目试点、多项目试行和改进的基础上，构建了一套具有核工业建安企业特色的质量损失管理体系（图1），编制了《质量损失管理规定》。

（一）运用项目管理方法，落实组织保障

为全面加强核工业建安企业质量损失管理体系建设组织保障，运用项目管理方法，由中核二三副总经理、总工程师作为第一责任人，成立领导小组，负责全面领导、推动质量损失管理体系的建设，领导小组组织机构如图2所示。

图1 质量损失管理体系图

图2 领导小组组织机构

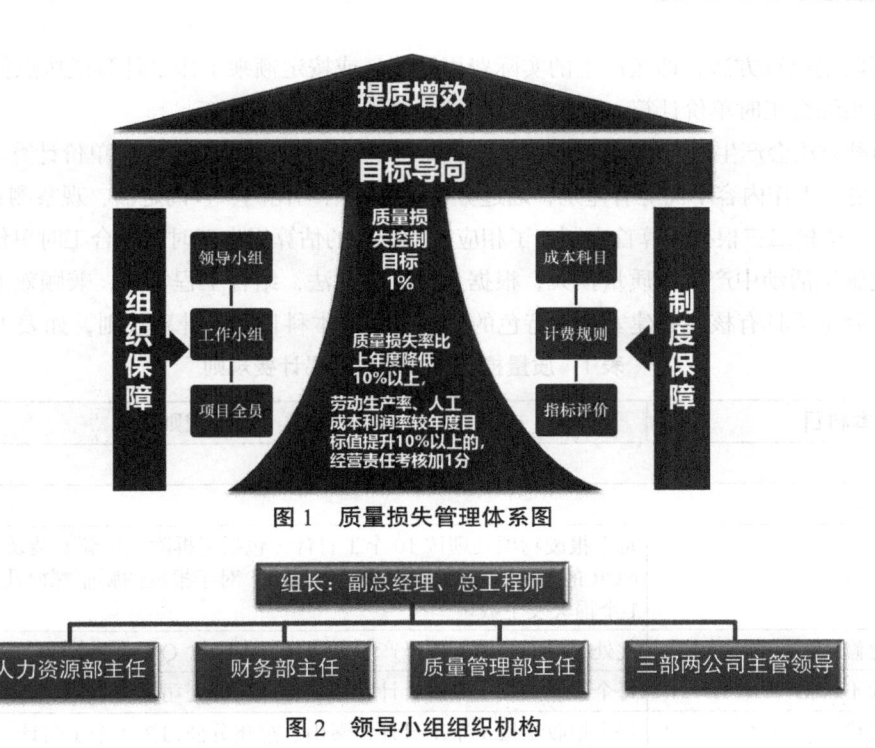

同时成立工作小组，质量管理部主任为组长，总部各相关部门成员、各项目部总经理、质保经理为组员，负责收集整理数据，确定质量损失成本科目及核算方法，召开推进例会，协调解决问题，切实推动质量损失管理体系建设实施，并定期向领导小组汇报。工作小组组织机构如图3所示。

图3 工作小组组织机构

项目经理作为项目部质量损失管理的最高管理者，必须加强质量成本意识培育，明确本项目质量损失管理目标，明确各部门、施工队的质量损失管理职责，推动本项目质量损失管理体系建设，并对最终执行效果和目标的实现负责；组织对各部门、施工队质量损失管理目标进行评价、考核。

（二）精准识别不增值部分，合理设置质量损失成本科目

目前，质量损失管理在制造业中应用较多，在建筑业应用较少，部分科目不适用于核工业建安企业，部分核工业建安企业活动未列入成本科目，且各成本科目仅给出了定义，未明确应统计哪些活动产生的数据，不便于企业基层人员开展数据收集、统计。

2020年，在试点项目的基础上，发动全员充分识别自身工作中不增值的部分，组织专家充分研讨、修订，最终形成具有核工业建安企业特色的质量损失成本科目。

同时，结合核工业建安企业施工流程及管理要求，深入分析可能会产生质量损失的环节，明确各成本科目应收集统计哪些活动产生的数据，并对部分科目进一步分解，推进质量成本管理实施。

（三）优化数据收集核算方法，制定简易计费规则

大部分质量损失无法在财务报表中体现，收集产生的实际费用会产生更多的管理费用，而这些费用是不增值的，因此质量损失成本数据收集核算不宜过于追求精确。根据核工业建安企业特点，中核二三制定了三种质

量损失成本数据收集核算方法,即按产生的实际费用计算,或按定额乘工作量计算或按点值乘点单价计算,或按估算损失工时乘综合工时单价计算,可根据成本科目的具体情况选用。

当采用前两种方法会产生过多的管理费用时,可采用估算损失工时乘综合工时单价计算。损失工时因施工人员技能、所处环境、工作内容不同等有差别,通过分析各施工活动比例、查询定额、观察测算等进行估算,使其尽量接近实际值,中核二三根据测算首次制定了相应成本科目的估算损失工时及综合工时单价。

为快速确定施工活动中产生的质量损失,根据上述三种方法,结合工程实际,兼顾效率与准确性,经过多次测算、修订,制定了具有核工业建安企业特色的质量损失成本科目简易计费规则,如表1所示。

表1 质量损失成本科目简易计费规则

成本科目		计费规则
质量损失成本		
一、内部损失成本		
1.1	报废损失费	每个报废物项处理按10个工日计(包括了拆除、重新安装及等待时间),开启了NCR的,NCR流程费用未包含在内。对于报废的膨胀螺栓孔,每100个废孔记为1个损失发生数量
1.2	返工或返修费	此处统计的是施工人员产生的费用,不包含QC人员费用
1.2.1	消点检验不合格	每个控制点按1个工日计,秦山、惠州分公司按1个工时计
1.2.2	班长日报检验不合格	每个拒收项按1个工日计,秦山、惠州分公司按1个工时计
1.2.3	符合性检验不合格	每个消缺项按0.5个工日计,秦山、惠州分公司按1个工时计
1.2.4	无损检验不合格	涉核项目每道焊口按2个工日计,非核项目按每道焊口1个工日计,秦山、惠州分公司按每道焊口4个工时计;对于罐、卷焊管等长焊缝,按不合格底片数统计(其他无损检测方法发现的不合格,按缺陷长度折算底片数,不足1张的按1张计),每张底片按2个工时计
1.2.5	其他内部发现的产品/半成品不合格	按不合格数量统计,每个不合格按2个工日计
1.2.6	已安装物项拆除、重装	每项按4个工日计
1.3	停工损失费	损失发生数量按停工人数×2计算
1.4	丢失或遗漏的信息	
1.4.1	质量文件、记录丢失	按丢失份数统计,需交工的资料丢失的,每份1000元;其他资料丢失的,每份200元;因资料丢失导致已完工程报废或重新施工的,相应费用按科目1.1、1.2.6另行计算
1.4.2	人员流失	每人按500元计
1.5	故障分析	
1.5.1	试件制备	每个试件按10000元计
1.6	来自供方的废品和返工	不合格品已安装的,每个不合格品处理按10个工日计;不合格品未安装的,每个不合格品处理按1个工时计
1.6.1	不合格品已预制/安装	每个不合格品处理按10个工日计
1.6.2	不合格品未预制/安装	每个不合格品处理按1个工时计
1.7	重复检查检验	不包括按标准开展的材料复验
1.7.1	消点检验不合格重新检查	每个控制点按1个工时计,秦山、惠州分公司按0.5个工时计
1.7.2	班长日报检验不合格重新检查	每个拒收项按1个工时计,秦山、惠州分公司按0.5个工时计
1.7.3	符合性检验不合格重新检查	每个消缺项按1个工时计,秦山、惠州分公司按0.5个工时计
1.7.4	焊口返修时QC重新消点检查	每道焊口按0.5个工日计,秦山、惠州分公司按1个工时计
1.7.5	无损检验不合格,返修合格后重新进行无损检验及扩检	每张底片100元;其他无损检测方法,按长度折算底片数,不足1张的按1张计

续表

成本科目		计费规则
1.7.6	无损检验人员操作失误等原因，导致重新进行无损检验	每张底片100元；其他无损检测方法，按长度折算底片数，不足1张的按1张计
1.7.7	其他内部发现的产品/半成品不合格返工返修时重新检查检验	每个不合格按0.5个工日计（包括了QC重新检查和可能的无损检验费用）
1.7.8	已安装物项拆除、重装后重新检查检验	每项按0.5个工日计（包括了QC重新检查和可能的无损检验费用）
1.8	过程的变更	
1.8.1	纠正措施费	每份按5个工日计
1.8.2	施工导致的设计变更	按变更数量统计，每份变更按1个工日计
1.8.3	中核设计的设计变更	按变更数量统计，每份变更按1个工日计
1.8.4	不符合项管理	每份按4个工日计，首次焊接不合格和一次返修不合格开启的NCR，每份按1个工日计
1.9	软件的再设计	每条数据按1个工日计
1.10	支持性活动中的废品	成品保护装置、防异物装置、临时试压装置、临时采暖、脚手架搭拆等辅助活动不合格，按数量统计，每项按0.5个工时计
1.11	降级	不锈钢专用材料用在碳钢上，如胶带、防火布等，按数量统计，每处按0.5个工时计
1.12	库存损耗	有盘库报告的按盘库报告数量统计，无报告的按丢失数量统计，每件按原价计
1.13	资源闲置	按机械台班数统计，外部租赁设备按实际台班费计，自有设备按500元/台班计
1.14	过程低效率损失	以公司下达的年度劳动生产率（万元/人）指标为标准。年度劳动生产率指标/12-月实际劳动生产率，结果为正值的，以差值作为综合单价；结果为负值的，综合单价为0，即只统计劳动生产率低于指标值的。统计期内实际总人数为损失发生数量
1.15	其他	不在上述统计范围内的，规则自定并说明
二、外部损失成本		
2.1	索赔费	以实际发生为准
2.2	罚款	以外部单位罚款信函/通知为准，包括对公司和个人的罚款
2.3	扣款	以信函/通知为准
2.4	报废损失费（外）	外部检查确认需报废的，每个报废物项处理按10个工日计
2.5	返工或返修费（外）	与1.2重复的不计
2.5.1	外部消点检验不合格	按消点不合格数量统计，每个控制点按1个工日计
2.5.2	外部符合性检验不合格	按消缺数量统计，每个消缺项按0.5个工日计
2.5.3	其他外部发现的产品/半成品不合格	按不合格数量统计，每个不合格按3个工日计
2.6	停工损失费（外）	损失发生数量按停工人数×2计算
2.7	担保费用	移交业主后更换、修理、处理未完工作，按尾项数、不带费用的指令数统计，每项按5个工日计
2.8	投诉费用	客户投诉（信函、会议纪要等）项目部级的每次5000元，三部两公司级的每次10000元，公司级的每次20000元
2.9	外部纠正措施费	按发布的OBS/CAR/不符合数量统计（当不发布OBS/CAR/不符合时，按问题数量统计），每份按5个工日计
2.10	支持性活动的收入损失	未能得到顾客提供的质量奖励，及因质量不满足要求而使额外工作未得到顾客签证的损失费用，按差额统计
2.11	其他	不在上述统计范围内的，规则自定并说明

（四）构建质量成本指标评价体系，挖掘企业增长潜力

根据分析目的，可以按单位或部门、质量损失成本科目或产品/零部件统计质量损失明细，依据统计、核算结果，进行质量损失水平分析和对比分析。

除常规统计分析方法如产值质量损失率等外，中核二三制定了质量成本灵敏度分析方法：S=（本周期质量损失 – 上周期质量损失）÷（本周期产值 – 上周期产值），并给出了该指标的研判标准。当产值增加时，若 S＜1，说明质量损失成本在降低或增加幅度小于产值增加幅度，即改进效果较好；若 S≥1，说明质量损失成本增加幅度大于或等于产值增加幅度，即改进效果不好。当产值降低时，若 S＞1，说明质量损失成本降幅大于产值降幅，即改进效果较好；若 S≤1，说明质量损失成本降幅小于产值降幅或质量损失成本增加，即改进效果不好。

（五）以目标为导向，强化指标引领作用

国内开展质量损失统计的企业较少，各行业质量损失数据难以获得。查阅相关文献，得知制造业企业销售额的 15%～20%、服务企业运营成本的 20%～30% 被浪费。2011 年，《中国质量报》报道石家庄市第三季度重点工业企业质量损失率为 0.19%，其中装备制造业质量损失率为 1.02%，电子信息业质量损失率为 1.53%；某著名车企 2016 年质量损失率为 0.504%，2017 年质量损失率为 0.29%；某电工装备企业 2018 年质量损失率为 0.5%。未查询到建筑业企业质量损失数据。

由于缺乏经验数据，参考查询到的其他行业质量损失数据，结合统计数据，同时也为提高基层员工识别质量损失的积极性，将质量损失指标目标设为 1%。

三、质量损失管理体系应用

2021 年，中核二三共 22 个项目开展质量损失统计，全年质量损失额为 1541.82 万元，产值质量损失率为 0.33%，其中防城港项目、霞浦项目、核技术产业园项目、惠州分公司占当年总质量损失的 86%。各单位质量损失成本排列图如图 4 所示。

2022 年，中核二三共 18 个项目开展质量损失统计，全年质量损失额为 2439.868 万元，产值质量损失率为 0.24%，其中霞浦、防城港、甘矿、太平岭、漳州占当年总质量损失的 80.83%。2021 年，防城港、霞浦、产业园占当年总质量损失的 78%，仅防城港即占 51%，其他单位对质量损失的识别能力较低。经过一年的推广，各主要单位识别质量损失的能力均有所提升。

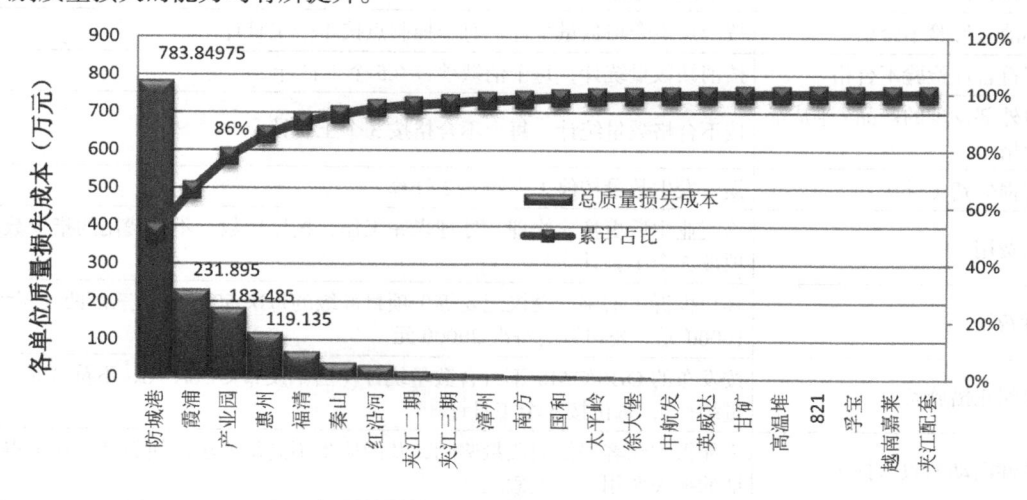

图 4　2021 年各单位质量损失成本排列图

2022年各单位质量损失成本（万元）

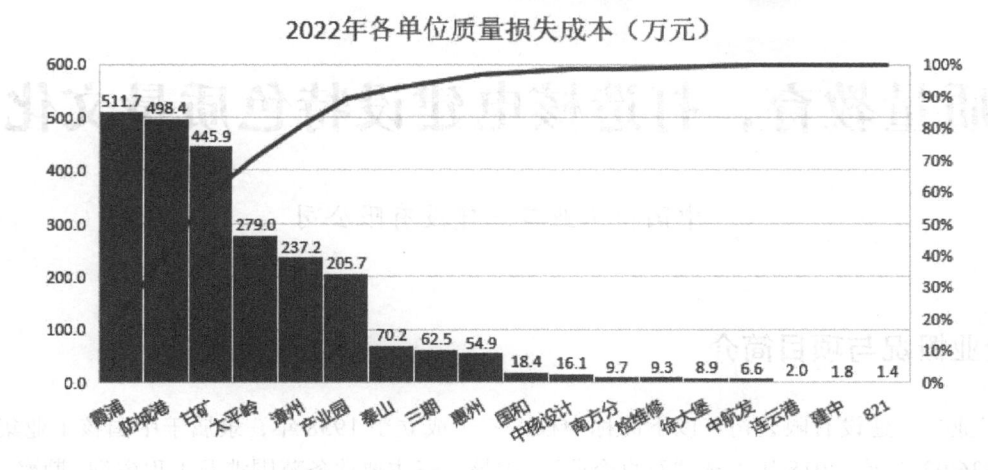

图5　2022年各单位质量损失成本排列图

四、质量损失管理体系实施效果

中核二三大力推进成果的应用，取得了显著效果，管理效益显著提升，推动了企业高质量发展。

（一）货币化展示质量问题，提升全员质量成本意识

中核二三建立了具有核工业建安企业特色的质量损失管理体系，将质量问题进行货币化转换，能够引起全体员工尤其是领导层对质量成本的重视，全员质量成本意识不断提升，"零缺陷""第一次就把事情做对"理念深入人心。2020—2022年，中核二三各项质量目标、指标均达标，未发生3级及以上质量事件，未发生工程质量事故，未发生国防科工局、国家核安全局等国家监管部门关注的质量问题，有效促进公司精益化管理水平提高。2021—2022年，中核二三连续在中核集团质量量化监督评价中获高评价等级，成效显著。

（二）积极开展降低质量损失活动，改进成果显著

通过质量损失管理体系的应用，中核二三深挖管理和施工薄弱环节，开展降低质量损失活动，改进成效显著。2020年，中核二三获得质量协会等各项奖项达44项，其中获得国家级QC小组/质量信得过班组5个、国际QC小组1个，实现了企业参加国际质量赛事"零的突破"。2021年，中核二三获得质量协会等各项奖项达83项，其中国家级QC小组/质量信得过班组3个。2022年，中核二三共获得137个奖项，其中QC小组117个，质量信得过班组20个，另外霞浦项目部"奋勇拼搏"QC小组继2020年福清项目部摘取ICQCC铂金奖后再获佳绩，夺得2022年国际质量管理小组（ICQCC）金奖。

（三）擦亮二三金字招牌，产生良好社会效益

中核二三率先在核工业建安企业内实施质量损失管理，并积极推广应用，持续开展质量改进、提升活动，保障了工程建设质量，受到各方关注和好评。2020年，中核二三获得国家优质工程金奖、优秀焊接工程一等奖等重大荣誉72项，收到上级单位、业主方等各类感谢信和表扬信200余封。2021年，中核二三荣获集团公司业绩突出贡献奖、优秀焊接工程一等奖等重大荣誉181项，收到上级单位、业主方等各类感谢信和表扬信300余封。2022年，中核二三获得国际级、国家级、省部级各类荣誉近300项，各类感谢信、表扬信400余封。

主要创造人：范　凯

参与创造人：马庆会、黎　兵、班永辉

深化质量教育，打造核电建设特色质量文化品牌

中国核工业二三建设有限公司

一、企业概况与项目简介

中国核工业二三建设有限公司（以下简称中核二三）成立于1958年，隶属于中国核工业集团公司，注册资本为64336.92万元，2018年入选"双百企业"。中核二三主要业务范围涉及工程咨询、勘察、设计、土建、安装、设备制造、检测、消防、监理、装饰装修、检维修、物业等建筑业链的各个环节，能够承担工程总承包、项目管理、工程设计、工程施工、工程咨询等工作。中核二三是中国最大的核工程综合安装企业，是连续近40年不间断从事核电站核岛安装工程的企业，参与了中国大陆所有的核军工、核科研工程和大部分核电站核岛安装工程，先后荣获国家及省部级奖项160余项，多次被党和国家领导人誉为重大工程建设的"国家队""铁军"。

中核二三太平岭项目部成立于2020年8月15日，位于广东省惠州市惠东县黄埠镇境内，红海湾西北岸的太平岭一带，规划建设6台百万千瓦级核电机组，分3期建设，每期2台机组。一期工程1、2号机组设计为"华龙一号"堆型，计划投资400亿元，于2021年5月28日开工建设。

二、核特色质量文化建设背景介绍

党的十八大以来，以习近平同志为核心的党中央高度重视核工业的发展，确立了"理性、协调、并进"的核安全观。党和国家将核安全文化建设作为一项重点工作，核安全被纳入国家安全体系。国家发布《中华人民共和国核安全法》、《核安全文化政策声明》、《中国的核安全》白皮书，国家领导人多次在2016年华盛顿核安全峰会等国际国内重要场合，强调强化核安全文化的要求。

核安全是核工业的生命线，核电建设具有工艺复杂和涉核安全性深等实际问题或特性。但目前核电行业建安单位引入的人员存在"流动性大、无核电经验员工大量涌入、素质参差不齐"等特点；在项目建设周期内如何将抽象的核安全文化具体化，解决多年来核安全文化落地难问题，在较短的时间内提高员工核安全文化素养，实现员工主动将核安全文化要求"内化于心、外化于行"，具有重要研究价值和实践意义。

三、核特色质量文化建设概况

近几年，生态环境部多次在重要场合、媒体提出/发布核安全文化进班组的相关要求；2021年，生态环境部华南核与辐射安全监督站相关官员在广东惠州核电也提出了核安全文化进班组以及深化核质量文化教育的要求，并开展"我为群众办实事，核安全文化进班组"活动。

本项目结合监管当局、建设运营单位等相关方需求，综合考虑核电建设安全工作生产各级员工特点及需要，通过创造性地运用6S理念系统策划，将难以让普通员工读懂弄通的复杂核安全文化理论知识及要求，通过梳理分类整理，形成了让员工通俗易懂的语言、文字、图像、手册和案例等，尤其是让一线作业人员能学明白并主动去讲（图1），不断深入倡导和培育核安全素养，从而落实到实实在在的日常行为中，并通过建立评估体系、编制评估方案和系统评估等方式不断优化改进提升，以真正实现员工"内化于心、外化于行"目标。

图1 可视化系统手册/汇编及班组技术人员主动学习

四、核特色质量文化有效落地建设探索

（一）组建团队，系统策划

强有力的组织保障是核安全文化建设推进的有效措施。项目成立的同时组建以项目总经理为组长、总经理部主要成员为副组长，各部门/队负责人为成员的核安全文化建设组织机构（图2），负责项目部核安全文化建设工作的统筹、推进、监督、检查。同时设置核安全文化建设办公室（质保部），策划并组织开展系列多方位的核质量文化提升活动。

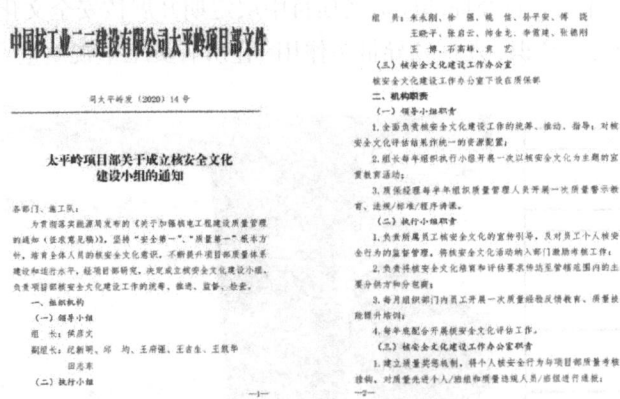

图2 发文成立组织机构

核安全文化建设办公室策划发布年度核安全文化建设方案（图3），系统策划，运用PDCA管理理念，不断循环推动；通过系统驱动行为，通过机制引导行为。

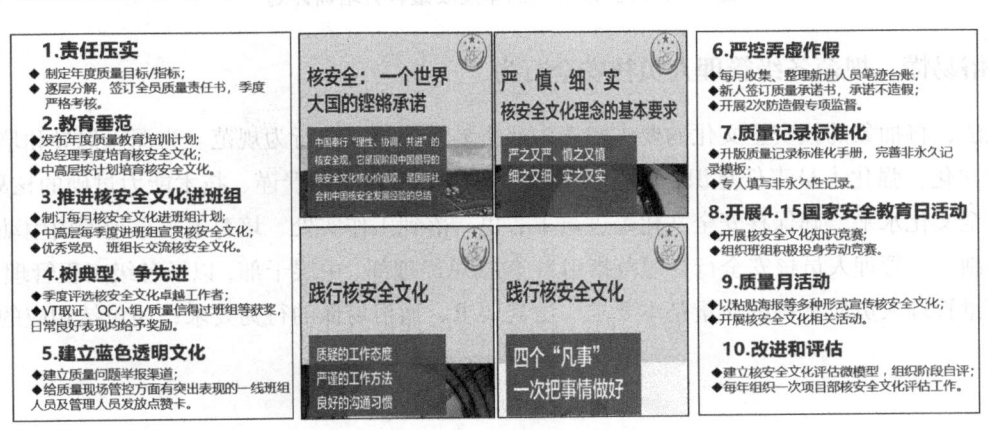

图3 核安全文化建设方案

（二）设定目标

将抽象的核安全文化具体化，从而达到核安全文化在项目部快速、有效落地的目的，设定建设目标如下。

（1）运用6S理念，通过"整理、整顿、清扫、清洁"将难以被普通员工消化吸收的核安全文化理念，梳理和编制出系列可视化产品，提升各级人员"素养"，实现核安全（例如，质量零事故，无违反"两个零容忍"和造假事件发生，甲方安质环考核质量部分月度平均得分不低于100分）。

（2）策划开展核安全文化进班组活动，持续将核安全文化深入落实到一线班组，并通过监督监查、监管方审查结果，提高质量置信度（例如，外部质保监查得分为75分以上、国际标杆建设评分达到八级、得到甲方肯定和表扬、得到监管局肯定）。

（3）运用公司核安全文化评估标准开展评估，识别改进机会，有针对性地采取改进措施（例如，当满分为1000分时整体评估得分不低于800分，当文化等级共四级时不低于三级。其中决策层的安全意识、员工的责任意识和质量意识普遍提高，在各章节满分为1000分时得分分别不低于800分、700分）。

（4）导入质量成本损失管理方法，开展质量成本损失测定，实现良好效果（例如，产值质量损失率≤1%）。

（三）自上而下，充分发挥领导带头作用

策划发布《年度中层及以上人员质量教育计划》，总经理部成员及项目中层定期开展核安全文化培训（图4），自上而下，通过领导垂范和授课，强化核安全文化意识，发挥领导带头作用，让所有员工重视质量、重视核安全。

图4 由总经理授课的年度质量教育培训计划

（四）通俗易懂，规范各级管理人员核安全行为

以案例说法，将抽象的核安全文化的要求解读为通俗易懂的核安全行为规范。为深入倡导和培育各级管理人员的核安全文化，强化人员责任意识，打造安全意识良好、工作作风严谨、技术能力过硬的核岛安装队伍，持续提高核安全文化水平，确保核安全文化走进员工心里、落到工作实处，培育追求卓越的内生动力。太平岭项目部整理编制了《管理人员核安全行为规范指引》，包括总经理部、中层干部，以及各级工程管理、生产管理、技术管理、质量管理人员应掌握的质量基本要求、法规要求、通俗易懂的行为要求，还包括相应的规范等，如图5所示。

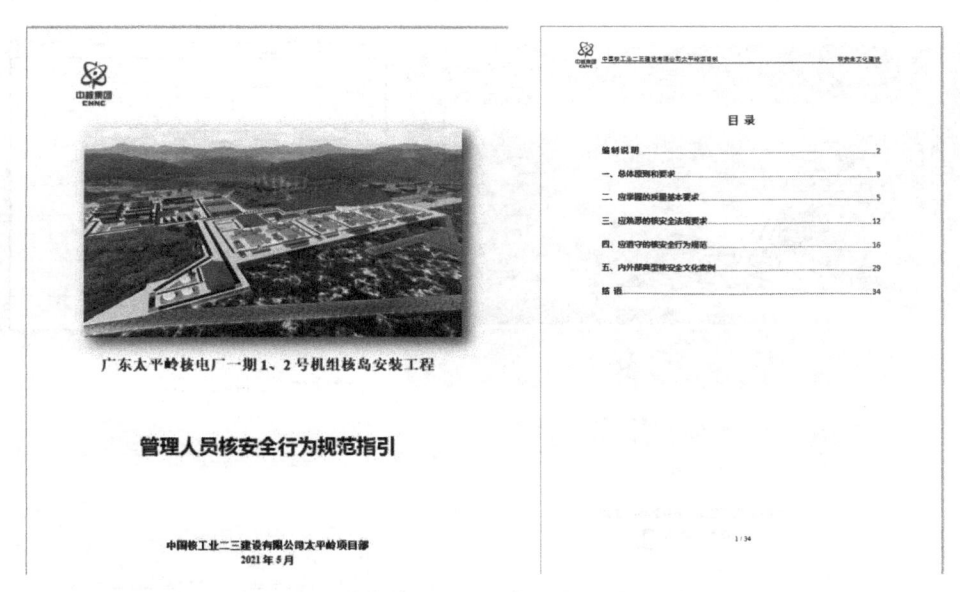

图5 《管理人员核安全行为规范指引》

（五）将抽象的核安全文化具体化、可视化

针对"无核电经验员工大量涌入、素质参差不齐"的特点，发布质量控制系列可视化手册，通过培训让广大员工增强落实核安全文化的应有技能，从而提高工程整体质量控制水平。

1. 可视化工艺指导手册

将繁杂的工艺用图文呈现，能让员工尤其是新员工在短期内快速理解和掌握；梳理发布《太平岭项目部可视化工艺指导手册》（图6），将程序要求进行可视化展示，提供标准化、规范化的操作指导，提高入场新员工（新工人、新QC）的技能水平，达到增强项目部工艺质量控制能力的目的。

图6 《太平岭项目部可视化工艺指导手册》

2. 质量记录标准化手册

梳理整合核岛安装工程各类主要质量记录表格及明确填写要求，整理发布《质量记录标准化手册》（图7），通过规范记录填写，达到提高项目部质量记录准确性、及时性、有效性等目的，提高项目部施工质量管理水平。

图7 《质量记录标准化手册》

3. 质量通病手册

汲取以往核电建设经验教训，继承和发扬过去工作的优点，总结和改进过去工作的不足之处，努力防治质量通病，梳理编制发布《质量通病手册》（图8），包括管理通病、施工通病等内容，以便各级人员查漏补缺，规避或减少质量问题的发生。

图8 《质量通病手册》

4. 成品保护和防异物标准化图集

为进一步规范工程推进过程中成品保护和防异物工作，发布《成品保护和防异物标准化图集》（图9），确保成品保护和防异物工作有效实施。

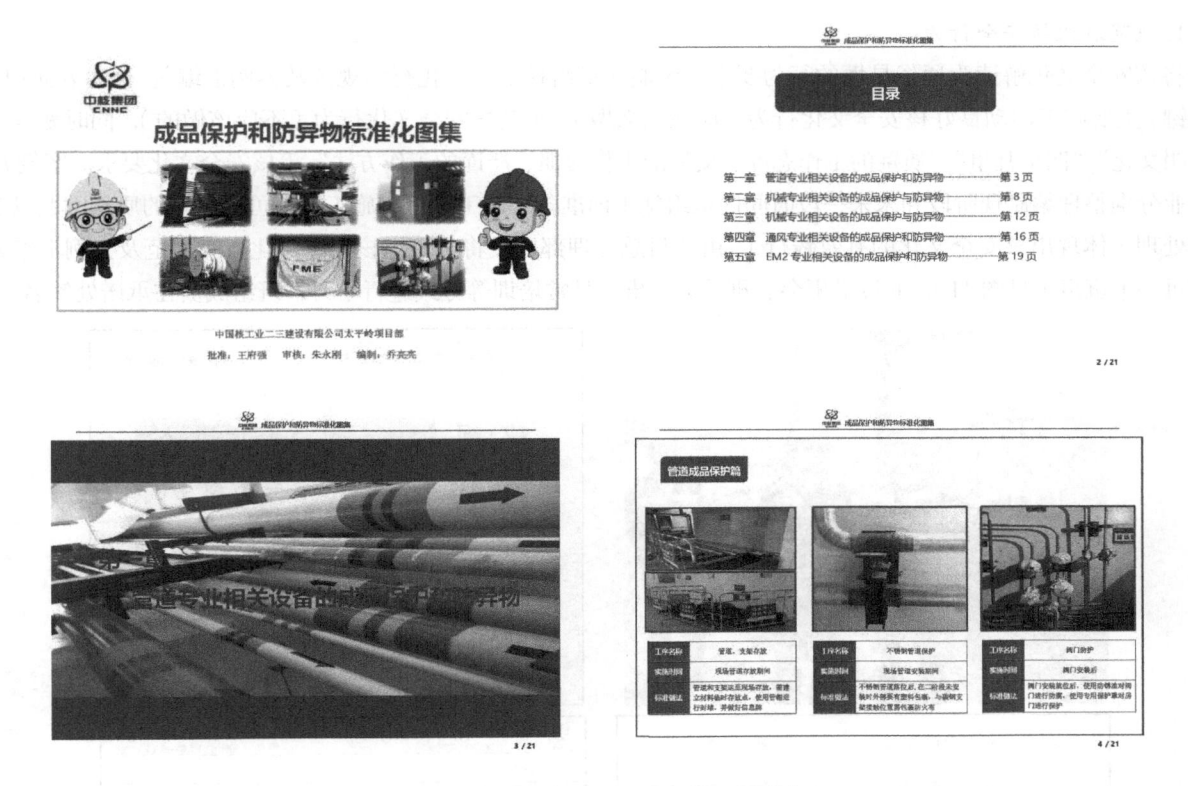

图9 《成品保护和防异物标准化图集》

5. 质量检查手册

为保证现场检查工作高效开展，项目部策划编制《质量检查手册》（图10），包括消点检查、巡检检查、重要工序质量控制重点等内容，以便于指导检查人员工作实施，规范检查人员检查项目。

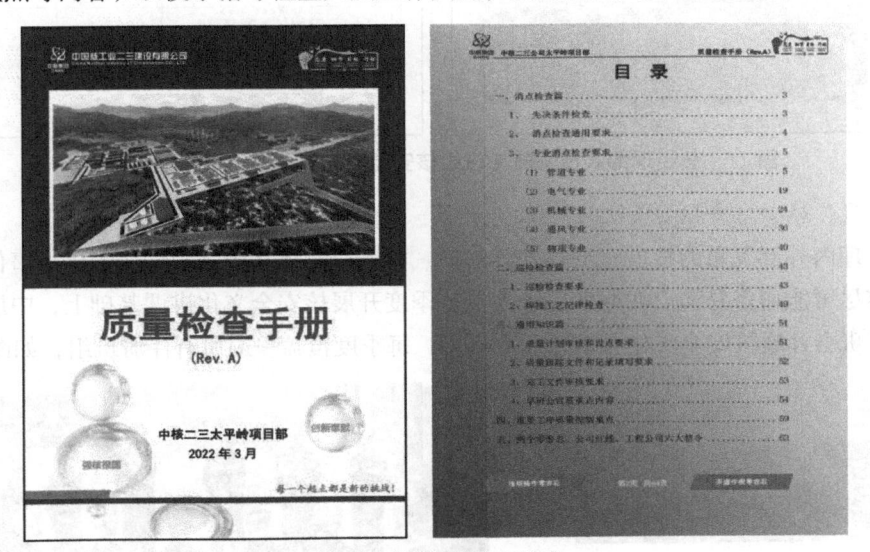

图10 《质量检查手册》

（六）策划开展核安全文化进班组活动

施工班组是核安全文化建设的前沿阵地、最小单元。为深化核安全文化培育，贴近施工一线，项目部策划开展核安全文化进班组专项活动，通过6个方面21项举措将核安全文化具体化、落实到施工班组，并对效果进行评估，根据评估结果调整并采取有效提升措施。

1. 规范班组核安全行为

将核安全文化解读为通俗易懂的行为要求，编制《班组核安全文化行为规范及案例汇编》。行为方面：明确各关键/主要施工活动良好核安全文化行为（应该怎么做）、不良核安全文化行为（不应该做的），同时融入"蓝色透明文化""四个凡事""质疑的工作态度、交流的工作习惯、严谨的工作方法"等核安全文化要求。案例方面：按专业分别整理编制现阶段和未来一段时间内班组施工前准备、施工过程和施工结束可能出现的质量问题以及应如何处理（体现出核安全文化的有效践行）。由项目总经理部成员将《班组核安全文化行为规范及案例汇编》发放到每一个班组（见图11），通过早班会、班后会、班组日常培训等方式进行学习，班组成员在承诺处签名。

图11 总经理部人员发放《班组核安全文化行为规范及案例汇编》

2. 领导深入一线，精心培育核安全文化

项目部收集整理内外部发布的核安全法规基础知识、核安全文化基础知识、典型质量事件案例，编制成宣讲素材汇编，内容尽可能通俗易懂。在原各层级人员每季度开展核安全文化讲课基础上，中层及以上领导点对点进班组，利用早班会开展核安全文化再培育、再宣贯，每季度覆盖一遍所有注册班组，如图12所示。

图12 总经理通过核安全文化进班组活动在早班会上宣讲素材

3. 班组长主动讲核安全文化

班组施工前，在早班会或者在技术交底时，班组长对相应行为规范条款进行再次宣贯。

两级 QC 人员、QA 监督人员在早班会或者技术交底时，通过抽查、提问、宣贯等方式，让所属班组长及组员重温案例、自己来讲现场施工时遇到问题应该如何处理，如图 13 所示。

各部门/队邀请其他施工队及分队优秀班组党员、优秀班组长到本单位班组宣讲我身边的核安全文化故事，分享日常施工过程中对核安全文化的理解以及如何付诸实践。

图 13　QC 人员、QA 监督人员宣讲核安全文化要求及案例

4. 开展防人因失误活动

策划发布《防人因管理实施方案》，多维度开展防人因失误活动，包括拍摄并组织学习防人因失误《三段式交流》视频；编制《防人因巡视卡》并落实到总经理部值班任务中；各级管理人员开展班组人因失误观察，对容易出现人因失误的重点区域和重要环节进行现场观察指导，如图 14 所示。

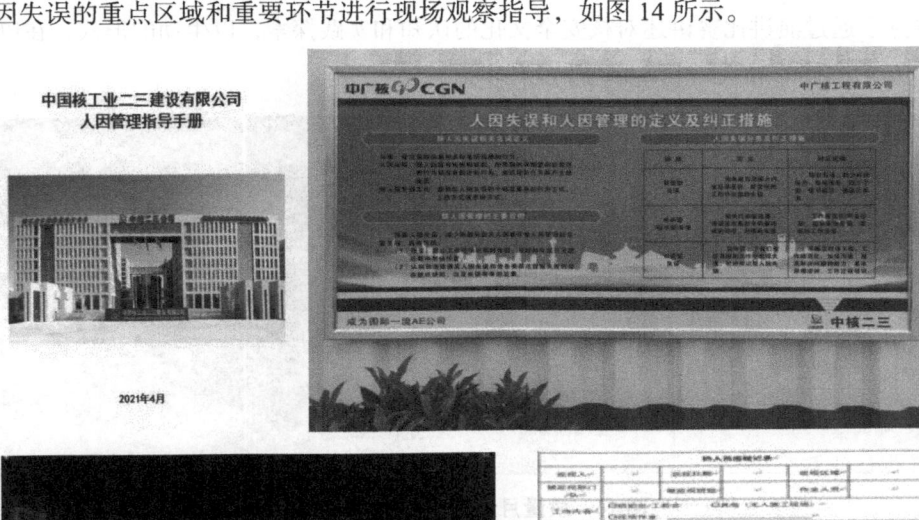

图 14　开展防人因失误活动

5. 开展、质量月系列主题活动

在质量月策划开展丰富多彩的活动（图15），包括横幅签名暨质量宣誓活动、警示教育、班组长核安全文化—质量管理培训、签署质量承诺书、每日质量知识有奖答题、质量演讲比赛等，力求将质量文化和核安全文化意识不断入脑入心，做到内化于心，外化于行。

图15 质量月活动启动、宣誓、承诺、竞赛

以党建引领高质量发展，开展质量演讲比赛。为进一步宣传核安全文化，大力营造"人人重视质量、人人创造质量"的良好氛围，项目部以党建为引领，策划以"责任重在落实，质量与我同行"为主题的质量演讲比赛（图16）。参赛选手通过演讲比赛讲述对核安全文化的认知和实践探索，以生动的形式，在以施工队班组长及以上关键岗位人员为主体的观众心中烙下"质量"印记。

图16 质量月活动质量演讲比赛

（七）系统开展文化评估，识别改进机会

为识别改进机会，策划发布《年度核安全文化建设及评估方案》，每年对照评估方案采取问卷调查、现场访谈、现场检查等方式开展内部核安全文化评估工作。根据评估结果撰写评估报告（图17），识别核安全文化建设中存在的不足并进行针对性改进，以达到持续提高核安全文化水平的目的。

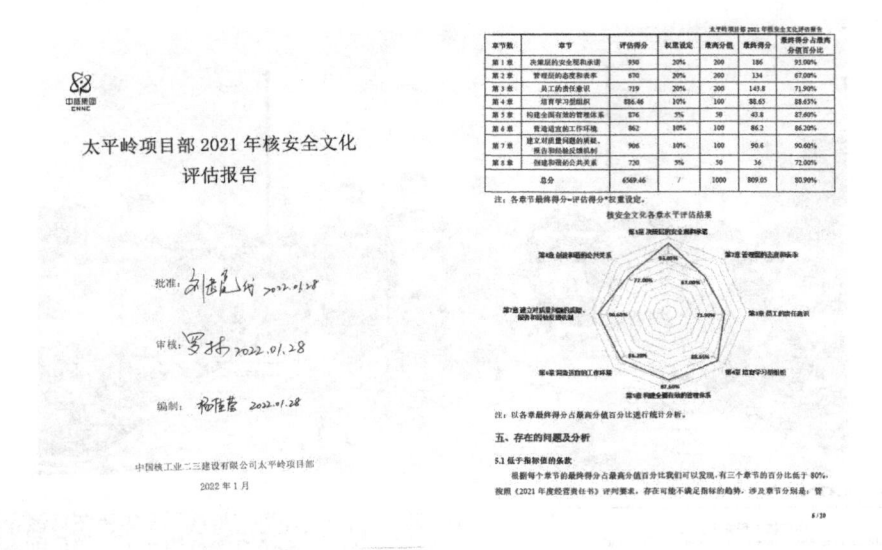

图 17　核安全文化评估报告

（八）加强质量损失管理，持续向质量要效益

项目部策划发布《质量损失成本管理实施方案》，通过实施质量损失管理，逐渐降低质量损失成本；通过统计、分析（图 18），寻找改进机会，制定实施改进措施，并对实施效果进行评价。

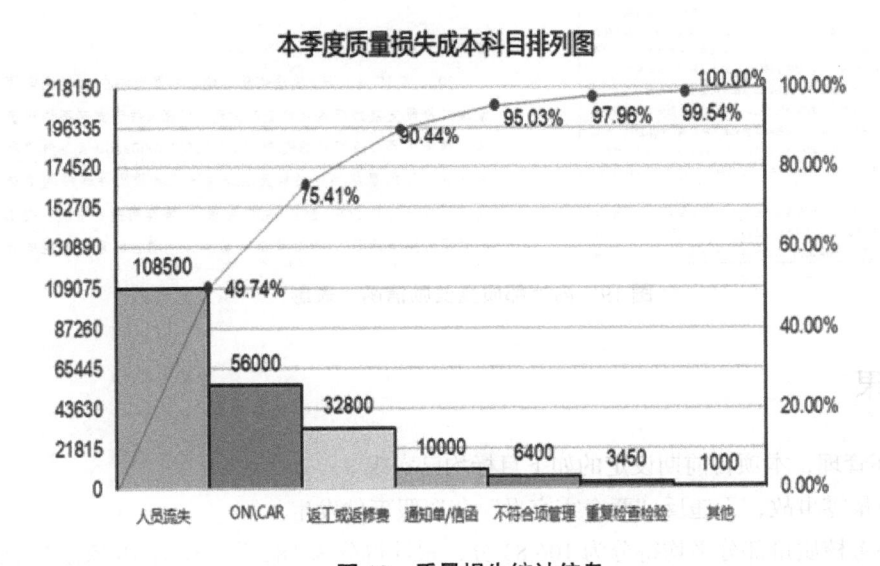

图 18　质量损失统计信息

（九）正向引导为主，质量奖惩分明

制定奖惩制度，利用马斯洛需要层次理论（生理的需要—安全的需要—社交的需要—自尊与受人尊重的需要—自我实现的需要）正向引导员工；发布《员工质量行为管理规定》和《太平岭项目部质量安全先进评选标准》，对各班组核安全文化卓越践行者在全项目部予以激励、表彰，并报送到上级单位；对违反核安全文化的典型案例按规定进行处理。通过正向激励，促使质检人员多次发现现场实体质量问题，如在施工前及时指出澄清文件中的错误，坚持原则不盲目签字放行，充分体现了质检人员把关作用。内外部质量奖励信函、表彰如图 19 所示。

图 19　内外部质量奖励信函、表彰

五、实施效果

通过 PDCA 闭环管理，本项目前期设定的如下目标均已实现。

（1）实现年度质量零事故，无违反"两个零容忍"和造假事件发生。

（2）甲方安质环考核质量部分平均得分为 106.83 分，累计得分为 182 分，位居 19 家承包商之首。

（3）外部质保监查得分为 76.2 分，国际标杆建设达到八级分数，获得甲方表扬信，得到监管局肯定，并获得 2021 年度安质环先进单位荣誉。

（4）整体最终得分为 809.05 分，处于核安全文化水平三级（主动管理阶段）；决策层的安全意识、员工的责任意识普遍提高，得分分别为 930 分、719 分。

（5）质量损失成本体系已建立并有效应用，实现产值质量损失率 ≤ 1% 的内控指标。

绩效实现情况列举如下。

项目推行期间，涌现出具有代表性的核安全文化卓越践行者（图 20），通过标杆示范引领，为惠州核电核岛安装工程顺利推进起到了良好的保驾护航作用。

中国核工业二三建设有限公司太平岭项目部文件

司太平岭发〔2021〕50号

太平岭项目部关于表彰核安全文化
卓越践行者的决定

各部门、施工队：

2021年12月8日，质检部管道检查专员于洋在1#机组窄项管道二阶段支架力矩消点检查时发现，根据《关于支架不锈钢管卡中螺栓扭紧力矩问题的澄清》CRZN230XXX000916D/A答复"对于螺栓紧固的零部件存在相互贴合情况或者紧固件连接的管卡处有隔套时（如SCF、SCX、SBF管卡），推荐用扳手按照下表3的紧固力矩值紧固"，表3中SCF管卡M24螺栓的紧固力矩值为100N.M；于洋同志根据自身工作经验及上述文件的掌握对澄清答复内容产生了质疑，拒绝签点并要求工程公司人员和施工队技术人员与设计进行沟通确认。经再次确认澄清答复里的紧固力矩值确实存在错误，最终设计开原澄清答复将螺栓紧固力矩值更正为438N.M。于洋同志能坚持原则，未盲目签字放行，充分体现了质检人员的把关作用，践行核安全文化，秉持质疑的工作态度，在施工前及时发现并指出澄清中力矩值的错误问题，成功避免了管卡螺栓因紧固力矩不足掉落成为异物的重大风险和隐患。

太平岭项目部自成立以来，一直高度重视核安全工作，始终把核安全放在首位。以"让核安全高于一切的核安全观成为全体员工的自觉行为"为目标，持之以恒开展核安全文化培育与再培育，不断巩固核安全屏障，积极策划开展核安全文化进班组专项活动，鼓励广大员工用行动践行核安全文化。于洋同志自进入太平岭项目部以来，凭借丰富的工作经验，秉承"质疑的工作态度和严谨的工作方法"及时发现质量隐患，多次发现文件及实体质量问题，以实际行动践行了"人人都是最后一道屏障"的核安全文化理念，有效避免了潜在质量事件的发生。

为进一步营造人人创造和维护核安全的良好氛围，增强全体员工的核安全文化意识，履行公司《核安全文化政策声明》的承诺，经项目部经理部研究决定，在全项目范围内对于洋同志予

图20 项目部表彰核安全文化卓越践行者

项目推行期间，邀请监管单位生态环境部华南核与辐射安全监督站领导检查指导项目推进情况，项目部总经理汇报了有关工作开展情况，并在2021年"广东太平岭核电厂1、2号机组质量保证有效性暨民用核安全设备安装活动例行核安全检查"期间，得到多位检查组专家的肯定。

2021年度，总承包商（中广核惠州核电项目部）在各参建承包商年度质量考核月度平均得分为106.83分，累计得分为182分，位居19家承包商之首，排名第一。同时，总承包商专门发函对项目部质量管理工作进行书面信函表扬，并获得安质环管理先进单位、优秀质量团队等荣誉，如图21所示。

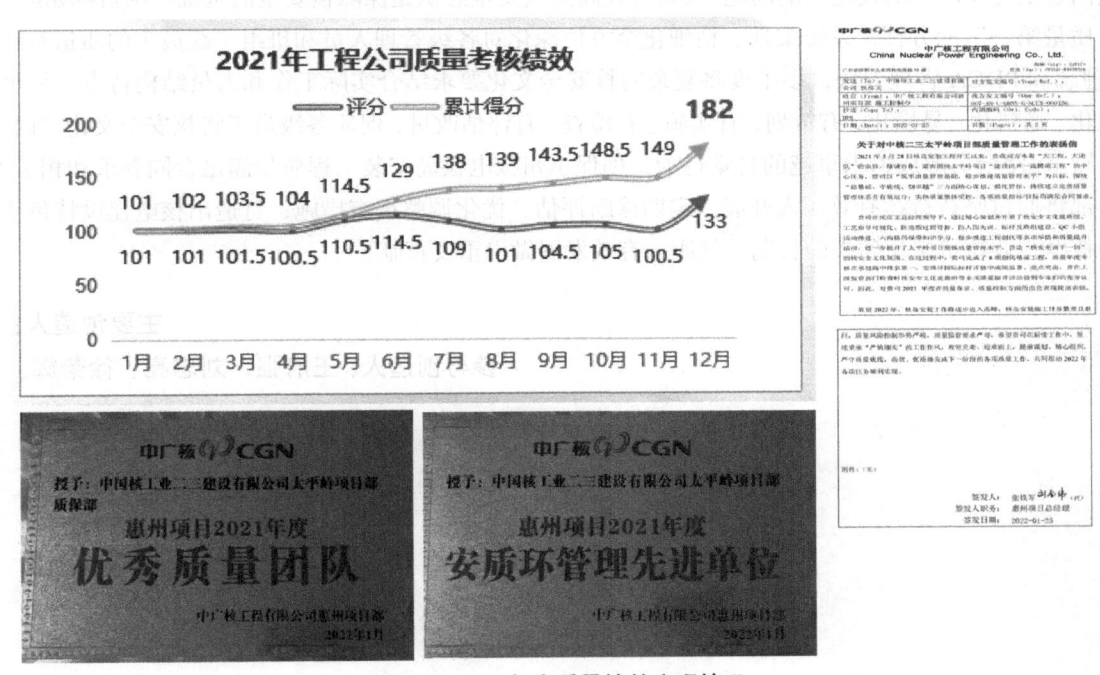

图21 2021年度质量绩效实现情况

本项目得到公司各级领导的充分认可，其中很多措施（如核安全文化进班组、编制核安全行为规范等）被纳入《中国核工业二三建设有限公司核电业务"十四五"发展规划》（见图21）。随着中核二三在国内各承建核电项目的推广，势必将推动我国核电建造行业核质量文化水平的有效提升，进而为促进我国核电行业高质量发展做出重要贡献。

中国核工业二三建设有限公司核能事业部文件

司核发〔2022〕12号

关于印发中国核工业二三建设有限公司核电业务“十四五”发展规划的通知

各部门、各单位：

为了全面梳理核电业务生产经营情况，重点围绕公司“十四五规划”和新一届领导班子“四大使命”、“四大转型”，落实集团公司“六大控制七个零”高质量精细化工程项目管理理念，以“精益化、自动化、数字化”三化为抓手，全面提升项目建造与管理能力、水平，履行好新时期“规划、引领、评估、推动”四大职责，努力实现“四先四优”的愿景目标，核能事业部统筹编制了《中国核工业二三建设有限公司核电业务“十四五”发展规划》，旨在统一发展思想，明确发展方向、增强核心能力、培育

—1—

核电业务十四五发展规划（2021-2025年）

对性与实施效果。

打造严密的“防造假”体系。各单位经理部领导、各部门负责人、分供方签订“两个零容忍”承诺书，在与分供方合同中规定防造假机制并落实主体责任，建立安装阶段全链条共同抵制“违规操作、弄虚作假”的体系。

推进核安全文化进班组活动。制定核安全文化进班组专项工作方案，组织编制班组核安全文化行为规范，明确各关键/主要施工活动良好核安全文化行为，结合质量信得过班组、标杆班组、防人因失误、党员进班组等活动将核安全文化建设和班组建设深度融合，使核安全文化成为一线作业人员的工作习惯。

2. 完善质量保证体系，升级质量检查工具

结合外部监管形势，梳理完善质量保证体系。组织各单位专业人员结合监管趋势和上游单位要求，系统性梳理现行质量保证体系中管理原则和要求的合规性、合理性，对现行质量保证体系进行修改和完善，从源头上提高工作的规范性和严谨性，降低执行偏差。

推动质量检查工具的数字化升级。制定质量检查工具革新专项计划，编制质量检查工具的数字化升级替代方案，应用先进测量、检测工具，提高检查准确性和效率。

图22 公司“十四五”发展规划（节选）

六、结语

质量问题最终反映出的还是人的问题，人具有较高的核安全意识是保障核安全的基础。项目部始终坚持“安全第一，质量第一”的方针，系统策划、精细化全方位深化对各级管理人员和班组一线员工的质量教育，通过运用6S理念和PDCA管理方法，多维度将复杂的核安全文化要求结合实际工作和人员结构特点，尽可能做到手册可视化、通俗化、易懂化，有策划、有实施、有检查、有评估改进，促使各级员工将核安全文化“内化于心、外化于行”，促使全员形成追求卓越的自觉行为，确保惠州核电核岛安装工程质量满足合同要求和相关方期望。后续项目部将通过坚持持续有效深入开展、定期诊断评估、优化调整现有措施，打造出核电建设特色质量文化品牌，为核电行业质量文化建设的长期、健康、有效发展做出重要贡献！

主要创造人：侯彦文

参与创造人：王府强、刘忠亮、徐荣辉、丁　浩

工业信息化在企业质量管理中的实践与运用

中铁宝桥（扬州）有限公司

一、企业概况

中铁宝桥（扬州）有限公司（以下简称公司）是中铁宝桥集团有限公司的全资子公司。公司制造基地占地面积834亩（约556000平方米），位于江苏省扬州市广陵区李典镇新坝。建有36800平方米大型铆焊联合厂房和机械加工厂房、11500平方米涂装厂房、9500平方米打砂厂房、3000吨级进料码头、5000吨级港池码头。

自2018年起，公司立足业主需求，不断提升生产运营能力，投资2.2亿元，倾力打造中铁工业"一中心、三示范"钢桥梁智能制造示范工厂，建设钢桥梁智能制造控制中心，通过引入大量智能化生产设备，并结合钢桥梁生产流程开发PLM系统、ERP系统、MES及WMS，实现设备信息与信息化系统贯通，率先建成国内钢桥梁智能下料生产线、板单元智能焊接生产线、钢桁梁杆件智能焊接生产线、钢箱梁智能总拼生产线及钢桥梁智能涂装生产线，并成功应用于深中通道及常泰长江大桥的生产，应用效果良好，具备一定的推广价值。

公司承建了港珠澳大桥、中马友谊大桥、深中通道、五峰山过江通道、常泰长江大桥、南京大胜关大桥、泰州长江大桥、马鞍山大桥、南京四桥、沪通大桥、新首钢大桥、南五桥、浦仪桥等众多国家、省部级重点工程项目，以及克罗地亚佩列沙茨大桥、澳氹第四跨海大桥等海外项目。公司荣获乔治·理查德森奖、阿瑟·海登奖、卓越结构工程、中国建设工程鲁班奖、詹天佑奖、国家优质工程奖、李春奖，以及多项省、市级优质工程奖，逐步发展成为国内最大的专业化、现代化大型钢梁钢结构生产制造基地，其鸟瞰图如图1所示。

图1 中铁宝桥（扬州）有限公司生产基地鸟瞰图

二、企业的使命、愿景、核心价值观

长期以来，公司十分注重企业文化建设，经过不断的培育丰富、提炼总结、继承创新和变革发展，在社会主义核心价值观的引领下确立了新的企业文化体系，即使命——制造顾客信赖，优质安全的百年钢结构桥梁；愿景——成为国内领先，具有国际影响力的专业大型桥梁钢结构制造基地；核心价值观——诚信立企、创新兴企、品质强企。

因此，公司努力实现的企业文化建设如下。

（1）营造积极向上、和谐的组织环境，坚持科技创新、质量为本、安全环保、诚信立业。

（2）履行确保产品和服务质量安全的职责。

（3）做好品牌建设。

三、企业质量管理规划

坚持"一带一路""中国制造2025""交通强国建设纲要"等一系列国家宏观政策，"中国制造向中国创造转变、中国速度向中国质量转变、中国产品向中国品牌转变"的"三个转变"重要精神和"加快形成以国内大循环为主体、国内国际双循环相互促进的发展新格局"大战略，以及集团公司战略规划要求，牢牢把握"转型、升级、创新、发展"这一战略总基调，充分利用公司自身的核心能力和现有资源，突出主业、持续创新、内外并举，积极推进企业转型升级，加快推进产业、产品结构调整，以信息化、工业化为依托，实施绿色发展，坚持输出高技术、高质量、高服务的钢结构产品，进一步加大桥梁维修、安装业务及海外市场的开拓与深耕，力争形成公司新的主要利润增长点。最终实现公司规模与经济运行、施工质量同步提高，不断形成新的竞争优势。打造集大型钢结构产品加工制造及服务于一体的专业型企业，创建国际、国内双一流的宝桥品牌。

四、工业化、信息化在公司质量管理中的应用

桥梁钢结构制造行业属于劳动密集型行业，劳动力是生产力的重要组成部分。近几年，随着新型行业的兴起和适龄劳动力的减少，钢结构制造行业内劳动力分流严重、劳动力缺乏，桥梁行业劳动力的引入遇到前所未有的挑战。面对该挑战，公司从战略层面做出调整，用工业化和信息化替代部分劳动力。工业化、信息化道路是公司持续高质量发展的必经之路。公司在具体的工业化和信息化发展方面做出部署。公司信息化建设架构如图2所示。

图2 公司信息化建设架构图

利用公司智能制造信息系统（图3）集成中铁工业数据池及套料软件，定制开发PLM系统、ERP系统、MES、BA/决策支持、数字化产线系统，从钢桥梁项目合同管理、生产计划、技术研发、物资采购、制造执行、质量管理等产品制造核心业务实现钢桥梁制造环节的信息化管理。利用系统数据中心资源，实现生产完成情况、财务指标、重要经营指标实时展示。以合同交付为主线，从不同决策层的视角，动态、及时和可视化地呈现生产运营情况，辅助决策，解决项目运营问题。加强5G技术应用，推进智能化车间建设，建立统一的信息化平台，以信息化技术为基础，提高公司管理水平。

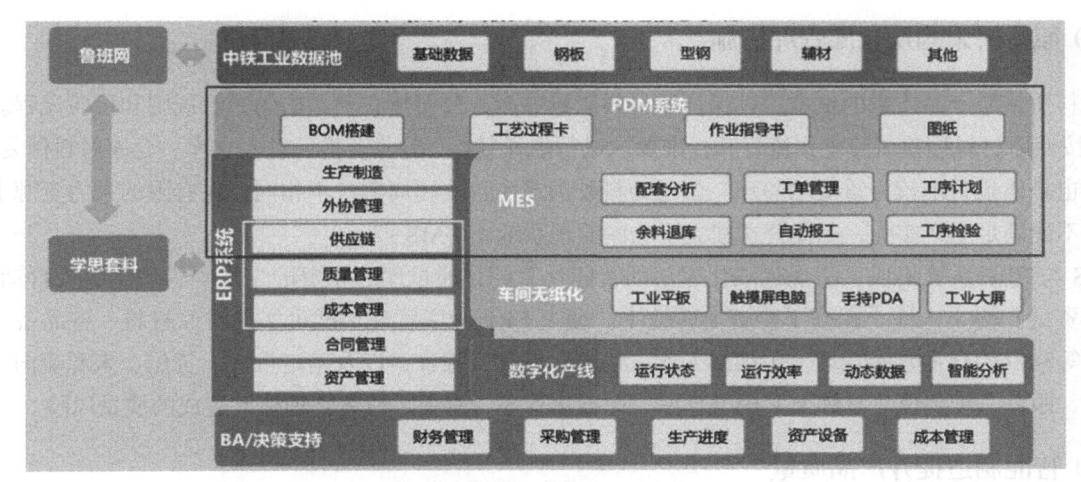

图3 智能制造信息系统架构

以下就工业化、信息化在公司质量管理中的实践应用进行阐述。

（一）工业化和信息化融合管理体系建设

为进一步推动工业化和信息化应用发展，公司通过建立"工业化和信息化融合管理体系"（以下简称两化融合管理体系）推进工业化和信息化的系统建设。

公司于 2019 年开始建立两化融合管理体系，同时进行两化相关管理制度的建立。截至目前，公司建立了两化融合管理体系专用程序 14 个，信息化管理相关制度 6 项。公司于 2021 年通过两化融合管理体系 AAA 认证，该证书的获得标志着公司两化融合管理体系集成提高且取得创新突破。

（二）产品数据建模在详图深化中的应用

图纸、工艺的质量对产品质量的影响至关重要。传统的图纸由人工用 CAD 绘制而成，不可避免会产生一定的错误。为进一步减少人的因素造成的图纸质量问题，公司组建"建模组"，主要采用 Tekla 软件对厂内钢桥梁、钢塔等钢结构产品进行三维建模，实现详图深化的同时，通过全桥建模，检测结构件间干涉情况，检查结构件连接关系，在保证图纸质量的同时，为批量生产制作奠定坚实基础。

后期利用模型进行三维展示、方案模拟、动画制作等。模型主动生成的产品 BOM 等信息，支持直接导入 PLM 系统，同时与 ERP 系统、MES 集成，完成相关物料信息及图形生产情况的分级展示，实现跨系统数据的互联互通，可有效减小工作量，降低错误率。产品数据建模如图 4 所示。

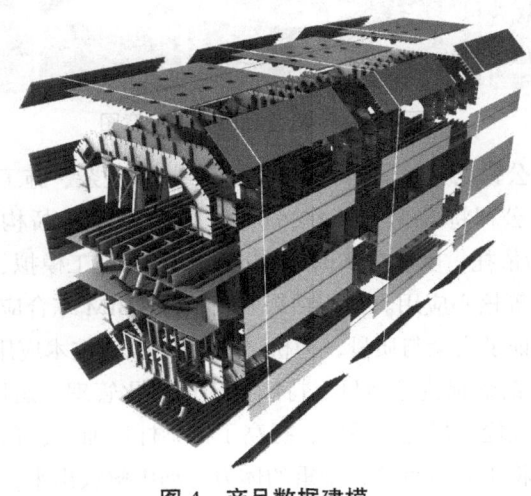

图 4 产品数据建模

（三）原材料采购及仓库管理措施

原材料质量是产品质量的根本。在保证原材料质量方面，公司建立了严格的验收规则和检验流程。原材料进场后，按照原材料检验试验工作流程和标准要求进行取样复检，验收合格后进入仓库。仓库对料件妥善保管、准确发料也是质量管理较为重要的一环。公司物料种类繁多且使用周期各不相同，在有限的人力资源下，用人工管理已不能满足生产实际，因此公司建立了仓库管理系统（WMS）。

WMS 与 ERP 系统集成，实现标准化库房的智能化管控，通过库房物资的二维码管理、引进自动化叉车，实现了物资的扫码出入库，提高了物资流转速率。通过 ERP 仓库管理功能可实现对原材料、备品备件、半成品及成品等物资的日常仓库管理，包括出入库、盘点、转移、报废，以及确定批次、货位、来源流向等，质量信息追溯、跟踪一步到位。总体上实现了仓库的标准化管理，避免了材料管理疏漏造成的质量风险。

（四）智能制造提升产品质量

桥梁形式多样，不同桥型材料不同、施工工艺不同，使得桥梁智能化施工应用不尽相同。公司为提高钢结构产品生产功效，提升产品加工质量，将智能制造技术引进到钢结构产品生产中，在钢结构桥梁制造中推动新型工装、先进设备及智能系统应用，如无码组装胎架、全自动钢板预处理生产线、三维划线机、门式三维数控钻床、焊接机器人、数字化套料系统、焊接群控、虚拟预拼装、物料跟踪系统等。架设期间采用施工工艺智能管控、高强度螺栓连接施工智能控制等；搭建基于 BIM 的施工管理系统，利用其可视化、模拟性特点，开展桥梁施工方案优化，对桥梁施工质量、安全、进度进行有效管控。诸多信息化系统大大丰富了桥梁智能建造应用场景，众多数字化、智能化设备降低了操作人员劳动强度和人数需求，杜绝了不规范施工行为，同时能有效避免如疲劳损伤病害问题，实现了关键工序质量的良好稳定，有力促进了桥梁建造技术和管理水平的提高。智能制造应用场景如图 5 所示。

图 5 智能制造应用场景示意图

五峰山长江大桥作为千米级公铁两用悬索桥，其规模大、技术复杂、施工难度大，采用传统施工管控模式难以满足大桥的施工管理需求。公司将 BIM 技术引入大桥建设，针对大桥构件多、场地复杂、安全质量要求高等需求，以 4D-BIM 云平台为依托，实现了实时动态进度管理和施工模拟、跨平台质量与安全精细化管理、三维技术交底、钢梁信息化管理等核心应用。应用结果表明，4D-BIM 综合应用切实提高了桥梁施工管理的信息化水平，提高了施工效率，保证了安全与质量，为桥梁建设的 BIM 技术应用提供了新的方法和应用示范。

在深中通道、常泰长江大桥钢梁制造等项目上持续推广信息化管理，运用 BIM 管理系统，建立焊缝质量管理系统、数字化预拼装系统和螺栓孔群定位系统，提高了钢梁杆件加工、孔群定位和杆件试拼装质量精度。

公司引进智能化制造技术，将工人从重复、繁重的体力劳动中解放出来，智能化系统以数字化的形式实现人类知识的传承和推广。中铁宝桥（扬州）有限公司智能车间如图6所示。

图6　中铁宝桥（扬州）有限公司智能车间

（五）追溯性管理

公司通过购置智能化设备、自动化生产线等手段，通过有线网络、无线网络，利用PLC、DNC等方式实现各类终端和设备的网络接入；通过新一代物联网技术，以智能标识、传感器、RFID等应用为切入点，与车间制造执行系统实现数据集成和分析，实现各信息系统协同运营，实现管理数字化、生产过程数字化，并形成对产品生产流程的信息追溯能力。

例如，海外EPC项目，边施工边设计，具有变更频繁、追溯烦琐、焊缝追踪检测量大等特点，在大生产的背景下，工期要求紧，现有的质量管理方式方法已经满足不了项目生产与交付的需要，为了提高项目的管理效率，提高质量管理水平，公司开发了钢结构制造质量管控系统。其具有如下几方面优点。

（1）方便获取焊接工艺和焊接记录。操作人员单击焊缝地图上的焊缝，第一时间获取此焊缝焊接工艺、检测标准和检测数量。

（2）零件追溯信息准确。以排版图关联钢板，实现从逐件追溯到整张排版图追溯，排版图下所有排版零件自动关联追溯钢板信息，通过系统自动判断输入的钢板是否与关联的钢板匹配，确保材料使用正确。

（3）提高检验效率。现场检验第一时间生成检验信息，系统自动判定，确保检验的及时性和准确性，检验合格自动推送至上级人员审核，有效应用到钢结构产品的质量管控，提高质量管控效率。

（4）提高数据处理分析效率。自动分析检验数据，及时进行生产进度分析、报检进度分析等，计算出检验合格率等各项指标，通过数据分析，提高项目管理水平。桥梁项目看板如图7所示。

图7　桥梁项目看板

(六)使用高精度检测设备提高检测精度

在产品测量和检测方面,公司在完善检验程序的基础上引入高精度测量设备和智能测量设备,借助信息化系统对测量数据与理论数据进行处理,方便快捷获得测量结果,提高了测量精度。

1. 三维激光扫描仪

三维激光扫描仪通过千万级数量点云数据还原产品真实状况,测量精度高、效率高,结合计算机系统实现理论模型与实物模型的对比参照,从而得到产品各项质量相对于理论预期的偏差程度。单个实体的三维扫描及对比实现单体快速检测,给实物偏差修正指出方向与参考值。多个实体扫描后拼接成整体再与理论模型对比,则实现产品虚拟预拼过程。三维扫描测量技术能真实反映钢结构产品中的曲面异形结构制作成效,此前已在新首钢大桥曲面型钢塔中多次应用。基于三维扫描技术的虚拟预拼技术也已在赤壁长江公路大桥、滁天高速等多个项目上得到应用与推广,技术研究正趋于成熟。钢塔锚箱及索导管三维扫描技术应用示例如图8所示。

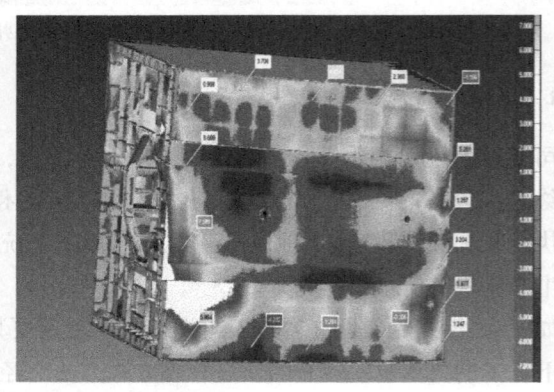

图8 钢塔锚箱及索导管三维扫描技术应用示例

2. 智能信息化扳手

使用传统高强螺栓扳手施工,劳动强度高、效率低,检测精度低,受操作者人为因素影响较多。使用传统紧扣法检查工具,容易造成预紧力增大,并且增加值不可控。公司引进数控定扭矩智能信息化电动扳手,扭矩精度高且稳定,不再需要每天班前班后标定,节约了人力,减少高栓的浪费;可与各种管理信息系统无缝集成,是桥梁信息化及智慧工地的基础;施工扭矩值可以实时传至扳手和APP,实时查看施工扭矩值可省去终拧扭矩检查。

3. 智能孔群检测系统

智能孔群检测系统采用智能光学跟踪测量技术获取被测工件的三维模型,将其与实际图纸数据进行对比,对对比数据进行分析提取,生成数据对比图表,并对结果进行判定。该系统提高了检测效率和精度,避免了因人工检测产生的误差影响,将被检测工件的实际三维数据进行储存以备有需要时进行复核查找,使工厂加工质量实现可追溯,有利于提高工厂数字化水平。图9所示为智能孔群检测系统。

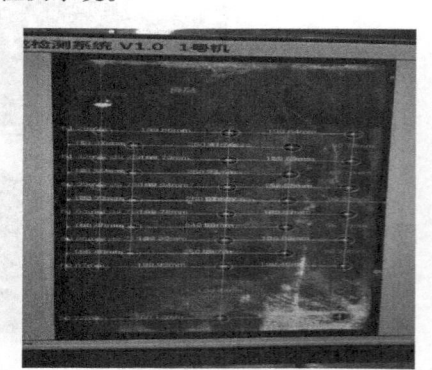

图9 智能孔群检测系统

4. 超声检测监测系统

该系统能够实现无损探伤人员检测过程实况画面、检测参数、检测数据图像等数据的记录和存储，并通过网络传输至云端，实现检测实况和数据的实时传输，多点、异地的实时无损检测过程监测，能有效降低工区、桥位等偏远区域无损检测过程因缺乏监管导致的风险。超声检测监测系统监控平台如图10所示。

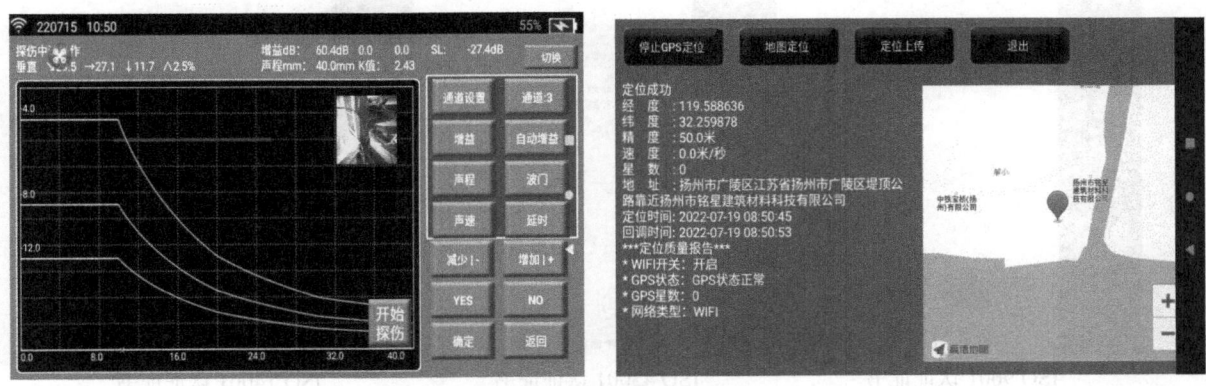

图10 超声检测监测系统监控平台

（七）不合格控制

1. 制度建设

根据不合格品控制程序，梳理修订《协作单位产品质量考核办法》《班组产品质量考核办法》，新增《质量问题及责任追究管理办法》等，这些办法的修订和制定，能够很好地补充现有制度，特别是新增的办法对产品质量和工作质量的考核、对各级人员的质量行为起到一定的约束作用。

2. 过程控制措施

在项目施工过程中，检查人员检查发现质量问题，按照不合格品处理流程开具相关票据（如不合格品返工通知单等），但是在实际现场票据流转过程中，存在票据流转不及时、丢失现象。针对此类问题，公司在管理系统模块增设例外处理接口，实现了不合格品处理线上流转，极大地提高了不合格品流程处理效率，并为质量管理和过程纠偏提供了统计分析数据。信息化系统内不合格品管理界面如图11所示。

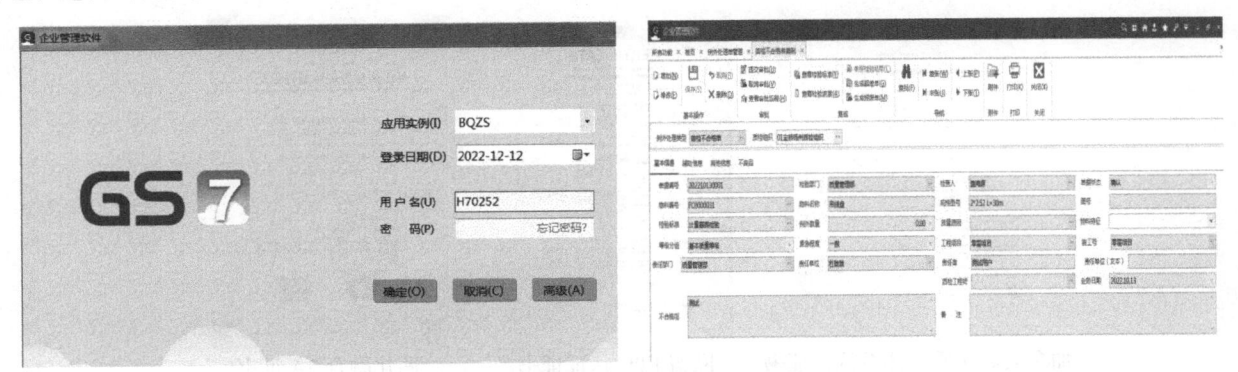

图11 信息化系统内不合格品管理界面

五、公司质量管理绩效

（一）质量管理体系认证情况

公司先后通过了质量管理体系、职业健康安全管理体系、环境管理体系、英国钢结构、美国钢结构、涂装质量体系、加拿大 CWB 钢熔焊、欧盟 EN1090 钢结构 CE、两化融合 3A 级等认证，如图 12 所示。

图 12　部分资质证书

（二）技术攻关、科研成果

公司一直秉承"以科技求发展"的技术研发战略，将技术创新作为公司持续发展的原动力。目前拥有多项特有的应用型工程技术，在工程的不断实践中，公司掌握并成功应用了包括超大节段吊装上船运输技术、桥梁钢结构地面整体拼装技术、上下层桥面和主桁架合体节段同时立体预拼装技术、超大体量合拢段整体合拢施工技术、大跨度连续组合箱梁施工技术、桥梁钢塔加工控制技术、超宽复杂结构钢箱梁制造安装精度及安装控制方法等在内的多项在国际上居于先进之列的工程技术。在钢塔、钢箱梁、钢桁梁制造领域，公司研发出了一套完整的制造技术体系。公司先后完成近 50 项新产品的工艺研发，申报专利 90 余项，获得国家高新技术企业认定，建有江苏省大型钢桥梁制造工程技术研究中心、江苏省企业技术中心。

研发团队以公司承接的工程项目为依托，以钢结构桥梁制造技术开发为核心，以解决施工过程中的关键技术难题为重点，经过长期的技术积累和科研攻关，先后获得中国交通运输部重大科技创新成果 1 项，中国铁路工程总公司科学技术奖一等奖 2 项、二等奖 2 项，安徽省交通科技进步奖特等奖 1 项，上海市科学技术奖二等奖 1 项，中国公路学会科学技术奖特等奖 1 项、一等奖 2 项，中国交通运输协会科技进步奖一等奖 1 项、二等奖 2 项，中国钢结构协会科学技术奖一等奖 3 项、二等奖 2 项、技术创新奖 1 项，中国公路建设行业协会科学技术奖特等奖 1 项，中铁高新工业股份有限公司科技进步奖特等奖 3 项、一等奖 3 项、二等奖 2 项。

（三）获得荣誉、奖项

承建的各类国家、省部级重点项目先后荣获乔治·理查德森奖、阿瑟·海登奖、卓越结构工程、中国建设工程鲁班奖、詹天佑奖、国家优质工程奖、李春奖，以及多项省、市级优质工程奖，逐步发展成为国内最大的专业化、现代化大型钢梁钢结构生产制造基地。图 13 所示为部分获奖证书。

图 13　部分获奖证书

六、结语

工业化、信息化的应用必然要有坚实的硬件和软件基础。在硬件方面需要购置智能化设施、设备，在软件方面需要有健全的管理制度和业务运作流程，还要有高素质的管理团队。如果没有这些基础支持，即便引入工业化、信息化，也未必能达到提质、降本、增效的效果。

主要创造人：李　硕
参与创造人：袁　俊、刘志刚、彭建文、张　瑜

基于双重预防体系的质量管理模式

中电装备山东电子有限公司

一、企业概况

中电装备山东电子有限公司（以下简称中电山东）成立于 2010 年，是许继电气股份有限公司低压配用电和计量领域的研发生产基地，是提供智能用电、配网自动化与能效管理整体解决方案的大型现代化企业。其注册资金为 25900 万元，占地面积为 122160.00m^2，主要产品及经营范围包括仪器仪表及配件、抄表计费系统、测试设备、高低压配电设备、计量箱（柜）及配件、电能采集终端设备、充换电设备、自动化设备及配件，以及软件的开发、生产、销售及技术服务，信息系统集成服务，电力工程施工总承包等。中电山东产品和服务网点覆盖全国 28 个省（区/市），聚集世界先进的生产设备、工艺流程和检测手段，致力于打造国内一流、国际领先的智能化仪表企业，稳居行业领先水平。中电山东各项财务管理制度健全，会计信用、纳税信用和银行信用良好。2022 年，其工业总产值为 126500 万元，销售收入为 13.33 万元，纳税 5650 万元，利润为 20000 万元，生产各类仪表 445 万只（台）。

中电山东重视技术创新能力的培养，2018—2022 年已累计完成 7 项省级技术创新项目，多次承担山东省科技创新成果转化重大专项，所有项目全部为自主研发，技术水平达到国内领先水平。公司已累计获得专利授权 69 项，其中发明专利 12 项、实用新型专利 54 项、外观设计专利 3 项。公司通过了"两化融合管理体系认证"及"软件能力成熟度模型集成 CMMI 国际认证"。近年来，中电山东先后获得"山东省高新技术企业""山东省软件企业""山东省智能用电管理终端工程技术中心""山东省企业技术中心""山东省企业统计工作规范化五星级单位""济南市认定企业技术中心"等一系列荣誉称号。2020 年，"智能电能表智能制造建设项目"被济南市工业和信息化局评为济南市智能制造示范项目，2021 年，成功获评济南市"绿色工厂"、济南市"专精特新"企业。企业获得的部分荣誉如图 1 所示。

图 1 企业获得的部分荣誉

中电山东秉承"创新驱动、质量为先、服务保障、降本增效、激励约束"的经营和管理方针，以产品创新、制造和服务能力为核心竞争力，坚持自主研发创新，坚持与科研院所合作，不断提升产品创新能力，坚持以客户为中心，以"建设具有卓越竞争力的世界一流能源互联网企业"为战略目标，努力成为智能用电、配网自动化产品的优秀提供商。

二、企业质量管理思想

中电山东以质量管理作为公司经营的"生命线"，以质量目标为牵引，以搭建分级管理体系、隐患排查治理两个体系为主线，深入贯彻"以客户为中心、预防为主、防治结合"的质量管理理念，发动全员积极参与质量管理和质量改进工作。

中电山东自成立以来，始终把客户的需求和期望放在企业经营发展的首位，坚持全面质量管理及全流程质量管理的思想，全心全意向客户提供优质、可靠、安全的产品及服务。多年来，公司质量管理能力不断提升，逐步形成了领导有卓越远见、战略明确有力、团队凝聚创新、体系清晰完善、技术独立专一的高质量企业雏形。

公司将质量管理工作延伸到研发、采购、制造、销售和服务等各个环节，将产品和服务质量扩大到工序质量、工作质量和管理质量，将公司质量管理打造成一种涵盖全员、全面、全过程的质量管理体系。

（一）质量效益的思想

质量与效益既相互统一又相互矛盾。统一体现在，合理的效益可以减少质量问题，降低质量成本，提高运营效率；矛盾体现在，质量越好，质量管理成本就越高，运营的效益可能就会降低。因此，公司在提高质量的同时，还需要关注经济效益。但是，追求经济效益必须以不断提高产品和服务质量为前提，走质量效益相结合的发展道路。

（二）以人为本的思想

在影响质量的诸多因素中，人的因素是首要因素。因此，提高质量的根本途径在于不断提高所有参与者的素质，充分调动和发挥人的积极性和创造性。在质量管理过程中，倡导树立质量精神和培养质量意识，创建质量文化，增强质量管理向心性和凝聚力，通过目标管理、质量管理小组活动、合理化建议活动等形式，使每个人都明确项目的质量目标，参与质量管理。

（三）预防为主的思想

全面质量管理强调预防为主，这是与传统质量管理的重要区别。在质量管理过程中，预防为主就是要预先分析可能会影响质量的各种因素，并找出主导因素，采取措施对其加以控制，变"事后把关"为"事先预防"，使质量问题消灭在形成过程中，做到防患于未然。

（四）技术与管理并重的思想

质量与技术是密切相关的，这里所指的技术包括专业技术、实施方法和管理技术等。选择合理的技术方案，再加上科学完善的管理，才能使产品和服务的质量得到保证；如果技术方案选择不合理，管理再完善也难以保证项目质量。因此技术是保证质量的基础，质量管理是实现质量目标的重要途径，两者同等重要。

（五）注重过程的思想

产品和服务质量是结果质量，受到工序质量和工作质量的综合影响。工序质量是指人、机、料、法、环五个方面的综合质量；工作质量是指在质量形成过程中，其工作符合要求的程度。工序质量和工作质量是在生产过程中形成的，因此可称为过程质量。过程质量能够得到保证，产品和服务质量就能得到保证。质量管理不仅注重结果，更注重过程。

三、构建基于双重预防体系的质量管理模式

（一）预防为主，实施横向到边、纵向到底的风险分级管理，提升质量预防管控能力

公司搭建了以"职责+目标+产品+流程"管理为中心的管理框架，形成了"3×3×3×4"的多重质量预防管理体系，即"3重职责、3层目标、3类产品、4道流程"的复合性预防管理网络，如图2所示。

图2 "职责+目标+产品+流程"管理框架

1. 正向责任分级、反向目标考核

遵循"管业务必须管质量、谁的业务谁负责"的原则，依据各部门、各科室（班组）、各岗位职责属性，从外到内、从上至下全面梳理部门及各产品中心质量责任，发布部门质量责任清单（图3），细化到岗、精准到人，形成人人明责、人人履责、人人尽责的具有可靠性的质量责任体系。

图3 部门质量责任清单

根据公司质量管理总目标和岗位质量责任清单，逐一梳理部门、科室、岗位工作目标，做到"千斤重担人人挑，人人头上有指标"。依据岗位目标，建立反向考核机制，设立质量专项指标，明确质量指标评价标准，提高质量考核权重，结合质量问题分级、质量问题闭环及质量奖惩制度实施，从直接责任人到部门负责人的反向考核追责，从根本上保障公司质量总目标顺利达成。

2. 横向产品分类，纵向流程分层

横向以产品种类为主线，借用FMEA模型，从产品订货额、技术成熟度、失效影响严重度、失效频次等多个维度评价产品风险指数，并依据风险指数高低将公司内全部产品类别归类为高、中、低三级，针对不同风

险等级的产品实施不同的质量管理模式,实施全方位产品质量风险分级管控,针对产品查漏洞、补短板,出台相应的质量控制方案,实现所有产品横向到边质量管控。

高风险:针对低压成套类产品,技术、管理成熟度低,客户抽检频次高,抽检不合格情况严重,属于高风险产品。主要从技术上研究影响抽检试验的关键因素,进行改进,提升产品硬实力;提升出厂检测能力,制定测试能力提升方案,增强产品检出能力;从业务流程上完善、建立关键过程的标准化执行流程,提高业务流程的成熟度,实现产品质量零通报。

中风险:针对运维工程及服务类项目,是公司新开拓的业务,流程尚不规范,管控模式尚不成熟,属于中风险类,依托"一体系三计划",实现质量管控。建立工程项目质量管控责任体系,明确领导责任、主体责任、支持责任和监督责任,做到分工明确、责任清晰,从而为工程项目质量管控提供组织保障。制订工程项目的三个计划,即项目里程碑计划、质量控制预防计划、质量检查计划。项目里程碑计划为质量控制预防计划提供流程节点参考与时间要求,质量控制预防计划与质量检查计划确保项目按计划推进。质量控制预防计划制订在先,是基础;质量检查计划制订在后,作为保障。质量检查计划依托质量控制预防计划展开,组织对质量控制预防计划进行评审,并监督质量控制预防计划的有效执行。

低风险:针对智能电能表、终端类主流供货产品,质量管理及技术水平较成熟,属于低风险产品,主要策划开展"产品炼钢"行动,进行技术攻关和流程的查漏补缺,进行产品改进与过程质量能力提升。对标提升,满足用户新标准、新需求;严格进行新产品测试,提高产品本质安全水平;建立产品问题档案,实施专项改进,开展"炼产品"活动,提高产品标准与安全可靠运行水平。不同风险等级产品的质量管理模式如图4所示。

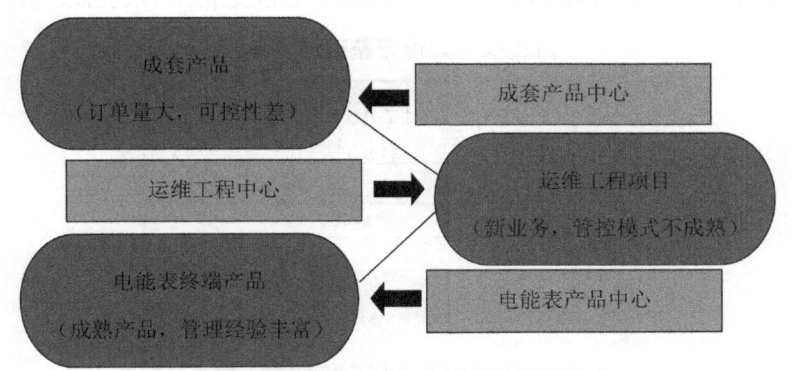

图4 不同风险等级产品的质量管理模式

纵向以产品实现的四大过程为主线,借用QCP模型,研发、采购、制造、服务等部门以提升质量保证能力为目标,制定本业务领域质量管控提升行动方案并制订提升计划,明确目标任务、重点举措、实施要求、时间安排;安全质量部组织开展专项检查与"质量回头看"工作,验证计划实施效果,持续优化过程质量保证体系,提高管理水平。

针对产品、服务和项目的整个实施过程,从中找出每个过程的质量控制点,确定一级管控过程、二级管控工序、三级管控工位,并根据每个工位的操作难度、作业复杂性、不良影响等因素,筛选关键质量控制点。通过控制点的逐级识别与分解,找出每一个环节潜在的各级质量风险和关键影响因素(图5),制定相应的防控措施,制订消除缺陷计划,并汇总形成产品整体的质量控制计划。质量控制计划力求细化到点、具体到事、责任到人,从而实现纵向到底。

此外,根据各类产品及业务特点,结合预防性管理思路,建立"样机—小批—批量—仿真"的订单导入模式。重点对样机、小批和批量三个生产阶段实施预防性质量管控,明确过程特性,梳理过程规范公差,制定评价测量技术、容量、频率和控制的方法,超出控制范围制订反应计划,从人、机、料、法、环、测六方面分段制订质量控制计划。

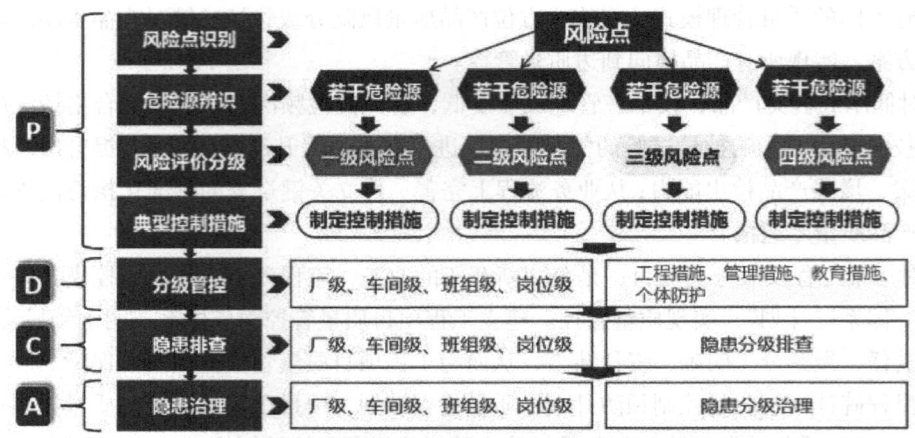

图 5 PDCA 管理中的质量风险和关键影响因素

（二）精准施策，实施隐患排查专项治理，提高管理和产品质量水平

1. 开展流程执行力专项检查，完善管理体系漏洞

以关键业务流程为主线，安全质量部组织相关部门开展对相对应流程执行力专项检查，明确风险源和风险点，制订专项检查计划，明确标准，重点针对产品在生产运营全流程中的关键管理过程开展检查活动，查找因制度漏洞及人员执行力不足产生的问题，进行改进，规范工作流程，降低管理风险。借鉴安全隐患整改模式，对责任部门质量隐患下发整改通知单（图 6），明确检查问题、整改要求，整改完成后开展验证，直至隐患完全消除。

图 6 流程执行力检查整改通知单

2. 组织质量风险排查，夯实管理体系基础

以问题为导向，组织各部门和各产品中心集中力量开展"四段"质量的风险排查，全面梳理主要业务流程，开展"往期典型质量问题回头看"活动，聚焦各业务模块质量管理工作中的薄弱环节和难点问题，集中精力对部门负责的产品及业务流程开展深度排查，确定风险等级，制定风险消缺措施，建立质量风险清单，注重从流程、制度层面系统解决，从优化产品技术标准、细化采购技术规范、完善工艺作业文件、加强产品检测能力等方面，制订优化完善计划，攻克一批难点痛点问题，提升一批试验检测能力，优化一批规章制度流程，不断夯实体系

3. 实施产品客户对标，消除质量风险

以产品标准和客户检测标准为依据，系统梳理产品厂内测试项目及相关测试标准与客户方检测差异，摸清家底，开展对标排查提升工作。针对电能表类产品，对标客户检验流程和标准，改变原有的工作思路，本着以客户为中心的思想，围绕"把问题拦在厂内"成品抽检这一工作意义，由原来按照厂内技术标准为检验依据，改为以客户技术协议为检验标准，补充出厂检验项目和检验标准，增加元器件核对，确保批量质量问题拦在厂内，把住产品出厂关。针对低压成套类产品，对标产品国网检测标准和客户检测标准，开展产品质量风险排查，一方面制订检测能力提升计划，按照计划自主搭建检测环境，采购检测设备，其他不具备检测能力的检测项目充分利用集团内部资源或者送检第三方检测机构，做到应检必检、应测必测，降低抽检风险；另一方面研究影响检验项目的主要因素，从产品设计、原材料选型、加工工艺等方面进行改进，提升产品质量。

四、标准化

（一）固化流程制度，规范标准要求

针对整个质量管控体系中涉及的质量责任、目标分解、质量控制方案、监督检查等流程，制定标准化管理制度，明确各部门职责和工作程序，增强质量管理体系运行的充分性。

（二）开展质量培训，规范行为管理

开展质量管理制度和质量意识的宣贯、培训，使员工明确质量管控要求，规范员工行为，使员工养成按照规章制度办事的习惯，增强质量管理体系的有效性。

五、工作成效

搭建基于双重预防体系的质量管理模式，实施横向到边、纵向到底的风险分级管理和隐患排查专项治理，促使公司提升了产品的质量预防能力，进一步提升了员工的质量意识，落实岗位质量责任；促使公司提高了质量管理水平，进一步强化了"四段"管理部门的协同，增强过程管控能力；促使公司产品质量稳定提高，降低了质量风险，增强了产品的市场竞争力。近年来，公司质量保障能力不断提升，连续3年在许继集团客户满意度排名前三，并荣获"中国机械工业科学技术奖""中国仪器仪表学会优秀产品奖"，被评为"中国仪器仪表行业协会电工仪器仪表分会第六届理事单位"。2022年，单相智能电能表获得"山东省质量协会优质品牌产品"称号。

六、结语

质量是企业的生命线，公司将继续贯彻质量管理模式，加强质量策划能力，切实落实各项质量预防控制措施，树立"质量为先""一次把事情做对"的意识，把质量放到首位，坚守质量底线，建设质量诚信，将质量作为企业发展的内生动力、作为开展各项工作的首要保证、作为供给产品和服务的底线、作为增强核心竞争力的抓手。在思想意识、机构机制、制度流程、工作行为等方面，把质量挺在最前面；在质量、成本、进度等企业经营管理的关键要素中，优先保证质量；在对部门、员工的考核激励方面，凸显质量导向。将质量问题预防在前端，减少质量损失、稳定产品质量、防范质量风险，大力提高质量控制水平。

主要创造人：王永付

参与创造人：刘　升、雷中秀、时　彬

新形势下军工企业供应链质量管控提升研究与应用

北京机电工程研究所

一、企业概况

中国航天科工集团第三总体设计部（以下简称三部）隶属于中国航天科工集团第三研究院，成立于 1960 年。三部作为总体部，主要承担军工产品的总体设计、系统集成、试验验证及服务保障任务，同时作为以供应链产品交付为主体的总体单位，严抓供应链质量管控，保障产品零故障交付显得尤为重要。

二、存在的问题及原因分析

供应链质量管控始终是制约三部产品质量提升的重要因素。对 2018 年以来的质量问题进行统计，发现供应链质量问题数量占 60.8%。通过对质量数据的统计和综合分析，供应链质量管控主要存在以下问题和不足。

（一）产品抓总专业的主体责任未有效落实

一是输入文件不够细致、不足全面。部分专业提出的技术要求不全面、不细致，验收条件覆盖性不足，审查规范性不够。二是技术状态管理不到位。对关键环节、关键控制点的产品技术状态不敏感，缺少针对性措施。三是对成熟产品在不同条件下使用的适应性影响分析不足。部分新研发的产品在借鉴或继承成熟产品技术时，未有效识别不同型号/产品批次间的使用环境、工作状况等方面的差异，盲目将现有成熟技术在新要求、新环境下使用，导致产品/系统间工作不协调、不匹配。四是对供应链"穿透式"管控尚存差距。总体单位缺乏对供应商当前整体研制水平和质量保证能力的有效评估，部分供应商对系统的要求理解不到位，加之总体单位对供应链过程管控不严不细，导致出现一定的产品实现偏差，包括元器件选型规范、禁限用工艺目录等。五是产品选型"三化"考虑不足。造成"一个型号一种产品"的现象，为产品技术攻关和质量一致性管控增加了难度。

（二）供应商在技术、管理能力上存在薄弱环节

一是个别供应商员工质量意识薄弱，落实总体要求不严不实。供应商对员工岗位胜任能力和工作标准规范执行疏于管理，内部验收把关不严格，将装备作为"一般商品"对待，没有树立起航天产品"零缺陷"的质量意识。二是对新技术、新工艺、新方法没有吃透。对关键技术的机理和特性没有吃透，对系统产品试验覆盖性、新研产品试验一致性、沿用产品环境适应性没有完全吃透。三是对二次外包产品质量管控不严。对影响产品关键性能的外协产品沿用以往简单粗糙的验收标准，未能有效将总体要求传递至次级供应商。

以上问题的发生，反映出三部虽然在供应链质量管控过程中推出了一系列适应性的方法和手段，但规范化执行程度尚存不足，例如缺少系统的工作流程串联并约束关键质量管控节点，同时在供应链质量管理方面"穿透力"不足，产品抓总专业对于设计方案、特殊过程、关键工艺/工序等环节把关及掌控能力不足，跟踪生产力度不够，"眼见为实"未能有效落地。

三、解决方法和措施研究

（一）明确整体思路

以电池、火工品、引信、子母战斗部为试点产品，形成"贯穿纵向质量管控工作流程＋覆盖横向关键环节检查规范"的矩阵式供应链质量管控方法，覆盖"人、机、料、法、环、测"质量控制要素，串联并完善供应链质量管控方法，深入产品设计、生产、试验、验收测试等全生命周期的各个环节，逐项确认产品技术状态，并覆盖至配套厂家，做到"眼见为实"，有效提高供应链质量控制工作的深度与广度。

（二）梳理规范要素

1. 设计环节要素及管理方面

设计环节是火工品质量管控源头，设计的正确合理性直接影响火工品产品质量。一是任务提出方要以设计源头为切入点，全面、系统地进行总体层面方案设计；二是贯彻"三化"思想，尽量选择成熟技术和产品；三是重点对产品的使用环境和条件进行分析，对性能指标、使用要求、关键功能特性、电磁兼容性、可靠性等"五性"指标提出量化要求；四是供应商要依据设计输入进行产品全生命周期策划，制定详细设计方案、生产工艺方案、试验验证方案、产品规范等文件，对设计原理、关键特性、工艺实现、生产制造、原材料供应、试验验证方法、出厂验收等方面进行策划和设计；五是任务提出方全程参与厂家产品设计过程，组织专家对设计方案、工艺方案、试验验证方案、产品规范等文件进行审查和会签，确保设计过程满足系统要求。

2. 生产环节要素及管理方面

生产环节是供应链产品质量特性形成的关键时期，产品质量主要依靠生产过程保证，应重点考虑影响质量的关键控制点。一是任务提出方对供应链厂家生产工艺过程梳理、工艺关键特性分析、过程控制关键特性分析、强制检验点的设置和落实、关键要素的检测和控制、多媒体记录等生产环节进行实地指导和监督检查；二是任务提出方制定供应链产品现场检查细则，常态化开展面向产品的供应链监督检查工作，邀请质量审核、工艺、结构、电气等方面的专家赴现场把关，并加强新研发产品和状态变化产品开盖工艺检查，做到"眼见为实"；三是对关键的二次配套厂家也要进行下厂监督和检查，实行"穿透式"管理，确保生产环节全链条质量受控。

3. 验证环节要素及管理方面

验证环节是考核供应链产品质量的重要时期。一是任务提出方要对厂家验证试验方案进行严格把关，监督厂家做好验证试验方案、试验流程、产品使用剖面、理论/仿真分析计算、试验验证子样统计等重要环节的梳理；二是邀请系统任务提出方专家进行确认，确保验证试验设计条件与使用场景真实一致，满足系统性要求；三是对于火工品类等存在不可测不可检特性的关键重要产品，正式抽例验证试验前任务，提出方必须进行现场把关和确认，确保验证试验的真实性和有效性。

4. 验收环节要素及管理方面

验收环节是关系到火工品能否交付的最后环节，必须严格把关确认。一是三部任务提出方依据研制要求制定产品验收条件，对验收方法、验收项目、验收要求进行详细规定，供应链厂家会签；二是产品验收时，现场检查火工品研制全过程记录，包括设计和工艺文件、技术状态控制、工艺参数控制、原材料采购记录、生产记录、试验数据、无损检测X光片记录等原始材料，随产品数据包交付三部，供后续专项质量复查，邀请专家召开出厂质量评审会进行共同确认和把关。

（三）定制供应链质量管控工作流程和检查规范

面对军工企业供应链产品呈现"多层级、多种类、小批量、高可靠"的特点，识别并梳理供应链产品从设计、生产、验证、验收、使用环节全生命周期的"人、机、料、法、环、测"质量控制要素，以"贯穿纵向质量管控工作流程＋覆盖横向关键环节检查规范"的矩阵式供应链质量管控方法为指导思想，定制形成供应链质量管控工作流程和检查规范。供应链产品质量管理流程如图1所示。

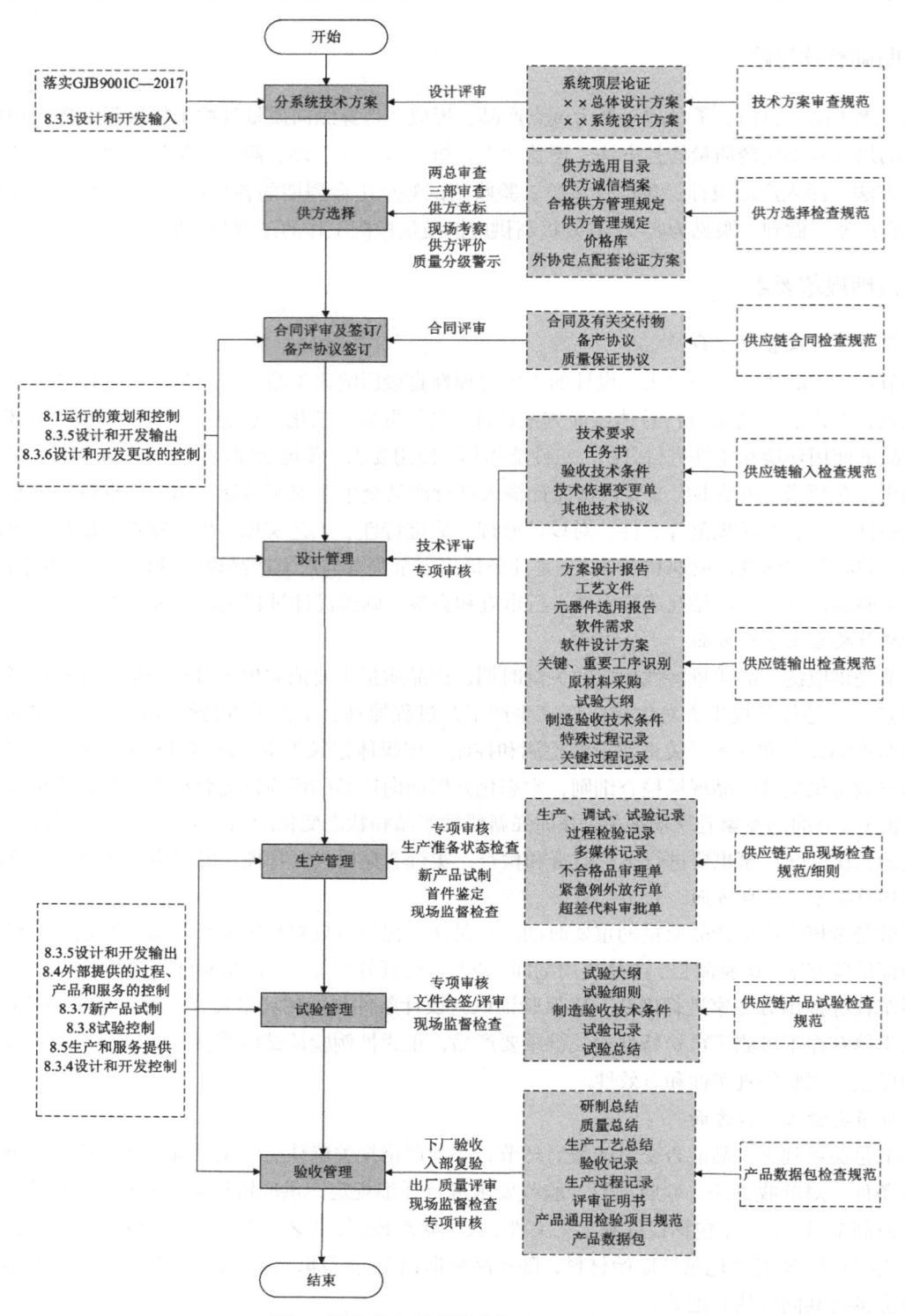

图1 供应链产品质量管理流程示意图

在产品选型阶段，分系统总体设计师依据系统设计方案制定产品指标要求，结合不同供应商同类产品的具体性能和质量保证水平，以竞标择优的方式，选取最优解决方案并经专业审查认可；在产品设计阶段，由型号两总、专业副总、主管室领导及相关专业连同系统设计师共同组成审查专家组，依据检查规范对供应链产品设计方案、工艺方案、产品规范等设计输入进行审查把关；在产品生产和试验阶段，结合强制检验点、跟踪试验过程等手段，分系统总体设计师依据各项检查规范对产品生产过程及检验验收记录、试验状态及数据等产品实现过程履历进行现场检查确认，及时发现隐患，现场讨论整改方案；在产品验收测试环节，在厂家执行验收流程的同时，分系统总体设计师需核对产品数据包，对生产过程数据、各类技术状态控制记录、过程数据和试验报告进行逐项审查，确保内容真实有效，把住验收最后一道关。

以火工品为例，识别供应链产品关键质量控制要素，制定研制技术流程和检查规范，梳理每类产品的质量保证工作项目，将产品保证要求对应到单机的研制技术流程中，形成产品保证要求跟踪表（表1），并落实到产品保证工作计划中。

表1 产品保证要求跟踪表（示例）

流程点编号	研制技术流程工作内容	产品保证要求内容概述	过程控制检查内容	过程控制检查结果	过程控制检查方式
1	任务书等输入文件	设计输入	研制任务书 验收技术要求会议纪要 协调单 评审报告等	√	查文档
	规范、接口等总体文件				
2	需求论证	设计输出	设计基线	√	查文档
3	技术状态更改分析	技术状态控制	技术状态更改报告	√	查文档
	技术状态更改验证		试验报告	√	查文档
4	技术状态更改评审	其他专项评审	评审报告	√	查文档
5	…	…	…	…	…

依据建立的供应链产品保证要求跟踪表，结合技术评审、试验验证、现场检查、定期报告、产品验收等阶段落实检查项目。系统设计师按期与厂家沟通对接，助推各项检查工作按期开展，并全程跟踪检查规范的落实情况；质量部门在"技术状态固化"和"产品验收"两个节点进行监督确认。

（四）完善供应链产品数据包

制定覆盖全过程、全级次、全要素的量化指标要求。在研制过程的各关键节点，对产品数据包进行过程检查，如项目涉及产品名称代号、产品批次号、产品特性、关键特性内容、原材料采购信息、主要控制措施、测试方式、检测设备、测试环境、控制结果、过程质量记录文件、操作人、检验员等影响产品质量的因素，发现存在签署不完整、数据记录不规范、工作环节有遗漏、人员资质不满足要求等问题并及时纠正，尽量避免把问题遗留到检验验收环节。

（五）定期通报过程信息

各产品总体专业在产品研制初期形成与供应链厂家的沟通机制，定期梳理产品实现过程中需当面交底的技术内容、质量控制工作内容、报告编制和复查评审等各类待办事项，并按项目类别制定表格，明确责任人、拟沟通节点和完成时间。

利用设计方案评审会、技术协调会、现场监督审查、驻地代表过程监管、下厂验收、试验跟产等手段，明确如下三个方面：一是针对技术要求、使用工况、接口匹配等内容进行充分交底，使研制生产过程中的问题反馈确认及时，避免问题反复，有效控制研制风险；二是各产品责任单位按期提醒并持续跟踪质量管控节点，督促并协调厂家提前安排计划，提高工作效率，避免"黑匣子"式的管理方式；三是在合同中明确随产品一同交付的文件，如产品数据包、元器件筛选报告、软件评测报告、多媒体记录等，将各项工作要求落实到实际工作中，交付要素不齐予以拒收。

（六）严格现场监督检查

以问题为导向，针对部分供应链厂家质量保证能力不足的现状，利用生产现场检查、鉴定件开盖检查、体系审查等时机，组织质量审核、工艺、结构和电装专家等深入产品生产现场，确保有效检查时间达到 2 天以上，并从以下三个方面对产品实现过程再"深挖一锹"。一是与型号任务相结合开展检查和研讨，将型号质量管理要求和经验传递到供应链厂家，同时深入了解厂家的质量体系运行现状，对各层次质量文件进行深入探讨，找出不明确和有漏洞的部分，督促整改并落实；二是对生产现场进行全面检查，发现产品生产过程中的风险，包括工装夹具、计量检定和试验环境等方面的薄弱环节，并制定相应措施；三是组织工艺和生产专家现场指导工艺规程和操作方法，能够及时避免低层次和批次性质量问题的发生，并优化厂家生产现场的管理模式；四是进一步发挥驻地工艺/质量代表的过程把关作用，对驻地代表的工作执行情况进行评价并做好人员储备。

四、试点产品推广实施及应用情况

（一）切割索类分离火工装置

切割索类分离火工装置是供应链核心产品之一。三部形成了切割索类分离火工装置研制流程规范、方案设计规范、研制技术要求编制规范、设计方案审查规范和检查检查规范，覆盖了正向设计流程规范及现场监督检查流程。切割索类分离火工装置质量管控流程及检查规范示意如图 2 所示。

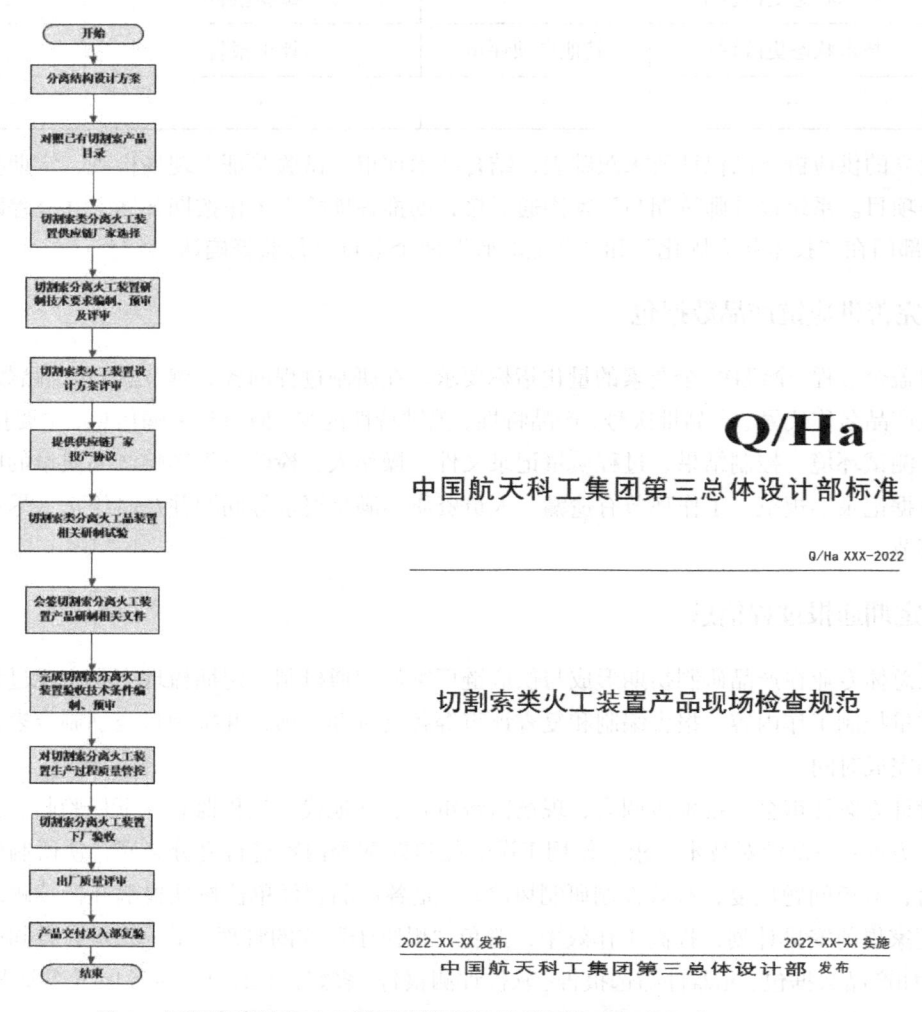

图 2 切割索类分离火工装置质量管控流程及检查规范示意

在改型产品方案设计、试验验证等纵向正向工作流程规范中，提供了典型设计案例、结构、指标等能够指导不同工作剖面下切割索类分离火工装置的选型、应用结构的设计等核心关键因素，为技术人员提供了有效设计参考；在设计方案审查、产品现场检查等横向检查规范中，明确了具体各项检查把关工作注意环节，并定制了可靠操作、易实行的检查规范表单，逐项确认设计、工艺、产品实现、试验及检验验收等过程的合理性，有效支撑各项重要检查。

（二）引战类产品

主要由引信和战斗部组成的引战系统，是决定武器系统毁伤效能的核心产品。针对两类供应链产品分别形成管理流程作业指导书，通过梳理两型产品典型研制流程，从研制输入、技术论证直至交付共 25 项研制环节，梳理出工作要求和重点关注内容。引信及战斗部供应链管理流程示意如图 3 所示。

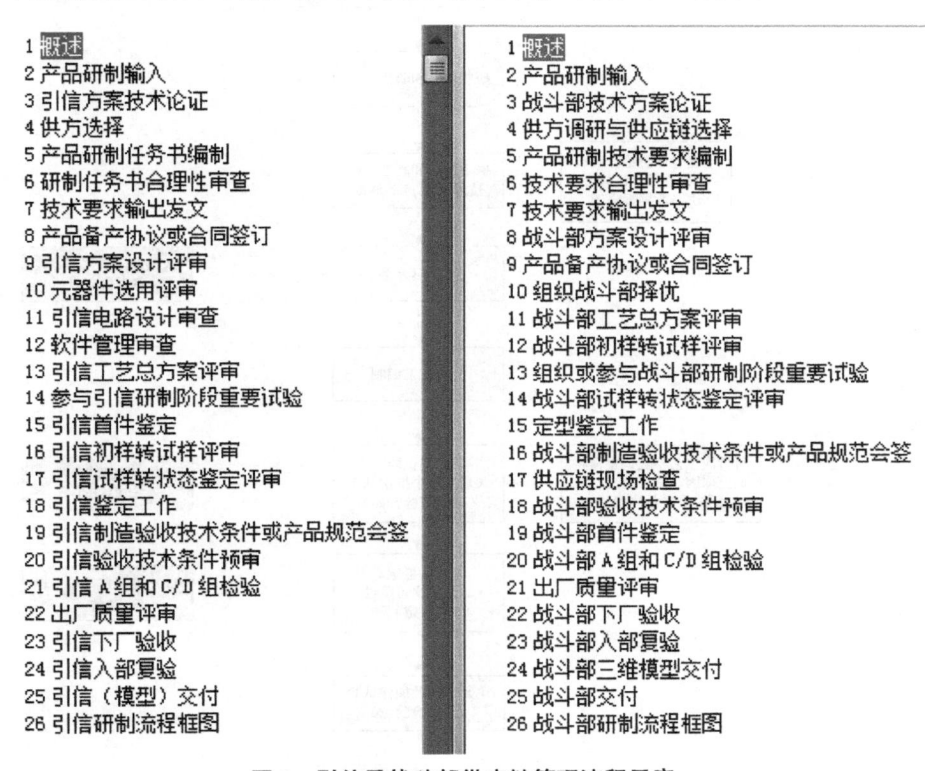

引信	战斗部
1 概述	1 概述
2 产品研制输入	2 产品研制输入
3 引信方案技术论证	3 战斗部技术方案论证
4 供方选择	4 供方调研与供应链选择
5 产品研制任务书编制	5 产品研制技术要求编制
6 研制任务书合理性审查	6 技术要求合理性审查
7 技术要求输出发文	7 技术要求输出发文
8 产品备产协议或合同签订	8 战斗部方案设计评审
9 引信方案设计评审	9 产品备产协议或合同签订
10 元器件选用评审	10 组织战斗部择优
11 引信电路设计审查	11 战斗部工艺总方案评审
12 软件管理审查	12 战斗部初样转试样评审
13 引信工艺总方案评审	13 组织或参与战斗部研制阶段重要试验
14 参与引信研制阶段重要试验	14 战斗部试样转状态鉴定评审
15 引信首件鉴定	15 定型鉴定工作
16 引信初样转试样评审	16 战斗部制造验收技术条件或产品规范会签
17 引信试样转状态鉴定评审	17 供应链现场检查
18 引信鉴定工作	18 战斗部验收技术条件预审
19 引信制造验收技术条件或产品规范会签	19 战斗部首件鉴定
20 引信验收技术条件预审	20 战斗部 A 组和 C/D 组检验
21 引信 A 组和 C/D 组检验	21 出厂质量评审
22 出厂质量评审	22 战斗部下厂验收
23 引信下厂验收	23 战斗部入部复验
24 引信入部复验	24 战斗部三维模型交付
25 引信（模型）交付	25 战斗部交付
26 引信研制流程框图	26 战斗部研制流程框图

图 3　引信及战斗部供应链管理流程示意

在检查规范方面，针对两型产品分别制定了现场监督检查报告单，涵盖技术文件审查、实物及工艺监督检查两个大类，覆盖"人、机、料、法、环、测"各个方面，为引战类供应链产品的后续研发和质量管控提供执行依据。

（三）电池类产品

电池类产品是向各系统供电的关键核心产品。三部从梳理热电池研制流程图（图 4）出发，制定《热电池供应链管理流程作业指导书》，对输入输出、评审、试验、交付验收等各环节纵向工作流程的注意事项进行总结梳理。在检查规范方面，针对热电池共形成 11 份检查规范（含检查单），覆盖研制过程中的所有评审项目、试验项目和关键过程，各项检查规范详细具体，形成上千项检查要素，为后续严格执行电池类产品供应链质量管控奠定了坚实基础。

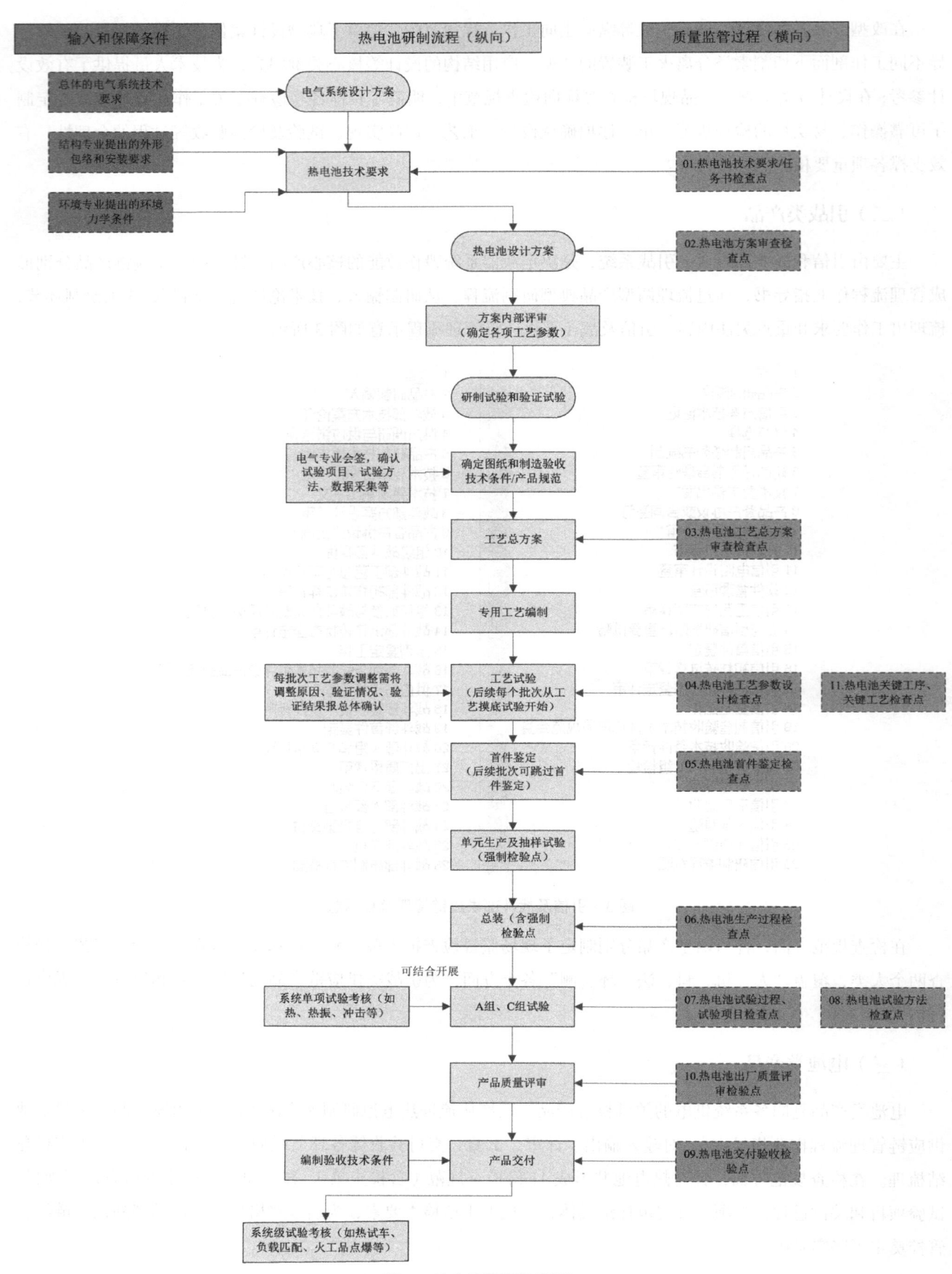

图 4　热电池研制流程图

（四）其他产品

参照供应链产品质量管控方法，14个涉及供应链的产品均形成了各自典型产品的质量管控规范，并经专业人员审查确认受控，供技术人员参照使用。

后续重点工作，首先需要严格落实供应链产品纵向工作规范和横向检查规范，质量部门对落实情况进行监控和把关，让标准规范充分发挥作用；其次是要进一步梳理三部供应链产品型谱，将矩阵式供应链产品质量管控方法覆盖至各型供应链产品，全面提升供应链产品质量。

五、结语

新形势下供应链质量管控提升研究基于建立矩阵式供应链质量管控方法，从纵向工作流程和横向监督检查两个维度，开展供应链产品质量管控工作。方法是系统和科学的，也符合当前军工企业严格实行供应链管控的实际需求，核心在于严格执行和监督落实，需从管理机制上进一步保障该项工作有效推进，全面提高和保证三部供应链产品质量水平。

主要创造人：宋　闯

参与创造人：申冬冬、张　涛

"谋深致远，奋斗最美"管理模式的实践

中国船舶科学研究中心

一、背景介绍

中国船舶科学研究中心（以下简称七〇二所）针对结构复杂技术难度大的重大项目，创立了"谋深致远，奋斗最美"管理模式。重大项目服务于国家战略，以国家需求为指引创新发展、精细管理。围绕国家"海洋强国"战略，以科技创新、自立自强为驱动，在实施国家重大科技项目、解决国家关键核心技术问题的征程中，推动全链条质量综合提升，保障供应链安全可控，实现装备质量"万无一失"。"谋深致远，奋斗最美"管理模式以舰船精细化质量管理要求为核心内容，将国家战略需求、创新发展和一体化质量管理融合，实现了重大项目从需求分析到成果应用的全过程管理。该管理模式在大深度载人潜水器的研制过程中得到了有效的诠释。

二、"谋深致远，奋斗最美"管理模式定义和构成

（一）"谋深致远，奋斗最美"管理模式的定义

"谋深致远，奋斗最美"管理模式中，"谋深致远"体现了质量管理的战略和方法："谋"以服务国家战略为己任，确定发展方向；"深"以自主创新为目标，创新方法和工具解决国家关键核心技术问题；"致"以精细化管理为手段，实现过程管理量化流程化，推动供应链质量综合提升；"远"以一体化知识管理为手段，助推新兴产业衍生发展。"奋斗最美"体现了质量追求的目标和愿景：通过全体员工的奋斗，提供最美的产品，打造最美的研究所。该管理模式致力于在新产业、新领域畅通创新链，培育产业链，打造可控供应链。该管理模式如图1所示。

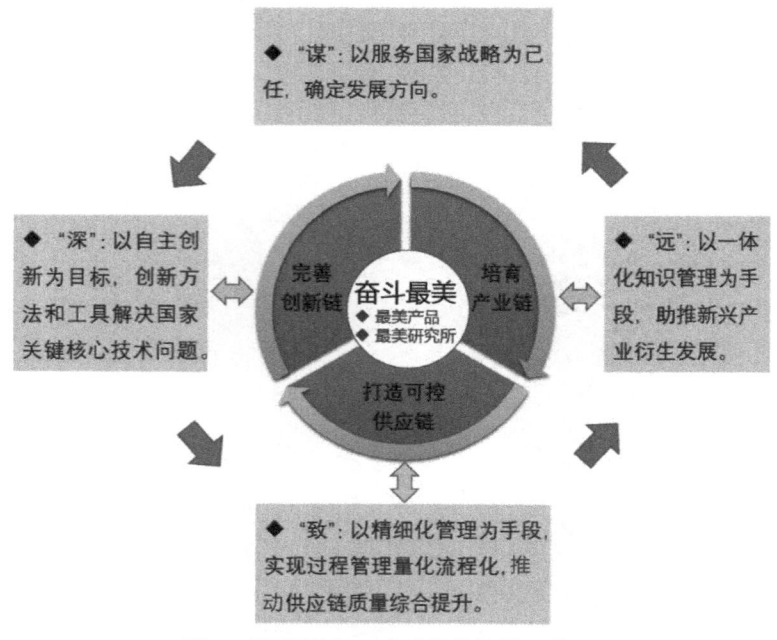

图1 "谋深致远，奋斗最美"管理模式

（二）"谋深致远，奋斗最美"管理模式的要素构成

"谋深致远，奋斗最美"管理模式切合国家高质量发展的需求。在全面质量管理模式的基础上引入"国家战略的服务和支撑作用"，将拼搏创新和自力更生的精神融入管理模式。将产业全链条和知识管理与质量管理融合，通过知识管理占领领域的制高点。通过实施舰船精细化质量管理，不断细化量化过程管理，确保过程管控可测量。该管理模式是集战略、文化、创新和精细化于一体的管理模式，是全面质量管理模式的继承和扩展。

三、实施方法

"谋深致远，奋斗最美"管理模式贯穿大深度载人潜水器的研制全过程，实现了我国大深度载人潜水器从"跟跑"到"并跑"，再到"领跑"的历史超越，引领了行业的发展。

（一）以服务国家海洋战略为己任，确定发展方向

党的十八大报告提出：提高海洋资源开发能力，坚决维护国家海洋权益，建设海洋强国。将"海洋强国"纳入国家战略，将海洋资源开发提升至前所未有的高度。七〇二所对照"实现海洋装备科技自立自强，推动船舶行业发展共创共赢"的使命和"国际一流海洋装备研究机构"的愿景，针对国家需求，牵头创建深海装备国家实验室，占领深海科学研究制高点。

在海洋载人深潜领域，七〇二所坚持以国家战略为导向，进一步拓展发展思路，开展理念创新、模式创新，打造作业型载人潜水器更多的优势品牌，谋划深海载人深潜装备"三步走"，探索发展了深海装备产业链。第一步，针对国家迫切需求研制了"蛟龙"号载人潜水器，在2012年刷新了7062米的中国深度，在"蓝色圈地"活动中具备主动权。第二步，重点开展设备的国产化，研制了"深海勇士"号载人潜水器，实现了国产化率达95%。第三步，占领深海领域的制高点，研制了可往返全海深的作业型载人潜水器"奋斗者"号，2020年在西太平洋马里亚纳海沟成功下潜10909米，创造了中国载人深潜新纪录，在国际上实现了由简单的极限挑战迈入极限深度常规科考作业新时代，为地球起源、海洋环境演变提供了探测手段。

（二）创新方法，解决国家关键核心技术问题

2021年3月16日，《求是》发表的《努力成为世界主要科学中心和创新高地》一文指出：矢志不移自主创新，坚定创新信心，着力增强自主创新能力。该文章指出，要加大应用基础研究力度，以推动重大科技项目为抓手，打通"最后一公里"，疏通应用基础研究的快车道，把科技成果充分应用到现代化建设中。

七〇二所紧密结合科技创新推进工程实施方案，在技术研发项目的开始及整个过程中及时挖掘创新点，形成了一批拥有自主知识产权的科技成果。紧紧围绕知识产权运用，促进科技成果转化，建立了以研究所为主体、需求为导向、产学研相结合的技术创新体系。积极加强应用基础研究，有力应对国外技术封锁，在深海装备领域突破一系列"卡脖子"核心技术。依托大深度载人潜水器研制过程，自主攻克并掌握了总体、结构、机械、电气、控制和声学等系列关键技术，国内首次形成了覆盖全海深环境的全系统技术解决方案，构建了独立自主的全海深载人深潜装备设计技术体系。

七〇二所依托水动力学国家重点实验室，开展了水动力性能综合优化技术研究。研制的"奋斗者"号在可多次往返全海深作业的载人潜水器中具有最快的潜浮速度。依托深海载人装备重点实验室，系统开展了超高压力极限耐压结构理论基础研究、数值计算和系列缩比模型结构的承载能力验证试验，掌握了中厚球壳耐压结构设计计算方法，制定了耐压结构强度和稳定性标准体系。开展全海深耐压结构安全性评估技术研究，评估了耐压结构服役性能，掌握了钛合金耐压结构疲劳寿命评估方法。研制的"奋斗者"号是国际上唯一能同时携带3人在全海深海底作业的载人深潜装备。

(三)以舰船精细化为手段,加强过程管控

舰船精细化质量管理是指贯彻系统工程思想和方法,以细化要求为核心,充分聚焦研制生产过程,特别是关键、重要环节的质量控制要素,有效识别与控制质量风险,运用精准有效的方法和工具,实现有效的过程控制和预期的产品质量水平。七〇二所在大深度载人潜水器的研制和生产过程中严格按照舰船精细化质量管理的要求,落实过程管控。

1. 落实质量责任

大深度载人潜水器的研制集全国优势力量,采用核心技术,以研发优良装备。项目群涉及十几个研制项目,数十个研究课题,数十家参研单位,在研制过程中需落实各相关项目和单位质量责任。潜水器项目团队在上级机关的领导下,在总体专家组、项目群责任专家的指导下开展工作,实行项目群联合协调管理机制,成立了项目群协调管理组、项目群协调管理办公室和总师组。按照"总体单位负总责"的要求,七〇二所专门成立了总体项目行政指挥线、技术顾问组和技术指挥线,明确了各自的职责范围及承担的责任。载人潜水器六大系统质量管理设有专人负责,并形成文件,在组织与技术接口上保证了项目质量责任的落实。在总装联调过程中成立建造师系统,明确了建造师系统各自职责范围及承担的责任。这些措施从组织上保证了项目总装建造质量责任的落实。

2. 创新风险管控方法,实现风险可控

大深度载人潜水器项目结构复杂,在国内甚至国际上属于空白领域,七〇二所创新建立了"基于FMECA的风险管理方法"。基于可能发生的故障及其可能产生的影响,开展故障严重程度和概率分析,识别设计风险源;基于时间节点、供应链以及人员配备情况识别进度风险源;基于投资状况、节点经费分配等识别经费风险。对存在的风险进行评估,确定风险优先级,有针对性地实施风险应对措施,实现风险可控。

3. 将文化和设计融合,强化质量意识

将"万无一失"的文化(图2)融入载人潜水器的设计开发过程,提出"下得去能作业,上得来保安全"的设计理念,采用"输入、支撑、约束、输出"的分系统四要素法,以协调、固化各分系统之间的技术层面和管理层面的接口,采用五项准则(图3)统筹潜水器的系统设计,实现了"奋斗者"号载人潜水器的海试一次成功。

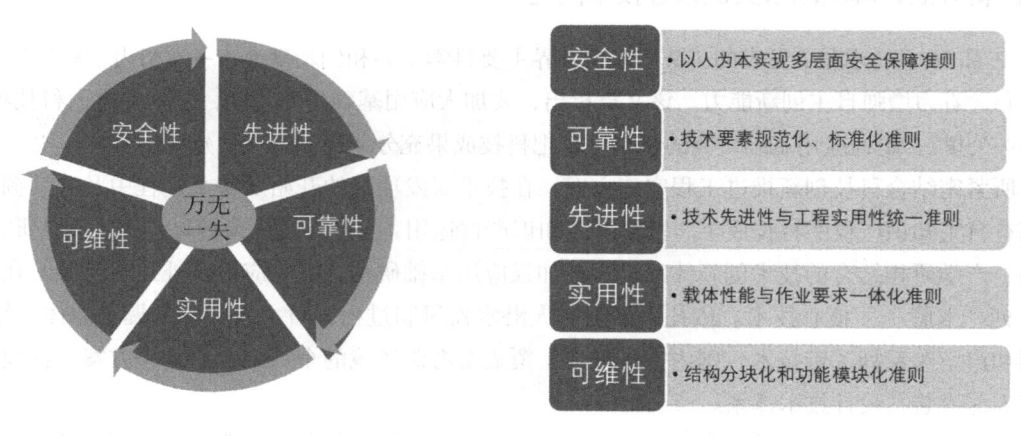

图2 质量文化和设计方法   图3 五项准则内容

4. 开展通用质量特性与功能特性一体化设计,实现潜水器安全可靠

基于FTA和FMEA方法进行生命支持系统设计,确保潜航员生命安全。生命支持系统可以为潜航员和科学家提供适宜的生存环境。设计了3套独立的系统,设置了2套相对独立的供氧管路,开发了开放式应急供氧功能。氧源采用多个氧气瓶或氧烛设计,大大减小了单个气瓶或氧烛失效时对供氧功能的影响。

采用冗余设计，增强潜水器应急自救能力，完善自救体系。为保证潜水器应急自救措施的绝对可靠，在设计过程中，充分采用冗余设计理念，融合了正常液压抛弃、应急液压抛弃、电磁抛弃、声学远程遥控抛弃、电爆螺栓抛弃等多种技术手段，独立实现抛载功能，形成潜水器安全上浮的应急自救体系。

采用了耐环境设计方法，保障动力源可靠，确保安全可靠。蓄电池组多备份冗余成组设计110V主蓄电池组和24V副蓄电池组均采用3支路备份冗余成组设计。

5. 加强外协外包和外购过程质量控制，将检验内容前置

编制了潜水器装置/部件入所检验记录要求，作为潜水器装置/部件参加总装前的过程检验依据。在外协外包合同或协议中明确质量问题管理要求，形成外协外包部件的过程监督检查的项目清单，通过过程监督及时发现问题、解决问题，确保过程问题的闭环处理。在验收过程中原有检验员检验的基础上增加总建造师的意见，落实建造过程责任，确保装置质量。

6. 规范实施表格化管理

分系统装配调试和总装调试过程中，严格按照总装大纲、陆上联调大纲的程序和要求开展装配和调试工作。坚持"质量第一"的指导思想，实施表格化管理以强化系统装配阶段的质量保证。装置/部件安装完成后，由检验组负责对装置/部件的安装结果进行检验，填写装置（支架）安装检验记录表。对安装检验不符合要求的设备，由设计师负责对安装中出现的问题及采取的解决措施进行记录与说明，填写装置安装问题整改说明表，完成整改后重新检验，签署完毕后的表格交由设备管理员保存归档。遵循"论证充分、各方认可、试验验证、审批完备、落实到位"五条原则，确保更改在受控条件下进行，并具备可追溯性。

（四）以一体化知识管理为手段，助推新兴产业衍生发展

1. 部署项目数字化管理系统，助推知识的获取

根据"奋斗者"号全海深载人潜水器研制需要，开发的项目数据管理系统分别部署在笔记本电脑（服务端）和平板电脑（客户端）上，实现数据记录、导入和导出，信息查询和资料浏览等功能。其中，部署在客户端的系统功能模块，在潜水器总装建造、试验验证、下潜作业和检修维护等各阶段辅助现场人员完成调试、检修等数据记录，具备快速查询、浏览潜水器装置/部件履历资料的功能；部署在服务器端的系统功能模块，可以从课题/子课题、系统/阶段等不同维度，全面展示相关的技术图纸/文档、装置/部件信息等项目内全生命周期的成果数据。

2. 加强知识的应用，助推新兴产业衍生发展

通过大深度载人潜水器研发，有效带动我国深海能源、材料、结构、通信导航定位等高技术和产业全面发展，带动深海通用元器件、高性能电池、精密传感器、特种功能材料等研发和产业化，实现自主可控，改变对外高度依赖的局面。这些深海通用技术和装备，在深海油气勘探开发、深海生物资源勘探开发、深海考古乃至深海探险、观光等方面的应用前景十分广阔，支撑我国深海战略性新兴产业发展的潜力巨大。

四、取得的成果

该管理模式的应用使我国载人深潜在短短20年内从零发展到世界领先水平，谱系化的深海载人潜水器，实现了我国在深海领域从"跟跑"到"并跑"，再到"领跑"的历史超越，迈入极限深度科考作业崭新局面，提高了国民海权意识，打造了驰骋深远海的"国之重器"。"蛟龙"号写入党的十九大报告，"奋斗者"号载人潜水器完成万米海试并胜利返航，是科技创新的典范。

（一）显著提高行业整体水平，对行业发展具有引领、示范和带动作用

打破国外技术垄断和封锁，有效提升了在深海科学研究方面的话语权。"奋斗者"号共8次抵达万米深的

海底，充分表明了"奋斗者"号在万米级深度所拥有的综合技术实力，标志着我国已成为载人深潜装备领域的领军国家。通过载人潜水器搭载的多参数传感器，获取深渊底部的环境基础数据；使用载人潜水器采样功能，采集高质量深渊底部水体、沉积物、岩石、微生物和宏基因样品等；获取重要的深渊原位科学实验数据，推动我国深海科学研究与技术快速进入国际前沿。

带动深海装备新技术的自主发展，解决了核心设备"卡脖子"问题。带动了国内钛合金材料制备及焊接、浮力材料、声学通信定位、智能控制技术、锂离子电池、海水泵、作业机械手等核心配套产业的自主发展和重大进步，促进了我国深海装备产业链的进一步完善，为我国深海装备产业的持续健康发展奠定了良好的基础。

突破了高能量密度的油浸锂离子电池组、超高压海水泵及其控制阀组、供配电顶层设计技术、多接口抛载技术、高清视频摄录、存储和重现技术、智能检测、高精度航行控制、全海深数字水声通信、导航定位等关键共性技术，形成了相关产业的设计、材料、制造、测试和考核标准，具有广泛推广转化的应用前景和显著的经济效益。实现了核心配套产业自主发展，掌握了核心技术，解决了我国载人、无人等潜水器的配套产品需进口的"卡脖子"问题。

（二）形成了完善的大深度载人潜水器设计检测和应用体系

全海深海底超高水压、极低温度等极端环境为装备的设计和研制带来了全方位的挑战。在相关科研成果及国内外相关理论成果的基础上，自主攻克并掌握了总体、结构、机械、电气、控制和声学等系列关键技术，在国内首次形成了覆盖全海深环境的全系统技术解决方案，构建了独立自主的全海深载人深潜装备设计技术体系。研究并形成了一系列的科学试验规范，提高试验的针对性和有效性。在海试中，建立了一套成熟的基于母船和潜水器的全流程操作规程和体系，确保了海试科学、规范、高效地推进，为后续潜水器的常规应用奠定了基础。

五、结论

"谋深致远，奋斗最美"管理模式为推动跨行业跨领域重大项目的实施、解决重大科技问题、开拓新兴行业提供了范例，是新时代"自力更生，艰苦奋斗"的生动诠释。

该模式有利于提升国家竞争力，自主创新，自立自强，解决"卡脖子"问题，对于解决关键核心技术和高精准的项目，以及组织谋求高质量发展具有推广价值。

主要创造人：何春荣

参与创造人：叶　聪、冯　光

基于精益化六西格玛理论的质控链智能化转型研究与实践

国网浙江省电力有限公司物资分公司

一、实施背景

电网安全是国网公司永恒不变的主题，高质量的电网设备材料供应成为确保电网安全的首要前提。国网公司提出打造"中国特色国际领先的能源互联网企业"的战略目标，始终坚持以电网高质量发展新成效，为经济社会持续健康发展增添动能。近年来，随着电网的不断发展和特高压工程建设的推进，新入网的设备大量增加，对进一步加强电网设备质量管控，杜绝设备"带病入网"提出了更高的要求。然而，传统的驻厂监造手段仍面临着信息不对称、监督手段数字化不足、与供应商的联动受制约等难点和痛点问题，难以满足不断升级的质量管控业务需求，以智能化转型来提高公司质量管控水平、为电网安全提供强有力的质量保障变得尤为急迫。

2022年，国家发改委印发《"十四五"扩大内需战略实施方案》，要求大力实施质量提升行动，加大产品质量监督抽查力度，积极推广先进质量管理模式，引导企业加强全面质量管理。随着国家和政府对质量监管力度的不断加大，国网浙江省电力有限公司物资分公司（以下简称国网浙江物资公司）作为我国重要能源企业，主动适应质量监管形势，专注发挥物资管理优势，认真研究物资供应链运营全链条全场景业务提质增效的路径，不断持续深化供应链数字化提升、智能化升级和智慧化运营，实现业务提质增效、服务提档升级，为电网安全提供强有力的质量保障，牢牢把握"质量强网"发展的主旋律。

二、总体建设思路

本案例结合《国网物资部关于印发2022年物资质量监督重点工作的通知》，全面践行质量控制链智能化理念，着力提高物资事中监督管理水平，按照"业务网络搭建、信息化手段完善、管理标准推进、保障措施落实"的路线，按照事中监督"泛在协同、融合统一、一体而生"三步走的思路，结合精益化六西格玛管理理论手段，通过实施四大举措，针对抽检定额完成率、监造覆盖率两个弱项指标提出事中监督提升管理模式四步走。一是搭建事中管理网络，通过搭建质量管控专项班组，健全内外部监督培训机制，形成"专业横向到边，层级纵向到底"的全方位协同质量监督管理网络系统，保障提升工作有序开展；二是完善质量监督数智系统，通过对监造、抽检系统模块的优化提升，在内外部信息系统协同的基础上，确保各项任务环节沟通顺畅、高效运行；三是明确工作职责内容，通过"工作票"模板的创新形式和系统流程固化，引导员工规范作业，推动各项指标覆盖率提高；四是加大过程督察力度，借助常态化支持服务，结合飞行监督小组工作，确保指标提高各项管控措施落实到位，加快事中监督全覆盖进程，提高物资质量精益管理水平。

三、具体方案

（一）明确发展定位，搭建事中管理网络

1.搭建物资质量事中管理团队

围绕全景质控事中管理发展定位，积极调研国内先进物资质量监督团队构建经验，结合自身特点，打造组织体系。建立物资质量管控专班。为确保事中监督全覆盖管理工作取得实效，公司质量监督专业与物资专业、

监理公司、华电院等协同联动，形成“质量监督、物资、监理、检测”协同联动的“四道防线”，建立全景质控事中监督全覆盖质量管控专项班组，强化物资质量监督管理工作顶层设计，开展现状调研工作。2022年，为进一步加强电工装备质量管控，推进现代智慧供应链建设成果应用，国网浙江物资公司推出电工装备智慧物联平台（以下简称EIP）补充和完善现有设备监造体系，提高设备监造规范化、数字化、智能化水平，并通过基于EIP开展的电网物资远程智能监造(以下简称“云监造”)支撑业务全面开展。质量管控专项班组开展“云监造”全方位诊断,全面摸索云监造系统流程,进行存量订单梳理,编制规范作业指导书《EIP云监造实施方案》(图1)。

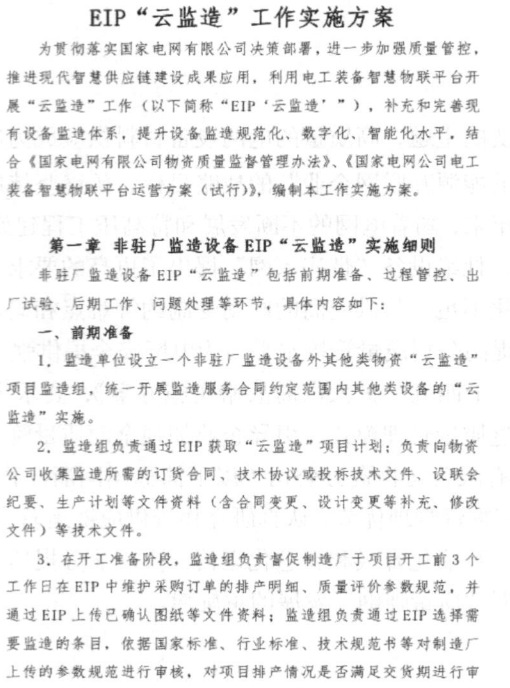

EIP“云监造”工作实施方案

为贯彻落实国家电网有限公司决策部署，进一步加强质量管控，推进现代智慧供应链建设成果应用，利用电工装备智慧物联平台开展“云监造”工作（以下简称“EIP‘云监造’”），补充和完善现有设备监造体系，提升设备监造规范化、数字化、智能化水平，结合《国家电网有限公司物资质量监督管理办法》、《国家电网公司电工装备智慧物联平台运营方案（试行）》，编制本工作实施方案。

第一章 非驻厂监造设备EIP“云监造”实施细则

非驻厂监造设备EIP“云监造”包括前期准备、过程管控、出厂试验、后期工作、问题处理等环节，具体内容如下：

一、前期准备

1. 监造单位设立一个非驻厂监造设备外其他类物资“云监造”项目监造组，统一开展监造服务合同约定范围内其他类设备的“云监造”实施。

2. 监造组负责通过EIP获取“云监造”项目计划；负责向物资公司收集监造所需的订货合同、技术协议或投标技术文件、设联会纪要、生产计划等文件资料（含合同变更、设计变更等补充、修改文件）等技术文件。

3. 在开工准备阶段，监造组负责督促制造厂于项目开工前3个工作日在EIP中维护采购订单的排产明细、质量评价参数规范，并通过EIP上传已确认图纸等文件资料；监造组负责通过EIP选择需要监造的条目，依据国家标准、行业标准、技术规范书等对制造厂上传的参数规范进行审核，对项目排产情况是否满足交货期进行审

图1 《EIP云监造实施方案》

2. 健全事中监督培训机制

通过健全物资质量管控事中监督培训机制，强化监督培训，加快物资质量管控队伍建设，推进事中监督全覆盖。启动监造组人员培训。为进一步提高“云监造”实战水平，根据监造组人员的问题需求，及时总结前期培训经验，有针对性地开展监造组人员业务能力、廉洁纪律等方面内容的培训。通过培训，监造组成员全面掌握前期实施准备、过程管控关键点、违约问题处理办法等，认清了在评标过程中应承担的责任，有效提高了EIP操作的熟练度，提高了监造组人员“云监造”业务水平和监造质量，大力推进了“云监造”覆盖工作进程。组织供应商开展“云监造”集中培训会，解答已接入EIP的供应商在实际操作中遇到的问题和有意愿接入EIP的供应商的疑惑问题，“一对一”“手把手”地实际演示“云监造”操作培训，将培训内容材料同步发放给各供应商，并持续提供“云监造”指导服务，有利于增加接入EIP的供应商数。

3. 建立全方位协同质量监督管理网络系统

建立完善“专业横向到边，层级纵向到底”的全方位协同质量监督管理网络系统。“专业横向到边”是指质量监督管理内部责任系统在物资到货计划、物资抽检计划、物资质量闭环管控三者内部协同的基础上，与外部支撑系统的横向配合；“层级纵向协调”是指省市两级质量监督管理系统之间纵向协同，由月度下达抽检方案并反馈上月质检问题，变更至“周沟通”机制，两级系统动态沟通，形成省物资公司具体组织实施，各专业部门协同配合，省物资质量检测中心、地市公司分工负责的质量监督工作机制，重点突出项目单位的质量监督实施主体责任和供应商的质量保证主体责任。通过“两纵两横”质量监督管理网络中各单位的分工协同合作，重点管控质量监督管理网络系统的各个关键环节，确保质量监督管理的各项工作有效开展，提高抽检定额完成

率和监造覆盖率。

（二）质量导向动态识别，完善质量监督数智系统

1. 完善监造抽检系统

一是提升线上设备监造深度、广度，推动数字化监造，跟踪设备采购合同签订情况，下达监造任务，按生产进度开展见证，实时上传工序见证结果，确保监造任务不遗漏，监造数据唯一、可溯源。针对EIP自身问题，及时总结上报，联合信息部门对平台问题进行优化升级。云监造模块如图2所示。

图2　云监造模块

二是加强物资到货抽检线上协同。根据物资供应计划和抽检定额要求，研发智慧抽检模块（图3），按周编制抽检计划，严格抽检计划管理。实现检测结果直连供应链运营平台，所有数据上链存证，定期开展检测数据审查，以数据治理推进抽检业务规范化运营。

图3　智慧抽检模块

2. 打通跨专业协同系统

基于供应链信息系统功能与物资、项目等管理模块的高度集成，建立质量监督与物资计划、施工现场、质检单位等部门之间的主动协同机制，将跨部门业务数据纳入质量监督业务分析，增强不同条线之间的业务互通性、数据可用性、资源共享性，实现物资质量管理的内部系统实时联动，便于抽检计划准确制订。强化与供应

商的数据接入，推进在线监造，提高"云监造"订单覆盖程度，生产数据实时上传，从源头提高物资质量。同时借助"云监造"更好研判供应商产能水平，在内部数据打通的基础上，预测物资到货计划，辅助抽检方案的预先制定和动态更新，提高抽检定额完成率。

（三）明确工作职责内容，推进管理标准建立

1. 明确工作岗位职责

公司跟踪监造项目组、抽检项目组、物资计划组、检测单位质检等工作，结合全景质控事中监督工作要求，分析现状工作问题，梳理工作岗位职责与工作内容，制作监造、抽检、计划、检测人员"白名单"建议书。通过"白名单"建议书，让不同岗位的人都能充分了解自己的岗位职责，确保从源头减少管理漏洞，提高物资质量精益化管理水平，推进事中监督全覆盖。

2. 制定标准工作模板

针对"云监造"与"C类物资抽检定额"，分别形成可有效指导质量监督各环节工作人员工作的标准化"工作票"模板。工作票中明确了各阶段活动的具体工作内容与责任岗位，并将"工作票"模板利用信息化系统进行固化，各环节的责任人在确保工作按照标准执行完毕后，需在系统内确认签字。同时"工作票"模板固化可结合智慧监督工作同步开展，逐步固化各环节的监督工作要点，通过供应链运营中心定期提取相关工作数据，监督各项工作的完成"质量"与"效率"，在行为规范和操作路径方面为工作实践提供支撑奠定了基础，实现了物资质量管控横向协同、纵向贯通。

3. 完善现有工作文件

为促进物资质量管控有效融合专业工作，提高事中监督工作的实际意义，质量管控专项班组组织开展现有工作文件全方位诊断，结合实际问题与需求，对现有文件进行补充完善，重点加强摸索云监造系统流程和进行存量订单梳理，编制规范作业指导书《EIP云监造实施方案》，并精确分析和规划"云监造"工作量及年度费用测算，形成汇报文件，为后续进一步完善"云监造"工作制度，明确责任分工和时间进度等要求，提供数据支持，推动全景质控水平再提高。

（四）加大过程督察力度，确保管控措施落实

1. 常态化现场支撑服务

构建基于物资质量监督指数的质量监督管控模型，跟踪每一批次"云监造"及"物资抽检"工作全流程，并提供服务支撑，同时物资质量管控专班对事中监督全流程进行梳理分析，并在全流程作业追踪结束后，及时分析问题和找准可优化方向，生成指数提升分析报告，确保及时归纳总结。针对弱项指标提升专项工作，定期开展跟踪会议，事中监督建设不断加强，现有成果持续巩固。

依托公司供应链运营平台（ESC），构建常态化运营监督机制，实时预警监控质量监督指标数据状态，建立"周沟通、月通报"机制，根据双周《供应链运营简报》《物资专业月度精益绩效评价通报》情况，定期发布提示单、预警单、督办单，加强物资质量管控要求，督促相关单位整改落实，将整改超期现象纳入绩效考核，推动形成发现问题、处理问题、解决问题的闭环机制，确保质量管理各项工作有序开展，提高招标采购质量、效率和效益。质量监督指标分析材料如图4所示。

2. 加强"飞行"监督检查

公司质量监督专业联合监造单位、检测单位成立事中监督"飞行"检查小组，对"云监造"、物资抽检现场开展不定期的"飞行"突击检查，重点检查"云监造"数据是否按时上传、物资到货计划是否动态更新提醒、检测数据是否及时更新、现场组织是否规范有序、工作人员是否认真履职等。事中监督"飞行"检查小组需要通过深入检测基地现场、检查操作记录、调取监控录像、当面交谈询问等方式，检查各工作人员对相关事中监督文件及规范要求的学习贯彻、优化提升措施落实、工作纪律执行等情况。对于在检查过程中发现的问题，以

指导书的形式及时告知对应整改责任人，确保在事中监督“飞行”检查小组检查后，各责任人能够切实按照要求进行整改。内部稽查作业指导书图5所示。

质量监督指标分析月度例会汇报材料
（物资公司8月）

一、总部通报上半年指标的分析情况

1. 定额完成率指标分析

浙江公司上半年C类定额完成率指标为59.3%，排名第十三。主要原因：

（1）抽检计划制定时间与国网取数时间不一致。国网对抽检定额完成率指标是按照电子签章办结时间同一月份、供应商、物资品类维度取数。前二季度质监部按照ERP电子单据签署时间制定供应商物资抽检计划，但从国网指标结果来看，国网取数的电子签章办结时间与我们制定计划的ERP电子单据签署时间不一致，存在跨月情况，导致定额完成率与国网统计相差12%。

（2）预计交货期变更较大。上半年抽检计划的编制逻辑是：物资公司于每月初基于供应匹配结果中的预计交货期制定本月抽检计划，然后由于预计交货期的变更，物资公司每月月末再根据ERP电子签署时间下达一批补充抽检计划以完成覆盖率指标。其中，基于匹配结果制定的抽检计划基本都能完成检测任务，但按照电子签署时间下达的补充抽检计划，由于部分主网物资、直发现场物资已经安装投运，无法安排送检，导致下达的抽检计划无法完成，影响完成率指标。

图4　质量监督指标分析材料

检测报告内部稽查作业指导书

为推动各单位规范开展物资质量监督工作，严格落实检测机构责任，不断提高检测报告和检测数据的质量，确保电网物资抽检工作的规范性、严肃性和权威性，特制定本作业指导书。

一、审查工作范围

本作业指导书适用于华电院、11家地市检测中心、外委检测机构，审查范围为《2022年设备材料抽检必做的试验项目》中涉及的28类物资，覆盖本年度应上传国网ECP而尚未审查的报告、数据。

二、职责分工

（一）物资部

1.负责检测报告和数据审查总体组织工作；

2.负责检测报告和数据质量评价结果的审定和通报。

（二）物资公司

1.负责检测报告和数据审查任务清单导出工作；

2.负责组织云平台检测报告和数据审查功能模块建设工作；

3.统一归口检测报告和数据，逐条检查实际检测等级并通过ECP提交总部；

4.协助物资部做好检测报告和数据质量评价工作；

图5　内部稽查作业指导书

四、案例成效

（一）管理成效

打通物资供应绿色通道，提高事中监督管理水平，保障入网物资质量，缩短供应工期，具体表现为如下三个方面。一是对重要工序和关键点进行视频监造，针对重要工程物资打通了物资供应绿色通道，解决了物资监造难、设备出场质量过程管控全覆盖率低的问题，缩短设备出厂试验周期；二是通过数据贯通，提高抽检定额完成率，物资的检测质量得到进一步提升，确保入网物资安全的同时，缩短了整体物资供应的时长；三是实现了设备生产质量和物资抽检的“透明化”管控，在质量管控的重要环节中逐步形成了监督管理“用数据说话、靠数据管理、依数据创新”的数字转型新理念，为电网安全提供强有力的质量保障。

（二）经济成效

一是实施卓越绩效管理措施，监造覆盖率从5.85%提高到70.16%、C类抽检定额完成率从59.3%提高到86.99%，随着指标的不断优化，双指标目标值将提高到100%；二是加强精益化六西格玛理论的质控链智能化，提高事中监督管理水平，将突破时代的“交货瓶颈”，物资供应工期将缩短15天以上，间接节约窝工成本1500万元以上。

（三）社会成效

一是物资质量水平不断提高。通过构建事中监督管理指标体系，加强“云监造”数字抽样管理，真正发挥数字化管控优势，依托EIP，实现物资远程监造、数据实时传输、自动化抽样、物资快速检测，出厂试验检测效率、抽样效率、数据管理效率较传统检测方式分别提高1～2倍，质量管控水平显著提高，有效杜绝了问题物资入网，为提升采购设备质量提供了有力支。二是提升供应链管理专业化社会形象。通过开展事中监督卓越管理，明确各项监督指标，使事中监督的各项管理措施和操作流程更加标准化、规范化、专业化，利用平台信息技术，实现质量事中监督管控的可视化管理，显著提升公司供应链管理专业化社会形象。

五、结语

在全景质控链智能化转型研究实践中，国网浙江物资公司秉持理念领先、机制领先、实践领先，充分发挥"服务稳链"作用，贯彻国网发展理念，以质量监督为核心，打通供需双方数据壁垒，利用"大云物移智"信息化手段，导入卓越管理思想，结合六西格玛质量改进理论，提升事中监督管理水平，提升管理成效，在质量管控的重要环节上逐步形成监督管理新模式。

本案例聚焦物资质量监督管理过程中的痛点和难点，重点对事中监督管理进行探究，逐步提高弱项指标值，推动作业流程的标准化，多措并举提高设备监造规范化、数字化、智能化水平，对电力物资质量监督管理建设起到了重要指导作用，在质量管理领域具有较强的示范性和推广价值。目前，本案例已分阶段、分步骤推广应用于国网浙江电力各下属供电公司，并进一步完善管理要求，推动其向管理制度、管理标准转换。

主要创造人：杜　亮

参与创造人：洪文明、吴　臻、黄永祥、陈　瑜、章　迪、郭　威、章大明

产品全寿命周期质量管理探索与实践

河南平芝高压开关有限公司

一、企业概况

河南平芝高压开关有限公司（以下简称平芝公司），前身是河南平高东芝高压开关有限公司，是由中国电气装备平高集团（河南平高电气股份有限公司和世界 500 强企业株式会社东芝共同出资组建的中日合资企业）控股的上市公司。平芝公司成立于 2000 年 9 月 8 日，于 2002 年 3 月投产。经过 20 多年的发展，平芝公司已初步形成了以高压组合电器设备制造商、产品全生命周期服务商和输配电工程系统解决方案提供商为发展定位，以全系列、高品质、市场化高压组合电器产品研发制造为核心的主营业务布局。产品主要是 72.5kV ~ 1100kV 电压等级的单体罐式气体断路器、复合式气体绝缘开关，以及气体封闭组合电器。截至 2022 年 12 月月底，平芝公司已销售了 1600 多个变电站、1 万个间隔，产品遍布 29 个省（直辖市、自治区），108 个地级市。产品出口巴西、印度、墨西哥、印尼、尼泊尔、巴基斯坦、阿布扎比、阿尔及利亚、科威特、沙特阿拉伯、土耳其、埃及等国家。

二、具体实践

平芝公司通过对产品实现过程的各个环节进行风险防控管理提高产品的设计质量、装配质量、运输质量以及安装质量；通过典型问题专项治理系统解决典型质量问题；通过运维检修推介与实施降低顾客投诉，提高服务质量；通过基础质量知识宣贯、一把手讲质量课、员工知识手册普及提升全员质量意识；通过深化质量信息化开发实施大数据运用，辅助提高质量管理水平。

（一）以产品实现流程为主线强化质量管理体系建设

1. 构建完善体系，相互协同助力体系健康发展

开展全流程设计评审（DR），对产品全生命周期进行阶段划分，建立分阶段、分步骤、分部门、分任务的一目了然的设计评审规范，从风险防控的角度进行先期设计评审，对每一工序可能存在的异常、重要控制点进行识别并制定措施，从前端进行防控，并做到全生命周期的关注管理。构建 WSS 质量管理体系，以产品型号为关注点，对产品全流程进行有序分割并设置衔接节点，配套设计相应的体系图、管理票、作业规范、技术标准等，通过直观及简洁的手法，实现过程有效控制。制定质量管理体系制度，从质量方针、设计管控、过程管控、不合格管理等方面建立完善的质量管理体系制度，每年进行制度有效性确认，确保制定健全、内容有效。设计评审流程质量保证体系如图 1 所示。DR 会议种类如表 1 所示。

2. 实施标准化设计，逐步拓展设计标准化

实施通用性设计，减少设计多样化，以国网 18 项反措和南网 56 条为基准，以模块化和集成化设计为目标，以多元化单体零部件为突破口，按电压等级、产品型号、产品构造单元逐步开展标准化设计，将定制化的设计逐步整合为通用可批量化采购的设计模式，逐步实现常规产品模块化设计（图 2），新结构超市化选材设计，不仅提高了设计质量、减少了相似品类，而且提高了装配成套效率、降低了装配出错概率。现各电压等级 OB 单元标准化已全部实现，OB 与母线、套管间的对接面尺寸也已统一、部品标准化设计也取得了一定成效（吸附

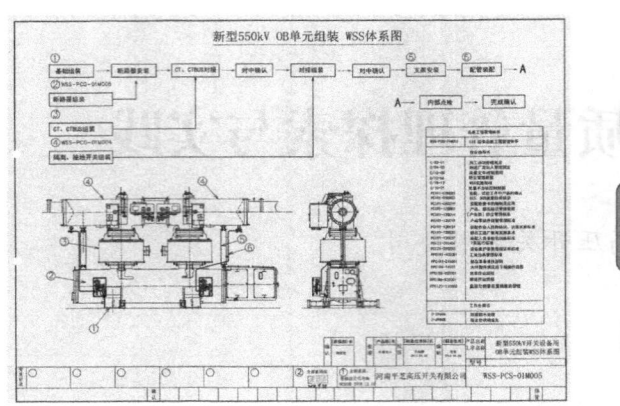

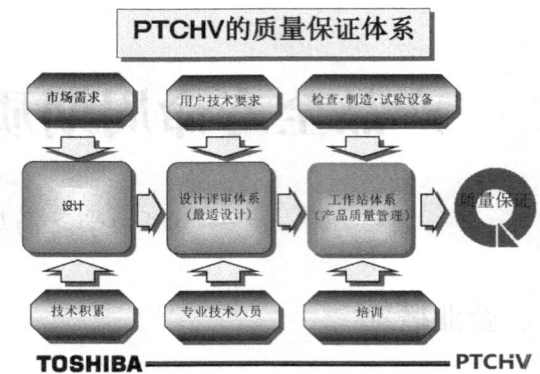

图 1 设计评审流程质量保证体系

表 1 DR 会议种类

会议名称	召开时间	会议的目的
DR-Q	询价、技术协议讨论阶段	确认询价、技术参数
DR-A	确定技术协议之前	技术参数确认
DR-B	基本设计时	审查基本设计
DR-C	细部设计时	讨论细部设计
DR-D	出图后	讨论制造体制及 WSS 策划
DR-E	制造过程中及制造完成后	讨论工作性和制造过程中存在的问题点
DR-F	试验前、试验结束时	讨论试验检查计划及判定、评价试验检查结果
DR-G	细部设计结束后及安装、试运行结束时	有关包装、运输、安装、试运行方案和结果的探讨
DR-H	现场安装、调试结束、交货时	综合反省
DR-I	定期点检、维修工程开工前及结束时	讨论和定期点检、维修工程有关的方案和结果

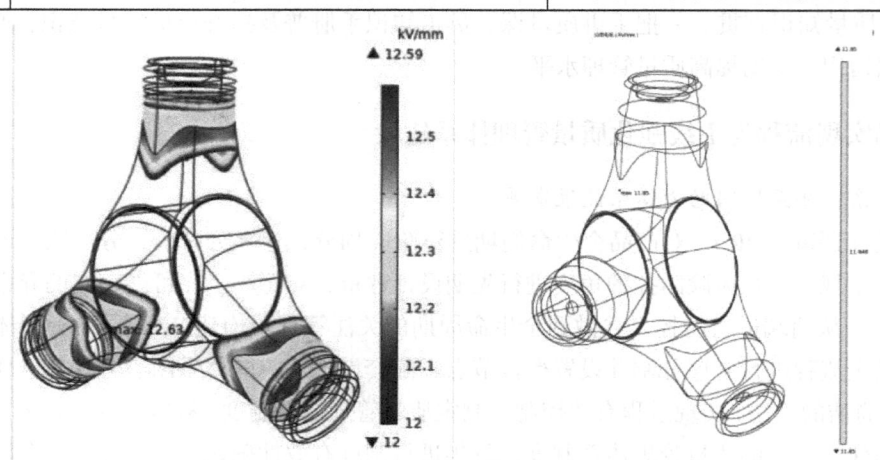

图 2 常规产品模块化设计

剂规格由 25 种减少为 5 种，支架垫片由 48 张图 500 多种减少为 2 类 6 种等）。二次设计以地方性规范为基准，建立了一省一情一册标准设计模式并不断完善。出台设计基准，明确设计标准动作，通过规范设计选型用型、设计流程，引导设计人员特别是新进职工实施标准设计动作，提高设计出图质量。目前各电压等级的实际基准已全部编制完毕并开始运用。实施设计输出检查，将设计过程中的易错、易忽略点进行识别并形成点设计检表，并用于三级校核。强化专业知识，提高人员知识水平，对设计人员开展专项知识（表面处理等）培训，并组织设计人员到厂家进行实地学习，将理论与实际相结合，使设计人员快速实现知识的积累及设计能力的提升。开展设计交底，拓宽沟通渠道，加强项目特殊性能的内部沟通交流，防止沟通不畅、信息不畅、识图不畅导致的质量问题发生，并提高设计问题提前暴露的概率。布局新品开发，强化研发过程质量，打破原有研发阶段问题自主管理模式，开发研发质量问题信息化管理流程，将研发阶段的问题系统登记管控，完善不合格处置措施落实并予以共享，提高量产后的问题处置响应速度。

3. 强化供应商管理，提高零部件供给质量

对供应商的多面管理，有助于加深供应商对平芝公司质量文化理念的理解，推动供应商提高零部件供给质量。建立供应商评价管理机制，借助信息化平台，自主设计集成进厂检验质量、现场质量、供货能力、事故响应速度、考核配合程度的多面供应商考核评价体系，通过一定的约束手段，提高供应商责任意识。建立零部件分级分类检查机制，结合零部件历史供货质量，差异化开展零部件进厂检查，并实施滚动式监测、灵活性检测、现场工艺审核等手段，提高零部件供给质量。开展供应商研修培训，结合各供应商中标情况及各类零部件供货质量，有针对性地对新中标供应商及问题突出品类供应商开展集中性培训，涵盖图纸、检查方法、质量管理体系、验收标准以及实操演练等多方面的学习，提高供应商自身质量水平。开展供应商质量索赔，通过信息化平台开发供应商质量索赔流程，针对零部件不良造成的质量损失，100%发起质量索赔，并通过系统实时跟进，并结合供应商评价机制，对供应商的供货质量实施有效约束。供应商评价管理平台及研修现场如图3所示。

图3 供应商评价管理平台及研修现场

4. 深化过程管控，提高产品出厂质量

产品内部实现过程的有效衔接及过程关键要点的有效确认，有助于及时发现产品存在的不合格和质量隐患，提高产品出厂质量。重视水洗作业质量，投入高压水洗设备用于GIL母线壳体和导体的表面清洗；进行清洗剂清洗效果研究，选出最有效的清洗溶液；实施超声波清洗质量验证，找出最适宜的清洗操作流程；编制水洗操作规范，进一步提高水洗质量。实施相似品识别管理，按区域制作相似品看板，编制相似品识别方法并组织全员学习，降低相似品的使用出错率。实施装配作业数量管理，自主开发数量控制工作台用于微小零部件定制管理，加强试验后点检作业数量管理检查，强化点检作业数量管控。设计防磕碰管理工装，以转运不晃动为目标，结合零部件的尺寸、外观等特点，自主设计差异化的配套承载工装，用于放置气室内部品，减少磕碰导致的各种质量问题发生（如尖叫、毛刺放电等）。实施人员基础作业轮训，建立装配作业训练场，结合产品工序流程、

关键管控要求以及人员技能水平，有计划地开展人员基础作业轮训，不断提高各班组、各工序人员的技能水平。实施工艺纪律检查，推行专业的人干专业的事情，以生产工艺部门为主对厂内各区域开展工艺纪律检查，并直面问题，有效整改。相似品识别及过程管理如图 4 所示。

图 4 相似品识别及过程管理

5. 加强现场管理，保证产品交付质量

现场管理错综复杂，系统的指导能力及管理协调能力是产品交付质量的有力保证。平芝公司积极与集团客服中心对标学习，不断改进创新，努力提高现场管理水平。开展现场人员资质认定，根据人员申报情况，组织现场安装管理能力培训，培训后通过考试的方可获得现场指导资质。建立系统运行前培训工作方案，运行前培训包括技能培训、现场管理要点培训，以及项目特殊关注事项等，进一步强化现场人员的责任意识。实施现场安装前技术交底，指导人员到达现场后对现场多方合作人员进行装前交底，指明现场安装工艺要点及安装环境要求等，减少现场作业隐患。建立现场管理机制，开发现场作业日志信息化填报系统，并通过大数据运用，远程协助现场管理，提高现场管理质量。

6. 跟踪顾客感受，提高服务质量

开展顾客投诉分级分类管理，一方面按顾客投诉的现象类别、严重程度及影响程度，进行梯度划分，制定相应的配合措施并进行固化，提高现场处置效率；另一方面建立"平芝公司突发产品损坏事件处置应急预案"，保障现场突发事件的及时响应。强化运维检修质量评估，成立运维检修专业队伍，新增运维检修业务顾客满意度调查，辅助提高运维检修业务质量。开发顾客满意度调查信息化系统，以顾客要求开启产品投标，进行顾客满意度调查，畅通顾客需求和建议沟通渠道，完善顾客满意度调查管理体制，提高顾客满意度。一方面建立监造、客户来访、现场安装、交付一年回访、运维检修五合一二维码识别满意度调查平台；另一方面结合调查结果建立顾客建议闭环机制，利用信息化平台，开发《顾客满意度调查意见跟踪单》，在公司内进行意见落实跟踪，确保意见有响应、有措施、有落实。

7. 建立风险预控体系，减少不利影响

在产品实现全流程引入风险预控，从人、机、料、法、环等方面进行质量风险排查和识别，通过系列措施进行控制，有助于提高各个环节质量，减少不合格事件发生。建立风险防控机制，引导各部门、工序开展质量风险隐患识别并予以评价和控制，每半年评测1次。推行质量总结反思模式，质量部门选择反思主题，各部门/科室结合质量指标、各类质量问题等开展内部质量总结反思会，提升自我管理能力，如图5所示。

图5　质量总结反思

（二）通过信息化引入拓展质量大数据网络

1. 建成以"不合格"为中心的大数据网络

结合信息化特点设计线上实物品类不合格单，以协同办公系统为载体，设计了适宜线上流转的《交货品不合格<事故>联系票》《公司内<现场>不合格联系票》《顾客反馈管理票》，同步进行责任判定及不合格处理，大大提高了不合格处置效率以及原因对策的确认质量。创新开发管理类问题不合格单，在原有实物品类质量不合格管理的基础上，结合管理提升的需求，开发了《工作质量问题单》，通过对部门沟通不畅导致的质量不合格及部门职责不清导致的质量问题进行识别，能系统地、有效地提高公司管理水平。建立与不合格单联动的损失及补偿管理，通过信息化手段使不合格单自动触发质量损费单，同时通过后台条件设置，实现供应商责任的损费单自动触发索赔单，一方面实现了三票间的无缝对接，另一方面提高了工作效率。建立不合格大数据分析集成报表系统，通过多维度、多单据的联动数据读取及统计，建立了集图表、数据、重点内容于一体的大数据质量报表库，大大提高质量统计效率，提高质量数据分析的准确性。

2. 建成以质量意识培育为目的的质量信息集成网络

将质量早会、点滴教育、事例研究信息化开发上线使用并共享，一方面规范了活动开展方式，以信息共享属性提高活动强化开展质量；另一方面通过大数据分析识别活动开展薄弱环节，及时给予引导和帮助，推进质量提高。

3. 建成质量管理信息集成看板

将全年质量指标开展情况、风险管理、质量活动管理、公司重点工作推进集合制作成质量信息看板

（图6），让各项信息在系统上直观展示，为平芝公司质量行动的开展、决策提供强大助力。

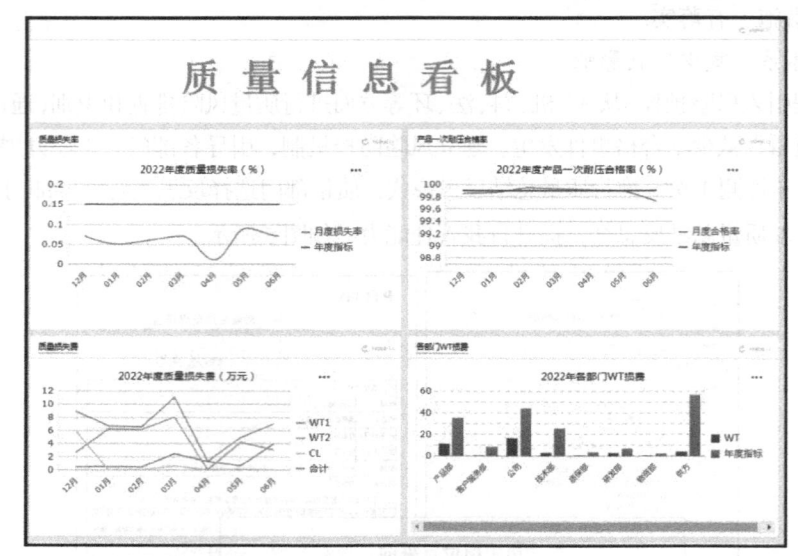

图6 质量信息看板

（三）通过数据统计精准指导质量专项管控

对出现的"不合格"进行大数据分析，对典型的、集中的"不合格"进行识别，制定有效的方案，有针对性地开展质量专项提升活动。结合年度管理评审，挑选典型的质量问题，开展质量专项提升活动，历年开展了放电、漏气、四错四漏、异物等多项治理专项提升活动。成立专项攻关小组，要求技术部、研发部、产品部、质保部、客户服务部等部门从各自的工作角度出发，通过改进产品结构设计、改善装配工艺、优化试验方法、强化运行前培训、规范现场作业流程等进行措施细化，并通过定期跟进、现场检查、问题通报等方式，进行措施纠偏，提升治理成效。自2011年以来，放电、漏气等制约产品质量提升的典型问题逐年减少，指标趋势向好。开展超特高压产品质量提升活动，结合集团超特高压管控要求及平芝公司超特高压产品质量具体状况，编制了《超特高压产品质量提升行动方案》，成立专项推进小组，从制度管理、设计交底、流程优化、工装改进、供应商管理、基础作业提升、现场安装管控、质量信息化开发运用等方面进行工作部署，通过线上、线下同步推进，100%落地实施，实现超特高压产品一次提检合格率达99.88%、"四错四漏"同比下降38.46%。开展"机构治理"专项质量提升活动，深挖机构痛点，编制《机构治理专项提升活动方案》，制定详细治理措施，实施机构厂家现场调研以及协同机构厂家进行结构改进等方式，实现机构质量问题下降30%以上。

（四）通过多元化意识培育强化全员质量意识

编制员工知识手册，普及企业知识。员工知识手册共三册，分别为《行为·环境·安全分册》《产品·工艺分册》和《质量分册》，充分展示了平芝公司求真务实、奋进创新的风采，以"口袋书"的形式派发给全体员工，通过集中学习、休息时间翻阅、集中答题测试等形式，进行全员宣贯。制作《事故事例汇编》，强化质量责任意识。《事故事例汇编》从设计问题、进厂检查问题、装配试验阶段问题、现场安装阶段问题、巡视巡查发现等5个方面进行问题分类并阐述了事故发生的原因及对策。要求各班组把《事故事例汇编》中的事故事例当作事故对待，时刻警醒每名员工不能违章，不能心存侥幸、怕麻烦，要按照标准规范，实实在在地抓好产品质量，减少事故发生。开展基础知识宣贯，营造全员学习氛围，开展企业文化知识宣贯、质量管理知识宣贯、产品基础知识宣贯等多种知识宣贯学习，通过答题激励、知识竞赛等多种手段提高员工基础知识水平，辅助提升业务能力。开展"一把手"讲质量课，营造自上而下的质量管理氛围，从科室"一把手"讲质量课到部门"一把手"讲质量课，再到公司"一把手"讲质量课，全员质量意识都在不断强化。员工知识手册及培训现场如图7所示。

图7 员工知识手册及培训现场

三、取得成效

通过各项创新点的有效实施与运用，平芝公司的质量管理水平在原有东芝管理模式的基础上有了质的飞跃，实现了产品质量稳步提升，产品质量损失率趋势不断向好，质量损失率远低于同行业平均水平。产品一次提交合格率达到99.88%，"四错四漏"在2018年有29起，在2021年有13起，在2022年有8起，呈现逐年下降趋势。平芝公司获得了国内外用户高度认可，客户满意度调查中99%以上客户表示非常满意。550千伏产品质量一直稳居国内市场前列，市场占比稳居前三。2022年，全年累计新增合同额18亿元，达到历史新高。质量管理活动成效显著，2022年注册一线、技术、管理类共计37个班组，其中20个班组实现质量"零缺陷"。参加群众性质量活动踊跃积极，活动成效位居集团前茅。过程管理更加精准，通过数据统计精准指导质量专项管控。

主要创造人：潘玉芳

参与创造人：姜金平、李要锋

基于管控优化与绩效提升的"QHSSE+En+AII"一体化融合体系建设与实施

日照港股份岚山港务有限公司

一、企业概况

日照港股份岚山港务有限公司（以下简称岚山公司）成立于2004年，由日照市对外贸易经济合作局批准设立，注册资本为43000万元，现为日照港股份有限公司全资子公司，为日照港主力生产单位之一。目前，岚山公司拥有5万~25万吨级生产泊位7个，库场面积近200万平方米，机械设备有180余台（套），年货物吞吐能力近亿吨。

岚山公司地处我国南北海岸线的中部，地理位置优越、湾阔水深、陆域宽广、气候温和、不冻不淤，适宜建设包括20万~40万吨级在内的大型深水泊位，是难得的天然深水良港。岚山公司位于国家重点开发的沿海主轴线与新亚欧大陆桥沿桥经济带的交汇处、环渤海经济圈与长三角经济圈的接合部，是新亚欧大陆桥东方桥头堡重要组成部分、鲁南经济带最便捷的出海口和对外开放的窗口。岚山公司水陆交通便利，兖岚公路直通港区，与204国道、日东高速、沈海高速相连；坪岚铁路直达码头，与兖石线接轨，与京沪线、京九线等铁路干线连通；海上运输目前已与世界100多个国家的重要港口通航。

岚山公司经营货种主要有铁矿、镍矿、粮食、煤炭等，腹地沿亚欧大陆桥呈龙骨状辐射国内广大地区。近年来，公司货物吞吐量不断攀升，2021年完成货物吞吐量8000余万吨，实现利润5.53亿元。

岚山公司为国内重要的镍矿集散基地，有国内沿海港口中最先进、自动化程度较高的粮食储运系统，为鲁南地区钢铁原材料和产成品进出口基地之一，有两条直通山钢、日钢的管状带式矿石输送机系统，单条设计能力为2000万吨/年，总设计输运能力为4000万吨/年。

二、项目简介

以日照港集团内控体系为切入点，以质量、环境、职业健康安全管理体系标准为基础，统筹与山东港口集团公司HSSE标准及普通货物装卸运行指南接口，借助两化融合管理体系方法论，推进建立"QHSSE+En+AII"一体化融合体系，助推公司"集约化流程化"管理再上新台阶。参照日照港集团制度修订工作，对岚山公司现有规章制度和业务流程再梳理、再精简、再优化，进一步细化工作职责，明晰权责边界，优化流程衔接、提高效率，不断夯实管理基础，规范和约束管理行为，增强风险防范能力，建立起一套内容全面、功能实用、运行高效的管理体系。岚山公司推行进港车辆预约APP，实现根据审批计划量调整派车数量；推行疫情防控平台，实现员工信息管理、外来人员管理、专班人员管理、防疫物资库存管理等功能；依托移动互联网，以"中心算力"为核心，彻底摆脱硬件设备的"束缚"，建立了基于GIS导航的新一代散货倒运信息系统；积极推进基于位置服务的港口内部倒运系统，让内部转运车辆实现重去重回，更灵活、便捷，最大限度提升现有转运机械效能，降低转运成本，提高转运车利用率，减少道路拥堵，避免道路交通事故，同时提高转运机械司机积极性，提高转运效率。

三、基于管控优化与绩效提升的"QHSSE+En+AII"一体化融合体系建设与实施的主要做法

（一）一体化融合体系内涵

战略目标：打造智慧绿色新岚港，散货作业新标高；成为国内领先的洁净作业港区；3年内，建成绿色智能示范港区。

战略重点：①强化港口硬件设施建设和信息化建设，打造工艺流程和调度指挥无人化智能化作业；②持续提高管理水平，推进一体化体系建设，优化业务流程，推进信息化匹配建设，提升全员的标准化意识，助推港口转型升级和提质增效；③强化环保安全措施，进行环保项目改造，优化环保设施，危险作业区域实施无人化；④搭建人才梯队，储备管理、技术、信息化等各类人才，夯实公司人才基础；⑤盘活数据资产，推进决策可视化、智能化，使公司运营管理更加精细、高效。

（二）工作思路

（1）按照两化融合思路，确定公司战略定位、识别公司可持续竞争优势需求，明确能力打造要求和路径，确定近期需打造的相关能力，明确两化融合阶段目标，策划能力打造方案，包括业务流程和组织机构优化、管理、工业及信息技术实现等，分阶段实施。

（2）结合目前流程管理、IT方面的最佳实践，以及公司现有业务类别，已建立的多种管理体系运行现状，综合考虑各个管理体系（两化融合、质量、环境、职业健康安全、安全标准化、双预防体系、港口设施保安、公共安全等）要素深度融合的结构和接口，以切实解决体系和信息孤岛、管理协同程度低、流程割裂、管理缺位、效率不高的问题。

（3）根据体系深度融合结构要求，在充分考虑公司管控需求及各种专业管理体系取证需求的前提下，对公司管控流程进行统筹规划，确定各层级流程框架和相应内容，明确流程管控节点和要求，从公司层面建立一体化的流程体系和运行机制，补充完善管理制度，形成一套支撑所有管理活动并能动态调整更新的规范文件，同步嵌入信息化技术。

（4）IT规划同步设计。按照公司战略和管控模式，搭建公司管理和IT需求的关系，同步落实IT建设规划设计。

（三）工作依据

工作依据包括《信息化和工业化融合管理体系要求》（GB/T 23001—2017）、《工业企业信息化和工业化融合评估规范》（GB/T 23020—2013）、《卓越绩效评价准则》（GB/T 19580—2012）、《质量管理体系要求》（GB/T 19001—2015）、《环境管理体系要求及使用指南》（GB/T 24001—2015）、《职业健康安全管理体系要求》（GB/T 45001—2020）、《交通运输企业安全生产标准化建设基本规范》（JT/T 1180）、《港口营运企业安全生产风险分级管控体系实施指南》（DB37/T 3217—2018）、《港口营运企业生产安全事故隐患排查治理体系实施指南》（DB37/T 3218—2018）、《港口普通货物装卸HSSE管理标准运行指南》（山东省港口集团），以及适用的法律法规要求等。

（四）具体实施

根据岚山公司一体化融合的要求，采用国际公认的业务过程方法，并基于公司业务流程，参考相关国际标准和最佳实践，借助融合信息化手段，建立和实施一套自然而高效的综合管理体系。

各实施阶段的具体措施及工作成果如下。

1. 第一阶段：现有体系评估

根据相关标准要求对公司的相关业务过程进行综合评估，以确定公司现有业务过程和管理体系状况，从而为下一步综合管理体系建设策划奠定基础。对公司各部门及涉及业务进行现场调研，采取高层访谈、部门调研等方式进行。

通过两化联盟平台自评系统，借助 GB/T 23020 标准内容，对公司两化融合运行现状进行多维度评估，找到行业的优势和差距。包括对信息化建设规划方案的调研和评估，确保信息化与公司业务的深度融合，推进数字化平台的建设。

2. 第一阶段：工作成果

（1）形成公司战略方针和战略目标、可持续竞争优势需求清单、能力需求清单及优先顺序。

（2）形成调研诊断报告和两化融合自评估报告，明确优势和不足。

（3）在调研基础上，制订一个包括详细时间安排和方案，考虑到了已知的约束条件、目标和预计完成日期的总体项目实施计划。

3. 第二阶段：QHSSE 综合管理体系设计和开发

根据第一阶段工作结果，建立一整套实际而有效的建设模式。在综合管理体系开发过程中，关注公司现有的应用良好的工作方法，并尽可能多地将这些应用良好的方法与管理体系文件相结合。

4. 第二阶段：工作成果

（1）依据 ISO 9001/ISO 14001/ISO 45001，考虑安全标准化、双预防体系特点，结合山东省港口集团 HSSE 方面的要求，突出普货装卸港口服务运行特点，利用两化融合的工具，基于 PDCA 与风险管理的思想，建立一套普货装卸港口服务管理体系。

（2）形成山东省港口集团 HSSE 标准框架下的普通货物装卸港口服务实施细则。

（3）形成"QHSSE+En+AII"管理手册、管理制度、作业指导文件、HSSE 标准普通货物装卸港口服务实施细则。

5. 第三阶段：一体化融合体系实施

在第二阶段完成综合管理体系设计与开发之后，开始实施一体化融合管理体系。在管理体系实施过程中通过培训和指导，全体员工理解和领会管理体系内容，能够将其实际应用到业务活动中去。

根据实际运行情况，就各种管理体系实施过程中所出现的问题提出改进建议。管理体系得到有效实施的最重要因素是，管理体系必须得到全部员工的认同。

6. 第三阶段：工作成果

（1）形成符合公司运作要求的一套系统的制度文件。

（2）培养一批符合要求的内部审核检查队伍。

（3）提供内部运行情况审核报告。

（4）提供管理评审报告。

（五）业务场景

针对公司的三大业务板块（装卸、仓储、运输）实现从局部无人化、智能化到全局的无人化、智能化发展。

（1）装卸船作业从机械式人工作业改造为无人化作业，火车装车运输作业从人工作业改为自动化装车线作业，堆场的堆料取料作业从人工作业改为无人化、智能化作业，传统的电话、邮件形式的客户服务改为通过信息平台使客户可以随时跟踪货物状态。利用 18 个月的时间，从局部无人化改造逐步向顶层设计改进，建设全景全要素（人、物、车、货船）的港口智慧运营平台，持续提高智能化水平。

（2）散货作业卸船机实现无人化；综合视频监控系统支撑的"慧眼"工程全面建成，实现风速、环境、气象等重要因素数据采集，舱口视频监控全面应用，舱内气体检测数据实时采集；5G 建设加快推进，信息化基础设备实施日益完善，数字高频技术成功应用，建成智能调度系统，主要调度指令全面实现数字化。装卸、运输作业指令快速下达，作业过程实时监控，作业异常快速反馈，实现港口作业的智能化管控。

（3）依托定位采集、运输管理平台、钉钉、设备管理平台等应用，堆场管理更加精细化，车辆、设备管理数字化水平大幅提高；利用VR、AR技术，木材业务实现全流程无人化。仓储作业实现全面在线管理，提高了作业效率和精细度。

（4）物联网平台、大型设备自动化、无人化广泛应用，智能调度等平台优势放大，实现港区环境、道路、交通、设备、设施等生产要素的互联互通与智能感知，保障数据信息共享与网络安全管控。数字化覆盖全过程，数据应用效能释放，决策支持更加智能。智慧港口建设在公司安全、生产、营销、后勤保障等方面全面应用。

（六）价值模式

（1）装卸船作业、堆场作业、装车运输作业等的无人化、智能化作业改造，设备的数字化水平提高，使得装卸船作业、集疏运作业更加精细化，提高作业效率，降低环境影响，减少人身安全事故。

（2）综合视频监控系统支撑的"慧眼"工程全面建成，实时监控风速、环境、气象、舱内气体等重要因素。智能调度系统精准管控调度指令的下达和执行，港区的环境、道路、交通、设备、设施等生产要素的互联互通，提升信息传递的及时性、港口服务的精准性，提高客户满意度。

（3）全景全要素（人、物、车、货船）的港口智慧运营平台建成后，无人化广泛应用，数字化覆盖港口全过程，数字资源、数字知识的利用不断加深，数字应用的效能释放，智能决策得以实现，促进公司在安全、环保、生产运营、营销、后勤保障等方面的区域引领作用，绿色港口的示范作用不断加强。

（4）物联网、大数据深度集成应用，数字业务不断发展，成为新的增长点，从内部的数据驱动决策向外部拓展，依托数字资源、数字知识的综合分析，为客户提供智能决策服务，业务不断创新，实现转型升级。

（七）新型能力打造

1. 公司2021年致力于港口集疏运精细化管控能力这一新型能力打造

日照港集成信息管理平台、集疏运管理平台和作业票管理系统的集成实现了港口集疏运精细化管控能力。

集成信息管理平台对商务合同、作业通知单、船舶调度、作业票统计、费用结算等进行管理，实现商务、船舶、库场、结算等所有港口主要业务的流程化、信息化管理。

集疏运管理平台对接集成信息管理平台，是散货作业的操作管理信息系统，主要包括集疏港作业管理、倒运作业管理、计划管理、垛位管理、理货装车管理、作业机械监控等功能。集疏运管理平台的作业通知单来自集成信息管理平台，以作业计划为主线，贯穿港内所有集疏运作业流程，实现了大门进出口无感通行，车辆远程自动过磅、装车现场人机分离等，各作业环节自动化、智能化大幅提高。通过各个流程的数据回传，实现港内集疏运作业数据综合查询，并可以根据生产作业需要，进行港内车辆控制。

作业票管理系统集成到集成信息管理平台中，通过提取集疏运作业过程中磅房过磅的每车数据以及货场智能理货数据，实现库场进出库、作业票的自动生成，同时为作业费的结算提供数据支撑，实现作业票线上结算。实现手机端作业申请、电脑端审核和作业派工、电子作业票、手机端作业报工、作业统计的管理。充分利用数据，挖掘数据的价值，为公司各项业务提供高质量的数据服务。

2. 公司2022年致力于港口作业的服务质量管控能力这一新型能力打造

日照港集成信息管理平台、集疏运管理平台、作业票管理系统的集成，以及综合视频监控系统的应用实现了致力于港口作业的服务质量管控能力。借助日照港集成信息管理平台、集疏运管理平台、作业票管理系统的集成对集疏港作业进行了精细化管理，实现对客户合同完成进度的监控。通过视频监控系统建成"慧眼"监控系统，通过在港区内高杆灯、候工楼等固定设施上加装监控摄像机设备，实现对港区、货场、道路的全方位监控，同时依托视频监控平台，增加港区视频覆盖，建设综合安防中心和数据中心，打造全方位的综合管控平台。

以上港口运作、过程服务的全方位质量监控，保证了港口作业服务质量管控能力的打造。

（八）认证审核

邀请中国船级社质量认证公司按照公司要求，结合实际进展情况，确定审核工作计划。

本项目分为申请受理及文件资格审查、项目准备、审核策划、初次审核实施及监督审核实施五个阶段。

项目获得质量、环境、职业健康安全管理体系认证证书，安全标准化证书，双预防体系评审报告，港口保安体系证书，两化融合管理体系证书。

四、基于管控优化与绩效提升的"QHSSE+En+AII"一体化融合体系建设与实施效果

根据公司发展需要，立足实际，采用国际公认的业务过程方法要求，并基于公司自然业务流程，参考相关国际标准和最佳实践，借助融合信息化手段，建立和实施一个自然、高效的"QHSSE+En+AII"一体化融合体系，实现如下效果。

（1）完善形成了以27个程序文件、170余个作业指导书为基础的制度框架体系，进一步促进了管理与标准的深度融合，提高管理标准化、规范化水平。

（2）科技赋能，从生产、安全、交通、设备管理、防疫等各个方面积极推进数据共享，开展单项小区块，融合区块链模式，通过硬件设备升级改造、应用软件配套开发，按需求分层级数据积累，公开共享、集体维护，促使一体化融合体系扎根落地。

（3）后续将持续整合各个管理体系要素融合的结构和接口，切实解决体系和信息化运行中的协同程度低、流程效率不高以及孤岛现象等问题；同步嵌入信息化技术，达到一次检查、多项取证，从根本上减少基层单位重复工作。

（4）加强和完善了公司内部管理工作，使各项工作更加系统化、标准化和结构化，从而最大限度降低风险；加强和改善了一个公司内部各部门单位和各环节之间的接口，提高了管理的有效性和效率；作为员工培训的基础，建立了一个以培训为基础的自我改进机制；改善了内部顾客和外部顾客的相互关系；向社会展示素质良好的公司形象，从而获得社会的认可；为公司长期持续健康发展并实现其长期发展战略奠定了基础。

主要创造人：李纪波

参与创造人：周新起、邵　杰

省级数字物资检测与管控"四化"建设实践

国网江苏省电力有限公司

一、基本情况

国网江苏省电力有限公司是国家电网有限公司系统内规模最大的省级电网公司之一。公司现有13个市、58个县（市）供电分公司，15个科研、检修、施工等单位，职工约7.8万人，服务全省4621.36万电力客户。公司荣获"国资委国有重点企业管理标杆企业"称号。2021年7月14日，江苏省调度最高用电负荷达到1.204亿千瓦。2021年7月—9月，江苏电网日最高用电负荷超过1亿千瓦38天，日平均用电负荷超过1亿千瓦4天，负荷"过亿"成为常态。设备质量是公司安全稳定运行的物质基础。面临内外部环境变化趋势，抓好设备质量管控，筑牢质量强网之基，是贯彻国家"质量强国"与公司"质量强网"战略、推动实现高质量发展的关键。

在战略层面，做出推动高质量发展、加快建设质量强国的战略部署，国网公司适时提出"质量强网"战略，从顶层出发对设备质量监督与管控提出更高要求。在行业层面，当前电工装备制造市场高端竞争不足和低端竞争过度的行业格局仍较难改善，且新型电力系统建设下一二次融合设备、绿色节能设备等新型物资不断增多，亟须创新先进技术和管理手段，把好采购设备入网质量关。在技术层面，新兴技术蓬勃发展，给传统检测业务革新升级提供了新的技术基础，亟须加速技术与业务深度融合创新，提高检测过程无人化、智能化水平，升级检测效率和业务品质。在组织层面，电网物资质量检测机构规模化建设、分散化布局，面临多品类物资检测需求和分散式检测资源高效协同问题，为检测资源统筹规划、全局管控、数据增值提出了新的挑战。

二、数字物资检测与管控"四化"体系架构

国网江苏省电力有限公司坚定落实质量强网战略要求，立足自身质量监督提质增效需求，积极开展人员同质化管理、业务一体化运作、质量精益化监督、资源集约化管控的质量监督创新实践，最终打造省级数字物资检测与管控"四化"体系，不断强化物资质量监督能力，确保采购设备"好中选优、选优选强"，为智能电网高质量发展提供强有力的技术支撑。该体系架构如图1所示。

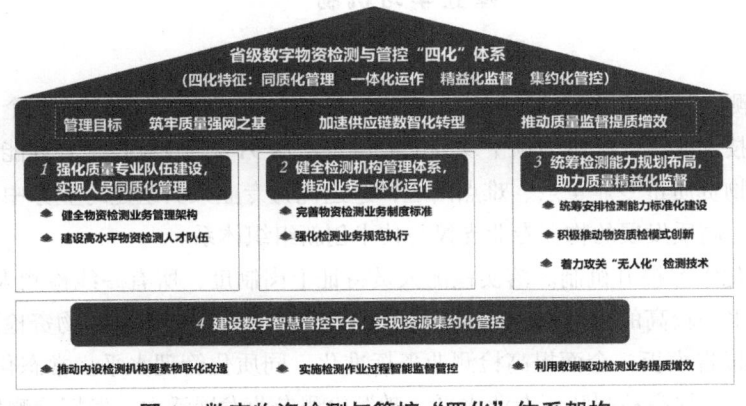

图1 数字物资检测与管控"四化"体系架构

数字物资检测与管控"四化"体系的管理目标如下。

（1）筑牢公司质量强网之基。抓好设备质量管控，是贯彻质量强网战略、推动实现高质量发展的关键。通过增强物资质量监督能力，有效提升了物资入网质量，充分发挥了公司对电力选用质量的把关作用，助力国网公司驶入质量强网快车道。

（2）加速供应链数智化转型。创新将物联网、人工智能、工业4.0与传统检测业务深度融合，开发应用先进智能检测作业装备，"云边协同"实现分布式检测资源集约化管控，为检测业态升级注入新动能。

（3）推动质量监督提质增效。通过建设高水平物资检测人才队伍，健全检测业务制度标准与质量考评，攻关"无人化"检测新技术，搭建平台实现资源集约化管控与数智化运营，推动质量监督提质增效。

三、数字物资检测与管控"四化"体系内容

数字物资检测与管控"四化"体系的内容主要体现在四个方面：强化质量专业队伍建设，实现人员同质化管理；健全检测机构管理体系，推动业务一体化运作；统筹检测能力规划布局，助力质量精益化监督；建设数字智慧管控平台，实现资源集约化管控。

（一）强化质量专业队伍建设，实现人员同质化管理

健全物资检测业务管理架构，建立检测人员常态化学习提升机制，强化质量专业队伍建设，实现人员同质化管理。人员同质化管理架构如图2所示。

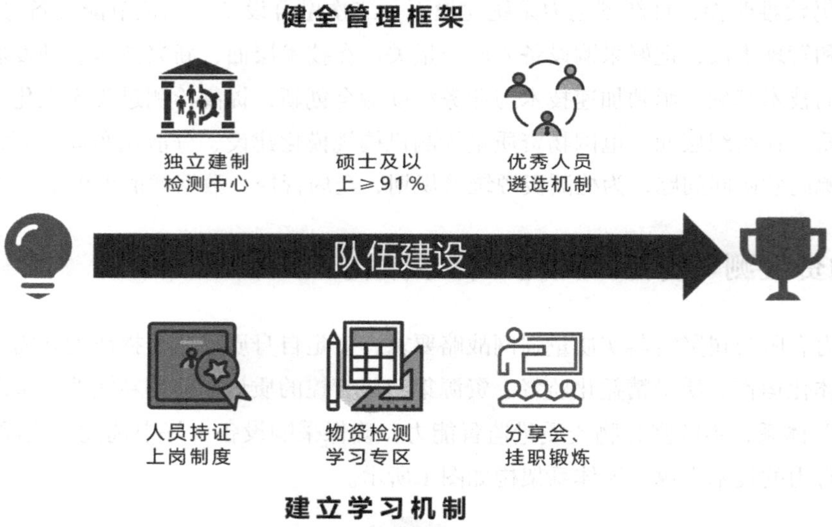

图2 人员同质化管理架构图

建设高水平物资检测人才队伍。改革物资质量检测组织机构，设立国网范围内首个独立建制的物资质量检测中心，组建检测专业技术队伍，学历为硕士及以上人员占比达91%，专业技术管理能力显著提升，一体化管理力度显著加大。瞄准物资质量专业重点、难点问题，遴选优秀专业人员组建跨业务中心的物资质量分析技术研究室，构建全面支撑、高质发展的物资专业支撑与技术创新组织体系。

建立检测人员常态化学习提升机制。落实检测人员持证上岗制度，所有一线检测人员均已通过能力认证，各检测机构已建立技能水平较高的稳定检测队伍。依托物资检测学习专区，发布物资检测标准化教学视频，统一编制标准化物资检测报告模板，全面提高检测业务标准化、同质化管理水平。常态化开展专业学习分享会、检测人员挂职锻炼等活动，提高检测队伍专业水平，激发检测专业发展活力，发挥检测机构集群合力。

（二）健全检测机构管理体系，推动业务一体化运作

完善检测业务制度标准，强化检测业务规范执行，健全检测机构管理体系，推动业务一体化运作。业务一体化运作架构如图3所示。

图3 业务一体化运作架构图

完善物资检测业务制度标准。统一物资检测制度标准，印发检测人员、样品、报告等通用管理制度及物资标准化作业指导书，编著并出版《电网物资质量检测技术实务》系列专业丛书，确保同质化管理"有章可循"。修订物资抽检规范、技术规范书、分类分级导则、检测报告模板、ECP结构化数据模板等，完善物资检测标准体系，为检测工作的有序开展提供标准基础。建立全业务流程廉洁风险防控机制，强制执行二次盲样、人员轮岗等管理制度，以及全时视频监控、报告电子签批等技术手段，全力营造风清气正的物资检测业务环境。

强化检测业务规范执行。应用承载力动态调整、任务跟踪预警、超期问题追责等手段，全面杜绝检测任务超期问题，强化检测业务规范执行。强化业务质量督查，开展月度报告复核、季度飞行检查、不定期专项检查，提高检测业务质量水平。遵循"正向激励+反向约束"的原则，发布检测机构业务质量评价与考核管理办法，以"月度统计、季度对标、年度排名"方式开展检测机构业务质量考核评价。

（三）统筹检测能力规划布局，助力质量精益化监督

统筹安排检测能力标准化建设，积极推动物资质检模式创新，着力攻关"无人化"检测技术，统筹检测能力规划布局，助力质量精益化监督。质量精益化管理业务架构如图4所示。

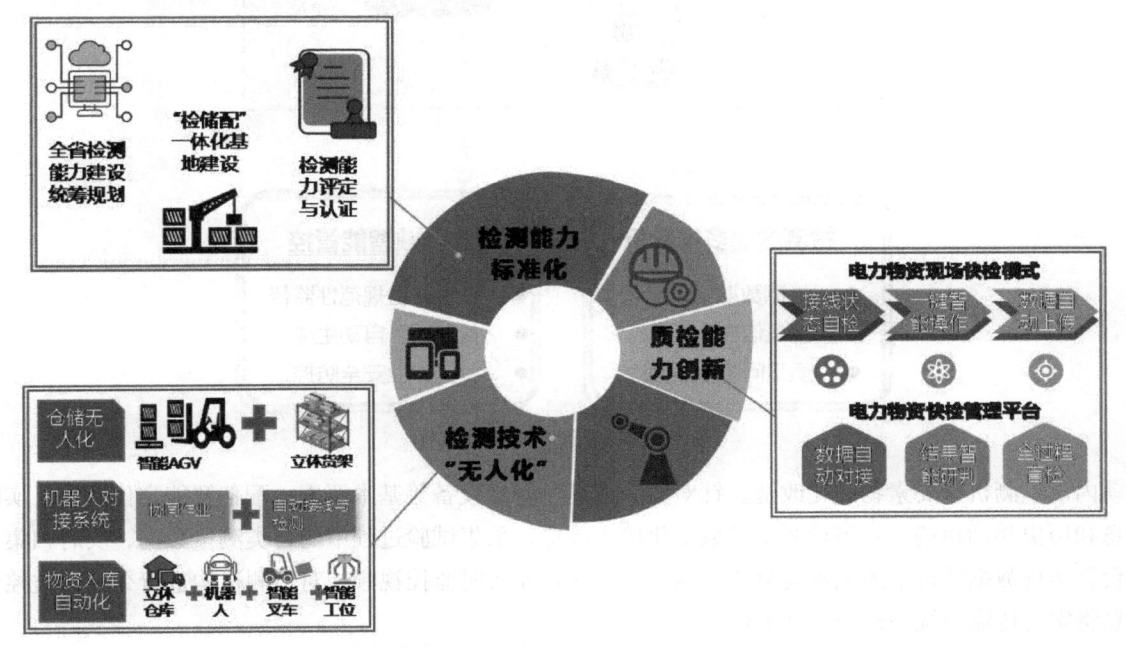

图4 质量精益化管理业务架构图

统筹安排检测能力标准化建设。测算标准作业工时，核算已建、在建检测能力承载力，分析承载力利用率，统筹规划全省检测能力建设，避免盲目追求规模、造成投资浪费。指导建成国网范围内首个"检储配"一体化

基地，牵头制定《国网公司"检储配"一体化基地标准化建设指导意见》，并在全网范围内推广应用。组织并全过程支持检测机构开展运行分析、自评价以及专家审核等工作，指导各机构积极参与检测能力评定、认证。

积极推动物资质检模式创新。探索电力物资现场快检工作模式，攻关具备接线状态自检、一键智能操作、数据自动上传等功能的物资快检装备，推动物资现场快速"预筛检"向"盲检"模式转变。研发电力物资快检管理平台，各快检仪器试验数据可自动对接作业管控平台，实现结果智能研判，现场检测人员仅知晓检测过程、无法获知测量数据及结果，有效防范各类技术及廉洁风险。

着力攻关"无人化"检测技术。将"智能 AGV+ 立体货架"应用于样品仓储管理，实现检测样品仓储与转运的"无人作业、高效存储、安全管控"。优化基于视觉识别、姿态规划与运动控制等技术的机器人接线系统，推动机器人与检测工位协同作业，实现设备接线、检测自动化。全面打通微型立体仓库、智能叉车、接线机器人、智能检测工位等系统，实现物资入库后的全自动转运和检测。

（四）建设数字智慧管控平台，实现资源集约化管控

在内设检测机构要素物联化改造的基础上，依托数字智慧管控平台，实施检测作业过程智能监督管控，利用数据驱动检测业务提质增效与资源集约管控。资源集约化管控架构如图 5 所示。

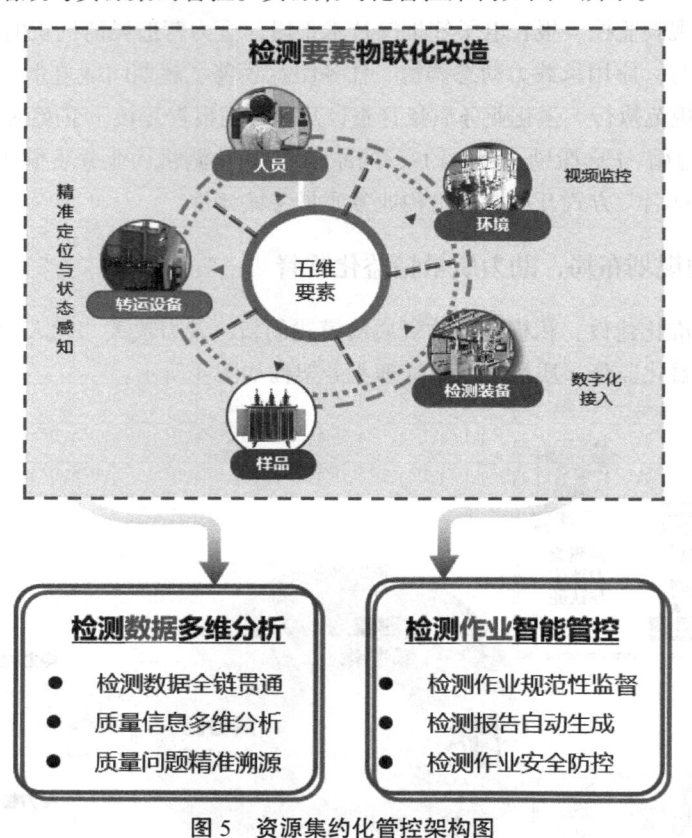

图 5 资源集约化管控架构图

推动内设检测机构要素物联化改造。针对检测人员、转运设备等基本要素，配备智能定位系统，实时获取位置信息和历史移动轨迹。开展检测工位数字化接入改造，采集试验过程中的各类测量数据，实时归集至公司数据中台，实现数据的可信追溯和防篡改。接入各检测作业实时监控视频，对检测机构进行无死角监控，相关视频信息将实时传输至统一视频管理平台。

实施检测作业过程智能监督管控。构建检测作业过程规范性监督专家库，实时分析与处理接入的检测人员、设备、样品等数据，研判检测过程作业规范性。制定检测报告、检测标准、技术规范书等结构化存储数据库，由系统自动将试验数据与结构化判据进行比对分析，形成试验结论，并按标准格式出具统一的检测报告。建立

全省检测基地全域全流程作业规范性和安全风险识别模型，综合作业设备状态及操作人员行为，实现不规范作业行为的智能动态辨识与异常预警，智能辅助判别作业过程质量。

利用数据驱动检测业务提质增效。打通物资全寿命周期质量数据链条，开展质量基础数据全景统计，初步实现基于实物 ID 自动关联及获取物资全生命周期各环节质量信息。上线质量数据全景统计、问题分析等数字化分析功能，通过深度挖掘物资质量分布规律和变化趋势，开展物资质量信息多维分析，实现质量问题精准溯源。

四、数字物资检测与管控"四化"体系应用成效

数字物资检测与管控"四化"体系的应用与实践，推动了检测资源由人工管理模式向信息化智慧管理模式转变，检测业务由粗放式结果管控向精细化过程管控转变，检测中心运营由简单承载型向协同作业型转变，检测质量问题由"事后"处理向"事中"防控转变，促进物资检测专业转型升级，为公司绿色现代数智供应链转型升级与智能电网高质量发展提供坚实的技术支撑。

（一）提升物资质量监督效果

将创新举措深度融入物资检测质量管理，实现检测人员认证上岗率达到 100%，物资整体检测合格率达到 95% 以上，平均检测时效控制在 8 天以内，检测作业效率同比提高 2 倍，月均问题报告数减少 80%，打造了物资专业数字化转型与创新实践"示范窗口"。

（二）推动质检业态数字化转型

通过"云边协同"方式实现分布式检测资源集约化管控，全省年度检测承载力同步提升 20%，检测业务质量督查覆盖率逐步提升至 100%。同时，大规模推广应用快检仪，推动质检模式创新增效。建立覆盖全业务链条的数据采集汇聚体系，创新数据融合分析机制，深入挖掘数据价值，提高全景质控业务链智慧运营水平。

（三）打造透明、可信检测品牌

依托技术手段实现全省检测人员、设备、样品、数据等全要素资源的实时监控与追溯管理，有效管控各类技术及廉洁风险，助力构建透明、可信检测品牌。

（四）助力公司驶入质量强网快车道

物资质量数字检测与管控成果的实施，强化了物资质量监督能力，提升了电网物资入网质量，发挥了电力企业对电力选用质量的把关作用，助力公司驶入质量强网快车道。

主要创造人：许建明
参与创造人：厉　苗、韩　飞

水泥窑协同处置生活垃圾渗滤液耦合脱硝技术应用

赞皇金隅水泥有限公司

一、企业概况

赞皇金隅水泥有限公司（以下简称赞皇公司）是北京金隅集团旗下的重要子公司，成立于2008年2月，总资产为14亿元，占地720亩，是国家高新技术企业、国家级绿色工厂。公司现有职工570人，平均年龄为30岁，其中专业工程技术人员有174人。

公司拥有高品位低碱石灰石储量1.4亿吨，砂岩储量3000多万吨，日产2000吨新型干法水泥熟料生产线两条，日产4000吨新型干法水泥熟料生产线一条，并配套建设纯低温余热发电机组两条，装机容量为21兆瓦，"辊压机＋球磨"水泥粉磨生产线三条。其中，4000吨熟料生产线配套建设高温高尘SCR超低排放系统，以及协同处置生活垃圾和污泥生产线一条，协同处置危废生产线一条。每年可生产"金隅"牌高标号低碱优质水泥330万吨，年销售额达10亿元。

二、企业质量管理文化

公司坚持"双高一低"产品特色，先后研发了家装水泥、道路基层用缓凝硅酸盐水泥、管廊用水泥、免压蒸管桩水泥等特种水泥，获评"政府质量奖"与低碳产品认证。公司产品覆盖河北省石家庄、邢台、衡水、沧州、雄安新区，山东省德州等区域，广泛应用于南水北调、石家庄新客站、石济高铁、太行山高速等国家及地方重点工程，入选"国家绿色建筑选用产品"。公司坚持以"高效对标、节能减排、转型升级、科学发展"为己任，建立了完善的企业内控管理体系并率先于业内进行了质量管理体系认证、环境管理体系认证、职业健康管理体系认证、能源管理体系认证、测量管理体系认证、两化融合体系认证、中国环境标志产品认证。

近年来，赞皇公司先后获得国家级高新技术企业，国家级绿色工厂，国家级绿色矿山，两化融合国家级示范点，环渤海地区建材行业技术创新型企业、最具影响力企业、知名品牌、AAA级诚信企业，河北省"技术创新示范企业"、河北省环保科普基地，河北省"千家科技创新领军企业"，"石家庄市技术创新型企业"等多项国家及省市荣誉称号。

三、项目概况

（一）协同处置生活垃圾项目简介

赞皇公司水泥窑协同处置生活垃圾和污泥项目建成投产于2018年年底，由北京建筑材料科学研究总院设计并实施，该项目包括两台 $\phi 5\times 6m$ 气化热解炉和一台 $\phi 3.8\times 4.6m$ 污泥烘干炉等设备，年处置生活垃圾101700吨、生活污泥67800吨。

原生态生活垃圾计量进厂后，把垃圾卸入垃圾坑内。由行车抓斗把原生态垃圾抓入板喂机喂入剪切式破碎机，破碎后的垃圾进入滚筒筛分机，筛上物到挤压脱水机进行脱水后进入成品垃圾坑，后经抓斗抓入步进式给料机内，给气化炉喂料，生活垃圾在气化炉内热解、气化。

（二）生活垃圾渗滤液处置现状

垃圾贮存和挤压过程中，自身含有的水分被分离出来汇总到渗滤液池内，被称为生活垃圾渗滤液（以下简称渗滤液）。渗滤液中含有大量有机有害成分，气味恶臭，若将其直接排放，会严重影响环境质量。原设计渗滤液由渗滤液喷射系统喷入窑系统分解炉锥部，经过高温烟气焚烧和强碱性环境吸附，渗滤液中的有害成分被完全降解吸收，水分则以水蒸气形式随烟气排入大气。

在实际生产中，采用渗滤液反喷入炉工艺，会造成分解炉锥部结皮、窑系统煤耗升高、熟料质量波动大的情况。另外由于渗滤液杂质具有腐蚀性，经常造成渗滤液泵、管道、喷枪堵塞，严重影响渗滤液处置能力和处置效果。

（三）协同处置生活垃圾渗滤液耦合脱硝技术简介

为解决上述问题，2021年年初生产运行部组织开展了水泥窑协同处置生活垃圾渗滤液耦合脱硝技术课题研究。

课题包括硬件设施优化改进、渗滤液耦合脱硝机理研究、渗滤液喷射工艺优化及渗滤液耦合脱硝自动控制软件开发。

四、协同处置生活垃圾渗滤液耦合脱硝技术实施方案

（一）生活垃圾渗滤液耦合脱硝关键技术及装备研究

由于渗滤液中含有大量固体杂质和有机成分，如果得不到高效过滤极易造成渗滤液管道、喷枪堵塞和喷枪腐蚀、雾化效果降低，造成窑系统波动，熟料质量下降。

根据渗滤液特性，生产运行部工艺技术人员与设备部设备工程师在原设备的基础上加以改进优化，发明了两项关键技术及装备。

1. 渗滤液防堵装置（图1）

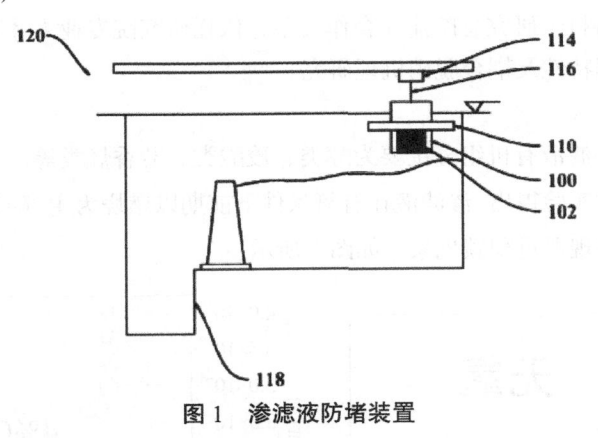

图1 渗滤液防堵装置

渗滤液用潜水泵的防堵装置包括过滤筒以及清理组件。过滤筒套设在潜水泵上，过滤筒上设置有过滤孔组；清理组件固定连接在储坑的侧壁上；过滤筒与潜水泵在工作位置与非工作位置之间切换；在非工作位置，清理组件清理过滤筒的外壁上的杂质。

渗滤液用潜水泵的防堵装置通过在潜水泵的外侧设置过滤筒能够有效防止杂质进入潜水泵；通过在潜水泵的非工作位置设置清理装置，使得潜水泵在该非工作位置时，清理组件能够及时清理潜水泵外围的过滤筒上的杂质。

该防堵装置还具有占地面积小、无须对现有设备进行改造、安装及移动方便快捷、没有新增环境污染物等优点。

2. 防堵耐腐蚀喷枪（图2）

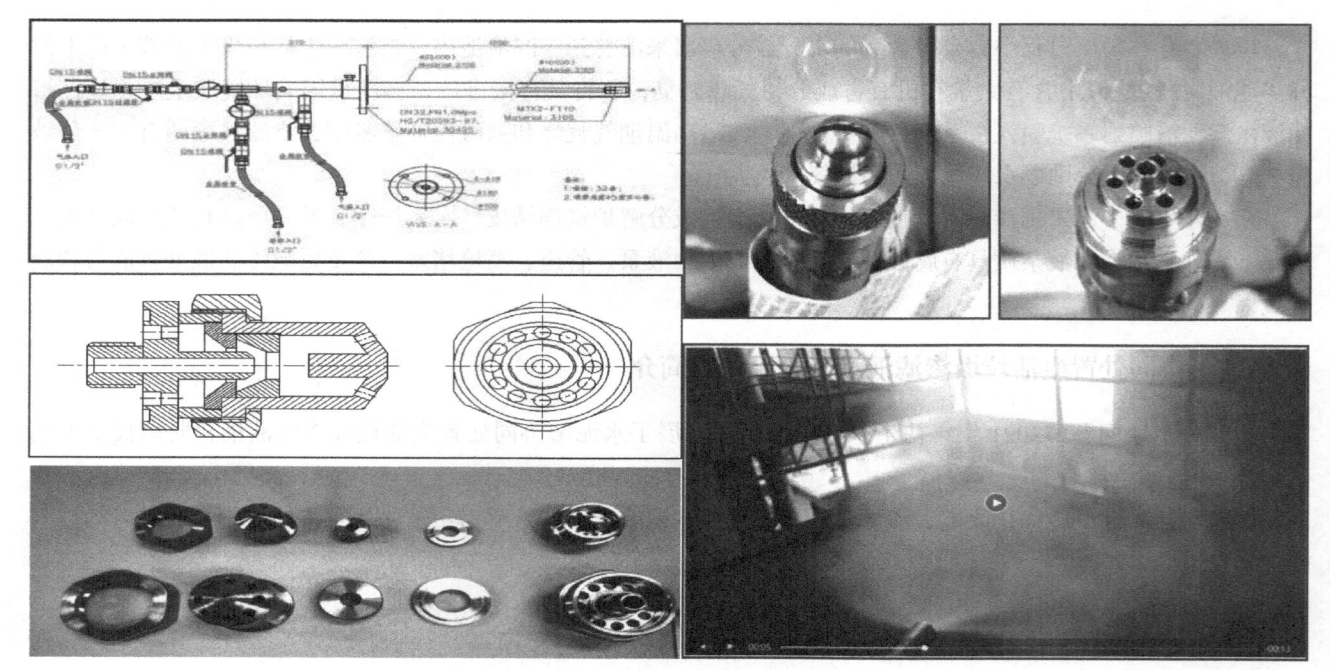

图2 防堵耐腐蚀喷枪

原渗滤液喷枪选用普通氨水喷枪，渗滤液通过中心细小通道被高压空气强制雾化。虽然新喷枪雾化效果良好，但随着使用，渗滤液中杂质沉积到喷枪头部，极易造成堵塞和腐蚀，使雾化效果下降。因此将原喷枪头部材质更换为06Cr25Ni20材质，提升喷枪耐腐蚀能力，中心孔位式改为环向多孔式，压缩空气和渗滤液在头部形成回旋涡流后雾化喷出，大大提高了喷枪流量，提升了雾化效果。

（二）生活垃圾渗滤液热解特性及耦合脱硝机理研究

赞皇公司与北京建筑材料科学研究总院建立合作关系，依托研究院专业人才和先进设备资源优势，开展更深层次的生活垃圾渗滤液热解特性及耦合脱硝机理研究。

1. 生活垃圾渗滤液燃烧特性

通过化学全分析检测出渗滤液有机组分主要为醇类、羧酸类、芳香烃类等。采用了热重分析法对渗滤液燃烧特性进行了实验观测。通过实验得出，渗滤液在有氧条件下前期以燃烧为主，随氧含量降低，后期燃烧不充分，并且有机物燃烧及热解过程出现严重积碳现象，如图3所示。

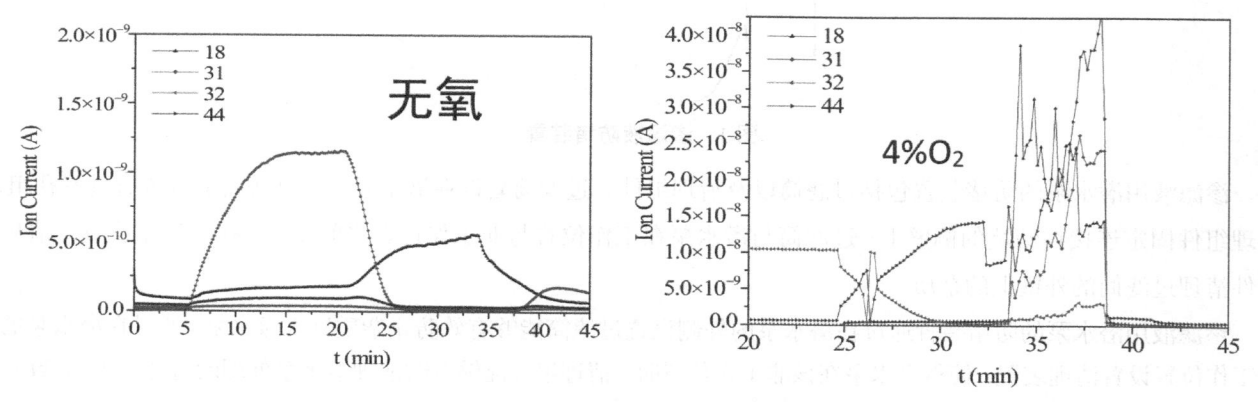

图3 生活垃圾渗滤液燃烧特性

2. 渗滤液组分对 NO_x 耦合作用研究

考察了温度、O_2 浓度、停留时间、氨氮比等因素对 SNCR 反应的影响，同时考察不同有机还原剂组成及配比对 NO_x 脱除效率的影响规律，渗滤液有机组分添加有利于低温区 SNCR 的进行，如图 4 所示。

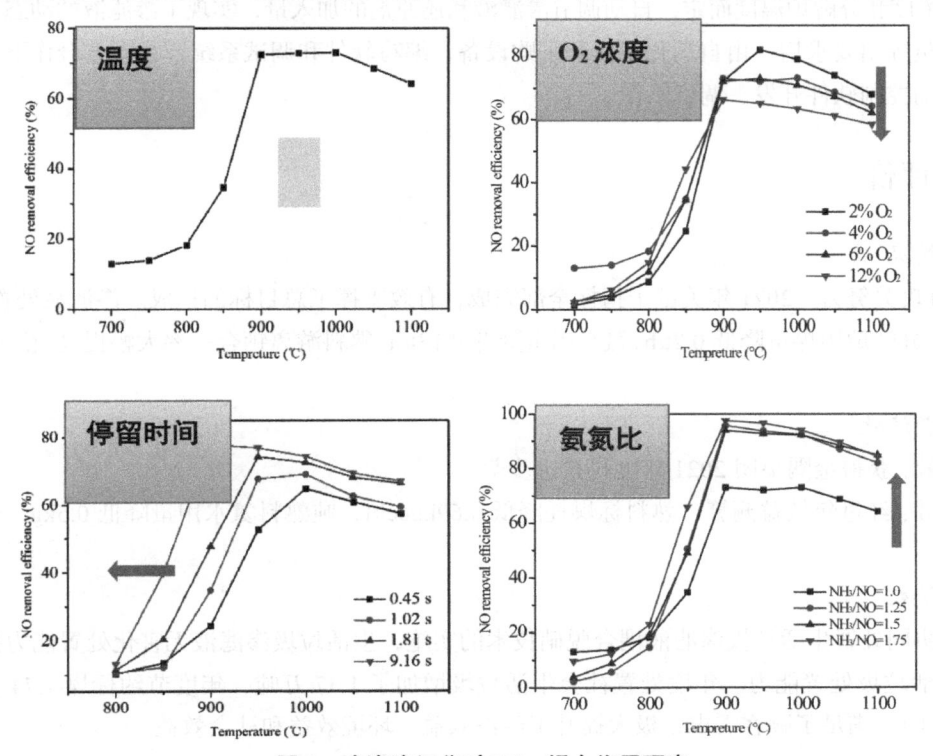

图 4 渗滤液组分对 NO_x 耦合作用研究

（三）渗滤液处置工艺改进

生产部工艺人员与研究院专家按照 4000t/d 水泥生产线建立分解炉模型，分别模拟不同比例注射气体在不同喷射管直径时 NO 分布情况（表1），在此基础上通过对比实验寻求最佳喷入位置（图5）。

表 1 不同比例注射气体在不同喷射管直径时 NO 分布情况

喷入位置	主燃区温度 /℃	分解炉出口 CO/ppm	氨水用量 t/h	分解炉用煤 t/h
分解炉 0 米	888	4990	0.85	19.8
分解炉 20 米	920	3800	0.71	19.5
分解炉 10 米	879	5230	0.86	19.8
分解炉 15 米	893	4650	0.79	19.6

比例	2%喷射量				4%喷射量			
	D=0.2	D=0.1	D=0.08	D=0.06	D=0.2	D=0.1	D=0.08	D=0.06
喷射量	4900	4900	4900	4900	9800	9800	9800	9800
喷射速度	24.21	95.27	148.86	264.64	48.42	190.54	297.72	529.28
出口温度	1206	1206	1201.8	1196	1193	1193	1183	1189
出口NO浓度	405	419	408	405	413	390	398.8	401
标准偏差	6.9292e-05	6.917e-05	2.9801e-05	4.6598e-05	7.4609e-05	3.328e-05	1.2377e-05	1.9616e-05
均匀度指数	0.9206	0.9199	0.9712	0.9437	0.9270	0.9597	0.9856	0.9788

NO 分布云图

图 5 对比实验及 NO 分布云图

（四）渗滤液耦合脱硝自动控制软件开发

生产部工艺技术人员参考 SNCR 脱硝自动控制数据，厘清了渗滤液自动控制原理的思路，喷射量根据窑尾烟囱氮氧化物排放浓度和分解炉温度而定，自动调节渗滤液和还原剂的加入量，实现了渗滤液的动态加入。

工艺技术人员提出要求后，由自动化工程师采购设备、编写软件和调试系统，在多方合作下共同完成了渗滤液耦合脱硝自动控制软件开发、调试工作。

五、效果评价

1. 目标完成情况

经过 12 个月攻关努力，2021 年关键子指标全部完成，有效支撑了总目标的达成。渗滤液处置量明显提高，分解炉结皮减少，分解炉用煤量降低 0.2t/h，氨水用量降低 0.13t/h，熟料游离钙合格率大幅提高，稳定了产品质量，全面实现目标值。

2. 技术或经营绩效

（1）技术绩效：获得金隅集团 2021 年度科技进步奖。

（2）经营绩效：经过年效益测算，熟料标煤耗降低 0.69kgcel/t，吨熟料氨水用量降低 0.5kg，年节约能源成本 158 万元。

3. 社会责任绩效

通过水泥窑协同处置生活垃圾渗滤液耦合脱硝技术的实施，生活垃圾渗滤液无害化处置能力提高了 100%，进一步提高了生活垃圾处置能力。年度处置社会生活垃圾增加了 1.37 万吨，年度节约标煤 1.74 万吨，减少二氧化碳排放 6474 吨，满足了顾客需求，极大提升了经济效益、环境效益和社会效益。

主要创造人：时耀辉
参与创造人：张志强、马曙强

创新引领，智慧建造，打造世界先进水平的精品智能客站

中铁建工集团有限公司

一、企业概况

中铁建工集团有限公司（以下简称中铁建工）是世界500强中国中铁股份有限公司的全资子公司。企业下设各类型分（子）公司17家，员工近17000人，注册资本为64亿元。中铁建工立足于房建工程总承包、基础设施总承包、房地产、设计四大业务板块，统筹协调路内、路外、海外三大市场，形成了规划、投资、设计、施工、安装装饰、物业管理一体化的全产业链发展优势。中铁建工承建了北京南站、北京丰台站、河北雄安站、杭州西站等500余座铁路站房，被业界公认为"铁路站房王牌军"；打造了北京国家图书馆、敦煌机场、北京冬奥会奥运村及场馆群等代表中国不同时代建筑特点的精品工程和地标性建筑，获得了"大型公共建筑专家"的市场美誉；积极服务国家发展战略，足迹遍布30余个国家和地区。累计获得国家级工程奖项226项，其中鲁班奖48项、国优奖43项，获得"全国文明单位""全国五一劳动奖状"等众多荣誉。2021年，完成新签合同额逾2000亿元、营业收入近1000亿元。

二、质量管理情况

（一）建立健全质量管理体系，全面落实"三全"管理机制

中铁建工有效健全质量管理体系主要体现在以下两个方面。一是领导体系健全，策划部署到位。集团公司总部成立以总经理为主任的质量管理委员会，质量管理委员会成员涵盖了"党、政、工、团、纪"各位领导、部门负责人及相关专业专职管理人员，有效实现了齐抓共管的管理机制。中铁建工所属各分（子）公司按照集团公司组建模式成立了公司级质量委员会；项目部建立了以项目经理为首的质量管理领导小组，并将分包队伍纳入系统管理。中铁建工从上到下建立了"纵向到底、横向到边"的质量管理领导体系，保证了上级质量管理委员会的决议、事项、部署等能够快速传达、及时落实。中铁建工坚持每年度质量专业工作会机制、季度施工生产调度例会制度，统筹策划、全面协调、认真部署、全面落实，使各项质量管理工作得到有效控制。二是分级管理完善，责任体系到位。中铁建工质量管理实施以"四级管理"为主，以"专项管理"和"专业管理"为辅的管理模式。"四级管理"即集团公司、所属各单位、项目部、协作队伍及班组管理。中铁建工明确了各级各岗位质量管理职责，完善了"一岗双责、岗岗有责"的责任体系；建立了《中铁建工集团安全质量责任追究办法》《中铁建工集团质量奖惩办法》等责任体系文件。中铁建工始终坚持"以诚信、智慧、科技、管理铸就更高质量和更富情感的建筑精品"的质量方针，全面落实全员管理、全方位管理、全过程管理，即"三全管理"。

（二）牢固树立质量第一意识，全面落实质量管理制度

中铁建工始终坚持"百年大计，质量第一"质量方针，突出企业质量主体地位，走质量效益型、品牌信誉型、自主创新型道路，不断建立健全质量管理制度体系，先后建立了《中铁建工集团质量管理委员会》《中铁建工集团有限公司各级各岗位质量责任制》《中铁建工集团质量检查制度》《中铁建工集团优质工程管理办法》《中铁建工集团工程质量管理奖惩办法》等管理制度，建立并保持有效运行包括质量管理体系在内的"三位一体"

管理体系。

(三) 广泛开展全面质量管理，扎实提升质量管理实效

中铁建工始终把"全员管理"理念贯穿于过程管理之中，注重发动群众、激发全员主动管理热情。一是在集团公司各级管理中，加强全员教育培训、开展质量攻关、推进质量持续改进、落实质量奖惩等，激发员工质量管理的热情。二是充分利用国家"质量月"活动契机，全面提升全员质量意识、专业素质、管理能力。三是广泛开展QC小组活动，注重成果转化及推广应用，使全员质量精品意识得到增强，队伍素质不断提升，质量管理水平稳步提高，为实现创优工程打下了坚实的基础。

(四) 以质量标准化为抓手，消除质量隐患顽疾

深入推进工程质量管理标准化建设，按照"施工质量样板化、技术交底可视化、操作过程规范化"的要求，落实质量终身负责制和各级总工程师质量管理领导责任，确保目标实现。强化分包队伍，做实分包队伍履约评价。在施工方案制定、工艺工装材料选取、过程试验检验测量、关键特殊工序施工及转序等重点环节，坚持领导带班，强化现场旁站监管，杜绝偷工减料、以次充好、弄虚作假等不诚信行为发生，杜绝管理风险及质量隐患。各级质量管理人员严格落实"样板制""三检制""实名追溯制"，坚决将工程质量隐患消灭在验收之前，实现质量的全生命周期受控，确保实体质量达标。

(五) 以客户为中心，持续提高顾客满意度

中铁建工践行"讲品质、求长远"的发展理念，以客户为中心，以创效创誉为目标，重视与客户良好关系的建立和维系，关注客户的体验，急客户所急、排客户之忧、解客户之难，实现共建共享、共创共赢，打造命运共同体，提高服务客户水平，进一步拓展、拓宽、拓深经营市场。

三、典型案例（杭州西站）

(一) 项目概况

杭州西站总建筑面积约51万平方米，主要包括站房及客运服务设施、城市配套工程，站房采用主体地面6层（局部8层）、地下2层候车模式，最多聚集人数为6000，高峰小时发送旅客量为12480人，属于特大型铁路旅客车站。

(二) 管理目标

（1）总体目标：建设具有世界先进水平的中国高铁精品智能客站典范工程。

（2）创新目标：在设计理念、管理模式、技术研发、绿色建造、智能统合、运维结合等方面取得突破和创新应用，形成一批可复制、可推广的技术创新成果和管理创新成果。

（3）创优目标：以中国建设工程鲁班奖、中国土木工程詹天佑奖为起点，确保获得奖项优势地位，努力实现"应创尽创、能创尽创"的创优要求。

(三) 工作原则

1. 理念为先原则

坚持最高标准的理念，即最高标准瞄准、最高标准执行、最高标准实现。坚持以人为本的理念，以旅客为中心，把提升旅客出行体验作为重点，最大限度满足旅客需求。坚持合作共建的理念，合资合作、共商共议、共建共享，充分实现站城融合。坚持协调发展的理念，发挥铁路站房作为城市景观、门户窗口的作用，适应可全面协

调、可持续发展的要求。坚持系统优化的理念，以客站为中心，注重大枢纽整体功能的实现，注重站房与附属、配套设施的统一，实现"系统集成、整体最优"。

2. 目标管理原则

统一思想，坚定以质量创精品的信心与决心，贯彻落实企业"重品质、求长远"的发展理念，与参建各方精诚合作、同向发力，全面实现中铁建工"五位一体"的建设目标，全面兑现施工合同的各项约定，打造世界先进水平的精品智能客站，实现在全路的示范性引领作用。

3. 吸收借鉴原则

落实铁路及地方精品工程创建要求和优化意见，总结企业精品客站创建经验，借鉴国内外代表性站房先进理念和先进做法，采纳运维单位合理化建议，汲取专家顾问专业化评审意见，采纳协作队伍工艺改进提议。

4. 创新管理原则

坚持科技引领、智慧管理、智能建造的创新原则，即创新规划设计、创新管理方法、创新生产组织、创新工艺做法，实现精品工程建造活动绿色化、建造方式工业化、建造手段信息化、建造管理集约化、建造过程社会化的目标。

5. 标准先行原则

坚持策划创优、管理创优、过程创优的精品工程创建原则，通过科学制定精品站房建设工作流程，建立设计标准、材料标准、工艺标准、验收标准，强化"流程管事、标准做事"的刚性约束，发挥"标准先行、样板引路"的作用，科学指导精品工程创建工作，确保工程一次成优、件件成优。

6. 持续优化原则

坚持"工程未完、优化不止"的思路，既着眼于装饰整体效果的呈现，又着眼于细部细节的凸显，从设计方案和施工方案两方面、宏观与微观两个维度同步深化完善、优化升华，实现设计方案和现场实施的有机结合、完美统一。

7. 专业配置原则

倡导工匠精神，坚持"让专业的人干专业的事"的规则导向和原则导向。中铁建工政策支持、优质资源向杭州西站倾斜集聚，以专业化的管理团队实施管理，以专业化的施工团队建造施工，以专业化的顾问团队服务支持，合力创建世界先进的精品智能客站。

8. 建筑美学原则

坚持"重主体、轻装饰、简装修"的原则，还原建筑本身美感，平衡好美学升级与守正创新、文化艺术与经济成本、质量细节与工期进度的关系，借助专家智慧，打造新时代艺术人文站房。

（四）组织管理

中铁建工成立铁路精品客站领导小组，由主要领导任组长，全面负责领导精品智能客站工程的创建工作；由中铁建工总工程师任副组长，会同工程管理部、安质环保部、技术中心、建筑研究院各部门骨干力量负责杭州西站智慧管控平台搭建、资源协调、生产调度、新技术应用、科技攻关、成果总结、应用推广等；由中铁建工副总经理任副组长，会同中铁建工下属建筑安装公司、铁路精品客站装饰设计研究院、指挥部负责杭州西站精品工程建设，以装饰装修、设备安装、亮点打造为主攻方向，培训人员、锁定方案、制定标准、打磨细节、检验验收等。杭州西站项目部负责信息对接、工作保障、执行落实等具体工作的开展。聘请专家顾问团队，在施工图优化、关键技术研究等方面提供专家智慧和智力支持。

（五）保证措施

1. 配置精专团队

（1）坚持专业化管理。从中铁建工总部职能部门、建筑研究院、装饰设计研究院、建安公司抽调精干人员，充实管理力量，强化杭州西站专业化管理。

（2）坚持专业化施工。协调中铁建工内外部优质队伍资源，组建专业化的施工队伍或班组，负责杭州西站分部分项工程的精细化施工。

（3）坚持专业化服务。充分发挥中铁建工内部专家团队和外部顾问团队的效能，为杭州西站创建精品工程提供强有力的服务支持。

（4）坚持全员化培训。以关键岗位人员为重点，覆盖全员，分层级、分专业、多形式开展常态化培训，使全员牢固树立质量精品意识，掌握精品工程应达到的质量标准。

2. 抓住重点环节

（1）抓牢安全质量关键环节。紧抓复杂梁柱节点实施、承轨层大截面箱梁施工、大空间清水混凝土效果展现、屋面大跨度钢构制作安装、空间立体交叉作业、装饰装修深化设计等施工关键环节不放松。紧抓质量关键过程、特殊过程管控，严格落实工艺工法和作业标准。

（2）抓好关键部位优化环节。结合环境特点、设计特点、施工难点、旅客需求、效果呈现等要求，对站房外立面、屋面、候车厅、售票厅、卫生间、云谷、云厅、十字通廊等部位深入分析、研究，编制《杭州西站装饰装修优化方案》，明确优化部位及优化项目，打造亮点工程。

（3）抓实样板首件制作环节。充分发挥样板引路、首件先行的作用，推行分项样板、组合样板，综合考量，择优确定，切实发挥样板协调综合管理、确定工艺标准、明确施工方法、判断队伍能力、检验操作水平、测算用工用料、展现装饰效果、现场实物交底的八大功能。

（4）抓细方案持续优化环节。重点突出建筑装饰整体效果和细部细节品质，坚持"持续优化、精益求精"的原则，从设计和施工两个层面，围绕宏观、微观两个维度，同步进行完善提升、优化升华，如统筹局部布设、色彩搭配、光影比选、声场定位、景观绿化及无障碍设施、标识系统等宏观设计，又如线面交接、收边收口、设备末端等微观处理，全面提升建筑品质。

（5）抓住工艺质量控制环节。坚持一切从提升改善旅客出行体验出发，着眼于施工细节处理，不断优化工艺工法，如在楼梯扶手样式、卫生间设施、空间对缝、末端设备排布、墙顶地一体化处理、板材套割等方面，精雕细琢、精益求精、打造亮点。

（6）抓好物资质量控制环节。落实影响铁路安全性和耐久性的材料准入认证制度，优选具有智造技术及数码防伪技术追溯的合格供应商，确保实体使用材料符合设计要求。针对杭州西站项目大量采用的石材、铝板、玻璃等主要装修材料，从原料选择、加工精度、运输方式、进场验收、存放保护等环节严把材料源头关。

（7）抓牢工期计划控制环节。按照总进度计划，明确工期控制节点，权衡好质量与进度的关系，调配优质资源，实现均衡生产，抓牢关键路线和关键节点控制，严格按照计划组织实施，实现实施过程精品打造。定期开展施工组检查、分析诊断，实施最科学、最规范的现场管理，实现进度计划的动态优化、全程受控。

3. 强化责任落实

（1）抓领导负责，强化分级控制。由指挥长牵头组织制定各部门、各岗位、各队伍创建精品工程责任制，并纳入合同；制定并落实领导带班制、首查负责制。全面推行网格化管理，建立网格化管理体系，将管理区域按一定的标准划分成单元网格，建立岗位工作清单，通过加强对单元网格中安全、质量、场地、人员的巡查，建立监督和处置相协调的主动发现、及时处置的动态管理。

（2）抓评估评价，强化行为管理。由指挥长牵头组织建立工程质量评估评价体系，管理与实操并重，以实际完成效果是否满足施工方案、是否符合验收标准为重点，强化工程质量全过程控制，现场评定质量安全优秀、合格、不合格工点。突出抓好安全质量行为管理，确保施工质量和操作安全，杜绝"三违"现象。

（3）抓实名管理，强化责任追溯。强化制度管人的刚性约束，推行工程建设终身实名制。全面推行主要工序的交接验收确认、签认和留名制，建立每个施工工序与环节的质量责任界定、追溯体系，并层层分解到个人。推行人员在现场检查的签到登记制度，通过作业、确认、检查等环节的全过程、全覆盖签字留名、存档，实现客站工程全生命周期质量责任的可追溯。建立管理人员和作业人员行为评定档案,完善行为信誉评价信息库。

(4)抓诚信建设,推行负面清单。推行质量承诺制和负面清单管理,形成优胜劣汰的激励约束机制。由指挥长牵头组织建立管理人员、协作队伍、供应商信用评价考核办法,明确考核评价标准、考核频次、奖惩措施等标准。将考核不达标的班组、供应商、人员列入企业负面清单,必要时将其清退出场,禁止其参与内部铁路项目的施工作业或物资供应。

4. 强化技术支撑

(1)广泛运用先进科技。借助 BIM、GIS、三维扫描、人工智能、VR 等技术,实现虚拟建造、绿色化施工,提高管理质量和管理效率。运用"永临结合"思路,实现消防系统、照明系统等"永临结合",缩短工期,降低成本。采用节水灌溉系统、雨水回收利用系统等,实践海绵城市建设理念。积极响应垃圾分类号召,设置垃圾输送系统,对部分垃圾进行回收利用。

(2)大力开展科技攻关。结合智慧工地建设需求和信息化集成应用现状,拓展"物联网+智能建造"手段,构建"杭州西站综合管控平台",实现智慧管理。针对杭州西站承轨层清水混凝土结构、高架层圆钢管混凝土柱与预应力混凝土框架新型连接节点、装饰装修综合施工技术等开展科技攻关,助力客站精品智能目标实现,并总结形成一批科研技术革新成果。

(3)推广应用创新成果。通过杭州西站建设,加快新时代铁路客站建设关键技术的系统总结和完善提高,积极做好技术成果、管理成果、创新成果向建设标准的转化,初步形成一套科学合理有效的建设技术应用体系。

5. 强化协同联动

坚持"上下联动、同级联动、内外联动"的原则,抓住标准、制度、流程、职责、培训、评价六个环节,完善工作制度化、管理程序化、责任具体化的三化机制,健全保障体系,各司其职、各负其责、协同配合、齐抓共管、同向发力、统筹推进,共创精品客站。

(六)实施效果

中铁建工健全质量管理体系可以保证建成的杭州西站整体工程结构安全稳定、装饰装修美观大气、系统运行平稳、候车环境舒适宜人、经济社会效益显著。

主要创造人:吉明军

参与创造人:钱少波、高群山

超长距离泥水盾构隧道施工质量管理

中铁隧道集团二处有限公司

一、项目介绍

（一）工程概况

中俄东线天然气管道工程（永清—上海）长江盾构穿越工程隧道施工，属于中俄全面战略协作伙伴关系跨国工程，是中国四大油气战略通道的重要组成部分。本项目在江苏省南通市经济技术开发区与江苏省常熟市经济技术开发区之间以盾构隧道形式穿越长江。北岸工作井位于南通市海门区经开区新江海河西侧物流综合园区内，南岸工作井位于常熟市经济开发区姚家滩东侧，紧邻白茆河。盾构隧道由北岸工作井始发，南岸工作井接收。穿越设计范围内线路水平长度为10.226km，盾构隧道内径为6.8m，衬砌环片分为6块，厚度为400mm，宽度为1500mm。线路平面位置示意如图1所示。

图1 线路平面位置示意图

（二）隧道概况

盾构隧道穿越新江海河、两岸大堤、海轮锚地、长江主航道、常熟港专用航道、长江刀鲚水产种质资源保护核心区等重要区域，最低点处顶标高为-60.2m，最大水压为0.73MPa，主要穿越地层为粉土、粉质黏土、粉细砂层。隧道纵坡断面如图2所示。

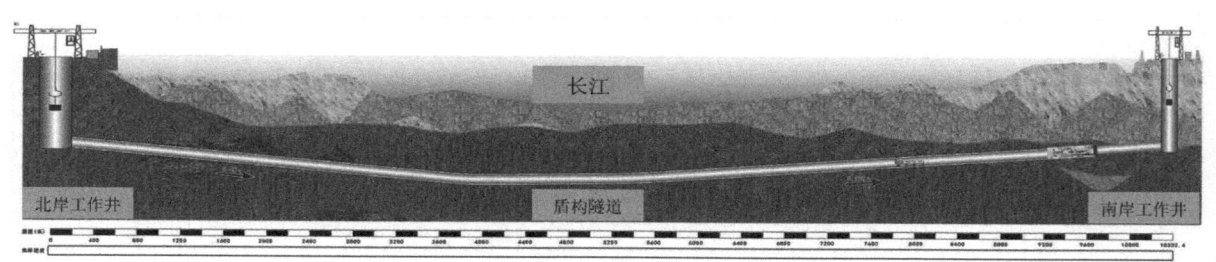

图2 隧道纵坡断面图

（三）项目特点

①项目是国家管网自主建设的第一个工程；②项目是国家管网建设史上第一个大断面、长距离管道隧道工程；③盾构独头掘进10.226km，目前在国内在建隧道中排名第一；④长江水下段长7500m，是目前长江水下最长隧道；⑤项目是世界上首次在10m以内盾构中选用常压刀盘。

（四）项目难点

1. 强透水、高水压、超长距离独头掘进

①盾构机的可靠性；②开挖面稳定安全保障；③换刀安全保障；④物流运输保障；⑤通风保障；⑥隧道线性及姿态保障；⑦进、排泥浆循环保障。

2. 盾构环境敏感建（构）筑物，沉降要求标准高

①既有建（构）筑物监测、保护；②地下不明障碍物探测与处理。

3. 盾构下穿资源保护区，环保标准高

①长江生态绿色廊道；②生态环境保护；③"零污染、零排放、零渗漏"。

4. 强、弱透水复合并伴含沼气涌出

①竖井施工安全保障；②防刀盘结泥饼保障；③隧道内通风、盾构设备防爆设计；④实时监测、应急保障。

5. 工期紧，北岸工作井工期为8个月，盾构掘进指标为450m/月

①设备可靠性保障；②技术方案合理、先进；③进度指标保障，防纠偏。

二、质量管理

项目质量管理坚持"三精"要求，做到内化于心。以百分之百质量保证提高全员质量意识，发挥匠心精神，追求"工艺参数精准匹配、工序管理精细卡控、工程成品精美展现"的工程质量极致目标。其中工艺参数精准匹配是关键。项目团队在临江漫滩软弱富含承压水的敏感地层中掘进，总结出一套盾构施工精准化指标体系，包括水土压力修正系数、掘进速度与贯入度的匹配设定，地面沉降曲线的规律与控制技术措施，不同地层的泥浆比重、黏度与流速的设定，通过精准施策，地面累计沉降控制在15mm以内，扭矩稳定在1000kN以内。

实施"五化"管理，做到固化于制。第一，生产系统化。通过工作分解，抓住生产主线，明确关键线路和关键工作，后勤服务于前勤，前勤辅助工作配合主线工作，实行系统管理。第二，工序标准化。施工每道工序都制定了工序标准手册，施工流水线上的每项工作也量身定制了工作卡片，并按"手册、卡片"进行严格卡控。第三，管理精细化。探索基于"阿米巴"管理理念的"蜂巢"式成本管理系统的构建与应用，建立了"蜂巢"体系与智能化工地配套的成本运行体系，实现成本管控精细化。第四，员工职业化。项目定员定岗，针对各岗位配置相关专业人员，让员工在技能、观念、思维上符合职业规范和标准。第五，改进持续化。将主体责任落实作为安全管理的关键路径进行刚性管控，建立健全了安全网格化管理、持续化改进的安全生产长效机制。

（一）新材料应用

目前盾构施工领域内，同步注浆浆液分为：单液砂浆、水泥与水玻璃双液浆、惰性浆液。

盾构施工过程中，同步注浆单液砂浆受地下水作用，浆液进入空腔后，迅速被地下水稀释，胶凝材料流失造成浆液初凝时间长，在地下水丰富区域胶凝材料流失加剧造成离析不凝固，单液砂浆无法及时固结在管片周围，造成地表沉降超标、管片不规则浮动、管片错台、椭圆度超标等质量风险。双液浆对长距离运输有一定限制，浆液还未注入地层已初凝在运输车上及砂浆罐内，影响整体施工；在注浆过程中容易造成同步注浆管堵塞，无法继续注入浆液，造成掘进停止进行疏通管路作业，如浆液初凝在管内，注浆管将无法疏通，会对后期同步注浆造成影响；长期注入双液浆，浆液会包裹住盾尾刷，影响盾尾刷的质量及盾尾刷与管片外壁的接触效果，影

响盾尾刷的整体质量，盾尾涌水涌砂风险概率大大增加。惰性浆液凝结时间长，强度低，适用于围岩稳定性较好的地层，对于较软弱围岩及自稳性较差地层，无法达到在短时间内充填并增强地层稳定性的目的。

针对以上问题，根据项目特点及注浆浆液的优缺点，在施工前与施工过程中通过上百次同步注浆配合比试配试验，最终选定一种具有抗水分散性的同步注浆浆液代替普通的同步注浆浆液，该浆液在水中具有不分散、不离析等特征。施工过程中根据运输长度、掘进速度等因素的不同，适当调整浆液胶凝材料用量，控制好浆液稠度、凝结时间与掘进参数使其相匹配，则浆液状态好，施工过程顺畅。注浆压力比同液位泥水压力高0.2bar ~ 0.5bar，施工过程注浆压力可控，对盾尾止水装置影响小。

在盾构法施工中，管片与地层制浆形成环形空腔，为及时充填管片与地层间的环形空腔，控制地层变形，稳定管片结构，控制盾构掘进方向，加强管片隧道结构的防水能力，在管片背后环向间隙采用同步注浆进行填充。项目团队创新思维，采取跨界迁移转换方式，与当地化工科技企业合作研发外加剂材料，通过上百次的浆液配比试验，研制出一款专利秘方"抗浮特"水下抗水分散浆液。该浆液在水中具有不分散、不离析等特征。在动水试验中，用水流冲刷抗水分散浆液，浆液能够不被水冲散、不离析；在静水试验中注入抗水分散浆液，浆液不分散。注浆后能够有效固结在管片与地层之间的环形空腔内，能够有效填充衬砌背后空隙，在敏感地层中运用效果良好，成功解决管片上浮问题，减小管片拖出盾尾时的错台量及破损量。通过现场的实际掘进对比验证，使用该同步注浆液管片上浮控制在40m以内，实现了行业内的新突破。

（二）新工法应用

在盾构法施工中，盾构测量一般采用长导线作为起始边，保证起始测量的精度。目前单井定向盾构起始边较短，对于长大隧道，测量误差会增大。在盾构始发掘进段上距离竖井400m处增设一投点孔，单井定向（图3）变为双井定向（图4），会增长测量起始边长，经过计算，当测量偏差限值为0°0′3.23″时，单井定向（24m）的横向偏差限值为0.0004m，双井定向（375m）的横向偏差限值为0.0059m，两井定向的横向精度较一井定向的精度提升14.75倍。

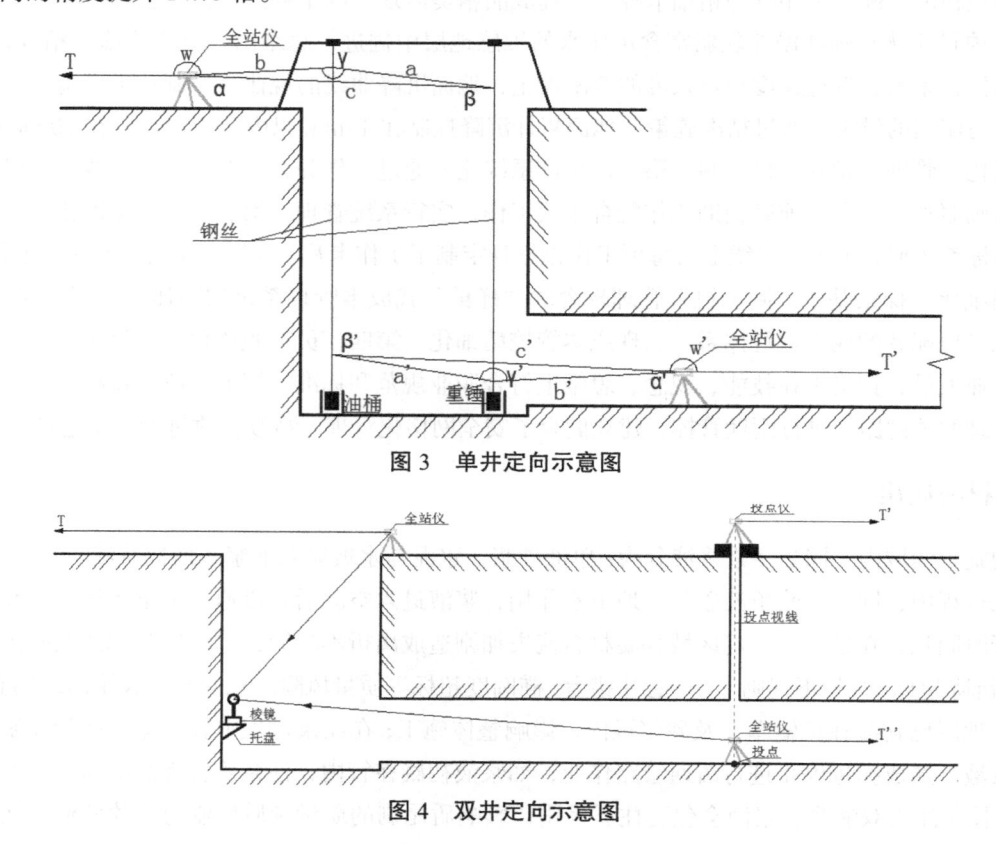

图 3 单井定向示意图

图 4 双井定向示意图

1. 预先进行塑性混凝土素桩施工，避免成孔后渗漏水

根据管片排版图在指定位置进行素桩施工，保证投点孔范围内地层稳定，素桩采用塑性混凝土。该混凝土抗渗性较好，能够有效提升投点孔成孔后的止水效果。盾构通过投点孔素桩后加大该部位顶部盾尾注浆压力及注浆量，加强素桩与管片接缝处渗水通道的封堵，降低投点孔在成孔过程中涌水、涌砂风险。

2. 素桩内打孔，预防地层软硬不均，保证垂直度

在成型的素桩内打设投点孔（图5），垂直度控制在1‰以内。采用素桩后，投点孔成孔在素桩中心，成孔范围内素桩硬度一致，避免因地质软硬不均造成成孔垂直度偏差超限，从而造成投点孔无法使用。

图5 素桩内投点孔钻孔

3. 套管施工，投点孔可长期使用

投点孔内增加套管，投点孔使用完毕后进行临时封闭，待下次使用时打开盖板，可以继续使用；隧道贯通后，投点孔停止使用，再进行永久封闭。该办法保证了投点孔可以长期有效投入使用，不再受地层或天气变化的影响。

4. 管片与投点孔接缝处理，止水效果明显

投点孔套管与预制弧形钢板间焊接，钢板与管片间设置遇水膨胀进行止水，套管与管片间隙采用环氧材料进行封堵，套管与孔壁间采用微膨胀砂浆进行封堵，整个投点孔形成全包防水（图6），既保障了投点孔的长期使用，又能达到永久止水效果，避免了使用过程中的维修保养等工作，极大地降低了成本。

图6 洞内防水措施

（三）预制件生产质量管理

管片生产模板与管片锲合度决定了管片生产的外观尺寸及管片质量。管片浇筑完成后，侧模采用单面翻转的形式打开，侧模在打开过程中，模板凸起部分与混凝土止水槽凹进去部分有挤压，因此管片止水凹槽设计时采用坡脚设计。需要注意，坡脚的角度设计过大会影响管片拼缝止水效果，坡脚的角度设计过小则侧模在打开过程中模板凸起部分与混凝土止水槽会出现挤压破损现象。管片脱模时，定位柱的角度会影响混凝土管片脱模，强行脱模会出现定位柱破损现象。

经过 BIM 三维模拟和大量计算，得到止水凹槽坡脚脱模时临界值，将止水凹槽坡脚的角度由原 11° 调整至 19°，根据调整后止水凹槽尺寸进行相应调整，调整后进行封闭压水试验，效果良好，调整后管片止水凹槽破损现象得到杜绝。将拼装定位孔角度由 7.1° 增加至 10°，同时调整定位孔局部尺寸，避免了管片脱模与定位柱干涉情况，杜绝了脱模时定位孔周边破损的现象。

（四）构建专业班组

盾构施工的特点是专业性强、分工明确，非常符合狼性团队的特质，为此项目对号入座，从主司机到拼装手等岗位配置专业人员，真正做到专人专用、专业班组干专业的事。此外，针对在盾构司机、管片拼装、设备维保以及盾构电工等关键岗位以劳务工和劳务学生为主体的特点，不定期进行企业的价值认同、情感认同的培训和关怀，为他们成长成才提供最大限度的帮扶，提高他们对团队的忠诚度。

项目对每项工作进行工作分解，细化到枝头末节，坚持"定编、定人、定岗、定责"四定制度，从面到点、从点到线实现每项工作的责任矩阵，使每个人对工作都清晰明了，将错综复杂的管理变得"极致"简单。在盾构施工项目中采取"矩阵"分解施工组织，充分发挥"个人、班组"作业单元的作用，制定质量考核机制，对施工作业内容进行"明码标价"，对作业质量进行"打分评测"，根据施工质量进行工资考核，拉动全员提升质量意识，科学的激励机制使团队始终保持在"满血"状态，并显示了强大的组织力和战斗力，实现了质量"零返工"、工序"零转换"的目标。

主要创造人：许维青

参与创造人：孙　卓、黄旭光

实施基于全过程的"质量提升 4P 战略"，打造新时代核电精品，推进企业高质量发展迈上新台阶

东方电气（广州）重型机器有限公司

一、企业概况

东方电气（广州）重型机器有限公司（以下简称东方重机）创立于 2003 年，隶属于中国东方电气集团有限公司，是东方电气的核能设备国产化基地、出海口基地。

东方重机位于广东省广州市南沙区，现有员工 900 余人，占地面积约 40 万平方米，其中生产面积超过 12.7 万平方米，拥有生产和测量设备 2695 台，拥有一次起吊能力达 1400t 级重型专用码头及国家核安全局批准成立的民用核安全设备焊工考核中心。

东方重机主要从事核电站反应堆压力容器、蒸汽发生器、稳压器、非能动余热排出热交换器、堆芯补水箱等核岛主设备的工艺设计、生产及服务，以及核电站常规汽水分离再热器等设备的研发设计、生产和服务。截至 2022 年 10 月，公司已交付用户 151 台核电站主设备，含 74 台蒸汽发生器、8 台反应堆压力容器、6 台稳压器、9 台非能动余热排出热交换器和 54 台汽水分离再热器，其中蒸汽发生器、非能动余热排出热交换器、汽水分离再热器的交货数量居国内首位，产品质量得到用户好评。

二、实施背景

（一）贯彻落实国家的质量强国战略目标和"双碳"目标

作为中国核电装备制造行业的领跑者，东方重机大力推进核电"自主化"步伐，是唯一一家涵盖国内所有核电技术标准的装备制造企业，包括 CPR1000、EPR、AP1000，以及具有自主知识产权的 CAP1400 和"华龙一号"，并正在积极参与快堆、高温气冷堆、聚变堆等新一代核电技术的研发与制造。2015 年，国务院印发《中国制造 2025》，全面部署推进实施制造强国。2022 年 10 月提出"积极安全有序发展核电，加强能源产供储销体系建设，确保能源安全"。东方重机始终坚持服务国家战略，秉持"铸绝对安全的国之重器"初心，不断探索、创新质量管理模式，夯实质量管理基础，全方位推进企业高质量发展，确保实现"能源安全"的目标任务。

（二）实现可持续发展，争创世界一流企业

核能领域是多元利用领域，核产业链的前端、后端板块及多元产业在不断扩大和发展。东方重机地处粤港澳大湾区，迎来了更好的发展机遇。质量是企业发展的生命线。为实现公司长期稳定发展，实现"世界的东方一流的电气"的企业愿景，东方重机提出"以质取胜"竞争战略，实施质量专项提升，力求实现"人无我有、人有我优、人优我特"的全新局面。

三、实施战略

东方重机以企业高质量发展为切入点，导入卓越绩效管理模式，整合企业管理理念、工具和方法，研究制

定"质量提升 4P 战略"(图1),从理念、团队、流程三个方面开展全过程、全方位的质量变革创新,推进"大质量"建设工程,从而提高质量管理水平,最终实现卓越质量绩效。

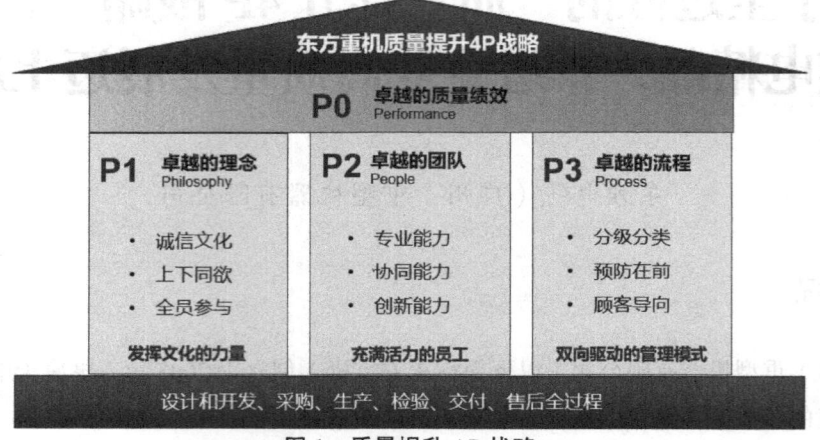

图1 质量提升 AP 战略

为有序推进质量提升,公司分三个阶段推进实施:第一阶段的主要任务是强化员工质量意识,减少低级质量问题;第二阶段的主要任务是补强质量短板,解决长期未解决的质量顽疾,提高顾客满意度,实现关键顾客的业绩评价结果提升;第三阶段的主要任务是打造精品指标,全面提升质量竞争力,实现核心产品的关键质量指标不低于同行平均水平。三个阶段工作任务目标围绕强意识、补短板、树标杆层层递进。

四、实施过程

(一)强化核安全文化建设

核安全是核电发展的生命线,是国家安全的重要组成部分。东方重机坚决贯彻落实"理性、协调、并进"的核安全观,积极培育和建设企业核安全文化,从组织结构、企业规划、体系建设、工作要求、员工福利以及配套的激励与考核机制等方面,依托制度建设、体系建设,将核安全文化融入生产、经营、科研和管理的各个环节。

完善顶层规划设计。在总结核安全文化建设经验的基础上,东方重机归纳提出了"诚信透明,一次做好"的企业核安全文化理念,并制定核安全文化建设长期发展规划,建立涵盖长效机制、人文关怀、制度建设、宣贯教育、职业素养、强化问责等主要工作方向,以"两个零容忍"、"一必须,两杜绝"、管理制度标准化建设、文化测量与评价体系建设为实践突破口的核安全文化建设框架,如图2所示。

图2 核安全文化建设框架

强化组织保障。东方重机组建以董事长为组长的核安全文化建设领导小组,并依托质量保证部门成立了核安全文化建设办公室,保证了核安全文化建设的资源投入,进一步强化和规范公司核安全文化建设工作。董事长签发公司核安全文化政策声明，明确公司建设核安全文化的态度并做出承诺，要求公司和全体员工以"安全第一"为根本方针，以维护公众健康和环境安全为最终目标来规范行为并付诸实践。每年由董事长开讲年度质量第一课，将核安全文化和质量文化的要求与员工共享，搭建一个全体干部员工内心和思想交流的平台、一个行为习惯和工作方法思考的平台。

促进核安全文化与企业文化融合。东方重机守正创新，积极探索企业文化与核安全文化融合的路径，以红色引擎、绿色动力、蓝色力量的"三原色"为主色调，从"初心亭"砥砺铸就绝对安全的"国之重器"初心出发，打造集党史学习教育、东汽精神、企业文化与核安全文化展示，企业发展历程回顾于一体的环湖"同行"文化长廊（图3），促进核安全文化与企业文化深度融合，让全体职工知晓、认同并践行企业文化理念与核安全文化规范，使文化理念内化到全体干部职工的思想之中，落实到全体员工的日常行为之中。

图3 环湖"同行"文化长廊

创新核安全文化宣传载体。东方重机组织开展了"同·创共享，'核'力前行"命名征集活动，企业"楼、路、湖、林、廊、码头"被赋予了新的定义，营造了全员参与核安全文化建设的氛围，强化了全员对"质量就是进度，质量就是生命，质量就是饭碗，质量就是企业的未来"的高度认同感。

构建自我评价、改进机制。东方重机研究制定核安全文化量化评估标准，开展核安全文化自我评价，定性定量地定位公司核安全建设水平，准确查找问题和薄弱环节，针对性地实施整改，在公司内部形成统一的核安全文化价值观，实现从"要我核安全"到"我要核安全"的思想转变。

（二）实施分类分级管理，推动质量管理体系升级

随着"以核为主，相关多元"发展战略的推进，公司产品类型增多，商品数量增长，为实现有限资源的精准、合理分配，东方重机在项目管理、技术准备、采购管理、生产制造、质量检验等关键业务线条实施主次分明、有的放矢的分级管控。通过梳理法规标准，控制要素差异，以ISO 9001为对标基准，逐项识别差异，记录特殊要求，形成了"体系差异对比分析表"。根据19个过程要素，系统梳理公司不同体系下的程序文件，对程序文件实施模块化管理，完善了质量管理体系顶层设计，历经近一年的体系优化，建立了适应产品特性的分级分类管理体系，确保体系运行稳定和质量管得住。同时，首次建立了企业程序地图，明确手册/大纲和程序的适用关系，引导正确使用、有效执行、持续改进企业的程序文件。

（三）优化完善制度，促进质量管理标准化

构建"五位一体"的分级监督检查体系。东方重机以"车间三巡三查三交底""质量抽查""日常质量监督""工艺纪律检查""专项质保监督"为抓手，构建事前、事中、事后全覆盖，分工明确，协调有序，运转顺畅，反应迅速的"五位一体"监督检查体系。同时将监督检查体系与奖惩体系、考核体系、责任追究体系关联（图4），针对发现的典型质量问题，运用奖惩、考核、责任追究、质量绩效档案等手段落实责任。

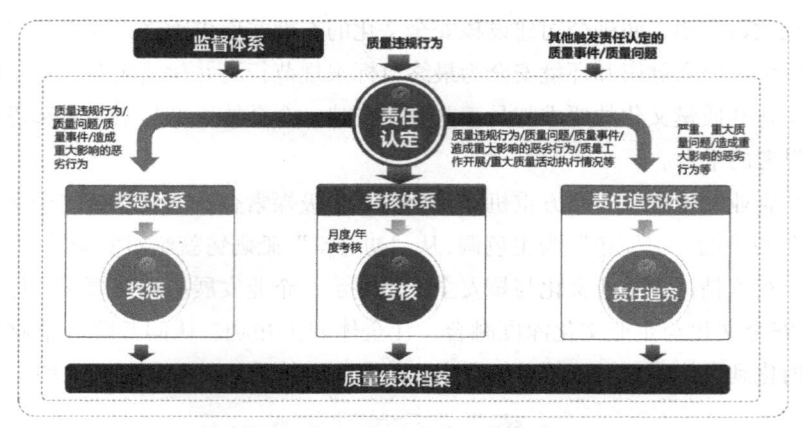

图 4 监督检查体系与奖惩体系、考核体系、责任追究体系关系图

优化质量考核制度，突出质量奖励向一线班组延伸。开展质量奖励变革，将质量奖励向基层一线延伸，发挥正面引导作用。东方重机开展季度"无NCR班组"、"质量提升优胜班组"、月度"质量明星"评选，并将评选结果与集体质量业绩挂钩。通过与集体质量业绩挂钩的形式，树立员工集体荣辱观，营造员工关心质量、追求质量、创造质量、享受质量的浓厚氛围。同时在实施奖励的过程中，注重奖励时效、公开表彰、强化宣传，增强员工荣誉感。

建立员工质量绩效档案，推行一线班组质量工资。东方重机在生产一线部门推行质量工资，建立员工质量档案。质量工资由职级工资和质量考核两部分组成。在质量考核明细中，主要对低级、重复发生的质量问题加大考核力度。自质量工资发放以来，基层班组和部门全员的质量荣辱观意识进一步得到了提升，营造了良好的质量业绩导向氛围，产品制造过程中全员对质量的敏感和关注意识明显提升，"质量自主管理"逐步形成。

强化优化基层质量，提升质量管理队伍业务能力。员工能力的提升，是构建产品质量最重要的原动力。东方重机制定质量员管理实施指导意见，明确质量员的岗位资格条件、质量员配置原则和职数要求、质量员岗位津贴发放要求。根据班组质量风险等级，对班组质量员津贴实施分级激励和考核，实现"风险"与"收益"正相关，提升班组质量员工作效能。同时，制定质量员作业手册，强化对质量员的业务指导，发布质量员工作业务清单，明确各项常见的业务完成时间、频率要求和对应的工作指导文件。

（四）提升对外沟通效能，提高顾客满意度

建立"三及时一定期"顾客关系管理机制。及时回应顾客反馈信息，建立顾客问题单和项目信函限期答复机制，实行"首问制"。及时向顾客报告质量问题，针对重大质量问题，必须在1天内向顾客报告调查进展。公司制定"137"质量问题提级处理机制，质量问题处置超过1天，由相应部门领导牵头处置；超过3天，由分管质量领导牵头处置；超过7天，由总经理牵头处置；超过10天，必须与顾客当面或视频沟通处置。及时服务顾客，坚持"二十四小时"服务精神，通过完善产品交付后的质量问题处置制度，及时响应顾客反馈和需求，实现电站现场服务零抱怨。定期向顾客汇报质量工作，每月召开监造交流座谈会，每季度向顾客进行工作汇报，每年召开年度监造交流座谈会，增强双方的沟通交流，及时解决顾客反馈的问题。

（五）强化落地执行，提高质量管理水平

狠抓质量风险防范，形成质量闭环管理。东方重机在近几年的质量管理中，从风险清单策划、措施分解、操作执行、验证关闭四个环节开展创新摸索，优化了质量风险防范管理制度，狠抓落地执行和闭环管理。从重大产品技术方案评审开始，针对新项目、新产品、新工艺、新材料，运用FMEA等质量管理工具，在技术方案阶段发现风险防控点找出关键工序，输出产品质量风险清单。从源头识别质量风险点并制定应对措施，科学划分风险防范等级，制定公司级和部门级质量风险防范计划清单。对识别的风险点从人、机、料、法、环、测各环节制定防控措施，明确执行部门和责任人员，固化技术交底单，将"前期同类型工序经验反馈"列入风防措施表，采取"一边风防，一边经验反馈"模式，避免重复质量问题的发生。对风防不合格工序，组织失效分析，

形成经验反馈数据库，列入后续同类工序的风险防范。除内部控制外，还邀请顾客驻厂代表参与，汲取同行制造经验，更全面、更有效地实施风险防范。

开展班组结对，提高基层质量管理水平。东方重机以关键的生产一线班组为突破口，开展质保、技术与生产一线班组结对融合活动。通过业务协同、优势互补，对于发生的质量问题，结对人员从实操、技术、管理多角度和班组一起分析根本原因，制定整改措施，推进质量问题归零，强化质量问题二次关闭。协同开展质量改进、QC 活动、精益改善、质量微改善等"小改小革"，提升改进效能。

五、实施成效

（一）质量管理迈入新阶段

东方重机经营发展态势持续向好，各项主要经营目标全面完成，全年营业收入同比增长 9.1%，利润总额同比增长 20.6%。全员质量意识、产品质量稳定性和质量管理水平有了进一步提高，公司在集团对子企业年度质量文化和质量管理体系成熟度评价中均排名第一，年度质量问题损失率同比下降 12%，制造过程人因质量问题数量同比减少 71%，核心产品蒸汽发生器的关键指标——管子管板焊缝一次合格率远高于国际一流水平。

（二）市场开拓取得新成绩

近几年，公司的综合市场占有率保持在 40%，新增订单金额和综合市场占有率持续保持行业第一，进一步巩固了公司在核能主设备的市场领先地位。多元产业拓展取得突破，全年市场订单同比增长 210%。

（三）外部品牌形象取得新突破

近几年，公司的顾客满意度都保持在 93% 以上的良好水平，连续两年获得顾客授予的"主包管分包"标杆、"防造假"标杆企业荣誉称号。公司是全国唯一一家获得"进口核设备质量管理十佳单位"荣誉称号的制造企业，并获得"广州市隐形冠军""中国质量协会质量技术奖优秀奖"等荣誉，如图 5 所示。

图 5 企业所获部分荣誉证书

六、结语

核安全高于一切，今天的工程质量就是明天的核安全，核电设备的质量是核安全的基础。东方重机坚决贯彻落实党的二十大精神，坚定服务国家发展战略，践行"铸国之重器"使命，踔厉奋发、勇毅前行，紧紧围绕"国内领先，世界一流"发展目标，筑牢核安全文化，提高质量管理水平，助力公司实现高质量发展。

主要创造人：但 军
参与创造人：张丹萍、陈世雄

基于竞争性采购机制下的型号质量定制管理模式

湖北三江航天险峰电子信息有限公司

一、背景

随着武器装备竞争性采购机制建立，军品型号"社会的总体院、社会的总体所、社会的总装厂"理念正在逐步形成，民营企业参与军品市场竞争已势不可挡。国有军工企业要确保型号产品"性能优、质量优、价格优、进度优"（以下简称"四优"），才能保持优势地位，否则就会失去"机会"，丧失"阵地"。

近年来，科工集团大力推行"数字化、网络化、智能化、云化"（以下简称"四化"）。新形势下，型号研制生产按照以往的"体系式"质量管理，已经不能完全涵盖"需求多样、状态'多边'、产品'四优'"的竞争要求。

在竞争性采购机制下，湖北三江航天险峰电子信息有限公司（以下简称险峰公司）创新质量管理方法，推进型号质量管理由"体系式"的管理向具有质量经营内涵的、以"四化"为抓手的、"定制式"的管理转变。对型号质量管理实施特殊定制，以确保险峰公司持续保持竞争优势。

二、主要内容

以 GJB 9001C 质量管理体系为"基线"，融入"四化"模式要求，针对不同型号、不同顾客，分析"风险"增加特殊措施，分析"机遇"对"基线"适当剪裁，以"基线＋特殊要求＋状态剪裁"方式形成针对特定型号的质量定制管理模式。从设计、工艺、生产、质量四个方面量身定制，体现质量经营"质量精、成本控、重点突、机制活、节奏快"的特点。

（一）总体架构

接到竞争性项目后，成立项目组，以 GJB 9001C 标准为基线，结合"四化"模式，启动质量定制管理。质量定制管理总体架构如图 1 所示。

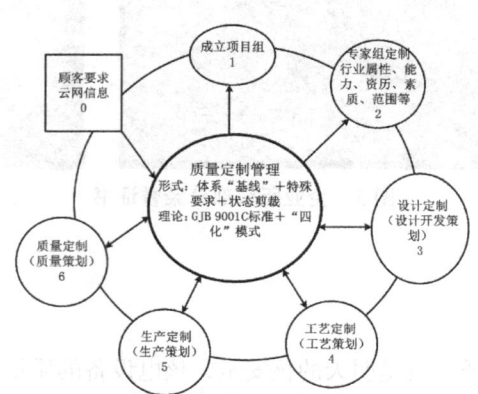

图 1 质量定制管理总体架构图

（1）设计定制是质量定制管理的标准和基础，为质量定制管控提供清晰、明确的管控目标。
（2）工艺定制是质量定制管理落实到产品的关键层，明确产品生产流程、资源占用，发挥桥梁和纽带作用。
（3）生产定制是质量定制管理的实施层，执行效果的体现层，型号"四优"的落实层。
（4）质量定制中质量定制管理的管控层，发挥指导和监督作用，该层面质量经营理念贯穿始终。

（二）设计定制

1. 设立专家组

根据型号技术特点、专业属性成立专业评审专家组，目的是确保产品设计开发输入、输出、工艺方案以及生产加工等过程符合质量定制管理要求。合适的专家是确保设计输入、输出评审质量的前提条件。

2. 设计输入定制

在研制阶段，由于认识的局限性，"技术要求"和"技术方案"是一个反复沟通、相互"迭代"的过程，仅满足"设计任务书"（即技术要求）还不能赢得顾客满意。将技术要求以外的顾客潜在的要求纳入设计输入，将原本的技术指标提高标准，形成自我约束项。"技术要求+自我约束项"构成险峰公司设计输入定制。设计输入定制是"性能优"的前提。设计输入定制管理示意如图2所示。

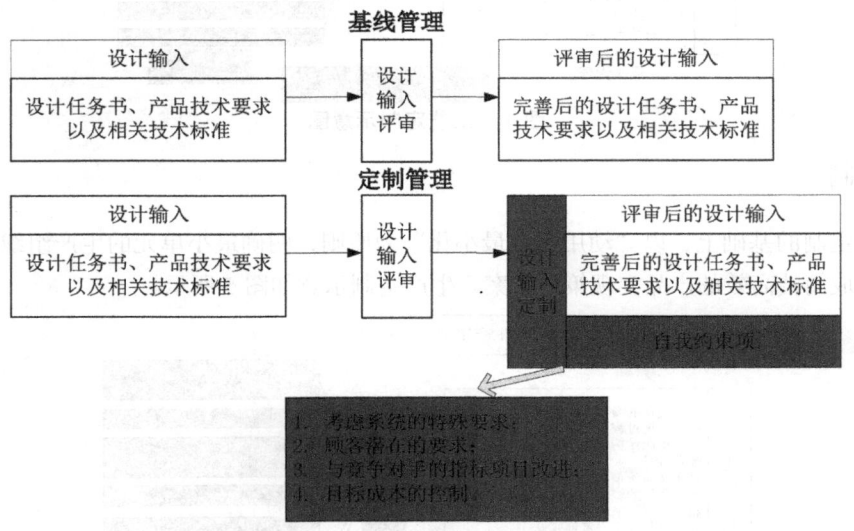

图2　设计输入定制管理示意图

3. 设计输出定制

设计输出定制除满足技术要求外，加强了对自我约束项的落实，特别考虑"数字化"运用，如考虑仿真置信度对设计"一次做对"的影响。设计输出定制管理示意如图3所示。

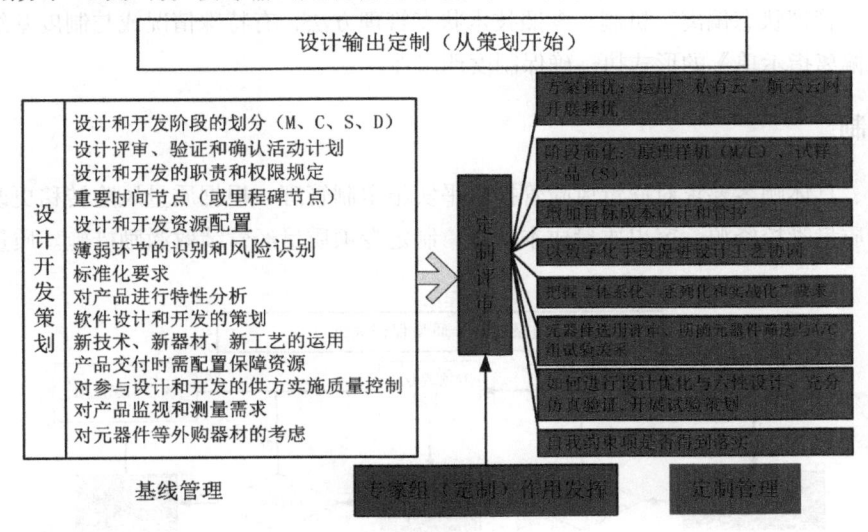

图3　设计输出定制管理示意图

在基线管理基础上，简化开发流程，精干团队做"减法"；落实自我约束项，明确"数字化"要求做"加法"。

(三）工艺定制

设计工艺协同，促进设计制造一体化，促进工艺与设计迭代，工艺定制管理通过工艺策划实现。工艺定制示意如图4所示。

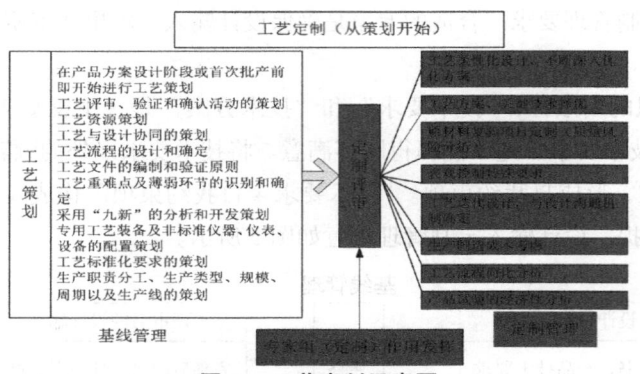

图4 工艺定制示意图

(四）生产定制

在设计、工艺定制的基础上，以"动用资源最小化"为原则，明确最小单元的生产组织机构，制定最短链路的生产流程，形成简洁高效的产品实现策划方案。生产定制示意如图5所示。

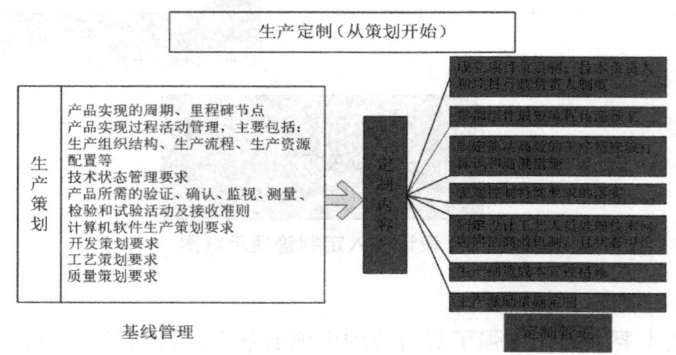

图5 生产定制管理示意图

另外，需建立"管理状态偏离"机制。参照技术状态管理方法，有特殊情况或与制度基线冲突时，可以通过下发《管理状态偏离指示单》的形式执，确保制度严肃性。

(五）质量定制

针对具体型号、具体顾客要求对质量风险管控水平实施定制管理，根据质量风险转移更改质量停控点，定制质量记录，定制质量管控资源，突出质量成本管理，制定专项质量经营绩效激励措施。质量定制管理示意如图6所示。

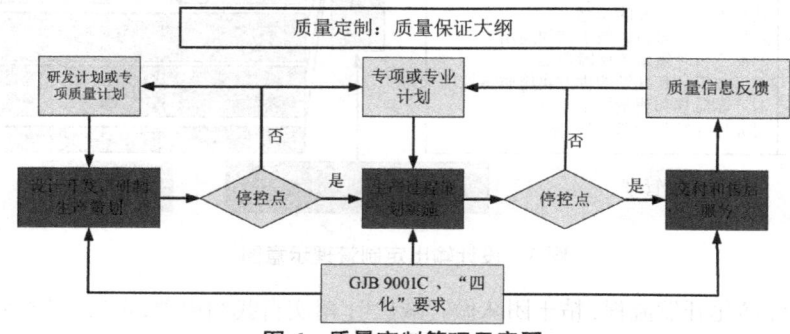

图6 质量定制管理示意图

三、在实践过程中的典型做法

（一）设计定制，"自我约束"是关键

1. 专家组定制

对专家实施"定制"培训：掌握当今"四化"先进做法。要求专家结合"数字化"提出相应的设计、工艺方案思路和建议，结合"网络化"提出技术管理建议，结合"基线"定制管控措施。

2. 设计定制：顾客要求 + "自我约束"

在型号研制阶段，"总体"单位技术要求与承制方技术方案相互迭代成为"常态"。方案上应考虑总体潜在要求，针对竞争对手还应优化指标，形成"自我约束项"。

（二）工艺定制，柔性与定制对立统一

通过工艺策划明确定制内容，促进工艺与设计迭代。

（1）实施设计与调试工艺一体化建设，加强设计工艺协同，工艺人员对产品设计进行技术渗透。

（2）在工艺策划阶段，基于行业属性和生产能力冲突，对关键技术建立择优机制，以确保加工进度和质量。

（3）突出工艺柔性化，以确保生产制造灵活机动，降低研制成本。批产工艺逐步考虑工艺细化、量化，可根据生产当量均衡配置专用设备工装。

（4）对检验点、检验抽样方案进行优化设置，降低质量成本，提高质量效率。

（5）产品外观是重要的顾客评定因素，因此把外观控制和防护措施作为重要的定制内容。

（三）生产定制，以"动用资源最小化"为原则

（1）按项目确定行政总指挥和技术负责人，组成科研、生产项目最小化团队，分工明确。

（2）针对研制，以"动用资源最小化"为原则，制定零件制造最短流程，针对设计部件、组件装调、试验采取最简洁高效的生产形式。

（3）对生产"长线"、生产"瓶颈"制定预案，预判需要特殊放行的工序，在确保追溯的前提下，制定简洁高效的放行办法。

（4）落实外观防护。

（5）下发《管理状态偏离指示单》，制定临时管理制度。

（6）制定专项约束激励机制。

（四）质量定制管理典型做法

1. 根据风险转移实施质量停控

清理上一阶段问题闭环情况，是否影响下一阶段；对后一阶段质量保证准备情况进行审查，防控质量风险。质量停控点主要有：技术状态质量停控点、生产前质量保证停控点、装配转调试质量停控点、特殊工序前质量停控点。

2. 结合产品特点定制质量记录"树"

在研制阶段，侧重设计问题统计分析，以确保问题得到闭环为底线，简化流程。在批量生产阶段，侧重质量复查追溯，优化检验点设置。针对不同型号定制不同质量记录"树"，如图7所示。

3. 定制计量保证大纲

关注产品关键特性，合理确定 Mcp 值。根据使用时间和频次，动态制定计量确认时间表和计量确认间隔，降本提效。

4. 定制激励措施

将目标成本、设计工艺质量与产品经济效益挂钩,实施技术项目占比入股,通过利润技术分成等措施,激发设计工艺人员对产品持续迭代优化的主动性。

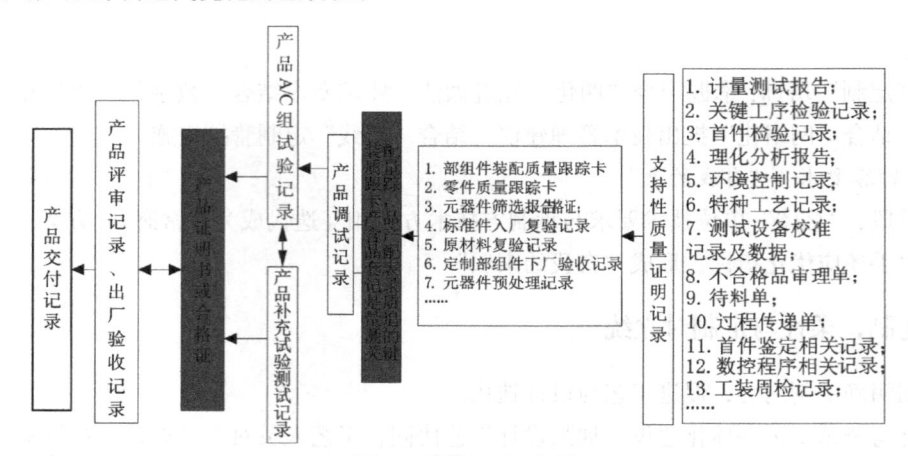

图7 质量记录"树"

四、实践应用场景和产生的成效

(一)实施型号质量定制管理成效显著

1. 设计定制——竞争能力提升

设计输入定制实施后,产品性能"优"取得了明显效果。2018年以来,险峰公司某工程雷达成功入围,某工程干扰系统成功中标,某高度表表现优异,载人航天工程质量测量仪样机顺利完成生产、对接,某新型项目第一轮试验产品顺利完成并参与了海试试验。设计输出定制发挥了重要作用。

2. 工艺定制——研制生产效率提高

通过工艺质量定制,设计工艺协同,促进工艺优化233项,研制生产效率提高明显,原材料复核查验周期、技术问题处理周期、技术准备时间大幅缩短。

3. 生产定制——生产效率提高

通过生产组织定制管理,提高了生产策划水平,通过策划不断迭代,规范临时偏离,消除管理"内耗",研发周期"短",服务进度"优"得到体现,备料周期、自制件齐套周期、总装周期、生产准备时间明显缩短。

4. 质量定制——质量成本降低

(1) 研制生产质量更"优"。

与2017年相比,2019年的不合格审理单项数量下降了41%,不合格品数量下降了33%。

(2) 研制生产质量成本更"优"。

通过实施质量定制管理,2018年为公司节约物料成本120余万元,节约研发成本230余万元,节约质量鉴定成本60余万元,节约质量预防成本10万元,取得较好效果。

(二)典型案例

案例一:增加自我约束项形成竞争优势

某底盘监测系统的设计任务书对产品使用环境的要求仅为"温度:-40℃~50℃,相对湿度98%",公司在设计开发策划时,将电子探测技术专家纳入评审组的同时,还邀请特种行业专家,形成定制专家组,通过分析论证认为通常情况下"相对湿度98%"符合底盘监测环境条件,但是在极端环境下(如洪水、爬沟、过坎时)

存在使用不可靠因素，为此增加了自我约束项：防泥水浸泡设计，设置了"浸泥水试验"项目。

因此公司产品在顾客组织的比测中表现优异，竞标成功。在竞争性采购和多边（边研制、边生产、边交付）状态下，设计要求不能完全涵盖使用要求的情况较为普遍，先形成"自我约束项"，然后反馈迭代设计要求，才能减少反复，快速形成战斗力。

案例二：以数字化手段促进设计工艺协同，提升核心能力

公司研制生产的多种复杂天线可用于卫星导航、遥感遥测、雷达收发等。公司天线设计步骤为先仿真再验算，产品实际测试与仿真结果偏差较大。公司现有天线产品单天线仿真置信度约为0.7。按照设计定制"以数字化手段促进设计工艺协同"的要求，将提高仿真置信度纳入设计定制管理课题，通过开展多学科多系统建模比对，找准仿真输入，优化仿真计算，使仿真置信度达到了0.8～0.85，一次装配免调试合格率达到95%，印制板报废减少，一次设计到位，对公司后续复杂天线研制具有重大参考意义。

案例三：生产定制——缩短管理链条

某大批量关键件热处理工序（24小时5个炉批）按照质量要求，需要对随炉试件（抗拉强度、冲击韧性、硬度、金相分析）检验合格后，方能转入下道工序。随炉试件加工、试验得出结论，周期为4～5天，若转入下道工序，应办理对应炉批的工序例外放行。实施生产定制，不再按炉批办理放行审批，而是将放行风险、放行阶段、标识手段固定，通过生产策划形成固定制度（质量会签），在质量受控的前提下，简化放行流程。

案例四：计量保证定制

公司某型号产品具有"多品种、小批量、高可靠性、生产不均衡性"特点，需使用大量的测试仪表，在产品频繁测试时常发生测试仪表故障，校准周期会影响生产周期。为此实施计量保证定制：一是打破"到有效期"才送检的惯性思维，在生产"密集测试"到来之前完成计量校准；二是针对关键参数保证$Mcp>1.33$，优化测量设备选用。这样做既解决了"周期"冲突，又降低了"失准"风险。在定制时，"网络化"发挥主要作用，MES实时监测生产节点，计量平台实时找准需提前校准的测试仪表。

五、方法的创新点和推广价值

型号质量定制管理模式是指以GJB 9001C标准为基线，融入"四化"模式，针对型号具体实施质量管理特殊定制。具体创新点如下。

（1）"基线"不变的前提下，结合"数字化、网络化、智能化"发展要求，推行三维设计、三维工艺，技术文件数字化，产品数据和其他基础管理数据信息网络共享，迭代完善，研发效率得到提高。

（2）实施质量定制，结合产品特性，从产品实现过程对设计、工艺、生产、质量系统实施定制管理，提高质量"三效"（质量管控效果、质量保障效率、质量经营效益），促进产品"四优"。

（3）改进四种（设计、工艺、生产、质量）策划方法，通过"风险源"辨识，有效利用"机遇"，从而简化流程、创新管理形式；把检验策划、计量策划独立分析纳入质量策划；将设计工艺技术优化与产品质量效益挂钩，使公司内部各单位成为质量经营的主体和受益者。

推行型号质量定制管理，编写了《设计开发策划实施程序》《工艺策划实施要求》《产品实现策划实施办法》《型号质量策划实施办法》《原理样机质量控制办法》，编写了《质量管理向质量经营转变的思考》论文并获奖，完成了设计工艺深入优化、仿真及可靠性验证课题近千项。

质量定制方法实施以来，显著减少设计反复，产品研制效率提高，研制成本降低，用户体验提升，质量经营增效，较好地适应了竞争性采购机制。

主要创造人：胡小洲

参与创造人：李默神、徐国蓉

新时代质量管理体系的构建与思考

中国航空工业集团公司沈阳飞机设计研究所

一、背景

制造一流装备需要一流企业,而成为一流企业的关键在于是否具备与客户需求演进相匹配的技术和管理能力。随着航空武器装备复杂程度的提高,对装备研制手段、技术支撑、研制周期、组织管理等提出了更高的质量要求,传统质量管理模式已难以适应未来发展需求,质量管理"两层皮"问题愈加严重。面对当前质量建设一系列深层次要求,更多的军工企业意识到,新形势下要保持技术优势和核心竞争力,必须依靠体系治理推动企业提高质量管理能力现代化水平。

通过对标分析当今世界先进航空企业,如波音、空客和庞巴迪等,这一群体所具有的共同特征是建立了一套基于架构模型、面向流程标准、兼具各自特色的企业运营管理体系,通过体系承载自身战略和外部需求,形成了在全价值链上强大的管理输出能力,成为企业核心竞争力的重要组成部分,积累了丰富的企业管理资产。

自2014年起,航空工业为构建具有航空工业特色和国际竞争力的管理体系,推动集团公司业务管理升级转型,增强核心竞争力,全面推进运营管理体系(AVIC Operation System,AOS),发布了AOS流程体系建设的方法和工具。2020年,中央军委装备发展部和国防科工局联合提出以实现装备质量管理能力现代化为目标,以解决质量管理突出矛盾问题为导向,以强化全寿命过程衔接、全业务流程管控、全类型组织管理为着力点,全面构建新时代质量管理体系,为产品建设提供坚实质量保障。

国内外大量实践证明,"大质量观"已经改变了"质量"的概念,"质量"不再是狭义的产品和服务质量,它已成为"组织经营质量"的代名词,构建组织系统运营全过程的全面质量管理体已然成为当前企业数字化转型的必然趋势。

二、新时代质量管理体系构建思路

(一)体系建设概述

为指导各行业领域提升高质量发展能力,构建能够承接GJB 9001C和《质量管理 组织的质量 实现持续成功指南》等标准的方法,推进质量管理实现"四个转变",2020年有关部门联合下发了新时代建设质量管理实施指南。该实施指南以"架构引领、流程主导、信息化支撑、要素融合"为核心思路,明确了每个阶段的工作步骤、相关要素、角色、方法工具以及注意事项等,对组织质量管理体系的分析、设计、验证、执行和优化等全阶段、全过程进行统筹管理,共分为战略分析、架构设计、流程构建、资源部署、运行监控和体系改进6个阶段,并细分为22个步骤,如图1所示。

上述6个阶段不断迭代和循环,完成对体系建设的顶层设计(第一、二阶段)、落实执行(第三、四阶段)与体系运行改进(第五、六阶段),从而建立以业务流程为主线的质量管理体系,不断提高质量管理的成熟度。

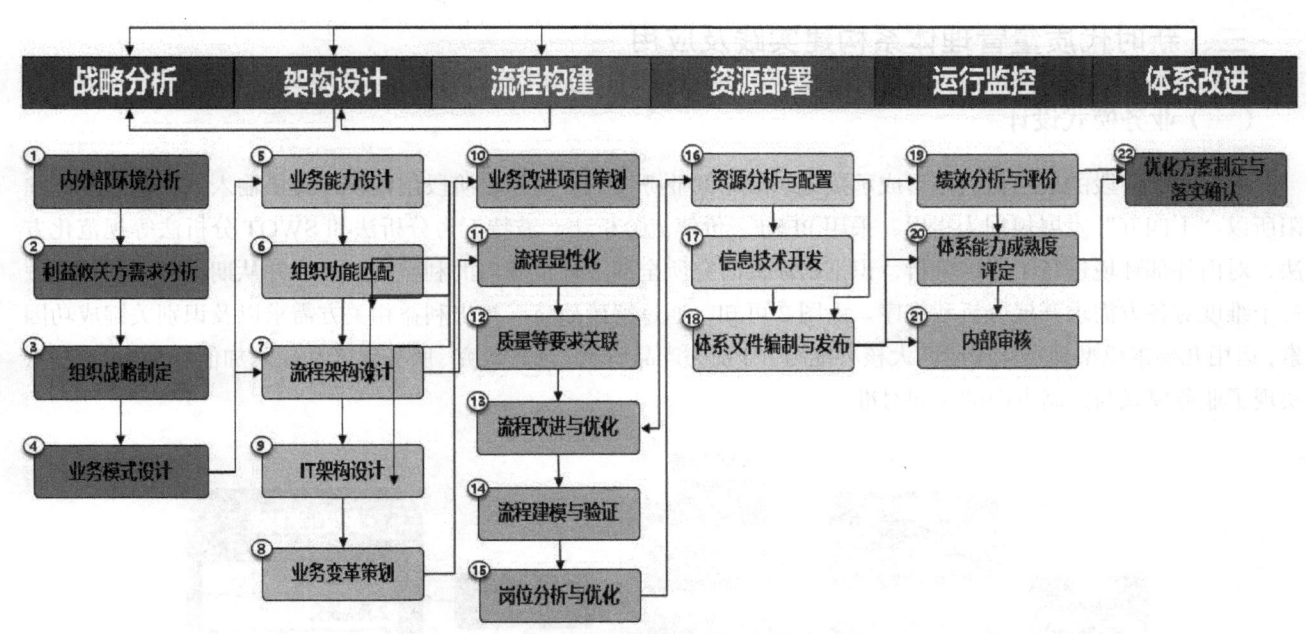

图 1　新时代质量管理体系建设的阶段及步骤

相比传统的《质量管理体系要求》，新时代质量管理体系是基于"大质量观"更为彻底地构建组织整体运营质量体系，并回答了标准中"如何做"的问题，是对传统质量管理体系的拓展和升级，为提升组织整体质量管理能力提供了科学的方法论。其具备以下特点。

（1）回归 ISO 9001 标准的本质。新时代质量管理体系强调从关注用户满意拓展为关注各类利益相关方需求，从关注质量目标拓展为关注单位整体战略目标，从关注产品实现过程到关注组织业务运营管理的全过程。

（2）将现代架构和流程管理方法融入体系设计。新时代质量管理体系主张将战略、架构、组织和 IT 进行相互关联和协同对准，要求以流程体系为核心融入其他合规要求。

（二）体系建设思路

相关部门提供的实施指南已经给出了统一的新时代质量管理体系建设方法。中国航空工业集团公司沈阳飞机设计研究所（以下简称沈阳所）历经多年的发展，在型号研发及业务管理方面已经具备一定的流程建设基础和改革成果，因此在体系建设过程中需要结合本单位实际情况进行合理的吸收与应用。

沈阳所运用架构理论和系统工程思想，积极探索和实践新时代质量管理体系，围绕"建、评、用"三条主线全面推进体系建设。以"评、领、建"快速形成完整的现代化组织管理体系框架，全面夯实质量管理能力基础；以用促评，通过体系实践应用带动专项核心业务能力提升，凸显体系建设实效。具体的建设思路如下。

（1）"建"——以《新时代质量管理体系实施指南》为主线，建立从战略、架构、流程到资源部署的体系设计通路，并以流程体系为基础，融入其他合规要素，建成新体系完整基础框架，快速形成全局视角。

（2）"评"——依据《新时代质量管理体系成熟度评价准则》，显性化体系建设成效，系统开展自评价与外部评估，加快成熟度评价推进落实，找出差距，推动体系持续改进。

（3）"用"——针对业务痛点难点问题，捕捉业务改进需求，策划业务变革专项，从流程、组织和信息技术三个维度解决业务运行与质量管理问题，同时以体系建设顶层视角重新审视质量问题，力求从根源解决，切实提升组织质量管理能力。

三、新时代质量管理体系构建实践及应用

（一）业务模式设计

战略分析阶段的最终目的是形成承接组织战略的业务模式，为第二阶段架构设计提供输入。在本阶段，沈阳所以"十四五"发展规划为指引，采用 PEST、价值流分析法、波特五力分析法和 SWOT 分析法等规范化方法，对内外部环境进行了详细分析，识别出涉及研究所全部业务范围内的利益相关方，并从期望、必须、增效三个维度对各方需求开展分析和排序。由图 2 可知，通过解读战略、找出利益相关方需求以及识别关键成功因素，运用九要素模型确定沈阳所四大核心能力，分别为产品研制、预先研究、服务保障和高附加值产品生产交付，实现了业务模式与战略方向的协同对准。

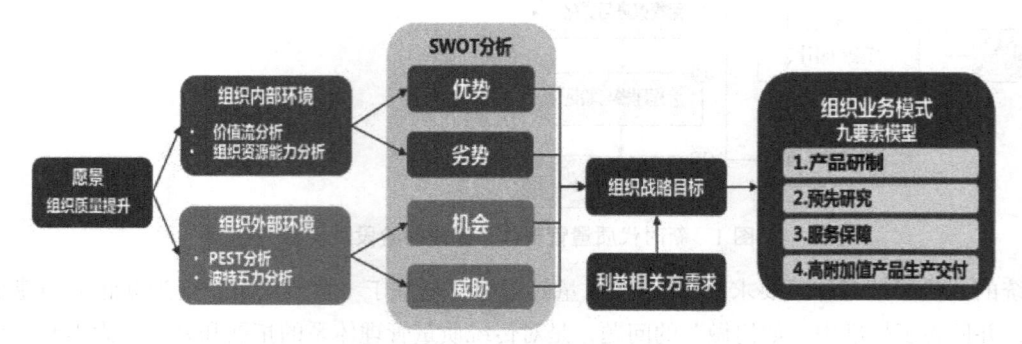

图 2 新时代质量管理体系战略分析阶段逻辑图

（二）业务架构设计

承接业务模式设计输入，使用 IBM 公司提出的组件化业务模型（Component Business Model，CBM）方法，对沈阳所业务能力进行分层分类和梳理描述，形成一级业务能力 8 项、二级业务组件 82 项。在流程架构设计方面（图 3），开展各业务域现状调研，厘清研究所业务构成，借鉴航空工业流程框架划分方法和设计原则，形成基于现状的高阶流程架构。

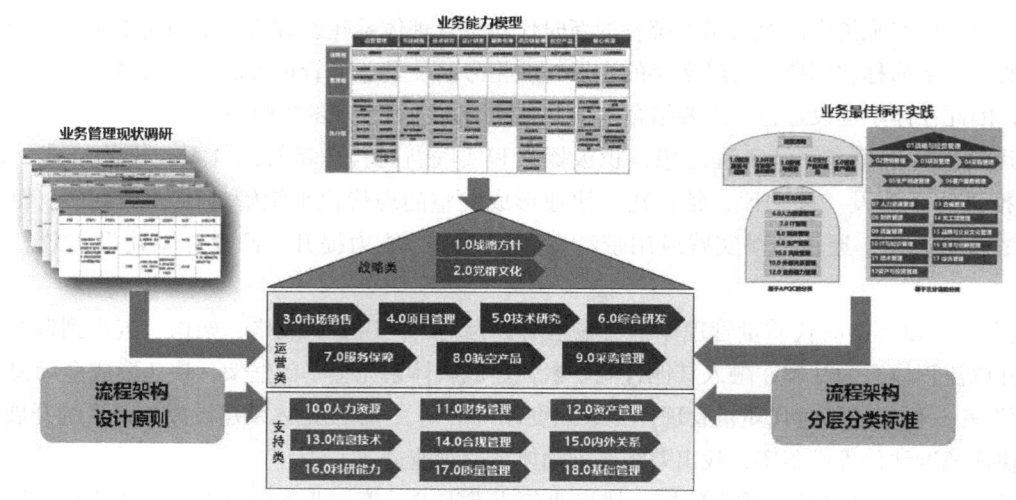

图 3 流程架构设计

在确定现状流程架构后，从以下两个维度设计目标流程架构：一是对照美国生产力与质量中心（APQC）的流程分类框架，以及航空工业集团公司发布的航空主业业务流程分类框架（2020 版）等先进标杆；二是关注业务能力的匹配落实，以确保流程架构设计保持先进性，最终形成包含 18 个业务域、103 个流程组的目标流程架构（图 4）。其中"6.0 综合研发"业务域与其他业务域关系如图 5 所示。

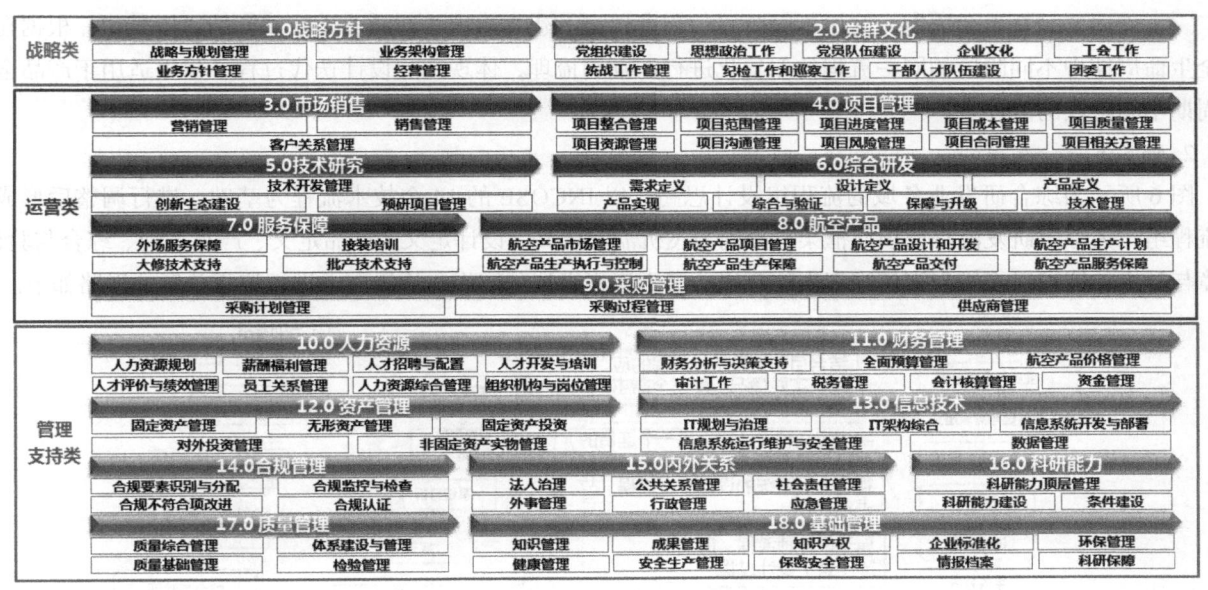

图4 沈阳所目标流程分类框架

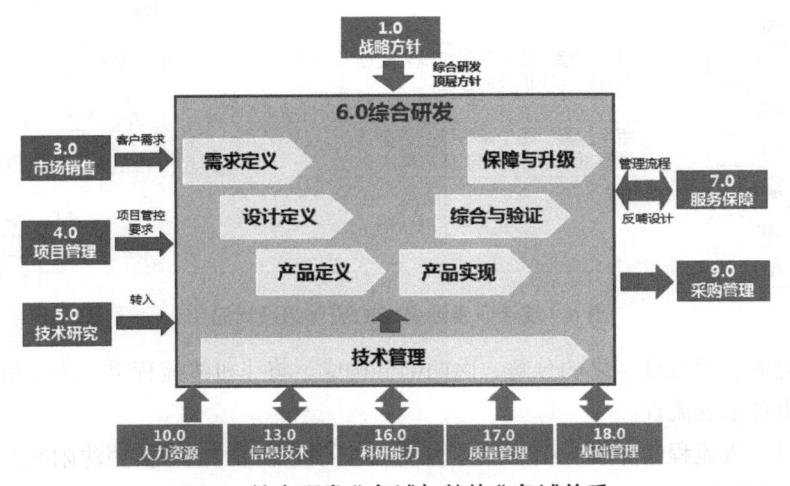

图5 综合研发业务域与其他业务域关系

（三）主价值流程构建

1.研发流程设计原则

设计开发作为沈阳所的主价值业务，涉及的专业领域多，业务传递和迭代关系复杂，构建研发流程需遵循一定原则。通过对标国际先进航空企业研发体系，沈阳所逐步确定了研发流程，设计原则如下。

（1）贯彻系统工程。为保证正向设计过程，应贯彻系统工程思想，梳理产品研发流程，强调需求、综合验证在产品架构和生命周期中的作用，并重视流程的迭代和递归。

（2）基于产品，弱化专业。研发流程不应是专业流程，而应从产品视角开展流程梳理，基于产品分解结构（Product Breakdown Structure，PBS）进行分析，关注产品研制过程中需要完成的业务，弱化专业，破除部门沟通障碍。

（3）面向架构，形成闭环。流程层级梳理面向型号PBS，各级系统在接口明确、需求明确完整、架构清晰的情况下，可自行完成系统的设计和验证，可视为黑盒。按照PBS分解为各系统、子系统、产品的系统设计和产品实现与集成活动，而各系统、子系统、产品的研制过程同样应遵循系统工程原则，每个PBS节点在每个阶段对应的流程均应充分考虑系统设计、产品实现的V字过程。

（4）面向产品全生命周期，突出不同阶段的程度提高。建立适用于产品全生命周期的通用模型，根据在产品全生命周期中不同阶段的同一流程的差异化进行识别和梳理，体现产品设计迭代过程，建立适用于产品全生命周期不同阶段的流程。

2. 研发流程分层规划

图 6 所示为综合研发业务域的流程组设计思路。以 INCOSE 的 14 个技术流程为基础，进行调整后形成六个流程组作为综合研发流程域顶层框架，分别为飞机需求定义、设计定义、产品定义、产品实现、综合与验证、保障与升级，体现以飞机为交付物产生的流程。基于流程组划分结果，逐级向下进行流程分解的思路如下。

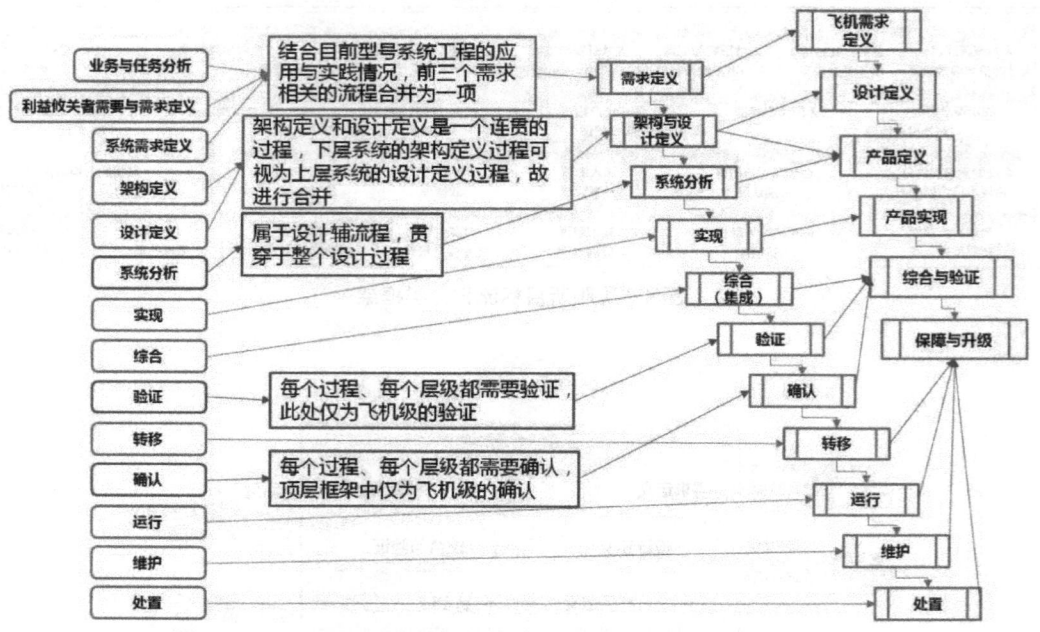

图 6 综合研发业务域的流程组设计思路

（1）一级流程是对流程组设计结果的分解，由两部分构成。将飞机级流程进一步分解为飞机平台的一系列流程或活动，同时引出各系统流程。

（2）二级流程是对一级流程的分解，由两部分构成。对飞机平台的流程按照沈阳所产品结构设计工作进一步分解；各系统按照需求定义、架构定义与需求分配、设计分析、各分系统设计子流程、实现、综合与验证的思路和模型进一步分解。

（3）三级及以下流程按照上述规则进一步分解，流程梳理原则始终贯穿于流程各层级。

3. 研发流程显性化

为了更好地描述业务，沈阳所建立了体系化、层次化的流程文件体系，对不同的流程要素使用合理的方式进行说明。沈阳所研发流程文件体系包括流程图及说明、作业指导书和数据项描述（Data Item Description，DID）文件等，各文件的关系，如图 7 所示。

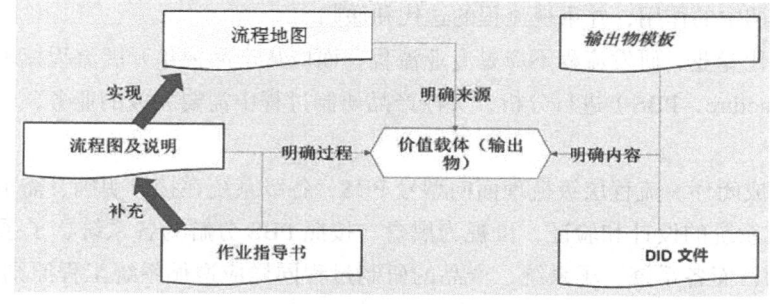

图 7 流程成果类文件关系图

沈阳所基于系统工程思想，结合重点项目研制工作，以价值为核心，通过显性化还原飞机全生命周期研制活动，形成以 3052 张流程图、4441 份作业指导书以及 4526 份 DID 文件为主体的研发流程建设成果，理顺了领域间、领域内各项科研活动的交互关系，显性化表达了沈阳所研发体系全貌，如图 8 所示。

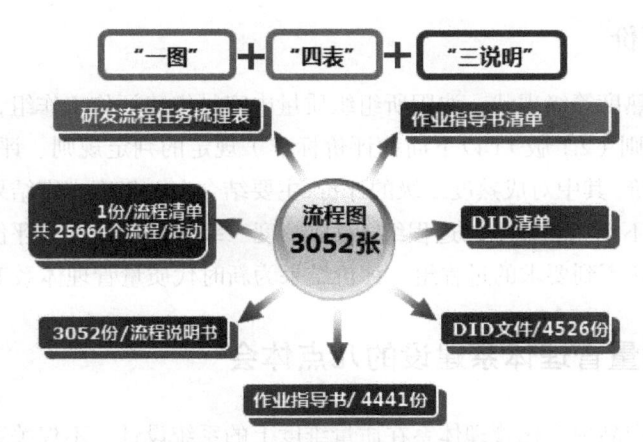

图 8　研发流程建设成果示意图

（四）主价值流程应用

研发流程应用对于开展项目技术策划、研发数据管理和技术文件管理等方面有着重要的工程价值，一方面能够保证型号全生命周期各项工作的完整性、协调性，理顺各专业间的输入输出关系，实现设计资源统一管理；另一方面能够依据流程要素细化过程质量管控、控制研发风险、减少设计变更。沈阳所基于飞机通用研发流程，在某型机项目技术策划、研发数据管理和技术文件管理三方面进行了局部应用实践，收到较好效果，其具体应用模式如图 9 所示。

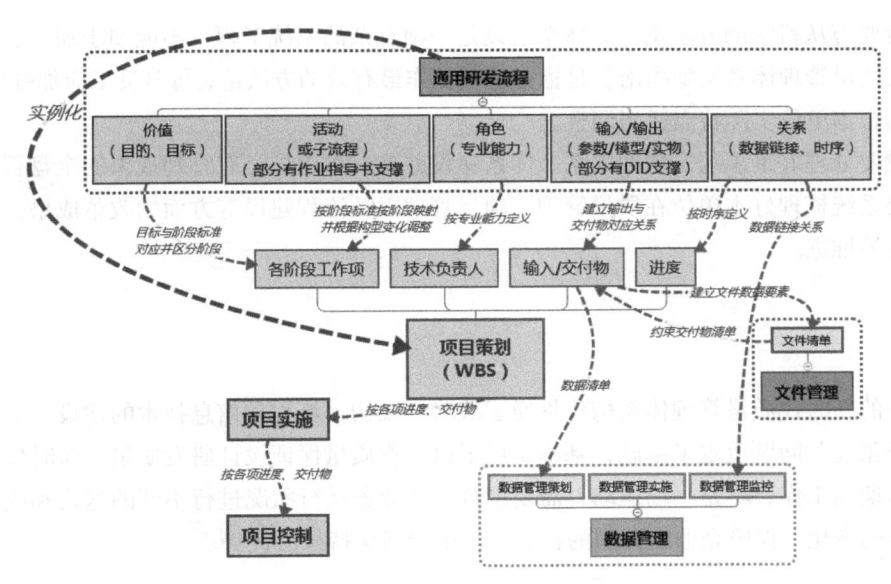

图 9　研发流程应用模式示意图

（1）型号技术策划。通用研发流程以各项要素对应、转化的形式实例化形成项目专用流程，并据此规划工作分解单元，定义各项工作的负责人、进度节点、交付物及其他所需资源，支撑项目策划和资源分配，促进形成正向研发的项目管控模式。

（2）研发数据管理。将研发流程各项活动的参数输出作为每个工作项的交付数据，制定数据管理清单，明确数据管理范围、内容以及输入输出关系。通过交付数据清单和数据流转监控数据状态，实现全生命周期研发数据管理。

(3) 技术文件管理。在项目技术策划过程中将流程文件类输出与型号技术文件进行对应，制定项目技术文件目录，保证技术文件体系清晰化和完整性的同时，进一步规范研制各阶段的技术文件输入、输出。

（五）体系成熟度自评价

为摸清质量管理体系成熟度等级现状，沈阳所组织质量内审员组建评价工作组，按照新时代产品建设质量管理体系能力成熟度评价准则（2.1版）（以下简称评价标准）规定的判定规则、评价方法，对11个过程域开展了成熟度二级和三级的评价。其中对成熟度二级的评价，主要结合上一年度内审结果及自评价型号/项目范围，进行补充检查，重点识别达不到二级以上的过程组；对成熟度三级的评价，按照评价准则中关于三级以上的要求进行全面评价，重点识别达不到要求的过程组，评价结果为新时代质量管理体系工作指明了重点改进方向。

四、关于新时代质量管理体系建设的几点体会

新时代质量管理体系是产品现代化管理体系在质量维度上的系统设计，不仅关系质量维度，还涉及企业的全业务、全流程，是加速质量治理能力现代化、实现企业可持续发展的有效途径。结合新时代质量管理体系的实践经验，沈阳所在有效推进新体系建设工作方面有如下几点体会。

（1）体系建设是一项"一把手工程"。新时代质量管理体系建设涉及企业所有业务的各方面，会给企业管理带来深度变革，其推进过程必然会存在较大的挑战。尤其在战略分析和架构设计阶段，属于企业的顶层策划，关系到企业长远规划和战略方向，需要一把手的深度参与和大力支持。

（2）体系建设要集合全员之力。体系建设工作涉及各个业务部门，甚至是每个岗位的员工。只有各级领导、各个岗位人员熟练掌握体系建设的思路和方法，在统一的业务架构下齐心合力开展工作，才能结合实际工作把体系真正建设好。

（3）体系建设要遵从科学的方法论。新体系建设是一项复杂的系统工程，不能囿于现状、单纯地靠经验执行。目前《新时代质量管理体系实施指南》是指导这项工作最有效的方法论，每名员工应加强学习、掌握要领、实践应用，也要结合本单位实际特点适当调整。

（4）体系建设要处理好继承与发展的关系。体系建设并非对本单位已有管理成果的全盘否定，在系统推进体系建设之前，要系统梳理好本单位在质量管理、项目管理以及流程建设等方面的改革成果，并在体系建设过程中相互结合、统筹推进。

五、结语

以流程为核心的新时代质量管理体系构建贯通了战略、架构、流程和信息技术的建设，为有效解决质量管理与业务工作"两张皮"问题奠定了基础，基本实现了以流程质量保证设计研发质量。新时代质量管理体系建设是一项持续、长期的工作，不是一场运动，需要结合实际业务运行状况进行不断的迭代和改进，才能保证体系适应内外部需求的变化，保障企业在激烈的行业竞争中始终保持核心优势。

主要创造人：单玉伟
参与创造人：李　瑜、王　帅

创建"三加三"质量管控模式，提升质量管理水平

风帆有限责任公司

一、企业概况

风帆有限责任公司子公司淄博火炬能源有限责任公司（以下简称火炬能源）始建于1944年1月，是国家铅酸蓄电池行业唯一重点保军企业、国内牵引铅酸蓄电池行业龙头企业，主要从事特种、牵引、固定及电动车用铅酸蓄电池、锂离子电池等的设计与生产，产品广泛应用于国防、科研、铁路、电力、工业车辆等领域，远销多个国家。荣获中船重工嘉奖，两次获得国家质量"银质奖"。

近年来，火炬能源通过学习国际管理经验，对企业多年的管理实践进行总结，每年组织优秀的管理创新案例评选。通过不断的筛选，创造出鲜活的、接地气的管理经验，现已形成具有特色的"三加三"质量管控模式，推进管理工作不断改进、管理水平不断提高。

二、内涵

以"持续向顾客提供适用的精品和完美的服务"为目标，导入国际先进管理体系，树立大质量观理念，在原有国标质量管理体系基础上导入了官方认证的IATF—16949质量管理体系，创建了"三加三"质量管控模式，驱动丰富技术创新，实施项目管理；完善供应链信息化，实施供应商穿透式管理；创建统计过程控制（SPC）系统，实现过程要素全面管控；运用了德国和美国先进的统计过程控制、故障树、失效模式及后果分析等质量工具和方法，攻克了多项质量难题。为质量工作系统化、规范化夯实了基础，构建了"注重过程，关注结果"的管理体系。火炬能源从过去"以质量管理体系为基础，以检验为主要手段"的初级管理阶段发展到"以统计技术模式为基础，以质量技术创新为核心"的高级质量管理阶段。

三、主要做法

（一）导入国际先进规范，创建"三加三"质量体系建设

积极推进质量管理制度建设，对标国际先进企业，导入IATF—16949质量管理体系，创建了公司级、分厂级、班组级质量管理制度，完善了20余项质量管理规章体系新框架，为质量工作系统化、规范化夯实了基础。确定"持续向顾客提供适用的精品和完美的服务"作为质量方针，实施质量经济性，突破"高质量一定高成本"的惯性思维，实现在通过降低质量损失从而降低成本的同时获得质量水平的提高，不断深化质量体系建设，增强质量基础保证能力。由符合的质量逐步转变到适用的质量、满意的质量、卓越的质量上，由产品实物质量转变到工作质量、服务质量、经营质量上。构建"注重过程，关注结果"的管理体系，在流程上进行了优化，新增了《知识管理控制程序》《风险管理控制程序》《生产启动控制程序》《4M变更管理办法》《质量攻关项目控制程序》《技术状态管理程序》《质量创优流动红旗管理办法》等管理制度和相关流程，形成齐抓共管质量工作新格局，努力打造质量领先型企业。

（二）驱动丰富技术创新，实施"三加三"项目管理模式

火炬能源将技术创新纳入生产经营计划，通过信息分析、专项评审、能力评估、实践论证等方式，评估技术水平，研究未来的技术发展方向。建立了公司、部门、班组三级技术创新体系，通过与行业内外对标、跟踪国际前沿技术、了解市场需求等，评估和识别各层级的技术创新项目，制定技术能力、建设战略规划，采取保障力同步建设等技术创新方法，提升保障能力。根据"业务流程化、流程标准化、标准信息化、信息可视化"的要求，针对技术文件、体系文件、管理标准并行导致的多头管理、内容冗余和矛盾、操作性差等问题，系统地开展了以技术标准为主体，融合体系文件、管理标准的整合工作，先后梳理编制了原材料标准、外购件标准、工艺规程、成品技术条件、作业指导书、质量计划等文件，构建了"横向到边、纵向到底"的全流程综合标准化管理体系。

在设计研发过程中开展产品质量先期策划，实施项目管理。产品质量先期策划采用结构化的方法，制定确保产品使顾客满意所需的步骤，促进对所需更改的早期识别，以最低成本及时提供优质产品。

火炬能源由高层领导作为项目组组长，确定横向职能小组，小组骨干成员包括技术、质量、生产三方面人员。先后成立了高端电池项目组、电动车胶体电池项目组、1707项目组、209项目组。

通过市场调研、顾客意见征询与调查、新产品质量和可靠性研究、竞争产品质量研究，根据内部质量报告、现场服务报告、政府要求和法规等，确定项目的输入，制订控制计划，按照IATF—16949的要求，结合不同顾客的个性化需求，确定了验证小批试制的批量为300件的生产件批准中涉及的初始材料清单、初始过程流程图、产品保证计划、初始过程能力研究、测量系统分析等关键交付物。

（三）完善供应链信息化，开展"三加三"穿透式管理

在供应商管理机制方面，实现平台化管理，完善供应商分类，将供应商分为A、B、C三个等级，开展供应商分类和认证管理，为供应商提供培训、帮扶和激励；对供应商的管理评价由产品质量评价向质量信用评价转变，强化了供应商"自我管理，诚信为本"的质量管理信念，实现由产品质量管理向质量诚信管理和由被动监督式管理向供应商自我管理的转变，引领供应商质量协同管理，提升产品可靠性。

物料分为关键物资、重要物资、一般物资。运用大数据分析结合市场需求对现有关键零部件厂家进行经济性评估，做出产能方面的统筹布局规划及落地实施，提升供应时效；通过供应链标准化、信息化工具应用推进精益交付，实现业务交互协同、数据共享。

（四）创建SPC系统，实现"三加三"过程全面管控

由于铅酸蓄电池一致性是制约产品质量的瓶颈，因此火炬能源在主要生产分厂建立"简单、科学"的SPC系统，实现"及时、准确、有效"发现生产过程的异常波动，指导生产，及时采取纠正和调整措施，保障过程稳态；建立数据分析平台，实现对历史数据和信息的自动和手动汇总分析，帮助管理人员通过分析查找改进机会，促进工厂质量保障能力提升。

火炬能源成立项目组，对实施推广SPC项目明确总体部署与要求，在学习借鉴国际先进公司SPC应用成果经验的基础上，开发具有火炬特色的SPC系统，明确了公司质量员、分厂质量员、班组质量员的职责和权限，实现三级管控。

项目组以当前工艺流程和设施设备为基础，聚焦核心流程的关键工序开展SPC监控；制定了实施方案，确定SPC实施以生极板制造为试点，待取得经验后逐渐向其他分厂推广。初步确定了实施SPC监控的关键特性为正板栅重量、负板栅重量、灌粉量、涂膏量等四个SPC监控点。

为了反映过程的真实状况，需要对每一关键特性至少收集25组正常生产数据，数据采样的频次要与在线测量的节拍相一致。由于数据的不同形态反映了过程的不同特征，根据过程的特点结合工艺与质量控制的实际

需要选择合适的控制图。系统中采用的控制图包括均值极差图 (X-R 控制图)、不合格图（P 图）等。为了对整批质量进行整体评价，从过程能力的层面，对于各关键控制特性的整批过程能力 CP 值和直方图中的偏离程度，建立相关评价标准，低于标准则判异。同时，制定响应措施，综合考虑符合质量保证的要求、基于当前工艺与设备现状、维护生产连续性三方面。当控制图显示"过程异常"时，系统会指导作业人员采取应对措施，以消除异常，恢复过程的正常状态。

基于系统的集成，按照需求分阶段完成了 SPC 数采平台的搭建、SPC 控制图展示平台的搭建、现场操作层与管理层控制图平台的搭建。已覆盖确定的所有 SPC 关键特性监控点，具备 SPC 运行的相关功能包括：数据采集、运算、各类控制图的绘制、参数运算与动态显示、实时过程能力的显示、批过程能力（CPK、PPK）分析结果等，并提供了历史数据的调用与记录检索等功能。

在初始阶段，员工对 SPC 方法不理解，甚至个别员工认为采用该方法增大了工作量，抵触情绪较大，项目组以开展"运用质量工具提高产品一致性"技能比武为载体，普及基础知识，强调其重要性，每日公布个人得分和班组得分，并实行 CPK 值与工时工资挂钩，极大地调动了员工的积极性，提高了员工的参与度。实施后，灌粉震动系统将原来调整的三个震动点减少到两个震动点，改进后 CPK 值由 0.89 提升到 1.67 及以上。正生极板一致性明显提升，每片正生极板灌粉量平均由 2208g 降低到 2198g，每 KVAH 降低 0.4 元，按公司年产量 150 万 kVAh 计算，每年节约 60 万元。预估不良率由 51300ppm 降低到 138ppm，达到了 5 个西格玛以上水平。

（五）运用质量先进工具，实施"三加三"质量改进模式

为进一步解决客户反馈较多及生产过程中相对集中的质量问题，实施"三加三"质量改进模式。"三加三"分别为公司级、分厂级、班组级的前三位质量问题。火炬能源编制了《质量攻关项目管理办法》，通过系统梳理市场和制造过程中存在的产品缺陷以及当年产品质量存在的主要问题，运用柏拉图质量统计工具、分析风险优先级、计算风险优先级（RPN）值等方法，确定公司、部门、班组排在前三位的重点、难点质量问题，形成公司级、单位级、班组级质量问题清单，分层级开展项目实施，逐项攻破。

在质量改进过程中，将失效模式、后果分析和故障树分析相结合，分析引起失效的理化因素及制造工艺参数，建立故障树；通过故障树分析最小割集，找出制约现阶段可靠性的真正原因，根据分析结果提出的性能优化方向，对其进行优化，提升产品的可靠性。同时，运用 FMEA 理念和方法，对照 10 分制量表进行了严重度评级、频度评级、探测度评级，使用 RPN 值来确定所需要的措施。在实施过程中，优先考虑 S 值（严重度），通过查表确定相应的风险控制措施的优先级。考虑并解决潜在失效模式及其失效起因或机理，分析得出的措施用于建议设计变更、附加测试和其他措施等，以降低失效风险或提升在生产设计交付之前检测失效的检验能力。

（六）开展质量创优评选，丰富"三加三"质量活动载体

火炬能源通过开展质量创优流动红旗评选工作，选出公司质量管理工作先进单位，促进先进经验在公司的推广，形成"比、学、赶、超"的良好氛围，缩小不同单位间的管理水平差距，促进公司质量管理水平和产品质量的稳步提高。

火炬能源编制了《质量创优流动红旗管理办法》，分别设立公司级、分厂级、工段级三个层级质量创优流动红旗。生产分厂每月自行实施分厂级、工段级质量创优流动红旗评选工作，质量管理部提供业务指导并进行监督。评选小组遵循公正、严格、认真、细致的原则，对分厂质量信息管理、工作环境管理、人员管理、生产计划管理、设备设施管理、材料管理、标识和可追溯性管理、监视和测量资源管理、生产过程控制、文件和记录控制及纠正、预防措施实施、质量整改单完成率、不符合项整改、不合格品控制等项目进行检查评分。将评选结果汇总整理后，以公司文件的形式公布获奖单位、各单位得分及扣分说明，对获奖单位进行奖励，形成正向激励机制。

四、实施效果

（一）质量体系运行更加有效

通过创建"三加三"质量管控模式，针对性地对质量过程实施有效控制，有效防范问题的再发生和潜在问题的发生，确保了质量体系的有效运行。《运用酸循环新技术与质量技术工具相结合提高产品一致性》项目荣获第四届全国质量创新大赛QIC-Ⅳ成果（同行业最高奖项）；《综合运用质量技术开展新型高性能电池的研制与应用》获得中国质量协会质量技术奖二等奖。

（二）产品质量显著提升

通过严格的过程控制和良好的售后服务，军品质量持续稳定提升，军用电池一次交验合格率达100%，为军方提供了强力保障，赢得了军方的认可，多次获得部队保障部门赞扬。民品质量稳中有升，质量损失率逐年降低，顾客满意度、忠诚度持续提高。

（三）核心竞争力持续增强

随着产品质量的逐年提升，产品生产周期大大缩短，产品交货期在原基础上提前了5天，产品循环寿命由原来的1200次提升到1500次，产品性能达到了国内领先国际先进水平。公司成为杭叉、合力、龙工、柳工、青岛台励福、北京现代等主要叉车制造厂商的独家供应商，其国内工业车辆动力电池配套市场综合市场占有率为30%左右。

（四）快速进入高端市场

产品在取得国内主流叉车配套的基础上，已经成功为海思特、凯傲宝骊等高端叉车进行配套，成功换装了中石化上百台所需产品，并与林德叉车达成了战略合作协议，实现批量供货。随着火炬能源产品进入高端叉车配套市场，提高了火炬能源品牌知名度、美誉度，增大了行业影响力，填补了国产蓄电池产品在高端叉车配套的空白，打破了外资品牌在高端叉车的垄断地位。

主要创造人：兰正法

参与创造人：徐　斐、李玉柱、丁广波、杨英伟、杨会杰

超大型箱船环段浮态对接方案研究与应用

江南造船（集团）有限责任公司

随着公司"十四五"高质量发展的需要，传统的箱船建造方案已经无法适应现在体积大、周期短、质量高的要求。唯改革者进、唯创新者强、唯改革创新者胜。唯有创新发展、自我革命，才能在局势多变的经济环境中，使品牌立于不败之地。

24K-TEU 浮态对接（图1）分为艉半船和中间段，艉半船总长约 164.39m，空重约 2.5 万吨；中间段总长约 143.34m，空重约 2.1 万吨。24K-TEU 环段对接面总宽为 61.36m，总高为 35.2m，对环段中心线、厚板（95mm）区域对接偏差、隔舱导轨纵向间距、舱口围整体水平，以及对接间隙具有明确的高要求。

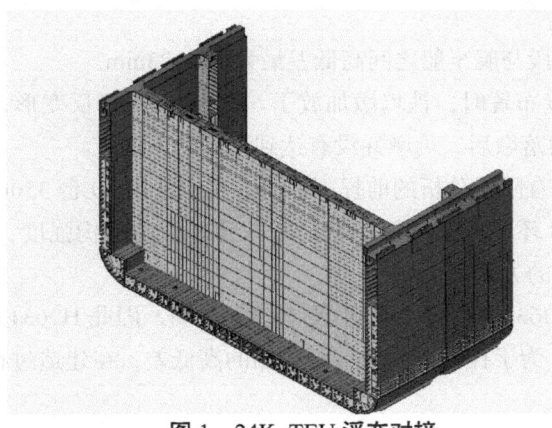

图1　24K-TEU 浮态对接

起浮落墩过程中进行对接定位，其定位难度较大，对对接面成型控制要求较高。

环段浮态对接工艺工法推进具有三个关键控制要素，具体如下。

（1）环段端面控制——半船环段与中间环段对接处，需要同面度处于高度契合状态。间隙要求控制在 15mm 以内。

（2）导轨控制——导轨同心度、同面度控制要求必须符合试箱精度数据要求。隔舱中心线偏差 < 4mm，导轨同面度偏差 < 10mm。根据 -5 ~ +15mm 规范要求进行精度设置。

（3）舱口围平整度控制——舱口围平整度水平差必须满足后续仓盖实验精度要求。单仓水平 ±10mm，半仓水平 ±5mm。

一、H2630 环段对接

（一）流程一致

为保证环段对接有条不紊、顺利实施，制定了环段对接工艺方案，明确环段对接工艺全流程。在施工过程中，现场人员按照工艺方案执行，流程与工艺方案完全一致。

（二）指标可控

在坞墩布置、起浮配载、OTS、艉半船坐墩以及中间段坐墩中均设置具体节点及控制目标。在施工过程中，各部门所负责工作均按照目标执行。

（三）结构可控

2021年11月17日，经过综合评估后右舷开始装配；18日下午，左舷装配施工。至此，H2630船环段对接完成。

（四）局部不足

1. 艉半船艉倾

现象：在艉半船起浮后，未达到预期的艏倾100mm±20mm，产生艉倾100mm的现象。

分析：H2630船上脚手架较多，且在预估重量时，脚手架重量预估不准，导致实际艉部重量比理论艉部重量大80~100t，因此导致艉倾现象的发生。

解决：针对H2630船，耗时1h，在7#P/S边压载舱打入50~60t的压载水，将浮态调整为艏倾约150mm。

优化：将艉半船和中间段的重量类别以Excel表格形式进行分类，建立重量核查表。在对现场实际状态进行检查后，核算重量时对各类别重量实事求是，对艉部脚手架数量及单个重量进行准确估算。

2. 中间段与艉半船产生高低差

现象：在中间段落墩后，中间段与艉半船之间高低差最大值为23mm。

分析：3#坞中间段的坞墩高度布置时，铁坞墩加放了5~8mm沉降反变形，木坞墩加放了8~10mm沉降反变形。然而实际上，在中间段落墩后，坞墩并没有达到预期的下沉量。

解决：浮式调整未果，在进行有限元分析的前提下，研究决定采用20台350t三维定位小车进行局部顶升，坞墩脱力后调低中间环（7环~8环）底下的钢坞墩，考虑到外板的结构强度，每台小车最大顶升不得超过200t。同时确认方案采用单舷顶升的方式。

优化：由于船坞建造安排，H2631船坞墩布置不便于较大改动，因此H2631船仍采用现有坞墩布置方式，但取消合拢区域的反变形。同时，为了控制中间段与艉半船的高低差，在建造过程中重点控制焊接顺序，必要时制定相关焊接工艺。

3. 对接数据管控未完全实现电子化

环段对接合拢数据：环缝左舷舱口围最大间隙为20mm，主甲板间隙为15~18mm，高度错位为10~12mm；环缝右舷舱口围间隙为10~15mm，主甲板间隙为10~15mm，高度错位为0~5mm；外底板间隙为10~17mm，高度错位为0~7mm；货舱导轨间距下口偏小，上口间距符合公差要求，基本满足策划要求，如图2所示。

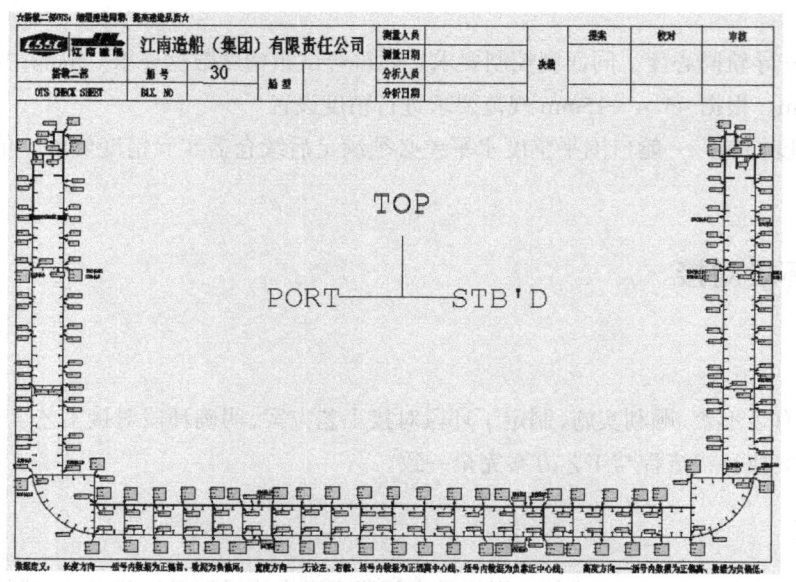

图2 环段对接合拢数据

优化：基于OTS的环段建造过程预分析管理，在搭载过程中，施行艏、艉环段对接面同面度，水平宽度偏差、坞墩高度动态联动管控。

基于数据的环段起浮落墩过程管理，在实施过程中，建立统一规范的环段起浮前标记、浮态调整、落墩监控过程数据管理。实现电子化管理。

通过24K-TEU系列船环段浮态对接工艺工法推进，整体状态搭载预先设计目标，为船坞844建造奠定了坚实的基础。

二、关键技术、创新点及创新成果

（一）关键技术

精确测量4#坞中间段每个坞墩承载状态下的高度，并和3#坞坞底水平状态匹配，耦合成中间段移位至3#坞落墩高度，起运作业人员利用各种厚度墩木、PVC板及可调式钢质坞墩精确布置每个坞墩高度，精确至1mm。OTS小组精确测量和分析3#坞、4#坞环段对接面数据，并考虑环段浮态纵倾，制定余量切割方案。为了提高切割精度和质量，对合线、切割线公差±1mm，主板80%区域采用半自动设备切割。切割后对所有切割位置反复检查，消除突出点，仔细清除割渣，确保不会干涉对接。

（二）创新点

具体而言，涉及一种船舶总段浮态对接方法。船舶总段浮态对接方法在船坞的精度控制区域内勘划基准标记，通过基准标记确定第一总段和第二总段的位置。相比现有技术中仅依靠船舶总段上的标记点确定位置，将船坞上的基准标记作为基准较为稳定，使第一总段和第二总段对接的基准精度更高，提高了船坞的利用率，提高了船舶总段的对接精度。

（三）主要创新成果

H2630艉半船长约167m，重约2.5万吨；中间段长约144m，空船重量约2.1万吨。如此巨大的两个环段要精确定位，其起浮方案的精确计算、坞墩高度的精确设定、OTS的精确策划、余量精确切割、对接时的精确调整等都非常关键。通过创新研究，完成H2630环段浮态对中。为大型集装箱船，公司844目标奠定关键施工环节。

三、工程应用情况

（一）目的与范围

本标准作业规程主要目的是实现H2630船艉半船和中间段精准对接。适用于H2630船艉半船和中间段对接作业。

（二）施工前状态确认

（1）实际起浮范围和计算范围一致。

（2）艉半船和中间段压载、封舱符合工艺要求。

（3）坞墩布置和高度符合工艺要求，坞墩平整度控制在±5mm，中间段铁坞墩加放5mm—8mm反变形，木坞墩加放8~10mm反变形。

（4）船坞放水前艉半船艏端面和中间段艉端面OTS模拟搭载已完成且符合工艺要求（同面度-5~0mm）。

（5）油泵马、拉泵马按图纸装焊结束，油泵、拉泵按要求配置到位。

（6）中间段浮态达到预期状态，艉长约3.71m，艏长约3.73m，艏倾控制在20mm±5mm。

（三）施工流程

中间段、艉半船入 3# 坞→3# 坞排水，艉半船先精准落墩，复测精度→中间段浮态靠近艉半船，继续排水→中间段离坞墩 200mm 停止坞内排水→测量精度，初次调整中间段船姿→坞内排水，中间段离坞墩 50mm 停止排水→测量精度，调整中环段船姿、船位→坞内继续排水，艏部坐墩→测量精度，精确调整中环段位置→3# 坞内继续排水，中间段坐墩，复测精度。施工现场如图 3 所示。

图 3 施工现场

（四）人员配置及职责

施工涉及单位、人员数量及职责如表 1 所示。

表 1 施工单位及人员职责表

单位		人员数量	职责	备注
生产运行三部		1	负责统一调度、协调及监控	
安环保卫部		1	负责作业时现场的安全、保卫管理工作	
江南研究院		2	现场作业指导	
船务部		1	半船移位、船姿调整	
精度管理部		1	负责监控浮态数据	
搭载部	分管部长	1	负责对外沟通、对内指挥	
	定位分管作业长	1	负责定位指挥	
	起运分管作业长	1	负责坞内加排水指挥	
	划线工	4	负责监控浮态数据	
	定位工	8	负责定位精确调整	
	泵房操作工	2	负责坞内加排水	

（五）设备工具配置

施工过程使用的设备工具如表 2 所示。

表 2 设备名称及用途表

序号	名称	规格	数量	用途
1	全站仪		2 台	数据监控
2	激光经纬仪		1 台	数据监控
3	油泵	50T	8 个	定位调整
4	油泵	100T	2 个	定位调整

续表

序号	名称	规格	数量	用途
5	拉泵	50T	6个	定位调整
6	对讲机		8部	沟通协调

按照要求准备设备工具，并提前检查，确认完好可用。

（六）环段对接作业要求

1. 艉半船坐墩要求

在艉半船起浮前将艉半船艏艉做好对中的标记。

在艉半船起浮前，在艉半船艏艉（要有一定高度）画出四个用于测量水平状态的标记，并将数据记录在案。

在艉半船起浮前，在艉半船中部画出用于定位艉半船前后的标记，并在坞案上也画出相对应的标记。

在坞岸上画出艉半船的距中直剖线，用于控制艉半船对中。

在艉半船的尾轴处，在尾半船起浮之前做一标记，测量出起浮前的半宽值及高差值，用于复检艉半船坐墩后艉半船尾轴是否与起浮前后有偏差。

艉半船坐墩精度符合工艺要求，艏艉中心±15mm，前后±25mm，横倾±10mm，纵倾≤15mm。

在艉半船左侧外板，距基10m左右画出平行于艉半船中心线的直线，两点间距为50m，便于中间环段精准对中。

2. 中间环段精准对中要求

在中间环段起浮前，在中间环段艏艉画出用于对中的标记。

在中间环段起浮前在中间环段艏艉（要有一定高度）画出四个用于测量水平状态的标记，并把数据记录在案。

在中间环段起浮前，在中间环段艉部画出用于确定前后的标记。

艉半船坐墩结束并在精度要求内，通过艉半船左侧外板上的标记开出一根平行于艉半船中心线的直剖线，用于确定中间环段艏部中心。

调整中间段和艉半船间隙接近（20mm）且中间段艏部坐墩后，通过设置在甲板和CQ平台上的油泵和拉泵精确调整中间段前后和左右位置。

中间环段坐墩结束后，复测四个点的水平数值，是否与起浮前一致。横倾≤10mm，纵倾≤15mm，（倾斜）首尾中心线偏差≤15mm（纵向）。

3. 注意事项

船坞放水前艉半船艏端面和中间段艉端面两面OTS模拟搭载，两面切割，同面度-5～0mm，不能长出。

随时监控船姿，船务部和搭载部紧密沟通配合，在艏部坐墩后停止放水精确调整中环段位置。

按应急方案做好压载舱加排水或备用压铁准备，随时根据浮态调整。

四、结语

超大型箱船环段浮态对接方案研究与应用，是公司844战略的关键核心技术，能够实现半船与环段的零坞期衔接，为公司的高质量发展添上了一笔。古人云："物有甘苦，尝之者识。"一切伟大的成就，都是接续奋斗的结果；一切伟大的事业，都需要在继往开来中推进。打造企业高质量品牌，从来不是件容易的事，需要付出很多智慧与汗水，但未经磨炼的灵魂没有深度，没有风暴的海洋只是池塘。在公司高质量发展的宏伟蓝图中，保持不怕困难、攻坚克难的锐气和斗志，为讲百年信誉，为制造一流产品而不懈奋斗。

主要创造人：周　晔、葛　雨、王艳红

向"新"而行，以"智"提质

中铁十四局集团房桥有限公司

一、企业概况

中铁十四局集团房桥有限公司（以下简称房桥公司）隶属于中国铁建中铁十四局集团有限公司，位于北京市房山区阎村镇科技工业园区燕房园 8 号，占地面积约 87 万平方米，资产总值为 50 亿元，现有职工 1000 多人，各类专业技术人员占职工人数 57% 以上，具有市政公用工程总承包一级、桥梁工程专业承包一级，钢结构工程专业承包二级，特种工程（结构补强）、起重设备安装工程专业承包三级资质。公司的主营产品为预制混凝土轨枕、管片、桥梁、装配式住宅 PC 构件等，产品涉及铁路、公路、城市轨道交通、住宅产业化等领域房桥公司生产区鸟瞰图如图 1 所示。

图 1　房桥公司生产区鸟瞰图

房桥公司前身为中国人民解放军铁道兵，2002 年 8 月改制为股份制企业。70 年来参加了京九、青藏、京津、广深港、京沪、鲁南、京沈、京张等数 10 条国家铁路工程和地方铁路建设，参加了北京新机场线、南水北调北京市配套工程、南京长江隧道、扬州瘦西湖隧道、国家电网苏通 GIL 管廊、济南黄河隧道、北京市东六环改造工程等数 10 项市政重点建设工程，以高质量的产品性能多次获得中国土木工程詹天佑奖、中国建筑工程鲁班奖、国家优质工程金质奖、火车头奖杯等奖项。产品出口马来西亚、印度尼西亚、埃塞俄比亚、莫桑比克等国家。

在创新文化引领下，通过培育创新基地，紧随着我国铁路提速步伐，多次参与原铁道部（现为国家铁路局）重大试验课题，应用创新成果，在混凝土预制领域，填补了几十项国内空白，持续丰富完善 7 大类 100 多种产品体系，建筑工业化蔚然成林。陆续建成 10 个装配式建筑产业园，18 个管片基地、9 个轨枕基地、5 个 PC 基地，布局为东西呼应、南北贯通的全国联动发展态势，以渐进式创新书写出高质量发展篇章，总部及所属 3 家产业园，获评国家级高新技术企业。

二、质量管理总思想

房桥公司一直秉承和谐、创新、发展的企业管理理念，以"不是精品就是废品"的质量管理理念，锚定建筑工业一流企业的战略目标，推进高质量发展。一是以"研发中心+试验基地"，加上专业预制的"超高"配置吸引高校、科研院校、设计院等智库嵌入铁路提速区域发展、智能制造等，完善的产学研对接、自主创新和集成创新相结合的科技创新体系不断发力，以高新技术、高新工艺促进产品质量全面提升。二是在质量管理上突出维度全、措施多、过程细,聚焦关键环节,防治质量通病,预防改进为主,持续提升工程质量。质量管理总思想如图2所示。

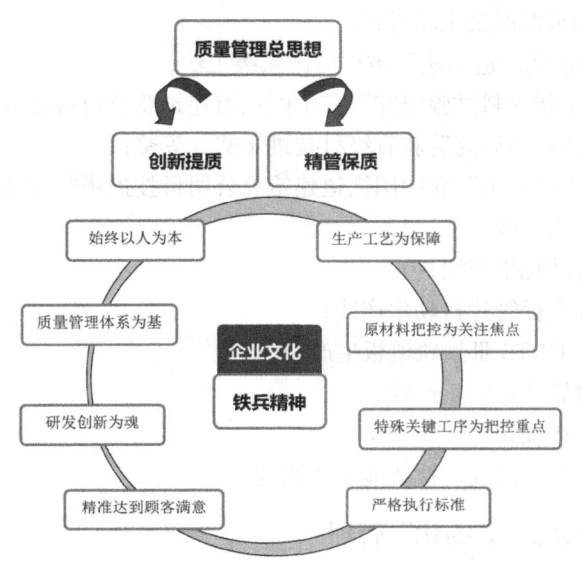

图2 质量管理总思想

三、质量管理措施及落实情况

(一)着力提升人员素质,夯实质量基础管理

制定岗前培训、导师带徒等制度,快速促进员工素质提升;建立内外部培训机制,依托房桥云培训平台,使全员参与质量管理和产品工艺的培训,快速提升全员质量意识;实行技术工人等级聘用、创建创新工作室、开展"青年总工程师"竞聘、组建技术专家库、引进高端人才"外脑"等举措,为一线实践中的灵感提供了发芽成长的沃土,激发出全员的创新动能,为技术质量管理、产品质量的提升提供了强有力的资源支持。

(二)致力于"研发中心+试验基地"建设,持续推动产品高质量发展

研发创新是质量提升的灵魂。与国内知名设计研究院、知名院校建立合作关系(图3)。注重与中国铁道科学研究院及铁道部专业设计院(中铁工程设计咨询有限公司)合作数10年,完成多项中国第一。与中国铁道科学研究院铁建所、清华大学建筑设计研究院、西南交通大学教育部重点实验室等多所知名院校、科研机构组成强大的科研联合体,成为铁道器材研究发展基地、桥梁试验基地。是国家高新技术企业、北京市企业技术中心、北京市"专精特新"企业一百强。

图3 研发中心与科研院校揭牌仪式

部分研究成果如下。

国内首家研发替代超细水泥混凝土新材料；

"时速 350km 高速道岔岔枕制造工法"被评为国家级工法；

"替代超细水泥的混凝土新材料试验研究"获中国铁道建筑总公司科技进步奖一等奖；

"客运专线有砟岔枕制造技术研究"获省级科技进步奖二等奖；

"板式无砟轨道道岔板生产技术"获中国铁道建筑总公司科技进步奖三等奖；

国内首条智能化信息化生产线：

首条重载铁路支承块自动化生产线；

首家公轨合建世界最大直径管片自动生产线；

首条流水机组法高智能 CRTS Ⅲ 型轨道板生产线；

首条最大直径盾构隧道管片智能生产线；

首个装配式住宅智能生产线；

全国首条全自动数字仿真双块式轨枕智能生产线等。

（三）法人管项目，实现"集约化"管理

"法人管项目"不是说企业哪一个人管项目，而是企业的各职能部门按规章制度对项目进行管理控制。与传统的项目管理模式相比，其优势在于对人、财、物集中管理，实现以项目为成本中心，以企业为利润中心的管理目标，实现"集约化"管理。在集约化"法人管项目"下，项目经理只是代表企业去管理项目，是执行人而不是决策者，项目经理要严格体现企业管理项目的旨意，严格执行企业管理项目的管理制度。

（四）远程数据监控，实现远程"问诊"

房桥公司建立盾构管片远程监控数据中心（图 4），与各管片生产基地互通互联，汇集管片生产的相关数据，对原材料检测、混凝土拌和、模具尺寸、养护温度等数据进行汇总、分析，建立管片施工大数据库，实现质量管理可视化、数据化；同时与西南交大试验室控制中心、大盾构公司数据中心互通互联，通过视频及数据共享，强化与施工单位、高校的联系，形成生产、施工、试验三方互动，实现了管片施工远程"问诊"。

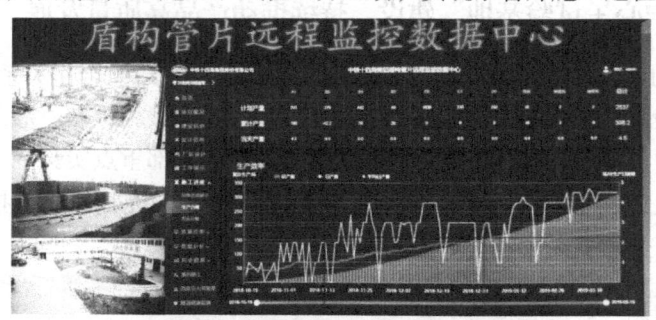

图 4 盾构管片远程监控数据中心

（五）生产前条件核查，减少质量风险

对新开工和复工的生产单位进行生产条件核查，符合要求后方可开工，有效减少各种风险，保证质量安全。产前条件核查模拟桥梁取证和铁路产品 CRCC 认证模式，从人、机、料、法、环、测六个方面对影响产品质量的各个环节进行全面核查，同时对质量管理体系相关内容和试生产期间的产品进行质量验证，保证生产的产品质量达到最优。

（六）体系文件标准化，质量管理一体化

制订统一的标准化技术质量体系，并随着产品智能化程度的提高，定期修订工艺及标准化文件。

针对经过国家生产许可证核查和产品铁路 CRCC 认证的预制桥梁、管片等产品，根据《生产许可证实施细则》《CRCC 铁路产品认证实施规则》，取证认证专家所提出的轻微不符合项，编制和完善了一套生产许可取证技术质量管理体系的标准化文件，其中包含管理制度、工艺文件、记录表格、填写模板等。对取证质量自控体系文件全面梳理和对各种产品取证体系文件全面修订，使取证体系文件更加完善。

（七）严肃质量考核，坚持质量调度会

自 2016 年起，公司成立质量、技术、试验、设备物资等各专项督导组，对公司下属近 30 个生产单位实行每年 2 次的实地质量监管并填写质量考核检查表（图 5），做到项目、体系、过程、产品检查全覆盖。通过全方位的检查、帮扶、整改、考核，各生产单位的质量自控体系不断健全完善，质量管理水平不断提高，产品质量持续得到改进，向"精品"目标不断接近。每月组织开展公司级质量调度会，通过向检查单位汇报整改情况、优秀典型单位亮点发言等方式，起到防微杜渐、取长补短的作用，同时提高了生产单位对工艺过程控制和质量问题整改的重视程度，增强了整体的质量意识。质量调度会汇报材料如图 6 所示。

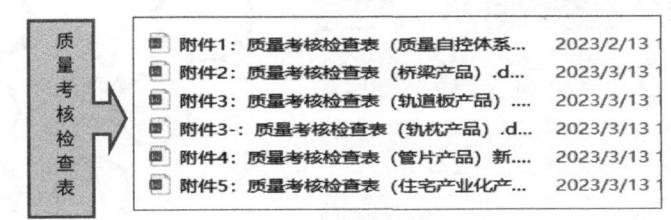

图 5　质量考核检查表

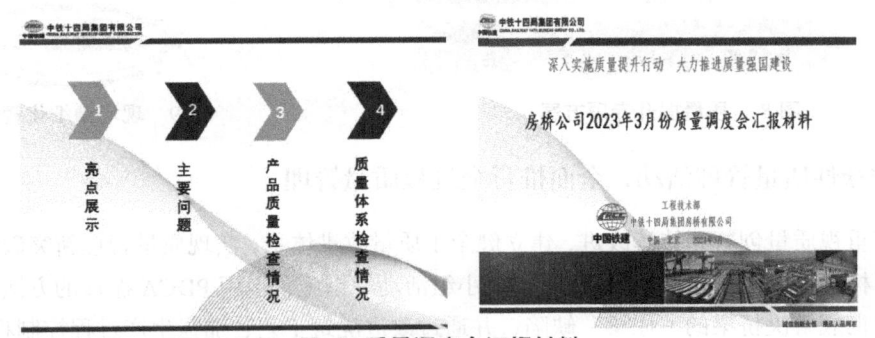

图 6　质量调度会汇报材料

（八）加强质量技术交流，促进管理经验推广

公司注重技术质量人才培养，加强技术质量交流，促进质量管理经验在全公司范围内推广。为了进一步规范和加强公司的技术质量工作，认清公司面临的形势，总结上一年度技术质量工作，厘清下一年度管理思路，提升各单位技术质量负责人的履职能力，圆满完成质量目标，房桥公司每年定期召开技术质量交流会，根据本年度技术质量管理工作情况及下一年度管理要求，拟定会议主题（图 7），每年会根据公司的发展战略不断提出新的挑战。

图 7　部分技术质量交流会主题展示

(九)精细管理,提高产品精品率

为提升产品质量管控效果,不断完善管控体系,公司通过多元化质量提升行动,制定精准化的质量提升专项方案(图8),极大地提高了质量管理水平和产品质量。

落实全员质量责任制,建立质量日报制度。一是技术质量人员将当日工作开展情况形成质量日报,交接班后技术质量人员根据质量日报制定本班重点跟踪工作,形成问题闭环。二是严格落实三检制度,现场通过工序报检表,把待检工序流程化(明确检查项目、检查方式、检查标准、检查频率等),对每道工序通过打分进行量化考核,按照每周分数统计反映班组整体水平。三是完善现场报检、成品质量缺陷统计、报检影像资料留存等管理方法,让现场管理人员明确每天需要反馈的主要工序和频率(包括拍照和现场表格记录)。通过一系列检查、反馈、分析制度的建立,现场质量管理变得可视化,为提前预防和解决问题提供科学的数据依据,打开了质量管理新思路,更有利于现场质量管理。现场精细化管控措施如图9所示。

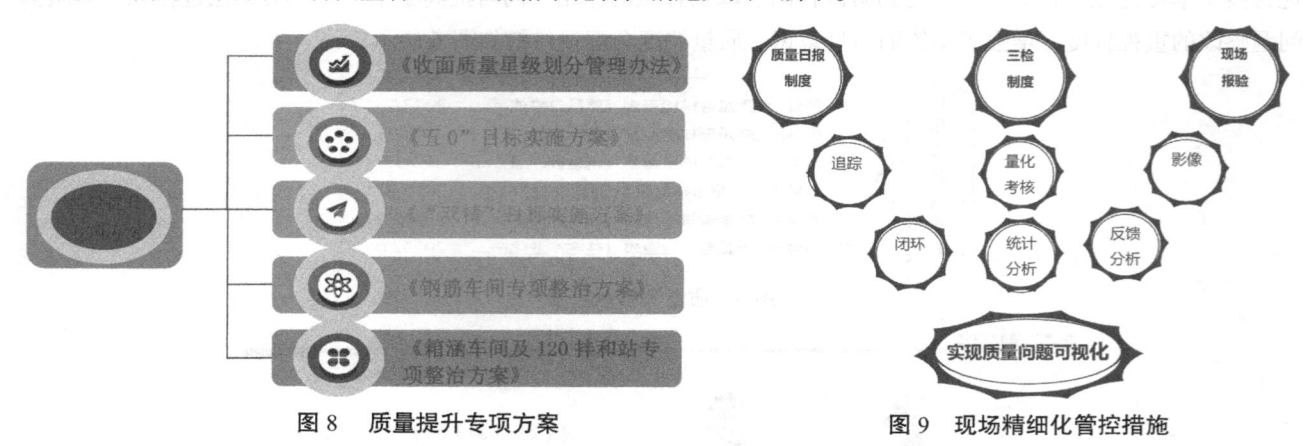

图8 质量提升专项方案

图9 现场精细化管控措施

(十)加强群众性质量管理活动,全面推行全过程质量管理

房桥公司高度重视质量创新和持续改进,建立健全了质量改进体系,实现质量管理新突破。以市场为导向,以消费者需求为目标,采取质量提升专项活动、QC小组活动等措施,运用PDCA循环的方法,解决实际难点。例如通过技术改进彻底解决桥梁的"尿梁"缺陷,并通过改进浇筑工艺、加强生产过程控制将腹板施工冷缝和色差从39%降低到3.3%;建立Ⅲ型轨道底座板自动喷淋养护系统解决养护难的问题。产品质量稳步提升,产品内实外美。

2017年以来,质量管理小组QC成果获中铁十四局集团有限公司QC成果奖18项,集团公司以上QC成果奖9项,图10所示为部分QC成果获奖证书。

(1)"降低有砟轨道混凝土枕斜头率"获得山东省优秀QC小组奖。

(2)"提高梁体预应力孔道的成孔质量"获评股份公司优秀QC小组,获得中国铁道企协优秀成果奖。

(3)《CRTS Ⅲ型轨道底座板自喷淋养护装置研制》分别获得山东省建筑业、铁路工程建设优秀QC小组一等成果及最佳发表奖、中施企协优秀QC小组奖,获评全国铁道行业优秀QC小组。

(4)"自动摆模装置的研制"获得山东省建筑业优秀QC小组三等奖。

(5)"提高住宅类PC钢模具的拼装质量"获得中国铁建股份公司优秀质量管理小组成果奖、铁企协优秀QC成果奖、中施企协三等奖。

(6)《40m箱梁静载试验装置的研制》获得中国铁建股份公司优秀质量管理小组成果奖。

(7)《提高弗莱德尔无砟高速岔枕套管质量合格率》荣获山东省优秀QC小组奖,中国建筑业协会QC成果一等奖。

(8)"一种轨枕新型模具的研制"获评股份公司优秀QC小组,获得中国施工企业管理协会QC成果二等奖。

(9)"可移动旋转拉毛设备的研制"荣获集团公司优秀QC成果、铁建协优秀QC成果、中国施工企业管理协会 QC 成果二等奖。

图 10　部分 QC 成果获奖证书

（十一）迭代更新、智能制造，追求极致

从掌握固定模台工艺到流水机组、独立蒸养、智能制造，17 年间，4 次推动管片工艺迭代更新，投产出多条国内首创版智能管片生产线，以智能提质量，助力国家重难点工程建设。

从传统生产到自动化生产再到如今智能化发展，房桥公司始终领跑混凝土预制产品的核心技术，全面提高相关产业的智能化水平，增强企业核心竞争力，抢占相关产业智能化先机，不断探索积累智能制造经验，加快由"劳动密集"向"装备精良"转变、由"技术领先"向"全面领先"转变、由"创新工艺"向"精品质量"转变。由单纯的预制生产向研发试验、智能制造等转型，更加注重协同创新、合作共赢，通过机械化、自动化、信息化、智能化"四化"融合，推进大数据应用、智能制造等全方位的建设，加快促进科技成果向现实生产力的转化，真正把企业的技术优势转化为产品的质量优势，坚持和谐、创新、发展的理念，实现了智能、精品、经典的品质工程，彰显了房桥品牌实力。智能清模和智能 3D 检测如图 11 所示。

图 11　智能清模和智能 3D 检测

四、实践成效

（一）Ⅲ型轨道板智能化生产线

中铁十四局集团京唐铁路六标宝坻轨道板场为更好地完成京唐铁路全线 CRTS Ⅲ型先张法预应力混凝土轨道板的预制和运输任务，自主研发出该条全新生产线。经原中国铁路总公司工程建设管理中心（现国铁集团工程建设管理中心）、中国铁道科学研究院专家领导，中铁检验认证中心鉴定，认为"轨道板生产

线整体布局合理、技术先进，达到了国内领先水平，同时在多种板型的自动张拉、自动清模（图12）、自动喷涂脱模剂、自动预埋套管安装系统（图13）、独立蒸养方式、自动导引运输机器人（AGV）、整体式振捣制造工艺方面做出较大创新，自动化程度大幅提高"。轨道板场研发无砟轨道板3D智能检测系统（图14），集成工业机器人、光学跟踪仪、激光扫描仪等核心部件，5分钟内就能自动检测一块板，而且检测精度优于0.1mm。整个检测过程一键式操作，自动采集控制、自动分析处理、自动输出成果报表，无须人工干预。整套检测系统在全世界属于一流技术水平。相较于常规的流水机组生产线，全新的CRTSⅢ型轨道板流水机组智能化生产线具有一字形布置、生产自动化、独立式养护、运输智能化等特点，能够有效解决管片式流水机组法生产线存在的蒸养环节中的模具碰撞、蒸养各区分区不明等问题，全过程为产品质量保驾护航。

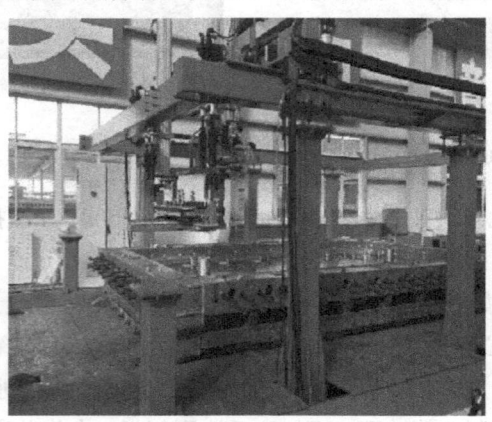

图12 模具自动清理机器人　　图13 预埋套管自动安装机器人　　图14 3D智能检测系统

（二）双块式轨枕智能化生产线

贵阳至南宁高速铁路（以下简称贵南高铁）是国家《中长期铁路网规划》"八纵八横"高速铁路网包海通道的组成部分，也是国家《西部陆海新通道总体规划》中自重庆经贵阳、南宁至北部湾出海口通路的组成部分，属于"十三五"交通扶贫"双百"工程。贵南高铁广西段全长280千米，设计时速为350千米。

房桥公司贵南高铁轨枕生产基地承建贵南高铁广西段范围内所有CRTSⅠ型双块式轨枕预制任务，总任务量达88.9万根，预制时间短，传统施工工艺无法实现轨枕正常生产供应和质量保障。房桥公司以贵南高铁建设为契机，建设了国内首个全自动数字仿真双块式轨枕智能化工厂并投入使用，成功应用四大软件系统与十六大智能工位配合的联动生产功能，努力开创双块式轨枕智能化生产新局面。配置先进的生产监控系统（图15）、信息管理系统（图16）、数字仿真系统（图17）、PHM设备监测系统等，用于控制整个生产车间的施工作业生产及场内管理，实现了质量追溯管理信息化，突破了以往双块式轨枕智能生产的演示阶段，打破了单台设备独立操作的界线，开启了联动生产的新时代，实现双块式轨枕真正意义上的智能制造。经行业内专家评审，生产基地智能制造生产线处于国内领先水平，部分达到国际领先水平。

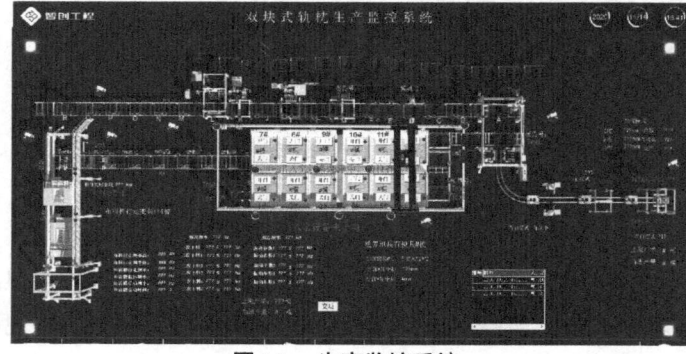

图15 生产监控系统　　图16 信息管理系统

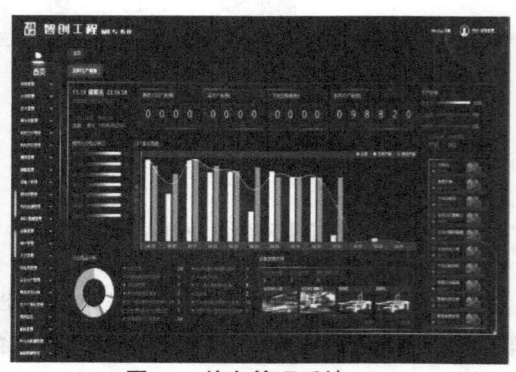

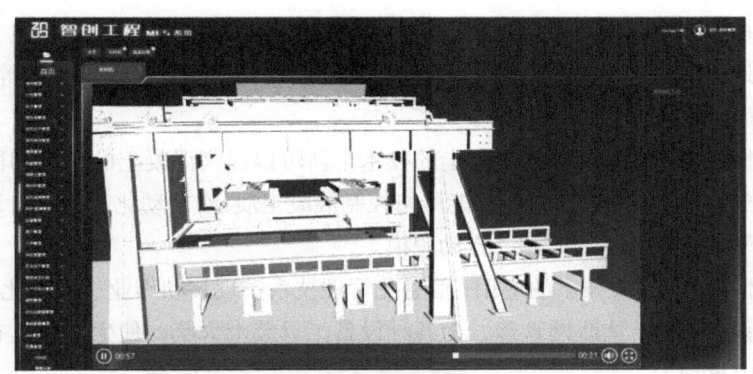

图17 数字仿真系统

(三) 管片自动化、智能化生产线

第二代管片流水线生产工艺实现了从地模到流水线作业的转变，提高了混凝土生产自动化程度，提高了产品的制造质量，是管片预制厂标准化的开端。当时处于先进水平。

《新建北京至张家口铁路清华园隧道工程》获中国建设工程鲁班奖。2017年，新建京张高铁清华园隧道盾构区间盾构管片，生产线自动化程度高，能够满足京张高铁提出的智能京张的建设要求。

京张高铁清华园隧道管片"入住"中国铁道博物馆詹天佑纪念馆向世人展示了新时代中国铁路建设的优质产品，诠释了"抓创新就是抓发展，谋创新就是谋未来"的根本发展理念。京张管片荣誉榜如图18所示。

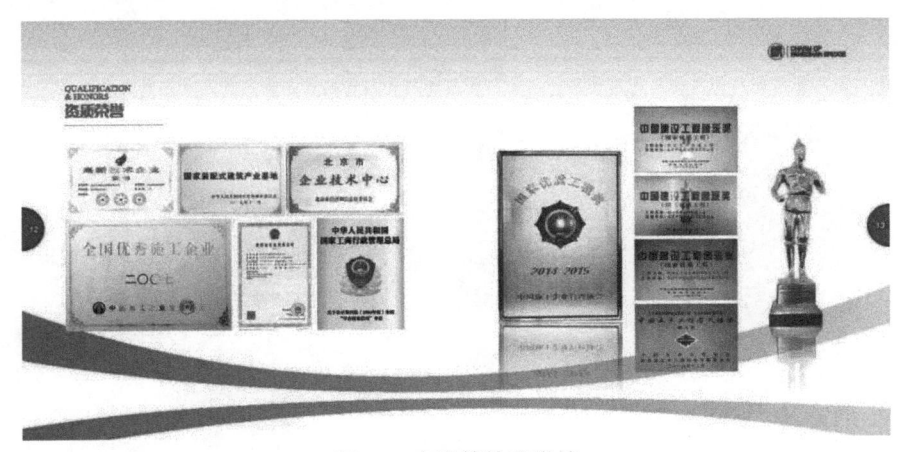

图18 京张管片荣誉榜

《北京轨道交通新机场线一期工程》荣获国家优质工程金奖。北京轨道交通新机场线位于北京南部三环以外区域，是一条连接中心城与新机场的轨道交通线路。线路途经北京市大兴、丰台及河北省廊坊三个行政区。北京轨道交通新机场线一期工程土建主要工程包括：磁各庄站—草桥站区间3号风井（含）—草桥站前盾构接收井盾构区段。

《苏通GIL综合管廊工程》荣获国家优质工程金奖。苏通GIL综合管廊在当时是国内埋深最深、水土压力最大的越江隧道，穿越长江大堤，长距离沼气地层、江中冲槽段等复杂多变的地质结构，最终克服了技术难度大、施工风险高等诸多难题。第二代流水线也广泛应用于常德沅江过江隧道工程、杭州望江路、株潭城际铁路综合工程、南京长江第五大桥A3标等多个工程的管片预制。

第四代管片智能生产工艺的核心是工业互联网、云计算、大数据在企业研发设计、生产制造、经营管理、销售服务等全流程和全产业链的综合集成应用。

2020年10月25日，房桥公司北京东六环改造工程启动，国内在建最大直径15.4m盾构管片生产线投产，应用第四代智能制造技术，发挥信息化、自动化的优势，不断提高管片生产质量、施工标准。为满足高标准施工需要，房桥公司结合多年来管片制造积累的智慧经验和最新研发成果，运用数字孪生、物联网技术等建设生产云服务平台，创新性地研发、应用了管片智能倒运、3D检测、桁架吊装、自动焊接等16项先进技术，汇集了国内近年来管片制造最新科技成果。

其中7项自动化关键技术成果包括：模具行走的技术革新可以提高混凝土的质量和稳定性，自动化钢筋骨架焊接可将人工减少50%以上，一键式布料振捣能严格控制混凝土质量，自动化温控可自动控制，温度梯度养护，以及自动装置三项，即气动管、振动力监测、自动脱模。

4项信息化关键技术成果：BIM技术的应用；信息化管理技术实现移动作业、程序化施工；实现安全积分和三色码的信息化管理、设备管理；物联网管理，为各种设备工具装上大脑，使生产线具有视觉功能、自我监测功能，形成智慧工厂的内核动力。

5项智能化关键技术成果：超大直径盾构管片智能重载AGV搬运车，管片模具尺寸3D智能扫描技术，管片钢筋骨架焊接机器人，超大直径盾构管片模具清理及喷涂机械臂设备，超大直径盾构管片抹面机械臂设备。

这条国内最先进的大直径盾构管片生产线采用智能控制系统，实现了从清模、混凝土灌注到蒸养的全流程智能化联动管理。与传统生产模式相比，实现了数据自动化采集、工艺标准化管理、安全实时监测、检验可视化、发运订单化等，可节省人工33%，提高工作效率30%。经专家初步鉴定，这条管片流水生产线自动化、智能化程度已达到国内一流、行业领先水平。

主要创造人：赵　誉
参与创造人：赵连生、王　媛

基于过程能力提升的全业务链新时代质量管理体系建设

北京北方车辆集团有限公司

一、企业概况

北京北方车辆集团有限公司（以下简称北方车辆）始建于1946年，是我国重要的履带装甲武器装备科研、生产及地面战斗系统方案集成企业，主要从事29吨以下装甲车辆的设计开发、生产制造、试验、检测和服务保障。公司占地面积为128.4万平方米，拥有在职员工2500余人，各种设备5000余台（套）。具有武器装备科研生产许可证、装备承制单位资格、国防科技工业1112二级计量站资质、中国国家认证认可检验检测机构资质、国家CNAS实验室资质等。

北方车辆人大力发扬"同心同德、勤劳朴实、锐意进取"的"群钻"精神，认真履行党中央赋予的核心使命，持续为部队提供优质军事装备。以89A（B）为基础的"15吨级数字化履带装甲通用平台"荣获"国家科技进步奖二等奖"和"国防科技进步奖一等奖"，获得中组部、军委装备发展部等六部委授予的"高新技术武器装备发展建设工程突出贡献奖"和陆军装备部颁发的大型复杂武器系统联调联试试点工作"优秀组织单位奖"等奖项。生产的两型装备作为现役主战装备参加了国庆60周年、抗日战争胜利70周年、建军90周年、国庆70周年阅兵。北方车辆全面履行社会责任，积极主动服务国家需要，为2008年北京奥运会、2010年上海世博会、2014年亚信峰会、APEC会议等重大活动提供了全方位、高质量的产品和技术服务保障。

近几年，北方车辆荣获30余项荣誉奖项，包括国防科学技术进步奖一等奖、三等奖，中国机械工业科学技术一等奖，中国国防科技工业企业管理创新成果二等奖、三等奖，全国质量技术奖二等奖、优秀奖，中国质量奖一线班组提名奖，全面质量管理推进40周年杰出推进单位，首都文明单位等。2022年，北方车辆在全军装备订购项目质量综合激励遴选中取得陆装第3名的优异成绩并被推荐到军委装备发展部。

二、企业质量管理纲领

北方车辆全面贯彻党的二十大精神，深入贯彻关于武器装备质量建设的重要论述，扎实推进质量制胜战略，牢固树立"质量就是生命，质量就是胜算"的理念和兵器工业新时代武器装备质量观，以高度的责任感和使命感，坚决履行好装备质量整治责任，坚持质量第一、效益优先，加强全面质量管理，加快推进数字化赋能全过程全方位质量管理，厚植以"责任、诚信、担当"为核心的优秀质量文化，实现装备全寿命质量管理有效衔接、高效运行、持续改进、闭环反馈，确保为部队提供优质精良的产品和"好用、管用、实用、耐用"的武器装备，为武器装备现代化建设提供有力支撑。

三、企业质量管理实践经验

北方车辆从1984年起开始建立质量保证体系，随着对GJB 9001C—2017《质量管理体系要求》的深度理解和掌握，聚焦主责主业，履行强军首责，运用先进管理理念，完善管理策略，坚持系统思维，基于GJB

9001C 标准的过程方法、PDCA 循环和基于风险思维的"三位一体"核心理念,构建了基于过程能力提升的"1+60+(449+88)+N"全流程质量管理体系。以此为基础不断迭代优化,在满足 GJB 9001C—2017 标准要求的基础上,以新时代质量管理体系建设为契机,从内外部环境、利益相关方需求、组织战略制定等方面重新审视公司战略发展规划,开展业务模式设计、业务能力分析和组织功能匹配,设计公司业务流程架构,推行以质量为核心的拉动式管理,形成管控合力,全面提升过程管控能力,推动企业高质量发展。

(一)构建基于过程能力提升的全业务链新时代质量管理体系

重新审视"十四五"发展规划已有的成果,设计公司业务流程架构,不断优化迭代形成 14 个业务域、70 个流程组、约 1000 条末级流程的核心业务全部覆盖、流程化监控、体系融合、能够自主持续改进的管理体系框架(图1),明确各业务域之间的逻辑关系(图2),梳理 107 项外部质量要求,重点围绕 GJB 9001C 开展要素拆解、解读,完成约 1300 条质量要素与业务流程融合。

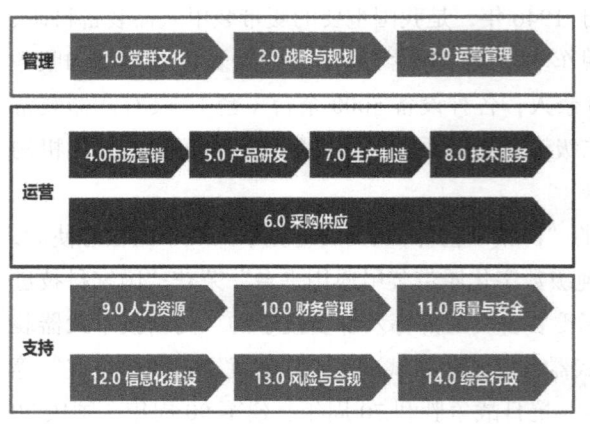

图 1 业务架构图

图 2 业务逻辑关系图

构建新体系文件架构,制定了统一的文件分类分层框架,确保文件架构与业务架构、过程架构、组织架构相互协调和匹配。完善公司绩效管理体系,从组织战略层面分解落实至业务、流程层面,识别关键绩效指标(KPI)进行重点管理,同时开展体系内部审核和能力成熟度评价,识别体系运行过程中的短板、弱项,形成改进项目,持续迭代完善新体系,真正从体系上保证能够持续稳定地生产出符合顾客要求、让顾客满意的产品,助推公司实现高质量发展。

(二)构建纵向监督、横向协同、职责明确的组织保障机制

一是切实发挥领导作用。公司主要领导亲自部署、亲自推动、亲自检查质量工作,利用党委会、董事长工作协调会研究部署质量工作,利用总经理生产经营周例会平台和公司领导质量专项调研手段,从上到下层层传导质量责任和压力,向全公司发出"以质量为核心推动各项业务工作"的鲜明导向,形成了公司上下积极开展产品实物质量改善、质量管理创新、质量意识提升的浓厚氛围。

二是梳理组织机构。根据实际生产与管理特点,结合标准要求确认质量管理体系组织机构,结合组织机构与职责分工,明确业务域和流程组的流程域所有者(图3)。各单位在质量管理部门的监督管理下相互协调配合开展工作,强化质量管理体系的运行与维护,定期向质量管理部门报告本单位体系运行情况。

三是夯实质量职责。将质量工作与业务工作高度融合,利用"任务清单,量化考核"的工作模式,强化质量日常考核的导向作用并于年初与所有单位签订质量责任书,严格落实"一单位一清单"的质量责任体系评价与考核。

流程域	1.0党群文化（董事长）	2.0战略与规划（分管战略副总）	3.0企业运营（总经理）	4.0市场营销（分管市场副总）	5.0产品研发（总工程师）	6.0采购供应（董事长）	7.0生产制造（分管生产副总）	8.0技术服务（分管售后副总）	9.0人力资源（分管人力副总）	10.0财务管理（总会计师）	11.0质量与安全（分管质量副总）	12.0信息化建设（董事长）	13.0风险与合规（董事长）	14.0综合行政（总法律顾问）
流程组	1.1政治思想建设 党委工作部部长	2.1战略规划管理 战略发展部部长	3.1运行管理体系策划 质量安全环保部部长	4.1市场开拓 市场部部长	5.1科研项目管理 装备研发部部长	6.1采购规划与策略 市场部部长	7.1生产计划管理 运营管理部部长	8.1备件市场开发 军保公司经理	9.1人力资源规划（含组织与岗位设置） 人力资源部部长	10.1全面预算管理 财务金融部部长	11.1 质量管理 质量安全环保部部长	12.1信息化规划 信息控制技术中心主任	13.1风险管理 纪检工作部（审计部）部长	14.1法人治理 综合管理部部长
	1.2组织建设 党委工作部部长	2.2投资管理 战略发展部部长	3.2制度与流程 综合管理部部长	4.2经营计划管理 运营管理部部长	5.2产品设计与开发 车辆研究院院长	6.2采购计划管理（含研发物资） 物资公司经理	7.2生产过程控制（含生产准备、检验、异常） 运营管理部部长	8.2服务计划管理 军保公司经理	9.2招聘与配置 人力资源部部长	10.2成本管理 财务金融部部长	11.2检验管理 质量安全环保部部长	12.2应用系统开发（IT项目实施） 信息控制技术中心主任	13.2内控管理 纪检工作部（审计部）部长	14.2公共关系管理 综合管理部部长
	1.3团委工作 党委工作部部长	2.3内部投入管理 战略发展部部长	3.3组织绩效管理 运营管理部部长	4.3销售合同管理 陆装军品：装备研发部部长 非陆装军品：市场部部长	5.3工艺设计与开发 工艺研究院院长	6.3采购合同管理 物资公司经理	7.3外包管理 运营管理部部长	8.3培训管理 军保公司经理	9.3开发与培训 人力资源部部长	10.3价格管理（含审价） 财务金融部部长	11.3监视与测量设备管理 计量理化中心主任	12.3信息化运维 信息控制技术中心主任	13.3审计管理 纪检工作部（审计部）部长	14.3社会责任管理 质量安全环保部部长
	1.4工会工作 工会副主席		3.4资产管理（含房屋、固定资产、工程建设） 战略发展部部长	4.4投标/招标管理 市场部部长	5.4转产/复产项目管理 装备研发部部长（转产） 运营管理部部长（复产）	6.4采购执行（含研发物资） 物资公司经理	7.4设备管理（含工装、设备预算、维修计划） 运营管理部部长	8.4现场服务管理 军保公司经理	9.4 薪酬福利管理 人力资源部部长	10.4税务筹划 财务金融部部长	11.4客户满意度管理 质量安全环保部部长	12.4网络与信息安全 信息控制技术中心主任	13.4法律事务管理 综合管理部部长	14.4行政事务管理 物业—行政服务中心主任 会议、车辆管理、文件收发、办公中心、文秘—综合管理部部长
	1.5企业文化 党委工作部部长		3.5管理创新 综合管理部部长	4.5交付管理 仓储物流中心主任	5.5科技创新（含技术基础创新） 技术发展部部长	6.5仓储管理（含废旧物资处置） 仓储物流中心主任	7.5物流管理 仓储物流中心主任	8.5服务信息管理 军保公司经理	9.5员工发展（含科研、管理、技能） 人力资源部部长	10.5资金管理 财务金融部部长	11.5职业健康安全与环境管理 质量安全环保部部长		13.5保密管理 保密办公室主任	14.5动力管理 行政服务中心主任
	1.6纪检监督 纪检工作部（审计部）部长			4.6客户关系管理 陆装军品：装备研发部部长 非陆装军品：市场部部长	5.6科技基础管理（含档案、标准化、科技成果、知识产权、情报） 技术发展部部长	6.6供应商管理 工艺研究院院长		8.6客户资产管理 仓储物流中心主任	9.6员工关系管理（含合同、劳资、基础信息） 人力资源部部长	10.6会计核算管理 财务金融部部长			13.6资质管理（承制资格、科研许可） 运营管理部部长	14.6安全保卫管理（含消防） 行政服务中心主任
									9.7干部管理 人力资源部部长					

图3　流程域所有者清单

（三）构建“过程＋结果”的“双考核”质量绩效考核体系

牵住质量责任制的“牛鼻子”，建立健全“过程＋结果”的“双考核”质量绩效考核体系。将“事后追究”转变为“事先策划、事中控制”与“事后追究”相结合，用“过程”保“结果”，提升各单位质量责任主体意识和作用，规范质量管理过程控制与实物质量监督，严格质量问题结果追责，严肃质量纪律。

推进“一线员工主动发现质量问题机制”，搭建员工自觉主动严控产品质量、不放过小问题、避免小问题引发大问题的激励平台，依据“有奖有罚、奖罚分明，应奖尽奖、应罚尽罚”原则及时兑现奖惩。近年来，累计对4100人次实施质量专项奖励额342.2万余元，累计对40个单位、1750人次实施经济处罚30万余元，公司各级人员“脚下有底线、头上有高线、心中有红线”质量意识进一步增强。

（四）构建持续改进长效机制

建立健全持续改进长效机制，持续开展质量改善和质量攻关，即“质量两个一工程”。自2016年以来联合客户开展装备质量自主改进活动，有效提高典型产品质量，改善薄弱管理过程累计达120多项，从本质上提升了装备使用质量与可靠性，已成为公司具备影响力的常态化质量改善平台，得到了客户的充分肯定。

（五）深耕公司特色质量文化，打造良好质量新生态

“质量之魂，存于匠心。”质量是全员的、全业务流程的，基于规则下是“可预见”的。质量管理活动是一个全过程、全要素、全部门、全员的全方位活动。北方车辆着力于培育以“责任、诚信、担当”为核心的优秀质量文化，通过优秀质量文化的牵引，促使员工自觉、自发遵守各项规章制度，实现从“要我控制”到“我要控制、我能控制”的意识转变。近年来，累计组织4000余人次参加装备质量应知应会闭卷考试和质量知识竞赛；累计宣传报道质量相关工作260多篇；累计形成QC成果162个，其中10多个成果获得全国性奖励。以“责任、诚信、担当”为核心的质量文化更加深入人心。

“责任”——质量责任文化。通过开展“过程＋结果”的质量责任考核体系，遵循“有奖有罚，奖罚分明，应奖尽奖，应罚尽罚”原则，加强质量正向激励，形成质量问题隐患“自我发现、自行整改、自主控制、持续改进”的良性机制，调动员工保质量、强质量的积极性和主动性。

“诚信”——质量诚信文化。开展每半年一次的“质量信得过员工”评定活动，对主动发现质量问题实施及时奖励，增强员工质量责任心和荣誉感，形成“工作一次做好、操作一次干对、检验一次把问题检查出来，质量责任清楚、质量数据真实”的浓厚氛围。

“担当”——“一根筋”揪住不放文化。以问题为导向，把梳理管理环节、实物质量薄弱环节作为常态化工作，

制定专门措施，做到心无旁骛，耐得住寂寞，百折不挠，敢于吃苦和"碰钉子"，摒弃"高大上"，针对问题严查不放、一抓到底。

四、企业质量管理提升实践成果

通过构建基于过程能力提升的全业务链新时代质量管理体系并推进实施，公司在管理体系部署、生产和服务提供与控制、不合格输出控制、售后服务等方面管理能效明显提升。

（一）有效提升了质量管理能效

北方车辆在管理体系部署过程中，充分考虑了将流程架构作为组织管理体系的架构，形成了覆盖质量管理体系相关所有业务的《NQMS 管理手册》，将已有的质量管理体系制度文件向流程文件进行迁移和整合，形成统一的标准化流程性文件体系。通过信息化手段将管理流程化、可视化，明确了端对端、点对点的业务衔接要求，实现了业务工作流程化管理（图4），并将相关法律法规、标准、管理办法等要求要素分类拆解，挂到末级流程上，制定了风险识别、过程 KPI 等管理要求，有效避免了管理与实施不一致的现象。

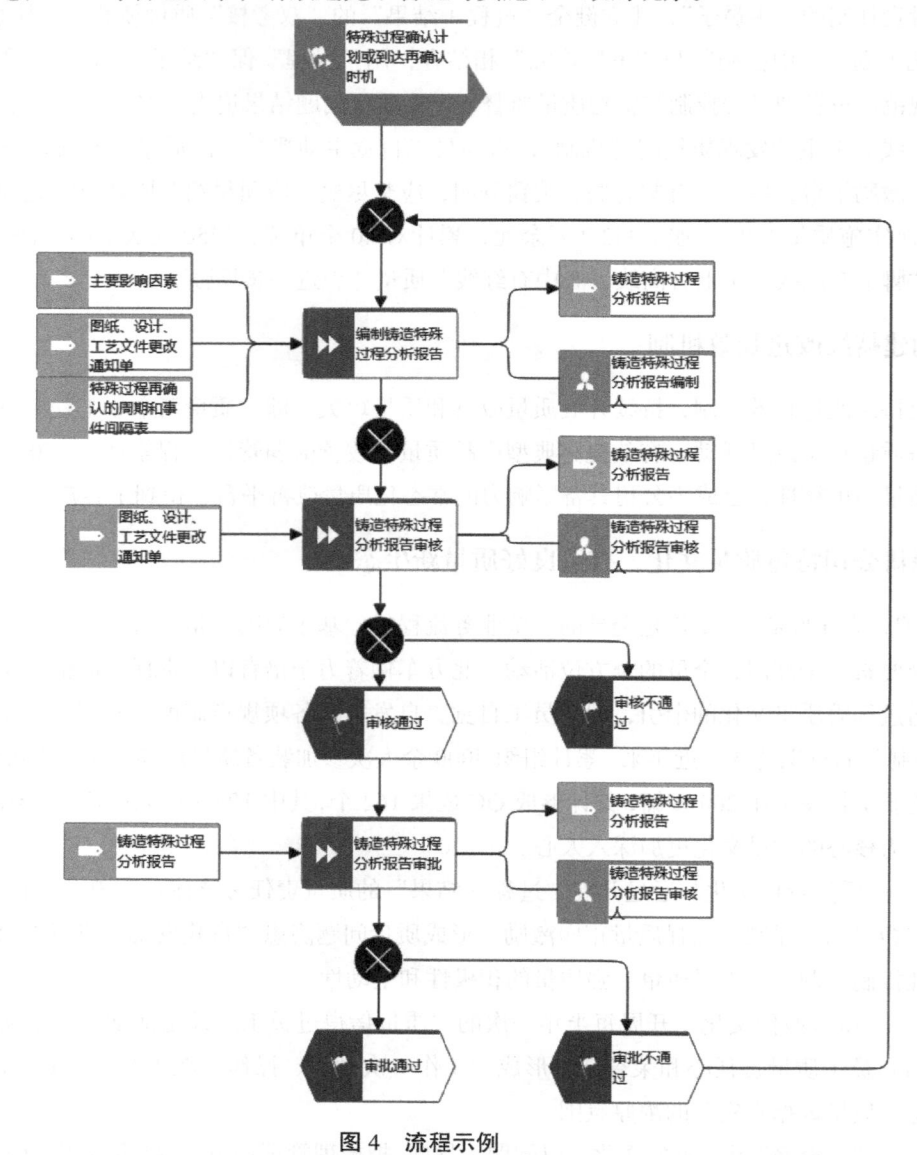

图 4　流程示例

（二）有效提升了生产和服务提供与控制能效

一是北方车辆将流程化管理理念延伸融入产品生产过程，聚焦一线作业，开展生产线（单元）质量安全流程化管控。选取履带板生产线为试点，系统地识别其生产和服务过程中的资源需求，通过流程仿真（图5），重新梳理履带板生产工艺流程，将原有的9个工序整合为7个工序，以基层单位为主责，开展风险辨识，识别出17项质量风险和23项安全风险，分别对其风险等级进行评估，制定管控措施。制定完成了《生产线工艺流程与质量安全管控要素图》和公司级、分厂级、班组岗位级的《生产线质量安全状态确认表》，形成了"一线一套图表"的生产线质量安全管理模式。合理配置资源，生成了切实可行的措施清单，明确各业务域职责和接口关系，确保所有管控环节全覆盖、无交叉，确保生产过程实现质量可控、安全可保。在履带板生产线试点成功的基础上，公司全面梳理生产工艺流程，确定了18条涉及关键重要件和质量安全风险相对较高的生产线，进一步开展完善流程化管理工作，夯实公司高质量发展基石。

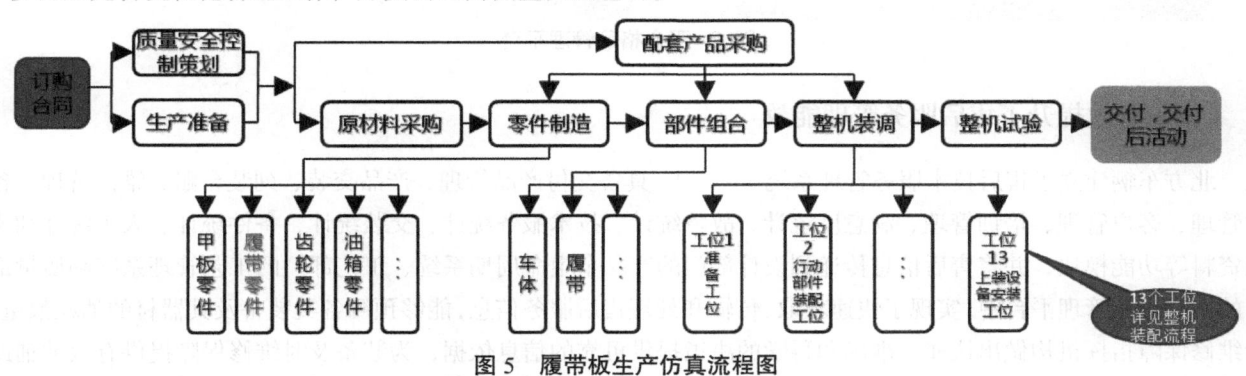

图5 履带板生产仿真流程图

二是北方车辆大力推进先进工业制造技术研究应用和"机器代人"，建设数字化、智能化生产线，实现产品高效率制造，提高产品质量一致性。例如，针对装甲车辆精密组合型框架类、关键传动零部件制造工艺技术整体提升的需求，开展装甲车辆重载薄壁高精度组合型框架智能加工工艺方法研究，突破弱刚度组合型框架装夹变形控制技术、高强钢材料精密切削及刀具监控和自动补偿技术，设计高精度组合型框架自动化加工工艺，建设高精度组合型框架智能化加工生产线，彻底解决了精密组合型框架类零件加工质量合格率低、生产效率低、人员劳动强度大、生产窄口等问题，生产节拍由182 min/套缩短到55min/套，减少生产设备19台，生产效率提高2倍以上，操作人员由23人减少到2人，基本实现无人化加工；实现高精度组合型框架智能加工、零件关键尺寸在线监测、统计与反馈补偿，提高产品质量和一致性，产品合格率由83%提高到99.99%以上，年产量提高至2500多套，年创效益在1300万元左右。针对装甲车辆行动系统履带板、端联器等产品批量化加工需求，建设完成履带板热前、热后数字化加工生产线共4条，建设完成2个端联器加工单元，加工效率提高2倍以上，操作人员减少5人以上，有效提高产品质量一致性，线上产品合格率大于99.99%。针对装甲车辆主动轮、负重轮、托带轮、履带等行动部件装配质量提升需求，建设三轮、托带轮、履带共3条数字化装配线，采用机器视觉、机器人自动上下料、线内生产管理系统、自动拧紧、质量在线检测等新技术，实现装配力矩自动检测率100%，质量信息采集率大于90%，减少操作人员4人，装配效率提高60%，有效提高产品装配效率和产品质量一致性。

（三）有效提升了不合格输出控制能效

北方车辆建立了不合格品管理平台（图6），实现了产品在入厂及科研生产过程中发现不合格品的线上审理及处置，可以针对不合格审理处置情况形成汇总台账，并且支持多维度对汇总信息进行检索查询，质量部门检索问题分类，按问题类别打包传递到设计部门的产品全生命周期系统、工艺部门的工艺管理系统中，开展问题分析及改进。可以对不合格品处理流程设置完成节点，未按节点完成的可通过报警进行提示；可以按不合格品型号、责任单位、问题分类、发生日期、处置结果等检索问题并进行自动统计和分析；可以实现用户按照产品生命周期进行正向或逆向的质量追溯，以及查询顶层产品下属配套信息，实现零部件信息检索，可以查询所属配件的型号产品信息等。

图6 不合格品管理平台

（四）有效提升了售后服务管理能效

北方车辆建立了售后技术服务管理系统（图7），具备交付产品管理、产品交装、列装台账、维修管理、备件管理、客户管理、培训管理、满意度统计、故障统计、技术服务统计、交装统计、备件统计、人工统计和文档资料等功能模块，并将售后信息传递到设计部门的产品全生命周期系统、工艺部门的工艺管理系统和质量部门的不合格品管理平台中，实现了快速获取、传输和处理售后服务信息，能够预测各类装备及其器材的消耗数量，为维修保障指挥机构做出快速、准确和科学的决策提供可靠的信息依据，为装备及时维修保障提供有效的辅助决策。系统通过规范业务流程、打通信息通道实现技术服务流程的信息化管理，可视化展现售后数据，使任务、产品、备件、维修、培训等方面的管理更加完善，为后续工作提供大数据支撑，可以实现装备服务保障业务的信息化、规范化和精细化管理。同时，将总装、配套、生产分厂、保障单位等上下游人员集中到以总装单位人员为核心的新型军品职业化技术服务保障队伍中，扩大服务队伍，建立了公司内部和配套伙伴单位远程技术支持专家库，形成专家业务侧重分类明细及通信录，依靠公司内、外技术专家的支持，对用户和现场技术服务人员提供全系统、全过程远程技术支持，进一步强化装备承制承修总装单位的服务保障"小核心"地位，依托厂际质量保证体系完善服务保障"大协作"关系，打造以区域服务经理为主体、以服务保障标准为准绳的服务保障"专业化"队伍，以深入推进军民融合技术保障中心建设，开创"开放型"服务保障新局面，不断提高顾客满意度。

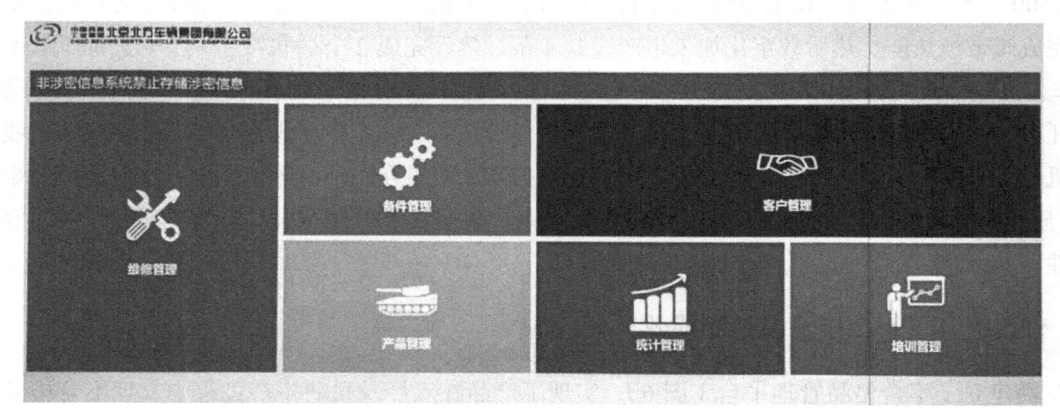

图7 售后技术服务管理系统

主要创造人：单志鹏

参与创造人：李瑞峰、李 昂、肖黎明、陈红兵

以特色班组建设构建东汽"一多三全"质量改进模式

东方电气集团东方汽轮机有限公司

一、企业概况

东方电气集团东方汽轮机有限公司（以下简称东汽公司）隶属于中国东方电气集团有限公司，位于四川德阳国家级经济技术开发区，是研究、设计、制造大型发电设备的高新技术国有企业，产品涵盖煤电、核电、气电、节能环保发电、电站服务、新能源发电、储能、工程总包等多个领域，是国内三大汽轮机制造基地之一。东汽公司已累计生产发电设备超过5亿千瓦，国内市场占有率超过30%，机组产品远销世界28个国家和地区。50多年来，东汽公司通过自主创新，形成了煤、核、气、节能环保"多电并举"产业发展格局，拥有的主产品包括煤电10万~100万千瓦（亚、超）超超临界（一次）二次再热汽轮机，核电二代至四代所有堆型（含CAP1400、华龙一号）、25MW~1900MW全转速/半转速汽轮机，气电F级、J级燃机及联合循环汽轮机，10万千瓦以下余热利用、垃圾、生物质发电汽轮机，工业驱动汽轮机，以及超临界CO_2发电设备等。

2008年"5·12"汶川特大地震给东汽公司带来了重创。面对恢复重建、产量攀升、分散管理的多重压力，不断提升的用户需求，以及中央企业必须担当的"大国重器"制造使命，自2010年起，东汽公司在总结过去开展质量管理活动经验的基础上，以促进质量和管理提升为切入点，全面推行QC小组活动，通过培养专业QC管理团队、完善QC分级、推广QC工具应用，系统规划和推进，形成了"一多三全"，即多层级、全部门、全业务和全过程的质量改进机制。经过多年的探索与实践，东汽公司将QC小组活动形成富有特色的管理模式并应用于质量提升活动的各个方面，取得了十分显著的经济效益和社会效益。东汽公司QC小组活动的开展也得到了上级部门的肯定，东汽公司先后获得全国机械工业群众性质量管理活动优秀企业，省、市质量管理小组活动优秀企业等荣誉称号。

二、企业质量管理体系和质量文化

东汽公司围绕"遵章守规、一次做好、精益求精、客户满意"的质量方针开展质量管理工作，通过特色质量体系监控质量体系运行，通过风险管理防范质量问题，通过全维度的质量考核指标确保质量稳定，通过5级QC改进机制促进质量持续改进，通过常态化质量评比营造"我要质量"的正向质量氛围，质量管理体系覆盖从产品营销宣传推介到产品售后服务的全部门和全流程。另外，东汽公司践行"诚信透明、一次做好、工匠精神、追求卓越"的质量文化理念，以文化引领促意识提升，以意识升华促行为规范，形成了内化于心、外化于行、固化于制的质量文化建设机制。质量文化的深度培育有力促进了质量管理体系的健康稳定有效运行。

三、东汽公司QC活动的主要内容和特点

（一）QC小组活动管理模式

为确保QC改进项目的系统化管理、规范公司QC小组活动的开展，东汽公司建立了从公司领导到各部门主管领导、质管员，再到QC小组成员的层层推进、统筹管理的组织构架，并在公司质量管理办公室（以下简称质管办）成立QC项目管理小组，对公司整个QC小组活动的开展实施监督管理。

随着公司质量管理体系的不断完善，东汽公司对 QC 改进项目的流程管理也在不断优化，建立了完整的管理机制，形成了项目输入、项目立项、过程管控、完工文件评审、效果固化验证、项目信息化和项目输出的管理模式，如图 1 所示。

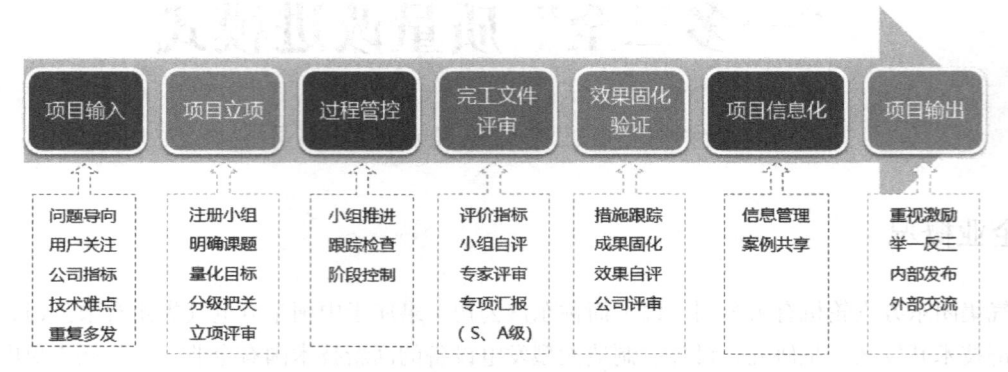

图 1　东汽公司 QC 小组活动管理模式

1. 项目输入

QC 改进项目作为解决质量问题、提高质量水平的重要手段，各环节都需要经过科学的总结与实践。对于 QC 改进项目的输入来讲，以提升用户满意为目标，通过收集用户关注的重点问题，梳理重复多发质量问题，从制度层面纳入质量改进项目管理。

2. 项目立项

QC 改进项目立项按照课题类型分为"现场型""服务型""攻关型""管理型""创新型"五种类型，同时针对项目重要度、影响范围建立了公司级、部门级的分级管理模式。

3. 过程管控

东汽公司建立了以公司质管办为总监督管理机构、各部门和 QC 小组相互监督管理的管控机制，并依托公司信息化系统实施管理。对于公司级 QC 改进项目，由质管办根据 QC 改进项目计划对各部门 QC 改进项目实施跟踪管理；对于部门级 QC 改进项目，由负责部门实施管理，包括建立 QC 改进项目清单，按计划完成时间节点对 QC 项目实施跟踪考核。QC 小组根据 QC 改进项目立项计划，定期召开跟踪会议，对过程开展情况形成记录，编写完工总结资料，提交上级部门评审。

4. 完工文件评审

QC 改进项目完工后由立项部门首先进行初步自评，随后提交质管办 QC 管理小组由 QC 管理专家进行复评，确保评审效果。对于公司级 QC 改进项目，还需提交公司并组织总经理、分管领导以及项目涉及领域的技术专家进行会审，确保重大项目改进取得实质性成效。

5. 效果固化验证

东汽公司 QC 管理制度明确要求 QC 小组需将 QC 改进项目的有效措施,通过图纸、工艺、操作指导书（SOP）等技术、质量相关文件进行固化。另外，质管办会在项目完工半年后，组织评审小组对 QC 改进项目的措施固化情况及持续效果进行验证评审，确保措施有效性，将评审结果纳入部门当月质量考核。

6. 项目信息化

东汽公司开发了信息管理系统对 QC 改进项目进行管理，QC 改进项目的全流程均在信息系统中处理，极大提高了 QC 改进项目各环节的审批效率，确保了 QC 改进项目资料的规范性和完整性，同时也方便 QC 改进项目的查询和学习。

7. 项目输出

QC 改进项目的输出主要表现在项目的持续改进及成果的发布推广。通过成果报告总结和下一步打算明确了 QC 项目持续改进的要求。通过部门、公司对外申报发布等方式，将 QC 项目的改进成果进一步推广。

（二）QC小组活动特点

东汽公司不断总结QC小组活动开展的各类经验，不断完善并形成了自己的管理特色——"一多三全"，即多层级、全部门、全业务和全过程。QC小组活动的主要特点表现如下。

1. QC改进多层级，精准施策治顽疾

东汽公司根据改进问题的重要性将QC分为S、A、B、C、D共5个层级，以精准分类，精准施策，确保质量或管理问题的精准解决，有效治愈各类质量顽疾，QC分级如表1所示。

表1 东汽公司QC分级

QC层级	范围	立项审批人员	参与人员
S级	电厂重大技术质量问题、外部顾客反馈意见或贴近市场和用户的重要改进项	公司总经理	公司副总担任项目组长，专业总师和多部门代表参与项目实施
A级	公司范围内系统性、影响重大的疑难问题	公司总经理	专业总师担任项目组长，其他多部门代表作为组员参与项目实施
B级	需多部门配合解决的重大典型或重复多发质量问题	公司副总经理	项目负责人为部门领导，其他多部门代表作为组员参与项目实施
C级	主要依靠本部门实施的，有一定难度的项目	质管办领导	组长由班组长及以上人员担任
D级	主要依靠本部门内部自主完成，实施难度小的项目	部门领导	项目组人员不受限制

2. 改进覆盖全部门，质量文化促提升

东汽公司将QC活动的改进理念纳入质量文化内核，以质量文化建设为抓手，促进干部职工的质量意识提升，实现QC活动全覆盖。在质量文化的建设过程中，将质量改进的开展情况和成效作为质量文化建设的维度指标进行测评，极大提升了员工的质量改进意识，实现了公司所有部门、人员全覆盖。

3. 改进覆盖全业务，服务产品两不误

东汽公司通过QC活动的不同课题类型（创新型和问题解决型），全面覆盖提供产品和服务的公司各项业务，坚持全面质量管理理念，以管理型、服务型项目为抓手，实现成本、效率、流程的全面优化，确保管理提升、品质提升。QC课题分类如图2所示。

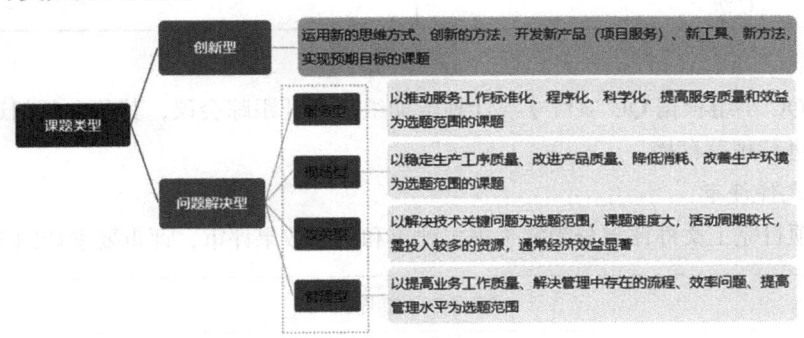

课题类型
- 创新型：运用新的思维方式、创新的方法，开发新产品（项目服务）、新工具、新方法，实现预期目标的课题
- 问题解决型
  - 服务型：以推动服务工作标准化、程序化、科学化、提高服务质量和效益为选题范围的课题
  - 现场型：以稳定生产工序质量、改进产品质量、降低消耗、改善生产环境为选题范围的课题
  - 攻关型：以解决技术关键问题为选题范围，课题难度大，活动周期较长，需投入较多的资源，通常经济效益显著
  - 管理型：以提高业务工作质量、解决管理中存在的流程、效率问题、提高管理水平为选题范围

图2 QC课题分类

4. 闭环管理全过程，有效监控保效果

东汽公司对QC改进的全过程进行管控，实现了QC改进项目管理从输入到输出的全流程监控。根据不同的QC层级，分别由立项部门、质管办和公司技术专家对QC改进的实施进行充分把关，确保了QC改进的效果。

四、东汽公司QC活动的开展

（一）QC改进项目输入

东汽公司建立了自上而下、自下而上以及上下结合的方式管理QC改进项目的输入。

自下而上的 QC 改进项目，是各单位围绕用户、上下工序反馈的抱怨，班组完成公司下达任务、考核指标的难点等工作薄弱环节和亟待解决的质量问题而自选课题开展的 QC 项目。

自上而下的 QC 改进项目，是公司质管办通过梳理电厂重大技术问题、用户主要抱怨和关注问题、公司内部的系统性疑难问题、重复典型质量问题等，以公司发文、会议纪要等指令性和指导性形式直接下达给责任单位或负责人，要求限期开展改进的 QC 项目。

上下结合的 QC 改进项目，是介于前面两种之间的一种 QC 项目，通常是由上级推荐课题范围，经下级讨论认可，上下协商开展的 QC 改进项目。

（二）QC 项目过程控制

1. QC 项目分级管理与立项审批

综上所述，东汽公司对 QC 项目进行了分级，其中 S、A、B、C 级为公司级 QC 项目，由公司质管办组织实施管理，通过信息系统完成 QC 项目的立项审批、跟踪及完工资料的上传。D 级为部门级 QC 项目，由立项单位负责实施管理，公司质管办进行备案登记。

2. QC 项目过程管控

（1）公司级

S、A、B、C 级 QC 项目为公司级 QC 项目，过程跟踪由各立项负责部门定期组织召开跟踪会议，并每月将跟踪资料上传信息系统，公司质管办 QC 项目管理小组对上传资料进行审查，并开展部门内审、质量体系检查等活动，对 QC 小组活动的开展进行监管。公司对 QC 项目过程跟踪方式如表 2 所示。

表 2 公司对 QC 项目过程跟踪方式

QC 项目等级	跟踪方式
S 级	质管办在信息系统中审查过程资料，另外通过质量体系和内审等方式进行抽查
A 级	
B 级	
C 级	

（2）部门级

D 级 QC 项目由 QC 小组根据 QC 项目立项计划定期组织召开跟踪会议，其所在部门通过月度例会跟踪进度并每月将跟踪资料进行规范存档。

3. QC 项目完工文件评审

东汽公司对 QC 项目完工文件评审分为完工报告评审和巩固效果评审，评审要素如图 3 所示。

序号	评审内容	得分情况
1)	是否已按要求提交了QC项目总结报告、符合性证明材料、成果申报表；	0.4
2)	对现状是否进行分析，明确主要问题（指令型中的现场型/攻关型/服务型/管理型QC项目除外）；	0.1
3)	改进目标是否结合现状进行明确，目标是否量化可考核；	0.1
4)	是否对原因进行分析，明确主要原因（创新型QC项目除外）；	0.05
5)	针对所确定的主要原因，是否逐条制定对策；	0.1
6)	拟定的措施，实施效果是否已进行验证，实施证据是否充分；	0.1
7)	经效果验证后的措施，是否进行固化并落实到图纸、工艺、操作指导书等技术、质量、管理文件中。	0.1
	项目得分	0.95

QC项目完工报告评审内容

图 3 评审要素

（1）完工总结资料评审流程

对于 QC 改进项目的完工，首先由各立项部门根据 QC 项目立项节点时间安排，对当月计划完工的 QC 项目的改进效果进行初步评审，对具备完工条件的 S、A、B、C 级 QC 项目，填报 QC 成果申报资料，提交质管办。质管办每月根据 QC 项目完工申报情况，编制 QC 项目评审计划，组织评审专家组对当月计划完工的公司级 QC 项目的完工总结资料进行评审，并对评审结果进行统计，纳入项目奖励及考核。对于 S、A 级 QC 项目，评审小组需对项目完工资料进行审核，完工汇报条件进行确认。

S、A 级 QC 项目完工总结资料评审（或确认）通过后，质管办根据评审意见纳入季度汇报计划向组织汇报，由总经理或质量副总根据汇报情况对结题情况依据评审要求（表3）进行评定。质管办根据评定结果组织后续项目巩固效果验证及评审。

表3　完工总结资料评审要求

QC 项目等级	评审方式	汇报要求
S 级	质管办组织 QC 专家团队（含各部门的领导和质管组长）	向公司总经理和/或质量副总汇报
A 级		向公司总经理和/或质量副总汇报
B 级		/
C 级		/

（2）巩固效果评审流程

东汽公司将 QC 项目巩固效果的验证纳入部门考核。针对完工报告评审后 6 个月的 QC 项目进行 NCR 关联类和非 NCR 关联类分类，NCR 关联类由公司质管办质量问题管理小组梳理给予 NCR 计算数据，非 NCR 关联类由质管办 QC 项目管理小组组织评审小组到现场验证表4。对评审结果进行统计，将其纳入项目奖励及考核。

表4　QC 项目验证评审要求

QC 类别	验证方式	验证人员
NCR 关联类	NCR 数据确认	NCR 工作小组
非 NCR 关联类	现场验证	各部门领导、质管组长组成的验证组

4. QC 项目信息化管理

东汽公司从 2011 年开始推进 QC 项目管理信息平台（图4）的管理并不断对质量改进（QC 管理）模块进行开发与完善，极大提高了 QC 实施和管理的效率。另外，层级分明的 QC 管理模块授权机制也进一步确保了 QC 管理的规范性。

图4　QC 项目管理信息平台

五、东汽公司 QC 活动开展的保障

（一）组织保障

东汽公司建立了从公司总经理到基层班组的 QC 管理组织架构（图 5），各岗位人员各司其职，有序有效指导推进各级 QC 改进项目的开展。另外，在质量管理归口部门质量管理办公室成立了 QC 项目管理小组，由 QC 管理专员对 QC 改进活动实施监督管理，组织由各部门主管质量领导、质管组长及 QC 诊断师组成的 QC 专家团队对 QC 成果进行鉴定及评审。

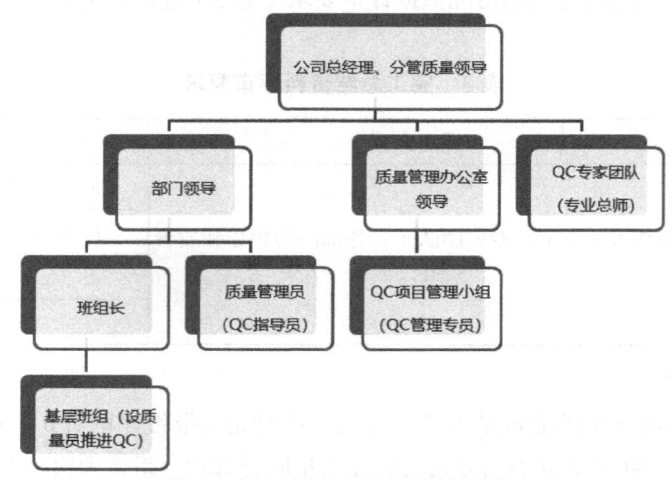

图 5　东汽公司 QC 管理组织架构

（二）激励和考核保障

东汽公司每年拿出 300 万元用于 QC 活动开展的专项奖励，同时按照制度对 QC 完工资料的符合性及效果跟踪两个阶段的成效进行考核，正向激发了全员参与质量改进的热情，严肃考核确保了 QC 活动的规范性。

另外，公司工会每年开展的各类班组、个人先进评比均与 QC 活动开展挂钩，且作为必要考核条件之一，进一步确保了 QC 改进的全覆盖。

（三）专业保障

1. 专业的 QC 管理团队

东汽公司培养和建立了 QC 诊断师队伍，每年坚持开展 QC 诊断师取证工作，不断充实和提升诊断师队伍的规模和业务能力，目前公司已有 80 余人先后取得了四川省质量协会颁发的 QC 诊断师证书。部分 QC 诊断师证书如图 6 所示。

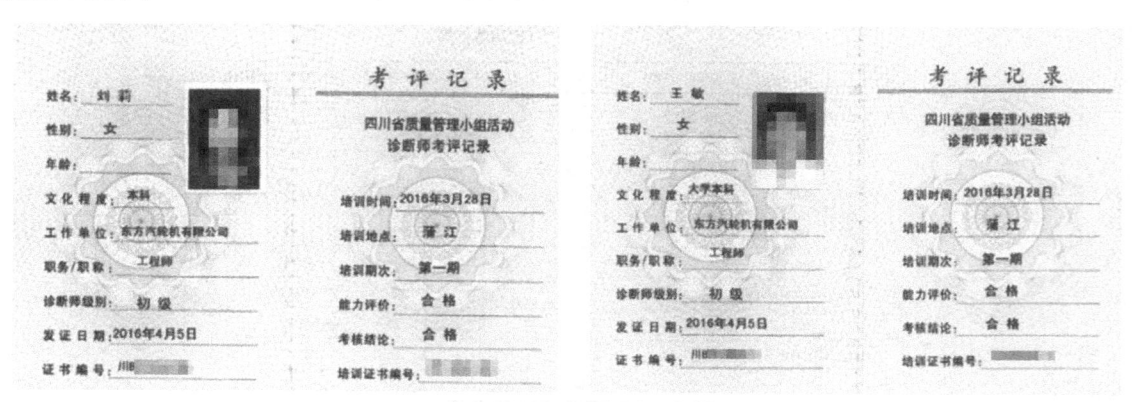

图 6　部分 QC 诊断师证书展示

2. 先进 QC 工具的培训和应用

QC 工具的应用能力直接影响着 QC 活动的效果。公司每年将 QC 工具的应用（图 7）、质量管理方法的培训作为公司质量工作培训的重要工作进行推进，通过请进来、走出去的方式，组织开展各类工具应用的培训。

工具＼流程	项目策划	现状分析	原因分析	改善实施	固化措施	成果确认
调查表	●	●		●	●	●
时间序列图	●	●				●
排列图	●	●				
鱼刺图			●			
直方图		●				
饼图	●	●				
散布图		●				
树状图			●			
亲和图			●			
关联图			●			
CE矩阵				●		
头脑风暴法	●	●	●	●	●	●
测量系统分析		●				
SIPOC流程图	●	●				
详细流程图		●				
价值流图		●				
控制图	●			●	●	●
FMEA分析			●			
箱线图	●					
假设检验			●			
回归分析			●			
快赢法		●	●	●		

图 7 QC 工具推广应用

六、取得成效

（一）全员改进氛围基本形成

公司自 2012 年全面推进 QC 活动以来，全员参与质量改进的热情逐步提高，全员改进氛围基本形成。随着 QC 改进的深入推进，公司"常见病""多发病"得到有效改善，QC 活动的开展进入稳定期，每年开展 QC 活动 200 次以上。

（二）NCR 明显下降

公司将 QC 改进与 NCR 有机结合，形成 QC 活动与 NCR 的双规联动。通过 QC 活动开展，公司产品质量问题得到有效改进，从 2014 年的最高峰到 2021 年年底，NCR 下降率达 50% 以上。

（三）形成对公司经营的有力支撑

从改进类型出发，QC 改进项目涉及效率提高、成本降低、流程优化、现场规范等类型，通过多元化 QC 改进项目的持续深入开展，目前在公司范围内基本有效形成了通过 QC 活动促进企业各类经营活动指标达标、管理薄弱环节提升的良好氛围，为公司管理经营提供了有力支撑。

（四）极大提升企业质量品牌形象

公司选取优秀 QC 改进项目，积极参加对外交流发布，得到了行业的认可，极大提升了企业质量品牌形象。

例如，2022年第五届中央企业QC小组成果发表赛上，公司雷霆QC小组获得一等奖的好成绩，获奖证书如图8所示。

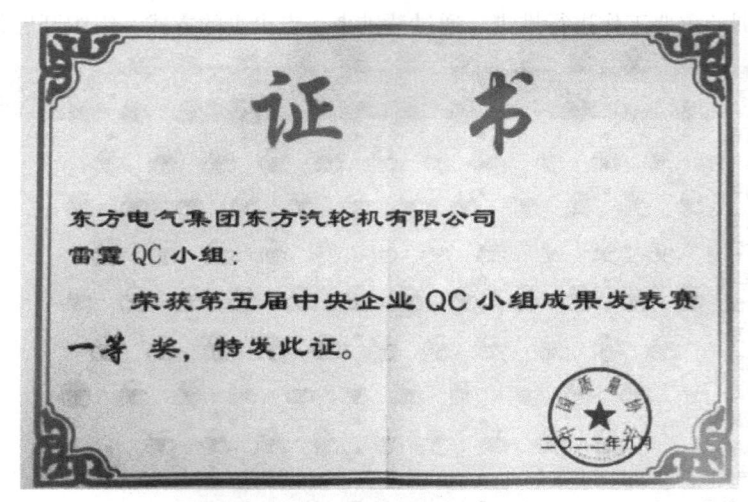

图8 获奖证书展示

七、东汽公司QC活动的思考

QC活动是企业质量工作的重要抓手，需要系统地长效推进，尽管目前东汽公司已基本形成了"一多三全"的全面质量改进模式，但QC活动开展的深度、广度还需要进一步拓展，后续拟在以下方面继续开展工作。

（一）拓宽深度广度

进一步拓宽QC活动开展的业务覆盖面，让QC活动成为全面质量管理推进的有效抓手，特别是鼓励创新型、管理型QC开展，形成质量管理对企业管理的全面支撑。

（二）强化成果总结

做实QC活动的成果总结、积累和经验反馈，真正形成改进一个问题、解决一类问题、沉淀一份经验的良好成效。

（三）用好"数字"赋能

东汽公司正按照"十四五"规划有序推进数字化工厂建设，将QC改进更好地与智能检测相结合，与大数据分析相结合，充分借助信息化手段，挖掘问题深层次原因，提升改进效果，提高改进效率。

八、结语

将质量强国战略放在更加突出的位置，开展质量提升行动，加强全面质量监管，全面提高质量水平。QC活动是质量提升行动最高效、最具实效的管理举措，东汽公司将继续坚持推进QC活动在企业的全面深入开展，通过QC活动促进质量提高、成本降低、效率提高的管理氛围全面形成，让质量成为企业的第一竞争力，让高质量装备制造成为落实质量强国战略的主要举措，成为引领重大技术装备高质量发展的核心力量，为实现"两个一百年"奋斗目标、实现中华民族伟大复兴的中国梦做出更大贡献！

主要创造人：张 程

全流程质量管理在 LNG 储罐隔震支座安装质量控制中的实践

海洋石油工程股份有限公司

近年来，随着对清洁能源需求的不断增长，我国 LNG 行业得以高速发展，LNG 储罐建造规模不断变大。在传统的 LNG 储罐建造过程中，储罐承台桩基之间是钢筋混凝土硬连接，不利于地震能量的吸收，LNG 储罐面对地震等自然灾害时是非常脆弱的。在沿海地震带建造 LNG 储罐时，需要对桩基承载质量及抗震性能进行全面升级，因此提升储罐抗震性能成为 LNG 全行业的一项重要课题。海洋石油工程股份有限公司（以下简称公司）通过广泛的调研分析，首次在 LNG 项目中引入隔震支座安装技术，并采用全流程质量管理方法对隔震支座的安装质量进行控制，很好地解决了储罐抗震性能提升的难题。

一、实施背景

唐山 LNG 项目接收站工程包括港口工程、接收站工程和输气管线工程。项目的主要功能分为接卸远洋运输船运来的 LNG、4 座 20 万立方米储罐储存 LNG、加压气化外输、液态外输四类。接收站规模按 1700 万吨/年规划，是目前亚洲在建最大的接收站。唐山地区位于华北平原地震带，抗震设防烈度为 8 度。此项目属于生命线工程，抗震设防为重点设防，所以储罐的桩基与承台连接采用隔震支座安装技术，把上部结构承台和下部桩基隔离开，减少地震能量向上部传输，以达到消耗地震能量、防止 LNG 储罐罐体因地震等外力因素发生结构性损坏的目的，有效地保障了上部储罐结构安全。采用此技术，可以减少下部桩基数量、缩小桩基直径，内罐 9Ni 板的厚度也得以相应减小，并且无须安装防止内罐变形的锚固带，节省了很大一部分建造成本。对于在 LNG 项目中引入隔震支座安装技术，公司高度重视，采用全流程质量管理方法对隔震支座的安装质量进行控制，有效地确保了隔震支座安装的成功实施。

二、总体流程

借助建设单位全生命周期系统平台，利用在线评定、安装质量数据分析等方法，对隔震支座安装实施全流程质量管控，实现质量过程监控与评判、安装精度检测与评级，以及全生命质量缺陷追溯等。场景流程图如图 1 所示。

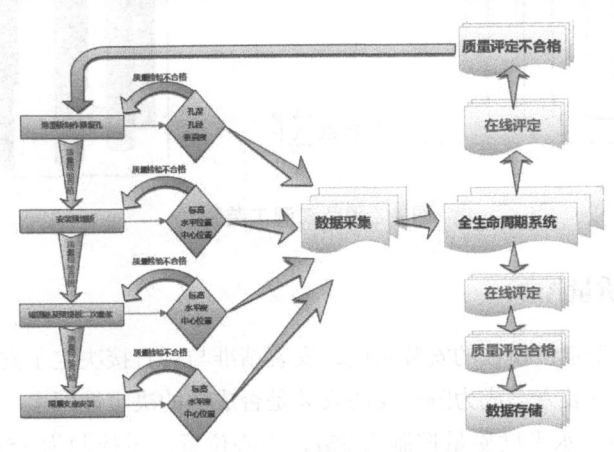

图 1　场景流程图

三、隔震支座安装全流程质量控制方法

隔震支座的主要组成结构为上部锚固筋、上部法兰板、中间橡胶隔震层、下部法兰板、下部锚固筋。支座立面图如图2所示，支座结构图如图3所示。隔震支座的安装及质量控制主要分为如下几个步骤。

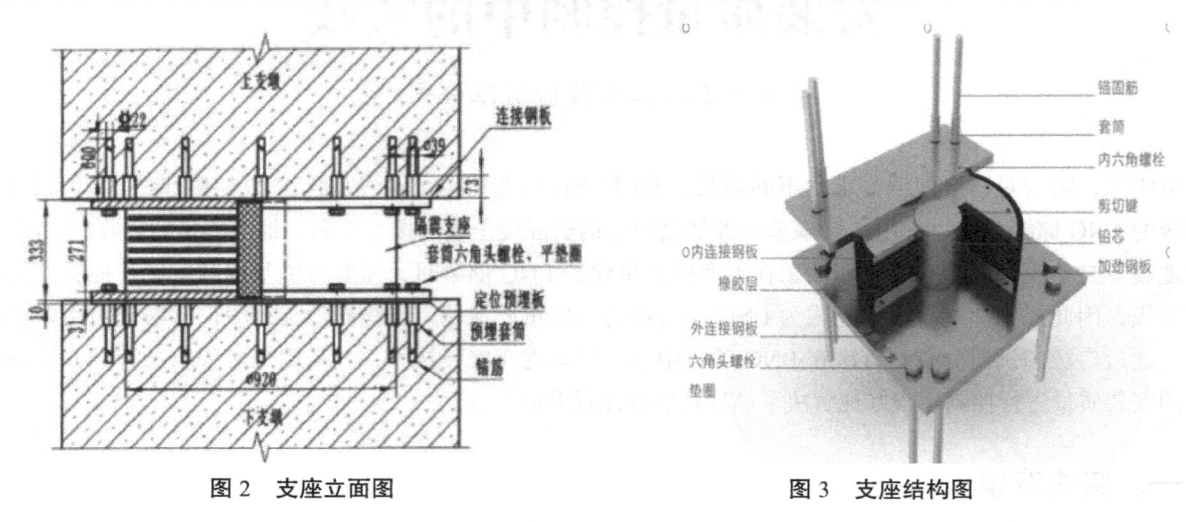

图2 支座立面图

图3 支座结构图

（一）下部锚固筋预留孔制作质量控制

定位板下部锚固筋预埋螺栓孔的垂直度质量控制标准为8mm。为了达到这一质量标准，公司发明了工装模具双层定位钢板，根据设计图纸坐标调整定位钢板平面中心位置及水平度，调整完毕后，将定位钢板和地面桩柱侧模固定牢固，工装模具上设置4点，采用连接螺栓与灌注桩顶侧模板固定，便于模板安装固定和拆卸。然后，下穿预埋钢管（金属波纹管），根据设计图纸标注调整预埋钢管的插入深度预留孔洞工装图如图4所示，最后拧紧定位钢板上的侧面螺栓，将预埋钢管固定牢固。预制钢模具双层定位板平面中心位置，即为隔震橡胶支座预埋件平面中心位置；钢模具预埋长钢管下穿深度，即为支座预埋件锚筋深度。

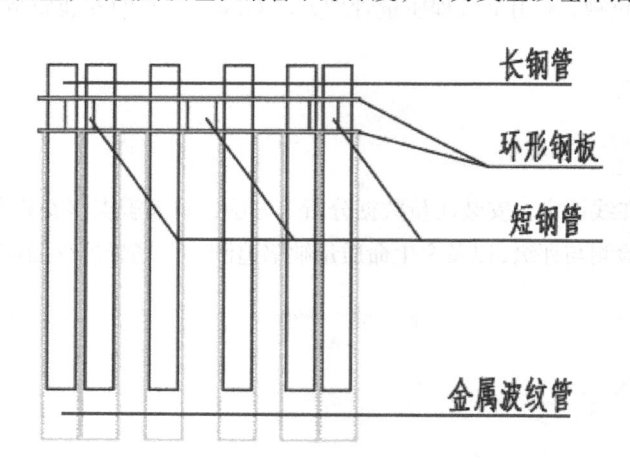

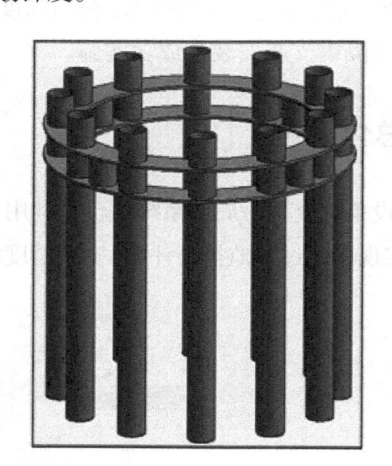

图4 预留孔洞工装图

（二）定位预埋板安装质量控制

隔震支座安装的关键点在于定位模板的安装精度，安装精准与否直接决定了支座的各项安装数据是否满足规范及设计要求。定位模板的安装方案成为隔震支座安装是否成功的决定性因素。隔震支座下法兰板的水平度及中心位置质量要求极为严格，水平度质量控制为3‰，中心位置质量控制为+5mm，为了达到该质量标准，

当工程桩的地下桩身混凝土灌注至地平面标高时，此时安装地面桩柱侧模，侧模高度应略高于地面桩头混凝土顶面高度，然后用测量仪器标定出桩柱混凝土顶面设计标高，并调整设计坐标的位置。

（三）预留孔和定位预埋板二次灌浆安装质量控制

（1）提前对地面桩柱混凝土完成面进行凿毛处理，凿毛后对预留孔清孔，凿毛面要保证清洁干净，不得有碎石、浮浆、浮灰、油污和脱模剂等杂物。灌浆前24小时，基础表面应充分湿润；灌浆前1小时，应清除积水，并逐一检查确保灌浆质量。

（2）地面桩柱混凝土浇筑完成3天后，在桩柱顶部进行支模，模具为环状，高度略高于10cm，模具与基层砼间的接缝处用水泥浆或快速堵漏剂、建筑密封胶等封缝，以整体模板不漏水为质量验收合格标准。

（3）二次浇筑的混凝土采用高流动性且无收缩的混凝土、微膨胀或无收缩高强灌浆料，其强度宜比原设计强度提高一级。

（4）二次灌浆时，应先灌注锚筋下穿的预留孔，预留孔灌注完成后再从一侧或中心进料孔进行灌浆，直至从另一侧溢出为止，以利于灌浆过程中的排气，不得从四侧同时进行灌浆。

（5）灌浆开始后，必须连续进行，不能间断，并尽可能缩短灌浆时间。应在灌浆完成后1小时用抹刀在定位预埋板混凝土浇筑振捣孔及排气孔位置处进行压光处理，使其平整，不允许有高低不平整，以便于支座安装固定。

在隔震支座预埋板二次灌浆初期，对已施工完成的预埋板验收过程中，发现部分预埋板下存在麻面情况严重的现象。为了改善施工质量，公司进行了广泛的调研与论证，查找原因，最终通过增加预埋板排气孔与增加二次灌浆量等措施，将麻面率由23.59%降至7.32%，减少了大量的返工。

（四）隔震支座安装质量控制

地面桩柱混凝土强度达到设计强度的75%以上时方可进行隔震支座安装。安装隔震支座前，应先清理干净定位预埋板表面。清理完毕后先将螺栓及临时胶套取下，再将隔震支座吊到地面桩柱上，待隔震支座下法兰板螺栓孔位与预埋钢套筒孔位对准后，将螺栓拧入套筒，螺栓应对称拧紧。

吊装防震支座时应轻举轻放，防止损坏支座和桩柱混凝土。螺栓紧固过程中严禁用重锤敲打，避免造成防震支座内部质量问题。吊装搬运过程中，不得用坚硬的东西挤压、刮碰隔震支座保护橡胶，以避免保护胶损伤造成质量缺陷，从而影响隔震支座使用寿命。

隔震支座安装完成后，复核隔震支座型号、支座顶面标高、平面中心位置及水平度并与标准进行对比，确保中心位置及水平度符合规范要求。隔震支座安装完成整体形象如图5所示。

图5 隔震支座安装完成整体形象

结合全生命周期系统的应用，对以上隔震支座安装全流程各个工序进行质量控制（质量控制数据如图6所示），可以做到线上分析评定与质量数据异常自动反馈，有效地提升了隔震支座安装质量。

图6　质量控制数据

四、经验总结

公司一直践行"质量优先、客户至上、持续改进"的质量方针，努力追求"质量零缺陷"。通过本项目隔震支座的安装质量控制实践，总结经验如下。

（1）通过对灌注桩采取地下部分与地上一次浇筑成桩，不用先浇筑地下部分，破桩头后再浇筑桩身地上部分，省去了二次接桩分两次浇注的工序，避免了接桩时产生冷缝等质量缺陷。

（2）对隔震支座与灌注桩的连接方式进行了创新性改进，将隔震支座与灌注桩的连接施工由现浇改为锚固连接，不仅锚固更牢固，传力更可靠，还可以更好地吸收地震时产生的水平推力，同时降低连接件安装难度，提高连接件和隔震支座安装质量。对整个储罐的寿命、质量起到了很大的保障作用。

（3）改良定位预埋板，增加二次灌浆时的排气孔，大幅减少预埋板下产生麻面的质量问题。

（4）通过发明制作的具有预留孔位储罐桩装置的成功应用，避免了由于桩基边缘钢筋、声测管、注浆管数量多导致的预留孔位置难以控制的质量隐患，提高了组对精度。

（5）对施工质量进行全生命周期质量控制，数据采集录入后智能评定各工序安装质量，简化了验收流程。

五、效益分析

在大容积和超大容积 LNG 储罐工程中，若未安装隔震支座，地震波可以直接传导至储罐上部结构，储罐承台、墙体、穹顶和内罐等结构将承受较大的地震作用影响。在工程设计时，只能通过增加结构主体尺寸以及增大钢筋用量来提高结构自身刚度和强度，进而提升整体抗震能力。但是增大结构尺寸和材料用量会导致储罐上部结构自身重量增加，对桩基的承载力和吸收水平推力的要求更加苛刻。

若在大容积和超大容积 LNG 储罐工程中使用隔震支座及本项目质量控制方法，可以减少底部桩基传导给上部结构 50%～70% 的水平地震波，有效降低承台、墙体、穹顶和内罐等结构受地震作用的影响，对地震时储罐防倾覆起到了保障作用。在工程设计中，地震工况作为储罐控制工况之一，其作用强度在很大程度上决定了储罐设计强度和刚度要求。地震作用强度降低了，储罐设计强度和刚度也随之降低，进而减少 9%Ni 钢、低温钢筋、普通钢筋以及混凝土用量。此外，储罐上部结构减小的自身重量以及地震响应又会降低底部桩基的设计承载力，可进一步减少钢筋和混凝土用量。因此，虽然安装隔震支座会增加一定的设备成本，但储罐总体建设成本显著降低。

六、应用实例

隔震支座在 LNG 储罐中的安装质量控制实践已在唐山 LNG 项目接收站一阶段项目、龙口南山 LNG 一期工程接收站工程项目、天津 LNG 二期项目等工程中成功应用。通过将隔震支座安装技术引入唐山 LNG 项目接收站一阶段项目并制定全流程质量控制方法，减少储罐上部结构地震响应，四个储罐内罐工程共优化 9%Ni 钢 800 余吨，节约成本约 2000 万元。通过桩基隔震支座优化设计，四个储罐桩基工程共优化混凝土量 4560 立方米，优化钢筋量 3200 吨，节约成本约 1400 万元，共计节约成本 3400 万元。

主要创造人：秦玉良
参与创造人：叶忠志、程久欢、蔡文刚、刘富鹏

航空供应链绩效评价模型和评价准则应用实践

中国航空综合技术研究所

一、企业介绍

（一）企业概况

中国航空综合技术研究所（以下简称本单位）隶属于中国航空工业集团有限公司（以下简称航空工业集团）中国航空研究院，为科研事业单位，成立于1970年。本单位是国家市场监管总局质量与效益研究基地、质量基础设施效能研究重点实验室、航空工业标准化技术归口单位、工业和信息化部的标准化技术支撑单位、中国航空工业集团公司质量和可靠性工程技术和管理中心。作为政府的支撑机构，本单位主动研判时局、前瞻未来，提供战略规划、政策支持、公共服务，推动产业变革与进步，在支撑政府部门和航空行业开展质量管理方面具有丰富的理论和实践经验。

（二）企业质量管理文化

质量文化建设是现代企业质量工作的必要组成部分，也是质量发展过程的必要阶段。质量是我国航空工业发展基因的组成部分，质量文化也是航空工业文化基因的组成部分。航空工业发展过程中形成了丰富的质量文化要素，既有"质量就是生命"的理念认知，也有"质量第一"的观念共识，还有"零缺陷"的工作追求，这些为构建体系化的航空工业集团质量文化奠定了坚实的要素基础和认知基础。

新时期发展形势下，航空工业集团着力推进全面质量提升。构建体系化的航空工业集团质量文化，培育浓厚的质量文化氛围，成为当前阶段质量工作推进完善的必然要求，也是航空工业集团塑造新优势、迈向新阶段、赢得新发展的迫切需求。集团质量文化是集团公司企业文化在质量领域的延伸，也是集团公司企业文化的重要组成。作为集团公司的特色子文化，集团质量文化将协同其他特色子文化，共同支撑集团公司总体发展战略的推进和发展愿景的实现。

本单位作为航空工业集团下属单位，紧密贴合集团质量文化的目标要求，跟随集团质量文化的发展路线，并结合单位自身业务与科研工作内容，形成了自身独特的质量管理文化。本单位立足"标准立所、质量强所、产业兴所"的发展理念，并总结提炼出"1234"发展体系（图1）。其中"1"指1个愿景，即到2035年成为世界一流的标准与质量综合技术服务商；"2"指2个体系，即技术发展体系和经营服务体系；"3"指3种能力，即技术创新能力、成果转化能力及资源配置能力；"4"指4项基础，即人才队伍、精益管理、考核评价与薪酬体系、党建工作与文化建设。

（三）企业质量管理活动

本单位从事的质量管理活动主要是为航空工业集团内部提供质量管理服务，包括一体化质量管理体系建设、集团质量体系检查评价及审核、APQP先期质量策划、供应链管理、全员质量教育、可制造性分析、质量故障归零等多项质量管理工作，同时围绕工作流程开展技术预调研与关键技术攻关，力求满足航空产品研制过程全生命周期内质量管理的需求，提升航空产品的交付质量。

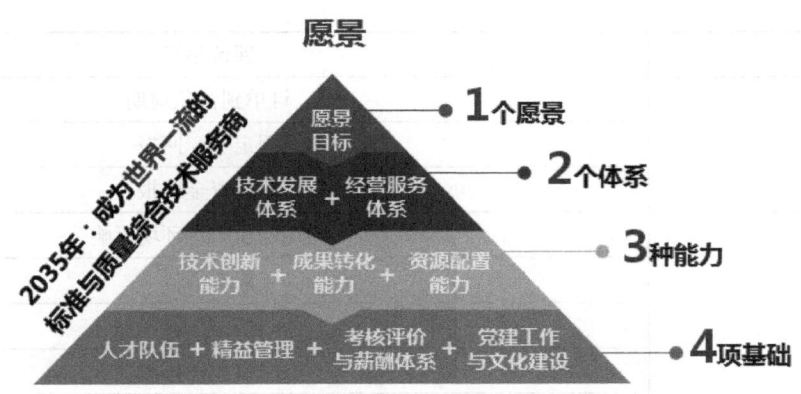

图1 质量文化发展体系

二、项目简介

开展供应链绩效评价能够发现企业经营管理过程中的薄弱环节，从而为供应链整体绩效优化提供方向，以使企业在市场竞争中取得优势地位。因此，建立科学、全面的供应链绩效评价体系，指导企业开展供应链绩效评价工作，使得企业管理者能够发现与竞争企业之间的差距，及时调整战略目标、改进业务流程、提高运行效率，从而更好地适应外部环境与形势。然而在航空产品研制过程中，其供应链表现出配套关系复杂、涉及产业多、供应渠道单一、市场竞争不充分等特征，给航空供应链绩效评价工作造成了困难。因此为提升航空供应链整体绩效、降低成本、增强航空产品在国际市场上的竞争力，建立科学、全面的供应链绩效评价体系，已成为航空工业面临的关键问题。在参考现有的供应链绩效评价模型基础上，结合我国航空供应链特点和评价需求，建立航空供应链绩效评价模型和评价准则，从而为开展航空供应链绩效评价工作提供借鉴。

三、供应链绩效评价的主要方法与工具

（一）供应链运营参考模型

供应链运营参考模型(Supply-Chain Operations Reference-model, SCOR)是一个标准的供应链流程参考模型，是供应链的诊断工具。SCOR使企业间能够准确地交流供应链问题，客观地评测其性能，进而确定性能改进的目标，以帮助企业制定流程改进的策略。SCOR制定了一套供应链绩效指标对供应链流程执行结果进行测量和评估模型。基于SCOR的供应链绩效评估模型如表1所示。

表1 基于SCOR的供应链绩效评估模型

评价维度	评价指标
可靠性	用户订单履行情况
	供应商的订单履行情况
	退货订单履行情况
响应能力	订单履行周期
敏捷性	供应链敏捷性
成本	供应链管理总成本
	销售成本
利润	税前利润占收入的百分比
	税款占税前利润的百分比

续表

评价维度	评价指标
资产管理	订单到付款周期
	固定资产回报
	营运资金回报
环境	使用的材料对环境影响
	能源消耗
	水资源消耗
	温室气体排放
	废物排放
组织	多元化和包容性
	工资水平
	教育培训

（二）国际航空航天质量组织供应链管理指标体系

1995 年，由美国质量协会航空航天理事会与美国机动车工程师学会共同发起了一项旨在制定更具备针对性的航空航天质量管理标准的倡议，得到美国工业界的积极响应。但是全球性的挑战需要相对应的解决方案，随着世界经济一体化进程的加快，各地区的不同国家开始参与到国际航空航天质量管理标准的制定与讨论当中，最终于 1998 年成立了国际航空航天质量组织（IAQG）。

IAQG 目前制定的标准主要包括：《航空航天国防组织质量体系要求》（AS 9100）、《航空航天首件检验标准》（AS 9102）、《关键特性的波动管理》（AS 9103）等。IAQG 文件体系框架图如图 2 所示。在国内，AS 9100 标准在航空转包生产、商用航空及通用航空领域均得到广泛采用，给企业的质量管理体系能力提升带来极大的促进作用。此外，IAQG 还通过开发标准相关指导材料及工具推动标准的共享和交流工作，如在线航空供应商信息系统（OASIS）、供应链管理手册（Supply Chain Management Handbook，SCMH）、IAQG 字典、航空航天改进成熟度模型（AIMM）等。

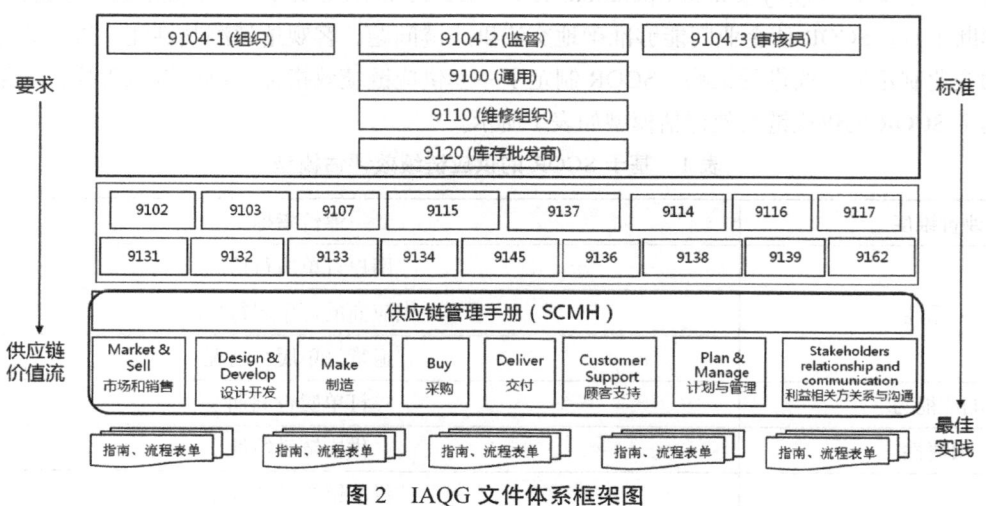

图 2 IAQG 文件体系框架图

为了更好地理解行业质量管理体系要求与期望，以助力供应链体系质量提升，IAQG 成员单位的相关领域专家于 2008 年编写供应链管理手册（SCMH），提供了满足航空航天行业要求的最佳实践的指导材料、培训材料和工具，还提供了一套供应链关键绩效指标体系，从顾客指标、工程和产品开发、项目管理、制造和生产、供应商管理、售后服务等6个维度对供应链绩效进行评估。

四、航空供应链绩效评价体系设计

（一）航空供应链绩效评价指标体系及评价准则

供应链绩效评价结果主要是反映供应链整体运营状况以及上下游节点企业之间的合作状况，而不是孤立地评价某一供应商的运营情况。考虑到目前航空工业产品研制生产主要围绕机型开展工作，因此本项目选择某机型供应链作为评价对象。在参考现有供应链绩效评价模型的基础上，从准时性、成本、柔性、资产利用率、质量、安全性等方面构建航空供应链绩效评价指标体系。准时性反映供应链系统达成自身及顾客要求的能力，成本反映了供应链成本控制能力，柔性反映了供应链系统对外界的响应能力以及对市场变化的适应能力，资产利用率反映了供应链系统的财务状况，质量反映了供应链系统的质量水平，安全性反映了供应链系统抵抗风险的能力。航空工业供应链绩效评价指标体系如表2所示。

表2 航空工业供应链绩效评价指标体系

一级指标	二级指标	三级指标
供应链综合绩效评价	准时性	交装计划完成率
		保障订单准时交付率
		备件合同履约率
		采购准时入库率
	成本	供应链总成本
		成本费用占营业收入比率
		劳动生产率
		研发投入
		设计更改造成潜在损失
	柔性	交装周期
		时间柔性
		生产柔性
	资产利用率	总资产周转率
		库存周转率
		资产回报率
	质量	超差单数量
		单机平均接装问题数
		平均单机生产质量损失
		外场故障数
		外场飞机完好率
	安全性	独家供应商比例
		一般能力社会化配套率
		国外供应商比例

三级指标的评价准则如下。

（1）准时性

a. 交装计划完成率，表示航空供应链按照计划完成交装的比例，反映了供应链的协作配套能力和整体运营能力，即生产组织管理是否能跟上供应链运行节拍的要求。该指标属于效益型指标，即值越大，表示供应链的生产能力越强、生产管理水平越高。

$$交装计划完率 = \frac{考核期内准时交装次数}{考核期内总交装次数}$$

b. 保障订单准时交付率，表示航空供应链外场服务保障任务的准时完成比例，反映了航空供应链的外场服务保障能力。服务保障工作是航空供应链中的重要一环，该指标属于效益型指标，即其值越大，表示供应链服务保障能力越强。

$$保障订单准时交付率 = \frac{考核期内保障订单准时完成次数}{考核期内总保障订单数量}$$

c. 备件合同履约率，表示航空供应链服务保障过程中备件供给的准时比例，反映了航空供应链的服务保障环节的备件供给能力。

$$备件合同履约率 = \frac{考核期内备件订单准时完成次数}{考核期内总备件订单数量}$$

d. 采购准时入库率，反映了航空供应链中供应商的供货能力及供应链中物流的协调能力，显示了供应商的时间绩效，体现了航空供应链的供应商管理能力。

$$采购准时入库率 = \frac{供应商准时交货次数}{总交货次数}$$

（2）成本

a. 供应链总成本，表示航空供应链在采购、生产、销售、运输过程中所发生的一切成本。通过一定时间内每个航空产品的成本取平均值计算得出，反映了航空供应链的成本管理能力。

b. 成本费用占营业收入比率，体现了航空供应链的获利能力，通过一定时间内航空供应链的总成本除以总营业收入计算得出，该数值越小，企业的盈利能力越强。

$$成本费用占营业收入比率 = \frac{供应链总成本}{总营业收入}$$

c. 劳动生产率，指劳动者在一定时期内创造的劳动成果与其相适应的劳动消耗量的比值，体现了航空供应链中创造价值的能力，通过总营业收入除以总人数计算得出，该数值越大，表明航空供应链创造价值的能力越强。

$$劳动生产率 = \frac{营业收入}{总人数}$$

d. 研发投入，指在一定时间内在研发过程中的资金投入。

e. 设计更改造成潜在损失，指由于机型设计更改产生的多余备件造成的潜在经济损失。

（3）柔性

a. 交装周期，是从合同签订到航空产品从生产到整机交付的平均时间，反映了航空供应链生产制造的敏捷性。

b. 时间柔性，能够反映航空供应链系统应对突发危机的能力，通过一定时期内的弹性率来表征，指在完成现有订单基础上供应链富裕的时间能力。

$$时间柔性 = 1 - \frac{实际交付周期}{计划交付周期}$$

c. 生产柔性，反映了生产需求变化后，供应链适应产品生产能力变化的能力，该指标描述了供应链对生产需求变化的反应力。生产柔性是供应链适应生产变化能力的体现，反映了航空供应链的生产管理协调能力。

$$生产柔性 = \frac{实际利用生产能力}{设计生产能力}$$

（4）资产利用率

a. 总资产周转率，用来体现企业资金周转能力，可以反映总资产的周转速度，周转速度决定销售能力。

$$总资产周转率 = \frac{一定时期内销售总收入}{同时期平均总资产}$$

b. 库存周转率，指某一段时间内库存货物周转的次数，是反映库存周转快慢程度的指标，通过365除以库存周转天数来计算得出，反映了航空供应链的整体运营情况。

$$库存周转率 = \frac{365}{库存周转天数}$$

c. 资产回报率，指的是企业的总资产（一般是负债和所有者权益的总和）获取利润的能力，该指标主要用于评价企业全部资产的总体获利能力，某种程度上也反映出该企业运营各类资产产生效益的情况。

$$资产回报率 = \frac{一定时期内利润总额}{同时期平均总资产}$$

（5）质量

a. 超差单数量，指将航空产品交付给顾客时超差单的总数量，反映了该产品的质量水平。

b. 单机平均接装问题数，指在一定时间内将航空产品交付给客户时平均的遗留问题数量。

$$单机平均接装问题数 = \frac{一段时间内问题总数}{总交付数量}$$

c. 平均单机生产质量损失，指航空产品在生产全周期过程中，由于质量问题造成的平均经济损失。

$$平均单机生产质量损失 = \frac{总质量经济损失}{总交付数量}$$

d. 外场故障数，指在飞机完成交装后，一定时期内用户使用过程中出现的问题数量。

e. 外场飞机完好率，指航空产品完成交付后，在质保期内可以正常投入训练作战的时间。

（6）安全性

a. 独家供应比例，反映了航空供应链抗风险的能力。对于航空工业来说，稳定的保军能力是企业根本，必须避免因供应商断供导致生产中断的情况，应开展备用供应商选拔计划，制定完备的风险管理方案。

$$独家供应比例 = \frac{一级供应商中独家供应商数量}{供应商总数量}$$

b. 一般能力社会化配套率，指航空工业明确的一般能力中，由民营企业进行配套的比例，反映了航空供应链中的军民融合程度。

c. 国外供应商比例，指的是航空供应链中所有二级供应商中的国外供应商的比例。

$$国外供应商比例 = \frac{二级供应商中的国外供应商数量}{供应商总数量}$$

（二）航空供应链绩效评价指标体系权重研究

在构建完成的航空工业供应链绩效评价指标体系基础上，给出指标体系参考权重，如表 3 所示。

表 3 航空供应链绩效评价指标体系权重

一级指标	二级指标	三级指标	权重
供应链综合绩效评价	准时性（25%）	交装计划完成率	30%
		保障订单准时交付率	30%
		备件合同履约率	20%
		采购准时入库率	20%
	成本（15%）	供应链总成本	30%
		成本费用占营业收入比率	15%
		劳动生产率	15%
		研发投入	25%
		设计更改造成潜在损失	15%
	柔性（10%）	交装周期	40%
		时间柔性	30%
		生产柔性	30%
	资产利用率（10%）	总资产周转率	40%
		库存周转率	30%
		资产回报率	30%
	质量（25%）	超差单数量	15%
		单机平均接装问题数	20%
		平均单机生产质量损失	15%
		外场故障数	20%
		外场飞机完好率	30%
	安全性（15%）	独家供应商比例	25%
		一般能力社会化配套率	40%
		国外供应商比例	35%

五、实践成果

在以上研究成果的基础上，本项目选取昌河飞机工业（集团）有限责任公司（以下简称航空工业昌飞）、中航西安飞机工业集团股份有限公司（以下简称航空工业西飞）开展研究成果应用实践。航空工业昌飞、航空工业西飞结合本单位某机型研制供应链管理特点，对项目研究成果进行剪裁使用，开展本单位航空供应链绩效评价工作。开展航空供应链绩效评价模型企业实践，一是便于企业识别供应链短板，以开展针对性的绩效提升活动；二是开展同一机型不同年份供应链绩效情况比较工作，了解供应链运行情况的变化；三是开展不同机型供应链绩效比较，促进航空工业内部先进技术和方法的共享，以提高整体供应链绩效水平。

主要创造人：王齐君

参与创造人：梁昭磊、李 硕

坚守质量，传承创新，大渡河特大桥项目质量管理

中铁大桥局集团有限公司

高原铁路是世纪性战略工程，是实现第二个百年奋斗目标进程中的标志性工程，被称为世界铁路建设史上的"珠穆朗玛峰"。高原铁路大渡河特大桥是世界跨度最大的山区铁路悬索桥，是全线跨度最大、难度最大、技术最复杂的标志性桥梁工程，是高原铁路建设的"桥头堡"。

自2020年11月8日开工以来，中铁大桥局集团有限公司（以下简称中铁大桥公司）高原铁路项目部深入贯彻落实关于高原铁路规划建设的重要指示批示精神，始终树立"精雕细琢、百年品质"企业质量管理理念，聚焦使命、着眼品质、守正创新，坚持向站位提升要质量、向试点示范要质量、向工艺细节要质量、向内控标准要质量、向技术管理要质量、向科技创新要质量、向高端装备要质量、向智能建造要质量等原则。

一、聚焦使命，提升站位，持续强化精品意识

项目全体参建人员深度聚焦精品工程的历史使命，自觉站在建设好第二个百年奋斗目标进程中的标志性工程的政治高度，牢固树立精品工程的思想认识，始终围绕"质量就是生命、质量就是安全、质量就是效益"的质量理念，视质量为企业发展的生命、视质量为本质安全的保证、视质量为生产效益的基石、视质量为大国工匠的良心，始终把质量作为最基础、最重要、最核心的任务来抓，坚持匠心铸就品质、品质彰显品牌，深入开展"坚持在赞誉声中把项目干好，决不在埋怨声中把项目干完"等主题活动，不断强化全员质量意识、精品意识，精雕细琢，高质量高标准推进精品工程建设。

二、着眼品质，示范引领，全面推行精益管理

一是立标打样、示范引领，坚持向试点示范要质量。项目自开工以来，聚焦提高现场实体质量和标准化管理水平，围绕临建设施、工艺工法、实体质量、过程管理等四个方面，深入开展试点示范工程建设，成功打造了绿色环保智能拌和站、大直径钻孔桩干钻干封成桩工艺、承台大体积混凝土质量控制、重难点工序施工预演、过程工序质量安全卡控等共计30项试点示范工程，四川公司多次组织前来观摩，极大地促进了现场工程实体质量和标准化管理水平的提高。

二是创新推行施工预演和工序质量卡控制度，坚持向工艺细节要质量。一方面，坚持对承台、塔柱等重点难点工序进行全过程、全环节、全要素的虚拟推演，对全部施工人员进行全方位交底，细化工序责任分工，做到全员心中有数，提前预判工序转换中可能出现的技术、组织、质量和安全问题，并提前采取措施进行预防，有效降低工序转换质量安全风险。另一方面，坚持按分部分项工程建立工序质量卡控清单，明确各工序、各环节质量卡控要点、卡控标准和卡控责任人，并建立工序质量卡控专群，严把过程卡控和签字确认流程，实现全工序、全过程有效卡控，切实保证安全零事故、质量零缺陷。

三是眼睛向内、严格标准，坚持向内控标准要质量。一方面，把好标准关，在常用标准规范体系基础上，编制《大渡河特大桥施工技术指南》《高原铁路悬索桥施工技术指南》《高原铁路站前工程施工质量验收补充标准》等内控标准，并结合中铁大桥公司《悬索桥施工》企业标准，有效指导大渡河特大桥施工。另一方面，把好原材料进场关，始终把原材料质量放在首位，强化源头控制，加强原材料进场检验，坚决杜绝不合格原材料进场和未检先用的现象，坚决把"好钢用在刀刃上"，把最好的原材料用在工程实体中。此外，坚持推行"看板管理"，

建立标准质量样品展示区，开展钢筋机械连接等作业质量标准卡控培训，提高施工人员质量标准意识。

四是依法合规、严格程序，坚持向技术管理要质量。一方面，严格规范方案及作业指导书编审、施工技术交底、设计变更、内业资料归档等技术管理程序，坚持无图纸不施工、无方案不施工、无技术交底不施工，把按图施工、按方案施工作为铁律来抓，确保技术管理程序依法合规。另一方面，创新推行内业资料数字化管理，建立了全路第一个铁路项目数字档案馆，具备内业资料自动归档提醒、自动查询功能，实现内业资料及时归档、高效管理、有效追溯，并通过中铁大桥公司档案馆、湖北省档案馆验收，得到国铁集团档案馆、成都局档案馆的高度认可。

三、传承创新，重点突破，切实提升实体质量

项目建设团队始终秉承大桥人敢于创新、善于创新的优良传统，聚焦现场重大技术难题，充分发挥企业设计、科研、施工、装备四位一体专业优势，以提升工程实体质量为目标，依托国家高原铁路重点专项研发计划及国铁集团和中国中铁课题，深入开展"四小四新"攻关，坚持向科技创新、高端装备和智能建造要质量，累计20项"四小四新"成果通过高原铁路四川公司评审认定，其中4项被评为优秀"四小四新"项目，获评中铁大桥公司工法5项、股份公司工法2项、中铁大桥公司节能低碳技术3项，有效助力了工程实体质量的提升。

一是坚持向科技创新要质量。针对大渡河特大桥地形险峻、地质复杂、地震效应强烈、大风大温差影响显著、施工场地狭小、运输条件困难等现实条件，开展了隧道锚机械化配套钻爆法快速施工技术、钢梁虚拟拼装技术、大直径变径钢管混凝土桩施工技术以及低温升高抗裂混凝土等新技术、新材料的创新研究。其中，大直径变径钢管混凝土桩施工技术和低温升高抗裂混凝土已分别在桩基和主塔施工中成功应用，形成了成套的专利和工法，有效提高了复杂地质条件下桩基成孔成桩质量，保证了干燥、大风、大温差环境承台大体积混凝土和高塔施工质量；隧道锚机械化配套钻爆法快速施工技术已在两岸隧道锚施工中成功应用，成功解决了碎裂岩地层超大体量隧道锚开挖施工难题，有效保证了隧道锚开挖施工质量。

二是坚持向高端装备要质量。自主研发智能温控系统、防风抗风自动喷淋喷雾养护爬模、大方量智能出渣矿车、可调坡运输平车、智能放索系统、千米级重载缆索吊机等新装备，以高端装备提升工程质量。其中，智能温控系统已在主墩承台大体积混凝土施工中成功应用，实现了混凝土温度场、环境体系温度及混凝土应变全方位智能监测，冷却循环水智能精准控制，有效保证了大体积混凝土施工质量；防风抗风自动喷淋喷雾养护爬模已在两岸主塔施工中成功应用，具备防风抗风功能和自动喷淋喷雾养护功能，有效保证了干燥大风环境高塔施工质量；大方量智能出渣矿车和可调坡运输平车已在隧道锚成功应用，有效保证了隧道锚快速出渣和配套机械进出，实现了隧道锚的机械化配套施工，提升了隧道锚整体施工质量。

三是坚持向智能建造要质量。充分运用信息化和远程控制技术，实现混凝土智能生产、钢筋智能加工、大体积混凝土智能温控、主塔智能建造、智能放索、索夹智能张拉、钢梁虚拟拼装、钢梁可视化吊装等，实现现场施工机械化、质量控制智能化，提升桥梁建造质量。智能化拌和站采用综合管理系统、远程控制视频系统，一键式操控智能化生产混凝土，实现了远程操控自动生产少人化、业务流程管理自动化、车辆管理智能化、质量卡控标准化，在提升混凝土生产效能的同时，大幅提升了混凝土的生产质量，成为高原铁路全线样板工程。

坚守质量、传承创新是中铁大桥公司长期秉持的企业质量文化，大国匠心、铸造精品更是中铁大桥公司持之以恒的追求。针对高原深切峡谷的特殊环境，围绕精品工程目标，从提高工程实体质量和现场标准化管理水平出发，大渡河特大桥项目部在质量管理方面做了一些大胆尝试，成功克服了地形险峻、地质复杂、场地狭小、运输困难及恶劣气候条件等诸多挑战，先后荣获高原铁路全线2021年上、下半年信用评价第一名，2022年上半年信用评价第三名，取得了良好的效果，有效助力了精品工程的建设。

主要创造人：赵子龙
参与创造人：李艳哲、张　露

基于装备实战化需求的军工企业质量管理变革

重庆铁马工业集团有限公司

重庆铁马工业集团有限公司（以下简称铁马公司）隶属于中国兵器工业集团有限公司（以下简称集团公司），是大型军工企业，始建于1941年，1955年转为兵工企业，2001年改制为公司，目前已成为轮式装甲车辆、轻型履带装甲车辆和专用汽车、汽车零部件等军民整车装备和零部件系列产品生产企业。截至2021年年底，铁马公司总资产为41.3亿元，拥有3家全资子公司和2家参股公司，职工总数为3179人。多位领导人先后莅临视察，铁马公司生产的装甲车辆多次参加国庆阅兵，先后获得了"全国五一劳动奖状""高技术武器装备发展建设工程重大贡献奖"等荣誉，通过了"国家级两化融合"评定和重庆市"高新技术企业及高新技术产品"双高认定，取得武器装备科研生产许可资质和备案资质，具备装备承制单位资格。铁马公司转变思想观念，打造"创新自强、开放高效、担当成事"的铁马团队，大力实施"六大工程"（党建引领、科技兴企、质量立企、管理增效、改革提速、数字化转型），以讲政治的标准为准则履行强军首责，推动高质量发展，向"2331"奋斗目标、向"建成国内领先、国际一流的装甲车辆及特种装备研发生产基地和军民融合型企业集团"的企业愿景不懈努力。

一、实施背景

（一）质量是实现强国梦、强军梦，维护国家安全，推动国防和军队现代化建设的战略基石

准确把握世界军事发展新趋势，对推进国防和军队现代化建设、装备质量建设提出一系列新思想、新观点、新论断、新要求，强调"质量就是生命、质量就是胜算"，为履行强军首责、抓好装备质量提供了科学指南和根本遵循。

锚定新时代强军"三步走"目标，适应世界新军事革命发展趋势和国家安全需求，提高建设质量和效益，同国家现代化进程相一致，全面推进军事理论现代化、武器装备现代化，力争到2035年基本实现国防和军队现代化。

装备质量是确保实现新时代强军目标的重要支撑，是确保打赢新形势下信息化局部战争、促进部队战斗力建设的根本保证。要牢固树立军品必为精品的理念，始终把国家利益摆在首位，瞄准一流、以质取胜。

（二）质量是强军备战、练兵为战的重要支撑

部队要践行"能打仗、打胜仗"的要求，装备实战化需求是装备质量工作的根本目的、最终目标、基本指导和衡量标准。要以能打仗为关注点，用军事行动和实战演训检验装备质量，把官兵满意与否作为评价装备质量的重要依据。近年来，在朱日和沙场点兵、国际军事比武、跨战区机动演习等重大军事活动中，武器装备扮演了重要角色，是实现战略意图和战术制胜的关键，部队要求武器装备在实战化训练中能够做到拉得出、打得准，保证装备出勤率，做到"好用、管用、耐用、实用"。

（三）质量是集团公司履行强军首责的基本要求

集团公司贯彻落实新时代强军思想、贯彻落实重大部署、实现新时代强军目标，站在国防和军队现代化建设的全局高度，以对部队负责、对企业负责、对历史负责的态度，以"质量第一，质量立企"为总要求，高标准、严要求抓好装备质量提升工作。为集团公司履行强军首责、打造世界一流企业奠定坚实的质量基础。

（四）质量是铁马公司生存发展的内在需求

作为武器装备行业骨干力量和轮式装甲车辆的主要研制生产单位，铁马公司面对新形势、新任务、新要求，充分认识到抓好装备质量的重大意义。

近年来，铁马公司暴露出的装备质量问题、军贸质量问题，严重影响公司的声誉和强军地位，制约了公司的生存和发展。

面对严峻的质量形势，公司上下转变思想观念，对质量给企业造成的影响达成了共识。为用户提供优质的产品和服务，提供适应部队实战化需求的武器装备，既是企业最起码、最基本的遵循，也是企业履行强军首责的表现。质量是公司产品品牌、公司战略、公司参与市场竞争的坚强支撑与基础，企业想要获得效益、职工想要增加收入，最根本的，就是要让公司的产品有良好的、过硬的、稳定的质量，赢得良好的口碑，从而获得更多的订单。对此，公司下定决心，聚集武器装备实战化需求，对标实战化标准，运用现代质量管理方法，实行质量管理变革，把质量和服务要求贯穿到装备全生命周期服务的各个环节，以一流的质量、一流的服务支撑一流军队建设、铸造一流装备品牌。

二、内涵及主要做法

基于武器装备实战化需求的军工企业质量管理变革的内涵是：针对新形势下装备质量的可靠性与实战化需求，牢固树立"质量就是生命，质量就是胜算"的理念，以"质量立企，质量第一"为根本要求，切实提高质量管理水平和实现现代装备精细化管理，以"守规矩、尽责任、用重典"为工作主线，以武器装备质量"零缺陷、零投诉、零失信"为目标，通过对提供产品和服务的系统分析，不断完善公司的质量管理体系和运行机制，实现制度化、精准化、流程化；在实物质量方面，以问题为导向，压实质量责任，强化关键环节管控，提升质量保障能力，为客户提供"故障少、维修方便、可靠性高、性能优异、外观美观"和"跑得快、打得准"的装备，满足部队"好用、管用、耐用、实用"的实战化需求。公司主要做法如下。

（一）聚焦客户需求，加强顶层策划

公司聚焦部队实战化需求，主动联系部队用户走访调研，一方面进行问卷调查，另一方面进行内部梳理，收集影响装备实战化的突出问题，主要表现为标准不高、制度不落实、执行不严格等三个方面，深入分析原因，主要体现在质量主体责任落实困难、执行走样、用户信息收集改进渠道不畅通，铁马公司内抓质量强基、外抓"质量万里行"，进行了系统策划，形成了"强质量"专项任务实施方案，为质量提升扎实推进打下坚实基础。

（1）内抓质量强基工程。针对质量主体责任落实困难问题，建立公司领导联系点制度，将"三进班组"固化下来，自上而下切实推动质量主体责任落实。从源头上落实质量责任，从职能上优化管理环节，实现"有章可循"；在指标管控和问题预防方面，鼓励各单位自查自纠、自我管理，推动全员积极投入质量改善，自觉自愿改进产品质量，实现"有章必循"。针对执行走样问题，整理完善质量负面清单，完善质量责任追究办法，通过正向引导激励和反向约束监督，严格规范质量行为和质量过程管控，强化执行落地，逐步推动质量强基内生动力，引导员工严格执行按标准办事、按程序处理、按规定记录。

（2）外抓"质量万里行"。积极主动对接内装部队、武警部队、上装单位等，并结合专项演训和部队服务保障，建立及时高效稳定的信息反馈渠道，及时收集用户反馈问题意见和建议，并汇总分析装备实战化需求，及时解决用装实际困难。根据不同用户群体单列实施计划，用户意见和建议采用定期收集、季度统计方式专项实施，更加有效提升产品质量和服务质量。

（二）搭建组织机构，实现协同作战

公司成立了以董事长为组长、总经理为常务副组长的质量专项工作推进组，对宣传教育、体系完善、技术提升、生产配套、能力保障、管理提升等工作进行了明确分工，按照"问题导向，齐抓共管，综合施策，奖罚分明"的原则，制定实施方案和工作计划，通过整治整改，提高公司质量管理水平和产品实物质量。

（三）强化文化引领，提升质量意识

以"质量是企业的生命之本"为价值观，以"守规矩，尽责任，用重典"为行为准则，印发《铁马集团质量文化准则》供全员学习，提升全员的质量意识。公司主要领导上台讲质量，公司领导从各自分管业务出发，在指导工作的同时，融入质量意识建设要求，落实质量价值观，形成蕴含质量观念落地的思想自觉和行为自觉，各级人员把质量意识、质量思维、质量标准与岗位职责结合起来，在具体业务工作中落实质量要求，逐步改正和巩固质量习惯，推动形成铁马公司质量文化。

（四）抓技术源头，实施"交钥匙"工程

设计质量从源头上决定了产品质量，公司从设计源头抓质量并制订行动计划，改变已有的技术系统管理模式，实行长师分设、总师负责制；完善技术管理相关制度，形成鼓励技术创新的激励机制；强化问题归零，防止重复发生；推进设计精品工程，实施科研项目设计、工艺、检验三合一的"交钥匙"工程，实施转段控制，减少设计文件错误，降低设计问题的风险。

1. 权责统一，构建新的科研质量管理架构

理顺制度层级、完善管理流程、细化界面接口，搭建"科研试制、服务跟踪、技术状态管理、问题处理"的整体架构。通过制定《公司军品科研项目中长期激励办法（试行）》充分调动科技开发骨干人员开发新产品的积极性、主动性和创造性，激励科研人员更好地对接市场、对接装备实战化需求，激发科研开发人员求真务实、发现问题、分析问题、解决问题的创造力，提升履职能力，从源头根治问题。制定《现场技术问题处理流程》，规范现场技术服务人员接到现场问题反馈后的处理方法及处理流程，在现有生产现场技术服务保障模式的基础上，明确现场服务跟踪记录。完善《科研产品试制和试验问题记录及处理落实管理办法（试行）》，对科研产品试制和试验出现的技术质量问题进行拉条挂账、全数处理落实，明确要求。

2. 聚焦闭环，实现科研阶段问题全数解决

（1）统一问题记录标准，实现科研产品技术质量问题科学管控及利用

一是聚焦科研产品总装试制过程暴露的技术质量问题，形成《科研产品总装试制问题记录传递表》标准格式，主要包含件号、问题现象、问题照片、发现时间、发现人、现场处理措施、项目负责人意见以及解决时间等8方面信息，为科研产品试制技术质量问题管理提供标准，统一技术质量问题知识数据结构、实现技术质量问题知识共享，提供标准和规范。

二是通过对科研产品总装试验过程暴露的技术质量问题，形成《科研产品试验问题记录传递表》标准格式，主要包含试验时间、地点、里程、件号、问题现象、问题照片、现场处理措施、项目负责人意见以及解决时间等9方面信息，充分完整展现试验过程技术质量问题各方面信息，为后续故障分析、问题归零提供有力的支撑。

（2）问题归纳总结，为实现问题共享做好支撑

科研项目样机试制与试验阶段完成后，转段前，试制与试验系统必须将前期记录问题按照规定分别整理、分析、统计，挖掘反复出现的同性质不足，报项目负责人，并归档管理，转化为科研质量经验知识数据库内容，实现质量问题案例共享。

3. 建设试制与试验质量问题知识库，实现质量经验和知识共享

搭建公司科研产品试制与试验质量问题知识库，消除信息孤岛，破除信息壁垒，囊括设计研发、科研试制、科研试验等过程中的技术质量问题、问题照片、技术文件以及会议纪要、专家意见、问题归零等资料，供设计、工艺、质量、生产、采购等各环节使用，实现对技术质量问题资源的共享。

（五）实施总装拉动，提升制造质量

1. 抓住车体制造质量这一短板

为进一步提升质量，确保装备的可靠性，铁马公司以装甲车辆车体为制造质量试点，以"车体进总装不动焊"

为工作目标,收集车体制造质量问题,以问题为导向,采取针对性措施,落实到各环节,并重点监控,有效减少了因制造因素导致的质量问题重复发生。

统计2018—2019年车体单台质量问题数(表1),2019年车体质量问题总数为87项,相比2018年车体质量问题总数的241项,降幅约64%,有效地提高了产品过程质量。这种控制模式已经推广应用到整车制造质量控制。

表1 2018—2019年车体单台质量问题数量对比

产品类型	6×6产品	8×8产品	履带系列	其他产品	合计
2018年	86项	113项	6项	36项	241项
2019年	17项	46项	6项	18项	87项

2. 针对首批生产难点实施"两保一控"

科研转首批生产具有其特殊性,管控难点及涉及复杂因素多、不可预计情况多,为此,公司制定了某型轮式装甲车首批生产"两保一控"(即保质量、保进度、控成本)实施方案交付精品,印发《某型轮式装甲车系列外购外协器材、自制零部件军检项目》,通过一系列举措保障首批交付用户试用装备得到好评。

3. 建立非量化质量标准,实现产品质量一致性

通过识别顾客需求,对于主观评价因素较多的质量要素,如产品焊缝质量、焊后处理、油漆、外观质量等非量化质量要素,通过抽样方案和调查方法,获取感观评价统计数据,综合提升产品非量化质量检验和评价标准,指导生产过程中操作者人员自检、检验专检,达到接收标准和状态统一的目的,有效确保了产品实物质量的一致性。先后编制了外贸产品、某履带装甲车辆、某轮式装备、某4×4轮式装甲车系列等装备非量化评价质量检验标准(技艺评定准则),产品实物质量得到有效保证,得到用户好评,特别是在产品交付过程,用户主观性评价较好,反馈的问题数大幅下降。

非量化质量评价标准的确定,真实反映了用户的直观感受和需求,为质量的改进策略提供了直接的指导和借鉴。

4. 产品零问题交装,实现用户阶段性满意

为提高装备质量水平、适应新时代装备实战化需求,公司坚持"符合性质量"向"适用性质量"的观念转变,制订了产品"零问题交装"活动总体方案及实施计划,从"部队反映问题梳理分析到位、交装产品配套器材问题协调处理到位、产品生产过程质量控制到位、交装前产品技术质量状态准备到位、交装过程组织和沟通协调工作到位、交装产品长期存在不足的持续改进到位"等六个方面开展工作,积极推进实现产品"零问题交付"的目标。某型两栖装甲车交装时,接装人员提出的故障问题数由2019年的8.1项,下降至2020年的2项,得到了接装人员的赞扬。

(六)实施军地协同,提升服务质量

铁马公司坚持体系化建设,统筹装备科研生产全过程和装备全生命周期服务保障,以"质量万里行"为主线,实施军地协同,以主动到用装部队巡检巡修服务保障的工作形式,主动收集并处理用户意见和建议,按"实时响应,精准对接"原则,想用户所想、急用户所急,主动服务,持续提高顾客满意度,增强体系化质量保障能力,不断适应公司高质量发展需要。公司主要领导带队到各大战区走访调研,对照各战区陆军装备问题、陆军大型活动保障需求、陆军直供器材需求、陆军支援保障维修需求等,组成设计、工艺、质量、售后联合团队,逐一梳理,积极对接,找准问题根源和症结,全面深入研究,提出切实有效的系统解决方案并加以解决,确保装备实战适用。

通过抓"质量万里行",公司产品售后服务水平显著提高,售后质量问题不断减少,收到用户送来的锦旗;在国际军事比赛中,零故障完成了所有赛程,圆满完成了保障任务。

(七)功夫下在现场,实现管理上台阶

1. 现场监督,严抓严管

铁马公司坚持"零容忍"和"用重典"制度理念,严肃对执行者考核和管理者问责。从严从重惩处因意识懈怠、

操作不执行工艺规定、管理不到位而产生的低级质量问题，警钟长鸣；从严从重处罚习惯性违规违章，纠正陋习；从严从重问责重复发生质量问题背后的管理问题，杜绝再犯；顶线升级问责严重及以上质量问题，让质量成为不可触碰的"红线"和"高压线"；严肃惩治质量人员不作为问题，树立铁腕治患的决心。以质量违规行为和质量违规结果清单为抓手，推动质量评价导向转型，从"事后惩处"逐步向"事前预防、事中监督、事后评价"转变，形成质量改善闭环管理。

2019年共发现408项各类质量问题，针对问题进一步完善了《制品管理办法》《工艺装置管理办法》。经过为期3个月的自查自改后，全年质量问题数量呈现逐月下降趋势。

2. 严格配套管理，保整车质量

根据历年来问题统计，配套产品质量问题占整车质量问题的70%，公司以问题为导向，修订完善了采购管理办法、供应商管理办法、外包管理办法、供应商黑名单管理办法等外购外协管理制度，清理了采购资料，制订了强配套工作计划，涉及4个方面18项工作内容，全部得到了落实；梳理配套质量"瓶颈单位"，督促其进行了整改归零，并对整改情况进行验收；修订外购技术协议签订规范、外协技术协议签订规范，对外购外协技术状态的偏离、更改及相关管理进行规范，提出控制要求。

3. 设置质量激励基金，构建质量评价机制

为推动质量基础能力提升，制订了"质量立企工程"行动计划，设立质量激励基金和质量贡献奖，从建立质量文化、健全质量体系、提升质保能力、履行质量责任、严格质量考核五个维度持续抓质量提升。深入推进装备质量综合整治及提升工程，定期组织工作会，力促工作顺利进行，确保140项节点任务全面按期完成。

按照"守规矩、尽责任、用重典"的工作要求，全面落实《质量工作责任追究办法》《质量问题考核办法》，推进质量责任层层压实。优化质量激励导向机制，制定《质量基金激励办法》《质量贡献奖实施细则》创新正向激励办法，放大质量激励基金和质量责任追究的指挥棒作用，以不折不扣完成"装备质量综合整治及提升工程"节点任务、"强质量"基础管理提升、"两栖产品零问题交装"节点目标和"车体进总装不动焊"实施效果等为结果评价，以质量亮点为激励导向，晒质量状况，反映"尽责任"程度和成效，增强了各单位进一步主动担当、履职尽责的意识。

4. 建立下工序是用户的管理制度

为加强内部沟通，突出"下工序是用户"的质量意识，提高产品质量，策划了《内部工作（服务）质量满意度评价管理办法》，从产品质量、服务态度、服务水平、服务及时性、服务效果等五个维度实行下工序对上工序进行评价，促进各工序单位做好改进，了解内部顾客需求，为下工序不断提供高效高质服务，并实时改进工作质量，实现"产品反映人品，质量就是生命"的企业质量理念。

三、实施效果（质量成效）

坚持"质量至上"的装备建设战略指导，坚持问题导向，强化源头治理的方针，将用户实战化需求与公司质量管理体系相结合，构建新时代装备质量管理体系，打造新时代的责任工程、素质工程、良心工程。通过增强全员质量意识、规范过程管理，实现了产品实物质量与装备的"好用、管用、耐用、实用"相统一，取得了良好的经济效益和社会效益，为公司实现高质量发展奠定了坚实的基础。

（一）质量管理水平明显提高

1. 完善质量管理制度

完善《现场技术问题处理流程》《外购件技术状态管理实施细则》《供应商管理办法》等10余项管理制度，规范了管理行为。

2. 培养质量管理人才队伍

锻炼了一支能打硬仗、求真务实、科学精干的质量管理人才队伍，掌握了现代质量管理方法，按PDCA循

环规律，建立了质量监督机制。

3. 提高员工质量意识

公司形成了常态化的质量监管工作方式，建立了红黑榜曝光台，员工通过看曝光台知荣辱，提高全员的质量意识。

4. 形成质量管理评价模型

建立了包含质量管理、实物质量、计量管理、问题管理、精益质量等五个维度的质量管理水平评价模型，综合评价各单位的管理效果，给予相应的质量激励。通过2018—2019年的实施，各单位质量管理水平和实物质量控制效果得到提高。2018年7月部分单位质量评价结果如表2所示，2019年11月部分单位质量评价结果如表3所示。

表2 2018年7月部分单位质量评价结果

单位	质量管理	实物质量	计量管理	问题管理	精益质量	平均
14车间	67.82	61.7	95.3	68	66	71.76
15车间	68.8	69	93.8	80	77.8	77.88
总装车间	86.1	70	99.3	52	84.6	78.40

表3 2019年11月部分单位质量评价结果

单位	质量管理	实物质量	计量管理	问题管理	精益质量	平均
14车间	78.4	86.7	97.0	80	76	83.62

（二）质量损失不断减少，经济效益显著提升

2018年和2019年质量损失率分别为0.14%和0.18%，较2017年的质量损失率0.24%，有大幅度的下降。2018年和2019年铁马公司订单和产值均有大幅度的增长，实现年均增长10%以上。

（三）实物质量持续改善，满足实战化需求能力不断增强

1. 用户满意度评价持续提升

2017年，顾客满意度为93.43，至2019年提高到94.40，顾客满意度得到了稳步增长。2017—2019年顾客满意度列表如表4所示。

表4 2017—2019年顾客满意度列表

年度	2017年	2018年	2019年
顾客满意度	93.43	93.64	94.40

2. 质量问题持续减少，实物质量水平不断提高

通过严格过程管控，严格检验验收，抓执行工艺，抓质量问题处置，履行质量职责，践行整治整改成果，提高了产品实物质量和用户满意度。

3. 装备可靠性持续创新高

铁马公司轮式装备平均无故障间隔里程2016年为4004千米，2017年为4184千米，2018年提高到4284千米，2019年达到4710千米，产品可靠性持续增长。

（四）社会效益不断凸显，企业软实力日益增强

公司装备得到部队实战化检验，得到了认可。2019年，铁马公司收到部队感谢信3封，锦旗6面，奖牌4块。公司某新型轮式装甲车得到用户代表和用装部队的高度认可和赞扬。

主要创造人：李锦科

参与创造人：杨盛伟、付潇

创新型质量管理小组活动助力航天企业提质增效的实践

北京自动化控制设备研究所

一、背景概述

北京自动化控制设备研究所（以下简称研究所）创建于1965年6月9日，是航天科工集团从事惯控技术研究的核心单位，是军委装备发展部惯性技术专业组组长单位，是集研究、设计、试验和批量生产于一体的导弹惯控系统专业研究所。主要承担飞航、防空、地地等多种型号惯导系统、自动驾驶仪、控制系统、惯性仪表和控制部件等产品的研制生产。荣获各类技术成果获200多项。2012年荣获我国航天行业质量类最高奖项——中国航天质量奖。

目前我国面临着复杂的周边环境，国际上新军事变革也来势迅猛，对军工产品的需求无论在种类还是数量上都远超以往，而且对军工产品的研发提出了更严格的要求——"研发周期短，产品质量高、可靠性好"，同时出于对市场竞争日趋激烈的考虑，更加注重产品的性价比，这对于军工产品的研发是一次巨大的挑战。迅速响应需求，研发出质量高、可靠性好且具有价格优势的军工产品，成为占领军工市场制高点的关键。以质量促效益是质量管理研究的新方向。

质量管理小组活动，也称QC小组活动，是企业中的一种活动，具有明显的自主性、广泛的群众性、高度的民主性和严密的科学性。在活动中强调运用全面质量管理的理论和方法，强调活动程序的科学化、方法的多样化和实施的数据化。质量管理小组活动可以分为两种类型：问题解决型和创新型。前者侧重解决生产过程中遇到的实际问题，后者侧重创新型的产品设计和研发。将质量管理活动的成功经验引入军品研发过程，可以调动全员的积极性，遵循科学的工作程序，运用科学的质量管理工具和方法，深入地分析和解决问题，坚持以科学的工具方法解决问题，可以在保证军工产品质量的同时，加快研制进度，提高产品的性价比，对军品研发具有积极的推动作用。

近年来，研究所始终坚持"质量第一"的发展思路，秉承"体系为基、预防为主、精益求精、顾客满意"的质量方针，应用质量管理新工具、新方法，提高产品精细化质量管控水平，全面提升质量治理能力和产品质量竞争力。企业注重通过质量管理小组活动提升企业质量管理实效，通过积极开展创新型质量管理小组活动在企业提质增效方面取得了明显成效，荣获了"全国质量管理小组活动优秀企业"称号，近年荣获"全国质量信得过班组"奖4项，"全国优秀质量管理小组"奖2项，"航天工业优秀质量管理小组"19项。

二、企业质量管理小组活动开展总体情况

自1987年开始，研究所开展质量管理小组活动，近年来共策划实施质量管理小组活动115项，荣获各级成果32项，有效提高产品可靠性、一次装调合格率、一次验收合格率等指标，创造直接经济效益5000余万元。有效实施质量管理小组带头人计划，树立了一批扎根于基层部门的小组带头人，以点带面推进质量持续改进，从解决科研生产实际问题出发确定质量管理小组。突出质量管理小组成果效果评判，以效果评价为衡量标准，

以成果发表为宣传契机，进一步加强对质量管理小组活动成果意义的宣传，充分调动各类职工参与质量改进工作的积极性和创造性。

在生产或工作岗位上从事各种劳动的职工，围绕企业的经营战略、方针目标和现场存在的问题，以改进质量、降低消耗、提高人的素质和经济效益为目标组织起来，运用质量管理的理论和方法开展活动。组建质量管理小组就是为了开展质量管理活动，不开展活动的质量管理小组是没有生命力的，也没有存在的必要。

回顾过去，我国的军工产品研发先后经历了"引进维修""测绘仿制""自主研发"三个重大历程，而多年来研究所的质量管理活动也一直以问题解决型为主，一板一眼地解决了技术难题、管理难题、服务难题和现场难题等诸多存在于军工产品研制生产过程中的难题，也取得了许多的成就。但是高新技术发展迅猛和国际上新军事变革日新月异，面对未来的质量管理活动，管理者要积极响应时代和企业快速发展的要求，大胆采用革新的思维方式和手段开展创新性的工作。大量的实践证明，创新型质量管理活动正是顺应时代发展的产物，它以团队协作为基础，倡导全员参与质量管理活动，具有科学的活动流程，依靠质量管理工具和方法，加快了军工产品的研发进度，取得了良好的经济和社会效益，提高了团队的创新能力，同时也保证军工产品研制全过程受到质量管理的监督和控制，极大地保证了成果的创新性和可靠性。2020年在高精度光纤陀螺精度保持技术研究中成功运用了创新型质量管理活动的科学方法，实现了较好的效果。

三、企业创新型质量管理小组活动实践典型案例

（一）计划阶段（P阶段）的小组活动

1. 组建一个有战斗力的质量管理小组

一个有战斗力的创新型质量管理小组的组成如图1所示。

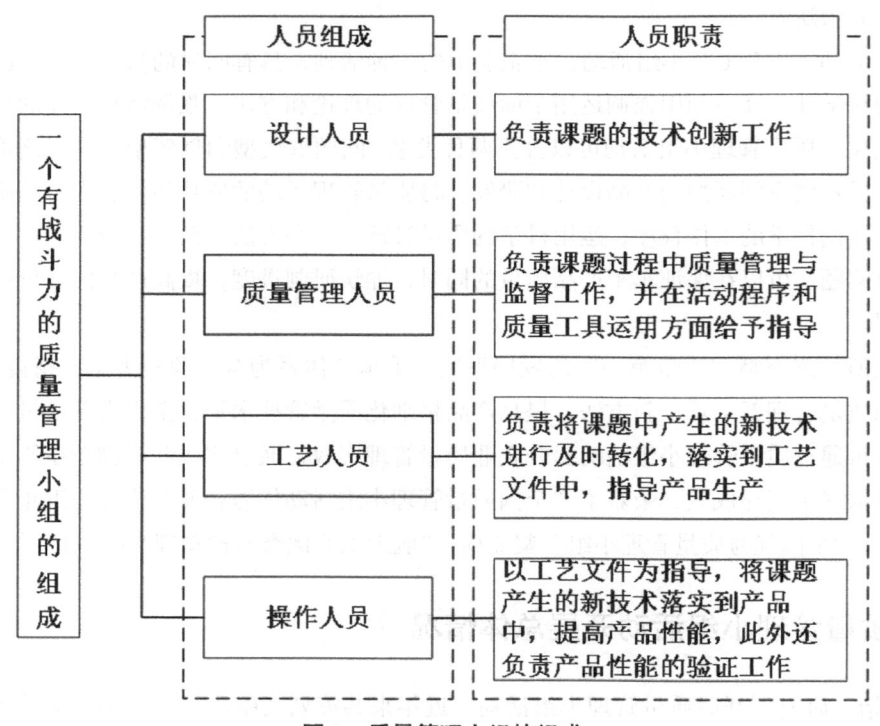

人员组成	人员职责
设计人员	负责课题的技术创新工作
质量管理人员	负责课题过程中质量管理与监督工作，并在活动程序和质量工具运用方面给予指导
工艺人员	负责将课题中产生的新技术进行及时转化，落实到工艺文件中，指导产品生产
操作人员	以工艺文件为指导，将课题产生的新技术落实到产品中，提高产品性能，此外还负责产品性能的验证工作

图1 质量管理小组的组成

如果质量管理小组以新技术研究为主，小组成员则应以技术人员为主，但是研究过程中也涉及质量管理、技术与工艺的转化，以及将新技术落实到产品中等多个环节。例如，组建光之眼质量管理小组，成员包括技术

人员、质量管理人员、工艺人员和操作工人。

各类人才术业有专攻，增强了团队的战斗力和生命力，为课题的顺利开展提供了有力的保障。

2. 选择创新型质量管理课题的题目

选题题目包含三个步骤：技术创新点查新、风险与保障性分析和课题评审（表1）。

表1 选择质量管理课题的步骤

序号	环节名称	建议使用方法或工具
步骤一	技术创新点查新	调查表
步骤二	风险与保障性分析	系统图 因果图
步骤三	课题评审	头脑风暴法 调查表 水平对比法

创新型质量管理小组立足于研制新的产品、项目、软件、方法和材料，因此在选题上要突破常规、追新求变。为了达到这个目的要发动小组成员积极开动脑筋，用头脑风暴法来集中大家的智慧，每位成员要大胆提出自己的看法。例如，光之眼质量管理小组提出了"将高精度光纤陀螺精度保持期提高到10年"这个大胆的想法，仅提出这个想法，题目尚未确定。既然是创新，就必须拿出证据，因此创新型课题必须查新。光之眼质量管理小组针对课题创新点，进行了光纤陀螺领域的资料查新，其中涉及国内在2017年2月到2022年4月30日期间公开发表的论文共993篇，国外光纤陀螺领域公开发表的131项专利；查新结果表明，课题创新点具有创新性。而创新必然伴随着风险，为了确保课题可以顺利开展，建议使用调查表和因果图对技术创新点进行风险与保障性分析，风险在可控范围方可开展课题研究。最后开展课题评审，与会人员需要从实施性、成本、周期、影响性、风险、效果等方面对课题进行评估，最终确定创新型质量管理活动的题目。例如，光之眼质量管理小组确定"高精度光纤陀螺精度保持技术研究"为活动的题目。

工欲善其事，必先利其器。创新点查新、风险与保障性分析及课题评审三方面的工作，从实施性、成本、周期、影响性、风险、效果等六个方面进行深入分析，确保课题活动方向的正确性，为课题的顺利开展指明了方向。

3. 设定一个可实现的定量目标

设定活动目标包含三个步骤：设定目标、目标值分析及制订活动计划（表2）。

表2 设定活动目标的步骤

序号	环节名称	建议使用方法或工具
步骤一	设定目标	柱状图
步骤二	目标值分析	系统图
步骤三	制订活动计划	箭条图

设定一个合理可行的量化目标，既为小组活动指明了方向，也为检查课题活动效果提供了依据。例如，光之眼质量管理小组运用柱状图将目标设定为"将精度保持期由现在的1年提高到10年"。提出了目标，需要对目标进行可行性分析，建议使用系统图进行目标值分析，明确实现目标需要的保障条件。同时，建议运用箭条图制定活动计划表，将小组活动的周期定为1年。例如，光之眼质量管理小组的活动周期为2021年4月—2022年4月。

有了量化、可行的目标，制订了科学的活动计划，小组成员将充满斗志，为实现活动目标而奋勇前行。

4. 提出并确定最佳方案

提出并确定最佳方案包含三个步骤：找出关键因素、确定每一项关键因素的最佳方案及确定课题的最佳方案（表3）。提出并确定最佳方案是创新型质量管理活动最重要的部分，是开展后续活动的基础。

表3 提出并确定最佳方案的步骤

序号	环节名称	建议使用方法或工具
步骤一	找出关键因素	亲和图
步骤二	确定每一项关键因素的最佳方案	调查表 树图
步骤三	确定课题的最佳方案	树图

提出方案阶段再次利用头脑风暴法，这一次的讨论要比选题时更加激烈，在提出的所有可能的方案中，运用亲和图确定本次质量管理活动需要考虑的方案。例如，光之眼质量管理小组运用亲和图确定了本次活动的三个方案，如图2所示。

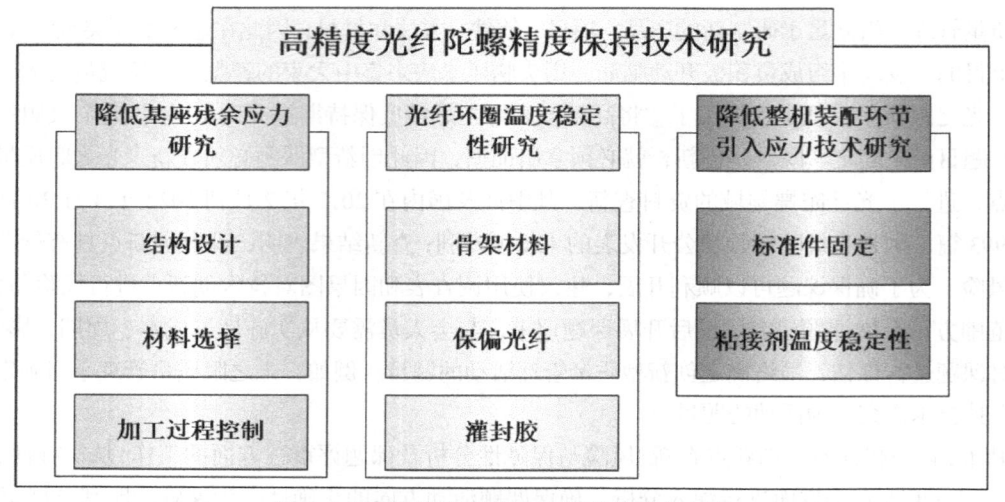

图2 运用亲和图确定本次活动的三个方案

质量管理小组全体成员要对这些方案逐个进行综合分析、论证和评价。从技术的可行性、经济合理性、预期效果、周期长短、对其他工作的影响和对环境的影响等方面进行论证，从而确定提出最佳方案。例如，光之眼质量管理小组确定了所提三个方案的最佳方案，以第一方案为例进行说明，如图3所示。

图3 降低基座残余应力研究的最佳方案

最后，对上述三项方案的最佳方案进行分析整理，运用树图工具得到了课题的最佳方案，如图4所示。

作为创新型质量管理活动的灵魂，提出并确定最佳方案起到了承上启下的关键作用，针对活动题目和活动目标，运用头脑风暴法提出了各种方案，并通过理论分析和实际验证，最终确定了最佳方案，为后续制定对策提供了依据。方案的优劣直接决定了活动的成败。

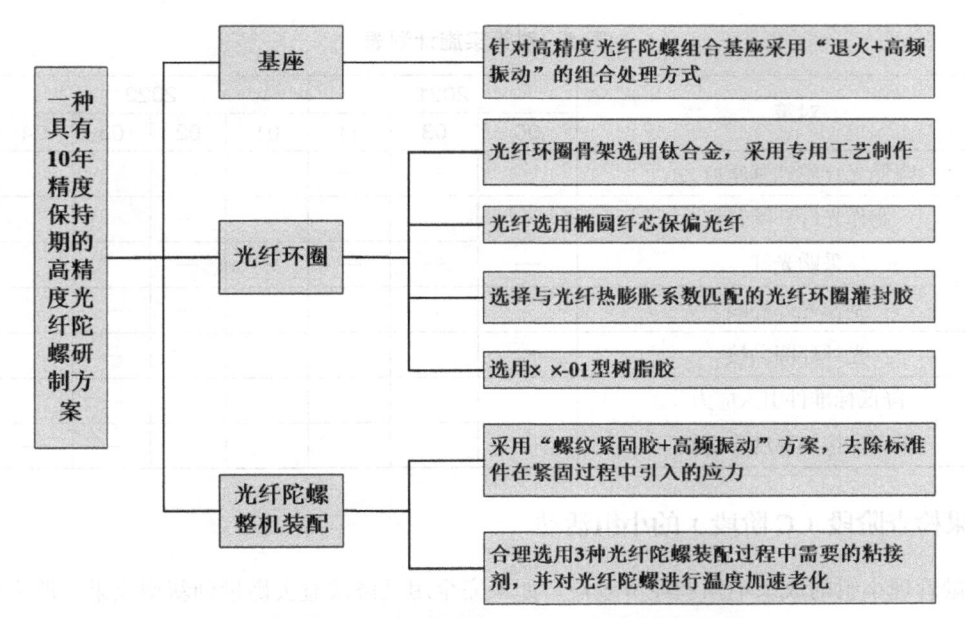

图 4　高精度光纤陀螺精度保持技术研究最佳方案

5. 制定对策表

创新型质量管理小组的对策表与问题解决型质量管理小组的对策表相比更加完善，最好将措施用流程图或者系统图画出来，将实施的步骤、方法、具体行动细化，使人一目了然，并落实到每个人的身上。例如，光之眼质量管理小组根据5W1H原则制定了对策表（表4）。

表 4　对策表

对策	目标	措施	地点	完成时间	责任人
制作光纤环圈骨架	骨架径向尺寸稳定性优于10年，残余应力低于30MPa	骨架材料选取（图5）	北京	2021年4月	司琪

根据5W1H原则制定的对策表，彻底落实了最佳方案，明确了每一项对策的目标，为每一项对策实施的效果考察提供了依据，并运用质量管理工具将措施执行步骤细化，使执行人可以清楚自己的任务，并将任务覆盖到全体成员，人人参与对策实施，体现了质量管理活动所倡导的全员参与质量管理的精神。

（二）执行阶段（D阶段）的小组活动

因为没有经验，所以创新型质量管理活动的实施过程除了严格按照对策表实施以外，还要做一些预防性工作，来应对可能发生的各种问题，防止活动失败。例如，光之眼质量管理小组在按照对策表实施之前，小组成员运用箭条图，将对策实施过程进行了详细的规划，以确保在规定的时间内完成课题研究任务。

在对策实施过程中，需要充分运用调查表、流程图、折线图、水平对比、正交设计等工具，7项对策实施结果全部达到了对策表中的目标。

小组成员通过制定对策实施计划表（表5），以确保活动可以按时间节点完成；质量管理工具的合理运用使得对策实施事半功倍，大大提高了活动效率，以对策表中的目标为依据进行每一项措施实施效果的考察，最大限度地保证了活动的成功率。

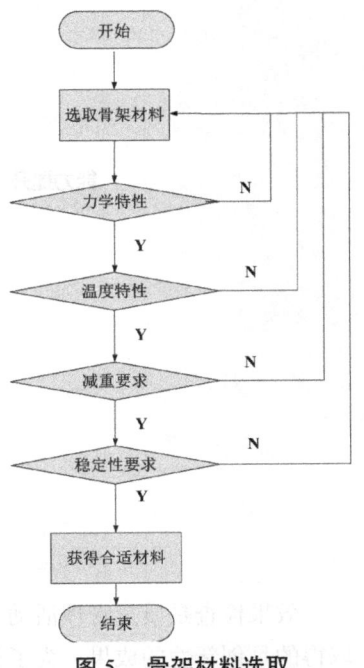

图 5　骨架材料选取

表 5 对策实施计划表

序号	对策	2021 06	2021 08	2021 11	2022 01	2022 02	2022 03	2022 04	负责人
1	降低光纤陀螺基座应力	—	—						司琪
2	制作光纤环圈骨架	—	—	—	—	—			王博文
3	采购光纤	—	—	—					朱辉
4	制作光纤环圈						—		于昌龙
5	光纤环圈黏接							—	于昌龙
6	降低标准件引入应力						—		司琪
7	提高黏接剂温度稳定性						—	—	王博文

（三）效果检查阶段（C阶段）的小组活动

创新型质量管理小组的成果不强调经济效益。如果完全用经济效益去衡量创新型成果，那么很多创新型成果肯定会被否决。我们关注的是它的目标完成情况、推广应用情况及团队能力的提升情况。例如，光之眼质量管理活动成果的效果检查环节，在仅仅1年的活动周期内，将高精度光纤陀螺的精度保持期提高到11.5年，超出设定目标值10年15%，活动取得圆满成功。

本次活动的投入为63.43万元，产出为50万元，因此，本次活动所产生经济效益为–13.43万元，是负效益。

本次活动成果对提高光纤陀螺核心市场竞争力有重大意义。

本次活动的研究成果应用前景广泛，将推广应用到航天领域的高精度光纤陀螺产品中，为产品进军航天领域提供了强有力的保障。

这次质量管理活动解决了技术难题，拓宽了小组成员的思路，增加了宝贵的经验，使我们的团队战斗力再一次得到了提升，活动效果雷达图如图6所示。

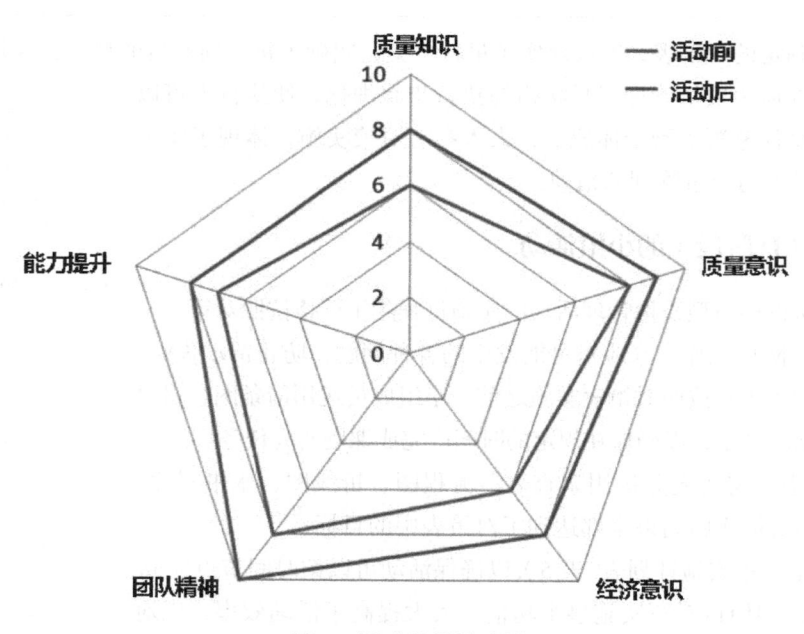

图 6 活动效果雷达图

效果检查是质量管理活动总结的重要环节，也是衡量质量管理活动成功与否的关键。创新型质量管理活动取得的是创新性的成果，为了保护创新型质量管理小组的成果，一般不以经济效益作为考核标准，而更侧重成果的应用前景。同样对于小组成员能力的考察，则更加侧重创新能力的提升和团队精神的培养，为创新型质量活动在基层的开展营造了良好的氛围。

（四）处理阶段（A阶段）的小组活动

研究成果如果具有推广价值，就该标准化，以便于推广。标准化涉及设计图纸、工艺规程、管理制度等，光之眼质量管理小组的标准化工作如下。

1. 无形成果

提出了采用高频振动去除高精度光纤陀螺残余应力的方法，形成题为"一种适用于高精度光纤陀螺消除残余应力的试验方法"的智力成果，并申请了发明专利；提出了高精度光纤陀螺的加速老化试验方案，形成题为"高精度光纤陀螺加速老化试验方法"的试验大纲。

2. 标准化

形成标准化文件7份，包括《基座退火处理工艺细则》《基座高频振动筛选大纲》《保偏光纤任务书》《保偏光纤技术条件》《光纤环圈制作工艺细则》《光纤陀螺图册》《光纤陀螺装配工艺细则》。

一项优秀的质量管理成果倾注了一个企业大量的资金投入和小组成员的全部心血，如果不能及时转化、推广应用到实际产品中，那将是企业的重大损失。因此，标准化工作同样是质量管理活动不可或缺的一环，它能够将无形成果进行及时的转化，以专利、设计文件、工艺文件、产品图册的形式固化下来，作为成果推广应用到产品中的重要依据，是企业和小组共同取得的宝贵财富。

四、结语

党的二十大报告中提出要加快建设质量强国、航天强国，为航天军工企业的高质量发展指明了方向。北京自动化控制设备研究所将坚持"质量第一"发展理念，通过深化实施创新型质量管理小组活动等措施和途径，持续提升企业过程管理能力和水平，以过硬质量保证任务圆满完成，为实现质量强国、航天强国建设做出应有贡献。

主要创造人：张红宇

参与创造人：魏纪林、杨　阳

以全面质量管理引领蓝海博达高质量发展实践

蓝海博达科技有限公司

蓝海博达科技有限公司（以下简称蓝海博达）作为中海油服油田化学品生产基地，于 2022 年正式投入生产，公司坚持创新质量管理，加强产品标准建设，强化质量意识，着力推动公司品牌建设，深化产品质量攻关。目前有 13 条生产线，承担 38 种油田化学品的生产作业任务，投产第一年，月产能超过 3000 吨，接近设计产能，经营工作稳步推进。

一、强化质量管理体系建设，夯实质量管理基础

蓝海博达位于福建东南沿海，地理位置远离中海油服传统地域。项目建设周期短、生产任务重、生产经营团队组建时间短、团队成员来源多样，为蓝海博达的质量管理制度建设带来了新思想、新理念。将蓝海博达的实际运营与油服管理体系、油化事业部管理体系相融合，并吸取不同工作经历人员的原有理念、经验，最终形成具有蓝海博达特色的一套高效、科学、管控严谨的质量管理体系。

蓝海博达依据 ISO 9001—2015 标准要求，结合适用法律法规以及相关方的需求和期望，综合考虑公司内部因素和外部因素，编制了质量管理手册、质量控制程序文件、作业指导书和操作规程等质量管理文件，系统阐述公司的质量方针，明确质量职能和质量体系所采纳要素的要求和规定，并组织实施、监督、检查、考核。2022 年 9 月顺利通过质量管理体系外审，取得质量管理体系认证证书，逐步发挥出质量管理体系的规范和指导作用，促进公司管理水平与合规性建设再上新台阶，为实现"人员零伤害、环境零影响、财产零损失、品牌零影响"的质量管理目标奠定基础。

二、强化全过程质量风险管控，打造企业质量文化

蓝海博达作为中海油服唯一的油田化学品生产经营企业，充分认识到全面质量管理是现代化生产型企业经营管理的重要手段，彻底抛弃符合性质量观，牢固树立以客户需求为质量标准，强化原材料、中间产品、产品及销售服务全过程产品质量风险管控。一是编制原材料及产品的企业标准。通过原材料及产品的企业标准编制，建立原材料检测标准 78 项，产品检测标准 53 项，并对标《石油天然气行业服务提供组织质量管理体系规范》等相关标准，对实验室日常管理体系如何提高工作标准进行指导，以生产线产品和原材料检验为中心，把控产品质量。全年共完成产品检测 1300 次、原材料检测 700 次，保证出厂产品合格率达 100%。二是严把外委加工质量关。为了保证供应的及时性及成本优势，蓝海博达对混材生产的材料成本、生产成本、运输成本进行综合分析，设置外委加工点，充分吸取化学公司外委管理方面的经验。在投标前，组织人员充分考察，严格审核投标方企业资质、设备、质检能力、人员资质、加工业绩；在投产前，进行实地监督和指导，确保外委方顺利投产；在生产过程中，委派人员驻厂调研，实地监督外委加工过程中生产、设备、仓储、质检等关键环节的管理情况，针对外委方的薄弱管控环节，要求外委方限期完成整改。三是探索建立作业质量风险库。在公司内部无直接经验可借鉴的情况下，通过调动内外部资源力量，充分剖析问题，逐步细化措施，建立并持续完善作业质量风险库。作业质量风险库涵盖产品生产的全生命周期质量管理，覆盖公司 13 条生产线多达 23 种油田化学品的质量管控，涉及技术、仓储、生产、设备等业务板块的全员、全方位和全过程质量管控风险及管控措施。该库的建立为公

司的质量保障和风险防控，以及确定风险点和管控重点提供了重要依据。四是着力打造企业质量文化。在公司生产和销售服务中，蓝海博达坚持以全员参与为基础，树立质量管理意识，坚持以客户需求为导向，为客户提供"安全、优质、低耗、高效"的产品和服务，使客户、员工、供方、股东和公司满意，践行持续改进的质量管理思想，着力打造以全面质量管理为中心的企业质量文化，形成具有蓝海博达特色的质量管理模式。通过创新多元化销售渠道和严格的销售服务质量管控，实现墨西哥、加拿大等市场外销破冰，依托以蓝海博达为核心的全新供应链，自主供应链安全得到保障。蓝海博达以高于国家、行业标准来组织生产和控制产品质量，赢得海内外客户的信赖。

三、强化生产源头管控，织牢产品质量安全防线

生产车间是产品质量管控的核心场所，现场管理的优劣直接反映基层基础质量管理水平。蓝海博达通过加强生产线管理，推动公司基层基础质量管理工作提升。一是制订有序的排产计划。公司13条生产线平稳运作离不开有序的排产计划，其涉及物流人员和生产操作人员的生产安排，仓储物资、原材料领料、产品入库、投入产出核算、产品取样化验跟踪等生产流程管控。通过班前班后生产例会进行生产任务安排、生产过程风险分析、各板块统一协调，开好生产班前会能保证生产班组对当班生产线生产作业信息的有效传递，保障质量管控风险和具体管控措施的有效落实，从而保障产品质量安全。二是生产现场推行"6S"管理。班组安全的精细化管理，关键在于现场；管好现场安全，也就基本上保证了班组安全。通过生产现场持续的历练，"6S"管理深入人心，员工养成做事认真严谨的习惯，有助于严格执行工艺文件要求、降低操作失误率、提高产品质量。通过现场操作人员和中控DCS操作对质量控制要点进行严格把控，同时由工艺工程师加强过程监控，保证产品质量。三是建立高效的质量信息管理制度。生产过程中的质量问题由生产板块反馈至技术板块，并由部门负责人认真组织协调、处理和监督，对质量信息迅速反馈，各板块及时处理。明确现场质量管理职责，加强不合格品控制流程演练，提升不合格品处置应对能力，健全以中控DCS为核心的现场质量管理体制。

四、深化产品质量攻关，提升质量保障能力

在生产经营活动中，蓝海博达积极推行ISO 9000系列标准以及行业组织标准及良好作业实践，坚持"信誉至上、设备完好、质量保证"的质量管理方针，夯实产品质量、拓展技术能力。一是建立蓝海博达实验室。蓝海博达实验室从无到有，面临软硬件各项问题。通过增加配置检测技术装备和开展"师带徒"业务技能培训的方式，实现软硬件的逐步提升，由技术主管对员工进行钻井液知识及检测操作培训，将油化研究院的优良做法讲授给新员工。利用油化研究院技术人员中试等机会，组织对蓝海博达实验室员工开展添加剂体系知识及技能培训。实验室常态化开展检测能力自检自查，查找实验室检测能力短板，通过与油化研究院、产品控制中心讨论分析，完成实验室试剂间合规化、提标改造技术标准制定，提升实验室的综合能力。二是稳步提高自研自产占比。公司加强与油化研究院的深度合作，围绕"研、产、用、改"一体化发展模式，充分依托油化研究院的技术资源，严格按照中试质量管理流程陆续完成了高温悬浮稳定剂C-SA56L、高温低敏缓凝剂C-R52L、超高温抗海水抗盐降失水剂C-FL823L、中温高效型降失水剂C-FL84L、防腐增强剂C-SE8等多项新产品的中试转化，提高了产品和技术体系建设的广度与深度，实现关键核心产品自产。目前公司生产的高品质广谱型封堵剂已在南海东部试用成功，超高温抗海水抗盐降失水剂已销售至马来西亚等东南亚市场。三是持续深化质量攻坚。通过技术调整和工艺优化，实现了固井系列降失水剂原材料使用的全液体化，实现了润滑剂PF-LUBE和月东混材等材料生产工艺优化。对原材料质控和生产工艺整体把关，先后完成了高品质广谱型封堵剂PF-NRL、防腐杀菌剂PF-CA101、防水锁剂PF-SATRO、防窜型降失水剂C-FL86L、缓凝剂C-R23L等材料的转产且质量稳定。由此做到产品不断出新，产量不断增长，质量稳定提升，效益逐年提升。

2022年,蓝海博达以全面质量管理引领公司高质量发展,全年实现总产量2.46万吨,固井产品1.25万吨,钻完井液产品1.21万吨,产品出厂合格率达100%,客户满意度达99.6%,安全生产"零"事故,污水减量为50%,生产运营平稳有序。全年实现产值3.64亿元,利润1640万元,跑出了中海油服生产制造行业"加速度"。同时,蓝海博达积极履行社会责任,为属地政府在社会和经济方面做出积极的贡献,员工本地化率达76%。在短短的一年里,蓝海博达先后被福建省、泉州市及泉港区选评为2022年规模以上工业企业、2022年度战略性新兴产业企业、泉州市龙头企业,获得2021年纳税突出贡献奖,同时政府给予蓝海博达保障补贴30.33万元和利税减免722.93万元的政策支持。

蓝海博达始终坚守油田化学品生产基地的定位,牢记"质量是公司发展的生命线"的质量管理理念,不断提高公司质量管理水平,公司"刀刃向内"提质量、"利器向外"争效益,深挖内在潜能、凝聚磅礴动力,用核心技术竞争力不断提升助推市场开拓,为公司高质量发展做好强劲技术支撑。

主要创造人:赵景芳

参与创造人:向 雄、王兆永

系统提升质量管理体系有效性的创新实践

中铁电气工业有限公司

中铁电气工业有限公司（以下简称中铁电工）隶属于中国中铁骨干成员企业——中铁电气化局集团有限公司，是国内领先、国际一流的电气化铁路和城市轨道交通供变电设备及器材制造专业化、创新型企业，是我国"简统化"接触网系统的开拓者和领军者。

中铁电工旗下现有保定铁道变压器分公司、江西环保分公司、天津分公司等。中铁电工主要产品包括330kV级及以下各类变压器、高低压开关柜等输变电设备，铁路接触网、城市轨道交通刚柔悬挂、分段绝缘器等供电设备，"高强高导"等电磁线材，有源滤波、能量回馈等电力电子产品，钢结构、混凝土制品等建筑构件，轨道交通绝缘子全系列产品，声屏障产品制造安装及新型环保工程等。

ISO 9001 质量管理体系认证为企业拿到了进入各类市场的入场券。经过多年运行，质量管理体系越来越局限于"做出、做对"标准要求的"规定动作"和更关注保持证书的有效性，而以职能协同保证过程的主动管控、主动改进完善、创新提升等方面行动力不足，中铁电工所属各单位质量管理水平不均衡表现突出，企业整体质量管理提升遇到了瓶颈。

中铁电工在《中国中铁安全质量管理系统提升实施方案》制度的指导下，分析所属各单位质量管理现状，借鉴在安全管理方面一些成效显著的管理方法，学习中国航天工程质量问题归零管理的成功经验，总结和发扬中国高铁建设精神，开展了一系列提升质量管理绩效的探索实践。

一、健全质量责任落实机制，促进质量风险的源头协同管控

对于工业制造企业来说，质量的提升是一个费时、费力的缓慢过程，同时又对企业的生存和可持续发展具有深远的影响和意义。质量与安全相比，从最高管理者到部门和车间中层管理人员，除了质量管理部门以外，相关人员和部门对质量工作的积极性和投入的精力反差有点大，不符合企业发展要求。经过对各单位调研和沟通交流之后，公司采纳和吸取安全管理法定化、刚性化的做法和经验，尝试健全质量责任落实、检查、考核奖惩机制，真正把质量手册里规定的管理职责落小、落细、落实，所有车间和部门、岗位人员协同履职，从各自工作和生产过程做起，从源头防控质量风险。

（一）围绕与产品质量有关的过程，推行覆盖所有车间、相关部门和各岗位人员的质量责任清单和责任矩阵

成立领导和工作机构，制定和组织实施质量责任清单和质量矩阵推行工作方案，定期对各单位工作进行落实情况跟进并检查指导，细化质量管理体系职责，组织建立公司—所属单位车间和相关部门—班组—各岗位人员质量责任清单和责任矩阵，车间和部门负责人对部门质量责任清单进行确认，并组织讨论、细化和明确各班组、各岗位人员质量责任清单，组织相关人员学习后签字确认。明确了从合同承揽、产品设计、原材料采购和外协环节、生产制造、产品运输和交付到售后服务等所有过程的质量责任。质量责任清单既明确了质量职责，也作为质量绩效考核和质量问题追责的依据。

（二）制定《质量责任制检查考核管理办法》，建立保障过程质量责任落实的刚性工作机制

总结推行质量责任清单和责任矩阵专项工作的经验教训，进一步制定并发布了《质量责任制检查考核管理办法》，围绕质量责任清单和责任矩阵，将常态化监督检查与定期评价考核相结合，形成了系统的质量责任落实常态化工作机制，把质量责任落实到合同评审、产品设计、采购、工艺管理、人员培训、生产管控、产品包装与运输、售后服务等企业生产经营活动全过程，多职能部门协同，实现在过程中对产品和服务质量风险的源头管控。

二、开展项目质量管控实践，提升系统化质量管控能力

通过推行境外项目质量管控和重点项目质量创优实践，及时加强了集通铁路、雅万高铁等项目的质量管控，保障了供货和服务的质量。同时，通过专项实践活动指导和推进了质量管理体系要求的集中、多部门协同落实，锻炼了质量管理体系的系统化实战应用能力。

（一）规范和完善境外项目质量管控模式

总结吸取公司所属各生产单位在以往向境外铁路项目供货的经验教训，制定了《境外项目质量管理办法》，明确了公司各部门及各下属单位在境外项目执行过程中的具体职责，规定市场营销部门在合同签订前应组织生产部门、技术部门、物资采购部门、质量管理部门等履行合同评审，全面、准确评审客户需求。与客户确认并签订合同后，编写项目《商务交底书》，向生产部门、技术部门、质量部门、车间等传达客户对产品和服务相关的信息。各单位技术部门编写项目《技术交底书》，向生产部门、质量部门、车间等传达产品生产制造有关工艺、技术要求；在生产供货前编制《包装防护及存储技术要求》《产品使用和维护说明书》《出口检疫标识要求》等文件。各单位质量管理部门依据《商务交底书》和《技术交底书》等要求组织策划和编制《质量控制计划》，对项目的质量控制进行全面的规划和组织，使项目相关的合同评审与签订、采购和生产过程、出厂验收、产品包装与运输防护等每个过程和细节都得到规范的管控。

（二）选择重点项目，组织开展项目质量创优活动

中铁电工为树立产品可靠、施工精良、服务优质的品牌形象，严格履行对客户的供货承诺，公司针对集通项目策划，下发了《项目质量创优工作安排》，确立了产品质量创优和服务创优的活动目标，明确合同评审、商务交底、技术交底、质量计划、产品包装和运输方案的具体要求，对施工前产品安装培训服务、施工过程督导和沟通服务、工程验收阶段配合服务、工程交付后对最终用户的使用和维护培训服务、异常情况的应急服务、满意度走访调查等也做了统一安排。在项目执行过程中，组织适时对项目进行了全线走访服务，从产品交付、产品质量、服务质量、投诉与问题处理4个方面，20个子项系统地听取了客户的意见和建议。客户对公司电力变电类产品、接触网支柱、承力索和接触线、绝缘子、接触网零部件共5类产品和服务满意度均在85%以上，综合满意度为88.82%。对于走访过程收集的意见和建议，在公司内部及时进行了通报，对相关单位提出了产品和服务质量改进的具体要求，保障了项目的高质量执行。

三、以质量问题归零管理为抓手，系统性根除质量问题

聘请航天系统质量管理专家，以中国航天工程的成功实践为案例，面向生产、质量、技术人员讲授了GB/T 29076—2012《航天产品质量问题归零实施要求》（已废止）的实施细则，在公司所属各生产单位推行"质量问题归零管理"，借鉴中国航天工程的成功经验，把"管理归零"和"技术归零"的管理工具引进到铁路行业质量问题的分析、整改和预防过程中。组织各单位选择质量问题归零管理的典型案例进行汇报、交流，

由外聘的航天系统质量专家进行现场点评，指导各单位质量问题归零管理实践。对重复性质量问题、人为性质量问题、管理制度不健全导致的质量问题进行"管理归零"，并完善了规章制度，对责任人员进行教育和追责处理。对设计、工艺原因等导致的质量问题执行"技术归零"，追根溯源找到根本原因，调整设计方案和工艺规范文件，努力消除公司产品质量顽疾，改进公司质量管理，提高产品和服务质量。管理归零技术归零工作程序如表1所示。

表1 管理归零与技术归零工作程序

序号	管理归零工作程序	技术归零工作程序
1	组建质量问题调查小组	组建质量问题调查小组
2	调查确认质量问题发生经过	调查确认质量问题发生经过
3	查明原因，明确责任	问题定位（过程、依据、结果、单位）
4	采取措施，完善制度	分析找出导致问题的原因及故障模式
5	追责处理	问题复现试验或理论分析验证
6	总结编写管理归零报告	纠正、验证、措施固化
7		相关产品或过程举一反三自查、完善
8		总结编写技术归零报告

四、广泛开展各类质量活动，促进质量工作持续改进

中铁电工通过组织争创质量信得过班组活动、质量管理小组活动、合理化建议、"五小"创新等多种形式的活动，引导和激励员工围绕本职工作积极参与质量改进和创新。

（一）组织争创质量信得过班组活动

针对基层班组对公司质量相关管理安排承接力弱这一实际问题，公司组织各单位选取管理基础较好的班组，按照《质量信得过班组建设准则》的要求，围绕班组的职责和任务，全面分析、识别客户和相关方的关键需求，对照班组实际情况评估质量管理短板，制订质量信得过班组建设计划，提升人员素质，完善和规范班组基础管理。自2021年一个班组获得全国铁道行业优秀质量信得过班组荣誉后，2022年又有两个班组获得了北京市质量协会第八届质量信得过班组评审一级、二级示范成果奖项。

（二）广泛开展质量管理小组活动

中铁电工持续加强QC活动，2021年组织开展活动的课题共51个，参加公司发布会的成果有29个。2022年组织开展活动的课题共57个，参加公司发表会的成果有43个，获得北京市QC一等奖3个、二等奖1个，铁建协一等奖1个、二等奖1个，其中获得国家级优秀QC小组称号1个，作为全国各行业的代表受邀参加中国质量协会年会并进行成果分享，极大地提高了各单位和员工开展质量改进和创新的积极性，提升了广大员工的质量意识和解决实际问题的能力。

五、从客户视角考虑问题，超前预判和主动服务

通过创新和改进售后服务、完善质量投诉应急工作机制，切实践行了"以顾客为关注焦点"的质量管理第一原则，特别是从过去单纯为客户提供车间预配督导服务，升级为直接为客户提供产品预配服务，真正体现了"替顾客着想，为顾客服务，与顾客共同发展"的思想。

（一）提供"急客户所急"主动服务

一方面，高铁运营大修周期陆续到来，针对产品疲劳、磨损、使用寿命风险、维护不到位风险、未及时更换的超期服役风险等，组织各单位结合具体产品的具体特点、使用工况制订售后回访计划，主动提醒和告知客户大修周期临近的风险，推荐公司性能更优的迭代产品或技术方案；另一方面，针对接触网零件安装环节琐碎、安装问题频发的实际情况，除了向施工安装客户提供安装使用说明书以及专业的培训服务外，在积极沟通协商的基础上，为预配车间生产能力薄弱的客户提供现场预配服务，不但支持了客户的工作，又可以避免产品的误配误用。

（二）组织建立质量问题应急工作机制

为了有效控制事故造成的不利影响，最大限度减轻事故造成的损失，公司制定和发布了《质量事故应急响应管理办法》，明确了质量事故信息报告、应急启动和应急组织、现场应急处理和舆情管理、应急总结与报告等相关程序和要求，指导和督促各单位根据办法要求建立具体的质量事故应急预案，形成了多部门协同、上下合力的质量事故应急响应工作机制，弥补公司质量事故应急的管理短板。

六、组织开展教练型管理帮扶，示范和带领公司质量管理均衡提升

监督检查中发现三家新建、搬迁企业质量管理基础比较薄弱，存在的管理问题比较多，中铁电工及时策划和组织了对这三家单位的质量管理帮扶。选取公司质量管理示范单位，组织这三家单位的安全质量专职人员举办了安全质量管理培训、现场观摩学习管理经验沟通交流活动，并在后续现场监督检查中持续跟进指导相关单位完善质量管理制度，规范生产现场质量管控，健全质量履职监督检查工作机制，被帮扶单位的安全管理基础得到不断夯实和规范，促进质量管理全面提升。中铁电工参建北京至张家口铁路（声屏障）工程，2021年荣获国家优质工程金奖。

主要创造人：王海旭

参与创造人：龚军辉、郭顺彬、李　涛

铝镁合金铸造实施数字化质量管控的经验

贵州航天风华精密设备有限公司

一、企业概况

贵州航天风华精密设备有限公司（以下简称风华设备）是中国航天科工集团航天江南所属航天防务产品总装公司，是国家高新技术企业、全国文明单位。建厂以来，秉承"科技强军、航天报国"的企业使命和"建成国内一流的航天防务产品总装公司"的愿景，承担了航天江南自主研制型号产品的总装总调总测，产品结构件、电气设备生产制造、地面测试装备的研制生产任务，同时为航天、航空、兵器、船舶等系统厂提供产品结构件设计、铸造、机加、热表处理、检测试验及电缆网的生产配套。

铝镁合金铸造是风华设备的传统专业，公司作为航天科工集团高性能铝镁合金铸造技术中心、精密成型工艺分中心、计算机集成制造工艺网点、贵州省企业技术中心、高性能镁合金制备与成型加工工程技术研究中心、特种材料与成型技术院士工作站，自2020年至今，陆续实施了质量管控数字化建设工作。

二、实施背景

（一）市场需求日益增长，质量要求越来越高

随着国内外形势的变化，国内军工企业订单量激增，且各型号产品对以铸件为主的基础结构件质量要求越来越高，顾客期望值也越来越高，为满足市场需求，全面落实"质量制胜"的理念，稳定产品质量，加紧推进铸件生产过程的数字化管控，才能实现高端产品的开发和规模化生产。

（二）由粗放型向精细型管理转型是行业发展的必然趋势

传统铸造行业是一个复杂的动态系统工程，涉及环境控制、原辅材料控制、造型质量控制、熔炼质量控制等多个环节，存在多方面的问题与不足。例如，生产过程工艺参数控制水平低；缺乏生产过程质量控制手段，缺乏信息化管理手段。

（三）公司转型升级发展需要

经过60多年的发展，铝镁合金铸造已成为风华设备的支柱产业，为解决铸件质量稳定性差、生产成本高、研制成功率低等系列瓶颈问题，迫切需要对铸造过程实施自动化、数字化升级改造，形成一套先进、科学、系统的数字化管控体系，推动公司高质量发展。

三、实施过程

铝镁合金铸造数字化质量管控系统是以智能管控系统为核心，构建铸造设计及生产环节质量的精细化和可视化的管控环境，实现设计环节的三维设计模型及铸造仿真管控、制造过程数字化管控、熔炼过程在线实时测量与监控、产品成功案例数据库管控，如图1所示。

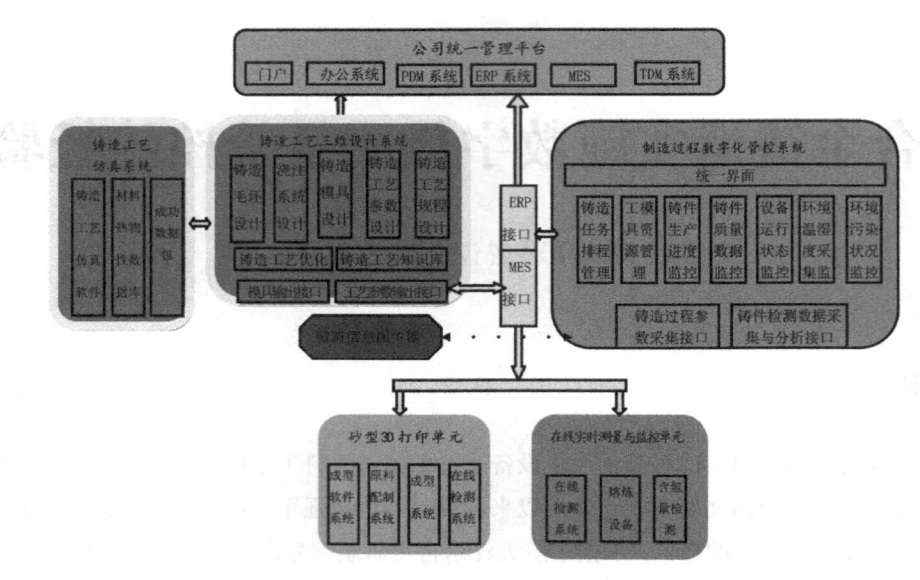

图1 数字化质量管控系统组成示意图

（1）产品设计端为铸件关键质控点，设计完成的三维模型和仿真数据包通过设计仿真室 PC 终端的三维设计、三维工艺及仿真管控模块上传管控系统进行受控管理。

（2）建立监控平台，对现场设备的参数及需要采集的变量信息（包括采集方式、采集执行、采集监控、设备、变量、采集驱动参数等）进行定义或定制，从工厂现场设备中采集实时运行状态、运行参数等，并传输到监控终端，通过用户所需要的报表、图表和可视化界面形式显示。

（3）对熔炼过程的操作进行视频监控、对合金熔炼过程参数进行实时采集、对合金化学成分及合金熔体含氢量进行精准在线测量，同时对超限熔炼过程参数及合金液检测结果进行报警提醒。

（4）对研制成功的产品的设计、工艺、设备运行参数，合金液在线检测结果等内容进行收集，按产品结构尺寸、材料类型规则等进行整合打包，建立数据库，提高铸造车间数字化管理水平。

（一）三维设计及仿真

结合风华设备实际生产模式，梳理完整的三维设计及仿真管理流程。三维设计建模人员对零件模型输入的格式、版本及阶段状态等进行检查，确保零件模型输入准确无误后进行铸件模型的设计工作。三维设计的主要内容包括铸件模型、浇注系统及冷铁的设计，根据铸造过程的特点确立设计准则，用规则约束设计人员的设计过程，保证模型的质量。

通过模拟仿真对设计方案进行评估，不断优化设计方案。铸件产品质量控制采用数字化手段的先进模拟仿真技术，产品应用模拟仿真软件进行铸件应力、温度、压力、流场、缩松、缩孔等分析，对铸件可能会出现的缺陷问题进行分析处理，并对工艺的可靠性进行评价，确保产品生产方案切实可行，如图2所示。

图2 模拟仿真过程示意图

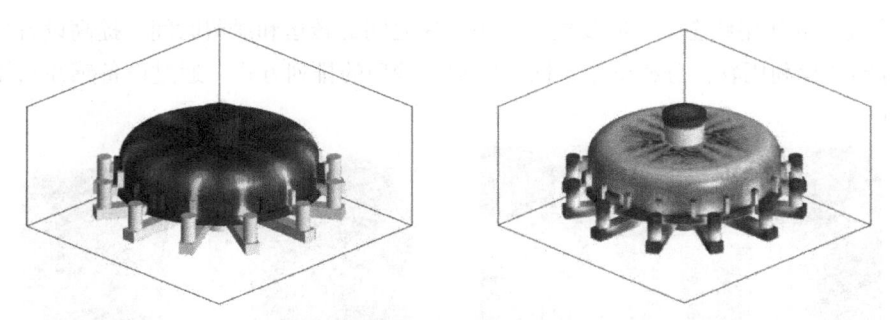

图 2 模拟仿真过程示意图（续）

通过三维设计及仿真数字化管控系统的应用，建立了三维设计流程（图 3），对产品设计过程进行全面质量管控。三维设计与仿真建设前后综合对比如表 1 所示。

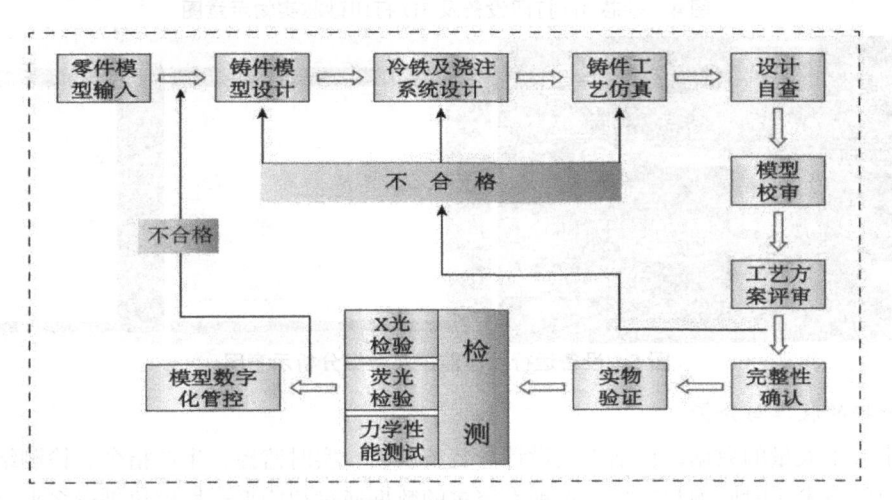

图 3 三维设计流程图

表 1 三维设计与仿真建设前后综合对比

序号	工作内容	建设前 操作方式	建设前 数据记录	建设后 操作方式	建设后 数据记录
1	铸件模型设计	以二维图纸为设计依据，通过人工对图纸进行设计质量控制，准确性差且人工成本高	二维图纸	以三维图为设计依据，铸件结构特征容易辨识，设计过程准确性高	三维模型自动记录
2	铸件工艺设计	对设计人员的经验有很高的要求，通常需要经过 3~5 年的培养独立完成设计作业	无	设计人员可以根据编制的《三维设计手册》进行工艺方案的设计，一般经过 3 个月的培养，就能独立完成设计工作	自动
3	铸件工艺验证	通过生产实物进行验证，成本高、效率低	人工	利用软件进行验证，可对缺陷进行预判，成本低、效率高、可靠性高	自动
4	工艺参数固化	二维图纸多次修改后状态容易混淆，后期再次生产时方案确定困难	二维图+文字说明	三维模型进行数字化管控，每个阶段固化后的模型随时可以读取，方便快捷	自动

（二）制造过程数字化管控

1. 生产过程设备控制

铸造生产线设备包括混砂设备、树脂砂 3D 打印设备（图 4）、熔炼设备、成型浇注设备、实时检测设备等。按生产工艺和精益生产要求将设备进行布局，对所有设备的使用状况进行管控，在管控平台上实现可视化监测，

479

实时显现不同工序设备的使用状态,及时反馈,缩短工序之间的转运和滞留时间,提高设备之间的关联度(图5)。树脂砂 3D 打印过程利用软件分析确定不同打印批次砂型的排列方式,通过设备感知功能实现打印温度与湿度的自适应调节。

图 4　砂芯 3D 打印设备及 3D 打印砂芯实物示意图

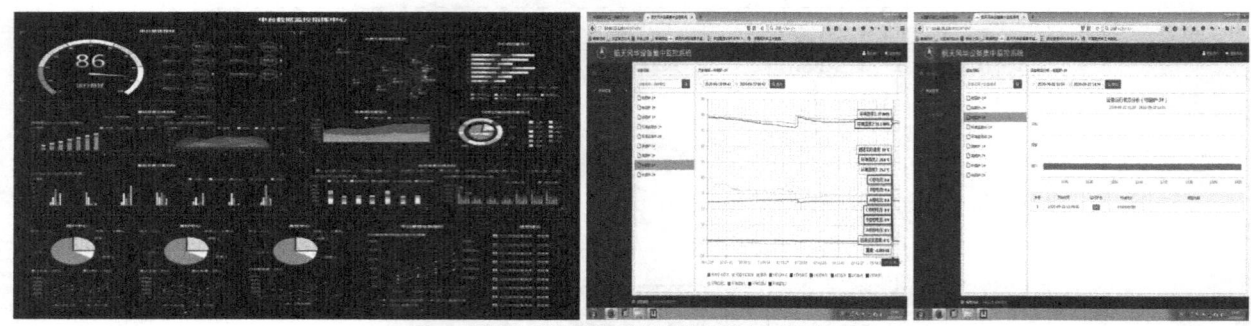

图 5　设备运行状态监控及数据分析示意图

2. 生产过程数据的收集与分析

在铸造过程中产生大量的数据,包括工艺设计、装备反馈、实时监控、生产指令、检测结果等,利用大数据分析、机器学习等技术实时监测与诊断,将种类繁多的数据通过智能平台按模块进行多平台分类,形成工艺数据库、装备数据库、操作参数数据库、生产调度数据库、铸件产出状态数据库。各数据库系统具备独立的存储单元,通过智能平台进行各单元之间的信息反馈,根据需要对铸造工艺和生产调度进行自主调整,实现提高铸造质量和生产效率、优化工艺流程的目标。

3. 数字集成管控系统

以数字集成管控系统(图 6)为核心平台,实现集成式铸造产品的资源管理、生产活动计划管理以及生产过程的控制,使车间具备智能化的生产排产及调度。通过该管控系统提高生产车间内部信息的传输速度,充分利用生产制造过程中产生的数据,使管理人员和企业领导更及时、更直观地了解车间内的生产情况及生产效率等,从而使车间管理更加透明化和实时化。

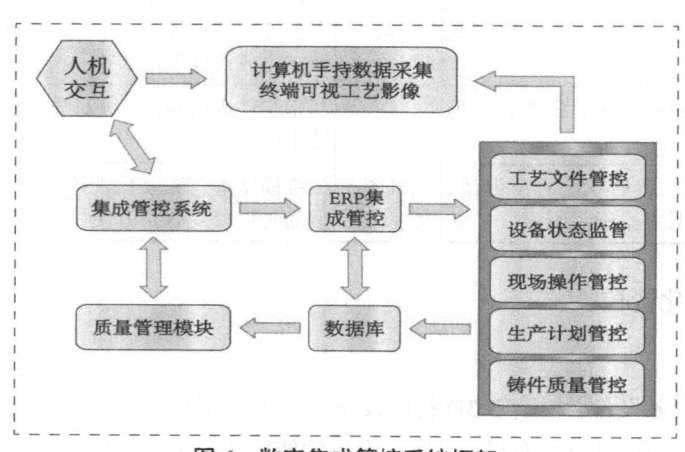

图 6　数字集成管控系统框架

在生产制造过程中，实时采集数据并在系统中进行三维可视化。在特定的算法模型下，对数据进行计算分析，寻找规则，实现预测性指导，使工艺过程迭代优化至最佳状态。制造过程数字化管控建设前后综合对比如表 2 所示。

表 2　制造过程数字化管控建设前后综合对比

序号	工作内容	建设前 效果	建设前 数据记录	建设后 效果	建设后 数据记录
1	设备工况监控	人工监控，覆盖面小，易出错，存在安全隐患	人工	系统自动监控，出现异常立即报警并停机，等待维修	自动
2	设备能耗监控	每台设备无单独能耗记录	无	每台设备能耗可查，有助于车间有针对性地开展节能降耗工作	自动
3	设备产出监控	无明确数据	无	设备出品率有数据可查，有助于车间合理安排生产计划	自动
4	设备维保状态监控	人工自查，易导致超期维保	人工	提前预警，按时按要求进行维保	自动
5	数据收集	人工参与度高，数据准确性、真实性低	人工	数据准确性、真实性高，且无法更改	自动
6	产品流转信息管控	人工参与度高，无监控，产品流转过程受控度低	人工	可明确产品流转状态，便于统计不同产品生产周期，合理安排生产计划	自动

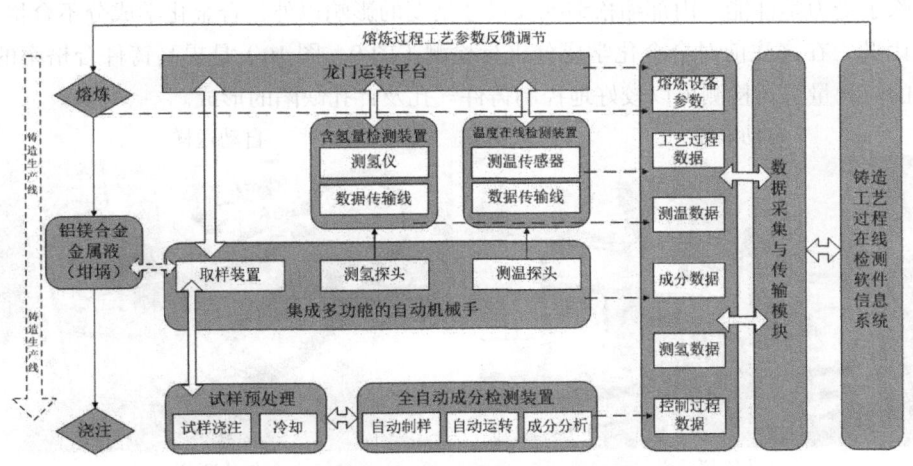

（三）在线实时检测与监控

在线实时检测与监控系统主要是对合金熔炼过程、合金化学成分及合金熔体含氢量进行监控与精准测量，以便及时对生产过程中出现的问题做出调整，确保合金熔体在浇注前符合铸件生产要求。在线实时检测与监控系统的应用不仅有利于提高铸件的生产效率，而且降低了铸件的生产成本。在线实时检测与监控系统总体框架如图 7 所示。

图 7　在线实时检测与监控系统总体框架图

1. 熔炼过程的监控

合金的熔炼温度对成型质量至关重要。炉温监控系统对合金熔炼过程中的炉膛温度与合金熔体温度进行实时测量，并收集相关参数绘制成温度变化曲线，以此判断合金的熔炼温度、变质温度、精炼温度及精炼时间等重要工艺参数是否符合合金熔炼要求。

（1）合金熔炼温度的监控

通过温度报警器、计算机、热电偶等设备和元件建立了温度监控系统。在温度监控系统中输入合金牌号、合金熔炼温度范围等熔炼参数，开启温度监控程序；在熔炼过程中，合金熔体的温度变化情况可以通过计算机显示屏观看，并且当合金熔体温度超过技术要求所允许的范围时，计算机将自动发送信号至报警器，提醒操作人员对温度进行调控；熔炼结束后，计算机将收集的温度变化情况绘制成温度与时间的变化曲线，为后续技术人员对合金熔炼工艺的优化提供参考。系统监控界面示意如图8所示。

图8 系统监控界面示意图

温度监控系统能够使技术人员对合金的熔炼过程进行更好的把控，可有效避免因熔炼温度过高而引起的合金过度吸氢、合金成分烧损严重等问题，进而可减少铸件针孔、气孔等缺陷。

（2）变质与精炼的监控

将变质温度、变质时间、精炼温度、精炼时间等重要参数输入温度监控系统。当熔体温度达到变质或精炼所需温度时，在温度监控系统中执行相应命令，即启动对变质或精炼过程中的温度和时间的监控。当变质或精炼工艺不符合技术要求时，同样由温度监控系统发送信号至报警器，提醒操作人员及时做出调整。该工序的监控可以最大限度去除合金熔体中杂质和气体含量，以此减少铸件缺陷，提高合金力学性能。

2. 合金熔体化学成分与含氢量的检测

铸件的报废除了受力学性能、内部缩松缩孔及尺寸精度的影响以外，合金化学成分不合格也是导致铸件报废的主要因素。因此，在浇注前对合金化学成分进行检测（图9、图10）是提高铸件合格率的重要技术支撑，而对合金熔体中的氢含量进行检测可以较好地控制铸件气孔及针孔缺陷的形成。

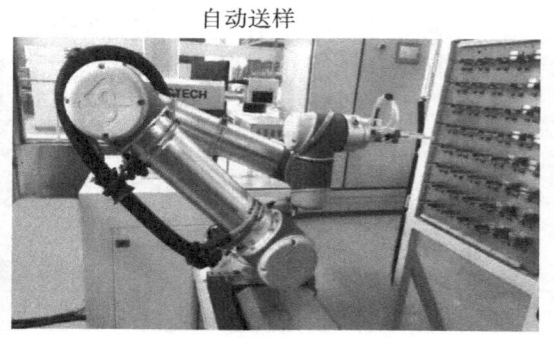

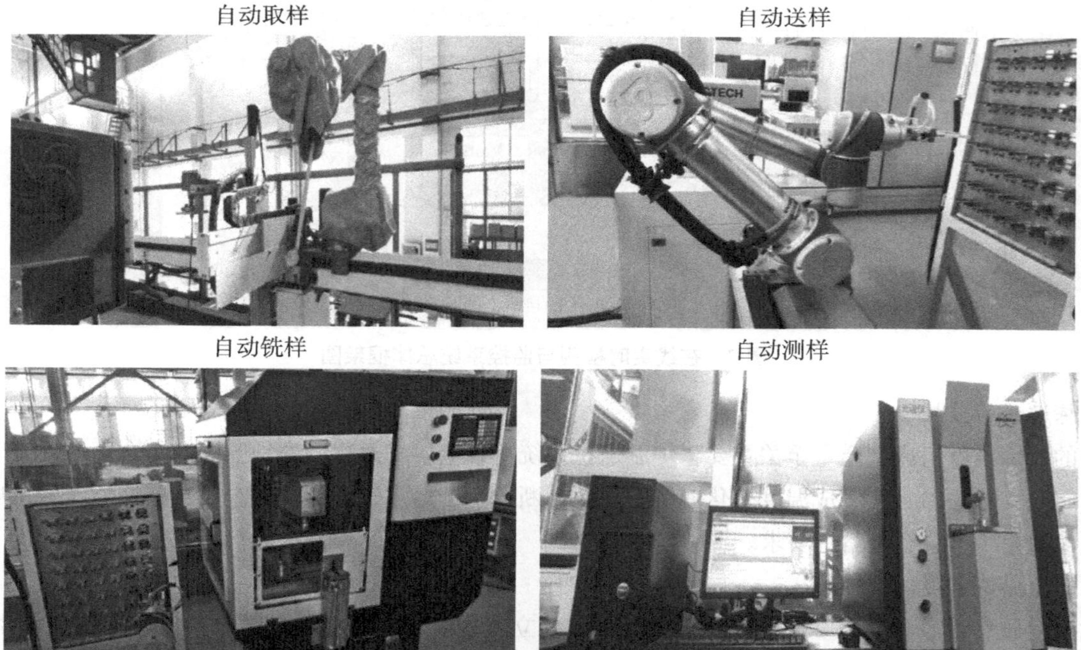

自动取样　　　　　　　　　　　　自动送样

自动铣样　　　　　　　　　　　　自动测样

图9 合金化学成分检测过程示意图

图10 检测数据的自动分析判定及输出

利用光谱仪和测氢仪对待检测试样进行化学成分分析和氢含量测定，将检测的数值与合金牌号中的标准化学成分进行对比，统计各元素之间的差值。对于成分含量偏差超出允许范围的元素，在合金熔体中添加相应合金原料进行补正，并确保其他元素也符合合金牌号要求；对含氢量超标的合金熔体进行二次精炼或多次精炼出气，确保熔体中的氢含量符合浇注要求。

对合金熔体实施在线实时检测与监控，有利于确保相关技术要求精确落实，同时方便相关技术人员和操作人员及时调整熔炼工艺参数，对提高铸件的成型质量、力学性能及产品合格率具有很大的帮助。在线实时检测与监控系统如图11所示。

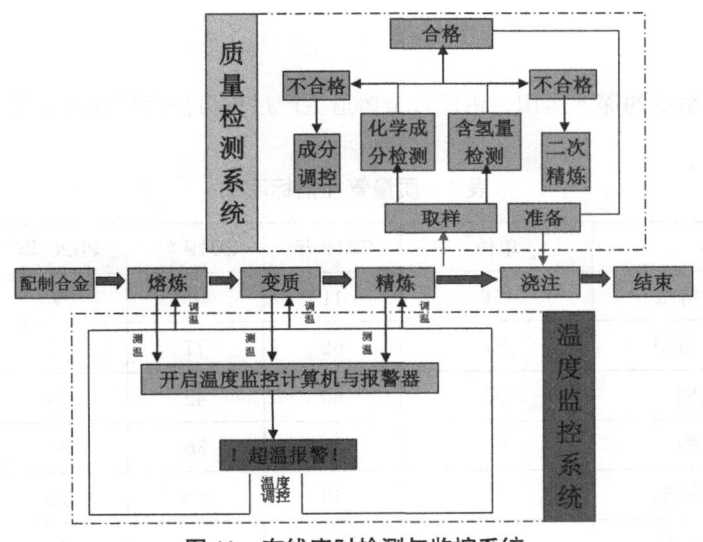

图11 在线实时检测与监控系统

（四）成功数据包建立与应用

1. 建立典型工艺库，实现成熟工艺重复利用

典型工艺的应用可极大提高工艺规划的效率及正确性，规范工艺内容，实现工艺知识重复利用，确保工艺规划的一致性。典型工艺包括完整的成熟工艺实例，即可用于相似零件的完整工艺，在进行工艺参数提炼后，可实现参数化的工艺设计。

2. 构建工艺资源库，合理利用生产资源

工艺资源包括所有设备、工装夹具、刀具、辅料等。通过结构化的方式进行分类管理，可提高工艺资源的利用率并减少工艺资源的盲目扩张，降低成本。工装按照其适用范围分为通用工装、标准工装、专用工装，制定合适的分类标准，以便于工艺人员正确选择合适的工艺资源。

3. 构建工艺参数库，促进组织知识的重复利用

工艺参数主要包含材料变形过程中的参数、热处理参数、表面处理参数等内容，依据材料特性、刀具特性及工艺方法等，在工艺规划过程中自动调用相关的工艺参数，实现工艺过程的快速设计。根据加工的特点对工艺参数进行合理的分类，便于工艺人员快速重复利用（图12），根据产品的特点，制定合理的工艺参数规则。

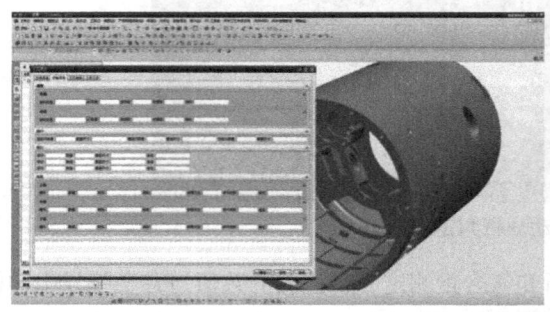

图12 工艺参数选取示意图

四、实施效果

近几年，风华设备通过推动铝镁合金铸造数字化质量管控系统的建设和实施，加强数据统计分析与运用，强化过程控制，不断提高质量管理水平，夯实质量基础，助力企业质量管理转型升级，产品质量指标明显提升。

（一）管理效益

随着数字化质量管控系统的深入运用，铝镁合金铸造生产过程可控性得到显著提升，各项关键质量管控指标改善明显，如表3所示。

表3 质量管控指标明细

序号	指标	单位	2018年	2019年	2020年	2021年	2022年
1	铸件尺寸精度等级	CT	11	/	9	9	9
2	批生产产品合格率	%	65	77	82	83	88
3	新品研制周期	天	60	42	20	20	15
4	研制品成功率	%	20	36	50	67	72
5	材料成分检测周期	时	48	0.5	0.5	0.5	0.5
6	产品设计数字化率	%	40	62	75	87	100
7	工序数控化率	%	20	38	60	72	80
8	吨铸件能耗	tce（吨铸件）	0.75	0.72	0.65	0.62	0.60
9	质量成本	万元	67.52	61.68	56.57	29.20	/
10	顾客满意度	%	93.8	94.5	94.85	94.88	95.501
11	订单及时完成率	%	72.4	81.8	90.7	92.5	94.6
12	疏松等级	级	Ⅱ	Ⅱ	Ⅰ	Ⅰ	Ⅰ
13	针孔率	%	10	6	4	3	1
14	材料化学成分精度		±0.7	±0.5	±0.4	±0.4	±0.4
15	铸件力学性能提升	%	5	7	11	10	10

（二）技术创新成果

通过夯实管理基础，构建数字化的质量管控模式，技术人员创新能力明显提升。2020—2022年获批项目、授权专利及获奖情况如表4～6所示。

表4 2020—2022年获批项目明细

序号	获批时间	项目名称	级别	经费支持（万元）
1	2020	铸造熔炼过程在线检测技术研究	省部级	40
2	2021	铝镁合金数字化铸造示范线	省部级	200
3	2022	超大型铝镁合金差压铸造装备及工艺技术研究	省部级	600

表5 2020—2022年授权专利明细

序号	授权时间	专利名称	专利类型
1	2020	一种用于消除大型镁合金铸件应力的振动时效处理系统	实用新型专利
2	2020	一种用于生产异型铸件的铸造模具	实用新型专利
3	2021	一种主体框架铸造工艺	发明专利
4	2021	一种高性能原位 TiB_2 颗粒增强铝基复合材料及其制备方法	发明专利
5	2021	异形结构件铸造模具	实用新型专利
6	2021	原位 TiB_2 颗粒增强 AlCu 基复合材料的制备方法	发明专利
7	2022	一种高强度耐热镁合金及其熔炼与热处理方法	发明专利
8	2022	一种铝合金在线取样工具涂料及其制备方法和应用	发明专利
9	2022	提高铸件生产效率的并联式浇道	实用新型专利
10	2022	一种三维扫描辅助装置	实用新型专利
11	2022	一种熔体取样装置	实用新型专利

表6 2021年获奖情况明细

序号	获奖时间	获奖项目	奖项名称
1	2021	基于砂芯3D的复杂薄壁镁合金构件快速整体铸造技术	航天十院科学技术奖二等奖
2	2021	大型高性能耐热镁合金异形结构件铸造工艺技术	航天十院科学技术奖三等奖

（三）社会效益

铸造过程实现数字化质量管控，提升了风华设备铝镁合金铸造结构件整体制造能力，高难度复杂铸件研制技术达到国内先进水平，产品质量显著提升，生产成本、能耗明显降低，实现铸造产业数字化、铸造过程绿色化。经过实践验证，基于数字化的铝镁合金铸造质量管控体系是一套成熟的、高效的、实现可持续发展、可推广应用的质量管控经验。

主要创造人：李健勇

参与创造人：谢懿、陈寅

"5S"精益现场管理提升实践

山东港口日照港集团有限公司

一、企业概况

山东港口日照港集团有限公司（以下简称日照港）是国家"六五"期间重点建设的沿海主要港口，1982年开工建设，1986年开港运营。2019年8月6日，青岛港、日照港、烟台港、渤海湾港整合成立山东省港口集团，日照港成为山东省港口集团权属一级单位。

日照港自然条件优越，主航道水深达20米以上，是我国大型与超大型巨轮进出最多的港口之一，是集航运、铁路、公路、管道于一体的综合性现代化物流枢纽。集、疏、运便捷高效，陆向，是全国唯一拥有两条千公里铁路直通港区的港口，是拥有5条原油长输管道、全国原油连接管线最长的沿海港口；海向，开通内贸集装箱航线37条，外贸集装箱航线11条。2021年10月9日全球首个顺岸开放式全自动化集装箱码头在日照港启用，打造了"南来北往日照港"品牌，承担起山东港口"内贸枢纽港、近洋干线港、远洋喂给港"重要发展任务。

经过多年的建设发展，日照港已成为国家重点建设的沿海主要港口、"一带一路"重要枢纽、新亚欧大陆桥东方桥头堡、全球重要的能源和大宗原材料中转基地。日照港整体规划了石臼、岚山两大港区，274个泊位。目前，已建成生产性泊位72个，其中石臼港区49个、岚山港区23个，年通过能力超过4亿吨，矿石、原油泊位等级达到30万吨级。

二、实施背景

现场管理是港口管理的核心。日照港一直高度重视现场管理工作，通过导入先进管理经验取得一定成效，但仍存在薄弱环节。大宗散货生产布局杂乱、现场区域广、交叉作业与短倒作业多、安全压力大、"红与黑"等环保问题突出。基层单位相继推行"5S"管理，但都是单兵作战，缺少系统推进，合力不足，现场极易反复，成效参差不齐。与青岛港等一流港口相比有差距，距离转型升级、高质量发展的要求还有很大差距。

面对如此形势，日照港党委经过多方调研、深入分析、审慎决策，决定全面推行"5S"精益现场管理，塑造与世界一流海洋港口相匹配的企业形象，助力港口转型升级、高质量发展。

三、主要做法

（一）构建长效机制，形成常态化工作体系

（1）建立领导机构。设立"5S"精益现场管理领导小组，总经理任组长；抽调经验丰富的骨干组建"5S"精益现场管理办公室，由集团中层担任办公室主任；印发实施方案，明确各单位、部室工作职责，统筹管理工作。

（2）制定中长期规划。制定"5S"精益现场管理"三年三步走"规划，明确2021年为"全面启动年"，实现生产、维修、设备设施、仓库、班组候工、办公场所等区域全覆盖；2022年为"攻坚突破年"，站队达标率达60%；2023年为"巩固提升年"，站队达标率达100%，打造一个高效率、标准化、规范化、节约型的现场作业环境，培养一批高素质的员工队伍，实现本质安全。

（3）建立考核体系。制定《日照港集团"5S"精益现场管理考核办法》，明确了生产作业、设备设施等七个专业考核标准，纳入组织绩效月度考核排名，建立起考核加分、对标观摩的正面激励机制，末位约谈、通报曝光等反面警醒长效机制。

（二）加强过程管控，覆盖全员全过程

（1）细化基层过程管控标准。从"人、室、物、场、机、法"六方面入手，细化形成"5S"精益管理工作标准，编制可视化手册，推行目视化管理，做到"事事有标准，人人能落实"。

（2）推行"网格长"制。设立兼职"5S"管理专员，班组落实网格化分工，建立属地问责机制，针对发现问题定人定责、销号管理，纳入"啄木鸟"问题管理平台，台账登记督办、整改复核闭环。

（3）实行"积分"制。将"5S"管理成效纳入员工积分管理，每月推选"精益之星"，开展羚羊奖、蜗牛奖评比，评选"优胜班组"，激发全员参与积极性。

（4）做好结合文章。将过程管控有效融合到日常管理工作中，促5S管理生根。与降本增效活动相结合，广泛开展"油我掌控 绿色发展"节油擂台赛等寻找浪费活动；结合"我为群众办实事"实践活动，将港区内788个铁皮房全部换成集成房屋；与班组建小家活动相结合，改善提升候工条件，打造温馨职工小家。

（5）开展站队达标争创。以站队达标评价为抓手，促使"5S"精益现场管理要求落地到基层站队和班组，确保覆盖全员、全过程。印发《山东港口日照港集团"5S"精益现场管理站队达标考核实施方案》，采取单位申报、达标验收的方式组织实施。

（6）组织站队达标考核验收。"5S"精益现场管理办公室牵头组成评价组，围绕组织领导、制度建设、教育宣贯、检查督导、现场查验五个基础管理要素，本着不随意降低或抬高标准、不额外增加站队负担、不轻易下判定结论的原则，通过听取汇报、现场查验、查阅资料、交流点评等方式，严格依据等级认定制度、判定标准进行分析研判。

（三）优化生产作业流程，推进工作标准化

（1）升级工艺流程，提高作业效率。始终把"5S"精益生产理念贯穿于生产经营全过程，树立"一体化、全嵌入"生产组织理念，不断优化精益生产管理模式。

（2）强化安全"三基"管理标准化。强化"不敢违、不想违、不能违"安全工作机制，坚持科技强安，通过"机械化换人、自动化减人、智能化无人"的手段，实现"三基"管理流程化，打造本质安全环境；广泛应用"一口清"标准化作业，逐步提升员工的安全意识和风险防范能力。

（3）推进管理标准化。全面梳理规章制度、作业指导书和操作规程，修订完善管理标准、工作标准和技术标准，不断优化标准岗、标准垛、标准化作业流程。研究提炼作业标准化经验，推动制定团体标准。

（4）启动"三精管理"单项试点工作。广泛组织宣贯研学培训，理解三精管理精髓。试点单位按计划组织实施，其中二公司作为"管理工法化"试点单位已经完成工法立项，召开启动会发布管理工法。

（四）狠抓督导考核，确保现场改进闭环

（1）强化现场督导检查。集团成立联合督查组，直通现场督导检查，拍摄问题视频，上传"啄木鸟"问题管理平台，督促第一时间整改落实。各单位制定具体工作方案和考核标准，定期开展检查考核，根据平台要求自查整改，形成上下联动的督导检查制度。

（2）建立末位约谈制度。按照业务特点分类进行月度考核排名，对各类别排名后两位的单位负责人进行约谈，让"红红脸、出出汗"成为常态，既指出问题不足，又给予鞭策鼓励，把解决思想问题和解决实际问题结合起来，谈出深刻认识、谈出具体措施、谈出目标要求，倒逼责任落实，强化现场改进。

（3）月度通报曝光反面典型。在日照港集团月度例会上，联合督查小组以视频形式通报曝光现场"5S"典

型问题。

（五）开展现场观摩交流，推广现场管理成果

（1）搭建对标提升平台。按照"先红一点，再红一片，先抓典型，再树标杆"的工作思路，依据突出重点、可量化、可比较的原则，精准选取智慧绿色发展成果显著、"5S"精益现场管理水平较高的战队，开展观摩学习，推广已取得成效的实施单元，构建科学立标、精准对标、全面达标的平台，真正"学"起来、"融"进去。

（2）定期组织对标观摩活动。定期总结提炼，推出一批可推广、易复制、能采纳的现场管理成果，每季度组织一次观摩活动，对标学习"5S"精益现场管理与生产、建设等融合的亮点做法，有力推动"5S"精益现场管理工作持续走深走实。

四、取得成效

（一）"5S"精益管理理念深入人心

（1）营造全员参与精益管理的氛围。充分利用融媒体、公告栏、简报等形式，编发《"5S"精益现场管理工作简报》，交流亮点做法，传递职工心声，普及管理知识。在微信公众号设置"5S巩固再提升"典型亮点和"5S攻坚再突破"约谈改进专栏，通过优秀单位亮做法、后进单位定措施、管理人员谈认识，使员工深入理解其重要意义及科学内涵，营造"人人都参与、人人都行动、人人都改进"的良好氛围。

（2）激发员工主动担当、积极作为的工作态度。将"5S"管理知识纳入"万名党员进党校"、知鸟等培训课程，多层次宣贯"5S"理念，倡导"事事精益、时时精益、人人精益"。员工对"5S"精益现场管理达成思想共识，掌握基本概念和工作方法，思想意识普遍提升，逐渐成为行动自觉，已基本实现由"形式化"向"行事化"转变。

（二）现场管理水平大幅提高

（1）港区"旧貌变新颜"。通过深入实施"5S"精益现场管理，港区面貌发生翻天覆地的变化，"园林式""花园式"港口初见雏形。通过开展文明作业"点、线、区"创建工作，打造一批现场管理样板。依托环保智能管控平台，实施水、气、声、渣专项精准治理，推广应用散货抑尘剂，环保治理由"事后整治"向"事前预防"转变，"一区一策"网格化管理取得成效。

（2）职工候工条件得到大幅改善。关心关爱职工，改善提升候工条件，更新部分老旧文件柜、更衣柜、会议桌、桌椅板凳；候工区域新增加洗衣机、净水器、热水器等，打造温馨职工小家，职工工作热情、凝聚力显著增强。

（3）现场安全"三基"管理水平持续提高。坚持科技强安，通过"机械化换人、自动化减人、智能化无人"手段，打造本质安全环境，无较大及以上等级生产安全事故发生；岗位"一口清"标准化实施以来，现场巡查查处的违章环比减少52%，轻微剐碰事故环比降低80%。员工的安全意识和风险防范能力得到大幅提升。

（4）提炼一批现场管理创新举措。推行色彩管理和"争星夺旗"擂台赛、建立设备二维码电子"身份证"等举措，对500余台非道路移动机械进行贴牌管理和车身清洁，设备状况实现整体提升，故障率控制在0.55%以下。

（5）现场管理树立典型，突破升级。石臼港区南区作为"建设大宗干散货智慧绿色示范港口"先锋，在"5S"精益现场管理方面已经初见成效，基本实现了规范有序、整洁优美、本质安全的港口现场环境。成功申报2个全国交通行业星级现场，按照行业标准优化现场改进、提升绩效水平，建立优质、高效、安全、规范的现场管理系统。

（6）"5S"精益现场管理3年规划完成预期目标。"5S"精益现场管理已经全面覆盖生产、维修等所有领域，树立一批典型标杆，有力地促进了站队、班组现场管理水平的提高，达标站段达60%以上。通过开展对标观摩，形成一批可推广的现场管理成果，"5S"精益现场管理做法纳入山东港口国企改革3年行动经验借鉴成果推广手册。

（三）"5S"精益现场流程化管理成效显著

（1）优化作业流程，降本增效。始终把生产作业流程化作为"5S"精益现场管理的重要内容，围绕流程优化大幅降低生产运营成本。2022年1月—9月日照港专业泊位在泊效率同比增长7.6%，通用泊位在泊效率同比增长5.2%；船舶在港平均停时同比压缩16.3%。

（2）标准化水平突破提高。按照生产作业流程化、标准化、集约化的要求，建立健全管理标准、工作标准和技术标准，推动管理运营有序进行，累计梳理修订500余项规章制度、160余项作业指导书和330余项操作规程；主持编写全国《专用铁路企业安全生产标准化建设规范》《港口散装物料堆场抑尘剂及应用规范》等。

（3）标准化作业模式不断创新。把"5S"精益生产理念贯穿于生产经营全过程，形成精益生产管理新模式。创新"五定两无"码头作业模式，打造多货种作业料斗泊位，做细铁、镍、煤、粮等大宗散货专业化作业模式；高标准对标国铁集团，建成全国首个调车作业"自动排路"系统，建立与流程化、自动化、智能化生产相匹配的铁路作业新模式，同比减少调车指挥作业人员30%，作业效率提高15%。

（4）"三精管理"单项试点工作初见成效。组织三精管理研学培训，各试点单位按计划组织实施，其中"管理工法化"试点单位二公司已经建立26项管理创新课题和56项QC小组课题，发布16项管理工法。

（四）生产运营管理实现变革突破

（1）精益管理推动生产布局优化。通过流程化创新，对生产作业进行革命性调整，按照"货种分区、集中布置"推进了公司整合、原油管输一体化改革、南区试点改革等，生产组织从"块状"管理到"条状"管理、按流程进行"区域化"管理，打破了过去同类货源竞争、生产区域交叉、组织模式单一的弊端，形成货源大类整合、市场统一、生产优势叠加、短板互补的新局面。

（2）精益管理推动资源统筹，实现协同联动。通过生产组织模式创新，石臼港区所有散杂货通用泊位实现共享共用，实现库场、泊位、设备等资源联动，2022年1月—9月，专业泊位在泊效率同比增长7.6%，通用泊位在泊效率同比增长5.2%；船舶在港平均停时同比压缩16.3%。强化路港合作，建成全国沿海港口首个路港集、疏、运指挥中心，实现日照站、港口铁路、装卸单位三方合署办公，形成"路港联动、创新开拓、精准调度、提质增效"路港运输作业新模式，率先实现了国铁集团济南局提出的"日均装3500车、卸2500车"运输目标。

（3）精益管理推动机构精简和人员压缩。通过大力精简管理机构，精减管理人员，压缩后勤保障和辅助作业人员，劳务人员数量和劳务外包费用比2021年压减10%以上。南区智能运营中心成立后，按照全货种、全流程、独立运营、集中指挥的原则，推动"大作业部"制，实现生产组织模式的再升级。南区职能部门压缩80%，人员数量压缩47%。

五、实施体会

1. 找准"5S"精益现场管理定位

围绕"五个国际领先"，特别是建设国际领先的智慧绿色港，把准绿色低碳发展方向，将"5S"精益管理嵌入智慧绿色转型发展全过程，以石臼港区南区为突破口，从效率效能、智慧绿色等方面开展深入研究，确定智慧绿色示范港口建设路径，逐步形成具有日照港特色的大宗干散货智慧绿色作业模式，成为"5S"精益现场管理最大亮点与突破点。

2. 提出清晰的推行路径

从3年规划到每年的工作要点，均提出了明确的目标，细化到年度、月度、周计划以及具体事项。坚持月度例会、观摩会、约谈会问题通报，考核、检查有明确计划和指标值，确保集团上下目标一致、任务明确、精准考核。

3. 建立起全员全过程的推进体系

推行全员、全过程、全覆盖管理，强化"5S"精益管理办公室"指挥部"职能，打破"各自为战"局面，系统推进、形成合力、一抓到底，确保"5S"管理落地生根到站队、班组。在员工层面，以"啄木鸟"问题管理平台和员工积分制管理为主线，促进员工全面积极参与，主动查找问题、整改落实。通过上下联动，实现"事事精益、时时精益、人人精益"的新局面。

4. 做好融合文章

始终将"5S"管理深度融合到安全"三基"管理中，融合到工作流程、工作内容、岗位职责中，作为提高工作效率、提升员工素养的手段，避免搞面子工程、两张皮等形式主义。各单位结合自身实际，将"5S"精益管理列入日常工作计划，贯彻融合到生产、现场、设备、安全等日常工作中，紧密结合实际，实实在在创造价值，激发持久的生命力。

主要创造人：牟　伟

参与创造人：李永进、董　峰

基于提质增效的数字化矿山综合技术开发和应用

赞皇金隅水泥有限公司

一、公司及项目简介

1. 企业概况

赞皇金隅水泥有限公司（以下简称赞皇公司）是北京金隅集团旗下金隅冀东水泥的重要子公司。公司成立于 2008 年 2 月，总资产为 14 亿元，占地 720 亩。公司拥有储量 1.4 亿吨的高品位低碱石灰石矿山及储量 3000 多万吨的砂岩矿各一座。拥有日产 2000 吨水泥熟料生产线 2 条，日产 4000 吨熟料生产线 1 条，15 兆瓦和 6 兆瓦纯低温余热发电系统各 1 条，年产 100 万吨的水泥粉磨系统 3 条，并配套建成石家庄首条水泥窑协同处理生活垃圾示范线和水泥窑协同处置危废生产线。公司每年可生产"金隅"牌高标号低碱优质水泥 330 万吨，年可消纳尾矿和选矿废石、粉煤灰、脱硫石膏、钢渣、硫酸渣、炉渣等工业和选矿废渣、生活垃圾和污泥等共计 100 余万吨。

赞皇公司作为金隅集团重要的子公司，充分享受集团人、物、力各方面的支持。赞皇公司现有授权专利 46 项，其中发明专利 2 项、正在申请发明专利 7 项、参与行业标准制定 4 项。获得河北省科技厅认定的国际先进科技成果 1 项，国内领先科技成果 1 项。公司以出色的经营业绩先后获得"国家级高新技术企业""国家级绿色工厂""安全生产一级标准化企业"等国家级荣誉 7 项，"河北省创新示范企业""河北省低碳水泥与固体废物共处置技术创新中心""河北省企业技术中心""河北省 A 级企业研发机构""河北质量效益型企业""全省创先争优基层党组织""河北省科普基地"等省级荣誉 20 余项，"石家庄市百强企业""石家庄改革开放 40 周年金雁奖""赞皇县突出贡献奖""石家庄市政府质量奖"等市县级荣誉 20 余项。

2. 项目简介

公司根据矿山生产特点和实际需求，构建了以智能化三维管控平台、精细化配矿系统、车辆智能调度系统、人员定位系统、边坡在线监测系统、环境在线监测系统为框架的智能化矿山系统，从生产、质量、设备、人员、安全及职业卫生等方面对矿山进行智能化、自动化管理。

系统在数据层和服务层进行融合，把各平台融合成一个整体，同时整合各类生产数据、视频监控数据、环境监测数据、人员定位数据、计量管理数据，实现矿山生产的可视化、精细化、合理化，调度的智能化，边坡及环境监测的实时化、远程化，数据的高度集成化和智能化，系统的定制开发化。通过综合利用矿厂界内的泥质灰岩和页岩，延长矿山服务年限。

二、项目实施内容

（一）精细化配矿系统

精细化配矿系统结合现场取样化验数据和数字采矿软件生成的采掘条带模型数据，设定配矿指标，系统自动计算配矿方案，并同步给卡调系统执行。

在执行过程中，在线分析仪实时反馈验证，使石灰石整体品位稳定在合理区间内，每 3000 吨根据需要自动调整一次车辆配比，实现精准质量控制。

精细化配矿系统将以低品位石灰石最大限度利用为原则，从而减少排废，创造可观经济效益，通过与矿山中长期开采计划的结合，可以延长矿山生产服务年限。

（二）车辆智能调度系统

建设车辆智能调度系统的目标是使采运车辆日常调度能够适应采矿生产过程中情况的变化。通过精细化配矿系统生成的配矿方案同步给车辆智能调度系统来执行。车辆智能调度系统通过安装在采运车辆内的射频标签，以及安装在卸矿点（破碎口）和装矿点（挖掘机）上的读卡器，确定每台采运车辆的矿石来源，进而获得矿石品位数据。车辆智能调度系统通过集成地磅计量系统获得矿石的计量数据，根据每台采运车辆的计量数据自动更新爆堆保有矿量及统计卸矿点矿量。

车辆智能调度系统通过实时采集在线分析仪的矿石品位信息，验证配矿数据质量。当矿石质量数据异常时，以3000吨矿石为一个调节周期，车辆智能调度系统自动进行数据分析，自动调整高低品位爆区的派车比例，自动发送调度信息至车载终端，以保证综合品位值达到规定要求，确保入厂石灰石的质量稳定，最大限度实现废石零排放。

车辆智能调度系统可以及时准确地掌握矿山的生产运行情况，形成矿山生产过程的实时信息管理及决策支持系统，优化管理矿山设备和生产过程，提高产量、节省费用、提高设备效率、提高矿山管理水平和经济效益。

（三）边坡在线监测系统

建立边坡在线监测系统的目标是通过相关在线监测设备，实时监测边坡稳定性，从而做出预警预判。

在276m平台边坡设置5处边坡表面位移监测点，用以在线实时监测坡体表面位移变化。布置1个基准站，基准站放置在稳定性较好的区域。

各监测点及基准点通过太阳能方式取电。各监测点及基准点通过无线网络传输的方式将相关监测数据实时回传至系统。系统实时显示相关数据信息，并根据设定的限值进行报警。

边坡在线监测系统可与三维可视化智能管控平台进行数据对接，显示相关监测点位置及数据，并能及时显示相关报警信息。

（四）环境在线监测系统

环境在线监测系统是对矿山采场固定监测点的扬尘、噪声及其他环境参数等监测数据的采集、存储、加工和统计分析，监测数据通过无线方式传输到后端平台。

此系统能够帮助矿山管理部门及时准确地掌握矿山采场的环境质量状况和作业过程对环境的影响程度，还可以满足矿山作业环保统计的要求，为矿产开发的污染控制、污染治理、生态保护提供环境信息支持和管理决策依据。

（五）人员定位系统

通过智能安全帽解决人员定位的问题，进入作业现场的人员必须佩戴安全帽，通过对安全帽植入智能芯片，可以实时查询人员所在区域位置，为矿山生产安全保驾护航。

人员定位系统主要由智能安全帽、核心定位模块及无线传输模块三部分组成。智能安全帽负责人员安全防护，避免现场环境的意外事件。当遇到突发情况的时候，管理人员可以进行一键全员撤离的语音操作，及时通知所有现场人员撤离危险区域，保证人员的生命安全。

（六）现有系统集成

利用矿山已经购买的DIMINE三维矿业软件可以实现地质测量、开采计划、穿孔爆破设计等功能，生成的

DIMINE 软件数据可以进入三维可视化智能管控平台，实现数据的有效衔接和作业全流程的智能化管理。

充分应用现场已经存在的系统数据，消除数据孤岛，实现现场数据的充分整合。将 GPS 车辆定位、在线分析仪、采场视频监控、地磅计量系统进行数据接入，部分系统的数据整合进入新建系统。

三、项目实现效果

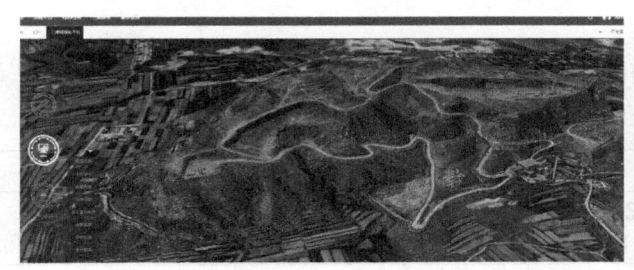

1. 三维可视化管控平台

三维可视化管控平台运行正常，各系统均可在该平台上进行展示和操作，如图 1 所示。

图 1　三维可视化管控平台

2. 精细化配矿系统

精细化配矿系统结合现场取样化验数据（图 2）和设定的配矿指标，自动计算配矿方案，并同步给卡调系统执行，在执行过程中，在线分析仪实时反馈验证（图 3）。

图 2　爆堆化验数据

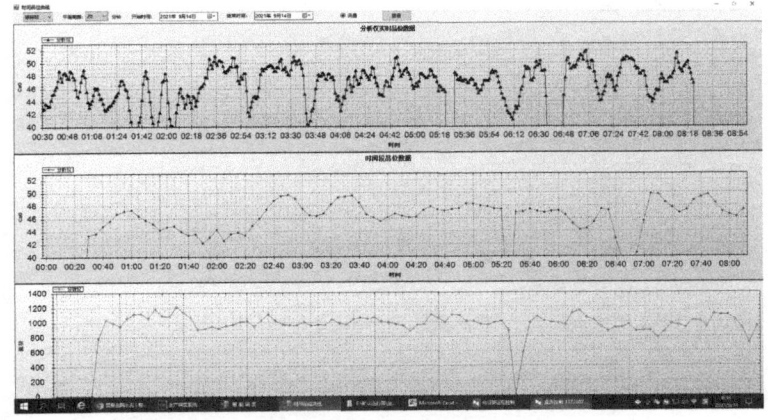

图 3　在线分析仪数据

精细化配矿系统运行后，矿山每月根据公司质量部出具的配比单进行废石搭配，质量部每月对入堆场石灰石质量进行检测。2020年、2021年2月—9月入堆场石灰石质量合格率统计如表1所示。

表1 2020年、2021年2月—9月入堆场石灰石质量合格率

	2月	3月	4月	5月	6月	7月	8月	9月	平均
2020年	80%	76%	75%	71%	83%	77%	85%	80%	78%
2021年	88%	87%	86%	87%	90%	85%	86%	89%	87%

通过对比可知，项目运行后入堆场石灰石质量合格率有了较大提升，平均合格率由2020年的78%提高到2021年的87%。

2020年、2021年2月—9月石灰石产量、废石搭配量统计，如表2所示。

表2 2020年、2021年2月—9月石灰石产量、废石搭配量统计

月份	2020年 石灰石产量（万吨）	2020年 废石搭配量（万吨）	2021年 石灰石产量（万吨）	2021年 废石搭配量（万吨）
2月	19.9	1.9	15.8	3.1
3月	22	1.7	25.6	4.6
4月	30.1	2.9	34.8	4.4
5月	36.97	3.7	46.6	7.1
6月	50.3	6.1	40.7	5.2
7月	30.72	3.1	31.9	3.6
8月	45.47	5.8	56.7	6.8
9月	52.3	6.5	31.4	3.9
合计	287.76	31.7	283.5	38.7

通过对比可知，2021年2月—9月矿山累计搭配废石38.7万吨，比去年同期增加废石搭配量7万吨，节省了相应的硅质原材料和铝质原材料，降低了原料成本。

3. 车辆调度系统

设备定位通信正常，根据精细化配矿系统的配矿方案实现了自动派车，自动计量。车辆分配方案如图4所示，车载终端信息显示如图5所示。

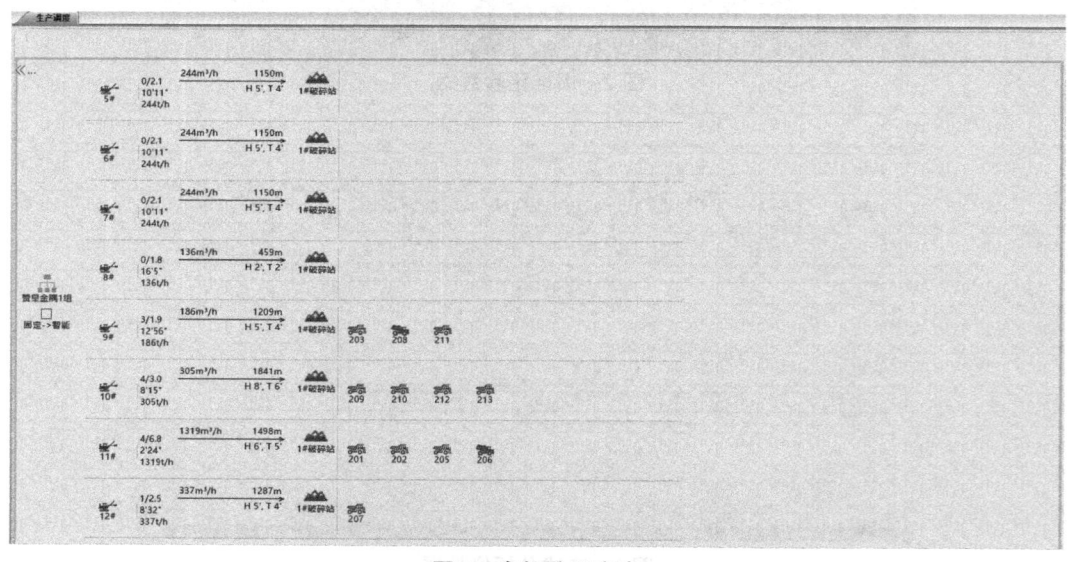

图4 车辆分配方案

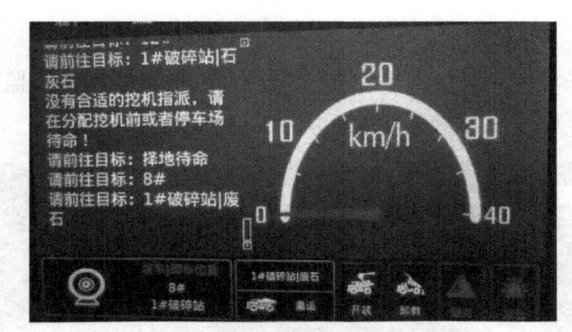

图 5　车载终端信息显示

4. 边坡在线监测系统

每个监测点可监测半径为 50 米的周边范围。边坡在线监测系统实时显示边坡位移数据，若达到设置的限值时系统会自动报警，为边坡的安全监测提供准确数据。边坡在线监测系统如图 6 所示。各监测点监测数据如图 7 所示。监测点位移变化曲线如图 8 所示。

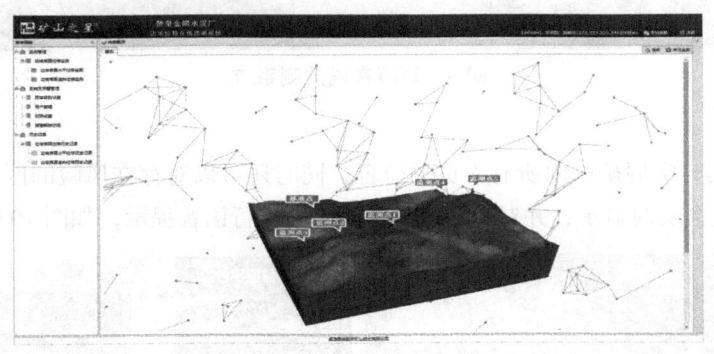

图 6　边坡在线监测系统

图 7　各监测点监测数据

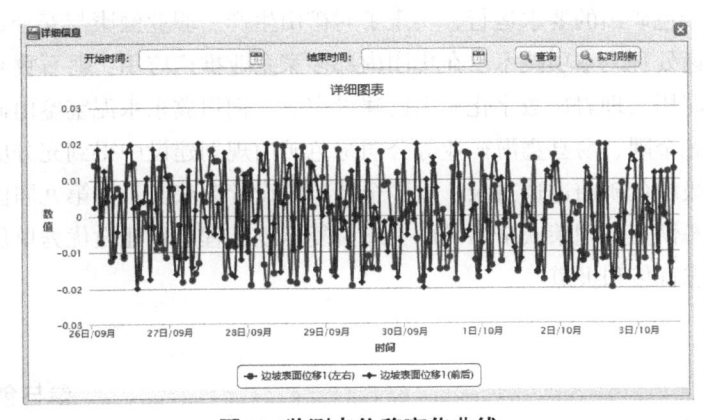

图 8　监测点位移变化曲线

5. 环境在线监测系统

环境在线监测系统对矿山采场固定监测点的扬尘、噪声及其他环境参数等监测数据的采集、存储、加工和统计分析，可全方位掌控矿山环境情况，避免发生环境事故，如图9所示。

图9　环境在线监测系统

6. 人员定位系统

人员定位系统可以实时掌握矿区内所有人员的位置，同时还可以对存在风险的区域设置地理围栏，人员、设备进入风险区域后系统会实时显示，并对进入该区域的人员进行语音提示，如图10所示。

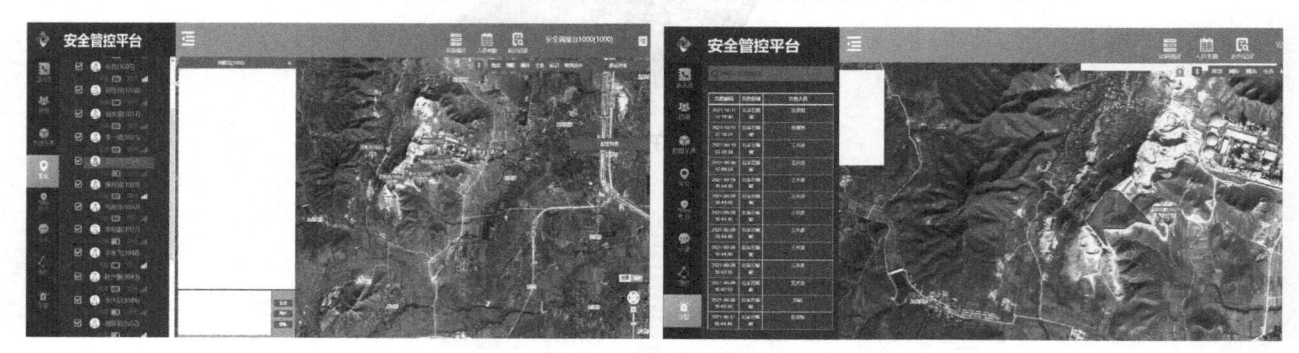

图10　人员定位系统

四、总结

项目建设按照国家级绿色矿山的要求运行，实现了对矿山生产、职业健康与安全、技术和后勤保障等进行主动感知、自动分析、快速处理。本项技术已在集团内部多家企业推广应用。磐石冀东石灰石矿数字化矿山基本建设完成，烟台冀东水泥用大理岩矿数字化矿山已建设完成，铜川冀东水泥宝鉴山矿数字化建设项目正在建设中。同时成套技术在涿鹿金隅、易县鑫海矿业等公司绿色矿山规划建设中得到充分应用，目前均已通过省级绿色矿山验收，进入国家级绿色矿山遴选目录。大同金隅矿山设计荣获艾景奖第九届国际园林景观规划设计大赛年度十佳景观设计，生态恢复治理荣获全国矿山生态修复示范工程项目建设优秀单位，广灵金隅绿色矿山建设曾多次在省部级核心杂志宣传和报道。

主要创造人：张立华

参与创造人：马立勇、刘　超

桥式三坐标测量机的质量成本分析与改进

中国航空工业集团公司北京航空精密机械研究所

中国航空工业集团公司北京航空精密机械研究所（以下简称精密所）成立于 1961 年，是中国航空工业集团公司所属的综合性基础技术研究所，具有超精密/精密制造、惯导测试与仿真、精密测量技术研究及其设备的研发和生产能力。精密所秉持"质量是政治，质量是生命，质量是效益"的质量价值观和"创新求实、精益求精"的质量方针，大力推进产品的全面质量提升；秉持"让世界更精密"的发展理念，积极践行质量强国、制造强国战略，汲取多年的质量成本损失与改进经验，为工业制造领域的质量管理贡献精密方案。

三坐标测量机是精密所的主要产品之一，其中桥式三坐标测量机是典型系列，其采用以工作台为底座的桥移动式结构。该产品的主要特点是精度高，其计量型 Century 系列可以达到 0.4um+L/300mm(um) 的精度，生产型 Future 可以达到 1um+3L/1000mm(um) 的精度，测量范围可覆盖大部分高精度零部件的各种公差；另外一个特点是实用性强，桥式三坐标测量机均配置可放置零件的高精度工作台，具备三维开放空间，其工作台高度采用人体工程学设计，便于上下件、测量和观察；同时还具备安装运输方便、受环境影响小、效率高等特点。该产品广泛应用在航空航天、机械制造、电子工业、汽车工业、船舶及兵器等科研生产与计量领域。近些年，精密所桥式三坐标测量机的质量水平经历了不同阶段，质量成本尤其是损失成本呈现出较为明显的变化趋势，同时也在产品质量改进中发挥了重要作用。

本案例以精密所某型桥式三坐标测量机产品为对象，总结近年来该产品的质量经济性分析与成本改进的过程和结果，依据案例提炼质量经济性分析与成本改进的理论方法，用实践诠释质量价值观中的"质量是效益"。

一、桥式三坐标测量机的质量成本数据基础

按照质量成本的常见定义与分类，预防成本、鉴定成本、内部损失成本、外部损失成本四个二级成本科目是其主要组成部分。本案例着重针对损失成本，首先从成本的逻辑关联、隐含损失成本的测算、成本基数的选择展开。

（一）关联外部损失成本

基于测量机产品质保周期考虑产品交付时间与质量外部损失成本发生时间的逻辑关联，提出了关联外部损失成本这一概念：如以年为时间单位进行分析，则外部损失成本一般分布在产品交付之后质保期内的若干个年份中。假设某产品质保期为 n 年，那么其关联外部损失成本 W 的计算公式为：$W=\sum_{i=1}^{n}W_i$，i 为参数，值从 1 到 n。

桥式三坐标测量机近年的关联外部损失有形成本统计情况如表 1 所示。

表 1　2011—2020 年桥式三坐标测量机关联外部损失有形成本统计表（单位：万元）

交付年份	2011	2012	2013	2014	2015	2016	2017	2018	2019	2020
交付后第一个自然年度的外部损失有形成本	33.44	22.07	8.44	6.13	4.62	2.91	2.18	3.41	2.71	3.42
交付后第二个自然年度的外部损失有形成本	83.59	55.17	21.11	15.33	11.56	7.28	5.46	8.52	6.79	8.55
交付后第三个自然年度的外部损失有形成本	50.15	33.10	12.66	9.20	6.94	4.37	3.28	5.11	4.07	5.13
关联外部损失有形成本合计	167.18	110.34	42.21	30.66	23.12	14.56	10.92	17.04	13.57	17.10

（二）隐含损失成本

质量损失成本通常由废品、返工、保修或其他方面的直接材料和人工费用等有形成本进行量化。但有形成本只构成了我们已知的"冰山"顶部。因报废、返工、返修延误的工期，因质保期内故障导致的顾客抱怨、对企业及其上级组织的质量声誉的影响，最终会导致企业失去未来的市场份额，这些隐含损失成本难以精确量化，但又是质量损失成本的最主要组成部分。因此制定了一种估算隐含损失成本的方法，包括内部损失隐含成本和外部损失隐含成本。

1. 内部损失隐含成本

内部损失隐含成本主要考虑报废、返工、返修延误的工期，参照销售合同中延期交付的日违约金标准进行计算。

2. 外部损失隐含成本

日本质量经济学家田口玄一将质量外部损失定义为"产品自装运之日起给社会带来的损失"，基于这一概念，其研究确立了以质量成本函数（QLF）为核心的质量工程方法。借鉴拟定了质量外部隐含损失的测算标准，对外部隐含损失进行估算：

隐含损失率 = 预期销售额 F0B4 问题影响因子 /100

预期销售额：因产品质量问题而遭受损失、产生抱怨的顾客，其能决定或影响的、未来一段时期内的原预期销售份额。

问题影响因子：基于问题的严重程度和用户对处理结果的满意程度确定，由问题等级系数乘以处理结果系数得出，问题等级系数定额如表 2 所示。

表 2　系数定额与相应问题等级

系数定额	问题等级
1	一般质量问题
5	严重质量问题
10	重大质量问题

问题等级的界定执行精密所质量问题管理的相关办法和标准，处理结果的系数定额如表 3 所示。

表 3　系数定额及相应处理结果

系数定额	处理结果
0	超出顾客期望、且顾客对产品的信心未受影响
1	顾客对处理结果基本满意
10	顾客对处理结果严重不满

其中处理结果根据市场部门的顾客回访情况确定。

例如，2012 年交付给某顾客的一台桥式三坐标测量机在 2013 年出现因气浮轴承故障导致的严重质量问题，且顾客对处理结果严重不满，其隐含损失测算中，问题等级系数取 5，处理结果系数取 10，问题影响因子为 50，与该顾客有关的原预期销售额为 550 万元，则造成的隐含损失为 550F0B450/100=275 万元。

桥式三坐标测量机近年的内部损失有形成本和隐含成本、关联外部损失有形成本和隐含成本的统计情况如表 4 所示。

表4 2011—2020年桥式三坐标测量机内外部损失成本统计汇总表（单位：万元）

交付年份	2011	2012	2013	2014	2015	2016	2017	2018	2019	2020
内部损失有形成本	16.38	10.8	4.55	3.15	3.28	3.77	2.52	4.56	2.99	3.3
内部损失隐含成本	43.16	29.88	11.62	8.25	12.24	10.53	6.12	10.8	8.51	9.3
内部损失成本	59.54	40.68	16.17	11.4	15.52	14.3	8.64	15.36	11.5	12.6
关联外部损失有形成本	167.18	110.34	42.21	30.65	23.12	14.56	10.92	17.04	13.57	17.10
关联外部损失隐含成本	806	522	177	132	99	63	0	0	0	60
关联外部损失成本	973.18	632.34	219.21	162.65	122.12	77.53	10.92	17.04	13.57	77.10

二、质量经济性数据分析

（一）质量成本基数的选择

结合国内外质量经济性分析方面的先进经验，对质量成本按科目选取不同的基数来表示，其中内部损失成本一般以直接/无故障生产成本（以下简称生产成本）为基数，外部损失成本一般以销售额为基数，同样质量声誉贡献值也取销售额为基数。

桥式三坐标测量机近年以生产成本、销售额为基数的内部损失、外部损失的情况统计如表5所示。

表5 2011—2020年桥式三坐标测量机内外部损失成本对照一览表（单位：万元）

交付年份	2011	2012	2013	2014	2015	2016	2017	2018	2019	2020
内部损失	59.54	40.68	16.17	11.4	15.52	14.3	8.64	15.36	11.5	12.6
基数–生产成本	728	504	196	140	228	370.5	342	684	655.5	855
每100万元生产成本对应的内部损失	8.18	8.07	8.25	8.14	6.81	3.86	2.53	2.25	1.75	1.47
关联外部损失	973.18	632.34	219.21	162.65	122.12	77.53	10.92	17.04	13.57	77.10
基数–销售额	1612	1080	406	290	464	754	696	1392	1508	1740
每100万元销售额对应的外部损失成本	60.37	58.55	53.87	56.02	26.26	10.26	1.57	1.22	1.02	4.43

（二）趋势分析

独立的质量成本数据对组织而言意义不大，要显示特定领域质量方面的财务投入情况，并且要明确成本改进的机会才有价值。实现这一目的的一种途径便是分析质量成本与已知成本/基数的比率，并绘制其趋势图进行分析。2012—2020年桥式三坐标测量机内部损失趋势如图1所示。

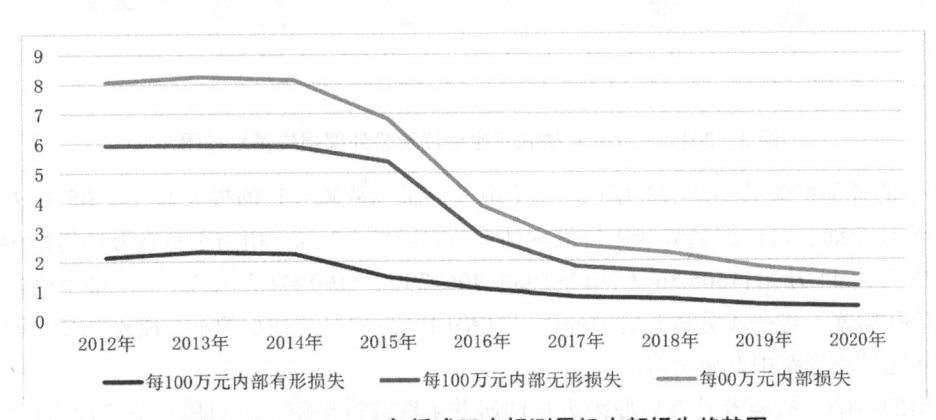

图1 2012—2020年桥式三坐标测量机内部损失趋势图

由上述趋势图可以明显看出每100万元生产成本的损失成本总体呈下降趋势。然而站在其中的一个时点，例如在2014年，情况并不乐观。

（三）帕累托分析

在趋势分析的基础上，按照帕累托原则（按重要性从大到小排列）对造成损失的故障缺陷及其原因进行逐层排列、分析，这便是实际质量改进的起始点。例如统计分析2011—2014年交付的桥式三坐标测量机造成损失的缺陷总量以及背后的原因，可以发现小部分缺陷类型是产生大部分损失结果的主要原因。

1. 针对内部损失的帕累托分析

2011—2014年内部损失对应缺陷因素的帕累托图如图2所示。

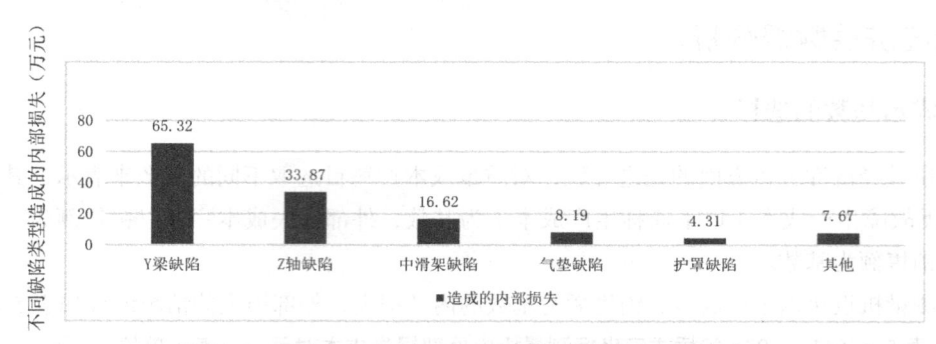

图2 2011—2014年桥式三坐标测量机内部损失帕累托图

2011—2014年的内部损失共135.98万元，由Y梁缺陷和Z轴缺陷导致的损失共计99.19万元，占比达到73%。相当于生产上每投入100万元的生产成本，需额外投入135.98/（728+504+196+140）F0B4100=8.7万元的内部损失成本。而Y梁和Z轴的具体缺陷，超过90%会导轨面镀铬层缺陷，一般在镀铬工序后的精磨或装配工段被发现。进一步分析其背后原因，使用多年的镀铬工艺及外协厂家在日趋严峻的环保形势下，生产及质量状态极不稳定，是缺陷产生的主要原因。

2. 针对外部损失的帕累托分析

2011—2014年外部损失对应缺陷因素的帕累托图如图3所示。

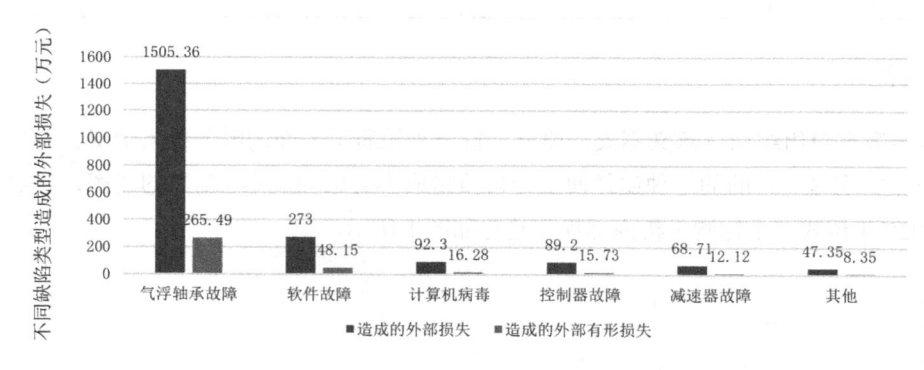

图3 2011—2014年桥式三坐标测量机外部损失帕累托图

2011—2014年的外部损失共2075.92万元，其中由气浮轴承故障导致的损失共计1505.36万元（该数据在2014年当时无法统计全面，可根据趋势和销售额预估），占比达到73%。相当于每百万销售额中，因气浮轴承故障导致的外部损失达44万元[1505.36/（1612+1080+406+290）*100=44万元]。气浮轴承的具体故障主要是气垫面磨损和气垫孔堵塞。进一步分析其背后原因，气垫面磨损与气浮轴承的本身刚度和变形有关，气垫孔堵塞多为气源质量问题导致气路中杂质增多。

对这些识别出的缺陷、故障及其背后原因进行调研并采取改进措施，将对质量成本改进产生显著的影响。

帕累托分析结果是实际质量改进的起始点，是从经济的角度为精准实施质量改进提供依据。

三、改进与评估

（一）改进措施预评估与选择

根据分析结果，识别成本改进机会，成立质量改进小组，实施改进，首先运用投资回报率（ROI）的方法预评估投入和收益。

1. 针对内部损失的改进措施

以2011—2014年的内部损失主要缺陷——Y梁和Z轴缺陷导轨面镀铬层缺陷为例，当时进入质量改进小组视野的有以下方案。

（1）加强镀铬外协特殊过程的管控，派驻专人跟产。

（2）寻找并培育新的镀铬外协厂家。

（3）采用新材料、新工艺替换原有的镀铬工艺。

这三个方案是互斥、独立的。从改进的投入与收益角度对三个方案的等效ROI进行预评估，评估结果如表6所示。

表6　针对内部损失改进措施的预估ROI

方案	投入	预期降损	等效ROI
（1）	以人工费用为主，每百万元投入2万元	每百万元生产成本降损2万元	1
（2）	以人工费用、试验费用、管理费用为主，一次性投入10万元	尚不明确	-
（3）	以研发费用、试验费用为主，一次性投入10万元	每百万元生产成本降损6万元	4.1

此处的等效ROI指以统计周期基数总值为基数的收益率，即以2011—2014年投入的总生产成本为基数，计算降损值与投入的比例即 [（728+504+196+140）÷每百万元降损值/100]/改进投入。根据预评估的结果，方案（3）的收益率更高，故选其作为改进方案，采用新材料、新工艺替换原有的镀铬工艺。

2. 针对外部损失的改进措施

以2011—2014年的外部损失主要故障——气浮轴承故障为例，当时提出的改进方案如下。

（1）改进工艺提高气浮轴承刚度或改进设计增大接触面积。

（2）选用更高等级的空气过滤装置，提升气源质量。

（3）改进验证方式，交付前增加跑合测试环节，自检专检进一步分离。

这三个方案并不互斥，是可共存的。从改进的投入与收益角度对三个方案的等效ROI进行预评估，评估结果如表7所示。

表7　针对外部损失改进措施的预估ROI

方案	投入	预期降损	等效ROI
（1）	以研发费、材料费为主，研发费一次性投入2万元，每百万元增加材料费1万元	每百万元销售额预期降损20万元	18.9
（2）	以材料费为主，每百万元增加0.4万元	每百万元销售额预期降损10万元	25
（3）	以鉴定费为主，每百万元增加0.4万元	每百万元销售额预期降损8万元	20

此处的等效ROI以统计周期基数总值减去销售额为基数，计算收益率，即以2011—2014的总销售额为基数，计算降损值与投入的比例即 [（1612+1080+406+290）÷每百万元降损值/100]/改进投入。预估ROI值较为乐观，是因为上述降损值包含了外部隐含损失。而如果仅考虑外部损失有形成本，（1）（2）（3）方案的预估ROI值也分别达到3.1、4.1、3.3左右。根据预评估的结果，三个方案可综合选取、同时进行。

（二）改进效果后评估与分析

根据预评估的结果，针对内部损失的缺陷原因，于2014年采取了使用新材料、新工艺替换原有的镀铬工艺；针对外部损失的缺陷原因，同时采取了改进设计增大接触面积（改进工艺提高刚度未能成功）、选用更高等级的空气过滤装置、加强检验验证工作等综合措施。在实施后的2015—2018年再次评估改进效果、计算改进的投资回报率。

1. 针对内部损失改进措施的评估分析

根据损失统计情况，针对内部损失改进措施的ROI计算结果如表8所示。

表8 针对内部损失改进措施的实际ROI

年份	2015	2016	2017	2018
基数－生产成本（万元）	228	370.5	342	684
累计投入（万元）	10	10	10	10
累计降损（有形，万元）	1.8	1.8+4.5=6.3	6.3+5.1=11.4	11.4+10.5=21.9
累计降损（万元）	3	3+15.9=18.9	18.9+19.1=38	38+40=78
ROI（有形）	0.18	0.63	1.14	2.19
ROI	0.3	1.89	3.8	7.8

在表8中，每年的降损值测算方法为：用当年的每百万成本的内部损失减去2011—2014年的这一数据的平均值，再乘以当年的总生产成本与100万的比值。采取措施后的2016年，针对总内部损失下降情况的ROI为1.89，超过了1，即考虑内部隐含损失时，改进措施的投资在2016年年底前已经收回；到2017年，仅包含内部有形损失下降情况的ROI为1.14，即不考虑内部隐含损失时，改进措施的投资在2017年也已收回。而到2018年，ROI有了更为显著的增长，这是因为随着每百万内部损失成本的降低、叠加产品销售规模的增长（反映在内部成本的基数是总生产成本的增长），累积降损值（收益）呈现二次函数级别的增长。因此针对内部损失缺陷的改进措施在实施后的三年及之后，从经济的角度衡量，是完全有效的，当初预估的总体收益率水平与实际情况基本契合。

2. 针对外部损失改进措施的评估分析

根据损失统计情况，针对外部损失改进措施的投资回报率计算结果如表9所示。

表9 针对外部损失改进措施的实际ROI

年份	2015	2016	2017	2018
基数－销售额（万元）	464	754	696	1392
累计投入（万元）	6.1	6.1+6.7=12.8	12.8+6.2=19	19+12.3=31.3
累计降损（有形，万元）	25	25+64=89	89+61=150	150+127=277
累计降损（万元）	143	143+352=495	495+385=880	880+776=1656
ROI（有形）	4.09	6.95	7.89	8.85
ROI	23.8	38.7	46.3	52.9

在表9中，累计投入的测算方法为：每百万元的改进措施投入（1.8万元）F0B4（总生产成本与100万元的比值）+2；每年的降损值测算方法是用当年的每百万销售额的外部损失减去2011—2014年间的这一数据的据平均值，再乘以当年的销售额与100万的比值。

采取措施后的2015年，针对外部有形损失下降情况ROI达到4，收回改进投资的同时，有新增收益；如果同时考虑隐含成本的下降情况，ROI值将呈指数增长，这与外部损失隐含成本的测算标准有关、与测算时把握的尺度有关。因此，针对外部损失故障的改进措施的投资回报评估，宜从有形成本下降情况这一角度出发，更具说服力。

针对外部损失故障的改进措施在实施后，从经济的角度衡量也是完全有效的。这个情况反映出，在产品质量状况较差，尤其是外部损失运行在高位时，果断的、精准的预防性投入，是能够得到显著的回报的。

四、总结与展望

（一）总结

借助桥式三坐标测量机的质量成本分析与改进过程，提炼出一种面向工业产品的质量成本分析与改进的行之有效的办法，其具体步骤如下。

（1）根据产品周期特点确立关联外部损失成本的测算方法。

（2）根据产品生产特点和市场情况确立适宜的隐含损失成本的定额标准。

（3）统计、测算一段时间的关联有形损失成本、隐含损失成本。

（4）选取适宜的成本基数，一般对内部损失成本选取总生产成本为基数，对外部损失成本选取销售额为基数。

（5）开展趋势分析，在趋势变差或未见改善时，做进一步的分析。

（6）针对损失的诸多缺陷开展帕累托分析，绘制帕累托图，按二八定律筛选出主要缺陷，确定损失的主要"贡献者"。

（7）针对主要缺陷提出改进预案，从投入—收益的角度预评估ROI，应注意不同基数对评估结果的影响。

（8）根据不同改进预案的预估ROI值，选取、确定改进措施，其中预估ROI值较高的，应果断实施；预估结果不明朗的，不宜马上实施；仅针对有形损失的预估结果与包括隐含损失的预估结果有较大出入时，应综合产品战略定位来决策实施。

（9）采取措施后，在一定时期（至少1个质保周期）后对改进措施效果进行评估，对ROI实际值进行再次核算，进行评价、分析和总结。

按照该套方法，有步骤地实施质量成本分析与改进，随着每一个损失成本最主要的贡献者按递降顺序被取消，相关的质量损失成本也以同样方式递降。在这一过程中，质量改进与提升是用经济数据工具来推进与衡量，表征了质量工作从成本中心向利润中心的转变。

本案例仍存在一些不足和局限，比如测算方法尚不精细、尚未综合分析所有的预防与鉴定成本；对部分质保期较长，甚至需全寿命质保的产品，其关联质量成本计算，尤其质量信誉贡献的准确度和全面性面临一定困难；另外，质量先期策划作为成本改进的重要工具方法，因启动较晚而尚无足够的成本数据，暂未开展相关的分析；对价值工程、系统工程等管理学知识的统筹运用尚不充分。

（二）展望

展望未来，随着全面质量提升工作的持续推进，以及行业质量经济性研究与实践工作的持续深入，相信质量成本定额标准将进一步细化，产品全生命周期数据管理将进一步优化。随着质量先期策划的开展，以及跨学科、跨领域的管理学知识的运用，质量成本分析与改进将在企业的全面质量提升工作中发挥更大作用，在助推建设质量强国的战略征程中贡献更多价值！

主要创造人：李国龙

参与创造人：王　伟

高铁轨道施工企业基于"四化"支撑的全方位质量管理

中铁五局集团第六工程有限责任公司

一、企业概况

中铁五局集团第六工程有限责任公司（以下简称第六工程公司）享有"铺架王牌军"的美誉，是世界500强企业——中国中铁股份有限公司旗下具备市政公用工程施工总承包一级、铁路铺轨架梁工程专业承包一级、桥梁工程专业承包一级、隧道工程专业承包一级、钢结构工程专业承包三级资质的国有大型施工企业，主要从事高速铁路、铁路客运专线和普通铁路的铺轨架桥，城市轻轨、地铁建设，铁路大型箱梁和各类T型桥梁的预制，各型号钢梁桥的拼装架设以及公路、水利、市政工程施工。

第六工程公司通过了国际国内质量、环境和职业健康安全"三位一体"管理体系认证；拥有功能齐备并通过国家认证认可监督委员会认证的工程实验室；拥有国内外先进的铺轨机、架桥机、大型机械化养道设备、钢轨接触焊机、机车车辆等大型机械设备814台（套）；企业总资产达36亿元，总功率超12万千瓦。具备同时承担10条以上国家铁路新线铺轨架桥、运输或线下工程的施工能力，以及10个以上城市地铁轨道施工的资源储备。60多年来，公司先后参与了国内外100多条铁路干线、支线、高速客运专线的建设，先后开办新线临营运输16条线（段），累计营运里程4000余千米，运送货物超过27761万吨，发送旅客20357万人次。

第六工程公司拥有的铁路大型施工、运输等重特大设备实现了几十年无重特大、较大事故的优异成绩，在铁路施工同行中独树一帜。先后被铁道部（现为国家铁路局）、铁路工程建设总公司命名为"开路先锋""铺架王牌军"。多次被评为"守合同重信用企业""全国铁路先进党组织""全国优秀施工企业""全国用户满意施工企业""中国企业文化建设先进集体"，并获得"全国AAA级信用企业"称号。先后被上海市、重庆市、青海省、湖南省、江西省、贵州省政府表彰为"百强施工企业""最具影响力品牌企业""诚信企业"，并多次获得"五一奖状（奖章）""文明工地""青年文明号"等荣誉。

二、匠心铸品质，品质树品牌

企业产品品质是打造业界信誉和树立品牌形象的根本依托，从肩负修建新中国第一条铁路的使命开始，对工程质量精益求精的追求已注入了第六工程公司人的血液。企业以建设精品工程为立足点，积极提高"铺架王牌军"的知名度。

为确保工程建设质量，进一步推进标准化管理，规范项目质量管理行为，根据国家、地方政府颁发的有关质量法律、法规，以及建设单位相关质量管理文件等，结合具体项目实际情况，对每一个工程的质量提出严格要求，制定高标准，设置质量管理机构，建立完善的质量管理自控体系，制定科学有效的质量保障措施。

为了构建长效的质量监督机制，提高本质质量管理水平，第六工程公司制定了《中铁五局六公司安全质量稽查工作管理细则》。具体内容如下。

（1）公司选派具有丰富的项目管理、施工技术管理、安全质量管理经验，具有中级以上技术职称，5年以上现场工作经历的专业技术人员成立质量稽查队。

（2）制定公司质量稽查工作管理细则并实施。

（3）负责稽查项目执行国家、行业有关安全质量法律法规、条例、规范、强制性标准和企业规章制度的落实情况，负责客观记录，对施工现场质量进行超前谋划、把关，及时处置发现的各类质量通病，提出整改意见和要求，对整改情况跟踪验证。

（4）负责搜集、分析安全质量信息，编辑、发布稽查通报，定期向公司上报稽查计划和总结。

（5）按照上级要求开展项目质量检查，督促项目严格落实上级提出的质量管控要求。

（6）收集、总结公司所属项目先进的施工经验和做法，组织内部交流与推广。

三、落实质量管理责任机制，推行"四化"全方位质量管理

为了加强施工质量管理、技术创新体系的建设，第六工程公司对施工日常管理、业务标准、技术研究、产品开发、成果转化、奖励激励等进行了规范，确保了公司施工管理、科技创新工作的有序开展。结合第六工程公司实际及业务特点，共修订和完善实施了19项施工生产及技术管理的相关制度和办法，施工、技术管理工作已初步形成了"日常管理、业务标准、检查纠偏、考核评价"全过程覆盖的制度体系。

（一）建立企业质量管理责任机制

（1）为确保施工项目按期、安全、优质、圆满完成，公司选择富有城市轨道工程施工经验的管理人员负责工程现场施工管理。

（2）全面提升项目建设管理水平和施工能力，做好前瞻性、预见性的统筹策划。努力从管理项目向经营项目提升，以安全质量为底线、以效益资金为目标，抓好各个管理层级和人员的职责落实，抓好项目建设底线管理规定的落实。项目经理是安全质量第一责任人。建立项目经理的工作状态决定项目班子工作状态，进而决定项目管理效果的高效管理模式。

（3）明确每个岗位的质量职能和在质量工作上的具体任务、责任和权力，做到质量管理工作人人有专责、事事有标准、工作有检查，职责明确、功过分明，把同产品质量有关的各项工作和提高员工的质量意识责任心结合起来，形成一个严密、高效的质量管理责任系统。

（二）加强施工组织设计和过程进度控制

（1）超前谋划，抓好项目施工组织设计及资源配置，树立施工组织设计是最大的二次经营的理念，做到公司专家团队与项目团队同进场、同调查、同策划，重点推行重大施工技术方案专家评审制度，全面实现对项目总体施工组织设计和土建综合工程关键技术方案现场评审，注重施工组织动态调整优化，合理配置资源。

（2）加强施工进度控制。第六工程公司督促各项目严格按照《施工组织设计》组织施工，同时结合业主的节点工期要求，根据各阶段的现场实际情况编制周、月施工计划，在确保工程质量和安全的前提下合理安排施工，保证项目各关键节点和全线贯通，按期圆满完成。

（3）加强项目现场管控，提高施工产能，全面落实施工生产主体责任，扎实推进施工生产，形成作业面和工点的平行流水作业，及时协调解决现场问题并根据实际做动态调整，及时纠偏。

（4）加强项目原材料检测和工程过程控制。对关键原材料如钢筋原材、焊接及混凝土试块等都按照规定频率取样，外委送检确保全部合格。

（5）强化施工记录管理。原材料出厂合格证齐全，进场检验合格，报告齐全；施工试验检测合格，报告齐全；隐蔽工程验收记录完整；施工测量记录完整。

（6）严格计算，测量数据时采用复核制，现场进行交换测量，确保施工放样的准确性。所有测量资料齐全，数据偏差符合规范要求。

(三) 构建专业化施工队伍

第六工程公司积极响应国家高质量发展要求，主动探索企业转型升级的新路径，实践中以"公司总体管控，项目部精细管理，分公司专业作业"为基本原则，将原来分散在各项目的专业人员、专业设备、专业技术进行整合，组建铺架、运输、焊轨、物资共4个常建制的专业化分公司，分别负责铺轨、轨道路料运输、轨道焊接、物资供应等专业化工作。

专业化分公司的专业队伍到项目后进行模块化组合，通过专业化的队伍、专业化的设备、专业化的技术锤炼专业化的能力，打造机械化、工厂化的施工硬实力，培育信息化、精细化的管理软实力，促进企业由劳动密集型向技术密集、机械化施工、信息化管控的生产方式转变，从而打造高铁轨道施工企业全方位的质量管理能力，树立起装备"新"、技术"优"、管理"精"、效率"高"、质量"好"的"铁路铺架王牌军"形象，成为高铁轨道施工行业的新标杆。

(四) 推进机械化施工作业

第六工程公司下属的专业化分公司以"专业先进、安全优质、精干高效、协调统一"为建设目标，集中管理公司的四大类专业人员、专业设备以及配套的机具、工装，统筹本专业资产的使用、维修、保养、技改、调配，开展本专业人才的取证、培养、调配等工作。以派出作业团队的方式，在项目组建专业站点直接参与施工生产，此种工作模式可将项目部从繁重的专业管理中解放出来，把主要精力投入施工生产的质量管理。

例如，焊轨分公司承担项目轨道施工的钢轨焊接工作，负责惯导测量、大型机械化整道、钢轨焊接、试验等工序作业。服务项目期间主要包含如下工作内容。

(1) 做好钢轨焊接、钢轨探伤及大型养路机械司机工种的培训取证工作。

(2) 加大焊轨机械设备的标准化管理和维护保养的力度，做好相关记录，保持设备的最佳状况，做到"召之即用、用之即安"的快速作业。

(3) 以钢轨焊接质量为管理核心，落实工序交接由作业班组负责人共同检查把关的刚性要求，对不合格产品及时返工重做，形成最终签字记录，对焊轨质量有效期负责。

(4) 完善各类技术基础资料并配合工程竣工验收。

(五) 推进信息化施工管控

第六工程公司结合轨道工程的特点和自身实际情况，采取自主研发、联合开发和应用上级推广软件的方式，压缩工序衔接和数据传递的冗余中间节点，提高前台施工的自动化和后台管控的信息化水平。

铺轨、大机捣固、焊轨放散是有砟轨道施工质量控制的核心，通过开发现场自有设备的配套软件，强化关键工序的质量管控。施工过程中信息化管控有如下措施。

(1) 为长轨铺轨机组配置计算机控制信息系统，实现轨枕自动下料、布枕、间距调整等功能。

(2) 为捣固车配置轨道几何参数计算机控制信息系统，可按照测量数据自动控制轨道几何状态、起拨道量。

(3) 为移动焊轨机配置计算机控制信息系统，实现电压、电流、焊接时间、压力、位移顶锻量等功能的自动控制和数据采集，保证焊轨质量。

(4) 配置中频电正火的自动控制信息系统，能实现测温、数据采集、功率自动调整等功能，保证正火质量。

(5) 引进长轨智能应力放散设备，能实时测量和采集作业全过程的钢轨温度、钢轨位移、环境温度等数据，对数据进行调查、统计、分析、预警，与其他平台互相联动并有效集成。

(六) 推行精细化质量管理

第六工程公司始终坚持以人为本、质量为先的管理理念，辅以先进的科学技术，精益求精，细化施工过程管控，不断提高施工质量管理水平。

以牡佳高铁施工为例，公司在质量管控和成本管控方面采取了如下措施。

（1）道砟原材料管控。成立道砟管理小组，超前谋划、细分职责、落实到人。出厂前，安排专人驻厂从源头上监控道砟的出厂质量，确保质量合格；进场前，采用智能物料验收系统过磅计量并实时查看后台影像监控，全方位掌控现场，做到了零距离、集约化精准管控。

（2）铺轨前与线下单位交接管控。安排专人提前介入线下单位的控制复核测量，极大提升线路交接质量。

（3）底砟用量管控。技术人员按照复测结果绘制线路道床实际横断面图，计算实际道砟用量，在现场每隔20m标记出卸砟控制点。分公司按控制点交底要求，一次性存卸完双线底砟，有效避免了底砟分布不均造成二次倒运的现象，同时提高了后续的道砟摊铺质量和效率。

（4）底砟摊铺管控。在机械化流水作业全过程中辅以技术人员跟踪检控，动态同步检查底砟厚度、压实密度和平整度，极大提高底砟摊铺质量的同时，施工效率也较传统工艺提高了1.5倍，为后续顺利铺轨打下基础。

（5）扣配件安装管控。通过对轨枕预埋套筒抽水、高压风机清孔及机械注油的方式，解决了轨枕套筒在东北严寒地区受冻胀失效的问题，极大避免了因套筒失效产生的安全隐患，提高了配件安装质量及效率，降低了后期线路运营维护的难度。

（6）线路补砟管控。卸砟前根据测量数据计算出各工点所需道砟方量，卸砟过程中将速度控制在5~10km/h以内，卸砟人员结合预测量随时监控，防止道砟少卸、超卸现象，减少大型机械整道作业遍数，提高了施工效率和施工质量。

（七）推动群众质量活动发展，激活管理动力

（1）根据第六工程公司《QC管理办法》，推动全面质量管理工作深入开展，促进基层管理人员的领导和管理能力提升，提高员工队伍素质、提升工程质量、提高经济效益。

（2）通过践行《QC管理办法》获得强化成果咨询、指导和转化，将成果落实到项目中去。

四、依托重难点项目开展技术攻关，质量提升效果显著

"合抱之木生于毫末。"面对机遇和挑战，第六工程公司及时调整策略，积极对接新领域。从普通铁路到高铁，有砟变无砟，短轨变长轨，传统的T梁变为大型箱梁，公司施工内容涉及公路、桥梁、城市轨道交通、市政工程、房屋建筑等施工领域。通过对重难点项目技术攻关、质量把控，施工工艺方面不断突破创新，近几年公司在相关领域取得了喜人的成绩。

（一）牢固树立了"铺架王牌军"品牌形象

2020年7月，福建省和国铁总公司领导调研检查衢宁铁路建设时称赞第六工程公司把普速铁路轨道施工建成了高速铁路轨道的标准。

2020年7月、9月，中国铁路总公司领导在牡佳高铁视察过程中，对轨道工程进度及质量给予了充分肯定，表示第六工程公司是近几年高铁轨道施工中干得最好的施工单位，被中国企业联合会和中国企业家协会评定为"全国AAA级信用企业"，彰显了"中国铁路铺架王牌军"的风采。

（二）推动了高铁轨道施工水平的快速发展

近年来，第六工程公司结合施工实际，认真开展创新工作，荣获省部级工法10项、授权发明专利6项、授权实用新型专利17项。前期在进行济青、安六、牡佳等高速铁路施工时，结合工程实际，将创新成果运用到工程中并进一步深化，在铺砟作业、有砟无砟轨道频繁交替作业、高寒地区无缝线路施工、铁路工程线运输

管理信息化等方面取得了突破，确保了施工质量，降低了工程成本。中国铁路总公司领导在项目检查时称赞：在信息化系统建设方面，第六工程公司走在了全国同行的前面，并建议随行铁路局领导在全国范围内推广应用。2021年8月15日，首组CR400BF-G型复兴号高寒动车组，在第六工程公司负责施工的牡佳高铁轨道上顺利联调联试，是我国最东端高寒高铁线路的首次成功试跑。目前还有多个高铁项目在施工筹划及施工中，均将这些质量管理创新和先进的施工方法、工艺在工程建设中推广应用，并进一步结合项目实际进行优化，此举推动了我国高铁轨道施工水平的快速、可持续、绿色健康发展。

（三）奠定了公司在铺架领域的领先地位

通过多年的"四化"建设和精细化质量管理提升，先后创造了20多次全国铺架纪录，是国内创造铁路铺架全国纪录最多的企业之一，参与施工的杭长高铁、沪昆高铁、成绵乐城际铁路荣获"中国建设工程鲁班奖""年度国家优质工程""中国土木工程詹天佑奖"。在北京举办的第三届国际创新创业大赛上，公司"尹楼刚劳模工作室""运梁车驮运JQ900A型架桥机过隧施工工艺改进"等多项职工创新成果亮相创博展，荣获了创博会优秀创新成果奖，得到了中华全国总工会领导的肯定及参观者的称赞。

在南龙、济青、安六、牡佳等有砟轨道项目施工中，积极开展管理创新活动，深入探索道砟管理模式；积极引入"四新技术"，通过多次优化铺砟整道施工工艺，最终在牡佳高铁2标项目施工中形成了工艺成熟、机械化程度高的"新铺砟整道工艺深化研究"成果，实现了铺砟作业人工使用数量由传统工艺需500~600人缩减到100人以下，彻底杜绝了道砟数量亏损，大大降低了施工成本，充分实现了"机械化增效""机械化减员""机械化提质"的项目管理目标。通过新铺砟整道工艺的广泛应用，在安六铁路减少施工成本2000万元以上，在牡佳高铁降低成本3000余万元，并且在以后有砟轨道的施工中，本成果还将持续为降低成本发挥作用。

主要创造人：王国庆

参与创造人：邹 磊、赵 宇

以特色质量品牌文化促进质量管理提升实践

中电建路桥集团有限公司

中电建路桥集团有限公司（以下简称中电路桥）是世界500强企业——中国电力建设集团有限公司的控股子公司，是中国电建直管的专业化市场平台公司和投资建设集团公司。2006年，中国水电建设集团为应对后水电时代、完善产业链，增强在基础设施领域的市场竞争力，整合集团优势资源，在北京设立了中国水电建设集团路桥工程有限公司，2014年更名为"中电建路桥集团有限公司"。截至2021年年底，注册资本为90亿元，资产总额近2000亿元，具有公路工程施工总承包特级、市政公用工程施工总承包壹级、建筑工程施工总承包一级、环保工程专业承包一级等相关资质。

中电路桥主要从事公路、铁路、轨道交通、市政工程、城市综合开发、水务、水资源和环境治理、生态环保、绿色建材等领域的投资建设业务，具备为客户提供投资融资、设计规划、施工承包、监理咨询、管理运营的一揽子解决方案和一体化产业链服务能力。目前，业务遍及国内27个省市，合同总额近7000亿元，多次荣获"中国建筑业最具成长力100强企业""中国建筑业综合实力50强""中国建筑100强""国家科技进步企业""国家科技创新先进企业""中国经济绿色环保单位""全国文明诚信示范单位""全国建筑业优秀企业""首都文明单位标兵"等荣誉称号。

一、公司质量管理发展历程

任何企业的生命历程都具有其阶段性特征，与公司创业、成长到逐步成熟的三个阶段同步，公司质量发展历程大体经历了初创守成、被动约束、主动引领三个发展阶段。

（一）初创守成阶段（2006—2011年）

中电路桥将主要精力集中于整合资源、获取资质、加强市场开发团队建设，以投资进入基础设施领域，以投资与施工总承包等工程建设模式抢占市场，实现了从电建水电人向电建路桥人角色转换。

（二）被动约束阶段（2012—2015年）

以创新商业模式集中开发市场，中电路桥规模实现了跨越式增长，但相对于自身能力技术难度大的高风险项目也日益增多，为此公司建立了质量管理体系，完善了各类规章制度，规范了质量管控的相关工作程序，有效提高了各在建项目的质量管控水平。

（三）主动引领阶段（2016年至今）

作为一体化服务商，基于项目全生命周期的责任与经营目标，中电路桥建设工程质量不再是被动履约，而是创新质量管理实践，主动向质量要效益、要业绩、要品牌。为此公司进一步完善了质量管理体系，规范了领导、管理层、员工质量行为准则，引进管理工具，打造出了对标总部的质量管理技术和服务平台，全体成员逐渐形成了统一的质量价值观，打造了中电路桥的质量管理文化。

二、2019—2021年提升公司质量品牌文化三年行动

（一）行动背景

1. 国家层面

2017年，全国代表大会首次提出我国经济已由高速增长阶段转向高质量发展阶段，强调转变发展方式、优

化经济结构、转换增长动力，必须坚持质量第一。

2. 集团层面

中电路桥从2017年以来，在建项目数量和体量迅速增大，涉及多个专业领域，由于参建单位质量管理水平参差不齐，质量管理难度大，电建集团认为中电路桥作为平台公司，在工程质量管理方面必须要发挥对集团内各工程局的引领和示范作用，更要加强精品工程和创优意识。

3. 项目层面

制约中电路桥项目现场质量管理水平进一步提高的主要原因：一是公司高速发展，体系管理缺乏顶层设计和质量文化引导；二是公司与参建单位之间没有形成统一的质量文化意识，缺少建造精品工程的强烈意愿。

（二）行动内容

中电路桥经过深入调研，通过顶层设计，突出示范引领，决定在公司范围开展"提升公司质量品牌文化三年（2019—2021年）行动"（以下简称三年行动），着力打造"一个中心，三个体系，三个示范，一个预警，两个典型，一个引领，一个驿站"的质量管控特色文化。

1. 一个中心

建立"云＋大数据"（互联网＋）平台，打造"全面质量管理中心"。其功能定位如下：一是质量管理数据集成，二是分析和统计需持续改进的方向和主要内容，三是提出改进方案和措施。

2. 三个体系

一是支撑体系。支撑体系是公司质量管理的根本，主要包括质量保证体系、制度标准体系、信息技术体系，通过这3个维度体系的建立，确保了中电路桥质量管控的全面、及时、有效运行。

二是服务体系。始终把服务放在公司质量管控职责的首位，建立技术和质检试验专业人才库、质量培训教育、学习交流三方面的服务体系。

三是监督考核体系。通过监督考核，形成总部总体把控、各区域总部（子公司）全面监管、项目各参建单位按照职能及合同约定负责的责任体系。建立实施质量动态控制中的反馈机制，各片区设置独立的质量监督人员将各项目质量水平定期反馈给公司总部，加强动态预控和过程控制，保证项目的工程质量处于良好的可控状态。

3. 三个示范

一是基于拌和站、加工厂、预制场标准化建设的示范场站。

二是基于绿色施工与安全文明施工标准化的示范工地。

三是基于首件制、样板制的示范工程。

形成一批示范项目，引导中电路桥质量管理形成"标准成为习惯、习惯符合标准"的氛围，通过标准化、精细化的执行，现场工程实体和外观质量有较大提升，有效促进工程施工质量整体水平的提高。

4. 一个预警

一个预警是指"单元预警"，将所属工程根据作业内容、作业地点的不同，将管理对象划分为若干单元。通过对单元范围内的施工工艺、施工环境和天气状况等进行综合分析，向作业人员提出相应的质量控制风险超前警示。单元预警分为预控阶段和预警阶段。确保实施阶段的质量控制的效果，提高关键工艺、关键工序质量控制关键点的施工质量。

5. 两个典型

正面典型：以点带面，使参观单位在学先进、找差距、补不足中提高质量意识并积累经验，促进中电路桥质量管理水平的提高。

反面典型：树立反面典型对工程质量产生的警示、教育作用更大。反面典型的树立，展现公司对工程质量问题铁腕治理的坚决态度，并从侧面有效推动质量管控机制的落实。

6. 一个引领

作为有梦想的企业，创优是对社会的责任担当、对品牌的精心锻造、对自我的良心回馈，也是助推企业质量管理不断进步的着力点。中电路桥在实施品牌强企的战略中，始终把创优作为树立公司品牌形象的重要抓手，通过创优引领增强工程质量管理的执行力，增强公司科技创新力，激发全员参与质量管理的内动力。

7. 一个驿站

在项目设置心灵驿站，引导员工保持身心健康，创建以人为本，尊重和表扬员工精益求精，追求工作品质的现场质量文化。

（三）行动目标

实现全员的质量管理、全过程的质量管理、全企业的质量管理和多方法的质量管理，将工程质量管理从原来单纯依靠现场测量、检验、控制，转变为更加注重质量意识、质量理念、质量价值观的长效机制和内生动力；实现工程实体质量显著提高，打造更多的优质工程，以项目树品牌信誉，赢得顾客和市场的尊重，增强公司的市场核心竞争力和品牌影响力；最终突出公司在电建集团系统内的示范、引领、标杆作用，达到建筑行业质量管理的先进水平。

（四）行动任务

准备阶段：2019年6月—2019年8月，结合实际对照《提升公司质量品牌文化三年（2019—2021年）行动计划》，识别本单位、项目需要改进提高的关键点，制定详细的提升质量品牌文化三年行动计划实施方案，明确主要目标、重点任务，制定保障措施。

实施阶段：2019年9月—2020年8月，按照制定的提升质量品牌文化三年行动计划实施方案，扎实开展，不走过场。

提高阶段：2020年9月—2021年8月，自查自纠，利用PDCA原理，分析总结一年来在提升质量品牌文化三年行动计划中的不足，并加以纠正提高。

验收阶段：2021年9月—2021年12月，中电路桥总部对《提升公司质量品牌文化三年（2019—2021年）行动计划》进行验收考核。

总结阶段：2022年上半年，总结通报《提升公司质量品牌文化三年（2019—2021年）行动计划》活动的开展情况以及各单位的验收考核情况，征集优秀案例在中电路桥范围内交流经验。

三、提升公司质量品牌文化三年行动成果

2022年，提升中电路桥质量品牌文化三年行动圆满结束，取得了显著的成效：公司在建项目质量管理水平明显提高，三年来未发生质量事故，顾客满意度逐年提高，2021年达到96.78%。2019年至今，中电路桥共获得各类质量优质奖项303项。

（一）重新修订了公司质量方针

在对中电路桥内外部环境进行客观分析后，重新确立了"信守合同，全程受控，持续改进，建造精品"的质量方针。

"信守合同"就是要坚持合同底线，强调契约精神。

"全程受控"是推行全面、全员、全过程质量管理理念。

"持续改进"是利用PDCA原理，持续提升。

"建造精品"是对工程内在质量和品质的升华，目的是打造更多的精品工程。

（二）工程质量终身责任制已建立

在中电路桥质量管理制度中明确各单位负责人是本单位质量管理的第一责任人，所有从事质量、技术、质检、试验、监控量测、施工的管理人员依据国家法律规定对所从事的质量工作终身负责。

同时，对各单位、项目规定了组织机构、人员配置数量和培训时间的新要求，建立了"质量管理人员备案""工程质量问题通报""工程质量影像追溯"等机制，质量管理工作向现场进一步延伸，加强一线监管，防范质量风险。

（三）发布《公司年度建设工程质量监督管理工作要点》

中电路桥每年根据项目现场实际情况，年初有重点地制定并下发《公司年度建设工程质量监督管理工作要点》，提醒、监督并落实工作重点。

（四）工程实体质量水平提高

提升公司质量品牌文化三年行动期间，中电路桥进行28次综合和专项检查，打造了一批典型样板、示范项目（留样室、养护室、边沟开挖、路基施工、拱形骨架护坡、拌和站、支架模板、钢筋加工场、预制梁场）引路，带动项目整体提升。

从2019—2021年质量检查结果来看，中电路桥在建项目实体质量管理水平有了明显提高，"提升公司质量品牌文化三年行动"成效逐渐显现。

（五）"1+N"台账化管理

中电路桥坚持总部管总，提高总部工作效率，质量及创优工作推行"1+N台账化管理"模式，"1"是公司主管部门每年建立年度重点工作任务台账，"N"是根据重点工作任务分别建立"N"个任务落实台账。对重点任务及项目实施穿透式管理，同时推广现场质量工作台账化管理，每个台账列有完成时限、工作措施及责任人，确保各项任务的具体落实。

（六）工程质量文化氛围在形成、意识在提高

通过质量宣传、培训、教育、现场观摩交流、监督检查等手段，弘扬了质量文化，提高了质量意识。中电路桥邀请了公路、铁路、房建、市政领域专家，对工程专业知识、质量管理、验收管理、国家优质工程创建等内容进行了有针对性的培训，培训累计超过5000人次，通过培训效果测试，平均测试成绩达86分。

（七）获行业单位和行业协会认可

中电路桥质量管理得到系统内兄弟单位、股份公司及行业协会的高度评价，先后在股份公司质量管理人员培训、创优策划等大会上分享质量管理经验，并受邀在水电顾问工程建设全国会议、中国施工企业管理协会"全国质量发展大会"和《工程质量》杂志等平台交流经验。

四、结语

"十四五"时期，中电路桥将继续立足城市建设与基础设施领域，围绕专业市场平台定位，坚持一专多能多元化发展，把握现代城镇化发展方向和建筑业发展趋势，以"路"进"城"，集投、建、营于一体，在高速公路、市政、铁路、城市综合体开发、绿色建材、地下综合管廊及水环境治理、环境保护等领域为客户提供投融资、设计规划、施工承包、监理咨询、管理运营的一揽子解决方案和一体化产业链服务，努力打造以国内一流的基础设施投资商、绿色建材提供商、城市发展服务商、工程建设承包商、生态环境集成商、产业发展营运商为支撑的"六商路桥"，为股东持续创造价值，为客户提供优质产品，为员工创造幸福和成长空间，勇担央企社会之责，力促中电路桥基业常青！

主要创造人：马治国

参与创造人：孙晓冬、郭　超

基于科技创新的施工企业质量管理提升实践

中铁电气化局集团有限公司

一、企业概况

中铁电气化局集团有限公司是中国中铁股份有限公司的成员企业，前身为铁道部电气化工程局，于1958年伴随着中国第一条电气化铁路——宝成电气化铁路的建设而诞生，2001年6月整体改制为中铁电气化局集团有限公司。现已发展成为工程建设、勘察设计、科研开发、工业制造、试验检测、工程监理、物贸物流、运营维管、房地产开发、投融资"十位一体"的大型企业集团。中铁电气化局集团有限公司是中国电气化铁路建设的国家队和主力军。

二、企业质量管理纲领

公司以"高质量发展"为主线，以"提供绿色智能轨道交通产品和服务，为品质生活提速"为使命，以"成为享誉全球的轨道交通系统集成企业集团"为愿景，牢固树立"匠心品质、精心建造"的质量发展理念，坚持"百年大计，质量第一"的方针，弘扬"勇于跨越、追求卓越"的企业精神，"促创干、争一流"的电气化传统，"立于信、成于品"的电气化风尚。实施以质取胜的经营战略，将诚实守信、持续改进、创新发展、追求卓越的质量精神转化为企业及员工的行为准则。

三、聚焦"行业引领"，强化科技创新

一是掌握智能电力牵引供电系统技术。运用新型光电互感器技术、光通信技术、智能开关技术、在线检测技术和以太网智能交换技术，研究贯通式同相供电和多端柔性直流输供电系统，建设"一次设备智能化，二次设备网络化"的数字牵引变电所。研发"健康诊断、故障隔离、重构自愈、运行自律"的牵引供电系统，不断提高运行的可靠性、先进性、智慧性。

二是掌握"四电"系统全生命周期健康预警与安全评估技术。构建轨道交通四电系统数字孪生技术体系，建立基于人工智能大数据的典型安全隐患分析与预警模型，掌握关键设备复杂环境下服役机理、智能检测监测及大数据驱动的设备寿命剩余预测与安全评估技术。

三是掌握自主化的轨道交通智能建造与运维自轮装备技术。研究"四电"工程安装及运维机器人的制造技术，研制由机器人组成的全工序柔性综合作业列车，建立健全"四电"系统机器人列车运维作业规范，全面实现自动化预配、自动化安装、数字化管理，提高工程智能建造和智能运维水平。

四、质量提升的做法

（一）"一模两线四化"建造技术体系的构建和实践应用

施工项目为落实好"精心、精细、精致、精品"总体建设要求，以京张高铁为示范引领，打造"精品工程、智能京张"，以科技创新保持中国高铁持续"领跑"。在新时代开启铁路建设新征程中，四电专业在京张高铁四

电工程建设中以"一模两线四化"为技术支撑进行了创新探索，全面提高四电工程智能建造水平。

一模即通过对典型所（亭）、接触网段落参数化建模，通过BIM虚拟建造，研发应用"数据计算+三维验证+驱动生产+身份标识+三维进度"的系统管理平台，实现BIM落地应用，打通了施工智能建造全过程。

两线即自主研发第三代接触网腕臂自动化装配线和吊弦自动化装配线，通过全自动化生产，提高了预配的精度、质量和效率，向无人化、智能化迈出了重要一步。

四化即信息化、专业化、机械化、工厂化。一是建立项目管理信息化系统，实现施工全过程信息化管理；二是实施项目专业化管理，组建专业管理团队和施工团队，并为施工操作人员配备智能化工装，有效提高施工精度和效率，保障精品工程工艺实现；三是全面推行机械化作业，研发配置新型机械设备，提高安装效率和工艺质量水平；四是实施工厂化管理，建立预配中心和物资管理中心，利用数字化物资管理系统，实现物资全过程管理，并具备物资可追溯性。

（二）布局重点领域，加速科研攻关

围绕集团公司主营业务及行业技术发展，聚焦"四电+"多元化市场，重点提升"四电"核心专业，积极补强短板专业，对数智升级、高铁"四电"智能建造、贯通式同相供电系统、高原电气化铁路施工、既有线电气化改造、智慧运维、新能源光伏施工等方面开展重点研究。

1. 贯彻落实《数智升级行动方案》《高铁四电智能建造2.0行动方案》

集团公司于2022年5月发布了《数智升级行动方案》和《高铁四电智能建造2.0行动方案》。两个方案由集团公司科技创新部牵头，会同集团公司资深专家、相关部门，在参考国铁集团"智能高速铁路体系架构"、"智能建造指南"、中国中铁数智升级工程三年行动总体方案、国务院发布的《"十四五"数字经济发展规划》、中国信息通信研究院"数字建筑白皮书"、"中国建筑行业数字化转型研究报告"等大量资料基础上，反复推敲成稿。

《数智升级行动方案》《高铁四电智能建造2.0行动方案》是集团公司两位主要领导亲自部署、亲手抓的重点专项任务，将是集团公司今后一个时期的重点工作任务。集团公司各单位要认真学习贯彻落实两个方案，按方案任务分工，推进各专业工作，到2025年分阶段完成六大场景示范应用。

"高铁四电智能建造"是《数智升级行动方案》中优先要完成的示范应用场景，根据集团公司近期的高铁施工项目，选择在贵南高铁优先开展示范应用。由科技创新部、生产技术部牵头，组织本次"高铁四电智能建造"示范应用，通过以用促研、研用结合的方式，进一步提高项目管理数字化、施工工装智能化水平，实现全面超越竞争对手，并及时向主要业主展示贵南高铁智能建造过程，扩大本次活动影响力。2022年年底，科技创新部、生产技术部牵头，总结完善专项行动经验，形成集团公司"高铁四电智能建造"配置标准及工艺工法，在后续高铁建造中全面推广应用并持续优化升级。

2. 贯通式同相供电装置研制及产业化应用

2022年7月9日，同相供电装置开始送电。北磁所设备已在保定试验室就位，完成单体测试，进行整体设备出厂实验测试。工业公司、城铁公司、检测公司严格按照送电方案，做好各自分工，确保按计划推进送电运行。集团公司各单位积极开展贯通式同相供电推介工作，推进雄安R1线、郑州K2线、北京地铁13号线、北京地铁22号线、大秦线、宁东线、粤东城际等项目成果转化。

3. 高原电气化铁路施工

近年川藏铁路、青藏铁路建设提速，高原新建线、既有线改造施工将是集团公司近年重点市场。科技创新部牵头，加速推进《牵引变电所电气故障扰动智能监测及诊断系统》《时速200公里级刚性悬挂接触网关键技术研究》《川藏铁路电气化施工关键技术及装备研究》《铁路及轨道交通施工、救援应急通信系统研究》等课题研究。西安电化、北京电化、工业公司、装备公司、智慧交通要依托既有项目，提前开展高原电气化施工技术、工具装备、工业产品等技术储备。

4. 既有线电气化改造项目技术研究

我国轨道交通大规模持续快速发展，未来除新线建设外，既有线改造市场也即将形成规模。既有线改造项目比新线建设更为复杂，面临诸多挑战。集团公司各单位要积极开展国铁、城铁全专业既有线改造施工技术研究，为即将到来的既有线改造市场做好技术储备。

5. 智慧运维平台研究

运维板块作为集团公司"十四五规划"三大核心板块之一，智慧运维系统建设是企业转型的必经之路。信息中心牵头，运管公司、京沪高主责，坚持把信息化建设作为公司发展的一项战略任务，要站在重塑运维业务模式的高度，加速推进《集团公司智慧运维信息化系统建设》，保质保量完成课题相关任务。

6. 列车自主运行系统（TACS）

2022年4月，富欣智控通过联合体中标青岛地铁6号线一期项目。该项目是国内首条采用自主化TACS技术的商用地铁国家示范工程项目，也是具备一次性达到最高自动化等级（GoA4级），即无人值守的全自动运行的线路，使中国轨道交通列控技术处于世界领先水平。富欣智控牵头，要做好该项目的建设、总结、宣传工作，集团公司各单位要配合做好该系统成果转化工作。

五、相关指标成效情况

履约情况：近一年工程项目质量履约达100%，统计的单位工程一次验收合格率达100%。

核心技术情况：1项国家级科技进步奖，2021年省部级科技进步奖数量21项，近3年平均每年首创领先技术单项工程数量25项。

获奖工程情况：获得鲁班奖3项，詹天佑奖2项，国家优质工程金奖2项，国家优质工程奖3项，省部级优质工程奖40项。

市场占有率：受2021年停标影响，集团公司铁路站后四电2021年市场占有率达19.28%，2021年铁路站后四电市场占有率低于铁建电化局21.37%；集团公司近三年铁路站后四电市场平均占有率达27.85%，铁路站后四电市场占有率第一。

顾客满意度：2019—2021年顾客满意率分别为88.11%、91.27%、92.11%，近三年顾客满意率逐年提高。

专利情况：近三年发明专利51项，实用新型专利260项。

技术服务平台：集团公司现有省部级及以上研发平台15个，其中国家级3个（国家级企业技术中心2个、国家工程研究中心1个）、部级1个（国家铁路局工程研究中心）、股份公司级1个（四电专业研发中心）、省级10个。

主要创造人：张旭升

参与创造人：高立枫、王　兵

"1+6+1"质量管理模式的应用与实践

中铁十二局集团有限公司第一工程有限公司

中铁十二局集团有限公司（以下简称中铁十二局）是世界500强企业中国铁建股份有限公司旗下综合实力最强的成员单位之一，以"匠心、实干、争先、首创、精益、包容，紧扣高质量，聚力争一流"核心管理理念，践行"雷厉风行、稳健高效、率先垂范、情理交融"的管理风格，积极探索、创新质量管理新模式。"1+6+1"质量管理模式是经中铁十二局仁新高速公路项目（以下简称仁新项目）探索出来的新的质量模式，"1"是指明确质量管理核心思路，"6"是指六大质量管理保障措施，"1"是指率先实施分级到位管控。

一、构建项目"1+6+1"质量管理模式

在承接工程项目之后，公司主要领导及相关业务部门牵头，组织策划，建立 ISO 9001 质量管理体系，明确项目质量目标及创优规划，成立质量组织机构、构建质量管理体系、颁布质量管理制度，即便如此，在施工过程中质量管理仍为以质量验收为核心的事后控制。为此，项目进场后，仁新项目部发现现有质量管理模式，难以适应广东省高速公路的高质量要求，项目实施初期流程不畅、问题频发，面临着工期与质量突出矛盾。仁新项目都通过开展"质量大反思、大检查"活动，认识到质量管理必须因地制宜创建符合企业和项目实际的质量管理模式。为此，仁新项目部在遵循公司大的质量体系及制度的前提下，不断发现问题、分析问题，总结教训，探索构建了"1+6+1"质量管理模式，如图1所示。

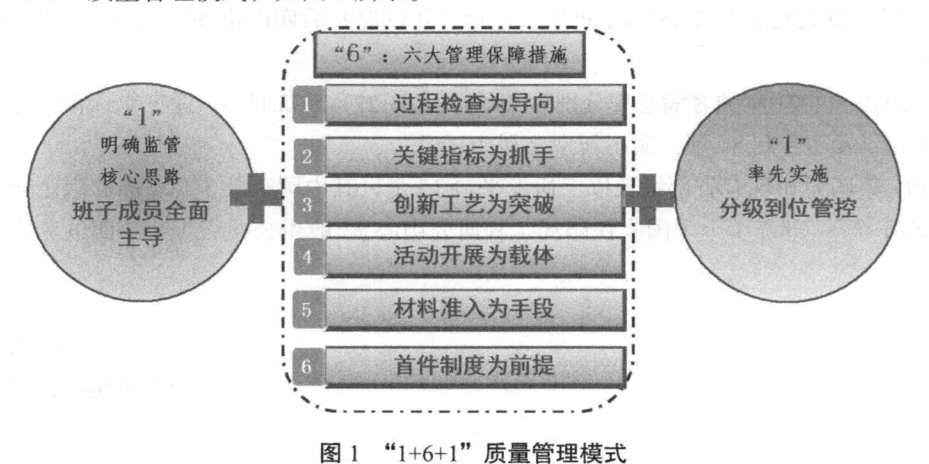

图1 "1+6+1"质量管理模式

二、明确质量管理核心思路

（一）确定质量目标

（1）交工验收工程质量评定等级为合格，竣工验收工程质量评定等级为优良。

（2）杜绝发生一般及以上质量事故，尽可能减少质量问题。

（3）基本消除高填路堤下沉、隧道二衬渗水、初支喷混不均匀、桥头跳车、路面积水、混凝土外观缺陷、

通涵不均匀沉降、支座脱空等质量通病。

（4）开展"平安百年品质工程"创建活动，争创"平安百年品质工程"。

（5）争取获得中国建设工程鲁班奖。

（二）实行"班子成员全面主导"质量管理

具体由项目经理和总工亲自带队每月定期组织开展质量大检查，各工区副经理，工程部、质量部、试验室、测量队等相关人员参加，检查对象以工区、劳务公司为单位，检查内容为当期施工的全部工作项目。由质量部负责印发质量综合大检查通知，明确检查时间、检查对象、检查内容、检查组成员、检查方式及分组情况等。

项目班子成员高度重视，结合项目实际建章立制，项目经理亲自把关较大技术方案，针对难点工程和大家一起研究施工方案；每次工程例会上，项目经理、总工始终灌输质量管理理念。

三、六大质量管理保障措施

（一）过程检查为导向

质量领导小组组织开展月度质量大检查和各专项检查，全面督促落实标准化施工各项管理规定。

检查内容主要覆盖当期施工的路基、桥梁、涵洞、隧道等实体工程质量、进度、环水保、文明施工情况，现场质量制度执行情况，技术交底是否到位等。并由质量部及时下发检查通报，督促整改。

（二）关键指标为抓手

根据仁新项目施工的结构特点，制定各分项工程18项主要检测指标，加强对现场实体工程质量检测和控制，确保各项指标努力达到或超出"目标合格率指标值"。对按规定抽检频率检测的合格率低于"红线合格率指标值"的单个构件，对综合低于"目标合格率指标值"较大范围的须返工处理，也考虑对合格率指标相对较低的构件做返工处理，以保障"目标合格率指标值"。

（三）创新工艺为突破

大力推广机械化、智能化施工与先进适用的工艺工法，有效减少质量通病，提高实体工程质量。设立"创新"基金，成立山西省总工会直属基层"劳模创新工作室"（图2），不断改进施工工艺，推进机械化、智能化施工。

图2　劳模创新工作室

1. 新工艺、新设备、新材料

施工的青云山隧道利用斜井作为排烟通道，将排烟口设置在人字坡隧道拱顶，利用人字坡顶部的"烟囱效应"提高排烟效率。

隧道通过超前注浆预固结、扩大台阶拱脚、加强锁脚、增大预留变形量、增设临时仰拱等技术措施，首次在大断面隧道软～流塑段地层采用三台阶七步开挖工法，实现快速掘进。

为解决斜井纵坡角度大、空间小、无避车道的难题，间隔200m设计临时避车洞，保障了施工安全和效率。

创新发明二衬混凝土溢满装置、喷雾养护台车、格栅拱架液压自动成型装备、台车面板自动打磨涂油装备、爆破的噪声消音装置、管道内窥镜研判初支混凝土质量装备等新设备。

发明石墨烯基纳米晶核类早强剂，改进喷射混凝土施工工艺，提高了初支混凝土的抗渗性能，回弹量降低约25%，强度提高3～7MPa；研制出葡萄糖磺酸酯外加剂，减少塌损，改善混凝土和易性，确保混凝土质量。

2. 新技术推广应用

通过科技创新施工的青云山隧道工程（图3、图4）获中国公路学会科学技术奖二等奖1项、三等奖1项，中国施工管理协会科学技术奖二等奖1项，山西省"太行杯"土木建筑工程大奖1项；《亚热带山区高速公路绿色建造支撑技术研究与示范》技术创新总结报告，包含1项国际先进技术；《复杂地质超大断面超长深埋隧道快速施工技术研究》技术创新总结报告，包含3项国内领先技术，均获国内推广。

图3 青云山隧道施工照片　　　　　　　　图4 青云山隧道通车照片

首创在预制构件模具刻印Logo、模具打蜡等技术，改进预制盖板工艺，预制盖板色泽均匀，表面光洁；工程形成了一套以沥青板、沥青麻絮、硅酮密封胶组合处理隧道沉降缝的先进工艺，使沉降缝不渗不漏、美观大方。

创新工作室获省部级工法4项、发明专利3项、实用新型专利12项。

（四）活动开展为载体

开展"我是一名工程师""五赛五比""优质优价""钢筋精度专项行动"系列考评活动并奖优罚劣。

1. 开展"我是一名工程师"评比活动

"我是一名工程师"活动主要包含三个方面的评比内容：一是"优秀工程师"评比，二是"优秀部室"评比，三是"优秀班组"评比。适时组织开展相关专业技术知识培训及考试，定期对各工程专业技术人员、各部室、班组进行考核评比，评选出优秀工程专业技术人员、优秀部室、优秀班组并实施奖励。通过该活动激发了各专业技术人员、部室和施工班组的工作积极性、主动性、创造性，形成了赶优争先的工作氛围，提高了广大参建工程专业技术人员和现场施工班组人员的专业素养和业务技能，提升了工作热情，弘扬了新时代"工匠精神"。

2. 开展"五赛五比"活动

"五赛五比"活动主要考核内容：赛"人本化、专业化、标准化、信息化、精细化"，比"质量、安全、进度、效益、廉政"同步推进情况。

赛"人本化"：树立以人为中心的管理理念；调动员工、劳务队伍工人的积极性，定期对员工进行必备业务素质的培养；加强与地方村委的沟通与协调，便道永临结合，造福地方，保证征地工作的顺利推进，为施工创造良好的外部环境；督促各劳务队与农民工签订劳务合同，确保农民工权益得到保障，工资得到及时支付。

赛"专业化"：按规定组建隧道、桥梁、路基各个专业班组，注重日常对作业队伍、农民工的岗位培训及班前讲话，各队各班组进场人数需满足劳务分包、建设规模和技术要求。

赛"标准化":将施工标准化、安全标准化、工地标准化、管理标准化等工作贯彻落实到工程实际中;工人驻地、试验室、拌和预制场区、钢筋加工场、构件预制厂及原材料、半成品、成品存放场和库房、施工便道便桥、现场文明施工等符合业主及项目部标准化管理的相关要求。

赛"信息化":主要从工程质量、安全生产角度考核拌和站(楼)拌和设备、钢筋加工厂加工设备自动化、信息化及施工现场的视频监控、预应力智能张拉和压浆等落实情况。

赛"精细化":按照"注重细节、立足专业、科学量化"的原则和"精、准、细、严"的要求,建立精细化管理体系和制度措施,职责分工明确,细节把握到位,并针对项目日常管理以及工程重点部位、关键环节实施精细化管理,强化组织管理、优化施工工艺,积极采用新技术、新材料、新工艺,保证质量安全,克服质量缺陷。实现管理目标明确、管理措施可操作、管理流程可溯源、管理结果可预测。

比质量:质量责任落实到班组,建立作业工人实名制,责任追究到人,严格执行交通运输部、省交通运输厅有关质量管理的规定和措施;对检查发现的问题能够及时整改并回复。

比安全:严格执行安全生产规定,安全制度健全、预防措施到位,杜绝安全生产责任事故;全面推行"平安工地"建设,加强工地的安全管理;严格落实公司的各项安全管理制度和管理规定。

比进度:工区、队伍严格执行项目部总体计划,年度、季度、月度进度计划,工区负责制定相应的组织、保障措施,保证或超额完成工期目标;以项目部"劳动竞赛"为契机,加大人员、设备的投入,保证节点任务目标的顺利实现。

比效益:工区、队伍严格执行成本管理制度,杜绝材料浪费、合理优化钢筋下料,减少下脚料。

比廉政:严格执行中央八项规定及公司关于有关廉洁规定与纪律的要求,签订责任状;在施工过程中保证无违法、无违纪、无违规行为。

3. 开展"优质优价"活动

根据每月对各队实体工程质量考核综合得分依次排名,得分最高者为第一名,得分最低者为最后一名。前三名且当期实体工程质量考核综合得分≥90分的,当期优良价款额度乘1.1计算,视为奖励;后三名且当期实体工程质量考核综合得分<90分的,当期优良价款额度乘0.85计算,视为处罚。

当期实体工程质量考核综合得分前三名的,对该工区、队伍授予质量标杆流动锦旗。

各工区当期优良价款的20%必须用于奖励现场技术管理人员,各队伍当期优良价款的20%必须用于奖励现场班组长,剩余60%奖励班组工人。

4. 开展"钢筋精度"专项行动

①钢筋下料长度及加工尺寸合格率达100%,力争控制在"毫米级"范围内。

②全面规范钢筋半成品存放,努力打造"钢筋超市"。

③钢筋安装间距合格率达95%以上。

④钢筋加工厂在剪断机前方安装定位卡尺和卡板,加工时必须拧紧定位卡板紧固螺栓,并确保下料长度计算准确,以确保每批钢筋下料长度误差控制在"±10mm"以内。

⑤在钢筋下料前,必须调整剪断机固定刀片与冲切刀片间的水平间隙,冲切刀片做往复水平动作的剪断机,间隙以0.5mm~1mm为宜,以确保钢筋下料后端头齐平。

⑥盖梁、预制梁板等构件半成品钢筋弯曲应采用数控加工设备统一加工成型。

(五)材料准入为手段

实施"两准入"制、"甲控材料质量缺陷退出"制、"地材黑名单"制等贯穿项目建设全过程的材料控制措施。

1. 实施"两准入"制

本项目的二衬台车、预制梁板、墩柱、盖梁等模板使用全新钢模板,模板加工尺寸、不锈钢板厚度、模板刚度等质量指标必须满足本项目标准化管理要求,并执行准入制,经质量部、工程部验收合格并审批后方可进场投入使用。

实施"关键材料"(桥梁支座、伸缩缝、土工材料、防水板、锚具、混凝土外加剂等)准入制。保证了本项目实体工程质量,从源头上加大了质量监控力度。

2. 实施"甲控材料质量缺陷退出"制

列入公司、业主准入名单的甲控材料,一旦被上级主管单位抽检一次不合格,或被业主、总监办、试验检测中心、项目部外委检测合计两次检测不合格(不同批号)的,则该品牌甲控材料强制退出,从本项目甲控材料准入名单中除名。

3. 执行"地材黑名单"制

项目部自主选用的地材,未经审批严禁使用。在进场使用过程中,一旦被上级主管单位抽检一次不合格,或被业主、总监办、试验检测中心抽检合计两次不合格(不同批号)的,将该地材供应商列入黑名单。被列入黑名单的供应商的地材暂停在本项目使用,该供应商的地材在暂停期严禁在本项目实体工程使用。第一次列入黑名单的供应商,其地材在本项目暂停使用期不少于一个月;第二次列入黑名单的,其地材在本项目暂停使用期不少于两个月;第三次及以上列入黑名单的,其地材在本项目暂停使用期不少于三个月。地材暂停期满后,若需重新启用,应在自检合格后方可组织材料进场。

(六)首件制度为前提

严格执行首件制度,对首件验收不合格的坚决推倒重来,并及时召开现场质量警示教育会,强调、统一质量控制标准。

首件验收工作由总工、工程部长、质量部长和相关专业工程师、试验室主任共同成立验收小组,依据首件验收的考核内容开展验收工作。

首件验收的项目开工前,必须确认已经取得开工报告的批复。开工前,技术员做好现场交底,施工过程中按程序进行各道施工工序的自检,合格后由班组、技术员向主管提出验收申请。对于隐蔽性工程或重要工程部位应由技术主管、工程部长进行首件工程的施工过程验收。

首件施工总结必须完全阐述施工过程及质量控制要点,同时每一道工序必须有现场施工照片及相关数据,最后就存在的问题提出改进措施。

通过验收的,由工程部修编首件施工总结,总结中必须包含验收小组提出的相关意见,经工程部技术员重新进行技术交底后即可开展正常施工;未通过验收的,工区、队伍应再次执行本验收程序,直至通过验收为止。

经首件验收后确定的施工设备型号和组合方式、施工工艺和程序必须在后续正常施工过程中严格执行,并随时注意检查消除设备磨损变形等问题,对施工设备、施工工艺、材料性质在过程中发生变化的,必须重新按程序进行首件验收。

四、率先实施分级到位管控

率先提出针对质量问题督促整改的分类复查方式,根据严重程度将质量问题分为 A、B、C 三类,由专业工程师以上人员总工复查 A 类质量问题,工程部长复查 B 类质量问题,技术主管复查 C 类质量问题。

检查完成后,由质量部负责及时印发质量综合大检查通报,通报检查总体质量问题、典型质量问题,明确处理措施、整改要求、整改时限等。

工区、队伍根据质量检查通报要求,及时组织问题整改,并在规定时限内将整改情况正文上报质量部;质量部限期组织复查后,在规定时限内将复查情况正文上报总工;A、B 类质量问题按 100% 比例核查,C 类质量问题按不低于 50% 比例抽查,确保问题切实有效整改,并形成闭合存档。

五、创新质量管理模式助推匠心工程

中铁十二局仁新项目部成功探索出"1+6+1"质量管理模式后，在业主组织的"优质优价""品质工程"12次评比中7次名列第一，5次名列第二；"平安工地"考核中连续两年被评为"示范单位"，隧道爆破安全管理、隧道施工被评为"安全生产标杆"；在2017年广东省交通运输厅对102家单位质量安全综合排名检查中名列全省第2名，综合项目全省第1名；同时，荣获2022—2023年度第一批中国建设工程鲁班奖，中国铁建杯优质工程奖，省级绿色工程1项，省部级科技进步奖4项，工法、专利、QC等各类成果奖项共38项，档案资料荣获广东省重大建设项目档案"金册奖"；创新探索的"1+6+1"质量管理模式助推了各方满意的匠心工程。

主要创造人：裴树林
参与创造人：何开均、牛红涛

预制叠合板与现浇组合结构质量控制

中铁十四局集团第五工程有限公司

一、项目简介

中铁十四局集团第五工程有限公司承建的山东理工职业学院鱼台高端产业学院项目位于济宁市鱼台县新城区，西邻兴鱼大道、南邻古棠路、东邻稻改路、北邻237国道。场区原为稻田地，地势相对较平坦，最大高差为0.96m。场区地貌宏观上属湖积平原。项目总用地面积为230117m²（约345亩），总建筑面积为23.06万m²，其中地上建筑面积为20.77万m²，地下建筑面积为2.29万m²。建设内容包括科研楼、培训中心、教学实训楼、学生公寓、餐厅、大学生活动中心、体育馆等，同时配套建设供电、给排水、道路硬化、400m跑道操场、篮球场、排球场、网球场、绿化、智慧校园平台建设等附属设施。

二、企业质量管理

（一）综合管理方针

以人为本，诚信重诺使顾客满意；预防为主，遵章守法保健康安全；和谐企业，创优环保树形象信誉。

（1）体现以人为本的管理理念，尊重人、培养人、依靠人，坚持以顾客为关注焦点，强调领导作用，实现全员参与，认真遵守诚信原则，严格履行合同承诺，强调真诚合作，实现互惠共赢，确保顾客满意。

（2）贯彻预防为主的管理思想，严守法律法规、严谨建章立制、严格工作程序、严明奖惩措施，以人的健康安全为根本，牢固树立"安全第一、预防为主、综合治理"的指导方针，强化危险源控制，依靠科学化、标准化、制度化的管理办法规范人的行为，依靠机械化、信息化、程序化的管理手段规范物的状态，保障职业健康安全，维护员工合法权益。

（3）遵守和谐自然、持续改进的管理原则，不断完善综合管理体系，有效实施全过程控制，坚持精品发展战略，创建优质工程、重视环境保护，坚持污染预防、落实环保措施，深入开展标准化工地建设，维护企业形象，提升企业信誉。

（二）质量管理文化

企业质量文化建设是现代质量管理理论和实践的发展，是高层次的质量经营策略和战略，更是企业开展内部整合，创造双赢的有效途径，企业培育和建设了独具特色的企业质量文化，作为央企深入贯彻国家《质量振兴纲要》的有力措施，以促进企业整体素质和质量管理水平的不断提高。

首先要树立质量理念，制定严格的质量管理规范，加强质量教育，提高质量意识；然后用行动传播质量意识，通过管理工具创新确立质量意识，靠组织机构贯彻质量意识；最后形成自己特有的质量管理哲学和质量文化。

在建筑市场全球化环境下，企业重新认识建筑工程质量的重要性。大力开展质量教育工作，对全体职工（包括分包单位和协作单位）进行质量意识和职业道德、质量管理知识和专业技术的教育，是保证工程质量不可或缺的内容。应把日常工作与质量创优活动紧密结合，牢固树立精品意识、品牌意识；用新的质量理念来指导、规范质量行为，建筑企业要提高所有参建人员的质量意识，特别是领导班子成员的质量意识。首先，施工企业决策层领导要提高质量意识，高度重视质量管理的作用；其次，着重提高项目经理部的质量意识，特别是提高项目经理的质量意识；最后，注重提高建筑工人的质量意识。

（三）质量管理规划

塑造企业品牌形象，增强企业的质量竞争力。根据项目的实际情况，以QC小组活动为依托，展现企业文化，推动企业质量管理水平的提高，促进企业的可持续发展。具体计划如下。

（1）推动QC小组的成立，为推行先进的质量理念做好组织保障。在各部门、班组成立QC小组，通过QC小组在各部门中的活动，梳理出项目在日常生产经营中出现的问题，特别是惯性质量问题及客户反馈的意见，运用正确的统计方法，分析问题出现的原因，制定出相应的解决办法，以改进质量、降低消耗。QC小组要遵循PDCA(计划—实施—检查—处理)的活动程序开展活动，做到目标明确、现状问题清楚、对策措施具体、实施责任到人、检查总结及时、改进效果显著、巩固推广得力。

（2）加强教育与培训，提高全员素质。任何先进的管理理念，只有转化为职工的自觉行动，才能产生实实在在的效益。以QC小组为依托，在提高全体职工的质量意识上下功夫，有针对性、分层次地对职工进行系统的教育和培训，使全体职工牢固树立"质量第一""效益至上"的观念，增强质量管理责任感和使命感。通过形式多样的培训学习，例如专题培训、业余培训、班组会、跨班组讨论会、现场会、质量分析会、QC知识问卷等，使职工逐步了解QC小组、接受QC小组。参加QC小组，熟练掌握控制方法，使QC小组成为一线工人展示自我的舞台、企业解决问题的前哨、提高质量管理技能的练兵场，最终实现全体职工的质量意识提高，乃至全体职工整体素质的提高。

（3）加强QC小组的管理，并逐步完善。从QC小组注册、确定课题开始，到成果发表、评审奖励，实施全过程的控制，主要抓好以下几个方面。

①扩大QC小组活动领域，首先在生产、技术、设备、供销等系统和环节成立QC小组，并逐步实现全覆盖。

②围绕公司的方针目标和现实存在的质量问题、管理的薄弱环节选择课题，如钢丝绳、钢丝常见质量问题，新进设备的效能发挥等课题，选择时注意量力而行，注重实际效果。

③加强对QC小组活动的中间控制。各小组应制定出明确的制度，列出时间进度、活动内容，明确分工，责任到位，团结协作。

④确保QC小组真实活动，要使QC小组出成果，行动是关键，要坚持"小、实、活、新"的发展方向。在"求严务实、讲究实效"的思想指导下，力求符合实际，抓出实效，充分发挥全体成员的聪明才智，解决在活动中遇到的各种难题。

⑤建立奖励机制，公司每年对QC小组进行评选，积极做好年度QC成果发布会，公正、合理地评价每一个成果，对评价出的优秀QC小组给予一定的奖励，并进行大力宣传，在公司推广成功的经验，以此调动全体职工参加活动的积极性。

三、实施过程质量管控

（一）施工前的质量计划与控制

1. 采用"4M1E"控制模式

在准备阶段，影响质量的因素可以归纳为"4M1E"，其中，"4M"主要指人、物料、机械、方法，"1E"主要指环境。因此，施工前要检查施工队伍相关人员的资质，检查施工机械设备的性能，检查采购的原材料和构件配件的质量和规格是否符合施工标准，检查施工方案是否与环境相匹配、应用的各种技术措施是否恰当，对施工现场环境、应用技术和实际管理方式进行全面审核，确保质量控制的水平。

2. 构建质量保障体系

施工现场需要建立质量保证体系，根据施工现场质量保证体系和施工质量目标，结合当前工程特点和施工现场实际情况，制定综合质量管理制度，构建符合施工现场的质量保证体系。需要进一步完善质量检测技术、计量等多种方法，绘制现场施工质量管控目标的展开图，确保施工现场各项质量目标及相应措施得到保障。

（二）施工过程的质量控制

施工过程中需要制定较为充分的质量保证措施，使责任落实到每一位施工人员，从而保证工程质量。

1. 检查施工操作质量

在每一道工序实施过程中，都需要对操作质量进行综合性的巡视，及时纠正操作中出现的各种违规行为，纠正不符合质量要求的施工，充分做到防患于未然。

2. 检查各工序的质量交接

在对工序质量进行自检的基础上，检查整体工序质量的交接，确保上道工序出现问题不会影响下一道工序，由此做到环环相扣，有效保证施工的综合质量。

3. 检查隐蔽工程

实践证明，坚持对隐蔽工程进行有效检查，可以消除质量隐患，防止工程质量事故发生。在隐蔽工程验收检查过程中，必须在检查后办理隐蔽工程检查签署证明手续，并将相关的手续列入工程档案。在检查隐蔽工程时，需要认真处理相应的问题，然后由相应的监理工程师进行复核确认，才能进入下一道工序。

4. 加强施工预检

预检是保证工程整体质量的重要手段，能有效防止因可能出现的错误引起的质量事故。通常情况下，需要检查各分项以及分部工程的标高位置轴线、预留孔洞的尺寸和位置，并对管线的坡度等细节进行预检，如果没有通过预检或预检不合格，则不能进入下一道工序。

5. 检查成品保护

分部分项工程完工后，其他各项仍在施工中，如果不采取适当的保护措施，会使已完工的成品受到损坏，影响质量。因此，土木工程施工管理需要对成品保护工作进行有效检查，除了需要经常进行巡视检查外，还需要对产品的包裹保护、相应的覆盖和局部的封闭等多项措施进行详细检查，防止后续施工对实际成本造成一定的损害或污染成品。

（三）施工后的质量管理

施工结束后的质量管理主要是在施工的验收阶段对成品质量进行全面控制，做好工程项目的质量评定。实际验收时，要按照图纸、工程前期签订的合同和工程质量检验标准，对工程进行评估，进行细致而严格的验收，按照工程项目的质量标准来评定。在工程项目质量评定环节中，要从分项入手，对各分项的质量进行严格检查和管理，评定各分部工程的质量，按各分部工程的质量对整体单位工程的质量进行评定，与合同进行对照，以确定是否进行后续验收。整体工程项目验收完成后，及时办理竣工验收签证书，由三方签字后方可生效。

四、案例分析

以叠合板安装为例，分析其质量保证措施。从叠合板进场验收到安装完成，进行层层把关，对每一道工序进行验收，验收合格后方可进入下一道工序，从而保证工程的质量。

项目 E-2# 实训楼作为公共建筑项目，应用的非全预制装配整体式框架结构施工工艺复杂，为了更充分地了解可能出现的预制叠合板与现浇梁组合结构的梁模质量情况，以便有针对性地解决问题。就 E-2# 实训楼二层楼板为吊装试验区，项目部专门成立 QC 小组来解决预制叠合板与现浇梁组合结构梁模的质量问题。

（一）叠合板吊装

1. 预制叠合板的验收

由于叠合板采用工厂化制作，工厂完成的叠合板在装卸车、长途运输过程中可能变形、损坏，从而影响工程质量。因此，对所有进入施工现场的叠合板都必须进行现场检查验收。

构件现场检查验收的重点如下。

（1）加工制作资料的完整性。

（2）复验构件的几何尺寸。

（3）检验构件是否在运输过程中出现破损。

（4）构件编号、构件测量标记是否齐全正确。

复验过程发现问题及时处理，对于不合格的叠合板进行报废处理，严禁将问题构件安装到建筑结构上。构件复验合格，即可与加工单位办理移交手续。

对进场的预制叠合板进行全数检查，无裂缝、缺损等一般外观质量缺陷，如叠合板质量检查（图1）几何尺寸检查（图2）、预留线管检查（图3）、编号检查（图4）。

图1 叠合板质量检查　　　　图2 几何尺寸检查

图3 预留线管检查　　　　图4 编号检查

2. 叠合板起吊

利用塔吊，使用四个吊装点吊装，确保不损坏叠合板，如图5所示。

3. 叠合板就位

对照叠合板布置图，将相对应编号的叠合板吊装到位，如图6所示。

图5 叠合板吊装　　图6 叠合板就位

叠合板安装尺寸按照装配式规范进行控制，允许偏差如表1所示。

表1 叠合板安装项目及检验方法

序号	项目	允许偏差 (mm)	检验方法
1	预制楼板轴线位置	5	经纬仪及尺量
2	楼板底面标高	±5	水准仪或拉线、尺量
3	预制楼板搁置长度	±10	钢尺检查
4	预制楼板接缝宽度	±5	钢尺检查
5	预制楼板底面平整度	5	用2m靠尺和塞尺检查

4. 成效

严格落实现场施工质量管控制度，经过每道工序的严格把关，确保了叠合板安装准确无误，保证了安装过程中每道工序符合规范要求，最终确保了叠合板安装的质量，为下一道工序的施工打下了基础。

（二）QC小组实例介绍

1. 现状调查

预制叠合板与现浇框架梁交接处多出现跑模现象，如图7所示。

图7 跑模现象

2. 原因分析

QC小组从人、机、料、法、环、测六个方面进行讨论，应用头脑风暴法对"梁模弯挠变形"和"梁侧模内塌"这两个主要问题进行原因分析，从中找到八项末端因素，分别是专项方案交底不到位、塔吊未定期保养、无牢固操作平台、模板周转次数过多、U型悬臂开口梁槽、板端支撑立杆间距过大、板底环形梁侧模整体稳定性差、测量仪器未经检定等。

3. 要因确认

（1）QC小组成员到施工现场跟踪调查，发现由于施工工序特殊，叠合板需要在现浇梁模板安装及梁底钢筋绑扎完成后方可吊装到位，而叠合板范围内无模板（图8），使施工人员现场作业时无可站立的牢固操作平台，导致叠合板吊装困难。且由于尚未绑扎完全，梁模无法根据计算结果按模板专项方案进行加固，因此在叠合板吊装施工过程中经常磕碰、拉扯梁侧模，影响梁模质量。

图8 叠合板范围内无模板（要因一）

（2）QC小组成员到施工现场跟踪调查，发现现浇梁侧模上端无板底模板进行固定，形成"U型悬臂开口梁槽"，导致理论上变形及受力性能差，如图9所示。

（3）QC小组成员到施工现场跟踪调查，发现叠合板与现浇梁交接处的环形梁侧模之间约束不足，在施工过程中梁侧模经常出现局部失稳并弯曲变形，如图10所示。

图9 U型悬臂开口梁槽　　图10 梁侧模局部失稳并弯曲变形

4. 对策实施

根据制定的方案措施，工作中边执行、边检查、边总结，发现问题时QC小组成员及时讨论、现场攻关，找出原因，制定和完善措施，以达到预期目标。具体操作可在梁侧模外侧固定模板条，或者在梁侧模上端通过模板条及楞木增加支撑。

（1）经QC小组讨论，模板条的宽度以500mm较为宜，既可供施工人员站立作为牢固的临时操作平台，又不至于因模板材料投入量大而增加过多的成本。同时，确定如下叠合板吊装阶段梁模局部加固形式（图11），即模板条与梁侧模通过 50mm×80mm 楞木进行连接固定。

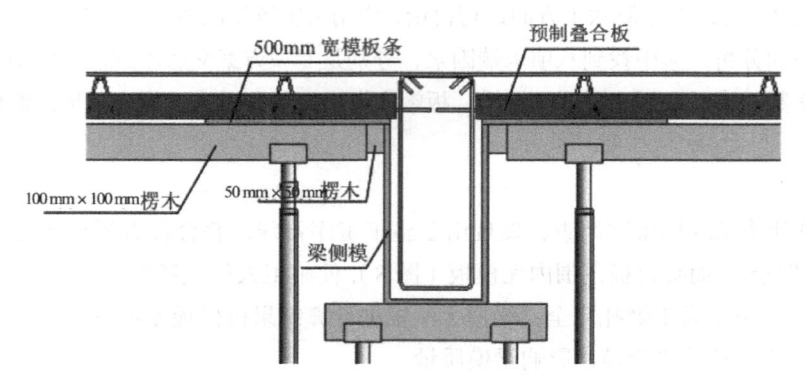

图 11　模板条加固措施示意图

（2）根据吊装阶段梁模局部加固形式，即模板条加固措施，计算模板条底部标高及梁侧模尺寸，并指导工人按该尺寸统一切割模板，对应调整支撑顶托高度，避免出现叠合板就位后，板底标高超出一个模板厚度，而导致相邻板块之间出现水平高差的情况。

（3）到现场指导工人按吊装阶段梁模局部加固形式进行模板条固定。

5. 实施效果验证

模板条固定完成后，首先通过现场堆放钢筋等材料模拟堆载，确定平台牢固程度（图 12），再进一步要求工人佩戴好安全带，做好相应安全防护进行现场施工，并二次确认对策实施效果。

图 12　结构加固后质量效果图

通过现场二次确认，施工操作平台牢固，施工过程中未出现松动，达到预期目标，"无牢固操作平台"的问题得到了有效解决。

五、取得成果

在企业质量管理的大方针下，项目部形成了适合于本项目的质量管理文化，贯彻落实企业管理规划。以QC小组为依托，带动项目部各部门成员参与进来，集思广益，为工程质量提升出谋划策。项目部管理团队本着服务为主、打造精品工程的态度，以匠心营造为目标，严抓工程质量，在项目部的共同努力下，项目得到鱼台县人民政府以及甲方单位的高度认可和一致好评。

主要创造人：刘　勇

参与创造人：李云贵、王　澈、孔　博、刘永新

基于智能化、信息化技术的工程质量管理实践

中铁十四局集团第五工程有限公司

一、企业概况

中铁十四局集团第五工程有限公司隶属于中铁十四局，前身系中国人民解放军铁道兵第四师，组建于1948年。1984年1月奉命集体转业并入铁道部（现为国家铁路局），2001年9月改制为母子公司管理体制的现代企业集团，隶属于中国铁建股份有限公司，是国务院国有资产监督管理委员会管理的大型建筑企业，也是国内大直径盾构和水下盾构隧道及城市轨道交通领域的骨干和龙头企业。

二、企业质量管理理念

在70多年的发展历程中，公司逐渐形成了六大企业管理文化理念，它既是指导工作开展的基本原则，也是进行管理决策时的重要依据。

（一）安全理念：生命至上，预防为主

从员工的职业健康与生命安全角度切入，以人为本抓安全，以安全氛围确保企业全心全意提高质量管理。对员工开展形式多样的培训及宣传教育，将严格的底线管控与正向的激励促进相结合，促使员工对质量安全各项规章制度的自觉遵守和领先示范，真正从源头上起到积极的预防作用，全面提升员工的质量安全意识，营造严密有序的高质量生产环境。

（二）质量理念：精益求精，善作善成

追求大国工匠的品质，将标准化、智能化等手段应用于产品及服务质量提升，竭尽全力做到最好，力求使每一个作品成为精品和经典。通过一个工程、一个项目，发挥出示范效应与带动作用，以过硬的质量和品质化的追求，树立绝对的品牌影响力。

（三）经营理念：品质为基，客户为先

以科学高效的内部管理为高质量经营夯实基础，始终坚持"客户化视角"，以客户利益得到确切保障为开展各项质量工作的基本前提。在为客户提供产品的过程中，以高质量产品为核心，依托完整的产业布局，为客户提供高质量、高价值的服务，在实现客户价值最大化的同时，树立品牌金字招牌。

（四）环保理念：绿色发展，和谐共生

牢固树立绿色发展观，实施和谐自然、持续改进的质量管理原则，不断完善综合管理体系，坚持精品发展战略，有效实施全过程控制，平衡生产与生态保护的关系，坚定践行文明施工道路，创建优质工程，重视环境保护，坚持污染预防，落实环保措施，深入开展标准化工地建设，维护企业形象，提升企业信誉，坚持"最大限度保护，最低限度破坏，最强力度修复"的原则，实现环境保护与高质量生产的正向结合，同时，积极投身生态环保，建设美丽中国，保护绿水青山。

(五）人才理念：以人为本，德才共举

人才为企业发展的动力源泉，提供多角度、立体化的人文关怀，为员工营造和谐氛围，全面提升员工幸福指数和归属感。同时，注重人才队伍的培养与建设，坚持良好品行与优秀才干并重，以清晰的人才选拔标准营造公平、公正的良性竞争环境。人品过硬方能质量过硬，以人品确保产品。

（六）廉洁理念：正道正行，律己律人

正道才能正行，律人必先律己。坚持党的统领，落实全面从严治党要求，扎实做好党风廉政建设各项工作，与"四风"问题和腐败问题作斗争，坚持严管与厚爱、激励与约束并重，激发党员干部的带头表率作用，营造风清气正的政治生态，为高质量生产保驾护航。

三、质量管理文化

公司培育和建设了独具特色的企业质量管理文化，作为央企要深入贯彻国家《质量振兴纲要》的有力措施，以促进企业整体素质和质量管理水平的不断提高。公司以品质建造连通世界，成就梦想，以重诺、坚毅、品质、共生的品格，畅行天下，将勇争一流的进取意识融入质量管理，坚持"双百"方针，以质量为先、以信誉取胜。

四、质量管理规划

塑造企业品牌形象，增强企业的质量竞争力，以党建引领为核心，以技术创新化为动力、管理信息化为手段、设备智能化为基础、工人产业化为载体、产品精品化为追求，打造最值得信赖的世界一流企业。

五、项目管理实践

（一）项目简介

随着盾构隧道在国内的应用越来越多，盾构技术已经形成了较成熟的结构设计计算理论和工程实践体系，但施工所用的管片生产工艺多种多样，生产设备良莠不一，导致生产管片的质量和效率也会有巨大的差别，主要表现在管片引起的质量问题，如管片的破损、错台、裂纹等将直接影响到隧道运营的结构安全和使用寿命，从而导致出现安全事故。如何合理进行施工方案和设备的选择，确保生产过程中的安全性、经济性、环保性、质量性尤为重要，是值得研究和探索的问题。

依托工程项目为新建深江铁路珠江口隧道虎门侧盾构段（图1），盾构段长 3.59km，管片共计 1804 环。管片外径为 12.9m，内径为 11.7m，环宽为 2.0m，9 块成环。

图1　依托项目盾构段线路示意图

管片预制基地位于广州市南沙区万顷沙镇，毗邻洪奇沥水道和万环西路，水陆交通极为便利，地理位置优越。占地面积约 154 亩，设置办公生活区、生产区、养护区、成品检测区、存放区、信息化控制区、码头装卸区 7 个功能区。管片预制基地鸟瞰图如图 2 所示。

图 2　管片预制基地鸟瞰图

主要配置 2 组 HZS180 混凝土拌和站、2 个生产车间、1 个钢筋集中加工车间、8 个双层水养池、4 处管片存放场、一座可停靠 2000 吨级船舶的装卸码头。年产管片 9600 环，年产混凝土 52.5 万立方米，存放场最大存放量为 1800 环。

（二）质量提升措施

本项目生产管片属于大直径管片。大直径管片由于环径较大，外弧面弧长较长，在生产过程中容易产生外弧面表面不平、顶面塌面、错台、表面裂纹、表面气泡等质量缺陷，将严重影响盾构工程的进度、质量和安全。

1. 质量风险因素识别

（1）外弧面表面不平整产生的原因有：混凝土坍落度偏大；混凝土浇筑完成后过早地进行整平收面；混凝土表面浆体流动度过大，整平后沿着外弧面弧度向下流动从而产生不平整；在进行精收压光时，工人操作不当产生外弧面表面不平整；混凝土浇筑完成后，模具在生产线上运行卡顿引起管片外弧面表面产生波浪纹。

（2）外弧面顶面塌面产生的原因有：模具在生产线上运行卡顿，管片外弧面顶面混凝土浇筑不足。

（3）外弧面错台产生的原因有：在进行精收压光时，工人操作不当导致外弧面表面留有抹痕。

（4）外弧面表面裂纹产生的原因有：混凝土与空气的直接接触面裂缝以塑性收缩裂缝为主，是由于早期混凝土表面游离水蒸发速度过快，其面层干缩量大造成的，其中也有浮浆层不利因素的影响；混凝土表面与环境温差过大也会因温度应力产生裂纹；生产线卡顿也会导致管片有裂纹产生。

2. 解决方法

（1）外弧面表面不平整：调整混凝土坍落度，减少混凝土表面浆体流动；在进行精收压光时，增加整体收面次数，反复压光能够有效提高外弧面表面平整度；优化生产线结构，减少模具在生产线上的运行卡顿，从而消除因生产线卡顿引起的管片外弧面表面波浪纹。

（2）外弧面顶面塌面：优化生产线结构，减少模具在生产线上运行卡顿，从而消除因生产线卡顿引起的管片外弧面顶面塌面；加强工人培训，严格盯控混凝土浇筑，避免因浇筑不足引起外弧面顶面塌面。

（3）外弧面错台：在进行精收压光时，增加整体收面次数，反复压光能够有效消除外弧面表面错台。

（4）外弧面表面裂纹：控制混凝土配合比，尽量减少高频振动器震动时间，避免混凝土产生浮浆；收面时严禁洒水，洒水收面会在混凝土表面形成一层薄的浮浆层，容易形成裂纹；脱模后注意覆盖薄膜养护，防止混凝土表面产生干缩裂纹；管片拆模时需要控制混凝土表面温度与环境温度差异不得超过 20℃，防止混凝土表面与环境温差过大产生裂纹；减少生产线运行时卡顿。

3. 质量的影响分析

根据以上情况分析外弧面质量缺陷产生原因主要分为以下三类。

一是混凝土本身原因。混凝土本身的影响因素比较容易解决和预防，主要是加强进场材料检测和试验工作，保证混凝土状态稳定。

二是工人操作原因。工人操作不当产生质量缺陷是整个建筑行业最难解决的问题，目前国内普遍劳务工人操作技能水平低、流动性大、管理难度大，造成产品质量不稳定。

三是生产线设备原因。生产线的选型配置对管片外弧面质量有直接影响。在浇筑振捣混凝土工位，前面的工位载荷较小，后面几个工位载荷较大，生产线运行时轻则会产生震动，重则会卡顿或者让模具发生碰撞。这种影响对浇筑振捣混凝土工位后的几个工位干扰较大，会对管片混凝土结构产生影响，在混凝土凝结过程中会对混凝土的细微结构产生破坏，同时也会影响混凝土外观，产生波浪纹、塌面、裂纹等一系列质量缺陷。

从生产线结构来看，生产线卡顿或者模具发生碰撞的原因主要有以下几点。

（1）生产线动力系统动力不足。在生产线动力系统动力不足的情况下，推拉装置推动模具时由于动力欠缺会发生停顿，模具受到推动力会脱离推动装置先向前运行；在模具向前运行一定距离时，动力系统恢复推动向前行走，继而第二次与模具接触，再次因阻力过大、动力系统动力欠缺发生停顿，循环往复造成模具在生产线上运行卡顿。

（2）生产线动力系统刚度不够。生产线动力系统一般为电机或者液压传动，当传动链条或者传动杆件刚度不够时，推拉装置推动模具会让传动装置发生形变，从而会让模具初始加速度过大，导致模具脱离推动装置先向前运行；当模具向前运行一定距离时，速度变慢，传动装置再次与模具接触，再次发生模具脱离推动装置现象，从而导致模具在生产线上运行卡顿。

（3）生产线设计缺陷。生产线中每块模具没有单独设置挂钩，模具行走时采用后一块模具顶推前一块模具的形式前进，从而导致模具碰撞。

（4）生产线推动装置没有采用逐步加速的方式与模具接触，会导致模具初始运行速度过快，模具脱离推动装置。当模具受阻力影响运行速度降下来以后与脱离推动装置再次接触，再次发生模具脱离推动装置的情况，循环往复导致生产线卡顿。

（5）模具运行到指定工位后，生产线停止运行时没有采用逐步减速的方式停止运行，会导致模具运行超出指定工位，从而与前面工位的模具或者限位装置发生碰撞。

以上原因均会造成生产线卡顿或者模具碰撞，会影响混凝土外观，产生波浪纹、塌面、裂纹等一系列质量缺陷。

4. 控制措施

（1）混凝土质量控制措施

引进信息化控制系统，根据配合比数据实时监控混凝土搅拌过程，如果超过规范允许偏差，系统会自动报警，并自动将相关信息发送到相关人员的手机上，达到控制混凝土状态的目的，如图3所示。

图3 信息化平台混凝土拌和报警记录

（2）操作不规范控制措施

工人操作不当产生质量缺陷是整个建筑行业最难解决的问题，经过认真考察调研，与机器人厂家联合开发模具清理机器人（图4）、脱模剂喷涂机器人（图5）、管片收面机器人（图6），代替劳务工人进行模具清理、脱模剂喷涂和管片收面。

图 4 模具清理机器人

图 5 脱模剂喷涂机器人　　　　图 6 管片收面机器人

（3）生产线的改良

根据生产线结构，结合实际情况，总结以下几点生产线对管片外弧面干扰的控制措施。

①调整生产线动力使其满足推动需求。在设计生产线时需要按照管片参数对生产线动力装置进行设计，使其满足在最不利荷载下模具运行需求。

②增加生产线动力系统刚度，使其满足在最不利荷载下运行需求。

③调整生产线和模具运行速度使其相匹配。生产线运行速度不宜过快，应根据实际情况调整动力系统运行参数。

④增加模具阻力。采用增加模具阻力的方法来减少模具惯性，使推动装置挂钩对模具的作用力保持在一个稳定的范围内，以此避免模具在生产线上运行时发生卡顿。

⑤对生产线推动装置设置独立挂钩。每个模具运行时均有独立推动挂钩，避免模具碰撞。

⑥生产线开始运行时增加缓慢加速的过程。在生产线推动装置挂钩与模具接触时，如果初始速度过快会导致模具脱离推动装置挂钩。而在生产线初始运行的过程中缓慢加速，使推动装置挂钩与模具缓慢接触，再逐步加速，这样就可避免模具脱钩。

⑦生产线停止运行时增加缓慢减速的过程。在模具到达指定工位时，如果生产线立即停止运行会导致模具脱钩，造成模具碰撞。而在模具到达指定工位前生产线推动装置开始缓慢减速，使模具保持在推动装置的作用力下向前运行，这样就可避免模具脱钩和向前碰撞模具的情况发生。

（三）质量提升成效

实施质量提升措施前，针对管片外弧面平整度进行了深入的调查和统计，并绘制了管片外弧面质量调查数据表，本厂的外弧面合格率为83%，如表1所示。

表 1　同类厂家管片外弧面质量调查数据表

厂家	本项目	海宁某厂	上海某厂	番禺某厂	湛江某厂	南沙某厂	佛山某厂	番禺某厂	东莞某厂
生产工艺	独立窑生产线	独立窑生产线	独立窑生产线	通窑生产线	通窑生产线	通窑生产线	通窑生产线	通窑生产线	固定台位法
调查数量	100	29	40	30	29	30	30	30	20
合格数量	83	22	32	18	21	18	16	20	19
外弧面合格率	83%	76%	80%	60%	72%	60%	53%	67%	95%
工艺合格率	79.6%			62.5%					95%
总合格率	73.7%								

本项目在实施质量提升措施后，针对管片外弧面平整度统计了 2022 年 7 月 1 日—2022 年 7 月 15 日连续 15 天生产的 45 环管片外弧面质量数据，调查数据如表 2、图 7 所示。

表 2　管片外弧面质量数据调查表

项目 时间	管片外弧面波浪纹	管片外弧面有错台	管片外弧面塌面	管片外弧面沙眼	管片外弧面超高	其他	不合格点数	总检查点数	不合格率
7月1日	0	0	0	0	0	1	1	27	3.7%
7月2日	0	0	0	1	0	0	1	27	3.7%
7月3日	1	0	0	0	0	0	1	27	3.7%
7月4日	0	1	0	0	1	0	2	27	7.4%
7月5日	0	0	0	0	0	0	0	27	0.0%
7月6日	0	0	0	1	1	0	2	27	7.4%
7月7日	0	0	0	0	0	1	1	27	3.7%
7月8日	0	0	1	0	0	0	1	27	3.7%
7月9日	0	0	0	0	0	0	0	27	0.0%
7月10日	0	0	0	1	0	1	2	27	7.4%
7月11日	0	0	0	0	0	0	0	27	0.0%
7月12日	0	0	1	0	0	1	1	27	3.7%
7月13日	1	0	0	0	1	0	2	27	7.4%
7月14日	0	1	0	1	0	0	2	27	7.4%
7月15日	0	0	0	0	0	0	0	27	0.0%
合计	2	2	2	4	3	3	16	405	4.0%

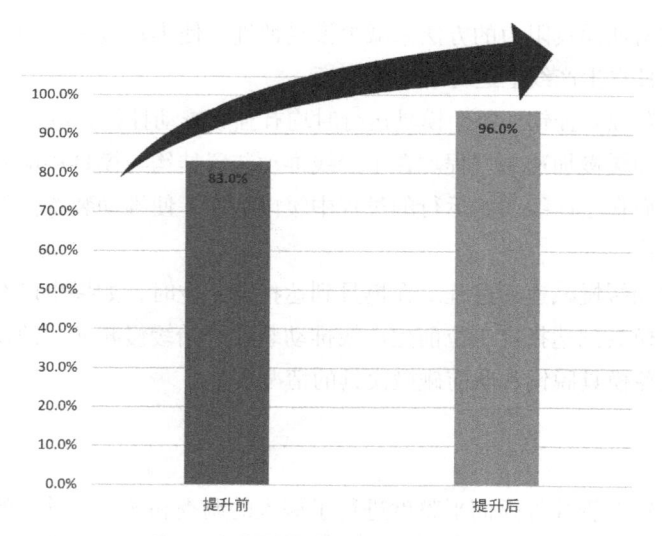

图 7　实施质量提升措施效果柱状图

由图 7 可知,"管片外弧面质量"的合格率从 83.0% 提升到了 96.0%,实施质量提升措施后,产品质量得到提升。在实施过程中总结经验成果,成功申请实用新型专利 2 项,如图 8、图 9 所示。

图 8　便于调节滑轮阻尼的盾构管片输送线　　　　图 9　基于曲柄连杆的物料输送提升装置

主要创造人：李洪江

参与创造人：冯军委、杨宏旭、朗咸睿、高　营

大回路电阻在气体绝缘封闭开关柜实践应用

中广核盐源太阳能有限公司

一、项目简介

中广核盐源太阳能有限公司棉桠光伏电站（以下简称盐源棉桠电站）位于凉山彝族自治州盐源县棉桠乡境内，占地1915亩，海拔2500米，总装机容量为50兆瓦，现年利用小时数为1500，所属位置年平均太阳辐照量为6138.0兆焦每平方米，年平均日照时数为2590，区域属太阳能资源"很丰富带"。盐源棉桠电站于2016年4月30日开工建设，2016年12月25日实现全容量并网，为中广核在四川省的第一个光伏电站。

盐源棉桠电站自投运以来，始终遵循公司"安全第一、质量第一、追求卓越"的基本原则，高标准、严要求做好安全生产管理，重视精细化管理和团队建设，坚持以"运营一个电站、保护一方环境"为中心，在项目建设及运营过程中，高度重视周边环境保护，始终将绿色、生态、环保的理念贯穿在项目的选址、论证、建设和运维全过程，努力践行"绿水青山就是金山银山"的理念，致力于打造花园式光伏电站。

盐源棉桠电站的质量宣言：始终坚持高质量发展；始终坚持今天的质量就是明天的安全；始终坚持不制造缺陷、不传递缺陷、不隐瞒缺陷；始终坚持人人重视高质量、人人创造高质量、人人享受高质量；始终坚持打造质量品牌，引领行业标杆，追求卓越，为创建世界一流清洁能源企业而奋斗！

盐源棉桠电站先后荣获四川省"电力安全生产先进集体"、新能源"标杆班组"、"安全生产标准化一级场站"称号、"新能源第一批在运品牌项目"。盐源棉桠电站将勇攀高峰，再创佳绩。

二、SF_6气体概述

SF_6气体作为优良的绝缘介质，其绝缘强度为空气的2.5～3.0倍，灭弧能力是空气的100倍。SF_6气体绝缘金属封闭开关柜因其结构紧凑、绝缘性能优良、免维护等特点，近年来在电力系统中得到了广泛应用。SF_6气体绝缘金属封闭开关柜作为免维护电气设备，其制造、安装、调试、维护中出现的缺陷在正常运行中无法通过常规手段如红外测温、眼观、手摸等及时发现，在年检预试时无法按照预防性试验规程开展全部试验，内部运行老化问题无法暴露，给电力生产可靠运行带来深度隐患。因此需要采取一些非常规办法来甄别缺陷，防止缺陷放大造成事故。

三、开关柜设备概述

（一）开关柜分类

目前常见开关柜主要有铠装移开式交流金属封闭开关设备和气体绝缘金属封闭开关柜两种。

1. 铠装移开式交流金属封闭开关设备
（1）外形尺寸：采用空气绝缘，外形尺寸大，占地面积大。
（2）环境影响：受海拔、腐蚀、湿度、污秽环境影响，绝缘性能易发生变化。
（3）散热性能：采用空气绝缘，散热条件较好，必要时可采用轴流风机加强散热。

（4）检修维护工作：采用定期方式，定期清扫设备表面污秽、检查和试验，维护工作量大。

（5）缺点：操作中容易出现接头接触不良，引起过热造成绝缘事故。

2. 气体绝缘金属封闭开关柜

（1）外形尺寸：外形尺寸为铠装柜的40%左右，节省空间；高压带电部件全部密封在不锈钢壳体内，以SF_6气体作为绝缘介质，产品具有高可靠性、免维护、小型化等特点。

（2）环境影响：高压元件置于低压充气壳体内，绝缘性能受环境影响小。

（3）散热性能：散热条件较差，应考虑封闭条件下，导体电流密度适当减小。

（4）检修维护工作：基本免维护，只需定期试验，可采取状态检修方式。

（5）缺点：价格较高，内部缺陷不能被及时发现，小问题容易造成大事故。

（二）户内柜式气体绝缘开关柜设备

目前盐源棉桠电站中使用的开关柜大部分采用气体绝缘金属封闭开关柜，气体绝缘开关柜（GIS）是运行可靠性高、维护工作量少、检修周期长的高压电气设备，其故障率只有常规设备的20%~40%，但GIS也有其固有的缺点，SF_6气体的泄漏、外部水分的渗入、导电杂质的存在、绝缘子老化等，都可能导致GIS内部闪络性故障。GIS的全密封结构使故障的定位及检修比较困难，检修工作繁杂，事故后平均停电检修时间比常规设备长，其停电范围大，常涉及非故障元件。根据运行经验，GIS设备隔离开关和盆式绝缘子的故障率最高，分别为30%和26.6%；母线故障率为15%；互感器故障率为11.66%；断路器故障率为10%；其他元件故障率为6.74%。运行人员要加强日常的巡视检查工作，特别是对隔离开关的巡视，在巡查中主要留意SF_6气体压力的变化，是否有异常的声音（如音质特性的变化、持续时间的差异）、发热和异常气味、生锈等现象。如果GIS有异常情况，必须及时对怀疑的设备进行检测。

（三）实践问题研究

现阶段在C-GIS运行维护过程中暴露出以下主要问题。

（1）全封闭C-GIS无观察窗口，无法通过人眼观察设备内部发热变色老化情况，即便开展夜间熄灯巡检也不能发现柜内放电闪络现象，采用红外测温方式不能直接监测到内部导体的升温。

（2）因模块化设计、整条母线及开关柜均为全封闭，无试验接线点不能测量开关柜内刀闸、断路器和母线回路电阻，回路电阻增大长期运行发热将导致内部绝缘老化，最终可能出现开关柜击穿事故。

（3）通常电站35kV系统母线上所带开关柜数量较多，且开关内避雷器为插拔式，取下易破坏绝缘并需要较多数量堵头进行封堵费时费力。在没有进行单柜、整体交流耐压试验的情况下，无法判断内部绝缘老化情况，若存在老化单通过兆欧表摇绝缘无法正常进行绝缘老化情况反馈。

（4）全封闭结构导致不能在断路器两端接线直接进行机械特性试验，若采用回收SF_6气体开柜试验的方式，则工期长、成本高，既对维护人员素质要求高，也不经济、科学。

（5）在电气设备产生局部放电初期时绝缘击穿，电极之间尚未发生放电的完好绝缘仍可承受设备的运行电压。但在长期运行电压下，局部放电所引起的绝缘损坏继续发展，必将导致绝缘事故的发生。因无观察口，日常运维无法监测是否有局部放电情况。

四、大回路电阻检测

（一）回路电阻概述

回路电阻也叫接触电阻，断路器在长期运行中，可能因为表面氧化，动、静触头接触压力减小，开断较大的短路电流时触头烧毁等导致接触电阻过大，从而影响断路器的导电性能。因此需要测试断路器回路电阻来判断其导电性能的好坏。封闭开关柜的缺陷，导致回路电阻检测存在一定困难，不能单独进行断路器回路电阻测试。根据现场实际情况，并结合多年来试验结论，可以使用相同试验设备和专用线来测试大回路电阻（即首尾两端）。

（二）大回路电阻引用

因C-GIS具有免维护性能，模块化设计、整条母线及开关柜均为全封闭，无试验接线，导致开关柜本身检测回路电阻存在一定困难。所以本文引用大回路电阻来检测断路器、隔离开关、母线和电高压电缆至分接箱隔离开关回路电阻。由此判断封闭开关柜导电性能的好坏。

（三）大回路电阻检测方法

1. 大回路电阻

由图1可以看出，柜体出厂和现场未安装到位时，可方便测量A、B间的电阻，即1号柜的总回路电阻。在柜体安装就位后，母线上B、C、D点均被插接式母线连接器遮挡，无法测得回路电阻。此时可采取测量大回路电阻方法进行测量，制作足够长度的测试线测量AE、AF，即二台断路器、二台隔离开关，及相应母线和高压电缆回路电阻值。测试完后保留测试线，在下次年检预试时采用同样方法进行测试，通过与历史数据进行比较，判断开关柜是否存在回路电阻增大的问题。

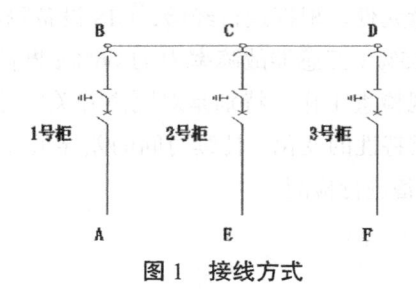

图1 接线方式

2. 大回路电阻理论计算方法

大回路电阻检测方法的理论为：

$$Ra_{大}=Rb_{大}=Rc_{大}=R_{母}+R_{开回}+R_{线缆}$$

Ra、Rb、Rc分别为三相电阻；

$R_{母}$为开关柜上端母线电阻；

$R_{开回}$为开关柜回路电阻（实际达标是一个范围值）；

$R_{线缆}$为开关柜下端线缆电阻。

$$R_{线缆}=\rho*L/S$$

ρ为线缆材料电阻率；

L为线缆长度；

S为线缆截面积。

由上诉可以推断出大回路电阻的合理范围，根据出厂开关柜回路电阻值和计算电缆电阻值可得大回路电阻值。实际上三相电阻不可能完全相等，但是正常情况下差异在一定合理范围之内（±5%范围）。与历年数据进行对比，如有偏大应进一步查找原因，防止故障扩大化。

3. 大回路电阻实践应用

盐源棉桠电站35 kV开关柜采用C-GIS，历年来均用大回路电阻检测方法进行测量，该光伏电站接线图如图2所示。

根据大回路电阻理论计算方法，主变低压侧管母至1号集电线路电缆（即AE之间）三相大回路电阻应为：

$$Ra_{1号集电线路大}=Rb_{1号集电线路大}=Rc_{1号集电线路大}=R_{管母}+R_{母线}+R_{301开关柜}+R_{312开关柜}+R_{1电缆}+R_{测试线}$$

各设备根据出厂试验报告及计算不大于以下数据：$R_{管母}$=285 $\mu\Omega$，$R_{母线}$=450 $\mu\Omega$，$R_{301开关柜}$=200 $\mu\Omega$，$R_{312开关柜}$=200 $\mu\Omega$，$R_{1电缆}$=750 $\mu\Omega$，$R_{测试线}$=2650 $\mu\Omega$。

故主变低压侧管母至1号集电线路电缆大回路电阻最大值应不超过：$Ra_{1号集电线路大}$=$Rb_{1号集电线路大}$=$Rc_{1号集电线路大}$=285+450+200+200+750+2650=4535 $\mu\Omega$。

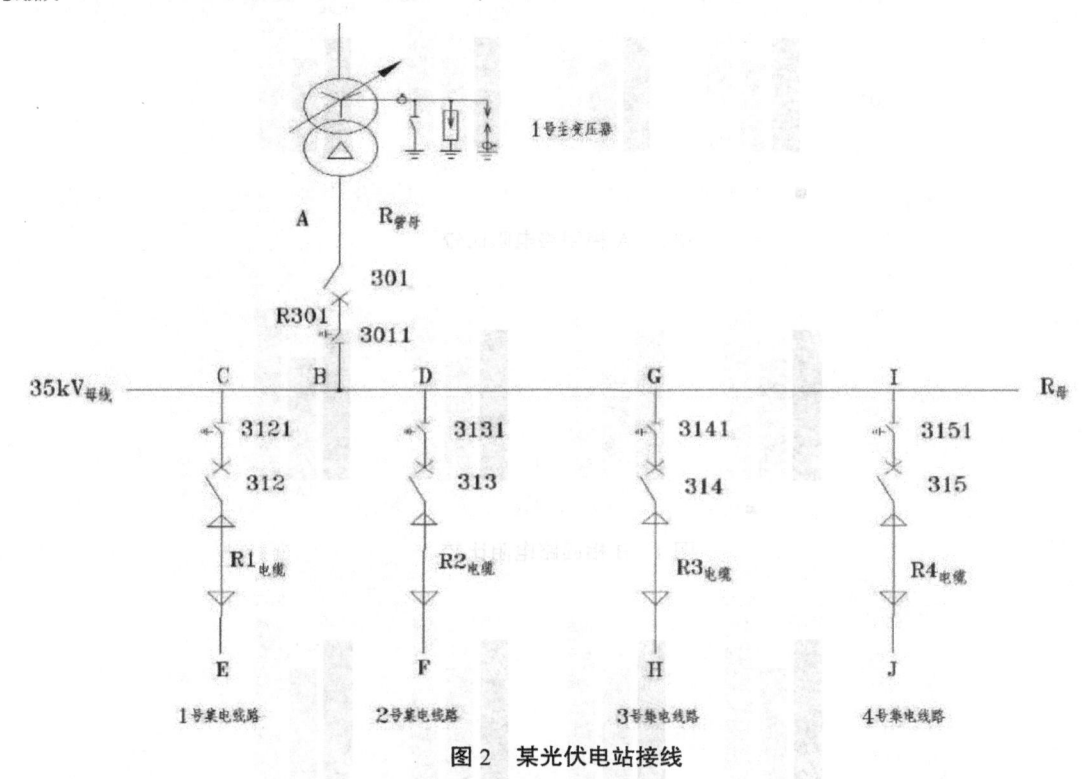

图2 某光伏电站接线

因1至4号集电线路开关柜均为统一型号，电缆长度基本相等，故盐源棉桠电站主变低压侧管母至1至4号集电线路电缆的大回路电阻基本相等，故最大不超过R_{AE}=R_{AF}=R_{AH}=R_{AJ}=4535 $\mu\Omega$。

盐源棉桠电站在2020年年检预试时测得大回路电阻如表1所示。

表1 2020年回路电阻

测试部位		A相（$\mu\Omega$）	B相（$\mu\Omega$）	C相（$\mu\Omega$）
35kV 1号集电线路电缆 – 主变低压侧管母线 R_{AE}		3662	3671	3656
35kV 2号集电线路电缆 – 主变低压侧管母线 R_{AF}		3684	3691	3669
35kV 3号集电线路电缆 – 主变低压侧管母线 R_{AH}		3702	3691	3682
35kV 4号集电线路电缆 – 主变低压侧管母线 R_{AJ}		3708	3688	3682
试验标准		运行中，回路电阻值不大于出厂规定，且与历史数据比较应无显著差异；采用直流100A进行测量		

以上实际测量的结果数据均不大于理论各部叠加值4535 $\mu\Omega$，故判断回路电阻合格。

同时盐源棉桠电站在2021年年检预试时，用同样方法进行大回路电阻检测，检测数据与2020年数据对比分析如图3～5所示。

通过上述数据分析比较，发现2021年年检预试所测得大回路电阻数据比2020年数据三相平均增加了近1500 $\mu\Omega$。通过排查及分析，4条集电线路大回路电阻均同时增加且增加数值基本相同，4个大回路中共有部分为：主变低压侧管母、301开关柜、35kV母线，及测试线缆，其中两项为管母，一项为测试电缆；同时在测EF、FH、HJ彼此之间大回路电阻基本相等，分析三项本体导致回路电阻增加可能性较小。在对301开关柜开关柜重点检查时发现该开关柜单柜回路电阻整体比出厂值增加1460 $\mu\Omega$，经进一步检查发现为三工位刀闸触头接触不到位导致整体回路电阻增大，在运行过程中开关柜回路电阻增大无法发现，在长期大电流作用下，形成局部过热点，柜内套管与母线连接处在导体局部发热传导下已出现绝缘镀层脱落氧化，三工位刀闸触头已出现氧化放电锈蚀情况。

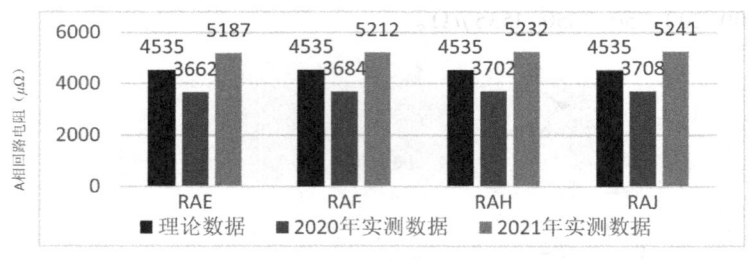

图 3 A 相回路电阻比较

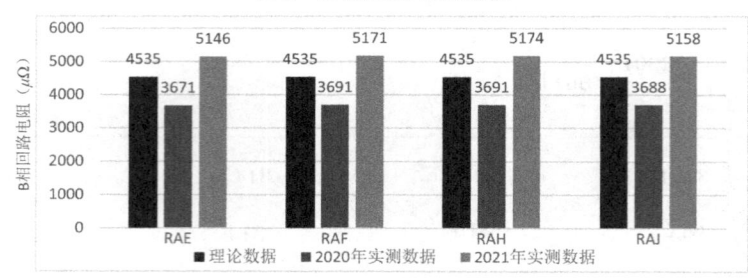

图 4 B 相回路电阻比较

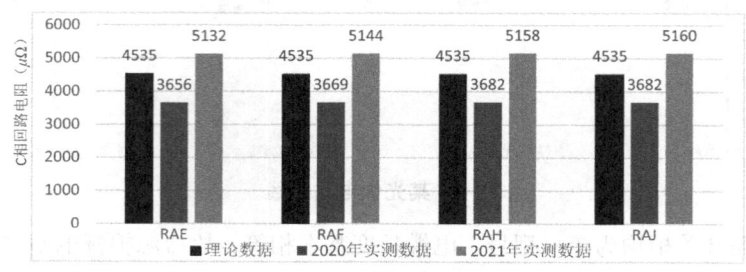

图 5 C 相回路电阻比较

4 实践效果

根据上述采取大回路电阻测试并进行数据对比，盐源棉桠电站在年检预测试时，及时发现 C-GIS 因回路电阻增大导致柜内绝缘老化问题，有效避免了在送电或运行过程中开关柜爆炸的事故，由此判断 C-GIS 采用大回路电阻测试方法有效。针对此类设备，定期进行大回路电阻测试，与每年检测数据进行比对，得到设备运行状态和运行工况，及时根据测得大回路电阻数据进行分析总结，可以尽早发现问题部位并制定方案进行处理，避免故障扩大造成更大事故发生，保证设备可靠稳定运行；大大减少因接触不良引发的一系列事故。

五、结语

新工艺、新技术、新设备的应用难免存在检测技术跟进上的偏差和局限。大回路电阻检测不仅应用在 35kV 室内气体绝缘金属封闭开关柜设备检测，同样也适用于室内外 110kV 及以上 GIS 设备风力发电机定子、风力发电机转子引出线的大回路电阻检测，为设备的状态检修工作提供依据，可以提前发现设备运行中存在的隐患，避免设备的非计划停电及设备损坏。如何避免电气设备试验项目的不缺失，保证设备安全可靠运行，仍需在其运行维护方面不断总结经验，不断探索新方法、新工艺。

主要创造人：张坤骏

参与创造人：叶升鹏、杨大朋、贾　勇、刘雨豪

面向高质量发展的"四化并举，用心卓越"质量管理模式

中交第四航务工程勘察设计院有限公司

一、企业概况

中交第四航务工程勘察设计院有限公司（以下简称四航院）成立于1964年3月，是中国交通建设股份有限公司全资子公司，为国有企业。肩负"固基修道，履方致远"的企业使命，树立"让世界更畅通，让城市更宜居，让生活更美好"的企业愿景，制定打造"世界一流交通与城市基础设施领域一站式综合技术服务商"的战略目标，推进国家"构建以国内大循环为主体、国内国际双循环相互促进的新发展格局"重大战略部署。

四航院目前拥有资质20余个，包括12个行业最高级别的工程设计综合甲级资质、工程勘察综合甲级资质、工程咨询综合甲级咨信、城乡规划编制甲级资质等，是国内最早一批拥有三综一甲的企业；主营业务包括水运、水利、水务、建筑、路桥、市政、轨道交通、核电海工、化工以及民用机场等；承担业务范围内的规划、投资、咨询、勘察设计、监理、EPC总承包等，综合实力位居全国前列。图1为四航院总部办公大楼。

图1 四航院总部办公大楼

二、四航院的质量管理发展

四航院于1990年推行全面质量管理，建立现代企业制度；1998年建立实施ISO质量管理体系；随着管理能力和成熟度的不断提升，2006年形成了三标一体化管理体系，取得质量、环境、职业健康安全管理体系认证证书，保持连续18年认证无不合格项纪录；2018年导入卓越绩效管理模式，积极对标，找差距补短板，同时开展勘察设计行业质量管理升级认证，连续5年获得最高级别AAA（+）证书；此外，四航院2016年获得CNAS实验室合格证书，2021年获得信息技术服务管理体系认证证书以及信息安全管理体系认证证书。四航院管理体系发展过程如图2所示。

图 2　四航院管理体系发展过程图

四航院践行央企责任，立足华南、面向全国、走向世界，加强各国基础设施互联互通建设，推进国家高质量共建"一带一路"倡议，加快建设绿色丝绸之路和数字丝绸之路，打造"科技型、管理型、质量型"世界一流企业，践行质量强国战略，吸取和继承国际ISO质量管理标准体系、卓越绩效管理模式的管理理念，立足行业特点及自身特色，对标勘察设计行业质量管理升级高标准评价细则，制定"从符合要求的质量向超越要求的质量转变"质量战略，形成面向高质量发展的"四化并举，用心卓越"质量管理模式，如图3所示。

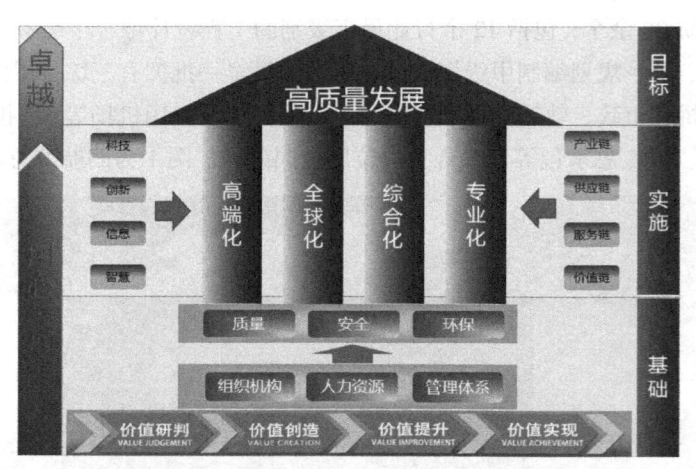

图 3　面向高质量发展的"四化并举，用心卓越"质量管理模式图示

三、最佳质量管理经验实践案例

四航院面向高质量发展的"四化并举，用心卓越"质量管理模式，以"四化并举"为发展路径，以从"用心"到"卓越"的"用心卓越"为主线思路，从价值研判、价值创造、价值提升和价值实现过程着手，夯实组织机构、人力资源和管理体系基石，为质量、安全、环保提供保障，以科技、创新、信息、智慧为手段，协同产业链、供应链、服务链、价值链，推动四化并举，实现高质量发展。

面向高质量发展的"四化并举，用心卓越"质量管理模式具体实践案例如下。

1. 四化并举之高端化

发挥高端化的引领作用，提升全生命周期服务能力、实现项目全过程价值增值、推动产业链向价值链转型。

四航院明确高端策划、前端咨询定位，积极寻求以及通过为集团、政府及客户提供前端策划、城市规划和全过程咨询服务，发挥高端化的引领作用。经过多年的探索与实践，已取得不少成功的项目经验。

实践成果：四航院提出在广州南沙区建设港口与临港工业综合体发展战略的"大南沙"构想（图4），获广州市政府高度重视与肯定，并迅速纳入了广州"南拓"发展战略。此后，四航院参与并完成了广州南沙港各期集装箱码头、通用码头（图5），以及出海航道各期工程设计。其中南沙三期为国内一次性建设规模最大的专业化集装箱码头，满足世界上最大的3E级集装箱船装卸作业；南沙四期全球首创"IGV+堆场箱区水平布置"的新一代全自动化方案（图6），将人工智能技术融入自动化集装箱码头建设，推动了相关自动化和人工智能产业的发展，提高了港口的航运服务效率和能力。南沙港经过20余年的建设与发展，不但填补了广州珠江西岸不能建设深水港的历史空白，更奠定了广州港的国际航运枢纽地位。

图4 向广州市政府提出"大南沙"构想

图5 世界最大的集装箱江海联运量码头（广州港南沙三期）

图6 全球首个"IGV+堆场箱区水平布置"全自动化码头（广州港南沙四期）

2. 四化并举之全球化

具备全球化的视野、观点、思维方式和行为模式，提升国际化能力，通过在全球范围内配置资源，为各个国家和地区的发展做出更大贡献。

四航院自1973年率先走出国门，承担了新中国对外的第一个援建工程——马耳他马尔萨什洛克港口防波堤工程之后，2000年助力国家"走出去"战略，承担了中国援建项目中规模最大、意义最深远的瓜达尔港口项目建设，成为第一批"走出去"的水运设计企业。发展至今，业务足迹已遍布全球120多个国家与地区。从水运主业到大城市、大交通领域，业务范围不断拓展，用中国港、中国路、中国桥、中国岛、中国城等"中国名片"为世界烙上中国印。无论是从业务规模来看还是从地域分布来看，四航院的海外业务在中国港航界名列前茅。全球化发展框架如图7所示。

图7 全球化发展框架一览图

实践成果：四航院海外团队率先参与国际现汇竞标，在东南亚、南亚、非洲等区域以技术标第一名的绝对优势拿下了数十个水运类项目，树立了FHDI的国际设计品牌；同时，海外团队率先以设计为龙头，打造出海外总承包新模式，创建了中交海外总承包项目集成优化与效益复合式提升的新模板。四航院海外工程团队与规划团队强强联合，率先延伸业务链条，打通上游规划咨询的关键脉门；率先于集团内推行总体院模式，凭借对国际咨询与管理的深刻理解与深厚实践基础，在多个大型港口及新城综合开发项目中，肩负整合、联合国际高端咨询设计资源的重要责任，为全球化统筹输出核心技术，完成了一批具有国际先进水平和影响力的海外项目，例如，习近平总书记参加开工典礼的斯里兰卡科伦坡港口城（图8）、交通工程界"珠穆朗玛峰""新世界七大奇迹之一"的港珠澳大桥岛隧工程、第一个获"詹天佑"奖的境外项目的汉班托塔港一期项目（图9）、获中国建设工程鲁班奖（境外工程）的科特迪瓦阿比让港口扩建项目（图10）、交通工程界"珠穆朗玛峰""新世界七大奇迹之一"的港珠澳大桥岛隧工程（图11）、获中国建设工程鲁班奖（境外工程）的莫桑比克贝拉渔码头重建工程、获中国建设工程鲁班奖（境外工程）的斯里兰卡科伦坡港口城防波堤、吹填和一期基础设施工程项目、西非第一大港的科特迪瓦阿比让港，以及象征中巴铁血友谊巴基斯坦瓜达尔港（图12）等。

图8　斯里兰卡科伦坡港口城

图9　第一个获"詹天佑"奖境外项目（汉班托塔港一期）

图10　西非第一大港（科特迪瓦阿比让港）

图11　交通工程界"珠穆朗玛峰""新世界七大奇迹之一"港珠澳大桥岛隧工程

图12　中巴铁血友谊的象征（巴基斯坦瓜达尔港）

3. 四化并举之综合化

以综合化重塑四航院在大交通、大城市领域产业链、供应链、价值链中的地位和价值。

凭借国内最早一批拥有设计、勘察、咨询三个综合甲级资质和具备一大批综合、专项资质的优势，四航院持续提升业务承接综合能力、业务与专业综合能力、项目全生命周期综合服务能力（图13），充分发挥业务领域多元、产业链齐全的市场竞争力，加强一体化综合管理，实现效率和质量的高速发展。

业务承接综合能力	业务与专业综合能力	项目全生命周期综合服务能力
"工程设计综合资质甲级" "工程勘察综合类甲级" "工程咨询综合甲级" "城市规划甲级" "工程造价咨询甲级" "测绘甲级" "工程监理甲级" "港航施工总承包一级"	• 以港口工程为起点，谋求多元化、综合化发展； • 业务覆盖"海、陆、空、地铁、管道"等大城市、大交通领域； • 配置大型综合项目所需的50余个相关专业	• 规划策划、可行性研究、项目报批报建等前期综合服务； • 勘察设计、项目咨询、项目管理、监理、EPC总承包、项目投资、项目运营等项目全生命周期服务； • 自项目策划至投产运行全过程均可提供专业化的服务
A	B	C

图13　三大综合能力一览图

实践成果：四航院凭借综合能力在行业内的领先地位，成功承接并圆满完成了多个国家重点项目、国际大型项目。例如，承接超高集成度的港珠澳大桥人工岛岛上建筑项目，四航院投入 20 多个专业，协同合作，完成 40 多个单体子项设计，并获得多项嘉奖；承接中石化规模最大、中国石油炼化工业最高水准的中国石化中科炼化项目，它既是国家优化临港重化产业布局重大项目，也是广东推动制造业高质量发展的代表性项目，四航院完成了从选址、工程可行性研究、勘察、设计、EPC 总承包的全过程服务，以强大的综合实力确保项目按期正式投产。

4. 四化并举之专业化

做大做强主业，以技术创新和人才培养为核心，强化自身专业化能力构建，以大数据和人工智能为抓手，需求和应用为驱动，构建科技创新体系（图14），创新驱动平台，提供升维服务。

四航院始终坚持"科技奠基强企路、创新驱动新发展"的技术创新核心理念，积极主动适应内外部环境变化，强化组织协调、保障科技投入、优化创新环境、引入先进管理方法，搭建具有四航院特色的"1234 科技创新体系"，并以其为基础，利用互联网、物联网、大数据、云计算、5G 等新一代信息技术开展技术创新与改进，为产品与服务赋能，增强核心竞争力，实力践行科技兴国战略。

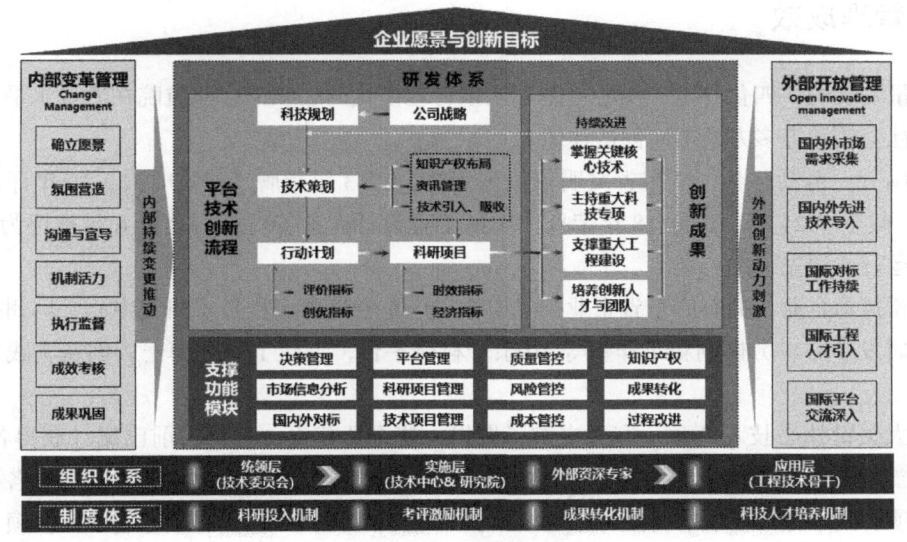

图 14 科技创新体系

实践成果：四航院一直处于国内技术引领地位，在海洋工程、勘察技术、水环境、城市开发、新基建领域等方面不断开展核心技术研究，突破多项"卡脖子"技术。包括自主研发出国内第一款港口工程数字化勘察设计集成系统 HIDAS；自主研发基于 BIM 的项目管理系统；成立全球波浪数据中心，建立全球波浪模型，实现全球历史波浪模拟，填补国内研究空白，打破西方国家在该领域的垄断；完成国内首创的插入式钢圆筒结构计算软件、铺面软件、CPTU 解析软件等核心软件产品，搭建智能设备、智能管理系统、数据库云平台的智能土工试验室和现场编录与报告编写实现数据互通的勘察信息化与云共享系统。自主研发的 HD-500 型海洋钻机（波浪补偿分离式液压钻机）、新一代 HD-600 型以及 HD-1000 型海洋钻机，突破了双"70"，实现了离岸 100km，水深 70m 的目标，攻克远海深水勘探测量技术及装备研发，为国家海上风电清洁能源建设走向远海、进入深水提供技术支撑，助力国家向深海远洋发展。

5. 用心卓越

尊重"人是生产力第一要素"的客观规律，以人为本，践行"幸福四航院"的奋斗观，贯彻"用心卓越"内驱动力理念。弘扬"敢为人先、责任担当、国际视野"的企业家精神，铸造"务实创新、担当奉献、精益求精"的四航工匠精神。致力于成为交通与城市基础设施产业链前端与高端的引领者、全过程技术服务的推动者、科技创新策源和应用的担当者，打造科技型、管理型、质量型世界一流企业。

实践成果：四航院肩负着党和国家赋予的责任和使命，历代领导人发扬"敢为人先、责任担当、国际视野"的企业家精神。四航院坚持深化改革，推进业务多元化、市场国际化发展新格局；以水运主业为基础，不断开拓新兴业务，确定交通与城市基础设施领域一站式综合技术服务商目标，构筑起海、陆、空、地铁、智慧物流快线的"大交通、大土木"立体化发展轨道；积极履行社会责任，主动为国担当、为国分忧，自2016年开展精准扶贫与乡村振兴以来，帮扶的新平村全部达到脱贫标准，先后多次获得广东省荣誉奖项。立足中国，放眼世界，在"以国内大循环为主体，国内国际双循环相互促进"的新发展格局下，深耕"一带一路"，提升中国产业链、供应链在全球的价值，坚持国际化发展，国际化指数高达37%，以实践探索出国际业务合作新路径，成为落实"一带一路"倡议的重要力量。同时，在60余年的发展历程中，四航院不断发扬"务实创新、担当奉献、精益求精"的四航工匠精神，先后涌现出以全国劳模冯颖慧、全国交通系统劳动模范王汝凯、广东省劳动模范卢永昌为代表的劳模工匠。借助卢永昌劳模和工匠人才工作室、冯颖慧劳模和工匠人才工作室，通过一系列国内外战略项目和重大工程的成功实施，完成了特大型课题《一带一路海上大型人工岛关键技术》《深海水中城概念规划课题》等多项科研攻关。

四、质量管理成效

在面向高质量发展的"四化并举，用心卓越"质量管理模式的引领下，四航院在质量水平、创新价值、品牌建设、经济与社会效益等多方面不断创造佳绩。

先后荣获全国五一劳动奖状、广东省文明单位等荣誉。2013年荣膺《建筑时报》10年评选一次的"中国建筑行业标杆"。截至2021年，连续18年荣登"中国工程设计企业60强"，连续6年被评为集团A级企业，持续保持全国水运行业领先地位。

成为国家高新技术企业，拥有广东省企业技术中心、广东省勘察工程技术研究中心、广州市企业研究开发机构、多个集团研发中心、劳模创新工作室等10余个科研平台，创建了省级博士后创新实践基地，构建了一流科技人才高地。

突破多项重大关键核心技术瓶颈，有力支撑了世界一流企业建设。截至目前已累计获得各类工程奖1037项，其中荣获"詹天佑奖"、"鲁班奖"、国家金质奖等国家级奖87项，省部级奖410项。参编各类标准80余项，包括国际标准3项、国家标准5项、行业标准44项等。出版专著近30项，有效专利200多项，其中中国香港短期专利1项、发明专利15项。完成并通过鉴定22项科技成果，其中6项达国际领先水平，13项达国际先进水平，突破多项"卡脖子"技术，成为行业关键技术引领者。

主要创造人：李伟仪
参与创造人：卢永昌、胡雄伟

基于 BIM 技术的工程质量管理实践

中铁十四局集团第五工程有限公司

一、企业质量管理理念

中铁十四局集团第五工程有限公司隶属于中铁十四局，前身系中国人民解放军铁道兵第四师，组建于1948年。1984年1月奉命集体转业并入铁道部（现为国家铁路局），2001年9月改制为母子公司管理体制的现代企业集团，隶属于中国铁建股份有限公司，是国务院国有资产监督管理委员会管理的大型建筑企业，也是国内大直径盾构和水下盾构隧道及城市轨道交通领域的骨干和龙头企业。在70多年的发展历程中，公司逐渐形成了四大企业管理文化理念。

1. 发展理念——以人为本，打造受尊敬、有尊严的企业

坚持以员工利益为根本出发点，思员工所想，急员工所需，切实增强员工的幸福感和归属感，通过培养一支有责任感的职工队伍将中铁建设集团打造成一个受尊敬、有尊严的企业，实现集团公司和员工个人的同步发展。

2. 人才理念——人格、勇气、能力三位一体

只有先做好人，才能做好事。在人才培养中，着力培养员工忠诚、诚信和大公无私的职业操守和做人准则。勇敢是人才的重要素质。要勇于面对挫折和困难、勇于纠正错误和失误、勇于承担义务和责任。能力是人才的必备素质，要通过不断地学习，切实提高员工的沟通、创新能力和专业技术水平，实现员工素质的全面提升。

3. 管理理念——注重实践、注重结果、注重领导作用

在工作中强调管理的重要性，坚信"没有亏损的项目，只有亏损的管理"的理念；强调实践的重要性，倡导"管理是一种实践，其本质不在于知而在于行，其验证不在于逻辑而在于结果，其唯一权威就是成就"；强调结果的重要性，以工作的实际效果作为评判工作成绩优劣的第一标准。

4. 廉洁理念——堂堂正正做人、规规矩矩做事、清清白白从业

树立廉洁从业意识，做人要光明磊落，一身正气，做事情要讲规矩、原则，不越雷池半步。

二、项目简介

随着我国经济实力的持续发展，综合国力也在不断提升，为缓解地面交通拥堵、改善人类居住环境以及保持城市历史文化景观等，国家大力发展地铁。地铁具有运量大、避免拥堵、舒适、节能、污染轻等优点。目前，全国已经有40多个城市建成并开通地铁，还有多座城市正在进行地铁项目的建设工作，地铁建设已经成为当前我国城市发展建设中的主要建设项目。但是，在建设过程中，地铁大多穿越城市中心地带，其周边环境十分复杂，因此地铁建设具有工程规模大、施工环境复杂、对周边影响大、施工风险大、不可预见因素多、工程技术难度大、质量要求高、能耗高等特点。随着地铁施工建设的全面发展，如何合理进行施工组织管理，确保地铁工程建设过程中的安全性、经济性、环保性显得尤为重要；特别是随着施工技术的不断发展，地铁工程逐步向工程项目多、建设周期长、工程体量大、工程埋深深方向发展，如何采用合理的质量管理技术保障施工质量是值得研究和探索的问题。

本案例依托重庆轨道交通十号线二期工程兰花路—鲤鱼池段，主要施工区域位于南岸区和渝中区，连接南坪组团、渝中组团和观音桥组团，如图1所示。线路总长约9.86km，其中地下段长度为8.10km，高架线长度为1.76km。本项目标段位于重庆市南岸区，包括南坪站、南滨路站、南坪站~南滨路站区间及万寿路站~南坪站部分区间，标段起止里程为K4+800~K6+545.597，全长1745.597m。

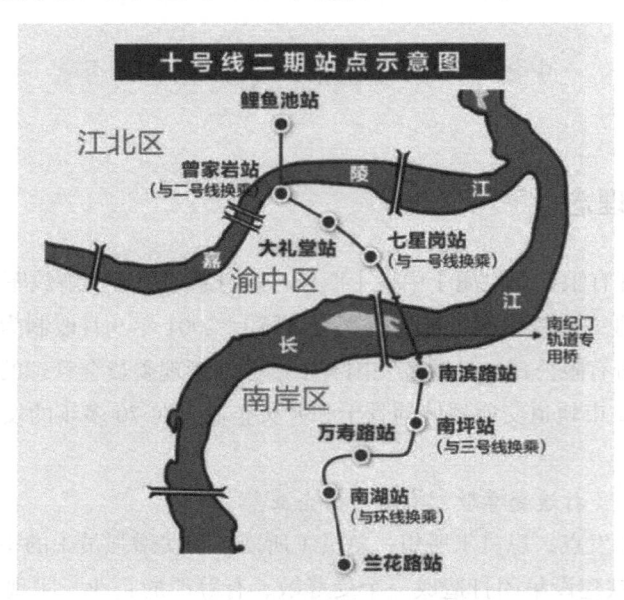

图1 依托项目场地地形地貌照片

南坪站为二期工程的第四座车站，周边环境复杂。站位位于南岸区原长途汽车站和公交枢纽站，呈南北走向，北侧为南坪大厦裙楼，西侧为宏声大厦和城市星座，南侧为轨道三号线南坪站，南坪站与正在运营的三号线南坪站呈L型关系。南坪站为三号线和十号线换乘站，换乘形式为通道换乘；车站起点里程为ZK5+118.307（YK5+134.071），终点里程为ZK5+353.286（YK5+353.285），总长（外皮）为219.2m。

南滨路站为二期工程第五座车站，呈南北走向。站位位于南岸区的南坪正街与南坪新街后堡老居住片区，周边现状主要为住宅区、商业办公楼和公园。站前为南坪站，站后通过南纪门长江大桥跨长江接七星岗站，北面紧靠长江和后堡公园，西边紧邻南滨国际商业开发地块。车站中心里程为YK6+436.598，车站起点里程为YK6+350.497，车站终点里程为YK6+545.598，总长为195m，其中K6+350.497~K6+408.597段58.1米长为深埋隧道，K6+408.597~K6+545.598段137米长为浅埋隧道。

南坪站至南滨路站区间线路自南坪站出发后向北布设，下穿洋河南滨花园小区、金鸣公司后接入南滨路站。起点里程为YK5+353.279，终点里程为YK6+350.598，区间总长为997.319m。区间隧道以单洞、单线的形式分别与两端的车站连接。区间隧道为深埋隧道，拱顶埋深25~54m；隧道拱顶穿越岩层主要有砂岩和砂质泥岩，围岩级别为Ⅳ级。隧道按新奥法原理设计，采用复合式衬砌结构，钻爆法施工。

三、质量提升管理措施

在本案例中，BIM技术质量管理方面的应用主要体现在以下几方面。

1. BIM的安全管理流程

地铁施工相比普通的施工项目要更加复杂多变，除了要注重空间上的合理安排之外，还需要在地下预埋管线、铺设线缆等，不同的工种之间相互交叉。因此在实际的工作过程中，设计人员必须根据实际的施工状况进行图纸设计，还要强化和施工人员之间的沟通，明确施工流程，减少重复施工。进一步明确地铁施工的主要工作步骤，尽量满足地铁正常运营的需求。在具体的施工过程中，想要达成施工目标，就要应用BIM技术。应用BIM技术完善施工流程可以方便施工人员根据施工模型制订详细的施工计划，更加直观地了解施工过程中出现的故障及问题，从而采取及时有效的改善措施，保障施工计划更加合理有效。

2. 针对地铁施工空间中冲突的检查

在地铁建设过程中，空间是有限的，因此在施工过程中，设备之间会出现摩擦或者产生空间冲突等，从而影响施工效率，严重时还会引发安全事故。例如，任何一道工序都需要留给机械设备一定的运作空间才能进行操作，如果设备与设备或者设备与空间发生冲突，不仅会影响施工进度和施工效率，而且有可能造成人员或者财产的损失。将BIM技术运用到施工过程中，能有效解决空间冲突。借助BIM技术，在施工开始之前对施工进行动态化的模拟，对施工过程中有可能存在的问题进行预测，并且对问题进行分析研究，确定出机械设备前进和人员活动的安全范围，从根源上降低事故发生率，提高施工安全系数，确保工程进度和工程质量。BIM技术的运用能对空间冲突进行监测和预测，并且确定出设备运行轨迹的边界。然而，并不是所有的实体物质都可借助外形来进行描述或者预测出占用的空间和面积。例如，机械设备在进行工作时，主要依靠模拟机械活动状态下的前进方式对有可能出现的碰撞或者摩擦进行预测，但是却无法真实地反映出设备在工作中实际占用的空间和面积。

3. BIM的质量管理流程

在BIM质量管理平台中，可以在任意时间实现各类质量问题的追溯，将大量的数据资料作为技术支撑和保证，从而实现现场质量问题的全面管控和解决。基于BIM技术的质量管理最重要的管理内容之一就是影像信息管理，特别是隐蔽工程质量验收。BIM的质量管理流程：首先，通过视频或者图像等方式进行信息记录，对出现质量问题的部件进行准确的定位；其次，进行进一步的处理和上传平台数据库，实现管理和记录信息的可追溯性；最后，利用项目质量组织体系保证以及动态的管控原理，远程管理人员通过BIM模型来对施工中的实时动态和出现质量问题的具体位置进行分析判断，落实整改责任人，做到信息反馈闭合，从而协同组织实现全面、直接、反馈、闭合的质量管控。

四、施工技术风险辨识

一般来说，地铁施工在技术管控方面的安全风险更高。其风险可分为如下四大类。

1. 项目特征类

项目自身的特性或者复杂程度引起的风险，如南坪车站超深埋大断面（埋深70m、断面460m^2）、南滨路车站浅埋偏压大断面、区间隧道下穿或者侧穿既有建筑物等，可能导致失稳或者地表沉降。

2. 施工工艺类

项目使用的施工工艺的特征或创新手段（新技术、新材料、新设备）导致的风险，如大断面车站核心土拆除、附属工程爬坡段施工、悬臂掘进机施工、聚能水压爆破技术等。

3. 地质水文类

不良甚至有害的地质条件引起的风险。例如，隧道围岩软弱破碎，存在溶洞或者有害气体，存在流沙、流土、沼气、煤气等。

4. 施工环境类

施工活动引起周边环境发生变化从而引发的风险，这些风险会在施工影响范围内对周围环境造成损害，如导致周边范围内建筑物倾斜、坍塌、开裂，地下管道发生破裂、渗漏。

五、基于BIM的施工质量管理

BIM技术在该项目中的指导作用很大，主要如下。

1. 质量检查与交底相结合

在 BIM 可视化平台中，项目部开发了"日周月"检查模块及安全技术交底模块。转变常规的纸质办公方式，现场人员在检查过程中发现问题可及时上传至平台，现场其他人可随时查看，整改完成后再进行销号，技术交底也上传至平台内，相关人员可随时利用 APP 端口进入平台查看。

2. 协助优化施工工艺

在施工之前，利用 BIM 可先进行施工工艺的模拟。在南坪车站施工过程中，利用 BIM 模型模拟车站双侧壁导坑九步开挖工法的施工工艺，发现按照图纸的开挖步骤施工，将会严重制约项目施工进度。通过不断优化，项目部提出核心土竖撑不落底、下导坑核心土预留加宽的施工方案，这样既节省了钢材，又节省了拆除时间。同时，项目部没有等核心土两侧全部落底以后再拆核心土，而是在完成左右两侧中导坑、开挖下导坑时，就开始同时拆除核心土，避免后期回填两侧导坑需拆除核心土的尴尬局面。

3. 施工空间管理

对于地铁施工来说，空间是一种宝贵且有限的资源。在地铁施工时，空间冲突会造成生产效率降低以及安全事故频发。每一个施工环节都需要充分的活动空间，如机械臂长旋转半径和人员活动半径在空间上发生冲突，就很容易造成效率下降、财产损失或者人员伤害。所以在项目开工前，运用 BIM 技术根据施工方案进行动态施工模拟，可以高效准确地找出可能存在的管理漏洞，以便优化机械行进路线和人员的活动范围，将可能的伤害及损失降到最低。

4. 模拟洞内数值验算

因南坪车站附属工程较多，且上部为龙湖开发待建区，不能通风，只能通过施工通道的一个洞口进行洞内压入式通风，洞内通风条件较差。利用 BIM 技术可模拟洞内通风验算，寻找出合适的通风方案，最终通过模拟，确定 1 号风道打 $\phi 1.5m$ 两个通风竖井，保证了洞内通风。

此外，利用 BIM 技术分析不同构件的尺寸位置、线路管道的分布、物料的多少、机器的放置等来提供可视的动态施工空间，对空间的可用范围给出了指导意见，对工作区安全性做出评价。还能在消防管理、应急逃生、防汛、防脱钩、安全标志张贴、应急救援路线等其他方面给出指导性建议。

六、BIM 技术质量管理模型的构建及实施

本项目在技术质量管理、优化设计和协调管理等方面运用了 BIM 技术，其具体实施步骤如下。

（1）根据设计图纸，用 Autodesk Revit 软件创建了 BIM 模型（图 2），还创建了周边相关地面建构筑物的模型（图 3）。

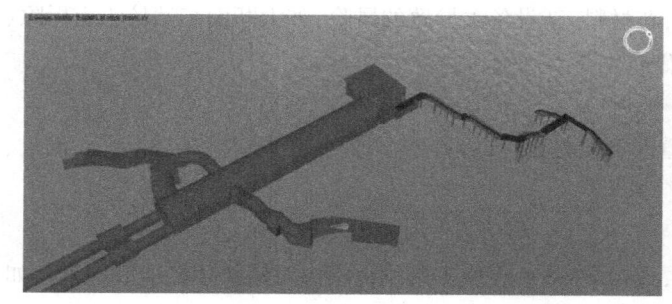

图 2 本项目 BIM 模型　　　　图 3 项目周边建筑模型

再通过可视化平台，将 BIM 模型与现场技术质量管理相结合。技术人员在手机上下载 BIM 客户端，在隧道施工质量管控中，如果发现某个掌子面存在质量问题，可直接上传 BIM 平台。同时，利用 BIM 平台可进行日周月检查、技术交底等工作，显著提高了工作效率。

（2）用 Autosek Civil 3D 软件创建了相关周边建筑物及管线信息，施工过程中可根据具体施工进度情况，

查看对周边环境存在哪些影响，一目了然，起到了提醒作用。

（3）对已建立好的BIM模型进行统计输出，包括相关材料、物资等工程量，形成多个Excel等文件用于后续工程的计算计量。对项目部工程量算量及物资成本管理起到了很好的提醒与记录作用。

（4）用Autodesk Navisworks软件完成施工管理，如图4~图6所示。

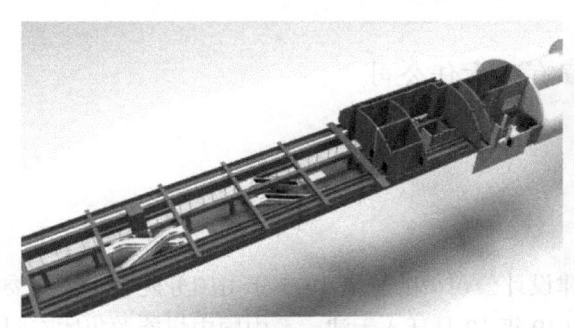

图4　项目实施模型

图5　车站漫游检查

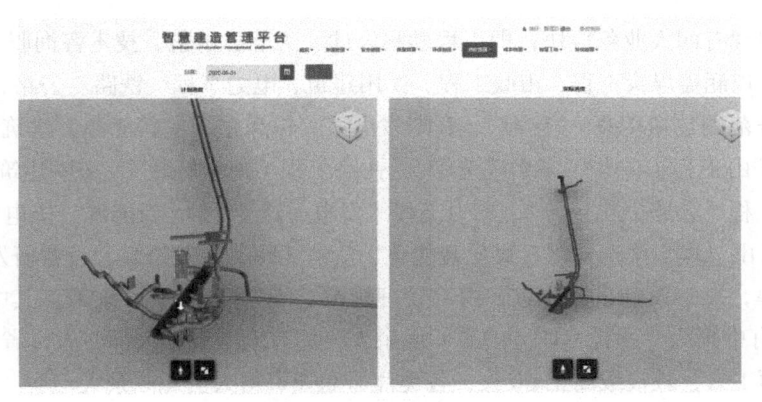

图6　智慧管理平台

七、质量提升成效

本项目的依托工程为重庆轨道交通十号线二期工程，结合现场实际情况，以"生态、绿色、安全、快速"为主题，在经济适用的前提下，遵循技术先进、生态建设、安全可靠的原则，使绿色安全施工集成技术能够真正解决施工过程中的各种问题。使用BIM动态优化管理软件系统，可以使工程的进度管理、技术质量管理等情况能够在三维空间内直观地展示，并利用数据库对可能出现的问题及时采取措施进行预控，通过不断循环控制，对地铁施工实现动态、优化管理。充分利用软件动态可视化和数据集成功能，可以显著提高工程的管理和施工效率。管理人员可以通过电脑对工程的进展情况和安全管理情况进行直观把控，并能够实时对数据进行更新，及时掌握工程的最新动态，方便进行决策和管理；施工人员也可以通过软件提前对工程的施工过程和施工难点以及可能出现的问题有直观了解，保障工程顺利推进。基于BIM技术的管理体系建立及应用，有效改善了施工现场的施工混乱现象，提高了各工种之间的协调效率，有效地保证了施工安全。

主要创造人：张子强

参与创造人：高士亮、曹元均、阮　超、李文庆

技术质量考核与奖罚标准创建与实施

中煤天津设计工程有限责任公司

一、企业概况

中煤天津设计工程有限责任公司（以下简称中煤天津设计公司）前身是1975年由国务院、中央军委在河北邯郸市部署成立的煤炭工业部邯邢煤矿设计研究院，2019年10月迁入天津，系中国中煤能源集团有限公司的全资企业。

中煤天津设计公司现有四大业务板块，即工程勘察设计、工程总承包、技术咨询服务及科技研发。工程勘察设计板块的业务范围现涵盖煤炭工程、市政工程、民用建筑、电力工程、铁路、公路、新能源等行业和领域；工程总承包板块的业务范围包括矿井、选煤厂、瓦斯发电厂、输煤系统、新能源、建筑市政等领域；技术咨询服务的业务范围包括矿山工程（矿井、煤炭洗选等）、铁路工程（地铁轻轨）、房屋建筑工程、市政公用工程、人防工程、交通运输工程（公路、机场等）、电力工程（发电、送变电）、新能源、机电安装工程等；科技研发的业务范围包括绿色矿山、煤炭洗选加工、煤矿智能化、清洁能源、建筑市政、设备研发等。

公司技术力量雄厚，勘察设计手段先进，内部管理规范。现有职工1000余人，其中专业技术人员占员工总数的85%以上，具有中高级专业技术职务的有600余人，拥有全国设计大师2人，省级煤炭行业设计大师2人，煤炭行业监理大师1人，教授级高工60人，各类注册职业资格人员400余人。

2018年，公司通过了质量、环境、职业健康安全管理体系认证。截至目前，管理体系有效运行并得到持续改进。

公司坚持科学管理，注重人员培训和技术开发。全体职工锐意进取，奋力开拓，形成了"敬业、求实、创新、争先"的企业精神。

二、项目简介

为稳定提升公司的设计质量，中煤天津设计公司于2020年编制完成了"技术质量考核与奖罚标准（试行）"；该标准自2020年运行以来，提升了各部门执行公司"三体系"的积极性，促进了业务建设的提升，为公司的发展做出了贡献。

该标准通过2年的试运行，2022年公司对该标准进行修订，修订后的"技术质量考核与奖罚标准"更加适合公司的实际情况。2022年，公司根据新标准对各生产部门进行考核，考核结果与日常抽查、监控结果相吻合，证实该标准有很高的适用性。

三、案例介绍

（一）技术质量考核与奖罚标准介绍

中煤天津设计公司为中煤集团主要设计企业之一。长期以来，设计单位如何对设计部门进行考核一直是个难题；以往公司一直沿用比较传统的考核指标。例如，以产品合格率、合同履约率、服务及时周到和优良、顾客意见（抱怨）处理及时有效等定性的指标作为部门技术质量考核的主要依据，未能实现量化考核。

为实现对设计部门的量化考核，中煤天津设计公司根据技术质量现状，组织编制完成了"技术质量考核与奖罚标准"。

该标准将技术质量考核分为管理体系运行、设计质量、业务建设、其他等4个方面，并分别给予一定的分值。其中，管理体系运行包括产品和服务要求评审、记录的完整性、内外审结果等共11项，共20分；设计质量包括设计质量问题的数量、设计验证及评审的执行情况、设计深度、质量奖罚项目等共9项，共60分；业务建设包括标准规范、质量剖析（复盘）、标准化建设、创优等共7项，共40分；其他项为扣分项，是指发生质量事故在总考核分值的基础上扣除5~10分。

考核结果的计算方法为：部门分值/被考核部门的平均分值。

（二）成效

"技术质量考核与奖罚标准"自运行以来，促进了各部门执行管理体系的积极性，各部门质量意识、质量管控得到加强，业务建设效果逐步体现；公司通过对各项指标的运行情况进行监控，得到了一手数据，为质量持续改进提供了依据。

1. 管理体系运行得到加强

通过考核发现，各部门由标准实施前的对管理体系执行情况的不重视，转变为标准实施后能够自觉遵守，并能根据运行情况提出改进建议。比较典型的是对产品和服务要求进行评审。

（1）产品和服务要求的评审目的

产品和服务要求的评审目的是确定顾客要求、确定公司能否承揽该项目、识别项目风险并制定应对措施，并提出公司的要求。其中，确定顾客要求是核心工作。

如果没有正确了解和理解顾客的要求和意图，可能会造成设计的盲目性、项目跑偏，导致后续设计工作偏离顾客的期望，项目可能出现反复修改，从而降低设计效率，提高设计成本。

（2）以往存在的问题

公司《质量、环境、职业健康安全管理手册》《设计和开发过程控制程序》要求包括公司在接受合同或技术协议之前，或接受设计委托书、招标文件之后，进行产品和服务要求的评审；公司可采用签批和会议评审两种方式；手册中明确了公司新开发项目、总承包项目以及重大项目必须进行会议评审。

以往通过内审、外审及日常监控发现，有的部门没有严格执行公司的要求，存在应评审的没有进行评审，应进行会议评审的采取签批评审，并且存在后补现象。

因为对评审不重视，产生了一些问题。例如，未能真正了解顾客的要求和期望，设计文件与顾客预期容易出现差距，造成文件多次修改，降低生产效率；在项目承揽时急于拿下项目，未能对投标文件进行认真研判，导致给项目实施带来一定的风险，在推进项目进展时遇到一些困难；对于一些非煤项目，未对执行设计标准、概预算定额选用等技术原则进行明确，造成返工等情况。

（3）实施后效果和改进情况

在"技术质量考核与奖罚标准"中，将是否执行产品和服务要求的评审作为考核项，促进了各设计部门执行的积极性。通过宣贯促使员工认识到评审的重要性。根据内审、外审及日常抽查情况来看，评审执行效果良好。

同时，根据各部门针对评审提出的一些修改建议，对评审进行了改进，主要改进如下。

①增加了项目基本情况介绍。内容包括项目规模、项目性质（新建、改建、扩建）、项目类别、项目周期、合同金额（预估）、公司资质是否满足要求、是否需要外委（包括预估外委金额）、存在的风险等内容；参加评审的部门增加了主要承担部门。这样，公司及主要承担部门对项目概况有一个基本了解，有利于决策和项目顺利实施。

②评审中明确提出公司要求。根据对《质量管理 基于顾客需求引领的创新循环指南》(GB/T 38356—2019)、《质量管理 项目质量管理指南》(GB/T 19016—2021)以及顾客需求模型的学习和理解，在评审中根据

顾客的要求和期望，要求评审结论明确提出公司对项目的要求，公司的要求是超越顾客的期望，只有这样才能使顾客非常满意，为公司发展、稳定客户、开拓市场提供支持。

2. 设计质量逐步提升

在"技术质量考核与奖罚标准"中，将各部门的设计质量作为一项主要的考核项；各部门加强了设计质量的管控和标准化建设工作，根据公司抽查结果来看，设计质量有一定的提升。

（1）完善公司抽查流程

公司完善了设计抽查流程，由技术质量部对抽查意见进行跟踪验证，实现了设计抽查的 PDCA 循环。

对于抽查发现的问题，每月在公司技术月报上公布，进行信息公开；要求抽查人对抽查意见进行汇总分析，利用"好课开讲"平台，在公司内进行"质量讲评"，防止同一类错误反复出现。

（2）加强标准化建设

标准化具有一定的可复制性，有助于提升质量、减少错漏、提高效率、降低成本、不断快速迭代优化升级的优点。公司加强了标准化建设工作，仅 2022 年编制完成了 6 部企业标准，组织完成了工业建筑施工图设计说明模板的编制工作，涉及建筑、结构、给排水、暖通、供配电等专业。

接下来，将重点编制与总包工程项目有关的深度设计标准的工作。

3. 业务建设不断提升

各部门根据业务建设考核项，加强了业务建设工作，员工的技术素质不断提升。各部门先后组织开展了若干设计复盘、质量剖析活动，包括平朔集团井工三矿 2021 年安全改造项目安装工程施工图预算超概算复盘、大丰西等老旧小区配套幼儿园（原西站小学）加固维修项目消防设计问题复盘、葫芦素选煤厂末煤车间提资复盘、马脊梁选煤厂机制专业质量剖析、中煤鄂能化 100 万吨甲醇技改项目备煤系统质量剖析活动。设计复盘、质量剖析理念在企业员工中逐步深入，促进了质量改进和企业质量文化建设。

4. 结论

中煤天津设计公司通过"技术质量考核与奖罚标准"的实施，促进了各部门执行管理体系要求的积极性，提升了质量意识，促进了质量改进和企业质量文化建设，为公司设计质量的提升起到了积极作用。

主要创造人：宋　刚

参与创造人：孔凡平、周海军

智慧安全用电电气火灾监控系统项目的质量管理

青岛港前湾港区保税物流中心有限公司

青岛港前湾港区保税物流中心有限公司（以下简称保税中心）总部库区共有13座面积为12万平方米的丙二类仓库，建于2003—2006年，至今运行18～21年，用电系统为供电电压380V/220V的低压供电系统。专家经过检查分析，认为总部库区目前存在风险：仓库作为消防重点部位，存放较多橡胶、纸浆等易燃物品；照明电路库顶架设，巡检难度大，且主要靠人工巡检；系统使用传统的空气开关作为电路安全保护，保护措施相对单一；线缆老旧，存在短路、打火等电气消防隐患；电气线路出现过压欠压、过载、过温、漏电、短路等异常时相关人员不能及时知晓，更不能及时排除，存在电气隐患。针对以上风险，保税中心技术人员在2021年年中启动专项调研，结合实际提出引入智慧安全用电电气火灾监控系统；2022年1月正式启动智慧安全用电电气火灾监控系统建设工作，建设费用为29万元。采用项目型管理模式，项目于2022年11月完成验收上线运行，将中心仓库综合管理水平提升了一个台阶。

该系统包括云监控平台、移动终端平台、智慧防触电断路器、无线网络传输设备、电气防火短路灭弧保护装置等。涉及项目组织建立、现场考察论证、项目方案设计、项目招标采购、现场施工管理、项目试运行管理、项目正式运行及跟踪管理，需要沟通协调现场、信息化、施工方等众多相关人员。本文结合仓库管理实践经验，以该项目为例，讨论了智慧安全用电电气火灾监控系统建设过程中的进度管理，主要阐述了规划质量管理、实施质量保证、控制质量过程，有效提高了质量管理水平和仓库安全管理水平。在此项目管理中，首先制订可行的质量管理计划，然后依据质量管理计划开展相应的质量保证和质量控制活动，主要采取了以下行动措施。

一、规划质量管理

规划质量管理的过程就是管控质量以及确定质量标准的过程。该项目规划质量管理如下。

1. 组建项目团队

中心安全主管副总为项目组长，涉及部门负责人为副组长，同时进行模块化拆分并安排具体人负责模块具体事项。将模块拆分为：招标及资金管理模块、信息化及施工建设模块、竣工验收模块。

2. 确立建设目标

为最大限度消除仓库电气安全隐患，引入智慧安全用电电气火灾监控系统，通过云平台储存配电回路的电流、电压、温度、漏电、电能、缺相等数据，具有24小时实时在线监测、异常情况预警提醒、掌上巡检、定期形成监测报告、远程服务等功能，有效解决肉眼无法直观检查和排查隐患难等问题，提高仓库电气设备本质安全水平，达到提前消除安全隐患的目的。

3. 完善设计方案

设计方案采用双重保护机制，即在每一处库房总电源控制箱处安装一台HXDB01-WLP-A2产品，用于检测系统各项参数，方便远程控制停送电，出现异常及时报警断电；总电源下方搭配电气防火限流式保护器V103-1，消除电气短路火花隐患；整个配电系统使用一台网关（HXDB01-WG）进行数据交换。

二、实施质量保证

实施质量保证就是开展为保证项目能够满足智慧安全用电电气火灾监控系统的质量标准而建立的活动,达到标准符合实际、过程符合要求、结果符合预期的目的。

该项目安排了一名专职的质量保证人员全程参与项目各项工作,主要职责是监督规划质量管理阶段确定的要求落地,评估其是否符合公司的政策、过程和程序。

质量保证人员找出在施工和测试过程中出现的隐患和落实不到位的地方,视情节严重程度采取对应措施,如调整修正、停工整改、停止项目等手段,同时质量保证人员参与项目的验收通过环节,确保项目质量达到如下功能要求。

(1)灭弧式电气防火保护装置应能通过移动通信网络接入电气安全大数据云平台。可以单机独立运行,也能通过通信接口实现多机联网运行。内置通信接口分为有线和无线两种方式,有线方式使用标准 RS-485 串行总线连接到监控电脑上。可以在电脑上进行实时查询、故障追溯、远程监控等,也可以使用手机 APP 实现远程移动监控、报警。

(2)具有微秒级短路限流保护功能,能实时检测用电线路电流,一旦发生短路故障,能在 150 微秒内实现快速限流保护,避免短路点出现危险火花;具有电气灭弧功能,能有效抑制因短路电流过大所引起的电气火灾危害。

(3)当被保护线路的电流超过额定电流处于过载状态、且过载持续时间超过设定时间(3~60秒)时,保护器即可执行过载报警与限流保护。

(4)当保护器工作环境温度或机内元件温度超过所设定温度值时,保护器即可执行超温保护功能。

(5)当电路中出现漏电故障时能够快速实现限流保护功能,且发出声光报警指示。

三、控制质量过程

控制质量过程就是核实项目可交付成果和工作已经达到主要规划的质量要求,以及可交付成果上线运行的过程。本项目的质量控制活动由测试小组承担,由项目管理组承担项目管理过程质量控制。

测试小组采取案例设计测试、短路断路自动反馈测试、电缆加热温度异常自动切断测试、自动监测线路异常预警报警测试、系统数据分析测试。通过测试,智慧安全用电电气火灾监控系统能够做到不伤人、不起火、不漏电、可远程实时监控电路,对线缆温度异常、短路、过载、过压、欠压及漏电等电气线路和用电设备存在的安全隐患实现了预警报警,有效地预防了电器火灾。

通过团队的通力配合,智慧安全用电电气火灾监控系统项目在 2022 年 11 月中旬成功上线运行,实现了用科技手段有效预防生产安全事故的发生,仓库用电管理由过去人员排查与主观判断到现在通过手机 APP 就能知道线路是否存在过载、老化等情况,将隐患提前曝光,预防电气火灾发生,真正做到"早预防、快报警、自诊断、故障准"。数据分析与远程控制相结合还能进行节能智慧化管理。此次项目质量管理的成功实践,进一步检验了企业质量管理制度。虽然此次项目质量管理实践取得了成功,但在质量管理过程中,涉及部门广、时间跨度长等原因导致协调及沟通效率不高,因此在项目质量管理中如何更高效地协调各方进而提高工作效率,是有待改进的地方。

主要创造人:赵德航

参与创造人:曹树杰、王传超、刘 阳

以"配料+工艺调整"提升熟料质量实践

台泥（辽宁）水泥有限公司

台泥（辽宁）水泥有限公司（以下简称台泥水泥）是台湾水泥集团全资子公司，成立于2007年12月14日，注册资本为5500万美元，总投资金额为7.98亿元，是辽宁省招商引资重点项目，同时也是辽阳市2009年重点建设项目。公司于2008年9月8日正式开工建设，2010年3月熟料生产线点火投产。公司现有员工419人，总资产约10亿元。

台泥水泥拥有一条目前国际最先进的日产4000吨的新型干法熟料生产线，配套9000kW纯低温余热发电系统和年产能200万吨水泥粉磨系统。台泥水泥所在区域石灰石储量丰富，自有配套200万吨/年矿山一座。台泥水泥秉承"品质经营、求新求变、追求卓越、服务社会"的经营宗旨，坚持"真实、准确、快速、可靠"的质量方针，坚持走资源节约型、环境友好型大型水泥企业可持续发展路线。

台泥水泥工艺设备一流，管理理念先进。先后完成了质量、环境、职业健康、低碳和能源五项体系认证。通过先进的生产工艺，严格的内控标准，提供磐石级品质的"台泥"牌高等级水泥和商品熟料。产品品种主要为P.O 52.5级、P.O 42.5级、P.S.A 32.5级水泥。满足客户需求，为客户提供定制化"鸡尾酒式服务"。

先后获得国家优秀级水泥生产企业标准化验室、省级企业技术中心、高新技术企业、全国建材行业质量管理小组优秀奖、辽宁建材十三五"最具成长力企业"、环渤海地区建材行业"诚信企业"和"知名品牌"等奖项与称号。荣获中国和谐建材企业、国家级绿色工厂、省级绿色矿山、全国建材企业文化建设经典案例和全国建材企业管理现代化创新成果经典案例奖。台泥水泥拥有计算机软件著作权5项、实用新型专利13项。目前"台泥"品牌已成为辽宁地区具有重要影响力的企业品牌。

一、全面加强质量管理，树立品牌形象

2020年以来，公司牢固树立和落实科学发展效能，以自身为出发点，正视产品质量的现状，充分认识加强质量管理工作、打造品牌效应的重要性和紧迫性，努力增强做好质量管理工作、提升产品质量的使命感、责任感和紧迫感，积极打造"台泥"品牌，努力增强企业的综合竞争力。台泥水泥始终坚持正确的市场观、经营观和效益观，把满足顾客需要、承担社会责任作为企业的经营宗旨，制定"坚持品质，一以贯之"的质量宗旨，抓好产品质量和打造品牌效应两项工作，不断培植企业服务品牌，提升核心竞争力，树立良好的品牌形象，努力开创"鸡尾酒式"的服务特色，促进公司经济效益和社会效益的稳步提升。

为全面加强质量管理，打造品牌效应，品质部从源头着手，强化熟料品质、质量的提升。

1. 减少石灰石质量波动

台泥水泥下山石灰石质量波动较大，加之入窑煤粉质量波动大、灰分高，入窑煤粉灰分最高达24%，造成熟料饱和比偏低，严重影响熟料质量的正常控制。其中下山石灰石MgO含量平均为3.0%，MgO对熟料28天抗压强度的负面影响不可低估，因此，对矿山多个采面质量情况建立数据库，根据开采规划和质量指标制定合理的配矿比例，通过完善并严格执行下山石灰石指标，达到减少石灰石质量波动的目的。

2. 科学配煤、布煤，降低灰分波动带来的干扰

通过进厂煤的质量验收情况严格划分区域存放，每次布煤堆之前要进行预搭配计算，合理搭配周边资源，把煤泥搭配其中，通过布料方式、上料方式、搭配方式来实现煤堆灰分波动小、质量均衡、对熟料影响小，用

稳定熟料质量来达到稳定熟料 28 天抗压强度。

3. 严格把控进厂原燃材料质量关

台泥水泥始终相信好产品来源于好源头，通过严格把控源头来实现有害成分可控。使用三组分配料，要求供应商未经调研合格不得更换料源地，并把监控关口前移至料源地，从装车图片到进厂物料外观都严格比对，所有取样人员佩戴摄录仪，保障取样全程可追溯，强化对进厂原燃材料的取样和检验管控，形成多部门联合监督机制，有效防止了劣质原材料进厂。合理规划场地，对不同质量的物料分开堆放，合理搭配，确保进厂原材料质量波动最小化。

4. 优质替代原材料的使用

积极主动对周边电厂、钢铁企业、化工厂等产废企业进行走访调研，对生产工艺和产生的各种辅材成分进行研究，针对不同辅材的成分变化特点，及时调整配料方案，确保质量稳定。在实际生产过程中，台泥水泥通过提升熟料质量，使用优质混合材，在混合材配比结构上开展了大量的实验对比工作，制定了较为科学合理的混合材掺加比例，在保证水泥优质的同时也降低了水泥成本。

5. 改善配料稳定性

像多数水泥企业一样，生料取样器原本安装位置容易受到各种收尘灰的干扰，导致生料目标值的调整频次高、调整幅度大，严重制约了生料率值的稳定性。通过品质管理部重新选点和设备淘汰替换，生料代表性得到有效提高，生料的稳定性得到了很大的改善。

二、积极进行工艺设备调整，为提升质量奠定设备保障基础

熟料分厂积极开展原有设备的技术改造工作，调整煅烧工艺，为提升熟料质量奠定设备保障基础。

1. 设备技术改造和工艺调整

2021 年年初，台泥水泥对熟料篦冷机实施了技术改造，更换了全部的篦板；对原有的风室进行了优化调整，改善了窑内的通风；鹅颈管技术改造项目达到预期效果，成功地解决了分解炉鹅颈管积料以及预热器整体阻力大，系统通风不良的问题，整体风量较改造之前有明显的增加，二、三次风温明显提高，熟料的冷却效果明显变好；通过合理控制篦冷机内的料层厚度和篦床的行进速度，进一步促进了熟料的冷却；在燃烧器的调整方面，窑头燃烧器淘汰替换产生旋流风与轴流风，分别采用空气悬浮风机，它具有独立控制的特点，调整操作简单，调节灵活方便，可以根据不同的需求对火焰的长短、粗细、强弱进行随机调整，掌握合理的喷煤管位置，使火焰顺畅，热力集中。

2. 统一操作

强化窑系统操作原则为四固、五稳、二调整。四固：固定窑速、固定高温风机转数、固定喂料量、固定头煤喂煤量。五稳：稳定窑电流、稳定分解炉温度、稳定篦冷机篦床上的料层厚度、稳定二次风温、稳定窑头负压。二调整：调整窑尾喂煤量（以求稳定分解炉温度和窑电流）、调整篦速（以求稳定篦床料层厚度和稳定二次风温）。

3. 合理控制游离钙指标

控制游离钙指标为 0.6 ~ 1.2，游离钙的形成变相降低了有效氧化钙含量，使 CaO 变成了 f-CaO。首先，有水化强度的矿物变成了没有水化强度的矿物；其次，游离钙的形成降低了 C3S 的含量，是对熟料强度的降低，熟料强度过低实际上很大一部分是 KH 低造成，过低的 KH，C3S 含量少，熟料强度肯定不高。

4. 开展新材料实验

积极开展助溶剂、能效剂等有助于提升强度的新科技材料的试用和使用。

三、日常管理中的措施

（1）为了做好设备维护保养，及时发现设备缺陷、消除隐患，确保生产设备安全可靠运行，达到设备连续

运转的目的，严格落实巡检制度；除岗位巡检工每天至少进行一次PDA巡检之外，在巡检过程中，严格按照设备巡检记录表中规定的项目对各设备运行情况进行全面检查，以便于及时发现、及时消除设备隐患，主管、工段长、工程师每周参与一次现场设备巡检，保证设备稳定运行。

（2）每班次至少清理燃烧器3次，避免因端面结焦影响火焰。重点关注回转窑筒体温度，及时调整火焰的形状及长短，保护窑衬。

（3）控制入窑物料的分解率为92%～95%、C5AB下料温度为865～875℃、窑尾温度为1120～1150℃，有效避免液相提前出现，防止窑内结圈和烟室、分解炉缩口出现大量结皮，确保窑系统安全运行，并且要求每班次必须清理烟室不少于3次，必要时采取高压水枪清理。

（4）加大对窑口浇注料、燃烧器浇注料的巡检力度，要求每班至少检查2次；窑口冷风套内窑筒体、轮带下筒体因为筒扫不能监测，要求对其着重巡检，确保问题早发现、早处理；同时每班次都要将各级翻板阀的动作情况以及空气炮的动作情况作为重点检查项目。

四、质量提升效果

对2020年4月—11月，2021年3月—11月，2022年3月—9月的熟料强度分别采用1天、3天、28天抗压强度数值进行统计，统计结果如表1～表3所示。

表1 2020年4月—11月熟料强度

日期	抗压强度（MPa）		
	1天	3天	28天
4月	16.0	30.1	53.1
5月	15.0	29.6	53.0
6月	15.5	30.2	53.1
7月	15.6	30.1	53.1
8月	16.0	29.4	53.0
9月	15.8	30.4	53.3
10月	16.4	31.3	53.6
11月	15.4	30.4	53.7
平均	15.7	30.2	53.2

表2 2021年3月—11月熟料强度

日期	抗压强度（MPa）		
	1天	3天	28天
3月	13.8	29.0	52.9
4月	13.8	28.2	52.1
5月	12.9	27.8	51.5
6月	13.4	28.4	53.4
7月	15.5	31.0	53.7
8月	14.5	30.1	53.8
9月	14.5	30.4	53.9
10月	13.7	30.0	55.2
11月	14.2	31.4	57.8
平均	14.0	29.6	53.8

表3 2022年3月—9月熟料强度

日期	抗压强度（MPa）		
	1天	3天	28天
3月	15.0	30.3	53.9
4月	15.6	31.7	55.0
5月	13.5	30.6	56.5
6月	13.0	30.4	56.3
7月	13.4	30.4	56.4
8月	13.2	30.3	55.5
9月	13.7	30.6	55.6
平均	13.9	30.6	55.6

对比表1~表3可知，随着质量管理的提升与工艺调整的进步，熟料强度从2021年后期开始逐步提升并稳定在56MPa左右，从2022年的数据来看，配料的管理与工艺的调整工作取得了明显的效果，熟料强度得到明显提高。

在当今这个群雄逐鹿的时代，谁掌握高质量发展的"金钥匙"、谁抢先开启发展的新境界，谁就能抢占新一轮行业竞争的制高点。台泥水泥对质量工作始终坚持真实、准确、快速、可靠的要求，树立质量红线意识，始终把质量放在第一位，依托北京金隅集团、金隅冀东水泥及台泥集团的优势资源和发展理念，通过不懈努力，在短时间内就使台泥水泥的熟料和水泥质量得到很大的提升，真正做到产品优质、反响良好。

主要创造人：孔建平

参与创造人：冯艾东、张彦杰

提高水泥磨辊压机系统运转稳定性的方法

赞皇金隅水泥有限公司

一、企业概况

赞皇金隅水泥有限公司（以下简称赞皇公司）作为金隅冀东水泥股份的重要子公司之一，积极发扬金隅集团想干事、会干事、干成事、不出事、好共事的干事文化，以共融、共享、共赢、共荣为理念，以信用、责任、尊重作为核心价值观，通过综合管理体系建设、质量管理体系建设，致力于为广大用户提供优质水泥。获得的奖项和荣誉包括国家级高新技术企业，国家级绿色工厂，国家级绿色矿山，两化融合国家级示范点，环渤海地区建材行业技术创新型企业、最具影响力企业、知名品牌、AAA级诚信企业，河北省"技术创新示范企业"，河北省环保科普基地，河北省"千家科技创新领军企业"，"石家庄市技术创新型企业"。

二、背景介绍

水泥粉磨配备辊压机系统目前已成为水泥企业的主流。水泥粉磨系统稳定性的调查结果显示，辊压机系统的故障率占水泥粉磨系统的80%以上，在这种趋势下，辊压机系统的运转稳定性成为各个水泥企业关注的重点问题。赞皇公司拥有日产2000吨水泥熟料生产线2条，日产4000吨熟料生产线1条，15兆瓦和6兆瓦纯低温余热发电系统各1条，配套建设了年可处置生活垃圾和污泥15余万吨的水泥窑协同处置设施，年产100万吨的水泥粉磨系统3条，具备年产"金隅"牌高标号低碱优质水泥330万吨的能力，年销售收入10亿元。

三、提高水泥磨辊压机系统运转稳定性的过程

（一）管理创新原因

水泥工序三台水泥磨辊压机自安装以来频繁出现各类跳停问题（图1），仅2019年三台水泥磨辊压机跳停394次。由于辊压机系统在水泥粉磨系统中起着重要的作用，频繁跳停会严重影响水泥质量与生产操作，因此提高辊压机系统工作效率是降低水泥磨电耗的关键措施。

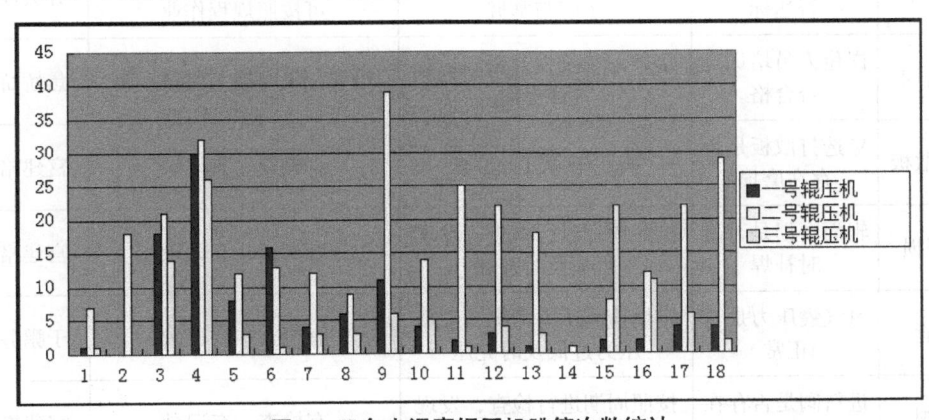

图1 三台水泥磨辊压机跳停次数统计

（二）综合应用各种先进工具

针对辊压机跳停问题，公司辊压机系统运转稳定性攻关小组充分运用了PDCA循环、6W2H、时间管理、统计法进行深入分析，对三台水泥磨辊压机跳停原因进行了分析（图2），使用"六何分析法"即"5W1H"制定了详细措施，通过客户满意度调查和相关单位数据统计分析找出公司与标杆之间存在的差距，坚持PDCA管理原则，不断完善调整各项措施并进行正向激励考核。

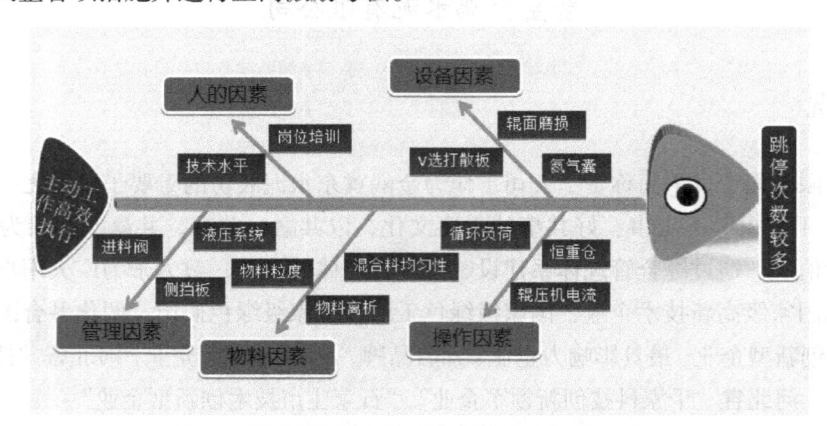

图2 对影响水泥磨辊压机跳停的原因进行分析

（三）实施步骤

严格按照精益项目管理流程和计划开展项目，主要实施步骤：攻关小组对辊压机跳停原因进行统计，运用PDCA循环、统计法、鱼骨图进行了深入分析，得到可能存在的末端原因；利用要因分析确定了辊压机跳停的主要原因；利用"六何分析法"即"5W1H"制定了改善对策表；利用各专业精益工具同步实施；对实施效果及时总结、固化并形成标准。

1.原因分析与确认

目标确定后，攻关小组多次召开会议，按照辊压机跳停原因对近几年辊压机设备故障进行统计，运用PDCA循环、统计法、鱼骨图进行了深入分析得到可能存在的末端因素（表1）。得到辊压机跳停末端因素后，利用排列图工具对故障发生部位进行分析，找到了各个专业故障发生的主要部位和类型。

表1 末端因素确认表

序号	末端因素	确认内容	确认方法	标准	检验人	完成日期
1	技术水平	岗位人员能力是否达标	设备原理与处置方式是否了解与掌握	各类设备作业指导书，岗位可按照规程作业	齐会江	2020.3.12
2	岗位培训	岗位人员培训是否合格	培训记录是否合格，是否持证上岗	培训记录合格，持证上岗	焦娇娇	2020.3.12
3	V选打散板	V选打散板是否存在磨损	按照周期进行检查	有检查、有记录	宫建格	2020.3.15
4	辊面磨损	辊面磨损是否及时补焊	按照周期进行检查，发现磨损及时补焊	有检查、有记录	宫建格	2020.3.15
5	氮气囊	氮气囊压力是否正常	定期检测压力情况，发现压力过低及时充压	有检查、有记录	于鹏芬	2020.3.20
6	进料阀	进料阀是否存在磨损	按照周期进行检查，发现磨损及时补焊	有检查、有记录	宫建格	2020.3.15

续表

序号	末端因素	确认内容	确认方法	标准	检验人	完成日期
7	侧挡板	侧挡板是否存在磨损	按照周期进行检查,发现磨损及时补焊	有检查、有记录	宫建格	2020.3.15
8	液压系统	液压系统是否正常	定期进行保压实验,发现问题及时处理	有检查、有记录	于鹏芬	2020.3.20
9	物料粒度	物料粒度是否在允许范围	定期对物料粒度进行检测,控制进入辊压机物料粒度	有检查、有记录	焦娇娇	2020.3.5
10	混合料均匀性	物料是否在系统内均匀分布	定期对物料均匀性进行检查,及时调整	有检查、有记录	焦娇娇	2020.3.5
11	物料离析	配料皮带物料是否存在离析	定期对物料离析情况进行检查,及时调整	有检查、有记录	焦娇娇	2020.3.5
12	恒重仓	恒重仓物料是否离析	定期对物料离析情况进行检查,及时调整	有检查、有记录	焦娇娇	2020.3.5

2. 原因分析与确认

小组成员对列出的所有末端因素进行逐一确认,得出了4项主要原因,利用思维导图工具对问题改善方向进行深入分析,挖掘寻找改善点,最终针对找出的改善点制定了问题改善对策实施表(表2)。小组成员根据辊压机运行情况进行了综合测算分析,一致认为对以上4项主要原因进行处理后,可以满足现有工艺需求,且效果优于原有运行状况,同意实施。为了确保项目目标的完成,各专业小组明确了改善问题过程管控关键指标与负责人,确保子专题项目有效推进。

表2 对策实施表

要因	对策	目标	措施	地点	时间	负责人	完成期限
辊面磨损	定期检查辊面并进行补焊	整体磨损≤3mm,坑洞面积≤10cm	1.每周检查辊压机辊面;2.发现辊面磨损及时补焊	辊压机	8.15	宫建格	长期工作
氮气囊损坏	定期检查氮气囊,发现损坏及时更换	氮气囊压力大于5.4	每周检测氮气囊压力,发现氮气囊损坏及时更换	辊压机	8.16	于鹏芬	长期工作
液压系统异常	定期进行保压实验,发现故障及时排除	保压1小时压力下降低于1MPa	每周检测液压系统保压情况,出现内漏及时处理	辊压机	8.16	于鹏芬	长期工作
物料粒度偏大	按照辊压机要求供料	入辊压机物料粒度95%≤45/Fmax≤80mm	沟通矿山运行部,按照要求供料,配料皮带增加除大块装置	配料皮带	9.01	焦娇娇	长期工作

攻关小组利用精益项目看板实施指标拉动管理,借助月度汇报与辅导制度,促进项目持续推进和及时纠偏。为确保推进时效性,夯实设备基础管理工作,攻关小组及时总结项目成果,对疑难问题查找创新思路,对设备点检和项目检修实施过程监控和闭环管理。

3. 项目实施过程

每周检查辊压机辊面,对磨损位置进行补焊(图3),保证辊压机挤压效果;避免辊压机电流波动(图4),导致效率降低;每周检查辊压机氮气囊压力,发现压力降低及时补充氮气,氮气囊损坏时更换氮气囊;每周通过做保压实验检查辊压机保压情况，发现阀组存在故障时及时更换阀组；与矿山运行部沟通，按照要求供料，配料皮带增加除大块装置（图5）。

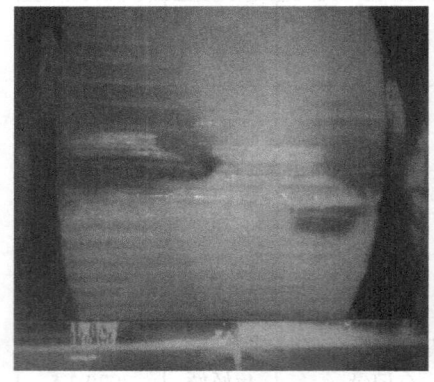

图3　辊压机磨损　　　　　　　图4　辊压机电流监控　　　　　　图5　配料除大块装置

4. 项目完成情况

攻关小组经过 12 个月的攻关努力，关键子指标全部完成，有效支撑了总目标的达成，辊压机跳停次数同比减少 64%，降低水泥粉磨工序电耗 2.2 千瓦·时/吨，水泥磨辊压机系统运转稳定性达到 99.97%，符合全国优秀标准；杜绝了辊压机设备故障产生的各种浪费，提高了设备性能和水泥产品质量，满足了顾客需求，提升了设备维护水平和能力；完成了《关于辊压机系统跳停问题的若干处理方案》《水泥粉磨辊压机系统效率提高的有效途径》《辊压机系统日常检查维护的整体思路》《水泥粉磨系统优化设计方案》四篇国家级、省级论文，《一种空气输送斜槽》《一种水泥辊压机进料筛分装置》《一种闸阀板防结皮结构》三项实用新型专利成果，并获得了全国建材行业"我最喜爱的质量管理小组"、"优秀质量管理小组"优秀奖和河北省管理创新成果二等奖。

四、结语

通过实施提高水泥磨辊压机系统运转稳定性项目，赞皇公司实现了水泥磨辊压机系统生产全过程的有效管控，降低了水泥粉磨工序电耗，并从设备技术创新角度降低了人工操作的质量风险和事故风险，产品质量高于国家标准，避免水泥使用过程中产生的质量问题。在政府监管部门、行业机构抽检中未出现不合格现象，客户质量投诉次数持续下降。通过内部推广，赞皇公司管理人员进一步掌握了 PDCA 循环、6W2H、时间管理、统计法等先进工具，赞皇公司成为京津冀地区优秀标杆企业。

主要创造人：宫建格

参与创造人：齐会江、焦娇娇

武汉轨道交通 16 号线创建优良典范工程质量管理实践

中铁大桥局第七工程有限公司

一、项目简介

武汉轨道交通 16 号线调整工程位于武汉市汉南区，线路全长 4.22km，均采用高架敷设，共计 2 站 3 区间，分别为起点—兴城大道站区间、兴城大道站、兴城大道站—幸福园路站区间、幸福园路站、幸福园路站—终点区间。本项目为施工总承包，包含车站、区间的土建工程、车站装饰装修工程、钢结构工程、屏蔽门工程、声屏障工程、轨道工程、道路交通工程、铺装绿化、车站及区间风水电（含消防）等。

通过科学组织、精准调度，中铁大桥局第七工程有限公司保质保量高效地完成了工程建设目标。工程于 2021 年 12 月 28 日开工，2022 年 6 月 27 日全线桥梁贯通，2022 年 7 月 26 日全线轨通，2022 年 8 月 25 日全线通电，2022 年 9 月 15 日完成项目工程验收，完成行车系统相关所有联调联试项目，开始试运行，2022 年 12 月 21 日工程竣工。

二、质量管理经验

（一）建立质量管理体系

根据工程施工总承包的特点，项目部全面贯彻技术质量管理体系（图 1），划分土建专业和综合专业工区（含钢结构、风水电、装修、轨道）管理，配置专职总工程师和专业工程师，把作业队伍纳入管理体系，形成项目部、工区、作业队（专业分包）三级立体技术质量管理体系。项目还配置数量充足、专业的管理人员，把两站三区间总长 4.22km 的线路划分为 6 个区段，区段配置生产经理、技术负责人、2~3 名技术人员，项目高峰期配置管理人员 100 余名。

项目部成立质量管理领导小组，由项目经理任组长，项目总工程师任常务副组长，专业工程总工程师、生产经理等领导班子任副组长，成员由项目部质检员、试验员及各分项工程主管人员组成，确保各项工序作业始终在质检人员的严格监督下进行。

（二）健全质量管理制度

项目健全质量管理制度，编制并下发了图纸审核、施工方案审查、技术交底、领导带班、工程旁站、材料设备准入验收、三检制、工程首件制、工序达标、举牌验收等 10 项制度。在举牌验收制度的执行中，邀请专业监理工程师参加。

（1）严抓工程首件制工作。对同一类型结构数量较多的主体结构实行首件制管理，如桩基、承台、墩台身（帽）、预应力现浇箱梁、预应力张拉压浆、防水层等。其中承台、墩台身、现浇梁等主体结构以及临时结构和附属设备设施作为Ⅰ类首件，邀请质监站、建设单位质量安全部、技术部参加验收；桥面防水层、伸缩缝等附属结构作为Ⅱ类首件，由项目总工牵头，联合监理、设计单位开展验收和评估。

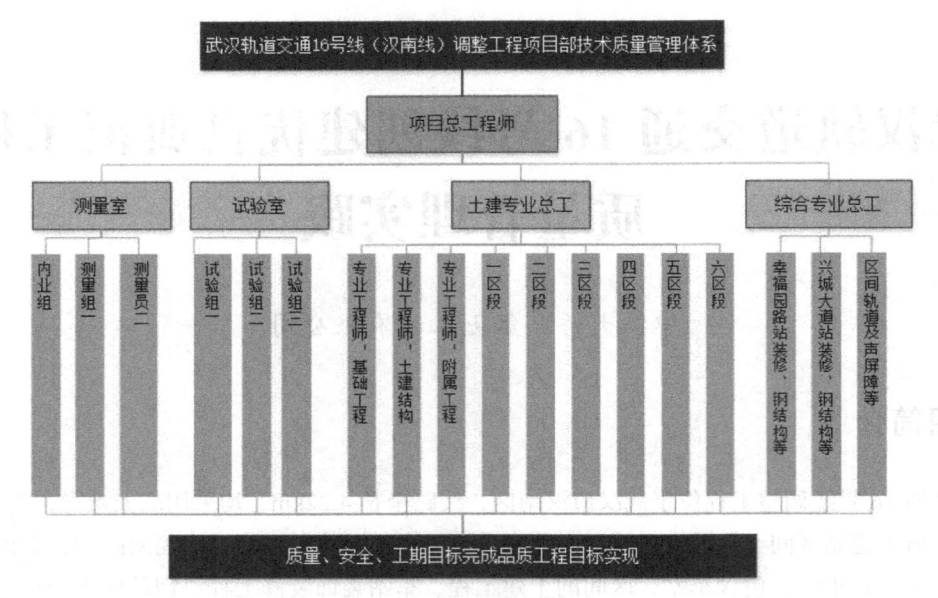

图1 技术质量管理体系

（2）加强质量教育培训和交底工作。项目部通过岗前、班前等多种形式开展教育培训工作。为做到"教、学、赛"一体，组织墩身钢筋骨架预制、现浇梁外观的质量观摩活动，组织焊工技能比武等教育活动，在现场实行"看板"管理确保教育培训工作与现场实际紧密结合。全年共开展培训交底102次，共计2387人参加。

（3）严抓专业工程质量管理。针对综合专业种类多、管理难度大的特点，把好队伍入场关，组建专业管理团队，例如中铁一局新运公司负责轨道，中铁四局负责声屏障，中铁电气化局负责钢结构，中铁一局建安公司负责风水电等。总包单位在开工前明确划分各自职责，分包单位认真接受总承包单位的质量管理，大家各司其职、各负其责，共同参与工程建设。

（三）把握质量控制环节

1. 抓住两条主线，把握四个维度

（1）严抓材料主线。为实现原材料到工程产品全过程可追溯，严格实行市场准入制度，在中国中铁、中铁大桥局合格供应商（厂家）范围内采用公开招标，依法合规进行供应商的选择。对进场材料严格执行进场验收程序，由物机部人员、质检员、试验员及监理工程师共同到场验收，并签字确认验收记录。项目部指定专门的取样、送检人员，按照设计和规范要求进行取样送检，并在监理现场见证取样，累计完成送检7500批次，检测结果全部合格，未发生不合格原材料进入施工现场的情况。

（2）严把工序主线。为做到工序达标，严格执行分级检查验收制度，不论是检验批、分项工程，还是分部工程，提前做好验收前各项准备，如明确验收的具体内容、参加的人员，以及验收完成后集中反馈意见。

（3）把握材料、工装、工艺、管理四个维度。通过物资集中采购管理，控制好材料的质和量；使用预应力智能张拉压浆设备等先进可靠的工装设备，保证工程质量；制定科学合理的工艺方案，加强工程设计与施工技术方案的协同配合，有效提升质量；严抓管理制度落实，加强管理创新，确保工程质量，保证建设工程优质。

2. 持续开展优化，严抓方案执行

为满足通车要求，创造武汉地铁建设速度，充分发挥中铁大桥局技术优势，公司牵头组织编制施工组织设计，研究确立了"极限优化土建工期、适度调整专业工程工期"的工作思路。通过实施技术方案优化、设计优化等工作，满足质量安全目标，实现进度要求。如设计优化减少异形墩身类型，车站取消变形缝、采取分段跳仓施工取消后浇带，外幕墙后置埋件优化为预埋施工，墩身钢筋骨架采用分段预制吊装、采用墩身操作一体化平台、采用装配式基坑支护结构等多种优化措施。

(四)开展党建联建活动

党建引领塑魂,作风保障创优。以"创造武汉地铁'沌口速度',塑造大桥局'铁军精神'"为引领,与建设单位开展党建共建活动。在全线六个区段开展"三比一创"创岗建区活动,即比安全、比质量、比文明施工,创建党员先锋岗,在施工现场签字悬挂"党员先锋岗""青年突击队""工人先锋号"三面旗帜,高质量推进项目建设。全体人员春节不放假,战雨雪、斗严寒、斗酷暑,管理干部深入一线,开展白夜班巡查,重点帮扶,对于关键工序领导班子带班值守,实现安全可控、质量优良、进度超前的目标。

三、质量提升实践成果

(一)高架结构外观质量提升

本工程全线为高架,区间为桥梁结构,桥面两侧安装波浪形挡板,全线共有 8 联连续梁、94 片简支梁、3900 块波浪形挡板。为展现企业良好形象、提高工程质量,以开展质量提升活动为契机,积极开展提高高架结构外观质量活动。

1. 质量提升措施

(1)商混站比选、配合比试验证

项目试验室联合物机部对周边 20km 范围内 8 家商砼供应厂家进行筛选,通过原材料质量比选,充分考虑运输、保供条件等因素后,重点选择 4 家原材料质量较好、混凝土质量稳定的厂家进行试生产段浇筑工作,最终确定 2 家商混站供应现浇梁混凝土,且站内设置专供线路。

(2)选择定型钢模板,及时打磨校正

混凝土的平整度、光洁度、色差度都与模板直接相关。现浇梁侧模采用刚度大的定型钢模,安装前对模板表面进行全面清理、打磨、校正,并涂刷优质脱模剂,保证梁体侧面混凝土的外观质量。为满足进度质量要求,全线共配置 24 套定型钢模,重量为 1389t,平均 20 天周转一次。在变截面处采用木模板时,安装过程中严格控制拼缝处的接合,减少小块模板的使用,确保梁面外观的整体性和平整度。

桥梁挡板采用定型钢模工厂化预制,共配置 90 套定型钢模,平均 2 天周转一次,每次循环都对模板进行打磨修整,每次在钢模侧模合模前检查封闭胶是否完整,保证缝隙严密。通过各项举措确保模板工程"质量、安全"可控。

(3)落实旁站制度

结构钢筋验收通过后,工区技术负责人在现场进行交底,技术人员全程旁站。当班值班领导重点盯控做好协调组织,防止因混凝土浇筑不连续而对质量造成影响。

(4)采用二次收面工艺

提升混凝土结构表现质量,现浇梁及挡板采取二次收面工艺,在混凝土振捣完成后进行第一次收面,使用木抹子提浆,在混凝土初凝后、终凝前及时进行二次收面,二次收面时应先进行粗磨,粗磨后混凝土表面应平整、无起伏,然后采用钢抹子人工收面,压实均匀,收面完成后再进行薄膜覆盖。

(5)严格落实混凝土养护制度

桥梁及挡板施工时间为 4 月—7 月,对混凝土采取保湿养护。混凝土浇筑完成初凝后即用薄膜覆盖,达到可以上人的强度后立即覆盖土工布并进行湿水养护,避免混凝土表面出现裂纹,同时内箱采取蓄水养护措施,混凝土底板覆盖 5~10cm 的清水,起到降温及养护底板混凝土的作用。

(6)使用智能设备提高钢筋加工精度

全线简支梁钢筋 5076t,单个简支梁有拉钩 4600 根,变截面处长度不一,通过使用智能数控钢筋弯曲机,对不同部位、不同长度的拉钩钢筋进行电脑编程下料,确保不同部位的拉钩钢筋满足使用要求,且不会顶住模板造成漏筋现象。

（7）采用横梁钢筋预制工艺避免现场切割钢筋

采用横梁钢筋预制工艺，极大地提高了钢筋制作、安装的精度提前实测模板净距，再根据实际数据适当微调下料尺寸，做到横梁钢筋整体预制安装，既满足保护层厚度要求，又避免现场切割钢筋造成焊渣及杂物堆积在模板里难以清理，同时提前预留张拉槽口也可避免后期切割槽口钢筋。

（8）浇筑前模板清洗

模板清洗尤其是底模的冲洗对外观质量影响较大，未清理的杂物会残留在混凝土表面严重影响观感和质量。在梁体混凝土浇筑前，利用洒水车对模板进行高压水冲洗，并提前在底模最低处开设2处排渣口，确保冲洗的杂物从排渣口排出，确保砼底板质量。

（9）浇筑前设置底板混凝土下料口

在现浇梁浇筑前，选取底板齿块上方的位置设置下料口，设置12个下料口，保证底板及齿块混凝土浇筑的连续性，避免混凝土出现冷缝，同时可避免混凝土在顶模上堆积造成两次混凝土间接合质量差。在浇筑时根据浇筑速度严格控制浇筑范围和分层高度，保证单层混凝土浇筑完成后，初凝前有新浇混凝土进行覆盖。

（10）混凝土质量控制

通过提前与商混站进行联系，确定浇筑当日混凝土供应情况，确保当日混凝土供应及时；优化砼运输路线，确定浇筑设备及站位，缩短砼供应时间，保障砼供应质量。

混凝土出站前做坍落度检测，满足要求后方可出站。混凝土到达现场后，再次检测其坍落度，检测合格后方可浇筑混凝土。

达到现场后实测坍落度，如实测坍落度偏小，混凝土站随车技术人员使用同厂家、同型号、同批次减水剂进行微调；如实测坍落度偏大，则应直接清退返站。

如混凝土出现离析、泌水等现象，应直接清退返站。

（11）支架状态监控

通过浇筑前、浇筑中支架检查制度的落实，确保在浇筑过程中支架状态的稳定，避免浇筑过程中支架变形造成梁体产生裂纹，同时在浇筑过程中安排测量人员对选定的支架观测点进行监测，对支架状态进行实时监测和预警，简支梁全线浇筑过程中支架沉降最大为3mm。

（12）严格落实内箱检查制度

为保证现浇梁内箱外观质量，在内箱封闭前，需报监理对内箱外观质量修整情况、杂物清理情况进行逐一验收，满足要求后才能进行封箱。落实此项制度从管理角度提升了现浇梁内箱的外观质量。

（13）波浪形挡板安装质量控制

挡板运输、吊装采用自主设计的吊装夹具，由叉车与汽车配合吊装，保证挡板吊装过程中的稳固，避免挡板表面磕碰，便于安装。

挡板顶面以及外侧圆弧、内侧直倒角面必须顺直成一条直线，挡板顶面必须在一个平面上，采用1m靠尺检查，不平整度不得大于2mm（采用塞尺检查）。

一跨梁内挡板顶面预留螺栓间距控制在2000mm（或非标准节段长）±10mm，且误差不得多块累计。

挡板之间的缝隙必须均匀，安装时可采用中间夹两块1cm厚竹胶板作为控制。

后浇带浇筑时保护挡板表面，避免二次污染。

2. 质量提升结果

通过高架结构外观质量提升，本工程高架结构外观线形顺直、色泽一致，无明显气泡、砂带和黑斑，表面无蜂窝、麻面、裂纹和露筋现象，观感质量优良，得到了业主、监理等各级单位检查人员的一致好评，并得到湖北省电视台、长江日报、经开区融媒体中心等媒体的报道，质量提升成果也成功申报武汉地铁集团优秀质量成果。同时施工过程中对工装进行小改小革，分别从吊装夹具和模板等方面着手进行优化，获得两项实用新型专利。

（二）车站结构施工质量提升

本工程高架车站为地上三层侧式站台车站，钢筋混凝土框架结构，车站长155m，宽度为23.1～23.6m，设置14条预应力混凝土盖梁。车站是乘客集散的重要区域，乘客在地面可以看到部分混凝土实体结构。车站有装修、钢结构、风水电、屏蔽门等功能构件和设备，结构复杂，预留孔洞和预埋件数量上千个，稍有不慎，就可能导致返工并出现结构渗漏水情况，因此车站结构施工质量提升尤为必要。

1. 质量提升措施

（1）优化设计取消车站结构变形缝

常规高架车站设计时会在纵向设置两道自上而下的变形缝，变形缝宽度为10cm，在立柱、盖梁、站厅层楼板、承轨层楼板、站台板均断开。变形缝狭小，需单独设置模板，模板安装、加固困难，后期装修施工变形缝位置也需要单独处理，还存在渗漏风险，施工质量难以控制。通过对车站结构计算分析，本工程高架车站优化设计首次在武汉地铁采用无变形缝的整体框架结构，减少了结构数量，降低了施工难度，提升了施工进度和质量。

（2）施工优化采用分段跳仓技术

常规车站施工需要在每层结构楼板上设置两道从下到上的后浇带，后浇带需要滞后结构60天施工，占用工期较长。结合工程经验，本工程首次把地下工程采用的跳仓法运用至高架车站，每一层均划分为5个施工段，按照"隔一跳一"的顺序进行跳仓施工，根据气温条件确定跳仓时间间隔。施工缝位置采用快易收口网与板筋绑扎固定拦截混凝土，达到免拆除和凿毛目的，保证接缝质量，同时避免了以往车站后浇带等待时间不足，后期渗漏水风险。

（3）二次结构采取同步施工

高架车站内有设备区夹层、楼梯等较多的二次结构，按照常规建设方式，先完成车站主体框架结构后再进行这些二次结构施工。二次结构施工空间小，混凝土需要人工或者地泵进行浇筑，难度大，质量不易控制。本工程采取二次结构同步施工技术，即在施工同层主体结构楼板时，同步进行二次结构的支架、模板施工。二次结构尺寸一般较小，混凝土方量少，优先浇筑二次结构混凝土，快速完成二次结构施工，确保了二次结构施工质量。

（4）通过BIM技术提升质量

对高架车站建立BIM模型，对图纸进行复核，减少结构之间的冲突，实现车站楼板结构可视化，避免结构返工和二次开洞等情况发生，同时可以对支架布置方式进行细化，保证支架的安装质量。

2. 质量提升结果

通过高架车站结构施工质量提升，车站结构快速优质地完成施工，结构尺寸精准，预埋件位置准确，外观观感质量良好。通过提升技术研究，形成了高架车站楼板分段跳仓法施工工法1项，并成功申报专利。

（三）科技创新成果

项目积极开展科研创新活动，项目开工后成立科研小组，成立两个课题小组，课题分别为城市轨道交通高架结构快速施工技术研究和城市轨道交通施工总承包项目综合工程快速施工技术研究。针对墩身钢筋骨架预制吊装、大跨超长连续梁施工、波浪形挡板快速预制安装、基坑装配式支护结构、钢结构雨棚预制安装施工、轨道散铺等技术质量进行研究。目前形成《高架车站楼板分段跳仓法施工工法》和《变截面墩柱钢筋骨架整体预制安装施工工法》两项施工工法，形成专利3项，形成论文3篇。

主要创造人：王 武

参与创造人：祝阶飞、张友光

基于项目过程资产筑牢企业质量管理"三道"防线的实践

海洋石油工程股份有限公司

一、基本情况

(一)企业概况

海洋石油工程股份有限公司(以下简称工程公司)是中国海洋石油集团有限公司控股的上市公司,是中国唯一集海洋石油、天然气开发工程设计、陆地制造和海上安装、调试、维修,以及液化天然气、炼化工程于一体的大型工程总承包公司,是远东及东南亚地区规模最大、实力最强的海洋油气工程EPCI(设计、采办、建造、安装)总承包之一。

工程公司现有员工近8000人,形成了全方位、多层次、宽领域的适应工程总承包的专业团队;拥有国际一流的资质水平,建立了与国际接轨的运作程序和管理标准,建立并取得国际权威认证的质量管理体系、安全管理体系、职业健康管理体系。

工程公司的总体设计水平与世界先进的设计水平接轨;在天津塘沽、山东青岛、广东珠海等地拥有大型海洋工程制造基地,场地总面积近350万平方米,形成了跨越南北、功能互补、覆盖深浅水、面向全世界的场地布局;拥有3级动力定位深水铺管船、7500吨起重船等21艘船舶组成的专业化海上施工船队。具备海洋工程设计、海洋工程建造、海洋工程安装、海上油气田维修保护、水下工程检测与安装、高端橇装产品制造、海洋工程质量检测、海洋工程项目总包管理、液化天然气工程建设等九大能力,拥有3万吨级超大型海洋平台的设计、建造、安装以及300米水深水下检测与维修、海底管道修复、海上废旧平台拆除等一系列核心技术,具备了1500米水深条件下的海管铺设能力,业务涉足20多个国家和地区。

(二)质量管理简介

工程公司质量管理贯彻"质量优先、客户至上、持续改进"质量方针,以工程项目和产品的本质安全为根,为实现质量零缺陷的目标不断筑牢质量管理体系防线,为建设"产品卓越、品牌卓著、创新领先、治理现代"的世界一流企业提供支撑。

坚持全员、全过程、全组织的质量管理理论,坚持质量管理体系为项目(客户)服务、项目过程资产反哺企业质量管理体系的工作方法,持续完善质量管理体系,筑牢"责任防线";坚持"质量是公司发展基石"理念,创新开展质量文化建设,筑牢"思想防线";坚持质量管理要求制度化、制度流程化、流程标准化的管理思路,夯实质量管理制度,筑牢"制度防线"。

二、背景

(一)工程公司生产组织特点

海洋石油的开采由于油气地质条件、海域等客观情况不同,开采使用的设备设施是典型的非标准化、定制化生产装备,决定了工程公司无法按照流水线方式组织生产,而是采用离散式生产方式。项目中标后,成立项目组,在项目组的统筹组织下进行项目的设计、建造、安装及调试,按合同执行工作。

（二）工程公司质量管理与项目质量管理的特点

工程公司质量管理依附于其组织架构、职能与业务流程，相对比较稳定。质量管理职能部门按照ISO9001标准，建立并持续改进质量管理体系，规范约束各个项目的投标、设计、采办、施工、安装、管理等各个环节，为承揽的项目管理提供支持。工程公司质量管理是一种端部反馈控制方法，更加注重的是纠正措施的作用，关注点在检查和改进阶段。

项目质量管理组织依据项目的复杂性和周期由来自不同部门的人员组成，针对项目的全生命周期过程开展质量管理，是从事项目质量管理活动的主体，不能以企业内部的质量管理部门代替。其职责是结合合同要求，制定项目质量计划和程序，监视项目质量绩效，保障项目按合同要求交付。项目经理是项目质量第一责任人。项目的临时性、独特性与实现过程的不可逆转性决定了项目质量管理的不稳定性。项目质量管理是局部反馈控制方法，更加注重的是预防措施，在整个项目周期中要不断地重复运用PDCA循环，更多的精力投入是在计划与实施阶段。

（三）意义

正确理解企业质量管理与项目质量管理的关系特点，有利于完善"质量管理体系为横向、项目质量保证为纵向"的质量管理模式，充分运用好项目过程自查，有利于筑牢质量管理体系的三道防线。

三、实践

（一）打好质量问题"整改牌"，筑牢责任防线

尺寸是工程公司导管架、组块产品的重要质量特性之一，导管架与组块产品的尺寸质量特性影响其载荷，影响着生活平台和生产平台设备运行与流体流向。尺寸是导管架与组块产品设计建造安装过程中的重大风险点之一，是不允许出现差错的质量特性。但在过往的项目产品尺寸控制过程中，由于管理、操作等方面的原因，存在尺寸不符合要求的问题，需要深入分析问题原因，运用先进的质量管理理念与方法对要因采取预防措施，完善管理要求。

1. 理论分析

质量特性由产品的规格、性能和结构所决定，并影响产品的适用性，是设计者传递给工艺、制造和检验等程序的技术要求和信息，可概括为尺寸、公差、性能、强度、合格率、返修率、外观、安全、法规标准等。根据对产品使用的适用性、安全性影响，产品质量特性通常分为ABC（关键、重要、一般）三级。分部工程是指按部位、材料和工种进一步将单个实体工程分解后得出来的工程，分项工程是指能够单独地经过一定施工工序就能完成的工程。

2. 创新应用质量特性与分部分项工程理论

（1）划分导管架与组块产品的分部分项工程

结合导管架与组块产品的形成过程，将导管架与组块产品分成预制工程、合龙工程、海上安装工程三个分部工程，进一步将分部工程按照构成划分为分项工程，如将组块预制工程划分为吊机立柱、预制片、立柱、拉筋、组合梁等分项工程。

（2）识别导管架与组块产品的尺寸质量特性

结合导管架与组块产品的特性，解析导管架与组块产品每一分项工程的尺寸质量特性20个，识别导管架与组块产品每一个分项工程的尺寸质量特性，根据尺寸质量特性的重要性进行分级，制定尺寸控制管理图，明确管理点、责任人与管理方法，按照双检制原则，落实自检单位与专检单位责任。有效规避了现有尺寸控制方法的四个不足：ITP计划中尺寸质量特性不完整、生产管理人员不能有效参与尺寸质量管理、尺寸控制存在盲区、未能全部落实双检制。

（二）打好良好实践"推广牌"，筑牢思想防线

2014年，工程公司承揽的境外项目在开工3个月后，施工阶段出现质量问题多发、进度滞后的情况，业主发起了"一次把事情做对"质量管理活动，通过开展此项活动，项目的文件控制、材料管理、施工进度、过程质量、安全管理等实现了稳步提升，使项目运行进入可靠状态。有必要进一步总结项目良好实践，消化吸收创新公司质量文化，从组织维度筑牢全体员工的思想防线。

1. 理论分析

"第一次把事情做对"是零缺陷理论的核心，由菲利浦·克劳士比（Philip Crosby）在20世纪60年代初提出，强调质量就是符合要求；生产质量系统在于预防，而不是检验；质量必须用不符合要求的代价（金钱）去衡量，而不是各种基于妥协的指标。

零缺陷代表一种态度和意识，强调以质量文化建设来激发员工的质量管理意识，形成一种"自动自发"的预防与控制。打破了"人非圣贤、孰能无过"的传统理论，通过改变人们的态度与学习习惯、做人做事的方式方法实现工作质量的不断提高，保证产品质量，筑牢思想防线。

2. "一次把事情做对"文化建设载体

（1）设置零缺陷质量目标

将努力追求零缺陷作为质量目标，作为工程公司开展一切质量管理活动的遵循。

（2）设立工程公司零缺陷日

将9月15日设定为工程公司的"零缺陷日"，一方面纪念首届中国质量大会召开，激励全体员工为建设具有工程公司特色的质量管理模式而努力；另一方面开展零缺陷日活动，召开零缺陷主题班会，全员宣读《零缺陷宣言》，在零缺陷保证上许下对实现零缺陷目标的承诺，结合实际交流分享践行"一次把事情做对准则"心得。

（3）制定一次把事情做对准则

一次把事情做对既是目标也是方法，结合工程公司实际，制定一次把事情做对准则"五懂五有"：一懂客户要求，二懂工作程序，三懂风险识别，四懂预防措施，五懂合格标准；一有质量诚信，二有合作精神，三有工作技能，四有控制方法，五有结果确认。

（4）设计推广机制

开展Lesson Learned案例分享机制。每年工程公司各单位认真剖析生产、经营、管理过程中的质量问题，对其整改措施、经验教训进行及时跟踪、总结，提出合理的预防方案或策略。工程公司主管部门负责汇编质量案例，质量案例库按照专业进行分类管理，易于检索查询。每个案例包括四个方面的内容：背景及经过，原因分析，纠正/解决措施，经验教训。在项目启动后，由项目经理组织相似项目案例进行对照查点，将可能发生的问题列入项目风险登记册，制定应对防控措施，定期跟踪落实，避免以往项目发生的质量问题重复发生。

施工现场设置管理看板展示零缺陷信息。工程公司在现场质量管理中利用管理看板展示零缺陷信息（包括零缺陷活动、质量管理巡视、经验教训等）与员工反馈信息的采纳情况。

成立零缺陷师培训队伍。选拔工作能力突出且愿意从事培训的员工加入零缺陷培训队伍，对工程公司员工开展零缺陷理论培训，改变员工的思想认识，通过全员培训让员工理解"零缺陷"的理论与重大意义，让零缺陷理论深入心中，形成统一的零缺陷价值取向，变"要我质量"为"我要质量"，保证自己所做的工作符合要求，不让缺陷发生或流至下道工序、岗位，一次把事情做对。

（三）打好过程资产"分析牌"，筑牢制度防线

海洋石油工程的海上服役环境（盐度高、湿度大）对涂层不友好，与陆地相比，存在涂装缺陷，更容易导致钢结构的大面积腐蚀，一旦在服役期间出现涂装质量问题，由于距离与人员等原因，其修复成本也比陆地高出许多倍，业主通常将涂装质量作为合同质保的重要条件。一旦发生了涂装质量问题，就会影响工程公司的收

入和声誉。

1. 理论分析

组织过程资产代表了组织从前面的项目中所学到的经验教训和知识，不仅包括项目的各种规章制度、规范标准、操作程序、工作流程、行为准则和工具方法，还包括解决项目实际问题的方案及预防措施。

2. 制定专业系统的质量管理标准

充分发挥工程公司设计、采办、施工全业务流程优势，分析工程公司涂装常用的标准与工程公司的质量管理制度建设现状，收集项目执行过程中与交付后存在的问题与良好实践，以问题和本质安全为导向，应用全面质量管理方法建立公司级涂装质量管理标准。

《海洋工程钢结构产品涂装质量管理工作指南》共包括10个部分，分别为海洋工程钢结构的通用要求、招标文件涂装业务评审、涂料性能评定、施工程序编制、钢结构表面处理、涂装施工、涂装施工人员技能认证、构件保护、涂装分包业务技术标书编制、涂装报检一次合格率统计等。

在标准的制定过程中通过系统总结公司的能力，坚持风险思维，将检查表、分层分类法等质量工具灵活运用到业务质量管理中，提升标准的针对性。如《海洋工程钢结构产品涂装质量管理工作指南》第2部分：招标文件涂装业务评审，将评审内容分为涂装技术要求、涂装施工要求、涂装施工质量要求、涂装检验要求、涂装质保与维保及其他要求等方面，细分为人员（施工人员、检验人员、管理人员）、材料（涂料、磨料等）、工艺、设备设施、施工条件、分包、涂层质量要求与检测方法、质保等具体的53项内容，针对每一项内容详细说明企业目前的能力，并结合项目经验说明注意事项。在投标阶段，结合投标项目实际，分别识别53项内容的风险，制定涂装业务投标风险清单。

四、实施成效

（一）各业务流程的质量责任防线更加完善

全面分析工程公司设计、施工、采办、安装等各个业务过程，按照专业制定业务流程图223个，确定关键控制点1036个，每一个关键控制点均明确责任岗位，完善各业务流程的质量责任防线。

（二）员工思想防线更加牢固

员工更加自觉地践行"质量优先、客户至上、持续改进"的质量方针，相继对采办物资采取分类分级管理、对分包作业人员开展技能认证管理，员工对原材料质量、分包管理的质量意识与防线不断牢固。

（三）关键产品与工序的质量管理制度更加健全

焊接是公司关键的施工工序，由于海洋工程的特殊性，焊接设计、施工、验收均采用国际标准，在具体的执行过程中还需要结合企业实际制定落实措施，建立包括焊接相关人员、焊接材料、焊接设备、焊接环境、焊接产品、焊接工艺、焊接检验等全要素的焊接质量管理制度。借鉴国家对特种设备压力管道的管理要求，制定包括管道分类、元件到货验收、预制、安装、检验与试验等全流程的海洋平台压力管道质量管理指南，工程公司在关键产品与关键施工工序的制度防线更加健全。

近年来，工程公司未发生质量责任事故，设计图纸差错率、焊接一次合格率、涂装一次合格率、安装一次合格率等过程质量指标都实现目标，机械完工验收合格率达100%，相继完成了世界首座十万吨级深水半潜式生产储油平台"深海一号"能源站、亚洲第一深水导管架平台"海基一号"、我国最大作业水深FPSO海洋石油119等具有历史意义的海洋油气开采高端装备的建设业务。

主要创造人：张 勐

参与创造人：刘自秤、李彦胜、魏永佳

农村供水"智慧水务"中心调度平台建设与应用

青岛西海岸公用事业集团水务有限公司

一、项目背景

为响应国家号召与保障民生，青岛西海岸公用事业集团农村供水有限公司（以下简称农村供水有限公司）积极推动大场、海青、琅琊等10处镇街的22座农村规模化水厂接管与运营，经过实地调研与勘察，发现西海岸新区目前大部分农村用水存在如下普遍问题。

（1）水厂规模小，跨度大。
（2）水源多为村内自备水源供水，水量、水质均无法得到有效保障。
（3）原有管网大多是PVC或白塑料管，老化、破损、暗漏问题严重，经常爆管。
（4）水表为老式水表，水表池破损较严重。
（5）水厂缺少水质监测仪表，水质风险高。
（6）设备老旧、故障率高。
（7）运维人员少，自动化程度低，多需手动操作等。

为解决以上问题，保障农村供水安全，提高农村供水服务水平，提高应急响应效率，农村供水有限公司着手建立"智慧水务"中心调度平台。

二、项目总体情况

项目主体覆盖西海岸新区大场、海青、张家楼等10处镇街的22座农村规模化水厂，服务人口约25万。

项目具有对西海岸新区各镇街农村规模化水厂远程调度、水质预警、远程监控、周界报警、数据可视化分析等主要功能，目前主要包含农村规模化智慧水厂调度中心、水质监测预警、管网地理信息、安全管理、远传抄表、管网巡检、无人机巡查等智能管理系统。

三、项目解决的具体问题

项目旨在解决农村饮用水水质污染、优化水资源配置、保证供水服务质量和安全、促进供水行业技术进步和产业结构调整、有效应对各类突发事件，项目具有广阔的应用前景和推广价值。

通过智慧化改造，实现水厂精细化管理、高标准运行，精简人员结构、优化组织管理，对应急突发状况提前部署、提前预案，及时做出准确判断，充分提高工作效率。

通过水厂工艺升级改造、配水管网及智能计量设施改造、供水信息化建设，可以在很大程度上减少后续人力、物力、财力的投入，在减小人员工作量的同时，持续优化工作流程、组织架构。经测算，预计可以精减人员约30%，按照《农村集中供水工程供水成本测算导则》标准配置126名，计划配置89名，节约人工费用约370万元/年。

该项目实施后，西海岸新区水资源保护发展、农村居民用水安全、供水服务质量得到重大改善，大大提升农村居民生活满意度、幸福感。截至2022年年底，西海岸新区将全部实现农村水厂供水专业化，实现从"源头到龙头"、从"运行到服务"全过程专业化、智慧化、精细化、便民化管控目标。

四、项目技术路线

（一）顶层设计

在自动化控制基础上，基于同一业务中台与数据中台构建，对当前感知数据、硬件数据、GIS管网数据、用户数据、收费数据进行全面整合、分析与应用，构建了深度整合的动态信息应用平台，实现了信息资源与生产经营深度融合；应用3D高效引擎，对水厂主要工艺环节及周边环境进行等比例建模展示，对水厂的生产工艺、设备属性、图纸资料等进行科学管理，为厂内生产调度、施工改造、设备维修保养提供了精确、迅速、科学的依据；提高了农村供水有限公司系统科学预测与联动联调程度，通过智慧化的手段，在提供精准服务的基础上实现节能降耗。

（二）业务架构设计

农村供水有限公司系统的业务架构设计如图1所示。

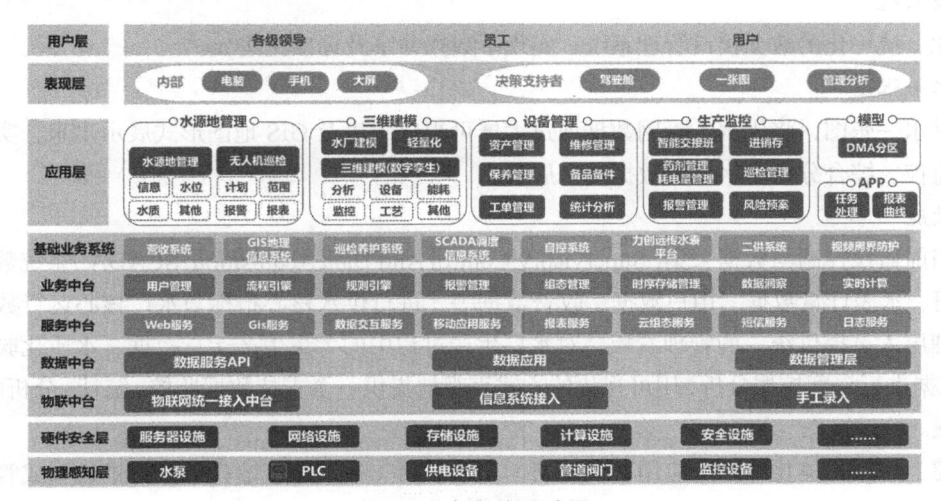

图1 业务架构设计图

（三）规划内容

西海岸水务从硬件支撑到调度中心再到水务平台进行规划设计，如图2所示。

图2 西海岸水务规划内容

（四）项目建设内容

1. 水源地管理系统

接入了农村供水工程水源地管理系统自动监测数据，实现了水源地基本信息管理及展示，实现对水源地水质变化的在线监控和展示。通过无人机数据集成，实时展现无人机巡检计划、巡检范围、巡检报警数据、报警任务协同、异物识别、数据展示及统计分析。

2. 设备全生命周期管理系统

通过设备全生命周期管理系统，保证了农村供水各种设备信息管理、设备定期维护、设备故障的及时报修等工作有条不紊地进行，可以加强设备资产管理，降低设备故障发生的频率，大大提高设备的生产效率。

3. 任务管理系统

任务管理系统是从水源、供水水厂、管网到用水户的全过程跟踪管理应用模块，主要针对不同任务类别，自动或手动发起任务，实现上报→督办→处理→反馈的一整套闭环化管理。

4. 生产及运行监控管理系统

实现了药剂管理、耗电量管理、智能交接班管理、进销存管理、生产报警管理、生产巡检管理、风险应急处理与预案管理。

5. 接口管理系统

通过标准化、统一化的数据接口管理系统，实现了数据共享及标准化集成。

6. 农村供水一张图

建设农村供水一张图，将供水、管网数据通过大屏可视化图表及GIS地图形式展示出来，实现对设备、报警信息、视频监控、综合分析、水质等数据统一展示。

7. 管理驾驶舱

通过集成当前监视控制与数据采集（Supervisory Control And Data Acquisition，SCADA）系统数据、水质数据、GIS与巡检数据、水表计量数据、用户数据、收费数据等，进行供水核心指标与水厂核心运行数据展现，为各级生产运营管理层人员提供统一的管理看板，对水厂生产过程中的大量生产运行数据、水质化验数据、设备运行数据、工艺数据进行深度挖掘分析，用可视化的方式直观地提供一个支持数据监控、统计、分析的管理驾驶舱。

8. 技术路线

在平台构建上采用一体化的系统应用平台思路，采取"云＋端"系统建设模式，推进集成管理系统应用平台适应管理创新和信息系统的持续优化。"云"即总公司统一的私有云平台，包含基础设施即服务（IAAS）平台、平台即服务（PAAS）、统一开发环境及软件即服务（SAAS）应用平台，充分满足总公司及下属单位基础设施服务及软件应用服务需求；"端"即应用端。

在技术选择上采取高可用性、高可靠性数据设计方案。由于新技术更新换代较频繁，需要进行版本管理，构建通用数据接口，并定期更新接口，采用统一的数据交换格式MQTT来适应接口频繁更新的情况。同时为保证通信数据不遗失，采集过程中执行MQTT QoS 1级标准，确保数据准确、不遗失地送达处理层与存储层。

（五）项目建设亮点

项目建设亮点主要包含建设运行过程（如感知层物联网部署、信息化管理平台建设等）和系统管理维护（如设备维护、信息系统安全保障等）以及其他技术内容等三大方面。

（1）本项目的建设敢于打破陈旧观念，改变条线分割、各自为政的传统方式，突出问题导向、需求导向，落地顶层设计。从全局视角出发，统筹整合各方资源，对各分系统之间的关系进行横向和纵向梳理，自顶层从上向下展开设计，按统一的标准和架构建设，围绕"测得准、传得快、算得清、管得好"的总体目标，实现了平台融合、机制衔接和数据共享，改变现有的"条强块弱"的局面。

（2）智慧平台通过对水厂各类数据进行统一收集、整理、规范和分析，同时建立多个系统运行管理制度，为系统管理职能的划分、权限管理、数据更新、安全管理等方面提供依据，对决策、分析、应用提供了坚实的数据基础。

（3）建设了全方位的物联网感知系统，对制水—送水—用水的供水全流程实现设备100%安全运行，对生产中的多类型设备提供接口支持,汇聚各组件、层级数据,实现数据底层上传,采用消息中间件(Message-oriented Middleware)技术,其中网关系统软件支持 MODBUS、OPC、MQTT、HTTP 等常见协议,扩展协议基于插件方式开发同时支持扩展。支持广泛的数据源和设备协议,实现插件接口开发,在存储上采取大数据的存取思路,采用时间序列数据库,可提供每秒百万级的数据写入,并能提供毫秒级的数据录入,随着数据膨胀,增加预处理机制,显著地缩减数据传输带来的时间损耗,并支持检索、排序、降采样等高性能数据聚合方式。

(4)将各生产厂工艺环节的数据上传到智慧水务平台,智慧水务平台根据各水厂关键指标数据,自动进行横向和纵向多维数据分析挖掘,辅助进行节能降耗措施决策。

(5)实现智慧管网调度及规划。通过供水 GIS、供水 SCADA 系统集成,提高了管网数据更新效率和准确性,在供水管网规划、供水调度方面发挥了越来越大的作用。

(6)提升平台安全,针对远程采集类设备,增加通信设备 token 和硬件标识(IME,CCID 等)双层鉴权机制处理以防止恶意数据入侵。

(7)应用了 BIM 建模,对水厂主要工艺环节及周边环境进行等比例建模展示,对水厂的生产工艺、设备属性、图纸资料等进行科学管理,构建综合分析、设备主题分析、能耗主题分析、自控主题分析、安全主题分析。

(8)通过易用的可视化工具,实现所见即所得的可视化应用开发体验。使用交互式的可视化设计器,可以轻松创作仪表盘等控件;无缝获取物联网流式数据,支持多种数据源接入(时序数据库等),支持接口形式获取数据。

五、应用场景和运行实例

(1)数据决策分析进行了 6 个板块的开发,涉及水源地、生产、管网、水质管理、能耗、漏损等板块,能提供常用管理决策分析报表,能够在大屏、PC 端和移动端随时随地同步展示数据。提供了统一的数据报表门户,进行报表统一访问和管理,实现各种业务主题分析。大幅减小各部门统计人员工作量,通过自动提取报表,废除了人工统计和纸质报表。各级管理人员能够及时掌握生产运行状况,解决了以往出现的数据收集不全或者系统反应延期滞后带来的问题,提高了数据化决策能力。

(2)通过优化实施集中生产调度运营模式,实现生产调度集中化,提高了生产效率;通过维修维护资源整合,实现集中维修维护(资产管理系统可实现设备资产检测报警、工单任务生成流转、维修人员维修处理、管理人员派发验收),工单处理时间缩短 30%,维修效率提高 20%~30%,大大提高了管理执行效率,保障设备运行安全。

(3)通过农村供水一张图,将供水、管网数据通过大屏可视化图表及 GIS 地图形式展示出来,实现对设备、报警信息、视频监控、综合分析、水质等数据统一展示并创建了多个专题图层。目前已入库的所有测绘管网数据均已入库,登录的时间、查询管网信息及属性数据的时间不大于 3 秒,系统支持 100 个或以上的并发用户,且 50 个并发用户同时在线时,Web 发布的实时画面的刷新时间不大于 1 秒,进行供水管网信息系统下的业务要求操作,例如超过 6000 户的用户信息导出,响应时间不超过 30 秒,高效完成信息的查询分析操作。

六、项目运行效果和效益分析

本项目的社会效益主要体现在保证农村供水安全、节约水资源、提升饮用水水质、提高供水服务质量、促进供水行业技术进步和产业结构调整、有效应对疫情等应急突发事件、具有广阔的应用前景和推广价值等方面。

通过水厂工艺升级改造、配水管网及智能计量设施改造、供水信息化建设,智慧中心调度平台使制水到供水全过程生产运行的数据采集、可视化展示、异常数据预警、远程一体化监管,这些平时耗时、耗力的任务成了最容易干的"活计",实现了"一键统全局"的新格局,工作效率大大提高。

自平台建成以来,可远程操控大村库南、琅琊库山沟、藏马崖下、海青狄家河、藏南驻地等多个水厂,厂区运行基本实现无人值守，实现从"源头到龙头"、从"运行到服务"全过程专业化、智慧化、精细化、便民化管控目标。

通过智慧中心调度平台建设，人员精减30%，按照《农村集中供水工程供水成本测算导则》标准配置126名，计划配置89名，节约人工费用约370万元／年。

通过智能远传水表的安装，实现了分区计量，管网漏失率从原来的30%～50%降低至20%以下，其中大场漏失率降到10%以内，以大场2021年供水80万吨为例可节约自来水53万吨。

通过水质预警系统和自动加药系统，第一时间了解水质情况，自动加药设备根据浊度和流量自动调整药剂投加量，实现精准投加。截至2022年年底，西海岸新区将全部实现农村水厂供水专业化。

有努力才会有收获。2021年8月，青岛西海岸公用事业集团农村供水有限公司大场水厂获评水利部2021年"农村供水规范化水厂"，成为青岛市首座、山东省五座之一、全国百座之一的农村规范化水厂，2022年获得住建部"智慧水务典型案例"、山东省"新型智慧城市优秀案例"荣誉。

七、智慧水务经验总结和发展建议

（一）经验总结

农村供水工作是一项民生工作，同时也是一项繁杂的工作。在当前数字化、信息化、智慧化广泛应用的时代背景下，将农村供水管理与智慧水务应用结合起来，可以将繁杂的管理变得快捷简便，有效提高管理工作的效率，降低管理运行工作的成本，对于农村供水管理工作提升有很好的借鉴意义。

（二）发展建议

做好顶层设计，建立制度机制。科学合理制定"互联网+"智慧水务总体实施规划，充分考虑"互联网+"智能水务对未来发展的影响，建设具备较大兼容性和适应性智慧水务系统；完善相应管理机构，配备落实技术、业务、管理等方面的人员，建立各职能部门之间信息数据共享制度以及相对应的保障制度，明确信息使用权限，采用查询、使用留痕的技术保障手段，防止信息被盗用。

加强技术研发，加大资金投入。我国智慧水务发展目前还处于初级阶段，信息技术人员的技术水平较为落后，因此水务企业需要加强技术的研究，吸引更多的优秀技术人才，打造专业的技术团队，提高信息技术水平，从而推动行业的进步与发展；同时应加大资金投入，建立并完善相应的物联网设施，并将信息内容及时传送到智慧水务信息共享平台，同时加强工作人员在智慧水务系统应用上的培养，建立相配套的业务管理、信息技术、建设管理等复合人才培养机制。

主要创造人：李世文

参与创造人：牛同德、马 桥

服务三峡集团"两翼齐飞"发展战略的物资供应质量管控实践

三峡物资招标管理有限公司

一、公司概况

2021年9月1日，中国长江三峡集团有限公司（以下简称三峡集团）整合所属三峡国际招标有限责任公司和长江三峡设备物资有限公司，成立全资子公司——三峡物资招标管理有限公司（以下简称招标公司），注册资本为20亿元。作为三峡集团物资集约化管理实施主体和集中采购、统一招标的实施平台，公司致力于打造现代化智慧物资供应链，为三峡集团各主营业务发展提供物资设备供应管理一揽子解决方案、各类招标采购代理及合同执行等延伸服务；打造三峡集团海上风电工程建设装备平台和服务保障中心，培育运行管理核心技术能力。

招标公司核心业务涵盖国内大水电、长江大保护、抽水蓄能、新能源项目、电子商城等领域，业务范围遍及全国32个省（市/自治区），国际业务拓展至巴基斯坦、马来西亚等8个国家和地区。招标公司现为中国物流与采购联合会常务理事单位、中国水利电力物资流通协会常务理事单位、中国电力设备管理协会会员单位和中央企业电子商务联盟会员单位。设立三峡国际招标有限责任公司、三峡通能集采公司、宜昌巨浪化工有限公司、长江三峡（成都）电子商务有限公司、长江三峡绿洲技术发展有限公司和三峡远达物流公司等6个子公司。

招标公司积极践行新发展理念和高质量发展理念，稳步推进企业深化改革，强化物资供应质量管控，服务三峡集团清洁能源和长江大保护"两翼齐飞"发展战略，持续发挥集团物资集约化管理实施主体和集中采购、统一招标实施平台作用，为将三峡集团建设成为世界一流企业做出应有的贡献！

二、公司质量方针和原则

公司坚持"质量为本、全面管理、优质服务、追求卓越"的质量方针，按照"体系完备、规范有序、统一领导、权责清晰、分级管理、全员参与、全程管控、可控在控"的原则，不断完善公司质量管理体系，把高质量发展的理念贯穿于公司经营管理的各个方面和环节。公司始终坚持以高质量服务打造核心竞争力，创建一流质量品牌，为把三峡集团建设成为世界一流清洁能源集团提供可靠的物资供应保障。

（一）质量为本

质量是企业生存发展之本。正确处理质量、规模、效益之间的辩证关系，突出以质取胜，坚持以高性价比为核心尺度推动优质优价，把质量作为企业的生命线，创建值得信赖的质量品牌形象。

（二）全面管理

通过工作质量、管理质量保障服务质量。遵循物资全供应链协同、全过程控制、全员参与的全面质量管理理念，立足于预防控制，强化过程管控和考核评价，不断完善公司质量管理体系，与各相关方合作共赢。

（三）优质服务

牢固树立优质品牌意识，精心筹划、优化流程、量化指标、精细管理、精心服务、开拓进取，高质量完成公司目标绩效。

（四）追求卓越

坚持以追求卓越品质为努力方向。以数据和信息的分析为基础，以质量技术创新和质量管理创新为驱动，确保质量决策科学有效、质量行为合规有序、质量结果精益求精，不断提升全员质量素养，形成优秀的质量文化，不断满足并超越顾客期望，建设优质高效、追求卓越的质量强企。

招标公司推行《全员质量环境安全岗位责任制》，每年通过层层签订《质量环境安全年度目标责任书》的形式，落实公司各部门、子公司各层级的质量责任。公司在年度质量环境安全考核时，将各部门、子公司及人员质量责任落实情况作为重要的考核依据。

三、多措并举，强化物资供应质量管控

（一）推行"三标一体化"管理体系

为实现企业管理标准化、程序化和规范化，不断提高管理水平和持续改进服务质量，公司以质量管理体系标准为基础，融入环境、职业健康安全管理体系标准，依照"三标"管理体系标准要求，并结合公司自身的管理特点，自2007年起（公司前身为长江三峡设备物资有限公司），建立了权责分明、井然有序、高效运行的质量、环境、职业健康安全一体化管理体系。2021年招标公司整合成立后，在原有设备和物资合同的商务代理及销售、大件吊装运输、仓储管理、环保设施管道销售、办公用品、日用品、食品线上销售的基础上，融入了物资供应链管理服务、招标采购代理、成品油零售、水电工程码头管理、库区清漂、水利水电工程生态环境保护技术服务（集鱼）等新业务，重新编制发布了《质量、环境、职业健康安全管理体系文件汇编》（以下简称"三标一体化"管理体系文件汇编）。

公司"三标一体化"管理体系文件汇编共计700余页，包括管理手册、程序文件、作业指导书和相关记录，阐明了公司"三标一体化"管理方针和目标，确定了"三标一体化"管理体系所覆盖的范围，明确了各级管理者和各部门、子公司的职责和权限，对公司管理所涉及的主要业务及生产经营过程进行了识别和确认。公司"三标一体化"管理体系采用过程方法，结合了"策划—实施—检查—处置"（PDCA）循环和基于风险的思维。PDCA循环使公司能够确保其质量管理过程得到充分的资源配置，确定质量改进机会并采取行动。基于风险的思维使公司能够确定会导致其过程和质量管理体系偏离策划结果的各种因素，采取预防控制，最大限度地降低不利影响。

经过多年的运行实践证明，招标公司"三标一体化"管理体系能够确保服务质量的持续提升，提高顾客对公司服务的满意度，提高公司的社会形象和竞争能力，有利于公司的长远发展。通过体系的有效应用，包括持续不断地改进"三标一体化"管理体系以及保证符合顾客要求与适用的法律法规要求，提高质量、环境和职业健康安全意识，降低风险并获取机遇，保障公司持续健康高质量发展，并使得顾客、社会和员工等其他相关方都受益。

作为三峡集团所属专业化服务型公司，顾客满意是招标公司的重要价值体现。为检验招标公司专业服务质量，查找工作中存在的质量问题和不足，公司制定了"客户满意度调查程序文件"。在多年"质量月"活动实践探索中，公司把开展专业服务质量调查打造成为公司"质量月"活动的传统经典项目，通过征集服务对象的改进提升意见，不断提高公司专业服务质量水平。2021年"质量月"活动期间，公司向三峡集团所涉及的各业务板块、大客户供应商等共计30家服务单位，开展了专业服务满意度质量调查，调查内容包括公司业务合同执行情况、业务能力和技能水平、工作质量、服务态度等10余项内容。工作人员在现场与服务单位进行了深入的沟通交流，征求改进提升意见，邀请服务单位对各服务环节进行考评打分。调查结束后，公司对专业服务满意度质量调查情况进行了认真统计分析，结合相关服务单位提出的改进意见及统计分析结果，研究制定针对

性的改进提升方案,不断提升公司专业服务质量。根据调查结果统计,2021年公司专业服务质量平均分为99.3分,达到了公司"三标一体化"管理体系制定的专业服务质量(顾客满意度)95分以上的质量目标。

(二)建立健全质量管理制度体系

公司成立质量安全环保委员会并实行双主任制,公司党委书记、总经理同为主任。公司质量安全环保委员会贯彻执行国家质量相关法律法规,建立健全公司质量管理规章制度和质量责任制,建立并维护公司整体质量品牌形象。公司及各部门、分子公司按照"党政同责,一岗双责,齐抓共管,失职追责"的要求建立以企业主要负责人为核心的质量管理领导负责制。各级党政主要负责人同为质量管理第一责任人,对本单位质量管理工作负总责。公司质量安全环保部归口公司质量监督管理工作。

为规范公司质量管理工作,适应公司多业务发展、多领域经营形势和统一管控需要,支撑公司高质量发展战略,顺利实现公司质量管理目标,持续提升公司核心竞争力,公司根据国家有关法律法规和党中央、国务院《关于开展质量提升行动的指导意见》,国资委《关于中央企业开展管理提升活动的指导意见》,以及三峡集团质量相关管理制度,结合实际制定了《质量管理制度》。

为进一步规范公司在物资采购与供应、仓储管理、废旧物资处置过程中的质量管理工作,明确公司各部门、各单位在物资采购与供应、仓储管理、废旧物资处置质量管理工作中的职责和要求,公司根据国家法律法规和集团公司相关规定,结合实际制定了《物资采购与供应质量管理办法》《仓储管理办法》《质量管理小组活动管理办法》《6S管理实施细则》《废旧物资处置细则》等物资质量管理相关制度。公司物资采购与供应、仓储管理、废旧物资处置质量管理工作实行"统一管理、分级负责",坚持"源头把关、过程控制、落实责任、强化监督"的原则。公司各业务部门、子公司根据制度要求,结合实际编制了物资质量管理办法和实施细则,规范管理行为。

针对辨识出的物资设备采购供应管理过程中潜在的质量关键风险因素,一是严格执行三峡集团《招投标管理办法》《物资管理办法》《物资全生命周期管理规范》,以及公司物资采购与供应质量管理等相关制度;二是定期组织开展客户满意度调查分析,大项目完成后请委托方对项目实施情况进行客户满意度评分,持续改进物资质量管控;三是每月由各相关部门、子公司负责人牵头,组织质量安全管理人员赴各作业现场开展质量安全交叉检查,不定期组织专业人员赴各作业现场开展质量专项检查,或采取信息化手段对物资采购与供应情况以及仓储管理情况进行质量专项检查,及时下发质量问题(隐患)整改通知单,并督促各相关业务部门、子公司按期整改闭合。

(三)建立健全标准管理体系

招标公司实行总经理领导,总工程师负责,质安环保部牵头组织,各相关部门(单位)参与实施的标准管理体系。公司标准管理体系如图1所示。

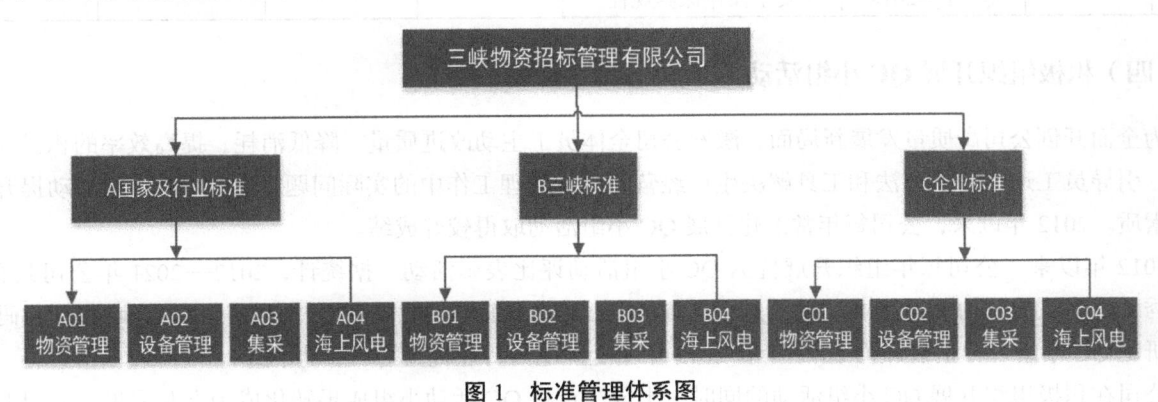

图1 标准管理体系图

为加强公司标准管理工作，建立健全公司标准管理体系，积极参与国家标准、行业标准和三峡标准的制定和修订工作，加快实现以标准规范引领行业发展的目标。2012—2021年，公司先后组织相关管理人员、技术人员参加了部分国家技术标准、行业标准的编写与修订。与此同时，公司还结合实际编写了部分企业标准。公司主编或参编的标准规范如表1所示。

表1　招标公司标准清单

序号	标准规范体系编号	标准规范号	标准规范名称	代替标准规范	采用关系	发布日期	实施日期
			A 国家及行业标准				
			B 三峡标准				
			C 企业标准				
1			A 国家及行业标准				
2	A01-1	GB/T 2854—2012	大中型水电机组包装、运输和保管规范	——	——	2012.6.29	2012.11.1
3	A01-2	DL/1903—2018	水利水电工程仓储运行管理规程	——	——	2018.12.25	2019.5.1
4			B 三峡标准				
5	B01-1	Q/CTG 34—2020	物资全生命周期管理规范	——	——	2020.12.16	2020.12.25
6	B01-2	Q/CTG 188—2018	水电工程油库运行规程	——	——	2018.12.20	2019.1.1
7	B01-3	Q/CTG 189—2018	水电工程民用爆炸物品仓储运行规程	——	——	2018.12.20	2019.1.1
8	B02-1	Q/CTG 43—2015	大型履带式起重机操作保养规程	——	——	2015.12.29	2016.1.1
9	B02-2	Q/CTG 44—2015	伸缩式皮带输送机操作保养规程	——	——	2015.12.29	2016.1.1
10	B03-1	Q/CTG 321—2020	长江大保护 排水用管材选型指南	——	——	2020.5.18	2020.6.1
11	B03-2	Q/CTG 45—2021	地面用晶体硅光伏组件选型技术规范	——	——	2021.12.27	2022.1.1
12			C 企业标准				
13	C02-1	QB/TGEM—QS01—2012	起重装卸运输设备安全操作保养规程	——	——	2012.12.25	2013.1.1
14	C02-2	QB/TGEM—QS01—2018	160吨电动双梁双小车桥式起重机安全操作保养规程	——	——	2018.12.06	2018.12.6
15	C02-3	QB/TGEM—QS01—2018	1300吨通用桥式起重机安全操作保养规程	——	——	2018.12.06	2018.12.6

（四）积极组织开展QC小组活动

为全面开创公司高质量发展新局面，激发公司全体员工主动改进质量、降低消耗、提高效率的积极性和创造性，引导员工运用科学方法和工具解决生产经营和日常管理工作中的实际问题，通过QC小组活动提升员工业务素质。2012年以来，公司每年常态化开展QC小组活动取得较好成绩。

2012年以来，公司每年组织开展优秀QC小组活动评比表彰活动。据统计，2012—2021年公司共有102个优秀QC小组受到内部表彰和奖励。其中，"布料机改进与工作效能提高QC小组"和"挡墙直立式码头登船梯研制QC小组"分别被评为2012年和2013年"全国电力行业优秀QC活动小组"。

公司在积极组织开展QC小组活动的同时，十分注重将QC活动小组成果转化成为专利成果。公司取得的专利成果如表 2 所示。

表 2　三峡物资招标管理有限公司公司专利清单（截至 2021 年年底）

序号	专利名称	专利类型
1	一种装卸作业平台用导静电缓冲装置	实用新型
2	一种雷管安全储存容器	实用新型
3	基岩保护层双预裂控制爆破结构与方法	发明
4	一种含水爆破孔砂浆隔离装置及其隔离方案	发明
5	爆破孔不耦合装药定位设备	实用新型
6	一种骨料罐法兰应急抢修装置	实用新型
7	用于拦污栅栅节连接轴的锁定装置	实用新型
8	一种具备快凝早强微胀特性的爆破孔堵塞胶凝物料	发明
9	一种避雷器接地极降阻装置及其降阻方法	发明
10	用于水利水电工程的大面积开挖爆破组合降尘方法	发明
11	一种重型销轴快速拆装工装	实用新型
12	水下爆破装填炸药螺纹套筒装置	实用新型
13	弧形棚移动装置及使用方法	发明
14	弧形棚移动装置	实用新型
15	一种乳化炸药安全销毁方法	发明
16	一种用于增强爆破起爆能量的装置及其起爆方法	发明
17	一种移动式的电缆放线举升装置	实用新型
18	一种仓储笼车	实用新型
19	一种自弯曲伸缩梯	实用新型
20	一种吊装辅助工具	实用新型
21	用于带轮子货物的转运托架	实用新型
22	一种自动计数笔	实用新型
23	一种挡墙直立式码头移动式登船梯	实用新型
24	一种叉车用拖把架	实用新型
25	一种适用于叉车的转运斗	实用新型
26	一种地下洞式库房火工品防潮装置	实用新型
27	立式回转减速机	实用新型
28	危险化学品静电防控装置	实用新型
29	一种分类钢筋起吊工装	实用新型
30	一种用于降低钢材损耗的钢材罩棚	实用新型
31	一种民爆器材库房蓄水隔热喷淋降温装置	实用新型
32	一种用于隧道爆破的喷雾降尘装置	实用新型
33	一种降低钢丝绳损耗的钢丝绳吊具	实用新型
统计结果：发明 8 项，实用新型 25 项，合计 33 项		

四、质量提升取得的成果

2018 年，公司申报的《特种设备管理创新成果》项目获得"第六届全国电力行业管理创新成果优秀奖"；2021 年，公司申报的《长江大保护项目设备物资集约化供应》《"三峡 e 购"企业商城》《溪洛渡和向家坝水电枢纽工程退役闲置设备物资综合利用与处置管理》获得"2021 年全国电力行业物资管理创新成果一等奖"，《白鹤滩水电站岩芯库档案管理信息系统》获得"2021 年全国电力行业物资管理创新成果二等奖"。

公司大力开展质量提升行动，2021 年度高质量向国家重点工程乌东德、白鹤滩水电站和长龙山抽水蓄能电站供应工程物资 73 万吨，同时实行精准配送，确保了三峡、葛洲坝、向家坝、溪洛渡等巨型梯级电站生产运行物资供应；加快物资集采"全覆盖提速"，基本实现集团物资集采全覆盖，统一实施物资集采项目169项，完成89.51亿元，采购节资金额10.62亿元，真正实现降本增效；全年完成集团招标采购项目标段数948个，新能源投资并购113.5万千瓦，有效保障阳江海上风电一期项目建成投产；全力推进招标采购数字化，提高招标采购效率；持续推进"两坝同筑"，努力打造集团"阳光采购"标杆工程；高站位推进巧家海坝及金下基地等新能源项目落地实施，向全力打造公司与集团区域公司集采合作典范迈出坚实一步；长江大保护业务涉及设备物资供应金额突破100亿元；"三峡e购"获评集团公司优秀信息化项目一等奖，在全力保障三峡集团总部搬迁武汉物资供应方面提供了全新的电商解决方案。

2021年，三峡集团委托公司建设与运营的国内首艘"运输+起重"一体化深远海风电施工船机"乌东德"号于2022年6月29日建成交付；全球首艘2000吨级海上风电安装平台"白鹤滩"号于2022年9月28日建成交付。上述两艘海上风电施工船机在建造设计、性能、投资控制、质量安全等方面均被视为业界标杆，推动了我国海上风电施工装备技术突破性发展，可满足10兆瓦及以上海上风电机组安装，将为我国后续集中连片规模化开发深远海风电项目提供有力支持。

主要创造人：肖家斌

参与创造人：周德生、李亚光

基于超前策划、精细管理的工程质量管理实践

中铁十二局集团建筑安装工程有限公司

一、企业概况

中铁十二局集团建筑安装工程有限公司（以下简称中铁十二局建安公司）是具备房建施工总承包特级资质、专业从事房建施工的工程公司。公司驻地山西省太原市，注册资本为10亿元，年施工能力为100亿元以上。

中铁十二局建安公司是一支具有光荣历史的队伍，原系中国人民解放军铁道兵第二师建筑给水发电营，其前身是组建于1948年7月的东北人民解放军铁道纵队二支队直属给水中队，后几经改编，于1984年集体转业并入铁道部（现为国家铁路局），更名为铁道部第十二工程局建筑段，1987年扩编为建筑安装工程处，2000年更名为中铁十二局集团建筑安装工程有限公司。2013年9月，原建安公司分立为中铁十二局集团建筑安装工程有限公司和中铁城建集团第一工程有限公司。从人民军队到集体转工进入市场化经营，公司走过了半个多世纪的辉煌历程。

目前，公司机关驻地太原，设有20余个职能部门，下辖项目部、专业分公司47个。其中，拥有安装分公司、钢结构分公司、基础分公司、装潢分公司、设备器材租赁分公司、劳务分公司等配套专业化分公司。目前，公司施工项目分布在山西、陕西、新疆、四川、重庆、云南、贵州等省（市／自治区），以及华南、华东、华中等地区，遍及国内20余个省（市／自治区），海外项目分布在安哥拉和委内瑞拉等地。

二、工程质量管理实践

（一）项目简介

公司承建的雄安站是雄安新区开工建设的第一个重大基础设施项目，于2018年12月6日开工建设，于2020年12月25日竣工验收。站房钢结构如图1所示。畅通融合、智能便捷的进出站布局，体现站房建造新理念。铁路站房亮点突出，科技及绿色建造具有创新性，设备设施体现智慧车站、抗震减震体现温馨车站、文化艺术体现人文车站，屋面光伏系统更为我国"3060"双碳目标的实现起到了有效的示范引领作用。

图1 站房钢结构

围绕创优目标，完善管理体系，精细策划，科学组织，优化施工方案，细化创优目标。施工过程中，始终严格按照设计图纸和规范施工，通过科技、工艺和管理创新，强化过程控制和精细化管理，打造了过程精品工程。

（二）质量管理提升措施

1. 周密策划，行稳致远

创建精品工程不仅需要有超前的创优意识，更重要的是要提高团队的创优意识，只有意识提高了，才能更深刻地理解和付诸实践。

一是通过组织技术骨干观摩学习，邀请专家现场指导等方式，提高管理人员的创优意识和技术能力。

二是通过"前期考察、后期监造"，从源头把控材料质量。

三是通过"方案先行、样板引路、班前交底"，统一质量标准，规范人员作业，以提升项目全员的创优理念和创优意识。

针对项目特点，在项目组织机构建立、工期安排、队伍比选及物资保障等方面进行周密施工组织策划。

（1）分级分区，明确职责

建立项目部—分项目部两级管理机构，管理人员共157人。一是项目部增设协调总工1人，下设施工技术部、安全质量部、物资设备部、环保部等九个职能部室，具体负责内外协调、技术、安全质量、进度管控、设备物资保障、资金保障及劳务组织等工作。二是按照区域结合专业共设三个分项目部，主要负责组织施工生产、落实工期节点要求，以及日常质量、安全管控等工作。

实行两级管理日例会制度，建立各级微信管理群，上下联动，畅通渠道，确保机制高效运转。

（2）细化节点，配足要素

一是以合同工期为目标，按照区域分部工程—施工段—分项工程—作业工序逐步分解目标。

主要节点包括：2020年9月15日具备联调联试条件，2020年12月9日达到初验要求，2020年12月27日前达到开通运营条件。

二是根据进度计划及工程量配足生产要素，共配置劳务队伍50支、专业化队伍14支，高峰期上场劳动力3560人，大型设备107台套。

（3）精选队伍，建设精品

结合雄安站站房具有建筑规模大、技术复杂程度高、影响力大等特点，工程开工即成立创优责任小组，对责任进行分解，层层围绕创精品目标开展工作，责任到人。成立以技术精湛的高级技工为骨干的作业班组、专业班组，将组织架构体系的每一层级目标责任化、岗位分工具体化、工作流程制度化，严格执行劳务月度考核制度。

通过优中选优组建有类似大型站房施工经验的专业队伍，并配备经验丰富的管理及作业人员，通过专家论证、技术交底、首件制度和样板引路等措施，确保满足项目精品工程的要求。清水混凝土专题会议如图2所示。

（4）优选材料，过程管控

①做好材料计划，优选供货商。编制材料总需求计划并进行阶段性分解，确定材料招标、加工、进场时间计划。招标前充分调研，在合格供应商中优选实力强、信誉高的供货商。供货合同中明

图2 清水混凝土专题会议

确分批供应时间，将供应时间与结算价格挂钩。对于装修面层材料，采取先实地考察、再进行材料打样、后签订合同的方式，确保原材料质量满足精品工程要求。预制板厂家考察如图3所示。设备招标采购如图4所示。

②专人驻厂盯控加工。建立材料进场控制领导小组，对主要材料安排专人驻厂，保证材料及时保质保量运

抵现场。

图3 预制板厂家考察　　　图4 设备招标采购

③建立大宗材料中转堆放区。由于施工场地不足，在场外租赁土地作为提前进场材料的中转堆场，配备机械即时二次倒运，防止因材料原因而拖延工期。

2. 技术先行，样板引路

（1）分析难点，优化方案

经分析首层候车大厅地面及吊顶原设计施工周期长、难度大且易产生质量问题，通过与设计部门沟通，将现浇水磨石地面改为预制水磨石，将候车大厅吊顶原设计GRG板吊顶改为与梁相交区域双曲面吊顶采用GRG板，其余区域吊顶采用穿孔铝板+拉网板，既降低了施工成本，又便于施工，加快了施工进度。清水混凝土候车大厅如图5所示。

图5 清水混凝土候车大厅

楼梯采用整体式挡水台，较常规胶粘式挡水台更牢固、美观；采用铝合金成品伸缩缝，简洁美观；柱脚采用整体反弧形石材，拼缝严密、圆弧顺滑美观；自带不锈钢拉杆式检修井盖，检修开启方便，简洁美观；采用不锈钢嵌入式石材检修井盖，图案清晰、表面平整，既满足使用功能又不影响旅客通行安全；站台警示标识采用嵌入式不锈钢标识，粘接牢固、表面平整，比常规贴附式标识更牢固，经久耐用；暗藏式消火箱结合整体装饰效果，可开启180度；装配式不锈钢扶手连接件与扶手及楼梯挡水台平行，接头处打磨钝化并抛光；隐蔽式沉降观测点做工精细、标识清晰、开启灵活、使用方便。

（2）深化设计，细化节点

结合现场实际，对原设计图纸统一进行深化设计，细化、补充和完善图纸节点。先后对候车大厅、公共卫生间（图6）、售票厅（图7）、综合服务中心、城市通廊、出站厅、商业走廊、贵宾厅、商务候车厅等进行了深化设计，达到了快速施工、保障质量的目的。

图6 公共卫生间　　　　　　　　图7 售票厅

建造精品工程最为关键的环节之一是施工工艺精细化。项目部以集团公司多年积累的铁路站房施工技术成果为依托，将先进的科研成果、关键技术应用于站房工程建设中。先后编制《施工要点卡控手册》《施工作业指导书》《标准化项目管理制度》《过程控制标准化》等。本工程自开工建设以来，累计形成施工方案186项，针对危险性较大的分部分项工程分别编制《钢结构施工专项方案》《深基坑施工专项方案》《高支模专项施工方案》等25项专项施工方案，组织邀请专家论证了11次。

针对清水混凝土、大跨度钢结构、室内装饰装修工程、拉索幕墙、机电设备多专业穿插施工等重难点提前进行策划、优化、改进工艺，确定具体的质量标准、工艺参数，采用适宜的施工设备、机具，对异形材料提前定制加工，提倡半成品工厂化加工配送、建筑装配化、配件部品化。

（3）样板引路，明确标准

坚持以样板引路，落实"首件示范"在各分项工程中的运用，通过样板提前确定施工方案、质量标准，同时总结提炼施工注意事项，为精品工程的建成奠定了基础。

①材料设备选样。设立样品陈列室，针对影响功能和装修整体感官效果的材料、设备，由建设单位、设计单位、监理单位共同选定样品并签字后进行封样，先后对112种材料封样448份。砌体样板如图8所示，清水混凝土样板如图9所示。

②关键工序工艺样板。提前进行装修样板策划，通过样板提前确定施工方案、质量标准，同时总结提炼施工注意事项，有效防止了质量问题的发生，为装修工程的顺利展开、实现精品工程奠定基础。

图8 砌体样板　　　　　　　　图9 清水混凝土样板

③BIM虚拟样板。针对复杂或重要的工程节点及安装管线密集部位，采用基于BIM技术的虚拟样板引路质量管控方法，以BIM优化后的虚拟样板代替实体样板，进行可视化交底，确保施工一次成型。

3. 动态调整，精细管控

因设计图纸滞后、错误率高、变更频繁导致返工频发、后期材料加工时间严重不足、施工组织困难、工期紧等问题。集团公司成立督导组，公司抽调人员与项目部成立攻坚领导组，及时调整部署，调集资源解决突出问题，并采取考核激励措施，确保了工期节点的实现。

（1）激励考核，确保节点

制定进度奖罚制度和夜间加班奖励制度，开展劳动竞赛，奖优罚劣，以奖为主，过程兑现。

在关键时期组织开展劳动竞赛活动，确保工期节点的实现，期间兑现奖励200万元，处罚53.2万元。

（2）依托信息系统，助力管理

项目以信息集成和共享为抓手，成功应用信息管理平台，及时获取决策数据，提高了管理效率。智能化应用系统如图10所示。

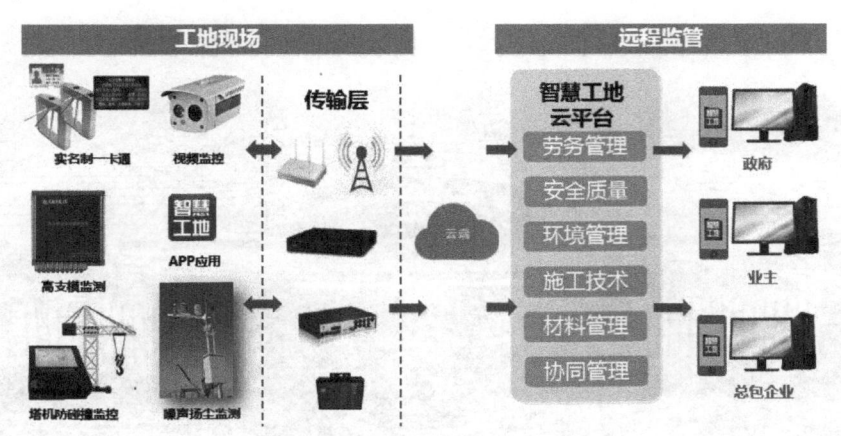

图10 智能化应用系统

（3）加强监控，严把质量

为确保每道工序严格按照设计和规范要求施工，公司除认真进行工前技术交底外，始终坚持四项制度。

一是坚持跟班作业制度。

二是坚持"三检"制度。

三是坚持技术人员旁站制度。

四是坚持领导巡查制度。

现场实测实量如图11所示。领导带班如图12所示。

图11 现场实测实量　　图12 领导带班

三、管理成效

雄安站采用站城一体化设计，与周边产业开发有机融合，充分结合华北地区光照特点，设置太阳能光伏发电系统，体现绿色、生态的建筑理念。候车大厅以建构一体理念，首创双曲清水混凝土梁柱，BAS系统与能源管理系统的结合、装配式站台墙的应用均属国内首次。

雄安站的建成，完善了京津冀铁路网布局，推动了雄安新区建设和京津冀协同发展，是雄安新区首座具有创新性、标志性、示范性的重大工程。雄安站航拍如图13所示。

工程顺利入选2022—2023年度第一批中国建设工程鲁班奖。

图 13　雄安站航拍

四、结语

征程万里风正劲，重任千钧再奋蹄。公司将继续秉承铁建精神，守初心，担使命，以新高度为新起点，打造更多精品工程，为企业高质量发展续写新篇章。

主要创造人：曹太然

参与创造人：贾　玮、张　昆

计量管理科学性在企业节能降耗中的应用

中国石油天然气股份有限公司长庆油田分公司第十采油厂

一、计量概述

计量是石油企业生产的"眼睛"和纽带，涵盖了石油企业生产领域的各个环节，原油的采集、处理、输送和交接，都需要通过测量数据来实现控制能源的使用。而计量管理保证了企业内部计量单位制的统一、测试的准确和装置的安全运行，其采用的各种科学技术和法制措施充分发挥计量系统的整体性功能。计量管理是降低企业生产成本、减少能源损耗、保证产品质量的有效途径之一，是石油企业可持续发展的必由之路。

二、计量管理的现状及特点

计量管理是计量事业的重要组成部分，是国家贯彻计量工作法令、统一计量制度、保证量值统一、提高计量系统功效所采用的重要措施，是技术、质量和经济工作的基础，直接或间接影响企业产品质量和经济效益的提高。因此，搞好计量管理工作对保证产品质量、提高劳动生产率、保障安全生产、节约能源、降低消耗、加强经济核算、提高经济效益有着重要作用。

随着计量技术的不断发展和政府监管力度的日益增强，计量的准确性、一致性、溯源性和法制性均得到明显强化。然而，在实际生产过程中，现实计量管理不科学的问题，使得计量工作的开展与行业标准之间仍存在不小的差距，集中表现在很大一部分企业由于未认识到计量管理工作的重要性，对于计量管理工作较为消极，以至于计量管理不科学的问题十分突出。例如计量体系不完善，使计量管理操作者利用体系漏洞，投机取巧，对计量敷衍了事；计量设备配备不完善、不符合国家规范，导致计量数据严重失真，失去计量价值；计量信息化程度不高、技术长久不更新，计量管理费时费力，造成操作者重复性疲乏等情况。以上问题均可以归结为计量管理的不科学，从而导致企业的节能降耗效益较低，工艺、装备、产出等环节出现明显的能源浪费，高消耗、高污染、低产出、低回报。因此，提高计量管理的科学性是目前面临的一项重要基础性工作。

三、计量管理存在的问题

（一）计量管理体系不完善

计量管理工作是计量工作的基础，它关系着企业的生存和发展。近年来，中国石油天然气股份有限公司长庆油田分公司（以下简称长庆油田）在计量管理方面取得了明显成绩，一些关于计量设备、测量过程管理的制度和办法先后发布，对原油生产工艺过程和油品检验、原油计量交接、能源计量等方面管理工作的规范和明晰起到了积极的推动作用。但长庆油田也存在计量管理过程中测量需求不明确，计量设备在购置、验收、校准、确认、维护和报废处置环节的规章制度落实不到位，计量管理职责不清晰，计量能力和计量水平有待提高等不足，很多计量管理的具体要求、实施方案还需进一步细化。

(二)计量设备配置不尽合理

随着科技的进步和油田开采技术的改进,计量设备逐步向大型化、自动化、快速化的方向发展,设备管理在整个管理体系中的重要性日趋明显。但是在实际生产中,由于采油厂计量设备型号复杂、种类繁多、差异较大、分布点多面广的特点,导致相应的备件储备量虽然大,但是备件通用性差,且由于各作业区缺乏有效的沟通和协调,使维修配件资源得不到共享,就会存在部分作业区设备剩余、部分作业区设备库存紧张的现象,不仅给现场实际工作带来诸多不便,同时剩余设备也在无形之中造成了资源浪费。

(三)计量信息化程度不高

在信息化发展迅速的今天,计量工作的信息化建设应当是计量管理的首要任务。然而,虽然计量工作目前受到普遍的重视,但计量的信息化建设水平还远远达不到如今的节能降耗要求,计量信息台账、仪表检定记录等大都还停留在人工记录、纸质填写的层面上,不仅不利于上下级信息沟通交流,而且不断更新填写也于无形中造成了资源浪费和操作者重复性疲倦。

(四)计量设备重维修轻改造

在采油单位的现有成本管理中,维修费用可直接计入成本,更新、改造的费用不能计入成本,需走投资渠道。由于资金渠道和创新意识淡化等方面的问题,在实际工作中,对于频繁故障的计量设备大都采用维修更换的方式,很少实施更新改造,减缓了设备新技术的应用。如此反复的结果是设备越来越旧,性能和精度下降、能源消耗增多,经济效果越来越差。

四、计量管理科学性的作用

(一)计量管理体系完善化

建立健全的计量管理体系是实施过程控制的前提。通过不断完善和修订计量管理体系,保证体系的先进性和完整性,让体系与时俱进,才能让计量工作开展得更顺畅、平稳。

首先,通过健全的组织框架完善计量管理体系,明确从最高领导到每个计量人员的职责,制定规范化、程序化、文件化的工作体系和管理模式,保证凡事有章可循、凡事有人负责、凡事有人监督、凡事有据可查,从而提高各部门、单位的计量工作效率和质量。对计量管理工作实行"事前预防"和"过程控制",使管理过程和业务过程的每个环节始终处于受控状态,避免差错进入下一个工作环节,从而最终保证产品质量,提高工作效率,有效避免计量管理工作中的"越位"、"失位"和"不作为"。

其次,加强标准和测量设备的年检管理,杜绝超期使用现象。测量设备的年检管理,是测量设备全过程管理的中心环节,是保证测量设备量值准确可靠的关键。要保证标准和测量设备的定期检定,必须建立完整准确的设备台账,并根据国家法定检定规程,再结合现场设备运行情况,制订严格合理的计量器具周检计划和送检计划,保证在用测量设备良好受控。通过对标准和测量设备的有效控制,保证其计量特性准确可靠,为设施的安全运行创造条件,为生产决策提供有效依据。

最后,加强测量数据管理,增强数据可追溯性。计量立法的直接目的是保障计量单位的统一和量值准确可靠。计量数据管理涉及计量数据信息运动的全过程,测量数据既是现代管理的依据,也是组织、协调、决策生产的依据。为保证数据准确,长庆油田对计量人员、测量器具、测量方法、环境条件等进行控制。除制定完善的计量设备管理程序外,要求计量数据及时采集、整理、传递到有关部门,并收集反馈信息,形成闭路循环。

（二）计量设备配置合理化

企业的生产离不开设备，设备是生产的物质基础。对于机械化程度很高的油田企业而言，设备的重要性更是不言而喻，尤其是具有"眼睛"作用的计量设备更是重中之重。为实现资源配置合理性，有效缓解设备配置浪费和短缺现象，长庆油田从以下两个方面着手。

一是完善设备配置流程。从计量器具的购买到报废的各个环节，企业都有明确的相关章程，实现对计量器具的统一管理，规避采购、使用、报废等环节存在漏洞。在购买新的计量器具之前，摸清楚上一年设备检定、维修、更换、使用的实际情况，以数据理论分析为主，日常工作经验为辅，统筹兼顾，综合分析，合理地上报下一年度的设备采购计划，并且请相关部门严格把关，确保购入的器具质量、规格符合标准。同时建立计量器具档案，确保能够及时跟踪每一个计量器具的状态，实现对计量器具的管控。

二是增加设备调配平台。针对各作业区全年的所有备用计量设备、配件，给予第三方一定的调配权，增加各作业区有效沟通的平台，使维修配件资源得到更好的共享，既可以有效避免个别作业区设备、配件等资源闲置造成的浪费，又可以缓解其他作业区因部分设备紧缺造成的工作滞后。

（三）计量管理信息化

随着长庆油田的不断开发，数字化在管理中的应用使管理日趋程序化、规范化、现代化和节能化，建立计量管理网络体系，必将有效促进计量管理信息化的全面发展，提高计量管理信息化建设水平，更快更好地达到节能降耗的要求。

计量数据的信息化管理。通过记录每一个计量器具、使用者、使用时间、检测数据等建立一个科学、合理化的信息库。这样一方面可以实现数据的共享，提高数据查询的效率；另一方面如果企业生产中有什么问题都可以很快地查询到之前的数据信息，为企业及时有效地解决问题提供数据支持。

长庆油田通过开展"质量计量标准化管理信息系统"建设，具体完成了全厂各类计量器具的录入（计量器具名称、类别、分类代码、出厂编号、规格型号、生产厂家、投用时间、检定时间等），所有计量台账实施网络自主化、全面化、开放化管理，领导可以随时查看和监督，基本实现了计量管理的高效化、规范化运行，有效节约了大量人力物力。

（四）计量设备管理创新化

创新是事物存在和发展的根本，是提高企业经济效率、促进企业适应社会发展的有效手段，而技术创新作为企业创新的核心内容，可以为组织的实施和过程管理提供必要的支撑和保障，也是计量管理创新的根本与核心。

为满足日益严格的计量需求，通过大量理论学习和实地调研，结合计量发展实际需要，以精准计量为基础，节能降耗计量为目标，突破了计量工艺瓶颈，研制了计量新工艺，实现了精准计量和节能降耗两手抓，具体操作如下。

一是针对注水流量计标定、拆卸、运送工作量大，易损坏，安装后数据不上传的现状，长庆油田在已有标定装置的基础上，结合现场生产实际，自主研制注水流量计在线标定装置，不仅针对性强、安全可靠，还降低了仪表误差，提高了校准精度，而且实现注水流量计现场不拆卸校准，省去基层拆卸、送检、安装、调试等环节，年节省费用240.9万元。

二是针对注水现场注水泵运行时震动较大，导致泵进出口仪器经常出现主板震松或震坏故障，严重影响日常压力的正常监测现状，长庆油田在注水泵压力仪表上使用压力仪表减震缓冲装置，仪表减震幅度达70%，大大减少因震动过大而造成的压力仪表松动、损坏。仪表的平均故障周期由原来的20~28天延长至50~70天，同一工位仪表维修（更换）频次由15次/年降低到6次/年，不仅节省了仪表更换和维护成本（预计每年可节约 5 万余元），而且减小了岗位员工的工作量。

五、结语

在计量管理工作中，计量体系、制度的建立和完善是基础，计量器具的科学管理是保证，计量管理信息化是未来发展趋势，计量设备管理创新化是关键。企业需要从根本上意识到计量管理对企业管理各个环节的重要作用，科学的计量是企业实现节能降耗、优化成本构成的重要手段。

主要创造人：郭小凡

参与创造人：熊龙强、李志潇

强化 QC 创新活动—助推公司成本管控

唐山冀东水泥三友有限公司

自 2002 年 4 月建成投产以来，唐山冀东水泥三友有限公司我公司质量管理部始终坚持以产品质量作为企业立足于市场之根，不断拓展产品范围，积极利用 QC 小组活动助力技术创新，推进碳排放减排、资源综合利用和诚信服务，有力地提升了公司的核心竞争力。

一、高品质战略

在国家宏观调控不断调整，市场竞争日趋激烈的今天，唐山冀东水泥三友有限公司（以下简称三友公司）在经济下行带来的不利影响和严峻挑战下，坚持"质量优先"原则，秉承"高品质"战略思路，贯彻落实"四位一体"（即营销中心拿方案、总部定政策、区域营销公司抓落实、生产工厂密切配合）的产供销一体化管控模式，加大公司产品宣传力度，坚定高品质战略不动摇，努力践行高效率的经济运行经营理念。经过多年的水泥（熟料）生产、质量经验积累，三友公司不仅生产中高端的普通 42.5 低碱水泥、普通 52.5R 低碱水泥、管桩专用低碱水泥、普通 42.5 低碱低面水泥等主打产品，还多次成功生产美标水泥、道路水泥、超早强熟料和低温早强油井熟料等特种水泥（熟料）产品，成为金隅冀东水泥的特种产品试验及生产基地。

三友公司加大产品质量管控力度，同时也加大对外宣传力度，让客户认识、认知、享用金隅冀东产品。三友公司取得荣誉既与公司广大员工日常重视产品质量、辛勤劳动、对技术精益求精、严把质量关，以及积极开展质量体系相关活动有关，也与国家、市场层面认可度有关。三友公司产品在客户群体中信誉、口碑好，认可度高，投诉少，客户愿意使用三友公司产品，这些荣誉不仅能更好宣传金隅冀东质量文化，也有利于促进三友公司产品更加深层次打开市场。

二、QC 活动助力技术创新

（一）把质量管理的基础管控做扎实，坚持"严、细、恒、新"，形成横向到底、纵向到边管控模式，是公司质量卓越 QC 小组的首要任务

一是加强原材料的进厂质量管控，与生产运行部、物资供应部等相关部门严格按内控标准进行质量管理，把好原材料进厂关，为生产线的正常运行和高标准生产质量提供保障。

二是做好过程质量控制这一核心工作。在配料管理方面，根据原燃材料成分变化，采用高清摄像头和微机监控入磨物料，运用先进的 R 射线分析仪、荧光仪器分析试样数据，并结合科学合理的布堆煤配比，来调整配料方案，不断提高产品质量；在过程质量管理方面，积极配合中控室操作员，及时通知煤换堆和热值情况，辅助其勤观察、勤调整；在产品质量管理方面，严把产品出厂关，每批水泥都要经过严格的化学、物理检验，按照内控标准和规定，对水泥进行验证和确认后方可出厂。

（二）技术创新是产品始终保持高质量和市场竞争力的有效助力

随着免压蒸管桩新工艺的发展，技术人员凭借过硬的质量技术研发和管控能力，从配料方案、生产工艺着手，成功生产出更匹配的管桩专用水泥，面对古冶区环保限产、车辆限行，其他品牌水泥竞争等冲击，在管桩

行业仍占有主导地位。针对不同管桩客户对强度和性能的需求，减水剂的匹配等，公司成立了攻关课题组，生产运行部水泥工序与质量卓越QC小组确立实验方案，每天共享实验数据信息，既要满足客户对管桩专用水泥的质量需求，也要达到产量稳定增长目标，稳定客户资源，不能被市面上流通的P.O 42.5等其他品牌水泥取代主导地位，在管桩行业独具优势，继续保持龙头优势。

（三）科技研发课题，助推新材料应用

2016年10月1日下发的《水泥中水溶性铬（Ⅵ）的限量及测定方法》(GB 31893—2015)作为国家强制性标准，规定了水泥中水溶性铬（Ⅵ）含量不超过10 mg/kg。引发水泥C_r^{6+}超标主要原因是熟料中C_r^{6+}偏高，为了符合国标要求，水泥企业选择了总铬含量偏低的原材料，这就极大限制了总铬含量偏高原材料的应用。

目前北方很多水泥企业传统生料配料方案中采用的铁质校正原材料为铁矿石，铁矿石资源日渐匮乏、供应紧张、碱含量高、价格高。我国每年产生转炉渣上亿吨，然而，利用转炉渣代替铁矿石配料易造成水泥中水溶性C_r^{6+}的含量严重超标，不仅影响操作工人的身体健康，而且会造成环境污染。随着水泥国标严格控制水溶性C_r^{6+}，如何利用好转炉渣刻不容缓，此举既能够降低生产成本，又能减少储存转炉渣对环境的影响，尤其对降低碳排放非常有利，以期促进绿色水泥产业的发展，对力争2060年前实现"碳中和"目标具有十分重要的经济和战略意义。

质量卓越QC小组在2021年启动了转炉渣代替铁矿石研究课题，通过采用不同铬含量原材料配料，研究不同铬含量的原材料对水泥中水溶性C_r^{6+}含量的影响程度，确定原材料中铬的最大允许含量；通过调整生料率，调整熟料煅烧时的液相量，研究不同率值和液相量对水泥中水溶性C_r^{6+}含量的影响，确定最佳率值和液相量的范围；从熟料硫酸盐化对水溶性C_r^{6+}含量的影响，烧成系统氧化、还原气氛对熟料中Cr（Ⅵ）的影响等几方面着手生产试验、分析数据，并取得了较好成果。

根据钢渣配料后水泥中水溶性铬（Ⅵ）易超标现象，2021年质量卓越QC小组开展技术研发，在出磨成品水泥中掺加水泥C_r^{6+}还原剂。该还原剂存放在特定粉体储罐，经计量装置推荐比例从水泥磨磨尾加入。该还原剂是以亚铁或亚锡盐为主要还原成分，专门用于降低水泥中C_r^{6+}含量的灰白色粉末产品，经试验在水泥生产中仅添加水泥质量的0.05%～0.1%，与水泥充分混合，能够有效降低水泥中水溶性C_r^{6+}含量10ppm以上，满足出厂水泥中C_r^{6+}含量不大于10ppm的国家标准目标。

2021年，三友公司使用转炉渣63058吨，生料配料中转炉渣加入量约为生料质量的1.91%，铁含量为25%～30%，作为铁质原料替代铁矿石在生料中配料的使用，节约成本477.35万元。通过使用转炉渣代替铁矿石配料，"三废"掺加量达到了国家免税要求；节约石灰石等潜在的效益足以弥补其易磨性不好、立磨辊子磨损快、使生料成本上升的缺点。

三、碳排放减排、成本管控双赢

质量卓越QC小组发挥自身技术优势，通过优化配料，努力达到碳排放减排和成本管控双赢的预期目的。

坚持走循环经济之路，利用水泥产业优势提高"三废"利用的能力和水平。积极利用转炉渣、铁选矿粉末、湿粉煤灰、煤矸石、（电、钢厂）脱硫石膏、提铜渣浆、燃煤炉渣等工业废料，资源利用废渣量达89.4万吨，创效958.14万元。废渣再利用不但可以使不可再生的矿山资源得到充分利用，而且还消化了大量固体废料，进一步节约能源，降低成本，增强综合竞争能力。

2021年，三友公司质量卓越QC小组在低成本原材料替代中，通过调整混合材品种及比例，达到生产成本最优化，共节省1102万元。其中：煤矸石节约175.2万元，燃煤炉渣节约271.6万元，钢厂石膏节约6.7万元，

高镁白云石创效 36.7 万元，碎石创效 17.3 万元，提铜渣浆返利 64.7 万元，含油固废返利 503.5 万元，丰南污染土返利 13.7 万元，压榨泥返利 12.7 万元。

四、演绎服务专家、铸造品牌形象

在如今竞争激烈的市场中，除了需要可靠的质量，当然还需要高品质的服务。为了精心演绎好服务专家的角色，质量卓越 QC 小组人员定期向客户征求意见，为公司取得第一手资料指导生产。

三友公司为加强产品售后服务管理，为客户提供全方位的增值服务，持续提升品牌影响力，实现客户投诉处理率达 100%、客户满意度达 98% 的管理目标，制定了《质量售后服务制度》，专门成立了产销对接小组，由副经理任组长，质量卓越 QC 小组专人负责客户投诉的处理及客户走访等具体事宜，做到客户投诉响应零时差；提高客户投诉处理现场到位时效，本区域 8 小时以内到达，100 千米以上地区 24 小时以内到达；重点客户走访每月组织 4 次，并建立客户服务档案，使服务形成一个 PDCA 闭环管理模式；为客户解决生产中的技术问题、定制化产品和个性化需求，向客户开放实验室，为客户提供产品测试等服务，以此来推动本企业的长足发展。

2021 年，三友公司电话沟通 112 家企业，客户走访 52 次，涉及公司生产的每个品种，最远地区为锡林郭勒盟和赤峰市达布其口岸地域，每一次走访都提高了公司的知名度。因为有的工程项目施工单位是全国性施工，因此它们无形中为公司长远发展做足广告。三友公司全年零投诉，客户满意度达 100%。

五、古有金砖玉瓦，今有三友水泥

2022 年，水泥市场受下游需求影响销量变化较大，为了挖掘潜在客户，三友公司针对意向客户进行跟踪服务，建立营销公司与生产企业积极配合的服务体系，保证服务公司能够满足质量零差异、问题零推卸、服务零时差的超级保姆式服务要求。在销售面临困难时，三友公司始终充满信心，为客户提供高质量的产品、高附加值的服务，与经销商和客户经常沟通，实现良性互动，共同解决遇到的问题，达到双方利益的共赢。由公司经理部牵头客户走访工作，成立了客户服务领导组、技术服务组、供货保障组、监督服务组等 4 个专项组，经理层分别包干战略、核心、重点、潜在客户，与核心客户建立"一对一"的结对服务机制，定期与战略客户、重点客户和潜在客户进行技术交流，根据客户需求，本着"有求必应、按需服务"的原则建立服务机制，满足客户提出的各项技术服务需求。质量卓越 QC 小组具体结合营销人员，分头出击、分工明确，由营销公司做客户物资部、客户技术部工作，向客户介绍三友公司面临环保形势的有力转变，不再大范围限行、限产，保供稳定，打消客户疑虑，稳定客户心理，利用多年良好的工作关系，层层推进，心理公关，恢复客户的信誉度；同时为客户提供高附加值的服务，多次解决客户使用的问题，证明了三友水泥性能是最好的，客户抱怨是最少的，市场口碑是最棒的。除了在进厂前实行预约 APP 系统，在工厂物流系统优化方面，以二维码替换 IC 卡串联整个发运流程，实现了发运业务的无卡化管理，缩短了进出厂时间，提高了发运效率。

2022 年既是"十四五"规划开局第二年，也是奔向 2035 年远景目标的新起点。各种品牌水泥竞争将更加激烈，市场的机遇也是稍纵即逝，销售情况依然严峻。三友公司建立以营销公司为主体，生产企业积极配合的服务团队，继续摸索市场，通过不断地总结同行业之间的信息和积累市场经验，对市场有了较深刻的认识和了解，定期保持联系和沟通，稳定与客户的关系，保证水泥质量，能条理清晰、快速地应对和处理客户提出的各种问题，较准确地把握客户的需要，良好地与客户沟通，把水泥推广销售工作与客户技术交流相结合。

六、获得荣誉

2022 年获得"全国水泥行业质量领先品牌"。
2022 年获得"全国产品和服务质量诚信示范企业"。

2022年获得"全国质量检验信得过产品"。
2022年获得"美诺福杯"全国第十八次水泥化学分析全优奖，连续5年获此荣誉。
2022年获得环渤海地区"最具影响力企业"。
2021年获得河北省水泥品质指标检验大对比"特等奖"。
2021年获得"砼灿杯"全国第十八次水泥品质指标检验大对比全优奖。
2021年获得环渤海地区建材行业"知名品牌"。
2021年获得国家级"优秀化验室"。
2020年获得河北省水泥品质指标检验大对比"全优奖"。
2020年获得北京金隅集团"质量管理先进单位"。
2020年获得"砼灿杯"全国第十七次水泥化学分析全优奖。

2021—2022年与国家水泥质量监督检验中心合作，为其准备水泥能力对比验证标样；参与了"普通硅酸盐水泥成分分析"、熟料、石灰石的$f-CaO$、$f-SiO_2$、石灰石、砂岩、黏土、铁矿石等国家标准样品定值工作；连续6年北京国建联信质量体系认证年度审核无不符合项。

雄关漫道真如铁，而今迈步从头越。三友公司将继续高举金隅冀东质量大旗，实现品牌价值，品牌创效理念；将紧紧围绕"管理提升、运营整合、文化融合、提质增效"的主线，团结带领广大员工，秉承金隅"干事文化"理念，与时俱进、锐意进取，面对高质量发展新趋势，扎实推进QC小组活动，进一步动员和凝聚公司全体人员的智慧和力量，为实现公司发展而努力奋斗！

主要创造人：谷亚东
参与创造人：于　滨、陈亚美